钢结构建筑
产业化关键技术及示范

侯兆新　王月栋　主编

中国建筑工业出版社

图书在版编目（CIP）数据

钢结构建筑产业化关键技术及示范/侯兆新，王月栋主编. — 北京：中国建筑工业出版社，2023.6
ISBN 978-7-112-28378-1

Ⅰ.①钢… Ⅱ.①侯…②王… Ⅲ.①钢结构－建筑业－产业化发展－研究－中国 Ⅳ.①F426.9

中国国家版本馆CIP数据核字（2023）第032606号

本书是以国家"十三五"重点研发计划项目"钢结构建筑产业化关键技术及示范"（项目编号：2017YFC0703800）中的9个课题及课题间的联合创新为基础；以展现项目研发成果和技术推广情况为主要内容；由项目研发人员编撰、汇总而成的一部钢结构建筑产业化方向的专著。

本书主要从剪力墙、框架、模块化、板柱结构和交错桁架5类典型钢结构体系建筑开展的产业化技术集成研究和示范展开介绍；系统总结了钢结构建筑产业化需重点突破的高效装配化连接、轻质环保围护体系、防火防腐装饰一体化3类关键共性技术；并详尽介绍了开发的全过程、全专业协同一体化智能建造技术平台；从而全面展现了我国钢结构建筑科研人员对国家"十三五"规划发展所做出的积极贡献。

责任编辑：刘瑞霞　李静伟
责任校对：张辰双

钢结构建筑产业化关键技术及示范
侯兆新　王月栋　主编

*

中国建筑工业出版社出版、发行（北京海淀三里河路9号）
各地新华书店、建筑书店经销
北京红光制版公司制版
北京君升印刷有限公司印刷

*

开本：787毫米×1092毫米　1/16　印张：70¾　字数：1718千字
2023年4月第一版　2023年4月第一次印刷
定价：**258.00**元
ISBN 978-7-112-28378-1
（40654）

版权所有　翻印必究
如有印装质量问题，可寄本社图书出版中心退换
（邮政编码　100037）

本书编委会

主　　　编：侯兆新　王月栋

副　主　编：李真茂　舒赣平　李春田　陶慕轩　杨宇振　张艳霞
　　　　　　陈素文　李元齐　刘晓刚　张泽宇

各章编著人：

第1章　侯兆新　刘晓刚　张泽宇　王　皓　刘　洁　马　青
　　　　曾立静　郑明召　孙鸿敏　刘书含

第2章　胡立黎　李真茂　罗金辉　姜文伟　徐韶锋　高舒羽
　　　　丁　丰　童　骏　钱　鹏　任记波

第3章　舒赣平　周雄亮　王小盾　范圣刚　蔡玉春　陈志华
　　　　秦　颖　陈伟刚　杜二峰　刘　洁

第4章　李春田　温小勇　陈志华　罗晓群　曹　轲　王月栋
　　　　刘佳迪　陈　琛　陈　洋　王　杰

第5章　陶慕轩　赵　鹤　龚　超　严佳川　刘　瑄　李子昂
　　　　刘晓刚　支旭东　张晓峰　郑明召

第6章　杨宇振　覃　琳　金　声　蒋　路　杨志坚　赵　阳
　　　　张　红　李相杰　孙鸿敏

第7章　张艳霞　李杨龙　薛　强　孙晓岭　李晓润　张泽宇
　　　　刘楚涵　谢木才　阮新伟　齐卫忠

第8章　王月栋　张泽宇　郭剑云　尚仁杰　孙小曦　杨志坚
　　　　龚　超　蔡玉春　刘　洁　李伟男

第9章　陈素文　楼国彪　王东林　蒋首超　毛朝君　罗金辉
　　　　周建新　曾立静　王　皓　王　双

第10章　李元齐　杜志杰　路志浩　安东亚　苏　磊　郑华海
　　　　于洋洋　刘书含　杨春锋

自　序

"钢结构建筑产业化关键技术及示范"（项目编号：2017YFC0703800，以下简称项目）是国家"十三五"重点研发计划项目之一，项目集中了我国钢结构建筑全产业链的26家优势创新团队，300余名科研和工程技术人员。项目聚焦于剪力墙、框架、模块化、板柱结构和交错桁架5类典型钢结构体系建筑，开展产业化技术集成研究并示范；重点突破了高效装配化连接、轻质环保围护体系、防火防腐装饰一体化3类关键共性技术；开发了全过程、全专业协同一体化智能建造技术平台。

项目共设置9个课题，课题之间开展了联合创新，同时与"绿色建筑与建筑工业化"重点专项其他项目开展协同创新，历时四年，圆满完成了研究任务和考核指标，取得了丰硕的成果，获授权专利78项，工法21项，编制技术标准26项，发表高水平论文105篇，培养研究生64名。

在建筑专业方面，建筑师作为建筑行业的"龙头"作用在本项目得到充分体现，本项目的课题负责人或者核心骨干大多是由建筑师担任。项目利用交错桁架结构研发设计出具有大空间特色的高层"叠墅"住宅；利用钢结构体系研发出与气候相适应的第四代住宅建筑体系，给人耳目一新的感受，为钢结构住宅发展开创出一条新路，提出了产业化市场方案。

在结构专业方面，项目研发了适合产业化生产方式的抗重力-抗侧力可分结构体系，并开展了大比例的模型试验研究，揭示了结构抗震机理，验证了可分体系的优越性能；试验表明相同位移角控制指标下，可分体系抗震性能及安全系数优于传统体系；为构建钢结构产业化通用体系打下了理论基础。

在连接技术方面，项目研发出了可快速装配的梁柱连接节点，实现了梁柱连接刚度可调，螺栓数量减少50%，避免现场熔透焊接的目标；开展了基于全螺栓连接及外挂蒸压加气混凝土墙板的5层钢结构建筑振动台试验，揭示了主体结构与轻质围护墙体协同工作的机理，验证了多种连接节点的优劣性，为装配式连接提出了安全高效的技术和产品方案。

在围护系统方面，项目针对不同气候区域构建了基于金属和水泥基两种材料的产业化解决方案，发明了蒸压加气混凝土（ALC）-岩棉隔热夹芯墙板，创造性地将岩棉材料在生产过程中置于墙板内部，提高了墙板保温隔热性能，大大降低了墙板造价，为钢结构建筑量身定制了产业化的围护体系。

在防火防腐方面，项目针对不同腐蚀环境及使用条件，研发出了基于涂装的防火防腐一体化技术和产品；开发出基于包覆材料的防火防腐装饰一体化体系产品，提出了相应的设计、施工方法，性能指标达到耐火极限2h以上，防腐年限25年以上。

在产业化示范方面，项目共完成17项示范工程，总面积超过106万 m^2；建设了7个产业化示范园区和13条产业化示范生产线，示范项目遍布全国。

以模块化钢结构建筑体系为例，项目在构建了低层、多层和高层模块化建筑技术体系的同时，编制了相应的技术标准和工法，建立了完整的产业化技术体系。形成了典型的模块化居住、办公、学校、商业、医院、生态等建筑方案，开展了示范工程，同时建设了产业化示范生产线和产业化示范园区。

在低层模块化建筑方面，从雄安市民服务中心到火神山、雷神山等一批新型冠状病毒疫情应急医院工程，项目所研发的墙承重叠箱结构体系，在快速应急工程中形成了不可替代的建造方案，为抗击重大突发性疫情做出贡献。

在多层模块化建筑方面，项目研发的叠箱模块-钢框架结构体系，在深圳大规模建造疫情隔离国际酒店项目得到应用，在一个月时间奇迹般地建设成同时供5000人隔离的星级酒店，对新冠疫情外防输入起到了快速响应的作用。

在高层模块化建筑方面，项目研发的叠箱模块-核心筒结构体系，在18层香港科技园政府公寓项目得到应用，据香港机构测算，比传统建造方法施工周期缩短30%，建筑垃圾减少80%~90%，极大提高了建造效率并降低了建筑污染。

本项目的实施恰逢国家大力推广应用钢结构的大好时期，项目的研发成果使钢结构建筑在全国得到快速推广，新建钢结构建筑占比大幅提升，为建筑业特别是钢结构行业实现"十三五"规划目标做出了突出贡献。

为了能更全面地展现项目的研发成果和技术推广情况，项目研发人员认真编撰了本书，过程中得到项目牵头单位中冶建筑研究总院有限公司、项目管理专业机构中国21世纪议程管理中心以及中国建筑出版传媒有限公司等单位的鼎力支持和帮助。

本书在编写过程中参考了许多专家、学者的论著和文献，谨向他们表示衷心的感谢和敬意。限于作者的学识和经验水平有限，本书可能还存在不少问题和可商榷之处，恳切期望专家和读者多提宝贵意见，给予教正，帮助改进、提高、充实和完善。

最后，谨以此书告慰我国钢结构建筑领域的先驱之一沈祖炎先生，并向天堂里的沈祖炎先生致以崇高的敬意！

侯兆新

2022年2月于深圳

目 录

第1章 绪论 ... 1
- 1.1 项目简介 ... 1
- 1.2 国内外研究现状 ... 1
- 1.3 关键问题和研究方向 ... 2
- 1.4 研究技术路线 ... 3
- 1.5 主要研究和示范内容 ... 4
- 1.6 主要创新点 ... 6
- 1.7 社会效益和行业影响 ... 12
- 参考文献 ... 15

第2章 新型剪力墙钢结构体系建筑产业化技术与示范 ... 16
- 2.1 引言 ... 16
- 2.2 钢管混凝土束剪力墙结构和异形钢管混凝土墙柱结构 ... 18
- 2.3 波纹钢板剪力墙结构体系 ... 45
- 2.4 新型剪力墙钢结构配套建筑体系 ... 68
- 2.5 全装配式楼面板 ... 84
- 2.6 新型剪力墙钢结构建筑产业化技术 ... 99
- 2.7 产业化示范 ... 112
- 参考文献 ... 119

第3章 新型框架钢结构体系建筑产业化技术与示范 ... 120
- 3.1 引言 ... 120
- 3.2 多腔柱框架-支撑体系建筑 ... 121
- 3.3 多腔体框架-钢板组合剪力墙体系建筑 ... 137
- 3.4 钢管混凝土组合异形柱框架结构体系建筑 ... 189
- 3.5 产业化示范 ... 216
- 参考文献 ... 232

第4章 模块化钢结构体系建筑产业化技术与示范 ... 233
- 4.1 引言 ... 233
- 4.2 模块化建筑功能与模块的标准化设计研究 ... 250
- 4.3 低层墙承重模块化建筑体系研究 ... 268
- 4.4 多高层柱承重模块化建筑体系研究 ... 283
- 4.5 高层模块化建筑体系研究 ... 315
- 4.6 模块化建筑功能一体化技术研究 ... 335
- 4.7 模块化建筑的施工与全过程管理技术研究 ... 342

4.8　产业化示范 ·· 354
　参考文献 ··· 383

第5章　装配式板柱钢结构体系建筑产业化技术与示范 ·· 387
　5.1　引言 ··· 387
　5.2　重力-侧力系统可分结构体系概念设计 ··· 389
　5.3　多层可分体系抗震性能研究 ··· 393
　5.4　高层可分体系数值模拟与性能评价 ·· 406
　5.5　集成式楼盖研究 ·· 418
　5.6　一体化外围护墙板研究 ··· 433
　5.7　产业化示范 ··· 445
　参考文献 ··· 465

第6章　装配式交错桁架钢结构体系建筑产业化技术与示范 ··· 468
　6.1　引言 ··· 468
　6.2　交错桁架钢结构体系 ··· 473
　6.3　建筑空间体系及围护体系部品化设计 ··· 479
　6.4　基于3D模型的交错桁架结构实用设计方法研究 ·· 511
　6.5　建筑的结构系统部品化研究 ··· 537
　6.6　建筑设备空间集成化模块研究 ·· 548
　6.7　产业化示范 ··· 557
　参考文献 ··· 584
　参考资料 ··· 585

第7章　钢结构高效装配化连接技术 ··· 588
　7.1　引言 ··· 588
　7.2　钢结构竖向构件高效装配化连接技术 ··· 589
　7.3　钢结构与轻质围护结构协同工作机理 ·· 620
　7.4　装配式钢结构梁柱连接标准化节点 ·· 639
　7.5　钢结构与减震装置装配式连接技术 ·· 667
　7.6　钢管混凝土建筑高效装配化及机电设备与结构连接技术 ·· 682
　7.7　自锁式单向螺栓连接技术 ·· 706
　7.8　产业化示范 ··· 719
　参考文献 ··· 729

第8章　钢结构建筑轻质环保围护体系技术与产品 ··· 731
　8.1　引言 ··· 731
　8.2　基于金属板的保温装饰一体化围护体系技术与产品 ·· 733
　8.3　基于ALC板的保温装饰一体化围护体系技术与产品 ··· 753
　8.4　基于新型材料的轻质环保围护体系技术与产品 ·· 783
　8.5　轻质环保建筑围护体系先进生产工艺和高效施工方法 ··· 792
　8.6　钢结构热断桥节点构造和设计方法研究 ··· 809
　8.7　产业化示范 ··· 852

参考文献·· 857

第9章 建筑钢结构防火防腐装饰一体化防护新技术与产品·········· 859
9.1 引言·· 859
9.2 钢结构防火新产品及新技术的研究与应用··· 860
9.3 钢结构25年长效防腐体系研究··· 879
9.4 钢结构防火防腐一体化新产品及应用技术研究···································· 903
9.5 围护-防火一体化研究·· 934
9.6 金属基材防火涂料板性能试验研究··· 961
9.7 产业化示范·· 994
参考文献·· 1011

第10章 钢结构建筑全过程、全专业一体化系统集成建造技术········ 1013
10.1 引言·· 1013
10.2 建造全过程一体化技术··· 1018
10.3 全专业协同一体化技术··· 1034
10.4 全产业协同一体化技术··· 1049
10.5 一体化集成建造评估体系·· 1059
10.6 低多层装配式钢结构体系建筑基于产品模式的智能建造平台·············· 1072
10.7 多高层装配式钢结构体系建筑基于EPC模式的智能建造平台·············· 1091
10.8 产业化示范··· 1105
参考文献·· 1118

第1章 绪 论

1.1 项目简介

改革开放以来,我国钢结构建筑得到快速发展,但发展不平衡,在工业厂房、大跨度建筑领域达到很高的应用水平,在量大面广的多高层建筑领域的发展仍然滞后,尤其是在住宅建筑中,钢结构占比不到1%,远低于发达国家20%~30%的平均水平。另外,产业化水平与发达国家相比有较大差距,在技术层面上,制约钢结构建筑产业化发展的瓶颈主要在三个方面:一是缺乏适合产业化特征的典型结构体系建筑及其产业化成套技术;二是关键共性技术缺乏产业化和产品化解决方案;三是典型结构体系建筑缺乏可以产业化推广的工程示范。

"十三五"国家重点研发计划项目"钢结构建筑产业化关键技术及示范"(项目编号:2017YFC0703800,以下简称项目)有针对性地提出三大研究内容和目标:一是研究和优化装配式钢结构体系建筑并形成产业化成套集成技术;二是重点突破关键共性技术和产品,提出产业化解决方案;三是将典型钢结构体系建筑与关键共性技术结合起来,开展设计、施工、运维一体化工程示范,以期实现产业化推广。

项目集中了我国钢结构建筑研究、设计、部品部件制造、施工和运维等全产业链的26家优势创新团队,包括9家国内大型骨干企业、9所高等院校、8家设计与专业机构;团队拥有国家钢结构工程技术研究中心、国家土建结构预制装配化工程技术研究中心、装配式钢结构民用建筑产业技术创新战略联盟等10余家国家级创新平台;来自企业的建筑师、设计师和工程师等一线工程技术人员占研究团队人数比例超过2/3,典型体系建筑的课题主要由建筑师牵头,突出了建筑专业的引领作用,团队企业主持过上百项建筑面积达数千万 m^2 的钢结构建筑工程,具有丰富的工程和产业化经验。

1.2 国内外研究现状

钢结构建筑产业化的核心基础是钢结构建筑工业化,钢结构建筑工业化实现的基础主要包含以下几大要素:即建筑设计标准化、构配件和部品部件制造机械化、安装施工装配化、施工管理规范化、施工过程专业化和集成化、设计施工和运维一体化。

如今,以日本、欧洲、美国及中国香港为代表的发达国家和地区的建筑工业化应用水平已超过65%,成为建筑业发展的主流方式。目前,欧美和日本等国外的低层钢结构建筑体系主要有冷弯型钢龙骨体系、装配式梁板钢框架体系、模块建筑体系以及模块和钢框混合体系。对于高层钢结构住宅,由于市场需求不大,国外研究相对较少。总体来说,国外发达国家在低层钢结构住宅产业化程度较高,对工程建设过程中的施工工艺与工法研究十分重视，在构件生产、运输和施工安装等各环节开发了许多专用制造和施工装备，产品专用性强，建设效率高。

我国钢结构建筑产业从20世纪90年代开始，依然处于起步和发展阶段。目前，在工业建筑和公共建筑领域，国内钢结构建筑产业已经取得了一定进展。在住宅建筑领域，宝钢、杭萧钢构、赛博思、中冶建筑研究总院有限公司、同济大学、东南大学、清华大学、天津大学等企业和高校在国内各地开展了研究和工程试点，包括钢管束混凝土剪力墙住宅结构体系、装配式板柱钢结构体系、钢框架-钢板（组合）剪力墙住宅结构体系、异形钢管混凝土住宅结构体系、模块化钢结构建筑等多种形式。

但是，我国当前钢结构住宅体系仍然面临着地区适应性较差、产业化程度低、工程应用推广不足等诸多问题[1-3]。造成钢结构建筑产业化目前困境的主要瓶颈问题包括以下几方面：①与混凝土剪力墙体系相比，传统钢结构体系建筑未体现其优势，钢结构体系建筑及其设计方法亟需创新；②与钢结构建筑配套的围护体系、防火和防腐技术及产品单一，缺乏市场接受的因地制宜的产业化解决方案；③缺乏钢结构建筑系统集成与全寿命周期一体化的产业化建造技术。

综合来看，我国钢结构建筑产业化关键技术有待突破，钢结构建筑产业链有待形成。目前，我国亟需解决钢结构建筑产业化过程中的装配化连接、因地制宜的轻质环保围护体系、新型防火防腐一体化以及系统集成和一体化建造等关键技术问题，并应通过典型体系建筑示范，从点到面，推动钢结构建筑产业化的发展。

1.3 关键问题和研究方向

改革开放以来，我国钢结构建筑得到快速发展，但发展不平衡，在工业厂房、大跨度和超高层建筑领域达到很高的应用水平，但在量大面广的多高层建筑领域的发展仍然十分滞后，特别是在住宅建筑中，钢结构占比不到1%，远远低于发达国家20%~30%的平均水平。

我国钢结构建筑产业化水平与发达国家相比差距较大，在技术层面上，制约我国钢结构建筑产业化发展的瓶颈主要体现在三个方面：一是缺乏适合产业化特征的典型结构体系，部品部件体系，标准化、模块化、通用化、装配化的技术体系和设计、制造、装配、运维一体化的产业化技术体系。二是关键共性技术缺乏产业化解决方案，例如与钢结构配套的建筑体系和围护体系，钢结构防火防腐产品、高效装配连接技术以及系统集成建造技术和平台等。三是缺少一体化、产业化工程示范。

通过本项目系统研究，一方面重点解决包括：①适合产业化生产方式的可分结构体系；②钢结构与其轻质围护体系协同变形；③钢结构防火与防腐一体化防护的工作机理与设计理论3个关键科学问题。

另一方面重点解决包括：①满足产业化要求的设计、制造、装配一体化建造技术；②与钢结构配套的轻质环保围护体系及其产业化技术；③防火防腐装饰一体化防护体系及其产业化技术；④高效装配化连接技术；⑤建筑、结构、设备、装修一体化系统集成技术平台5个关键技术问题。

将3个科学问题与5个技术问题融合在一起，形成6个研究方向主线，即建筑、结构、连接、围护、防火防腐和一体化技术。关键问题和研究方向的提炼过程见图1.3-1的示意。

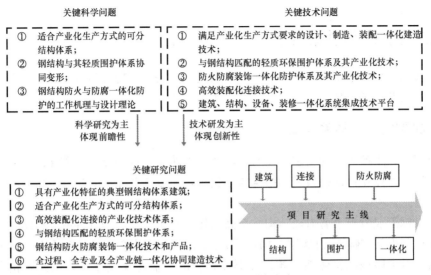

图 1.3-1　关键问题和研究方向

1.4　研究技术路线

在科学研究-技术研发-工程化-产业化的创新链中，本项目侧重在创新链后端，因此，研究内容和技术路线上要兼顾前端的研发，着力点在工程化和产业化上。

项目聚焦5类符合我国国情和产业化要求的典型钢结构体系建筑，开展产业化技术集成研究并进行工程示范，包括新型剪力墙钢结构体系建筑、新型框架钢结构体系建筑、模块化钢结构体系建筑、装配式板柱钢结构体系建筑和交错桁架钢结构体系建筑等。

重点突破3类关键共性技术，提出产业化解决方案并实现产品，包括高效装配化连接技术、轻质环保围护体系技术和防火防腐装饰一体化防护技术等。

开发全过程、全专业协同一体化智能建造技术平台，实现典型钢结构体系建筑和共性关键技术系统集成建造的目标。

项目研究技术路线见图 1.4-1 的示意。

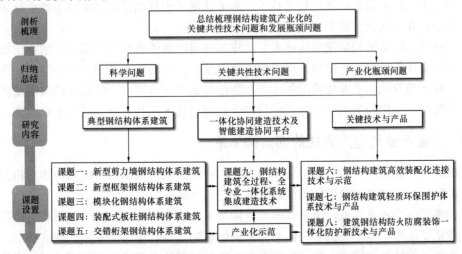

图 1.4-1　项目研究技术路线

1.5 主要研究和示范内容

针对我国钢结构建筑产业化发展现状以及提炼出关键问题和研究方向，本项目按照研究方向，主要开展了下列 6 个方面的研究和示范工作。

1.5.1 典型钢结构体系建筑

适应产业化生产方式的要求，按照标准化、模块化、通用化、装配化的技术路线，研发出 5 种具有产业化特征的典型钢结构体系建筑，形成产业化成套集成技术和标准，并开展工程示范。

（1）以钢管混凝土束剪力墙结构体系高层住宅建筑、异形钢管混凝土柱结构体系多高层住宅建筑和框架-钢板剪力墙钢结构体系建筑作为研究对象，开发出适用于典型区域的工业化新型剪力墙钢结构体系建筑，并形成相应的产业化集成技术，且开展相应的工程示范。

（2）研究和优化新型装配式多高层钢结构框架-支撑、框架-剪力墙、框架-核心筒、钢管混凝土组合异形柱等结构体系建筑，开发对应的高效装配化连接，形成建筑、结构、设备和装修一体化的新型框架钢结构体系建筑产业化成套集成技术，并开展相应的工程示范。

（3）研究模块化钢结构[4]住宅、办公、商业等建筑方案，形成模块化建筑功能与模块的标准化设计体系为基础的低多层墙承重模块化建筑体系、多高层柱承重模块化建筑体系和高层模块化建筑体系，建立模块化钢结构体系建筑产业化相应的成套集成技术体系，并以系列化产品为代表的示范性生产基地、有影响力的示范工程推广，加快推动钢结构模块化建筑的市场规模化应用。

（4）针对钢结构住宅产业化过程中存在的梁柱外露、功能适应性差、防腐防火费用高且耐久性不足等关键技术问题，研发竖向承重体系与抗侧力体系相分离的新型多高层装配式板柱钢结构建筑体系[5]，研发新型结构体系的标准化技术、建筑-结构-水暖电集成化技术、结构-墙体-保温-装饰一体化建造技术，形成装配式板柱钢结构体系建筑产业化成套集成技术标准，并开展相应的工程示范。

（5）研究适应交错桁架钢结构体系[6]的建筑空间模数体系和建筑部品，结合建筑体系发展完善的交错桁架部品化结构、设备集成化系统，以及集布线-装饰-节能-防火一体化围护系统、基于模数化的工业化构配件生产和装配化施工安装技术，解决纵横向刚度协调机理，形成装配式交错桁架钢结构体系建筑产业化成套技术，并开展相应的工程示范。

1.5.2 适合产业化生产方式的钢结构体系

提出适合产业化生产方式的可分结构体系，建立竖向承重体系与抗侧力体系相分离的结构分析模型，提出可分结构体系设计计算理论和方法。

结合典型结构体系建筑，研发竖向承重体系与抗侧力体系相分离的新型装配式钢结构体系，建立竖向承重体系和抗侧力体系相分离的装配式钢结构体系非线性数值模型，并开展地震作用下的精细化模拟，揭示新体系在地震作用下的力学机理和破坏过程，明确不同抗侧力构件在体系中的力学作用、损伤程度以及地震作用的各自分担比例。论证新体系在地震区应用的适用性、可行性与经济性，提出适用于新体系的抗震设计理论、抗震性能控制指标、抗震设计计算模型和验算方法。实现竖向承重体系与抗侧力体系的标准化和模数化，从而推动钢结构建筑结构的标准化，实现钢结构建筑产业化。

1.5.3　钢结构高效装配化连接技术

研发适合产业化生产方式的钢结构建筑高效装配化连接节点，实现主体钢结构构件与楼板、内外墙板以及设备等不同构件之间的高效装配化连接，建立装配式钢结构建筑高效装配化连接的产业化技术体系。

结合典型结构体系建筑，研究钢结构建筑高效装配化连接节点工作机理与设计理论，研发钢结构建筑高效装配化体系连接产品，建立装配式构件及其连接节点的计算分析模型，提出可装配的主体结构、围护结构等典型连接构造及其设计方法。建立钢结构建筑高效装配化连接构造、连接机理、体系组成、设计方法、配套部品与技术、技术标准等，形成装配式钢结构建筑高效装配化连接的产业化技术体系，并进行工程示范。

1.5.4　钢结构建筑围护系统技术

开发适合不同气候区的装配式一体化的钢结构建筑围护系统系列产品，形成钢结构建筑配套的轻质环保围护体系及其产业化应用技术。

结合典型结构体系建筑，对装配式轻质环保围护体系关键技术进行研究，开发与钢结构建筑相适应的轻质环保围护墙板产品，研究复合墙板生产技术、墙板与钢结构的连接和安装技术、墙板间及墙板与门窗间的连接技术，以及钢结构与其轻质围护体系协同变形机理及连接构造设计理论。针对我国不同气候区的热工特点，开发适合不同气候区的装配式一体化的钢结构建筑围护系统系列产品。实现装配式轻质环保围护墙板的产业化加工和装配系列技术体系，并进行工程示范。

针对京津冀地区、长三角地区、珠三角地区以及东北地区的气候特点，提出相应的钢结构建筑围护系统解决方案。

1.5.5　建筑钢结构防火防腐一体化防护体系技术

研究钢结构防火与防腐一体化防护的工作机理与设计理论，分析钢结构建筑产业化对防火防腐性能的要求，提出主要技术指标要求及检测技术；研发具有良好环保性、耐候性和装饰性的新型钢结构防火涂料；针对不同腐蚀环境，提出钢结构防火防腐一体化的材料和体系，其性能指标达到耐火极限2h以上，防腐年限25年以上；研发建筑钢结构防火装饰一体化技术和产品。

1.5.6　钢结构建筑一体化系统集成技术

研究钢结构建筑、结构、设备、装修和运维一体化系统集成技术，建立装配式钢结构体系建筑建造全过程、全专业及全产业协同技术体系，开发智能建造技术集成平台。

结合典型结构体系建筑，针对装配式钢结构体系建筑，从包含设计、加工、物流、装配、运维等的建造全过程技术协同及建筑、结构、水暖电、内外装修等全专业技术协同两个维度出发，注重装配式钢结构体系建筑在技术、管理、市场、信息领域的全产业一体化，在实体工程和虚拟建造（智能建造技术集成平台）两个层面，研究和优化装配式钢结构体系建筑的一体化建造关键技术，满足产业化装配式钢结构体系建筑设计、制造、装配一体化要求，并开展工程应用示范。

1.6 主要创新点

1.6.1 研发出具有产业化特征的 5 类典型钢结构体系建筑

基于产业化生产方式的要求，按照标准化、模块化、通用化、装配化的技术路线，研发出具有产业化特征的 5 类典型钢结构体系建筑，形成产业化成套集成技术，并实现工程示范。

（1）对剪力墙钢结构体系建筑开展了工程化和产业化技术系统研究，提出了钢管混凝土束剪力墙和异形钢管混凝土墙柱以及双功能剪力墙 3 种体系建筑，形成了剪力墙钢结构体系高层住宅建筑产业化的成套技术。

（2）对框架钢结构体系建筑进行了工程化和产业化技术研究，提出了多腔柱框架-支撑、框架-剪力墙、框架-核心筒、钢管混凝土组合异形柱框架结构 4 种体系建筑，形成了框架钢结构体系建筑产业化成套技术。

（3）对模块化钢结构体系建筑产业化技术开展了系统研究，建立了低多层墙承重模块化建筑、多高层柱承重模块化建筑和高层模块化建筑 3 种体系，并形成模块化钢结构建筑产业化成套技术。

（4）对装配式板柱结构体系建筑开展了系统研究，形成了建筑-结构-水暖电集成化技术、结构-墙体-保温-装饰一体化建造技术等产业化成套技术。

（5）对交错桁架钢结构体系建筑开展了系统研究，完善了建筑与结构的系统化设计方法，提出了典型装配部品、典型节点、装配化设备集成等技术，建立了装配式交错桁架钢结构体系建筑产业化成套技术。

1.6.2 研发出具有产业化特征的可分钢结构体系

针对具有产业化特征的典型钢结构体系，建立竖向承重体系与抗侧力体系相分离的结构分析模型，提出可分结构体系设计计算理论和方法。

（1）基于不同地区抗震设防烈度差异大，结构抗侧能力需求不同，城市发展规模不同，建筑层数和高度不同，结构抗重力需求也不同的建筑结构差异化现状，通过重新设计结构竖向承重与水平抗侧传力路径实现竖向承重体系与抗侧力体系相分离，使竖向承重构件设计与结构层数无关，实现了竖向承重构件的标准化，为建筑工业化和产业化奠定基础。

（2）建立竖向承重体系与抗侧力体系相分离的装配式板柱钢结构体系非线性数值模型，并开展地震作用下的精细化模拟，揭示新体系在地震作用下的力学机理和破坏过程，明确不同抗侧力构件在体系中的力学作用、损伤程度以及地震作用的各自分担比例。

（3）论证可分结构体系在地震区应用的适用性、可行性与经济性，提出适用于新体系的抗震设计理论、抗震性能控制指标、抗震设计计算模型和验算方法，并开展工程示范。

1.6.3 研发出便于装配的结构构件及其高效连接技术

基于装配式建筑的要求，研发出便于装配的结构构件及其高效连接技术，建立装配式构件及其连接节点构造的计算分析模型，提出可装配的主体结构、围护结构等典型连接构造及其设计方法。

（1）在满足结构良好性能的基础上，划分主体钢结构安装模块，提出实现不同模块之间的高效装配化连接的节点构造、协同工作机理与设计理论。

（2）按照产业化生产方式，研发出钢结构高效装配化体系连接技术与产品，实现不同结构构件之间以及结构主体与楼板体系、轻质围护体系和机电设备的高效装配化连接，建立相应的技术标准。

（3）结合本项目5类典型结构体系建筑，有针对性地提出主体结构、围护结构、机电设备、整体厨卫以及装饰装修一体化等高效装配化连接技术，形成装配式钢结构建筑产业化的高效连接成套技术体系与产品，并开展工程示范应用。

（4）开展采用新型高效连接技术的多层钢结构建筑模型的振动台验证试验，揭示钢结构与轻质围护墙板（蒸压加气混凝土墙板，本书简称ALC板）受力和变形协同工作机理，提出了相应设计、构造、节点及施工方法。

1.6.4 研发与钢结构配套的建筑围护系统技术与产品

研发了适用于全国不同热工分区的保温装饰一体化的轻质墙体产品与连接技术，提出防止围护结构开裂及冷热桥问题的技术解决方案，研发出适合不同气候区的结构构件、保温隔热、设备管线、装饰一体化的钢结构建筑围护系统系列产品。

（1）研发了基于密肋夹芯保温构造的高性能ALC保温装饰一体化复合墙板，建立了设计施工成套技术；研发了保温装饰一体化的金属幕墙与轻质墙板组合式外墙系统，形成设计、生产、施工成套技术；研发了适用于全国不同热工分区的保温装饰一体化的ALC双墙复合墙体产品与连接系列技术，解决了钢结构围护体系地区适应性差的难题；研发了基于超高性能绝热材料的高性能轻质保温装饰一体化复合墙板，建立了满足严寒地区节能要求的构造措施和设计方法。

（2）研发了集保温、隔声、防火、装饰多功能为一体的装配式轻质叠合楼板，提出了设计施工方法；研发了基于ALC薄板包覆的钢结构防腐-防火-保温-装饰一体化技术，解决了钢结构防火防腐成本高且耐久性不足和冷热桥的技术难题；研发了高效装配式密拼接缝密肋叠合空心楼板，密肋叠合楼板双向受力且四边不出筋，大大提升了混凝土空心楼盖生产、施工效率；研发了钢结构围护系统防冷热桥节点构造和设计方法，解决了钢结构围护体系冷热桥问题。

（3）研发了装配式超大规格金属围护单元组件制造和施工技术；研发了围护-保温-装饰一体化ALC产业化大板高效生产和施工技术；构建了钢结构建筑轻质环保围护体系设计、制造、安装成套技术和标准体系，通过示范工程促进了钢结构建筑轻质环保围护体系技术和产品的推广，在北京、上海、天津等地进行了规模化应用，经济和社会效益显著。

1.6.5 研发出长效环保的建筑钢结构防火防腐一体化防护技术和产品

揭示钢结构防火涂层和防腐涂层协同作用机理，提出防火防腐一体化设计方法和耐久性检测评价方法，研发出长效环保的建筑钢结构防火防腐一体化防护技术和产品，性能指标达到耐火极限2h以上，防腐年限25年以上。

（1）揭示防火涂料和防腐涂料的相互作用机理，选择具有良好相容性的防火防腐一体化涂层配套体系，解决涂层配套中的相容性问题，提出检测相容性的技术指标和方法。

（2）开发适用于钢结构的低VOC高固体分环保型钢结构长效防腐涂料，通过涂层配套体系的优化设计，实现防腐年限大于25年目标；建立检验涂层环保性和耐久性的技术指标要求和检测技术。

（3）评估现有围护装饰体系的防火保护功能，筛选出适合兼作钢结构保护的围护装饰材料，提出相应的构造要求和设计方法；开发新型装饰与钢结构防火保护一体化材料，实现钢结构围护装饰-防火的一体化。

（4）研发环保性、耐候性、装饰性良好的水性膨胀型钢结构防火涂料和具有良好兼容性的高固含低VOC的长效防腐产品，形成防火防腐一体化配套方案，满足耐火极限2h以上，耐腐极限25年以上的要求。

1.6.6 开发了一体化系统集成建造技术和平台

利用智能建造技术与智能集成平台，建立装配式钢结构体系建筑建造全过程、全专业及全产业协同技术体系，提出一体化系统集成建造技术。

（1）基于装配式钢结构体系建筑在设计、加工、物流、装配、运维、拆除等建造全过程的技术协同需求，提出建造全过程中设计、制造及现场施工、运维三个主要阶段为主的一体化原则和各阶段之间的技术对接方案和相应的技术实施细则，形成装配式钢结构体系建筑建造全过程一体化技术。

（2）基于装配式钢结构体系建筑在建筑、结构、水暖电、内外装修等全专业中的技术协同需求，提出建筑与结构、结构与建筑设备、结构与节能保温、建筑与内外装修多个方面的空间紧凑化、集成设计和构造一体化原则和各专业之间的技术对接方案和技术实施细则，形成装配式钢结构体系建筑全专业协同一体化技术。

（3）以典型装配式钢结构体系建筑为代表，研发适合装配式钢结构体系建筑集成且符合多方参与需求的，基于建造全过程一体化、全专业一体化和技术、管理、市场、信息一体化理念的智能建造共享平台，确保装配式建筑在建造的全过程和全专业中信息传递方向正确、时间及时、内容真实且具有可追溯性，并提高各个建造阶段的效率。

1.6.7 开展了系列典型示范项目

（1）示范工程

16个示范工程项目位于北京、香港、内蒙古、雄安、重庆、浙江、河北、山东等省市和地区；采用了5种装配式钢结构体系，包括：新型剪力墙钢结构体系、新型框架钢结构体系、模块化钢结构体系、装配式板柱钢结构体系、装配式交错桁架钢结构体系等。示范工程情况见表1.6-1。

示范工程 表 1.6-1

示范工程名称	示范技术	备注
1. 唐山市丰润区浭阳新城二区示范工程	一体化集成式楼盖系统、复合轻质外墙板一体化建造技术、装配式板柱钢结构体系集成建造技术	该示范工程位于唐山市丰润区，地上共22层，地下2层，标准层层高3.0m，总建筑面积10950.45m²，其中地上建筑面积10096.82m²，地下建筑面积853.63m²
2. 中冶建筑研究总院有限公司科研实验用房改造项目——钢结构全装配式节点	1) 钢结构梁柱连接节点高效装配化连接技术与产品；2) 一体化轻质围护外墙板与主体钢结构高效装配化连接技术	该示范工程位于北京市海淀区，总建筑面积118595m²，A1楼结构高度30m，地下3层，地上6层，主体结构采用钢框架结构体系
3. 中冶建筑研究总院有限公司科研实验用房改造项目——叠合楼	新型预制混凝土叠合楼板	该示范工程位于北京市海淀区西土城路33号院，由三座科研实验楼（A1、A2、A3楼）及地下部分组成，建设用地面积为65400.649m²，总建筑面积118598m²
4. 重庆新都汇1、2号和22号装配式钢结构住宅示范项目	1) 新型双侧板全螺栓梁柱节点示范；2) 平面外对穿螺栓梁柱节点示范	该示范工程位于重庆市綦江区，项目总建筑面积25770.99m²，其中1号和2号楼为高层住宅建筑，地下2层，地上29层，标准层层高3.1m，建筑高度90.5m
5. 绍兴柯北宿舍楼1号、2号、3号示范工程	装配式交错桁架钢结构建筑成套技术体系	总建筑面积15315.04m²
6. 萧山国际机场5号、6号公寓楼及其配套工程	装配式交错桁架钢结构建筑成套技术体系	总建筑面积34400m²，5号楼地上7层，6号楼地上10层
7. 雄安市民服务中心项目——企业临时办公区	示范技术包括：模块功能建筑一体化设计技术、模块化钢结构体系集成建造技术、大型模块化箱体远途运输技术、模块化钢结构建筑现场高效连接与质量控制技术等	该示范工程位于河北省保定市雄安新区容城东部，为办公+公寓的低层钢结构模块化项目，建筑面积30425m²，层数3层
8. 香港科技园项目——1831 HKSTP InnoCell 项目	示范技术包括：高层模块化建筑体系的构成方法和连接关键技术、施工与全过程的信息化应用技术、狭小街区运输控制技术、大吨位模块单元安装技术	该示范工程位于香港新界科学园 TPTL 245，项目建筑面积10500m²，为17层的高层公寓建筑
9. 天津静海子牙尚林苑（白领宿舍）一期工程	示范技术包括：钢结构模块结构体系、模块单元选型及组合研究；模块钢结构拼接节点技术；模块钢结构抗侧体系设计技术；钢结构模块建筑制造、运输、吊装及装配系列施工技术研究；模块钢结构围护体系及防火防腐一体化技术	该示范工程位于天津市静海区子牙循环经济园区，项目建筑面积9257.85m²，为5层的多层公寓建筑
10. 首都师范大学附属中学通州校区教学楼	1) 箱形截面柱高效装配化连接技术与产品；2) 高效装配式中间柱型阻尼器产品；3) 全螺栓梁拼接节点与钢筋桁架楼承板连接技术	该示范工程位于北京市通州区，总建筑面积47944m²，结构高度20.4m，地下2层，地上5层，主体结构采用钢框架+阻尼器结构体系
11. 湖州仁和永廿舍农旅二期项目示范工程	1) 轻钢龙骨建筑2D&3D模块单元设计及施工技术；2) 建筑、结构、设备、内装全专业一体化设计技术；3) 设计、采购、安装一体化虚拟建造模式	该示范工程位于浙江省湖州市，共16栋建筑，建筑面积1440m²

续表

示范工程名称	示范技术	备 注
12. 北京市丰台区张仪村棚户区安置房	1）设计阶段——多方协同设计平台；2）加工阶段——地域经济平台；3）施工阶段——虚拟施工管理平台	该示范工程位于北京市丰台区，建筑面积83091.33m^2，其中地上56066.51m^2
13. 北京丽泽平安金融中心项目防火防腐一体化工程示范	建筑钢结构防火防腐一体化石膏基室内非膨胀型防火涂料	该示范工程位于北京，总建筑面积15.3万m^2，其中地上建筑面积117000m^2，地下建筑面积35800m^2。塔楼地上共40层，总高度200m
14. 东南网架新型装配式钢结构绿色建筑基地宿舍楼示范工程	示范工程是以桁架式多腔体钢板组合剪力墙结构体系为依托，集成装配式楼盖、预制化墙板等技术，基于SEBIM平台实现装配式钢结构建筑的一体化设计、工厂化生产、装配化施工，是一套系统、高效、先进的工业化绿色建筑解决方案	该示范工程位于杭州市钱塘区（原大江东）河庄街道，东侧为青西三路，南侧为临鸿路，西侧为青西四路，北侧为江东七路，交通较为便利。建筑总长度为67.6m，建筑宽度21.2m，地上12层，无地下室，层高3.2m，建筑高度44.150m，建筑总面积为17805.34m^2
15. 沧州市福康家园公共租赁住房住宅项目	方钢管混凝土组合异形柱框架-支撑体系和框架-剪力墙体系	该示范工程位于河北省沧州市区永济路北、永安大道西侧。总建筑面积13.6万m^2
16. 南京国际健康城大众健康科创中心	1）ALC双墙应用技术体系研究；2）ALC薄型板包梁柱应用技术；3）关于ALC叠合楼板应用技术体系的研发	该示范工程位于南京，一期二期约6万m^2装配式钢结构的三板围护及薄板包梁包柱

（2）示范生产线和产业园

17个示范生产线、产业园都依托国内与钢结构产业相关的大型企业，包括钢结构制作企业、防火涂料生产企业、围护墙板生产企业等，这些行业内大型企业也都深入参与了本项目各课题的研发工作，并结合相关研究成果建立示范生产线与示范产业园区，见表1.6-2。

示范生产线和产业园情况表　　　　　　　　表1.6-2

示范生产线和产业园名称	示范技术	备注
1. 装配式ALC装饰保温一体化板材组装生产线	1）ALC预制大板生产流水线；2）大板拼装生产线及瓷砖装饰流水线；3）ALC叠合楼板生产线	该生产线位于南京市雨花台区，上述产品实现年产10万m^3产能目标
2. 唐山海港首钢建设钢结构有限公司钢结构加工生产线	1）装配式金属楼面技术；2）装配式金属屋面技术；3）装配式金属幕墙技术；4）装配式金属幕墙板组合墙体（DW-VWALL）技术；5）装配式LGS薄壁型钢组合墙体技术；6）装配式钢结构制造技术；7）装配式钢结构建筑技术系统	该生产线位于天津市静海开发区，产业基地占地365亩，总建筑面积约15万m^2。其中，一期"绿建项目"建筑面积7.7万m^2，二期"绿筑项目"建筑面积8万m^2

续表

示范生产线和产业园名称	示范技术	备注
3. 箱式钢结构集成模块生产线	本项目包括箱式钢结构集成房屋钢结构生产、装饰装修生产的多条流水线。生产线包括钢结构下料与冲压成型、部件焊接与总装，喷砂与涂装防腐及检验试验，装饰装修，成品保护，包装运输等工序。主要示范箱式集成模块化钢结构的生产及装饰装修的关键工序、自动化设备	该生产线位于广东江门市新会区大鳌镇，总建筑面积 8.5 万 m^2，年产能 20 万 m^2 模块箱体；拥有专用生产设备 180 余台（套）。示范生产线优化了工艺，实现了结构、装修、设备一体化设计建造技术，提高了整体生产效率和产品品质
4. 建筑功能一体化模块单元生产线	1）建筑功能一体化模块单元的箱体结构制作：部装、总装和涂装技术；2）模块单元装修技术：地面工程、墙面工程、门窗安装、卫生间安装、强弱电安装、给水排水安装、消防系统、暖通系统安装技术	该生产线位于天津市滨海新区，总建筑面积 7.2 万 m^2，拥有 2 条钢结构模块化建筑生产线，年产能 2000 个标准单元模块。示范生产线优化了工艺，实现了结构、装修、设备一体化技术，提高了整体生产效率
5. 江苏兰陵新型防火涂料示范生产线	新型水性薄型和超薄型防火涂料	该示范生产线位于江苏常州，生产线厂房面积约 15000m^2，年生产量已超过 1 万 t（涂装面积可达 1000 万 m^2）
6. 板柱式钢混组合结构示范生产线	智能布料技术、堆垛机控制技术、低噪振动技术、养护系统高效节能的温度控制技术、PK-PM-PC 智慧工厂管理系统技术	该示范生产线位于河北省唐山市，通过改造升级将原有 1 条生产线设计产能提升为 6 万 m^3/年，另新建 5 条 PC 生产线和 1 条钢筋生产线，设计产能为 30 万 m^3/年
7. 板柱式钢结构示范生产线	高精度下料技术、高精度制孔技术、高精度 H 型钢组装技术、H 型钢高速焊接技术、防腐车间净化技术、智慧建造技术	该示范生产线位于河北省唐山市，主要产品为钢结构装配式部品、部件，设计产能为 20 万 t/年
8. 桁架式多腔体钢板组合剪力墙生产线	该生产线采用数控等离子切割下料、数控自适应定位、红外线扫描跟踪自动焊接，具有技术先进、生产效率高、质量可靠、操作方便、定位精准等优点。该桁架式多腔体钢板组合剪力墙生产线是全国唯一一家可生产特色钢板组合墙的生产线，年生产量达 8000～10000t，可实现桁架式多腔体钢板剪力墙批量化生产，智能化制造	该生产线位于杭州钱塘区东南新型装配式钢结构绿色建筑基地内，主要生产一种新型桁架式多腔体钢板组合剪力墙。主要加工设备包含数控重型双枪等离子切割机，钢筋桁架焊接专机，底板与钢筋桁架单元矫正机，多腔体组合悬臂式焊接专用焊机，多腔体钢板剪力墙端部切平、坡口专机，组装上料机，输送滚道，C 形、L 形电动、液压翻转机，移钢机等
9. 天津绿建装配式钢结构建筑产业园（一期）	装配式轻质围护体系——金属屋面系统的技术研发、生产与应用；装配式轻质围护体系——金属墙面系统的技术研发、生产与应用	该产业园位于天津静海区，示范园区建筑面积 6.95 万 m^2，包括研发、设计、生产、试验、检验、产品展示等方面。金属轻质围护墙板（屋面板）年产量达 300 万 m^2
10. 绿建装配式钢结构建筑产业园	H 型钢数控自动化生产线可实现翼板厚度 80mm、高度 2000mm 以内的各类 H 型钢的加工生产，采用美国林肯焊接电机，单班年生产能力达 10000t。箱形构件数控自动化生产线可完成厚度 100mm、规格 1500mm×1500mm 以内的箱形构件的生产，年产能力 10000t	该产业园位于河北省唐山市京唐港开发区港盛街。生产线占地总面积 68453m^2，拥有 H 型钢生产线 2 条，箱形构件生产线 1 条，卷板生产线 1 条，可年产 2.5 万 t 钢结构部品部件

续表

示范生产线和产业园名称	示范技术	备注
11. 交错桁架体系建筑工业化产业园区	交错桁架钢结构体系、建筑配套钢构件、楼板和外墙围护体系	产业园概况：生产3种构件10万 t/年，3种构件50万 m³/年
12. 模块化钢结构建筑产业化示范区	1）模块化钢结构建筑单元的箱体结构制作：部装、总装和涂装技术；2）模块单元装修技术：地面工程、墙面工程、门窗安装、卫生间安装、强弱电安装、给水排水安装、消防系统、暖通系统安装技术；3）特种钢结构生产线	该示范园区位于天津市滨海新区，占地20万 m²，厂房面积7.2万 m²，除具备模块化钢结构的生产能力以外，还具备设计研发、质量检测、产品展示与物流运输等完备配套设施。示范园区内可生产建筑功能一体化模块单元、不锈钢罐式模块箱体、发电及控制模块箱体、生活污水处理模块箱体等系列产品
13. 钢结构建筑产业化示范园区	钢结构部品部件高精度生产制造技术、装配式混凝土部品部件高精度生产制造技术、钢混组合结构部品部件高精度生产制造技术、智慧工厂管理系统	该示范园区位于河北省唐山市，是河北省首家集装配式住宅研发、设计、生产、施工及咨询为一体的综合生产园区，下设装配式钢结构生产基地和装配式混凝土生产基地，园区总占地面积39万 m²
14. 新型装配式钢结构绿色建筑基地	设计、加工、装配一体化的工业化钢结构建筑工程示范应用。主要包括：数控等离子切割、型钢自动化生产线、焊接机器人、桁架式多腔体钢板剪力墙生产线、自动喷漆涂装线、新型墙板及楼板生产线等先进高效的生产设备及其工艺流程示范	该项目位于杭州市钱塘区，总投资30亿元人民币。新建厂房以及辅助用房等建筑面积171746.04m²，配置数控等离子数控切割机、激光切割机、H型钢智能组焊生产线、箱形梁智能组焊生产线、自动高效抛丸机、变频式起重机等生产设备以及空压机、冷却水系统等公用工程设备，建成后形成年产钢结构构件20万 t的产能
15. 装配式框架钢结构示范生产线	主要生产一种新型装配式框架钢结构	生产线年产能已达8000~10000t
16. 建筑金属夹芯板智能生产线	全自动智能金属围护板材生产线的建设与调试；环保无氟发泡技术的研发与应用；全自动产品信息化生产与控制技术；生产线全自动提升上料、晒斑、码垛、包装、无损失工艺技术	该生产线位于天津静海区的天津绿建装配式钢结构建筑产业园（一期）内，两条金属轻质围护墙板（屋面板）生产线年产能达350万 m²
17. 金特建材防火-装饰一体化板材示范生产线	钢结构防火装饰一体化火克防火板生产线改造	该生产线位于江西省宜春市袁州区，生产线厂房面积约80000m²，可以年产防火板2000万 m²

1.7 社会效益和行业影响

（1）开创了以资源许可为核心的产业化推广新商业模式

为引领房地产、建筑施工、钢结构等企业向"积极推广绿色建筑和建材，大力发展钢结构建筑和装配式建筑，提高工程标准和质量"的目标迈进，杭萧钢构进一步创新业务模式，在进行以"绿色建筑"钢结构体系的技术研发创新、专利推广、专利应用的基础上，开创了以专利与技术、品牌与管理、运营与体系、战略与投资等的以资源许可为核心的新业务模式。2018 年，杭萧钢构为实现"绿色建筑集成服务于全人类"的愿景目标，打通建筑领域产业链，成立互联网绿色建材交易平台——万郡绿建。针对钢品、建材、装饰装修等供方企业提供互联网推广全域覆盖、海量询盘信息、23 万 m^2 展示中心的产品全方位展示、全程透明的可视化在线 SAAS 服务，并在全国 540 余区县设置销售网络。杭萧钢构至今已拥有十余家全资或控股子公司和百余家参股公司，形成了"设计研发＋生产制造＋项目总包＋绿色建材＋电商平台"五位一体的绿色建筑集成新模式，打造了房产开发、钢结构设计、制作生产、施工安装等贯通整个产业链的互联网交易采购平台，其中各部分组成机构为"房产开发——万郡房产；建筑设计——汉林设计；生产制造——杭萧钢构及各子公司和 106 家加盟合作企业；施工安装——杭萧钢构及各子公司和加盟合作企业；互联网绿色建材交易平台——万郡绿建"。

（2）构建了"科技-孵化-产业"有机联合和无缝对接的产学研用创新模式

本课题参与单位包括高等院校、大型钢结构骨干企业、骨干设计院。在课题的开展过程中，围绕科研平台，建立"研发基地＋工程示范"的运行机制，采取"市场化机制、企业化运作"方式，不断推进产学研合作的载体建设，东南大学与浙江东南网架股份有限公司合作构建桁架式多腔体钢板组合剪力墙结构体系，天津大学与大元建业集团股份有限公司合作落地方钢管混凝土组合异形柱框架-支撑体系；建设了新型装配式钢结构绿色建筑基地、桁架式多腔体钢板组合剪力墙生产线、装配式框架钢结构示范生产线；服务于企业实际科研需求和一线成果转化，完成重大科研成果转化 10 余项，带动产业新增产值超过 1000 万元；构建"科技-孵化-产业"有机联合和无缝对接的管理模式，加速科技成果落地。

（3）发挥了模块化防疫应急建筑在抗击新冠疫情中的重要作用

构建了模块化钢结构技术体系，包括：低多层墙承重模块化建筑体系、多高层柱承重模块化建筑体系、高层模块化建筑体系及装配式快速连接方法。形成了模块化钢结构建筑产业化成套技术：①研发了集建筑、结构、设备、装饰于一体的模块化房屋；②建设了模块化钢结构箱式房屋自动生产线和生产基地；③形成了"模块化钢结构建筑集成一体化建造关键技术"（包含设计、制造、运输、安装、维护等技术）；④制定了国家标准《钢结构模块建筑技术规程》T/CECS 507—2018 和《箱式钢结构集成模块建筑技术规程》T/CECS 641—2019。设计研发了多种功能的模块化建筑产品，包括：快建营房、应急医院、办公楼、宿舍、学校等，产业化的局面正逐步在全国推广，形成规模化应用。其中，雄安市民服务中心作为"雄安新区第一标"，企业办公区采用钢结构模块化快速建造示范，得到全国建设领域的强烈关注，对于打造未来之城具有十分重要的样板意义；火神山、雷神山、深圳市第三人民医院应急院区等模块化防疫应急建筑，在抗击新冠肺炎疫情中发挥了重要作用；香港科技园 InnoCell 项目和天津静海子牙尚林苑（白领宿舍）一期工程在当地均为首个永久性模块化建筑，在解决工人短缺、提高工地安全和施工效率方面形成了良好示范；在军民融合领域完成了 4 个临时营区应急项目建设，为部队维护国家安全和社会稳定提供了有力的后勤保障。

（4）研发了一种竖向承重体系和抗侧力体系相分离的装配式钢结构体系

针对我国装配式钢结构建筑推广应用过程中的标准化、模块化和产业化需求，提出了一种竖向承重体系和抗侧力体系相分离的装配式板柱钢结构体系的设计概念,并基于这一概念,采用组合剪力墙、钢支撑、核心筒、束柱筒等组装成水平抗侧力系统,采用梁柱铰接框架形成竖向承重系统,研发了一系列适用于多层和高层住宅建筑的高性能结构方案,传力明确,设计简便。在此基础上,通过大尺度试验、高效数值模拟和性能评价等方法对该种新型体系的抗震性能开展了深入研究,充分证明了新体系在地震区应用的适用性、可行性与经济性,并提出了适用于新体系的抗震设计理论、抗震性能控制指标、抗震设计计算模型和验算方法。目前,装配式板柱钢结构体系已成功应用于唐山市丰润区浭阳新城二区 4 号楼钢结构住宅和中冶建筑研究总院有限公司科研实验用房改造项目两项示范工程中,主要结构构件均为工厂预制,现场模块化施工,极大提高了施工效率,降低了全寿命费用,为该体系的推广应用起到了良好的宣传示范作用。工程实践证明,该新型结构体系在安全性能、使用性能、施工性能、环保性能、耐久性能、经济性能等方面具有显著的综合优势,经济和社会效益显著,应用前景广泛。

(5) 发挥了建筑师的"龙头"作用,促进多专业融合创新

在交错桁架结构体系建筑的课题研发中,项目组将建筑师作为课题负责人的这一创新性设定,成为市场建构的推进要素。作为面对市场运用的主要钢结构体系之一,该课题在既有结构、部品部件生产经验的基础上,通过适配性的空间创意研究突出该结构类型的市场独特性,使其推广具备多元比较优势。课题研发中,建筑师团队同步发展了两条技术路径:其一是从"适配性建筑类型—功能布局规则—结构特色挖掘—创新空间表达"进行了独特的创意建筑空间研发;其二是从"适配性建筑类型—功能布局规则—建筑空间模数规律—典型空间的结构适配性约束"进行了建筑-结构双向互为推进的系统设计方法研究,并进一步推进到有针对性的部品、节点需求研发。

交错桁架结构体系建筑的课题研发,提供了大量针对典型结构空间特征的建筑形态成果,在初步市场推广中得到了积极的认同,打破了前序研究中规整单一的平面、立面、竖向空间组合方式。一方面大力提升了技术形象宣传的市场说服力,示范了结构限定下的多元化的创新设计理念;另一方面充分挖掘了结构体系提供的空间弹性潜力,对于该钢结构体系的全生命周期提出了新的价值判断。建筑师作为建筑行业的"龙头"作用在本课题得到了项目组创新性思维设定的保障,使得课题研发能结合应用、综合既有技术成果要素,在初步市场推广宣传中取得了积极的反响。

(6) 开展了全球首例五层钢框架-ALC 墙板围护体系振动台试验

设计制作了国内首个 1/4 缩尺采用钢结构新型高效连接技术及设置四种墙板连接节点,其中刚性节点采用钩头螺栓节点和钢管锚节点,柔性节点采用钢管锚滑移节点(NDR 滑移节点)和夹板式滑移节点,完成了五层钢框架-ALC 墙板围护体系振动台试验。在多遇地震作用下,刚性与柔性连接节点均能实现与钢框架的协同变形,不会产生相对的运动;在设防地震作用下,两种节点均出现了"随动性"的现象,刚性连接节点处的墙板出现了轻微的裂缝,柔性连接节点有滑移产生,使得墙板与钢框架发生相对位移;在罕遇地震作用下,部分刚性连接节点处的墙板出现一定程度的损伤,柔性节点通过连接件滑移减缓了节点处墙板的损伤。在整个试验过程中,刚性连接节点与柔性连接节点均能保证墙体的完整性,其中柔性连接节点不仅能够通过滑移机制耗能,有效减缓墙板的损伤,还能实现和主体结构的高效装配。钢框架-外挂蒸压加气墙板体系及其连接技术充分发挥

了钢结构建筑设计标准化、加工工厂化、施工装配化等突出优点，有利于缩短建造工期，节约劳动力、减少环境污染，提高建筑质量，经济效益明显。

（7）提出了基于多种材料、适用于典型气候区的钢结构建筑围护系统解决方案

提出了适用于不同热工分区（包括严寒气候区、寒冷气候区、夏热冬冷气候区、夏热冬暖气候区），基于不同材料（金属板、ALC板、轻质混凝土）的保温装饰一体化围护体系技术与产品，为京津冀地区、长三角地区、珠三角地区以及东北地区提出相应的钢结构建筑围护系统解决方案。研发基于ALC薄板包覆的钢结构防腐-防火-保温-装饰一体化技术以及节点断桥技术，解决了钢结构防火防腐成本高且耐久性不足和冷热桥的技术难题。

（8）提出了基于多种防护材料具有长效防火防腐性能的一体化的解决方案

首先分析钢结构建筑产业化对防火防腐性能的要求，提出相容性等主要技术指标要求及检测技术；然后，针对不同腐蚀环境，提出了钢结构防火防腐一体化的解决方案，其性能指标达到耐火极限2h以上，防腐年限25年以上；对于室内等干燥环境，可选用石膏基等不具腐蚀性的防火涂料；对于一般腐蚀环境，可选用具有良好相容性的一体化配套体系；对于恶劣腐蚀环境，可选用双组分环氧涂料；研发了具有防火装饰一体化效果的水泥基材料板材和金属基材防火涂料板。

（9）开发应用了装配式钢结构建筑全过程、全专业、全产业一体化建造平台

针对装配式钢结构建筑全过程、全专业、全产业一体化建造技术进行了研究及探索，建立了基于BIM技术的一体化建造技术框架，总结了钢结构装配式建筑一体化建造的指导细则；提出了一体化建造评价理论框架，并制定了评估软件的基本功能；研究了基于产品模式的低层装配式钢结构建筑和基于EPC模式的多高层装配式钢结构建筑一体化建造技术逻辑，分别开发了相应的一体化建造平台。示范工程表明，一体化平台实现了建筑全产业链的整合，既可以横向整合产业链条的某环节多个用户，也可以纵向整合产业链上、中、下游企业，优化资源配置效率，实现劳动生产率提升50%以上，管理费用仅是传统企业的70%~80%；减少设计原因引起的施工返工和错误等问题，实现建筑能耗减少20%以上；平台可以聚合全球化的产业资源，实现采购成本节约20%以上；平台的应用同时使得模型数据化信息与部品参数化信息相互匹配，实现劳动力减少50%以上，时间缩短30%以上。

参 考 文 献

[1] 周绪红，王宇航. 我国钢结构住宅产业化发展的现状、问题与对策[J]. 土木工程学报，2019，52(01)：1-7.

[2] 王俊，赵基达，胡宗羽. 我国建筑工业化发展现状与思考[J]. 土木工程学报，2016，49(5)：1-8.

[3] 张爱林，张艳霞. 工业化装配式高层钢结构新体系关键问题研究和展望[J]. 北京建筑大学学报，2016，32(03)：21-28.

[4] 刘洋，陈志华，刘佳迪，等. 柱承重式钢结构模块建筑抗震性能试验研究[J]. 天津大学学报（自然科学与工程技术版）. 2021，54(02)：122-132.

[5] 赵鹤，陶慕轩，聂鑫，等. 竖向承重与水平抗侧相分离的组合结构体系在地震作用下的受力机理分析[J]. 建筑结构学报，2021，42(8)：13-24.

[6] 侯兆新，刘晓刚. 钢结构建筑产业化关键技术与示范[J]. 建筑钢结构进展，2021，23(10)：1-11.

第 2 章 新型剪力墙钢结构体系建筑产业化技术与示范

2.1 引言

2.1.1 课题背景与研究现状

我国钢结构建筑得到快速发展，但发展不平衡，在工业厂房领域达到很高的应用水平，在量大面广的多高层民用建筑领域的发展仍然滞后，特别是在住宅建筑中，远低于发达国家平均水平，产业化水平与发达国家相比有较大差距[1]。在技术层面上，制约钢结构住宅建筑产业化发展的瓶颈有以下两个方面：一是缺乏适合产业化特征的典型钢结构住宅体系建筑及其产业化成套技术；二是典型钢结构住宅体系建筑缺乏可以产业化推广的工程示范。

2017 年 7 月前杭萧钢构股份有限公司研发了钢管混凝土束剪力墙结构体系建筑，并对钢管混凝土束剪力墙构件抗震性能、抗火性能和墙梁节点等方面进行了深入系统的试验和理论研究。但该结构体系还存在未进行相应配套的建筑布置研究、外墙外保温技术缺失、相应设计软件缺乏、施工和制作技术未成型等问题，未形成成套的住宅建筑体系。而同济大学虽开发了新型异形钢管混凝土墙柱结构，并对异形钢管混凝土柱进行了试验[2]，但是还需对该结构形式进行建筑布置研究，对不同截面形式异形钢管混凝土柱、柱-钢梁节点以及异形钢管混凝土柱-钢梁框架结构的抗震性能等方面进行系统的试验和理论研究。华东建筑设计院开发的横向波纹钢板剪力墙，在设计阶段缺少设计导则并需要对相关连接节点等内容进行深入研究。

钢管混凝土束剪力墙结构体系建筑是指由钢管混凝土束剪力墙组成的承受竖向和水平作用的结构体系建筑。近年来，杭萧钢构股份有限公司针对钢管混凝土束剪力墙构件的静力承载力和抗震性能、墙梁节点[3]、钢管混凝土束剪力墙抗火性能以及围护结构与主体结构的连接性能等方面进行了系统的试验研究、数值模拟和理论分析。研究表明，相比钢筋混凝土剪力墙结构体系，钢管混凝土束剪力墙结构体系具有更优越的静力承载力和抗震性能、易实现工厂化生产、现场装配化施工等方面的优势，在住宅建筑中应用推广此类结构体系，能很好地满足建筑功能和居住品质的要求，并具有显著的经济和环境效益。

异形钢管混凝土墙柱住宅体系建筑是指以 T 形、L 形及十字形、Z 形钢管混凝土柱组成的一种新型结构体系建筑。为进一步推广异形柱结构体系在住宅建筑中的应用，同时解决异形钢筋混凝土柱结构体系抗震性能差的瓶颈问题，广大国内学者，特别是同济大学，针对异形钢管混凝土柱、异形钢管混凝土柱-钢梁节点以及异形钢管混凝土柱-钢梁框架结构的静力承载和抗震性能等方面进行了深入、系统的试验和理论研究。研究表明，异形钢管混凝土柱结构具有与矩形钢管混凝土柱结构相同的承载力高、抗震性能优越、易实现现场装配化施工等方面的优势，在住宅建筑中发展此类体系，相比于普通柱框架结构体系，解决了柱突出墙面的问题，可提供墙、柱平齐的平整墙面，方便家具布置，既能发挥异形柱结构体系在建筑使用功能、节约能源消耗等方面的优势，又能保障其具有优越的抗震性能，可取得显著的经济、社会及环境综合效益。

钢管混凝土束剪力墙和异形钢管混凝土柱截面设计时，均综合考虑了围护墙体的类型、厚度以及墙体与主体结构的连接构造等，易实现结构-维护一体化设计。根据围护墙体的类型和承载性能的要求，钢管混凝土束剪力墙和异形钢管混凝土柱截面类型和尺寸相对固定，易实现标准化设计，形成通用构件，从而建立合理的系列化标准化构件库，供结构设计选用，也可为钢结构制作厂家制定标准化生产工序提供工程应用依据，进行产业化生产，在保障加工质量的同时，降低生产加工成本。同时，钢管混凝土束剪力墙和异形钢管混凝土柱结构体系均采用钢结构的连接方式进行建造，为实现装配化施工提供了有利的条件。综合以上分析，钢管混凝土束剪力墙和异形钢管混凝土柱住宅体系建筑具备良好的产业化基础和条件，具有广泛的市场推广前景和实现建筑产业化的优势。

框架-钢板剪力墙体系虽非完全新型结构体系，国内外对其进行了一定的相关研究，但在美国钢结构协会最新修订的《Seismic provisions for structural steel buildings》、加拿大建筑与防火规范委员会编制的《National Building Code of Canada》和我国现行行业标准《钢板剪力墙技术规程》JGJ/T 380—2015 仅对钢板剪力墙的设计与构造做了简要规定。经研究，在公共建筑领域框架-钢板剪力墙体系建筑具有广泛的市场推广前景和实现建筑产业化的优势[4]。

标准化是产业化的基础，而统一模数又是实施标准化的前提。2001 年，建设部发布了《住宅建筑模数协调标准》GB/T 50100—2001（现已废止），对于工业和民用建筑的标准化、工业化起到了积极的推进作用。但一方面，由于长期以来对住宅产品、设备和设施的开发、生产和安装缺少模数协调的应用和指导，导致住宅部品与建筑设计难以协调，严重影响成品质量和施工效率；另一方面，部品生产企业得不到统一模数协调指导下的规格尺寸要求，无法安排大批量生产，产品长期无法定型，不能系列化发展。而且，产品和产品之间缺少相应的模数协调，导致配套性、通用性差，使用困难大，综合效益低，严重制约了住宅部品的工厂化生产。

2.1.2 研究内容及目标

本课题"新型剪力墙钢结构体系建筑产业化技术与示范"（课题编号：2017YFC0703801，以下简称课题），在"科学研究-技术研发-示范工程应用-产业化"的创新链中，立足于创新链后端，统筹在前端的技术研发，应用于示范工程和产业化，开展必要的补充研究、设计、制作、施工和工程示范，形成一套以钢板剪力墙构件为基础的新型剪力墙钢结构（住宅）体系集成技术，并实现产业化推广。

课题目标为：以钢管混凝土束剪力墙结构体系高层住宅建筑、异形钢管混凝土墙柱结构体系多高层住宅建筑和新型钢板剪力墙钢结构体系建筑作为研究对象，采用技术集成、理论与模型试验和工程示范等相结合的技术路线，开发出适应于典型区域的工业化钢结构体系建筑，并形成相应的产业化集成技术。基于钢管混凝土束剪力墙结构体系高层住宅建筑、异形钢管混凝土墙柱结构体系多高层住宅建筑的特点及住宅功能的特征，从设计、制作、施工等方面进行研究，解决两类体系建筑实现产业化的关键技术并进行相应的工程示范，形成相应的成套集成技术。基于新型钢板剪力墙钢结构体系公共建筑的特点和功能要求，研究不同形式的钢板剪力墙受力特点、连接节点、经济性和适用范围，对其在大型公共建筑中实现应用的关键技术进行研究。

2.1.3 研究技术路线

课题采用适应我国基本国情的典型钢结构体系建筑的产业化技术集成与示范，采用工程示范和产业化技术集成为主，技术研发和科学研究为辅的研究方法。采用将技术和市场调研与论证、技术研发、技术集成、示范工程等相结合的方法进行研究。通过工程示范项目检验成套技术方案可行性，并进一步优化标准化设计方法、装配建造方法和构造措施，最终形成产业化推广的通用技术标准。

2.2 钢管混凝土束剪力墙结构和异形钢管混凝土墙柱结构

2.2.1 钢管混凝土束剪力墙结构和异形钢管混凝土墙柱结构体系

1. 钢管混凝土束剪力墙结构体系（图 2.2-1）

钢管混凝土束剪力墙：由多个 U 形钢管并排连接在一起形成钢管束，内部浇筑混凝土形成墙体，该墙体主要作为承重构件和抗侧力构件。根据设计需要，可将 U 形钢管组合成一字形、L 形、T 形等多种截面形式（图 2.2-2）。常用的 U 形钢管规格有 U130×200×4（mm）、U150×200×4（mm）、U130×200×5（mm）、U150×200×5（mm）等。

钢梁采用箱形梁或 H 型钢梁：箱形梁可采用焊接箱形或冷弯成型的高频焊接钢管，H 型钢梁可采用热轧或高频焊接钢梁。

楼板可选用现浇楼板、钢筋桁架楼承板[5]、装配式钢筋桁架楼承板（图 2.2-3）。

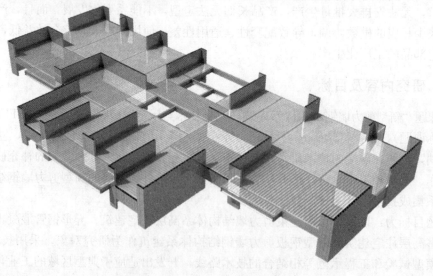

图 2.2-1 钢管混凝土束组合结构示意

图 2.2-2　钢管混凝土束剪力墙构件　　　　图 2.2-3　装配式钢筋桁架楼承板

2. 异形钢管混凝土墙柱结构体系（图 2.2-4）

异形钢管混凝土柱：主要包括 L 形、T 形、十字形钢管混凝土柱，并且可与钢结构柱、混凝土结构柱、型钢混凝土结构柱、矩形或圆形钢管混凝土结构柱同时使用，如图 2.2-5 所示。

图 2.2-4　异形钢管混凝土墙柱结构体系示意

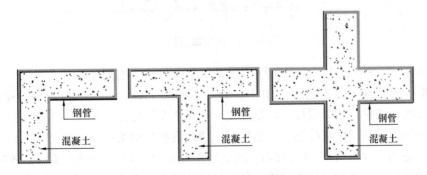

图 2.2-5　异形钢管混凝土柱结构示意

框架梁宜采用钢梁。抗侧力构件可采用钢支撑、内嵌式剪力墙，其截面宽度不宜大于异形钢管混凝土柱的肢宽。

楼板可采用压型钢板现浇钢筋混凝土组合楼板或非组合楼板，也可采用装配整体式钢筋混凝土楼板、钢筋桁架楼板、预制板或其他轻型楼板。采用装配整体式钢筋混凝土楼板、预制板或其他轻型楼板时，应将楼板预埋件与钢梁焊接，或采取其他保证楼盖整体性的措施。

2.2.2 钢管混凝土束剪力墙结构体系的试验

本课题分别委托天津大学、清华大学、浙江大学、同济大学、国家固定灭火系统和耐火构件质量检验检测中心进行了钢管混凝土束剪力墙构件及节点的滞回性能试验、钢管混凝土束剪力墙构件防火试验、钢管混凝土束剪力墙基础试验和工字形钢梁试验。通过试验研究了钢管混凝土束剪力墙构件抗震性能和稳定性能、墙梁刚接节点的抗震性能、墙梁铰接节点的承载能力，检验相应构件和节点防火保护措施的有效性，并验证理论分析结果。

1. 钢管混凝土束剪力墙抗震性能试验

本试验在清华大学结构工程实验室进行，加载装置为20000kN重型结构多功能空间加载装置。试验加载装置如图2.2-6所示。基础梁通过锚梁、地锚螺栓锚固于试验台座。加载梁通过丝杠、端板与水平千斤顶端面相连。试件顶部放置刚性分配梁，将千斤顶轴压力均匀传到端柱和中间墙体。竖向千斤顶与横梁之间设置滑动支座，以保证竖向千斤顶可随着试件顶部侧移而移动。

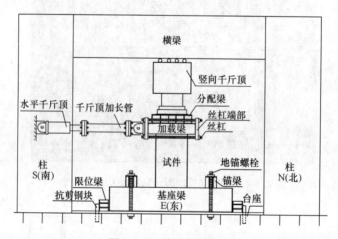

图2.2-6 试验加载装置

试件为12个一字形及T形足尺钢管混凝土束剪力墙，按照实际工程的1∶1足尺试件进行试验，钢管混凝土束剪力墙由160mm×130mm、200mm×130mm等不同截面U型钢连接而成，连接方式为焊接，内填混凝土（图2.2-7及表2.2-1）。顶板与加载梁及底板与基础梁均通过高强度螺栓连接。钢管束、加载梁和基础梁均为Q345B。

试件考虑的参数包括U型钢截面长度、U型钢数量、U型钢钢板厚度、剪跨比、轴压比及有无栓钉等。通过拟静力试验，研究了该种形式剪力墙的破坏机制、承载力、滞回性能、延性、刚度与承载力退化等。因为轴压比会影响受压区域的高度和试件的承载能力，根据《高层建筑混凝土结构技术规程》JGJ 3—2010规定，轴压比计算公式为：

$$u_\mathrm{d} = N/(f_\mathrm{c}A_\mathrm{c} + f_\mathrm{a}A_\mathrm{a}) \tag{2.2-1}$$

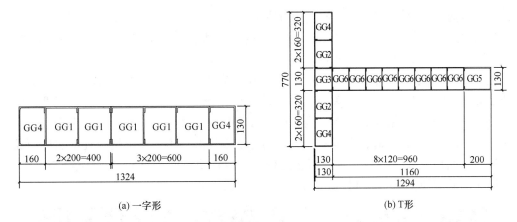

图 2.2-7 典型钢管混凝土束剪力墙试件截面形式（单位：mm）

式中 N——实验施加的轴压力；
A_c——混凝土截面面积；
f_c——混凝土轴心抗压强度设计值；
f_a——钢材抗压强度设计值；
A_a——钢材截面面积。

试验的加载程序分为预加载和正式加载两个阶段，采用分级加（卸）载制度。

钢管混凝土束剪力墙抗震性能试验试件　　　　表 2.2-1

试件编号	墙厚(mm)	一字形：墙高×墙长（mm） T形：高×翼缘长×腹板长（mm）	钢板厚度(mm)	钢管束壁板宽厚比	栓钉	轴压比
（一字形）YZQ-1	130	2700×1324	4	50，60	无	0.3
（一字形）YZQ-2	130	2700×1324	4	50，60	无	0.6
（一字形）YZQ-3	130	2700×1444	4	50	无	0.4
（一字形）YZQ-4	130	2700×1444	4	50	无	0.6
（一字形）YZQ-5	130	2700×1444	4	50	端部布置，上下错开	0.6
（一字形）YZQ-6	130	2700×1484	5+3	50	无	0.6
（一字形）YZQ-7	130	2600×1924	4	50	无	0.6
（T形）TXQ-1	130	2600×770×1250	4	50	无	0.6
（T形）TXQ-2	130	2600×770×1250	4	50	腹板端部布置一个腔，上下错开	0.6
（T形）TXQ-3	130	2600×770×1294	5+3	50	无	0.6
（T形）TXQ-4	130	2600×770×2050	4	50	无	0.6
（T形）TXQ-5	130	2600×770×2050	4	50	腹板端部布置两个腔，上下错开	0.6

钢管混凝土束剪力墙构件典型破坏过程经过以下阶段：

（1）弹性工作阶段（施加水平荷载开始-构件进入屈服）：构件进行竖向加载，加载过程中，构件无明显变形。水平荷载加载过程中，试件无任何变形。

(2) 屈服阶段（构件屈服-峰值荷载时位移）：

$1\Delta_y$：顶点水平位移加载至 15mm 时，荷载-位移曲线出现较明显转折，位移角为 1/180，荷载为 828kN，墙体未出现明显变形。

$2\Delta_y$：顶点水平位移加载至 30mm 时，位移角为 1/90，第一圈（正向）：正向荷载增加 1024kN，为峰值荷载，试件发生微响，受压区角部 150mm 高处出现轻微屈曲；第一圈（负向）：负向荷载增加 973kN，为峰值荷载，受压区脚部正面和侧面均出现较为明显屈曲；第三圈（正向）：荷载降至 965kN，构件发生轻微响声，下部钢板局部屈曲现象增加，正面屈曲现象增加为 4 处，侧面屈曲现象明显；第三圈（负向）：荷载降至 907kN，局部屈曲现象增加为 3 处。如图 2.2-8 所示。

图 2.2-8　Δ_y 屈曲破坏阶段照片

(3) 承载力下降阶段（峰值荷载时位移-荷载降至峰值荷载 85% 时位移）：

$3\Delta_y$：加载至水平位移 45mm 时，位移角为 1/60，第一圈（正向）：荷载降至峰值荷载 90%，为 932kN，屈曲现象出现为 4～5 处，加载过程发出连续响声，敲击钢板时，起初敲击钢板声音密实，加载后敲击钢板发出空响声，反映出剪力墙内部组织结构出现变化，疑似混凝土与钢板间出现间隙，即混凝土与钢板脱开现象。第一圈（负向）：加载过程发出连续响声，局部屈曲现象更加明显。第二圈（正向）：荷载降至 856kN，受压区域屈曲现象明显，墙体侧面 150mm 和 300mm 高度处发生明显屈曲，正面发生 4～5 处屈曲。

$4\Delta_y$：加载至水平位移 60mm 时，位移角为 1/45，第一圈（正向）：第一个循环正向加载后，下端角部 150mm 和 350mm 均发生严重屈曲，屈曲现象十分明显，出现 6 处；第一个循环结束，下部 150mm 和 350mm 两排全部屈曲；第二个循环后，角部钢板被拉裂，混凝土压溃，焊缝撕裂，水平荷载降至 70%，停止加载。如图 2.2-9 所示。

图 2.2-9　$4\Delta_y$ 屈曲照片

结论:位移角为1/180时荷载-位移曲线出现转折;破坏主要发生在角部,钢板由峰值荷载(位移角为1/90)到最终破坏(位移角为1/45)。

通过12片高轴压比的钢管混凝土束剪力墙的试验研究与分析,得到钢管混凝土束剪力墙构件受力特点、破坏形态和抗震性能的相关结论如下:

钢管混凝土束剪力墙具有良好的承载力、抗侧刚度、延性、耗能能力,典型墙体的试验滞回曲线和墙体骨架曲线如图2.2-10和图2.2-11所示。相同高度钢管混凝土束剪力墙极限荷载随钢板长度增大而增大,随轴压比增大而减小。各试件的位移延性系数介于2.05~4.20之间,平均值约为3.23,具有良好的延性能力。各试件的屈服位移角平均值约为1/178,极限位移角平均值约为1/84,破坏位移角达1/56,极限位移角与屈服位移角之比大于2,表明试件从屈服到破坏经历较长的变形过程,具有明显征兆和良好的变形能力。承载力极限状态时试件的等效黏滞阻尼系数约为0.25。试件耗能持续增长,进入弹

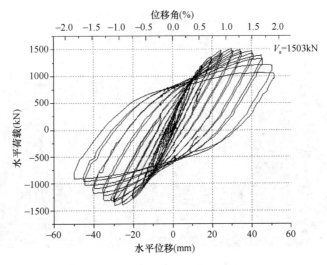

图 2.2-10 典型 T 形墙体滞回曲线

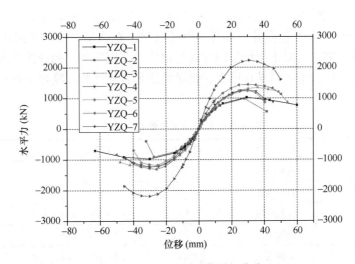

图 2.2-11 一字形墙体骨架曲线

塑性阶段后，各试件耗能呈指数增长趋势，耗能能力良好。端部钢管束布置栓钉会局部减小钢管屈曲，端部钢管束钢管壁加厚可延缓钢管屈曲并延缓钢管束端部侧面钢板撕裂现象。轴压比0.6的钢管混凝土束剪力墙与轴压比为0.4的相比较，耗能能力、延性略有下降，但影响较小。通过试验现象及应力应变分析可以看出，试件最终破坏均为下部钢板屈服，出现钢板受压屈曲或受拉撕裂及混凝土压溃导致破坏，剪力墙上半部分完好。

2. 钢管混凝土束剪力墙节点试验

试验试件为10组节点试验，其中8组为刚接节点试验，2组为铰接节点试验。选取墙体试验中一字形墙体构件作为连接墙体，钢管混凝土束剪力墙由截面U型钢连接而成，连接方式为焊接，内填C40混凝土。梁、钢管束加载梁和基础梁均采用Q345B，试验中钢梁为焊接钢梁H380×130×6×14（mm）。刚接节点有两种节点形式：侧板刚接节点和端板刚接节点，腹板采用10.9级M22螺栓连接。刚接节点试件形式如图2.2-12所示。

图2.2-12 刚接节点形式

墙梁铰接节点试验为在钢管混凝土束墙体面外布置一个铰接次梁，截面为H380×130×6×14（mm），墙体上采用T形件与钢梁连接。在次梁跨中，利用作动器施加竖向向下的集中荷载，钢管混凝土束墙顶同时施加轴压力。刚接节点和铰接节点试验考虑的参数有：不同的节点构造形式、端板厚度、钢梁翼缘是否加强等。刚接节点和铰接节点参数如表2.2-2所示。

刚接节点和铰接节点参数（mm） 表2.2-2

试件编号	节点类型	端板厚度	贴板尺寸	肋板尺寸
GL-1-1	侧板刚接	8	—	14×100×398
GL-1-2	侧板刚接	8	—	14×90×418
GL-2-1	端板刚接	28	8×160×210	
GL-2-2	端板刚接	28	8×154×230	
GL-2-3	端板刚接	25	8×140×210	
GL-2-4	端板刚接	24	8×140×230	

续表

试件编号	节点类型	端板厚度	贴板尺寸	肋板尺寸
GL-2-5	端板刚接	22	10×140×210	
GL-2-6	端板刚接	22	8×140×230	—
JJ-1	铰接节点-T形件	8	8×80×300	
JJ-2	铰接节点-T形件	8	8×80×300	

试验采用拟静力试验方法，墙顶由竖向加载装置施加轴压力，利用电液压伺服作动器在梁端施加滞回荷载，可施加的最大荷载为1000kN，行程为±300mm。为防止梁出现面外失稳，在梁端处设置侧向支撑。参考美国钢结构抗震规范（AISC341-10），采用梁端位移控制加载。分级加载中选用层间位移角为控制位移值。前三级层间位移角分别为0.00375rad、0.005rad、0.0075rad时，每级循环往复加载6次；第四级层间位移角为0.01rad时循环往复加载4次；在层间位移角为0.015 rad、0.02rad、0.03rad、0.04rad时循环往复加载2次；此后位移增量为0.01rad，且每级循环加载两次。

（1）侧板刚接节点试验典型情况：

试件在加载至第五级0.015rad第二个循环正向时，下翼缘与肋板交接处出现细小裂纹，随着加载次数的增加，此裂纹开始逐渐扩展，在第六级0.02rad第二个循环正向时裂缝明显，此时上翼缘以及靠近上翼缘腹板处出现轻微屈曲；在第七级0.03rad第一个循环正向时上翼缘以及附件腹板鼓曲加剧，在第一个循环负向时上翼缘与肋板交界处出现细微开裂，在第二个循环负向时下翼缘开始出现轻微鼓曲；在第八级0.04rad第一个循环正向时腹板处屈曲明显。加载至第九级0.05rad第一个循环正向时荷载降至峰值荷载85%以下，停止加载，经观察此时下翼缘裂缝已扩展至腹板区域。如图2.2-13所示。

图2.2-13 侧板式刚接节点破坏情况

（2）端板式刚接节点试验典型情况：

加载至242kN·m时屈服，屈服位移约17.73mm。加载至2倍屈服位移第一滞回环向下拉时，上翼缘与端板连接处焊缝油漆脱落；加载至2.25倍屈服位移第一滞回环向上推时，下翼缘衬条与端板连接处焊缝产生细小裂纹；第二滞回环向下拉时，上翼缘与端板连接处焊缝裂缝产生细小裂纹；2.5倍屈服位移第一滞回环向上推时，上翼缘一倍梁高处油漆起皮，下翼缘衬条与端板连接处焊缝裂纹扩展；加载至3倍屈服位移第二滞回环向下拉时，上翼缘与端板连接处焊缝裂缝扩展，此时梁端弯矩约为444.9kN·m。自3倍屈服位移后，改为单向向上推加载。向上推至79mm时，发生巨响，梁下翼缘衬板处焊缝撕裂，上翼缘出现塑性铰，梁端弯矩约为461kN·m。继续向上推至113mm时，塑性铰充分发展，腹板产生面外鼓曲，下翼缘衬板处焊缝裂缝不再扩展。如图2.2-14所示。

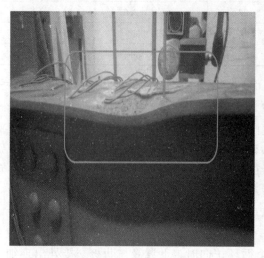 

图2.2-14　端板式刚接节点破坏情况

（3）墙梁铰接节点试验典型情况：

两个试件破坏模式均为加载点处梁腹板出现屈曲，与墙体连接的T形端板处无明显变形，T形端板与墙钢板焊缝处无肉眼可见破坏，墙体钢板在铰接试件二的试验中有轻微鼓曲，试验破坏情况如图2.2-15所示。

图2.2-15　铰接节点典型破坏情况

试件一峰值荷载为539.9kN，此时加载点位移为28.2mm。作动器加载至60mm左右时加载点附近腹板开始出现肉眼可见屈曲，随着加载的继续，腹板屈曲向节点处延伸，约80mm左右时荷载降至峰值荷载的85%，荷载加速下降，试验停止。梁加载点至节点端腹板可见明显剪切屈曲时，节点螺栓处有轻微滑移。

结合以上节点试验现象，并对节点滞回曲线、骨架曲线、刚度、延性、耗能能力以及应力分布规律等抗震性能指标进行分析，可得到以下结论（图2.2-16、图2.2-17）：

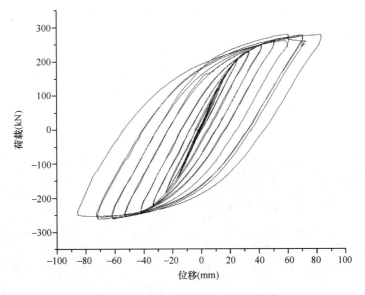

图 2.2-16 端板式刚接节点滞回曲线

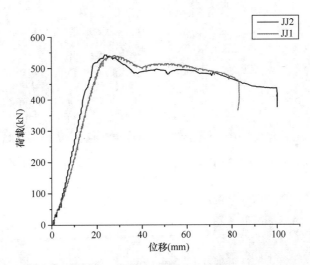

图 2.2-17 铰接节点荷载-位移曲线

在相同轴压比下，侧板式节点在承载力、耗能以及延性方面略优于端板式节点。各个试件的等效黏滞阻尼系数均可达到 0.3 以上，表明节点耗能性能较强。试件梁端极限塑性转角均可达 0.03rad，刚接节点刚度退化规律相似，退化较为平缓。从应力变化来看，侧板式节点最大应力出现在肋板端部梁翼缘区域，侧板传力途径明显。端板式节点最大应力出现在紧靠焊缝处上下翼缘处，且焊缝处出现应力集中。端板式节点经由端板传力，且破坏延伸至端板内部。两端贴板加固后的端板型节点塑性区外移明显，在实际工程需要对焊缝质量进行严格控制。侧板式节点和铰接节点失效方式均为梁上出现破坏，类比梁柱节点设计要求，满足强柱弱梁、强节点弱构件的结构抗震设计原则。铰接节点试验中，钢梁在规范挠度下，T 形端板附近墙体钢管束应力变化不明显，钢管束钢板未出现破坏。铰接节点试验中，钢梁在破坏状态下，T 形端板后的钢管束上出现了较大的应力变化，但钢管束未出现破坏。侧板式节点和加固后的端板式节点,滞回曲线均呈现为饱满的梭形,两种刚接节点均有较好的耗能性能。

3. 高窄翼缘钢梁承载力试验和基础性能试验

基础性能试验共包括四个方面的内容,分别为钢管混凝土粘结力推出试验(图 2.2-18)、钢管混凝土短柱试验(图 2.2-19)、钢管混凝土长柱试验(图 2.2-20)、钢管混凝土梁抗弯试验(图 2.2-21)和钢管混凝土束剪力墙结构中需要应用的高窄翼缘工字形和王字形钢梁受力性能试验。

图 2.2-18 钢管混凝土粘结力推出试验

图 2.2-19 钢管混凝土短柱试验

图 2.2-20 钢管混凝土长柱试验

图 2.2-21 钢管混凝土梁受弯试验

为考察试件内部混凝土与钢管的粘结力,进行了 3 组共 18 个试件的钢管混凝土推出试验。试验考虑了不同的钢管构造形式对粘结力的影响。试验结果表明没有任何措施的情况下,钢管混凝土内的钢管与混凝土的粘结力可达 0.15MPa。在各种增加粘结力的措施中,钢管内穿钢筋的效果最好。

为考察钢管板件宽厚比对短柱承载力和延性的影响,共进行了两种钢材 6 组共 36 个钢管混凝土短柱试件的轴心抗压试验。试验结果表明在承受轴力为主的情况下,试件达到极限承载力后的承载力退化,与钢管的宽厚比及套箍系数有关。宽厚比大的退化程度有所增大,套箍系数小(混凝土强度高)的,退化程度有所增大。因此对以轴压方式抵抗地震作用的钢管混凝土部分,有必要适当提出较高的套箍系数或宽厚比要求。

为验证钢管混凝土束一字形墙的稳定承载力计算公式,进行了 3 组共 9 个钢管混凝土柱长柱试验。其中试件长度为 1.5m 和 2.85m 各三个,长度 2.85m 中间有错边 2mm 拼接误差接头的试件三个。钢管混凝土长柱的验证试验表明,《矩形钢管混凝土结构技术规程》CECS 159—2004 对钢管混凝土柱的稳定性计算方法,能够用于小钢管试件(130mm 宽度)的稳定承载力计算。

为考察钢管混凝土受弯时内部混凝土与钢管的共同工作,进行了 3 组共 9 个长度为 6m 的钢管混凝土梁试验。试验结果表明,钢管混凝土构件受弯时,受弯产生的侧面正压力,有效地增加了钢管与混凝土之间的粘结力,无需采取增加混凝土与钢管界面粘结力的措施就能够达到钢-混凝土完全组合作用的承载力。

在钢管混凝土束剪力墙结构体系中,经常遇到梁高大于 500mm 的钢深梁。住宅中钢梁宽度调整范围较小,钢梁上翼缘高出楼板标高,形成穿过楼板的高深梁。进行了 14 个高窄翼缘钢梁(翼缘宽度均为 130mm,截面高度为 900mm)的受力性能试验研究(图 2.2-22),确定临界跨高比,研究跨高比、楼板所在位置及跨中加劲肋对组合梁承载性能的影响,明确楼板作用(楼板厚度 120mm)的窄翼缘钢梁的承载性能,试验表明跨高比为 2.5 和 6.0 的两根纯钢梁试件腹板上的正应力分布具有线性、对称特性,且中和轴没有明显偏移,故平截面假定仍然成立;楼板对窄翼缘组合梁的作用可以分为两点,一是为钢梁提供了较大的约束,阻止其局部屈曲和面外失稳的发生。二是与钢梁协调变形、共同工作,这二者均对组合梁的承载力有利;对于腹板整体高厚比较小且受拉、受压区格的高厚

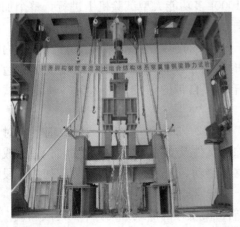 

图 2.2-22 高窄翼缘钢梁承载力性能试验

比均小于 $80\sqrt{235/f_y}$ 的窄翼缘组合梁，可按钢梁边缘纤维屈服准则设计 $\alpha<0.60$ 的窄翼缘组合短梁和 $\alpha<0.58$ 的组合长梁的承载力，当 $\alpha<0.58$ 时该法偏于保守，$\alpha>0.58$ 时偏于不安全。

2.2.3 异形钢管混凝土墙柱结构体系

1. 异形钢管混凝土墙柱轴压承载力试验

异形钢管混凝土柱与普通钢管混凝土柱主要区别在于截面不规则的特点给力学性能带来的影响。本文共设计了两种截面形式，分别为等肢 L 形截面和等肢 T 形截面，如图 2.2-23 所示。轴压试验的目的是为了考察异形钢管混凝土柱在轴向荷载作用下的破坏形式与极限承载力。轴压试件设计时考虑的参数为：(1) 钢管混凝土柱的截面形式；(2) 钢管混凝土柱的长度 L。试件在上海应用技术大学奉贤校区进行浇筑，以外部钢管为模板，将混凝土直接浇筑在管内成型。养护一个月之后，运送至同济大学南校区建工系实验室进行试验。

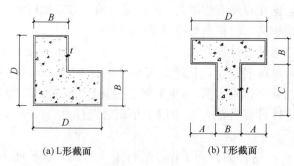

图 2.2-23 截面形式

轴压构件制作了两组共 4 根。试件情况见表 2.2-3。

轴压试件规格　　　　　　　　　表 2.2-3

试件名称	肢长 D (mm)	肢宽 B (mm)	厚度 t (mm)	D/t	净长度 L (mm)	混凝土	钢材	承载力 N_u (kN)
L1	300	150	8	37.5	2000	C30	Q235	3593.5
L2	300	150	8	37.5	2700	C30	Q235	3605.0
T1	300	100	8	37.5	2000	C30	Q235	3273.5
T2	300	100	8	37.5	2700	C30	Q235	3167.0

轴压试验在同济大学建工系结构实验室 1000t 多功能大型试验机上进行，整个加载装置由竖向加载系统和侧向支撑装置组成。竖向加载系统通过 1000t 竖直作动器施加，通过 MTS 系统自动控制。将侧向支撑装置与竖向千斤顶的顶部连接，保证试件在平面内的自由垂直移动，并限制试件发生侧向位移。同时，为了模拟理想的压杆两端铰接的边界条件，试件底端采用了球铰支座，顶端采用了千斤顶自带的球铰。图 2.2-24 所示为试件试验装置示意图。

根据《混凝土结构试验方法标准》GB/T 50152—2012[6]，在正式加载前，应对试件进行预加载。预加载的作用是：①减小或消除因试件及支座加工误差和安装偏差形成的倾斜或偏心；②使螺栓连接完成初始阶段的滑移和错动，减小或消除正式加载初期阶段的数据扰动；③根据测点读数检查测点是否异常，对异常或损坏测点及时修复。

预加载完毕后进行正式加载。轴压异形钢管混凝土柱的加载方式为单向逐级加载。首先预加载至预估承载力的 20%，再卸载并调整试件对中，然后逐渐施加竖向荷载。以每级

10%的预估承载力为级差进行加载,每级荷载施加完成后保持 2min,观察实时记录的荷载-位移曲线,以及各测点的应变数据。待荷载下降至最高承载力的 85%,即停止加载。

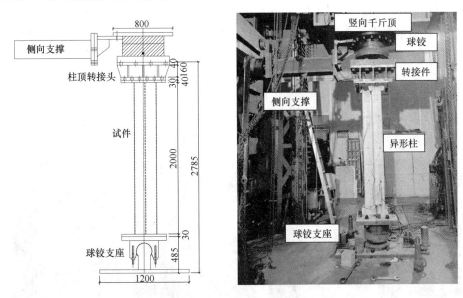

图 2.2-24 轴压加载装置

由于异形钢管混凝土柱的截面的不规则,为了便于阐述,对柱的各个面进行编号,如图 2.2-25 所示。试件荷载-纵向位移曲线,如图 2.2-26 所示。

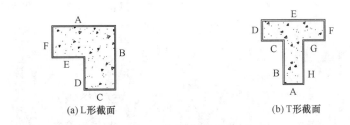

图 2.2-25 异形钢管混凝土截面编号

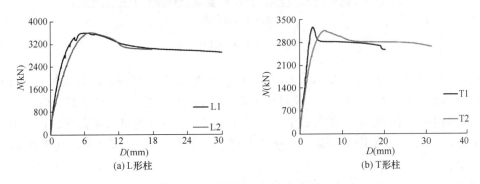

图 2.2-26 试件荷载-纵向位移曲线

典型异形柱试验结果:

(1) L1(L300×150×8-2000)(mm):该试件为 L 形钢管截面,截面尺寸为 300×

150×8（mm），长度为 2000mm，内填 C30 混凝土。极限荷载 N_u 为 3593.5kN。整个受压过程中，未出现明显的整体失稳现象。在荷载达到极限荷载前，试件表面没有观察到明显的变形。在荷载-位移曲线下降段，当荷载下降至约 3400kN 时，在试件的宽面（A 面和 B 面）出现了轻微的鼓曲，主要集中在试件的上部和中间部位。随着竖向位移的增加，承载力继续下降，局部鼓曲逐渐明显。此外，窄边一侧（C 面~F 面）无任何现象。其破坏形态见图 2.2-27。试件破坏后，用气切割将钢板切开后，可以看到试件中间高度处的鼓曲部位的混凝土都已严重压碎，而顶部鼓曲位置的混凝土未被压碎。这说明宽面对混凝土的约束效应比窄面要小。同样，据观察其他试件核心混凝土在破坏后也具有类似的特征，这样可推断钢板的局部鼓曲对混凝土不能提供足够的约束而导致混凝土破坏。

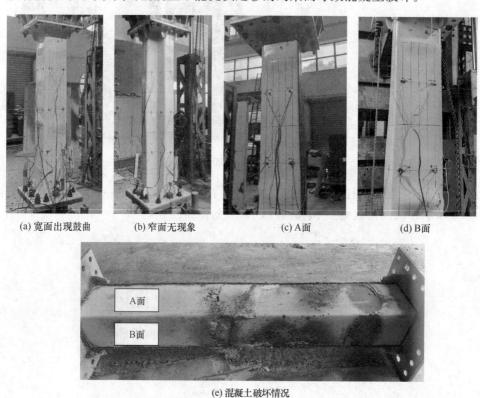

(a) 宽面出现鼓曲　　(b) 窄面无现象　　(c) A 面　　(d) B 面

(e) 混凝土破坏情况

图 2.2-27　L1 试件破坏形态

（2）T1（T300×100×8-2000）(mm)：该试件为 T 形钢管截面，截面尺寸为 300×100×8（mm），长度为 2000mm，极限荷载为 3273.5kN。试件 T1 在加载时的情况与试件 L1 基本相同，但绕弱轴整体失稳的现象更加明显。当荷载超过极限荷载后，宽边一侧钢板外鼓，承载力逐渐下降。随着位移逐渐增大，鼓曲现象更加显著。其破坏形态见图 2.2-28。

综合本次的试验结果和其他研究结果，可以得到如下规律性的破坏特征：轴压异形钢管混凝土柱的破坏形态主要为压皱破坏，在试件高度方向形成两个或三个波形。试件在整个破坏过程表现出了较好的延性，试件在钢管向外鼓出的部分，其核心混凝土已严重压碎。通过试验，可观察到如下现象：①局部屈曲在达到极限荷载后首先出现在柱宽面的钢

(a) 整体失稳　　　　　(b) 宽面鼓曲　　　　　(c) 窄面无现象　　　　(d) 混凝土破坏情况

图 2.2-28　T1 试件核心混凝土破坏形态

板上，其余钢板变形较小；②屈曲波分布在柱高度方向不同的位置，主要发生在柱中部和端部。

异形钢管混凝土的荷载-纵向平均位移关系曲线基本可以分为三个阶段：弹性增长阶段、塑性阶段和破坏阶段。①弹性增长阶段：当轴向荷载约为极限荷载的 70%～80% 之间，即加载初期，荷载和纵向位移曲线基本保持线性增长关系，钢材和混凝土单独受力且处于弹性阶段。②随后荷载增大至极限荷载，外部钢管已经达到屈服强度，内部混凝土发生塑性变形，纵向位移增加迅速，荷载-位移曲线出现偏转，斜率降低。③当荷载超过极限荷载后，钢管宽面出现明显的鼓曲，混凝土开裂膨胀，曲线出现下降段。此后，形成一个较长的平台段，由此表明异形钢管混凝土柱具有一定的延性。

2. L 形钢管混凝土柱-H 型钢梁框架节点试验

将 L 形钢管混凝土柱-H 型钢梁连接节点设计成隔板贯通式节点，如图 2.2-29 所示。试验设计时，除考察轴压比、梁柱线刚度比、管壁宽厚比及水平荷载加载角度对梁端破坏的节点的抗震性能影响外，为能得到一个节点核心区剪切破坏的试件，强行将抗弯刚度最强的钢梁［H400×200×10×14（mm）］与最弱的 L 形钢管混凝土柱［沿 45°方向，尺寸为 360×180×6（mm）的 L 形钢管混凝土柱］组成空间节点，因而，此节点在梁柱线刚度比这个因素未严格按正交设计来安排。加之本节只研究两种地震荷载方向（即 0°和 45°两个方向的水平荷载），导致在加载角度这个因素上只有两个水平，而其余三个因素都是三个水平。因此，需在严格正交设计的基础上做微小的改动（将加载角度的第

图 2.2-29　节点构造加工图

三个水平也设计成0°才能应用正交表来安排试件)。各试件的截面尺寸及相应的轴压比等数据见表 2.2-4。

根据正交设计法设计的试件列表（mm） 表 2.2-4

试件编号	柱截面尺寸 $D \times B \times t$	加载角度	梁截面	轴压比
JD2T8A0-300	400×200×8	0°	H300×200×8×10	0.2
JD2T10A0-350	400×200×10	0°	H350×200×8×10	0.2
JD2T6A45-400	360×180×6	45°	H400×180×10×15	0.2
JD4T8A0-350	400×200×8	0°	H350×200×8×10	0.4
JD4T10A45-300	400×200×10	45°	H300×200×8×10	0.4
JD4T6A0-400	360×180×6	0°	H400×180×10×15	0.4
JD6T8A45-350	400×200×8	45°	H350×200×8×10	0.6
JD6T10A0-400	400×200×10	0°	H400×200×10×15	0.6
JD6T6A0-300	360×180×6	0°	H300×180×8×10	0.6

注：节点编号规则，以 JD2T8A0-300 为例说明，"JD"表示"节点"；"2"表示轴压比为0.2；"T8"表示管壁厚度为 8mm；"A0"表示水平加载角度为 0°，即模拟平面框架节点受力状态；"300"表示梁高为 300mm；其余以此类推。柱的横截面尺寸"$D \times B \times t$"中"D"表示柱肢长度，"B"表示柱肢宽度，"t"表示管壁厚度。

节点试验在同济大学建工系结构实验室进行。节点试件基本单元的加载示意图和装置图如图 2.2-30、图 2.2-31 所示。

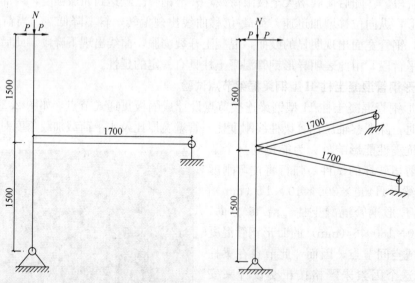

图 2.2-30 平面节点基本单元示意图　图 2.2-31 45°空间节点基本单元示意图

为了准确模拟梁的传力以及避免竖向荷载对柱子产生附加弯矩，需将水平力和轴向力分别作用于柱截面的工程轴交点和形心处，通过一个转换装置将竖向荷载的作用位置改变到要求的位置，由此产生的附加弯矩由转换装置及竖向千斤顶的活塞杆承担。由于球铰只传递竖向力,从而可以避免上部的弯矩传递到柱顶。试验机进行加载形式如图 2.2-32、图 2.2-33 所示。

图 2.2-32　0°加载节点现场装配

图 2.2-33　45°加载节点现场装配

为方便试验现象的描述,规定水平推力为正,拉力为负,相应位移的正负号规定亦如此。由于大部分节点都是梁端破坏,柱子或核心区没有肉眼可观察到的破坏。典型的节点试件破坏过程如下所示:

(1) 节点 JD2T8A0-300

柱顶水平荷载为 62.3kN 时,梁端支座的竖向反力为 134.26kN。由此反力在与隔板相连处的梁截面上产生大小为 195kN·m 的弯矩,荷载-位移曲线也出现了较为明显的拐点,但试件各部位没有明显的屈曲现象。当柱顶水平位移达到 100mm 时,柱顶水平荷载 P 大幅下降,节点变形很大,当位移恢复到 0 位时,其残余变形也很大,认为节点已经破坏。节点变形如图 2.2-34 所示。

(2) 节点 JD4T8A0-350

柱顶水平荷载为 61.4kN 时,梁端支座的竖向反力为 162.9kN。由此反力在与隔板相连的梁截面产生大小为 236kN·m 的弯矩,荷载-位移曲线也已出现拐点,但试件各部位没有明显的屈曲现象。100mm 循环圈时,由于水平荷载已经远低于最大荷载的 85%,所以 100mm 循环圈只做两圈,其变形如图 2.2-35 所示。

(3) 节点 JD2T6A45-400

本试件梁高为 400mm,刚度较大,因此,直到 120mm 循环圈,第二圈拉至 121.19mm,水平力为 168.8kN 时,核心区大面中部开始出现鼓曲,上柱段与梁 1 隔板连接处焊缝拉裂。随着循环圈数和位移的增加,核心区大面钢板鼓曲越来越明显,大面中心位置的变形较边缘更加明显,并且呈倾斜状的分布于管面,混凝土也被压酥而散落,是典型剪切破坏模式,而梁端没有任何明显的破坏现象。由于位移计量程有限,且核心区变形很大,柱身与隔板的焊缝也被拉裂,继续试验将不安全。因此,160mm 循环只做一圈,试验停止。节点破坏时变形如图 2.2-36 所示。

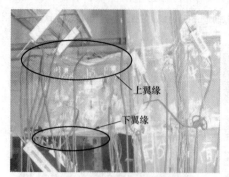
(a) 推至100mm时，梁南侧的变形

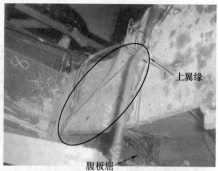
(b) 推至100mm时，往下看梁的变形

(c) 拉至-100mm时，梁南侧的变形

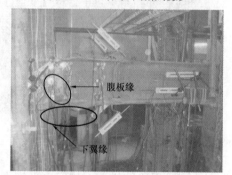
(d) 拉至-100mm时，梁北侧的变形

图 2.2-34　节点 JD2T8A0-300

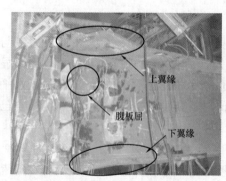
(a) 推至100mm时，梁北侧的变形

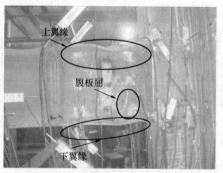
(b) 推至100mm时，梁南侧的变形

(c) 拉至-100mm时，下翼缘的变形

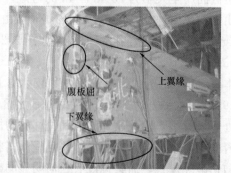
(d) 拉至-100mm时，梁北侧的变形

图 2.2-35　节点 JD4T8A0-350

(a) 上柱段与隔板连接处焊缝撕裂　　　　　(b) 面1鼓曲

图 2.2-36　节点 JD2T6A45-400 的破坏图

(4) 各试件破坏特征分析

1) 从试验现象的来看，九个节点试件的破坏形态虽有一定的差异，但也有很多的共同特点，除节点 JD2T6A45-400 为节点核心区破坏外，其他八个节点都是因梁翼缘局部屈曲而破坏，且塑性变形都出现在距柱壁一倍梁高的范围内。梁截面越高的试件，梁翼缘开始局部屈曲的时间越晚，其变形的程度也越轻，而轴压比越大的试件则梁翼缘出现局部屈曲越早，其变形也越严重。

2) 节点 JD6T10A0-400，由于梁刚度大，在梁端出现局部屈曲后，梁翼缘与隔板连接部位的焊缝被撕裂，但焊缝撕裂在梁端塑性变形较大之后出现，荷载已经下降到最大荷载 85%，并不影响节点的延性和耗能能力。

3) 从梁端发生较大塑性变形的位置来看，按本文设计的贯通隔板式节点，由于隔板强度和刚度足够，能使其梁端的塑性变形在远离节点核心区处产生，从而保证此类节点具有足够的延性和优良的抗震性能。

4) JD2T6A45-400 为节点核心区破坏，梁端未见明显的破坏现象。剥离外围的钢管可以明显地看到核心区混凝土的斜裂缝，且靠近上隔板的混凝土被压碎，如图 2.2-36 所示，是典型的剪切破坏。这是因为梁截面较高，抗弯刚度大，在水平力作用下，连接节点核心区的两根梁承担很大的弯矩，从而梁翼缘传给核心区的水平剪力很大，导致节点出现剪切破坏。

5) 非节点核心区破坏的试件，钢管混凝土柱中的核心混凝土未见任何裂缝，钢管上的应变片也显示管壁未屈服，说明柱子及核心区的强度和刚度足够大，仍处于弹性阶段。

6) P-Δ 滞回曲线能整体反映轴压比、梁柱线刚度比等主要因素对节点性能的影响。从图 2.2-37 可以看出，所有试件的 P-Δ 滞回曲线饱满，说明其具有良好的塑性变形能力和耗能能力。轴压比越大的试件，其曲线看似越饱满，那是因为梁端发生局部屈曲而破坏的节点的强度由梁的抗弯刚度决定。轴压比越大时，轴力所产生的弯矩（N-Δ 效应）越大，使梁端屈服所需要的水平力就越小。甚至当水平位移足够大时，轴力产生的弯矩超过了梁的抗弯承载能力。为保持体系平衡，水平力将改变作用方向，使荷载-位移曲线向下翘，形状像一个倾斜的平行四边形。剪应力越大，管壁越容易发生局部屈曲，轴压比越大，节点的层间塑性转角越小。

综上所述，按本文设计的节点试件，在地震荷载作用下，首先在梁端发生局部屈曲，

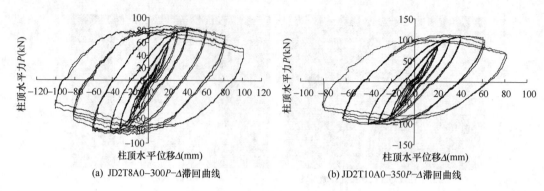

图 2.2-37 典型试件 P-Δ 滞回曲线

产生较大的塑性变形，避免了在吸收地震能量较少的柱上出现塑性铰，且有效地使梁端塑性变形远离节点核心区，使其有足够的强度、刚度和延性，符合"强节点、弱构件，强柱弱梁"的设计要求。

2.2.4 钢管混凝土束剪力墙的设计方法

1. 构件和节点的力学性能研究

为建立系统的钢管混凝土束剪力墙结构设计理论和设计方法，针对钢管混凝土束剪力墙构件和节点的力学性能开展了以下研究工作：

（1）建立钢管混凝土束剪力墙单向压弯承载力数值计算模型，通过与现有试验的对比，验证计算模型的合理性并对材料本构关系的选取进行讨论。采用该计算模型对不同几何参数和材料参数的钢管混凝土束剪力墙单向压弯承载力进行计算，根据计算结果给出钢管混凝土束剪力墙单向压弯承载力简化计算公式。

（2）采用与压弯性能研究相类似的方法，建立钢管混凝土束剪力墙单向拉弯承载力数值计算模型，利用该计算模型对不同几何参数和材料参数的钢管混凝土束剪力墙单向拉弯承载力进行计算，根据计算结果给出钢管混凝土束剪力墙单向拉弯承载力简化计算公式。

（3）建立双向压弯荷载作用下钢管混凝土束剪力墙异形截面的承载力计算方法。运用该方法计算了多条给定轴压力作用下，组合截面的弯矩相关曲线（M_x-M_y 曲线）。通过将不同的单片墙截面内力（N, M）组合到组合截面的形心，得到组合截面的各种内力组合（N, M_x-M_y），再将组合截面的各组内力和给定轴压力作用下组合截面的 M_x-M_y 曲线进行比较，验证了分段设计法的合理性。

（4）对钢管混凝土束一字形墙模型进行非线性稳定分析，得到构件的轴力-侧移曲线和稳定系数曲线。根据分析结果提出钢管混凝土束一字形墙的稳定设计公式。运用板件稳定理论对钢管混凝土束四边简支墙和三边简支、一边自由墙的弹性临界荷载公式进行了推导，并对这两种墙体的多个计算模型进行弹塑性稳定分析，拟合得到弹塑性稳定系数曲线，给出了墙肢稳定验算公式。

（5）对钢管混凝土束一字形墙试件和 T 形墙试件进行了数值模拟，得到各试件的滞回曲线、骨架曲线和水平承载力，利用试验结果对数值分析方法和前面提出的钢管混凝土束一字形墙压弯承载力计算公式进行了验证。对钢管混凝土束墙体试件的侧移、延性等指标进行计算，为确定钢管混凝土束剪力墙的侧移控制指标等参数提供依据。

（6）总结有关钢管混凝土束剪力墙构件力学性能的分析结果，提出钢管混凝土束剪力墙的基本设计规定及相应的墙体构造要求，如截面刚度取值、弹性和弹塑性层间位移角限值、轴压比限值、最小墙体厚度和钢板厚度等。

（7）总结了有关钢管混凝土束剪力墙构件连接节点（钢管混凝土束剪力墙的拼接和墙脚节点、钢梁和钢管混凝土束剪力墙的刚接和铰接节点、楼板与钢管混凝土束剪力墙的连接节点）力学试验结果，并对典型节点进行有限元数值模拟，提出节点设计方法及节点构造要求。

2. 主要计算公式

通过以上研究形成了典型的钢管混凝土束剪力墙的主要计算公式如下：

（1）弯矩作用在一个主平面内的钢管混凝土束剪力墙压弯构件，其承载力应满足下式要求：

$$\frac{N}{N_{un}} + (1-\alpha_c)\frac{M}{M_{un}} \leqslant 1/\gamma \tag{2.2-2}$$

$$\alpha_c = \frac{f_c A_c}{f A_s + f_c A_c} \tag{2.2-3}$$

同时应满足下式要求：

$$\frac{M}{M_{un}} \leqslant 1/\gamma \tag{2.2-4}$$

$$M_{un} = 0.8[0.5A_{sn}(h-2t_s-d_n)+bt_s(t_s+d_n)]f \tag{2.2-5}$$

$$d_n = \frac{A_s - 2bt_s}{(b-2t_s)\frac{f_c}{f}+4t_s} \tag{2.2-6}$$

式中　γ——系数，无地震作用组合时 $\gamma=\gamma_0$，地震作用组合时 $\gamma=\gamma_{RE}$，按《钢管混凝土束结构技术标准》T/CECS 546—2018 第 3.3.1 条、第 3.3.2 条取用；

γ_0——结构重要性系数；

γ_{RE}——承载力抗震调整系数；

N——轴心压力设计值；

N_{un}——轴心受压时净截面受压承载力设计值；

M——弯矩设计值；

α_c——混凝土工作承担系数；

M_{un}——只有弯矩作用时净截面的受弯承载力设计值；

f——钢材抗弯强度设计值；

b、h——分别为钢管混凝土束剪力墙截面平行、垂直于弯曲轴的边长；

t_s——钢管壁厚；

d_n——管内混凝土受压区高度；

f_c——混凝土的抗压强度设计值；

A_{sn}——管内混凝土的截面面积。

（2）弯矩作用在一个主平面内（绕 x 轴）的钢管混凝土束剪力墙压弯构件，其弯矩作用平面内的稳定性应满足下式要求：

$$\frac{N}{\varphi_x N_u} + (1-\alpha_c)\frac{M_x}{\left(1-0.8\frac{N}{N'_{Ex}}\right)M_{ux}} \leqslant 1/\gamma \tag{2.2-7}$$

$$M_{ux} = 0.8[0.5A_s(h-2t_s-d_n) + bt_s(t_s+d_n)]f \tag{2.2-8}$$

$$N'_{Ex} = \frac{N_{Ex}}{1.1} \tag{2.2-9}$$

$$N_{Ex} = N_u \frac{\pi^2 E_s}{\lambda_x^2 f} \tag{2.2-10}$$

并应满足下式要求：

$$\frac{M_x}{\left(1-0.8\frac{N}{N'_{Ex}}\right)M_{ux}} \leqslant 1/\gamma \tag{2.2-11}$$

同时，弯矩作用平面外的稳定性应满足下式要求：

$$\frac{N}{\varphi_y N_u} + \frac{\beta M_x}{1.4 M_{ux}} \leqslant 1/\gamma \tag{2.2-12}$$

式中　φ_x、φ_y——分别为弯矩作用平面内、弯矩作用平面外的轴心受压稳定系数；
　　　N_{Ex}——欧拉临界力；
　　　M_{ux}——只有弯矩 M_x 作用时截面的受弯承载力设计值；
　　　β——等效弯矩系数，$\beta=1.0$。

（3）钢管混凝土束剪力墙的稳定系数应按下式计算：

当 $\lambda_0 \leqslant 0.215$ 时：

$$\varphi = 1 - 0.65\lambda_0^2 \tag{2.2-13}$$

当 $\lambda_0 > 0.215$ 时：

$$\varphi = \frac{1}{2\lambda_0^2}[(0.965+0.300\lambda_0+\lambda_0^2) - \sqrt{(0.965+0.300\lambda_0+\lambda_0^2)^2 - 4\lambda_0^2}] \tag{2.2-14}$$

式中　φ——构件的稳定系数；
　　　λ_0——正则化长细比。

（4）钢管混凝土束剪力墙的墙肢正则化宽厚比 λ_p 按下式进行计算：

$$\lambda_p = \sqrt{\frac{N_y}{N_{cr}}} \tag{2.2-15}$$

$$N_y = f_y A_s + f_{ck} A_c \tag{2.2-16}$$

$$N_{cr} = \frac{k\pi^2 D}{b} \tag{2.2-17}$$

$$D = \frac{E_c(t-2t_s)^3}{12(1-\mu_c^2)} + \frac{E_s t_s(t-t_s)^2}{2(1-\mu_s^2)} \tag{2.2-18}$$

式中　N_y——墙肢的轴心受压承载力标准值；
　　　N_{cr}——墙肢轴心受压时的临界压力；
　　　f_{ck}——混凝土的抗压强度标准值；
　　　D——墙肢的抗弯刚度；
　　　b——墙肢的宽度，对截面的翼缘墙肢和腹板墙肢分别为 b_f 和 b_w（图 2.2-38）；
　　　t——墙肢的厚度；

E_s、E_c——钢材、混凝土的弹性模量；
μ_s、μ_c——钢材、混凝土的泊松比。

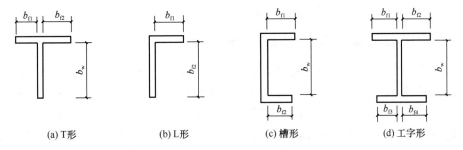

图 2.2-38　钢管混凝土束剪力墙腹板墙肢和翼缘墙肢的宽度示意

(5) 根据墙肢类型和受力情况，屈曲系数 k 按下式进行计算：

三边支承墙肢：

受压：
$$k = 0.4255 + \frac{b^2}{h_s^2} \qquad (2.2\text{-}19)$$

受弯：
$$k = 2 \times \left(0.4255 + \frac{b^2}{h_s^2}\right) \qquad (2.2\text{-}20)$$

四边支承墙肢：

受压：

当 $\frac{h_s}{b} \leqslant 1$ 时：
$$k = 2 + \frac{b^2}{h_s^2} + \frac{h_s^2}{b^2} \qquad (2.2\text{-}21)$$

当 $\frac{h_s}{b} > 1$ 时：
$$k = 4 \qquad (2.2\text{-}22)$$

受弯：
$$k = 23.9 \qquad (2.2\text{-}23)$$

(6) 当墙肢在纯压荷载作用下的正则化宽厚比不满足规定时，应验算该墙肢的稳定性，按下式进行计算：

四边支承墙肢：
$$\frac{N}{\varphi_N N_p} + \left(\frac{M_x}{\varphi_M M_{ux}}\right)^2 + \frac{0.85 M_y}{M_{uy}} \leqslant 1 \qquad (2.2\text{-}24)$$

三边支承墙肢：
$$\frac{N}{\varphi_N N_p} + \frac{M_x}{\varphi_M M_{ux}} + \frac{0.85 M_y}{M_{uy}} \leqslant 1 \qquad (2.2\text{-}25)$$

$$\varphi_N = \frac{1}{1 - 0.5^2 + \lambda_{pN}^2} \leqslant 1 \qquad (2.2\text{-}26)$$

$$\varphi_M = \frac{1}{1 - 0.5^2 + \lambda_{pM}^2} \leqslant 1 \qquad (2.2\text{-}27)$$

式中　N——墙肢的轴心压力设计值；

M_x——墙肢的强轴方向弯矩设计值；

M_y——墙肢的弱轴方向弯矩设计值；

M_{ux}——墙肢的强轴方向受弯承载力设计值；

M_{uy}——墙肢的弱轴方向受弯承载力设计值；

φ_N——纯压荷载作用下墙肢稳定系数；

φ_M——纯弯荷载作用下墙肢稳定系数;
λ_{pN}——纯压荷载作用下墙肢正则化宽厚比;
λ_{pM}——纯弯荷载作用下墙肢正则化宽厚比。

2.2.5 异形钢管混凝土墙柱的设计方法

在普通构造 T 形钢管混凝土柱轴压、偏压试验研究的基础上,考虑有效约束分区,编制了用于 T 形钢管混凝土柱承载力分析的纤维模型程序;在偏压试验结果验证了纤维模型程序分析结果合理性的基础上,采用纤维模型程序对 T 形钢管混凝土柱截面的压弯承载力进行了分析,讨论了钢材屈服强度、混凝土抗压强度、管壁宽厚比、截面肢宽厚比、加载角度以及轴压比等参数对截面强度的影响;并基于截面全塑性假设提出了 T 形钢管混凝土柱截面纯弯、单向压弯、双向压弯承载力的简化计算方法。简化计算方法与纤维模型分析结果吻合良好,简化方法可为工程设计提供理论参考。

通过以上研究形成了典型的异形钢管混凝土墙柱结构体系的主要计算公式如下:

(1) 异形钢管混凝土轴心受压构件的承载力应满足下式要求:

$$N \leqslant \frac{1}{\gamma} N_u \tag{2.2-28}$$

$$N_u = fA_s + f_c A_c \tag{2.2-29}$$

式中 N——轴心压力设计值;
N_u——轴心受压时截面强度承载力设计值;
f——钢材的抗拉强度设计值;
f_c——混凝土的抗压强度设计值;
A_s——钢管横截面面积;
A_c——混凝土横截面面积;
γ——系数,无地震作用组合时 $\gamma = \gamma_0$,有地震作用组合时 $\gamma = \gamma_{RE}$。

当钢管截面有削弱时,应按下式计算净截面强度:

$$N \leqslant N_{un} \tag{2.2-30}$$

$$N_{un} = fA_{sn} + f_c A_c \tag{2.2-31}$$

式中 N_{un}——轴心受压时净截面受压承载力设计值;
A_{sn}——钢管的净截面面积。

(2) 轴心受压构件的稳定性应满足下式要求:

$$N \leqslant \frac{1}{\gamma} \varphi N_u \tag{2.2-32}$$

$$\varphi = \min(\varphi_x, \varphi_y) \tag{2.2-33}$$

当 $\lambda_0 < 0.2$ 时:
$$\varphi_x = 1 - \frac{\lambda_0}{0.2}(1 - \varphi_{x0.2}) \tag{2.2-34}$$

当 $\lambda_0 \geqslant 0.2$ 时: $\varphi_x = \frac{1}{2\lambda_0^2}\left[(a + b\lambda_0 + \lambda_0^2) - \sqrt{(a + b\lambda_0 + \lambda_0^2)^2 - 4\lambda_0^2}\right] \tag{2.2-35}$

$$\varphi_y = g(\lambda_0)\varphi_{y0} \tag{2.2-36}$$

式中 φ——轴心受压构件的稳定系数;
φ_x——L 形、T 形截面柱绕非对称轴(x 轴)的稳定系数;

φ_y——L形、T形截面柱绕对称轴（y轴）的稳定系数；

φ_{y0}——L形、T形截面柱绕对称轴（y轴）的截面系数；

λ_0——相对长细比，按式（2.2-37）计算；

a，b——系数；

$g(\lambda_0)$——考虑相对长细比及肢长-肢宽比的稳定系数修正系数。

轴心受压构件的相对长细比应按下式计算：

$$\lambda_0 = \frac{\lambda}{\pi}\sqrt{f_y/E_s} \quad (2.2\text{-}37)$$

$$\lambda = l_0/\bar{r}_0 \quad (2.2\text{-}38)$$

$$\bar{r}_0 = \sqrt{(I_s + I_c E_c/E_s)/(A_s + A_c f_{ck}/f_y)} \quad (2.2\text{-}39)$$

式中 λ——异形钢管混凝土轴心受压构件的长细比；

l_0——异形钢管混凝土轴心受压构件的计算长度；

$\bar{r}_0$——异形钢管混凝土轴心受压构件截面的当量回转半径。

（3）弯矩作用在一个主平面内的L形、T形钢管混凝土压弯构件，其强度和承载力应满足如下要求：

1）直线 AB 段 $\left(\eta_1 < \dfrac{N}{N_u} \leqslant 1\right)$：$\dfrac{N}{N_u} + \dfrac{1-\eta_1}{\zeta_1} \times \dfrac{M}{M_u} \leqslant \dfrac{1}{\gamma}$ （2.2-40）

直线 BC 段 $\left(0 < \dfrac{N}{N_u} < \eta_1\right)$：$\dfrac{1-\zeta_1}{\eta_1}\dfrac{N}{N_u} + \dfrac{M}{M_u} \leqslant \dfrac{1}{\gamma}$ （2.2-41）

式中 ζ_1——B点的横坐标，按 $\zeta_1 = M_1/M_u$ 计算；

η_1——B点的纵坐标，按 $\eta_1 = N_1/N_u$ 计算，按表2.2-5取值。

T形、L形截面沿不同方向挠曲时 B 点纵坐标值　　表 2.2-5

特征点	沿 y 轴正向挠曲（-90°加载）	沿 x 轴偏心（0°加载）	沿 y 轴负向挠曲（+90°加载）
B 点 η_1（η_1'）	0.4	0.4	0.5

2）B 点横坐标 $\zeta_1 = M_1/M_u$ 计算如下：

① 当轴力荷载 N 作用在 y 轴正向或负向时，$\zeta_1 = M_1/M_u$ 中的 M_1、M_u 由下式计算：

截面轴力：$\quad N = f_y(\sum A_{sci} - \sum A_{sti}) + f_c \sum A_{cci}$ （2.2-42）

截面弯矩：$\quad M_1 = f_y(\sum A_{sci}h_{sci} - \sum A_{sti}h_{sti}) + f_c \sum A_{cci}h_{cci}$ （2.2-43）

式中 A_{sci}，A_{sti}——分别为受压区、受拉区钢管面积；

h_{sci}，h_{sti}——分别为受压区、受拉区钢管面积中心至截面形心的距离；

A_{cci}——受压区混凝土面积；

h_{cci}——受压区混凝土面积中心至截面形心的距离；

M_u——截面的纯弯强度，当 $N=0$ 时，为按式（2.2-42）、式（2.2-43）计算得到的 M_1。

② 对于只有轴力 N 和单向弯矩 M_y 时，$\zeta_1 = M_1/M_u$ 由下式计算：

$$\zeta_1 = M_1/M_{uy} = b_1\alpha_c^2 + b_2\alpha_c + b_3 \quad (2.2\text{-}44)$$

式中 M_{uy}——只产生 y 向弯矩时的纯弯强度，可按绕 y 轴弯曲的公式计算确定；

b_i——系数，按表 2.2-6 取值。

T形、L形截面参数 b_i 取值   表 2.2-6

参数	b_1	b_2	b_3
取值	1.268	−0.162	0.805

(4) 弯矩作用在一个主平面内的 L 形、T 形钢管混凝土压弯构件，其弯矩作用平面内的稳定承载力应满足下式要求：

曲线 $A'B'$ 段 $\left(\dfrac{N}{\varphi N_u} \geqslant \eta_1\right)$：

$$\frac{N}{\varphi N_u} + \frac{1-\eta_1}{d \cdot g_1(\varphi) \cdot \zeta_1} \frac{\beta M}{M_u} \leqslant \frac{1}{\gamma} \quad (2.2\text{-}45)$$

曲线 $B'C'$ 段 $\left(\dfrac{N}{\varphi N_u} \leqslant \eta_1\right)$：

$$\frac{1-g_1(\varphi)\zeta_1}{\eta_1} \frac{N}{\varphi N_u} + \frac{1}{d} \frac{\beta M}{M_u} \leqslant \frac{1}{\gamma} \quad (2.2\text{-}46)$$

$$N_E = N_u \pi^2 E_s / (\lambda^2 f_y) \quad (2.2\text{-}47)$$

$$d = 1 - k \frac{N}{N_E} \quad (2.2\text{-}48)$$

$$g_1(\varphi) = a_1(\varphi^{b_1} - 1) + 1 \quad (2.2\text{-}49)$$

式中　　N_E——欧拉荷载；

a_1、b_1、k——按表 2.2-7 取值；

M_u——单向受弯强度，按表 2.2-7 参数值计算。

T形、L形截面构件沿不同方向挠曲时参数 a_1、b_1、k 值   表 2.2-7

$g_1(\varphi)$	沿 y 轴正向挠曲（−90°加载）	沿 x 轴偏心（0°加载）	沿 y 轴负向挠曲（+90°加载）
a_1	0.327	0.325	0.414
b_1	4	3	4
k	0.9	0.9	0.9

弯矩作用在两个主平面内的双轴压弯 L 形、T 形钢管混凝土构件，在不同轴压比 N/N_u 下的 M_x/M_{ucx}-M_y/M_{ucy} 相关曲线采用 4 折线简化表示（图 2.2-39），M_{ucx}、M_{ucy} 为轴力 N 作用下构件单向弯矩稳定承载能力，其承载力应满足以下要求：

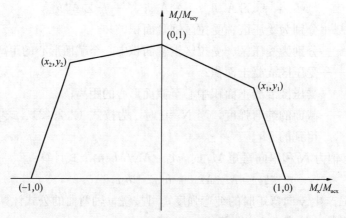

图 2.2-39　4 折线简化图

1) 一象限：

当 $M_x/M_{ucx} \leqslant x_1$ 时： $\quad \dfrac{1-y_1}{x_1}\dfrac{M_x}{M_{ucx}} + \dfrac{M_y}{M_{ucy}} \leqslant \dfrac{1}{\gamma}$ (2.2-50)

当 $M_x/M_{ucx} > x_1$ 时： $\quad \dfrac{M_x}{M_{ucx}} + \dfrac{1-x_1}{y_1}\dfrac{M_y}{M_{ucy}} \leqslant \dfrac{1}{\gamma}$ (2.2-51)

2) 二象限：

当 $M_x/M_{ucx} \geqslant x_2$ 时： $\quad \dfrac{1-y_2}{x_2}\dfrac{M_x}{M_{ucx}} + \dfrac{M_y}{M_{ucy}} \leqslant \dfrac{1}{\gamma}$ (2.2-52)

当 $M_x/M_{ucx} < x_2$ 时： $\quad -\dfrac{M_x}{M_{ucx}} + \dfrac{1+x_2}{y_2}\dfrac{M_y}{M_{ucy}} \leqslant \dfrac{1}{\gamma}$ (2.2-53)

3) 在式（2.2-50）~式（2.2-53）中，
$$y_1 = x_1, \quad y_2 = x_2 \tan 125°$$

纵坐标 y_i 按下式计算：
$$y_i = k_1 + k_2 n + k_3 n^2 + k_4 n^3 \tag{2.2-54}$$

式中　n——轴压比，$n = N/N_u$；

　　　k_i——系数，按表 2.2-8 取值。

系数 k_i 取值　　　　表 2.2-8

截面	象限	参数	k_1	k_2	k_3	k_4
T 形截面	一象限	y_1	0.7182	−0.4479	−0.0874	0.3883
	二象限	y_2	0.7246	0.1077	2.1452	−1.8758
L 形截面	一象限	y_1	0.7144	−0.0003	−0.4970	0.3204
	二象限	y_2	0.7934	−0.5042	3.4513	−2.7340

2.3 波纹钢板剪力墙结构体系

钢板剪力墙相对其他类型抗侧构件兼具较大的抗侧刚度和良好的耗能能力，抗震设计中优势明显。其中波纹钢板剪力墙相对于其他钢板剪力墙克服了屈曲承载力低的缺点，造价更加低廉，预期未来将得到广泛应用。本课题对应用较广的梯形波纹钢板剪力墙的受力性能进行了系统研究，并提出流程化的设计方法以供使用。

2.3.1 波纹钢板墙构件力学性能

普通钢板墙根据宽厚比的大小可分为厚钢板剪力墙和薄钢板剪力墙，其中厚钢板墙滞回曲线饱满，耗能能力强，但经济性差；而薄钢板墙受剪屈曲承载力小于其屈服承载力，导致滞回曲线出现捏拢的情况，耗能能力较差。

波纹钢板墙（图 2.3-1）通过将钢板波折的方式有效提高其面外刚度和屈曲承载力，从而保证屈服先于屈曲发生，提高构件的耗能能力。相比于普通钢板墙，其具有良好的面外刚度和屈曲承载力，耗能能力强；相对于屈曲约束钢板墙，其成本相对较低，加工工序

图 2.3-1 波纹钢板墙

简单，生产周期短，且自重较轻，经济性好。波纹板最早应用于航空航天领域，20世纪70年代后被引入土木工程领域，20世纪80年代中期出现波纹腹板钢梁。

波纹钢板墙在侧向力作用下的抗侧刚度和破坏模式与普通钢板墙有所不同，不能应用平板理论进行分析。平钢板剪力墙的工作机理主要通过内嵌钢板在剪力作用下弹性屈曲后形成的斜向拉力场来抵抗水平侧向荷载，框架参与抵抗部分侧向荷载，并对内嵌钢板的斜向拉力场提供锚固的作用。波纹钢板相较平钢板具有更大的平面外刚度，可提高墙板在水平荷载作用下的弹性屈曲荷载，使得墙板在强风或小震作用下不发生屈曲。该性能已被应用于多个领域，如飞行器部件、桥梁、集装箱（图2.3-2、图2.3-3）等，而民用建筑结构中应用较少。

市场中常见波纹样式有三角形、矩形、梯形和弧线形等，其中梯形波纹应用较为广泛。本课题主要对梯形波纹形式进行研究分析。

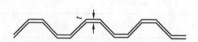

图 2.3-2 集装箱墙板的波纹形式

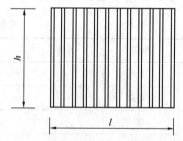

图 2.3-3 集装箱墙板

1. 抗侧刚度

考虑剪力墙主要承受水平荷载，波纹沿竖向布置分布，因此与常规剪力墙不同，波纹钢板墙在竖向荷载作用下会出现"手风琴效应"，结构设计过程中仅考虑其抗侧能力和耗能能力。由于该性质，波纹钢板并不能单独工作，需与边缘构件结合共同抵抗水平剪力和由此产生的弯矩作用。

在水平荷载作用下，其受力模式与桁架有相似之处。边缘构件可视为桁架弦杆，波纹钢板为腹杆，墙体抗侧刚度主要由波纹钢板提供。

在单位力作用下，波纹钢板墙由 n 个单波的变形串联组成，波形参数如图2.3-4所示。

单个波形变形主要包括两部分：剪切变形，扭转变形。

其剪切模量可等效为：

$$G_e = G\frac{q}{s} \quad (2.3\text{-}1)$$

单波在单位力作用下，其剪切刚度为：

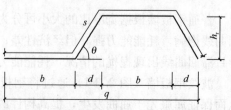

图 2.3-4 波形参数

$$K_s = \frac{1}{\Delta_s} = \frac{Eth_w}{2(1+\upsilon)s} \qquad (2.3\text{-}2)$$

式中 υ——钢材泊松比；
E——弹性模量；
h_w——波纹钢板宽度。

单波的扭转变形则假定单波截面在扭矩或弯矩作用下绕对称点变形，通过能量法可以得到单波扭转刚度公式如下：

$$K_d = \frac{1}{\Delta_d} = \frac{Et^3 a^3}{144 D h_r^3 b^2} \qquad (2.3\text{-}3)$$

$$D = \frac{b^2}{8h_r(b+d)} \qquad (2.3\text{-}4)$$

根据 n 个单波串联关系，得到波纹钢板的弹性抗侧刚度公式，如式（2.3-5）所示：

$$K = \frac{1}{n\left(\dfrac{1}{K_d}+\dfrac{1}{K_s}\right)} = \frac{q}{h\left(\dfrac{1}{K_d}+\dfrac{1}{K_s}\right)} \qquad (2.3\text{-}5)$$

2. 破坏模式

波纹钢板主要有三种破坏模式，全截面剪切屈服、局部剪切屈曲以及整体剪切屈曲，如图 2.3-5 所示。

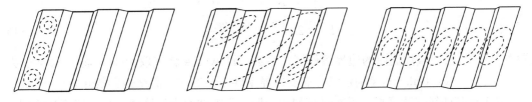

图 2.3-5 整体屈曲模态和局部屈曲模态

（1）全截面剪切屈服

在水平剪力作用下，取波纹钢板微段如图 2.3-6 所示。

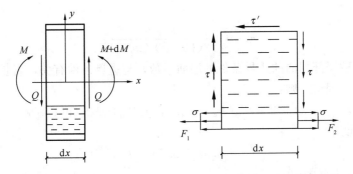

图 2.3-6 截面剪应力受力分析图

其中 F_1、F_2 为翼缘弯曲正应力的合力，h_w 为剪力墙宽度，将 F_1 和 F_2 代入下列公式可得：

$$F_2 - F_1 = dF = \tau t_w dx \qquad (2.3\text{-}6)$$

$$\tau = \frac{F_2 - F_1}{t_w \mathrm{d}x} = \frac{\mathrm{d}M}{h_w t_w \mathrm{d}x} = \frac{Q}{h_w t_w} \tag{2.3-7}$$

式中　Q——波纹钢板所受剪力；

　　　t_w——钢板厚度。

由上式可见，波纹钢板中剪应力沿腹板高度为一常量。

当剪应力达到材料抗剪屈服强度时，认为波纹钢板发生全截面剪切屈服。其剪切屈服承载力为：

$$Q_y = \tau_y h_w t \tag{2.3-8}$$

（2）整体屈曲

发生整体屈曲时，屈曲半波会贯穿多个波纹，形成拉力带，整体屈曲破坏一般发生在钢板墙整体尺寸较波峰波谷尺寸大很多的情况。

Berman 和 Reissner 提出整体剪切屈曲承载力简化公式如下。

而对于弹性整体屈曲极限应力可以表示为：

$$\tau_{cr,g} = \frac{k_s D_x^{0.25} D_y^{0.75}}{t_w h_w^2} \tag{2.3-9}$$

其中

$$D_x = \frac{qEt^3}{12s}, \quad D_y = \frac{EI_y}{q} \tag{2.3-10}$$

$$I_y = 2bt\left(\frac{h_r}{2}\right)^2 + \frac{th_r^3}{6\sin\theta} \tag{2.3-11}$$

式中　k_s——反映整体屈曲的边界条件屈曲系数，Hlavacek 将其取为 41，而 Easley 取为 36，Galambos 则定义：简支边界条件 $k_s = 31.6$，固结边界条件 $k_s = 59.2$。

对于正弦曲线波纹腹板，没有局部屈曲问题，而整体稳定计算中，I_y 计算方法不同：

$$I_y = \frac{h_r^2 t_w}{8}\left(1 - \frac{0.81}{1 + 0.25 h_r^2 / 16 q^2}\right) \tag{2.3-12}$$

式（2.3-12）是被普遍采用的公式，一般被作为理论分析的基础而广泛采用。

（3）局部屈曲

$$\tau_{cr,l} = \frac{k_s \pi^2 E}{12(1 - \mu^2)(w/t_w)^2} \tag{2.3-13}$$

式中　k_s——反映局部屈曲的边界条件的屈曲系数，与边界条件有关，若长边为简支，短边为固结，则：

$$k_s = 5.34 + 2.31(w/h_w) - 3.44(w/h_w)^2 + 8.39(w/h_w)^3 \tag{2.3-14}$$

对于四边固结：

$$k_s = 8.98 + 5.6(w/h_w)^2 \tag{2.3-15}$$

式中　$w = \max\{b, d/\cos\theta\}$；

　　　μ——材料泊松比；

　　　E——材料弹性模量。

（4）弹塑性屈曲

Elgaaly 认为当计算得到的局部和整体稳定极限应力时，将出现非弹性屈曲，此时需要用公式进行修正：

$$\tau_{cri} = \sqrt{0.8\tau_{cr}\tau_y} \leqslant \tau_y \qquad (2.3\text{-}16)$$

欧洲规范 EC3 并未确定以何种失效模式作为控制极限状态,而是分别给出了局部屈曲和整体屈曲承载力计算方法,其对整体屈曲和局部屈曲抗剪承载力统一表达成下式:

$$V_{Rd} = \frac{\chi_c f_y h_w t_w}{\sqrt{3}\gamma_{M1}} \qquad (2.3\text{-}17)$$

χ_c 为考虑屈曲的承载力折减系数,对局部屈曲和整体屈曲分别取 $\chi_{c,l}$ 和 $\chi_{c,g}$:

$$\chi_{c,l} = \frac{\tau_{cri,l}}{\tau_y} = \frac{1.15}{0.9 + \bar{\lambda}_{c,l}} \leqslant 1.0 \qquad (2.3\text{-}18)$$

式中 $\bar{\lambda}_{c,l} = \sqrt{\tau_y/\tau_{cr,l}}$,其弹性屈曲承载力设计公式中屈曲系数为 4.83,则

$$\tau_{cr,l} = 4.83E\left(\frac{t_w}{w}\right)^2 \qquad (2.3\text{-}19)$$

对于整体屈曲极限抗剪承载力

$$\chi_{c,g} = \frac{\tau_{cri,g}}{\tau_y} = \frac{1.5}{0.5 + \bar{\lambda}_{c,g}^2} \leqslant 1.0 \qquad (2.3\text{-}20)$$

式中 $\bar{\lambda}_{c,g} = \sqrt{\tau_y/\tau_{cr,g}}$,其弹性屈曲承载力设计公式中屈曲系数为 31.6,则

$$\tau_{cr,g} = 32.4\frac{\sqrt[4]{D_x D_y^3}}{t_w h_w^2} \qquad (2.3\text{-}21)$$

根据已有文献,将试验结果与现有公式进行对比。

从图 2.3-7 明显看出,现有计算公式得到整体屈曲的理论值与试验结果存在较大差异。主要问题存在于当通用宽厚比在 0.8~1.0 的范围时,各公式给出的计算方法偏于不安全。

从图 2.3-8 可以看到,试验结果数据较为集中,而 Abbas 提出的公式显然过低估计了构件的承载力,而瑞典公式则相反,计算结果过高。相较而言,EC3 提出的公式给出了较为准确的计算结果,且具有一定的安全储备,可以作为设计值采用。

李国强、张哲等建立了波纹腹板 H 型钢梁的受力模型,并设计了 8 根构件进行了试

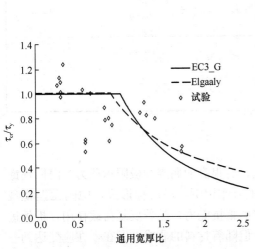

图 2.3-7 整体屈曲承载力与现有公式的比较

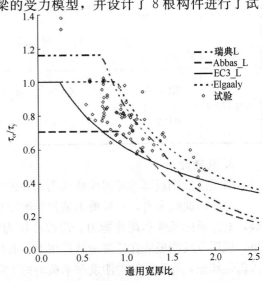

图 2.3-8 局部屈曲承载力与现有公式的比较

验及有限元数值分析。试验研究表明，若波纹尺寸设计得当，腹板剪切强度可以达到钢材的剪切屈服强度。根据所进行的试验，并结合国外大量的试验数据，认为Eurocode3关于局部屈曲的设计公式具有足够的安全性和准确性，但是对于整体屈曲，计算结果较差，提出了新的计算公式，能够对波纹腹板的弹塑性整体屈曲承载力提供一个合理、准确的估值。

$$\chi_{c,g} = \frac{\tau_{cri,g}}{\tau_y} = \frac{0.68}{\lambda_{c,g}^{0.65}} \leqslant 1.0 \qquad (2.3\text{-}22)$$

本节对波纹钢板墙的抗侧刚度和破坏模式进行了汇总，综合比较各个公式结果，选用设计分析公式如下：

波纹板参数	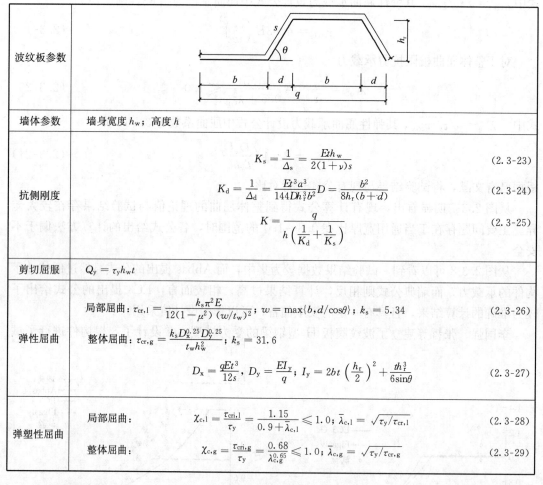	
墙体参数	墙身宽度 h_w；高度 h	
抗侧刚度	$K_s = \dfrac{1}{\Delta_s} = \dfrac{Eth_w}{2(1+\nu)s}$	(2.3-23)
	$K_d = \dfrac{1}{\Delta_d} = \dfrac{Et^3 a^3}{144Dh_r^3 b^2}D = \dfrac{b^2}{8h_r(b+d)}$	(2.3-24)
	$K = \dfrac{q}{h\left(\dfrac{1}{K_d}+\dfrac{1}{K_s}\right)}$	(2.3-25)
剪切屈服	$Q_y = \tau_y h_w t$	
弹性屈曲	局部屈曲：$\tau_{cr,l} = \dfrac{k_s \pi^2 E}{12(1-\mu^2)(w/t_w)^2}$；$w = \max\{b, d/\cos\theta\}$；$k_s = 5.34$	(2.3-26)
	整体屈曲：$\tau_{cr,g} = \dfrac{k_s D_x^{0.25} D_y^{0.25}}{t_w h_w^2}$；$k_s = 31.6$	
	$D_x = \dfrac{qEt^3}{12s}$，$D_y = \dfrac{EI_y}{q}$，$I_y = 2bt\left(\dfrac{h_r}{2}\right)^2 + \dfrac{th_r^3}{6\sin\theta}$	(2.3-27)
弹塑性屈曲	局部屈曲：$\chi_{c,l} = \dfrac{\tau_{cri,l}}{\tau_y} = \dfrac{1.15}{0.9+\bar{\lambda}_{c,l}} \leqslant 1.0$；$\bar{\lambda}_{c,l} = \sqrt{\tau_y/\tau_{cr,l}}$	(2.3-28)
	整体屈曲：$\chi_{c,g} = \dfrac{\tau_{cri,g}}{\tau_y} = \dfrac{0.68}{\lambda_{c,g}^{0.65}} \leqslant 1.0$；$\bar{\lambda}_{c,g} = \sqrt{\tau_y/\tau_{cr,g}}$	(2.3-29)

3. 耗能能力

典型波纹钢板墙的滞回曲线如图2.3-9所示。

从滞回曲线来看，折板剪力墙初始刚度很大，有很高的屈服和极限承载力，滞回环饱满，有足够的延性和耗能能力。曲线在拉力和压力作用下，呈对称形式，中间无捏拢现象，说明波纹钢板墙在反复荷载作用下，有很好的抵抗能力。随着反复荷载作用，折板进入塑性状态，导致结构的刚度和承载力的下降。但随着材料的非线性存在，在应变达到一定值后，材料应力进入上升段，折板上应力增大，使得承载力下降不再明显。

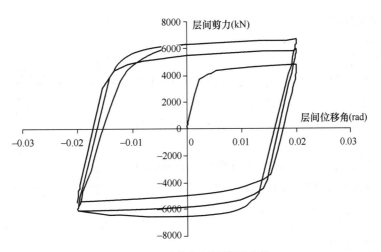

图 2.3-9 波纹钢板墙滞回曲线

2.3.2 波纹钢板墙简化分析方法

在工程实践中,波纹墙的构造形式使得有限元建模工作量较大,耗费时间长,且目前的结构设计软件就波纹钢板墙进行有限元建模的能力尚有待进一步提高,因此通过合理的简化分析模型进行辅助设计非常必要。目前钢板墙简化模型的研究主要集中在平板形式,其中斜拉杆模型应用最为广泛,并通过进一步的改善已经较为成熟,已被现行设计规范采用。但由于波纹墙与普通钢板墙受力机理不同,主要是剪切变形为主,不会形成斜向拉力带,斜拉杆模型并不适用。因此,需提出适合波纹墙的简化分析模型。

1. 弹性简化分析模型

(1) 正交异性平面壳单元模型

采用 Sap2000 中常用的正交异性平面壳单元来模拟波纹墙,可根据波纹墙的波形特征,通过折减壳单元的轴向刚度和剪切刚度,将其设置成正交异性,并根据波纹特性对其轴向和剪切刚度进行折减(图 2.3-10)。

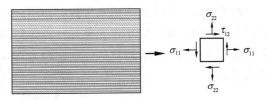

图 2.3-10 正交异性平面壳单元模型

波纹的存在使得墙体在垂直波纹方向承受轴力时,轴向刚度增大,增大幅度与波纹长度成正比,垂直波纹方向的轴向刚度系数:

$$\delta_{11} = s/q \tag{2.3-30}$$

波纹钢板墙在顺波纹方向承受轴力时存在"手风琴效应",无法承受顺波纹方向的轴向荷载,顺波纹方向的轴向刚度系数:

$$\delta_{22} = 0 \tag{2.3-31}$$

Cafolla 等人对两片波纹墙抗侧刚度进行了试验研究,并提出了其剪切模量的折减公式,试验结果与其公式预测结果接近,误差在 6% 以内。因此,参照其折减公式,剪切刚度折减公式为:

$$\tau_{12} = q/s \tag{2.3-32}$$

式中　s——波纹长度；

　　　q——s 在水平方向投影。

（2）等效交叉支撑模型

波纹墙一般可满跨布置，为了建模计算和设计的方便，可简化成等效交叉支撑进行模拟。其中，等效交叉支撑两端在梁柱节点处铰接，只承受轴向力作用，如图 2.3-11 所示。

根据等效交叉支撑与波纹墙水平抗侧刚度等效的原则，可得到等效交叉支撑的截面积 A_b，如下式所示：

$$A_b = \frac{K(b^2 + a^2)^{\frac{3}{2}}}{2Ea^2} \quad (2.3\text{-}33)$$

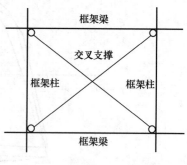

图 2.3-11　等效交叉支撑模型

式中　a——波纹墙宽度；

　　　b——波纹墙高度；

　　　K——波纹墙的抗侧刚度；

　　　E——钢材的弹性模量。

根据等效交叉支撑与波纹墙屈服承载力相同的原则，可得到交叉支撑的材料强度计算公式：

$$f_b = \frac{Q_y(b^2 + a^2)^{\frac{1}{2}}}{2A_b a} \quad (2.3\text{-}34)$$

式中　Q_y——波纹墙的屈服承载力。

由于等效交叉支撑模型中的交叉支撑能够提供一定的竖向刚度，会分担一部分竖向荷载，满跨布置时，若按照等效交叉支撑模型进行设计，框架柱作为边缘构件会偏于不安全。因此，本课题基于某工程中布置了波纹墙的一榀框架进行建模分析，考察波纹钢板墙为周边框架柱分担的竖向力比重，并提出周边框架柱轴力的修正方法。

水平荷载作用主要考虑水平地震作用。在水平地震作用下，采用等效交叉支撑模型计算得到的框架柱轴力略小于壳单元计算得到的柱轴力。因此本文提出在水平地震作用下，采用交叉支撑模型计算得到的框架柱轴力 N_c，只附加交叉支撑轴力 N_b 的竖向分量，可由下式所示：

$$N'_c = N_c + N_b \cos\alpha \quad (2.3\text{-}35)$$

式中　α——支撑与框架柱的竖向夹角。

可见，在水平地震作用下，柱轴力修正后与壳单元计算值相符，可保证柱轴力设计值偏于安全。

对不同参数的波纹墙进行分析，对比参数如表 2.3-1 所示。

波纹墙参数　　　　　　　　　　　　表 2.3-1

序号	波纹墙	板厚 (mm)	高宽比	墙体尺寸 (mm)	
				宽	高
1	NCW-3600-8	8	0.60	6000	3600
2	NCW-4200-8	8	0.70	6000	4200

续表

序号	波纹墙	板厚(mm)	高宽比	墙体尺寸 (mm)	
				宽	高
3	NCW-4800-8	8	0.80	6000	4800
4	NCW-4200-4	4	0.70	6000	4200
5	NCW-4200-12	12	0.70	6000	4200

注：NCW-3600-8 表明波纹墙高 3600mm，板厚 8mm。

采用有限元软件 SAP2000 分别建立了对不同波形、不同板厚、不同高宽比下的精细化波纹钢板墙模型和简化的平板模型进行验证对比，其中精细化模型已通过实验结果进行校准，过程不再赘述。通过在墙顶部施加水平力对比构件内力及变形，结果如下。分别在波纹墙顶部施加 1000kN/m 的水平力，并比较三类模型中结构的抗侧刚度及水平位移等，对比结果如表 2.3-2 所示。

三类模型的抗侧刚度及水平位移对比　　　　表 2.3-2

序号	对比参数	YJK 等效交叉支撑模型	SAP2000 正交异性平面壳单元模型	Abaqus 实体单元模型
1	抗侧刚度（kN/mm）	722	734	739
	水平位移（mm）	8.01	8.09	8.12
2	抗侧刚度（kN/mm）	626	630	639
	水平位移（mm）	9.59	10.00	10.01
3	抗侧刚度（kN/mm）	529	551	553
	水平位移（mm）	12.03	12.16	12.17
4	抗侧刚度（kN/mm）	220	226	227
	水平位移（mm）	16.21	16.77	16.81
5	抗侧刚度（kN/mm）	991	1019	1051
	水平位移（mm）	7.22	7.60	7.59

通过上述对比可知，采用等效交叉支撑模型和刚度折减的正交异性平面壳单元模型进行波纹墙模拟，其水平抗侧刚度及位移与有限元实体单元模型分析结果基本一致，因此采用上述两种弹性简化分析模型来模拟波纹墙的水平抗侧性能是可行的。

（3）水平轴向连接单元模型

采用如下形式进行等效，中部设置四根刚性杆，刚性杆两端铰接，并与设置在 h_z 处的轴向连接单元相连。该模型概念清晰，传力路径明确，建模方便，与波纹钢板墙的受力模式相同。为实现较高模拟精度，需对 h_z 的大小进一步分析确定（图 2.3-12）。

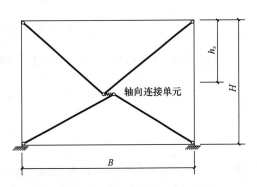

图 2.3-12　水平轴向连接单元模型

波纹钢板墙在承受水平荷载时,会对底部截面产生剪力和弯矩。其中剪力由波纹钢板承担,而由于波纹钢板竖向刚度为零,弯矩由左右边缘构件的轴力平衡。边缘构件的轴力分布如图 2.3-13 所示。

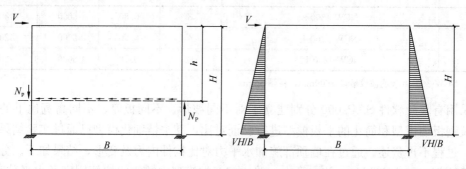

图 2.3-13　波纹钢板墙模型受力简图

截取图 2.3-13 中所示虚线以上部分,有平衡方程:

$$Vh = N_P B \quad (2.3\text{-}36)$$

$$N_P = \frac{Vh}{B} \quad (2.3\text{-}37)$$

式中　V——水平剪力;
　　　h——与选取截面有关的变量。

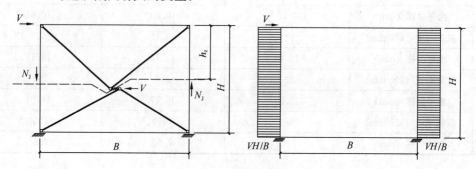

图 2.3-14　简化模型受力简图

对轴向连接单元模型,选取图 2.3-14 中虚线上部为一整体,有:

$$Vh_z = N_J B \quad (2.3\text{-}38)$$

$$N_J = \frac{Vh_z}{B} \quad (2.3\text{-}39)$$

式中　h_z——连接单元距离顶部梁的高度。

考虑波纹钢板墙模型与简化模型的边缘构件在水平荷载 V 作用下有相同的顶点水平位移,由图乘法公式,边缘构件受力产生的顶点侧移:

$$\Delta = \int \frac{N\overline{N}}{EA} \mathrm{d}h + \int \frac{V\overline{V}}{GA} \mathrm{d}h + \int \frac{M\overline{M}}{EI} \mathrm{d}h \quad (2.3\text{-}40)$$

忽略剪切变形和弯曲变形：

$$\int \frac{N_P \overline{N_P}}{EA} dh = \int \frac{N_J \overline{N_J}}{EA} dh \qquad (2.3-41)$$

式中　$\overline{N_P}$——平板模型下，荷载 V 取为单位荷载时的柱轴力；
　　　$\overline{N_J}$——简化模型下，荷载 V 取为单位荷载时的柱轴力。

$$h_z = \frac{H}{\sqrt{3}} \approx 0.6H \qquad (2.3-42)$$

在有限元模型中，轴力不是均匀分布的，而在简化模型中，轴力沿柱长均匀分布，因此需要进行修正。在有限元模型中，柱底截面弯矩由两柱轴力产生抗倾覆弯矩，在简化模型中，本层一部分倾覆弯矩通过轴向连接单元被传递至下层柱，因此需要将这部分通过下式修正：

$$NP_i = N_i + \frac{P_i z}{B}, \ i \leqslant 5 \qquad (2.3-43)$$

式中　NP_i——第 i 层线性修正后的柱底轴力；
　　　N_i——简化模型第 i 层的柱轴力；
　　　P_i——简化模型第 i 层轴向连接单元轴力；
　　　z——连接单元距离柱底的高度；
　　　B——波纹墙跨度。

考虑如下参数对简化分析模型的影响：墙厚 t、高宽比 H/B、边缘构件刚度及框架梁刚度。对比结果如图 2.3-15 所示，可以看出随着参数变化，简化分析模型与精细化模型的结果接近，误差在 6% 以内，简化模型模拟效果较好。

2. 弹塑性简化分析模型

针对工程设计中最常用的结构弹塑性分析软件（SAP2000、Etabs、Perform3D），模拟波纹墙时，可利用 Bouc-Wen 模型和三线性本构模型来近似描述其弹塑性性能。

Bouc-Wen 模型由 Robert Bouc 引入、经 Yi-Kwei Wen 改进具备了较强的通用性，能够较好地模拟钢材的滞回特性。其典型的滞回曲线如图 2.3-16 所示。

其参数主要包括屈服前刚度 k_d、屈服后刚度 k'_d、屈服力 F_{dy} 以及屈服指数 a，其中屈服指数为滞回曲线形状控制参数。其中 k_d 取波纹板弹性抗侧刚度，F_{dy} 为波纹板全截面屈服荷载，k'_d 以及 a 需依据所采用钢材材性本构关系拟合。

(1) 水平轴向连接单元模型

在 CSI 系列分析软件中，Bouc-Wen 模型可通过分析软件所提供的非线性连接单元实现。采用前文所述的水平轴向连接单元模型，将连接单元的本构关系修改为 Bouc-Wen 模型本构关系。

(2) 水平剪切板模型

在 Perform3D 中，波纹墙可采用基于三线性本构关系的 Infill Panel Shear Model 进行模拟，如图 2.3-17 所示。其主要参数同样包括波纹墙屈服前刚度 K_0、屈服后刚度 K_H、屈服力 F_Y、极限力 F_U 等。

根据表 2.3-1 中的波纹墙参数，可得到 Bouc-Wen 模型所需要的各个参数，如表 2.3-3 所示。

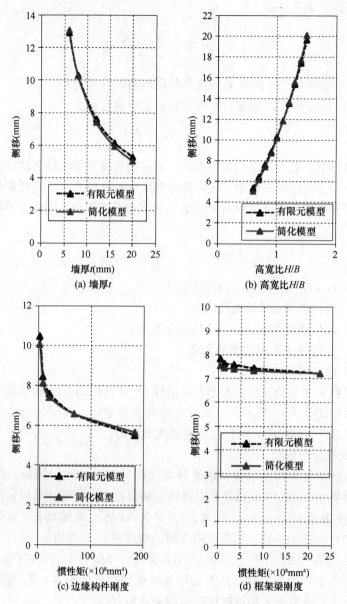

图 2.3-15 墙体参数对简化分析模型的影响

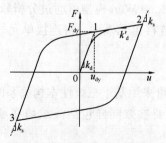

图 2.3-16 Bouc-Wen 模型

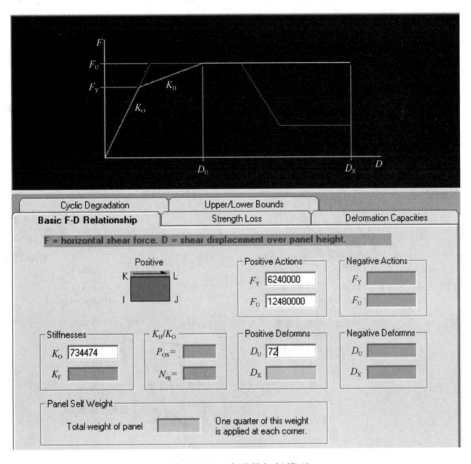

图 2.3-17 水平剪切板模型

Bouc-Wen 模型的各个参数　　　　　表 2.3-3

序号	抗侧刚度（N/mm）	k_d（N/mm）	k'_d（N/mm）	F_{yd}（kN）	a
1	734474	734474	7344	6240	2
2	629549	629548	6296	6240	2
3	550855	550856	5508	6240	2
4	225613	225612	2256	3120	2
5	1018891	1018890	10188	9360	2

在波纹钢板墙顶部施加水平荷载，水平轴向连接单元、水平剪切板模型的滞回曲线与有限元模型的滞回曲线对比如图 2.3-18 所示。可见水平轴向弹簧模型与有限元 Abaqus 模型分析结果吻合较好，可较为准确地模拟波纹墙的滞回性能。

综上所述，在 CSI 系列分析软件中，例如 SAP2000、Etabs 等，可采用基于 Bouc-Wen 模型的水平轴向弹簧模型较为准确地模拟波纹墙。在利用 Perform3D 时，则可利用基于三线性本构关系的水平剪切板模型，来较为准确地模拟波纹墙。

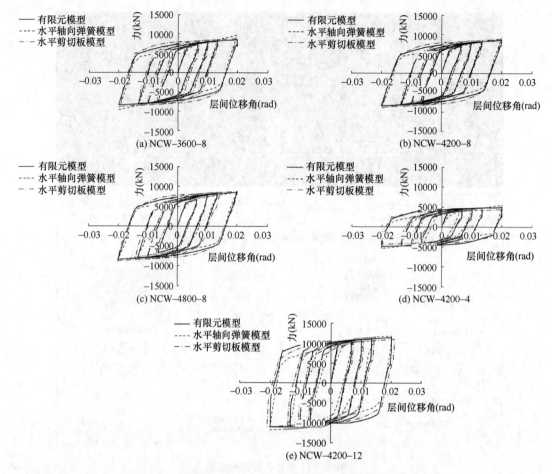

图 2.3-18 弹塑性简化分析模型与有限元模型的滞回曲线对比

2.3.3 狗骨式削弱边缘构件波纹钢板墙节点试验

在无屈曲波纹钢板墙试验中发现,波纹钢板墙在 1/50 层间位移角下加载较多圈以后,边缘构件上下端的连接焊缝会出现撕裂现象,导致钢板墙承载力急剧下降,如图 2.3-19 所示。经分析,出现端部焊缝撕裂的主要原因在于边缘构件类似于上下固接的竖向边缘构件,在水平向往复变形下,端部连接焊缝处的截面弯矩最大,且在该处累积塑性损伤也最大,因此最先产生疲劳撕裂,而一旦边缘构件端部连接破坏,波纹钢板墙性能就无法得到充分发挥。

针对上述问题,本课题根据已有的梁柱刚性连接狗骨式削弱节点构造形式,设计和试验研究带狗骨式削弱边缘构件的无屈曲波纹钢板墙,并与已有不削弱边缘构件的试验进行对比。

试件波纹钢板和狗骨式削弱边缘构件的具体尺寸如图 2.3-20 所示。

考虑篇幅原因,试验设备及加载方法等不再赘述。试验结果如图 2.3-21 和图 2.3-22 所示。从焊缝情况可以看出狗骨式设计确实能够避免边缘构件在焊缝处的开裂问题,使边缘构件晚于波纹钢板墙本身破坏,更充分地发挥了波纹钢板墙的功能。

图 2.3-19　波纹钢板墙边缘柱与底梁连接处破坏

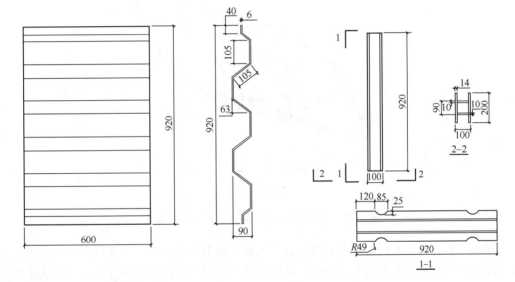

图 2.3-20　试件 NCW-1 尺寸（单位：mm）

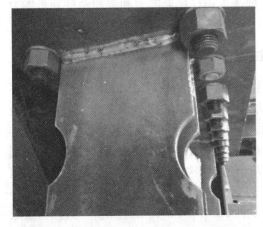

图 2.3-21　试验后边缘构件左上翼缘情况

图 2.3-22　试验后边缘构件左下翼缘情况

试件 NCW-1 和 NCW-0 的试验滞回曲线如图 2.3-23 所示，其纵轴为千斤顶加载力值，横轴为位移计所测得的试件上下端层间位移角。从图 2.3-23 可看出，试件的滞回曲线呈梭形，较为饱满，说明其具有较好的耗能性能。而在加载至最大级时，前三圈曲线无明显的承载力下降趋势，第四圈开始则曲线出现了较为明显的承载力下降现象，对应至试验现象，从第四级的第四圈开始，试件出现了肉眼可见的面外屈曲现象。随着面外屈曲的加大，滞回曲线的承载能力进一步降低，直到第六圈时最大承载力降低到约 85% 处，于是停止加载。

本次试验 NCW-1 滞回曲线基本与 NCW-0 吻合，NCW-0 曲线第四级只加载了三圈，在第四圈时边缘构件与下底梁的连接焊缝出现破坏，而本试件未出现焊缝开裂现象，在第四圈出现面外屈曲，随后承载能力稳定下降，至第六圈停止加载。

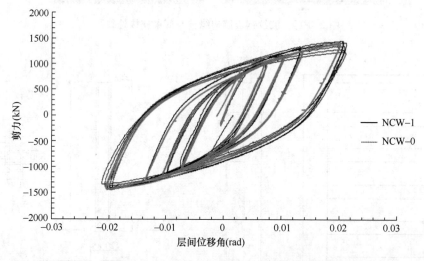

图 2.3-23　NCW-0 和 NCW-1 的试验滞回曲线

分析结果表明：采用狗骨式削弱以后，削弱处截面与边缘构件端部同时达到屈服，再结合最大应力位置出现在削弱截面处，从而验证了根据已有的梁柱刚性连接狗骨式削弱节点的构造形式，可以将边缘构件的薄弱截面从端部向削弱截面处转移，从而保证了边缘构件在 1/50 层间位移角下不发生焊缝撕裂问题，提高了构件耗能能力和累积塑性变形能力（图 2.3-24）。

2.3.4　摩擦型边缘构件波纹钢板墙节点试验

波纹钢板两侧有边缘构件，在结构中通高连续设置波纹钢板墙时，边缘构件轴力会逐层累积，导致底层的波纹钢板墙的边缘构件轴力过大，边缘构件截面需要非常大才能满足条件，经济性较差。因此，为控制波纹钢板墙边缘构件的轴力，本课题提出一种边缘构件的摩擦型构造，该构造采用高强度摩擦型螺栓和长圆孔，目的是使得边缘构件的轴力在到达一定值后，螺栓起滑而轴力无法继续上升，从而使边缘构件轴力可控，并能降低波纹钢板墙的屈服后刚度、提高钢板墙耗能效率。

本节试件命名为 NCW-2，其波纹墙尺寸与试件 NCW-0 和 NCW-1 保持一致，而边缘构件尺寸为符合摩擦型高强度螺栓的构造要求，截面尺寸略有增大。

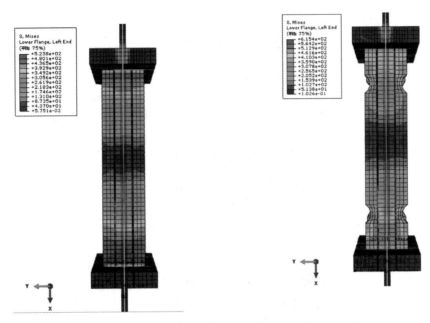

图 2.3-24　NCW-0 和 NCW-1 边缘构件翼缘应力云图

高强度螺栓型号及个数计算方式如下：

（1）由试验已知，带框架波纹钢板墙试件 NCW-0 和 NCW-1 在 1/50 层间位移角时对应的承载力约为 1500kN，减去两根框架柱的剪力后，波纹钢板墙的承载力约为 1288kN。

（2）预期目标是将 NCW-2 在 1/50 层间位移角下的承载力控制在 80% 左右，也即 1288×0.8=1030kN。

（3）假定钢板墙反弯点在总高的一半处，而边缘构件轴力等效认为作用于其腹板宽度中心处，则由弯矩的平衡可计算得到一根边缘构件轴力为 $\frac{1030 \times 920/2}{(600+180)} = 670\text{kN}$。

（4）采用黄铜片作为摩擦材料，摩擦系数为 0.3，则根据规范一颗 10.9 级 M24 双面摩擦型高强度螺栓的承载力计算可得约为 122kN。

（5）将（3）中得到的边缘构件轴力需求除以（4）中得到的一颗螺栓的承载力，可得一侧边缘构件上需要约 5 颗 10.9 级 M24 摩擦型高强度螺栓（此时一根边缘构件轴力为 610kN）。

得到所需的螺栓个数后，根据相关构造要求调节边缘构件的尺寸，并且在边缘构件长圆孔和黄铜片长圆孔上预留足够的空间给螺栓的起滑，最后得到本节 NCW-2 试件的各设计参数。具体尺寸如图 2.3-25 所示。

试验进行预加载后，进行正式加载。加载前三级试件无明显现象，加载至第四级的第一圈，也即 1/50 位移角的第一圈正向加载时，试件发出声响，经过查看，发现一侧边缘构件腹板与上垫梁焊接处产生开裂，焊缝并未对试件整体力学性能产生明显影响。继续加载至第四级第三圈，加载至第三圈正向位移最大值时经过查看发现同一侧边缘构件腹板与下垫梁焊接处也产生了开裂，焊缝并未对试件整体力学性能产生明显影响。之后加大加载位移至 1/40 层间位移角，也即 23mm 的钢板墙上下端板间横向位移，称之为第五级加载。

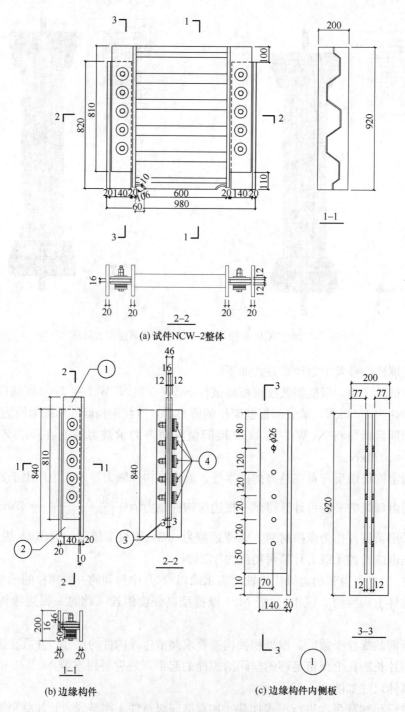

图 2.3-25 试件 NCW-2 尺寸（单位：mm）

第五级加载第一圈加载至负向最大位移时，经过查看，发现另一侧边缘构件腹板与上垫梁焊接处产生了开裂，焊缝并未对整体力学性能产生明显影响。加载至第五级第二圈时，波纹钢板墙与下垫梁连接的弧形转角处产生开裂，该裂纹在后续加载中蔓延至波纹钢板墙，如图 2.3-26、图 2.3-27 所示，并且在第五级第二圈钢板墙出现了肉眼可见的变形。之后波纹钢板墙的面外屈曲持续增大，直至第五级加载至第四圈负向最大位移时，负向峰值承载力下降至第一圈峰值承载力的 85%，故其后在加载至某负位移处缓慢卸载至千斤顶力值归零，图 2.3-28 为卸载后试验结束时钢板墙的情况。

将本次试验 NCW-2 的滞回曲线与试件 NCW-0 的滞回曲线绘制于同一个图中，可以得到图 2.3-29 的对比图。可见 NCW-2 的初始刚度略大于 NCW-0，主要源于螺栓的构造要求等，边缘构件截面面积要大于 NCW-0，而屈服力区别并不大。进入屈服后，NCW-2 的在同一位移值处的承载力明显小于 NCW-0，且全加载周期内的峰

图 2.3-26 左侧弧形板裂缝

值承载力明显小于 NCW-0，屈服力与前述设计值接近。除承载力外，可以明显看出屈服刚度后也比原先试件要平坦许多。可以认为本试件达到了控制边缘构件轴力、降低屈服刚度后的设计目的，且前述设计方法可行。

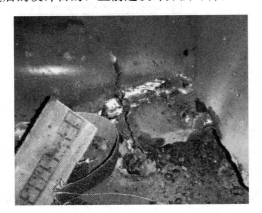

图 2.3-27 右侧弧形板裂缝

图 2.3-28 加载结束时试件情况

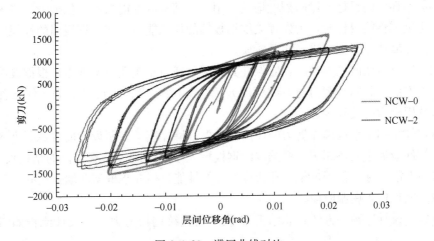

图 2.3-29 滞回曲线对比

2.3.5　框架-无屈曲波纹钢板墙结构设计方法研究

1. 体系组成

钢框架-无屈曲波纹钢板剪力墙结构是通过在框架中布置一定数量的无屈曲波纹钢板剪力墙以提高结构刚度及延性的结构形式，具有建筑平面布置灵活、侧向刚度大、耗能能力强等优点。

其中无屈曲波纹钢板剪力墙由边缘构件和波纹钢板组成，通过调整波纹形状及宽厚比保证波纹钢板屈服先于屈曲发生；对于满跨布置的波纹钢板墙，框架柱和框架梁同时作为墙体边缘构件。如图 2.3-30 所示。

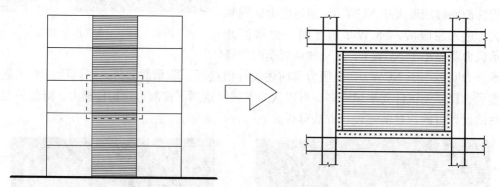

图 2.3-30　框架-无屈曲波纹钢板剪力墙结构示意图

2. 结构设计方法研究

波纹钢板墙在结构平面上可根据建筑功能要求均匀布置，保证结构刚度中心与质量中心位置相同或接近；在立面布置上应保证连续性，上层和下层剪力墙之间的错位使得墙体不连续，转换位置处梁柱内力增大，影响结构效率。

波纹钢板墙应能够为结构提供足够的抗侧刚度、承载力并起到良好的耗能作用，设计中需以此为目标确定波纹钢板墙的参数。

风荷载及多遇地震作用下，根据规范要求，结构保持弹性，且位移需满足限值要求，实现"小震不坏"的目标。设防烈度地震作用下，结构的性能目标应依据设计要求指定。

在确定抗震性能目标时，为发挥波纹钢板墙的耗能能力，波纹钢板墙的性能要求应低于框架，保证墙体先于框架进入屈服阶段。

选用波纹钢板墙波纹参数时，应保证其屈服承载力小于屈曲承载力，根据波纹钢板屈曲强度计算方法，屈曲承载力与波纹深度 h_r 呈正相关，设计人员可依据墙体布置参数与厚度要求选用合适的波纹参数。

边缘构件承担了平衡墙体剪力的作用，为保证墙体能够在预设性能目标下进入塑性耗能，边缘构件应后于墙体屈服。根据波纹钢板墙先于框架进入屈服阶段的结构设计原则，边缘构件的性能目标应低于框架。即边缘构件的性能目标介于框架和墙体之间，先于框架而后于波纹钢板进入屈服阶段。

根据以上设计准则和方法，总结框架-无屈曲波纹钢板剪力墙的设计流程如图 2.3-31 所示。

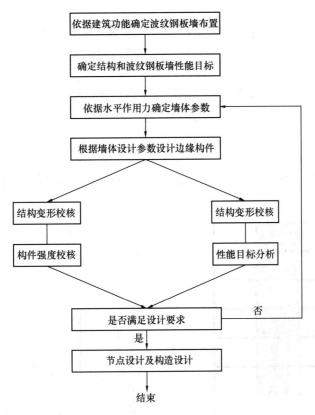

图 2.3-31 框架-无屈曲波纹钢板剪力墙设计流程

3. 设计算例

（1）弹性设计

以图 2.3-32 所示的一榀框架为案例进行计算分析。本算例采用正交异性平面壳单元和水平轴向弹簧对波纹墙进行模拟。其中框架梁为 H500×200×9×11（mm），外侧两列框架柱为 H500×300×20×30（mm），中间两列框架柱为 H500×500×35×35（mm），

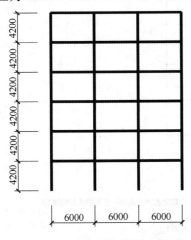

图 2.3-32 框架结构算例立面图

0.677		0.828		0.663	
0.139	0.183		0.177		0.274
0.962		1.099		0.979	
0.218	0.259		0.262		0.352
1.234		1.381		1.272	
0.241	0.277		0.278		0.423
1.364		1.503		1.411	
0.373	0.380		0.382		0.618
1.173		1.267		1.124	
0.644	0.638		0.640		0.885

图 2.3-33 框架结构应力比

材性为Q345B,设防烈度7度(0.10g)。

施加的规定水平力,未布置波纹钢板墙(NNCW)时,构件的应力比如图2.3-33所示,部分构件应力比超限。且在水平力作用下,结构的最大位移角达到了1/100,远远大于规范的限值要求1/250。

为提高结构抗侧刚度,减小结构层间位移,在框架结构中设置4mm厚的无屈曲波纹钢板墙,并采用正交异性平面壳单元进行模拟,如图2.3-34所示。其中,壳单元折减系数取值如下:

$$\delta_{11} = 1.25 \quad \delta_{22} = 0 \quad \tau_{12} = 0.8$$

布置波纹钢板墙(NCW)后,结构在水平力下的最大层间位移角为1/302,满足规范限值1/250,如图2.3-35所示。

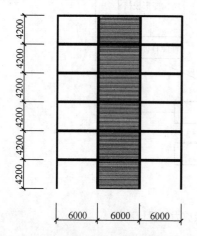 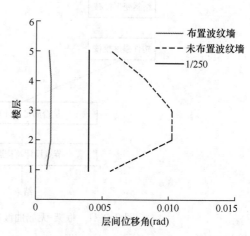

图2.3-34 无屈曲波纹墙框架结构算例立面图　　图2.3-35 层间位移角对比

在小震下,波纹墙保持弹性,最大剪力约为90MPa;而在中震下,主体结构仍保持弹性,波纹墙最大剪应力约160MPa,进入屈服,如图2.3-36所示。

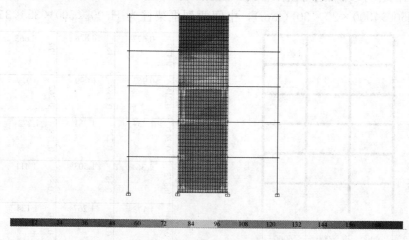

图2.3-36 波纹墙应力云图

此时,波纹钢板墙的边缘构件也可以满足保持弹性的要求,如图2.3-37所示。

（2）弹塑性验算

根据波纹钢板墙的布置方式和简化方法，建立其弹塑性简化模型如图 2.3-38 所示。为充分反映结构弹塑性性能，在非波纹钢板墙边缘构件的框架柱两端设置 P-M 塑性铰，框架梁由于轴力较小，两端设置 M 塑性铰，以反映其结构构件的塑性性能。

1）弹塑性层间位移角

采用典型的 El-Centro 地震波做非线性时程分析，峰值加速度为 220gal。经计算，弹塑性层间位移角如图 2.3-39 所示。可以看出，结构弹塑性层间位移角满足规范 1/50 的要求。

2）结构性能

大震下结构塑性铰的出现顺序可如图 2.3-40 所示。可以看出，在大震作用下，一、二层剪力墙在 2.4s 进入屈服阶段，同时一层梁端部塑性铰出现，随着地震作用的持续，结构塑性逐渐开展，最终一层及二层梁形成塑性铰。

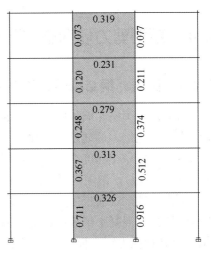

图 2.3-37 无屈曲波纹墙框架结构应力比

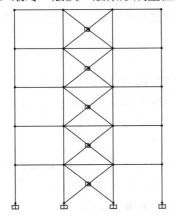

图 2.3-38 无屈曲波纹墙框架弹塑性简化分析模型

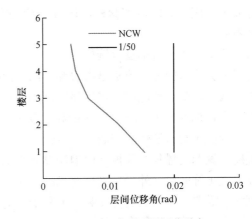

图 2.3-39 大震下层间位移角

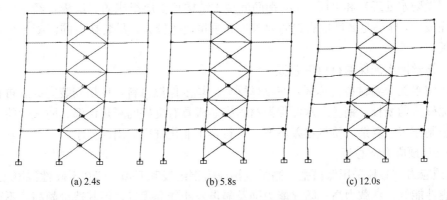

(a) 2.4s　　　(b) 5.8s　　　(c) 12.0s

图 2.3-40 大震下塑性铰出现顺序

2.4 新型剪力墙钢结构配套建筑体系

2.4.1 国内外钢结构配套建筑墙体和连接形式

目前发达国家在墙板中使用高效、保温、隔热材料，这种形式的复合墙板在预制墙板中已占很大比例，例如丹麦、瑞典、法国均已占70%以上。美国的复合墙板主要以石膏板为主，其机械化程度高，年产量居世界首位；日本主要有石棉水泥板、玻璃纤维增强水泥板（GRC板）；德国主要生产空心轻质混凝土墙板。

可作为装配式墙板使用的主要墙板种类有：承重混凝土岩棉复合墙板、薄壁混凝土岩棉复合墙板、混凝土聚苯乙烯复合墙板、混凝土珍珠岩复合墙板、钢丝网水泥保温材料夹芯板、SP预应力空心板、ALC板、真空挤压成型纤维水泥板（简称ECP）、轻钢龙骨复合墙板。

（1）混凝土岩棉复合墙板

混凝土岩棉复合墙板通常是由5cm混凝土面层、5cm岩棉保温层和15cm钢筋混凝土承重层，采用无肋柔性连接的三层复合墙板。1983年混凝土岩棉复合墙板在北京第二构件厂建成了一座300m²的实验楼，1984年应用在18层的试点建筑中，但其密度较大，安装效率不高。

（2）薄壁混凝土岩棉复合墙板

薄壁混凝土岩棉复合墙板是由岩棉、细石混凝土和柔性钢筋连接件构成的，该墙板具有导热系数低、防火性能好、抗压强度高的优点，且符合国家标准《严寒和寒冷地区居住建筑节能设计标准》JGJ 26—2018的相关要求，但制作工艺复杂，不利于推广应用。

（3）混凝土聚苯乙烯复合墙板

混凝土聚苯乙烯复合墙板是由钢筋混凝土承重层（里层）、聚苯乙烯板保温层（中层）和钢筋混凝土饰面层（外层）复合而成的。这种墙板能承受较大荷载，保温效果良好。但其密度大，需要专用吊机进行安装，不利于当前建筑工业化的推广应用。

（4）混凝土珍珠岩复合墙板

混凝土珍珠岩复合墙板的构造通常由5cm混凝土装饰面层、中间的10cm膨胀珍珠岩保温层（做防水处理）和里层15cm钢筋混凝土结构承重层组成的三层板，经一次复合生产工艺完成的，能满足8度抗震设防要求。其重量也比较大，吊装缺点同混凝土聚苯乙烯复合墙板。

（5）钢丝网水泥保温材料夹芯板

钢丝网水泥保温材料夹芯板是在钢丝网架内填上保温材料，现场安装完成后再在表面喷抹水泥砂浆的墙板。钢丝网水泥保温材料夹芯板具有良好的隔热保温、防火性能，面密度小，但制作工艺复杂，质量参差不齐，不符合工业化推广应用的要求。

（6）SP预应力空心板

SP预应力空心板采用低松弛、高强度预应力钢绞线和C40～C50干硬性混凝土制成，具有抗震性能好、承载力高、防火能力强及隔声效能佳等优点。但其造价颇高，不适合建筑工业化的大量生产需求。

(7) ALC 墙板

加气混凝土墙板是以水泥、石灰、硅砂等为主要原料，再添加必要的外加剂制成的一种轻质多孔新型的绿色环保建筑材料墙板。其隔音隔热效果好，也便于施工，有比较成熟的应用和推广经验。加气混凝土墙板具有隔热性能好、面密度低、强度适中、性价比高等优点，且欧美等发达国家具有约半个世纪的推广应用经验，工艺技术成熟。

(8) 真空挤压成型纤维水泥板

真空挤压成型纤维水泥板（简称 ECP）是以硅质材料（如天然石粉、粉煤灰、尾矿等）、水泥、纤维等主要原料，通过真空高压挤塑成型的中空型板材，然后通过高温高压蒸汽养护而成的新型建筑水泥墙板。该墙板轻质高强、防水性好、隔音隔热性能优良，适合作混凝土幕墙、高速公路隔声墙，但是价格较高，且供应量不足，不适合建筑工业化的大量生产要求。

(9) 泡沫混凝土墙板

泡沫混凝土墙板具有隔热、防火、隔声、抗压强度高、面密度低等优点，适合作清水混凝土外模板，是绿色建筑发展的方向。但是目前该种墙板尽管有所应用，但墙板强度、热工性能等内容仍存在需要进行深入研究工作的地方，故目前尚不具备适应建筑工业化的大规模生产和推广应用的条件。

(10) 轻钢龙骨复合墙板

由立龙骨柱、天地龙骨和自攻螺钉等构成的轻钢龙骨墙体是最简单的墙体，龙骨骨架与墙体覆面板（水泥砂浆或 OSB）通过拉铆钉组合在一起，形成了较为坚固的轻钢龙骨复合墙体结构体系。轻钢龙骨结构的构件通常由冷弯薄壁型钢组成，构件较小，构件与构件之间采用拉铆钉的方式连接，施工现场多采用干作业，因其具有安装简便、施工快捷的优势，在低层住宅方面具有很大的发展潜力，适合用于建筑工业化使用。

目前外墙大多采用外挂式体系与钢柱连接，通过带有一定变形空间的连接构造，可以有效解决二者的变形协调问题。多种外挂式外墙与钢柱的连接形式包括：墙板通过角钢和 U 形连接节点与框架连接，在 U 形连接节点上开适当长度的长槽孔，角钢与墙板通过螺栓连接，U 形连接节点与钢梁焊接的连接形式；或是墙板上部通过 T 形吊挂可控滑移节点与梁连接，T 形吊挂可控滑移节点由焊接在角钢上的 T 形连接件和梁上的楔形卡件组成，墙板下部通过角钢与钢梁栓接的连接形式；压条连接法是把墙板放在压条和厂房骨架之间，通过拧紧螺栓用压条把墙板压到厂房骨架上，从而达到固定目的的一种形式；大多数摇摆节点均采用预埋件与角钢连接件，通过预埋件保证墙板不会因为连接处的荷载而破坏，角钢连接件留孔与墙板通过螺栓连接的形式且留孔常常会使用长孔的形式来保证变形余量。

简而言之，目前外挂式外墙与钢柱的连接大多使用墙板预埋件通过螺栓连接，钢柱一端选择焊接；连接构造大多选用角钢、U 形或者 T 形钢板，并在钢板留孔时选择长孔的形式来保证变形协调。

除了外挂式外墙安装，目前内嵌式外墙也在钢结构建筑中大量使用，尤其是随着隔墙安装机的推广应用，使得内嵌的外墙安装效率提高很多。内嵌式外墙与钢梁柱的连接方式多为在钢梁柱上设置轨道，在墙板的四周则安置对应的突出部，装配式墙板利用墙板自身的形状特点装配墙壁，墙板自身及突出部和钢框架的突出部可以完美地相互咬合，并不需要利用铆钉螺丝之类的外部固定件来完成固定,十分方便简洁;同时互相咬合处拥有缝隙,这个缝隙不仅不会影响墙壁的稳定性,还会增加墙壁的抗震性。在钢筋龙骨墙板安装过程中也有类似的内嵌式连接。还有一种连接方式是通过钩头螺栓、角钢等连接件,在墙板两侧分别与钢框架进行有效连接,将外墙内嵌式安装在钢框架上。

2.4.2　新型剪力墙钢结构典型配套墙体和外保温研究

1. 各种典型气候选择适用的装配式墙板

本课题分别针对东北地区,华南地区和华东地区选择与新型剪力墙钢结构体系配套的墙板。

(1) 东北地区:有严寒和寒冷地区

东北地区属温带季风气候,四季分明,夏季温热多雨,冬季寒冷干燥。自东南而西北,年降水量自1000mm降至300mm以下,从湿润区、半湿润区过渡到半干旱区。因此,东北地区对外墙板的保温隔热能力以及抗冻能力有很高的要求,同时,为了保证夏天雨后外墙板不因为吸水过多体积膨胀导致开裂,对外墙板的吸水率也有一定的限制。

菱镁轻质墙板虽然强度高,隔声性能好,可加工性能好,但其缺点也较为明显:保温性能与耐水性能差。对于冬季气温很低,楼内长期取暖的东北地区来说,墙板的保温性能是影响楼房节能效果的关键。因此,菱镁墙板并非合适的外墙选择方案。

轻质夹芯墙板是基于固体废弃物、建筑垃圾、地方资源的多功能复合一体化轻质墙板,具有轻质、高强、绿色、节能等多功能为一体的特点,但是其防火性能偏低,不能保证安全性。

通过对各类墙板性能的比较,其中ALC板的导热系数约为0.14W/(m·K),仅为混凝土的1/11,为砖砌体的1/7,是一种高效保温隔热围护结构材料,用ALC板的墙可以比用其他材料做成的墙体薄得多,通常可提高得房率8%~12%,还可以获得更佳的隔热保温效果。同时,ALC板由于其具有结晶完全、细密均匀的封闭气孔、缺陷和微裂缝都很少的微观结构,所以ALC板拥有优秀的抗冻性和抗渗性。虽然ALC板的吸水率较大,但可以通过板面满涂丙烯酸乳液等方式进行处理。因此本课题在东北地区选用板面满涂丙烯酸乳液的ALC板作为该地区的配套墙板。

(2) 华南地区:主要为夏热冬暖地区

华南地区最冷月平均气温≥10℃,极端最低气温≥-4℃,日平均气温≥10℃的天数在300d以上。多数地方年降水量为1400~2000mm,是一个高温多雨、四季常绿的热带-亚热带区域。因此,该地区的墙板要求有着优异的防水与抗渗性能。ALC板的吸水率相对较大,虽然可以通过其他处理减小影响,但是既不便于施工也会提高墙板成本。菱镁轻质墙板存在严重的耐水性能差和吸潮反卤问题。耐水性能差会导致墙体软化,强度下降;吸潮反卤性会使得墙板材料在使用和存放过程中会随着环境湿度的不同发生吸潮反卤-干燥的周期变化,影响使用效果。通过对比各类墙板性能,昊角板[6]有着相对优越的抗渗与防水性能,同时其综合单价也相对较低。因此本课题在华南地区选用昊角板作为该地区的配套墙板。

(3) 华东地区:主要为夏热冬冷地区

华东地区年平均气温为15～18℃，其中山东省水资源主要来源于大气降水，多年平均降水量为676.5mm，多年平均天然径流量为222.9亿m³；安徽省径流年际变化大，年内分配不均，汛期5～8月或6～9月的径流量占全年径流量55%～70%以上，丰水年与枯水年径流量的比值差达14～22倍；江西省、浙江省年均降水量为1600mm左右；江苏省降雨年径流量在150～400mm之间；台湾省平均年降雨量超过2500mm，中部及北部属亚热带季风气候，南部属热带季风气候。由于上海市极高的人口密度，施工的便利性与经济性、隔声等性能就会更加重要。在多种墙板中，轻钢龙骨复合墙板有着以下优点：①在高强度下，所有骨架元件体积不大；②有效降低造价，节约成本；③墙板棱边有多种形式，可以在施工装配时更好地进行精确配合，让施工更加便利；④提高了建筑物的抗震性能和耐火性，为建造大间距房屋提供了条件；⑤通过用纸面石膏板包覆墙板骨架可以有效提升墙板的隔声性能，降低噪声影响。因此本课题在华东地区选用轻钢龙骨复合墙板作为该地区的配套墙板。

2. 波纹钢板剪力墙处的围护墙体与结构一体化研究

本课题在应用波纹钢板剪力墙的建筑部分提出一种集抗震耗能和保温隔声功能于一体的预制装配式一体化墙，连接构造如图2.4-1所示。

其中，一体化墙采用T形连接件，T形转换件需经过刚度和承载力的设计验算，保证波纹钢板墙能够充分发挥作用。

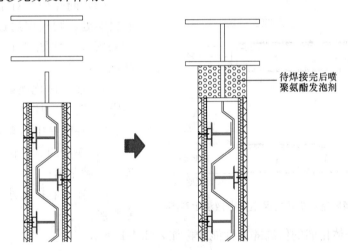

图2.4-1 一体化墙与主体结构的连接

为满足一体化墙的隔声和部分保温功能的要求，首先在内部波纹钢板墙上设置水平面外约束龙骨，水平面外约束龙骨通过焊接在边缘构件上的连接件与墙体螺栓连接，其中连接件上开设长圆孔，如图2.4-2所示，以保证水平面外龙骨不参与抗侧。然后，通过在水平面外约束龙骨上开设一定间距的圆孔，即可将外部保温隔声材料固定在波纹钢板墙两侧，如图2.4-3所示。根据目前常用的做法，可将50mm厚度的玻璃棉贴在10mm厚的无纤维水泥板（CCA板）上，然后CCA板朝外，将两者固定在水平面外约束龙骨上，拧紧连接用螺栓，将50mm厚玻璃棉压缩至25mm即可。

（1）显然，上述拼缝处会造成保温隔声的薄弱点，而且若加工工艺不合理，安装时一体化墙可能无法轻易地与主体结构进行连接。因此，经过研究上下拼缝处的保温隔声做法

可大致分为以下几步:

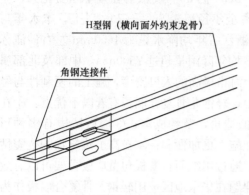

图 2.4-2 水平(横向)面外约束龙骨与连接件

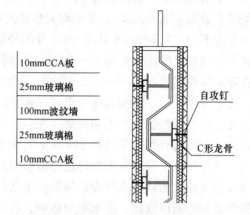

图 2.4-3 墙体部分保温隔声做法剖面

1) 在工厂预制墙板时,在 CCA 板上开较大圆孔,以保证墙体 T 形连接件和上下梁连接板进行螺栓连接时电动扳手有足够的操作空间;

2) 按要求拧紧上下连接螺栓后,用聚氨酯发泡材料填满上述空间;

3) 在上下拼缝处涂抹足量的结构密封胶。

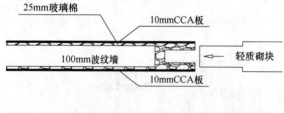

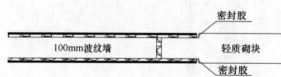

图 2.4-4 墙体左右拼缝处保温隔声做法示意图

(2) 同样地,对于一体化墙的左右拼缝处,则建议通过采用凹槽的方式来解决,如图 2.4-4 所示。具体做法如下:

1) 在一体化墙两侧 CCA 板伸长一定距离,形成凹槽;

2) 在凹槽中贴 50mm 厚玻璃棉;

3) 在墙两侧砌轻质砌块与凹槽相连并填满贴紧;

4) 在左右拼缝处涂抹足量的结构密封胶。

经测试,一体化墙的保温隔声性能指标如表 2.4-1 所示。

保温隔声性能检测结果　　　　表 2.4-1

检测结果	中心频率(Hz)	100	125	160	200	250	315	400	500	630	800
	隔声量(dB)	22.0	32.2	35.2	35.3	39.2	42.5	44.2	44.5	45.1	44.9
	中心频率(Hz)	1000	1250	1600	2000	2500	3150	4000	5000	6300	8000
	隔声量(dB)	45.4	48.2	46.1	46.8	52.6	55.6	58.0	61.9	—	—
	热冷室空气差(℃)	39.99	电暖气加热功率(W)		89.57	热室内外表面温差(℃)		0.83	试件框热冷表面温差(℃)		38.40
检测结论	空气声计权隔声量 R_w:46dB(C:−1, Ctr:−6) 试件传热系数 K:0.7W/(m²·K)										

可见，一体化墙的保温和隔声性能较好，均满足国家规范的相关要求。

3. 建筑外围护中保温材料的耐火性能试验

新型钢板剪力墙结构体系中，由于竖向承重构件需要进行抗火设计，因此对配套建筑围护中的保温材料的耐火性能提出了相应的要求。为研究外保温材料的耐火性能，本课题开展了系列相关试验研究，主要内容有通过试验检验高温下的多家厂家提供的石膏混合料（轻质抹灰石膏）的破坏过程和受火性能，比较不同厂家产品的防火保护效果；对发泡陶瓷、微孔硅酸钙、无机轻集料保温砂浆、胶粉聚苯颗粒保温浆料等材料的耐火性能进行试验测试，得到标准火灾作用下采用各种保护的钢板试件升温过程曲线，观察其破坏形态，验证其防火保护的可行性；对高温下岩棉防火保温系统中岩棉或保温钉的工作性能进行试验测试。试验试件参数如表2.4-2所示。

保温材料耐火试验试件列表　　　　　　表2.4-2

保温材料	试件编号	试件构造	试验时间
发泡陶瓷保温板	F-2	50mm发泡陶瓷板+界面砂浆+射钉保温钉	3.0h
	TG-1	50mm发泡陶瓷板+界面砂浆+射钉保温钉	3.0h
微孔硅酸钙浆料	A-1	25mm硅酸钙浆料+金属网	3.0h
	A-2	30mm硅酸钙浆料+金属网	3.0h
轻质抹灰石膏浆料	L-1	35mm抹灰石膏+金属网	2.0h
	L-2	35mm石膏（聚苯颗粒1:0.7）+金属网	2.0h
	L-3	35mm石膏（聚苯颗粒1:0.5）+金属网	2.0h
	K-1	35mm石膏+金属网	2.0h
	S-1	35mm石膏+金属网	2.0h
	JY-1	35mm石膏+金属网+界面砂浆	3.0h
	NKD-1	35mm石膏+金属网+界面砂浆	3.0h
无机轻集料保温砂浆	T-1	35mm保温砂浆+金属网	3.0h
	TX-1	35mm保温砂浆+金属网+界面砂浆	2.0h
	TX-2	35mm保温砂浆+金属网+界面砂浆	2.0h
	DS-1	35mm保温砂浆+金属网+界面砂浆	2.0h
	DS-2	35mm保温砂浆+金属网+界面砂浆	2.0h
胶粉聚苯颗粒保温浆料	ZL-1	35mm胶粉聚苯颗粒浆料+金属网+界面砂浆	2.0h
岩棉保温钉抹灰系统	OWS-1	40mm岩棉+射钉保温钉+界面砂浆+面层	3.0h
岩棉+射钉保温钉系统	OWS-2	40mm岩棉+射钉保温钉（只打钉不粘结）	3.0h
岩棉粘结砂浆系统	OWS-3	40mm、60mm岩棉+界面砂浆（只粘结不打钉）	3.0h

外保温材料均完全包覆钢板试件，在每个钢板试件上设置有两个测点，在钢板上的具体位置如图2.4-5所示。

本次试验采用的升温加载制度为《建筑构件耐火试验方法 第1部分：通用要求》GB/T 9978.1—2008中给出的升温制度，曲线为标准时间-温度曲线，该制度能使试件受到与实际火灾相似的火灾作用。典型的试件试验后现象和试件升温曲线如图2.4-6～图2.4-10所示。

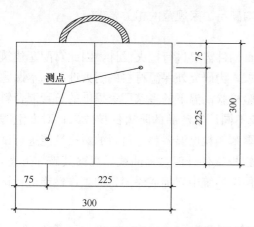

图 2.4-5 钢板试件测点布置图

通过上述试验分析,得出以下结论:试验中没有整体保护层脱落的现象,可以推知,挂网对于维持试件整体性十分关键。硅酸钙试件比保温砂浆的导热系数大,而且整体性较差,在试验后表面有明显裂纹,并且多处脱落,保护层呈粉状,在180min过程后温度高达1000多摄氏度,失去保护效果,因此认为目前这种保护方式并不十分合理。无机轻集料保温砂浆试件整体性较好,升温过程十分稳定,在试验结束后,表面有一些裂纹,不存在明显脱落现象,180min试验后温度在700~800℃。厂家一提供的抹灰石膏,在不添加聚苯颗粒的情况下,导热系数相对较小,且整体性比较好,但是依然存在环状裂缝,在四个边角处均有裂缝,部分贯通导致下部保护层脱落,造成升温速度加快,试件升温速度很快。添加聚苯颗粒后,可以发现,颗粒添加得越多,等效导热系数越大,试件表面形成大量细小裂纹,也存在保护层脱落现象。对于厂家一和厂家二提供的抹灰石膏,两者性状比较接近,对于底部保护层未脱落的构件,等效导热系数在 0.26W/(m·K) 左右。

对于全系统的岩棉保温钉试件来说,在受火结束后,试件表面砂浆虽有变形开裂,但

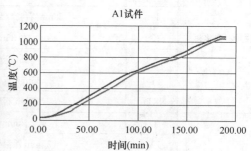

图 2.4-6 微孔硅酸钙试件

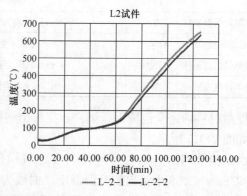

图 2.4-7 轻质石膏试件

 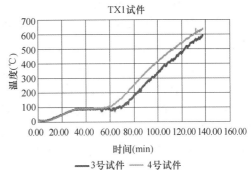

图 2.4-8 无机保温砂浆试件

 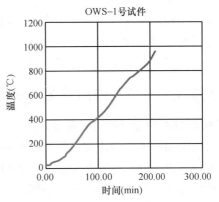

图 2.4-9 岩棉保温保护钉试件

 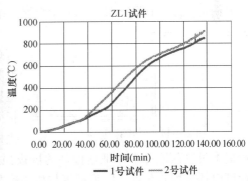

图 2.4-10 胶粉聚苯颗粒保温浆料试件

内部岩棉相对完整，整体性较好，因此认为全系统的等效热传导系数计算结果比较可靠，这种保护方式对维持防火保护整体性有较好作用。对于 40mm 厚保护层的试件，四周包裹有岩棉条，并采用铁丝进行了绑扎固定，从试验结果来看，试件在受火后四周岩棉条变形较大，与钢板两侧岩棉之间也有较大位移，产生了一定的缝隙，导致了温度曲线上升较快。认为岩棉变形原因为在温度上升后，悬挂试件落到地面，并且在受火状态和局部绑扎固定的条件下，岩棉与钢板间粘结失效，岩棉变形，导致了岩棉与钢板之间产生了很大的缝隙。这种保护的等效热传导系数较大。对于60mm厚保护层的试件，在试验前去除了四周的岩棉条，采用了较细的实验室防火棉对于钢板暴露处进行了包裹，一共绑扎了两层，最大处厚度仅30mm左右。试验结束后，两侧岩棉并未脱落，但稍加碰触后就与钢板整体脱开，虽岩棉整体没有明显变形，但岩棉与钢板的粘接在高温下完全失效。钢板温度在试验中上升相对较快，可以认为岩棉基本不能对于钢板进行有效的隔热防火保护，同时岩棉与钢板之间仍存在一定缝隙，无法保证完整性，因此等效热传导系数较大。

对于厂家一提供的发泡陶瓷试件，通过试验可以发现两块试件均在受火15min内，陶瓷表面产生了爆裂，在试验后可以看到发泡陶瓷全部碎裂成鸡蛋大小的碎片，导致受火时钢板裸露，升温十分迅速，等效热传导系数不具备参考价值。对于厂家二提供的发泡陶瓷试件，在试验过程中钢板升温相对平缓，无明显开裂现象，试验后虽然发泡陶瓷表面存在一些裂纹，但整体性保持较好，防火保护相对可靠，与等效热传导系数的计算结果相吻合。对于胶粉聚苯颗粒保温浆料，在试验结束后，可以观察到整体性保持较好，但是保温浆料试验后呈粉状，观察试验数据可知试件升温速度很快，热传导系数偏大。

2.4.3 新型剪力墙钢结构围护连接技术

1. 钢构件与围护墙板的机械连接方式

为了解决钢结构构件与内嵌式墙板的变形协调问题，需要在二者之间设置一种弹性构造，从而使得二者的变形能够互相独立，从而保证墙板的正常变形。虽可选择弹簧单元，但是需要解决所涉及的连接构造在减小侧向刚度的同时具备一定的面外方向的刚度，从而减小墙板在受到风荷载等面外荷载时产生的变形，以保证内部空间的正常使用的问题。课题组通过对目前钢结构中常用的工字钢与角钢截面形式的仔细分析，提出了一种类似于摇摆柱的结构，通过Z形钢板在侧向形成弹簧一样的结构，但同时中间的钢板又能够有效保证面外方向的刚度，达到所需要的力学性能。结构示意图如图2.4-11所示。

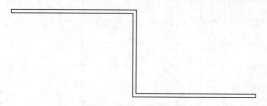

图2.4-11 Z形钢板

ALC板的内部是轻质混凝土，如果直接将螺栓打入混凝土中，在承受荷载的时候混凝土很有可能会被拉坏，从而导致螺栓被拔出使得连接失效。昊角板作为纸基墙板同样面临抗拔能力弱的问题。为了让连接构造与墙板能够有效、可靠地连接起来，需要在墙板中设置预埋件来保证连接件的抗拔强度。由于轻钢龙骨复合墙板的边缘是钢板，因此可以通过焊接角钢、U形钢等与相关构造连接，以避免抗拔问题出现。

为保证连接处不出现热桥、声桥，影响建筑外墙的保温隔热、隔声性能和防水性能，需在连接构造中填充防水与保温隔热隔声材料，以保证连接构造处的多种物理性能与墙板保持一致。同时，为了保证承受荷载时Z形钢板能够正常变形而不影响填充材料，填充材料需要具有足够的弹性，从而避免钢板在变形过程中压坏填充材料。考虑到硅酮胶、聚氨酯等嵌填密封胶具有优越的位移追从性、粘结相容性、耐候性、防污染性与涂饰性以及阻燃、低温柔性等性能，选用其作为连接结构的填充材料，并在两侧添加止水带来保证连接处的止水能力。

在实际设计中，墙板外侧还需要进行设置贴板、涂抹面层等。为了便于贴板和面层的施工，连接构造外侧应当与墙板外侧位于同一水平面，保证外侧平整。因此对于 ALC 板和昊角板[7]，放弃了直接将上述连接结构与墙板内部连接的形式，转而将两个 Z 形结构连接在一起，使连接结构在墙板两侧和墙板有效连接在一起。墙板的处理，对于 ALC 板、昊角板，可以在端部预埋内侧有螺纹的钢管，两端利用螺栓将 Z 形板与墙板有效连接，为了保证墙外侧尽量不出现凹凸不平，考虑采用不需要使用螺母的自攻螺栓，同时在墙板对应位置留设凹槽，这样自攻螺栓安装完成后可以很好地嵌入凹槽，保证墙板外侧的平整，便于外贴板的安装；对于轻钢龙骨复合墙板，可以直接采用单个 Z 形钢板，利用角钢连接件，一端与 Z 形钢板通过双螺母螺栓连接，另一端与墙板端部的钢板焊接。而异形钢管混凝土柱的处理，可以通过将钢管与 Z 形板焊接的方式或者钉入螺栓的方式进行连接，这里的螺栓也可以考虑采用自攻螺栓，能够在钢管混凝土柱外侧达到同样的效果。最终确定的轻钢龙骨复合墙板的连接构造和 ALC 板与昊角板的连接构造的具体形式如图 2.4-12、图 2.4-13 所示。

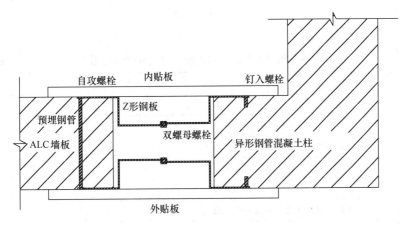

图 2.4-12　ALC 板、昊角板连接构造

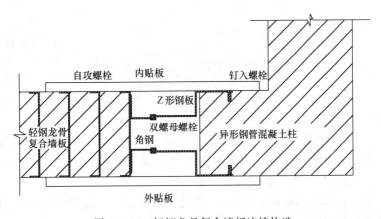

图 2.4-13　轻钢龙骨复合墙板连接构造

在实际施工过程中，施工人员大多在建筑内部进行施工，为了施工的便利性，需要先安装外侧部分，再安装内侧部分。为了保证连接构造与外墙外贴板的有效连接，在安装外

贴板之前需要先安装钢构件与墙体的外侧连接，然后将外墙外贴板与内嵌式外墙、钢管混凝土柱与连接构造牢固连接。之后安装内侧连接，同理安装外墙内贴板，之后再将内外贴板围成的空间内填充上述弹性材料和止水带，在检验合格之后方可进行后续施工，直到外墙安装完成。

2. 带防腐涂层的钢构件用界面砂浆试验

作为与带防腐涂层的钢构件基层及抹灰材料之间起桥梁作用的界面砂浆，不仅需要保证与带防腐涂层的钢构件基层表面的粘结性能，还需与防火保温砂浆、粘结砂浆、抹灰砂浆、防水砂浆等抹面材料之间具有良好的被粘结性能。本课题通过研究界面砂浆在不同耐候性试验条件下与带防腐涂层钢板之间的拉伸粘结强度，来考察两者之间的相容性和耐久性。通过研究在不同耐候性试验条件下，对已涂覆界面砂浆的带防腐涂层钢板复合不同品种抹灰材料（包括加气混凝土聚合物砂浆、普通抹灰砂浆、岩棉用胶粘剂以及防火保温砂浆等）的拉伸粘结强度测定，来考察三者之间的相容性和耐久性。本课题合计对600多个试件进行相关试验。

外墙用界面砂浆与带防腐涂层钢板之间的相容性和耐久性试验（图2.4-14）数据见表2.4-3。

外墙用界面砂浆与带防腐涂层钢板之间的试验数据　　　　表2.4-3

试件尺寸（mm×mm）	试验项目	拉伸粘结强度（MPa）	破坏部位
50×50	原拉伸粘结强度	1.21	带防腐涂层钢板与界面砂浆界面处（简称环氧漆界面）
	浸水处理后的拉伸粘结强度	0.63	
	热处理后的拉伸粘结强度	1.30	
	冻融循环处理后的拉伸粘结强度	0.72	
	5次热湿循环处理后的拉伸粘结强度	1.17	
	10次热湿循环处理后的拉伸粘结强度	1.27	
100×100	原拉伸粘结强度	1.11	界面砂浆内部
	热处理后的拉伸粘结强度	>0.78	以界面砂浆与高强胶界面（简称高强胶界面）为主
	7次热湿循环处理后的拉伸粘结强度	1.08	界面砂浆内部
	13次热湿循环处理后的拉伸粘结强度	1.18	
	22次热湿循环处理后的拉伸粘结强度	>0.53	高强胶界面

由表2.4-3的数据可见，在不同的耐候性试验条件下，外墙用界面砂浆与带防腐涂层钢板之间的拉伸粘结强度均能达到0.53MPa以上，满足现行行业标准《混凝土界面处理剂》JC/T 907—2018中Ⅰ型界面处理剂的要求。

对于尺寸为50mm×50mm的试件，二者之间的原拉伸粘结强度为1.21MPa，热处理后的拉伸粘结强度略有提高，达到1.30MPa，虽然浸水处理后和冻融循环处理后的拉伸粘结强度较原拉伸粘结强度有所下降，但仍分别为0.63MPa和0.72MPa；而对于尺寸为100mm×100mm的试件，原拉伸粘结强度为1.11MPa，热处理后的拉伸粘结强度破坏值为0.78MPa，因为破坏主要位于高强胶界面，因此，实际值要大于0.78MPa。

(a) 砂浆浸水处理后的拉伸试块

(b) 10次热湿循环处理后的样块

(c) 未处理的界面砂浆试块

(d) 热处理后的试块

图 2.4-14　外墙用界面砂浆与带防腐涂层钢板之间的相容性和耐久性试验

热湿循环试验主要是模拟夏季日晒雨淋的气候特征。5～13 次热湿循环次数对 50mm×50mm 和 100mm×100mm 尺寸试件的拉伸粘结强度影响较小。对于尺寸为 50mm×50mm 的试件，原拉伸粘结强度为 1.20MPa，10 次热湿循环处理后的拉伸粘结强度基本不变，为 1.27MPa；对于尺寸为 100mm×100mm 的试件，原拉伸粘结强度为 1.11MPa，13 次热湿循环处理后的拉伸粘结强度为 1.18MPa，虽然尺寸为 50mm×50mm 试件的拉伸粘结强度略高于尺寸为 100mm×100mm 的试件，但是差别不大。而 22 次热湿循环处理后，100mm×100mm 试件的拉伸粘结强度因为破坏位置主要位于高强胶界面，因此实际值应大于 0.53MPa。

试件尺寸对界面的破坏情况有不同的影响，50mm×50mm 的试件破坏界面主要位于环氧漆界面；而随着试件尺寸增大至 100mm×100mm，破坏位置主要位于界面砂浆内部或高强胶界面，且拉伸粘结强度无明显降低。

综合上述试验结果可知，外墙用界面砂浆与带防腐涂层钢板之间具有良好的相容性和耐久性。

内墙用界面砂浆与带防腐涂层钢板以及加气混凝土聚合物砂浆之间的数据　　表 2.4-4

试件尺寸 （mm×mm）	试验项目	拉伸粘结强度 （MPa）	破坏部位
50×50	原拉伸粘结强度	0.32	加气混凝土聚合物砂浆内部
	浸水处理后的拉伸粘结强度	>0.38	高强胶界面
100×100	原拉伸粘结强度	0.36	加气混凝土聚合物砂浆内部
	浸水处理后的拉伸粘结强度	>0.34	高强胶界面

由表2.4-4可见，内墙用界面砂浆与带防腐涂层钢板以及加气混凝土聚合物砂浆之间的原拉伸粘结强度和浸水处理后的拉伸粘结强度均能达到0.30MPa以上，满足现行行业标准《蒸压加气混凝土墙体专用砂浆》JC/T 890—2017中DMa M5原拉伸粘结强度≥0.30MPa的要求，而且破坏的部位主要位于加气混凝土聚合物砂浆内部或高强胶界面。对于尺寸为50mm×50mm和100mm×100mm的试件，内墙用界面砂浆与带防腐涂层钢板以及加气混凝土聚合物砂浆之间的原拉伸粘结强度分别为0.32MPa和0.36MPa，破坏均位于加气混凝土聚合物砂浆内部，浸水处理后的拉伸粘结强度分别大于0.38MPa和0.34MPa，破坏界面主要位于高强胶界面（图2.4-15）。

(a) 内墙界面砂浆复合聚合物砂浆试块　　(b) 内墙界面砂浆复合聚合物砂浆浸水处理的试块

图2.4-15　内墙用界面砂浆与加气混凝土聚合物砂浆之间的相容性和耐久性试验

由此可见，作为内墙用界面砂浆，与带防腐涂层钢板以及加气混凝土聚合物砂浆之间具有良好的相容性和耐久性。

外墙用界面砂浆与带防腐涂层钢板以及普通抹灰砂浆
DP M5之间的试验数据　　表2.4-5

试件尺寸 （mm×mm）	试验项目	拉伸粘结强度 （MPa）	破坏部位
50×50	原拉伸粘结强度	0.23	界面砂浆与普通抹灰砂浆界面
	浸水处理后的拉伸粘结强度	＞0.15	以高强胶界面为主
	热处理后的拉伸粘结强度	0.20	以普通抹灰砂浆内部为主
100×100	原拉伸粘结强度	0.22	普通抹灰砂浆内部
	浸水处理后的拉伸粘结强度	0.19	
	热处理后的拉伸粘结强度	0.17	

由表2.4-5可知，外墙用界面砂浆与带防腐涂层钢板以及普通抹灰砂浆DP M5之间的浸水处理后和热处理后的拉伸粘结强度虽较原拉伸粘结强度有所降低，但均满足现行国家标准《预拌砂浆》GB/T 25181—2019中对于普通抹灰砂浆DP M5原拉伸粘结强度≥0.15MPa的要求，且破坏主要位于普通抹灰砂浆内部。此外，当试件尺寸从50mm×50mm增大至100mm×100mm时，拉伸粘结强度数据变化不大（图2.4-16）。

故外墙用界面砂浆与带防腐涂层钢板以及普通抹灰砂浆DP M5之间具有良好的相容性和耐久性。

(a) 界面砂浆复合DP M5浸水处理后的试块　　　(b) 界面砂浆复合DP M5热处理后的试块

图 2.4-16　外墙用界面砂浆与加气混凝土聚合物砂浆之间的试验

外墙用界面砂浆与带防腐涂层钢板以及胶粘剂之间的相容性和
耐久性试验数据　　　　　　　　　　　　表 2.4-6

试件尺寸 （mm×mm）	试验项目	拉伸粘结强度 （MPa）	破坏部位
50×50	原拉伸粘结强度	0.97	环氧漆界面
	浸水处理后的拉伸粘结强度	0.70	
	热处理后的拉伸粘结强度	0.97	
	5 次热湿循环处理后的拉伸粘结强度	1.12	
	10 次热湿循环处理后的拉伸粘结强度	1.11	
100×100	原拉伸粘结强度	0.67	胶粘剂内部为主
	浸水处理后的拉伸粘结强度	0.44	
	5 次热湿循环处理后的拉伸粘结强度	0.57	环氧漆界面
	10 次热湿循环处理后的拉伸粘结强度	0.58	
	16 次热湿循环处理后的拉伸粘结强度	0.48	
	22 次热湿循环处理后的拉伸粘结强度	0.36	

由表 2.4-6 可知，在经浸水、加热和热湿循环等耐候性试验处理后，外墙用界面砂浆与带防腐涂层钢板以及胶粘剂之间的拉伸粘结强度较原拉伸粘结强度大多呈现不同程度的下降，且破坏界面主要位于环氧漆界面处。当试件尺寸从 50mm×50mm 增大至 100mm×100mm 时拉伸粘结强度降低，热处理后的拉伸粘结强度下降至 0.11MPa。

对于尺寸为 50mm×50mm 的试件，原拉伸粘结强度为 0.97MPa，浸水处理后的拉伸粘结强度下降至 0.70MPa，热处理后的拉伸粘结强度和原拉伸粘结强度一致，5 次和 10 次热湿循环处理后，拉伸粘结强度仍保持在 1.12MPa 和 1.11MPa，但破坏均发生在环氧漆界面。

当试件尺寸从 50mm×50mm 增大至 100mm×100mm 时，原、浸水处理后拉伸粘结强度分别从 0.97MPa、0.70MPa 下降至 0.67MPa、0.44MPa，但破坏界面转移到胶粘剂内部。而对于热处理后的拉伸粘结强度，出现了较 50mm×50mm 试件明显降低的现象，从 0.97MPa 下降至 0.11MPa，且破坏位于环氧漆界面。

外墙用界面砂浆与带防腐涂层钢板以及Ⅲ型防火保温砂浆之间的试验数据　　表 2.4-7

试件尺寸（mm×mm）	试验项目	拉伸粘结强度（MPa）	破坏部位
50×50	原拉伸粘结强度	0.42	Ⅲ型防火保温砂浆内部
	浸水处理后的拉伸粘结强度	0.30	Ⅲ型防火保温砂浆内部
	热处理后的拉伸粘结强度	0.59	环氧漆界面
	冻融循环处理后的拉伸粘结强度	0.36	Ⅲ型防火保温砂浆内部
100×100	原拉伸粘结强度	0.42	Ⅲ型防火保温砂浆内部
	浸水处理后的拉伸粘结强度	≥0.16	高强胶界面
	热处理后的拉伸粘结强度	0.45	Ⅲ型防火保温砂浆内部
	冻融循环处理后的拉伸粘结强度	0.29	一块为Ⅲ型防火保温砂浆内部，一块为环氧漆界面
	15次热湿循环处理后的拉伸粘结强度	0.28	Ⅲ型防火保温砂浆内部

由表 2.4-7 可知，原、浸水处理后、热处理后、冻融循环处理后和 15 次热湿循环处理后，外墙用界面砂浆与带防腐涂层钢板以及Ⅲ型防火保温砂浆之间的拉伸粘结强度均满足现行行业标准《无机轻集料砂浆保温系统技术标准》JGJ/T 253—2019 中Ⅲ型无机轻集料保温砂浆中原拉伸粘结强度≥0.25MPa 的要求，且破坏主要位于Ⅲ型防火保温砂浆内部。当试件尺寸由 50mm×50mm 增大到 100mm×100mm 时，拉伸粘结强度的试验数据虽呈下降趋势，但破坏界面仍以Ⅲ型防火保温砂浆内部为主。

对于尺寸为 50mm×50mm 的试件，原拉伸粘结强度为 0.42MPa；浸水处理后和冻融循环处理后的拉伸粘结强度有所下降，分别为 0.30MPa 和 0.36MPa，但破坏均位于Ⅲ型防火保温砂浆内部；而热处理后试件的拉伸粘结强度破坏虽位于环氧漆界面，但较原拉伸粘结强度提高了约 40%，为 0.59MPa。

当试件尺寸为 100mm×100mm 时，原拉伸粘结强度与 50mm×50mm 的试件一致，均为 0.42MPa；冻融循环处理后的拉伸粘结强度下降至 0.29MPa；浸水处理后的拉伸粘结强度，由于破坏位于高强胶界面，实际值应大于 0.16MPa；热处理后的拉伸粘结强度提高到 0.45MPa，虽小于 50mm×50mm 的试件，但破坏位于Ⅲ型防火保温砂浆内部，15 次热湿循环处理后的拉伸粘结强度为 0.28MPa，破坏也位于Ⅲ型防火保温砂浆内部。

从上述分析可知，外墙用界面砂浆与防腐涂层的钢板以及Ⅲ型防火保温砂浆之间具有良好的相容性和耐久性能（图 2.4-17）。

3. 钢构件与围护墙体粘结连接和射钉连接试验

在钢混结构和钢结构中，主体结构剪力墙或框架柱与填充墙交界处出现裂缝的问题时有发生。在钢管混凝土束结构中，钢管混凝土束剪力墙与填充墙的界面裂缝问题同样存在。墙体裂缝的存在会直接影响用户的观感效果，产生渗漏和装修层损坏，并进一步引起用户对结构安全的担忧。

模拟异形钢管混凝土柱、钢管混凝土束剪力墙和矩形钢管柱的钢板基层与 ALC 砌块砌体（围护墙体）的界面连接构造，开展了界面连接构造的轴向拉伸试验。分别进行有无抹灰层、对中（内墙）或贴边（外墙）做法、有无密封胶，连接部分添加材料为水泥砂

(a) 界面砂浆复合保温砂浆热处理后的试块　　(b) 用界面砂浆复合保温砂浆冻融循环后的试块

图 2.4-17　外墙用界面砂浆与带防腐涂层钢板以及Ⅲ型防火保温砂浆之间的试验

浆、抗裂砂浆，高性能混凝土、界面砂浆＋水泥砂浆、界面砂浆＋抗裂砂浆、界面砂浆＋高性能混凝土等合计 192 个试件。通过在两侧粘贴应变片（图 2.4-18），研究不同构造对初始开裂应变和应力的影响，并为后续基于全尺寸模型的试验奠定基础。试件试验结果表明：在界面处钢管束钢材表面使用界面砂浆能显著提高界面初始开裂应变，延迟界面裂缝的出现；在有界面砂浆情形下，界面间使用抗裂砂浆或灌浆料对延迟开裂效果最好，使用水泥砂浆效果较差；两侧有无抹灰层对界面连接构造的界面初始开裂应变影响较小。有抹灰层时，连接界面先于抹灰层开裂；有无密封胶对界面初始开裂应变影响较小。

(a) 试件两侧抗裂砂浆施工　　(b) 试件抹灰层施工

图 2.4-18　界面连接构造的轴向拉伸试验

在纯钢构件上固定结构次构件通常采用焊接连接、螺栓连接或射钉连接，射钉连接主要采用射钉器将射钉射入纯钢板中，以进行固定。射钉射入纯混凝土中，会导致混凝土破碎，因此不能用于纯混凝土构件固定。对于钢-混组合构件上的次构件固定则主要采用焊接连接和螺栓连接方式，通过在组合构件上进行裸钢板射钉试验、钢板上带抹灰找平层的射钉试验、钢板上即带抹灰找平层又带有岩棉保温板的试验等。考察射钉的固定作用和对弹药的要求，并研究在钢板上固定岩棉保温板的射钉固定方式。试验证明：可采用射钉（满足《射钉弹》GB 19914—2005 的规定）固定组合构件上的次构件。宜使射钉射入混凝土深度 5~15mm，此时组合构件中混凝土强度对射击效果影响很小。选用射钉时，应根据钢板厚度，尽量选择短射钉。对于 8mm 钢板的组合构件宜采用 S3 红弹，对于 4~6mm

钢板的组合构件宜采用 S1 黑弹。钢板表面的砂浆找平层，对射钉射入混凝土的深度影响较大。本课题研发的岩棉保温盘，可以将射钉有效固定在组合构件上（图 2.4-19）。

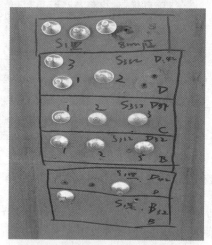
(a) 组合构件的钢板上射钉试验

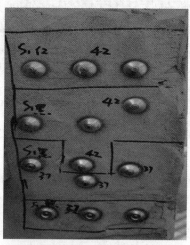
(b) 带找平层的组合构件上射钉试验

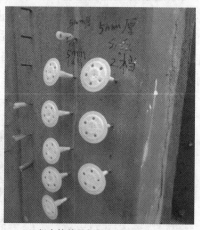
(c) 组合构件的钢板上保温盘射钉试验

(d) 带找平层的组合构件上保温盘射钉试验

图 2.4-19　组合构件上射钉试验

2.5　全装配式楼面板

2.5.1　国内外装配式楼板的研究现状

20 世纪中后期，波兰采用 DMSZ 式叠合结构楼面，即在装配式承重结构——预应力小梁中放置预制黏土空心砌块后，上面浇筑整体混凝土使三者共同工作。英国采用"什塔尔唐"系统叠合结构楼面，即在梁式装配承重构件上放置混凝土空心块后，其上浇筑混凝土形成整体，其中梁式装配承重构件为特制的施加预应力的黏土空心砌块。此外，英国混凝土有限公司制作的"比藏"式预应力板在施工阶段充当模板，在混凝土叠合式楼盖使用中为受拉区，由"燕尾"形沟槽保证新旧混凝土的结合。"比藏"式预应力板即预应力混凝土薄板，在苏联、法国和联邦德国先后采用，只改变了新旧混凝土结合部位的方式，使传力方式稍有不同。预制建筑在北美地区（主要为美国和加拿大）符合标准化、工业化与技术经济性良好的要求，研究最多的是结构构件结合部位的受力性能、节点的连接方式和预制装配式结构的抗震性能等。到了 20 世纪 90 年代，德国西伟德混凝土预制件有限公司大力推广底板配置格构钢筋的叠合式混凝土楼板，这种叠合楼板得到了较为广泛的应用，之后相关人员对应编制了工程标准和应用手册。

1957 年，我国开始生产装配整体式构件并用于民用建筑，同济大学朱伯龙教授及其他工作人员于 1961 年研制的装配整体式密肋楼板与当前的叠合楼板相似，其构造是预制工字形小梁与薄板、现浇混凝土面层，试验结果表明，预制部分和现浇部分能够很好地进行共同工作。此后，国内的广大学者开展了对叠合楼板的一系列研究工作，山东建筑科学研究所研究了叠合面不同做法对抗剪强度影响的试验，结果表明，自然粗糙面有助于先后浇筑混凝土的结合。贵州工业大学空间结构研究所的马克俭教授等研制开发了空腹夹层板楼盖体系[8]，由于空间区格布置较密集，节点较多，使得结构设计计算较为复杂，且绑扎钢筋和混凝土二次浇筑不方便，导致施工速度比较慢。目前在建筑工程中广泛使用的混凝土叠合楼板主要根据中国建筑标准设计研究院主编的国家标准设计图集《预应力混凝土叠合板》06SG439-1[9]执行，即 50mm 和 60mm 厚的预应力混凝土叠合板。由于这种板的刚度较差，要求施工过程中加设支撑，且支撑比较密集，因此增加了施工成本，此外预制构件在运输过程中也易遭到破坏；由湖南大学结构工程研究所主编的湖南省标准设计图集《PK 预应力混凝土叠合板》2005 湘 JG/B—001[10]中的叠合板是一种比较好的叠合板，倒 T 形截面有效增加了叠合板的刚度，不过生产过程稍显复杂，且叠合板顶面现场整平质量欠佳；行业标准《钢筋桁架楼承板》JG/T 368—2012 中的楼板，顶部钢筋受压，显著增加了钢筋用量，增加了建造成本；中南大学金灵芝[11]的 WFB 预应力空心叠合板是对普通预应力空心叠合板的改进，WFB 预应力空心楼板由 WFB 预应力空心预制板与现浇密肋共同组成，板厚即为预制板板厚。WFB 预应力空心叠合板板底只有一个方向有受力钢筋，其受力性能主要取决于预制板。唐山地震大部分伤亡均为预制楼板脱落造成的，预制楼板在弯矩和剪力的作用下，由于缺少上部配筋发生断裂；在地震作用下预制楼板因建筑的各支撑墙不均匀变形以及支撑长度偏小，使得预制楼板拔出、拉裂，脱离墙体坠落。汶川地震灾区大量倒塌或严重破坏的建筑中采用了预应力空心板，这些预应力空心板中普遍使用冷拔低碳钢丝，由于冷拔低碳钢丝表面光滑且直径为 4mm，钢丝与混凝土之间的握裹力差，在较大外力作用下钢丝与混凝土易滑移脱落，预应力空心板因降低延性最终脆性破坏。

2.5.2 钢筋桁架楼层板

钢筋桁架楼层板是由钢筋桁架楼承板为模板，浇筑混凝土形成的结构楼板。钢筋桁架楼承板的制作与安装是分开进行的，首先将楼板中主要受力钢筋在工厂内采用专用设备加工成钢筋桁架，再将钢筋桁架与镀锌钢板焊接成一体，形成组合的结构体系。在结构楼板施工阶段，可承受楼板湿混凝土自重与一定的施工荷载；在使用阶段钢筋桁架上下弦钢筋与混凝土整体共同工作承受使用荷载。该产品可用于单向简支板，通过加设板支座负筋，可用于单向连续板；还可加设与钢筋桁架垂直方向的板底钢筋及板支座负筋，用于简支或连续双向板（图 2.5-1）。

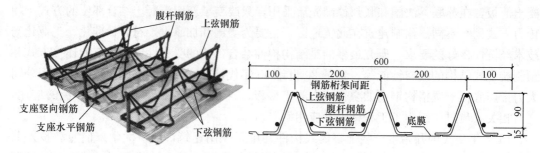

图 2.5-1　钢筋桁架楼承板

普通的钢筋混凝土楼板由于在施工阶段底部有模板，因而几乎不产生挠度，但是当混凝土凝结硬化达到一定强度且拆去模板后，楼板会在自重作用下，在板底产生拉应力，从而拉裂混凝土。与普通的现浇钢筋混凝土楼板相比，钢筋桁架楼承板整体受力特性更加优越。不设临时支撑时，在混凝土结硬前，楼承板的强度和刚度即钢筋桁架的强度和刚度，混凝土结硬是在钢筋桁架模板变形下进行的，所以楼承板自重不会使板底混凝土产生拉应力。但是楼承板在永久荷载和楼面活荷载作用下，使板发生变形，在板底产生拉应力，这样板才会开裂，与普通混凝土板相比开裂明显延迟了，楼承板的刚度比普通混凝土楼板要大得多。在使用阶段，楼板上的钢筋与混凝土一起承受荷载作用，受拉钢筋的承载力与普通钢筋混凝土楼板中的相同。

钢筋桁架楼承板有以下优势：

1. 更快的施工进度

钢筋桁架楼承板的施工流程为：运输→卸货→吊运→现场堆放→柱边处支撑角钢设置→现场铺设→竖向支座钢筋焊接→栓钉焊接→边模板焊接→现场管线敷设→现场附加钢筋绑扎→浇筑混凝土→浇筑完成。

传统的现浇混凝土楼板施工烦琐，需要搭设脚手架、支木模、绑扎钢筋、拆木模及脚手架，且浇筑混凝土时只能单层进行，施工速度缓慢，影响工期。对于钢结构特别是高层钢结构施工快速的特点，其楼板应选用无需支模、钢筋绑扎量少，能明显加快进度的钢筋桁架楼承板或压型钢板组合楼板。而钢筋桁架楼承板大部分钢筋工作都在工厂完成，其楼板整体施工速度快，而现浇楼板还需在现场绑扎大量的附加钢筋，总体施工速度较慢。

钢筋桁架楼承板自身就能承担施工荷载，可为各工种作业提供宽敞的工作平台，因此浇筑混凝土及其他工种作业均可多层立体作业，大大加快了施工速度，缩短了工期。因采用传统现浇楼板只能单层施工的局限性，使钢结构整体的施工进度受到楼板施工进度的极大限制，无法完全展现核心筒及钢结构先进施工工艺的速度优势，造成资源浪费，这对规模较大的高层、超高层建筑意义更加显著。

2. 更可靠的施工质量

现场钢筋绑扎的质量和速度是依靠现场工人的操作、天气情况等来决定的，而钢筋桁架楼承板的质量和供货是通过自动化的机械设备来保证的。楼板的保护层厚度、钢筋的间距都可以完全达到设计的要求，提高了楼板的成型质量。钢筋桁架楼承板需进行现场铺设，设计时桁架方向最小搭接长度为50mm，分布筋方向最小搭接长度为30mm，确保支座受力合理与混凝土浇筑时不漏浆，以保证混凝土浇筑及成型质量。

3. 钢筋桁架楼层板受力模式更加合理

该组合楼板计算时与普通现浇混凝土设计理论等同，而其钢筋桁架受力模式更为合理，能提供更大的刚度，且双向刚度一致，具有良好的抗震性能。钢筋桁架楼承板底部钢模板平整，双向刚度相近，钢筋桁架腹杆筋改善了楼板的受力性能，抗震性能最好。而且钢筋桁架楼承板可设计成双向板，钢筋桁架楼承板下表面平整，桁架空间大，在不增加楼板结构层厚度的情况下，楼板可以方便地施工下层钢筋。

4. 钢筋桁架楼承板有良好的防火和防腐性能

对于楼板中使用钢筋桁架楼承板，其受力钢筋完全被混凝土包裹，混凝土保护层厚度均匀一致，楼板过火后的修复等同于或更优于传统的现浇钢筋混凝土楼板。钢筋桁架楼承板底部镀锌钢板本身具有防腐功能，且其仅作施工阶段模板用，不参与使用阶段受力，故防腐年限无需考虑建筑物设计年限的要求。

总之，钢筋桁架楼承板有受力特性优越、施工快速便捷、可靠的安全措施、良好的防火防腐性能、综合造价效益高等特点，在多高层建筑中具有良好的发展应用前景。目前在以下领域已有广泛的应用：应用于预制楼板、高速铁路预制枕轨中；应用于多高层、超高层钢结构建筑中；应用于建筑中 LOFT 夹层结构中；应用于复杂受力、异型结构建筑中；应用于现浇混凝土结构建筑中；应用于斜坡屋面结构建筑中；应用于降板结构建筑中。

2.5.3 预制混凝土叠合板

叠合板则兼具现浇板整体性好和预制板施工速度快的优点。根据底板的截面形式可将叠合板分为平板型叠合板、带肋底板叠合板、空心板型叠合板和夹芯板型叠合板四类。平板型叠合板是最早、应用最广泛的叠合板形式之一，底板一般为先张法预应力混凝土实心板。由于底板为实心平板，刚度小，施工时需设置临时支撑，而且新旧混凝土在同一水平面上，粘结力小，施工不当易张开，板缝易开裂，因此已很少应用。带肋底板叠合板底板的肋增加了底板的刚度，施工时可不设或少设临时支撑，从而方便施工、缩短工期、减少费用，但大多数带肋底板叠合板不方便埋设管线、配置负筋和横向钢筋，因此也难以推广使用。空心板型叠合板一般采用预制预应力混凝土空心底板，该叠合板自重较小，但板厚偏大，抗剪、抗震能力较实心板差。夹芯板型叠合板是将空心板型叠合板的空心部位用轻质材料填充而形成的，该类叠合板自重小，且保温隔声性能较好，发展前景好，但目前具有与空心板型叠合板类似的问题，故对其推广应用有所限制。

2004 年，结合各类叠合板的优点，研究人员研发出了预制带肋底板混凝土叠合板，该叠合板如图 2.5-2 所示，底板为预应力倒 T 形带肋薄板，肋上预留有矩形的孔洞。

图 2.5-2 预制带肋底板混凝土叠合板

预制带肋底板混凝土叠合板有以下优势：

（1）整体性好。其原因一是底板带肋，肋增大了新旧混凝土的粘结面积；二是肋上带洞，洞也增大了新旧混凝土的粘结面积，且填充在洞内的后浇混凝土具有销栓作用。此外，还有一个重要原因是该板配置了横向穿孔钢筋。

（2）双向受力。原因是该叠合板配置有横向穿孔钢筋。横向穿孔钢筋和底板中的预应力钢丝共同受力，形成了双向板。双向板不但受力比单向板更加合理，而且增强了叠合板的整体性、抗震性和抗裂性。

（3）可不设置临时支撑。由于底板带肋，肋增加了底板的刚度，因此，该叠合板施工时，中小跨度的板无须设置临时支撑，该叠合板为"二次受力"的叠合板，省工、省时、省料。

（4）方便暗装管线。由于预制带肋底板的肋上带有孔洞，因此在该孔洞处和端部可方便地预埋管线，满足了现代建筑暗装管线的必备要求。

（5）上部负筋位置易保证。预制带肋底板肋的顶面距叠合板完成后顶面的距离为25mm，该距离在搁置了直径为10mm的钢筋后，还余下15mm，刚好满足规范对保护层厚度的要求。因此，该叠合板负筋直接搁置在肋的上面，无须采取措施保证负筋的位置，消除了楼板施工中的一个质量通病。

（6）节约模板和支撑。预制带肋底板叠合板采用在工厂预制好底板后再在施工现场拼装底板、配置钢筋，然后浇筑叠合层混凝土形成楼板的方式。施工时几乎无须额外的模板和支撑，施工进度快、费用低，实现了工程的低能耗、低污染，节约了资源，保护了环境。

1. 预应力混凝土夹心叠合板

预应力夹心叠合板主要包括普通预应力混凝土夹芯叠合板和钢筋混凝土双向密肋夹心叠合板。普通预应力混凝土夹芯叠合板是以预应力倒肋双T板作为底板，然后在底板表面放置圆柱体聚苯乙烯泡沫条后再浇筑混凝土形成的夹芯叠合板。这种夹芯叠合板的受力特点与一般的叠合板基本相同，即分为二阶段受力，第一阶段由预制带肋薄板承受施工阶段的荷载，第二阶段由整个组合截面承受使用阶段的荷载。这种叠合板由于在后浇叠合层中放置了轻质泡沫芯，使其在保证楼板刚度的前提下，减少了后浇混凝土的用量，减轻了楼板自重，同时，泡沫条可以有效地提高楼板的隔声和保温性能。钢筋混凝土双向密肋夹心叠合板是由预应力夹心板条板和后浇混凝土肋梁面板组成，预应力夹心（空心）条板是由底板、肋以及轻质填充块组成。施工时，轻质填充块间隔分布且相互间留有间隙作为横肋槽，底板两侧留有翼缘，当多块预制板成排拼装后，肋槽和翼缘形成双向密肋楼盖的模板，然后在其中浇筑混凝土，叠合成整体的钢筋混凝土双向密肋夹心叠合板。这种楼板在受力上较普通预应力混凝土夹心叠合板更合理，可有效地降低板厚（图2.5-3、图2.5-4）。

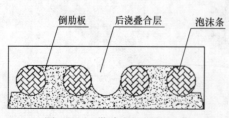

图 2.5-3 带肋夹心板的组成

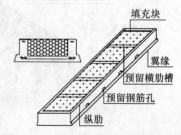

图 2.5-4 双向密肋夹心叠合板底板

2. 带反肋的预应力混凝土叠合板

带反肋的预应力混凝土叠合板,根据预制预应力混凝土底板的不同,可分为倒 T 形叠合板和带肋薄板叠合板两种形式。倒 T 形叠合板是以预制预应力混凝土倒 T 形板为底板,在安装后的倒 T 形板肋间的凹槽中后浇混凝土形成的叠合板,其肋部厚度为叠合板的最终设计厚度。带肋薄板叠合板是以预制预应力带肋薄板为底板,在板肋预留孔中布设横向穿孔钢筋及在底板拼缝处布置折线形抗裂钢筋,再浇筑混凝土形成的双向配筋楼板,其肋板可制成矩形肋和 T 形肋两种。倒 T 形和带肋薄板叠合板,由于反肋的存在,提高了薄板的刚度和承载力,增加了预制薄板与叠合层的粘结力,同时,与不带反肋的叠合板相比,其在运输及施工过程中不易折断,且施工时可以少或不设置支撑,施工工艺简单,具有较好的经济效果(图 2.5-5、图 2.5-6)。

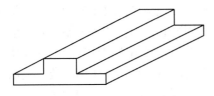

图 2.5-5 倒 T 形叠合板底板

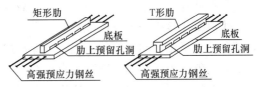

图 2.5-6 带肋薄板叠合板底板

3. 预应力混凝土空心叠合板

预应力混凝土空心叠合板主要包括普通预应力混凝土空心叠合板、倒双 T 形空腹叠合板和 WFB 预应力空心叠合板。普通预应力混凝土空心叠合板是在预制预应力空心板顶面现浇一层混凝土,在支座处加配负弯矩钢筋而形成的连续装配整体式叠合结构。倒双 T 形空腹叠合板是以预制预应力混凝土倒双 T 形板为预制底板,在预制底板的上口后浇混凝土形成的叠合板,其截面为敞口的双肋或多肋楼板,中间形成了空腹形状。WFB 预应力空心叠合板是由 WFB 预应力空心预制板与现浇密肋组成的一种装配整体式楼板,其中 WFB 预应力空心预制板在板体的两侧面上部留有凸出块,板的纵向配有预应力钢筋,横向配有非预应力钢筋,现浇肋位于突出块之间。普通预应力混凝土空心叠合板由于预制与现浇部分没有采用很好的连接措施,为保证预制底板的刚度及叠合板的整体性,楼板往往较厚、自重大。倒双 T 形空腹叠合板的预制板部分由于存在反肋,可以提高预制底板刚度,因此板厚可以适当减小。并且这两种板均需在板的顶面浇筑叠合层。而 WFB 预应力空心叠合板,后浇混凝土只浇注在安装后的预应力空心板肋间的凹槽内,不浇筑在顶面,因此可以有效减少叠合板的厚度,且混凝土的浇筑量很少。普通预应力混凝土空心叠合板是在预应力混凝土空心板的基础上提出的,由于板厚较厚,因此早期没有对这种叠合板进行研究,直到 2010 年,刘成才等[12]才对此开展研究,并于 2010 年和 2011 年,先后进行了 4 块 170mm 厚预应力混凝土空心叠合板和 8 块 120mm 厚预应力混凝土空心底板的结构性能试验。有关倒双 T 形空腹叠合板的研究,开展于 2005 年,赵成文等[13]对三种不同叠合接触比例的空腹叠合板进行了试验研究,提出了部分叠合板的概念,确定了空腹叠合板的设计计算方法,此后直到 2009 年,吴学辉等[14]才结合这种叠合板的工作特性,并考虑材料的非线性、叠合板各向异性等因素,采用非线性有限元软件 ANSYS,分析了单向预应力混凝土双向叠合板在均布荷载作用下的破坏过程。WFB 预应力空心叠合板由吴方伯等[15]人提出并开展相应研究,并于 2006~2008 年开展了较多试验和有限元模拟研究

(图 2.5-7～图 2.5-9)。

图 2.5-7 厚普通预应力混凝土空心底板截面示意图

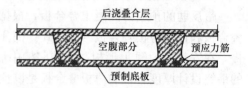

图 2.5-8 空腹叠合板横截面示意图

4. 预应力混凝土空心叠合板

自承式钢筋桁架混凝土叠合板（图 2.5-10）同样由预制底板和现浇层组成，其中预制底板除正常配置板底钢筋外，还配凸出板面的弯折形细钢筋桁架，该桁架将混凝土楼板的上下层钢筋连接起来，组成能够承受荷载的空间小桁架，现浇层混凝土成型后，空间小桁架成为混凝土楼板的上下层配筋，承受后期的各项使用荷载。与传统的混凝土叠合板相比，该种叠合板钢筋间距均匀，混凝土保护层厚度容易控制，且由于腹杆钢筋的存在使其具有更好的整体工作性能。这种叠合板在日本得到了广泛应用，在国内沈阳的装配式示范工程"春合里"项目中也得到了应用。但板厚较大，造价较高。国内对该种板的研究较晚也较少。

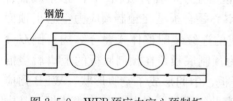

图 2.5-9 WFB预应力空心预制板横截面示意图

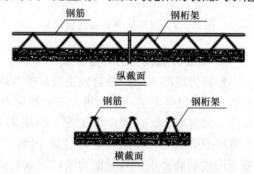

图 2.5-10 自承式钢筋桁架混凝土预制板截面示意图

5. 灌芯装配式混凝土板

灌芯装配式混凝土板是一种新型装配式混凝土楼板，是指将工厂预制的横向空心混凝土条形板在施工现场进行拼接，布置横向穿孔钢筋、支座负筋和拼缝钢筋后，再进行混凝土的浇筑来填充楼板的空心部分，从而形成一个共同受力的整体。

灌芯装配式混凝土板在施工过程中，预制横向空心混凝土条形板经吊装就位后既作为后浇混凝土的模板也作为其支撑（预制板底并不设置支撑），预制条板承担施工过程中后浇混凝土的重量及施工荷载，填充后浇筑混凝土且达到强度后，预制和现浇混凝土形成共同受力体；预制横向空心混凝土条形板的受力分两次产生，属于"二次受力叠合构件"。预制横向空心混凝土条板截面高度即为构件总高度，使预制构件刚度更大，承载能力更强。为满足支座负筋的埋置要求，预制横向空心混凝土条形板在端部开设孔槽，预制横向空心混凝土条板具有足够抵抗变形的能力。灌芯装配式混凝土板中钢筋的位置与现浇楼板相同，两个方向均设置受力钢筋，使受力更为合理。

灌芯装配式混凝土板的优点：①灌芯装配式混凝土板可以实现大规模工厂化预制，提高预制率；②预制横向空心混凝土条形板的刚度大，便于吊装、运输和安装；③施工过程中减少工序，无需模板和支撑，提高施工效率，外观平整清洁，质量得以保证；④施工结束至后浇混凝土达到要求强度的时间短，不影响结构下一步的正常施工，有效节省工期；⑤既能够改善施工工作环境、清洁环保，又能够有效降低工程建设成本（图 2.5-11）。

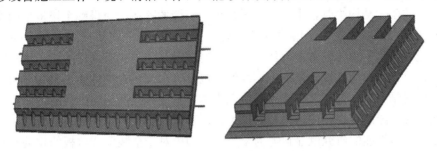

图 2.5-11　预制横向空心混凝土条形板三维图

2.5.4　全装配式楼板

新型全装配式楼板主要应用于一种适于装配式钢结构的新型楼板体系，具有现代全装配式结构的突出优点，并且相比其他预制楼板拼接方式具有现场作业少、施工更快速的特点，但其整体受力性能及抗震性能尚需进一步试验分析研究。预制全装配式楼盖体系由梁、预制板、梁-板连接件及板-板连接件组成，其中梁可为工字形钢梁，钢梁上开有用以通过高强度螺栓的预留孔，预留孔可为椭圆孔，预制板是一种企口板，预制板首先吊装安置在钢梁上，而后通过梁-板连接件将其固定连接，而预制板按照搭接位置又可分为中间板、常规板与边板，不同的预制板相互搭接后便可通过板-板连接件加以连接固定。预制板按照板材的不同可分为预制压型钢板组合楼板、预制预应力混凝土空心板或其他平板。

楼盖板作为建筑结构的重要组成部分，它主要具有以下几个功能：

把作用于楼板上面的竖向荷载传给竖向承重结构。对于楼板上的竖向荷载的传力路径通常是依照面—线—点的顺序来逐级的进行传递，也就是将楼板的表面荷载先传递给次梁，紧接着次梁再把荷载传递给主梁，主梁最后将荷载传递至支座（柱或墙）上。

把水平荷载传递给竖向结构或者分配给竖向结构构件。作用在建筑物上的水平荷载（如地震荷载、风荷载等）都需要通过楼板才能传递给每一个竖向构件。

部分楼板不单能够传递水平荷载，同时可以将水平荷载加载到各个竖向构件上。对于框架-剪力墙结构的楼板所承受的水平荷载也是通过各楼层的楼板分配给它的。

总而言之，结构上对楼板的要求是：对于楼板自身的水平面中，应当具有相当的整体性以及刚度；受到竖向荷载的作用时，应当达到竖向刚度和承载力的相关要求；为了确保水平剪力以及竖向荷载的传递，必须通过可靠的方式连接竖向构件。

装配式楼板根据施工手段分为装配整体式混凝土楼板和全装配式混凝土楼板。

对于装配整体式混凝土楼板来说，比现浇式节约模板且结构整体性好，但是在装配整体式楼板的施工环节当中需要对混凝土进行二次浇灌，由于自重比较大，有时还需要焊接，从而大大地增加了施工的时间，所以会严重地影响到施工进度和造价。所以仅用在部分多层工业厂房、高层住宅、商场以及某些有抗震设防要求的建筑中。

对于全装配式混凝土楼板大多使用的是空心板或者是企口板、叠合板或双T板等轻质材料来进行建造，而且使用的预制板都是符合标准化设计的，使用这种板材，在进行施工时比较简单，从而建造的速度很快，建造出来的外形也很美观。但是，将装配式楼板应用在模块化装配式结构中时，由于装配式楼板间板缝的存在，使得整个楼板平面内的刚度不连续，从而对楼板的整体作用造成了影响。通常所说的现浇楼板具有很大的平面内刚度，因此能够将水平力传到各个部件上去，同时结合其他的相应部件从而产生一定的分力作用，尤其是在竖向构件设置繁杂、不均匀，以及每个抗侧力构件表现出相异的水平变形特征时，此时结构整体性就需要让每一抗侧力构件都能够发挥相应的功能。而正是因为装配式楼板拼接板缝的存在，使得楼板的这种作用不能够完全地发挥出来，所以对全装配式楼板平面内受力性能的研究就显得尤为重要。而国内对于全装配式楼板的相关研究屈指可数，在国外，对于全装配式楼板的研究也仅限于全干式双T板楼盖板，且关于全装配式楼板平面内受力机理尚无可查的相关资料。所以，研究全装配式楼板是十分必要的，提出一种合理的楼板拼接方案具有重大意义。

北京工业大学的张爱林、张劲爱等[16]人提出了3种板间连接件，即梁连接件、板连接件以及梁板连接件。其将连接件设置在装配式的压型钢板混凝土组合楼板内，板缝两侧分别设置钢桁架梁，工厂加工时，连接件与装配式梁板连接成一体，在施工现场装配时，直接使用高强度螺栓连接，其连接设置及连接件如图2.5-12所示。

  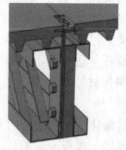

(a) 板连接件　　　　　　(b) 梁连接件　　　　　　(c) 梁板连接件

图2.5-12　装配式楼板拼接构造

经过对其破坏特征、承载力、板缝受剪刚度、板缝两侧应力传递及板缝受剪错缝量等研究分析，结果表明楼板连接件强度不是影响装配式楼板板缝刚度变化的因素，而间隔是影响楼板平面刚度的主要因素，单纯采用梁连接件，对板缝约束作用较小，板连接件和梁板连接件是有效的板缝连接形式，板连接件间隔建议控制在0.75m以内，梁板连接件的间隔建议控制在1.0m以内。

东南大学庞瑞、梁书亭等人[17]针对全装配式楼板拼接提出了新型的构造方式，包括盖板式节点连接，发卡式节点连接和发卡-盖板式节点连接，现以盖板式节点连接为例说明其构造做法，其连接节点包括X形连接件、盖板式连接件及支撑平台。X形连接件由嵌条、嵌板和锚筋组成，盖板式连接件由预埋钢板、板底钢筋和盖板组成，通过预埋金属板与预制板钢筋焊接，再与盖板焊接而成，其盖板式连接节点如图2.5-13所示。

经过对其平面内受力性能、节点抗震性能及细部构造等实验分析，结果表明此种楼盖连接方式满足各项受力要求，连接件的数量和间距对楼板受力特性有一定影响，企口上下

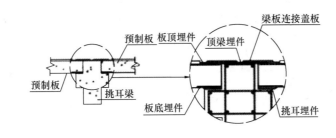

(a) 梁板连接节点

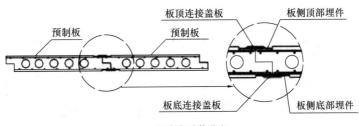

(b) 板板连接节点

图 2.5-13 全装配盖板式连接构造

匹配的预埋机械连接件在水平向能传递地震作用和风荷载，在竖向荷载作用下能传递横板方向应力，实现双向受力，从而有效地提高楼盖的承载力，减小楼盖变形，并具备较好的延性及耗能能力，基本上满足了现代楼盖向大跨度和重载方向发展的要求。

吉林建筑大学刘亚东、刘殿忠等人[18]提出了三类板间连接件，即盒式连接件、开孔盖板连接件和T形板连接件，主要思想是通过高强度螺栓连接预制楼板，达到连接强度大、施工便捷快速的实用效果。在盒式连接与开孔盖板连接方式中预制板为企口板，企口传递竖向剪力，下企口中的盖板式连接件可以传递横板向的弯矩，从而使新型楼盖体系传力路径明确，达到承载力高、整体性能好的目的。新型预制全装配式楼盖体系简略构造如图 2.5-13 所示，梁-板连接简略构造如图 2.5-14 所示。

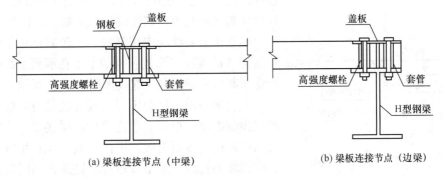

图 2.5-14 新型预制全装配式楼盖梁板连接节点

盒式连接件由盒子连接件、锚筋及高强度螺栓组成。预制楼板企口搭接，盒子连接件由钢板包围而成，内部由钢板做成骨架，由四根锚筋锚固在预制楼板中，高强度螺栓通过两预制板的盒子连接件的上下孔洞预紧，以实现两侧预制楼板连接，使两楼板共同受力。其连接构造如图 2.5-15 所示。

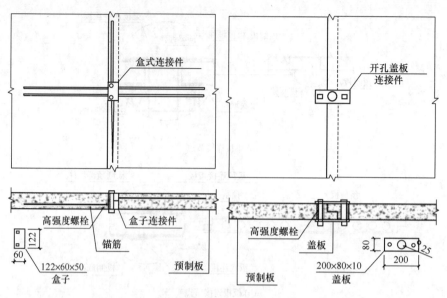

图 2.5-15 盒式连接示意图和开孔盖板连接示意图

开孔盖板连接件由套管、上下开孔盖板及高强度螺栓组成。预制楼板企口搭接，套管预先锚固在混凝土楼板中，楼板搭接后将开有预留孔洞的上下盖板通过高强度螺栓预紧固定在预制楼板上，以实现两侧预制楼板的连接，使两楼板共同受力。其连接构造如图 2.5-15 所示。

T 形板连接件由 T 形钢板、锚筋及高强度螺栓组成。预制板边缘用钢板包边，与板内分布筋焊接，后浇混凝土形成预制楼板。预制楼板吊装就位后，T 形连接板通过预留在混凝土预制板的外露锚筋锚固在预制板上。而后，将高强度螺栓通过两预制板的 T 形板连接件的上下孔洞预紧，以实现两侧预制楼板连接，使两楼板共同受力。其连接构造如图 2.5-16 所示。

预制楼板板缝间连接新构造：预制楼板板缝间连接新构造是通过 T 形连接件的上下孔洞预紧高强度螺栓将预制楼板连接在一起，如图 2.5-17 所示。

预制板是由闭口型压型钢板为底模与混凝土整浇形成预制组合楼板，T 形连接件由拼接板、固定板及高强度螺栓连接副组成，拼接板上下开有用以通过高强度螺栓的孔洞，固定板通过锚钉预先锚固在混凝土

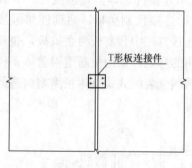

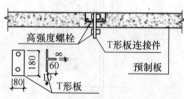

图 2.5-16 T 形板连接示意图

预制板内，施工现场只需将预制楼板吊装就位，拧紧连接螺栓，补浇或用弹性材料填充预制组合楼板预留施工空间，具有施工简便快速，湿作业少等全装配式楼板的特点。其受力机理主要是通过高强度螺栓受剪来传递楼板间的水平力，通过 ABAQUS 对其平面内受力性能进行有限元分析，在单剪情况下试件破坏形态为 T 形板破坏，最大应力出现在螺栓与连接板接触处，试件沿剪力方向最大位移约为 5mm，试件抗剪承载力约为 70kN。分析

结果表明，采用此连接件楼板具有较大的平面刚度及良好的整体性，但其竖向受荷能力、抗震性能及细部构造的影响程度等尚需进一步理论分析及试验验证。

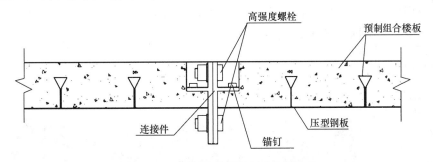

图 2.5-17　预制楼板板缝间连接新构造

预制楼板与主体结构间连接新构造如图 2.5-18 所示，在装配式楼板与主体结构梁连接处，两者都预制并预留一部分相应的异形钢结构，再通过螺栓连接紧固。这种方式，相比于简单浇筑混凝土进行连接，能极大程度地提高装配式楼板与主体结构连接的整体性。

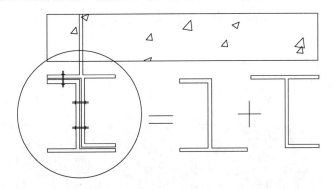

图 2.5-18　预制楼板与主体结构间连接新构造

为研究闭口压型钢板楼承板平面外承载性能，采用 ABAQUS 进行有限元模型建立。其中压型钢板采用 S4R 单元，混凝土采用 C3D8R 单元，压型钢板和混凝土楼板之间采用绑定约束。在组合楼板四边约束住 U_1、U_2、U_3 三个自由度，并在楼板上施加竖向均布荷载（图 2.5-19、图 2.5-20）。

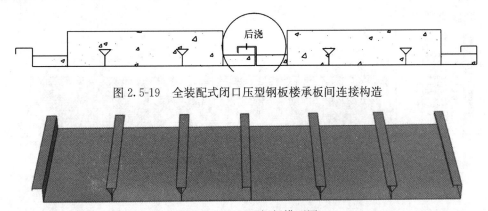

图 2.5-19　全装配式闭口压型钢板楼承板间连接构造

图 2.5-20　压型钢板模型图

闭口压型钢板应力云图见图 2.5-21~图 2.5-23。楼板跨中位置是应力最大的地方，在两个压型钢板连接处，存在较大的纵向应力，在实际工程中，可能会使钢板连接处脱开。闭口压型钢板位移云图见图 2.5-24、图 2.5-25。跨中的合变形最大，钢板连接处在竖向荷载作用下，出现屈曲现象。

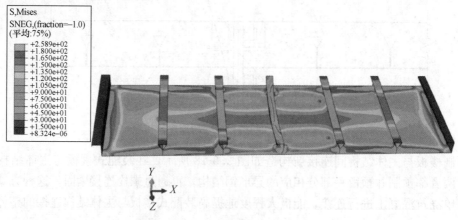

图 2.5-21　压型钢板 Mises 应力图

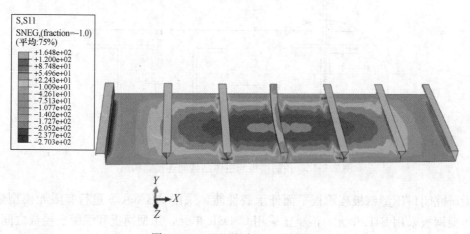

图 2.5-22　压型钢板 S11 应力图

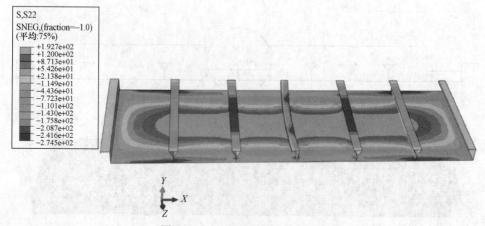

图 2.5-23　压型钢板 S22 应力图

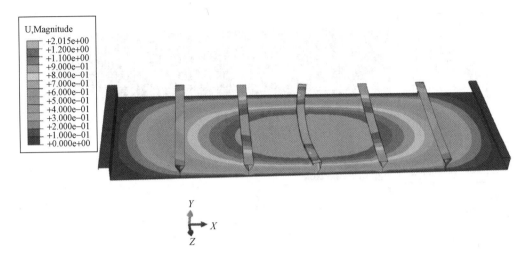

图 2.5-24 压型钢板合位移云图

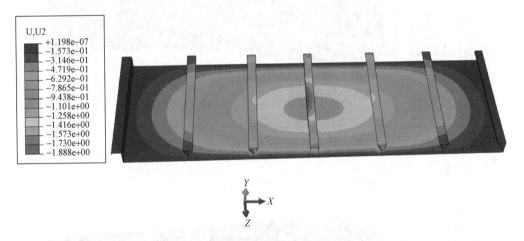

图 2.5-25 压型钢板 U_2 位移云图

为研究全装配式楼板-钢梁连接节点抗剪性能，采用 ABAQUS 进行有限元模型建立。其中楼板、钢梁、连接件及螺栓均采用 C3D8R 单元。螺栓与孔壁采用绑定约束，其余接触均通过定义面面（surface to surface）接触关系来实现，其中法向采用硬接触，切向采用罚摩擦，摩擦系数为 0.3。在组合楼板端部约束住 U_1、U_2、U_3、U_{R1}、U_{R2} 及 U_{R3} 六个自由度，并约束钢梁与连接件的平面外位移，在楼板上施加水平均布荷载。

全装配式楼板-钢梁连接节点应力云图见图 2.5-26。从有限元结果可知，受水平拉力影响，钢梁与连接件的端部是 Mises 应力较大的部分。腹板上的螺栓附近存在较大的纵向和竖向应力，是可能出现破坏的位置。钢梁的上翼缘的纵向应力可能会导致连接件与钢梁发生错动。

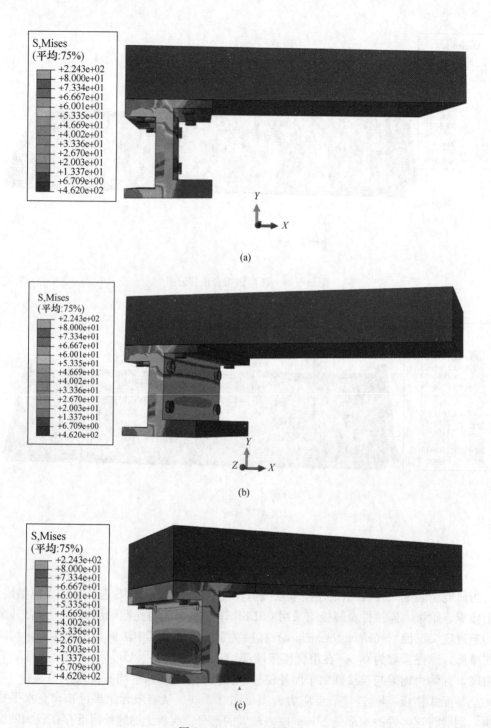

图 2.5-26 Mises 应力图

2.6 新型剪力墙钢结构建筑产业化技术

2.6.1 构件标准化与模块化设计

标准化思路：从后端生产技术和材料利用率出发→筛选符合模数协调的标准构件→确定设计模数→建立模数网络→交通核、居住模块组合设计。新型剪力墙钢结构建筑在方案设计阶段前进行整体策划，统筹规划设计、产品生产和施工安装，建筑、结构、设备、装修等各专业之间协同工作，并对装配式的技术选型、经济性、可建造性、产品种类等进行实施性分析，重要的是实现构件的标准化。

1. 构件标准化与设计模数化

模数协调是钢结构建筑设计标准化的基础，模数尺寸的选择应与部品部件的规格相协调，可以采用工业化的构件排列增量为模数，以适应不同的构件组合安装和更换，减少材料的浪费。可以采用标准预制构件作为基本尺寸，不同部品部件的规格尺寸是模数协调的依据，标准的构配件有利于提高建筑质量和降低成本，进一步实现住宅产业化。通过结构构件和部品的尺寸数据分析，在遵循模数协调基础上，建立统一的模数网格及定位关系，实现装配式建筑的部品部件标准化和设计模数化。钢管混凝土束剪力墙中的钢管束可采用矩形钢管、冷弯U形钢管或钢板进行组合设计，根据《钢管混凝土束结构技术标准》T/CECS 546—2018（以下简称《技术标准》）中构件设计相关规定确定可选的钢管尺寸。

厚度：按《技术标准》第6.3.5条要求钢管束壁板厚度不应小于4mm，由于冷弯U形钢管比较难以加工壁板厚度6mm以上钢板，基本选用4、5、6(mm)钢板。

宽度：按《技术标准》第6.1.4条要求钢管混凝土束L形、T形、工字形剪力墙厚度不应小于为130mm，一字形墙体厚度不应小于150mm，常用尺寸为130mm和150mm，备选尺寸为180mm、200mm。

长度：按《技术标准》第6.3.5条要求钢管束壁板宽厚比限值50和60，4mm钢板计算长度限值分别为200mm和240mm，5mm钢板计算长度限值分别为250mm和300mm，6mm钢板计算长度限值分别为300mm和360mm，但在高层建筑工程设计中考虑结构底部加强、材料和加工的因素，钢管混凝土束剪力墙中的钢管束壁板厚度从下到上、由厚到薄，一般上部采用4mm钢板，管腔长度考虑钢管束的标准化、上下对齐，避免墙肢长度不统一，所以按照4mm钢板提出180、200、220、240(mm)管腔长度。根据展开宽度分析200mm×130mm和200mm×150mm U形钢管外围周长为570mm和590mm，采用1200mm宽钢板比较经济。

矩形钢管□130×4（mm）和□150×4（mm）外周长为560mm和600mm，采用1200mm宽钢板制作比较经济。从后端生产技术和材料利用率筛选出符合模数协调的标准构件130×200×4（mm）和150×200×4（mm）的U形钢管，以及组合矩形钢管□130×4（mm）和□150×4（mm）。按《技术标准》第6.3.1条墙肢长度不小于墙肢宽度的4倍，最小墙肢长度为520mm和600mm，采用130mm钢管时，130+200+200=530mm即可满足4倍墙肢要求（图2.6-1）。

按照主体结构的分析模数，钢管束作为组合构件，其长度和宽度需结构计算确定，需

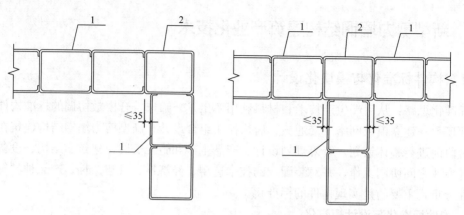

1—冷弯U形钢管；2—冷弯矩形管。
图 2.6-1 标准构件组合示意图

选取比较适合建筑模数关系的常用构件平面尺寸：130mm×200mm、150mm×200mm、130mm×130mm、150mm×150mm等，构件增量尺寸为200mm，符合构件标准化的模数宜选用扩大模数 $2n$M。主体结构水平构件：钢筋桁架楼承板的常用宽度尺寸600mm，楼板钢筋常用间距200mm。填充墙各类内外墙板的常用宽度尺寸600mm；外墙装饰板材的常用规格1220mm×2440mm，可划分常用宽度尺寸为300mm、600mm、900mm、400mm和800mm，宜采用扩大模数 $2n$M、$3n$M；装饰、装修网格宜采用基本模数网格，即应保证室内净空间尺寸是基本模数1M。按照门窗图集常用宽度600mm、900mm、1200mm、1500mm等选用扩大模数 $3n$M、高度选用基本模数1M；住宅层高常用尺寸2800mm、2900mm、3000mm；构造节点和部品部件接口等宜采用分模数网格，且优先尺寸应为符合 M/2、M/5、M/10 的尺寸系列。

根据杭萧钢构的第三代钢管混凝土束结构体系的分析和总结，其建筑设计应在遵循模数协调基础上，主体结构网格宜采用基本模数1M（1M等于100mm）或扩大模数 $2n$M（n 为自然数）作为优先尺寸。

2. 模数网络与构件定位

模数网格宜采用正交的平行基准线（面）构成的平面或空间网格，且基准线（面）之间的距离符合模数协调要求。主体结构、填充墙体、设备管线和内装修部品部件的定位可通过模数网格来实现关联和契合，并应按照部品部件安装接口进行安装。本节先采取简单的2个开间和1个进深模数网格进行分析，钢管束采用矩形钢管、冷弯U形钢管组合方式决定其竖向结构之间模数是1个矩形钢管+N个U形钢管比较合适，以标准构件尺寸作为模数增量，考虑钢结构防火、防腐保护以及可能内保温冷热桥的构造厚度，实现室内空间净尺寸以基本模数1M为倍数，便于实现分隔墙体、内装修材料与主体结构的模数协调。因此钢管束标准腔长度为200mm，按轴线向内偏100mm控制内墙尺寸，在轴线之间尺寸采用 $2n$M 时，竖向构件之间、室内空间净尺寸可以实现2M的倍数，即是奇数模数网络形成奇数尺寸净空间，偶数模数网络形成偶数尺寸净空间；当采用3M模数网络时，与600mm墙板、1220mm×2440mm外墙装饰板材（以600mm宽度比较节省材料）、地砖300mm×300mm或600mm×600mm等尺寸较容易匹配（图2.6-2）。

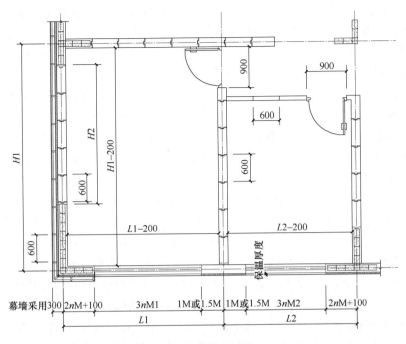

图 2.6-2　模拟的模数网络（mm）

填充墙标准化的设计：在剪力墙结构体系中受竖向构件布置方式、数量和墙肢长度影响较大，剪力墙即使在同一建筑的不同位置、不同楼层也会有长度、宽度和厚度的差异，还有建造成本的限制，基本无法采用通用的标准竖向构件，所以剪力墙结构的填充墙亦采用标准部件组合的思路。剪力墙主要布置在外墙和分户墙，在外墙开设门窗洞口、阳台、凸窗、设备平台等，标准的600mm外墙板难以连续完整地排列，且一般不可能更换，所以外墙选用应注重保证居住空间舒适性、防水、节能保温、水密性、气密性和安全等性能，建议采用易于与钢结构剪力墙可协调的墙体材料，如选用高性能、轻质高强、热惰性大、保温节能、吸水率低、易于施工的陶粒混凝土或加气混凝土墙体材料。

在钢管束之间外墙填充墙在无门窗洞口的情况下，矩形钢管一般采用130mm×130mm或150mm×150mm，考虑防火保护包覆后200mm长度核算，N个冷弯U形钢管长度均按200mm计算，通过模拟计算发现竖向结构之间尺寸为偶数时，$H1-(1+N)\times 200=H2$可以出现标准的600mm墙板，即使出现剩余尺寸（200mm、400mm）也是$2n$M，可以与600mm墙板形成可拆分关系（1/3、2/3），或者采用构造柱作为尺寸调节和加强连接，按中心定位130mm或150mm矩形钢管的剩余尺寸（35mm、25mm）可以作为墙板安装尺寸。还发现采用$6n$M（如4800mm、5400mm、6000mm）与$2n$M模数网络对填充墙标准化影响差距不大。

内墙在考虑室内空间灵活可变性情况下，室内空间净尺寸保证以基本模数1M为倍数，便于实现分隔墙体、内装修材料与主体结构的模数协调，除卫生间、厨房设备固定的空间外，尽可能采用标准的600mm的墙板。

门窗标准化设计：轴线至门窗口尺寸在钢管束作为洞口边缘可以简化为$2n$M+100，无钢管束或中间有填充墙可以采用1M或1.5M作为模数，按照门窗图集常用宽度

600mm、900mm、1200mm、1500mm 等选用扩大模数 $3n$M，高度选用基本模数 1M。外立面构造做法中采用一体化装饰板和幕墙时，受模数网络尺寸、门窗洞口、阳台、设备平台、保温层厚度等因素影响，需针对相应产品减少规格数量，遵循"少规格，多组合"标准化的设计原则。

室内装修宜推行设计标准化、构件和部品生产工厂化、施工装配化。装配式建筑宜采用土建、安装和室内装修一体化设计、制作和施工，并实现内装、厨卫、设备等部件的部品化、集成化，或者主要室内装修材料宜采用标准构件进行组装，实现室内装修墙体、设备管线（填充体）与主体结构（支撑体）的分离。建筑选用的室内装修材料应符合《建筑内部装修设计防火规范》GB 50222—2017 和《民用建筑工程室内环境污染控制标准》GB 50325—2020 的相关要求，应选用耐久、防火、防水、防腐、不易污染的绿色环保材料。室内二次装修不得对主体结构构件、保护材料、围护结构进行破坏，避免造成结构安全、建筑节能、防水、防火等问题，装修材料和设备安装应在构件受力容许的范围内。

平面定位综合考虑钢结构建筑防火、防腐、节能保温等构造要求以及钢梁尺寸标准化，竖向构件采用轴线中心和偏心定位相结合方式。由于钢结构防腐对建筑构造厚度影响较小，钢管束与填充墙之间的不同定位关系和防火、节能保温构造选择关联比较强，图 2.6-3 以向内偏心定位（内平齐）、轴线中心定位、向外偏心定位（外平齐）3 种定位方式在外保温、内保温、无保温情况下进行分析比较发现，钢管束中心定位与传统做法接近，可以适应不同情况，但内外均需填平才能与填充墙齐平，可以采用防火材料填平，保温层和装饰层与其分离设置，防火、保温、装饰分离式。向外偏心定位（外平齐）最适合外墙外保温做法，外墙外侧采用防火、耐久、保温、装饰一体化设计，建议采用幕墙、保温装饰一体板等，内侧仅需考虑防火和装修面层。向内偏心定位（内平齐）外填平不易于施工，且构造层次不易简化，一般不建议采用。所以设计前期根据不同气候区，严寒地区和寒冷地区建议采用外保温做法、向外偏心定位（外平齐）；夏热冬冷地区建议采用外保温做法、向外偏心定位（外平齐）；而夏热冬暖地区，亦可以采用内保温做法、轴线中心定位；夏热冬暖地区和温和地区采用内保温或无保温做法、轴线中心定位。

以万郡四期为例，住宅平面设计 x 和 y 方向均采用 100mm 模数网格，钢管束采用 200mm×150mm 和 200mm×130mm 为主要构件尺寸，按照传统习惯方案采用轴线外偏 100mm 作为外轮廓线计算计容建筑面积，外墙采用外保温外平齐做法，钢管混凝土束构件采用偏心定位，内墙和内墙相关联外墙的钢管混凝土束采用轴线中心定位。从实际工程总结发现模数网格与构件定位关系就是主体结构、围护结构、室内装修的综合考虑，主要在于建筑防火、防腐、节能保温等构造做法与外围护轮廓线的重合。

2.6.2 可变模块化设计

平面设计应在模数协调基础上，对公建采用交通核心筒、公共卫生间、基本单元等标准模块进行设计，住宅采用交通核心筒、基本户型、整体厨房、整体卫浴等功能模块进行组合设计。装配式建筑平面几何形状宜简洁、规则，宜采用大空间的平面布局方式，可满足多样化使用功能要求，并与结构体系协调统一，剪力墙、柱等竖向结构构件布置均匀、对称，兼顾平面可变性，应尽量减少预制构件的种类、数量和连接点的数量。平面设计应考虑设备管线对结构和施工的影响，减少管线交叉，设备用房和设备管井宜集中布置和标

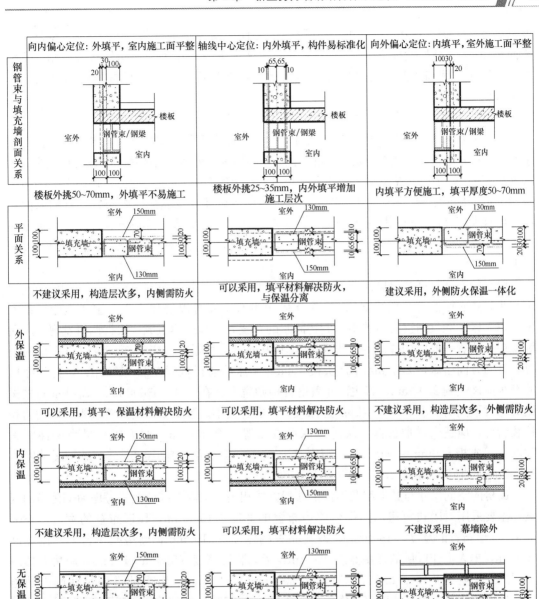

图 2.6-3 3 种定位和做法分析示意图

准化设计,居住建筑宜优先采用整体卫浴和整体橱柜。装配式建筑(公建、住宅)中厨房、卫生间等用水较多的房间,应采用现浇或叠合钢筋混凝土楼板,并与四周墙体素混凝土翻边整浇成一体(整体卫浴除外),楼板穿管应预埋防水套管。

按照 2020 年全面进入小康社会的住房标准是城镇人均住房建筑面积 $30m^2$,1 对夫妻+2 个孩子的 4 口之家 $120m^2$ 模拟户型,套内由客厅(起居厅)、餐厅、1 个主卧、2 个次卧、厨房、1 个主卫、2 个卫生间、2 个阳台等空间组成,1 对夫妻可以把客厅和南侧次卧合并为一个大的起居、活动的空间,主卧尺寸可以临时放置婴儿床,次卧应可以满足两个孩子童年同住、成年分居的可变性，划分套内建筑面积 100m² 和公摊建筑面积 20m²。结构设计 X 轴以 1 个大开间或 2 个小空间作为竖向构件布置原则，Y 轴以南侧居住空间和北侧辅助空间作为竖向构件布置原则，尽量形成框架柱与框架梁在一条线的布置方式。

所有的居住空间尺度与功能空间特性、是由人体基本活动尺度共同决定的，客厅是会客、聚会、娱乐等活动的空间，但城市住宅的起居厅更多是家庭内部成员共享的交流、娱乐空间，观看电视的最佳视距是空间舒适性的主要因素，最佳观看距离＝电视对角线距离×3，以 42in（英寸）电视为例，最佳观看距离＝对角线距离 42×3×2.54（1in＝2.54cm）＝3200mm，开间轴线尺寸宜大于 3600mm。按照住宅设计规范起居厅内布置家具的墙面直线长度宜大于 3000mm，加上通向卧室的走道，进深尺寸宜大于 4500mm。按照小康住宅起居室需体现舒适的居住体验，建议开间尺寸 4m 以上、进深尺寸 5m 以上，面积 20m² 以上。

卧室的空间尺度主要取决于居住人的属性和数量，主卧应布置 1800mm×2100mm 的床和步入式衣橱及可变预留空间，2 个次卧至少有 1 间可以居住 2 人，主要由床（单人床、双人床）和收纳空间（衣柜、储物间）的布置方式和尺寸组成。根据调研发现，床在卧室中的放置一般居中靠墙，不紧靠窗、不正对门，两侧预留床头柜、与窗或衣柜的距离。开间方向由床长 2000mm＋床头板 100mm＋床前通行宽度 500～1000mm，开间净尺寸至少应该达到 2600mm，若主卧布置电视柜则宽度宜在 3000～3600mm。而卧室的进深则要考虑不同的需求，一般主卧的进深较大，次卧较小。卧室中需要放置衣柜、储物间和梳妆台等，应适当增加进深，次卧进深可以布置 1 个 1500mm 双人床＋最小缓冲距离 500mm＋衣柜 600mm＝2600mm、写字桌 600mm＋1 个单人床 1000mm＋最小缓冲距离 500mm＋衣柜 600mm＝2700mm（图 2.6-4）。

厨房的空间尺寸与其类型及不同的布置方式相关。国内大部分住宅考虑油烟污染的因素，主要采用封闭式厨房，操作台单边布置的宽度≥1500mm，L 形布置的宽度≥1800mm，U 形布置的宽度≥1900mm，双排布置的宽度≥2100mm，厨房操作台的常用宽度 600mm，单人操作区域的常用宽度 900mm；考虑装修厚度（50mm＋50mm）厨房墙体净开间尺寸主要采用 1600mm、1900mm、2000mm、2200mm；厨房的进深尺寸则由功能区、操作区的数量和尺寸确定，常用的进深尺寸在 2700～3600mm。餐厅空间尺寸至少可以布置家庭 4 人餐桌，如考虑有客人来访，宜考虑 6～8 人就餐空间，并可以单独成厅。卫生间常规设置洗面台、坐便、淋浴间 3 件，短边尺寸≥1500mm，若设置容纳较大的浴缸，短边尺寸宜达到 2100mm。若采用集成厨房和集成卫生间，根据选定相应厂家的产品和规格，预留安装空间、设备管线等。

住宅建筑公共空间的功能模块设计应包括楼梯间、电梯间、公共管道井及公共走道等的尺寸选择、组合形式、管线布置等内容，并应符合下列规定：楼梯间净尺寸应统一，当采用剪刀楼梯间时，开间净尺寸应为 2600mm，进深净尺寸对应层高 2800mm、2900mm、3000mm 应分别为 6600mm、6900mm、7100mm；当采用双跑楼梯间时，开间净尺寸应为 2500mm，进深净尺寸对应层高 2800mm、2900mm、3000mm 应分别为 4600mm、4800mm、4800mm。基本要求：梯段净宽≥1100mm（墙边到扶手中心线的净空尺寸），梯步净宽≥260mm，梯步净高≤175mm，梯步数每段≤18 步。按照 2900mm 层高设计楼

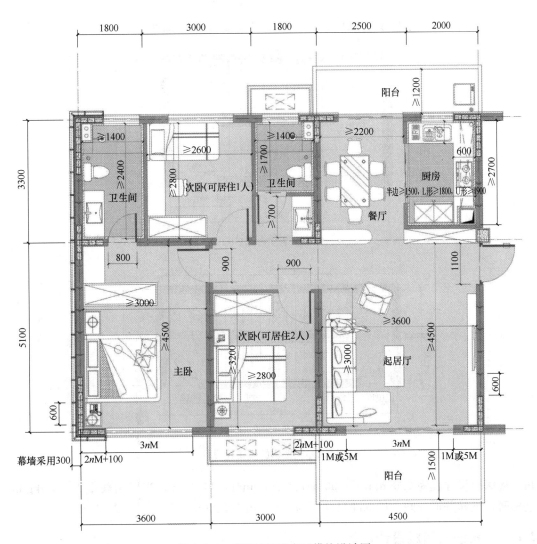

图 2.6-4 模拟的标准户型模块设计图

梯：双跑楼梯净尺寸：长度取 4800mm＝梯段 8×260＋休息平台 2×1200＋扶手中心线至踏步 2×130＋装修面层 2×30＝4800mm，宽度取 2500mm＝梯段宽度 2×1100＋扶手中心线至踏步 2×50＋梯段之间距离 100＋装修面层 2×30＝2460mm，同时考虑防火门宽度 1050mm（门框 2×60＋开启净宽 900）和技术措施第 8.2.7 条规定门洞边至踏步之间距离 1 个踏步的缓冲距离要求；剪刀楼梯净尺寸（防火隔墙厚度 100mm）：长度取 6900mm＝梯段 16×260＋2×(1050＋260)（防火门宽度＋缓冲距离）（大于休息平台）＋装修面层 2×30＝6840mm，宽度取 2600mm＝梯段宽度 2×1100＋扶手中心线至防火隔墙 2×80＋防火隔墙 100＋装修面层 4×30＝2580mm。防烟楼梯间前室的基本面积要求：住宅≥4.5m²；公建≥6.0m²。与消防电梯合用的前室基本面积要求：住宅≥6.0m²；公建≥10.0m²（图 2.6-5）。

电梯井尺寸应在电梯选型的基础上确定，当采用载重为 800kg 的电梯时，电梯井道开间、进深净尺寸宜为 1900mm×2200mm；当采用载重为 1000kg 的电梯时，电梯井道开

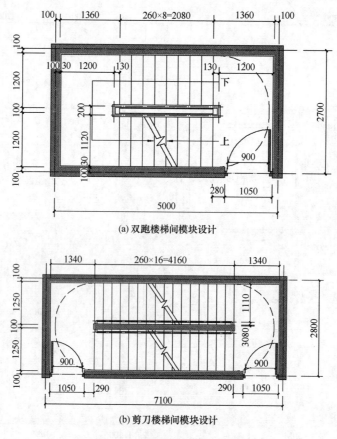

图 2.6-5 楼梯的模块化设计

间、进深净尺寸宜为 2200mm×2200mm 或 2000mm×2600mm；当采用载重为 1050kg 的电梯时，电梯井道开间、进深净尺寸宜为 2200mm×2200mm。

2.6.3 系统化集成设计

根据《装配式建筑评价标准》GB/T 51129—2017 的相应标准编制菜单式设计选用书，主要在设计方案阶段确定建筑等级、分值选配，进一步确定主体结构选型、墙体选材、装修和设备管线选项、工程做法选用等；然后采用系统化集成设计方法，把建筑、结构、机电和装修等各专业集成在一个建筑体系，把设计、生产制造、施工安装、运维等技术集成在建筑的全寿命周期，把钢材、混凝土、板材等各种材料集成为各种构件或者建筑产品。形成菜单式设计选用书如下：

(1) 选用等级（√）：

装配率为 50%，可以认定为装配式建筑，但不评价等级（   ）；

装配率为 60%～75%，评价为 A 级装配式建筑（   ）；

装配率为 76%～90%，评价为 AA 级装配式建筑（   ）；

装配率为 91% 及以上，评价为 AAA 级装配式建筑（   ）。

(2) 装配式建筑设计——套餐选用表（表 2.6-1）。

装配式建筑设计——套餐选用表　　　　　表 2.6-1

评价项		评价要求	评价分值	最低分值	装配率50%	60%~75%	76%~90%	91%~100%
主体结构（50分）	柱、支撑、承重墙、延性墙板等竖向构件	35%≤比例≤80%	20~30	20	22	30	30	30
	梁、板、楼梯、阳台、空调板等水平构件	70%≤比例≤80%	10~20		0	20	20	20
围护墙和内隔墙（20分）	非承重围护墙非砌筑	比例≥80%	5	10	5	5	5	5
	围护墙与保温、隔热、装饰一体化	50%≤比例≤80%	2~5		0	0	0	0
	内隔墙非砌筑	比例≥50%	5		5	5	5	5
	内隔墙与管线、装修一体化	50%≤比例≤80%	2~5		0	0	0	2
装修和设备管线（30分）	全装修	—	6	6	6	6	6	6
	干式工法的楼面、地面	比例≥70%	6		6	0	0	6
	集成厨房	70%≤比例≤90%	3~6		0	0	0	6
	集成卫生间	70%≤比例≤90%	3~6		0	0	0	6
	管线分离	50%≤比例≤70%	4~6		6	0	6	6
合计					50	66	78	92
评定等级					装配式建筑	A级	AA级	AAA级
选定等级					(　)	(　)	(　)	(　)

注：只需选定不同装配率的等级；如需进行分项的具体选项，请进入"装配式建筑生产制造、施工安装、运维等技术集成在建筑的全寿命周期，把钢材、混凝土、板材等各种材料集成为各种构件或者建筑产品。"

钢管混凝土束剪力墙结构体系是集成建筑、结构、机电和装修等专业的完整系统，各部分既是单独的子系统又是有机地组成的一个整体（图 2.6-6）。钢管混凝土束剪力墙结构体系的骨骼是由钢管混凝土束剪力墙、钢梁和钢筋桁架楼承板共同组成的，从主体结构来分析，如同传统钢筋混凝土剪力墙结构一样，利用纵、横墙体承受竖向荷载及水平荷载的结构；平面灵活的建筑亦可结合钢框架采用钢框架-钢管混凝土束剪力墙结构、钢框架-钢管混凝土束核心筒结构。

钢结构住宅外围护部品部件的设计需要综合考虑建筑立面、构造做法以及建筑性能等因素，同时结合装配式钢结构住宅构件的制作、施工安装等环节，进行建筑立面设计、节点构造设计以及产品集成设计。

建筑围护结构结合节能保温、防火防腐可以选择一体化集成设计或者分离式解决方式，对于钢结构体系的外墙围护构件应具有轻质、高强、防火、保温、防水、耐久等综合

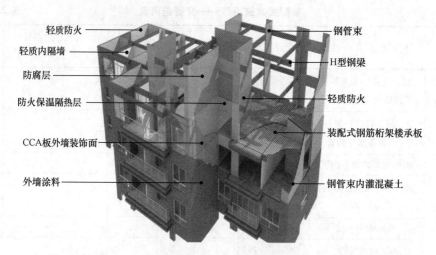

图 2.6-6　钢管混凝土束剪力墙结构集成设计技术

性能，按照装配式建筑的特点，外墙围护部品与主体结构连接要安全可靠，能够与门窗、内外装饰、机电管线等集成化设计；推荐采用整体式外墙板、一体化保温装饰板或其他集成产品。外墙可供选择的墙体有 ALC 墙板、杭萧钢构研发的灌浆墙、各种板材幕墙体系等。

外墙和内墙宜采用轻质高强、方便施工的墙体材料，应满足结构安全、防火防腐、保温隔热、防水防渗、隔声、耐久等性能要求。外墙围护与钢结构宜采用半柔性连接，外墙外侧保持防水层的连续；内墙填充墙与钢结构宜采用柔性连接，并应符合现行国家标准《砌体结构设计规范》GB 50003—2011 和《建筑抗震设计规范》GB 50011—2010（2016 年版）等有关标准的有关规定。若外墙采用外挂或内嵌的预制墙板，与主体结构之间应采用柔性连接构造，连接节点应符合安全承载要求和适应主体结构变形的能力，并应采取可靠的防腐、防火保护措施。

采用建筑结构机电装修一体化，建议把室内可以灵活分隔的填充墙作为装修的一部分，电气、给水排水、暖通采用管线分离技术设置在吊顶、带空腔的墙板、木地板或架空地板内，各点位精准定位，主体结构和围护结构及保护层不应现场剔槽、开洞，可以采用一体化产品进行室内精装设计施工，装修材料符合安全、环保等质量要求。

钢结构防火保护应采用钢结构外表面涂敷或包覆不燃烧的防火材料，同时亦可在钢管内部灌注混凝土等材料，延长钢构件的耐火极限。钢结构外表面防火保护可采用防火涂料、防火板、无机保温砂浆、水泥砂浆、砌体、毡状隔热材料等方法，材料技术性能应满足现行国家标准。当钢构件受火产生允许变形时，防火保护材料不应发生结构性破坏，保护时间应满足钢构件耐火极限的要求。

装配式建筑采用钢管混凝土束结构体系的集成设计包括常用部分：主体结构有矩形钢管、冷弯 U 形钢管组合而成的钢管混凝土束＋H 型钢梁＋钢筋桁架楼承板，墙体部分有轻钢龙骨 CCA 板岩棉外保温、EPS 轻质混凝土灌浆墙，装修和设备管线有全装修、木地板、轻钢龙骨石膏板吊顶及铺设管线；备选部分：主体结构有矩形钢管混凝土柱、钢板剪力墙、叠合楼板等，墙体部分有各种板材幕墙、ALC 墙板、装饰保温一体化板等，装修和设备管线有装配式装修面板、带空腔墙板和集成厨房、集成卫生间等。

2.6.4　标准、工法和设计软件等产业化技术

为了进行产业化推广，课题组形成以下技术：

(1)《钢管混凝土束结构技术标准》T/CECS 546—2018：

2017年10月，根据中国工程建设标准化协会《关于印发〈2017年第二批工程建设协会标准制订、修订计划〉的通知》（建标协字［2017］031号）批准标准立项。2018年6月，经过编制组多次组织会议讨论，形成标准的征求意见稿并征求意见。2018年8月，协会组织召开评审会。2018年11月，编制组经过对评审意见的贯彻形成报批稿。2019年1月发布实施（图2.6-7）。

该标准的主要内容包括总则、术语和符号、基本规定、结构体系、结构计算分析、钢管混凝土束剪力墙构件设计、节点设计、防护设计、制作和施工、验收。该标准吸收了钢管混凝土束组合结构构件和节点研究成果从设计到施工验收进行了较为详细的规定，解决了钢管混凝土束结构推广过程中标准缺位的问题，使这种结构的设计有据可依，进一步促进其合理发展，为其进行产业化推广扫清了障碍。

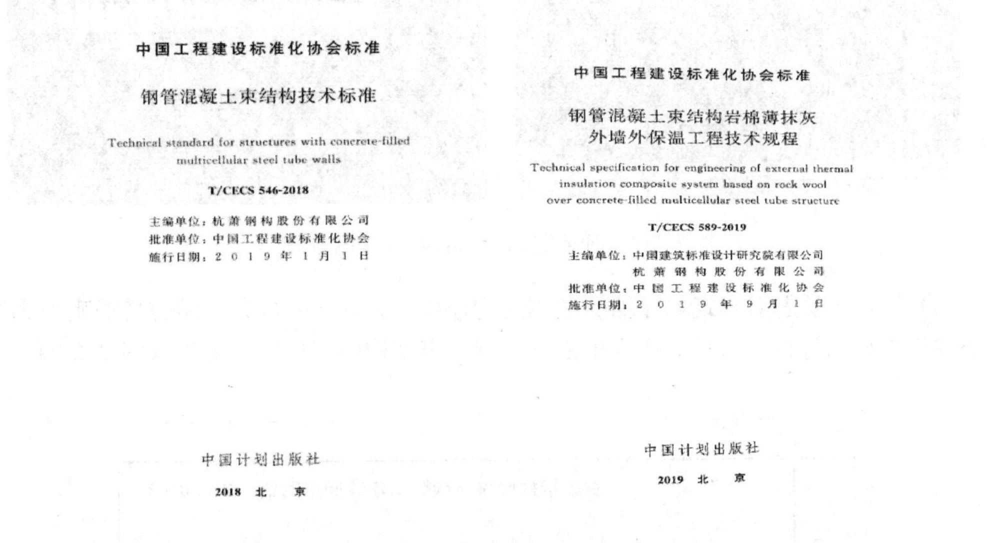
中国工程建设标准化协会标准

钢管混凝土束结构技术标准

Technical standard for structures with concrete-filled multicellular steel tube walls

T/CECS 546-2018

主编单位：杭萧钢构股份有限公司
批准单位：中国工程建设标准化协会
施行日期：2019年1月1日

中国计划出版社

2018　北　京

中国工程建设标准化协会标准

钢管混凝土束结构岩棉薄抹灰外墙外保温工程技术规程

Technical specification for engineering of external thermal insulation composite system based on rock wool over concrete-filled multicellular steel tube structure

T/CECS 589-2019

主编单位：中国建筑标准设计研究院有限公司
杭萧钢构股份有限公司
批准单位：中国工程建设标准化协会
施行日期：2019年9月1日

中国计划出版社

2019　北　京

图2.6-7　钢管混凝土束结构、外墙外保温技术标准

(2)《钢管混凝土束结构岩棉薄抹灰外墙外保温工程技术标准》T/CECS 589—2019：

2018年3月，根据中国工程建设标准化协会“关于印发《2018年第一批协会标准制订、修订计划》的通知”（建标协字［2018］015号）批准标准立项。2018年10月，经过编制组多次组织会议讨论，形成标准的征求意见稿并征求意见。2019年1月，协会组织召开评审会。2019年4月，编制组经过对评审意见的贯彻形成报批稿。2019年9月发布实施（图2.6-7）。

该标准的主要内容包括总则、术语和符号、基本规定、系统及其组成材料、设计、施工、质量验收。钢管混凝土束组合结构（以及其他新型钢板剪力墙结构）是钢结构中的一个新型体系，其与普通钢结构有所不同，因此对其外围护体系以及外保温系统也有其特殊

的要求。钢结构包括钢管混凝土束结构多用于高层建筑，因此应格外重视其防火问题。为确保钢管混凝土束结构在火灾情况下的安全性能，同时满足各地的节能要求，采用A级不燃保温材料的外墙外保温系统是最佳的选择。本标准首次对应用于钢基层的岩棉抹灰外保温进行研究，提出了新型钢基层上使用的界面砂浆并开发了钢基层专用保温射钉，实现了保温防火一体化。该标准实施可以进一步节约能源、改善钢结构住宅的防火性能，提出了钢结构住宅在寒冷地区或严寒地区的解决方案。

（3）综合本课题对建筑围护的保温材料防火性能和连接方式的研究成果，在成功解决组合结构与保温层的粘结和机械连接的基础上，形成了适宜于严寒和寒冷地区的岩棉薄抹灰外墙外保温系统。同时，形成了适宜于各种气候条件下的轻钢龙骨CCA板岩棉外保温系统。将这两种保温系统进行总结，并形成了相应的构造图集（图2.6-8）。

图2.6-8　钢管混凝土束结构体系外保温图集

（4）综合本课题对建筑填充墙与主体结构连接方式的研究成果，结合各类砌块砌体和各类墙板板材的特点，形成了适宜于钢管混凝土束结构的墙体构造图集（图2.6-9）。

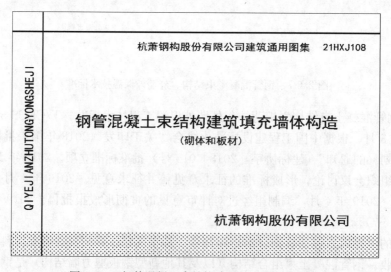

图2.6-9　钢管混凝土束结构建筑填充墙构造图集

（5）为了方便结构设计人员进行设计，并推动该技术快速产业化，本课题完成软件著作权1项，形成了钢管混凝土束结构设计软件V4.3，该软件著作权人为杭萧钢构股份有限公司。软件提供了钢管混凝土束结构从结构布置、构件选型，结构计算、构件设计到计算书形成的全套设计工具，方便了设计人员进行施工图制作，有利于成果的推广（图2.6-10）。

图2.6-10　钢管混凝土束结构体系设计软件

（6）本课题形成了"钢管束构件安装施工工法"适用于钢管束混凝土组合结构体系的各类多高层建筑物。"异形钢管束结构机械化与人工结合的加工制作工法"和"非对称多腔薄壁钢构件制作工法"，适用于异形钢管束结构的加工制作（图2.6-11）。

图2.6-11　施工工法证书

2.7 产业化示范

2.7.1 示范工程

本课题选用的示范工程所在住宅小区地上总建筑面积 83.03 万 m^2，主要是高层钢结构住宅和沿街商铺，工程分四期建设，其中一期、二期、三期已经交付使用。本示范工程项目名为万郡大都城四期 22~27 号楼，共有 6 幢高层钢结构住宅，其中地上总建筑面积 18.76 万 m^2，地下总建筑面积 2.70 万 m^2。22 号楼地上 30 层，建筑高度为 88.35m，面积为 32878.26m^2；23 号楼地上 34 层，建筑高度为 99.95m，面积为 49344.39m^2；24 号楼地上 30 层，建筑高度为 88.35m，面积为 22119.15m^2；25 号楼地上 33 层，建筑高度为 97.05m，面积为 35986.43m^2；26 号楼地上 28 层，建筑高度为 84.40m，面积为 21569.10m^2；27 号楼地上 30 层，建筑高度为 90.80m，面积为 23015.68m^2。

主要示范内容有：

（1）进行标准化的模块设计，平面设计以 100mm 为基本模数，采用标准化空间模块的核心筒组合不同户型，进行平面和空间设计。U 形腔体全部调整为 200mm；

（2）适宜于钢管混凝土束剪力墙结构的 CCA 板轻钢龙骨岩棉外保温系统；

（3）适宜于钢管混凝土束剪力墙结构的石膏基防火装饰一体化技术；

（4）钢管混凝土束剪力墙结构体系设计方法和施工工法的应用。

万郡大都城四期整体效果如图 2.7-1 所示。

图 2.7-1 万郡大都城四期工程效果图

钢管混凝土束剪力墙主体结构施工过程照片如图 2.7-2 所示。

钢管混凝土束剪力墙表面进行石膏浆料防火保护和 CCA 板轻钢龙骨岩棉外保温系统施工过程照片如图 2.7-3 所示。2020 年 6 月份现场情况如图 2.7-4 所示。

(a) 首节钢管束的吊装

(b) 钢管束的吊装

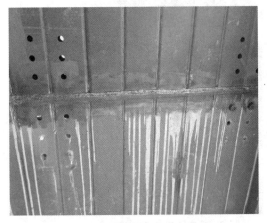
(c) 钢管束的上下对接焊缝

(d) 装配式钢筋桁架楼承板

(e) 钢梁的吊装

(f) 主体结构

图 2.7-2　主体结构施工过程

(a) 石膏浆料机喷施工

(b) 墙面成形情况

(c) 岩棉和龙骨的施工

(d) CCA板进行敷面

图 2.7-3　石膏浆料防火保护和 CCA 板轻钢龙骨岩棉外保温系统施工

图 2.7-4　2020 年 6 月份现场情况

2.7.2 示范生产线

本示范生产线名称为钢管束制备自动化生产线,生产线专利技术拥有方为杭萧钢构股份有限公司,生产线基地名称为湖南中天杭萧钢构科技股份有限公司。示范生产基地位于湖南省株洲市,厂区占地面积约140余亩,厂房建筑面积约3.3万 m^2。生产线位于一期厂房车间内,主要生产产品为钢管束,生产线设计生产能力不低于5万t/年,可供建筑面积不小于50万 m^2。

本生产线主要由U形数控钢冷弯成型生产线、I形件数控组焊割生产线、I形件数控端面带锯床、I形件表面处理(抛丸除锈、喷涂底漆)生产线等组成。钢管束构件是由U形钢组成的。U形钢冷弯成型生产线设备解决了标准单元的制造问题,此前国内外市场上,没有制作高宽比和高厚比较大具有带内折边的U形钢截面的设备。钢管束I形件组焊一体机是核心设备,其具有将成组排序的U形钢平置零件依序逐根自动供料和进料、前端基准自动定位对齐、自动拼接、拼缝逐条两侧对称连续自动焊接、焊后自动出件、自动翻身平置、分段夹紧、点焊过程中可对U形钢旁弯进行微量矫直等功能,有效地实现了对钢管束I形件的组拼、焊接工序的机械自动化加工。该条生产线采用自动化U形成型、自动组焊和矫正、自动切割和自动成孔等自动化设备进行加工,提高了工厂制作自动化水平和产品质量,减少了制作人工成本。

典型设备照片如图2.7-5所示。

(a) 钢管束I形件数控组焊割生产线

(b) I形件焊接机

(c) I形件等离子割孔机

图 2.7-5 典型设备照片

2.7.3 示范园

本产业园占地总面积约 900 多亩,示范的产品有:互联网+装配式建筑产品网上采购交易平台;装配式建筑部品部件、装饰材料线下体验中心;生产钢梁、矩形钢管柱、钢筋桁架楼承板、钢管束等钢构件。本示范园意图整合绿色建筑产业链、打造绿色建筑全产业链交易平台,建设绿色建材体验中心项目是其重要落脚点。本示范产业园改变传统建厂生产产品模式,利用现有的企业优势和"互联网+"理念,以垂直领域 B2B 电商交易平台为载体,试图将产业园打造成全国装配式建筑全产业链产品集采和展示中心。成功实现企业的转型升级,并创造出一种产业园新的经营管理模式。

绿色建筑行业供应链中的产品繁多,绿色建筑产业供应商的相关产品经常有现场选型、选样的需求,体验中心可以针对绿色建筑设计、建筑、钢构、机电安装、装饰过程中需要的建筑产品进行集中展示。示范园建设的装配式建筑部品部件、装饰材料线下体验中心是装配式钢结构体系的集成技术中各类产品线下体验中心(图 2.7-6),包括钢梁、钢管柱、钢筋桁架楼承板、钢管束等构件,也包括各类建筑部品部件和建筑材料。

图 2.7-6 装配式建筑部品部件、装饰材料线下体验中心

装配式建筑部品部件、装饰材料线下体验中心通过独立的品牌展示展位,给予企业更多维度展示品牌的空间。为了提升交易效率,在不同区域和品类基础上又分为高、中、低三个档次(图 2.7-7)。在此基础上,再结合行业市场经营及每个品类所展示的方式、需

图 2.7-7 线下体验中心内部实际布展情况

要的展示面积的不同,对展位的区域及占用率进行分布规划。体验中心位于杭萧钢构现有厂区内,将原有的一期厂房整体改造成为 3 层约 22.48 万 m^2 的体验中心。

互联网+装配式建筑产品网上采购交易平台的业务模式主要以线上商城+线下体验馆组成,采购商可以直接在万郡绿建的线上商城先选样,然后去线下体验馆实地看样。线上商城包含了品牌与产品展示,可以在线形成订单获取,合同签订,款项收付,发货指令接收,到货验收,信息上传,税务协同,整体一站式高效闭环。体验中心的品牌均为已经在交易平台上的产品。

交易模式如图 2.7-8 所示,采用网上 B2B 模式,分供方群体部和需方群体端。

图 2.7-8 交易模式

交易平台网上供应商分为装配式建筑、建筑工程、设施设备、精装修和园林景观五大类。其中装配式建筑下又分为结构材料、围护材料等 8 个二级品类、61 个三级品类(图 2.7-9);建筑工程下分为主体结构材料、竹木材料等 13 个二级品类、97 个三级品类(图 2.7-10)。

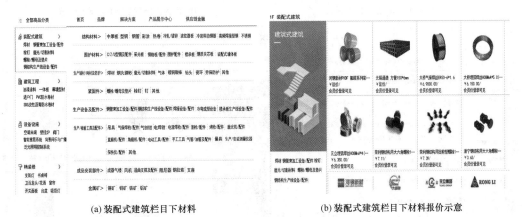

(a) 装配式建筑栏目下材料　　　　(b) 装配式建筑栏目下材料报价示意

图 2.7-9 装配式建筑栏目

设施设备栏目下分为暖通设备设施、给水排水设备设施等 13 个二级品类、98 个三级品类(图 2.7-11)。精装修下分为橱柜、厨房电器等 19 个二级品类、104 个三级品类;另有园林景观下分为户外家具、景观石材等 9 个二级品类、25 个三级品类(图 2.7-12)。

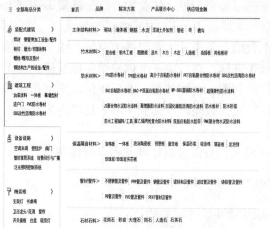 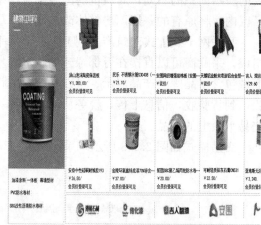

(a) 建筑工程栏目下材料　　　　　(b) 建筑工程栏目下材料报价示意

图 2.7-10　建筑工程栏目

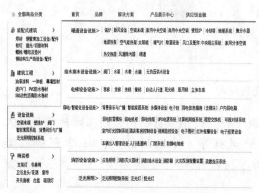

(a) 设备设施栏目下材料　　　　　(b) 设备设施栏目下材料报价示意

图 2.7-11　设备设施栏目

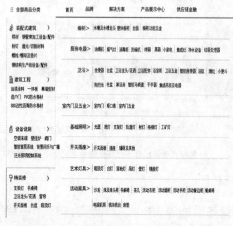 

(a) 精装修栏目下材料　　　　　(b) 精装修栏目下材料报价示意

图 2.7-12　精装修栏目

平台上合计为62个二级品类、385个三级品类。在385个三级品类下，又分为全国、华北、华东、华中、华南、西南、西北、东北8类不同区域性品牌的供应商。

参 考 文 献

[1] 沈祖炎，罗金辉，李元齐. 以钢结构建筑为抓手 推动建筑行业绿色化、工业化、信息化协调发展[J]. 建筑钢结构进展，2016，18(2)：1-7.

[2] 雷敏，沈祖炎，李元齐，等. T形钢管混凝土柱轴心受压稳定承载性能研究[J]. 同济大学学报(自然科学版)，2016，44(4)：520-524.

[3] 胡立黎，尹卫泽. 钢梁与钢管混凝土束剪力墙端板式刚接节点[J]. 工程力学，2020，37(6)：60-64.

[4] 姜文伟，金华建，孙飞飞，等. 无屈曲波纹钢板剪力墙简化分析模型研究[J]. 建筑钢结构进展，2019，21(1)：60-71.

[5] 住房和城乡建设部. 钢筋桁架楼承板：JG/T 368—2012[S]. 北京：中国标准出版社，2012.

[6] 住房和城乡建设部. 混凝土结构试验方法标准：GB/T 50152—2012[S]. 北京：中国建筑工业出版社，2012.

[7] 王小平，彭少民，蒋沧如，等. 新型昊角板及其在钢结构住宅中的应用[J]. 工业建筑，2001(z)：588-591.

[8] 黄勇，马克俭，张华刚，等. 钢筋混凝土空腹夹层板楼盖体系的研究与应用[J]. 建筑结构学报，1997(6)：55-64.

[9] 中国建筑标准设计研究院. 预应力混凝土叠合板：50mm，60mm实心底板：06SG439-1[S]. 北京：中国计划出版社，2008.

[10] 湖南大学结构工程研究所. PK预应力混凝土叠合板(跨度2.4-6.6m)：2005湘JG/B-001[S]. 长沙：长沙合力高强混凝土模板有限公司，2005.

[11] 金灵芝. 预应力混凝土空心叠合板的受力性能和设计计算研究[D]. 武汉：中南大学，2008.

[12] 刘成才，李九宏. 预应力混凝土空心叠合板结构性能试验研究及影响因素分析[J]. 工业建筑，2011，41(2)：4.

[13] 赵成文，陈洪亮，高连玉，等. 预应力混凝土空腹叠合板性能研究与工程应用[J]. 沈阳建筑大学学报：自然科学版，2005，21(4)：6.

[14] 吴学辉，丁永君. 单向预应力混凝土双向叠合板非线性有限元分析[J]. 甘肃科技，2009，25(12)：4.

[15] 刘亚敏，吴方伯，陈立，等. WFB预应力混凝土圆孔叠合板受力性能试验研究[J]. 四川建筑，2007，27(1)：3.

[16] 张爱林，张劲爱，刘学春. 装配式钢结构楼板拼接板缝关键问题研究[J]. 工业建筑，2014，44(8)：39-45.

[17] 庞瑞，梁书亭，朱筱俊. 全装配式RC楼盖板缝节点抗震性能试验研究[J]. 建筑结构学报，2012，33(10)：59-66.

[18] 刘殿忠，刘亚东. 装配式楼板拼接方案探讨[J]. 吉林建筑大学学报，2016，33(2)：5.

第 3 章 新型框架钢结构体系建筑产业化技术与示范

3.1 引言

3.1.1 课题背景及研究现状

钢结构具有轻质高强、绿色环保、便于制作和标准化以及抗震性能好等诸多优点，在欧美发达国家的住宅产业化过程中得到广泛的推广与应用。但是在我国，"秦砖汉瓦"的建筑理念长期以来根深蒂固，混凝土结构、砌体结构等传统住宅体系仍然一统天下，这些体系的建造方式存在着土地资源浪费、生态破坏严重、抗震性能差等一系列问题，严重制约了我国住宅产业化的发展。改革开放以后，我国逐渐开始从国外引进一些装配式钢结构住宅体系进行应用，但国外装配式钢结构住宅体系多适用于别墅、度假酒店等多低层建筑，不适合我国人多地少的基本国情。随着我国经济的发展以及产业的优化调整，住宅产业化的步伐也越来越快。进入 21 世纪之后，我国开始大力提倡钢结构住宅产业化，并于 2001 年底颁布了《钢结构住宅建筑产业化技术导则》，编制了《2010 年建设事业技术政策纲要》，住房和城乡建设部（下文简称：住建部）科技司发布多项钢结构住宅建筑体系及关键技术研究课题，积极开展试点工程实践探索，并组织编制了《钢结构住宅设计规程》《低层轻钢装配式住宅技术要点》《轻型钢结构技术规程》等技术文件。

3.1.2 研究内容及目标

本课题"新型框架钢结构体系建筑产业化技术与示范"（课题编号：2017YFC0703802，以下简称课题），其研究内容包括 4 部分钢结构体系建筑，分别是：多腔柱框架-支撑体系建筑、多腔体框架-钢板组合剪力墙体系建筑、新型框架-核心筒体系建筑、钢管混凝土组合异形柱框架结构体系建筑。研究目标旨在通过试验研究、数值模拟和理论分析等手段对新型框架钢结构体系建筑深入研究，并提出新的设计方法和构造要求，进而形成新型框架钢结构体系建筑产业化的成套技术，形成与结构体系配套的园区、生产线、示范工程，形成与结构体系相关的规范标准。

3.1.3 研究技术路线

本课题采用适应我国基本国情的典型钢结构体系建筑的产业化技术集成与示范，采用工程示范和产业化技术集成为主，技术研发和科学研究为辅的研究方法。首先通过大量文献阅读和工程经验总结分析研究现状，通过大尺寸的试验研究探索结构构件或体系的受力性能等，并将试验结果与规范预测和数值模拟结果相比较。通过大量参数分析等，提出适用于新型框架钢结构体系的设计规程。通过工程示范项目检验成套技术方案可行性，并进一步优化标准化设计方法、装配建造方法和构造措施，最终形成产业化推广的通用技术标准。

3.2 多腔柱框架-支撑体系建筑

3.2.1 体系介绍

我国钢结构住宅建设起步较晚，随着我国改革开放的不断发展，20世纪80年代中期，国外工业化的钢结构住宅体系开始进入国内市场，但主要用于酒店和别墅建筑。近些年，我国出台许多政策大力推进装配式钢结构住宅产业的发展，国内很多学者和企业已开发出诸多新型装配式钢结构住宅体系进行推广和应用，但依然存在一些问题亟待解决，主要集中在两个方面：

一是装配式钢结构住宅结构体系存在的问题。随着我国住宅产业化的大力推进，国内研究人员针对装配式钢结构住宅中结构体系进行了许多研究和创新，归纳总结主要是从新型抗侧力体系、新型连接方式以及新型承重构件三个方向开展研究工作，对传统的结构体系进行拓展，取得了很多的成果和进步。但尚存在着现场施工复杂、工厂制作程度低、设计多样化等不足，难以满足现代装配式建筑的生产工厂化、设计标准化以及施工装配化等要求。

二是装配式钢结构住宅围护体系发展相对滞后，从我国当前的装配式钢结构住宅体系的发展和应用来看，较多的研究人员把更多的精力集中在住宅结构体系的发展和研究，忽略了钢结构住宅体系中围护结构存在的问题。装配式钢结构住宅体系要真正实现产业化，其围护体系也必须满足高度集成化和工业化。但是很多装配式钢结构住宅项目依然采用粗放式、现场湿作业较多的围护体系，与市场上的装配式钢结构住宅体系难以配套，严重制约了装配式钢结构住宅的推广和应用。

针对上述两个我国装配式钢结构住宅体系存在的主要问题，课题组从装配式钢结构住宅体系中结构体系和围护体系两个方面出发，在当前装配式钢结构体系发展的基础上进行改进和创新，提出了新型工业化的装配式异形束柱钢框架-支撑住宅体系来促进装配式钢结构住宅的发展。

1. 钢异形束柱

冷弯方钢管最早在日本大规模应用，具有双向受力性能较好、成型较快以及适合大规模快速生产等特点。除此之外，还可以内灌混凝土提高构件强度又不用增大截面，能够充分发挥构件截面性能。而且与传统的工字形截面相比，由于冷弯方钢管柱为闭合截面，其与围护墙板连接更加便捷。

但是冷弯方钢管在多高层建筑中作为主要的承重构件时，其横截面会因过大而凸出墙体，影响住宅建筑空间的使用。因此，课题组基于标准化的理念提出一种新型的钢异形束柱，其截面选取冷弯方钢管作为核心腔体与冷成型C型钢连接，形成L形、T形以及十字形等截面形式（图3.2-1），截面宽度与墙体厚度保持一致，既能满足承载力要求，又能很好地避免梁柱外露影响建筑空间布置，提高空间使用效率。

2. 上环下隔式梁柱节点

为了满足制作工厂化以及减少现场焊接工作等建筑工业化的要求，结合当前应用比较

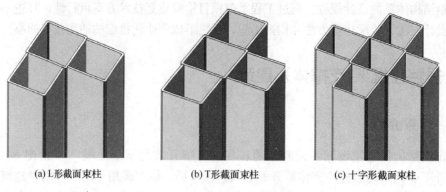

图 3.2-1　常用的异形束柱截面形式

广泛的外环板和贯穿隔板梁柱节点的优点，提出一种新型上环下隔式梁柱节点。该节点上部采用外环板与梁上翼缘连接，下部通过柱贯穿隔板与梁下翼缘连接，柱壁焊接剪切板与梁腹板通过螺栓连接。其具体制作流程如图 3.2-2 所示（此处以上环下隔式 T 形束柱梁柱节点为例）。

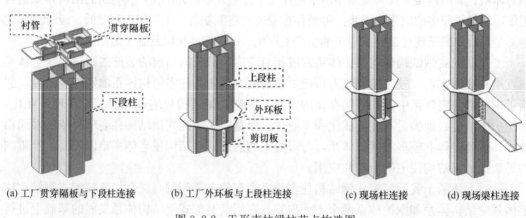

图 3.2-2　T 形束柱梁柱节点构造图

3.2.2　试验研究

1. 节点试件设计及加工

本次试验依据《高层民用建筑钢结构技术规程》JGJ 99—2015[1]的设计要求，遵循"强节点、弱构件"原则设计了 2 组共 9 个上环下隔式异形束柱梁柱节点试件进行低周反复荷载试验研究。两组分别为 I 系列试件和 T 系列试件，其中 I 系列试件采用两腔 I 形束柱，T 系列试件采用四腔 T 形束柱。

试件编号及尺寸　　　　　　　　　　　表 3.2-1

节点编号	柱截面 （mm）	梁截面 （mm）	环板形式	柱拼接类型	柱轴压比
T-1	T600×410×8	LH300×200×6×8	外环板	核心腔顶紧	0.3
T-2	T600×410×8	LH300×200×6×8	外肋贴板	核心腔顶紧	0.3

续表

节点编号	柱截面 (mm)	梁截面 (mm)	环板形式	柱拼接类型	柱轴压比
T-3	T600×410×6	LH300×200×6×8	外环板	核心腔顶紧	0.3
T-4	T600×410×8	LH300×200×6×8 (RBS)	外环板	核心腔顶紧	0.3
T-5	T600×410×8	LH300×200×6×8	外环板	核心腔焊接	0.3
T-6	T600×410×8	LH350×200×6×8	外环板	核心腔顶紧	0.3
I-1	I220×410×8	LH300×200×6×8	外环板	核心腔顶紧	0.3
I-2	I220×410×8	LH300×200×6×8 (RBS)	外环板	核心腔顶紧	0.3
I-3	I220×410×8	LH350×200×6×8	外环板	核心腔顶紧	0.3

注：表中柱截面编号中 T 表示 T 形束柱，I 表示 I 形束柱；字母后表示束柱截面尺寸，比如 T600×410×8，表示 T 形束柱，其截面宽度为 600mm、截面高度为 410mm、柱壁钢板厚度为 8mm；梁截面编号中 LH 为高频焊接工字梁，后面数字分别表示梁截面尺寸，比如 LH300×200×6×8，表示梁截面高度为 300mm、翼缘宽度为 200mm、腹板厚度为 6mm、翼缘厚度为 8mm；而 RBS 则表示梁截面带有翼缘削弱区域。

试件设计时，I 系列试件考虑梁截面高度和梁截面带有翼缘削弱（RBS）区域形式对节点抗震性能与节点承载力的影响。对于 T 系列试件，除了考察上述两个因素之外，还考虑外肋贴板、柱壁厚度以及柱连接方式等因素对节点抗震性能和承载力的影响。节点试件中的 I 形束柱和 T 形束柱均采用冷弯方钢管与冷成型 C 型钢构件拼接而成，梁选用高频焊接 H 型钢梁。所有试件均选取足尺尺寸，试件编号和截面尺寸分别见表 3.2-1。其中试件 T-1 与 I-1 为基准试件，其截面为实际工程应用中常见的尺寸，其他试件为对比试件。

2. 部分试件试验现象

对于试件 I-1，当加载控制在 $0.5F_y$（F_y 为屈服荷载计算值，下同）和 $0.75F_y$ 循环阶段作用下处于弹性状态；随着施加荷载至 $0.9F_y$ 阶段，试件开始进入屈服状态，节点刚度开始出现退化，但未出现明显的塑性变形；随着施加荷载至 $2\Delta_y$ 循环阶段，试件承载力达到最大值，此时试件的支撑处发出咚咚响声，梁上下翼缘分别与环板和贯穿隔板连接处形成塑性铰如图 3.2-3(a) 和图 3.2-3(b) 所示，与此同时，上环板柱倒角至梁翼缘边缘方向出现白漆剥落现象如图 3.2-3(c) 和图 3.2-3(d) 所示，随着该级施加荷载循环次数不断增加，白漆剥落区域逐渐增加如图 3.2-3(e) 所示，塑性铰发展程度也逐渐变深；施加荷载加至 $3\Delta_y$ 阶段第一圈循环，梁上翼缘与环板对接焊缝处在受拉状态下出现裂缝如图 3.2-3(f) 所示，试件承载力开始下降，塑性铰得到充分的发展，见图 3.2-3(g)，在该级荷载循环第二圈，裂缝会迅速发展并最终断裂如图 3.2-3(h) 所示，节点丧失承载力并破坏，停止加载，试验结束。

3. 试验现象及破坏模式分析讨论

对 9 个上环下隔式异形束柱梁柱节点试件进行低周反复荷载试验研究，观察和记录其在低周反复荷载作用下的极限承载力、破坏过程和模式，通过实测的数据，比较分析各节点试件的滞回曲线、骨架曲线、延性、刚度退化以及耗能能力等抗震性能指标，试件的破坏模式具体可分为以下三种：

（1）上翼缘对接焊缝处受拉断裂破坏模式。对于标准（翼缘无削弱）梁截面试件，除

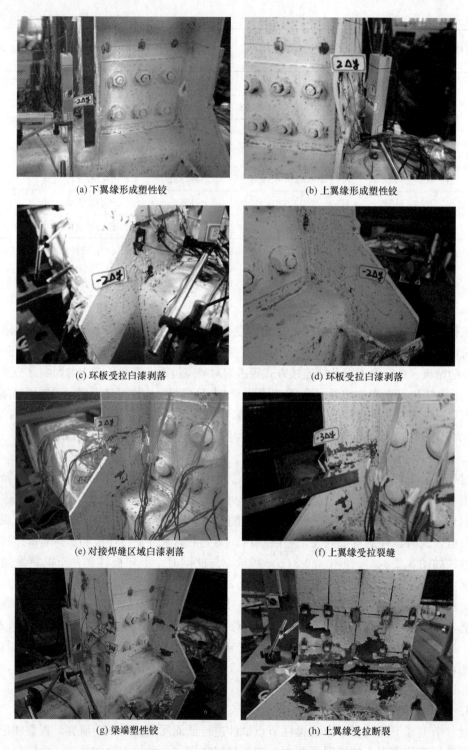

(a) 下翼缘形成塑性铰　　(b) 上翼缘形成塑性铰
(c) 环板受拉白漆剥落　　(d) 环板受拉白漆剥落
(e) 对接焊缝区域白漆剥落　　(f) 上翼缘受拉裂缝
(g) 梁端塑性铰　　(h) 上翼缘受拉断裂

图 3.2-3　试件 I-1 主要试验现象

了试件 I-3 之外，其他试件均为该类破坏模式，产生的原因主要是由于梁翼缘与环板厚度不同引起截面突变形成应力集中区域，同时焊缝热熔区的残余应力也会导致该截面存在一定的缺陷,两个缺陷致使该截面处在反复荷载作用下率先出现裂纹,并逐渐发展成裂缝受拉断裂。

(2) 翼缘削弱区域受拉断裂破坏模式。带有 RBS 区域的试件 I-2 和 T-4 的破坏模式基本一致。该类试件在弯矩作用下,由于翼缘削弱区域的截面抵抗矩较小而较早地进入屈服状态形成塑性铰。但是 RBS 区域中梁腹板过焊孔处应力集中比较严重,在反复荷载作用下,此处最早出现裂纹形成缺陷,裂纹逐渐沿着翼缘厚度方向发展并贯穿发展成裂缝,导致该截面处受拉断裂。

(3) 环板在与柱壁板连接截面处断裂破坏模式。对于上环下隔式节点,与环板连接柱壁承受翼缘传递过来的拉力,而柱壁在倒角处的刚度较柱壁板中间的要大,导致环板在柱倒角处存在着严重的应力集中现象,呈不均匀的分布状态;除此之外,柱壁倒角处为环板与柱壁连接焊缝衬板变换处,存在着一定的焊接缺陷。

3.2.3 理论分析

1. 试验过程现象对比

对于 I-1 试件模型,在 Δ_y 加载阶段之前,有限元模型分析同试验过程一致,基本上没有明显的塑性变形;模型加载至 $2\Delta_y$ 位移阶段,其应力分布和变形分别如图 3.2-4 所示;有限元分析结果显示在梁上翼缘与上环板对接位置拐角处以及柱壁板与环板连接倒角处均出现了高应力区,也是试验中出现破坏的两个区域;试验与有限元模型的塑性铰均发生在环板与梁上翼缘连接位置处,两者吻合较好。

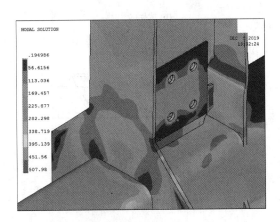 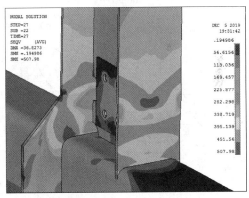

(a) 试件I-1模型上翼缘和环板应力分布   (b) 试件I-1模型下翼缘和贯穿隔板应力分布

图 3.2-4 试件 I-1 有限元模型现象

对于 RBS 试件 I-2 模型,在加载至 Δ_y 阶段之前,同样无明显的塑性变形;当加载到 $2\Delta_y$ 阶段,其模型分析结果具体如图 3.2-5 所示;从图中可以看出 RBS 区域中的高应力分布形状,这点同试验断裂时截面非常接近,翼缘受压时塑性铰发展位置也基本处在同一位置。由有限元模型模拟节点试件的记载过程可以看出,可以很好地模拟出节点的破坏模式和应力分布。

2. 滞回曲线对比

节点试件的有限元模型和试验的滞回曲线结果对比如图 3.2-6 所示。从图中可以看出,

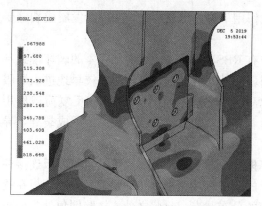
(a) 试件I-2模型RBS区域和环板应力分布

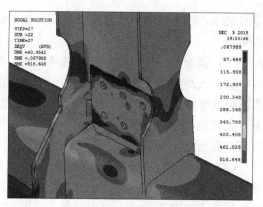
(b) 试件I-2模型RBS区域和贯穿隔板应力分布

图 3.2-5　试件 I-2 有限元模型现象

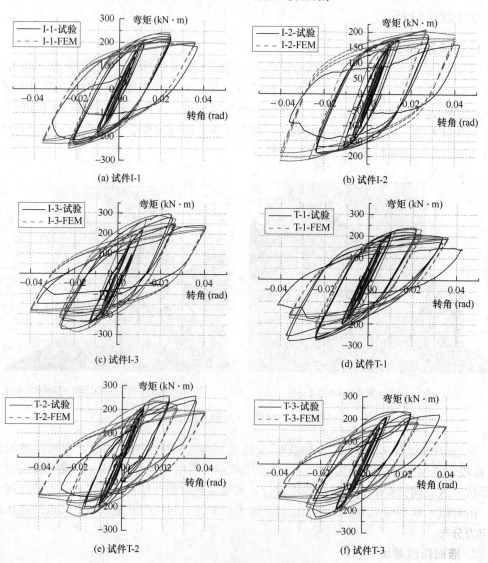

图 3.2-6　试验与有限元滞回曲线对比

在达到节点的极限承载力之前，有限元与试验结果吻合较好；当节点达到极限承载力之后，节点塑性铰得到进一步发展，有限元和试验的节点强度和刚度均开始退化，但此时有限元模型曲线退化程度较小。

3. 骨架曲线对比

有限元模型得到骨架曲线与试验骨架曲线结果对比，如图 3.2-7 所示。从图中可以看出，有限元分析试件模型在正负弯矩作用下反应基本一致，骨架曲线呈轴对称分布；与试验得到的骨架曲线相比，主要是在负向弯矩作用下（即环板受拉状态），达到节点的极限荷载后相差较大。其原因主要是试验中节点破坏时，环板与梁翼缘焊缝处出现裂纹或者裂缝，导致节点的强度退化较快。而有限元模型中环板与翼缘尚未破坏，因此有限元分析时，在负向弯矩作用下模型具有更高的强度以及更好的延性。

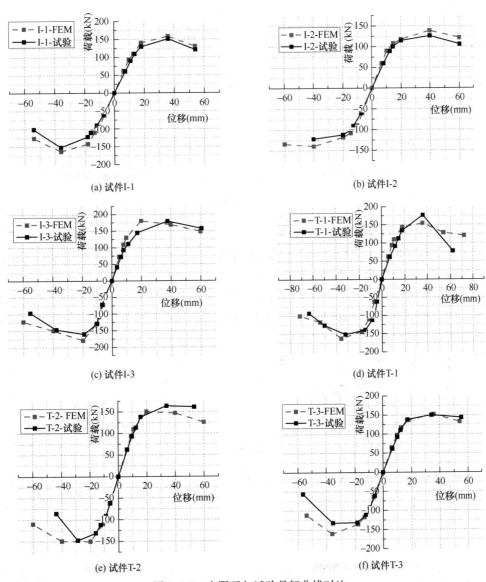

图 3.2-7 有限元与试验骨架曲线对比

3.2.4 节点承载力计算方法

1. 节点极限承载力计算方法

本文研究节点的标准梁截面和带有 RBS 区域的梁截面的需求弯矩曲线，如图 3.2-8 所示。从图中可以看出，对于标准梁截面节点，需求弯矩最小处即节点的薄弱位置处于梁截面与环板的连接处；带有 RBS 区域的节点，需求弯矩最小处则处于 RBS 区域横截面最小处，该类节点在设计上符合塑性铰外移的抗震设计原则。从上文可以看出，对于两种不同梁截面的节点的屈服和受力机制不同，因此下文将对两类节点的极限承载力分开来进行探讨。

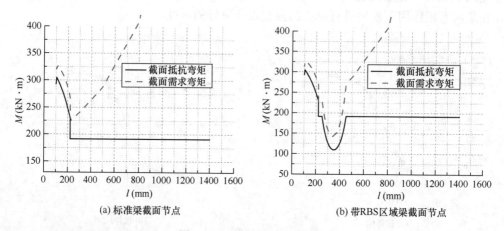

(a) 标准梁截面节点　　　(b) 带RBS区域梁截面节点

图 3.2-8　节点屈服需求弯矩

2. 标准梁截面节点承载力计算方法

从上环下隔类梁柱节点构造可以看出，该节点主要有两个连接面，分别为梁端与悬臂肢栓焊连接面 1 和柱壁板与悬臂肢连接面 2，如图 3.2-9 所示。对于节点来说，连接截面的可靠才能保证节点在低周反复荷载作用下的耗能持续性，但是节点破坏一般出现在连接截面处，而决定节点破坏位置的是连接面的承载力。因此，下面分别对节点的两个连接面的承载力进行理论分析和研究。

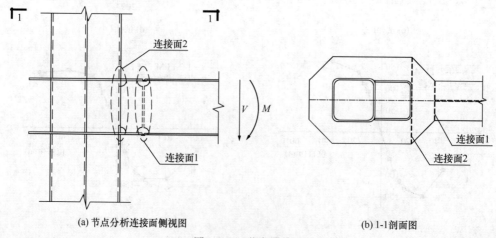

(a) 节点分析连接面侧视图　　　(b) 1-1剖面图

图 3.2-9　节点连接面

(1) 连接面 1 的极限承载力

在连接面 1 处，梁翼缘的弯矩分别传递至上部环板和下部贯穿隔板，然而梁翼缘板厚度均小于环板和隔板截面，因此，该截面的承载力主要由梁截面几何性质决定。在此连接截面处，假定腹板不提供弯矩抵抗能力，其截面所需屈服荷载和极限荷载如式（3.2-1）和式（3.2-2）。

$$M_y^1 = A_f(h_b - t_{fb})f_{yf} \tag{3.2-1}$$

$$M_u^1 = A_f(h_b - t_{fb})f_{ub} \tag{3.2-2}$$

式中 f_{yf}、f_{ub}——梁翼缘钢材的屈服强度和抗拉强度最小值；
M_y^1、M_u^1——连接面 1 的连接所需屈服荷载和极限荷载；
h_b——梁截面高度；
t_{fb}——梁翼缘板的厚度；
A_f——梁翼缘板的面积。

(2) 连接面 2 的极限承载力

节点中连接面 2 为悬臂肢与柱壁的连接面，对于该连接面而言，环板和贯穿隔板的传力机制不同，分别对其承载力进行分析。

1) 环板与柱壁连接承载力

从上文有限元分析可以得到，当节点处于极限状态时，承受荷载的柱壁板和与柱壁板连接的环板处于塑性状态，因此采用屈服线理论对此连接面 2 的承载力进行分析。由于柱倒角区域刚度远大于柱壁板的抗弯刚度，因此可假定柱壁板受拉的区域宽度为柱截面宽度减去柱的倒角区域；同时考虑柱壁与环板的变形协调，可认为在受到翼缘传递的水平拉力时，与柱壁板连接环板部分出现相对的剪切变形，此时屈服线分布主要为剪切屈服线。因此，对于柱壁受到梁上翼缘传递的拉应力产生变形 δ，其对应的柱壁板产生的屈服线机制如图 3.2-10 所示。图 3.2-10(a) 中所示的 Ee 和 Ff 为环板的剪切屈服线。环板剪切塑性铰线对应的应变能 P_r 可用下式表达：

$$P_r = 2t_b f_t \tag{3.2-3}$$

式中 f_t——钢材的剪切屈服强度，可取 $f_t = \sqrt{3}f_y/3$。

因此，环板的剪切变形能可以写作下式：

$$W_r = 2h_s P_r \delta \tag{3.2-4}$$

环板对应的柱壁板产生的屈服线机制如图 3.2-10(b) 和图 3.2-10(c) 所示。其中屈

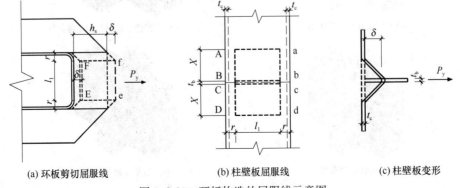

图 3.2-10 环板构造的屈服线示意图
(a) 环板剪切屈服线   (b) 柱壁板屈服线   (c) 柱壁板变形

服线 Aa、Bb、Cc、Dd 为柱壁弯矩产生的弯矩屈服线，AB、BC、CD、ab、bc、cd 为柱壁剪切屈服线。由假定的屈服线可得弯矩屈服线的转角为 δ/X，AB、CD、ab、cd 的剪切变形为 $\delta/2$，BC、bc 的剪切变形为 δ。因此，与环板连接的柱壁板的变形能依据式（3.2-5），其中 $P_t = f_t t_c$。

$$W_y = 4l_1 M_p \frac{\delta}{X} + 4XP_y \frac{\delta}{2} + 2t_b P_y \delta \qquad (3.2\text{-}5)$$

式中 M_p——柱壁单位截面的屈服弯矩，可取 $M_p = f_y t_c^2 / 4$；

P_y——环板传递的法向荷载；

l_1——柱壁板沿宽度方向的屈服线长度（$l_1 = l - 2t_c$）；

t_c——柱壁板厚度；

t_b——环板厚度。

连接面 2 的内力虚功与内力变形能相等可得到下式：

$$P_y \delta = W_y + W_r \qquad (3.2\text{-}6)$$

将式（3.2-4）和式（3.2-5）代入式（3.2-6）可得连接面 2 的承载力表达式：

$$P_y = 4l_1 M_p \frac{1}{X} + 2XP_t + 2t_b P_t + 2h_s P_r \qquad (3.2\text{-}7)$$

式中 X 可由 P_y 求最小极值来确定，即：

$$\frac{\partial P_y}{\partial X} = 0 \qquad (3.2\text{-}8)$$

由此式可求解得到 X 的表达式：

$$X = \sqrt{\frac{\sqrt{3} l_1 t_c}{2}} \qquad (3.2\text{-}9)$$

将 X 的表达式代入式（3.2-7）可得到环板的受拉承载力计算公式。为验证该公式的正确性，采用有限元分析软件建立不同柱截面形式的环板拉伸模拟模型，如图 3.2-11 所示。

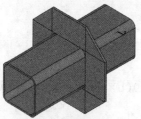

(a) 方钢管环板拉伸模型

(b) 方钢管单元划分和边界条件

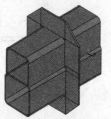

(c) I 形束柱拉伸模型

(d) I 形单元划分和边界条件

图 3.2-11　环板拉伸模拟（一）

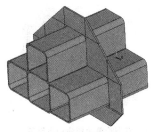
(e) T形束柱拉伸模型

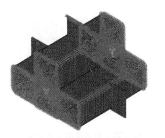
(f) T形单元划分和边界条件

图 3.2-11　环板拉伸模拟（二）

2）贯穿隔板构造承载力

对于贯穿隔板类梁柱节点，以往文献给出了贯穿隔板节点的两种屈服模式，但这两种模式均未考虑柱壁的承载力贡献。对于隔板贯穿类型节点，隔板的拉伸刚度远远大于柱壁的弯曲刚度，因此本文将忽略柱壁对承载力的贡献。从极限状态时隔板的应力云图可以看出，贯穿隔板与柱壁交接处截面的应力较大，最先进入屈服，因此，可以假定贯穿隔板与柱壁交接处截面为拉伸屈服截面，如图 3.2-12 所示（此处以 I 形截面束柱贯穿隔板为例）。该截面的屈服承载力 P_y^t 可以用下式表示：

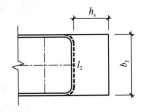

图 3.2-12　贯穿隔板屈服截面

$$P_y^t = l_2 t f_y \tag{3.2-10}$$

式中　t ——贯穿隔板厚度；

l_2 ——可以通过式（3.2-11）求得。

$$l_2 = 2 \times \left(\frac{2\pi r}{4}\right) + (b_f - 2r) \tag{3.2-11}$$

式中　r ——方钢管倒角半径。

通过 ANSYS 有限元分析软件建立贯穿隔板的拉伸模型，如图 3.2-13 所示。将有限元分析结果与理论计算结果进行对比，可以看出，采用隔板横截面作为贯穿隔板的拉伸屈服承载力结果非常接近，其变化规律与理论公式基本吻合，但是达到极限荷载时，误差偏大，主要是此时柱壁已经开始参与贡献。从两者结果对比可以看出，本文给出的建议公式可以较为准确地计算贯穿隔板的拉伸屈服承载力。

《高层民用建筑钢结构技术规程》JGJ 99—2015 给出梁柱连接的极限受弯承载力计算方法。该方法在连接截面处，除了上下翼缘分担梁传递来的弯矩以外，还考虑了连接腹板对抵抗弯矩的贡献，具体计算方法见式（3.2-12）～式(3.2-16)。

$$M_u^j = M_{uf}^j + M_{uw}^j \tag{3.2-12}$$

$$M_{uf}^j = A_f(h_b - t_{fb})f_{ub} \tag{3.2-13}$$

$$M_{uw}^j = m \cdot W_{wpe} \cdot f_{yw} \tag{3.2-14}$$

$$W_{wpe} = \frac{1}{4}(h_b - 2t_{fb} - 2S_r)^2 t_{wb} \tag{3.2-15}$$

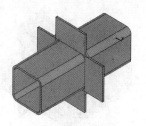
(a) 方钢管贯穿隔板拉伸模型

(b) 方钢管单元划分和边界条件

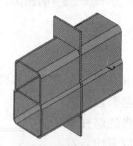
(c) I形束柱贯穿隔板拉伸模型

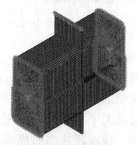
(d) 单元划分和边界条件

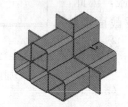
(e) T形束柱贯穿隔板拉伸模型

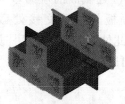
(f) 单元划分和边界条件

图 3.2-13　贯穿隔板拉伸模型

$$m = \min\left\{1,4\,\frac{t_{\mathrm{fc}}}{d_{\mathrm{j}}}\sqrt{\frac{b_{\mathrm{j}}\cdot f_{\mathrm{yc}}}{t_{\mathrm{wb}}\cdot f_{\mathrm{yw}}}}\right\} \tag{3.2-16}$$

式中　$M_{\mathrm{u}}^{\mathrm{j}}$ ——节点连接的极限受弯承载力；

$M_{\mathrm{uf}}^{\mathrm{j}}$ ——翼缘的连接极限受弯承载力；

$M_{\mathrm{uw}}^{\mathrm{j}}$ ——腹板的连接极限受弯承载力；

W_{wpe} ——梁腹板有效截面的塑性截面模量；

f_{yw} ——梁腹板钢材的屈服强度；

h_{b} ——梁截面高度；

d_{j} ——柱上下水平加劲肋内侧之间的距离；

b_{j} ——箱形柱壁板内侧的宽度；

t_{fc} ——箱形柱壁板的厚度；

f_{yc} ——柱钢材屈服强度；

f_{yw} ——为梁腹板钢材的屈服强度；

t_{fb}、t_{wb} ——分别为梁翼缘和梁腹板的厚度；

f_{ub} ——梁翼缘钢材抗拉强度最小值；

S_{r} ——梁腹板过焊孔高度。

3. 翼缘削弱式（RBS）节点承载力计算方法

对于带有 RBS 区域的上环下隔式异形束柱梁柱节点，其与标准节点梁截面相比，除了考虑图 3.2-14 所示的连接面 1 和 2，还需要考虑 RBS 区域最小截面即截面 3 的承载力。除此之外，在 RBS 区域由于过焊孔的存在，会导致在过焊孔处存在较大的应力集中，在低周反复荷载作用下会从此处开始形成 RBS 弧边法向的拉力带，最终形成一条弧状裂缝断裂，其断裂截面如图 3.2-15 中粗线所示。该断裂截面为截面 4，其长度可通过式（3.2-17）和式（3.2-18）计算。

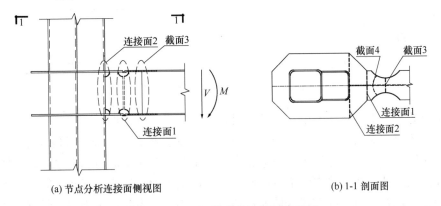

图 3.2-14 RBS 节点的连接面示意图

$$\cos\theta = \frac{\left(\frac{b_r}{2}+R\right)^2 + r^2 - R^2}{2r\left(\frac{b_r}{2}+R\right)} \quad (3.2\text{-}17)$$

$$M_y^{\text{Rbs}} = \frac{\pi r}{90}\left(\frac{\pi}{4} - \theta\right) f_{yf}(h_b - t_{fb}) \quad (3.2\text{-}18)$$

式中　R——削弱区域半径；

　　　b_r——削弱区域最小宽度；

　　　r——削弱区域中心至过焊孔的距离。

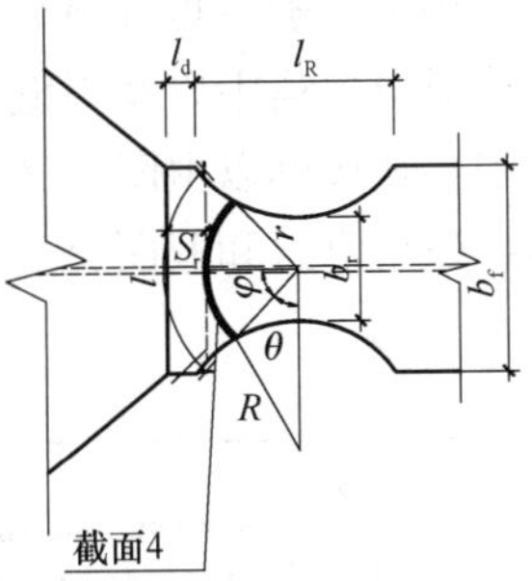

图 3.2-15 RBS 节点削弱区域的破坏连接面

对 RBS 节点分别计算上述 4 个薄弱截面的承载力，并与试验结果和有限元模型计算结果进行对比。结果可知，RBS 区域截面 3 和断裂截面 4（图 3.2-16）的屈服需求弯矩较小，在低周反复荷载作用下两个截面几乎同时进入屈服状态；随着荷载的增加，截面 3 和截面 4 基本也同时达到极限状态，与此同时，连接面 2 尚未进入屈服状态，连接面 1 刚进入屈服状态。断裂截面 4 由于有应力集中的存在，其截面材料会较截面 3 早出现裂纹形成缺陷，因此可以选取在 RBS 区域过焊孔新型节点的设计方法。

环板和隔板构造要求：

（1）标准梁截面节点

I 形束柱梁柱节点的构造如图 3.2-16 所示。从图中可以看出，环板和隔板与柱直接连接，为本文研究节点的构造的核心部件，既要保证梁弯矩传递至柱构件，还要保证塑性铰远离节点出现在梁端，来满足抗震设计的基本要求。现在依据上文的研究成果以及国内已

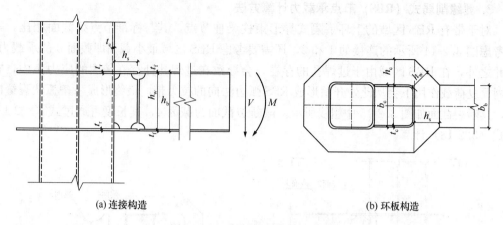

图 3.2-16　新型节点构造示意图

有的规范对此节点中的环板与隔板在抗震设计中构造尺寸进行探讨。

首先,环板和隔板构造形式和焊缝的要求。从试验和有限元模型计算结果可以看出,此类节点在低周反复荷载作用下,应力较大区域主要出现在梁端与环板焊接截面处和环板与柱壁连接截面处,在试验中的节点的破坏模式也是集中在这两个截面。但是,现行的抗震设计理念一般要求节点的破坏区域要远离节点核心区,因此,对于本文研究的节点,要尽量避免环板先于梁端连接断裂。

环板与梁端焊缝断裂处为该类节点的主要破坏模式,前文分析可知主要是由于截面突变造成应力集中以及焊缝残余应力的存在导致在该处截面过早地进入塑性,因而在实际应用中,环板可以由图 3.2-17(a) 所示构造形式 1 改为图 3.2-17(b) 所示构造形式 2,避免焊缝残余应力和截面突变的集中在同一截面。

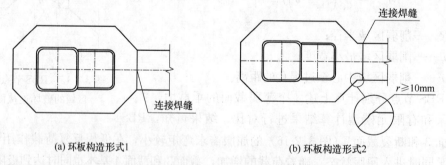

图 3.2-17　环板构造

其次,确定节点中环板与隔板的尺寸。依据本文提出的新型节点构造特点,环板与贯穿隔板应取相同厚度 t_r;依据《矩形钢管混凝土结构技术规程》CECS 159—2004[2],外环板和贯穿隔板厚度不宜小于梁翼缘厚度 t_f。因此,对于本文研究的节点,其环板和隔板的厚度应取 $t_r \geq t_f + 2\text{mm}$;对于环板的悬挑长度 h_s 须满足式(3.2-19)来保证板件的稳定性。式中 C 为环板边缘至连接焊缝处长度,由于本文研究节点在悬臂肢处连接,此时 C 取值为 0。

$$100\text{mm} \leqslant h_s + C \leqslant 15t_r\sqrt{235/f_y} \tag{3.2-19}$$

依据塑性铰外移抗震设计理念,首先保证节点在低周反复荷载作用下梁翼缘最先屈服,因此在环板与隔板悬挑的区域需求弯矩大于梁截面处即 $M_r \geqslant M_b$,由此可得悬挑环板与隔板的构造要满足下式:

$$\frac{I_b}{I_r} \geqslant \frac{L_r}{L_b} \tag{3.2-20}$$

式中 L_r——梁跨中反弯点至悬臂截面的距离;

L_b——跨中反弯点至梁截面与悬臂肢连接截面的距离;

I_b、I_r——梁截面和环板区域连接截面的惯性矩。

通过上文研究得到上环下隔类梁柱节点在低周反复荷载作用下的极限承载力,当梁翼缘的极限弯矩大于基于柱壁屈服的屈服力时,可以取柱壁屈服时的荷载 P_y 为节点的极限承载力;反之,则取梁翼缘连接极限弯矩为极限承载力;为避免柱壁厚度选取过薄导致柱壁屈服承载力 P_y 小于梁截面屈服承载力 P_y^b,发生柱先于梁屈服而出现柱壁板先破坏的情况,因此在抗震设计时,环板连接处的构造要满足下式:

$$P_y \geqslant P_y^b \tag{3.2-21}$$

式中 P_y——参考3.2.4节可求得;

P_y^b——可通过下式求得:

$$P_y^b = f_y^b A_{bf} \tag{3.2-22}$$

式中 A_{bf}——梁翼缘面积;

f_{yb}——梁翼缘钢材屈服强度。

(2) RBS 节点构造要求

国家标准《建筑抗震设计规范》GB 50011—2010(2016年版)[3]和《高层民用建筑钢结构技术规程》JGJ 99—2015 参考美国 FEMA-350 给出了翼缘削弱式的连接节点构造设计方法,如图 3.2-18 所示。本文的试验 RBS 构造节点取值也正是遵循上述构造要求进行设计。图中所

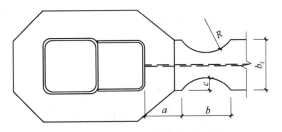

图 3.2-18 RBS 节点构造示意图

示:a 为柱面至 RBS 区域起始点距离;b 为 RBS 区域削弱长度;c 为 RBS 区域削弱深度;R 为 RBS 区域圆弧半径。具体构造要求如下:

$$a = (0.5 \sim 0.75)b_f \tag{3.2-23}$$

$$b = (0.65 \sim 0.85)h_b \tag{3.2-24}$$

$$c = (0.2 \sim 0.25)b_f \tag{3.2-25}$$

$$R = (4c^2 + b^2)/8c \tag{3.2-26}$$

式中 b_f——梁翼缘宽度;

h_b——梁截面高度。

当 RBS 区域最小截面进入塑性,其全截面塑性弯矩可采用下式计算:

$$M_{pr} = C_{pr} R_y W_{RBS} f_{yb} \quad (3.2\text{-}27)$$

式中　W_{RBS}——削弱区域最小面积处全截面塑性模量；
　　　C_{pr}——承载力系数，该系数包括应变强化、局部约束、额外加强等因素，设计时取 1.15；
　　　R_y——钢材的超强系数，可取 1.1；
　　　f_{yb}——梁的钢材屈服强度。

对于一般的钢框架结构，塑性铰出现的适当位置应在截面高度二分之一以外，且应出现在距离梁端 1/10 跨长或者 2 倍截面高度的范围内，而 FEMA350 给出的 RBS 节点区域的起始点至柱壁的距离，即图 3.2-18 中 a 段。基于上述构造要求，因此本文研究的上环下隔式 RBS 梁柱节点起始位置 a 满足如下要求：

$$h_s + S_r \leqslant a \leqslant 2h \quad (3.2\text{-}28)$$

式中　S_r——过焊孔的长度；
　　　h——梁截面高度。

对于削弱区长度 b 可以参考 FEMA350 给出的构造要求。RBS 节点最大的特点是 RBS 区域先于其他截面屈服形成塑性铰，因此在该区域最小截面需求弯矩 M_u^{RBS} 要小于梁翼缘与环板连接处的需求弯矩 M_u，为了保证塑性铰发生于 RBS 区域，可以控制该区域塑性极限需求弯矩为梁翼缘与环板连接处极限需求弯矩的 90%，因此节点的 RBS 区域中最小截面须满足下式：

$$M_u^{RBS} \leqslant 0.9 M_u \quad (3.2\text{-}29)$$

参考削弱区域的截面抵抗弯矩计算公式，可得下式：

$$\frac{C_{pr} R_y W_{RBS} f_{yb}}{L_0 - a} \leqslant \frac{0.9 W_b f_{yb}}{L_0 - h_s} \quad (3.2\text{-}30)$$

式中　L_0——梁加载点至柱壁距离。

由该式可得到 RBS 区域最小截面处 W_{RBS} 的要求，从而得到削弱深度 c 的构造要求。

(3) 强柱弱梁验算

上文给出新型节点构造要求之后，还需依据当前抗震设计理念来满足"强柱弱梁"的要求。因此，现行行业标准《高层民用建筑钢结构技术规程》JGJ 99—2015 基于 FEMA350 给出相应的规定和要求：对于梁端加强型连接或翼缘削弱式连接，节点左右梁端和上下柱端的全塑性承载力应满足下式：

$$\sum W_{pc}(f_{yc} - N/A_c) \geqslant \sum (\eta f_{yb} W_{pb1} + M_v) \quad (3.2\text{-}31)$$

式中　W_{pc}、W_{pb1}——分别为交于节点的柱和梁塑性铰所在截面的塑性截面模量；
　　　f_{yc}、f_{yb}——分别为柱和梁的钢材屈服强度；
　　　N——地震组合的柱轴力；
　　　A_c——柱截面面积；
　　　η——强柱系数，一级取 1.15，二级取 1.10，三级取 1.05；
　　　M_v——梁塑性铰剪力对梁端产生的附加弯矩，$M_v = V_{pb} \cdot x$；

V_{pb}——梁端塑性铰剪力；

x——塑性铰至柱面的距离，对于标准截面的上环下隔梁柱节点，可以取悬臂肢悬挑长度 h_s；对于上环下隔式 RBS 梁柱节点，可取削弱深度最大处截面至柱面的距离。

(4) 节点域验算

在水平地震作用下，梁柱节点除了梁柱塑性铰耗能之外，节点域的变形也能吸收部分地震作用，剪切变形模式具有塑性滞回耗能稳定、往复应变硬化等显著特点，且在屈服后仍有较高的富余强度，但是节点域过大的变形会引起结构过大的侧移，而且不可修复，具有较大的破坏性，因此还要保证节点具有一定的承载力能力。现行行业标准《高层民用建筑钢结构技术规程》JGJ 99—2015[1] 给出节点域具体的构造要求和验算方法：

1) 节点域腹板的抗剪强度要求见下式：

$$(M_{b1} + M_{b2})/V_p \leqslant (4/3)f_v \tag{3.2-32}$$

2) 节点域的屈服承载力应满足下式：

$$\psi(M_{pb1} + M_{pb2})/V_p \leqslant (4/3)f_{yv} \tag{3.2-33}$$

3) 除了承载力要求之外柱在节点域的腹板设计厚度应满足下式：

$$t_c \geqslant (h_b + h_c)/90 \tag{3.2-34}$$

式中 h_b——梁腹板高度；

h_c——柱腹板高度，对于本文研究节点，为与梁连接腔体腹板高度；

t_c——柱腹板厚度，对于本文研究节点，为与梁连接腔体腹板厚度；

M_{b1}、M_{b2}——节点域两侧梁的弯矩设计值；

M_{pb1}、M_{pb2}——节点域两侧梁的全塑性受弯承载力；

f_v——钢材的抗剪强度设计值；

f_{yv}——钢材的屈服抗剪强度，取钢材屈服强度的 0.58 倍；

ψ——折减系数，三、四级取 0.75，一、二级取 0.85；

V_p——节点域体积，对于箱形截面柱，$V_p = 1.8 h_{b1} h_{c1} t_c$；

h_{b1}、h_{c1}——分别为梁翼缘厚度中点间的距离和柱翼缘厚度中点间的距离。

本节考虑节点构造形式等因素对其承载力和耗能能力的影响，对新型上环下隔式异形束柱梁柱节点进行低周反复荷载试验研究和有限元分析，深入地揭示了该节点在地震荷载作用下的传力机制、破坏模式以及耗能能力；采用屈服线理论推导出此类节点的承载力理论计算公式；依据试验、理论和数值模拟的研究成果给出新型上环下隔类梁柱节点的抗震设计方法、改进措施以及构造要求，为该类型节点在装配式异形束柱钢框架-支撑住宅结构体系中应用时提供合理的设计和理论依据。

3.3 多腔体框架-钢板组合剪力墙体系建筑

3.3.1 体系介绍

桁架式多腔体钢板组合剪力墙作为结构体系的主要抗竖向力和抗侧向力构件，由外侧双钢板与矩形钢管、内部平面钢筋桁架焊接而成的具有多个竖向连通腔体的结构单元（图 3.3-1、图 3.3-2），内部浇筑混凝土，形成一种以一字形、L 形、T 形、Z 形为主要构造形式的组合构件（图 3.3-3）。

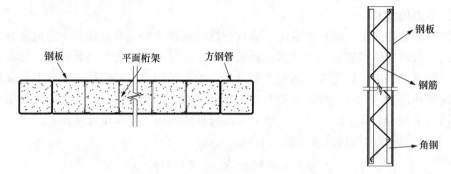

图 3.3-1　多腔体钢板剪力墙平面及剖面示意图

图 3.3-2　多腔体钢板剪力墙三维模型图

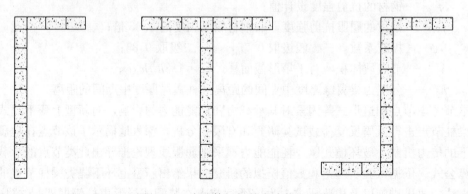

图 3.3-3　多腔体钢板剪力墙截面形式

3.3.2　试验研究

1. 多腔体钢板组合剪力墙稳定性能研究

对 15 个足尺多腔体钢板组合剪力墙长墙和 14 个短墙进行了轴向加载试验。在试验的基础上，采用 ANSYS 有限元软件进行数值模拟。通过与试验数据对比，验证有限元模型，进而对不同参数的多腔体钢板组合剪力墙的轴压性能进行模拟计算，综合试验和有限元分析结果,给出墙体承载力设计方法。

(1) 试验概况

1) 短墙的轴压性能试验设计

共设计并制作了 14 个一字形桁架式多腔体钢板组合剪力墙(短墙)试件,并进行轴向加载试验。通过对比不同桁架竖向间距、钢筋直径及腔体结构形式,以研究试件的轴压受力性能。试件的截面特性见表 3.3-1。

试件的截面特性 表 3.3-1

试件编号	截面类型	板厚 T_w	墙高 H_w	墙宽 L_w	墙厚 B_w	桁架水平间距 S_h	桁架竖向间距 S_v	钢筋直径	数量	备注
ASCW-1	一	4	700	900	150	200	200	6	1	基准试件
ASCW-2	一	4	700	900	150	200	150	6	1	钢筋竖向间距
ASCW-3	一	4	700	900	150	200	250	6	1	钢筋竖向间距
ASCW-4	一	4	700	900	150	200	300	6	1	钢筋竖向间距
ASCW-5	一	4	800	900	150	200	400	6	1	钢筋竖向间距
ASCW-6	一	4	700	900	150	200	200	8	1	钢筋直径
ASCW-7	一	4	700	900	150	200	200	10	1	钢筋直径
BSCW-1	一	4	700	900	150	200	200	6	1	基准试件
BSCW-2	一	4	700	900	150	200	150	6	1	钢筋竖向间距
BSCW-3	一	4	700	900	150	200	250	6	1	钢筋竖向间距
BSCW-4	一	4	700	900	150	200	300	6	1	钢筋竖向间距
BSCW-5	一	4	800	900	150	200	400	6	1	钢筋竖向间距
BSCW-6	一	4	700	900	150	200	200	8	1	钢筋直径
BSCW-7	一	4	700	900	150	200	200	10	1	钢筋直径

注:未注明单位均为 mm。

桁架式多腔体钢板组合剪力墙(短墙)的内部腔体由两种不同结构形式组成,分为 A 类试件和 B 类试件。A 类试件是端部采用方钢管同钢板焊接而成,其构造详图如图 3.3-4 所示;B 类试件是端部未采用钢管,如图 3.3-5 所示。

本次试验在东南大学九龙湖校区土木交通实验楼结构实验大厅进行,采用液压式压力试验机对试件进行加载。试验机最大荷载 10000kN,底座 1500mm×1000mm,总行程可达 8000mm。试验装置如图 3.3-6 所示。

为能够准确、清晰合理地描述试验加载过程中试件破坏现象,特对试件方位做出以下规定,如图 3.3-7 所示。

图中 N 面为测量面,主要用来布置应变片和位移计;S 面为观察面,用以观察试验现象;E 面和 W 面为试件两个侧面。

试验过程中,为能够准确地掌握试件在轴向荷载作用下的力学性能,结合试验目的,确定本次试验的主要量测内容为:①试件竖向位移;②试件平面外位移;③试件中钢板及钢管或槽钢纵向和横向应变;④观察并记录试验现象及试验破坏过程。试件的竖向位移以

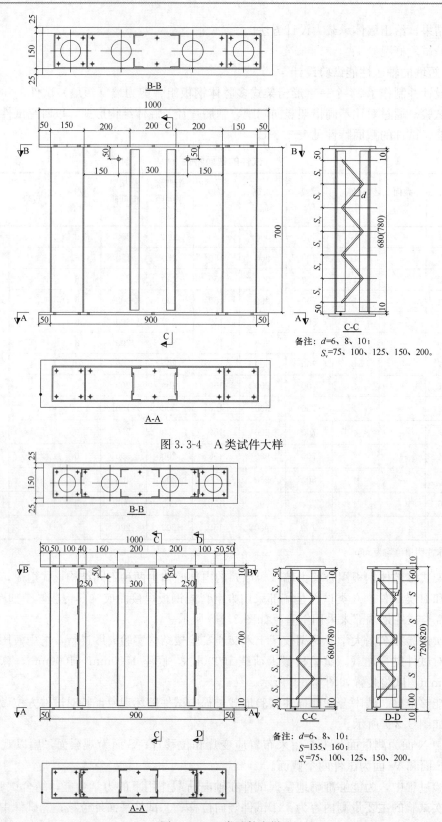

图 3.3-4 A类试件大样

图 3.3-5 B类试件大样

图 3.3-6　试验装置图

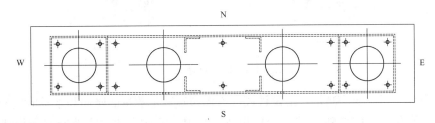

图 3.3-7　试件方位图

及平面外位移均采用位移计测量,其中位移计 V-1、V-2、V-3 用以测量试件竖向位移,余下位移计用以监测试件不同位置处平面外位移。以试件 ASCW-1 为例,其位置布置图如图 3.3-8 所示,其余试件均采用相同的布置方式。

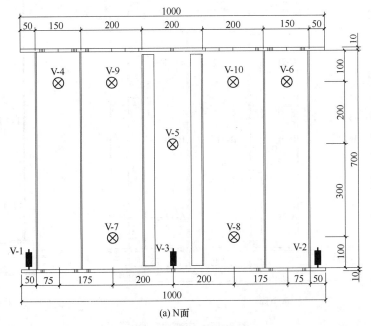

(a) N面

图 3.3-8　位移计布置图（一）

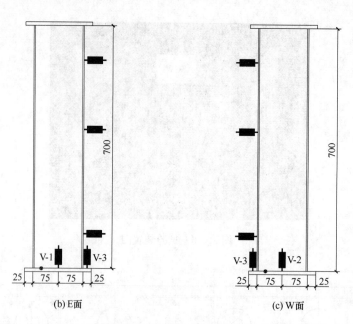

图 3.3-8 位移计布置图（二）

试件应变采用应变片测量，沿试件高度方向布置一定数量的竖向和水平向应变片，以此来监测不同位置处应变随荷载的变化规律。其中，N 面应变片主要布置在桁架之间的钢板上，S 面应变片主要布置在试件的桁架位置处，W 面及 E 面应变片则布置在端柱上。以试件 ASCW-1 为例，其应变片布置如图 3.3-9 所示，其余试件均采用相同的布置方式。

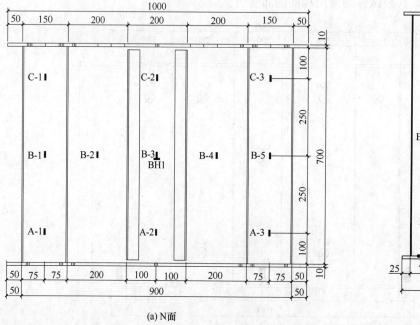
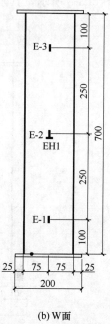

图 3.3-9 应变片布置图

2）长墙的轴压性能试验设计

共设计 12 个多腔体钢板组合剪力墙一字形构件和 3 个多腔体钢板组合剪力墙 T 形构件进行轴向加载试验。通过对比不同高厚比、高宽比、桁架间距和钢板厚度，研究墙体的受力性能。墙体的截面特性见表 3.3-2。多腔体钢板组合剪力墙的端柱均采用方钢管，并通过对接焊缝与两侧钢板相连，桁架采用 40mm×40mm×4mm 的角钢和直径 8mm 的钢筋。墙体构件设计尺寸如图 3.3-10 所示。

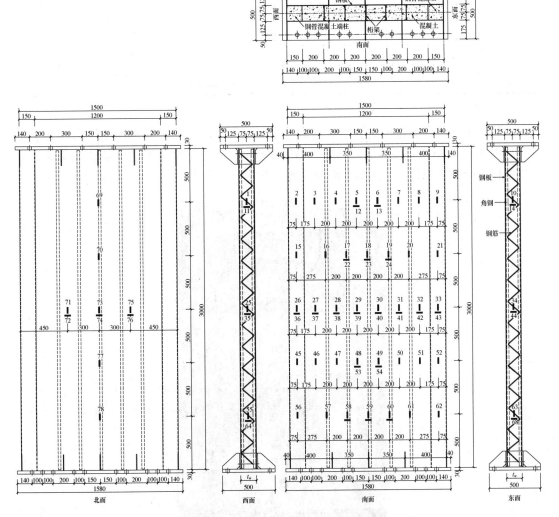

图 3.3-10 稳定性能试验试件设计图

墙体的截面特性 表 3.3-2

试件编号	截面类型	板厚	墙高	墙宽	墙厚	端柱尺寸	桁架间距	数量	备注
SCW-1	一	4	3000	1200	150	150×150×4	200	4	基准试件
SCW-2	一	4	3000	900	150	150×150×4	200	1	高宽比一

续表

试件编号	截面类型	板厚	墙高	墙宽	墙厚	端柱尺寸	桁架间距	数量	备注
SCW-3	一	4	3000	600	150	150×150×4	200	1	高宽比二
SCW-4	一	4	3000	1200	150	150×150×4	300	1	距厚比一
SCW-5	一	4	3000	1200	150	150×150×4	400	1	距厚比二
SCW-6	一	6	3000	1200	150	150×150×6	200	1	板厚一
SCW-7	一	8	3000	1200	150	150×150×8	200	1	板厚二
SCW-8	一	4	3000	1200	180	180×150×4	200	1	高厚比一
SCW-9	一	4	3000	1200	200	200×150×4	200	1	高厚比二
SCWT-1	T	4	3000	1200	150	150×150×4	200	1	基准构件
SCWT-2	T	4	3000	900	150	150×150×4	200	1	高宽比一
SCWT-3	T	4	3000	1200	150	150×150×4	300	1	距厚比一

注：表中未注明单位均为 mm。

所研究的墙体试验在东南大学九龙湖校区结构实验室的 2000t 多功能反力装置上进行，如图 3.3-11 所示，墙体底部通过高强度螺栓与反力装置底梁相连，墙体顶部通过高强度螺栓与分配梁相连，分配梁上部放置两个 1000t 千斤顶。

图 3.3-11 墙体试验方案

(2) 试验过程及试验现象

1) 短墙的轴压性能试验现象及破坏模式

各试件加载过程中试验现象基本相同，在此以基准试件 ASCW-1 作为典型试件重点阐述其试验详细过程，其他试件类似。

试验加载初期，试件处于弹性状态，没有观察到明显现象，当试件加载至 2400kN 时，试件 N 面距顶部 50mm、右侧 250mm 范围内出现轻微鼓曲现象，同时试件 S 面距顶部 50mm、右侧 250mm 范围内同样出现轻微鼓曲现象，如图 3.3-12 所示。

(a) S 面　　　　　　　　　　　　　　　(b) N 面

图 3.3-12　2400kN 试验现象图

当荷载加载至 4400kN 时，试件 N 面距顶部 50mm、右侧 50mm 及 350mm 范围内出现新的鼓曲现象，其他部位鼓曲现象逐渐加重，同时试件 W 面距顶部 50mm 范围内出现轻微鼓曲，如图 3.3-13 所示。当荷载增至 5100kN 时，试件 N 面距顶部 50mm、左侧 100mm 范围内出现新的鼓曲。随着荷载的增加，鼓曲逐渐加重，在加载阶段不再有新的鼓曲现象出现，试件最终极限承载力为 5700kN，此时试件变形如图 3.3-14 所示。

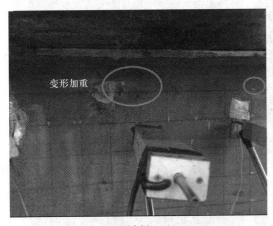 

(a) N 面右侧 30mm　　　　　　　　　　　(b) N 面右侧 350mm

图 3.3-13　4400kN 试验现象图

此后，试件处于卸载阶段，鼓曲变形更加严重，试件 N 面顶部 50mm 范围内 5 个半波鼓曲最终发展贯通，而试件 S 面变形主要集中于卸载阶段，试件中部出现新的半波鼓曲，并沿水平方向逐渐发展贯通，试件最终失去承载能力。最终破坏形态如图 3.3-15 所示。试验结束后，通过对试件进行切割，可以获取在轴向压力作用下内部混凝土破坏形态，如图 3.3-16 所示。

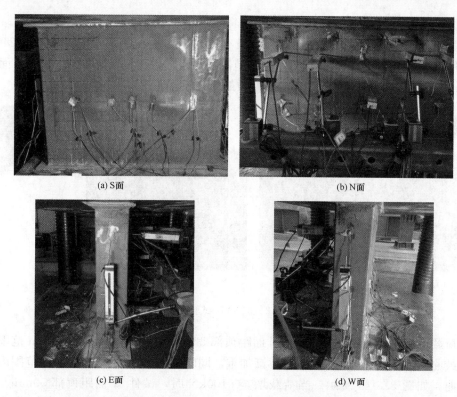

图 3.3-14 极限状态试验现象图

图 3.3-15 试件 ASCW-1 破坏形态图

(a) N面外部破坏形态图　　　　　　　(b) N面内部破坏形态图

图 3.3-16　试件 ASCW-1 内部混凝土破坏形态图

2）长墙的轴压性能试验现象及破坏模式

SCW-1(1) 为第一个基准构件，加载初期没有观察到明显的试验现象，当试件承载至 4000kN 时，试件发出轻微噼啪声，墙体 N 面在距底部 150~1000mm 范围内出现鼓曲，如图 3.3-17(a) 所示。此后加载过程中，轻微噼啪声间隔出现。加载至 5091kN，墙体 S

(a) N面轻微鼓曲　　　　　　　　　　(b) S面严重鼓曲

(c) 整体失稳　　　　　　　　　　　　(d) 试件最终破坏

图 3.3-17　试件 SCW-1（1）试验现象

面在距底部 500~1000mm 范围内也出现轻微鼓曲。加载至 6545kN 时,墙体 N 面底部鼓曲更加明显,同时,鼓曲延伸到墙体中部。随着荷载增加,鼓曲越来越明显。加载至 8000kN 时,墙体出现整体失稳,如图 3.3-17(b) 所示。此时,N 面及 S 面墙体中部以下鼓曲明显,S 面距墙体顶部 150~600mm 范围内出现严重鼓曲,如图 3.3-17(c) 所示。最终破坏形态如图 3.3-17(d) 所示。

试件 SCW-7 的钢板厚度为 8mm,加载过程中无任何肉眼可见试验现象,直至达到极限承载力 13818kN,此时墙体出现整体失稳,如图 3.3-18(a) 所示。S 面距顶部 750mm 高度处出现一排鼓包,如图 3.3-18(b) 所示。

(a) 整体失稳

(b) S面鼓曲

图 3.3-18 试件 SCW-7 试验现象

(3) 试验结果与数据分析

1) 短墙的轴压性能试验结果分析

在轴向加载过程中,试件所受的轴向力可通过试验压力机表盘读出,而其竖向位移则采用位移计采集,最终试件的荷载-位移曲线关系如图 3.3-19 所示。同时,为能够定量地

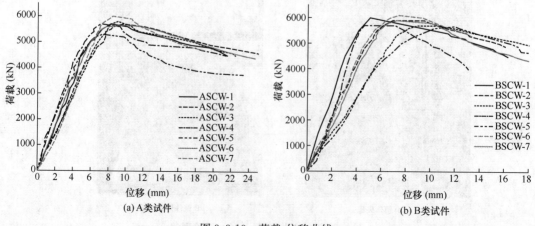

图 3.3-19 荷载-位移曲线

阐述短墙在轴向荷载作用下的力学性能,将试件的主要试验结果列于表 3.3-3 中。

主要试验结果　　　　　　表 3.3-3

试件编号	N_y (kN)	δ_y (mm)	极限承载力		δ_u (mm)	$0.8N_u$ (kN)	δ_m (mm)	轴向刚度	μ	SI
			N_u	γ (%)						
ASCW-1	5535	7.40	5700	—	8.20	4845	18.63	747.97	2.52	1.07
ASCW-2	5431	7.80	5700	0	9.70	4845	20.72	696.28	2.66	1.07
ASCW-3	5708	8.35	5800	1.7	9.00	4930	18.33	683.59	2.20	1.08
ASCW-4	5511	6.29	5700	0	7.10	4845	15.45	876.15	2.46	1.07
ASCW-5	4885	5.62	5300	−7	9.30	4505	12.55	869.22	2.23	0.99
ASCW-6	5628	8.92	5660	−0.7	7.10	4811	19.89	630.94	2.23	1.06
ASCW-7	5900	8.05	6000	5.2	10.70	5100	15.00	732.92	1.86	1.12
BSCW-1	5592	4.29	6000	—	5.05	5100	13.04	1303.5	3.04	1.22
BSCW-2	5560	5.76	5900	−1.7	9.47	5015	15.52	965.28	2.69	1.20
BSCW-3	5636	8.48	5700	−5	10.60	4845	19.11	664.62	2.25	1.16
BSCW-4	5579	4.36	5700	−5	7.09	4845	10.52	1279.6	2.41	1.16
BSCW-5	5278	8.69	5680	−5.3	11.95	4828	17.19	607.37	1.98	1.15
BSCW-6	5656	5.77	6100	1.7	7.40	5300	13.30	980.24	2.31	1.24
BSCW-7	5705	6.27	5900	−1.7	7.24	5015	13.40	909.89	2.14	1.20

表中延性系数 μ 可以用来衡量试件在不显著降低承载力的情况下的塑性变形发展能力,可以由名义最大轴向位移 δ_m 和屈服位移 δ_y 的比值得到,如式(3.3-1)所示。名义最大轴向位移 δ_m 定义为峰后阶段承载力下降到 $0.85N_u$ 时所对应的位移,如图 3.3-20 所示。屈服轴向位移 δ_y 定义为屈服荷载 N_y 所对应的位移。

$$\mu = \frac{\delta_m}{\delta_y} \tag{3.3-1}$$

强度指数 SI 能定量评估组合墙体的承载力利用率,如式(3.3-2)所示。钢板和混凝土的材料强度均取自材性试验。

$$SI = \frac{N_u}{N_{full}} \tag{3.3-2}$$

$$N_{full} = f_y A_s + f'_c A_c \tag{3.3-3}$$

式中　f_y——钢材的屈服强度;
　　　A_s——钢材的截面面积;
　　　f'_c——混凝土的抗压强度;
　　　A_c——混凝土的截面面积。

公式均采用材性试验数据进行计算。

由图 3.3-20 和表 3.3-3 可以看出:

试验加载初期，荷载-位移曲线保持直线变化，试件基本处于线弹性工作状态。对于 A 类试件，由于试件端部采用方钢管作为约束端，故其对试件整体刚度约束较大，因此该类试件轴向刚度相差不大。对于 B 类试件，由于端部未采用钢管作为约束端，其约束效应相对较差，所以 B 类试件轴向刚度表现出较大的离散性。

对比可知，A、B 两类试件的屈服承载力和极限承载力均维持在一定范围，相差不大；随钢筋直径的增大和平面钢筋桁架竖向间距的减小，屈服强度和极限承载力虽有所增大，但均保持在 5% 左右的较小幅度；故可认为钢筋直径、平面钢筋桁架竖向间距以及是否考虑端柱，对短墙试件的极限承载力与屈服强度的影响有限。

从表中可以看出，强度指数位于 0.99~1.24 之间，表明在轴向荷载作用下，由于内部桁架的作用，使得钢板与混凝土之间协同工作能力增强，从而提高了试件的极限承载力。

由于各试件荷载-侧向位移曲线变化趋势基本类似，为节省篇幅，在此以基准试件 ASCW-1 作为典型试件进行分析，其荷载-侧向位移曲线如图 3.3-21 所示。

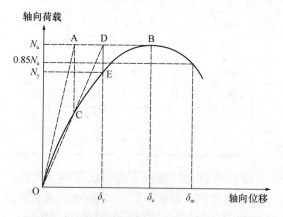

图 3.3-20　屈服位移和名义最大位移确定方法

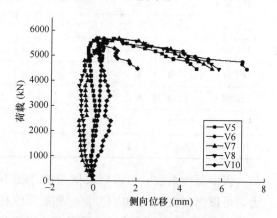

图 3.3-21　荷载-侧向位移曲线

由图 3.3-21 可以看出，在达到峰值荷载前，随着荷载的增加，试件各处侧向位移变化较小，部分位移计出现负值现象，表明在加载过程中，试件出现凹陷。达到峰值荷载后，侧向位移迅速增长，表明试件的变形主要集中于卸载段，同试验现象相对应，同时也表明试件具有较好的延性。

2）长墙的轴压性能试验结果分析

① 荷载-竖向位移曲线

荷载-竖向位移曲线是评价多腔体钢板组合剪力墙结构性能的重要指标，也是进行理论分析的重要依据。对于承受轴向荷载的墙体，轴向荷载数值可以根据油压表读数得到，竖向位移可以根据位移计读数得到，然后就可以绘制相应试件的荷载-竖向位移曲线。

15 个试件的荷载-竖向位移曲线如图 3.3-22 所示。总体而言，在钢板屈曲之前，曲线基本处于线弹性。当钢板开始屈曲时，试件开始进入弹塑性，同时，试件的强度和刚度略微退化。最终试件达到其极限承载力。在峰后阶段，墙体由于整体失稳或者混凝土压碎而导致承载力显著下降，强度和刚度明显退化。

对比试件 SCW-1(2)、SCW-4 和 SCW-5 的曲线可知，试件 SCW-4 和 SCW-5 的极限

承载力比试件 SCW-1(2) 分别降低 18.5% 和 25.9%。考虑到三个试件的截面面积相同，因此桁架间距对墙体的极限承载力有较大影响。

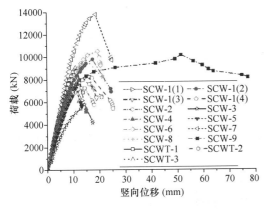

图 3.3-22　荷载-竖向位移曲线

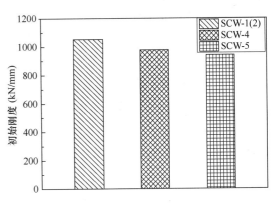

图 3.3-23　初始刚度对比图

三个试件的初始刚度对比如图 3.3-23 所示。试件 SCW-4 和 SCW-5 的初始刚度比试件 SCW-1（2）分别降低 7.3% 和 10.7%。这表明较小的桁架间距对钢板提供了更强的约束，从而增加了外侧钢板和内部混凝土之间的组合作用。

对比试件 SCWT-1、SCWT-2 和 SCWT-3 的曲线可知，高宽比对 T 形墙的承载力有较大影响，试件 SCWT-2 的极限承载力比 SCWT-1 降低了 12.0%；桁架间距对 T 形墙的承载力影响极小，但达到峰值承载力后曲线下降更快，试件的延性更差。

② 屈曲荷载

多腔体钢板组合剪力墙在轴压作用下，两侧的钢板容易在相邻桁架间鼓曲。然而，由于内部混凝土的约束作用，钢板只能以半波的形式向外鼓曲。尽管已经在试件表面布置了大量应变片来监测墙体的应变分布和发展，精确得到墙体的屈曲应变和相应的屈曲荷载仍然十分困难。这是因为在多数情况下，应变片的布置位置不会刚好在屈曲发生的位置。然而，鼓曲处的钢板应变会突然变化，因此，可以根据应变片布置位置处的荷载-应变曲线上的拐点来近似估算墙体的屈曲荷载。图 3.3-24 给出了试件 SCW-1(1) 上部分应变片的局部荷载-应变曲线。曲线的拐点用方框表示在图中。

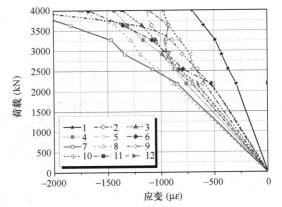

图 3.3-24　SCW-1(1) 局部荷载-应变图

多腔体钢板组合剪力墙中的钢板可以看作由钢桁架支撑的连续板件。板件的长度和宽度为墙高 H 和桁架间距 B。由欧拉公式可知，轴压作用下的组合墙体的临界屈曲承载力可由下式计算。

$$P_{\mathrm{cr,Euler}} = \frac{\pi^2 E_{\mathrm{s}} I}{(kl)^2} \qquad (3.3\text{-}4)$$

式中　k ——有效长度系数；

　　　l ——钢板的等效长度；

　　　I ——钢板的转动惯量 $I = \frac{1}{12}\bar{B}t^3$；

　　　$\bar{B}$ ——桁架间距；

　　　t ——钢板的厚度。

组合剪力墙中桁架间距 $\bar{B}$ 通常小于墙高 H，因此，多腔体钢板组合剪力墙的弹性屈曲应力可由下式计算。

$$\sigma_{\mathrm{cr,Euler}} = \frac{P_{\mathrm{cr,Euler}}}{A} = \frac{\pi^2 E_{\mathrm{s}}}{12k^2 (\bar{B}/t)^2} \qquad (3.3\text{-}5)$$

归一化的屈曲应变 $\varepsilon_{\mathrm{cr}}/\varepsilon_{\mathrm{y}}$ 和归一化的长细比 $\bar{B}/t \times \sqrt{f_{\mathrm{y}}/E_{\mathrm{s}}}$ 之间的关系如图 3.3-25 所示。虚线和实线分别代表采用 $k = 0.7$ 和 $k = 1.0$ 的欧拉公式曲线。由图可见，大部分数据落在两条曲线之间。由基准试件 SCW-1(1)～SCW-1(4) 和试件 SCW-2、SCW-3 的对比可见，试件高宽比越大，数据越靠近 $k = 1.0$ 的欧拉公式曲线。由基准试件和试件 SCW-4、SCW-5 的对比可知，桁架间距越大，桁架对钢板的约束效应越弱，因此桁架间距越大的试件，其数据越接近 $k = 1.0$ 的欧拉公式曲线。而试件 SCW-6 的数据甚至略低于 $k = 1.0$ 的欧拉公式曲线，这说明同样尺寸的桁架对薄钢板的约束效应更好。

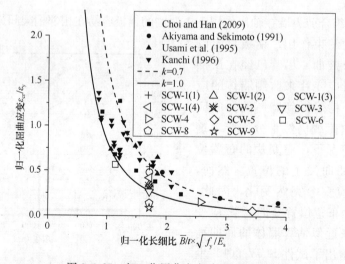

图 3.3-25　归一化屈曲应变-长细比关系图

(4) 墙体承载力设计方法

在实际工程中，为简化起见，可认为墙体中的钢板在受载边与非受载边均为固支，则钢板的屈曲强度为：

$$f_{\mathrm{b}} = \frac{10.311 E \pi^2}{12(1-\nu^2)(b/t)^2} \leqslant f \qquad (3.3\text{-}6)$$

式中 b——板件宽度，可取为 2 倍桁架间距 $2d_s$；

1) 轴心受压构件强度计算

多腔体钢板组合剪力墙轴心受压构件的承载力应满足下式要求：

$$N \leqslant \frac{1}{\gamma}N_u \tag{3.3-7}$$

$$N_u = f_b A_s + f_c A_c \tag{3.3-8}$$

式中 N——轴心压力设计值；

N_u——轴心受压时截面受压承载力设计值；

γ——系数，无地震作用组合时，$\gamma = \gamma_0$，按现行国家标准《建筑结构可靠性设计统一标准》GB 50068—2018 的规定选取，对一般工业与民用建筑的多腔体钢板混凝土组合剪力墙结构的安全等级取二级，设计使用年限取 50 年；有地震作用组合时，$\gamma = \gamma_{RE}$，正截面承载力验算时取 0.8，抗剪承载力验算时取 0.85，当仅计算竖向地震作用时，宜取 1.0。

2) 轴心受压构件稳定计算

轴心受压构件的稳定性应满足下式要求：

$$N \leqslant \frac{1}{\gamma}\varphi N_u \tag{3.3-9}$$

当 $\lambda_0 \leqslant 0.215$ 时：
$$\varphi = 1 - 0.65\lambda_0^2 \tag{3.3-10}$$

当 $\lambda_0 > 0.215$ 时：

$$\varphi = \frac{1}{2\lambda_0^2}\left[(0.965 + 0.300\lambda_0 + \lambda_0^2) - \sqrt{(0.965 + 0.300\lambda_0 + \lambda_0^2)^2 - 4\lambda_0^2}\right] \tag{3.3-11}$$

式中 φ——轴心受压构件的稳定系数；

λ_0——相对长细比，可由式 (3.3-12)～式(3.3-14) 计算。

$$\lambda_0 = \frac{\lambda}{\pi}\sqrt{\frac{f_y}{E_s}} \tag{3.3-12}$$

$$\lambda = \frac{l_0}{r_0} \tag{3.3-13}$$

$$r_0 = \sqrt{\frac{I_s + I_c E_c/E_s}{A_s + A_c f_c/f}} \tag{3.3-14}$$

式中 f_y——钢材的屈服强度，对 Q235 钢 $f_y = 235\text{N/mm}^2$，对 Q345 钢 $f_y = 345\text{N/mm}^2$，对 Q390 钢 $f_y = 390\text{N/mm}^2$，对 Q420 钢 $f_y = 420\text{N/mm}^2$；

λ——轴心受压构件在所计算方向上的长细比；

l_0——轴心受压构件在所计算方向上的计算长度，为该方向上支承点之间的距离，一般取所在楼层的层高；

r_0——轴心受压构件在所计算方向上的截面当量回转半径；

I_s——组合构件中，外围钢板在所计算方向上对组合构件形心轴的惯性矩；

I_c——组合构件中，除外围钢板以外的内部区域在所计算方向上对组合构件形心轴的惯性矩；

A_c——组合构件中，除外围钢管板以外的内部区域的截面面积；

E_c——混凝土的弹性模量。

3) 压弯构件强度计算

弯矩作用在一个主平面内的一字形多腔体钢板组合剪力墙压弯墙肢及 L 形、T 形等截面的多腔体钢板组合剪力墙压弯墙肢，其承载力应满足下式要求：

$$\frac{N}{N_u} + (1-\alpha_c)\frac{M_x}{M_{ux}} \leqslant \frac{1}{\gamma} \tag{3.3-15}$$

同时应满足下式的要求：

$$\frac{M_x}{M_{ux}} \leqslant \frac{1}{\gamma} \tag{3.3-16}$$

$$M_{ux} = 0.8[0.5A_{sn}(h-2t-d_n) + bt(t+d_n)]f \tag{3.3-17}$$

$$d_n = \frac{A_s - 2bt}{(b-2t)\dfrac{f_c}{f} + 4t} \tag{3.3-18}$$

$$\alpha_c = \frac{f_c A_c}{f A_s + f_c A_c} \tag{3.3-19}$$

式中 M_x ——弯矩设计值；

α_c ——混凝土工作承担系数；

M_{ux} ——只有弯矩作用时净截面的受弯承载力设计值；

f ——钢材抗弯强度设计值；

b ——墙肢截面的厚度；

h ——墙肢截面的长度；

t ——多腔体钢板混凝土剪力墙的钢板厚度；

d_n ——沿墙肢平面内方向，多腔体内混凝土受压区高度。

4) 压弯构件稳定验算

弯矩作用在一个主平面内的一字形多腔体钢板组合剪力墙压弯墙肢及 L 形、T 形等截面的多腔体钢板组合剪力墙压弯墙肢，其弯矩作用平面内的稳定性应满足下式要求：

$$\frac{N}{\varphi_x N_u} + (1-\alpha_c)\frac{M_x}{\left(1-0.8\dfrac{N}{N'_{Ex}}\right)M_{ux}} \leqslant \frac{1}{\gamma} \tag{3.3-20}$$

并应满足下式要求：

$$\frac{M}{\left(1-0.8\dfrac{N}{N'_{Ex}}\right)M_u} \leqslant \frac{1}{\gamma} \tag{3.3-21}$$

其中：

$$N'_{Ex} = \frac{N_{Ex}}{1.1} \tag{3.3-22}$$

$$N_{Ex} = N_u \frac{\pi^2 E_s}{\lambda_x^2 f} \tag{3.3-23}$$

式中 φ_x ——墙肢平面内的轴心受压稳定系数；

λ_x ——墙肢平面内的长细比；

N_{Ex} ——欧拉临界力。

弯矩作用在一个主平面内的一字形多腔体钢板组合剪力墙压弯墙肢，其弯矩作用平面外的稳定性应满足下式要求：

$$\frac{N}{\varphi_y N_u} + \frac{\beta M_x}{1.4 M_{ux}} \leq \frac{1}{\gamma} \tag{3.3-24}$$

式中 φ_y ——墙肢平面外的轴心受压稳定系数。

5) 其他

多腔体钢板组合剪力墙墙体的承载力、屈曲荷载、轴向刚度和延性随着桁架间距的增大而降低，为保证桁架的约束效果，提高钢板的局部稳定，基于试验和有限元分析结果，建议实际工程中墙体的桁架间距满足 $d_s/t \leq 60\sqrt{235/f_y}$。

钢板厚度增大会延缓钢板屈曲，提高屈曲荷载和轴向刚度，此外厚钢板的应变分布更均匀，且能使更多轴向荷载被混凝土承担，对墙体的整体性能有利，建议实际工程中钢板厚度不宜小于 4mm。

2. 多腔体钢板组合剪力墙抗震性能研究

(1) 试验设计

试验设计了 7 个一字形多腔体钢板组合剪力墙试件和 3 个 T 字形多腔体钢板组合剪力墙足尺试件，研究的影响因素为剪跨比、轴压比、距厚比和截面形式，试件钢材采用 Q235B，混凝土强度等级为 C25，试件的主要设计参数和截面示意分别如表 3.3-4 和图 3.3-26 所示。

主要试验结果　　　　　　　　　　　　　　　　表 3.3-4

试件编号	截面类型	板厚	墙高(mm)	墙宽(mm)	墙厚(mm)	柱宽(mm)	桁架间距	轴压比 n	考察参数
SCW-1	一	4	3000	1200	150	150	200	0.4	轴压比 1
SCW-2	一	4	3000	900	150	150	200	0.6	剪跨比 1
SCW-3	一	4	3000	600	150	150	200	0.6	剪跨比 2
SCW-4	一	4	3000	1200	150	150	200	0.5	轴压比 2
SCW-5	一	4	3000	1200	150	150	200	0.6	基准试件
SCW-6	一	4	3000	1200	150	150	300	0.6	桁架间距 1
SCW-7	一	4	3000	1200	150	150	400	0.6	桁架间距 2
SCWT-1	T	4	3000	1200	150	150	200	0.5	T 形 1（翼墙）
SCWT-2	T	4	3000	900	150	150	200	0.5	T 形 2（翼墙）
SCWT-3	T	4	3000	1200	150	150	200	0.5	T 形 3（翼墙）

注：未标明单位均为 mm。

本试验采用东南大学土木工程学院结构实验室 2000t 多功能反力架及水平力加载装置进行加载，该套装置可实现竖向加载 20000kN，水平加载 3000kN。试验装置如图 3.3-27 所示。

(2) 试验结果及分析

1) 试验现象

各一字形试件的试验现象基本一致，典型的试验现象以试件 SCW-4 为例，试件 SCW-4 考察参数为轴压比，设计轴压比为 0.5，设计剪跨比为 2.0，设计距厚比为 50（角钢-钢筋桁架间距为 200mm）。

在施加竖向荷载及施加水平位移至 10mm（水平位移角 $\theta=1/300$）阶段，未观察到明

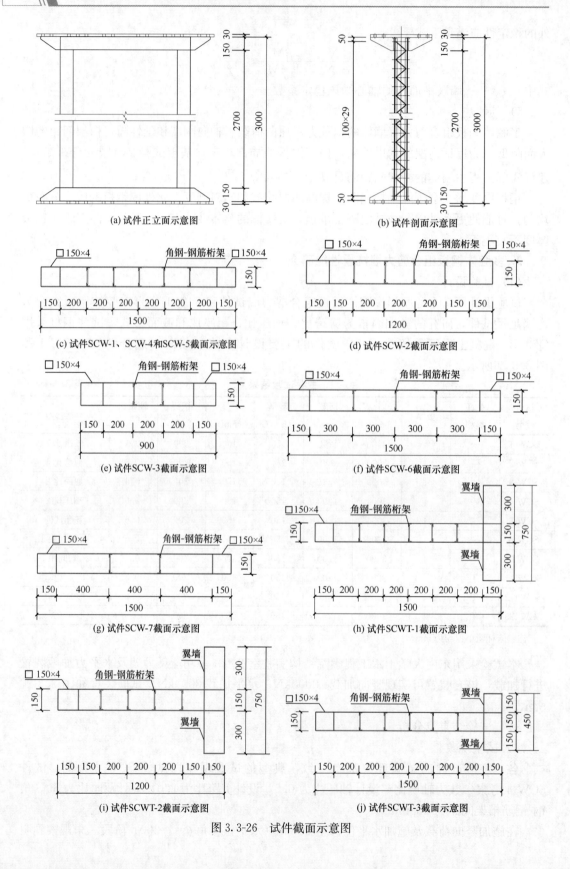

图 3.3-26 试件截面示意图

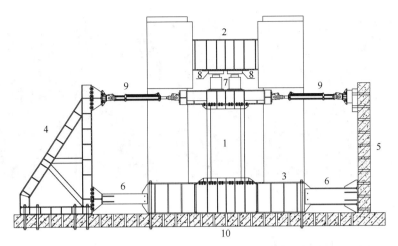

1—试件；2—顶梁；3—地梁；4—MTS支架；5—反力墙；6—反力梁；7—千斤顶；
8—滑动支座；9—作动器；10—反力地坪。

(a) 加载装置示意图

(b) 加载装置实景

图 3.3-27 试验加载装置

显的试验现象；加载至水平位移 20mm（水平位移角 $\theta=2/300$）时，两侧端柱底部均出现轻微鼓曲，加载过程中墙体钢板与混凝土之间的粘结界面因发生破坏而伴随有明显连续的劈裂声；加载至水平位移 30mm（水平位移角 $\theta=3/300$）时，两侧墙板底部出现斜向鼓曲，端柱角部贴板焊脚位置出现细微裂纹；此后随着水平位移的加大，端柱和墙板的鼓曲逐渐加大，墙板的鼓曲数目逐渐变多，裂纹逐渐开展；加载至水平位移 40mm（水平位移角 $\theta=4/300$）时水平力达到峰值 1257kN；加载至 60mm（水平位移角 $\theta=6/300$）时端柱和墙板的鼓曲变形已十分严重，导致端柱角部出现严重的竖向撕裂，水平力降至 1032.3kN，为峰值荷载的 82%，试件 SCW-4 加载停止。试件 SCW-4 的最终破坏形态如图 3.3-28 所示。

各 T 形试件的试验现象基本一致，典型的试验现象以试件 SCWT-1 为例，试件 SCWT-1 的设计剪跨比为 2.0，设计轴压比为 0.5，设计距厚比为 50（角钢-钢筋桁架间距为

(a) 墙板和柱壁鼓曲　　　　　　　　(b) 端柱底部撕裂

图 3.3-28　试件 SCW-4 最终破坏形态

200mm），单侧翼墙宽度为 300mm。

加载至水平位移 20mm（水平位移角 $\theta=2/300$）时，右侧墙板和端柱底部出现明显鼓曲，加载过程中伴随有明显连续的劈裂声；加载至水平位移 30mm（水平位移角 $\theta=3/300$）时，左侧端柱和翼墙出现明显鼓曲，右侧端柱角部贴板焊脚位置出现细微裂纹；加载至水平位移 40mm（水平位移角 $\theta=4/300$）时水平力达到峰值 1937.8kN；加载至 60mm（水平位移角 $\theta=6/300$）时端柱和墙板的鼓曲变形已十分严重，右侧端柱的角部撕裂贯通，不适宜继续加载，水平力降至 1715kN，为峰值荷载的 89%，试件 SCWT-1 加载停止。试件 SCWT-1 的最终破坏形态如图 3.3-29 所示。

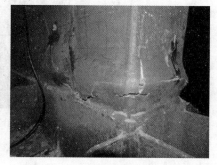

(a) 墙板和柱壁鼓曲　　　　　　　　(b) 端柱底部撕裂

图 3.3-29　试件 SCWT-1 最终破坏形态

2）破坏过程分析

通过对 SCW-1～SCW-7 这 7 个一字形试件的试验现象进行归纳总结，各试件加载受力至破坏的发展过程可分为三个阶段：

① 弹性阶段

此阶段各试件未发生明显的鼓曲和钢板撕裂，混凝土未发生明显的压碎现象，钢板和混凝土之间的粘结未发生破坏，试件的顶点水平位移-荷载曲线基本呈线性发展，此阶段试件的水平位移角 θ 一般小于 2/300。

② 塑性屈服阶段

当试件的水平位移角 θ 达到 2/300 后，在试件的两侧开始出现鼓曲和钢板撕裂现象，钢板和混凝土之间的粘结也逐渐破坏，随着水平位移的增大，鼓曲从墙体两侧逐渐向中部发展，钢板撕裂也逐渐扩展，混凝土逐渐被压碎，试件刚度不断降低，直至水平荷载达到峰值，此时试件的水平位移角 θ 约在 4/300～5/300 之间。

③ 破坏退化阶段

水平荷载达到峰值后，钢板屈服和混凝土压碎的范围基本达到极限，承载力开始下降，混凝土逐渐退出工作，持续增大的水平位移使得钢板撕裂迅速开展，直至贯通或发生严重撕裂，墙体丧失承载力。

对于T形试件 SCWT-1～SCWT-3，各试件的受力破坏全过程与一字形试件基本一致，同样可分为弹性、屈服强化以及破坏三个阶段，不同的是T形试件由于单侧翼墙的存在形成试件两侧强度和刚度不对称，导致试件的屈服和钢板撕裂始于无翼墙侧，随水平位移的增大有翼墙侧才逐渐发生撕裂，最终无翼墙侧的端柱钢板发生十分严重的撕裂致使承载力迅速下降，试件破坏，此时有翼墙侧墙体并未完全丧失承载力，仍可继续承受一定荷载。

3）水平荷载-位移骨架曲线

各试件的水平荷载-位移（P-Δ）骨架曲线如图 3.3-30 所示。由图 3.3-30 可知，各试件的水平荷载-位移骨架曲线基本成"S"形，各一字形试件的骨架曲线关于原点基本对称，T形试件水平荷载沿负向（无翼墙侧向有翼墙侧）作用时峰值荷载和破坏荷载较大；试件的受力过程经历了弹性受力、塑性屈服和退化破坏三个阶段，当水平位移角小于 2/300 时，各试件骨架曲线基本为一上升直线，处于弹性阶段，当水平位移角超过 2/300

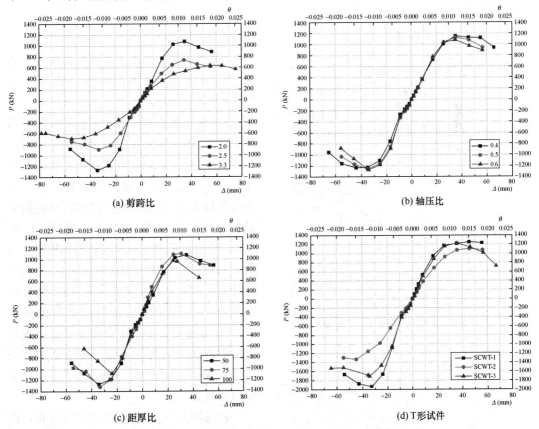

图 3.3-30 部分代表试件 P-Δ 骨架曲线对比

后,骨架曲线开始逐渐出现弯折,进入塑性屈服阶段,直至位移角为 4/300~5/300 时水平荷载达到峰值,随后骨架曲线开始下降,进入退化破坏阶段,破坏时的水平位移角约为 6/300~7/300。

对各试件 P-Δ 骨架曲线的对比分析如图 3.3-30 所示,可以看出:

对于试件 SCW-5、SCW-2 和 SCW-3,三个试件的剪跨比依次为 2.0、2.5 和 3.3,随着剪跨比的增大试件骨架曲线弹性段刚度逐渐降低,峰值荷载也逐渐降低,破坏阶段荷载下降越平缓,表明剪跨比对试件受力破坏全过程中的承载力、刚度及延性都有明显的影响。

对于试件 SCW-1、SCW-4 和 SCW-5,三个试件的轴压比依次为 0.4、0.5 和 0.6,弹性阶段轴压比对试件的影响不大,塑性屈服阶段随着轴压比的增大,试件达到水平荷载峰值时的水平位移角逐渐降低,破坏阶段轴压比越大荷载的降低越迅速,破坏时的位移角也越小,表明轴压比对试件弹性和塑性屈服阶段的承载力影响相对较小,对试件的延性和退化影响较大,轴压比越大,试件的延性越低,退化越严重。

对于试件 SCW-5、SCW-6 和 SCW-7,距厚比依次为 50、75 和 100,弹性阶段三个试件的骨架曲线基本一致,塑性屈服和退化破坏阶段,距厚比为 50 和 75 的两个试件骨架曲线比较接近,距厚比为 75 时试件的水平荷载峰值略大,距厚比为 100 时试件的水平荷载峰值及对应的水平位移角最小,破坏阶段荷载的退化最剧烈,破坏时的位移角也最小,表明距厚比小于 75 时试件具有较高的承载力和延性,距厚比超过 100 时试件的承载力和延性都会显著降低。

(3) 压弯承载力计算公式

1) 压弯承载力计算公式定义

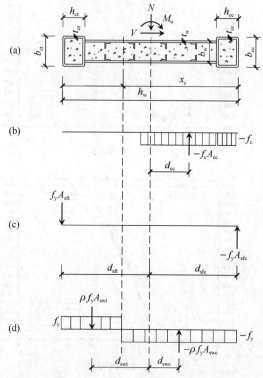

图 3.3-31 压弯荷载作用下的截面应力分布

多腔体混凝土组合钢板剪力墙在压弯荷载作用下的受弯承载力计算做如下假定:

① 组合剪力墙在受力过程的各个阶段,沿截面高度应变分布始终保持线性,即符合平截面假定;② 混凝土受拉即退出工作,不考虑其对承载力的贡献;③ 混凝土受压应力-应变关系均按照现行《混凝土结构设计规范》GB 50010—2010(2015 年版)[4]确定,不考虑矩形钢管内混凝土的约束效应;④ 钢材采用全截面塑性方法进行计算,同时考虑剪力对钢板轴向强度的降低作用;⑤ 不考虑钢板局部屈曲的影响;⑥ 考虑到上下层组合剪力墙进行现场连接时内部的角钢-钢筋桁架和钢管端柱的内侧翼缘板不便连接,因此这部分组件不参与计算。

根据图 3.3-31 所示截面应力分布,由竖向力平衡可得:

$$N = f_c A_{cc} + f_y A_{sfc} + \rho f_y A_{swc} - f_y A_{sft} - \rho f_y A_{swt} \quad (3.3\text{-}25)$$

定义受压区混凝土面积为：

$$A_{cc} = \beta x_c (b_w - 2t_w) \quad (3.3\text{-}26)$$

将式（3.3-26）及组合剪力墙各构件具体尺寸代入式（3.3-25），可得：

$$\begin{aligned} N = & f_c \beta x_c (b_w - 2t_w) + f_y t_{cc}(b_{cc} - 2t_{cc}) + 2\rho f_y [t_w(x_c - h_{cc}) + t_{cc} h_{cc}] \\ & - f_y t_{ct}(b_{ct} - 2t_{ct}) - 2\rho f_y [t_w(h_w - x_c - h_{ct}) + t_{ct} h_{ct}] \end{aligned} \quad (3.3\text{-}27)$$

即可根据下式确定塑性中和轴高度：

$$x_c = \frac{\begin{bmatrix} N - f_y t_{cc}(b_{cc} - 2t_{cc}) - 2\rho f_y h_{cc}(t_{cc} - t_w) \\ + f_y t_{ct}(b_{ct} - 2t_{ct}) + 2\rho f_y(t_w h_w - t_w h_{ct} + t_{ct} h_{ct}) \end{bmatrix}}{\beta f_c (b_w - 2t_w) + 4\rho f_y t_w} \quad (3.3\text{-}28)$$

对组合剪力墙截面中心取距，可得截面受弯承载力：

$$M_{u,N} = f_c A_{cc} d_{cc} + f_y A_{sfc} d_{sfc} + \rho f_y A_{swc} d_{swc} + f_y A_{sft} d_{sft} + \rho f_y A_{swt} d_{swt} \quad (3.3\text{-}29)$$

将 A_{cc} 及组合剪力墙各组件具体尺寸代入式（3.3-29），可得：

$$\begin{aligned} M_{u,N} = & f_c \beta x_c (b_w - 2t_w) d_{cc} + f_y t_{cc}(b_{cc} - 2t_{cc}) d_{sfc} + 2\rho f_y [t_w(x_c - h_{cc}) + t_{cc} h_{cc}] d_{swc} \\ & + f_y t_{ct}(b_{ct} - 2t_{ct}) d_{sft} + 2\rho f_y [t_w(h_w - x_c - h_{ct}) + t_{ct} h_{ct}] d_{swt} \end{aligned} \quad (3.3\text{-}30)$$

截面弯矩设计值应符合下式规定：

$$M \leqslant M_{u,N} \quad (3.3\text{-}31)$$

$$\rho = \begin{cases} 1 & (V/V_u \leqslant 0.5) \\ 1 - (2V/V_u - 1)^2 & (V/V_u \leqslant 0.5) \end{cases} \quad (3.3\text{-}32)$$

式中　N——剪力墙的轴压力设计值（N）；

M——剪力墙的弯矩设计值（N·mm）；

V——钢板剪力墙的剪力设计值（N）；

$M_{u,N}$——组合钢板剪力墙在轴压力作用下的受弯承载力（N·mm）；

V_u——组合钢板剪力墙抗剪承载力（N）；

f_c——混凝土的轴心抗压强度设计值（N/mm²）；

f_y——钢材的屈服强度（N/mm²）；

A_{cc}——受压混凝土面积（mm²）；

A_{sfc}——垂直于剪力墙受力平面的受压钢板面积（mm²）；

A_{sft}——垂直于剪力墙受力平面的受拉钢板面积（mm²）；

A_{swc}——平行于剪力墙受力平面的受压钢板面积（mm²）；

A_{swt}——平行于剪力墙受力平面的受拉钢板面积（mm²）；

d_{cc}——受压混凝土的合力作用点到剪力墙截面形心的距离（mm）；

d_{sfc}——垂直于剪力墙受力平面的受压钢板合力作用点到截面形心的距离（mm）；

d_{sft}——垂直于剪力墙受力平面的受拉钢板合力作用点到截面形心的距离（mm）；

d_{swc}——平行于剪力墙受力平面的受压钢板合力作用点到截面形心的距离（mm）；

d_{swt}——平行于剪力墙受力平面的受拉钢板合力作用点到截面形心的距离（mm）；

ρ——考虑剪应力影响的钢板强度折减系数。

2）压弯承载力计算公式验证

按抗弯承载力计算公式计算试验中部分一字形试件的极限荷载，并考虑 $P\text{-}\Delta$ 效应，按式（3.3-33）计算水平承载力极限值，计算时材料强度均采用实测值，计算值与试验结果对比如表 3.3-5 所示。

$$V_u^c = \frac{M_{u,N}^c - N\Delta^c}{H} \qquad (3.3\text{-}33)$$

主要试验结果　　　　　　　　　　　表 3.3-5

试件编号	V_u^t (kN)	V_u^c (kN)	V_u^t/V_u^c
SCW-1	1191.3	779.0	0.65
SCW-2	817.3	604.4	0.74
SCW-4	1190.7	854.6	0.72
SCW-5	1174.6	902.1	0.77
SCW-6	1201.5	907.2	0.76
SCW-7	1025.9	911.7	0.89
平均值			0.75
标准差			0.07

（4）抗剪承载力计算公式

1）钢板墙体抗剪承载力

《钢板剪力墙技术规程》JGJ/T380—2015[5] 根据 Von Mises 屈服准则，取纯剪切状态下的墙体钢板切应力，采用全截面塑性屈服方法建立了墙体钢板组件的抗剪承载力计算公式：

$$V_s = \tau_s A_s = \frac{f_y}{\sqrt{3}} A_s = 0.6 f_y A_s \qquad (3.3\text{-}34)$$

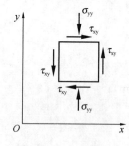

图 3.3-32　墙体钢板应力元

通常情况下剪力墙在受剪的同时也会受到轴压力和弯矩作用，对墙体钢板应力元而言，截面弯矩静力等效为法向应力（即竖向应力）的主距，因此墙体钢板应力元实际处于竖向应力和剪应力的共同作用状态。采用图 3.3-32 所示墙体钢板应力元分析其受力状态，进而建立墙体钢板组件的承载力计算公式。

根据 Von Mises 屈服准则，当剪力墙屈服时，钢墙板上的应力满足：

$$\sigma_{yy}^2 + \sigma_{yy}^2 + 0 + 6\tau_{xy}^2 = 2f_y^2 \qquad (3.3\text{-}35)$$

可得：

$$\tau_{xy} = \frac{\sqrt{f_y^2 - \sigma_{yy}^2}}{\sqrt{3}} \qquad (3.3\text{-}36)$$

其中：

$$\sigma_{yy} = \sigma_{Ny} + \sigma_{My} \qquad (3.3\text{-}37)$$

式中　f_y——墙体钢板屈服强度设计值；

　　　σ_{Ny}——轴压力作用下墙板截面产生的正应力；

　　　σ_{My}——弯矩作用下墙板截面产生的正应力（图 3.3-33）。

通过墙体钢板和混凝土的截面换算将墙体转换为均质材料，采用材料力学截面内力计算公式可得 σ_{Ny} 和 σ_{My} 的表达式：

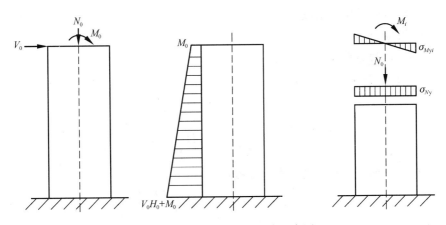

图 3.3-33 剪力墙受力状态示意图

$$\sigma_{Ny} = \frac{N}{A_0} = \frac{N}{A_c + \alpha_E A_s} \tag{3.3-38}$$

$$\sigma_{My} = \frac{M}{I_0}x = \frac{V_0 H_0 + M_0}{I_0}x \tag{3.3-39}$$

式中 H_0——组合剪力墙墙体高度；

A_0——墙体换算截面面积；

A_c——混凝土墙体截面面积；

A_s——墙体钢板截面面积；

α_E——截面换算系数，$\alpha_E = E_s/E_c$。

根据《钢板剪力墙技术规程》JGJ/T 380—2015 规定，钢板混凝土组合剪力墙的轴压比按下式计算：

$$n = \frac{N}{f_c A_c + f_y A_s} = \frac{N}{f_c(A_c + \alpha_E A_s)} \tag{3.3-40}$$

将 n 代入式（3.3-38）可得：

$$\sigma_{Ny} = \frac{N}{A_c + \alpha_E A_s} = n f_c \tag{3.3-41}$$

对于 σ_{My}，不考虑受拉侧混凝土墙体抗拉贡献，按图 3.3-34 计算截面换算惯性矩 I_0：

$$I_0 = \frac{b_c x_c^3}{12} + \frac{b_c x_c^3}{2} + \frac{b_{s0} x_c^3}{12} + \frac{b_{s0} x_c^3}{2} + \frac{b_{s0}(h_0 - x_c)^3}{12} + \frac{b_{s0}(h_0 - x_c)^3}{2}$$

$$= \frac{7}{12}[b_c x_c^3 + b_{s0} x_c^3 + b_{s0}(h_0 - x_c)^3] \tag{3.3-42}$$

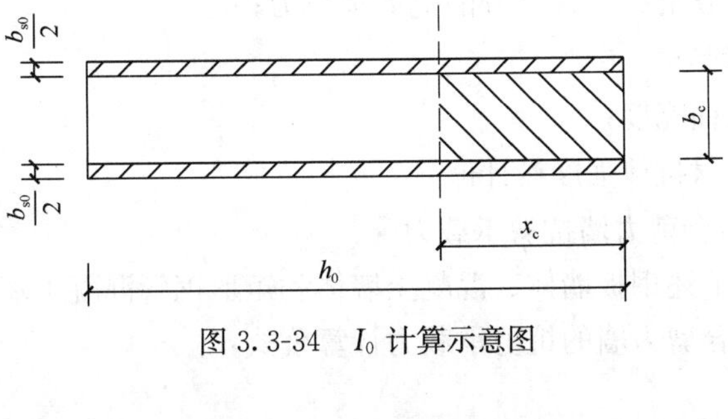

图 3.3-34 I_0 计算示意图

式中 x_c——混凝土受压区高度；

b_c——混凝土墙体宽度；

h_0——换算截面高度；

b_{s0}——墙体钢板换算截面宽度，$b_{s0}=\alpha_E A_s/h_0$。

$$\sigma_{yy} = \sigma_{Ny} \pm \sigma_{My} = \begin{cases} nf_c + \dfrac{V_0 H_0 + M_0}{I_0} x_c \\ nf_c - \dfrac{V_0 H_0 + M_0}{I_0} (h_0 - x_c) \end{cases} \quad (3.3\text{-}43)$$

此处，偏安全地取绝对值较大者，即取：

$$\sigma_{yy} = \sigma_{Ny} - \sigma_{My} = nf_c - \frac{V_0 H_0 + M_0}{I_0}(h_0 - x_c) \quad (3.3\text{-}44)$$

联立式 (3.3-34)、式 (3.3-36) 和式 (3.3-44) 可得：

$$V_s = \frac{\sqrt{f_y^2 - \sigma_{yy}^2}}{\sqrt{3}} A_s = \frac{A_s}{\sqrt{3}} \left\{ f_y^2 - \left[nf_c - \frac{V_0 H_0 + M_0}{I_0}(h_0 - x_c) \right]^2 \right\}^{\frac{1}{2}} \quad (3.3\text{-}45)$$

2) 混凝土墙体抗剪承载力

《混凝土结构设计规范》GB 50010—2010（2015年版）指出：轴向压力能阻滞斜裂缝的出现和开展，增加了混凝土减压区高度，对构件的受剪承载力起有利作用。参照《混凝土结构设计规范》GB 50010—2010（2015年版），采用下列公式计算多腔体钢板组合剪力墙混凝土墙体组件的抗剪承载力：

$$V_c = \frac{1}{\lambda_1 - 0.5}(0.5 f_t b_c h_{c0} + 0.13N) \quad (3.3\text{-}46)$$

式中 N——与剪力设计值 V 相应的轴向压力设计值；

b_c——混凝土墙体截面宽度；

h_{c0}——混凝土截面有效高度；

λ_1——计算截面的剪跨比，取为 $M/(Vh_{c0})$，当 $\lambda_1<1.5$ 时取 $\lambda_1=1.5$，当 $\lambda_1>2.2$ 时取 $\lambda_1=2.2$。

3) 矩形钢管混凝土柱抗剪承载力

根据组合剪力墙工作机理有限元分析结果，对于钢管混凝土端柱，主要由受压侧钢管腹板柱壁参与抵抗水平力，核心混凝土柱对抵抗水平力的贡献不明显，因此，参照《矩形钢管混凝土结构技术规程》CECS 159—2004，假定剪力全部由与剪力同方向的钢管管壁承受，规定矩形钢管混凝土柱的抗剪承载力公式为：

$$V_{sc} = 2t_c(b_c - 2t_c)f_v \quad (3.3\text{-}47)$$

式中 V_{sc}——矩形钢管混凝土柱部分的抗剪承载力；

t_c——钢管壁厚；

b_c——钢管截面宽度；

f_v——钢管钢材抗剪强度设计值。

4) 多腔体钢板组合剪力墙抗剪承载力

采用叠加法，由上述钢板墙体、混凝土墙体和矩形钢管混凝土端柱抗剪承载力计算公式可得多腔体钢板组合剪力墙的抗剪承载力计算公式：

$$V = V_{\text{s}} + V_{\text{c}} + V_{\text{sc}} = \frac{1}{\sqrt{3}} f_y A_s + \frac{1}{\lambda_1 - 0.5}(0.5 f_t b_{\text{cc}} h_{\text{c0}} + 0.13N) + 2t_{\text{sc}}(h_{\text{sc}} - 2t_{\text{sc}}) f_v$$

(3.3-48)

(5) 设计方法

《钢板剪力墙技术规程》JGJ/T 380—2015 对采用栓钉、T形加劲肋、缀板、对拉螺栓以及混合连接方式的双钢板混凝土组合剪力墙的设计方法进行了较详细的介绍，将在试验研究成果的基础上，结合现行《建筑抗震设计规范》GB 50011—2010（2016 年版）、《混凝土结构设计规范》GB 50010—2010（2015 年版）、《钢结构设计标准》GB 50017—2017[6]、《钢板剪力墙技术规程》JGJ/T 380—2015、《高层民用建筑钢结构技术规程》JGJ 99—2015、《矩形钢管混凝土结构技术规程》CECS 159—2004 等相关规范标准，提出适用于新型多腔体钢板组合剪力墙的设计方法。

1) 一般规定

① 多、高层民用建筑可采用多腔体钢板组合剪力墙结构、框架-多腔体钢板组合剪力墙结构、框架-多腔体钢板混凝土核心筒结构，也可采用由多腔体钢板组合剪力墙组成的混合结构。

② 多、高层民用建筑多腔体钢板混凝土组合结构应有明确的竖向及水平力传递路径，其平面和竖向布置及规则性要求，应符合国家现行标准《建筑抗震设计规范》GB 50011—2010（2016 年版）、《高层建筑混凝土结构技术规程》JGJ 3—2010[7] 和《高层民用建筑钢结构技术规程》JGJ 99—2015 的相关规定。

③ 多腔体钢板组合剪力墙及其组成的结构的最大适用高度应按照《高层民用建筑钢结构技术规程》JGJ 99—2015 表 3.2.2 中的相关规定选取。

④ 多腔体钢板组合剪力墙及其组成的结构的最大高宽比应按照《高层民用建筑钢结构技术规程》JGJ 99—2015 表 3.2.3 中的相关规定选取。

⑤ 高轴压比下组合剪力墙的延性较差且退化现象比较严重，因此建议多腔体组合剪力墙的设计轴压比不应超过《钢板剪力墙技术规程》JGJ/T 380—2015 表 7.2.4 的相关规定。

⑥ 在水平荷载作用下，多腔体钢板组合剪力墙的弹性层间位移角限值取为 1/350，弹塑性层间位移角限值取为 1/80。

⑦ 多腔体组合剪力墙具有较高的等效黏滞阻尼系数，耗能能力较强，因此在进行抗震计算时，多腔体组合剪力墙结构的阻尼比可采用《建筑抗震设计规范》GB 50011—2010（2016 年版）第 8.2.2 节的相关规定。

⑧ 高层建筑多腔体钢板组合结构宜设置地下室，上部多腔体钢板混凝土剪力墙应至少延伸至计算嵌固端以下一层。

⑨ 根据 T 形剪力墙与一字形剪力墙试验对比结果，建议高层建筑多腔体钢板混凝土组合结构宜采用带翼墙的截面形式，平面布置时组合剪力墙应双向布置，可将两个方向的组合剪力墙布置成 L 形、T 形、I 形和 [形等形式。

2) 构造要求

① 根据试验破坏结果，为避免多腔体钢板组合剪力墙底部钢板过早鼓曲和撕裂，组合剪力墙单侧钢板的厚度不宜小于 4mm。

② 根据试验分析结果，当距厚比不超过 75 时组合剪力墙仍具有较高的承载力、延性

和耗能能力，同时，考虑到桁架间距过大会减弱桁架对钢板的约束，从而导致钢板的过早局部屈曲，因此参照《钢板剪力墙技术规程》JGJ/T 380—2015 第7.1.5条规定，建议多腔体钢板组合剪力墙的距厚比限值取为：

$$s_{ri}/t_{sw} \leqslant 60\varepsilon_k \tag{3.3-49}$$

$$\varepsilon_k = \sqrt{235/f_y} \tag{3.3-50}$$

式中　　s_{ri}——角钢-钢筋桁架间距；

t_{sw}——组合剪力墙单侧钢板厚度。

③ 根据试验破坏现象，水平力作用下多腔体钢板组合剪力墙底部钢板鼓曲较严重，建议采用外贴钢板等方式对底部钢板进行加强，且角钢-钢筋桁架与钢板底部连接时应采用连续焊缝。

④ 根据试验破坏现象，水平力作用下多腔体钢板组合剪力墙底部钢板与端柱连接处易出现撕裂现象，建议钢板与端柱连接时采用内衬板进行焊接。

(6) 其他

1) 中高剪跨比（$2 \leqslant \lambda \leqslant 3.3$）的多腔体钢板组合剪力墙主要发生以端部混凝土压碎和钢板拉裂为主的压弯破坏；在水平荷载作用下，建议多腔体钢板组合剪力墙的弹性层间位移角限值取为1/350，弹塑性层间位移角限值取为1/80。

2) 多腔体钢板组合剪力墙的水平荷载-滞回曲线饱满，没有明显的捏缩现象，具有较好的滞回性能；剪跨比对试件的滞回性能有较大影响，剪跨比越小试件的滞回曲线越饱满；轴压比对试件的滞回性能的影响不大；距厚比不超过75时其对墙体滞回性能的影响有限。

3) 多腔体钢板组合剪力墙的水平荷载-位移骨架曲线发展与受力破坏全过程三阶段基本一致；剪跨比对墙体的承载力和刚度均有较大影响，剪跨比越大，墙体的弹性段刚度、峰值荷载越小，破坏阶段刚度和强度的退化越平缓；轴压比对破坏退化阶段刚度的影响较大，轴压比越大刚度退化越严重，建议轴压比不大于0.6；距厚比不超过75时其对墙体承载力和刚度的影响不大。

3. 多腔体钢板组合剪力墙节点研究

针对四种构造的多腔体钢板组合剪力墙墙梁节点进行拟静力试验，在试验的基础上，采用有限元分析软件ANSYS进行数值模拟，通过与试验数据进行对比，验证有限元模型的正确性，通过参数化分析，给出节点构造措施；综合试验和有限元分析结果，给出墙梁节点设计方法。

(1) 试验设计

共设计4个不同构造形式的外肋板型节点试件，墙体均采用多腔体钢板组合剪力墙，梁采用H型钢梁。墙体钢板及钢梁均采用Q235B钢材，混凝土选用C25。试件参数如表3.3-6所示。

主要试验结果　　　　表3.3-6

编号	墙高(mm)	墙宽(mm)	墙厚(mm)	梁截面尺寸(mm)	轴压比	备注
QL-1	3000	1500	150	H400×150×8×12	0.2	标准节点
QL-2	3000	1500	150	H400×150×8×12	0.2	加盖板
QL-3	3000	1500	150	H400×150×8×12	0.2	加立板
QL-4	3000	1500	150	H400×150×8×12	0.2	贯通外肋板

4个节点试件的墙体均为多腔体钢板-混凝土组合剪力墙，墙体尺寸为3000mm×1500mm×150mm，钢板厚度为4mm，墙体由两侧端柱外加两边钢板焊接组成，中间由钢筋桁架将中部墙体分为多腔，钢筋桁架间距为200mm，内填充C25混凝土组成多腔体钢板-混凝土组合剪力墙。钢梁均为焊接H形梁，截面尺寸为H400mm×150mm×8mm×12mm。

试件QL-1为标准节点试件，H型钢梁全焊接于墙体端柱上，并外贴四块竖向外肋板；QL-2在QL-1的基础上在钢梁上下翼缘加焊盖板，盖板与柱翼缘的对接焊缝采用"大坡口焊"形式；QL-3基于加强节点域的考虑，在梁宽中间插入一块12mm厚的立板，立板与端柱采用对接焊缝，与钢梁翼缘和腹板分别采用角焊缝和对接焊缝连接；试件QL-4用一块整板代替QL-1的两块竖向外肋板；试件两端各有一块端板，所有试件墙体钢板厚度只有4mm，为了方便墙体钢板与端板的焊接，在试件两端贴上高150mm、厚8mm的通长加劲板，并沿四周布置加劲肋。节点试件的详细尺寸和构造如图3.3-35所示。

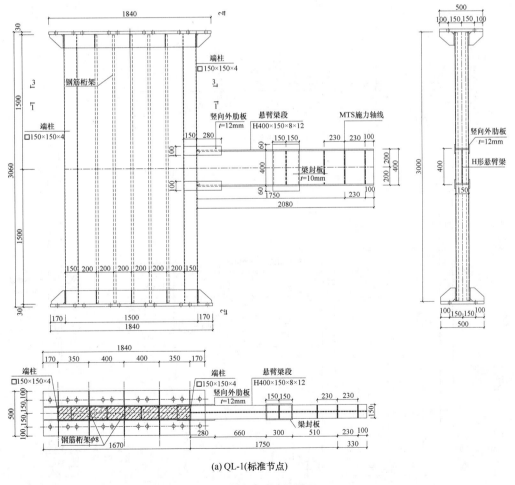

(a) QL-1(标准节点)

图3.3-35 节点试件大样图（一）

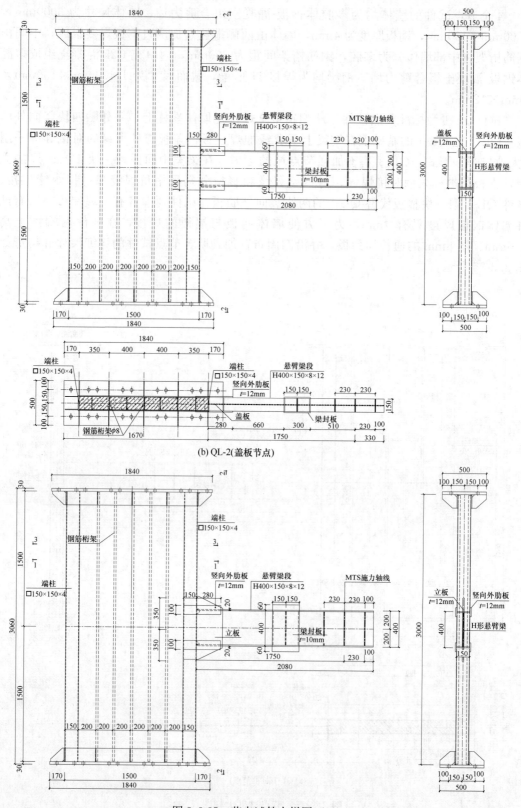

图 3.3-35 节点试件大样图（二）

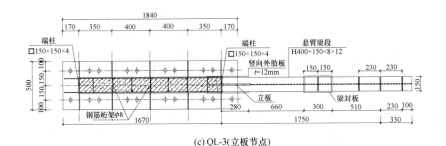

(c) QL-3(立板节点)

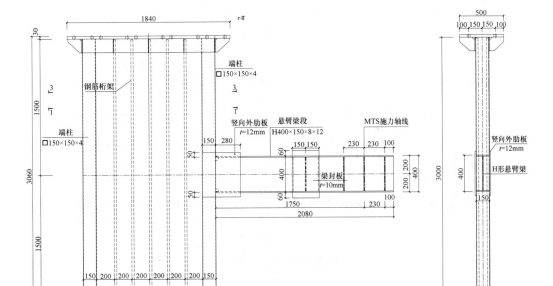

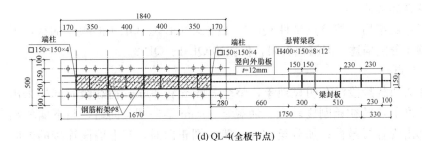

(d) QL-4(全板节点)

图 3.3-35　节点试件大样图（三）（单位：mm）

在试件设计的过程中，考虑试件端部截面受力均匀，在试件上、下端各设 20mm 厚盖板和底板，盖板和底板平面尺寸为 1840mm×500mm，底板上设置 20 个直径 33mm 的孔洞。其中一个盖板还另设了 4 个直径 90mm 的浇筑孔以及 12 个直径 10mm 的通气孔，方便混凝土浇筑和振捣。端板大样见图 3.3-36。

利用 MTS 液压伺服作动器对梁端施加低周反复荷载，作动器的量程为 50t，作动器

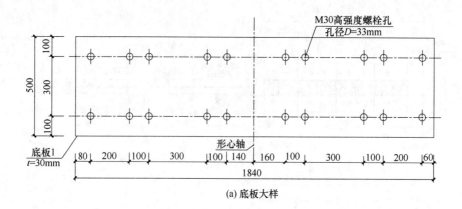

(a) 底板大样

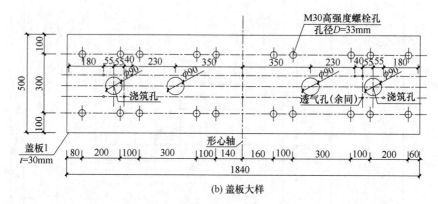

(b) 盖板大样

图 3.3-36 端板大样图

的行程是±250mm。节点试验装置如图 3.3-37 所示,试验时将钢板剪力墙横卧,在上墙体端部采用两个 100t 千斤顶给柱施加轴向力,构件上端设置刚性分配梁,将千斤顶的轴压力均匀传递到多腔体钢板剪力墙;试验正式加载前进行预加载,以±5mm 位移循环加载三次,以消除装置间隙。

(2) 加载过程及破坏特征

各项试验准备工作就绪后,按节点试件 QL-1、QL-2、QL-3、QL-4 的顺序加载,下面依照试验的加载顺序分别描述。因篇幅有限,仅叙述 QL-1、QL-2。

1) QL-1(标准节点)

标准节点试件在力加载阶段没有明显现象,整个 30mm 和 40mm 荷载级时同样未出现显著现象,说明标准节点的初始刚度较大。加载至 50mm 第一圈负向时,与下墙段相连的外肋板端部下部出现轻微鼓曲;加载至 50mm 第一圈正向时,与上墙段连接的外肋板端部下部出现轻微鼓曲,此时上部对应位置的鼓包回复平整,如图 3.3-38(a) 所示;加载至 60mm 第一圈正向时,墙体翼缘板出现轻微鼓曲,一端凸出一端凹陷,两端相差约 2mm;加载至 60mm 第二圈正向时,外肋板端部的上翼缘出现局部轻微鼓曲,内侧油漆剥落,如图 3.3-38(b) 所示;在 60mm 第二圈正向回零时,发出"嗒嗒"的响声,推断声音由滑轮与钢梁的摩擦引起;加载至 60mm 第三圈负向时,上翼缘沿油漆剥落方向撕裂(裂缝长约 3~5cm),下翼缘出现轻微鼓曲;加载至 70mm 第一圈负向时,上翼缘裂缝发展至梁宽的一半,如图 3.3-38(c) 所示;加载至 70mm 第一圈正向时,靠近上翼缘的腹

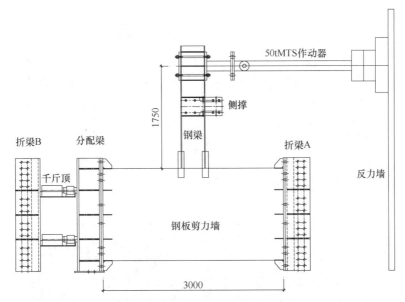

(a) 节点试验装置示意图

(b) 节点装置实物图

图 3.3-37 节点试验装置图

板部分出现鼓曲；加载至 70mm 第二圈负向时，下翼缘距裂缝位置 2cm 上部出现压曲，腹板下部出现鼓曲，上翼缘裂缝扩展至腹板，如图 3.3-38（c）所示；加载至 70mm 第二圈正向时，下翼缘裂缝进一步扩大（裂缝长约 5cm），屈曲更加明显；加载至 70mm 第三圈负向时，上翼缘撕裂严重，此时承载力小于峰值荷载的 85%，停止加载。

2) QL-2（盖板节点）

试件 QL-2 在力控制阶段未出现明显现象，加载至 30mm 时同样未出现明显现象；在 40mm 第一圈负向时，上部外肋板与墙体连接的最外侧竖向围焊焊缝周围的油漆出现起皮现象，40mm 第一圈正向时，下部外肋板与墙体连接的最外侧竖向围焊焊缝周围的油漆也

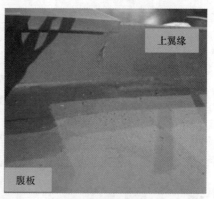

(a) 外肋板下部出现轻微鼓曲　　　　(b) 上翼缘油漆剥落

(c) 翼缘撕裂并扩展至腹板

图 3.3-38　QL-1 试验现象

出现起皮；加载至 40mm 第三圈负向时，上部外肋板与钢梁交接端部起弧点裂开，加载至 50mm 级时，外肋板与钢梁交接的焊缝起弧点裂缝增大，上下外肋板与墙壁围焊的端部出现轻微鼓包；加载至 60mm 级时，外肋板端部的墙壁鼓包交替出现，负向加载时下部鼓包，如图 3.3-39(a) 所示，正向加载时上部鼓包，同时在该级第二圈正向回零时，断续发出嗒嗒的响声，观察梁向支撑滑轮扭转，扶正后继续加载；加载至 70mm 第一圈负向时，靠近外肋板端部的钢梁上翼缘轻微撕开，三面围焊周围油漆剥落明显，上翼缘与墙壁连接两侧焊缝轻微撕开，如图 3.3-39(b) 所示；加载至 70mm 第一圈正向时，墙体与上翼缘对接处墙板鼓包，上翼缘出现轻微鼓曲，下翼缘边缘出现裂缝；加载至 70mm 第二圈正向时，梁与墙壁两侧裂缝进一步开展，靠近外肋板端部的下翼缘出现裂缝，上翼缘压曲明显形成塑性铰，如图 3.3-39(c) 所示；加载至 70mm 第三圈负向时，发出"咚"的响声，承载力下降明显，小于最高承载力 85%，观察发现上翼缘撕开至梁宽一半，腹

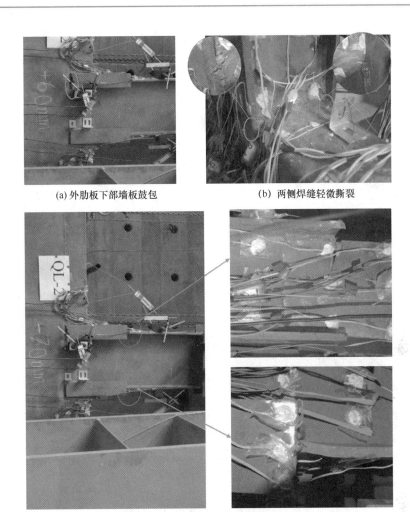

(a) 外肋板下部墙板鼓包　　(b) 两侧焊缝轻微撕裂

(c) 上翼缘撕裂，下翼缘鼓曲

图 3.3-39　QL-2 试验现象

板出现屈曲，停止加载。

(3) 试验结果与数据分析

1) 滞回曲线

滞回曲线包围的面积具有能量量纲，可以很好地反映节点试件的地震耗能性能。图 3.3-40 给出了四个节点的试验滞回曲线。从图中可以看出，各个试件的滞回曲线都较为饱满稳定，整体都呈梭形，无捏拢现象，表明四种节点构造形式均具有较好的能量耗散性能。

试件 QL-1 的滞回曲线在加载前期（力控制）阶段呈明显的线性，荷载随位移增大一直增加，加载至 60mm 级第一圈时仍处于上升阶段，峰值荷载达 299.26kN；从 60mm 的第二圈开始，承载力在该循环内出现了略微下降；加载至 70mm 级，承载力下降明显，观察试验现象，此时上翼缘出现轻微鼓曲，下翼缘边缘出现裂缝；在 70mm 第三圈正向时，承载力已下降至峰值荷载的 85%，此时上翼缘裂缝撕开至梁宽一半，刚度退化明显。

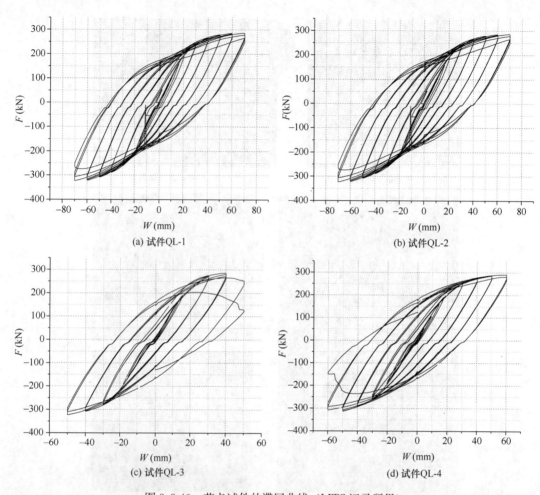

图 3.3-40 节点试件的滞回曲线（MTS 记录所得）

试件 QL-2 的滞回曲线在力控制阶段与 QL-1 类似呈明显的线性，构件无明显现象；与 QL-1 不同的是该试件在 70mm 级第一圈负向时还处于上升阶段，峰值荷载达 322.52kN；从 70mm 的第二圈开始，承载力在该循环内出现了略微下降；加载至 70mm 第三圈负向时，承载力下降显著，观察试验现象，此时翼缘裂缝撕开至梁宽一半，腹板出现屈曲。

从试件 QL-3 的滞回曲线可以看出，立板节点只加载至 50mm 级，变形能力显著小于标准节点和盖板节点（QL-1、QL-2），峰值荷载为 322.98kN，明显高于标准节点。加载至 50mm 第二圈正向时，滞回曲线下坠明显，此时梁的下翼缘和腹板均被撕开，刚度退化明显。

试件 QL-4 的滞回曲线在加载前期（力控制）阶段呈明显的线性，正向加载时均未出现明显的下降，峰值荷载达 313.34kN；从 60mm 的第一圈开始，承载力在该循环内出现了略微下降；加载至该循环第三圈负向时，承载力下降明显，滞回曲线上飘明显，此时荷载值远小于峰值荷载的 85%，观察试验现象，此时上翼缘裂缝贯通全部撕开，并扩展到腹板形成 T 形裂缝，加载停止。

2) 骨架曲线

选取滞回曲线中每一级荷载的第一圈循环的顶点数据绘制成的包络线称为骨架曲线。骨架曲线不仅反映出试件在拟静力加载过程中试件的刚度、强度退化、承载力等抗震性能指标，还可以直观得出各试件的极限荷载、极限位移等。四个试件的骨架曲线见图 3.3-41，骨架曲线集合结果见图 3.3-42。

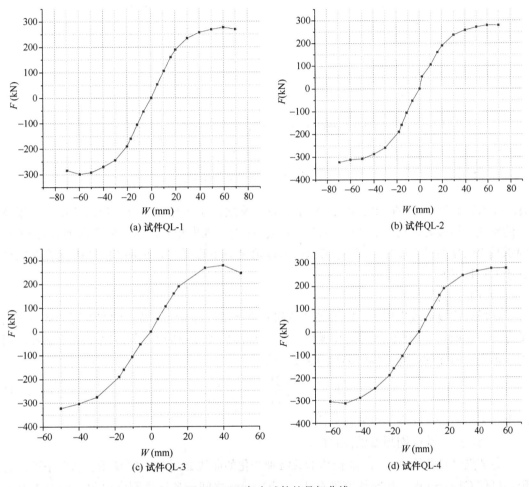

图 3.3-41 各个试件的骨架曲线

从图 3.3-41 可以看出，加载初期各试件的梁端位移随荷载的变化均呈线性关系，且各试件的斜率差别不大；进入塑性阶段后，荷载随位移的变化表现出非线性特征，刚度逐渐下降，经过峰值荷载后，刚度、强度退化明显；各试件的骨架曲线形态关于原点基本符合中心对称，表明四种节点构造形式均具有较好的抗震稳定性。

从图 3.3-42 中可以看出，QL-3 的承载力略高于 QL-2，显著高于 QL-1 和 QL-4，但只加载至 50mm 便发生破坏，说明延性明显小于其他三个试件，原因为立板与钢梁翼缘的角焊缝及与腹板的对接焊缝过早地出现裂纹，直接导致后期焊缝撕裂破坏，因此，在工程实际中采用 QL-3 类型节点构造时，应严格保证立板与钢梁翼缘的角焊缝以及与钢梁腹板的全熔透焊缝质量；QL-4 加载至 60mm 便宣告破坏，延性略差于 QL-1 和 QL-2，但

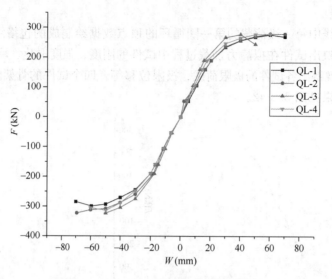

图 3.3-42　各个试件的骨架曲线集合图

QL-1、QL-2 和 QL-4 在峰值荷载之后下降较为平缓，说明标准节点、盖板节点和全板节点的延性性能较好；正向加载时，QL-2 和 QL-1 的承载力相差不大，但负向加载时 QL-2 的承载力明显高于 QL-1，同时达到承载力峰值之后下降平稳，说明 QL-2 的抗震性能略高于 QL-1。

3) 刚度退化

在低周往复荷载作用下，随着加载位移和循环圈数的增大，节点的刚度逐渐减小的现象称为刚度退化。《建筑抗震试验规程》JGJ/T 101—2015 给出了割线刚度的表达式，用以表征刚度退化的程度，具体的计算公式如下：

$$K_m = \frac{|+P_m| + |-P_m|}{|+\Delta_m| + |-\Delta_m|} \tag{3.3-51}$$

式中　P_m——第 m 圈顶点处荷载值；

　　　Δ_m——第 m 圈顶点处位移值。

各节点试件割线刚度 K_m 随位移加载级别变化的曲线如图 3.3-43 所示。从图中可以发现，试件 QL-1~QL-4 的割线刚度在 4~12kN/mm 之间。各试件刚度退化趋势总体上一致：屈服之前刚度均处于一个较高的水平，大于 9kN/mm；一倍屈服位移之后，试件刚度退化明显，分析主要原因为此时节点已进入塑性发展阶段，梁翼缘屈服及部分腹板屈服导致截面抗弯刚度降低所致；前期各试件的刚度差别明显，而加载至后期刚度差异明显缩小，说明屈服后节点的刚度主要取决于梁的刚度。同时不难发现，QL-3（立板节点）的初始刚度明显高于其他三个试件，表明该构造可显著加强节点核心区，但后期的刚度退化速度明显加快，加载至 50mm 时已与其他三个试件的刚度无异，分析原因为加载后期立板与钢梁翼缘和腹板的焊缝均撕开所致。

4) 其他

① 盖板节点 (QL-2) 的破坏一部分来自墙体端柱翼缘的撕裂，分析原因为增加的盖板全熔透焊缝给单薄的壁板引入过多的焊接残余应力，因此对于钢板厚为 4mm 的墙体不

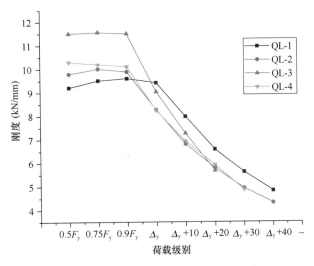

图 3.3-43　各个试件的刚度退化曲线

建议使用盖板构造形式；如果梁端传来的荷载过高而必须使用盖板节点时，须考虑加强节点域壁厚，建议壁厚不小于 1/2 盖板厚度。

② 通过对钢梁翼缘上的应变分布进行分析，发现靠近墙体处应力水平较低，而外肋板端部处应变值较大，更远处应变回复至较小值，表明塑性铰出现在外肋板末端。观察钢梁腹板沿钢梁纵向的应变分布规律，表明屈服前整体符合平截面假定，后期加载过程中除中性轴外，其他测点均达到屈服，因此在工程设计中可以考虑腹板对钢梁截面抗弯承载力的贡献。

③ 对竖向外肋板的应变分布进行观察发现，在钢板剪力墙与钢梁交接处容易形成应力集中，因此在节点制作时应特别注意三面围焊在墙端处以及钢梁翼缘与竖向外肋板的角焊缝端部的焊缝质量。

④ 试验所得的 4 个节点的滞回曲线均为饱满的梭形曲线，无捏缩现象，说明该新型节点具有较好的地震耗能能力。节点的骨架曲线基本关于原点成旋转对称，同时不难发现负向的峰值荷载值稍大于正向峰值荷载值，即负向加载的塑性应变强化引起正向加载塑性应变软化，包辛格效应明显，结合节点最终破坏都是"上翼缘撕裂更明显"，因此包辛格效应在构件层面的体现为上下翼缘的性能发展不对称。

⑤ 试验结果表明，节点构造的初始刚度越高，其延性越差；初始刚度较高时，相同变形下承受的荷载越高，对结构的损伤也就越大，而 4 个节点最终破坏均发生在梁上，即节点的破坏取决于梁的破坏；当梁的极限承载力相同时，节点刚度越大，延性越差。因此工程设计中，当采用弹性设计时，宜选用初始刚度较大的 QL-3（立板节点）和 QL-4（全板节点）；当采用弹塑性设计时，宜选用延性较好的 QL-1（标准节点）和 QL-2（盖板节点）。

(4) 墙体与钢梁连接节点设计

1) 强墙弱梁验算

钢梁与多腔体钢板组合剪力墙的连接可以采用标准外肋板式节点、外肋板加盖板节点、外肋板加立板节点和贯通外肋板式节点。节点设计前，应参考《建筑抗震设计规范》

GB 50011—2010（2016 年版）和《高层民用建筑钢结构技术规程》JGJ 99—2015，按式（3.3-52）进行"强墙弱梁"验算：

$$\sum W_{pw}(f_{yw} - N/A_w) \geqslant \sum (\eta f_{yb} W_{pb} + V_{bp}s) \tag{3.3-52}$$

式中 W_{pw}、W_{pb}——分别为交汇于节点的墙体钢腔和梁的塑性截面模量；
f_{yw}、f_{yb}——分别为墙和梁的钢材屈服强度；
N——地震组合的墙体轴力；
A_w——墙体钢腔的截面面积；
η——强墙系数，一级取 1.15，二级取 1.10，三级取 1.05；
V_{bp}——梁塑性铰剪力；
s——塑性铰至墙面的距离，塑性铰位置可取外肋板伸出长度。

2）节点设计方法

钢梁与多腔体钢板组合剪力墙的连接节点，应保证连接的屈服抗弯承载力不小于构件的屈服抗弯承载力；应保证连接的极限抗弯承载力不小于构件的全塑性抗弯承载力。

进行节点设计时，弯矩由竖向外肋板承担，并按轴向受力构件验算；剪力由腹板角焊缝承担。参考《矩形钢管混凝土结构技术规程》CECS 159—2004。

① 当采用构件承载力设计值验算连接的承载力设计值时：

$$N_e = M_e/h_b \tag{3.3-53}$$

式中 N_e——钢梁达到屈服弯矩设计值时，竖向外肋板的轴力；
M_e——钢梁屈服弯矩设计值；
h_b——钢梁上下翼缘中心的距离。

竖向外肋板与钢梁翼缘的角焊缝的承载力设计值不小于由式（3.3-53）得到的 N_e，竖向外肋板与多腔体钢板组合剪力墙的角焊缝承载力设计值不小于由式（3.3-53）得到的 N_e，钢梁腹板与剪力墙之间角焊缝的承载力设计值不小于梁端剪力设计值 V。

② 当按构件屈服承载力验算连接的极限承载力时：

$$N_{ep} = \eta_j M_p/h_b \tag{3.3-54}$$

式中 N_{ep}——钢梁达到全塑性弯矩设计值时，竖向外肋板的轴力；
η_j——梁端连接系数，Q235 钢材取 1.40，Q345 钢材取 1.35。

竖向外肋板与钢梁翼缘的角焊缝的承载力设计值不小于由式（3.3-54）得到的 N_{ep}，竖向外肋板与多腔体钢板组合剪力墙的角焊缝承载力设计值不小于由式（3.3-54）得到的 N_{ep}，钢梁腹板与剪力墙之间角焊缝的承载力设计值不小于梁端剪力设计值 V。

4. 多腔体钢板组合剪力墙抗火性能研究

对多腔体钢板组合剪力墙开展抗火性能试验，在火灾试验的基础上，采用 ANSYS 有限元软件进行数值模拟。通过与试验数据对比，验证有限元模型，进而对不同参数的多腔体钢板组合剪力墙的耐火极限进行大量计算，得到耐火极限的主要影响因素，并提出防火保护设计方法。

（1）试验设计

试验在东南大学九龙湖校区土木实验室的"水平抗火试验炉"进行。水平抗火试验炉的设备主要包括三个部分：炉体、反力架和数据采集控制系统。本试验需要的其他辅助设备有：400t 液压千斤顶、油泵、拉线式位移计，3t 手拉葫芦，10t 行车。

水平抗火试验炉整体外观与内部构造分别如图 3.3-44、图 3.3-45 所示，水平抗火试验炉炉腔内共设置了 8 个喷火口，通过燃烧天然气进行升温。在每个喷火口附近都布置有热电偶，采用陶瓷管保护，用于实时监测试验炉内的温度。

图 3.3-44 水平炉整体外观

图 3.3-45 水平炉内部构造

水平抗火试验炉的数据采集控制系统主要包括温度采集控制系统和位移采集系统。温度采集控制系统记录炉腔内的 8 个热电偶和安装在试件上热电偶的温度变化。位移采集系统主要记录试验过程中试件的变形发展情况，并为试验结束条件提供依据。本试验通过千斤顶施加轴力，试验之前在压力机上标定油压表，试验过程中保持油压表读数不变。

拟对 6 片多腔体钢板组合剪力墙进行轴压作用下的单面受火试验，研究不同钢板厚度、桁架间距、轴压比以及防火保护层对耐火极限的影响，混凝土强度等级为 C25，钢材为 Q235B。

试件参数如表 3.3-7 所示。

主要试验结果　　表 3.3-7

试件编号	墙高 (mm)	墙宽 (mm)	端柱宽 (mm)	墙厚 (mm)	板厚 t_w (mm)	桁架间距 b (mm)	轴压比 n	防火涂料厚度 (mm)
SCW-1	3000	1200	150	150	4	200	0.5	无
SCW-2	3000	1200	150	150	4	200	0.3	无
SCW-3	3000	1200	150	150	4	300	0.5	无
SCW-4	3000	1200	150	150	6	200	0.5	无
SCW-5	3000	1200	150	150	4	200	0.5	20
SCW-6	3000	1200	150	150	4	200	0.5	25

试件共分四组，其中第一组由 SCW-1、SCW-2 组成，用于考察轴压比对多腔体钢板组合剪力墙抗火性能的影响；第二组由 SCW-1、SCW-3 组成，用于考察桁架间距对多腔体钢板组合剪力墙抗火性能的影响；第三组由 SCW-1、SCW-4 组成，用于考察板厚对多腔体钢板组合剪力墙抗火性能的影响；第四组由 SCW-1、SCW-5、SCW-6 组成，用于考察防火涂料厚度对多腔体钢板组合剪力墙抗火性能的影响。

墙体钢板最小厚度为 4mm，为了方便墙体钢板与盖板的焊接，在试件两端贴上高

150mm、厚 8mm 的通长加劲板，并沿四周布置加劲肋。试件的详细尺寸如图 3.3-46 所示。

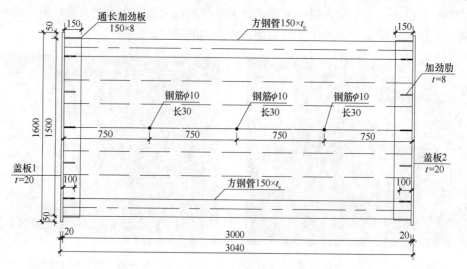

图 3.3-46 试件详细尺寸图

本次试验选取两种轴压比设计值：0.3 和 0.5，轴压比设计值根据下式计算：

$$n_c = \frac{N_c}{f_c A_c + f_y A_s} = \frac{1.25 N_k}{\dfrac{f_{ck}}{1.4} A_c + \dfrac{f_{yk}}{1.1} A_s} \tag{3.3-55}$$

式中　N_k——轴压力试验值；

　　　f_{ck}——混凝土轴心抗压强度标准值；

　　　f_{yk}——钢材的屈服强度标准值；

　　　A_c——混凝土的横截面面积；

　　　A_s——钢材的横截面面积。

1.25、1.4、1.1 分别为轴压力、混凝土轴心抗压强度以及钢材屈服强度的分项系数。根据上式计算每个试件的轴压力试验值，即需要施加的荷载，如表 3.3-8 所示。

主要试验结果　　　　表 3.3-8

试件编号	板厚 t_w (mm)	桁架间距 b (mm)	轴压比 n	防火涂料厚度 (mm)	施加荷载 (kN)
SCW-1	4	200	0.5	无	2791
SCW-2	4	200	0.3	无	1675
SCW-3	4	300	0.5	无	2671
SCW-4	6	200	0.5	无	3290
SCW-5	4	200	0.5	20	2791
SCW-6	4	200	0.5	25	2791

在试件表面布置 A、B、C、D、E 共 5 个温度测点，如图 3.3-47(a) 所示，每个测点再沿截面布置 5 个点，如图 3.3-47(b) 所示，每个温度测点在混凝土浇筑前预埋直径 54mm 的圆钢管，待混凝土凝结硬化后，抽出钢管，放置热电偶预埋件，用水泥砂浆密封

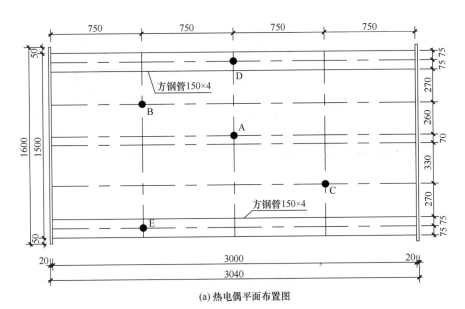

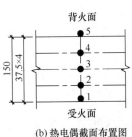

(a) 热电偶平面布置图

(b) 热电偶截面布置图

图 3.3-47　热电偶布置图

空隙，再焊上钢片，将热电偶导线从钢片中间的小孔中穿出。

本次试验采用自行设计的反力架装置，将试件固定在水平抗火试验炉上方，实现单面受火，并同时对构件施加轴压力。试验装置主要由三部分组成：反力架钢梁、加载梁以及千斤顶。

（2）试验结果及分析

因篇幅有限，仅介绍两个试件。

1）SCW-1

试验升温 5min 左右，试件背火面有蒸汽冒出，并开始有水流出，随后蒸汽和水越来越多。经观察，蒸汽和水是从背火面钢板开的透气孔以及热电偶埋置处空隙中冒出的。此现象其余各试件均有。升温 15min 左右，因试件受热膨胀，油压表读数变大，第一次操作油泵进行回油。升温 95min 左右，背火面钢板平均温度为 174℃，超过初始温度 140℃（试验时室温 34℃），不满足隔热性。升温 120min 左右，背火面不再冒出蒸汽，水也被烤干。升温 180min 时，油压表读数维持稳定，仍能通过千斤顶施加轴压力，说明构件能够继续承载。

试验结束后，降至常温，取出试件，可以看出试件整体向背火面挠曲。如图 3.3-48 所示，试件的受火面钢板沿钢筋桁架之间鼓出，最大鼓出 1cm 左右。试件侧面钢管上也有局部鼓屈的现象，试件背火面钢板无明显鼓屈。

(a) SCW-1受火面　　　　　　　　　　　　(b) SCW-1背火面

图 3.3-48　SCW-1 试验后现象

2) SCW-2

试验升温 6min 左右，试件背火面有蒸汽冒出，并开始有水流出，随后蒸汽和水越来越多。升温 15min 左右，因试件受热膨胀，油压表读数变大，第一次操作油泵进行回油。升温 92min 左右，背火面钢板平均温度为 174℃，超过初始温度 140℃（试验时室温 34℃），不满足隔热性。升温 110min 左右，背火面不再冒出蒸汽，水也被烤干。升温 180min 时，油压表读数维持稳定，仍能通过千斤顶施加轴压力，说明构件能够继续承载。

试验结束后，降至常温，取出试件，可以看出试件整体向背火面挠曲。如图 3.3-49 所示，试件的受火面钢板沿钢筋桁架之间鼓出，最大鼓出 1cm 左右。试件侧面钢管上也有局部鼓屈的现象，试件背火面钢板无明显鼓屈。

(a) SCW-2受火面　　　　　　　　　　　　(b) SCW-2背火面

图 3.3-49　SCW-2 试验后现象

（3）试件耐火性能分析

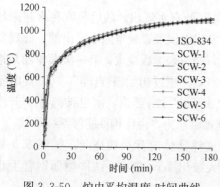

图 3.3-50　炉内平均温度-时间曲线

试件的耐火性能主要从试件中测点的温度、试件的轴向变形、平面外位移、试件的耐火极限等方面分析。

1) 炉温-时间曲线

图 3.3-50 为各试件试验时火灾炉内的平均温度-时间曲线，由图可看出，各炉内温升曲线与 ISO-834 标准升温曲线非常接近，可以认为火灾环境温度是按照标准温度上升的。

2) 测点温度-时间曲线

试件温度场的试验结果以布置的热电偶作为

温度测点，绘制 SCW-1 和 SCW-2 两种试件测点温度-时间曲线，如图 3.3-51、图 3.3-52 所示。

由各试件的测点温度-时间曲线图可看出：

① 各测点的温度随受火时间的增加，呈上升趋势，上升过程中会有小幅波动。

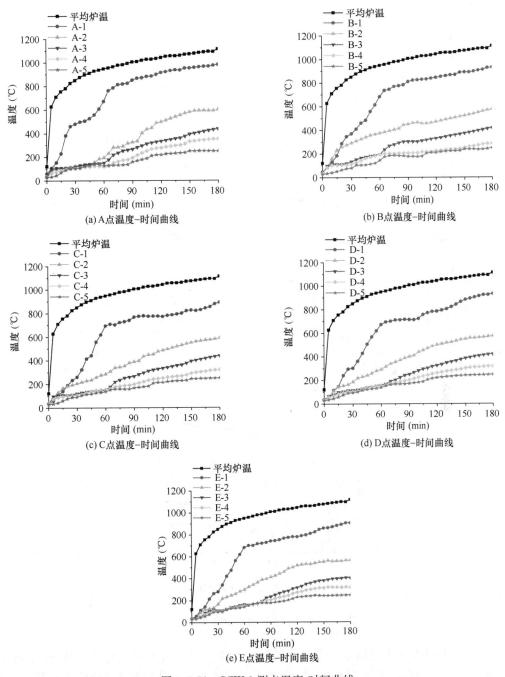

图 3.3-51 SCW-1 测点温度-时间曲线

注：A、B、C、D、E 为在 SCW-1 试件表面设置的热电偶测点，每个测点再沿试件截面均等分布置 5 个点。

图 3.3-52 试件 SCW-2 热电偶测点布置同图 3.3-51 试件 SCW-1。

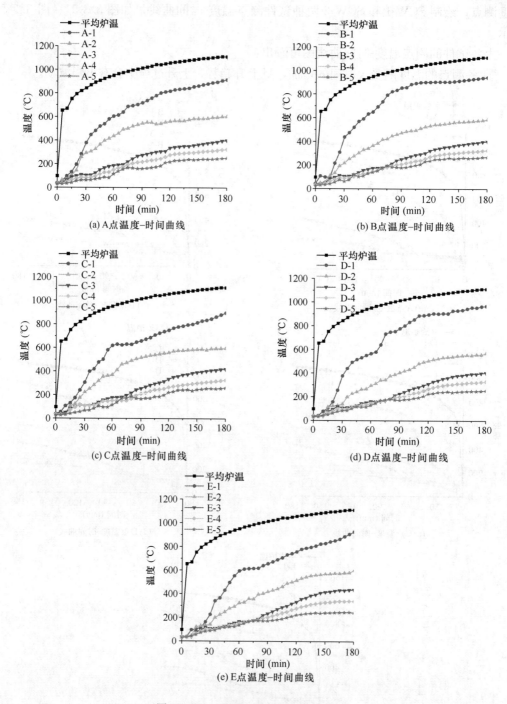

图 3.3-52 SCW-2 测点温度-时间曲线

② 测点的升温速率与测点离受火面的距离及受火时间两个因素有关。其一，离受火面越近，在受火前期，升温速率越快，随受火时间的增加，升温速率逐渐降低；其二，离受火面越远，在火灾前期，温度上升很慢，随受火时间的增长，升温越来越快。

③ 测点升温程度与测点离受火面的距离有关，总体上，离受火面越近、测点温度越

高。而且，离受火面相同距离处，温度基本相同。

④ 混凝土中埋置的测点在升温到100℃时，有一个短暂的温度平台，主要是由于混凝土中的水分蒸发，吸收部分热量，温度在短时间内维持稳定。

⑤ 混凝土作为一种热惰性材料，导热系数小，比热容大，阻碍温度上升效果明显。无防火保护时，受火180min时，试件内表面钢板与截面中部的混凝土温差达到500℃左右。

⑥ 有防火保护时，测点温度随受火时间上升缓慢。防火涂料效果显著：同样受火180min，防火涂料厚度20mm的试件比无防火保护的试件受火面钢板的温度降低约600℃，背火面的温度降低约150℃。

3）轴向变形及平面外侧移-时间曲线

通过拉线式位移传感器测得的轴向位移和平面外侧移数据绘制试件的变形-时间曲线。各试件的轴向位移和平面外侧移随时间变化曲线如图3.3-53、图3.3-54所示。曲线中，轴向变形以压缩为负，平面外侧移以向背火面挠曲为负。

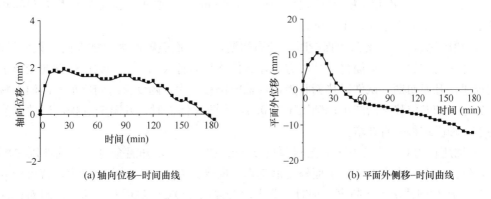

图3.3-53 试件SCW-1变形曲线

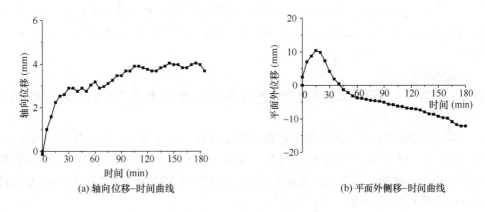

图3.3-54 试件SCW-2变形曲线

4）耐火极限

根据《建筑构件耐火试验方法 第1部分：通用要求》GB/T 9978.1—2008[8]，给出了试件的耐火极限判定准则。据此判定准则，试件的耐火极限如表3.3-9所示。

试件的耐火极限 表 3.3-9

试件编号	SCW-1	SCW-2	SCW-3	SCW-4	SCW-5	SCW-6
桁架间距（mm）	200	200	300	200	200	200
钢板厚度（mm）	4	4	4	6	4	4
轴压比	0.5	0.3	0.5	0.5	0.5	0.5
受火时间（min）	180	180	180	180	190	210
防火涂料（mm）	—	—	—	—	20	25
承载力是否满足	是	是	是	是	是	是
隔热性是否满足	否	否	否	否	是	是
耐火极限（min）	95	92	98	86	≥180	≥180

（4）试验结论

1）无防火保护时，3h 受火，试件的承载力满足规范，但隔热性不满足规范，耐火极限达不到 100min；采用防火涂料厚度 20mm 和 25mm，3h 受火，试件的承载力和隔热性均满足规范，耐火极限超过 180min。

2）轴压比为 0.5，无防火保护时，升温初期，受火面热膨胀大，试件向受火面挠曲，随受火时间的增加，受火面材料性能劣化，试件逐步向背火面挠曲。试件的轴向变形呈现相同规律，升温初期，试件以热膨胀为主，轴向位移增大，随受火时间增加，高温下材料性能劣化，轴向位移逐渐减小；轴压比为 0.3，无防火保护时，升温全过程，试件以热膨胀为主，轴向位移一直在增大。

3）轴压比为 0.5，采用防火涂料厚度 20mm 和 25mm，升温全过程，试件以热膨胀为主，轴向位移一直在增大，平面外变形基本上向受火面挠曲。三小时受火，背火面升温约 50℃，而相同情况下无防火保护时，背火面升温约 220℃，说明采用防火涂料对构件抗火性能提升的效果显著。

4）桁架间距和钢板厚度对受火面钢板鼓屈程度影响较大，桁架间距 300mm 的试件受火面钢板比桁架间距 200mm 的鼓屈明显，板厚 4mm 的试件受火面钢板比板厚 6mm 的鼓屈明显。

（5）防火保护设计

在火灾试验以及有限元大量参数化分析的基础上，给出多腔体钢板组合剪力墙的防火设计方法，供实际工程中参考。

1）多腔体钢板组合剪力墙的耐火极限应满足现行国家标准《建筑设计防火规范》GB 50016—2014（2018 年版）[9]的要求。当多腔体钢板组合剪力墙的耐火极限不能达到规定的设计耐火极限要求时，应采取防火保护措施。连接节点的防火保护层厚度不得小于被连接构件保护层厚度的较大值。

2）多腔体钢板组合剪力墙可采用喷涂防火涂料、外包不燃材料等作为防火保护措施，外包不燃材料可采用轻质防火厚板、金属网抹 M5 砂浆等隔热材料。采用非膨胀型防火涂料时，涂层厚度不应小于 15mm。当涂层厚度大于 20mm 时，宜在涂层内设置与墙体相连的钢丝网，也可采取其他防止保护层脱落的措施。采用水泥砂浆作为防火保护层时，应在砂浆内布置金属网。砂浆的强度等级不宜低于 M5；金属丝的网格不宜大于 20mm，丝径不宜小于1.0mm，金属网应与多腔体钢板组合剪力墙可靠连接。

3）采用其他防火隔热材料作为多腔体钢板组合剪力墙防火层时，生产厂家除应提供强度、耐候性等参数外，尚应提供导热系数或等效导热系数、密度和比热容等参数。

4）由参数化分析结果可以得出，对于单面受火工况下无防火保护多腔体钢板组合剪力墙，其耐火极限由隔热性控制，影响耐火极限的主要影响因素为墙厚，其他参数影响不大。且随着墙厚的增加，耐火极限基本呈线性增加，当墙厚达到200mm后，耐火极限可以达到3h。因此，以墙厚为参数，通过对有限元结果进行数据拟合，得到标准火灾下单面受火下无防火保护的多腔体钢板组合剪力墙的耐火极限计算公式为式（3.3-56）。

$$t_R = 1.68c - 156 \quad (3.3\text{-}56)$$

式中 t_R——耐火极限（min）；
c——墙厚（mm），不小于150mm。

5）由参数化分析结果可以得出，对于双面受火工况下无防火保护的多腔体钢板组合剪力墙，其耐火极限由承载能力控制，影响耐火极限的主要影响因素为轴压比、高厚比和墙厚。因此，以轴压比、墙厚和高厚比为参数，通过对有限元结果进行数据拟合，得到标准火灾下双面受火下无防火保护的多腔体钢板组合剪力墙的耐火极限计算公式为式（3.3-57），设计轴压比 n 按《钢板剪力墙技术规程》JGJ/T 380—2015 中 7.2.4 条的公式计算。式（3.3-57）适用于工程常用的墙厚 $c=150\sim240$mm、高厚比 $r=10\sim40$、轴压比 $n=0.3\sim0.6$ 的多腔体钢板组合剪力墙。

$$t_R = \bar{r} - \bar{c} \times n \quad (3.3\text{-}57)$$

式中 $\bar{c} = 602.45 - 1.93 \times 10^{-3}c^2 - 1.70c$；
$\bar{r} = -2.24 \times 10^{-2}r^3 + 2.04r^2 - 61.19r + 840.68$；
t_R——耐火极限（min）；
c——墙厚（mm）；
n——设计轴压比；
r——高厚比；
$\bar{c}$、$\bar{r}$——计算参数。

6）标准火灾条件下，受火时间小于或等于3h的多腔体钢板组合剪力墙，当防火保护层采用非膨胀型涂料时，保护层厚度可按式（3.3-58）计算：

$$d_i = \begin{cases} 3 \times 10^{-4} \times (t_f - t_R)^2 + 0.05 \times (t_f - t_R) & \text{（单面受火）} \\ 0.23 \times (t_f - t_R) & \text{（双面受火）} \end{cases} \quad (3.3\text{-}58)$$

式中 d_i——防火保护层厚度（mm）；
t_f——受火时间（min）。

式（3.3-58）是以非膨胀型涂料导热系数为 0.116W/(m·K) 拟合的，当施工采用的防火涂料的导热系数与该值不同时，可按国家标准《建筑钢结构防火技术规范》GB 51249—2017[10]推荐的下式确定防火保护层的施用厚度：

$$d'_i = d_i \frac{\lambda'}{0.116} \tag{3.3-59}$$

式中 d'_i——施工中实际采用的防火保护层厚度（mm）；

λ'——施工采用的非膨胀型防火涂料的等效导热系数 [W/(m·K)]。

7) 标准火灾条件下，受火时间小于或等于 3h 的桁架加劲多腔体钢板组合剪力墙，当防火保护层采用金属网抹 M5 水泥砂浆时，保护层厚度可按下式计算：

$$d_i = \begin{cases} 5 \times 10^{-4} \times (t_f - t_R)^2 + 0.13 \times (t_f - t_R) & \text{（单面受火）} \\ 0.58 \times (t_f - t_R) & \text{（双面受火）} \end{cases} \tag{3.3-60}$$

8) 多腔体钢板组合剪力墙应在每个楼层设置直径为 12~15mm 的排气孔，与基础连接的剪力墙的底部不大于 250mm 处设一排气孔，其他位置的剪力墙的排气孔宜在钢梁上翼缘的上方 250mm 处，每个腔体各布置一个。当楼层高度大于 6m 时，应增设排气孔，且排气孔沿墙高度方向间距不宜大于 6m。

3.3.3 设计方法

1. 桁架式多腔体钢板组合剪力墙稳定设计方法

（1）基于 29 个桁架式多腔体钢板组合剪力墙轴压稳定足尺试验，揭示了墙体在轴压荷载作用下的受力机制和破坏机理；确定了试件的承载能力、轴向刚度及延性等性能指标。

（2）通过参数化数值模拟及理论分析，考察了不同参数条件对墙体的破坏形态、轴向位移、轴向刚度及钢板局部屈曲的影响；提出了墙体轴压稳定、压弯稳定和墙肢稳定的计算方法。

2. 桁架式多腔体钢板组合剪力墙抗震设计方法

（1）完成了 10 个桁架式多腔体钢板组合剪力墙拟静力足尺试验研究和参数化数值模拟。分析了不同参数对其破坏形态、滞回曲线、骨架曲线、强度及刚度退化、延性及耗能能力等抗震性能指标的影响；揭示了墙体在低周反复荷载作用下的破坏机制与受力机理。

（2）得到了组合墙体骨架曲线的三折线简化计算模型；建立了组合墙体的恢复力模型；提出了组合墙体的压弯承载力计算公式和抗剪承载力计算公式。

3. 桁架式多腔体钢板组合剪力墙节点设计方法

提出了 4 种满足装配化要求的桁架式多腔体钢板组合剪力墙与 H 型钢梁连接节点；完成了 4 种不同构造形式墙梁节点的试验研究和参数化数值分析；揭示了低周反复荷载条件下不同节点形式的破坏机制与受力机理；考察了 4 种节点形式的滞回性能、破坏形态和耗能能力等抗震性能指标；给出了墙梁节点、墙体拼接节点和墙脚节点的设计方法和构造要求。

4. 桁架式多腔体钢板组合剪力墙的防火保护设计方法

基于试验研究及数值分析，进行了不同钢板厚度、轴压比、桁架间距和防火保护措施等参数下单面受火时的耐火极限对比；揭示了墙体在单面受火作用下的升温规律；提出了桁架式多腔体钢板组合剪力墙单、双面受火状态下耐火极限计算方法和构造措施；形成了桁架式多腔体钢板组合剪力墙防火保护设计方法。

3.4 钢管混凝土组合异形柱框架结构体系建筑

3.4.1 体系介绍

1. 研究背景

异形柱体系具有灵活的截面形式,很好地满足室内平面和空间结构的平整美观要求,可以隐藏于墙体内部,解决室内柱子凸角的问题,目前钢筋混凝土异形柱使用较多,但其主要应用于多层住宅体系中,本身也存在延性相对较低,承载力和抗震性能一般的问题,因此为扩大异形柱的应用及推广,众多专家学者将异形柱与钢管混凝土柱的优势结合,提出钢管混凝土异形柱体系,这种结构体系不仅具有钢管混凝土柱承载力高、抗震性能优异、延性好和抗火性能好的优点,还具有异形柱截面形式多变,结构布置简便和隐藏于墙体内等特点(图3.4-1)。

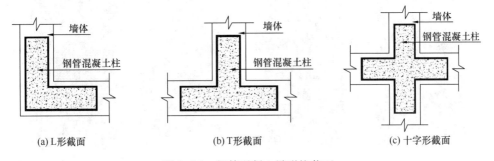

图 3.4-1 钢管混凝土异形柱截面

本节研究钢管混凝土组合异形柱框架结构体系这种新型框架结构体系的产业化与技术化路径。研究和优化钢管混凝土组合异形柱框架结构体系建筑,以及对应的高效装配化连接技术;研发建筑、结构一体化钢结构集成建造技术;开展设计、加工、装配一体化的工业化钢结构建筑工程示范。

2. 研究思路

研究适用于北方地区的钢管混凝土组合异形柱框架结构体系的建筑布置和户型设计,进行钢管混凝土组合异形柱多高层框支结构及高层框剪结构体系优化,提出适用于异形柱的支撑及剪力墙形式,研究在高地震烈度下框支及框剪结构中抗震设计优化及耗能体系布置和减震设计技术;选取并开发适用于北方地区的钢结构住宅三板体系,重点研究防火保温一体化墙板技术、墙板与钢结构之间的柔性连接技术以及楼板与钢梁之间的装配式连接技术,形成成套的钢管混凝土组合异形柱多高层框支、框剪住宅体系技术。

3.4.2 试验研究

1. 钢管混凝土组合异形柱压弯力学性能研究

天津大学首次提出的钢管混凝土组合异形柱(Special-shaped column composed of concrete-filledsteel tubes,简称 SCFST 柱)由多根单方(矩)形钢管混凝土柱和连接件组成。连接板的构造从缀条或缀板连接、到开孔钢板连接、到目前应用最广泛的单板连接和双板连接形式，如图 3.4-2 所示。SCFST 柱的优势主要表现在以下几个方面：

1) 与传统钢筋混凝土结构和方（矩）形钢管混凝土结构相比，在相同的承载力要求下可以减小柱壁厚，将柱肢隐藏在墙体中；在相同柱截面要求下，可以增强构件的承载能力和抗震能力；

2) 与纯钢结构相比，在相同的承载力要求下可以减小钢材壁厚，可降低钢材用量 30%～50%；

3) 单方（矩）形钢管混凝土柱的外钢管可对内部填充的核心混凝土提供套箍作用，限制核心混凝土受压时的开裂，从而增强构件的承载能力和延性；

4) 单方（矩）形钢管混凝土柱钢管内填充混凝土或在双板连接 SCFST 柱的板内填充混凝土，可以延缓或避免外钢管管壁或连接板过早发生局部屈曲，改善柱子的受力性能和承载能力。

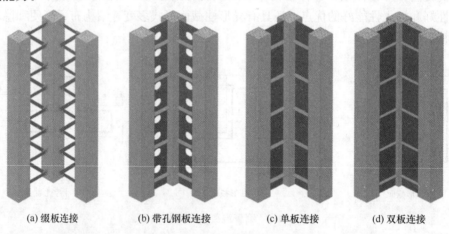

图 3.4-2 钢管混凝土组合异形柱构造

(1) 试验概况

1) 试验方案与构件设计

试件是依据沧州市福康家园公共租赁住房住宅项目中应用的双板连接 L-CFST 柱设计的。为了便于试验操作，采用 2/3 缩尺模型，共设计 7 根双板连接 L-CFST 柱试件，具体试件设计参数见表 3.4-1。根据加载轴的不同，分为沿 y 轴加载和沿 u 轴加载的两组试件。加载轴的具体表示方法见图 3.4-3，其中 x-y 坐标轴为沿试件横截面工程轴方向；u-v

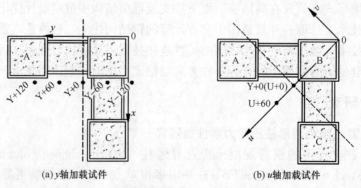

图 3.4-3 横截面尺寸、坐标轴及加载点

坐标轴为 x-y 坐标轴沿坐标原点旋转 $45°$ 后得到的、为横截面对称主轴方向。本节采用两对线性刀铰和配套的线性凹槽垫块，分别放置在试件端板和加载装置之间，用来模拟理想的两端铰支的加载状态，黑色虚线为加载轴，刀铰和配套垫块的中心点均对应试件的加载点。

试件设计参数 表 3.4-1

试件编号	钢管边长 (mm)	钢管厚度 (mm)	连接板长度 (mm)	连接厚度 (mm)	计算高度 (mm)	偏心距 (mm)
LSJ1Y+0	100	6	100	6	2000	0
LSJ1Y+60	100	6	100	6	2000	60
LSJ1Y+120	100	6	100	6	2000	120
LSJ1Y−60	100	6	100	6	2000	−60
LSJ1Y−120	100	6	100	6	2000	−120
LSJ2U+0	100	6	100	6	2000	0
LSJ2U+60	100	6	100	6	2000	60

本节研究的双板连接 L-CFST 柱是由 3 根边长相同的方钢管通过双钢板连接形成的。试件制作时先将双钢板与相邻的钢管通过角焊缝连接形成 L 形的钢管柱，然后在一端根据设计定位焊接 40mm 厚端板。

2) 加载装置与加载制度

试验加载装置为天津大学北洋园校区土木结构实验室中 1500t 电液伺服试验机（图 3.4-4），采用位移控制加载速度，加载速率为 0.5mm/min。试验分为预加载和正式加载两个阶段，预加载阶段加载到预估极限荷载的 10% 并持荷 5min。5min 后卸载到零，并且开始正式加载。正式加载时采用位移控制，加载速度仍为 0.5mm/min，不采取分级加载制度，直接加载至荷载降到极限荷载的 80% 或者构件挠度过大，基于安全角度停止试验。

(a) 试验机加载装置

(b) 加载装置模型

图 3.4-4 试验加载装置

(2) 试验过程及试验现象

1) y 轴加载试件

试验初期试件基本没有明显的变化现象。结合应变变化,加载初期试件横截面全部处于受压状态。随着试验过程中竖向荷载数值的增加,所有试件的跨中位置都沿刀铰加载方向正向或者负向发生微小的挠度,继而挠度持续增加。加载全程无混凝土破碎或钢管断裂的声音。当荷载增加达到极限荷载时,各试件的横向挠度较为明显,随后竖向位移持续增加,而荷载开始下降。加载后期试件的跨中横向挠度变化速率加快,当荷载降低到极限荷载的 80% 时停止试验。所有试件都是绕着工程轴 x 轴的整体弯曲失稳破坏,单肢失稳晚于整体失稳,LSJ1Y+0 的破坏现象见图 3.4-5。在加载过程中和卸载后,均未发现试件的扭转现象。

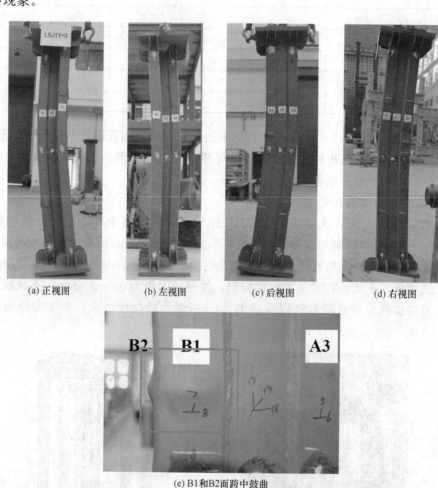

(a) 正视图　　(b) 左视图　　(c) 后视图　　(d) 右视图

(e) B1和B2面跨中鼓曲

图 3.4-5　试件 LSJ1Y+0 最终破坏形态

2) u 轴加载试件

试件 LSJ2U+0 在加载初期看不出任何变化,荷载持续增加达到极限荷载 4017.03kN (N_u) 时,轴向位移为 22.51mm,沿对称轴横向挠度最大为 14.44mm(柱 B 跨中),此时肉眼可以观察到挠曲现象,随后荷载开始下降。随着荷载下降,跨中挠度增加速率变快,最终荷载下降到 3026.67kN（$0.75N_u$）时结束试验，此时沿对称轴横向挠度最大为 67.62mm（柱 B 跨中），试件的破坏模式为绕 v 轴朝 u 轴正方向的整体弯曲破坏。

试件 LSJ2U+0 在加载初期看不出任何变化，荷载持续增加达到极限荷载 2075.00kN（N_u）时，轴向位移为 15.63mm，沿对称轴横向挠度最大为 31.39mm（柱 A 跨中），此时肉眼可以观察到挠曲现象，随后荷载开始下降。随着荷载下降，跨中挠度增加速率变快，最终荷载下降到 1635.56kN（$0.79N_u$）时结束试验，此时沿对称轴横向挠度最大为 84.64mm（柱 B 跨中），试件的破坏模式为绕 v 轴朝 u 轴正方向的整体弯曲破坏（图 3.4-6）。

(a) 正视图　　　　(b) 左视图　　　　(c) 后视图　　　　(d) 右视图

图 3.4-6　试件 LSJ2U+0 最终破坏形态

（3）试验结果分析

表 3.4-2 为试件在特征点下的承载力和竖向位移等的统计，屈服荷载和屈服位移是根据叶列平提出的"最远点"法计算得到的。图 3.4-7 和图 3.4-8 为试件荷载-竖向位移曲线对比。可以发现，随着偏心距的增加，试件承载力下降，刚度减小，延性增加。偏心距对组合异形柱承载力影响很大，随着偏心距的不断增大，试件极限承载力不断减小。

双板连接方钢管混凝土组合异形柱压弯试件承载力统计表　　表 3.4-2

试件编号	竖向位移 Δ_y (mm)	屈服荷载 N_y (kN)	竖向位移 Δ_u (mm)	极限荷载 N_u (kN)	强屈比 $\dfrac{N_u}{N_y}$	$\Delta_{0.85}$ (mm)	$0.85N_u$ (kN)	延性系数 DI
LSJ1Y+0	8.47	3462.63	16.52	4178.79	1.21	31.99	3551.82	1.936
LSJ1Y+60	8.45	1901.57	18.19	2308.36	1.21	31.72	1962.59	1.744
LSJ1Y+120	8.12	1580.58	20.92	1908.53	1.21	43.90	1622.11	2.098
LSJ1Y-60	9.45	2345.89	17.96	2807.64	1.20	33.62	2386.59	1.872
LSJ1Y-120	9.73	1543.24	24.77	1910.83	1.24	48.56	1624.19	1.960
LSJ2U+0	10.17	2940.50	22.51	4017.03	1.37	30.74	3414.95	1.366
LSJ2U+60	7.89	1623.29	15.63	2075.00	1.28	26.30	1765.75	1.683

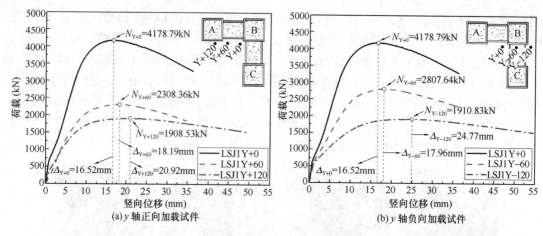

图 3.4-7 y 轴加载试件荷载-竖向位移曲线

对于 y 轴加载试件来说，正向加载和负向加载试件的承载力也有一定的区别。偏心距为 60mm 时，负向加载试件（LSJ1Y-60）比正向加载试件（LSJ1Y+60）的极限承载力提高了 21.63%；偏心距为 120mm 时，负向加载试件（LSJ1Y-120）与正向加载试件（LSJ1Y+120）的极限承载力基本相同，仅相差 0.12%。结合试件受力状态，正向加载时主要为 A 柱肢承受主要压力作用，而负向加载时主要为 B 柱肢和 C 柱肢承受压力作用。当偏心距较小时，截面受力主要为压力控制，负向加载压区钢管和混凝土截面较大，因此负向加载时试件承载力较大；而偏心距较大时，截面受力逐渐受弯矩控制，试件弯曲挠度过大，压区混凝土压碎，承载力受二阶效应影响较大。

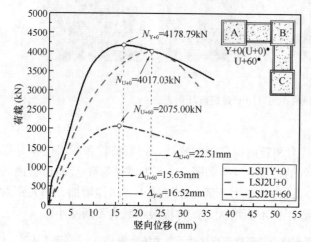

图 3.4-8 u 轴加载试件荷载-竖向位移曲线

对于 u 轴加载试件来说，将单轴加载的试件 LSJ1Y+0 和 LSJ1Y+60 与本节试件进行对比，u 轴加载试件的线性刀铰与 v 轴平行，y 轴加载试件的线性刀铰与 x 轴平行，最终的荷载位移曲线也有一定的差异。观察图 3.4-8 可以发现，试件 U+0 的初始刚度明显小于试件 Y+0，极限荷载比后者出现的晚，极限承载力比后者低 3.87%。

对比两组不同加载轴的双板连接 L-CFST 柱压弯试验，发现 u 轴（弱轴）加载试件的初始刚度小于 y 轴（工程轴）加载试件，试件破坏较晚，承载力较低，延性较差。两组试件均为整体弯曲失稳破坏，u 轴（弱轴）加载试件的受压区钢管类似于波纹板，具有较大的刚度，因此受压区钢管并未发生局部鼓曲。

2. 高层钢管混凝土组合异形柱框架-双钢板组合剪力墙抗震性能研究

（1）试验概况

试验设计了三榀方钢管混凝土组合异形柱框架-双钢板混凝土柱组合剪力墙结构，各试件之间的尺寸基本一致，只有边缘构件的截面形式不同：① 试件 CSDW-1 两侧的边缘构件均为 L 形方钢管混凝土组合异形柱；②试件 CSDW-2 的边缘构件一侧为 L 形方钢管混凝土组合异形柱，另一侧为竖放矩形钢管；③试件 CSDW-3 的边缘构件一侧为 L 形方钢管混凝土组合异形柱，另一侧为横放矩形钢管；④相邻两个栓钉的间距取为 100mm，试件墙体上的栓钉采用梅花形交错布置，依次同一片墙体相邻两个栓钉之间的距离为 200mm（图 3.4-9）。

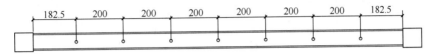

图 3.4-9 墙体底板、顶板栓钉布置图

试验试件设计为单跨两层结构，具体结构示意如图 3.4-10 所示，各试件具体设计参数见表 3.4-3。双钢板混凝土组合剪力墙的剪跨比为 1.43，单层墙体高度为 1550mm，宽

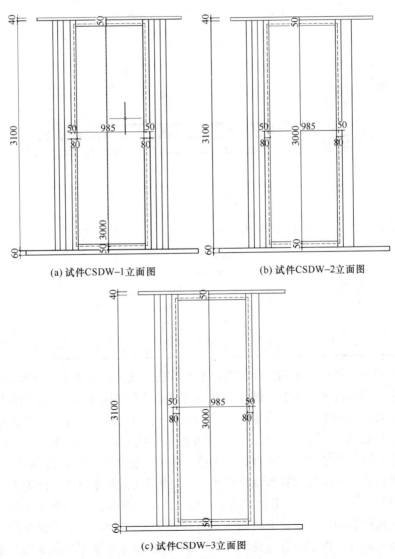

(a) 试件CSDW-1立面图　　(b) 试件CSDW-2立面图

(c) 试件CSDW-3立面图

图 3.4-10 试件几何尺寸及构造详图（一）

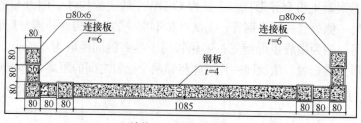

(d) 试件CSDW-1剖面图

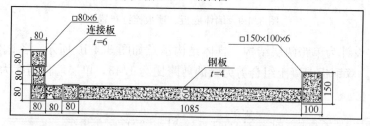

(e) 试件CSDW-2剖面图

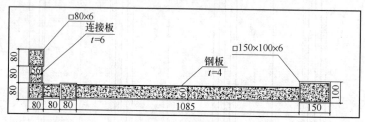

(f) 试件CSDW-3剖面图

图3.4-10 试件几何尺寸及构造详图（二）（单位：mm）

度为1085mm，厚度为68mm，两侧外包钢板厚4mm，内填混凝土厚60mm。

构件尺寸（mm） 表3.4-3

试件编号	墙体厚度	墙高×墙长	钢板厚度	剪跨比	方钢管长×宽	方钢管壁厚	连接板宽×厚
CSDW-1	68	3100×1085	6	1.43	60×60	6	80×6
CSDW-2	68	3100×1085	6	1.43	150×100	6	80×6
CSDW-3	68	3100×1085	6	1.43	150×100	6	80×6

试验中主要测量的是施加的竖向荷载和水平荷载，试件沿水平方向的水平位移，试件关键点的应变。具体的测点如下：试件的水平荷载由与水平拉压千斤顶相连的传感器自动采集，同时，在加载梁中心位置布置位移计X-1，用于测量试件顶部的水平位移；在1、2层之间布置位移计X-2，用于测量1、2层之间的水平位移；在1层墙高1/3位置布置位移计X-3，用于测量最先屈服位置的水平变形；在1层层底布置位移计X-4，用于测量1层层底的水平位移；在底板位置布置位移计X-5，测量底板与基础梁之间的滑移；在基础梁上布置位移计X-6，用于测量基础梁滑移可能产生的位移偏差，用于修正基础梁的平动对试验结果造成的影响；在底板上表面布置位移计Y-1、Y-2，用以确保在受力过程中底板不产生转角。此外试件中布置应变片56个，应变花13个，测量墙体关键位置的应力应变。加载装置和位移计布置见图3.4-11、图3.4-12。

图 3.4-11 加载装置示意图

试件 CSDW-1、试件 CSDW-2 与试件 CSDW-3 的破坏形式非常接近，根据试验现象及加载过程进行分析，将破坏形式分成 3 个阶段，即：弹性工作阶段、屈服阶段和破坏阶段。

1) 弹性工作阶段

竖向荷载施加完成之后，钢板没有明显现象，墙体角部混凝土碎裂，局部钢板与内部混凝土脱离，敲击墙板出现空响声。

在试件进入屈服阶段之前，三个试件均没有明显现象，各个试件的水平荷载-顶部位移曲线基本保持线性，钢板没有出现明显的鼓曲，墙体角部空响面积增大，墙体内部混凝土的碎裂区域面积增大。

2) 屈服阶段

随着加载循环次数的增加，墙体角部空响面积继续增大，墙体底部 350mm 范围内钢板出现鼓曲，形成拉力带，墙体底部 350mm 附

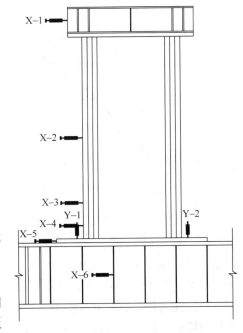

图 3.4-12 试件位移计布置图

近的鱼尾板变形严重。继续加载，作为边缘构件的异形柱或矩形钢管柱壁沿着靴板高度横向撕裂，出现承载力下降的情况，认为结构进入破坏阶段。

3) 破坏阶段

水平荷载达到最大值之后，试件顶部位移增大，荷载下降，墙体底部钢板屈曲现象更加严重，底部受压区混凝土大范围压溃，受拉区域边缘构件底部全截面被拉撕裂，终止试验。

(2) 试验结果分析

1) 滞回曲线

滞回曲线（滞回环）指的是试件在低周往复荷载作用下力与位移之间的关系曲线。为了获得精确的滞回曲线，本节试验的水平荷载通过水平传感器获得，而水平位移通过布置在加载梁中点的位移计测得，通过水平荷载和水平位移绘制滞回曲线。各试件的水平力-顶部位移的滞回曲线如图 3.4-13～图 3.4-15 所示。

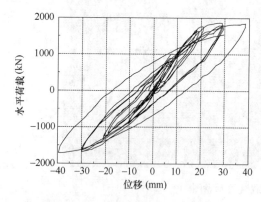

图 3.4-13 试件 CSDW-1 滞回曲线

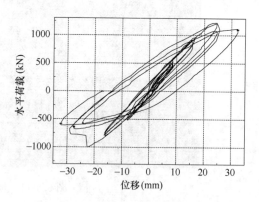

图 3.4-14 试件 CSDW-2 滞回曲线

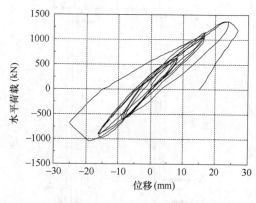

图 3.4-15 试件 CSDW-3 滞回曲线

对图中滞回曲线进行分析：

在加载初期，各个试件的滞回曲线为一条直线，此时试件处于弹性阶段；

试件 CSDW-1 的屈服位移为 9mm，屈服荷载为 890kN，极限位移角为 1/68，正向极限荷载为 1865kN，负向极限荷载为 1716kN；

试件 CSDW-2 的屈服位移为 8mm，屈服荷载为 599kN，极限位移角为 1/83，正向极限荷载为 1223kN，负向极限荷载为 799kN；

试件 CSDW-3 的屈服位移角为 8mm，屈服荷载为 650kN，极限位移角为 1/106，正向极限承载力为 1322kN，负向极限荷载为 929kN。

一侧边缘构件为矩形钢管混凝土组合柱的两组构件 CSDW-2 与 CSDW-3 的极限承载能力比较接近，但是两者的抗震能力相差较大。试件 CSDW-2 在往复荷载第二个循环的过程中就出现了柱壁撕裂的情况，它的极限位移角只有 1/105。

2) 骨架曲线

骨架曲线指的是通过低周往复荷载试验得到的荷载-位移滞回曲线的包络线，即各循环曲线的峰值轨迹，结构和构件的抗震性能可通过骨架曲线定性地衡量，通过骨架曲线可以得到试件的极限承载力和延性特征。

如图 3.4-16 所示，各试件的骨架曲线均接近倒 S 形，表明试件的受力包括三个阶段，即：弹塑性阶段、塑性阶段与破坏阶段。

试件 CSDW-2 与试件 CSDW-3 的骨架曲线的初始刚度、峰值荷载非常接近,试件 CSDW-1 的骨架曲线与另外两组试件的差距较大。三组试件的最终破坏形式均为边缘构件的柱壁撕裂,在加载过程中,试件均未出现承载力下降到极限承载力 85% 的情况,但是到加载后期,均出现承载力下降或增速减慢的情况。

试件 CSDW-3 在加载过程中出现大量混凝土连续碎裂,墙体钢板屈服现象加剧,矩形钢管柱壁大量撕裂,骨架曲线下降速度加快。

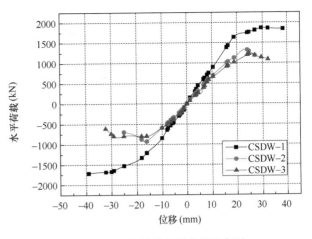

图 3.4-16 各试件骨架曲线示意图

3) 承载力与延性

延性指的是结构在承担一定荷载的情况下具有的非弹性变形能力,是衡量结构变形能力与抗震能力的重要指标之一。一般来讲,主要用延性系数 μ 作为衡量结构延性的指标,μ 的计算公式为:

$$\mu = \frac{\Delta_u}{\Delta_y} \tag{3.4-1}$$

式中 Δ_u ——结构的极限位移;
Δ_y ——结构的屈服位移。

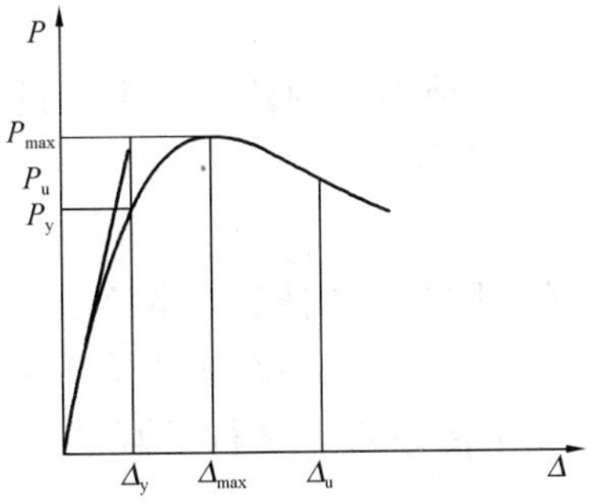

结构的极限位移可以从试验中采集到的数据得到,结构的屈服荷载根据清华大学韩林海教授提出的图解法确定。

具体做法如图 3.4-17 所示:骨架曲线在原点处的切线与峰值荷载的水平线相交点的位移即为结构的屈服位移 Δ_y,通过交点做轴线的垂线,垂线与骨架的交点对应的荷载即为结构的名义屈服荷载 P_y。结构的屈服位移角、峰值位移角、极限位移角如表 3.4-4 和表 3.4-5 所示。

图 3.4-17 图解法求结构屈服位移

墙体承载力性能(一) 表 3.4-4

试件编号	加载方向	名义屈服荷载 P_y (kN)	名义屈服位移 Δ_y (mm)	峰值荷载 P_m (kN)	峰值荷载对应位移 Δ_m (mm)	有效破坏位移 Δ_u (mm)
CSDW-1	正	1286	14.79	1865	29.48	38.39
	负	−1057	−13.61	−1716	−39.1	−39.1
CSDW-2	正	957	15.02	1322	23.95	26.9
	负	−666	−11.41	−929	−16.2	−25
CSDW-3	正	935	14.61	1223	24.04	32.26
	负	−573	−9.54	−799	−16.13	−32.3

墙体承载力性能（二）　　　　表 3.4-5

试件编号	加载方向	屈服位移角	峰值位移角	破坏位移角	位移延性系数 μ	P_m/P_y	初始刚度
CSDW-1	正	1/183	1/94	1/67	2.73	1.45	12397
	负	1/223	1/67	1/67	3.33	1.62	12821
CSDW-2	正	1/194	1/106	1/105	1.85	1.38	8760
	负	1/258	1/158	1/105	2.45	1.39	7521
CSDW-3	正	1/197	1/111	1/83	2.37	1.31	9830
	负	1/251	1/163	1/83	3.02	1.39	6281

从表 3.4-4 和表 3.4-5 可知：

① 各试件的屈服位移角在 1/250~1/183 之间，极限位移角在 1/150~1/93 之间，破坏位移角在 1/105~1/67 之间，各试件的位移延性系数在 1.85~3.02 之间，绝大部分位移延性系数 μ 大于 2，整体看来，方钢管混凝土组合异形柱框架-双钢板混凝土组合剪力墙结构的延性相对较弱。

② 边缘构件形式对结构的延性影响较大，试件 CSDW-1 的破坏位移角比另外两组试件高出 20%，相较而言，试件 CSDW-2 的延性较差，因此，在实际工程设计时，应尽量避免出现这种布置形式，如果不得不采取这种形式，建议对矩形钢管柱柱底进行加强，避免柱脚过早破坏。

③ 采用方钢管混凝土组合异形柱框架-双钢板混凝土组合剪力墙的建筑，进行设计时，其层间位移角不宜大于 1/300，在罕遇地震下，其层间位移角不宜大于 1/80。

4) 刚度退化

对试件进行低周往复加载，其刚度逐渐降低；为了描述刚度的退化情况，本节通过计算环线刚度值 K_j 来分析其刚度退化规律。环线刚度为相同位移幅值下多次加载循环的荷载平均值与位移平均值的比值。环线刚度越大，环线刚度下降越缓，结构的耗能能力越强。

刚度退化曲线公式采用：

$$K_j^i = \frac{\sum_{i=1}^{n} P_j^i}{\sum_{i=1}^{n} U_j^i} \tag{3.4-2}$$

式中　P_j^i——第 j 级加载时，第 i 次循环的最大水平荷载；

U_j^i——第 j 级加载时，第 i 次循环的最大水平位移。

从图 3.4-18 可知：

① 边缘构件形式对墙体的初始刚度影响极大。试件 CSDW-1 的初始刚度接近另两组试件的 2 倍，试件 CSDW-2 与试件 CSDW-3 的初始刚度比较接近，差距在 10% 左右。

② 综合来看，试件 CSDW-1、CSDW-3 的刚度退化规律类似，各组方钢管混凝土组合异形柱框架-双钢板组合剪力墙的刚度退化持续且均匀，刚度退化曲线趋势基本相同。

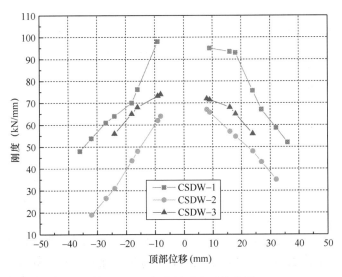

图 3.4-18 各试件刚度退化曲线

③ 随着试验的进行，结构承受的荷载逐渐增大，墙体内部混凝土碎裂，墙体底部钢材屈服部分的面积逐渐增大，结构的刚度迅速下降。

④ 由于在试验过程中，CSDW-2 的边缘构件过早撕裂，其刚度下降的速度比另外两组试件刚度下降得更快。

5）耗能能力

一般来讲，结构除了依靠延性和强度来抵抗地震作用，还要有耗散地震能量的能力，即耗能能力，在试验研究中，一般常用滞回曲线的图形面积来衡量结构的耗能能力，滞回环所包围的面积越饱满，结构的耗能能力越强。

通常用能量耗散系数 E 和等效黏滞系数 h_e 来衡量各试件耗能能力的强弱，它们可以作为一种能量指标进行试件之间耗能能力的比较，进而来判别试件的耗能能力，E 与 h_e 越大，试件的耗能能力越强，结构的抗震能力也就越强（图 3.4-19）。

$$E = \frac{S_{(ABC+CDA)}}{S_{(OBE+ODF)}} \quad (3.4\text{-}3)$$

$$h_e' = \frac{E}{2\pi} \quad (3.4\text{-}4)$$

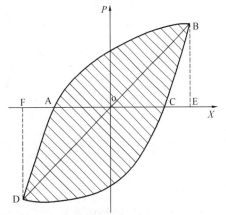

图 3.4-19 耗能能力示意图

各试件耗能能力系数表　　　　表 3.4-6

试件编号	位移	$S_{(ABC+CDA)}$	$S_{(OBE+ODF)}$	E	h_e
CSDW-1	$1\Delta_y$	16101	17852	0.901	0.143
	$2\Delta_y$	57744	59368	0.972	0.155
	$3\Delta_y$	104629	105986	0.987	0.157
	$4\Delta_y$	149274	134442	1.110	0.177

续表

试件编号	位移	$S_{(ABC+CDA)}$	$S_{(OBE+ODF)}$	E	h_e
CSDW-2	$1\Delta_y$	9360	9135	1.025	0.163
	$2\Delta_y$	26443	24526	1.078	0.171
	$3\Delta_y$	55540	50215	1.106	0.176
	$4\Delta_y$	66542	55694	1.195	0.190
CSDW-3	$1\Delta_y$	8991	9512	0.945	0.150
	$2\Delta_y$	34450	32482	1.061	0.169
	$3\Delta_y$	54445	50746	1.073	0.171

从图 3.4-20、表 3.4-6 中可知：

三组试件的等效黏滞阻尼系数在 0.15~0.2 范围内，试件的耗能能力随着位移角的增大，等效黏滞阻尼系数也随之增大，不过增大的幅度较小；在构件屈服之前，试件具有较好的耗能能力，等效黏滞阻尼系数在 0.15 左右，屈服之后到试件的等效黏滞阻尼系数增加到 0.20 左右，直至最后试件破坏；总体来看，方钢管混凝土组合异形柱框架-双钢板组合剪力墙的耗能能力良好。

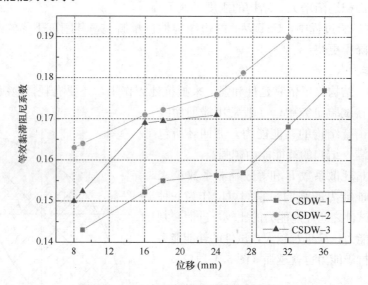

图 3.4-20　各试件等效黏滞阻尼系数

对比不同构件的耗能面积和等效耗能黏滞阻尼系数可知，试件 CSDW-1 的耗能面积最大，位移角接近的情况下是试件 CSDW-2、CSDW-3 的耗能面积的两倍，试件 CSDW-2、CSDW-3 的耗能面积相差较小，差值在 10% 范围内，三者的等效黏滞阻尼系数几乎相同。边缘构件形式对方钢管混凝土组合异形柱框架-双钢板组合剪力墙结构的耗能能力影响较大。

3. 方钢管混凝土组合异形柱框架-偏心支撑结构拟静力试验研究

（1）试验概况

1）试验方案与试验构件

共设计了 3 榀框架，其中试件一和试件二为 SCFST 柱框架-偏心支撑结构。二者的异形柱连接方式不同。试件一是采用双板连接的 SCFST 柱框架-偏心支撑结构，试件二为采用单板连接的 SCFST 柱框架-偏心支撑结构。二者除异形柱连接方式不同之外，尺寸参数完全相同。试件三为双板连接的 SCFST 柱框架-中心支撑结构，其余尺寸和试件一试件二相同。各试件见图 3.4-21，各试件参数见表 3.4-7。

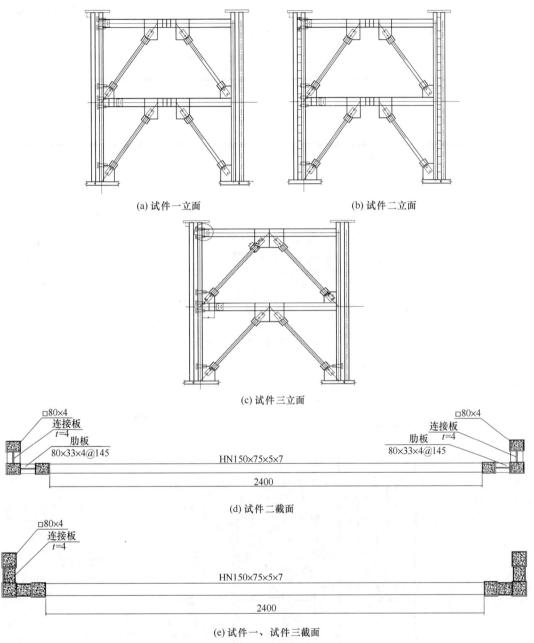

图 3.4-21 试件示意图

各试件参数　　　　　　　表 3.4-7

试件名称	异形柱连接方式	支撑类型
SJ1	双板连接	偏心支撑
SJ2	单板连接	偏心支撑
SJ3	双板连接	中心支撑

《高层民用建筑钢结构技术规程》JGJ 99—2015 规定，耗能梁段两侧应设置加劲肋，厚度应大于耗能梁段腹板厚度和 10mm 中的较大值。考虑到进行二分之一缩尺，取加劲肋厚度为 8mm。加劲肋宽度和耗能梁段翼缘宽度相等。

支撑采用箱形截面，二分之一缩尺之后为 60mm×60mm 的箱形截面，壁厚取 5mm。梁柱节点采用外肋环板节点，具体见图 3.4-23，支撑和梁柱之间的节点见图 3.4-22 和图 3.4-23。

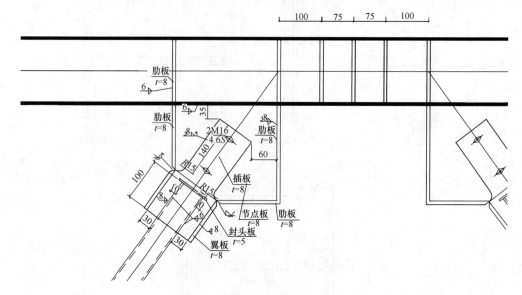

图 3.4-22　支撑和耗能梁段节点

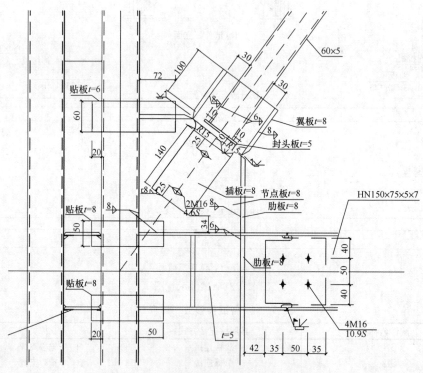

图 3.4-23　支撑和柱节点与外肋环板节点

两侧异形柱均为L形方钢管混凝土组合异形柱，试件一和试件三采用双钢板连接，试件二采用单板连接。异形柱每个单肢为80mm×80mm的方钢管，壁厚取4mm。无论异形柱采用单钢板连接方式还是双钢板连接方式，竖向连接板长度和异形柱单肢柱相同，均为80mm，厚度也和单肢壁厚相同，为4mm。双钢板连接异形柱两个钢板之间浇筑混凝土，具体见图3.4-21。异形柱高度根据实际工程二分之一缩尺，1层高度为1450mm，两层共2900mm。根据实际工程，异形柱的轴压比通常控制在0.8以下，本次试验取轴压比为0.3，轴压比的计算方法如下式：

$$n = N_0/N_u \tag{3.4-5}$$

$$N_u = m \times (f_y A_s + f_c A_c) \tag{3.4-6}$$

式中　N_0——试验过程中施加的轴力；

　　　N_u——轴心受压时SCFST柱的受压承载力；

　　　f_y——钢材屈服应力；

　　　f_c——混凝土抗压强度；

　　A_s和A_c——分别是异形柱每个单肢中钢材面积和混凝土部分面积。

为方便运输，试件异形柱，耗能梁段，偏心支撑在工厂加工完毕后到现场进行焊接。

2) 试验材性

对试件进行材性试验获得各个材料的力学性能。材性试验在天津大学北洋园校区材料实验室进行。

3) 加载装置与测点布置

本次试验在天津大学北洋园校区结构实验室进行。加工一个1m高的钢底座，通过12根直径为90mm的锚杆和实验室地面上的预留孔洞进行连接。在钢底座两侧各设置一个限位梁，限位梁通过三根直径90mm的螺杆和地面连接。每组S试件通过摩擦型高强度螺栓和钢底座固接。试件的柱顶设置柱顶板，通过摩擦型高强度螺栓和分配梁连接。本次试验的竖向荷载通过两个200t的千斤顶进行施加。在分配梁上部设置两个滑动小车作为滑动支座。在两个滑动小车上部各放置一个200t千斤顶提供竖向荷载。千斤顶的顶部放置若干钢板，减小千斤顶和反力架接触位置局部过大应力，并和实验室300t的反力架连接（图3.4-24）。

为研究试件的破坏机制，测量试件在试验过程中的应力分布和变化情况，布置了应变片测量试件的应力。应变片主要布置在异形柱的柱脚、柱中、柱顶位置、梁柱连接节点处、偏心支撑、偏心支撑节点板以及耗能梁段部分，具体的布置见图3.4-25。

为了研究试件在受到水平荷载作用时位移的变化情况，在加载梁下翼缘位置、2层柱1/2高位置、1层框架梁高度位置、1层1/2柱高位置、柱脚位置设置了位移计。具体位移计布置情况见图3.4-26。

图3.4-24　加载装置

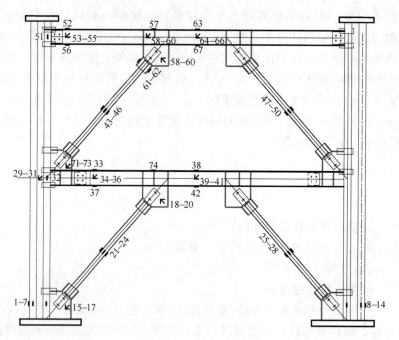

图 3.4-25 应变片布置

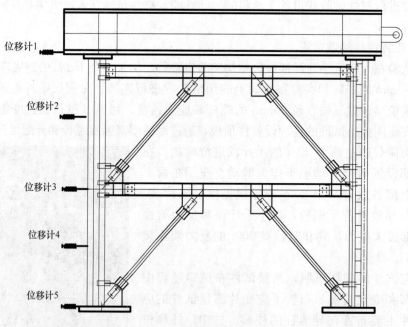

图 3.4-26 位移计布置情况

（2）试验过程及现象

1）试件一

对试件施加完竖向荷载之后，开始施加水平荷载。当水平荷载施加至 276kN 时，试件的荷载-位移曲线出现了比较明显的拐点，此时对应的位移为 8mm。取试件一的屈服荷载 F_{01} 为 276kN，屈服位移 Δ_{01} 为 8mm。在第一级循环过程中，整个试件的 SCFST 柱、支撑与梁柱节点的节点板，梁柱连接的外肋环板节点，以及偏心支撑都没有明显现象。2层的耗能梁段有微小的变形，1层耗能梁段没有明显的现象。直至试件的水平位移达到2倍屈服位移时，2层的耗能梁段出现了比较明显的剪切型变形，1层耗能梁段变形并不明显，整个构件节点板、柱脚、支撑、焊缝依旧没有明显的破坏现象。

当试件水平位移达到3倍屈服位移时，耗能梁段2层变形明显，节点板、支撑、柱脚无明显的变化。此时整个构件残余变形已经很大，卸载之后2层耗能梁段变形无法恢复初始形状。耗能梁段处形成了塑性铰。值得一提的是，2层耗能梁段在这一阶段出现了平面外变形，带动节点板外翻。1层耗能梁段的剪切变形比较明显。在第二次循环当正向位移为24mm时，荷载达到了峰值，为373kN（图3.4-27）。

(a) 2层耗能梁段剪切变形　　(b) 2层耗能梁段扭转　　(c) 1层耗能梁段剪切变形

(d) 1层支撑弯折　　(e) 1层耗能梁段扭转　　(f) 卸载后的残余变形

图3.4-27　试件一变形

2）试件二

在试件水平位移达到约7.38mm时，试件二的荷载-位移曲线出现拐点，认为试件屈服。

试件二的屈服荷载 F_{02} 为 235.55kN，屈服位移 Δ_{02} 为 7.38mm。1 倍屈服位移时，整个试件均没有明显的变形。当水平位移达到 2 倍屈服位移时，2 层耗能梁段发生剪切变形，卸载后变形无法恢复。在加载至 2 倍屈服位移的过程中试件的荷载位移曲线开始变缓。

当试件的水平位移达到 3 倍屈服位移时，2 层耗能梁段开始出现明显剪切变形，同时耗能梁段开始出现扭转现象，带动节点板外翻。加载过程中试件一直发出轻微响动。1 层耗能梁段、SCFST 柱、支撑、支撑节点板、梁柱连接节点均没有明显现象。

当试件的水平位移达到 4 倍屈服位移，对试件施加拉力时，试件 2 层接近加载端一侧的梁柱连接节点上翼缘焊缝断裂，这可能是由于耗能梁段发生过大剪切变形，拉断了焊缝。焊缝断裂后，整个试件的荷载位移曲线没有发生明显的变化，整个滞回曲线上看不到明显的拐点或突变点。此时 2 层的耗能梁段扭转变形已经非常明显，节点板外翻严重。但是 1 层耗能梁段未发生明显的变形（图 3.4-28）。

3）试件三

为对比偏心支撑和中心支撑破坏机制和力学性能的异同，进行了一组 SCFST 柱框架-中心支撑结构的拟静力试验。

当试件水平位移达到 5.5mm 时，荷载-位移曲线出现了较明显的拐点，认为发生了屈服。屈服位移 Δ_{03} 为 5.5mm，屈服荷载 F_{03} 为 260kN。试件在加载至水平位移达到 1 倍屈服位移时，整个试件没有任何肉眼可见的明显变形。

当试件的水平位移达到 2 倍屈服位移时，2 层的支撑开始屈曲；受压侧支撑发生轻微的平面外变形。

当试件水平位移达到 3 倍屈服

(a) 2 层耗能梁段剪切变形

(b) 2 层梁柱翼缘焊缝拉断

(c) 2 层节点板外翻

(d) 2 层耗能梁段变形明显

图 3.4-28 试件二变形

位移时，试件受到推力时发生巨响。支撑平面外弯曲变大。同时出现了节点板外翻带动梁扭转的现象。这和偏心支撑梁扭转，带动节点板外翻似乎原理上正好相反，偏心支撑是耗能梁段先扭转，带动节点板外翻；而中心支撑是支撑屈服发生平面外变形，带动节点板，梁出现平面外变形。卸载后支撑平面外变形无法恢复（图3.4-29）。

SCFST 柱框架-偏心支撑结构主要破坏机制为：加载初期，结构耗能梁段率先进入屈服，进而形成塑性铰，耗能梁段通过变形不断消耗能量。随着变形的增大，耗能梁段翼缘部分应力增加，整个耗能梁段发生了弯扭失稳，耗能梁段发生了扭转变形，带动节点板外翻。随着水平位移进一步增大，梁柱节点处可能会发生焊缝的撕裂，要注意梁柱节点的焊接质量。若支撑存在较大的初始缺陷，当水平位移较大时，可能会导致偏心支撑发生弯折。整个试验过程中，SCFST 柱柱角、支撑节点板未发生明显的破坏现象。

4）综上，随着水平位移的增大，SCFST 柱-偏心支撑结构破坏机制呈现如下规律：

(a) 2层支撑失稳

(b) 2层支撑发生明显弯曲失稳

(c) 节点板外翻

(d) 支撑弯折

图 3.4-29　试件三变形

① 结构二层耗能梁段率先进入塑性阶段，发生剪切变形，随后渐渐形成塑性铰。随着水平位移进一步加大，耗能梁段发生了弯扭失稳，产生扭转变形，带动节点板外翻。

② 水平位移进一步发展，梁柱节点处可能会发生焊缝的撕裂，实际工程应用中，应保证梁柱节点的连接质量。

③ 若支撑存在较大的初始缺陷，当试件水平位移较大时，偏心支撑可能发生弯折。

5）随着水平位移的增大，SCFST 柱框架-中心支撑结构破坏机制呈现如下规律：

① 二层中心支撑首先发生弯曲失稳，在平面外产生变形。

② 中心支撑平面外变形逐渐增大，带动节点板发生平面外的位移，梁发生扭转。

③ 当试件的水平位移较大时，中心支撑弯折。

双钢板连接的 SCFST 柱框架-偏心支撑结构和单钢板连接的 SCFST 柱框架-偏心支撑

结构破坏机制相近，无论是荷载峰值还是结构的侧向刚度都没有特别大的区别。分析原因认为SCFST柱并未发生明显的破坏现象。与双钢板连接的SCFST柱框架-中心支撑相比，双钢板连接的SCFST柱框架-偏心支撑的屈服位移提高了45%，单钢板连接的SCFST柱框架-偏心支撑的屈服位移提高了34%。偏心支撑在弹性阶段侧向刚度低于中心支撑。双钢板连接的SCFST柱框架-中心支撑结构的水平极限承载力比双钢板连接的SCFST柱框架-偏心支撑增加了14%，比单钢板连接的SCFST柱框架-偏心支撑增加了17%。分析原因认为耗能梁段的存在增加了SCFST柱-偏心支撑结构的延性，同时降低了水平屈服荷载。

（3）试验结果分析

1）滞回曲线

图3.4-30给出了三个试件的滞回曲线。对于SCFST柱-偏心支撑结构，通过试件一和试件二可以得到以下结论：在弹性阶段，结构的荷载位移曲线基本呈线性。耗能梁段剪切屈服后，试件的荷载位移曲线上升速率开始减慢。随着耗能梁段变形，尽管水平位移越来越大，但是每一级循环的极限荷载并没有明显地减小，试件有着较好的延性和变形能力。从第二级循环开始，结构的残余变形均较大，可能是因为结构形成了塑性铰，结构发

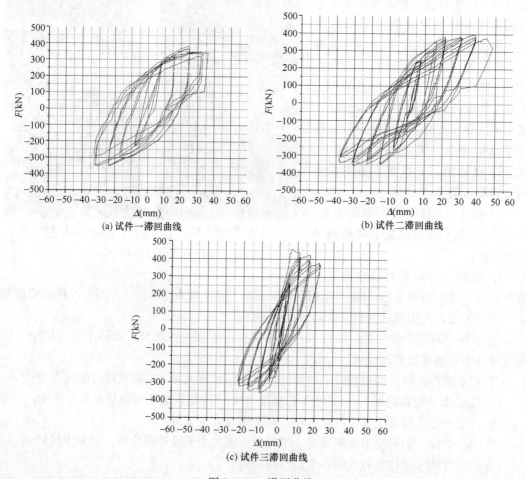

图3.4-30 滞回曲线

生了塑性变形。当循环级数较低时，结构的残余变形和最大水平位移呈正相关，但是当循环级数较高时，结构的残余变形和最大水平位移正相关的特性越来越不明显，这可能是因为结构塑性铰发展较大，结构的残余变形受卸载速率影响较大。SCFST 柱框架-偏心支撑结构的滞回曲线比较饱满，没有明显的捏拢现象，展现了良好的耗能能力。

通过试件一和试件二对比可以得到如下结论：单钢板连接和双钢板连接两种不同的连接方式对 SCFST 柱框架-偏心支撑结构的力学性能影响并不明显。无论是荷载峰值还是结构的侧向刚度都没有特别大的区别。这可能是因为单钢板与双钢板连接对 SCFST 柱的轴压承载力影响较大，而对结构的截面模量影响较小，导致在框架平面内结构的侧向刚度相差不大。

2) 骨架曲线

滞回曲线的包络线即骨架曲线。通过骨架曲线，可以得到结构不同阶段的力学特性，包括每一级循环的强度、刚度、延性等参数。图 3.4-31 是三个试件的骨架曲线。

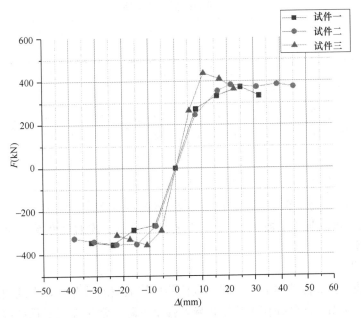

图 3.4-31 骨架曲线

三个试件的骨架曲线形状均相似。其中试件一的峰值荷载为 373kN，试件二为 384kN，试件三为 437kN。三个试件变化规律均如下：随着水平位移的增加，试件从弹性阶段进入塑性阶段；当荷载达到峰值之后开始下降。其中试件一和试件二侧向刚度相似，峰值荷载几乎相同，证明双板连接和单板连接的 SCFST 柱框架-偏心支撑结构具有相似的水平承载力和侧向刚度。二者的下降段都比较平缓，再次证明偏心支撑的耗能能力良好。而试件三峰值荷载相比试件一增加了 14%，相比试件二增加了 17%，SCFST 柱框架-中心支撑结构的强度较高。另外从图中可以直观地看出，试件三 SCFST 柱框架-中心支撑的侧向刚度要强于试件一和试件二的偏心支撑，但是耗能能力和延性不如试件一和试件二。

3) 延性

延性是衡量结构变形能力和耗能能力的重要指标，指结构进入屈服之后到达极限承载

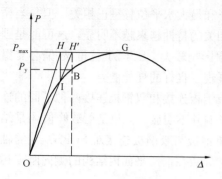

图 3.4-32 通用屈服弯矩法

能力，或者到达极限承载能力后承载力没有明显下降期间的变形能力。常用位移延性系数定量地表达结构的延性，通过式（3.4-7）进行计算。其中 Δ_y 表示构件的屈服位移，Δ_u 表示构件的极限位移。本章采用通用屈服弯矩法确定试件的屈服荷载及相应位移，如图 3.4-32 所示：通过从原点作切线到达峰值高度记为 H，向下做垂线交曲线于 I。连接 OI 延长到达峰值高度为 H'，再向下作垂线交曲线于 B 点。表 3.4-8 对各试件的相关参数进行了汇总，其中以拉压千斤顶压为正方向，拉为负方向。

$$\mu = \frac{\Delta_u}{\Delta_y} \tag{3.4-7}$$

各特征点处强度与位移 表 3.4-8

试件编号	名义屈服位移 (mm)	名义屈服荷载 (kN)	峰值位移 (mm)	峰值荷载 (kN)	延性系数
试件一（＋）	13.82	316.65	25	373	1.8
试件一（－）	13.89	280.38	24	354	1.72
试件二（＋）	15.56	344.42	38.75	384.86	2.49
试件二（－）	12.08	316.97	22.49	352.93	1.86
试件三（＋）	10.52	421.47	11	437.13	1.04
试件三（－）	7.92	318.15	11	355.72	1.39

通过表 3.4-8 可得：SCFST 柱-偏心支撑结构的延性系数在 1.8～2.5 之间，而 SCFST 柱-中心支撑的延性系数在 1.0～1.4 之间。偏心支撑的延性系数比中心支撑延性系数大，延性较好。

4）强度退化

强度退化是指在等位移幅值，即同一级位移幅值加载的情况下，强度随循环次数的增加而不断降低。原因是试件损伤不断累积导致强度下降。常用强度退化系数表示试件的强度退化，定义为试件屈服后同一级加载过程中，最后一次循环的峰值荷载与第一次循环的峰值点荷载的比值，如下式：

$$\lambda_j = \frac{F_j^n}{F_j^1} \tag{3.4-8}$$

式中 F_j^n ——位移级别 j 下最后一次循环的最大荷载；

F_j^1 ——位移级别 j 下第一次循环的最大荷载。

各试件的强度退化如图 3.4-33 所示。

各试件各次循环中，强度退化系数均在

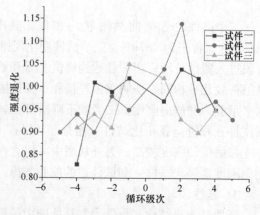

图 3.4-33 强度退化

0.85以上。因为试验采集过程中存在一定误差,所以出现了强度退化系数大于1的情况。根据试件一强度退化结果,在构件变形的过程中,发生了诸如耗能梁段弯曲,耗能梁段扭曲,支撑弯折等现象,但是并没有出现明显的强度退化。试件二在焊缝撕裂之后,同样没有特别明显的强度退化发生。无论是SCFST柱框架-中心支撑还是SCFST柱框架-偏心支撑结构,均显现了较好的抗震性能,二者破坏机制合理,均没有发现明显的强度退化现象。两种结构形式均有较好的力学性能。

5) 刚度退化

环线刚度为同一级别位移下多次加载循环的平均荷载与平均位移的比值,通过下式进行计算:

$$K_j = \frac{\sum_{i=1}^{n} P_j^i}{\sum_{i=1}^{n} U_j^i} \quad (3.4\text{-}9)$$

式中　P_j^i——位移加载级别j下的第i次循环的侧向水平荷载峰值;

　　　U_j^i——位移加载级别j下的第i次循环的侧向水平位移峰值。

在试件循环加载过程中,因为多次循环过程中试件塑性区域的发展,整个结构的侧向刚度会逐渐退化,刚度退化是衡量结构变形能力的重要指标。本次试验过程中三个试件的环线刚度如图3.4-34所示。

对于SCFST柱框架-偏心支撑结构,SCFST柱采用单板连接还是双板连接对结构整体的侧向刚度影响较小,分析原因认为:连接板的连接方式对异形柱抗弯刚度影响较小,导致结构侧向刚度变化不大。

6) 耗能能力

最直接的耗能能力衡量标准是循环耗能,循环耗能即结构在一个循环中消耗的总能量。本次试验每个循环等级进行了三次试验,取每个试验的平均值代表耗能能力。图3.4-35显示了3个试件在不同循环级次下的耗能能力。可以看出:在循环等级较低时,采用双钢板连接的SCFST柱框架-偏心支撑结构和采用单钢板连接的SCFST柱框架-偏心支撑结构在耗能能力上并没有特别明显的区别。另外,相比于SCFST柱框架-偏心支撑结构,

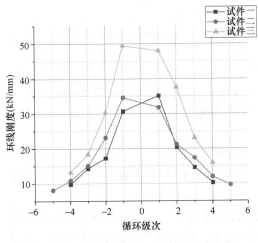

图3.4-34　环线刚度

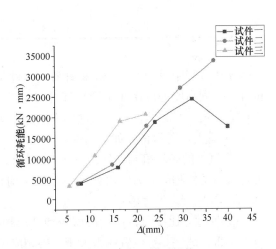

图3.4-35　循环耗能

SCFST 柱框架-中心支撑结构在低级次的循环时每一级的循环耗能并不一定弱于偏心支撑的循环耗能，但是由于循环级次较少，所以累积耗能不如 SCFST 柱框架-偏心支撑。

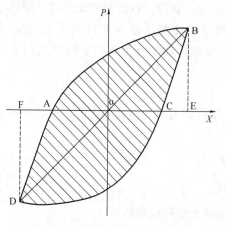

图 3.4-36　能量耗散系数

能量耗散系数 E 体现试件耗能能力的另一个重要指标，计算方法如式（3.4-10），其中 $S_{(ABC)}$、$S_{(CDA)}$、$S_{(OBE)}$ 和 $S_{(ODF)}$ 分别为相应点线所围成的面积，具体见图 3.4-36。各级荷载下循环耗能主要体现了滞回环的饱满程度。

$$E = \frac{S_{(ABC)} + S_{(CDA)}}{S_{(OBE)} + S_{(ODF)}} \quad (3.4\text{-}10)$$

各试件在不同循环等级下的能量耗散系数见表 3.4-9。在弹性阶段，各试件的能量耗散系数均较小。进入塑性之后，随着偏心支撑结构耗能梁段的屈服、发生弯扭失稳以及中心支撑结构的支撑发生平面外弯曲，整个结构塑性区域逐渐增加。随着试件塑性区域的发展，试件在变形过程中不断消耗能量。可以看出：相比于 SCFST 柱框架-中心支撑结构，SCFST 柱框架-偏心支撑结构滞回曲线更加饱满。另外随着框架刚度的增加，耗能能力有所减弱。

能量耗散系数　　　　　　　　　　　　表 3.4-9

加载级别	试件编号	能量耗散系数	加载级别	试件编号	能量耗散系数
1	SJ-1	0.23	3	SJ-3	1.28
1	SJ-2	0.21		SJ-1	1.96
1	SJ-3	0.19	4	SJ-2	1.49
2	SJ-1	1.59		SJ-3	1.41
2	SJ-2	1.20		SJ-1	—
2	SJ-3	1.30	5	SJ-2	1.30
3	SJ-1	1.73		SJ-3	—
3	SJ-2	1.34			

7）位移。

试验过程中设置了五个位移计研究试件位移沿柱子高度的分布情况。以试件二为例，试件二不同高度处位移在不同循环等级下的分布见图 3.4-37。整个试件变形最大的位置在柱高度约一半处的位置，试件的变形介于弯曲型变形和剪切型变形之间。

8）综上，可以得到如下结论：

① 试件的破坏机制良好。总体上看，2 层耗能梁段的应力最大，其次是 2 层支撑的应力，最后是柱脚的应力。由此可得，该结构在 2 层耗能梁段发生屈服之前，偏心支撑和 SCFST 柱柱脚未发生破坏。

② 通过对比 1 层耗能梁段腹板和 2 层耗能梁段腹板应力以及 1 层支撑和 2 层支撑的应力可得：试件 2 层位置应力大于 1 层相应位置的应力。这是因为结构 2 层层间位移大于 1 层层间位移。

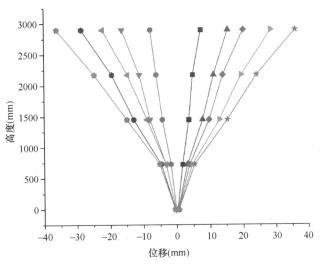

图 3.4-37 试件二位移分布

3.4.3 设计方法与体系优化

1. 钢管混凝土组合异形柱结构性能及体系优化

（1）从构件性能入手，完成了钢管混凝土组合异形柱压弯试验，得到了压弯承载力计算公式［图 3.4-38、式（3.4-11）和式（3.4-12）］。

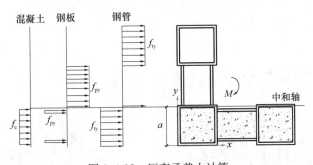

图 3.4-38 压弯承载力计算

$$N = \sum A_{tc}f_{ty} + \sum A_{pc}f_{py} + \sum A_{cc}f_c - \sum A_{tt}f_{ty} - \sum A_{pt}f_{py} \quad (3.4\text{-}11)$$

$$M = \sum A_{tc}f_{ty}d_{tc} + \sum A_{pc}f_{py}d_{pc} + \sum A_{cc}f_c d_{cc} - \sum A_{tt}f_{ty}d_{tt} - \sum A_{pt}f_{py}d_{pt} \quad (3.4\text{-}12)$$

（2）从体系优化入手，完成了不同层高的异形柱框架结构住宅点式、板式户型的参数比选。

2. 组合异形柱多高层框支结构及高层框剪结构体系优化

（1）开展了组合异形柱框架-偏心/中心支撑结构拟静力试验研究，揭示了其在拟静力作用下的破坏机制规律。

（2）重点揭示了组合异形柱框架-偏心/中心支撑结构的滞回性能、耗能能力、延性等抗震性能。

（3）开展了组合异形柱框架-双钢板剪力墙体系低周往复荷载试验研究，揭示了双钢板墙体的抗震性能与破坏机理。

（4）重点揭示了组合异形柱框剪体系滞回曲线、骨架曲线、耗能能力、延性等抗震性能。

3.5 产业化示范

3.5.1 示范工程

1. 新型装配式钢结构绿色建筑基地宿舍楼

（1）示范工程基本信息

工程名称：新型装配式钢结构绿色建筑基地宿舍楼

建设地点：浙江省杭州市钱塘区青西三路5799号

开发单位：浙江东南绿建集成科技有限公司

设计单位：杭州恒元建筑设计院有限公司

施工单位：浙江东南网架股份有限公司

本项目位于杭州市钱塘区（原大江东）河庄街道，东侧为青西三路，南侧为临鸿路，西侧为青西四路，北侧为江东七路，交通较为便利（图3.5-1、图3.5-2）。建筑总长度为67.6m，建筑宽度21.2m，地上12层，无地下室，层高3.2m，建筑高度44.150m，建筑总面积为17805.34m^2，丙类建筑，抗震设防烈度为6度，采用钢框架-桁架式多腔体钢板组合剪力墙结构体系，组合钢板墙抗震等级为三级，钢管混凝土柱及钢框架梁抗震等级为四级。Ⅲ类场地，采用预应力管桩基础。结构构件采用工厂预制生产、现场装配施工的方式，施工过程采用建筑信息化模型BIM技术，实现全专业，全过程信息化管理。

图3.5-1 项目效果图及实景照片

（2）工程示范的技术内容

本工程为国内首个在住宅中大规模应用新型钢框架-桁架式多腔体钢板组合剪力墙体系的装配式建筑工程，主要示范以下内容：

1）钢框架-桁架式多腔体钢板组合剪力墙体系的设计、制造、安装技术（图3.5-3）。本工程基于住宅集成理念及住宅功能需求，采用既能满足力学性能要求又能满足装配化需

图 3.5-2　项目实景鸟瞰图

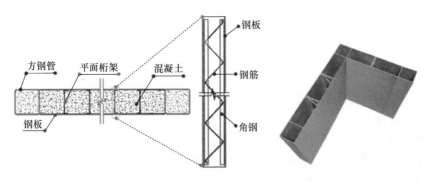

图 3.5-3　多腔体钢板剪力墙构造示意图

求的钢框架-桁架式多腔体钢板组合剪力墙体系，桁架式多腔体钢板组合剪力墙作为结构体系的主要抗竖向力和抗侧向力构件，由外侧双钢板与矩形钢管、内部平面钢筋桁架焊接而成的具有多个竖向连通腔体的结构单元，内部浇筑混凝土，形成一种以一字形、L形、T形、Z形为主要构造形式的组合构件。该体系主要有以下几方面的特点：①充分发挥钢材与混凝土各自的优势，通过两种材料的协同工作具有承载力高、延性好、耗能能力强等优点；②施工阶段双层钢板可兼作模板使用，且混凝土在钢筋桁架间的流动性好，混凝土密实性好；使用阶段和内部混凝土一起承担水平与竖向荷载；③能与建筑墙体规格尺寸匹配，解决了露墙、露柱的问题；④现场装配化水平高，可有效提高建筑质量和施工质量，减少人工成本，缩短工期，具有优越的综合经济性能。

2）可拆卸底模钢筋桁架混凝土楼板应用技术。

3）轻质自保温墙板及保温装饰一体化墙板应用技术。

示范工程很好地契合了本课题主要研究内容，即基于住宅集成理念，进行结构体系优化，形成性能良好、质量可靠、经济高效的结构设计方案；基于标准化设计思想，提出合理的钢柱及剪力墙形式；基于住宅功能需求，确定钢柱、钢梁和剪力墙的布置方案，开发标准化、模数化、系列化构件数据库；开发适用于本结构体系的钢结构建筑围护体系，集成建筑结构、设备和装饰装修一体化建造技术；研发钢框架-多腔体钢板组合剪力墙结构体系的快速装配技术，形成相应工法；基于框架-多腔体钢板组合剪力墙结构体系的设计、加工、装配一体化，形成产业化集成技术和技术标准。

2. 沧州市福康家园公共租赁住房住宅项目

（1）示范工程基本信息

工程名称：沧州市福康家园公共租赁住房住宅项目

研发单位：天津大学

施工总承包单位：大元建业集团股份有限公司

建设单位：大元建业集团股份有限公司

设计单位：天津大学、天津大学建筑设计研究院

建筑位置：河北省沧州市区永济路北、永安大道西侧

建筑形式：方钢管混凝土组合异形柱框架-支撑体系和框架-剪力墙体系

建筑类别：丙类

建筑物场地：Ⅲ类

整体抗震设防烈度：7度（0.10g）

设计使用年限：50年

防火等级：二级

总建筑面积：13.6万 m^2

（2）工程示范内容

1）基本示范内容

① 钢管混凝土组合异形柱结构体系；

② 钢管混凝土组合异形柱体系配套梁柱节点；

③ 钢管混凝土组合异形柱防火技术；

④ 小截面方钢管混凝土浇筑施工技术；

⑤ 钢结构建筑绿色施工技术；

⑥ 高层钢结构住宅无支撑楼板体系。

2）示范内容应用的具体情况

① 体系选型

项目由天津大学建筑设计研究院设计，5栋18层采用方钢管混凝土组合异形柱框架-支撑结构体系，2栋25层和1栋26层采用方钢管混凝土组合异形柱框架-剪力墙结构体系。该项目是河北省第一个钢结构保障性住房项目（图3.5-4、表3.5-1）。

图3.5-4 建筑效果图

各单体建筑尺寸表 表 3.5-1

楼号	长(m)×宽(m)	高度(m)	地上层数	地下层数	层高	结构体系
1号	69.05×14.05	73.5	25	1	1层 3.6m	方钢管混凝土组合异形柱框架-剪力墙结构体系
2号	74.95×13.75	73.5	25		2层 3.3m	
4号	48.80×15.45	76.4	26		标准层 2.9m	
					顶层 2.8m	
3号	34.30×14.05	52.1			标准层 2.9m	方钢管混凝土组合异形柱框架-支撑结构体系
7号	48.60×14.40				顶层 2.8m	
5号	34.40×14.05		18		1层 3.6m	
6号	48.60×14.40	53.2			2层 3.3m	
8号					标准层 2.9m	
					顶层 2.8m	
商业网点(1号、2号、3号)	41.50×11.00	7.2	2	—	1层 3.6m	现浇混凝土框架
					2层 3.3m	
地下车库	196.80×135.70	—	—	1	3.6m	

a. 方钢管混凝土组合异形柱（图 3.5-5）

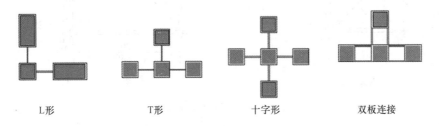

图 3.5-5 方钢管混凝土组合异形柱

优势如下：

建筑室内效果好：组合钢柱采取防火保护后与墙体同厚度，室内不露柱角。

结构布置灵活：可根据建筑墙体位置设置支撑，调整单肢柱的间距，适应建筑平面。

融合了纯钢与混凝土材料的优势：钢管混凝土柱充分发挥了钢材受拉强度好和混凝土抗压性能高的特点，减小了柱截面尺寸，塑性和韧性好，抗震性能强，各单肢通过缀件连接形成的格构式空间桁架结构形式，进一步提高了组合柱的抗侧力能力。

b. 方钢管支撑形式（图 3.5-6）

② 节点类型

a. 异形柱梁柱节点（外肋环板节点，见图 3.5-7）

当竖向肋板和梁柱无法贯通连接时，采用切肢 T 型钢。

b. 单柱梁柱节点（隔板贯通节点，见图 3.5-8）

③ 整体结构的模拟与分析

a. 方钢管混凝土组合异形柱-H 型钢框架-支撑体系（7号楼）

采用 MIDAS GEN800 计算，盈建科校核。梁和柱采用梁单元，组合异形柱连接板用板单元，楼板采用板单元，支撑采用桁架单元。柱底设置为全约束，次梁梁端铰接。建立

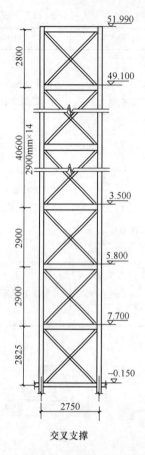 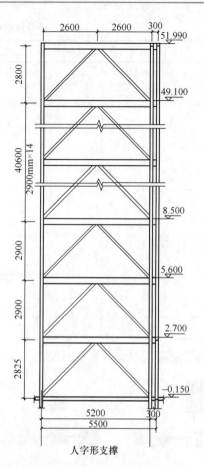

交叉支撑　　　　　　　人字形支撑

图 3.5-6　方钢管支撑形式

 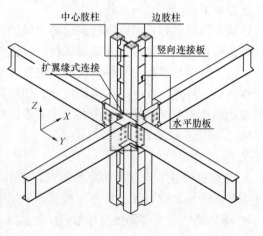

图 3.5-7　外肋环板节点

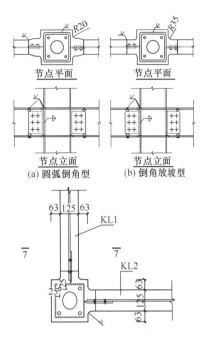

图 3.5-8　隔板贯通节点

模型如图 3.5-9 所示。

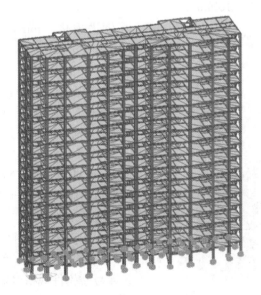

图 3.5-9　7 号楼计算模型

7 号楼构件规格（支撑布置平面示意图，见图 3.5-10）。
钢框架构件材质：
钢管混凝土柱：Q345B 钢及 C40 混凝土；
梁：Q345B 钢；
支撑：Q345B 钢、Q235 钢。
钢管混凝土柱截面。

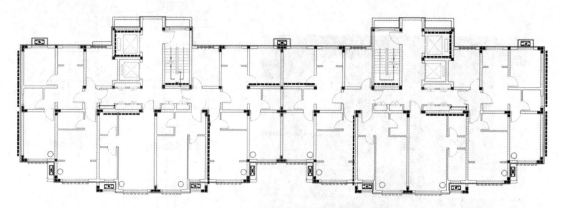

图 3.5-10　7 号楼标准层柱支撑布置平面示意图

异形柱单肢截面（mm）：□150×6、□150×8、□150×10、□150×12、□150×14；
　　　　　　　　　　□150×250×10（中柱为 150×14）；
　　　　　　　　　　□150×250×12（中柱为 150×14）。

单柱截面（mm）：□200×300×14、□200×300×12、□200×300×10。
异形柱连接板厚度：14mm、12mm、10mm、8mm、6mm。
异形柱单肢间隔净距：150mm。

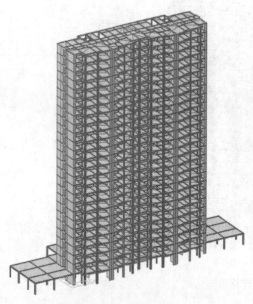

图 3.5-11　4 号楼计算模型

钢梁规格（mm）：H400×150×8×12、H300×125×8×10、H250×125×6×8、HN200×100×4.5×6。

支撑规格（mm）：□150×8、□120×8、□120×6、□100×6（Q235B）。

b. 方钢管混凝土组合异形柱-H 型钢框架-剪力墙体系（4 号楼）

采用 MIDAS GEN800 计算，盈建科校核。梁和柱采用梁单元，组合异形柱连接板用板单元，楼板采用板单元，剪力墙选取墙单元。柱底设置为全约束，铰接梁端释放端部约束。建立模型如图 3.5-11 所示。

4 号楼构件规格（剪力墙布置平面示意图，见图 3.5-12）。

梁规格（mm）：
H400×150×8×12、H300×125×8×10、H250×125×6×8、HN200×100×4.5×6。

混凝土连梁 600mm×300mm。
剪力墙规格见表 3.5-2。

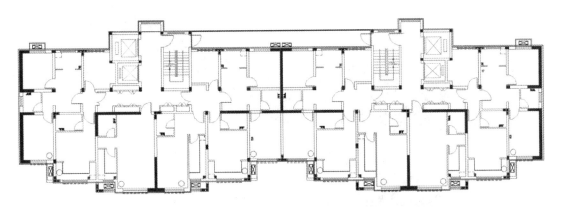

图 3.5-12　4 号楼标准层剪力墙布置平面示意图

剪力墙规格　　　　　　　　　　　表 3.5-2

剪力墙	外墙	内墙
1~6 层	300mm 厚，C40	250mm 厚，C40
7~15 层	250mm 厚，C35	200mm 厚，C35
16~25 层	250mm 厚，C30	200mm 厚，C30

3.5.2　示范生产线

1. 桁架式多腔体钢板组合剪力墙生产线

（1）示范生产线概况

1）示范生产线基本信息

示范生产线名称：桁架式多腔体钢板组合剪力墙生产线；

建设地点：浙江省杭州市钱塘区；

建设单位：浙江东南绿建集成科技有限公司；

实施单位：浙江东南网架股份有限公司。

2）示范生产线简介

桁架式多腔体钢板组合剪力墙生产线设在杭州钱塘区东南新型装配式钢结构绿色建筑基地内，主要生产一种新型桁架式多腔体钢板组合剪力墙，它包含桁架自动化生产、板材的拼接、剪力墙定位焊、剪力墙内外焊、端部剖口、L/T 型组立、端部装配及焊接等工序。主要加工设备包含数控重型双枪等离子切割机，钢筋桁架焊接专机，底板与钢筋桁架单元矫正机，多腔体组合悬臂式焊接专机，多腔体钢板剪力墙端部切平、坡口专机，组装上料机，输送滚道，C 形、L 形电动、液压翻转机，移钢机等。该生产线的建成能充分减少人工劳动强度，提高生产效率。桁架式多腔体钢板组合剪力墙生产线示意图如图 3.5-13 和图 3.5-14 所示。

（2）示范生产线示范技术内容及加工流程

1）示范内容

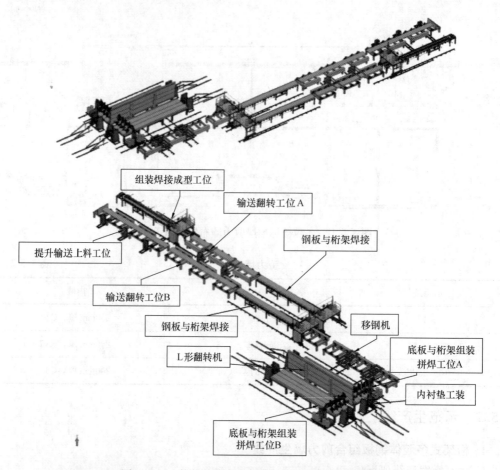

图 3.5-13 桁架式多腔体钢板剪力墙生产线示意图

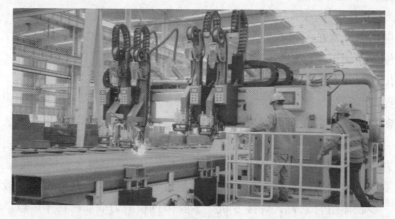

图 3.5-14 桁架式多腔体钢板剪力墙生产线照片

① 该桁架式多腔体钢板组合剪力墙生产线是全国唯一一家可生产特色钢板组合墙的生产线,年生产量达 8000~10000t,可实现桁架式多腔体钢板剪力墙批量化生产,智能化制造。

② 该生产线采用数控等离子切割下料、数控自适应定位、红外线扫描跟踪自动焊接，具有技术先进、生产效率高、质量可靠、操作方便、定位精准等优点。

示范生产线能满足课题任务要求，即要求涉及桁架式多腔体钢板剪力墙研发及其生产工艺研究；桁架式多腔体钢板剪力墙制造装备研发；桁架式多腔体钢板组合剪力墙体系的智能化管理系统研究。子课题最终的研究成果展示即是该示范基地的建设，通过该示范基地的建设，示范桁架式多腔体钢板剪力墙自动化生产平台、标准化生产技术，结合数控技术及自动化生产线，实现桁架式多腔体剪力墙部件的数字化、标准化、工厂化生产工艺。

2）示范生产线加工工艺流程

该桁架式多腔体钢板组合剪力墙生产线产品如图 3.5-15 所示，桁架式多腔体构件划分为单元制作，单元经检验合格后再进行组装焊接，加工工艺流程示意如图 3.5-16 所示，加工实物成品如图 3.5-17 所示。

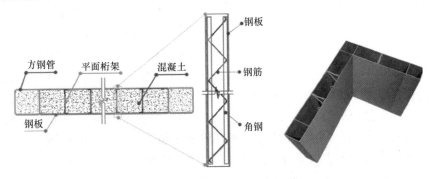

图 3.5-15　多腔体钢板剪力墙构造示意图

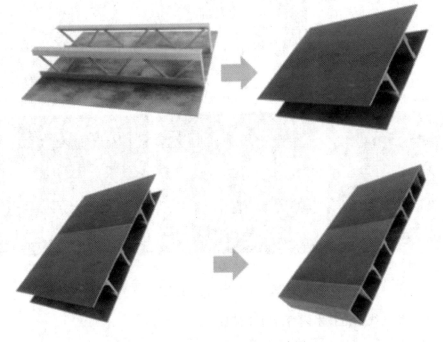

图 3.5-16　加工工艺流程示意图

图 3.5-17 加工成品照片

2. 装配式框架钢结构生产线

(1) 示范生产线基本信息

1) 基本信息

示范生产线名称：装配式框架钢结构生产线；

建设地点：江苏省南京市爱陵路10号；

实施单位：江苏新蓝天钢结构有限公司；

建设单位：江苏新蓝天钢结构有限公司。

2) 示范生产线简介

装配式框架钢结构生产线设在江苏新蓝天钢结构有限公司的新型装配式钢结构绿色建筑基地内，主要生产一种新型装配式框架钢结构，它包含详图深化、数控下料、板材的拼接、组立定位点焊、自动/半自动焊接、端部坡口、端部装配及焊接等工序。主要加工设备包含数控火焰切割机/直条机、剪板机、数控平面钻、数控三维钻、坡口专机，组装上料机，自动/半自动埋弧焊设备、输送滚道、180 度电动翻转机、移钢机等。该生产线的建成能充分减少人工劳动强度，提高生产效率（图 3.5-18）。

(a) 德国梅赛尔数控切割机

(b) 美国H型钢锯钻流水线

(c) 美国H形锁扣机

(d) 日本进口锁口机

(e) 日本进口锯床

(f) 日本进口三维钻

图 3.5-18 生产线主要设备

(2) 示范生产线示范技术内容及加工流程

1) 示范内容

基于新型钢结构+PC 预制墙板装配式住宅体系的制作过程中的电脑控制、高精度自动限位、割炬防碰撞等关键工序，研究新型钢结构＋PC预制墙板装配式住宅体系各关键工序及专用自动化设备；基于数字化控制技术并结合多规格新型钢结构＋PC预制墙板装配式住宅体系构造特点，展示其系列化标准化制造工序。

2）加工流程

结合数控自动化技术，形成部品部件的工厂化生产线及生产工艺；集成建筑结构、设备和装修一体化建造技术；依托课题研究成果，形成工业化建筑部品模块化、系统化、标准化和构配件标准化制造成套技术体系，为构配件工业化生产提供技术支撑。

生产流程如下：

① 将钢板吊入数控等离子切割机中切割成合适的条形板，（含侧板、中板、衬垫板），分别将各条形板校平、打磨工位处理后输送到满焊工位。

② 靠紧输入端定位板，启动定位按钮左侧模具把底板推向右侧基准定位板加紧后、左右两侧旋转夹紧底板定位完成。

③ 吊入矩形桁架，启动桁架基准定位面进行左右行走到位，定位完成上料输入端并启动满焊焊接。

④ 启动龙门焊完成满焊后打开所有定位，按照设备说明书定位完后、同上启动龙门完成满焊，定位松开进行桁架单元矫正。由移钢机输送到拼装工位进行拼装。深入剪力墙内部启动焊接焊缝二维自动跟踪完成焊接。

⑤ 焊接完成后松开定位，同上悬臂操作利用两组L形翻转机将剪力墙反面四道焊缝焊接完成。焊完后松开所有定位装置由人工吊至剪力墙端部切割工位切割。

3.5.3 示范产业园区

1. 示范产业园概况

（1）示范产业园基本信息

产业园名称：东南新型装配式钢结构绿色建筑基地；

建设地点：浙江省杭州市钱塘区；

建设单位：浙江东南绿建集成科技有限公司；

设计单位：杭州恒元建筑设计院有限公司；

施工单位：浙江东南网架股份有限公司。

（2）示范产业园简介

本产业园位于杭州市钱塘区（原大江东），东侧为青西三路，南侧为临鸿路，西侧为青西四路，北侧为江东七路，交通较为便利。钱塘区处于环杭州湾产业带和环杭州湾城市群的核心位置，包括原杭州大江东产业集聚区和原杭州经济技术开发区，是经国家发展和改革委员会批准设立的国家级高新技术产业开发区。也是浙江省委、省政府着力打造的世界级智能制造产业集群、长三角地区产城融合发展示范区、全省标志性战略性改革开放大平台、杭州湾数字经济与高端制造融合创新发展引领区。

本项目总投资30亿元人民币，其中固定资产投资22亿元（土建工程3亿元、设备购置7.5亿元、安装工程4亿元、工程建设其他费用4亿元、预备费3.5亿元）。新征用地218585m^2（327亩），新建厂房以及辅助用房等建筑面积171746.04m^2（图3.5-19～图3.5-22），配置等离子数控切割机、激光切割机、H型钢智能组焊生产线、箱形梁智能组焊生产线、自动高效抛丸机、变频式起重机等生产设备以及空压机、冷却水系统等公用工程设备,建成后形成年产钢结构构件20万t的规模。

图 3.5-19　整体鸟瞰图

图 3.5-20　立面效果图

图 3.5-21　基地鸟瞰实景照片

图 3.5-22　基地办公大楼实景照片

本项目划分为三个功能区：生产区、公用动力站房区、厂前区，采用混合式布局。生产区居中，左右临近布置公用站房区、厂前区。生产区为厂区主要生产区域，占厂区绝大部分用地，规划由南向北依次为联合厂房一（焊接 H 型钢梁）、联合厂房二（矩形钢管柱、钢板剪力墙）、联合厂房三（新型墙板、钢筋桁架楼承板）。厂前区规划为厂区行政办公、生活服务区域，位于厂区东南部，主要包括综合办公楼、员工宿舍、小汽车停车场等建（构）筑物。公用动力站房区位于生产区西南部，设置联合站房、液态气体站等，基本位于负荷中心。

2. 项目示范技术内容及亮点

（1）本产业园的示范内容

1) 数控等离子切割、型钢自动化生产线、焊接机器人、桁架式多腔体钢板剪力墙生产线、自动喷漆涂装线、新型墙体及楼板生产线等先进高效的生产设备及其工艺流程示范。

2) 设计、加工、装配一体化的工业化钢结构建筑工程示范应用。通过该产业园的建设展示新型框架钢结构体系建筑及其产业化成套集成技术的应用，形成适应产业化生产方式要求的新型抗侧力结构和抗重力结构可分的结构体系；并开发标准化、模数化、系列化构件数据库及适用于钢结构建筑的集成建筑结构、设备和装修一体化建造技术。通过工程示范课题检验成套技术方案的可行性，并进一步优化标准化设计方法、装配建造方法和构造措施，最终形成产业化推广的通用技术标准。

（2）示范产业园目标产品

以桁架式多腔体钢板组合剪力墙结构体系为依托，集成装配式楼盖、预制化墙板等技术，基于 SEBIM 平台实现装配式钢结构建筑的一体化设计、工厂化生产、装配化施工，是一套系统、高效、先进的工业化绿色建筑解决方案。主要应用于学校、医院、保障性住房（高端人才公寓）、公共建筑等多种不同功能需求的装配式钢结构建筑（图 3.5-23）。

1) 桁架式多腔体

桁架式多腔体由外侧双钢板、内部平面钢筋桁架和矩形钢管组装而成的具有多个相互连通腔体的钢结构构件（图 3.5-24），形式有一字形、L 形、T 形、Z 形等。

图 3.5-23 桁架式多腔体钢板组合剪力墙结构住宅体系

图 3.5-24 桁架式多腔体钢板剪力墙

2) 矩形钢管柱

装配式钢结构建筑中，大都采用矩形钢管混凝土柱（图 3.5-25），该组合构件能充分发挥钢材抗拉和腔内混凝土抗压性能，其截面小、承载力高；钢柱与钢梁形成框架体系，充分实现强柱弱梁强节点的抗震机理，塑性变形能力好，具有优异的耗能能力。

3) H 型钢构件（图 3.5-26）

H 型钢截面模量大、抗弯能力强；截面尺寸灵活，可按需定制不等宽、不等厚的异形钢梁，节省用钢量和节约成本；翼缘与腹板采用全熔透焊缝连接，焊接质量可靠；制作简便，可自动化连续生产，产业化程度高。

4) 钢筋桁架楼承板

钢筋桁架楼承板是将楼板中钢筋在工厂加工成钢筋桁架，并将钢筋桁架与镀锌压型钢板焊接成一体的组合模板（图3.5-27），在其上面浇注混凝土，便形成钢筋桁架混凝土楼

图 3.5-25　矩形钢管柱

图 3.5-26　H 型钢梁

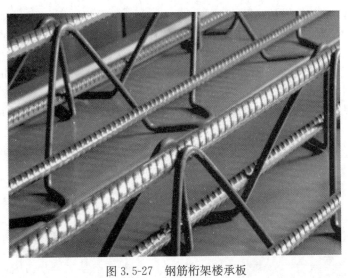

图 3.5-27　钢筋桁架楼承板

板。采用钢筋桁架楼承板，大量减少现场模板和脚手架用量，简化了钢筋绑扎，安装快捷，现场废料少，施工质量优。可拆卸底膜钢筋桁架楼承板的底模待混凝土达到强度后即可方便地拆除（图3.5-28），直接做抹灰，不需吊顶。

图3.5-28　可拆卸底膜钢筋桁架楼承板

参 考 文 献

[1] 住房和城乡建设部．高层民用建筑钢结构技术规程：JGJ 99—2015[S]．北京：中国建筑工业出版社，2015．

[2] 中国工程建设标准化协会．矩形钢管混凝土结构技术规程：CECS 159—2004[S]．北京：中国计划出版社，2004．

[3] 住房和城乡建设部．建筑抗震设计规范：GB 50011—2010(2016年版)[S]．北京：中国建筑工业出版社，2010．

[4] 住房和城乡建设部．混凝土结构设计规范：GB 50010—2010(2015年版)[S]．北京：中国建筑工业出版社，2010．

[5] 住房和城乡建设部．钢板剪力墙技术规程：JGJ/T 380—2015[S]．北京：中国建筑工业出版社，2015．

[6] 住房和城乡建设部．钢结构设计标准：GB 50017—2017[S]．北京：中国建筑工业出版社，2017．

[7] 住房和城乡建设部．高层建筑混凝土结构技术规程：JGJ 3—2010[S]．北京：中国建筑工业出版社，2010．

[8] 国家质量监督检验检疫总局．建筑构件耐火试验方法 第1部分：通用要求：GB/T 9978.1—2008[S]．北京：中国标准出版社，2008．

[9] 住房和城乡建设部．建筑设计防火规范：GB 50016—2014(2018年版)[S]．北京：中国计划出版社，2014．

[10] 住房和城乡建设部．建筑钢结构防火技术规范：GB 51249—2017[S]．北京：中国计划出版社，2017．

第4章 模块化钢结构体系建筑产业化技术与示范

4.1 引言

4.1.1 课题背景及研究现状

1. 课题背景

国务院办公厅 2016 年发布了《关于大力发展装配式建筑的指导意见》[国办发 71 号]提出:"发展新型建造方式,大力推广装配式建筑,减少建筑垃圾和扬尘污染,缩短建造工期,提升工程质量。鼓励建筑企业装配式施工,现场装配,建设国家级装配式建筑生产基地。加大政策支持力度,力争用 10 年左右时间,使装配式建筑占新建建筑的比例达到 30%"。

近些年随着国家、住建部与各地方密集发布关于大力推广装配式建筑政策文件,掀起了装配式建筑发展的高潮,"高质量发展"成为我国经济发展的重要目标。随着建筑业劳动力的逐渐短缺,传统的建筑生产方式与我国的经济发展水平不相适应,也与发达国家的建筑工业化水平存在较大差距。在"碳达峰"和"碳中和"的大背景下,如何用现代科技手段改进传统建筑工艺,用工业化的方法使建筑业实现"两提两减",成为建筑行业思考的重要命题。

2. 模块化钢结构建筑概述

模块化建筑,又称空间体系的模块式装配化建筑,是由若干功能模块单元构件组成的一种建筑形式,模块既是一个结构单元又是一个空间功能单元,能实现不依赖外部支撑而独立存在;可根据不同功能需求,划分成不同功能空间,配置不同办公、生活、辅助设施以适应建筑设计方案要求组合形态的多变,实现功能与造型多样化。

钢结构建筑因其强度高、重量轻、环保节能、抗震性好、工业化程度高、施工速度快、施工效率高等特点被誉为 21 世纪的"绿色建筑",相比传统的混凝土建筑而言,钢结构强度更高,抗震性更好。并且由于构件可以工厂化制作,现场安装,因而大大缩短施工工期。同时钢材的可重复利用,减少建筑垃圾排放,更加绿色环保,被广泛应用于工业厂房、大型展馆、机场、火车站等各类商业建筑和公共建筑中。

通过模块化建筑的特点和钢结构材料高强度、便于机械加工制造的优势相结合,伴随着中国钢铁工业的迅猛发展和建筑钢结构的广泛使用,模块化钢结构建筑在国内的使用显著在提高,在国家大力倡导和发展装配式建筑时代,模块化钢结构建筑作为装配式建筑的高端产品,具有高度工厂化和极高装配率等突出优势,代表着建筑工业化、绿色施工和循环经济的发展理念,符合国家政策导向与现实需求。以雄安新区第一标的雄安市民服务中心为例,采用箱式集成钢结构模块化建造方式,寓意着模块化钢结构建筑将成为我国今后建筑高端领域重点发展的方向之一。模块化钢结构建筑应用如图 4.1-1 所示,典型模块化钢结构建筑建造过程如图 4.1-2 所示。

图 4.1-1　模块化钢结构建筑应用

图 4.1-2　典型模块化钢结构建筑建造过程

3. 研究意义

模块化建筑作为当前装配化程度最高的装配化建筑形式之一，在国外一些发达国家与地区已经进行了多年的应用，但限于不同的市场需求和发展规模，以既有钢质集装箱经翻新改造后建造模块的建筑为多。目前国内的研究与应用整体处于起步和追赶阶段，由于受市场和技术等因素影响，目前处于中低端以箱式模块化临建设施居多。

近几年国内科研、设计与重点专业企业在模块化钢结构建筑领域持续投入研发力量，大力开拓国内外需求市场，已经在集成模块化的关键技术上取得突破和领先地位，但仍须对其应用标准、结构体系及产业化技术做更为深入和系统的研究总结。本研究的开展与深入，能够促进模块化钢结构建筑在我国的应用与推广，具有一定的理论与应用价值。

4. 模块化钢结构建筑分类

英国学者 Lawson[1] 将模块化钢结构建筑按承重方式分为四类：柱承重模块化钢结构建筑、墙承重模块化钢结构建筑、模块-板件混合建筑以及模块-其他结构形式混合建筑。

（1）柱承重模块化钢结构建筑

柱承重模块化钢结构建筑的主要受力体系为钢框架体系，模块中虽然有墙体，但墙体不作为主要受力构件。这类结构预制化程度高、传力路径明确、模块规格多样、用户接受度较高，但其相较墙承重模块化钢结构建筑而言制造成本稍高。图 4.1-3（a）为一个在工厂完成结构骨架加工后的柱承重箱式模块，图 4.1-3（b）为该柱承重箱式模块化钢结构建筑的吊装现场。

(a) 工厂加工完成的箱式模块骨架

(b) 箱式模块的吊装现场

图 4.1-3　柱承重箱式模块化钢结构建筑

（2）墙承重模块化钢结构建筑

墙承重模块化钢结构建筑与柱承重模块相比，主要的区别在于其墙体为主要受力构件之一[2]。与柱承重模块化钢结构建筑中的围护墙体不同，墙承重模块化钢结构建筑中的墙体由承重龙骨与墙板组成复合墙体[3]。墙承重模块化钢结构建筑的结构构件包括梁、龙骨、墙板及楼板，其受力体系包括梁、墙体龙骨组成的竖向分体系和楼板、墙体夹板组成的水平分体系[4]。图 4.1-4（a）为一个在工厂完成结构骨架的墙承重箱式模块。图 4.1-4（b）为墙

(a) 工厂加工完成的箱式模块骨架

(b) 完工后的模块化建筑

图 4.1-4　墙承重模块化钢结构建筑

承重模块化建筑。

(3) 混合式模块化钢结构建筑

混合式模块化钢结构建筑是指模块化钢结构建筑和其他结构体系结合,组成混合结构体系承担荷载的建筑结构体系。它主要包含以下几类:

1) POD 系统

POD 系统是指只有厨房、浴室等设备集中单元采用箱式模块化结构体系,其余部分仍采用传统的框架或框架-剪力墙体系的混合结构体系。从结构形式上看,POD 系统中的箱式模块只承担自重及其内部的设备荷载及使用荷载,整体结构的主要受力体系仍为框架或框架-剪力墙体系。图 4.1-5 为一个设备间 POD 系统的现场吊装图。

图 4.1-5 POD 系统吊装现场

2) 模块-板件混合建筑

该体系中心为模块化结构,四周由轻钢龙骨体系构成,箱式模块化结构在结构中部形成了一个类似于核心筒的结构,模块四周为附着于其上的轻钢龙骨结构,在竖向荷载下,两种不同结构体系均能够单独受力,而水平荷载则主要由中心箱式模块承受。如图 4.1-6 所示。

图 4.1-6 箱式模块-板件混合建筑示意图

3）插入式模块-钢框架体系

该种结构本质为普通钢框架，只是在施工时为了减少现场工作量与节约施工时间，采用将模块化房间单元插入钢框架中的快速施工方式，如图 4.1-7 所示。该结构体系箱式模块只承受自身自重及箱式模块内荷载，结构整体受力依靠钢框架，但其具有箱式模块化建筑节省工期、节约能源、施工人员需求量少等优点。

图 4.1-7　插入式模块-钢框架系统现场吊装图

4）模块-底部框架体系

该结构体系底部为框架，上部为模块化建筑，如图 4.1-8 所示。该种体系的建筑功能一般上部居住，下部为商场、停车场等，因此建筑底层要求能够形成大空间。该种结构在地震作用下会形成较为明显的薄弱层，在我国的应用有局限性，但在一些不考虑地震作用的国家有着较为广泛的应用。

图 4.1-8　箱式模块-底部框架系统

图 4.1-9　箱式模块-混凝土核心筒系统

5）模块-混凝土核心筒体系

该结构体系中心为混凝土核心筒，四周为箱式模块化结构，如图 4.1-9 所示。与普通的钢框架-核心筒结构类似，箱式模块-混凝土核心筒结构中的箱式模块只承受竖向荷载，水平荷载则主要由抗侧刚度大的混凝土核心筒承受。该种结构体系受力性能良好，能够满足高层及超高层建筑的要求。图 4.1-9 中所示的为英国伍尔弗汉普顿学生公寓，总高 25 层，总计使用 824 个模块单元。

5. 模块化钢结构建筑的研究现状

（1）国外研究现状

目前，国外研究箱式模块化钢结构建筑结构性能的学者主要有英国学者 Lawson、加拿大学者 Annan 以及韩国学者 Hong 等。

英国学者 Lawson、Ogden[5-7]等研究认为，相比墙承重箱式模块化钢结构，柱承重箱式模块化钢结构的建筑布置更加灵活，能够满足诸如大空间、跃层等复杂建筑功能的要求[8]。但由于柱承重箱式模块化钢结构自身的抗侧性能较差，对于层数较高的建筑（6 层或以上），常常需要在箱式模块中加设交叉支撑以增强整体结构在水平荷载下的抗侧性能[9]。图 4.1-10 为 Lawson 教授提出的两种典型的箱式模块-混凝土核心筒建筑的平面布置。

加拿大学者 Annan 主要研究了柱承重箱式模块化钢结构建筑的主、次梁连接节点[10]及整体结构的抗震性能[11-14]。Annan 提出的柱承重箱式模块化钢结构建筑采用次梁腹板

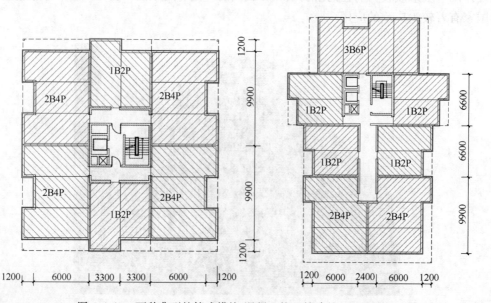

图 4.1-10　两种典型的箱式模块-混凝土核心筒建筑的平面布置

直接与主梁腹板焊接的连接方式，属于半刚性节点，具体连接形式如图 4.1-11 所示。研究表明，与普通节点相比，该种节点会导致次梁中的轴力变大，次梁端部的负弯矩增加，若按照普通节点进行设计，有可能导致节点及次梁出现破坏。为便于精确地进行该类节点的结构设计，Annan 等人提出了一个简化理论分析模型，该分析模型能够较好地吻合数值模拟所得出的结果，使得设计人员能够更精确地得到结构的内力。

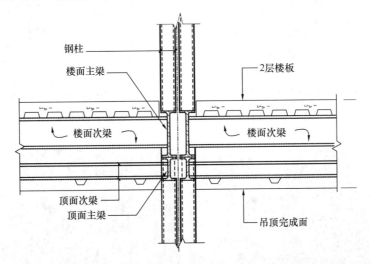

图 4.1-11　Annan 提出的柱承重箱式模块化钢结构建筑的主、次梁节点形式

在节点研究的基础上，Annan 等人对一个 4 层柱承重箱式模块化建筑实例的抗震性能进行了详细研究。该实例的平面与立面布置如图 4.1-12 所示，连接节点如图 4.1-13 所示。Annan 等人选取了实例中第 3 层包含本层顶梁与上层底梁及其连接节点的一榀框架进行了往复加载试验，同时，为了进行比较，还对一个相同截面的传统带支撑框架按照相同加载机制进行了试验。试验构件及加载设备如图 4.1-14 所示，带支撑箱式模块化钢框架及传统支撑框架的破坏模式分别如图 4.1-15（a）和（b）所示。试验结果显示，传统带支撑钢框架试件的破坏模式为支撑屈曲，而带支撑箱式模块化钢框架试件的破坏形式为

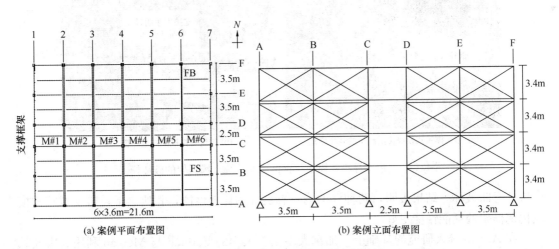

图 4.1-12　柱承重箱式模块化钢结构建筑案例平、立面图

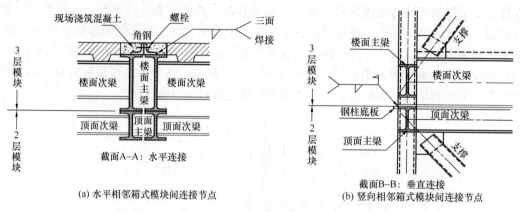

图 4.1-13　柱承重箱式模块化钢结构建筑节点详图

图 4.1-14　柱承重箱式模块化钢结构建筑试验构件及加载设备图

 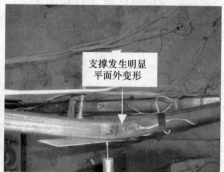

(a) 带支撑箱式模块化钢框架的破坏模式　　(b) 传统支撑框架的破坏模式

图 4.1-15　带支撑箱式模块化钢框架及传统支撑框架的破坏模式

模块柱弯曲破坏。结果表明，两种框架均具有良好的耗能性能，相比之下，带支撑箱式模块化钢框架的耗能性能更好。

在 Annan 等人研究的基础上，加拿大多伦多大学的 Fathieh 与 Mercan 利用有限元软件 OpenSees 进行建模[15-17]，采用增量动态分析的方法，对 Annan 等人提出的二维及三维有限元模型中的节点处理及相关假设进行了验证,并建立了一个更为精细的有限元模型。Fathieh 等人用一端刚接一端铰接的短柱模拟相邻箱式模块间连接节点,以便得到相邻箱式模块的相对转动。数值模拟结果显示,在地震作用下,箱式模块间存在相对位移与转动,但并不显著。同时,三维模型的初始倒塌极限荷载要低于二维模型,这是因为二维模型无法考虑结构的扭转效应,因此高估了结构的承载力。

Fathieh 等人的精细化数值模型较好地模拟了柱承重箱式模块化钢结构建筑在地震作用下的响应,但其对竖向相邻箱式模块间连接节点的处理方式仍不够精细,且没有考虑实际节点可能存在的转动刚度,在分析时可能造成一定误差。

韩国学者 Hong、Cho 等主要研究了一种带有双层表皮钢板墙的柱承重箱式模块化钢结构建筑的滞回性能。该种钢板墙由中部的波纹芯板及两侧的薄钢板约束板组成,如图 4.1-16(a)所示。钢板墙在柱承重箱式模块化钢结构中的布置如图 4.1-16(b)所示。Hong 分别对单独的钢板墙构件、无钢板墙单层箱式模块化钢框架、无钢板墙双层箱式模块化钢框架及有钢板墙双层箱式模块化钢框架进行了滞回试验,如图 4.1-17 所示。试验结果表明,所有钢板墙均在柱承重箱式模块化结构整体屈服前进入了塑性阶段。因此,钢板墙能够在整体结构进入屈服前充分耗能并阻止结构整体破坏。同时,钢板墙体系的存在增强了整体结构的初始抗侧刚度。钢板墙两侧盖板的存在,也使得钢板墙内芯在达到屈服强度前都不会发生局部屈曲。

(a) 双层表皮钢板墙实物图　　(b) 双层表皮钢板墙在柱承重箱式模块中的布置图

图 4.1-16　双层表皮钢板墙实物及其在箱式模块中的布置图

(2) 国内研究概况

模块化钢结构建筑在国外有较长时间发展历史,国内处于多元探索与实践推广阶段。但近几年来,模块化钢结构建筑在国内工程应用显著增加,尤其在 2020 年突如其来的新型冠状病毒疫情下,"火神山""雷神山""深圳三医院应急院区"等应急工程项目的建设中,为保障病房安置数量及为患者赢得宝贵的救治时间,将工程建设工期压缩到极致,集成打包箱式模块化钢结构建筑凭借施工高效优势成为首选,在疫情有效防控中发挥了重要作用。

模块化钢结构建筑作为一种新型结构体系,其建造特点与传统钢结构在结构组成上有明显区别,主要体现在每个模块单元内均具有双梁结构,以及模块单元间具有单元间连接节点。目前研究主要集中在新型节点形式研发方面,整体结构的性能研究还比较匮乏,因

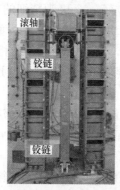
(a) 单独的钢板墙构件滞回试验

(b) 无钢板墙单层箱式模块化钢框架滞回试验

(c) 无钢板墙双层箱式模块化钢框架滞回试验

(d) 有钢板墙双层箱式模块化钢框架滞回试验

图 4.1-17　钢板墙-箱式模块化钢框架滞回试验

此，从结构层次深入研究模块化钢结构建筑的抗震性能及结构传力机理，对推动该建筑在我国发展与应用具有重要意义。

近年来，国内相关企业和高校在模块化钢结构建筑领域进行了大量探索和工程实践，其产品的显著特点是集成模块单元在工厂完成所有的内部装修，施工现场完成模块连接之后便可快速交付使用，是建筑工业化优势的集中体现。针对模块化钢结构建筑的研究动向，可以从构件层面、连接节点、结构体系、智能设计 4 个方面加以概括，如图 4.1-18 所示。

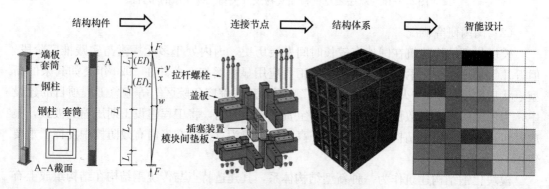

图 4.1-18　模块建筑研究动向分类

1)结构构件

对于柱承重模块结构,其构件研究主要集中于梁、柱、节点等主要受力构件,可以概括为:

① 模块柱的长度系数

模块柱的计算长度系数取值将直接影响框架结构的整体稳定承载力,与传统钢框架结构不同,柱承重模块结构体系中模块柱上下未贯通,且与地板梁和天花板梁这种双梁形式连接,其计算长度有必要进一步研究。张鹏飞等[18]对地板梁与天花板梁组成的双梁结构进行参数化分析,确定其等效刚度,进一步计算得到梁柱线刚度比,结合柱计算长度的解析公式得到模块柱的计算长度取值。邓恩峰[19]等提出了一种新型模块间连接构造,该构造使得模块柱上下两端出现一段凸榫,对应模块柱计算长度的解析采用4阶常微分方程计算求解,并通过有限元分析进行了验证,分析表明,凸榫构造长度是影响模块柱极限承载力的关键因素,并在相关规范中建议采用该构造。

综上可知,模块柱的计算长度取值是获取其结构整体稳定承载力的关键,而由于模块间连接形式的多样,模块柱的计算长度取值公式并不统一;将计算长度系数取值的合理范围依据其连接构造进行归纳,有助于其在实际工程设计中的应用。

② 梁构件研究

杨晓杰等[20]针对传统模块建筑采用方钢管柱而导致连接不便的问题,提出了一种采用槽形截面作为模块梁柱的型钢模块建筑体系,并针对梁进行等代设计的不足,对模块拼接后形成的组合梁的等效刚度进行了理论分析和数值验证。而对于上述双槽钢叠合梁的受弯承载力,徐波等[21,22]进行了全面的试验及数值分析研究,结果表明,在双梁的界面中引入摩擦力及螺栓连接将极大地提高其受弯承载力,进一步的试验研究中引入螺栓数目这一参数,试验结果揭示出双梁构件的失效模式主要依赖于其连接界面的刚度大小。

③ 墙体构件研究

对于墙承重模块单元,墙体主要采用轻钢龙骨式复合墙板,国内学者针对轻钢龙骨式复合墙体的受力性能展开了大量的研究[23-26]。另一方面,波纹钢板作为集装箱模块采用的剪力墙体,在抵抗水平和竖向力方面都具有一定的承载能力,查晓雄等[27,28]针对集装箱波纹钢板剪力墙的抗侧刚度开展了一系列理论分析和试验研究,相关成果纳入了《集装箱模块化组合房屋技术规程》CECS 334:2013[29]中,但其研究多限于20ft(6m)和40ft(12m)标准集装箱的静力性能,适用范围有限。李英磊等[30]提出了集装箱波纹钢板纵向抗剪刚度的计算拟合公式,并分析了不同开洞率下箱体的纵向屈服和极限承载力,给出了相应的承载力设计值建议。陆烨等[31]将波纹板视为一种钢板剪力墙,用数值方法得到水平荷载下的初始刚度和屈服承载力,再利用等效原则,将波纹板简化为交叉支撑。丁阳等[32,33]完成了6个足尺波纹钢板剪力墙试件的拟静力试验,试件参数包括波纹板厚度、长度、波纹形式和是否设置竖缝,通过试验研究其抗侧机理、滞回性能、抗侧刚度、延性及耗能能力等抗震性能,结果表明:增加波纹板厚度和长度,均可有效提高试件抗侧刚度和承载能力,设置竖缝可使试件破坏模式由整体屈曲转变为剪切屈服,使试件平均能量耗散系数提高,但试件初始刚度降低。陈志华等[34]研究了波纹钢板刚度的理论计算公式及其简化模型,将其应用于模块建筑整体计算后,结果表明波纹板的存在提高了模块结构的抗侧承载力及整体刚度,而未考虑波纹板刚度导致的结构内力分布将发生的改变,这在模块建筑设计中存在一定风险。此外,密柱墙体适用于模块-筒体混合结构体系的模块单元,王小盾等[35,36]研究了密柱墙体轴压稳定性能,通过试验研究分析其失效模式,进行有限元参数分析,更新钢结构受压构件柱子曲线,以适用于此类模块结构体系的相关设计。

④ 连接节点

节点是模块化钢结构建筑设计的关键,模块连接的可靠程度直接影响结构的整体性能,同时应构造合理、便于施工,能与模块内部装修和使用功能相适应。针对不同的结构体系,国内学者进行了大量的创新和实践,提出了不同的节点构造形式。根据模块建筑体系中节点的不同用途,可以将其分为模块内节点、模块间节点以及模块-基础节点。对于不同的模块类型与节点类型,目前国内的研究热点可以概括为柱承重模块间节点和墙承重模块内节点。

a. 柱承重模块间节点

国内关于柱承重模块间节点的研究总结归纳如表 4.1-1 所示。刘学春等[37]对柱承重模块结构中梁柱节点受力性能进行研究。冯若强等[38]对集装箱结构的连接角件进行了尺寸上的改进,使其具备更高的承载能力。陈志华等[39]提出了旋转式角件连接节点,其连接形式借鉴集装箱角件连接,通过旋转角件连接上下模块,角件旋转之后可抵抗竖向拉力;陈志华等[40]还提出了一种自锁榫卯式连接节点,利用上部模块的重力作用将上下模块锁住,从而使节点达到受弯、受剪的性能要求;丁阳等提出一种应用于模块化钢结构建筑的螺栓-封板连接节点,通过十字形节点板和高强度螺栓连接上下共 4 个模块,柱侧壁需要开窗为安装高强度螺栓提供施工空间,通过高强度螺栓和十字形节点板增强节点整体性和转动刚度,以获得刚性或半刚性节点。戴骁蒙等[41]提出了一种插入-自锁式节点,其水平连接性能由一个带有螺纹锁紧机制的连接盒提供,竖向连接性能则由位于立柱端的传力板提供。

模块间节点汇总　　　　　　　　　　　　　　　　　　　　表 4.1-1

连接构造		水平连接性能	竖向连接性能	备注
刘学春等		法兰连接:螺栓受剪	法兰连接:螺栓受拉	可避免在构造复杂的节点域进行螺栓安装
冯若强等		水平连接件:扣锁、闩锁、X 形锁夹	高强度螺栓	

续表

连接构造	水平连接性能	竖向连接性能	备注
陈志华等（上角件、连接装置、下角件）	相邻角件之间连接板的焊接	含旋转杆、螺帽、连接板的角件	鲁棒性由整体连接板提供
陈志华等（拉杆螺栓、盖板、插塞装置、模块间垫板）	依靠上部模块重力的插入自锁角件；由长杆螺栓、盖板、中间板形成的螺栓群受剪	由长杆螺栓、盖板、中间板形成的螺栓群受拉	鲁棒性由插入角件结合方钢管及传力盖板提供
陈志华等[42]（上柱柱底、上部模块钢管混凝土柱、预应力钢索、上柱、抗剪键、插销、插销孔、底部模块钢管混凝土柱、下柱）	水平传力板的螺栓抗剪	穿过柱端封板的预应力筋	鲁棒性由连接封板的螺栓提供；模块柱采用钢管混凝土柱
邓恩峰等[43]（螺栓、盖板、天花梁、室内、室外、焊接）现场组装	插入节点板的摩擦力及螺栓群受剪	螺栓与十字节点板连接	焊接盖板同样可以提供一定的水平及竖向承载力，保证结构的鲁棒性

续表

连接构造	水平连接性能	竖向连接性能	备注
丁阳等 柱、火箭榫、节点板、C形梁	通过十字节点板连接梁腹板与翼缘的螺栓群受剪	通过十字节点板连接梁腹板与翼缘的螺栓群受剪及受拉	鲁棒性由腹板螺栓及水平节点板提供
戴骁蒙等 上部模块柱子、上部模块楼板梁、上部模块连接盒、自锁连接装置、销轴、下部模块连接盒、下部模块天花梁、下部模块柱子	带有螺纹锁紧机制的连接盒	立柱端的传力板	鲁棒性由水平传力板提供

同济大学李国强、毛磊[44,45]提出了一种新的竖向相邻箱式模块间拼接节点形式，柱承重箱式模块化钢结构采用方钢管柱、槽钢梁的截面形式。在单个箱式模块内，梁、柱的连接方式为焊接连接，相邻箱式模块的连接方式为在槽钢梁上用螺栓连接。竖向相邻箱式模块间拼接节点如图 4.1-19 所示。通过试验研究，得到了竖向相邻箱式模块间连接节点

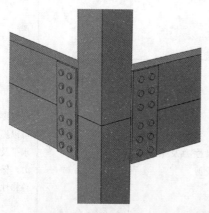 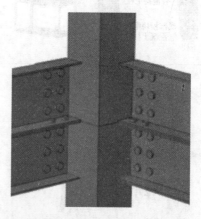

(a) 竖向相邻箱式模块间拼接节点外视图　　(b) 竖向相邻箱式模块间拼接节点内视图

图 4.1-19　竖向相邻箱式模块间拼接节点图

的抗拉承载力、抗剪承载力及其相应的破坏模式。

b. 墙承重模块内节点

墙承重式模块单元内部节点宜包括：墙体骨架与楼板骨架之间的节点和墙体骨架与边梁之间的节点，并宜通过螺栓或连接件进行连接，如图 4.1-20 所示[42]。

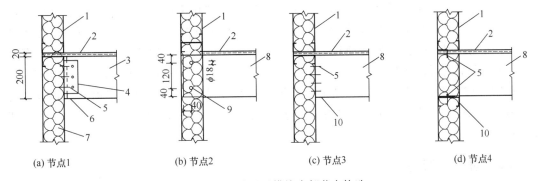

图 4.1-20　墙承重模块内部节点构造

1—C 型钢墙柱；2—楼板；3—C 型钢或支撑桁架节点；4—夹具；5—固定螺栓；
6—Z 型钢架；7—保温层；8—C 型钢节点；9—于墙柱的腹板通过螺栓连接；
10—楼板托梁中的 C 型钢

墙承重式模块单元间的连接形式研究较少，也是需要重点关注的方向之一。

⑤ 结构体系

随着我国装配式钢结构建筑体系的大力推广，模块化钢结构建筑结构体系在低多层及高层建筑中均得到不同程度应用。针对模块化钢结构建筑结构体系的相关研究也成为热点方向，从单体模块、低多层模块结构体系这一角度出发，对模块结构体系的相关研究进行了总结归纳。

a. 单体模块

同济大学李元齐、李英磊等[46]人利用有限元分析软件得到了 6m 和 12m 的集装箱在不同开洞率及顶梁刚度下的纵向抗剪刚度并提出了相应的拟合公式，同时，还分析了不同开洞率下集装箱的纵向屈服和极限承载力并给出了相应的设计建议。张军锋等[47]对采用高强度螺栓连接的钢结构模块单元进行了试验及有限元研究，以获取结构的竖向承载力及水平刚度，结果表明模块单元的底层梁具有较强的变形能力，有限元方法模拟的模块的水平刚度数值与试验结果接近，此外，其屈曲模态以及荷载位移曲线均与试验结果吻合较好。

b. 模块体系

天津大学杨柳[48,49]、高秀青[50]、傅爽[51]、刘建飞[52]等人针对总后勤部建筑工程研究所研制开发的一种新型轻钢结构活动房——新型扩展箱式活动房进行了雪荷载与横向风荷载下的试验研究及数值模拟。试验研究表明：活动房的设计是合理的，符合设计要求，而且构件强度上有很大的安全系数。

哈尔滨工业大学查晓雄、王璐璐、范坤杰[53-57]等人对既有集装箱建筑的改造方法及加固原则进行了研究，并提出了简化情况下多层集装箱改造房竖向荷载及水平荷载下的受力及变形计算公式。在此基础上，又对考虑侧壁压型钢板蒙皮效应的集装箱抗侧刚度进行了理论及数值研究。

天津大学陈志华、曲可鑫[58]对柱承重箱式模块化钢结构建筑的结构体系进行了调查研究，并结合国内建筑发展，对柱承重箱式模块化钢结构建筑的围护结构进行了选型研究。

周子栋等[59]针对天津子牙尚林苑白领宿舍项目，选用钢模块与钢框架的复合结构体系，计算结果表明结构各项指标均满足规范要求。华凯等[60]对框架-嵌入式模块结构体系进行了研究，以9层青年公寓项目为例，考虑了单层框架内放置不同数目模块的方案对比，并提出了使得框架与模块共同工作的构造优化措施，开展了考虑共同工作的框架-嵌入式模块结构体系的受力分析，结果表明模块对整体结构的刚度有一定提升。同济大学Simbeya[61]等对多层墙承重轻钢模块结构进行了静力分析。上述研究对于模块化钢结构建筑的研究均有一定的借鉴意义。

4.1.2 研究内容与目标

本课题"模块化钢结构体系建筑产业化技术与示范"（课题编号：2017YFC0703803，以下简称课题）包括6方面研究内容，分别是：

1. 模块化建筑功能与模块的标准化设计研究

针对不同类型的建筑的使用功能、空间需求，在满足运输、吊装等要求的前提下，通过分析和研究形成一套尺寸按一定模数变化的模块系列；通过模块系列中不同模块的组合，形成典型的模块化宿舍、办公、学校、住宅等建筑方案；使其在满足建筑布置灵活性的基础上也能尽可能符合工业化制造的标准化要求，推动模块建筑的应用。

2. 低多层墙承重模块化建筑体系研究

针对低层模块钢结构体系，考虑不同建筑功能需求，对轻钢龙骨建筑，通过研究该类建筑墙板模块的标准化，以统一的模式进行部品的设计，以部品的承载力、保温隔热性能及隔声性能作为设计参数，实现了轻钢龙骨一体化建造过程。

3. 多高层柱承重模块化建筑体系研究

依据多高层建筑的功能需求和建筑分区，考虑模块建筑集管线、室内外装修及防火防腐集成技术要求，进行钢结构模块标准化设计和单元组合设计研究；探讨适用于模块建筑的抗侧设计，形成多高层的钢结构模块体系；分析研究满足于结构受力、单元运输和吊装安全的单元模块子单元结构及合理的内部构件连接形式；针对柱承重模块"多柱多梁"汇交特点，考虑栓接、插接及预应力连接等方法研发模块单元拼接节点构造及配套设计方法；研究模块单元构件及单元间拼接组合构件的稳定性能，并进行钢结构模块单元抗侧刚度及配套围护结构的刚度贡献研究；研究适用于柱承重模块的耗能减震技术及对不同抗震设防烈度的适用性，综合考虑模块子单元刚度和单元间连接性能，建立多高层柱承重模块建筑抗震设计方法。

4. 高层模块化建筑体系研究

依据高层模块化建筑特点，研发模块与模块之间的连接构造技术，箱式模块间连接节点的性能研究，包括半刚性节点、竖向相邻箱式模块间连接节点试验研究，柱承重箱式模块化钢结构的简化分析模型，为便于箱式模块化钢结构的设计与工程应用，提出了一种可适用于箱式模块化钢结构的有限元分析方法。

5. 模块化建筑功能一体化技术研究

通过对建筑使用要求的分析，包括空间构成、功能分区、人流组织与疏散以及空间的量度、形状和物理环境，通过模块化的设置使建筑的主要使用部分、次要使用部分和交通联系部分三大部分在模块化钢结构体系建筑中有效整合，通过机电设施、装修等优化设计使模块化建筑功能一体化得以实现。

6. 模块建筑施工与全过程管理技术研究

考虑模块化钢结构施工全过程因素，研究包含模块制作质量管理、现场安装顺序、现场安装精度控制等施工关键技术；开展模块单元合理的物流、堆放、吊装等施工工艺研究；针对模块化钢结构体系建筑功能性要求及现场施工便利性需求，研发适合模块化建筑的安装方法和连接构造措施。

4.1.3 研究方法与技术路线

本课题研究方法主要包括技术适用性调研与论证、技术研发、逻辑分析法、理论分析与数值模拟、模型试验与原位试验、技术集成与创新、方案设计与优化、理论与实践结合及产学研结合等方法开展研究工作，如图 4.1-21 所示。

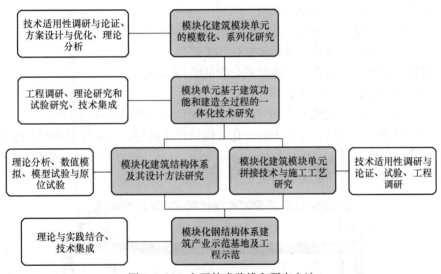

图 4.1-21 主要技术路线和研究方法

通过系统调研及文献总结归纳，针对模块化建筑功能与模块的标准化设计，对低多层墙承重、多高层柱承重模块化钢结构建筑结构体系，在建筑上结合使用功能的分类和建筑装饰效果，在结构上结合工程实践、性能试验及有限元分析，研究并总结形成模块化钢结构体系建筑标准化设计和模块单元组合设计方法。

通过钢结构模块单元进行足尺试验和有限元分析，得到模块子单元抗侧刚度及子单元中围护结构对单元刚度的贡献度，且研究模块单元构件及单元间拼接组合构件的稳定性能。

通过基础调研和现场考察，提出考虑模块单元整体吊装和现场拼装的施工性能的新型钢结构模块单元间连接形式和机电设施一体化的建筑构造形式，通过理论分析和数值模拟的方法提出合理且安全的节点构造，并开展静力试验及拟静力试验研究，揭示节点的受力机理和极限状态，通过滞回曲线、骨架曲线、延性性能、强度及刚度退化性能等指标，明确新型钢结构模块单元间节点的抗震特性。建立实体有限元模型并开展参数化分析，得到轴压比、柱长细比、梁柱线刚度比等因素对节点承载力的影响规律，提出承载力设计方法和节点恢复力模型。

综合考虑子单元刚度及节点性能建立整体简化模型进行抗震性能研究，通过典型地震激励下的弹塑性时程分析，探索钢结构模块的动力响应及破坏规律，提出抗震设计方法及探究适用于不同层高及抗震烈度的模块建筑耗能减震措施。

4.2 模块化建筑功能与模块的标准化设计研究

4.2.1 箱式模块的基本形式与模数尺寸

1. 箱式模块的基本形式与特点

模块化建筑最早出现的雏形来自既有集装箱经改造后形成的房屋建筑。集装箱房屋的模块化有如下特点：

（1）组合房屋的主要功能空间使用基本模块。
（2）同一使用功能的基本模块具有通用性和互换性。
（3）模块化组合体现建筑构成的多样性和丰富性。
（4）模块与其他构件组合后，能形成合理的结构体系。
（5）模块组合后，建筑设备的配置具有系统性。
（6）基本模块在工厂完成的内部装修和设备配置，采用了标准化设计。
（7）基本模块以外的构件设计为标准化或模块化的组件，与箱体模块配套使用。

箱式模块的外廓尺寸主要由建筑模数、运输限制及建造功能等多方面因素决定。柱承重箱式模块化钢结构单个箱体轮廓如图4.2-1所示。

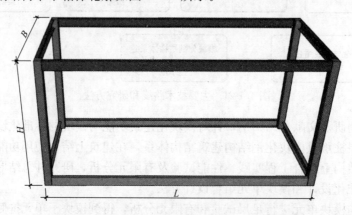

图4.2-1　柱承重箱式模块化钢结构单个箱体轮廓图

2. 建筑模数与运输限制研究

（1）模块化建筑模数

模数是确定建筑物、构配件和有关设备等尺寸的基准，是建筑工业化的需求。根据规定,我国采用的基本建筑模数 M=100mm。主要用于建筑物的开间或柱距、进深或跨度水平扩大模数为 2nM、3nM,高度、层高和门窗洞口等处的竖向扩大模数为 3M 数列,构配件及细部尺寸按 nM/2、nM/5、nM/10 分模数。

鉴于模块化钢结构建筑向集成化方向发展,考虑建筑功能与结构优化,在基本建筑模数 M=100mm 基础上,层高和门窗洞口宜考虑 nM 模数控制,构配件及细部尺寸按 nM/2、79nM/5、nM/10 分模数考虑。箱体模块模数分析如图 4.2-2 所示。

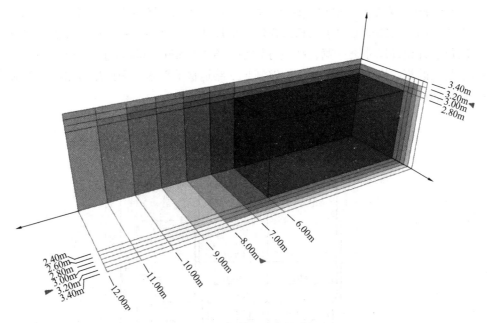

图 4.2-2 箱体模块模数分析

(2) 模块化箱体运输限制研究

由于模块化箱体在工厂制作的特殊性,对模块的运输考虑尤为重要,之前采用标准集装箱改造后的箱体模块,可以保证为运输最为经济、方便的选择。标准集装箱的基本规格[62]如表 4.2-1 所示。标准集装箱的内部高度 2390mm,对于大多数建筑的净空而言都过低,2350mm 的开间也窄,适合于临时性建筑与要求偏低的简易建筑中,也是模块化建筑推广受限的因素之一。

标准集装箱的基本规格   表 4.2-1

集装箱类型	外形尺寸 (mm)	内部尺寸 (mm)	内部容积 (m³)	自重 (kg)	装载 (kg)
20ft	长:6058 宽:2438 高:2591	长:5898 宽:2350 高:2390	33.1	2200	21800
40ft	长:12192 宽:2438 高:2591	长:12032 宽:2350 高:2390	67.6	3800	26680

箱式模块的运输主要考虑公路运输、铁路运输及水路运输的限制。公路运输、铁路运输及水路运输的限值均可参考现行国家标准《运输包装件尺寸与质量界限》[63]GB/T 16471—2008。

公路运输中，运输包装件允许尺寸长、宽应分别小于12160mm和2500mm，装车后运输包装件最高离地不得超过4000mm，超出此界限时，应作为特殊运输。考虑到用于公路运输的卡车承载面高度最低一般为900～950mm，满足公路运输要求的箱式模块外廓尺寸为：$L \leqslant 12100mm$，$B \leqslant 2500mm$，$H \leqslant 3000mm$。铁路运输中，运输包装件允许尺寸长应小于13020mm，装车后运输包装件宽、高不得超过机车车辆界限，详细尺寸如图4.2-3所示。因此，满足公路运输要求的箱式模块外廓尺寸能够满足铁路运输的要求。水路运输中，运输包装件允许尺寸长、宽、高应分别小于32200mm、10500mm、5390mm，故满足公路运输要求的箱式模块外廓尺寸也能够满足水路运输的要求。因此通过水路运输对模块化箱体外轮廓尺寸限制最为宽松，运输费用也最经济。

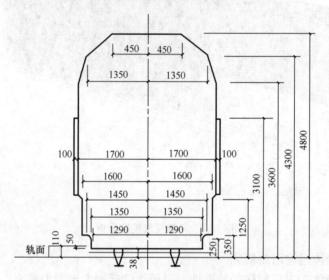

图4.2-3 机车车辆界限

3. 箱式模块尺寸选型与建议

箱式模块尺寸选型综合考虑建筑模数要求、运输限制及不同功能建筑空间要求，一般箱式模块的外廓尺寸比较合适为：$L = 6000mm + 3nM \leqslant 12100mm$，$B = 2400mm$，$H = 3000mm$。该尺寸符合相关标准对建筑物开间、进深及层高的扩展模数要求；可满足我国公路、铁路及水路的运输限制；同时，3m的层高能够满足住宅、快捷式酒店、宿舍、普通办公楼及学校教学、校舍类建筑的层高要求[64]。对于高档酒店、办公楼、商业类建筑对层高及开间宽度有更高要求时，箱式模块尺寸选型首先应对运输方式与线路进行认真研究分析，并通过相关地域交通、路政等管理部门取得超限运输管理许可后，可按具体要求进行设计。近些年对模块化建筑需求快速增长，这种超限运输模块将会更多出现。图4.2-4为箱体模块超限运输路况实景。

4.2.2 箱式模块化钢结构建筑的建筑功能适应性研究设计

对于各种不同功能建筑的平面功能及要求，研究设计箱式模块化钢结构在宿舍、办公

图 4.2-4　箱体模块超限运输路况实景

楼、学校及住宅四种不同功能要求建筑中的应用案例及相应的平面布置方案如下。

1. 宿舍类建筑

宿舍类建筑属于居住建筑中的一种常见种类。相比其他住宅建筑，宿舍建筑的平面布置一般较为规则，户型单一，房间排布整齐，是非常适合采用箱式模块化钢结构的建筑形式之一。目前，国内外的宿舍建筑一般分为以下四种[65]：

1）长廊式宿舍：公共走廊服务两侧或一侧居室，居室间数大于5间者。

2）短廊式宿舍：公共走廊服务两侧或一侧居室，居室间数小于或等于5间者。

3）单元式宿舍：楼梯、电梯间服务几组居室组团，每组的居室分隔为睡眠和学习两个空间，或每组居室是睡眠和学习合用同一空间，与盥洗、厕所组成单元的宿舍。

4）公寓式宿舍：设有必要的管理用房，如值班室、储藏室等，为居住者提供床上用品和其他生活用品，实行缴纳费用的管理办法。

在我国，大多数宿舍采用长廊式宿舍的形式。长廊式宿舍又可分为内廊式宿舍与外廊式宿舍。采用箱式模块进行平面布置的内廊式宿舍与外廊式宿舍分别如图 4.2-5 与

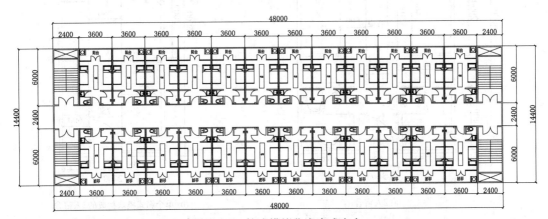

图 4.2-5　箱式模块化内廊式宿舍

图 4.2-6 所示。图中每间宿舍由 1.5 个箱式模块构成，即 3 个模块组成两间宿舍，每个宿舍可容纳两人，宿舍包含独立卫生间、洗浴室及阳台，单个宿舍房间布置图如图 4.2-7（a）所示。除此之外，箱式模块还能够适用于各种不同形式的宿舍房间布置要求，图 4.2-7（b）

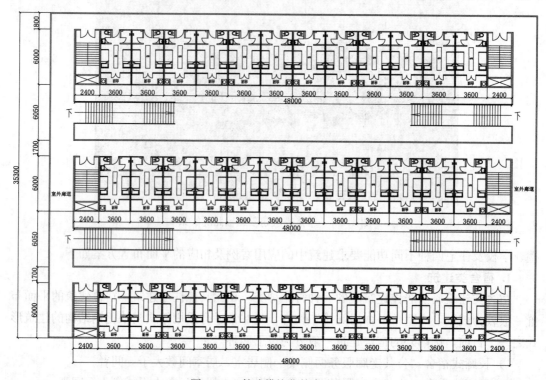

图 4.2-6 箱式模块化外廊式宿舍

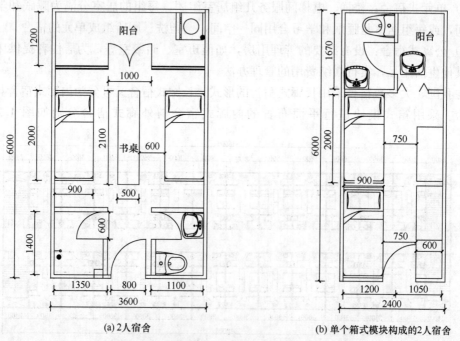

(a) 2 人宿舍　　　　　　　　(b) 单个箱式模块构成的 2 人宿舍

图 4.2-7 箱式模块构成的 2 人宿舍房间布置图

为单个箱式模块构成的 2 人宿舍房间布置图，图 4.2-8（a）与图 4.2-8（b）分别为由 1.5 个箱式模块构成的 4 人宿舍及 8 人宿舍房间布置图。图 4.2-5 与图 4.2-6 中的楼梯间由单个箱式模块构成，其详细布置如图 4.2-9（a）所示。若楼层较高或建筑设计需要，也可用两个模块拼装成楼梯间加电梯间单元，如图 4.2-9（b）及图 4.2-10 所示。

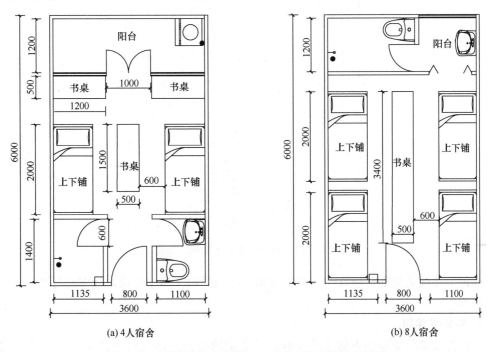

图 4.2-8　箱式模块构成的 4 人及 8 人宿舍房间布置图

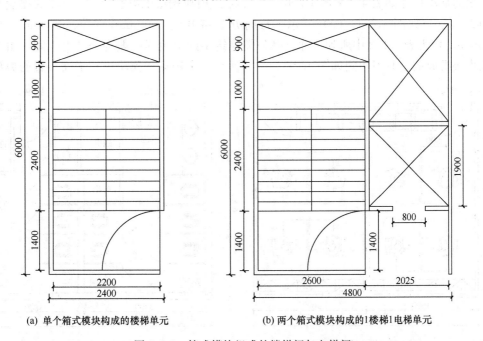

图 4.2-9　箱式模块组成的楼梯间与电梯间

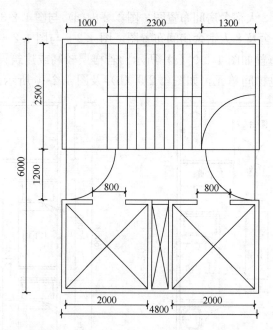

图 4.2-10 箱式模块组成的 1 楼梯 2 电梯单元

通过上述建筑功能适应性研究可以看出，箱式模块化钢结构建筑能够很好地适用于宿舍类建筑。

2. 办公类建筑

一般办公类建筑净高不低于 2.60m，设空调的办公室净高可不低于 2.40m[66]。办公类建筑的常用尺寸如表 4.2-2 所示。由 1.5 个箱式模块构成的办公室（3 个箱式模块组成两间办公室）如图 4.2-11（a）所示。每间办公室开间 3600mm，进深 6000mm，高度 3000mm，均为表 4.2-2 中所列尺寸。办公类建筑中的卫生间一般为公共卫生间，由 3 个箱式模块组成的公共卫生间如图 4.2-11（b）所示。采用箱式模块进行平面布置的典型办

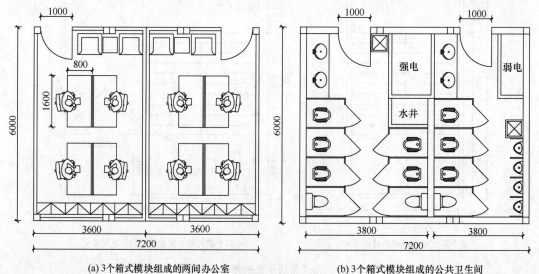

(a) 3 个箱式模块组成的两间办公室　　　　(b) 3 个箱式模块组成的公共卫生间

图 4.2-11　箱式模块组成的办公室与卫生间

公类建筑平面图如图 4.2-12 所示。图 4.2-13 为箱式模块化建筑在一栋 2 层办公楼建筑实际案例中的应用。

办公类建筑的常用尺寸　　　　　　　　　　　表 4.2-2

尺寸名称	尺寸（mm）
开间	3000、3300、3600、6000、6600、7200
进深	4800、5400、6000、6600
层高	3000、3300、3400、3600

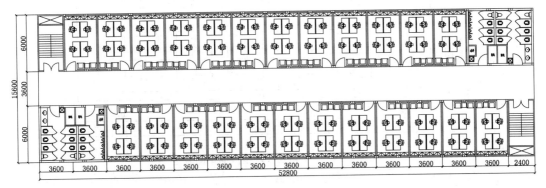

图 4.2-12　典型的箱式模块化办公类建筑平面图

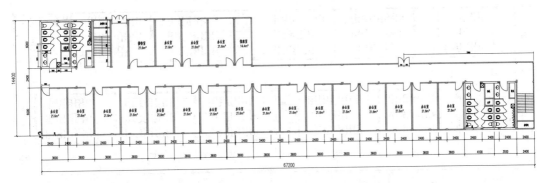

图 4.2-13　采用箱式模块进行平面布置的 2 层办公楼建筑实际案例

通过上述建筑功能适应性研究可以看出，箱式模块化建筑能够很好地适用于各类不同建筑平面设计的办公类建筑。

3. 学校类建筑

相比于宿舍类建筑与办公类建筑，学校类建筑在模块化建筑方面的要求与限制多一些[67]，主要体现在大开间与层高上，但箱式模块化建筑也可较好地满足学校类建筑相关要求与限制。

图 4.2-14 为由 4 个柱承重箱式模块组成的单间教室平面布置图，教室可容纳学生 42 人。图 4.2-15 为采用柱承重箱式模块进行平面布置的典型学校类建筑平面图，图中包含 10 间教室，4 个楼梯间，2 个公共厕所，如有需要，也可将教室替换为活动室或阅览室。

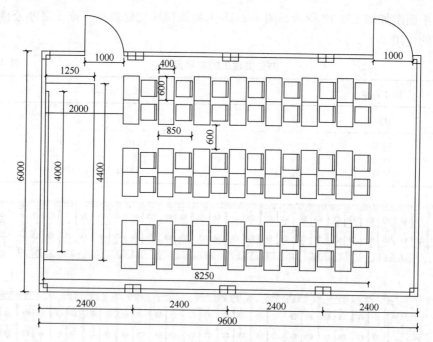

图 4.2-14　4 个箱式模块组成的单间教室

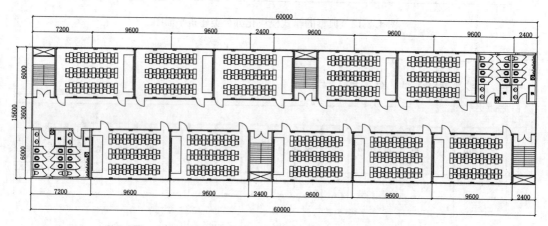

图 4.2-15　典型的柱承重箱式模块化学校类建筑平面图

4. 住宅类建筑

相比于宿舍类、办公类及学校类建筑，住宅类建筑平面与空间的变化性及复杂性更为突出。模块化建筑应用于住宅类建筑的首要难点，就是如何利用尺寸固定的箱式模块构成可供住户自主选择的多样化户型与空间，满足住户的个性化需求。

以本研究团队与相关设计院联合设计的箱式模块化钢结构住宅项目为例，展示了箱式模块化建筑在住宅建筑中的应用及其可提供的户型布置。在设计中为大多数户型设计了一个半开放式的庭院。住户可以根据需要在阳台或庭院中栽种植物或布置绿化，既丰富了自己的家庭生活，又能为建筑外立面带来变化。户型布置及模块组成如图 4.2-16 所示，标准平面如图 4.2-17 所示，建筑效果如图 4.2-18 所示。

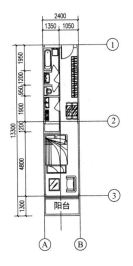
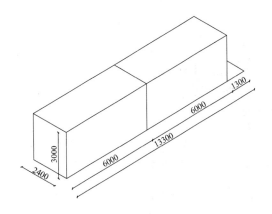

(a) 30m² 住宅户型及箱式模块组成

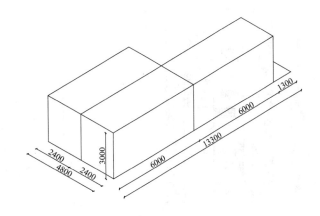

(b) 51m² 住宅户型及箱式模块组成

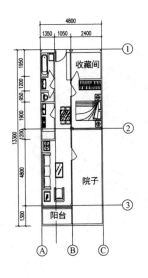
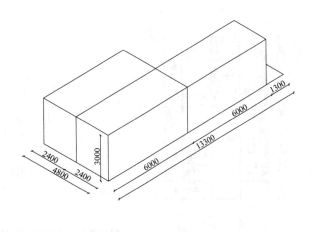

(c) 54m² 住宅户型及箱式模块组成

图 4.2-16 箱式模块化钢结构住宅的户型布置及箱式模块组成（一）

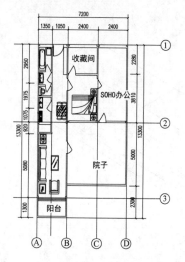
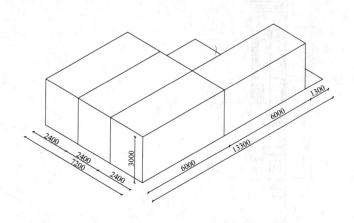

(d) 71m² 住宅-办公户型及箱式模块组成

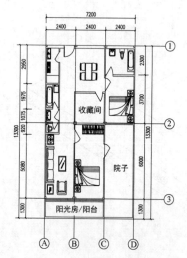
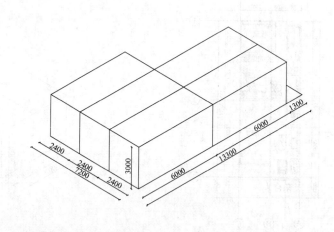

(e) 84m² 住宅户型及箱式模块组成

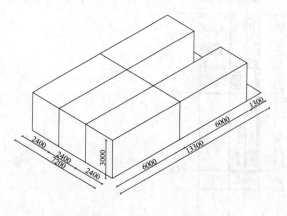

(f) 84m² 住宅-办公户型及箱式模块组成

图 4.2-16　箱式模块化钢结构住宅的户型布置及箱式模块组成（二）

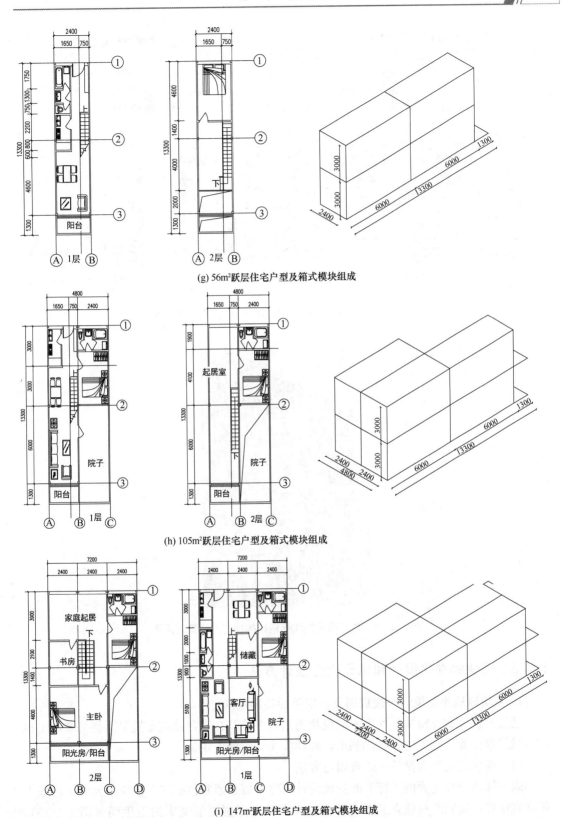

(g) 56m² 跃层住宅户型及箱式模块组成

(h) 105m² 跃层住宅户型及箱式模块组成

(i) 147m² 跃层住宅户型及箱式模块组成

图 4.2-16 箱式模块化钢结构住宅的户型布置及箱式模块组成（三）

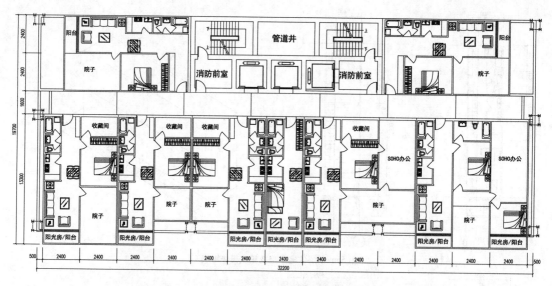

图 4.2-17　高层箱式模块化钢结构住宅的标准层平面

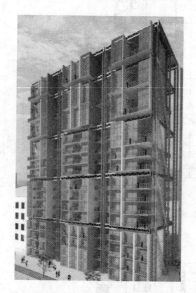

图 4.2-18　高层箱式模块化钢结构住宅的建筑效果图

4.2.3　模块标准化设计和单元组合设计方法

1. 模块建筑平面设计一般规则及住宅平面布局规则

通过分析和研究模块系列中不同模块的组合，使其在满足建筑布置灵活性的基础上也能尽量符合工业化制造的标准化要求，推动模块建筑的应用。

（1）模块建筑平面设计一般规则与方法

以一梯两户住宅为例进行平面生成设计研究，每户通常包括三个模块单元组成的双人床卧室配置，每间配有独立卫浴或者在双人床卧室配置更加豪华的卫生间（图 4.2-19）。三个模块单元类型尺寸大小可互不相同，但一梯两户或四户的户型是相同的，也就是说整个建筑仅使用室内户型设计的三种模块单元类型加上楼梯间走廊模块共四种尺寸不同的模块单元即可完成,极大地减少了工厂模块单元制造程序,促进模块建筑的标准化生产。图 4.2-19 为一梯四户户型方案平面图。

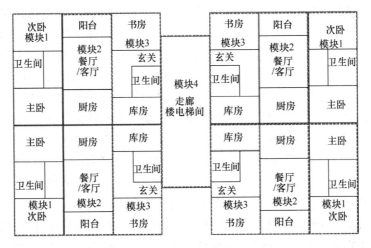

图 4.2-19 一梯四户户型方案平面图

根据各房间使用功能,将整个平面户型拆成两种类型模块单元:生活单元(每户三个不同的模块单元)和交通单元(四户共用一个)。计算机依据设计师所提供的的预设信息,如功能定义、连接关系定义、房间总数等条件产生符合特定设计目标的拓扑关系。

(2)住宅平面布局规则

根据模块建筑特点,每个模块单元中应布置相同或相近使用功能的房间,组成新的模块单元。例如一家三口的住宅一般由三个模块单元组成,可分为卧室模块、公共模块和交通模块,第一个卧室模块单元由主卧、次卧和卫生间组成,第二个公共模块单元由厨房、餐厅、客厅和外挑阳台组成,第三个交通模块单元主要是进入公共区域的衔接,北边可布置储物间,南边可布置书房。如图 4.2-20 所示,组成了模块化户型,根据各房间使用功能布置位置,但各房间尺寸不同。卧室模块尺寸主要由主卧决定,主卧房间长和宽为自变量;其

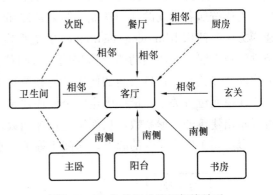

图 4.2-20 各使用功能间邻接关系

余房间长度为因变量,随主卧变化而变化,宽度为自变量。公共模块尺寸大小由客厅决定,客厅长和宽为自变量;其余房间长度为因变量,随客厅变化而变化,宽度为自变量。交通模块的书房尺寸由自身使用规模控制,走廊长度由书房长决定,宽度为自变量在限值内变化。

门或入口需要用房间的形式表示,如图 4.2-21 所示,图中 D 代表每个房间的入口。提前布置好入口的位置并设置限制条件保证有足够的空间出入。值得注意的是,储物间的门可以开在外侧,也能开在里侧(厨房和储物间之间开洞),因此为了提高使用空间占比,

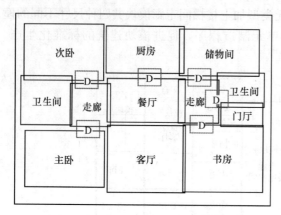

图 4.2-21 不同类型单元位置布局

减小走廊的面积，可以不考虑储物间与走廊之间开洞这一限制条件以增加多种可供选择的户型。

2. 遗传算法与模块建筑建模方法

（1）目标函数与约束条件限制

可根据建筑设计中用户的不同需求选择目标函数，优化的目标可以是建筑体形系数最小或使用面积的最大化，也可以是模块单元标准化程度。因为体形系数（与室外接触的建筑外表面积/体积之比，一般情况下在外围护结构的保温水平一定时，体形系数越大能耗越高）作为重要的设计参数和成本控制指标，对建筑平面优化具有很大的研究价值。

采用 Galapagos 插件以建筑体形系数和建筑有效使用面积为目标进行多目标优化求解最小建筑体形系数和最大建筑有效使用面积。建筑有效使用面积最大，即最大化生活空间，要求达到客厅和两间卧室的总面积最大值。以客厅、主卧和次卧作为整个户型使用率最高的三个房间，倘若这三个房间面积最大则可以视为建筑使用面积最大。在优化过程中观察建筑体形系数与建筑有效使用面积之间的关系，在确保体形系数最小的条件下寻找最大的建筑有效使用面积，运用遗传算法最终得出最优化户型。

本项研究在 Rhino 平台 grasshopper 插件中完成建模和优化，利用 grasshopper 中 Galapagos 插件进行以建筑面积和模块建筑标准化程度为目标进行平面优化。

首先按照各房间的使用功能、约束条件和邻接关系等条件确定模块建筑的生成逻辑和建模方法。使用 Rhino&grasshopper 的矩形电池在长宽尺寸、房间面积、长宽比等约束条件下依次建立各使用功能矩形房间，房间位置取决于各房间角点 (x, y) 坐标和与附近房间邻接关系。在各房间的使用功能和位置确定的情况下，可形成三个模块单元，确定各模块单元位置关系，最终确定整个模块建筑。根据建筑平面面积、层高、窗墙比等指标可以求出建筑的体形系数，从而确定目标函数，如图 4.2-22 所示。

以房间1作为建模的起点，房间1最下角点为起点（0，0），房间2左下角点以房间

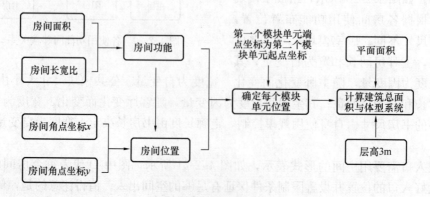

图 4.2-22 建模过程

1 左上角点为坐标，房间 2 与房间 3 的长度和为房间 1 的长度，房间 1~4 形成了模块单元 1；第二个模块单元的起点坐标为第一个模块单元的终点坐标，房间 5~7 形成了模块单元 2；依此类推房间 8~11 形成了模块单元 3。如图 4.2-23 所示。

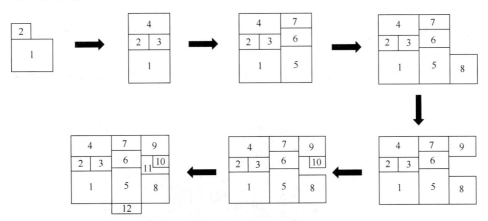

图 4.2-23 房间生成逻辑

第一个模块单元长度由主卧 1 决定，其余房间长度为因变量，宽度均为自变量，卫生间 2 长宽均为自变量，走廊 3 宽度由与主卧 1 相连的卫生间 2 决定。第二个模块单元长度由客厅 5 决定，其余房间长度为因变量，宽度均为自变量。第三个模块单元长度由书房 8 决定，储物间 9 长度为因变量，宽度均为自变量，卫生间 10 长宽由走廊 11 长宽和整个模块单元长宽限值决定。

(2) 平面优化方法与优化结果分析

如图 4.2-24 所示，通过计算生成最优化户型，建筑有效使用面积最大值为 52.92m^2。通过 Galapagos 遗传算法得出建筑体形系数与建筑有效使用面积的关系（图 4.2-25），由图可知体形系数与建筑有效使用面积之间是反比的关系，即体形系数越大，建筑有效使用面积越小，最小的体形系数为 0.26，对应的最大建筑有效使用面积为 52.92m^2，为最理想的优化户型解；图中可看到分别在体形系数为 0.29 和 0.32 的两个点的建筑有效使用面积有一些波动的现象，可能是由于建筑有效使用面积仅代表使用率最高的主卧、次卧和客厅三个房间的面积之和，而不能完全反映建筑总平面面积。

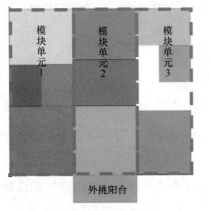

图 4.2-24 最优化户型

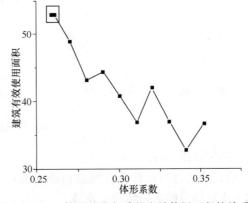

图 4.2-25 体形系数与建筑有效使用面积的关系

3. 模块的标准化设计思路

为了提高工业化程度,实现工厂流水线式加工,标准化的设计必不可少。要实现模块标准化,首先要将建筑类型化、系列化。例如,办公空间可分成小开间办公、开敞办公、交通核门厅、卫生间等几种功能空间类型;住宅可分成客厅、玄关、卧室、卫生间、楼梯间、厨房等功能空间类型。模块箱体结构框架、幕墙系统、管线布置、内装设计等都是如此,然后再对每种类型进行标准化设计。

标准化设计以"种类尽量少,尺寸尽量统一"为原则。所以会出现一个模块包含多个功能空间和多个模块组成一个功能空间的情况。如图4.2-26、图4.2-27所示。

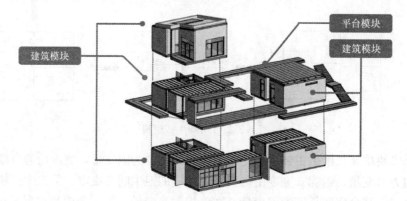

图 4.2-26 中建科工海洋绿色人居系统建筑模块种类

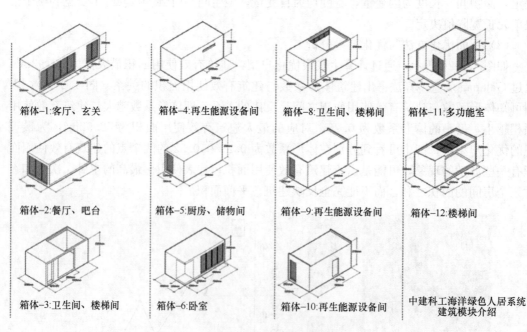

图 4.2-27 建筑模块功能

(1) 模块的组合方式

1) 箱式模块建筑设计应在模数协调的基础上遵循"少规格,多组合"的设计原则,并宜体现建筑构成的多样性和丰富性。

2) 可采用表 4.2-3 的模块组合方式。

箱式模块建筑的组合方式　　　　　表 4.2-3

组合方式	三维示意
并列式	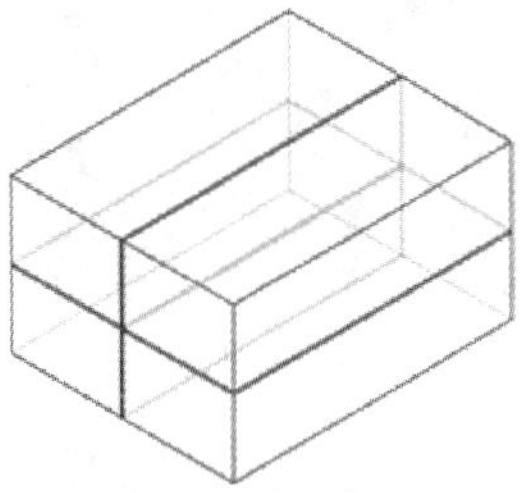
纵横交错	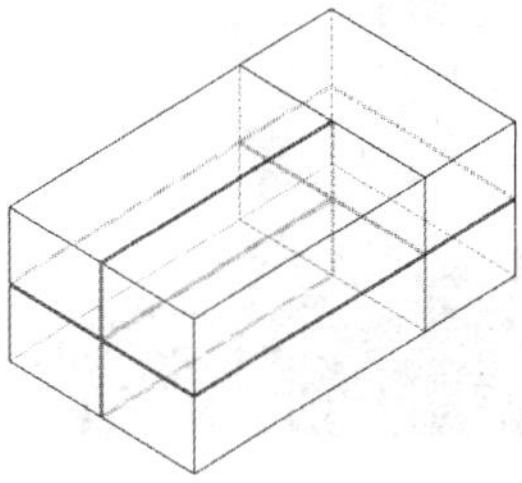
立面凹凸	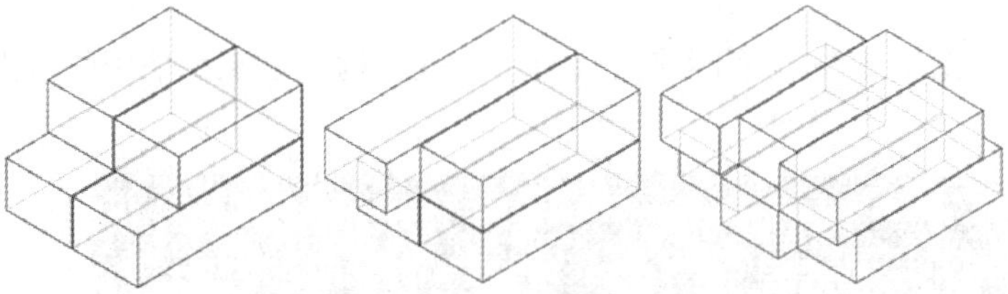
纵横咬合	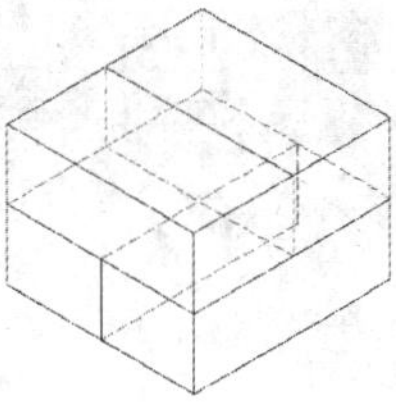

3) 箱式模块平面及立面组合时应协调水平及竖向相邻模块的连接点与结构钢柱的位置关系，承重构件竖向与水平传力路径应连续。

4) 箱式模块与其他非模块单元组合后，应形成合理的结构体系。

5) 模块组合后，建筑设备的配置应具有系统性。

(2) 标准化连接节点设计

为了方便现场的高效安装，模块间连接节点设计宜为全栓接连接。图 4.2-28 为实际低层模块化钢结构建筑工程采用的四种连接形式。

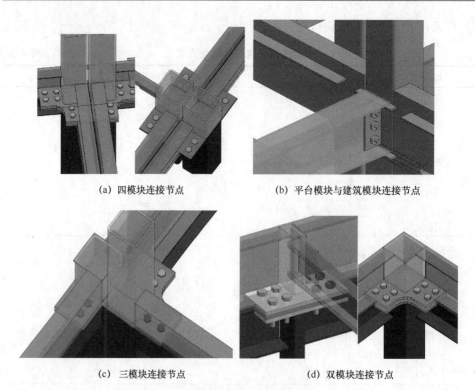

图 4.2-28 低层模块化房屋节点形式

图 4.2-29 为实际多高层模块化钢结构建筑工程采用的节点形式。

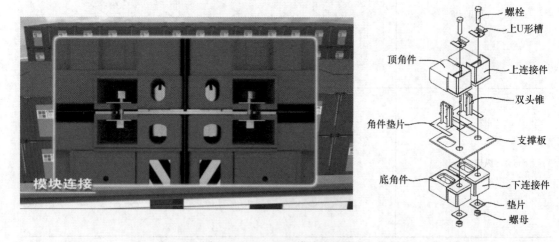

图 4.2-29 上下四模块连接节点

4.3 低层墙承重模块化建筑体系研究

4.3.1 低多层墙承重模块化钢结构体系开发

墙承重模块化钢结构建筑主要的特征在于其墙体为主要受力构件之一,墙承重模块化钢结构建筑中的墙体为由承重龙骨与墙板组成的复合墙体。墙承重模块化钢结构建筑的结构构件包括梁、龙骨、墙板及楼板,其受力体系包括梁、墙体龙骨组成的竖向分体系和楼板、墙体夹板组成的水平分体系。

针对墙承重模块轻钢龙骨建筑,通过研究该类建筑墙板模块的标准化,以统一的格式进行部品的标准化,实现轻钢龙骨一体化建造过程。

本课题提出将基本构件验算转化为标准部品选择,简化墙承重模块轻钢龙骨体系初步设计过程。

4.3.2 研究思路

针对低多层墙承重模块化钢结构建筑体系,考虑不同建筑功能需求,通过足尺模型试验、理论计算、有限元模拟等方法,研究墙承重模块轻钢龙骨承重结构、模块单元之间的连接方式。

4.3.3 试验研究

1. 试验目的

针对低多层墙承重钢结构模块龙骨间接连接式的同层墙体拼接节点与传统整片组装的龙骨式复合墙体构造的不同,试验重点为龙骨间接连接式同层节点力学性能。试验目的主要在于:

1) 探究龙骨间接连接式同层节点用于冷弯薄壁型钢房屋二维模块化建造的可行性;
2) 探究龙骨间接连接式同层节点的抗侧性能与抗震性能;
3) 研究单个墙体单元的高宽比对装配完成后的轻钢龙骨式复合墙体抗剪性能的影响。

2. 试验概况

(1) 试件设计

本次试验共设计了6片足尺轻钢龙骨式复合墙体试件,其中两片为用于对照的整体式墙体,四片为采用间接连接式节点的拼合式墙体。试件编号、尺寸参数及墙体特性见表4.3-1。试件设计如图4.3-1所示。

试件参数表　　　　表4.3-1

试件编号	墙体类型	墙体尺寸(m)	单元尺寸(m)	抗拔件设置	拼接处螺钉间距(mm)	加载方式
WALL-1	整体	1.8×3.0	—	端部	150	单调
WALL-2	整体	3.6×3.0	—	端部	150	滞回
WALL-3	装配式	3.6×3.0	1.8×3.0	端部	150	滞回
WALL-4	装配式	3.6×3.0	1.2×3.0	端部	150	滞回
WALL-5	装配式	3.6×3.0	1.8×3.0	端部+拼接部位	150	滞回
WALL-6	装配式	3.6×3.0	1.8×3.0	端部	50	滞回

(2) 试验装置及测点布置

本试验在同济大学国家土建结构预制装配化工程技术研究中心试验室进行。试验装置全貌如图4.3-2所示,位移传感器布置如图4.3-3所示。

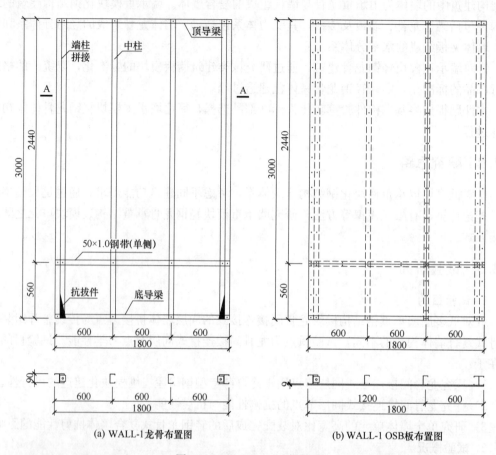

(a) WALL-1龙骨布置图   (b) WALL-1 OSB板布置图

图 4.3-1　WALL-1 试件设计

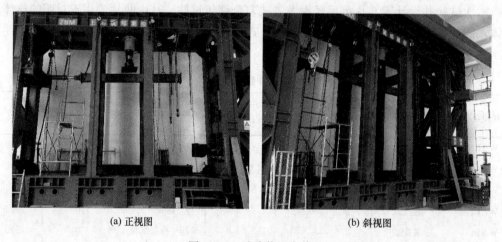

(a) 正视图   (b) 斜视图

图 4.3-2　试验装置全貌

试验过程中主要采集试验墙体的位移数据和部分立柱的应变数据。

（3）加载制度

试验过程中仅对试验墙体施加水平荷载，除试件和加载梁的自重以外没有额外的竖向

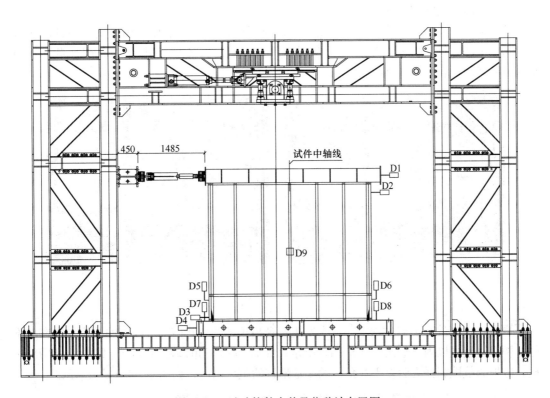

图 4.3-3 试验构件全貌及位移计布置图

荷载。试件 WALL-1 采用水平单调加载，其余 5 片试件采用水平往复加载，加载过程采用位移控制，加载速率 12mm/min。

水平往复加载的加载制度如表 4.3-2 所示。试件屈服前，分 4 级加载，各级位移增量为 4mm，每级循环 1 次；屈服后，各级位移增量为 8mm，每级循环 3 次，最终加载至 ±48mm。

装配式墙体抗侧试验加载制度　　　　表 4.3-2

	位移增量（mm）	累计位移（mm）	循环周数
屈服前	4	4	1
	4	8	1
	4	12	1
	4	16	1
屈服后	8	24	3
	8	32	3
	8	40	3
	8	48	3

(4) 试验现象及破坏模式

限于篇幅，以单片墙体试件 WALL-1 为例：WALL-1 为单片采用传统构造的轻钢龙骨式复合墙体，墙体宽度为 1.8m，高度为 3.0m，在试验中采用水平单调加载。试件 WALL-1 全貌如图 4.3-4 所示。

(a) 安装过程图

(b) 安装完成图

图 4.3-4 试件 WALL-1 全貌

WALL-1 试件在加载过程中，首先发生石膏板角部的块状破碎，破碎的部位大致在角部的 2 颗螺钉范围以内，如图 4.3-5（a）所示；此后 OSB 板角部螺钉连接位置的板材局部破损，破损的范围同样大致发生在角部的 2 颗螺钉的距离以内，如图 4.3-5（b）所示。

(a) 石膏板角部破碎

(b) OSB板角部局部破损

图 4.3-5 WALL-1 试件试验现象

3. 试验结果

(1) 墙体实际剪切变形计算方法

试验测得的墙体顶部位移 δ_0，包含了墙体的剪切位移 Δ、墙体转动导致的顶部水平位移 δ_φ 和墙体试件与加载底梁之间的相对位移 δ_l 三个部分。为求得墙体的实际抗剪性能，需计算墙体顶部的实际剪切变形，即从总的顶部位移中扣除墙体转动和相对滑移的贡献。墙体的实际剪切变形 Δ 按照下式计算：

$$\Delta = \delta_0 - \delta_\varphi - \delta_l = D_2 - \frac{H}{L+B+C}[(D_6 - D_8) - (D_5 - D_7)] - (D_3 - D_4)$$

(4.3-1)

各位移计位置及 B、C、H、L 参数如图 4.3-6 所示。

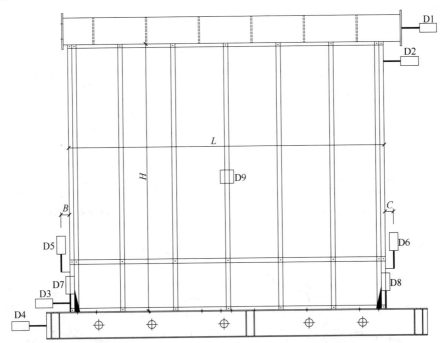

图 4.3-6 位移计布置及相应参数

（2）荷载-位移曲线

各墙体试件的荷载-位移曲线如图 4.3-7 所示。

（3）骨架曲线

各试件的骨架曲线由其滞回曲线各加载级的第一轮循环的峰值点连线构成。各墙体试件的骨架曲线如图 4.3-8 所示。

（4）耗能系数

WALL-2～WALL-6 各试件在各级加载下的耗能系数分别计算汇总列于表 4.3-3 中。

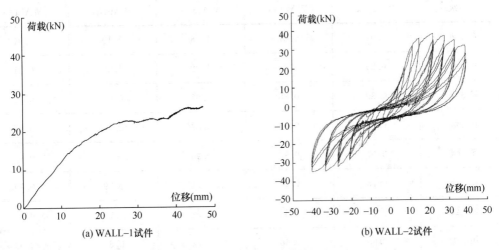

图 4.3-7 各试件荷载位移曲线（一）

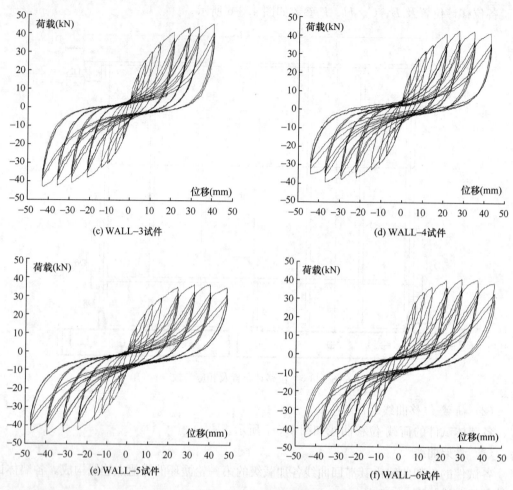

图 4.3-7 各试件荷载位移曲线（二）

耗能系数 表 4.3-3

荷载级	WALL-2	WALL-3	WALL-4	WALL-5	WALL-6
第1级	1.09	1.07	1.06	1.10	1.01
第2级	0.85	0.94	1.02	1.03	0.91
第3级	0.89	0.88	0.91	0.91	0.91
第4级	0.88	0.85	0.89	0.91	0.91
第5级	0.91	0.92	0.95	0.94	0.95
第6级	0.73	0.78	0.74	0.79	0.79
第7级	0.68	0.68	0.72	0.73	0.75
第8级	0.65	0.66	0.72	0.67	0.68

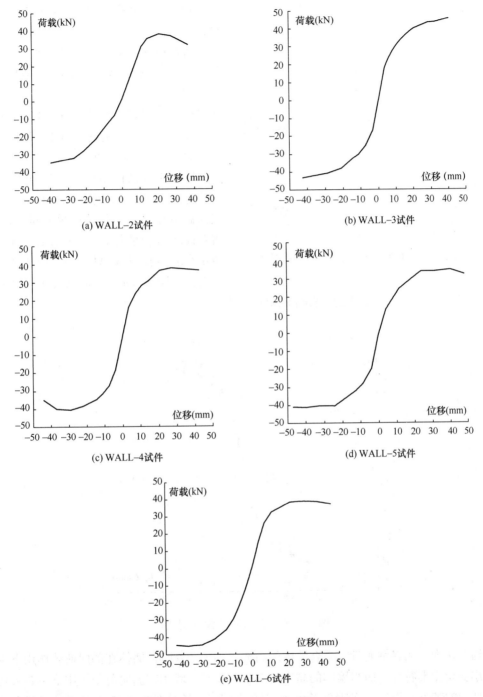

图 4.3-8 各试件骨架曲线

横向比较不同构造的墙体试件在相同荷载水平作用下的耗能能力,可以发现模块拼装组成的墙体试件的耗能能力与整体式墙体的耗能能力大致相当。因此可以认为此类龙骨间接连接式同层节点能够达到与传统墙体构造相当的耗能能力。

(5) 试验结果分析

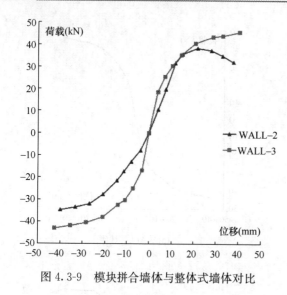

图 4.3-9 模块拼合墙体与整体式墙体对比

1) 模块化拼合墙体与整体墙体的对比

将双模块拼合墙体试件 WALL-3 与整体式墙体试件 WALL-2 的骨架曲线进行对比（图 4.3-9），可以发现模块拼合墙体的抗侧刚度和抗侧承载力基本与整体式墙体相同，甚至还略高于整体式墙体。

2) 单元高宽比的影响

WALL-3 试件由两片高宽比为 1.67 的墙体单元拼合而成，WALL-4 试件由三片高宽比为 2.5 的墙体单元拼合而成。将双模块拼合墙体试件 WALL-3 与三模块拼合墙体试件 WALL-4 的骨架曲线进行对比（图 4.3-10），可以发现模块单元的高宽比对拼合而成的墙体的抗侧性能影响较小。

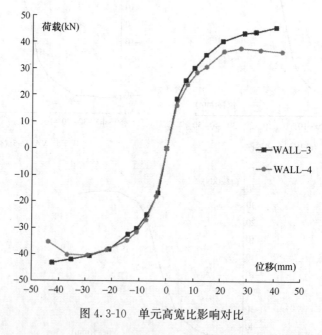

图 4.3-10 单元高宽比影响对比

通常认为，当轻钢龙骨式复合墙体的高宽比小于 2.0 时，墙体在侧向荷载作用下主要表现出剪切变形特性；而当墙体的高宽比大于 4.0 时，墙体在侧向荷载作用下主要表现出弯曲变形的特性；而当高宽比介于 2.0~4.0 之间时，墙体的变形模式则同时表现出剪切变形特性和弯曲变形特性。本试验中 WALL-4 试件的构成单元的高宽比为 2.5，但是其在形成拼合墙体后同样主要表现出剪切变形的特性，因此可认为此类连接方式可以有效地将墙体单元拼合成整体共同工作的抗侧力墙体。

试验结果表明：①模块拼合墙体的抗侧刚度和抗侧承载力基本与整体式墙体相同，甚至略高于整体式墙体；②模块单元的高宽比对拼合而成的墙体的抗侧性能影响较小，各模块在拼合完成后主要表现出整体剪切变形的受力特性；③中部抗拔件并不能显著提升拼合墙体的抗侧性能；④将拼接部位150mm间距的连接螺钉进一步加密为50mm间距并不能显著地提高拼合墙体的抗侧性能；⑤模块单元自身的制作精度要求较高，整体尺寸偏差和垂直度偏差不得大于$h/600$（h为墙体单元的高度）。

4.3.4 理论分析

1. 二维模块连接墙体有限元模拟

采用通用有限元软件ANSYS对6片墙体试件进行了有限元建模。将有限元计算结果与试验结果对比，验证采用数值模型对此类龙骨间接连接式同层节点连接二维模块墙体的可靠性。

（1）有限元模型建立

立柱龙骨采用壳单元SHELL181（4节点有限应变壳单元）模拟，龙骨壳单元的网格尺寸取为5mm×15mm（宽度×高度）。

覆面板材料同样采用壳单元SHELL181模拟，材料模型同样采用各向同性的理想弹塑性材料。覆面板壳单元的网格尺寸取为20mm×30mm（宽度×高度）。OSB板和石膏板均为各向异性材料，见表4.3-4及图4.3-11。

有限元模型材料参数　　　　　　　　　　　　表4.3-4

材料	材料模型	弹性模量（MPa）	屈服强度（MPa）	泊松比
冷弯型钢立柱	各向同性理想弹塑性	2.1×10^5	440	0.30
OSB板		4663	55.9	0.30
石膏板		3141	5.2	0.23

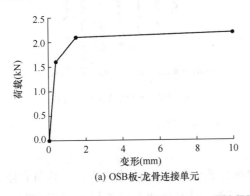
(a) OSB板-龙骨连接单元

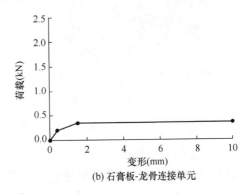
(b) 石膏板-龙骨连接单元

图4.3-11　COMBIN39单元的本构曲线

WALL-1试件有限元模型建立情况如图4.3-12所示。其他试件限于篇幅不再罗列。

（2）有限元模型与试验结果比对

1）变形模式对比

在试验中，墙体的破坏主要发生在覆面板与立柱龙骨之间的自攻螺钉连接部位，其破坏模式包括覆面板孔壁破碎、螺钉倾斜、螺钉剪断等。因此在有

(a) 几何模型

(b) 有限元模型

图4.3-12　WALL-1试件模型

限元模型中对该部位的破坏模式进行了一定的简化，采用 COMBIN39 非线性弹簧单元的屈服来模拟同一体现该部位的破坏；由于将螺钉部位的破坏同一考虑在了 COMBIN39 单元的屈服中，因此在有限元模型中覆面板材料不会直接发生破坏，而是仅表现出面内的刚性，如图 4.3-13 所示。

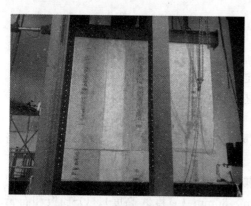
(a) 试验结果

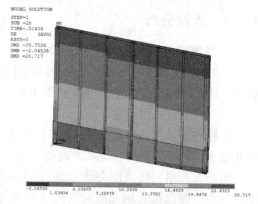
(b) 有限元模拟结果（X 向变形）

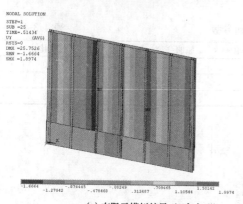
(c) 有限元模拟结果（Y 向变形）

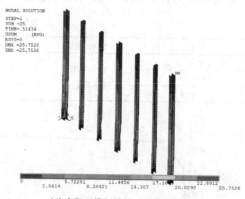
(d) 有限元模拟结果（立柱变形）

图 4.3-13　WALL-3 试件破坏模式对比

2）荷载-位移曲线对比

以各试件正向加载时的骨架曲线代表其单调加载时的荷载-位移曲线，将其与有限元模型的计算结果进行对比，如图 4.3-14 所示。有限元计算结果与试验结果基本吻合，尤其是在墙体的弹性阶段吻合效果较好。

2. 模拟结果分析

试验结果受到各类因素的影响，与理想假定下的计算结果存在一定的偏差。而有限元模拟的计算结果则可在很大程度上反映在理想计算假定下各类墙体拼装构造的抗侧性能。

（1）模块化拼合墙体与整体墙体的对比

将双模块拼合墙体试件 WALL-3、三模块拼合墙体试件 WALL-4 与整体式墙体试件 WALL-2 的模拟计算结果进行对比，如图 4.3-15 所示。模型的计算结果与试验结果一致，均表明模块拼合试件的抗侧性能基本与整体式墙体一致。双模块拼合墙体单元的承载性能与三模块拼合墙体单元的承载性能非常接近，即单元的高宽比对此类墙体单元的抗侧性能

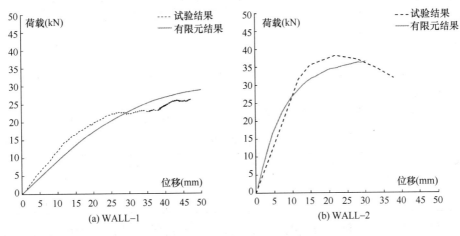

图 4.3-14 荷载-位移曲线对比

影响很小。

本研究对试件 WALL-1～WALL-6 进行了有限元建模计算,并将模拟计算结果与试验结果进行了对比。模型计算所得的变形模式与试验变形模式一致,前期荷载-位移曲线与试验结果吻合较好;但是有限元模拟后期的破坏模式与试验有所区别,主要是由于软件提供的材料本构不能有效反映材料的实际本构,使得有限元计算的最终承载力大于试验承载力结果。最大承载力不是设计值,有限元的结果虽不可直接用于设计,但可供设计人员参考。

有限元模型计算结果同样表明:

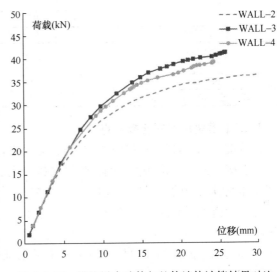

图 4.3-15 模块拼合墙体与整体墙体计算结果对比

①模块拼合试件的抗侧性能基本与整体式墙体一致,其承载力甚至略高于整体式墙体;②双模块拼合墙体单元的承载性能与三模块拼合墙体单元的承载性能非常接近,即单元的高宽比对此类墙体单元的抗侧性能影响很小;③由于各模块自身的转动效应非常小,因此设置中部抗拔件对模块拼合墙体的抗侧性能影响非常小;④将拼接部位 150mm 间距的连接螺钉进一步加密虽然可以在一定程度上提高拼合墙体的抗侧刚度和抗侧承载力,但是其提升效果并不显著。

4.3.5 设计方法与连接构造

1. 墙面部品设计

(1) 龙骨选择

墙承重模块轻钢龙骨墙面常用截面高度为 90mm,120mm 和 140mm,见表 4.3-5。

墙面常用龙骨截面　　　　　　　　　　　　　　　　　表 4.3-5

截面编号	高度 h（mm）	翼缘宽度 b（mm）	卷边高度 d（mm）	厚度 t（mm）
C9012	90	40	10	1.2
C12012	120	50	10	1.2
C14012	140	50	10	1.2

（2）覆面板材

按行业标准《轻钢龙骨式复合墙体》JG/T 544—2018，推荐板材见表 4.3-6。

产品覆面板　　　　　　　　　　　　　　　　　　　　表 4.3-6

类型	纸面石膏板	钢板	定向刨花板	无石棉纤维水泥板	纤维增强硅酸盖板	蒸压加气混凝土板	玻镁平板	其他
代号	GP	ST	OSB	FC	FRCS	ALC	MGO	OB

在标准中给出了定向刨花板、纸面石膏板、无石棉纤维水泥板和钢板的抗侧刚度和水平承载力设计值，如表 4.3-7 所示。

墙面部品抗侧承载力　　　　　　　　　　　　　　　　表 4.3-7

覆面板材料	抗侧刚度（kN/rad）	水平承载力（kN/m）
OSB9mm	1450	6.45
GP12mm	800	2.9
FC8mm	1100	3.75
LQ550 波纹钢板 0.42mm	2000	8

2. 二维模块化墙板连接节点构造

在传统轻钢龙骨体系的散件拼装建造方式中，结构主要的连接节点部位包括龙骨之间的螺钉连接、龙骨与覆面板之间的螺钉连接、底层墙体下导梁与基础之间的螺栓连接以及层间墙体龙骨之间的抗拔拉条连接等，这些连接部位均需要在施工现场进行连接。

为减少施工现场的工作量，提升现场施工效率，本研究提出了以二维墙体模块为基本建造单元的轻钢龙骨体系房屋二维模块化建造方式。典型的二维墙体单元示意图如图 4.3-16 所示。需要明确的是，由于采用了二维模块化的建造单元，因此所谓的"安装

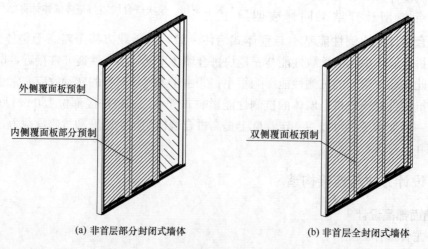

(a) 非首层部分封闭式墙体　　　　　　(b) 非首层全封闭式墙体

图 4.3-16　典型二维墙体单元示意图（一）

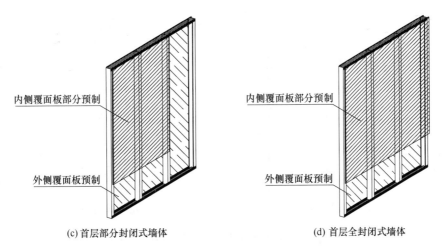

(c) 首层部分封闭式墙体　　　　　　(d) 首层全封闭式墙体

图 4.3-16　典型二维墙体单元示意图（二）

节点"通常并非局部"点"的概念，而是具有一定长度的"线"的概念。

（1）同层墙体节点

同层墙体节点根据节点所处平面位置不同分为两种类型：一是墙体平面内拼接节点如图 4.3-17（a）所示；二是墙体转角位置节点如图 4.3-17（b）～（d）所示。

龙骨间接连接式同层节点的基本构造如图 4.3-18、图 4.3-19 所示。龙骨间接连接式

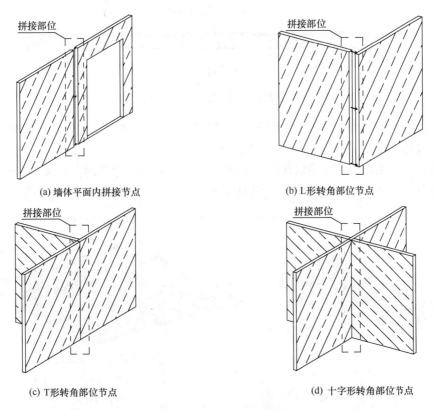

图 4.3-17　同层墙体节点类型

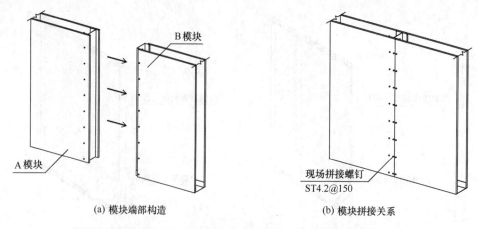

(a) 模块端部构造 (b) 模块拼接关系

图 4.3-18　龙骨间接连接式同层节点构造（三维图）

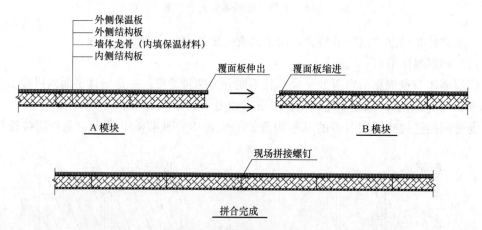

图 4.3-19　龙骨间接连接式同层节点构造（平面图）

同层节点的最主要优势在于可以采用全封闭式墙体模块，将现场的工作量大幅减少。

（2）墙体-楼面节点

轻钢龙骨体系建筑二维模块化建造模式中，房屋采用冷弯型钢楼面梁与 OSB 板形成组合楼盖系统，如图 4.3-20、图 4.3-21 所示。

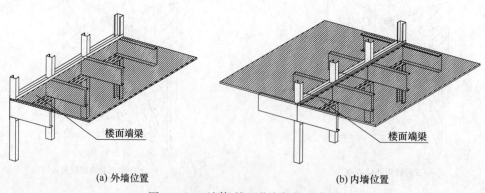

(a) 外墙位置 (b) 内墙位置

图 4.3-20　墙体-楼面节点部位示意图

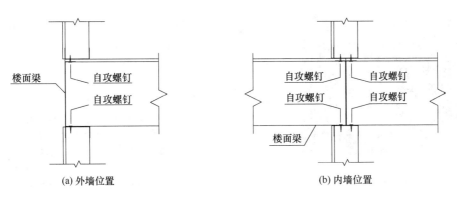

图 4.3-21 墙体-楼面节点施工方式

4.4 多高层柱承重模块化建筑体系研究

4.4.1 多高层柱承重模块化建筑常用抗侧体系分类

模块建筑按照主要抗侧力体系的不同，可分为纯模块结构、模块-钢框架混合结构、模块-钢框架支撑混合结构、模块-筒体混合结构等形式。纯模块结构体系是指模块建筑全部由模块单元组成，其中，不设支撑的模块结构抗侧能力很弱，此类结构体系多应用于低层且布置较规则的建筑中，带支撑的模块结构抗侧性能有一定提高，可用于多层建筑中。

模块-钢框架结构体系是将模块单元与传统钢框架组合，钢框架作为主要的抗侧力部分，以弥补纯模块结构抗侧能力低的缺陷，框架部分因其跨度大、布置灵活，还可以满足建筑使用功能上的更多要求，适用于更高层数或需要更大抗侧力要求的模块建筑。

本课题将结合多层模块化居住项目——天津静海子牙尚林苑（白领宿舍）一期工程，系统研究模块化建筑在多高层模块建筑中的一系列设计及施工关键问题，从而为国内多高层模块化钢结构建筑的发展提供一定的理论支撑和借鉴。

4.4.2 角件旋转式模块单元连接节点的研发

1. 角件旋转式模块单元连接节点的研发

模块单元节点的设计要与模块单元相匹配，目前类集装箱式的模块单元很多，对连接节点的技术要求如下：

1) 连接节点要满足可以抵抗水平剪力和竖向拉力的要求；
2) 连接节点要满足便于现场操作，可拆卸的要求；
3) 连接节点要在具备一定精度的条件下，方便现场施工，符合施工要求；
4) 连接节点宜减少现场的焊接作业；
5) 应根据连接节点的设计，设计相匹配的模块单元角件。

根据上述条件和要求，结合尚林苑白领宿舍模块建筑项目采用的类集装箱式模块，同时参考国内外关于模块单元连接节点的先进技术，提出了一种新型的模块单元间的旋转式连接节点，单元如图 4.4-1 所示。

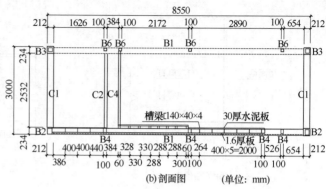

(a) 实物图　　　　　　　　　　　　　　(b) 剖面图　　　　　（单位：mm）

图 4.4-1　类集装箱式模块单元

(1) 角件旋转式模块单元连接节点设计

设计思路如下：模块单元的模块柱和模块梁焊接在新型角件上，连接上、下模块单元角件和连接件从而将上、下模块单元连接在一起。旋转连接件插入角件，通过角件侧向开口旋转连接件，从而起到固定的作用（图 4.4-2）。

(a) 立体图　　　　　　　(b) 正视图　　　　　　(c) 俯视图

图 4.4-2　新型角件构造

旋转式连接件分为两部分，分别为旋转柱头部分和连接板部分（图 4.4-3）。旋转柱头部分又可分为手握柄、收缩部分、旋转部分、圆柱部分。

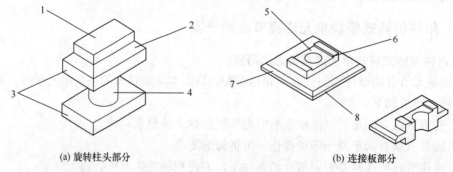

(a) 旋转柱头部分　　　　　　　　　　　(b) 连接板部分

1—手握柄；2—收缩部分；3—旋转部分；4—圆柱部分；
5—抗剪部分；6—凹槽；7—剖面；8—连接部分。

图 4.4-3　旋转连接件

连接部分的作用是承接上下两个模块部分。旋转部分和连接板部分整体铸造（图 4.4-4）。

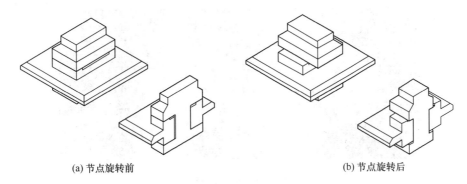

(a) 节点旋转前　　　　　　　　(b) 节点旋转后

图 4.4-4　新型连接节点

角件旋转式模块连接节点可以抵抗水平剪力和竖向拉力，传力明确，操作简单，现场焊接少，模块单元可以重复使用，在多行排列的模块建筑中运用效果好。

(2) 角件旋转式模块单元连接节点设计优化

根据上述新型节点的设计思路，基于模块单元节点紧固及单元定位的需要，对新型模块单元连接节点进行优化设计：模块单元间连接件拆分为 4 部分，分别为连接板部分、上旋转件部分、下旋转件部分和螺母部分（图 4.4-5）。

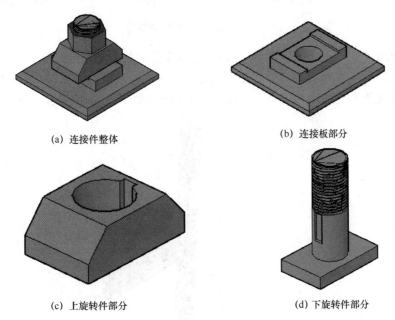

(a) 连接件整体　　　　　　　　(b) 连接板部分

(c) 上旋转件部分　　　　　　　(d) 下旋转件部分

图 4.4-5　改进后模块单元连接节点

模块单元的安装见图 4.4-6。

改进的角件旋转式节点连接形式可以解决模块建筑中模块单元角部的连接问题。连接节点构造简单、合理，且安装快速、方便。

2. 角件旋转式连接节点力学性能分析

(1) 建模分析

根据工程实际情况，选取模块梁、柱反弯点进行建模（图 4.4-7）。有限元分析采用

图 4.4-6 连接件安装

   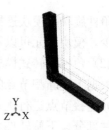

(a) 旋转件　　　　(b) 连接板　　　　(c) 角件　　　　(d) 上部梁柱

图 4.4-7 有限元模型网格划分

Von. mises 屈服条件，通过试验证明，Mises 屈服条件更接近于实际[68]。

因在 Midas Gen 整体有限元分析中，大部分模块柱的轴压比为 0.3，故在上模块单元柱顶施加轴压比为 0.3 的均布压力，并在柱顶 U1 向施加 150mm 的位移（图 4.4-8）。

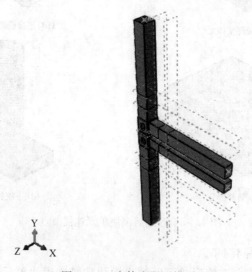

图 4.4-8 实体有限元模型

(2) 破坏形态

1) 整体应力分布

根据实体模型的最终应力分布（图 4.4-9），最终节点破坏发生在角件与梁的连接处，即梁端破坏。

第 4 章 模块化钢结构体系建筑产业化技术与示范

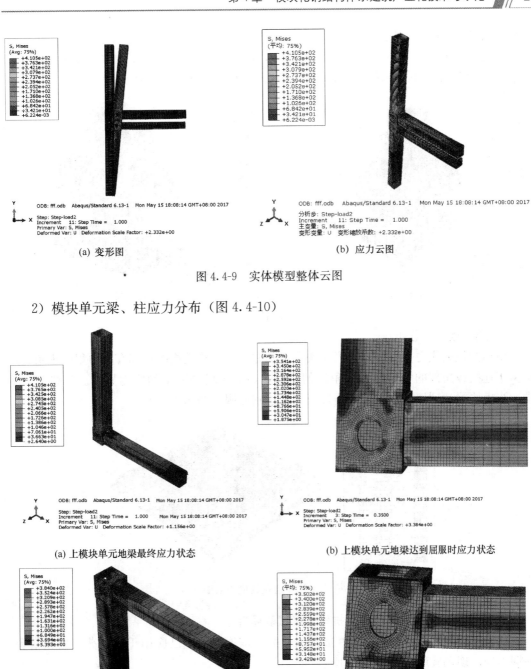

(a) 变形图　　　　　　　　　　　　(b) 应力云图

图 4.4-9　实体模型整体云图

2) 模块单元梁、柱应力分布（图 4.4-10）

(a) 上模块单元地梁最终应力状态　　　(b) 上模块单元地梁达到屈服时应力状态

(c) 下模块单元顶梁最终应力状态　　　(d) 下模块单元顶梁达到屈服时应力状态

图 4.4-10　模块梁、柱的应力云图

3) 旋转件应力分布

由旋转件的应力分布（图 4.4-11）可知，旋转件可以传递上下模块单元间的弯矩，当模块梁达到屈服时，旋转件的最大应力为 167MPa，并未达到屈服强度。

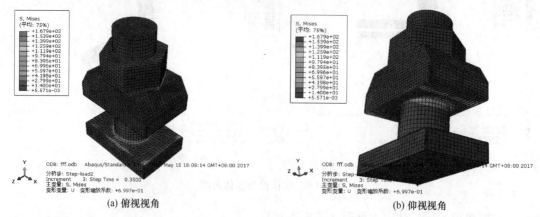

(a) 俯视视角　　　　　　　　　　　　(b) 仰视视角

图 4.4-11　旋转件应力云图

4) 连接板应力分布

由连接板的应力分布可知，当模块梁达到屈服时，连接板的角部有应力集中现象，这是由于连接板角部的尖角受到了角件的挤压，造成了局部网格的应力异常。忽略应力集中，当模块梁达到屈服极限时，连接板并未达到屈服（图 4.4-12）。

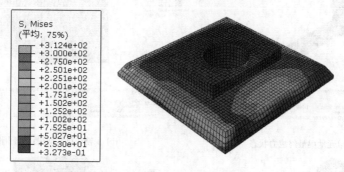

图 4.4-12　连接板应力云图

3. 角件旋转式模块连接节点抗弯性能试验研究

对角件旋转式连接节点抗弯性能开展研究。该连接节点已应用于尚林苑（白领宿舍）一期工程，现场装配如图 4.4-13 所示。

角件旋转式模块连接节点其组成及安装流程示意图如图 4.4-14 所示。

（1）试件设计

角件旋转式连接节点抗弯试件设计如图 4.4-15 所示。角件旋转式模块连接节点抗弯试验量测方案如图 4.4-16 所示。

（2）加载装置及加载制度

角件旋转式模块连接节点抗弯试验在天津大学结构试验室完成，试验装置如图 4.4-17 所示。试验加载分两阶段进行，即预加载阶段和正式加载阶段。正式加载阶段采用分级加载的方式进行，每级加载 5kN，一直加载至试件破坏。

第 4 章 模块化钢结构体系建筑产业化技术与示范

图 4.4-13 天津静海子牙尚林苑（白领宿舍）一期工程现场装配图

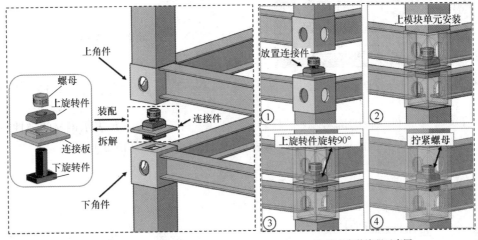

(a) 角件旋转式模块连接节点示意图　(b) 节点安装流程示意图

图 4.4-14 角件旋转式模块连接节点组成及安装流程示意图

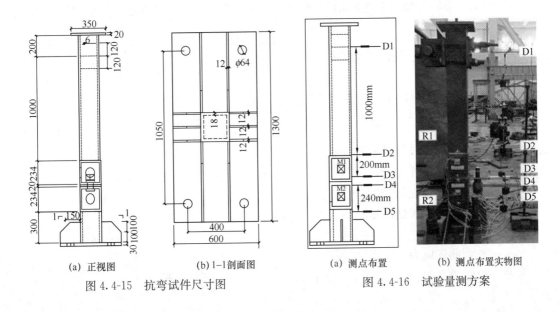

(a) 正视图　(b) 1-1 剖面图　　　(a) 测点布置　(b) 测点布置实物图

图 4.4-15 抗弯试件尺寸图　　　图 4.4-16 试验量测方案

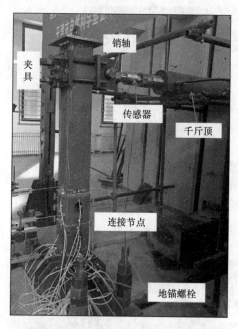

图 4.4-17 节点抗弯试验加载装置图

(3) 试验结果

如图 4.4-18～图 4.4-20 所示。

(4) 初始转动刚度理论计算公式

根据观察的试验现象及试验结果，建立了角件旋转式连接节点的受力计算模型如图 4.4-21所示，下旋转件螺杆在中心施加面外集中荷载，并且该荷载通过下旋转件底板与角件顶板发生挤压接触，下角件的顶板可认为是四边支承板。考虑该连接节点的特定的几何构造尺寸，基于薄板理论推导连接节点初始转动刚度及屈服弯矩，在推导过程中假设所有杆件均处于弹性阶段。

计算求得：

1) 连接节点的初始转动刚度可由下式表示：

$$K_0 = \frac{d(M)}{d(\phi)} = \frac{1}{\frac{16k}{D\pi^4} + \frac{16L}{E\pi d^2 a^2}} \quad (4.4\text{-}1)$$

式中 D——下角件顶板的抗弯刚度，$D = Et^3/12(1-\nu^2)$，其中 E 表示钢材的弹性模量，t 表示下角件顶板的厚度，ν 表示钢材的泊松比，其值取 0.3；

d——连接件螺杆直径；

k——收敛系数；

L——螺杆的长度；

a——下角件顶板的长度；

M——弯矩；

φ——转角。

考虑到由下旋转件螺杆引起的轴向变形较小，将式（4.4-1）可以进一步简化为下式：

$$K_0 = \frac{D\pi^4}{16k} \quad (4.4\text{-}2)$$

式中 D——下角件顶板的抗弯刚度；

k——收敛系数。

2) 连接节点的屈服弯矩（M_q）可以按下式计算：

$$M_q = Q \cdot \frac{a}{2} = \frac{\sigma_y t^2}{12(1+\nu)k_0} \cdot \frac{d^2}{2a} \quad (4.4\text{-}3)$$

式中 Q——连接件螺杆所受的轴向拉力；

d——连接件螺杆直径；

a——下角件顶板的长度；

t——下角件顶板的厚度；

ν——钢材的泊松比；

σ_y——弯曲正应力；

k_0——收敛系数。

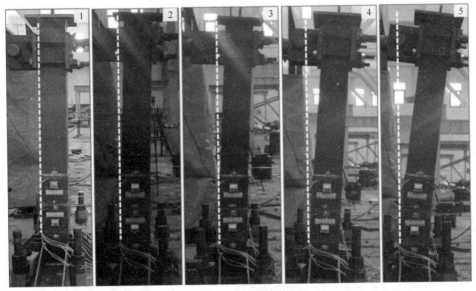

(a) 试件水平侧移变化情况

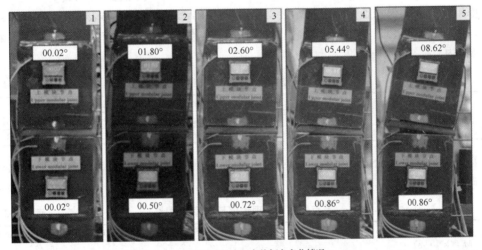

(b) 节点处上下角件倾角变化情况

图 4.4-18　试件水平位移及节点处转角变化情况

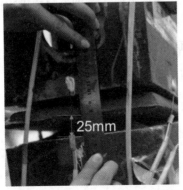

图 4.4-19　节点破坏模式

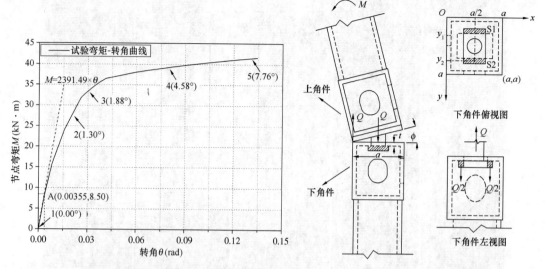

图 4.4-20 角件旋转式模块连接节点弯矩-转角曲线

图 4.4-21 角件旋转式模块连接节点受力计算模型

该角件旋转式模块连接节点初始转动刚度理论值与试验值对比如表 4.4-1 所示，结果表明，该理论计算公式及其简化理论公式所得节点初始转动刚度值与试验吻合良好，相差在 5% 以内。

节点初始转动刚度理论计算与试验值对比 表 4.4-1

类型	试验值	理论公式（4.4-1）计算		理论公式（4.4-2）计算	
		理论值	试验/理论	理论值	试验/理论
K_0 (kN·m/rad)	2391.49	2402.98	0.9952	2507.20	0.9538

节点屈服弯矩理论计算与试验值对比见表 4.4-2，结果表明该节点屈服弯矩理论计算值与试验值吻合较好，相差在 10% 以内。

节点屈服弯矩理论值与试验值对比 表 4.4-2

类型	试验值	理论计算值	（理论值−试验值）/试验值
M_q (kN·m)	8.50	7.95	−6.47%

(5) 角件旋转式模块连接节点抗弯计算公式

理论计算结果与有限元模拟的结果对比表明，在弹性阶段，该理论公式求得的单元间连接节点传递的弯矩与有限元分析结果基本一致。

对于 T 节点模型，角件旋转式模块连接节点抗弯计算公式为：

$$M_0 = \frac{FHK_0(i_{bf} - i_{bc})}{3i_{bf}i_{bc} + K_0(i_{bf} + i_{bc})} \leqslant M_q = \frac{\sigma_s t^2}{12(1+\nu)k_0} \cdot \frac{d^2}{2a} \quad (4.4\text{-}4)$$

式中 $i_{bf} = \dfrac{EI_{bf}}{L_b}$，$i_{bc} = \dfrac{EI_{bc}}{L_b}$；

F——水平力；

H——模块柱的高度；

I_{bf} 和 I_{bc}——地板梁、天花板梁的截面惯性矩；

L_b——地板梁或天花板梁的长度。

σ_s ——弯曲正应力。

在层间位移角 1/50 控制下，不同双梁线刚度比下角件旋转式模块连接节点传递的弯矩与其试验中弯矩-转角曲线对比如图 4.4-22 所示。

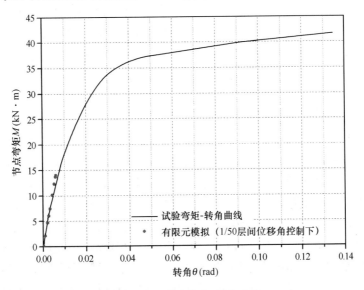

图 4.4-22 节点弯矩-转角曲线

单元间连接节点作为模块建筑分析设计中关键部分，其转动刚度影响节点域处内力分配，在弹性阶段其抗弯性能可以通过初始转动刚度及屈服弯矩这两个关键指标来进行评估分析，那么基于角件旋转式模块连接节点转动刚度特性的结构设计流程图如图 4.4-23 所示。

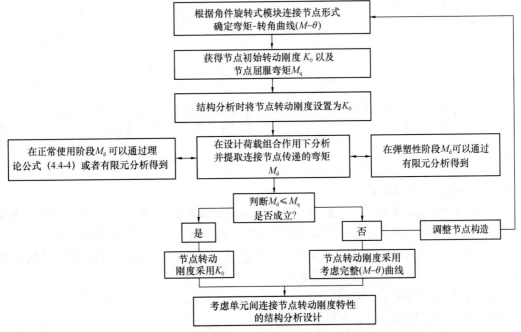

图 4.4-23 基于角件旋转式模块连接节点半刚性的结构设计流程图

4.4.3 柱承重式模块结构静力抗侧性能研究

钢结构模块单元类型常见的是框架式模块单元和类集装箱式模块单元。本课题研究考虑上下不同单元类型组合，完成了三组双层足尺平面模块结构试件单调加载试验，揭示了不同单元组合下的模块结构破坏模式、承载性能及抗侧机制。考虑单元间连接节点半刚性和单元刚度，推导了不同单元组合下的模块结构初始抗侧刚度理论计算公式，并与试验结果进行对比验证其准确性，最后提出了单元间连接节点抗弯设计公式。

1. 试验设计

（1）试件设计

为了研究不同单元类型组合下模块结构抗侧性能，考虑到试验场地实施空间，选取了模块箱体短边方向平面框架作为研究对象，设计了三组双层足尺试件，通过角件旋转式连接节点将上下两层平面模块单元进行连接，主要针对钢框架式模块单元、类集装箱模块单元及它们的组合。各个类型的模块尺寸分别如图 4.4-24、图 4.4-25 所示。试件 SJ1 为上层钢框架式模块和下层钢框架式模块的组合，该试件的设计是基于钢框架式模块建筑，通常框架式模块单元内填充墙体作为围护结构，但设计时忽略该填充墙体的刚度贡献。试件 SJ3 为上层类集装箱模块和下层类集装箱模块的组合，该试件设计是基于类集装箱模块建筑，波纹板既作为围护结构又作为模块单元内的抗侧力构件。试件 SJ2 为上层类集装箱模块和下层钢框架式模块的组合，该试件设计是基于类集装箱模块建筑中一层有大开间的建筑功能需求下，移除波纹板等围护结构的情况。上述两层平面结构（试件 SJ1、SJ2 和 SJ3）中均采用角件旋转式连接节点在角部进行竖向连接。

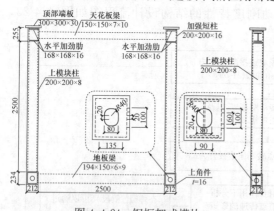

图 4.4-24 钢框架式模块

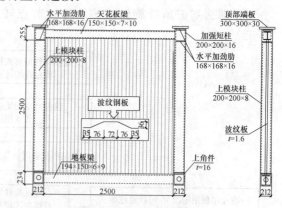

图 4.4-25 类集装箱模块

（2）加载装置及加载制度

三组试验均在天津大学结构实验室完成，试验加载装置如图 4.4-26 所示，试验加载方式采用柱端加载，加载过程中对试件施加水平力并通过力传感器进行量测。轴压比均取为 0.2（轴力为 435kN）。采用分级加载的方式进行，每级荷载 10kN，到后期试件快破坏时每级荷载为 5kN，一直加载至试件破坏。

2. 试验结果与分析

（1）试验破坏现象

1）试件 SJ1 的荷载-位移曲线、侧向变形及破坏模式，如图 4.4-27、图 4.4-28、图 4.4-29 所示。

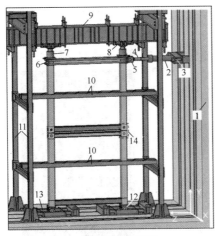

(a) 加载装置示意图　　　　　　(b) 加载装置实物图

图 4.4-26　试验加载装置

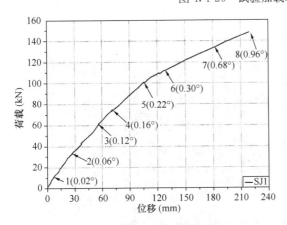

图 4.4-27　试件 SJ1 荷载-位移曲线

图 4.4-28　试件 SJ1 侧向变形

(a) 下框架地板梁左侧端部

(b) 下框架地板梁右侧端部

(c) 单元间连接节点处张开量

图 4.4-29　试件 SJ1 的破坏模式

2) 试件 SJ2 的荷载-位移曲线、侧向变形及破坏模式，如图 4.4-30、图 4.4-31、图 4.4-32所示。

3) 试件 SJ3 的荷载-位移曲线及试验现象如图 4.4-33、图 4.4-34、图 4.4-35 所示。

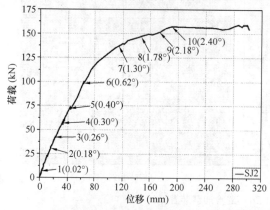
图 4.4-30　试件 SJ2 荷载-位移曲线

图 4.4-31　试件 SJ2 侧向变形

(a) 下框架地板梁左侧端部

(b) 下框架地板梁右侧端部

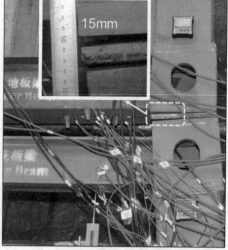
(c) 单元间连接节点处张开量

图 4.4-32　试件 SJ2 破坏模式

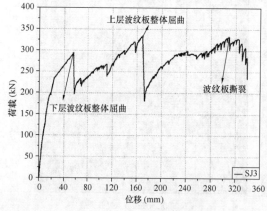
图 4.4-33　试件 SJ3 荷载-位移曲线图

图 4.4-34　上下层模块波纹钢板墙体整体屈曲

(a) 下框架地板梁右侧

(b) 下框架地板梁与波纹板连接焊缝

(c) 上下层波纹钢板

图 4.4-35　破坏现象（试件顶部位移达到 295.1mm 时）

（2）抗侧机理分析

根据上述试验现象可以发现，上下层不同模块单元类型组合下主要有两种结构抗侧机制，即试件 SJ1 和 SJ2 是形成抗弯框架抗侧机制，试件 SJ3 是波纹钢薄膜拉力带抗侧机制。对于试件 SJ1 和 SJ2，受力过程主要分为 3 个阶段：弹性阶段、屈服发展阶段、破坏阶段。在弹性阶段，结构的荷载位移曲线几乎成线性变化，该阶段结构没有出现明显的试验现象。在屈服发展阶段，下模块框架地板梁出现局部屈曲以及不断发展。在破坏阶段时，结构发生较大的侧向变形。可以发现试件 SJ1 的上下层模块框架结构及试件 SJ2 的下层模块框架结构的梁柱构件出现明显的弯曲变形，结构抗侧主要体现在框架抗弯机制。

不同于试件 SJ1 和 SJ2，试件 SJ3 的抵抗水平力的响应阶段主要分为 5 个部分：弹性阶段、屈服发展阶段、波纹板屈曲阶段、屈曲后阶段以及破坏阶段。前两个阶段与试件 SJ1 和 SJ2 类似，试件 SJ3 的抗侧机制主要体现在波纹板屈曲及屈曲后阶段。波纹钢板屈曲阶段以荷载位移曲线中荷载突然下降为特征点，波纹钢板发生整体屈曲，随后波纹钢板进入屈曲后阶段，拉力带逐渐形成及发展，荷载开始增长，甚至超过了试件 SJ3 波纹板屈曲前的承载力。值得注意的是下层波纹钢板先整体屈曲，接着上层波纹钢板整体屈曲，那么试件 SJ3 发展了两次屈曲后强度。在破坏阶段，下层波纹钢板与地板梁的连接处发生严重的大面积断裂以及波纹板自身发生严重的撕裂破坏，导致试件 SJ3 的承载力下降。

（3）抗侧刚度和延性

试件的初始抗侧刚度及下层模块单元的层间位移角见表 4.4-3。

相比于试件 SJ1 的初始抗侧刚度，试件 SJ2 的初始抗侧刚度提高了 62.21%，试件 SJ3 的初始抗侧刚度提高了 1058.68%，可见波纹钢板可以有效地提高结构整体抗侧刚度。此外，三个试件的下层模块单元的层间位移角依次为规范中规定的特殊框架层间位移角限值（0.04rad）的 1.10、2.18、1.59 倍，可见三个试件在达到 0.04rad 的层间位移角下结构的承载力还没有下降,进一步表明三种结构具有良好的塑性变形能力和延性。

试件的力学性能参数对比 表 4.4-3

试件	K (kN/mm)	θ_u (rad)	$[\theta_u]$ (rad)	$\theta_u/[\theta_u]$
SJ1	1.503	0.0438	0.04	1.10
SJ2	2.438	0.0873	0.04	2.18
SJ3	17.415	0.0634	0.04	1.59

注:K——初始抗侧刚度;θ_u——下层模块单元层间位移角;$[\theta_u]$——规范中特殊框架层间位移角限值。

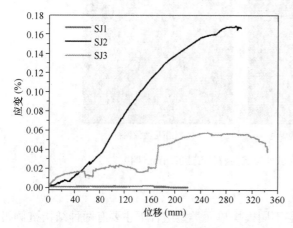

图 4.4-36 三组试件中单元间连接节点的应变变化对比

(4) 单元间连接节点应变分析

三个试件单元间连接节点处的应变变化对比如图 4.4-36 所示。

3. 模块结构抗侧刚度理论研究

(1) 试件 SJ1 初始抗侧刚度理论推导

基于试验中的试件底部铰接约束的边界条件,试件 SJ1 的力学模型如图 4.4-37所示。其中 P 是施加在上部模块柱顶的侧向力,l 代表天花板梁或者地板梁的长度,h 代表每个模块的高度也就是每个模块单元天花板梁中心线到地板梁中心线间的距离。K_0 表示角件旋转式模块连接节点的初始转动刚度,i_{b1},i_{b2} 和 i_c 分别表示天花板梁线刚度、地板梁的线刚度和模块柱的线刚度。

由于结构及边界条件的对称性,取试件 SJ1 的力学模型 1/2(如左侧)进行分析,该模型中 $i'_{b1} = 2i_{b1}$,$i'_{b2} = 2i_{b2}$。

分析求解理论计算模型如下:首先约束节点 A、C、E、G 处的平面内转动,同时约束节点 D 和 F 的水平方向位移,然后释放单元间连接节点的平面内转动,结构模型分解

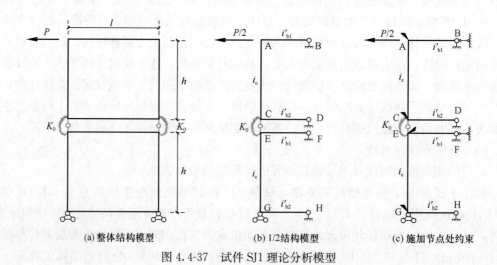

图 4.4-37 试件 SJ1 理论分析模型

为上下两个结构，然后在节点处施加一对外力偶，一个作用在节点 C 处，另一个作用在节点 E 处，大小均为 M_0。然后在节点 A、C、E 和 G 处分别施加节点转角 θ_1、θ_2、θ_3 和 θ_4，在节点 B 和 F 处施加水平位移 Δ_1 和 Δ_2，方向如图 4.4-38 所示。

试件 SJ1 的初始抗侧刚度可以通过下式计算：

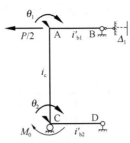
(a) 上层框架结构分析模型

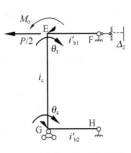
(b) 下层框架结构分析模型

图 4.4-38 理论计算模型求解分析

$$K = -P/(\Delta_1 + \Delta_2) \quad (4.4\text{-}5)$$

取系数 ξ 表示为：

$$\xi = \frac{(3i'_{b1} - 3i'_{b2})K_0}{[18i'_{b1}i'_{b2} + 6i'_{b1}i_c + 6i'_{b2}i_c + (6i'_{b1} + 6i'_{b12} + 4i_c)K_0]} \quad (4.4\text{-}6)$$

初始抗侧刚度 K 的表达式为：

$$K = \frac{12i_c}{h^2} \cdot \frac{3i'_{b1}i'_{b2} + i'_{b1}i_c + i'_{b2}i_c}{(3i'_{b1}i'_{b2} + 4i'_{b1}i_c + 4i'_2 i_c + 4i_c^2) + 3\xi i_c \cdot (i'_{b2} - i'_{b1})} \quad (4.4\text{-}7)$$

（2）试件 SJ2 初始抗侧刚度理论推导

试件 SJ2 的力学分析模型与试件 SJ1 采用的假设及边界条件一样，理论计算模型如图 4.4-39 所示。

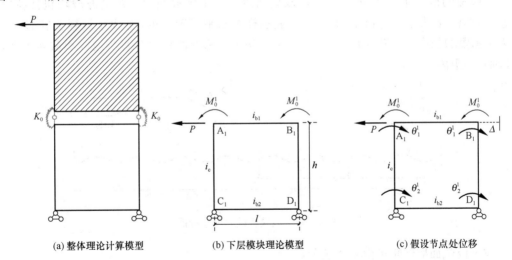

图 4.4-39 试件 SJ2 理论分析模型

试件 SJ2 的初始抗侧刚度（K）为：

$$K = -\frac{P}{\Delta} = \frac{12\,i_c}{h^2} \cdot \frac{[72\,i_{b1}\,i_{b2} + 12\,i_{b1}\,i_c + 12\,i_{b2}\,i_c + (12\,i_{b2} + 2\,i_c)\,K_0]}{(6\,i_{b1} + 2\,i_c + K_0) \cdot (6\,i_{b2} + 4\,i_c) + 2\,i_c \cdot (6\,i_{b2} + 2\,i_c)}$$

$$(4.4\text{-}8)$$

（3）试件 SJ3 初始抗侧刚度理论推导

考虑试件 SJ3 中波纹板复杂的抗侧机制以及与单元间连接节点的相互作用，直接推导该结构抗侧刚度较为复杂。基于试验中上下模块单元协调变形模式，对试件 SJ3 的理论计算模型进行简化,将单元间连接节点简化为铰接。理论计算模型如图 4.4-40 所示。

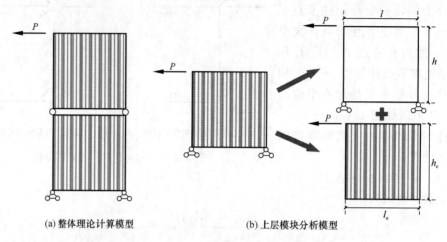

图 4.4-40　试件 SJ3 理论计算模型

由于上下层模块单元的层间位移相同,取上层模块单元进行分析,如图 4.4-40（a）所示。另外,波纹钢板墙体的抗侧刚度由外钢框架和波纹钢板抗侧刚度共同贡献,如图 4.4-40（b）所示,其中 l_e 表示波纹板长度,h_e 表示波纹板高度。

1）波纹钢板的初始抗侧刚度计算

波纹板的截面如图 4.4-41 所示,该截面由一个个波段组成,每个波段均包括波峰、梯段和波谷,a 表示波谷长度的 1/2,b 表示梯段水平投影长度,c 表示波峰长度的 1/2,d 表示梯段的长度,h_c 表示波峰高度,d_i 表示第 i 个梯形段垂直分量到波纹板截面中性轴（Z 轴）的距离。

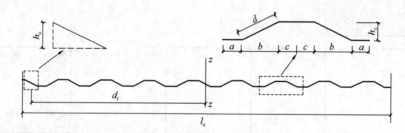

图 4.4-41　波纹板截面尺寸特征

波纹板截面惯性矩可由下式表示:

$$I_Z = \frac{1}{12} t \cdot l_e^3 + h_c \cdot t \sum d_i^2 \tag{4.4-9}$$

式中　t——波纹钢板的厚度。

此外波纹板截面剪切形状系数（η）由波纹板中每个波段展开长度与其水平投影长度的比值确定,由下式求得:

$$\eta = \frac{a + d + c}{a + b + c} \tag{4.4-10}$$

波纹钢板的初始抗侧刚度由下式表示:

$$K_c = -\frac{\gamma}{\dfrac{h_e^3}{12E_e \cdot I_Z} + \dfrac{3.12 \cdot h_e}{E_e \cdot \eta \cdot l_e \cdot t}} \quad (4.4\text{-}11)$$

式中　E_e——波纹钢板的弹性模量；

　　　γ——考虑波纹钢板的弹性屈曲以及初始缺陷对波纹钢板初始抗侧刚度的折减系数，可以表示为：

$$\gamma = 0.014\ln(l_e/h_e) - 0.118\ln(\lambda) + 1.24 \quad (4.4\text{-}12)$$

式中　λ——波纹钢板的高厚比，由下式计算：

$$\lambda = \frac{h_e}{t \cdot \sqrt{235/f_y}} \quad (4.4\text{-}13)$$

式中　f_y——波纹钢板钢材的屈服强度。

2) 外钢框架的初始抗侧刚度计算

外钢框架的理论计算模型如图 4.4-42 所示。

求解过程和试件 SJ2 下模块框架的分析过程类似，这里不再赘述，外钢框架的初始抗侧刚度 K_f 可由下式计算：

$$K_f = -\frac{P}{\Delta^1} = \frac{12i_c}{h^2} \cdot \frac{6i_{b1}i_{b2} + i_{b1}i_c + i_{b2}i_c}{3i_{b1}i_{b2} + 2i_{b1}i_c + 2i_{b2}i_c + i_c^2} \quad (4.4\text{-}14)$$

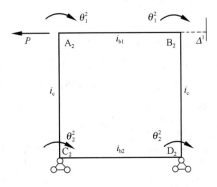

图 4.4-42　外钢框架的理论计算模型

那么试件 SJ3 的初始抗侧刚度可由式（4.4-11）和式（4.4-14）联合求得：

$$K = \frac{K_f + K_c}{2} \quad (4.4\text{-}15)$$

(4) 理论公式验证及单元间节点设计公式

试件 SJ1、SJ2 和 SJ3 的初始抗侧刚度分别通过式（4.4-7）、式（4.4-8）和式（4.4-15）计算，与试验值的对比见表 4.4-4，结果表明，所建立的理论计算模型可以较为准确地评估三种不同单元组合下的双层平面结构的初始抗侧刚度，误差在 10% 以内。

结构初始抗侧刚度理论计算与试验值对比　　　　　　表 4.4-4

试件	试验值（N/mm）	理论值（N/mm）	理论值/试验值
SJ1	1503	1438	0.956
SJ2	2438	2491	1.022
SJ3	17415	16344	0.938

本课题针对不同单元类型组合下的两层柱承重式足尺模块平面结构试件，进行了单调水平加载试验，研究了他们的抗侧刚度、承载性能、抗侧机制和延性等。主要结论如下：

1) 试件 SJ1 和 SJ2 为抗弯框架抗侧机制，试件 SJ3 为薄膜拉力带抗侧机制。此外，波纹钢板可以有效提高结构的抗侧刚度，相比于试件 SJ1，试件 SJ2 的初始抗侧刚度提高了 62.21%，试件 SJ3 的初始抗侧刚度提高了 1058.68%。

2) 三个试件的下层模块单元的层间位移角在达到 0.04rad 时结构的承载力仍没有下

降,且依次为规范中规定的特殊框架层间位移角限值(0.04rad)的1.10、2.18、1.59倍,表明三种结构具有良好的塑性变形能力和延性。

3)建立了三组试件相应的理论计算模型并推导了其初始抗侧刚度理论计算公式,并与试验结果进行了对比验证了其准确性,误差在10%以内。

4.4.4 柱承重式模块结构抗震性能试验研究

目前模块化钢结构建筑采用的波纹钢板墙工程应用很多,但相关抗震性能与抗震设计方法还有待深入研究。本课题设计三组两层足尺模块结构试件,研究了不同单元类型组合下柱承重式模块结构在低周往复荷载作用下的破坏模式、承载能力、耗能能力、延性及抗侧刚度等抗震性能指标,并揭示了不同单元类型组合下模块结构破坏机理。

1. 试验设计

(1) 试件设计

基于上述试验目的,设计的两层足尺平面模块结构试件外形尺寸及构造与本章4.4.3中试件一致,但局部有些改进。两个试件尺寸分别如图4.4-43、图4.4-44所示,试件依次编号为QS1、QS2和QS3。(限于篇幅,QS3只给出试验结果与分析)

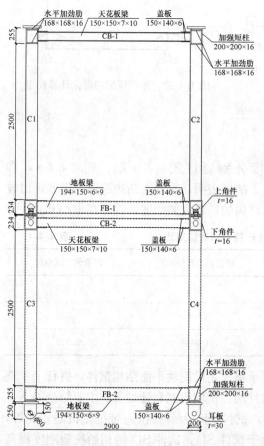 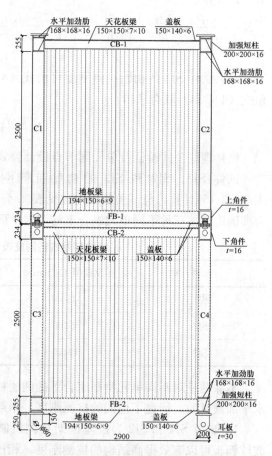

图4.4-43 试件QS1尺寸图　　　　　图4.4-44 试件QS2尺寸图

(2) 加载制度

加载过程分为预加载和正式加载两个阶段，正式加载阶段将设计轴压力（轴压比 0.2，435kN）施加在两个上模块柱柱顶，然后加载端通过水平千斤顶进行低周往复荷载，如图 4.4-45 所示。

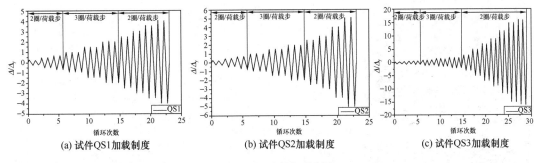

图 4.4-45 试件加载制度

2. 试验现象

(1) 试件 QS1 试验现象

在加载初期，荷载-位移曲线（P-Δ）几乎成线性变化，表明整个结构处于弹性阶段。当试件顶部位移增加到 90.2mm 时（即屈服位移 Δ_y），在荷载位-移曲线上也观察到轻微刚度退化趋势，此时荷载为 115kN。在 2.0Δ_y 位移水平下第一次循环加载时，在下模块地板梁（FB-2）端部观察到轻微的局部屈曲，在试件顶部侧向水平位移从 2.0Δ_y 增加到 2.5Δ_y 过程中，上述局部屈曲进一步发展，并且荷载位移曲线开始缓慢增长。在 3.0Δ_y 位移水平循环下第二次正向加载时，在下模块地板梁左侧翼缘与盖板外侧连接处焊缝撕裂，如图 4.4-46(a)所示，然而地板梁右侧上翼缘出现明显屈曲，位置在盖板外侧，如图 4.4-46(b) 所示。

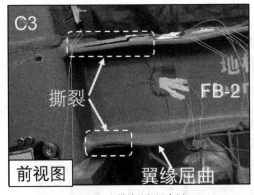 

图 4.4-46 在 3.0Δ_y 位移水平循环下第二次正向加载试验现象

当试件顶部水平位移达到 -290mm（在 3.5Δ_y 位移水平第一次循环下负向加载过程中），反力梁及竖向千斤顶之间的滑动支座达到安全控制量程限值，此时试件 QS1 也已发生较大的侧向变形，然后停止试验。试件 QS1 主要破坏模式如图 4.4-47 所示。

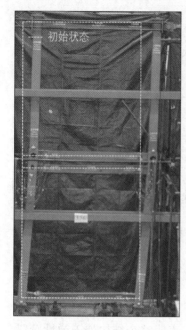
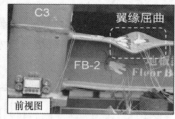

(a) 下模块地板梁左端上翼缘屈曲　　(b) 下模块地板梁右端下翼缘屈曲

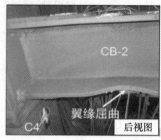

(c) 天花板梁上翼缘屈曲和单元间节点张开　　(d) 下模块天花板梁下翼缘屈曲

图 4.4-47　试件 QS1 破坏模式

（2）试件 QS2 试验现象

在加载初始阶段，没有观察到明显现象，荷载位移曲线成线性增长。试件顶部水平位移达到屈服位移 60.1mm 时，此时荷载为 107.53kN，在荷载-位移曲线上观察到较为明显的拐点。之后随着位移的增加，荷载也不断增加。并且明显观察到下模块框架梁柱发生弯曲变形，而上模块波纹钢板墙发生轻微的剪切变形。在 $3.0\Delta_y$ 位移水平循环下第一次正向加载时，下模块地板梁左侧端部上翼缘与加强短柱连接处根部发生焊缝开裂，以及地板梁右侧端部上翼缘发生局部屈曲，如图 4.4-48 所示。

(a) 下模块地板梁左端上翼缘根部开裂　　(b) 下模块地板梁左端上翼缘屈曲

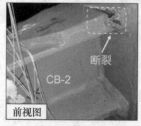

(c) 下模块天花板梁右端断裂　　(d) 上下角件明显张开

图 4.4-48　试件 QS2 破坏现象（$3.0\Delta_y$ 位移水平循环下第一次正向加载时）

（3）试件 QS3 试验现象

试件 QS3 在初始阶段其荷载位移曲线呈现平稳线性增长，没有观察到明显现象。当试件顶部水平位移达到屈服阶段 20.21mm 时，荷载-位移曲线上可以观察到较为明显的非线性。当水平位移达到 −59.18mm（即水平位移达到 $3.0\Delta_y$ 位移水平循环下第一次负向加载位移最大值）时，听到一声闷响，观察到下模块波纹钢板发生整体屈曲（图 4.4-49），同时荷载从 289.27kN 降至 191.33kN。但之后由于波纹板的屈曲后强度，荷载随着水平位移的增加又开始逐渐增加，并且随着水平位移的增加，下层波纹钢板开始形成拉力带，与水平轴 x 轴的夹角大约为 45°。但在施加反向水平位移过程中，形成的拉力带逐渐被拉回，逐渐形成相反方向的拉力带，并伴随有连续的"滋滋"声响。同时在每个循环下两个方向形成的拉力带交汇处出现起皮及油漆脱落现象。在 $7.0\Delta_y$ 位移水平循环下第一次正向加载过程中，水平位移达到 131.14mm 时，听到一声闷响，上模块波纹钢板发生整体屈曲（图 4.4-49、图 4.4-50），荷载由 291.80kN 骤降至 174.67kN，同样地，由于波纹钢板的屈曲后强度，荷载又开始逐渐增加，上层模块波纹钢板的拉力带开始形成。

随着每级循环位移水平继续加载，上下波纹钢板拉力带附近观察到大量的局部屈曲。当水平位移增加到 −320.38mm（即水平位移达到 $16.0\Delta_y$ 位移水平循环下第二次负向加载位移最大值），试件 QS3 发生较大的侧向变形，如图 4.4-50 所示，出于安全考虑停止加载。

图 4.4-49 上下波纹钢板依次整体屈曲

图 4.4-50 试件 QS3 整体侧向变形

3. 试验结果分析

（1）滞回曲线分析

三个试件的荷载-位移曲线分别如图 4.4-51（a）、（b）和（c）所示。滞回曲线的形状可以直观反映出试件的抗震性能,可以发现试件 QS1 的滞回环最为饱满,滞回曲线呈梭形,主要是由于试件 QS1 下模块地板梁和天花板梁翼缘均发生了局部屈曲,属于延性破坏。QS2 的滞回环也较为饱满,但是由于焊缝质量原因,在 5 倍屈服位移第二次循环加载时,下模块天花板梁左侧上翼缘与下角件连接处发生断裂,正向和反向加载使断裂位置会出现反复地张开和闭合,导致滞回曲线后期出现轻微的捏拢现象。试件 QS3 的滞回环出现较为明显的捏拢现象,这主要是由于波纹钢板在加载过程中不断地屈曲所致,但整体上来看三个试件均表现出较好的塑性变形能力。

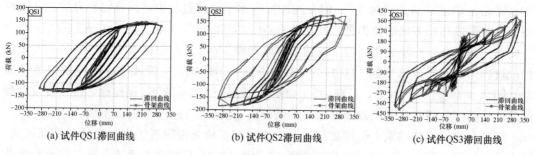

(a) 试件QS1滞回曲线　　(b) 试件QS2滞回曲线　　(c) 试件QS3滞回曲线

图 4.4-51　试件滞回曲线

(2) 骨架曲线分析

三个试件的骨架曲线的对比如图 4.4-52 所示,可以发现试件 QS3 具有最高的抗侧刚度以及极限承载力,主要是由于试件 QS3 上下均带有波纹钢板抗侧力构件明显提高了结构抗侧刚度,并且由于波纹钢板屈曲后强度使其极限承载力明显提高。而试件 QS2 只有上层模块中带有波纹钢板,而且由于上下模块单元存在较大的刚度差,上层波纹钢板仅发生轻微的剪切变形,没有利用其屈曲后强度,但由于波纹钢板的存在,试件 QS2 的抗侧刚度及极限承载力也明显高于试件 QS1。

结构的屈服点可以通过通用屈服弯矩法确定[69,70],具体确定过程如图 4.4-53 所示,首先可以直接确定出骨架曲线的最高点(即峰值点 M),对应峰值荷载为 P_{max} 及峰值荷载对应的位移 d_{max},然后做过 M 点与 x 轴的平行线以及过原点做骨架曲线的切线,二者相交于 A 点,然后过 A 点做 y 轴的平行线交骨架曲线于 B 点,然后连接 OB,其延长线交直线 AM 于 C 点,接着过点 C 向 x 轴做垂线交骨架曲线于 Y 点,该点即为结构的屈服点,

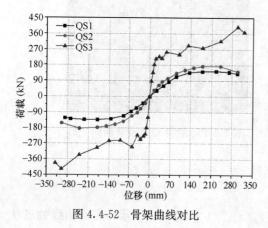

图 4.4-52　骨架曲线对比

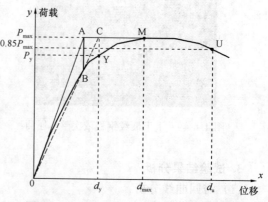

图 4.4-53　通用屈服弯矩法确定屈服位移

对应的屈服荷载为 P_y，屈服位移为 d_y。结构的极限位移（Δ_u）通常是指荷载降为峰值荷载的 85% 时对应的位移，在骨架曲线上为 U 点，若试验结束时荷载还未降到峰值荷载的 85%，极限位移就取试验停止时的最大水平位移。

三个试件的关键力学性能指标见表 4.4-5。结果表明，相比于试件 QS1，试件 QS2 的初始抗侧刚度和极限承载力分别增长了 60.89% 和 28.53%，而试件 QS3 初始抗侧刚度及极限承载力分别增长了 1120.51% 和 169.04%。此外，三个试件的延性系数均超过了 2.5，表明三个试件均具有较好的延性，尤其是试件 QS3 延性系数高达 16.03，表现出优越的塑性变形能力，主要是由于随着加载的进行试件 QS3 上下波纹钢板不断出现并发展局部屈曲，波纹板大面积进入了塑性。

三组试件力学性能特征指标　　　　　　　表 4.4-5

试件	加载方向	K_0(kN/mm)	P_y(kN)	d_y(mm)	P_{max}(kN)	d_{max}(mm)	d_u(mm)	μ
QS1	（＋）	1.48	129.76	120.53	145.40	225.50	298.40	2.48
	（－）	1.63	116.02	105.83	132.50	－225.00	290.20	2.74
	平均值	1.56	122.89	113.18	138.95	225.25	294.30	2.61
QS2	（＋）	2.33	144.66	110.63	173.41	240.73	299.83	2.71
	（－）	2.68	151.57	105.42	183.76	240.63	300.43	2.85
	平均值	2.51	148.12	108.03	178.59	240.68	300.13	2.78
QS3	（＋）	16.14	215.06	20.01	376.10	300.71	320.96	16.04
	（－）	21.93	226.42	20.03	371.56	300.43	320.82	16.02
	平均值	19.04	220.74	20.02	373.83	300.57	320.89	16.03

注：K_0 为结构初始抗侧刚度；P_y 为屈服荷载；d_y 为屈服位移；P_{max} 为峰值荷载；d_{max} 为峰值荷载对应的位移；d_u 为极限位移；μ 为延性系数。

(3) 刚度退化分析

三组试件不同位移水平下的循环刚度退化规律对比如图 4.4-54 所示，可以发现三组试件的循环刚度从屈服位移水平开始均是逐渐衰减，其中试件 QS3 的前期的循环刚度衰减速度最快，主要是由于试件 QS3 上下波纹钢板发生及发展大面积屈曲导致循环刚度降低较快，试件 QS1 和 QS2 均基本呈现线性降低，另外试件 QS2 的循环刚度平均高于试件 QS1 循环刚度的 53.89%，以及试件 QS3 的循环刚度平均高于试件 QS1 循环刚度的 411.30%，表明波纹钢板可以有效提高结构的循环刚度值，但波纹板一旦发生整体屈曲及不断发展局部屈曲，那么结构的循环刚度降低较快，后期也逐渐趋于平稳。

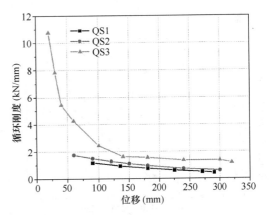

图 4.4-54　三组试件不同位移水平下的循环刚度退化规律

(4) 延性及耗能能力分析

试件 QS1、QS2 和 QS3 均为下层模块单元的层间位移角起控制作用，三个试件的下层模块单元的层间位移角与顶点水平位移的关系如图 4.4-55 所示，其中 θ_u 表示下层模块结构的极限层间位移角，P_{max} 表示结构的峰值荷载，结果表明三个试件在达到 0.04rad 的层间位移角时，承载力仍处于上升阶段，同时三个试件的极限层间位移角分别为美国钢结构协会规范（AISC 341-16）[71]中规定特殊抗弯框架的层间位移角限值的 1.56~2.08 倍，反映出三个试件具有良好的塑性变形能力和延性。

试件滞回曲线中每级循环下滞回环所包含的面积表示该荷载水平下试件消耗的能量（E），如图 4.4-56 所示。三组试件的能量耗散及等效黏滞阻尼系数与试件顶点水平位移的关系曲线分别为图 4.4-57（a）和（b）所示。可以发现，三组试件的能量耗散及等效黏滞阻尼系数随着水平位移的增加均逐渐增加，试件 QS3 加载后期能量耗散速率及等效黏滞阻尼系数增长速率加快，主要是由于其上下波纹钢板大面积屈曲耗能。

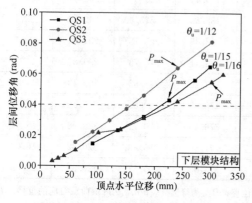

图 4.4-55 试件层间位移角变化图

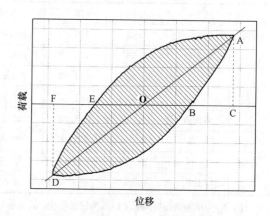

图 4.4-56 等效黏滞阻尼系数计算图示

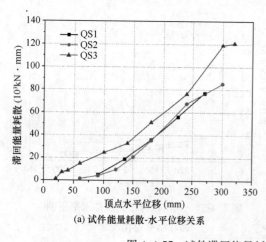

(a) 试件能量耗散-水平位移关系

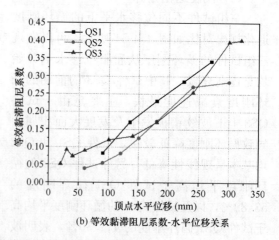

(b) 等效黏滞阻尼系数-水平位移关系

图 4.4-57 试件滞回能量耗散特性与水平位移的关系曲线

三组试件的耗能性能指标对比见表 4.4-6。

三组试件耗能性能指标　　　　　表 4.4-6

试件	平均能量耗散（kN·mm）	最大等效黏滞阻尼系数
QS1	38666	0.342
QS2	32076	0.284
QS3	45675	0.402

（5）变形模式分析

试件 QS1、QS2 和 QS3 的变形模式如图 4.4-58 所示，可以看出，在初始荷载循环水平下，试件 QS1 的上下层模块的层间位移基本相同，但是在后期荷载水平循环下，下层模块的层间位移逐渐大于上层模块的层间位移，尤其在负向加载情况下更为明显。试件 QS2 下层模块层间位移一直大于上层模块层间位移，并且随着荷载水平的增加，上下模块层间位移差逐渐增大，这主要是由于上层模块单元中内嵌了波纹钢板导致上下层模块存在较大的刚度差，随着加载的进行，下层模块梁柱发生弯曲变形，导致上下层模块刚度差继续增大。但是对于试件 QS3，上下层模块的层间位移在整个加载过程中基本相同，即使到了破坏阶段，上下模块的层间位移差也相对较小。

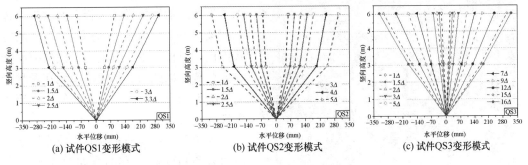

(a) 试件QS1变形模式　　(b) 试件QS2变形模式　　(c) 试件QS3变形模式

图 4.4-58　三组试件变形模式对比

三个试件在每级荷载水平下单元间连接节点转角与试件顶部由位移计 LVDT1 记录的水平位移间的关系如图 4.4-59 所示，对比结果可以看出，试件 QS1 的单元间连接节点在初始阶段相对较小，但随着后面荷载循环水平的增加也逐渐增加。而试件 QS2 在任何加载水平下其单元间连接节点转角均大于其他试件，并且增长率也比较快。试件 QS3 在整个加载过程中单元间连接节点转角一直处于较低水平。单元间连接节点处转角也可以间接反映单元间连接节点处传递弯矩的大小，那么可以得出试件 QS2 中单元间连接节点传递的弯矩较大，这与试验中试件 QS2 中单元间连接节点处上下角件的张开量相比于其他试件是最明显也是最大的试验现象相一致。

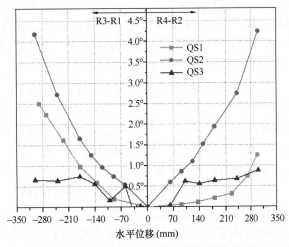

图 4.4-59　三组试件单元间连接节点转角对比

基于以上分析，给出不同单元构造下的柱承重式模块结构单元间连接节点设计建议如下：对于那些上下模块单元构造相同的模块结构（如 QS1 和 QS3），即上下层模块结构抗侧刚度近似，由于这种情况下单元间连接节点传递的弯矩较小，可以考虑将单元间连接节点设计为铰接，铰接节点设计相比于刚接可能更为简捷且从安装便捷性方面其形式更加灵活多样。值得注意的是，试件 QS3 相比于试件 QS1 其单元间连接节点传递较大水平剪力，可见波纹钢板等抗侧构件的存在提高了结构承载性能的同时也对单元间节点力学性能提出更高的要求。对于像 QS2 这种上下层模块结构的刚度差较大的情况，单元间连接节点需按半刚性节点考虑。

4.4.5 波纹板墙体刚度贡献及其等效建模方法

1. 模块单元波纹板墙体有限元分析

目前箱式模块化钢结构采用波纹钢板与箱体框架焊接成类集装箱方式显著增加，因此研究波纹板墙体刚度贡献及其等效建模方法非常有意义和价值。图 4.4-60 给出了模块单元的模型，模块单元在框架四周增加了带波纹的墙体及屋顶板，波纹板墙体和框架之间均采用绑定约束（Tie）的方式连接，对模块单元分别施加横向荷载和纵向荷载，以此来获得模块单元在两种受力情况下的应力分布状态和初始刚度等力学性能。

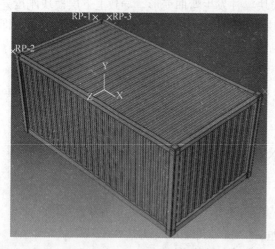

图 4.4-60 模块单元模型

模块单元在横向和纵向荷载作用下的应力云图和荷载-位移曲线如图 4.4-61 所示。从施加横向荷载的应力云图可以看出，模块单元中梁、柱的应力云图与纯框架单元中梁、柱的应力分布相似，且该方向的两波纹板墙体也承担了一部分力，相较于另外一个方向的两面墙，该方向的两面墙体承担了较多的力，应力也更大，且中间区域的应力较四周的应力要小，但波纹板墙体的应力最大值仍然小于梁、柱的应力最大值，符合模块单元实际的受力状况，由荷载-位移曲线可以显现。

为了更准确地分析出一面墙体在整个模块中的刚度贡献，此处从单元模块中提取一面墙体进行有限元分析。建立的模型如图 4.4-62 所示。与单个模块相同，波纹板与框架之间采用绑定约束（Tie）的方式连接，在柱端施加水平位移荷载，同时约束两柱端的侧向变形，在柱底采用与实际较为相符的铰接边界条件。此处，分别计算静海尚林苑白领宿舍项目中模块的两种尺寸的墙体。

图 4.4-63 给出了模块单元短向墙体的荷载位-移曲线，图 4.4-64 给出了模块单元短向墙体的刚度-水平荷载曲线，图 4.4-65 和图 4.4-66 分别给出了长向墙体的荷载-位移曲线和刚度-荷载曲线。从图中可以看出，随着高宽比的降低和墙体跨度的增加，墙体的承载力和刚度均有所提高。

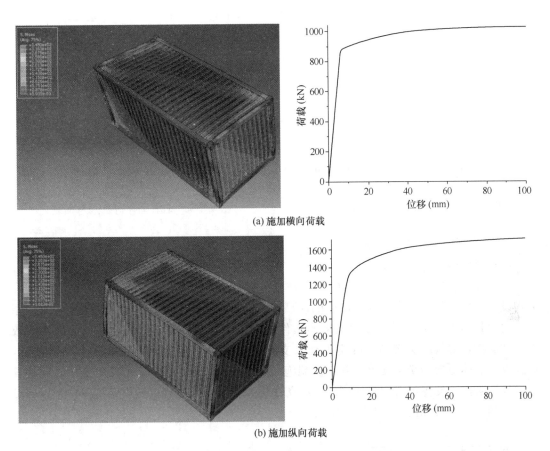

(a) 施加横向荷载

(b) 施加纵向荷载

图 4.4-61 单个模块应力云图和荷载-位移曲线

图 4.4-62 单面墙模型

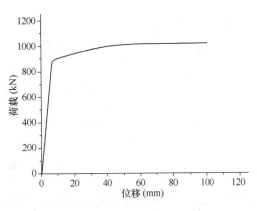

图 4.4-63 较短墙体荷载-位移曲线

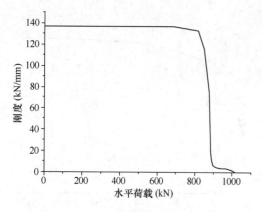

图 4.4-64 较短墙体刚度-荷载曲线

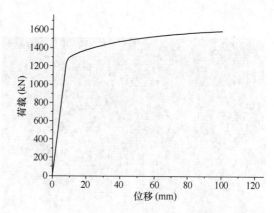

图 4.4-65 较长墙体荷载-位移曲线

2. 墙体侧向刚度等效方法

(1) 墙体等效为交叉支撑

在实际工程中，波纹板墙体对箱体结构的抗侧性能有一定的贡献，通常在 Midas 等结构设计软件中无法将波纹板用准确的模型建立出来，因此需要将波纹板用刚度等效的原则等效为其他可以用 Midas 表示出来的构件。首先，可以将墙体用刚度等效的原则等效为交叉支撑，等效的关键是要确定出交叉支撑的截面积，其设计简图如图 4.4-67 所示，将波纹板墙体更换为交叉支撑，并在柱端施加一侧向荷载 F，整个模型发生变形，此处仅考虑弹性阶段，支撑不考虑受压屈曲。由图中模型计算可以得到等效交叉支撑模型顶部发生水平侧向的变形如式（4.4-16）所示。

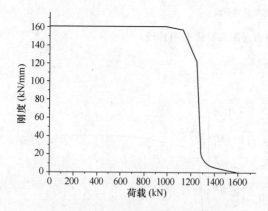

图 4.4-66 较长墙体刚度-荷载曲线

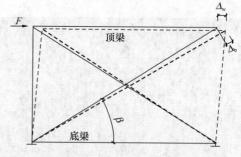

图 4.4-67 等效交叉支撑模型

$$\Delta_\mathrm{w} = \frac{\Delta_\mathrm{b}}{\cos\beta} = \frac{Fl_\mathrm{b}}{2EA_\mathrm{b}\cos^2\beta} \tag{4.4-16}$$

式中 Δ_w ——等效交叉支撑模型顶部发生水平侧向的变形；

Δ_b ——在侧向荷载 F 作用下，支撑的变形；

β ——等效交叉支撑与水平面的夹角；

l_b ——等效交叉支撑的长度；

E ——等效交叉支撑材料的弹性模量。

再根据波纹板墙体和等效交叉支撑刚度等效的原则可以得到：

$$F = K\Delta_w \tag{4.4-17}$$

进而得出等效交叉支撑的面积 A_b 为：

$$A_b = \frac{Kl_b}{2E\cos^2\beta} \tag{4.4-18}$$

式中　K——波纹板墙体初始侧向刚度。

由式（4.4-18）可知，根据波纹板墙体的初始刚度等参数，即可求出等效交叉支撑的截面面积。

（2）墙体等效为均质平板及其修正方法。

为了找到更合适的等效简化的模型，研究提出将波纹板墙体等效为具有相同侧向刚度的一块匀质的板模型，这在有限元分析软件中也较容易实现模型的建立。等效匀质板模型的关键是要计算出匀质板的厚度，对于单面墙体而言，当其受到侧向力 F 时，整个匀质墙板会产生弯曲变形和剪切变形，根据刚度等效原则，可以得到等效匀质板的厚度为：

$$t = K\left(\frac{\beta^3}{E} + \frac{\beta}{G}\right) \tag{4.4-19}$$

式中　t——等效匀质板厚度；

　　　K——波纹板墙体初始侧向刚度；

　　　β——墙体的高宽比，$\beta=h/b$，其中，h 为墙体的高，b 为墙体的宽；

　　　E——等效匀质板的弹性模量；

　　　G——等效匀质板的剪切模量。

根据式（4.4-19），由刚度等效原则，即可求出等效匀质板的厚度，从而将波纹板墙体的刚度能够表现出来。

等效匀质板模型是通过将波纹板墙体换成匀质钢板得到，采用 Abaqus 有限元软件建模。建立的等效匀质板模型如图 4.4-68 所示。

为验证该等效方法的合理性及正确性，将等效为板的整体模块与实际中所使用的模块模型进行对比。实际模块模型和等效为板的模块模型如图 4.4-69 所示。

分别沿 X 向和 Z 向对模型施加位移荷载，沿 X 向施加荷载时，作用点为 1 号点和 2 号

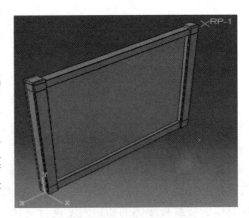

图 4.4-68　等效匀质板模型

点；沿 Z 向施加荷载时，作用点为 3 号点和 4 号点。在两作用方向施加荷载的荷载-位移曲线对比图如图 4.4-70 所示。由对比图可以看出，两模型的数据误差均在 10% 以内，说明了将模块的波纹板墙体等效为板的正确性与合理性。同时从对比图可以看出，对完整模块开门洞和窗洞后，模块在横向荷载作用下的刚度有明显的减弱，而模块在纵向荷载作用下的刚度则无明显变化，这是由于开门洞和窗洞的影响，使得模块在该方向上的刚度变小。

根据上文可以看出，将波纹板墙体等效为交叉支撑或者等效为匀质板，其精度大小主

(a) 实际模块模型

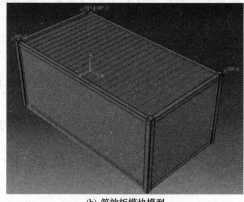
(b) 等效板模块模型

图 4.4-69　实际模型与验证模型

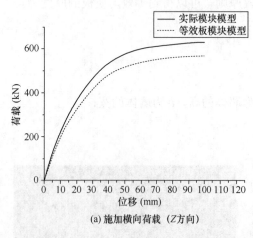
(a) 施加横向荷载（Z方向）

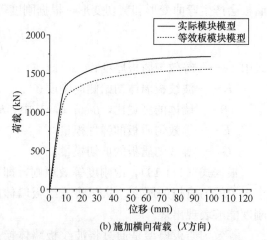
(b) 施加横向荷载（X方向）

图 4.4-70　实际模块与等效板模块荷载-位移曲线对比

要取决于初始刚度，而初始刚度主要与墙体的跨度和高宽比有关。对公式进行修正后具有一定的效果。

此处进行参数化分析的思路如图 4.4-70 所示，首先根据式（4.4-19）计算得出等效匀质板的厚度 t，再将已知厚度的匀质板在 Abaqus 中建模，计算得到其初始刚度，并与其对应的波纹板墙体的初始刚度进行对比，得到其误差，发现两模型之间的初始刚度有较大差距，因此需要对该等效匀质板厚度公式进行修正，此处通过分析不同跨度和高宽比的模型，得到一系列数据，根据波纹板墙体的初始刚度和等效匀质板的初始刚度之间的比例值与墙体跨度和高宽比之间的规律，得到一拟合系数，从而完成对公式的修正。

对于墙体的跨度，分别选用 3000mm、4000mm、5000mm 三个参数进行分析，而对于墙体高宽比，分别选取从 0.1～1 区间的 28 个比例进行分析。经过计算波纹板墙体模型和等效匀质板模型的初始刚度，得到两者的误差值。根据理论值计算的板厚得到的等效匀质板刚度和原波纹板墙体刚度之间的差距值较大，最大达到了 30.735%，因此需要对原理论公式进行修正。通过寻求波纹板墙体初始刚度 K_1 和等效匀质板初始刚度 K_2 之比 K_1/K_2 与墙体跨度和高宽比之间的关系，以此来求得拟合系数。通过大量的试算发现，

将 K_1/K_2 的值除以墙体跨度的三次方根，得到一个数值 a，可以发现该数值和墙体高宽比呈现一定的数值关系。每个跨度的高宽比和数值 a 之间的关系如图 4.4-71 所示，由图 4.4-71 可以看出，对波纹板墙体初始刚度 K_1 与等效匀质板初始刚度 K_2 的比值除以墙体跨度的三次方根后，三个跨度参数的值基本相同，取其平均值，根据三个跨度参数的平均值和墙体高宽比之间的关系进行拟合，得到一拟合系数，完成对公式的修正，再根据修正后的公式对等效匀质板模型进行计算，并与对应的波纹板墙体的初始刚度进行对比。

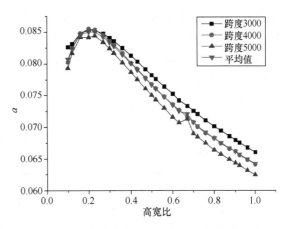

图 4.4-71 各跨度高宽比和数值 a 的关系曲线

将三跨度所得 a 值的平均值和墙体高宽比输入，通过 Origin 数据处理软件计算得一与墙体高宽比有关的拟合公式，所得拟合公式为：

$$a = -0.19613\beta^4 + 0.50648\beta^3 - 0.45169\beta^2 + 0.13282\beta + 0.07225 \quad (4.4\text{-}20)$$

式中　a——系数，波纹板模型和等效匀质板模型初始刚度比值除以墙体跨度的三次方根；

　　　β——模型墙体的高宽比。

这样，求等效匀质板模型厚度的公式就变为：

$$t = \eta K \left(\frac{\beta^3}{E} + \frac{\beta}{G} \right) \quad (4.4\text{-}21)$$

式中　η——修正系数，$\eta = a\sqrt[3]{b}$。

对等效匀质板模型厚度公式进行修正后，两模型初始刚度之间的差距值均小于未修正之前的差距值，且两者之间的差距值均在 20% 以内，此外，经过修正后得到的等效匀质板初始刚度均小于对应波纹板墙体的初始刚度，这也在一定程度上保证了安全性。因此，对公式进行修正后具有一定的效果。

4.5 高层模块化建筑体系研究

模块化建筑在国内发展时间较短，多以低层模块建筑为主，高层模块建筑在国内案例很少，目前国内外在高层模块建筑系统通常采用中心为混凝土核心筒，四周为箱式模块化结构，与普通的钢框架-核心筒结构类似，箱式模块-混凝土核心筒结构中的箱式模块只承受竖向荷载，水平荷载则主要由抗侧刚度大的混凝土核心筒承受。该种结构体系受力性能良好，能够满足高层及超高层建筑的要求。

4.5.1 模块结构体系适用高度研究

1. 结构信息与结构设计参数

本课题考虑到分析结果的普适性和可参考性，综合目前各类已有的模块建筑，对一种具有代表性的平面布置进行建模分析（图 4.5-1），以此为基础探究各类模块结构抗侧体系在不同抗震设防烈度下的适用高度。主要采用两种类型的模块单元,尺寸分别为 6000mm×3600mm×3000mm 和 7410mm×2400mm×3000mm。层数变化为 3~45 层,层高 3m。该平面布置较为规整,目的是为了得出最大适用高度的结果,从而为模块建筑设计提供参考与借鉴。

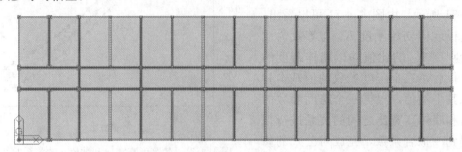

图 4.5-1 模块平面布置

结构安全等级二级,抗震设防烈度考虑 6~8 度(0.30g)的全部情况,地震分组为第二组,乙类建筑,场地类别为Ⅱ类,对应特征周期为 0.4s。基本风压取 0.30kN/m²,地面粗糙度取 B 类,考虑恒荷载、活荷载、风荷载和地震作用四种工况以及相应的工况组合。

构件截面尺寸根据具体层数和用钢量进行选取,将用钢量作为限制条件,以避免为达要求而用钢量很不合理的情况出现。根据适用高度的不同,层数较少的纯模块结构和模块-钢框架结构用钢量以 100kg/m² 作为最大限制,层数较多的模块-钢框架支撑结构和模块-筒体结构钢结构部分以 130kg/m² 作为最大限制。

2. 有无支撑的模块单元结构性能比较

首先采用内部无支撑的模块单元进行建模,但发现这类模块扭转效应较明显。下面针对 5 层模块单元有无支撑进行对比,带支撑的模块单元布置在结构外侧,以提高结构周边刚度。

无支撑的模块单元的前三阶周期与振型结果如下:第一振型为 Y 向平动,周期 $T_1=1.2945s$;第二振型为平面扭转,周期 $T_2=1.2721s$;第三振型为 X 向平动,周期 $T_3=1.1567s$。从前 3 阶振型可以看出,在第二周期表现为扭转,本结构的周期比 $T_2/T_1=1.2945/1.2721=0.98>0.90$,抗扭刚度弱,如图 4.5-2 所示。

(a) 第一振型:Y 向平动　　　(b) 第二振型:扭转　　　(c) 第三振型:X 向平动

图 4.5-2 无支撑的模块单元

带支撑的模块单元,第一振型为 X 向平动,周期 $T_1=1.1569s$;第二振型为 Y 向平动,周期 $T_2=1.0004s$;第三振型为平面扭转,周期 $T_3=0.7709s$。从前 3 阶振型可以看出,带支撑的纯模块结构扭转现象明显好转,在第三周期表现为扭转,此时结构的周期比 $T_3/T_1=0.7709/1.1569=0.67<0.90$,具有较强的抗扭刚度,如图 4.5-3 所示。

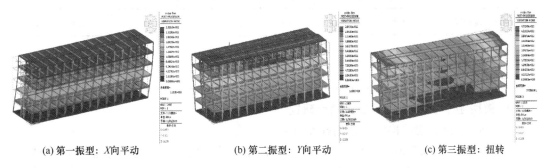

(a) 第一振型：X 向平动　　(b) 第二振型：Y 向平动　　(c) 第三振型：扭转

图 4.5-3　有支撑的模块单元

对于在模块内加支撑,主要目的除了提高结构整体刚度外,也弥补了模块结构内部刚度大,周边刚度小的缺陷,若直接增大模块周围柱子的截面,一方面用钢量相比直接加支撑并无优势,另一方面也不利于模块的标准化设计。事实上,无内部支撑的模块也常用于低层的临时建筑,而用于多高层的纯模块结构模块单元内常带有支撑或类似支撑作用的墙体。

3. 各抗震设防烈度下纯模块结构适用高度

由于是研究结构体系抗侧力性能,主要列出了结构变形分析结果,根据《钢结构模块建筑技术规程》[72] T/CECS 507—2018,以多遇地震作用下 1/300 和风荷载下 1/350 的层间位移角限值作为主要约束条件,其他指标如构件应力比等也均满足要求,在此不一一列出。

对于纯模块结构体系,抗震设防烈度为 8 度（0.30g）、层数为 3 层时,层间位移角已达 1/239,由此可知纯模块结构不适用于抗震设防烈度为 8 度（0.30g）的地区。抗震设防烈度分别为 6 度、7 度（0.10g）、7 度（0.15g）和 8 度（0.20g）时,随着层数增高,层间位移角的变化情况如图 4.5-4 所示。由图 4.5-4 可知,8 度（0.20g）下 7 层时层间位移角达到限值 1/300,7 度（0.15g）下 11 层时达到层间位移角限值,6 度和 7 度（0.10g）时,由于层数较高,风荷载逐渐起控制作用,18 层时达到风荷载限值 1/350。再对各适宜层数下的其他指标进行验算,保证其满足要求,从而得出纯模块结构体系各抗

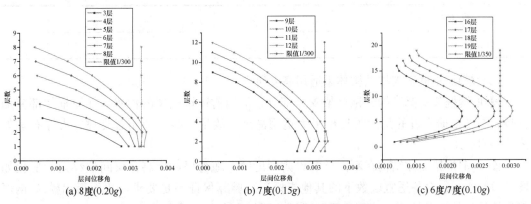

(a) 8 度(0.20g)　　(b) 7 度(0.15g)　　(c) 6 度/7 度(0.10g)

图 4.5-4　纯模块结构体系层间位移角变化

震设防烈度下的适用范围如表 4.5-1 所示。

纯模块结构体系各抗震设防烈度下的适用高度　　　　　　　表 4.5-1

抗震设防烈度	6 度/7 度（0.10g）	7 度（0.15g）	8 度（0.20g）	8 度（0.30g）
适用层数（层）	18	11	7	不适宜
适用高度（m）	54	33	21	不适宜

4. 模块-抗侧力结构体系适用高度研究

（1）模块-钢框架结构体系适用高度研究

分析采用了内部带有支撑的模块单元，且刚度大的模块单元布置在外侧，故钢框架部分的布置位置，一方面根据建筑功能来选择，另一方面，从结构角度来看也应布置在较外侧的位置，本例钢框架布置在两侧，如图 4.5-5 所示。

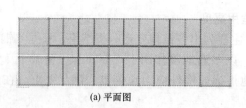

(a) 平面图　　　　　　　　　　(b) 立体图

图 4.5-5　框架部分布置方式

不同抗震设防烈度时，随着层数增高，模块-钢框架结构层间位移角的变化如图 4.5-6 所示。对各适宜层数下的其他指标进行验算，保证其满足要求，故而得出模块-钢框架结构体系各抗震设防烈度下的适用范围如表 4.5-2 所示。

模块-钢框架结构体系各抗震设防烈度下的适用高度　　　　　　　表 4.5-2

抗震设防烈度	6 度/7 度（0.10g）	7 度（0.15g）	8 度（0.20g）	8 度（0.30g）
适用层数（层）	20	16	12	4
适用高度（m）	60	48	36	12

（2）模块-钢框架支撑结构体系适用高度研究

模块-钢框架支撑结构的钢框架支撑部分，沿用前述钢框架的位置，在原框架部分加支撑，因考虑研究目的是为了得出最大适用高度，故尽可能多地布置支撑，支撑布置如图 4.5-7 所示。

模块-钢框架支撑结构在不同抗震设防烈度时，随着层数增高，层间位移角的变化如图 4.5-8 所示。对各适宜层数下的其他指标进行验算保证满足要求，故而得出模块-钢框架支撑结构体系各抗震设防烈度下的适用范围如表 4.5-3 所示。

第 4 章 模块化钢结构体系建筑产业化技术与示范

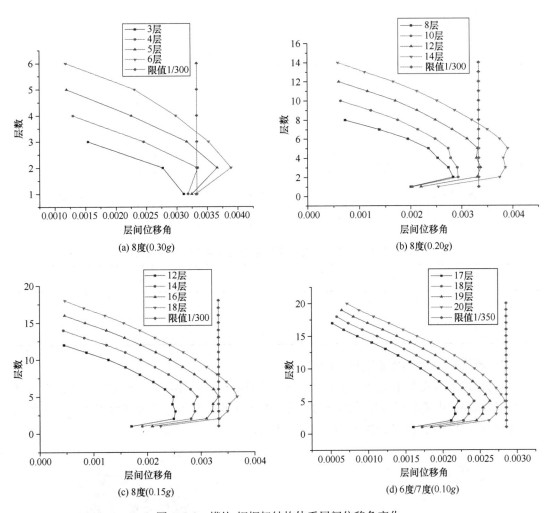

图 4.5-6 模块-钢框架结构体系层间位移角变化

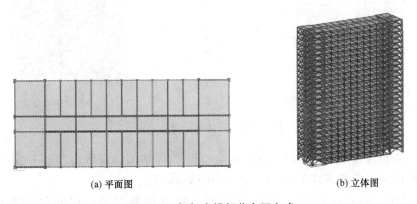

图 4.5-7 框架支撑部分布置方式

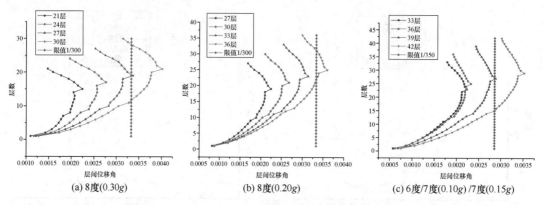

(a) 8度(0.30g)　　　　(b) 8度(0.20g)　　　　(c) 6度/7度(0.10g)/7度(0.15g)

图 4.5-8　模块-钢框架支撑结构体系层间位移角变化

模块-钢框架支撑结构体系各抗震设防烈度下的适用高度　　　表 4.5-3

抗震设防烈度	6度/7度（0.10g）	7度（0.15g）	8度（0.20g）	8度（0.30g）
适用层数（层）	41	41	34	27
适用高度（m）	123	123	102	81

（3）模块-筒体结构体系适用高度研究。

本例建筑平面长宽比较大，故选择布置两个核心筒。同样，对于核心筒位置的布置既要考虑建筑功能也要尽可能使结构受力合理，且对于模块建筑，要使尽可能多的模块单元与筒体相连，模块-筒体结构模型如图 4.5-9 所示。

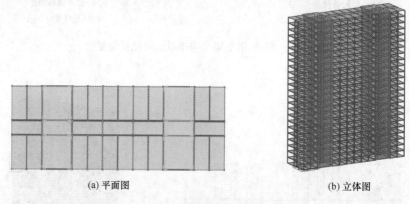

(a) 平面图　　　　(b) 立体图

图 4.5-9　筒体部分布置方式

对于层间位移角限值，不同于钢结构，模块-筒体结构的筒体为混凝土核心筒，故在多遇地震作用和风荷载下以 1/800 作为层间位移角限值。

模块-筒体结构在不同抗震设防烈度时，随着层数增高，层间位移角的变化如图 4.5-10 所示。得出模块-筒体结构体系各抗震设防烈度下的适用范围如表 4.5-4 所示。

第 4 章 模块化钢结构体系建筑产业化技术与示范

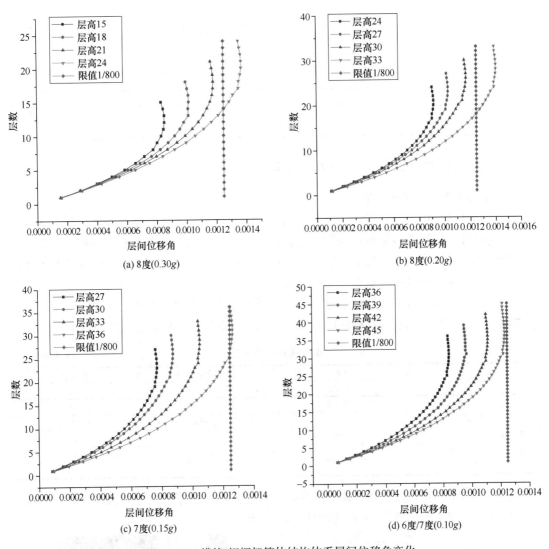

图 4.5-10 模块-钢框架筒体结构体系层间位移角变化

模块-筒体结构体系各抗震设防烈度下的适用高度   表 4.5-4

抗震设防烈度	6度/7度（0.10g）	7度（0.15g）	8度（0.20g）	8度（0.30g）
适用层数（层）	45	35	31	22
适用高度（m）	135	105	93	66

得出各类体系的适用范围，汇总并将高度取整后如表 4.5-5 所示，可供模块建筑设计参考。

模块建筑各结构体系最大适用高度   表 4.5-5

抗震设防烈度	抗侧体系							
	纯模块结构		模块-钢框架结构		模块-钢框架支撑结构		模块-筒体结构	
	H（m）	n	H（m）	n	H（m）	n	H（m）	n
6度/7度（0.10g）	55	18	60	20	115	39	130	45

续表

抗震设防烈度	抗侧体系							
	纯模块结构		模块-钢框架结构		模块-钢框架支撑结构		模块-筒体结构	
	H (m)	n	H (m)	n	H (m)	n	H (m)	n
7度（0.15g）	30	11	45	16	115	39	100	35
8度（0.20g）	20	7	35	12	100	34	90	31
8度（0.30g）	—	—	10	4	80	27	65	22

4.5.2 高层箱式模块间连接节点的性能研究

1. 模块半刚性节点的研究

在钢结构设计中，连接节点的实际性能一般简化为刚接或是铰接。这种简化方式使得钢结构的计算与设计变得简单，但同时也让结构的计算模型无法反映真实结构的性能。为研究竖向相邻箱式模块间连接节点的性能，研究团队对竖向相邻箱式模块间连接节点进行了受拉、受剪及受弯试验以获得半刚性节点性能。

试验分为四组，分别为连接节点的受拉、受剪、强轴受弯及弱轴受弯试验，每组试验包含两个相同的竖向相邻箱式模块间连接节点试件。各构件参数如表 4.5-6 所示。

试验构件相关参数　　　　　表 4.5-6

截面形状	角柱	边梁	连接板
	方钢管	槽钢	矩形
截面尺寸（mm）	160×8	200×70×6	400×140×10
钢材材料	Q345B	Q345B	Q345B
实际屈服强度（N/mm²）	475	392	364
实际极限强度（N/mm²）	571	488	513
断后伸长率（%）	31.80	25.49	22.32

（1）竖向相邻箱式模块间连接节点受拉试件加工图及试验照片分别如图 4.5-11（a）、（b）所示，受拉试验荷载-位移曲线如图 4.5-12 所示。

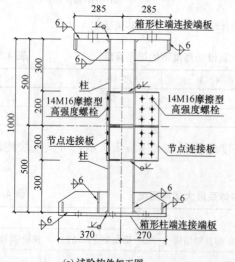 

(a) 试验构件加工图　　　　　　(b) 试验现场照片

图 4.5-11　竖向相邻箱式模块间连接节点受拉试件加工图及试验照片

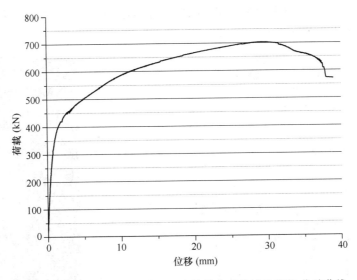

图 4.5-12 竖向相邻箱式模块间连接节点受拉试验荷载-位移曲线

（2）竖向相邻箱式模块间连接节点受剪试验如图 4.5-13 所示，受剪试验荷载-位移曲线如图 4.5-14 所示。

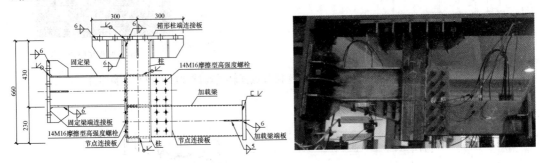

图 4.5-13 竖向相邻箱式模块间连接节点受剪试验图

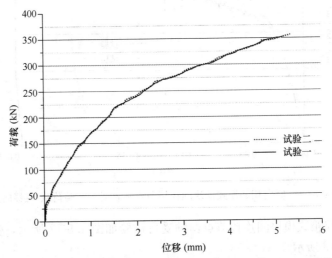

图 4.5-14 竖向相邻箱式模块间连接节点受剪试验荷载-位移曲线

(3) 竖向相邻箱式模块间连接节点强轴受弯试验如图 4.5-15 所示,强轴受弯试验荷载-位移曲线如图 4.5-16 所示。

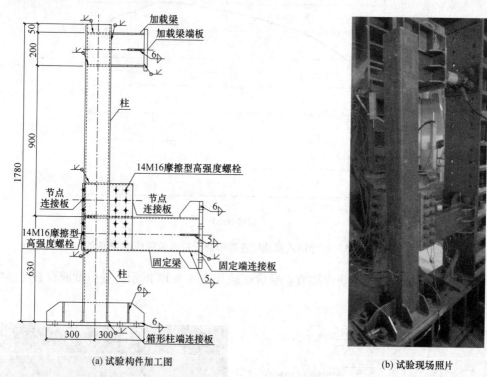

图 4.5-15 竖向相邻箱式模块间连接节点强轴受弯试件加工图及试验照片

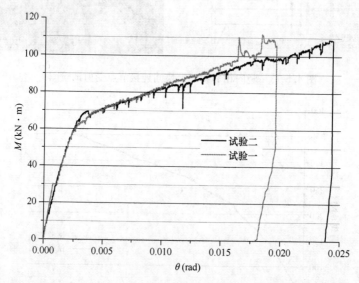

图 4.5-16 竖向相邻箱式模块间连接节点强轴受弯试验荷载-位移曲线

(4) 竖向相邻箱式模块间连接节点弱轴受弯试验如图 4.5-17 所示,受弯试验荷载-位移曲线如图 4.5-18 所示。

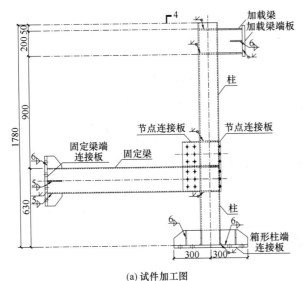

(a) 试件加工图　　　　　　　　　　(b) 试验现场照片

图 4.5-17　竖向相邻箱式模块间连接节点弱轴受弯试件加工图及试验照片

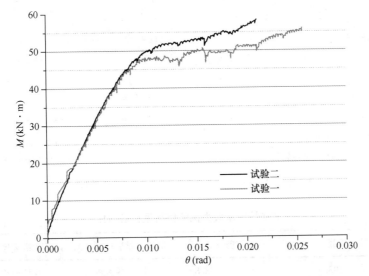

图 4.5-18　竖向相邻箱式模块间连接节点弱轴受弯试验荷载-位移曲线

2. 竖向相邻箱式模块间连接节点承载力

（1）抗剪承载力

1）竖向相邻箱式模块间连接节点的受剪试验如图 4.5-19 所示。

2）理论结果与试验数据对比。

由于试验得到的荷载-位移曲线（图 4.5-14）没有明显屈服点，故采用双直线法对数据进行处理，以得到曲线的名义屈服点。双直线法[73]如图 4.5-20 所示。经过双直线法处理后的试验曲线如图 4.5-21 所示。

对比理论计算值与试验结果（表 4.5-7）可以发现，节点抗剪承载力及破坏模式与试验吻合较好，误差在 5% 以内，证明理论方法有较高的准确性。同时，理论计算值均略小于试验值,证明理论计算值偏于安全。

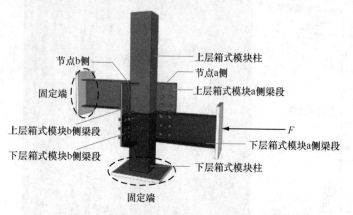

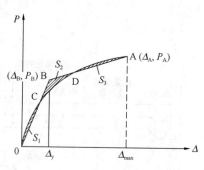

图 4.5-19 竖向相邻箱式模块间连接节点的受剪试验示意图   图 4.5-20 双直线法示意图

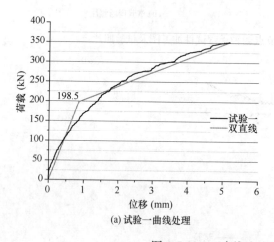

(a) 试验一曲线处理　　(b) 试验二曲线处理

图 4.5-21 双直线法处理后的节点受剪试验曲线

节点抗剪承载力试验值与理论值对比　　　　表 4.5-7

试验编号	试验抗剪承载力 $F_{u,E}$(kN)	理论抗剪承载力 $F_{u,T}$(kN)	试验破坏模式	理论破坏模式	$F_{u,T}/F_{u,E}$
试验一	198.5	193.8	螺栓滑移	螺栓滑移	0.976
试验二	200.7	193.8	螺栓滑移	螺栓滑移	0.966

(2) 沿强轴的抗弯承载力

1) 竖向相邻箱式模块间连接节点沿强轴的抗弯试验如图 4.5-22 所示。

2) 理论结果与试验数据对比:

试验得到的荷载-位移曲线如图 4.5-16 所示,由于曲线没有明显屈服点,故采用双直线法对数据进行处理,以得到曲线的名义屈服点 (图 4.5-23)。对比理论计算值与试验结果 (表 4.5-8) 可以发现,理论计算所得节点沿强轴抗弯承载力及破坏模式与试验结果吻合较好,误差在 8% 以内,证明理论方法有较高的准确性。同时,理论计算值均略小于试验值,证明理论计算值偏于安全。

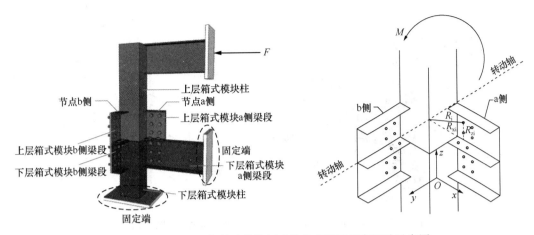

图 4.5-22 竖向相邻箱式模块间连接节点强轴受弯试验示意图

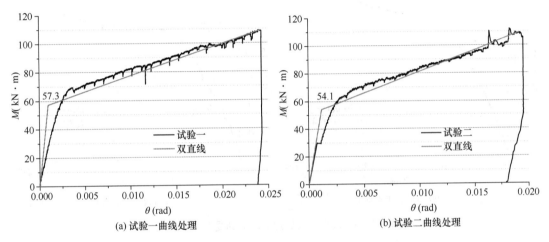

图 4.5-23 双直线法处理后的强轴受弯试验曲线

节点强轴受弯承载力试验值与理论值对比 表 4.5-8

试验编号	试验承载力 $M_{u,E}$ (kN·m)	纯弯理论承载力 $M_{u,T}$ (kN·m)	$M_{u,T}/M_{u,E}$	试验破坏模式	理论破坏模式
试验一	57.3	52.9	0.923	上层箱式模块梁段全截面屈服	上层箱式模块梁段全截面屈服
试验二	54.1	52.9	0.978	上层箱式模块梁段全截面屈服	上层箱式模块梁段全截面屈服

(3) 竖向相邻箱式模块间连接节点沿弱轴的抗弯承载力

1) 竖向相邻箱式模块间连接节点沿弱轴的抗弯试验如图 4.5-24 所示。

2) 理论结果与试验数据对比:

试验得到的荷载-位移曲线如图 4.5-18 所示,由于曲线没有明显屈服点,故采用双直线法对数据进行处理,以得到曲线的名义屈服点。经过双直线法处理后的试验曲线如图 4.5-25 所示。对比理论计算值与试验结果(表 4.5-9)可以发现,理论计算所得节点沿

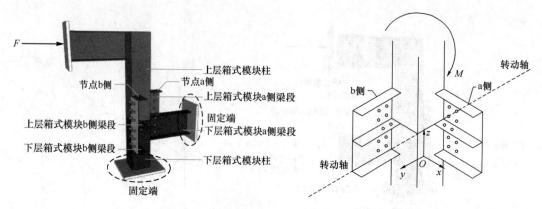

图 4.5-24 竖向相邻箱式模块间连接节点弱轴受弯试验示意图

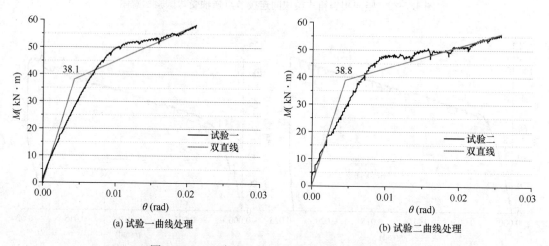

图 4.5-25 双直线法处理后的弱轴受弯试验曲线

弱轴抗弯承载力及破坏模式与试验结果吻合较好，误差在 7% 以内，证明理论方法有较高的准确性。同时，理论计算值均略小于试验值，证明理论计算值偏于安全。

节点弱轴受弯承载力试验值与理论值对比　　　　　　　　　　　表 4.5-9

试验编号	试验承载力 $M_{u,E}$ (kN·m)	纯弯理论承载力 $M_{u,T}$ (kN·m)	$M_{u,T}/M_{u,E}$	试验破坏模式	理论破坏模式
试验一	38.1	36.4	0.955	上层箱式模块梁段全截面屈服	上层箱式模块梁段全截面屈服
试验二	38.8	36.4	0.938	上层箱式模块梁段全截面屈服	上层箱式模块梁段全截面屈服

(4) 竖向相邻箱式模块间连接节点的弯剪承载力

节点在剪力与弯矩作用下各螺栓的内力即为节点在纯剪状态与纯弯状态下各螺栓内力的线性叠加。获得螺栓内力分布后，即可按照与前文类似的方法计算各构件破坏时对应的节点弯剪承载力。

3. 竖向相邻箱式模块间连接节点沿强轴受弯的初始转动刚度

（1）竖向相邻箱式模块间连接节点沿强轴受弯的初始转动刚度

1）对于本课题研究的上下相邻箱式模块间连接节点，借鉴组件法来计算它的初始转动刚度。节点沿强轴受弯各组件的 z 向和 x 向刚度计算表，分别见表 4.5-10、表 4.5-11。

节点沿强轴受弯各组件的 z 向刚度计算表　　表 4.5-10

组件标号	$k_{bo,s}$	$k_{bo,t}$	$k_{be,a,b,1-1}$	$k_{be,a,b,2-2}$	$k_{be,a,s,1-1}$	$k_{be,a,s,2-2}$	$k_{be,b,b,9}$
刚度计算结果（×10^5N/mm）	136.5	195.5	32.1	111.1	3.8	5.2	136.5
组件标号	$k_{be,b,b,10}$	$k_{be,b,s,9}$	$k_{be,b,s,10}$	$k_{be,a,f,7}$	$k_{be,a,f,8}$	$k_{be,a,f,9}$	$k_{be,a,f,10}$
刚度计算结果（×10^5N/mm）	30.7	6.1	3.4	0.6	0.4	0.7	0.4
组件标号	$k_{cp,a,b,1-1}$	$k_{cp,a,b,2-2}$	$k_{cp,a,t,1-1}$	$k_{cp,a,t,2-2}$	—	—	—
刚度计算结果（×10^5N/mm）	∞	∞	17.4	23.9	—	—	—

节点沿强轴受弯各组件的 x 向刚度计算表　　表 4.5-11

组件标号	$k_{bo,s}$	$k_{be,a,t,1}$	$k_{be,a,t,2}$	$k_{be,a,t,3}$	$k_{be,a,t,4}$	$k_{be,a,t,5}$	$k_{be,a,t,6}$
刚度计算结果（×10^5N/mm）	136.5	−28.4	−16.2	−17.8	−10.1	−7.1	−4.0
组件标号	$k_{be,a,t,11}$	$k_{be,a,t,12}$	$k_{be,a,t,13}$	$k_{be,a,t,14}$	$k_{be,a,t,15}$	$k_{be,a,t,16}$	$k_{be,a,by',1}$
刚度计算结果（×10^5N/mm）	−23.9	−17.2	−16.0	−10.7	5.5	−4.6	114.7
组件标号	$k_{be,a,by',2}$	$k_{be,a,by',3}$	$k_{be,a,by',4}$	$k_{be,a,by',5}$	$k_{be,a,by',6}$	$k_{be,a,by',11}$	$k_{be,a,by',12}$
刚度计算结果（×10^5N/mm）	65.5	∞	∞	−28.6	−16.4	−15.3	−89.5
组件标号	$k_{be,a,by',13}$	$k_{be,a,by',14}$	$k_{be,a,by',15}$	$k_{be,a,by',16}$	$k_{cp,a,s,1-1}$	$k_{cp,a,s,2-2}$	$k_{cp,a,s,3-3}$
刚度计算结果（×10^5N/mm）	∞	∞	42.8	27.1	3.7	2.8	1.9
组件标号	$k_{cp,a,s,4-4}$	$k_{cp,a,s,5-5}$	$k_{cp,a,s,6-6}$	—	—	—	—
刚度计算结果（×10^5N/mm）	1.5	3.0	4.4	—	—	—	—

注：表中的负值表明该组件在此处的变形与节点整体在该处变形方向相反。

2）理论结果与试验数据对比：

理论计算所得节点强轴受弯初始转动刚度与试验所得数据对比如表 4.5-12 所示。计算得到的初始转动刚度与试验的弯矩-转角关系曲线如图 4.5-26 所示。本课题给出的上下相邻箱式模块间连接节点强轴受弯初始转动刚度的理论计算结果与试验一吻合较好，误差不超过 6%；与试验二有一定差距，误差为 24%。与两组试验相比，理论计算所得初始转动刚度值均偏于安全。该节点初始抗弯刚度较大，这是因为节点螺栓均采用摩擦型高强度螺栓，在螺栓发生滑移前，节点的变形主要由节点梁段及连接板变形构成，因此刚度较大。

节点强轴受弯初始转动刚度试验值与理论值对比　　表 4.5-12

试验编号	试验初始转动刚度 $K_{in,E}$（kN·m/rad）	理论初始转动刚度 $K_{in,T}$（kN·m/rad）	$K_{in,T}/K_{in,E}$
试验一	32105	30391	0.947
试验二	39900	30391	0.762

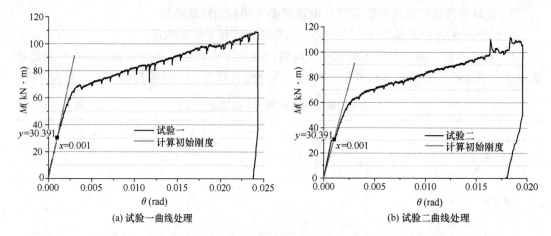

图 4.5-26 节点强轴受弯试验曲线与理论计算所得初始转动刚度对比图

节点沿强轴受弯的弯矩-转角曲线与欧洲规范 3 临界值对比如图 4.5-27 所示,其具体计算方法可见参考文献[74]。从图中可以看出,节点强轴受弯时,无论是在无侧移框架中还是在有侧移框架中,其性能均属于半刚性节点。

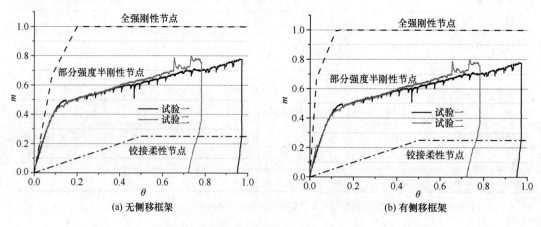

图 4.5-27 节点强轴受弯试验曲线在欧洲钢结构规范节点分类中的类别

(2) 竖向相邻箱式模块间连接节点沿弱轴受弯的初始转动刚度

1) 连接节点沿弱轴受弯初始转动刚度的计算方法与沿强轴受弯时基本相同,沿弱轴受弯各组件的 z 向刚度计算如表 4.5-13 所示。

节点沿弱轴受弯各组件的 z 向刚度计算表　　　　表 4.5-13

组件标号	$k_{bo,s}$	$k_{bo,t}$	$k_{be,b,b,1-1}$	$k_{be,b,b,2-2}$	$k_{be,b,s,1-1}$	$k_{be,b,s,2-2}$	$k_{be,a,b}$
刚度计算结果 ($\times 10^5$ N/mm)	136.5	195.5	136.5	30.4	6.1	3.5	167.6
组件标号	$k_{be,a,s}$	$k_{be,a,f,7}$	$k_{be,a,f,8}$	$k_{cp,b,t,1-1}$	$k_{cp,b,t,2-2}$	$k_{cp,b,b,1-1}$	$k_{cp,b,b,1-1}$
刚度计算结果 ($\times 10^5$ N/mm)	12.1	0.7	0.4	15.1	12.5	∞	∞

2) 理论结果与试验数据对比。

理论计算所得节点弱轴受弯初始转动刚度与试验所得数据对比如表 4.5-14 所示。计算得到的初始转动刚度与试验的弯矩-转角关系曲线如图 4.5-28 所示。本课题给出的上下相邻箱式模块间连接节点弱轴受弯初始转动刚度的理论计算结果与两组试验均吻合较好，与试验一误差不超为 4%；与试验二的误差为 12%，证明理论方法有较高的准确性。同时，与两组试验相比，理论计算所得初始转动刚度值均偏于安全。

节点弱轴受弯初始转动刚度试验值与理论值对比　　　　　　　　表 4.5-14

试验编号	试验初始转动刚度 $K_{in,E}$ (kN·m/rad)	理论初始转动刚度 $K_{in,T}$ (kN·m/rad)	$K_{in,T}/K_{in,E}$
试验一	12271	11893	0.969
试验二	13512	11893	0.880

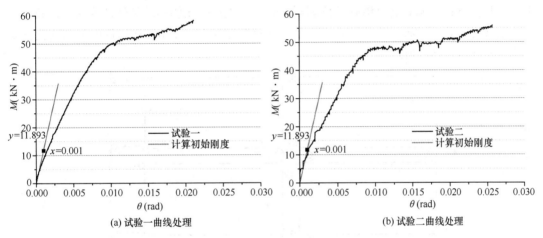

图 4.5-28　节点弱轴受弯试验曲线与理论计算所得初始转动刚度对比图

节点沿弱轴受弯的弯矩-转角曲线与欧洲规范 3 临界值对比如图 4.5-29 所示，从图中可以看出，节点弱轴受弯时，无论是在无侧移框架中还是在有侧移框架中，其性能均属于半刚性节点。

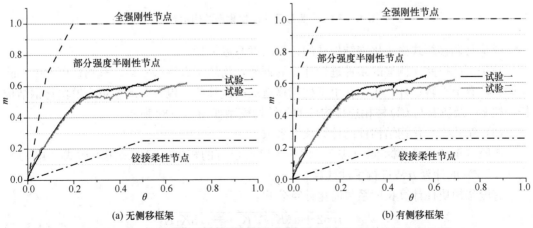

图 4.5-29　节点弱轴受弯试验曲线在欧洲钢结构规范节点分类中的类别

4.5.3 柱承重箱式模块化钢结构的简化分析模型

1. 模块柱计算长度系数及稳定设计方法

目前国内外规范针对钢框架整体稳定性的设计主要采用构件计算长度设计法，而构件的稳定可采用理论公式计算，其中的关键参量为构件计算长度系数。

在模块建筑中，由于模块柱的上下不连续性，导致模块柱与传统钢结构柱的计算方法有所差异，计算长度系数在有限元软件中的计算结果不同，进而直接影响柱的承载力计算及引起应力比出现错误。若在软件中自动计算，计算长度系数结果为4.0，有的部位甚至达到10，不符合实际情况。对模块柱计算长度系数研究非常重要。

(1) 无侧移模块柱的计算长度系数模型

典型的无侧移箱式模块化钢结构如图 4.5-30 所示。根据我国规范规定，只有在支撑系统或其他支撑结构具有足够强的抗侧刚度时，才允许按无侧移的条件计算屈曲荷载。

包含无侧移箱式模块化钢结构任一柱 CD 及所有与 CD 柱相连接构件的子结构模型如图 4.5-31 (a)、(b) 所示。

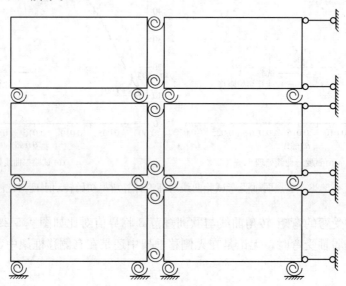

图 4.5-30 无侧移箱式模块化钢结构示意图

(2) 有侧移箱式模块化钢结构柱的计算长度系数模型

凡是不能按照无侧移的条件进行计算的框架，均属于有侧移框架。有侧移框架中，除了梁、柱有节点转动外，还存在由于柱侧移造成的侧移角。包含有侧移箱式模块化钢结构任一柱 CD 及所有与 CD 柱相连接构件的子结构模型如图 4.5-32 所示。

(3) 箱式模块化钢结构柱的计算长度系数

按照《钢结构设计标准》GB 50017—2017 与已有的相关研究，采用下述式 (4.5-1)、式 (4.5-2) 的计算方法进行手动计算。

有侧移模块柱计算长度系数简化计算公式：

$$\mu = \sqrt{\frac{1.52 + 4(K_1 + K_2) + 7.5 K_1 K_2}{K_1 + K_2 + 7.5 K_1 K_2}} \tag{4.5-1}$$

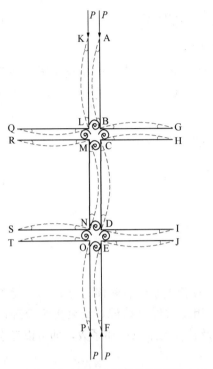 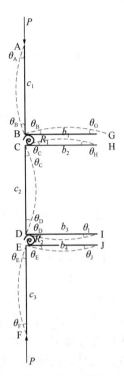

(a) 无侧移箱式模块化钢结构子结构模型　　(b) 简化后的子结构模型

图 4.5-31　无侧移箱式模块化钢结构子结构模型

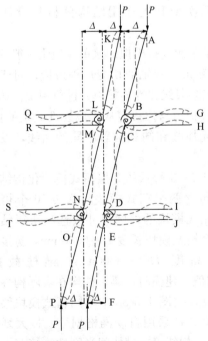 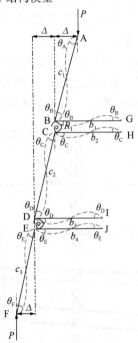

(a) 有侧移箱式模块化钢结构子结构模型　　(b) 简化后的子结构模型

图 4.5-32　有侧移箱式模块化钢结构子结构模型

无侧移模块柱计算长度系数简化计算公式：

$$\mu = \frac{3+1.4(K_1+K_2)+0.64K_1K_2}{3+2(K_1+K_2)+1.28K_1K_2} \quad (4.5-2)$$

式中　K_1、K_2——底板梁、天花板梁与柱的线刚度比。

以其中一组跨度为 6m 处的梁线刚度与柱线刚度进行计算，构件截面选一种典型截面，柱为□200×8（mm），底梁为□200×150×8（mm），顶梁为□150×100×8（mm）时，计算如式（4.5-3）、式（4.5-4）所示。

$$K_1 = \frac{I_1/l_1}{I/H} = \frac{1.128/6}{3.781/3} = 0.149 \quad (4.5-3)$$

$$K_2 = \frac{I_2/l_2}{I/H} = \frac{3.044/6}{3.781/3} = 0.403 \quad (4.5-4)$$

式中　I_1、I_2——模块柱上下端模块梁的惯性矩；
　　　l_1、l_2——模块柱上下端模块梁的长度；
　　　I——柱惯性矩；
　　　H——柱高度。

再代入式（4.5-1）、式（4.5-2），得出此时计算长度系数有侧移时为 2.04，无侧移时为 0.91，显然采用此方法得到的计算长度系数，相比软件自动计算结果更为合理；以此为依据，对模块柱进行稳定验算时，其计算长度及长细比乘以上述系数，即可以考虑模块建筑特有的组成方式及单元间连接的影响。

2. 柱承重箱式模块化钢结构的有限元简化分析方法

为便于箱式模块化钢结构的设计与工程应用，提出一种适用于箱式模块化钢结构的有限元分析方法是非常有意义的。本研究有限元模型利用通用结构分析与设计软件 SAP2000 建立。

在有限元模型中，箱式模块的梁与柱均采用梁单元进行模拟。该单元使用一般的三维梁-柱公式，能够考虑包括双轴弯曲、扭转、轴向变形、双轴剪切变形等效应；对于箱式模块间半刚性连接节点，采用连接单元中的两节点多段线弹性连接单元进行模拟。该单元一般用来模拟力与位移遵从多段线性关系的情况，同时，单元加载和卸载沿着相同的曲线，没有能量耗散。

以图 4.5-33 所示的 5 层箱式模块化钢结构为例，每层包含两个箱式模块，总共 10 个箱式模块。单个箱式模块的外廓尺寸按选型所得结果取值，即单个箱式模块长度 L=6000mm，宽度 B=2400mm，高度 H=3000mm。梁柱截面按表 4.5-6 取值。建模时，梁、柱均在实际构件截面中点处建立，故图 4.5-33 中不同箱式模块梁柱并不重合。梁、柱采用自动网格划分，最大划分长度为 0.1m。相邻箱式模块间半刚性连接节点的模拟如图 4.5-34 所示。图中 LIN1 与 LIN2 为模拟水平相邻箱式模块间连接节点的两节点多段线弹性

图 4.5-33　5 层箱式模块化钢结构数值模型

连接单元，LIN3 与 LIN4 为模拟竖向相邻箱式模块间连接节点的两节点多段线弹性连接单元。连接单元属性设置中的坐标均指连接单元自身的局部坐标系，建模时需特别留意。

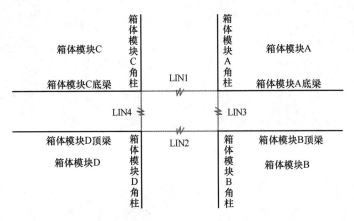

图 4.5-34 多段线弹性连接单元

4.6 模块化建筑功能一体化技术研究

目前我国装配式建筑在设计、施工、营运、维护一体化，建筑功能与设备管线及装修一体化等方面存在一些发展中的问题，难以体现出装配式建筑的优势。

模块化钢结构建筑具有设计、制作、施工一体化的显著特点，其建筑各单元在工厂中完成内部结构、建筑装饰、机电以及管线集成等，形成高度成品化的单体后在现场进行安装。因此在钢结构模块单体的设计和制造中就需要考虑到建筑功能、机电管线的一体化应用，多专业一体化协同完成。因此对模块化建筑功能一体化技术研究很有必要。

4.6.1 模块化钢结构建筑一体化设计

1. 机电管线系统一体化设计

在标准化设计基础上，模块单元内部在设计时即需将管线走位以及相对位置进行确定，并且在工厂中完成单元内部的管线安装，然后将管线进行集成，最终模块单元内部管线汇总到管道井中与外部连接。

模块单元内部与走廊之间的管道线路连接最终集成到模块角部或统一至出口外伸处，在工厂中即预装完成大部分的内部管线，并完成内部装修，运输到工地后内部无需后期二次机电安装，可仅在走廊区域或者管道井的主管道将各模块单元总管线与建筑总管线进行快速连接，实现工地现场管线安装量的最小化，如图 4.6-1 所示。

（1）电气与弱电自动化系统

基于"应尽量减少需要穿越建筑模块的管线数量"的原则。宜考虑如下横、纵向管线解决方案。

1）横向管线解决方案

管线可布置于结构次梁上方的空腔，应充分利用结构空间合理排布管线。跨模块可适当选用连接件，减少现场作业，实现管线快速高效连接，如图 4.6-2、图 4.6-3 所示。

图 4.6-1　建筑模块单元内部管线预装

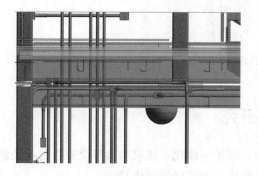

图 4.6-2　上方结构空腔布线

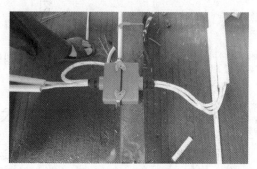

图 4.6-3　快速连接件

2）纵向管线解决方案

集中式：通过管井解决模块间管线问题，如图 4.6-4 所示。

分散式：管线贴槽钢穿墙布置，如图 4.6-5 所示。

图 4.6-4　集中式

图 4.6-5　分散式

基于此设计方案，卫生间内的管井供附近管线连接上下模块，有开关插座的墙体采用分散式布线。

(2) 给水排水体系

1) 同层排水技术应用

由于建筑模块化制作安装需求，宜采用墙排式同层排水技术，管道在夹层内敷设，以免对其他模块造成影响，如图 4.6-6 所示。

图 4.6-6　同层侧墙排水

相对于传统的隔层排水处理方式，同层排水方案最根本的理念改变是通过本层内的管道合理布局，避免了由于排水横管侵占下层空间而造成的一系列麻烦和隐患，同层排水的设计利于实现建筑模块化，达到真正的可拆卸，减少因水电管线的现场施工，促进装配式建筑的建设效率和工业化程度。

2) 给水排水快接接口运用

采用管道连接修补器实现管道快速连接，如图 4.6-7 所示。保证管道安装精度。

 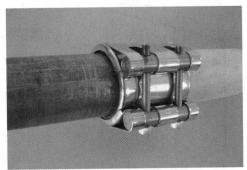

图 4.6-7　管道连接修补器

2. 模块收口及接缝设计

（1）地面、天花接缝收口

明装的接缝是为了结合装饰和解决不平整的面层而设置的，如天花交接处的接缝。暗装的接缝，是为了解决无痕的过度，如地面。地面通常采用人造石材、大理石或 CFC 板来铺设。如图 4.6-8 所示。

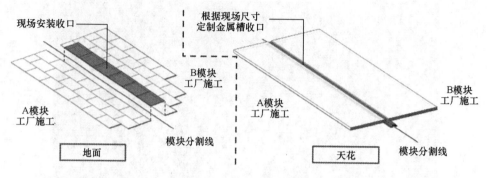

图 4.6-8 地面、天花交接

(2) 箱体与箱体交接设计

解决箱体与箱体交接问题,一般采用的是双层墙体技术,如图 4.6-9 所示。

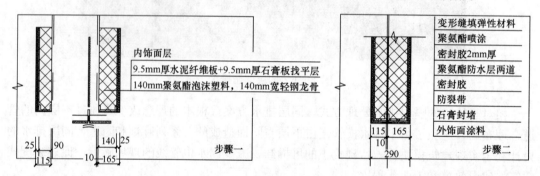

图 4.6-9 双层墙体

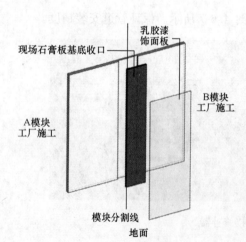

图 4.6-10 墙体接缝技术

(3) 模块墙体接缝技术

墙面依据墙体的材质,可选用抗裂纸带加批荡加墙漆构成(图 4.6-10)。如有明显的交接错位的地方则可以采用金属收边条来接合过渡墙面。局部石材铺设的墙面则可以使用石材来铺设模块直接的交接部位。

3. 模块一体化装修技术

模块化钢结构建筑一体化装修技术,在工厂中即实现模块单元内部的全装修交付。模块单元内部卫生间各项设施、橱柜、空调、床卧、写字台、窗帘等均在工厂中配套完善后,整体运送到工地现场。采用一体化装修技术可实现整个建筑装修、家居和机电的统一化和标准化。在公共活动区域、大厅位置以及外饰面等也均采用全干法施工的技术,实现在现场工地将湿作业降低到最小。如图 4.6-11 所示。

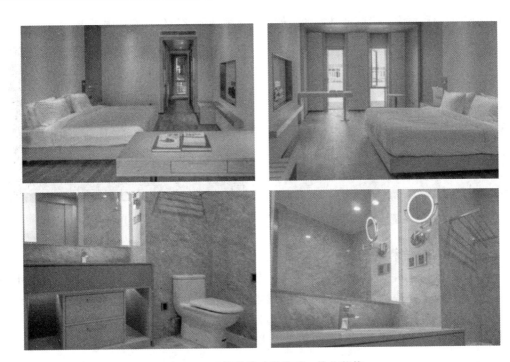

图 4.6-11 模块化建筑单元一体化装修

4.6.2 模块化钢结构建筑的集成创新应用及推广

模块化钢结构建筑可以通过结合不同的功能模块进行集成应用，满足不同环境、不同建筑使用功能上的各种需求。因此，集成创新性研究应用领域可以更好地推动模块化钢结构建筑的发展，使其适用于更多的场景，满足不同市场的需求。

1. 太阳能发电技术的集成应用

模块化建筑作为绿色建筑的代表，它拥有集成各种不同功能模块的优势与特性，完全可以将太阳能发电技术与模块建筑集成一体，太阳能光伏发电技术是公认的一种清洁能源，作为建筑运营过程中电力使用的来源或一种补充。可利用建筑屋面的闲置区域，在屋顶方案不能满足发电需求的时候，还可以在侧面布置发电设施。

以海洋绿色人居系统太阳能发电技术的集成应用为例（图 4.6-12～图 4.6-14），屋面采用薄膜太阳能发电板，具有转换效率高，持久耐用，可铺设面积大的优点，其 22.5% 的电池效率、19% 的组件效率，处于行业领先水平。同一铺设面积下，薄膜太阳能板比传统多晶

图 4.6-12 柔性光伏组件的建筑效果

硅板可铺设的面积更多。太阳能转换的电能通过蓄电池能够提供日常用电需求。

图 4.6-13　工程应用实物照片

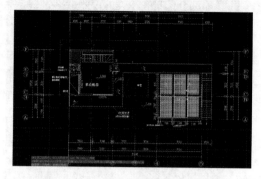

图 4.6-14　光伏组件屋顶施工图

2. 综合水处理技术集成应用

模块化钢结构建筑-海洋绿色人居系统，创新性的将海水淡化、污水处理以及雨水回收利用系统集成于模块当中，并与太阳能发电技术联合使用，作为建筑的综合水处理系统，大大提高了模块化钢结构建筑的应用领域和场景。其具体应用和分析如下：

（1）海水、雨水以及生活产生的污水废水三种水源水质水量分析（表 4.6-1）

原水水质水量分析表　　　　　　　　　　表 4.6-1

名称	水质	水量	其他
海水	稳定、高盐度、清洁	充足、可靠	处理难度较大、费用较高
雨水	稳定、淡水、较清洁	不稳定、不可靠	处理难度较低、费用较低
污水废水	稳定、淡水、污浊	偏少、较可靠	处理难度大，费用高

随着科技的进步，淡化海水的维护运营成本也大大降低，可选择海水作为海洋建筑的第一水源成为可能。又因为海洋的特殊环境，淡水资源十分珍贵，雨水及污水废水可以根据实际建筑需求选择作为中水水源及备用水源。反渗透海水淡化工艺流程如图 4.6-15 所示，海水淡化示意如图 4.6-16 所示。

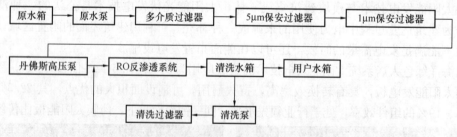

图 4.6-15　反渗透海水淡化工艺流程

项目同时采用污水处理、中水回用的一体化系统，将海洋绿色人居系统内产生的生活污水、厨余废水、和厕所污水按照不同步骤收集处理，达到一级排放标准，即可直接排放至河流、湖泊的水平。使建筑产生的污水对周围环境不产生影响，保护海洋生物，有利于环境绿色健康可持续发展。

（2）雨水采用雨水一体化净化系统处理

主要工艺为过滤、吸附及消毒等物理方法。

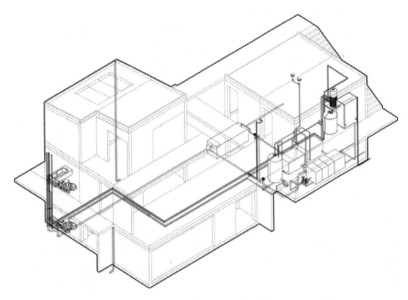

图 4.6-16 海水淡化示意

工艺流程及雨水收集示意,如图 4.6-17、图 4.6-18 所示。

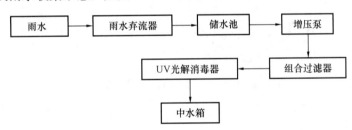

图 4.6-17 雨水一体化净化工艺流程

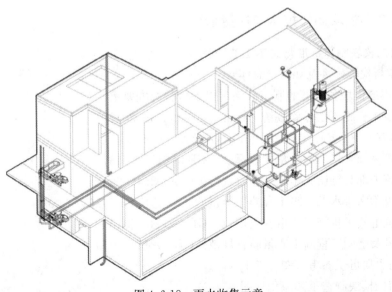

图 4.6-18 雨水收集示意

(3) 污水采用污水一体化净化回用系统处理

主要工艺为：集水调节＋兼性厌氧＋MBR＋消毒＋保安过滤器＋超滤膜。该工艺出水可回用于冲厕、绿化。污水净化回用示意如图4.6-19所示。

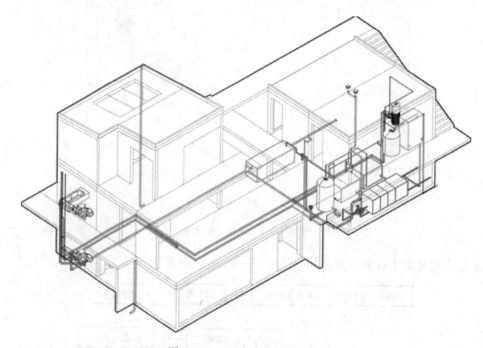

图 4.6-19　污水净化回用示意

4.7　模块化建筑的施工与全过程管理技术研究

4.7.1　钢结构模块制作技术与质量管理

1. 钢结构模块制作标准与制造工艺流程

1) 制作与检验标准及规范（总体）

钢结构集成模块各分部的制造应满足以下检验标准要求

①《建筑工程施工质量验收统一标准》GB 50300—2013

②《钢结构工程施工质量验收标准》GB 50205—2020

③《建筑装饰装修工程质量验收标准》GB 50210—2018

④《建筑内部装饰防火施工及验收规范》GB 50354—2005

⑤《建筑给水排水及采暖工程施工质量验收规范》GB 50242—2002

⑥《建筑电气工程施工质量验收规范》GB 50303—2015

⑦《通风及空调工程施工质量验收规范》GB 50243—2016

2) 产品手册可供参考（图4.7-1）

3) 钢结构模块制造工艺流程（图4.7-2）

模块化钢结构绿色建筑产品手册
Manual for Green Building Products of Modular Steel Structure

3. 特性说明
Characteristic explain

项目 item		分类及设计参数 category and design parameter	
建筑抗震设防标准 anti-seismic criteria		可用于抗震等级为 8 度及以上地区 Available for area with anti-seismic over 8	
建筑耐火等级 fire resistant grade	三级 grade 3	分户墙 separating wall	不燃性 1.50 Non-combustibility 1.50
		柱 column	不燃性 2.00 Non-combustibility 2.00
		梁 beam	不燃性 1.00 Non-combustibility 1.00
		楼板 floor slab	不燃性 0.50 Non-combustibility 0.50
围护结构热工参数 Retaining structure thermal parameters	户门 door	通往开敞空间的户门：1.80 W/(m²·K) The door to open space：1.80 W/(m²·K)	
	屋面 roof	传热系数 0.27W/(m²·K) heat transfer coefficient 0.27 W/(m²·K)	热惰性指标 9.45 heat inertia index 9.45
	外墙 outer door	平均传热系数 0.53W/(m²·K) mean heat transfer coefficient 0.53 W/(m²·K)	热惰性指标 7.01 heat inertia index 7.01
	楼板 floor slab	传热系数 1.11 W/(m²·K) heat transfer coefficient 1.11 W/(m²·K)	
隔声 sound insulation	外墙 outer wall	空气声计权隔声量 46.01dB Air meter right sound insulation quantity 46.01dB	
	分户墙 separating wall	空气声计权隔声量 45.06dB Air meter right sound insulation quantity 45.06dB	
	楼板 floor slab	空气声计权隔声量 49.43 dB Air meter right sound insulation quantity 49.43 dB	
提高工效 efficiency Improving		50%	
节水 water saving		70%	
节电 electricity saving		25%	
减少建筑垃圾 construction waste		80%	

图 4.7-1　模块化钢结构绿色建筑产品手册

2. 钢结构模块制作与质量要求

（1）原材料预处理（图 4.7-3）

钢结构原材料预处理（零部件的切割、冲压、机加工等）：

① 所有的薄板钢卷开卷，较厚的平板、型材等进行机加工成型时，必须严格按照技术工艺要求检查并记录质量数据，形成产品标识随料流转追溯；

② 所有的钢材进行涂覆前必须表面喷砂除锈预处理，并进行喷砂密度、粗糙度、清洁度检查，喷砂后钢材表面的富锌底漆厚度和外观质量必须符合规定要求。预处理完的材料送往冲压或焊接线进行后续加工时，必须做好保护和标识；

③ 对于需要铣平面，精加工孔的零件送机加工车间按照技术工艺规范进行加工处理，QC 按照技术工艺规范对其加工质量及尺寸进行检查；

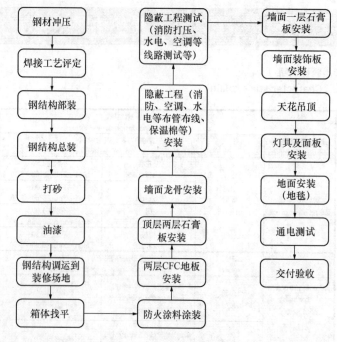

图 4.7-2 钢结构模块制造工艺流程

(a) 钢材开卷

(b) 分条

(c) 钢结构喷砂预处理

图 4.7-3 原材料预处理

④ 切割设备需定期对其切割精度如切口粗糙度、切口硬度、圆角加工能力进行校准测量，发现精度超出误差范围的必须停机维修保养。

(2) 模块钢结构焊接与总装要求

1) 焊接工艺评定

① 项目开始之前，按照焊接类型，接头细节，制作了涵盖该项目的焊接工艺评定，主要验证在目前的生产条件下，采用的焊接方法及工艺，焊接材料及母材可以满足标准要求，焊接工艺评定执行的标准为《钢、镍及镍合金的焊接工艺评定试验》GB/T 19869.1—2005 及 ISO 15614—1：2004。

② 焊接工艺评定选用的焊接材料与母材强度等级与该项目相同，焊接施焊条件与目前生产时的条件相同，接缝形式分为对接焊缝及角接焊缝，焊接方法全为 CO_2 气体保护焊，机械化程度分为机械焊与半机械焊。

2) 钢结构部装及焊接

① 所有的焊工持证上岗。其实际作业的焊接位置、方式以及材料厚度等应在焊工资

质覆盖范围内,各个胎位的部件、部装、总装前,QC 对该胎位的焊工资质进行检查;

② 生产部根据产品图纸及技术工艺制作相关工装,包括装配定位工装、矫正工装、检验工装以及焊接工装等,需要经品质保证部 QC 检验确认后方可投入使用;

③ 焊接工艺评定以及焊接工艺规范需要置于现场,供焊工操作及 QC 检验焊接规范及接头细节使用,需要满足技术规范及《焊接工艺守则》;

④ 所有的部件在装配前必须有材料标识,所有的材料标识必须与技术工艺图纸相符;

⑤ 钢结构的部装主要包括:端框工字钢焊接、角件与角柱焊接、底架焊接、端框焊接、顶架焊接、中间小总装焊接等,主要焊接工艺详见内部施工作业指导(图 4.7-4)。

(a) 底架部件组装　　　　　　(b) 端框部件组装　　　　　　(c) 成品底架

图 4.7-4　钢结构部装及焊接

3) 钢结构总装及焊接

① 在总装台上对钢结构的各个部件,部装进行整体整合装配,包括端框、左右底架、中间小总装、左右顶架等(图 4.7-5);

(a) 办公箱组装　　　　　　　　　　　(b) 楼梯箱组装

图 4.7-5　钢结构总装组装

② 总装台底座每天开工前进行一次水平测试并调平,要求整个底架水平在 2mm 以内;

③ 总装时以技术图纸标注的基准点为端框的定位点,总装顺序为:定位基准点端框,小底架,中间小总装,小底架,非基准点的端框,顶架,侧墙斜撑(如有的话);

④ 端框及中间框总装时用 30mm 或 60mm 的标准吊锤对所有的角柱或立柱的端面和侧面两个方向进行垂直度测量,要求偏差在 5mm 内;

⑤ 底架装配时重点检查底架和端框或中间框接驳部位的平整度,要求在 3mm 内。

(3) 除锈与涂装要求

1) 整体喷砂(二次打砂)

① 整箱打砂前对箱体上的飞溅,焊丝头,焊瘤,焊渣,粉笔字,油污,脚印等必须

清理清洗干净，零部件板边毛刺，锐边打磨符合要求，由 QC 确认后打砂；

② 整箱打砂主要针对焊缝区域进行打砂，对于打砂难以到达的隐蔽区域或打砂可能会导致严重变形的薄板焊道，与技术或监理沟通后可进行砂轮机打磨处理，但必须经过 QC 确认；

③ 使用粗糙度计，清洁度胶带，粗糙度对照表及放大镜等对打砂质量进行检查，确保粗糙度达到 Sa2.5 等级，清洁度在 ISO 8501—1：2007 等级 2 以上，密度达到 85%；

④ QC 对打砂后的焊道再一次进行确认，确保焊接质量符合要求；

⑤ QC 对打砂质量及焊接最终确认后，由品控主管通知监理对箱体打砂质量进行确认后方可进行油漆施工。

2) 钢结构涂装

① 油漆施工前 QC 用手摇温湿度计，露点盘，红外测温仪测量出环境湿度，露点及母材温度，确认湿度≤85%，母材温度高于露点超过 3℃方能进行油漆施工；

② 按照技术部门下发的《油漆定额及膜厚》对油漆，稀释剂，固化剂的型号，批号等进行检查，并查证材料质量保证书，须符合要求；

③ 在 OK 站对隐蔽部位或油漆喷枪无法到达的部位采用滚筒进行底漆预涂，QC 检查确保无漏涂；

④ 按照《油漆控制程序》在油漆房进行底漆施工，施工前检查油漆配比是否符合油漆服务商提供的《油漆施工工艺》要求，施工过程中使用湿膜卡对膜厚进行实时测量，确保膜厚；

⑤ 油漆施工完成后检查油漆施工质量，无漏喷，流挂，堆积，漆点，漆渣等（图 4.7-6）。

(a) 油漆房内喷涂　　　　(b) 完成油漆喷涂　　　　(c) 油漆厚度检测

图 4.7-6　钢结构模块涂装

3) 箱体调平

① 每台箱以四个外底角件当中的一个最高点作为基准点，并在基准点的表格中用三角符号标识；

② 用箭头表示底角件与基准点的方向，箭头向上时，测量点的数据越小，表示该点的水平位越高；箭头向下时，测量点数据越大，表示该点水平位越高；

③ 在四个外底角件中，定位角件使用红色油漆标识；

④ 使用红外线水平仪测量箱底八个角件的水平度，其水平度应该小于 5mm，不合格的需要返修。

(4) 地板与围护安装

1) 地板（CFC）安装（图 4.7-7）

(a) 地板基层处理

(b) 地胶完成后效果

(c) 地毯安装效果

图 4.7-7　地板（CFC）安装

① 在钢结构箱体底钢梁两端做好标记；
② 按图纸设计要求先后排放铺设地板；
③ 地板铺设后，按图纸设计要求调整板缝，板缝间距为 2～3mm；
④ 板缝调完后找出两端的标记、然后按图纸设计要求在地板上定位、放线；
⑤ 在地板放线定位位置，用小型钻床、手电钻等工具进行钻孔、扩孔等（注：扩孔时必须使用限位器）；
⑥ 扩好孔后开始在地板进行锁钉，锁钉时钉头凹进地板 2mm 不允许有松动；地板、螺钉要锁紧；安装时两板之间高低不能大于 1mm；螺钉与板边缘的间距应为 15mm，板角为 50mm；
⑦ 地板钉锁好后进行地面检查调整，2m 靠尺内允许偏差 4mm，对不平处进行修补。

2) 轻钢龙骨安装（墙体）（图 4.7-8）
① 按图纸设计在龙骨安装位置，量好尺寸并做好标记；
② 在标记上弹水平线、垂直线，控制好龙骨的安装位置、格栅的平直度和固定点；
③ 沿着放线位置安装轻钢龙骨并调至垂直平整，安装位置在阴阳转角的地方必须要垂直；
④ 轻钢龙骨安装距要求：横轻钢龙骨安装的间距不能大于 600mm，竖轻钢龙骨的间距不能大于 400mm；轻钢龙骨的端部必须固定（具体排放轻钢龙骨距离根据设计要求而定）；
⑤ 待各轻钢龙骨面之间调整排放好，进行轻钢龙骨锁定并锁紧；
⑥ 门洞周边轻钢龙骨位置应加入加强板进行加固。

3) 岩棉安装（图 4.7-9）

图 4.7-8　墙面龙骨安装

图 4.7-9　墙面岩棉安装

① 需安装岩棉的钢结构首先量好尺寸；
② 量好尺寸后先做模板，然后使用割棉刀切割需要的材料尺寸；
③ 按实际尺寸进行排布安放玻璃棉；
④ 岩棉安放后留下缝隙进行处理，如钢结构和轻钢龙骨的立柱内侧则应塞至饱满。
（注：岩棉安装时要穿专用的防护服，戴好头罩，确保安全）
4）石膏板安装（图 4.7-10）

(a) 墙面石膏板安装

(b) 水泥纤维板安装

图 4.7-10　石膏板与水泥纤维板安装

① 石膏板安装前先检查加强板安装位置及牢固性；
② 石膏板锁钉应从板的中部向板的四边固定；
③ 石膏板在锁钉时，螺钉与板边缘间距应为 15mm，板角螺钉与板边缘为 50 mm，周边锁钉钉距不能大于 200mm，中间部分锁钉间距不能大于 300mm（具体按图纸设计要求）；
④ 石膏板锁钉时必须使用正确的限位器；
⑤ 螺钉在安装时钉头应埋入石膏板内 1mm，安装时不能损坏纸面；
⑥ 安装双层石膏板时，内外两层石膏板应错缝排列，接缝不应落在同一根龙骨上；
⑦ 卫生间如安装防水石膏板应竖向铺设，长边接缝应落在竖向龙骨上；
⑧ 石膏板墙面与天花之间安装收边时，缝隙不能过大，留缝 3mm 以内。
（5）机电与设备安装
1）电气安装及测试（图 4.7-11）
2）给水系统的安装及测试
① 先对给水管进行尺寸定位，管材裁取：按图纸布管要求及尺寸定位（长度、间隔宽度），确定冷水管、热水管安装位置及尺寸；给水出水口须位置准确，要保证各水口平正，砖贴好后管口不能超出墙砖表面；
② 布管要求：排水口须加存水弯，并预留坡度为 2‰～5‰，保证水流畅通。所有给水管均高位或埋地暗装，局部应在装修时考虑暗藏，埋地分支管应采用分水器。冷、热水管若有交叉时，热水管在上冷水管在下。给水管（冷、热水）高位安装时，均贴板底安装，过梁处贴梁底安装；

图 4.7-11　照明及弱电的布管布线

③ 画好定位后，再进行吊杆、管卡安装：按图纸对管卡定位的要求，利用吊杆与管卡将冷热水管固定，冷热水管管卡规格应按图纸要求。保持管与墙面、管与管间距，墙面使用对应规格的管卡固定于对应的加固件；

④ 吊件安装后对管件进行连接，管件连接要求：冷、热给水管分别连接完成后与服务井主管接通，管道连接应同心、垂直、顺平；管口接头安装要严密，冷热水管接头不得全采用生料带，应采用生料袋、麻丝防锈漆配合使用，出墙管件应采用三角阀接用水器；

⑤ 给水管过轻钢龙骨套橡胶圈保护，再进行角阀连接，连接要求：按内立面图上标注的淋浴混合阀、洗手柜给水角阀、马桶给水角阀、单向阀等定位尺寸，确定各角阀安装的位置，用记号笔标出固定位置，将对应配件与管件连接；

⑥ 安装完毕后进行给水打压测试，室内给水管道的水压试验必须符合设计要求。当设计未注明时，各种材质的给水管道系统试验压力均为工作压力的 1.5 倍，但不得小于 0.6MPa。

3. BIM 技术在模块化设计施工中的应用

设计板块前期要做好统筹，采用 BIM 技术建模相关软件，如采用 Revit 进行完整的模型创建、管线碰撞检测、方案优化、可视化交底、信息传递与共享，如图 4.7-12～图 4.7-14 所示。

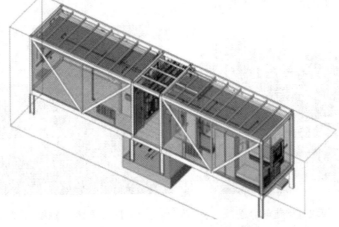

图 4.7-12　模块单元 BIM 信息模型

图 4.7-13 管线碰撞检测

图 4.7-14 模块单元内部构造漫游

4.7.2 模块化钢结构建筑现场安装技术

1. 施工工序要点

(1) 施工准备

1) 现场安装作业人员应具备相应的作业资格证书,且熟悉图纸和安装方案。

2) 现场安装使用的装备、工具、检具等应检定合格且处于有效期内。

3) 施工单位应对进场的模块单元及配件进行检查核对,确保模块编号、外部尺寸、内部布置与安装图纸一致。运输过程损坏的模块,应及时上报,修复合格后方可进行安装。

4) 模块安装前应编制专项施工方案,包括基础要求、平面控制网、吊装次序、节点紧固、接缝封闭、管线接通等。对属于超过一定规模的危险性较大的分部分项工程的专项方案,应执行国家相关规定的外部专家论证程序。

(2) 基础及预埋件复测

模块安装前应做好基础的轴线测量、支承表面标高、基础支承面水平度的检查、地脚螺栓和伸出支承面长度的测量等准备工作。安装前应进行复测,符合要求后办理交接验收手续,方可进行模块安装。基础复测允许偏差见表 4.7-1。模块基础施工示意及连接板校准、焊接如图 4.7-15 和图 4.7-16 所示。

图 4.7-15 模块基础施工示意

图 4.7-16 连接板校准、焊接

基础复测允许偏差 表 4.7-1

项目	允许偏差（mm）
标高	±2
轴线	0～4
地脚螺栓位置	±2

（3）箱式模块安装

1）应编制模块吊装顺序与吊装施工方案。

2）施工单位安装前应对进场的模块单元检查核对，确保模块编号与安装图纸一致。模块吊装顺序与吊装施工方案示意见图 4.7-17、图 4.7-18。

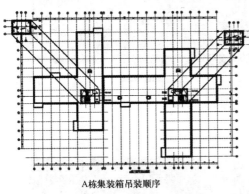

A栋集装箱吊装顺序

分栋	建筑箱号	箱号	运输箱型	楼层	长	宽	高	吊装顺序
A	A124	CICU8310185	A2	1	12570	3980	3585	1
A	A123	CICU8310170	A2	1	12570	3980	3585	2
A	A122	CICU8310164	A2	1	12570	3980	3585	3
A	A121	CICU8310159	A2	1	12570	3980	3585	4
A	A120	CICU8310143	A2	1	12570	3980	3585	5
A	A119	CICU8310138	A2	1	12570	3980	3585	6
A	A118	CICU8310122	A2	1	12570	3980	3585	7
A	A101	CICU8309950	A4	1	12570	4280	3585	8
A	A102	CICU8309965	A2	1	12570	3980	3585	9
A	A103	CICU8309970	A2	1	12570	3980	3585	10
A	A104	CICU8309986	A	1	5970	3970	3585	11
A	A105	CICU8309991	A	1	5970	3970	3585	12
A	A106	CICU8310009	A	1	5970	3970	3585	13
A	A107	CICU8310014	C	1	12192	2670	3585	14
A	A108	CICU8310020	B	1	12192	3280	3585	15
A	A109	CICU8310035	A2	1	12570	3980	3585	16
A	A110	CICU8310040	A2	1	12570	3980	3585	17

图 4.7-17　模块吊装顺序示意

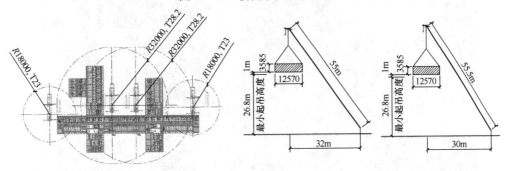

图 4.7-18　模块吊装施工方案示意

3）箱体定位及连接如图 4.7-19、图 4.7-20、图 4.7-21 所示。

图 4.7-19　箱体定位

图 4.7-20　校正、连接

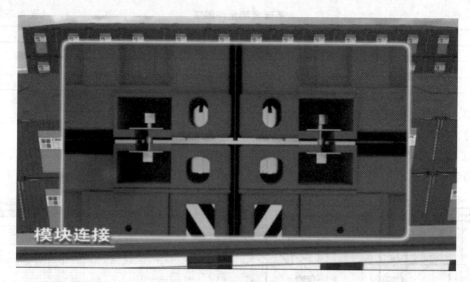

图 4.7-21 上下层模块连接示意

(4) 模块间节点连接（图 4.7-22）。

图 4.7-22 模块间拼接固定

(5) 接口及接缝处理（图 4.7-23）

模块之间接口接缝处理应符合下列要求：

1) 模块接缝处应满足防水性、防腐性、气密性、耐候性及节能要求。

2) 屋面接缝处理应严密牢固，如使用扣盖形式，应沿坡度方向采用搭接形式连接，满足防水要求。

3) 室内模块间接缝处理应严密美观，室外模块间接缝处理应牢固结实。接缝处外观应与整体建筑风格匹配。

(6) 现场装配后处理

图 4.7-23 接口及接缝处理

1) 现场装配后应对整体模块建筑的安装偏差进行检测,检测结果应符合现行国家标准《建筑工程施工质量验收统一标准》GB 50300—2013 的验收要求。

2) 对油漆破损处进行补漆处理。应对所有接缝及连接节点复检,确保安装牢固。

2. 主要验收要求

箱式模块建筑各层箱式模块安装完成后,应对轴线、垂直度、标高等进行复核,主体安装的允许偏差应符合表 4.7-2 的规定。

箱式模块建筑主体安装的允许偏差　　　　　　表 4.7-2

项目	允许偏差(mm)	图例
模块底座中心线对定位轴线的偏移 Δ	3.0	
模块建筑整体垂直度 Δ	H, $\Delta \leqslant H/2500+10$ 且 $\Delta \leqslant 50.0$	

续表

项目	允许偏差（mm）	图例
单层模块垂直度 Δ	6.0	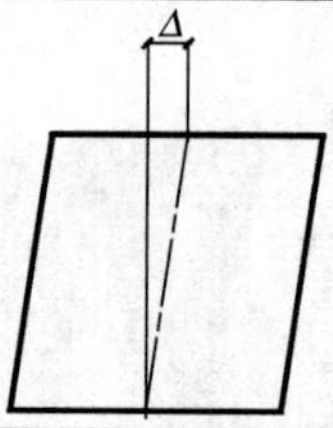
同层模块标高高差 Δ	±3.0	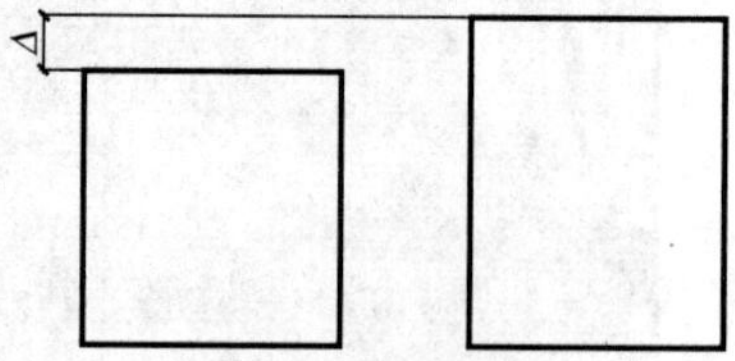
主体结构整体平面弯曲 α	$\leqslant L/1500$，且$\leqslant 25.0$	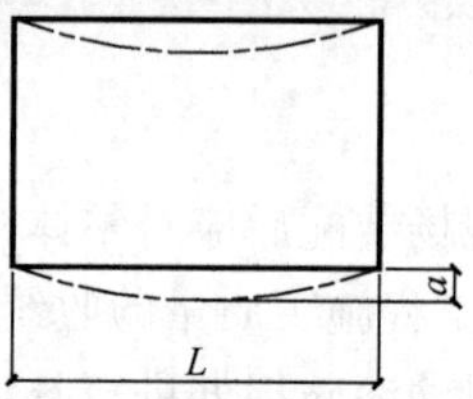

4.8 产业化示范

4.8.1 示范工程1—雄安市民服务中心

1. 示范工程概况

雄安市民中心（表4.8-1）——建设地点河北省雄安新区容城县，建筑功能为行政办公，建筑面积33373m²。地上3层，建筑高度为12.1m，无地下室。本示范工程项目建设内容主要为市民服务中心临时办公区和酒店公寓客房，采用集成模块化建造方式，该建造方式代表着建筑工业化、绿色施工和循环经济的发展方向，是模块化建造技术规模化应用示范项目。

示范工程基本信息 表4.8-1

工程名称	雄安市民服务中心企业临时办公区A~G楼
建设地点	河北省雄安新区容城县
开发单位	中国雄安建设投资集团与中国建筑联合体
设计单位	中国建筑设计研究院有限公司
施工单位	中建三局有限公司（总承包）、广东中集建筑制造有限公司（模块化制造安装分包）、中建科工集团有限公司（钢结构分包）
监理单位	中咨工程建设监理有限公司
建筑面积	30425m²
结构形式	钢结构集成模块体系

本工程 A～G 楼办公楼结构体系为钢结构集成模块建筑体系。项目主体结构由 592 个模块构成，钢结构模块主体结构制造以及内部装饰装修在中集模块化公司工厂制造海运到天津港码头，通过陆路运输到项目现场。工程效果图如图 4.8-1 所示。

图 4.8-1　工程效果图

2. 示范内容

（1）模块化建筑布局、功能模块单元设计及组合

1）本示范工程是模块化钢结构低层办公类和公寓式建筑，从办公及公寓使用功能需求以及货运尺寸的限制，确定建筑总体平面规划、模块单元尺寸以及单元组合方式等，并结合公寓使用特点考虑建筑机电和管线的集成。临时办公区建筑总平面如图 4.8-2 所示。

图 4.8-2　临时办公区建筑总平面图

2）功能模块单元设计、模块汇总信息如图 4.8-3 所示。效果图与实景照如图 4.8-4～图 4.8-6 所示。

（2）箱式模块化运输技术

示范照片如图 4.8-7 所示。

（3）箱式模块安装、连接技术

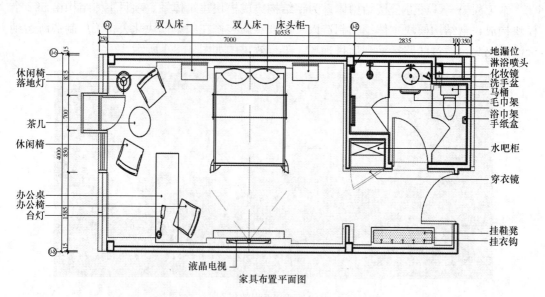

图 4.8-3 典型模块平面

(a) D栋酒店大堂效果图

(b) D栋酒店餐厅效果图

图 4.8-4 模块空间效果

图 4.8-5 客房模块内部效果

图 4.8-6 雄安市民中心——企业临时办公区建成后实景照片

(a) 2018年1月30日第一个模块从工厂发运

(b) 码头装货及海上运输

图 4.8-7 示范实景照片（一）

(c) 2018年2月4日现场第一个模块卸车吊装

(d) 2018年2月12日新会基地最后一批驳船顺利发运

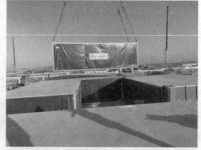

(e) 2018年2月28日最后一个模块完成卸车吊装

图 4.8-7　示范实景照片（二）

1) 模块最大尺寸为 14000mm×4300mm，单个模块最大重量为 25t。
2) 施工机具配置计划，如表 4.8-2 所示。

施工机具配置计划表　　　　　　　　　　　　　　　表 4.8-2

序号	名称	规格	单位	数量
1	汽车起重机	400t	台	1
2	汽车起重机	350t	台	1
3	汽车起重机	130t	台	1
4	手拉葫芦	10t	台	2
5	对讲机		部	4
6	钢丝绳	6×37-FC-1670-30mm/L=15m	根	6
7	卸扣	安全载荷 9.5t	个	8
8	T形吊具		个	15
9	手拉葫芦	10t	个	2
10	枕木		个	若干

注：吊装前 3 天设备进场接受检验。

3）施工方案：

计划投入一台 400t 汽车起重机及一台 350t 汽车起重机用于各楼栋模块的吊装，对于超出起重机作业幅度的模块，将采取变换起重机站位及使用一台 130t 的汽车起重机辅助作业。C 栋 400t 起重机站位如图 4.8-8 所示。

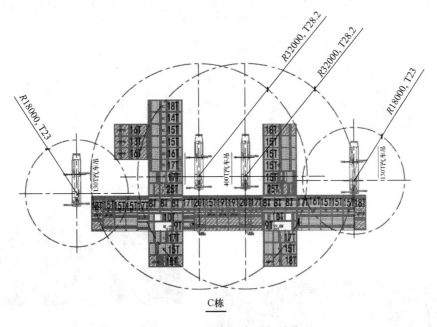

图 4.8-8　C 栋 400t 起重机站位

3. 示范工程亮点与效果

雄安市民服务中心模块化钢结构体系建筑的示范应用，极大缩短现场施工周期，减少对于人工的需求，工厂化制作可以大幅提高制造精度和质量，提高房屋的使用体验。减少现场施工操作，实现建筑产业从高能耗、高人工、高消耗的状态，向绿色环保、高速高质的新模式的转变，促进建筑领域技术进步和产业转型。

亮点一：作为"雄安新区第一标"，雄安市民服务中心融合了多项先进的城市规划理念和智慧科技手段，打造出一个"未来城市"的雏形。作为雄安新区先行项目和中国未来城市样板，探索形成了国内建筑的创新"试验田"和未来城市的"样板示范区"。对于打造未来之城具有十分重要的样板意义。

亮点二：运用先进的装配式模块化钢结构建筑技术。集成化办公区由 600 个集装箱拼装搭建而成，是真正可重复利用、可"生长"的房屋，模块建筑作为装配式建筑的高端产品，具有高装配率和绿色环保等突出优势，成为我国建筑领域重点发展的方向之一。

亮点三：本课题提出低层钢结构模块结构体系、模块单元选型，节点设计及施工一体化建议，旨在建立一套较完善的模块建筑体系技术，完成示范项目建造，推动模块建筑在国内的健康快速发展。这与雄安新区的重点任务不谋而合。

施工现场航拍照，如图 4.8-9 所示。项目宣传与对外交流，如图 4.8-10 所示。

图 4.8-9　施工现场航拍图

(a) 新闻报道

(b) 2018年2月25日中国建筑设计研究院
崔院士再次莅临现场指导

图 4.8-10　项目宣传与对外交流

4.8.2　示范工程 2——天津静海子牙尚林苑（白领宿舍）一期工程

1. 示范工程概况

（1）工程信息

项目工程信息见表 4.8-3。

工程信息表　　　　表 4.8-3

工程名称	天津静海子牙尚林苑（白领宿舍）一期工程
研发单位	天津大学
施工总承包单位	中冶天工集团有限公司
建设单位	天津子牙循环经济产业投资发展有限公司
模块生产单位	天津汇京空间模块科技有限公司
设计单位	天津大学
监理单位	天津市华泰建设监理有限公司

(2) 建筑信息

项目建筑信息见表 4.8-4。

建筑信息表   表 4.8-4

建筑位置		位于天津静海区子牙经济区	
建筑高度		建筑总高度：16.395m	
结构形式		钢模块与钢框架混合结构体系	
工程信息			
建筑类别	丙类	设计使用年限	50 年
防火等级	二级	总建筑面积	9257.85m²
建筑物场地类别	Ⅲ类	整体抗震设防烈度	7 度（0.15g）

该示范项目是模块化钢结构多层公寓式建筑应用，从公寓使用功能需求以及货运尺寸的限制，确定建筑总体平面规划、模块单元尺寸以及单元组合方式等，并结合公寓使用特点考虑建筑机电和管线的集成。通过本工程的模块化钢结构建筑设计应用实践，为类似建筑的应用提供经验。项目效果图见图 4.8-11。

图 4.8-11 天津静海子牙尚林苑白领宿舍效果图

2. 示范内容

(1) 模块化建筑布局、功能模块单元设计及组合

公寓建筑的平面布置一般较为规则，户型单一，房间排布整齐，是最适合采用柱承重箱式模块化钢结构的建筑形式之一。首层和标准层建筑平面布置如图 4.8-12、图 4.8-13 所示。

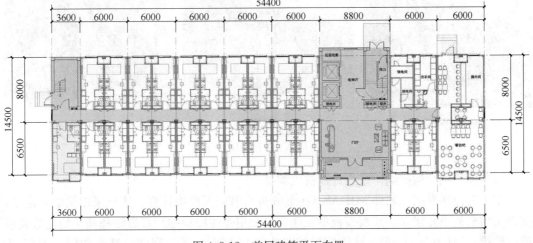

图 4.8-12 首层建筑平面布置

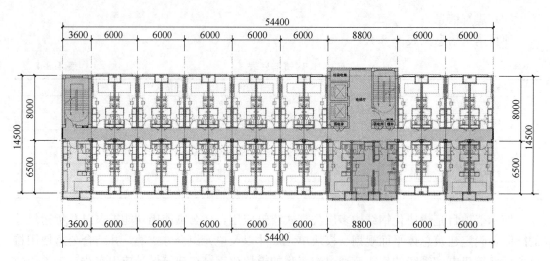

图 4.8-13 标准层建筑平面布置

综合考虑建筑模数要求、运输限制及不同功能建筑空间要求，本项目模块单元尺寸最终定为：长=6750mm，宽=3000mm，高=3000mm。走廊宽度为2000mm，因此大的模块尺寸为：长=8750mm，宽=3000mm，高=3000mm。模块单元成横向两排排列。该尺寸既符合相关标准对建筑物开间、进深及层高的扩展模数要求；也满足我国普通高速公路的运输限制。同时3m的层高能够满足对于公寓类住宅的层高要求。

根据房间的使用功能，家庭房、活动室和休息厅等采用两个模块单元组成，两个模块单元相互连通。局部六层的储物间由3个模块特殊尺寸单元组成，单元尺寸为4500mm×3000m×3000mm。综上根据房间功能的不同，部分模块单元在单元四周的墙体上开洞或不设置墙体。

本项目一共采用314个模块单元，一栋建筑需要157个模块单元。完成后的8750mm模块单元重量约13t，6550mm的模块单元重约11t。图 4.8-14 为三种尺寸的模块单元。图 4.8-15 为本项目立面、剖面设计。

(a) 带走廊模块

(b) 普通模块

(c) 储藏间模块

图 4.8-14 三种模块单元

（2）模块钢结构抗侧体系设计及抗震验算

本工程使用有限元软件 MIDAS/Gen836 进行有限元模拟计算。梁柱采用梁单元建立，支撑采用桁架单元建立，楼板按板单元建立，采用弹性楼板的计算方法和基于简化的成果进行建模，MIDAS/Gen836 整体模型如图 4.8-16 所示。各层层间位移角如图 4.8-17 所

图 4.8-15 立面及剖面图

示，地震工况下的位移比如图 4.8-18 所示。

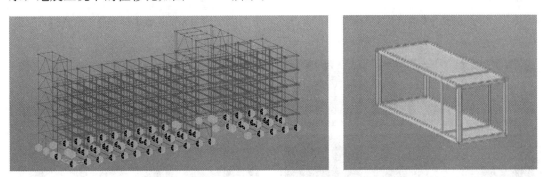

图 4.8-16 MIDAS/Gen836 整体结构分析模型

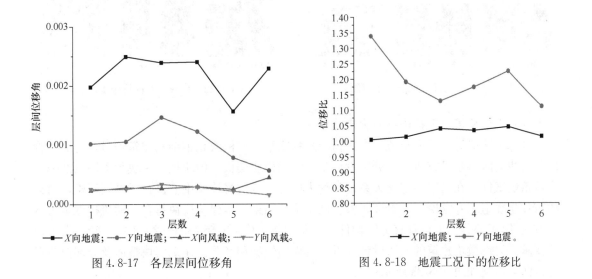

图 4.8-17 各层层间位移角　　　　图 4.8-18 地震工况下的位移比

(3) 模块钢结构制造、运输及施工方案

模块就位、水电装配、内部装配、模块内部配饰施工示意如图 4.8-19～图 4.8-22 所示。

图 4.8-19 模块就位施工示意图　　　图 4.8-20 水电装配施工示意图

图 4.8-21 内部装配施工示意图　　　图 4.8-22 模块内部配饰施工示意图

（4）钢结构模块围护体系防火措施

针对天津静海子牙尚林苑（白领宿舍）一期宿舍楼模块化钢结构建筑项目，与应急管理部天津消防科学研究所合作分别设计了钢结构模块楼板、模块柱、模块承重墙以及模块非承重墙试件，在国家固定灭火系统和耐火构件质量监督检验中心进行了系列试验，由天津市住建委组织专家论证会论证，根据试验检验结果：本建筑模块符合《建筑构件耐火试验方法 第4部分：承重垂直分隔构件的特殊要求》GB/T 9978.4—2008 的检验，满足设计要求。为钢模块建筑的消防设计取得了可靠的依据和经验。建筑模块整体及分部位节点进行防火检验如图 4.8-23 所示。

3. 示范工程亮点与效果

作为国内首个获得正式审批的模块化居住项目，该示范工程召开了多次现场观摩会，获得参观者一致好评（图 4.8-24）。

图 4.8-23 建筑模块整体及分部位节点进行防火检验

图 4.8-24 装配式模块化钢结构建筑现场吊装观摩会照片

4.8.3 示范工程 3—香港科技园 InnoCell

1. 示范工程概况

（1）示范工程基本信息

工程名称：香港科技园 InnoCell

建设地点：中国香港新界大埔 TPTL 第 245 号

开发单位：香港科技园（HKSTP）

设计单位：WSP（香港）顾问有限公司

施工单位：协兴建筑有限公司（总包）、广东中集建筑制造（分包）

咨询单位：奥雅纳（ARUP）工程顾问公司

建筑面积：总建筑面积 15300m^2，模块面积 10500m^2

结构形式：混凝土核心筒-钢结构集成模块体系

2019 年 5 月 20 日下午，在中国香港特别行政区行政长官林郑月娥的见证下，香港科技园 InnoCell 开工奠基仪式暨与香港建造业议会合作签约仪式举行，如图 4.8-25 所示。本项目为香港首个永久性模块化建筑项目，由香港协兴建筑有限公司总包，中集模块化建筑投资有限公司承建 3~17 层模块制造。

（2）示范工程项目简介

项目建筑主体由三座 17 层模块围绕核心筒组成，总建筑面积 15300m^2，模块面积

图 4.8-25　香港科技园 InnoCell 项目正式启动

10500m²，建筑高度：59.20m。共 418 个房间。项目 1～2 层采用传统钢筋混凝土形式，3～17 层采用中集模块化建筑体系，所有建筑设计和施工建造都必须符合香港地方的建筑标准。项目效果图如图 4.8-26 所示。

图 4.8-26　香港科技园 InnoCell 项目效果图

2. 示范内容

（1）模块化建筑布局、功能模块单元设计及组合

1）本示范工程是模块化钢结构在高层公寓式建筑的应用，从公寓使用功能及扩展组合需求以及货运尺寸的限制，确定建筑总体平面规划、模块单元尺寸以及单元组合方式等，并结合公寓使用特点考虑建筑机电和管线的集成。将国内模块化产品引入香港市场，并通过本示范工程的模块化钢结构建筑设计应用实践，为今后类似的建筑的应用提供经验。建筑平面布置图如图 4.8-27 所示。

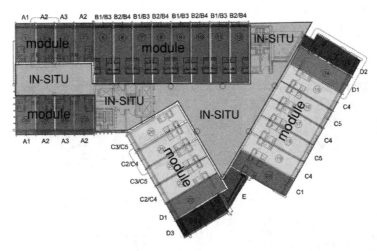

图 4.8-27 建筑平面布置

2) 功能模块单元设计。典型模块平面,如图 4.8-28 所示;样板房间照片,如图 4.8-29 所示。

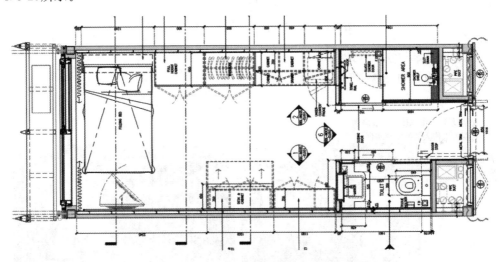

图 4.8-28 典型模块平面

图 4.8-29 样板房间照片

(2) BIM 技术与 3D 打印应用

项目各方采用 BIM 技术和 3D 打印各细部与连接节点,避免碰撞和制定合理的制造、安装工序,保证项目顺利实施和建造品质(图 4.8-30)。

(a) BIM 全面设计协调

(b) 3D 模型打印

图 4.8-30　BIM 技术使用及 3D 打印应用

(3) VR 技术与安全管理应用

应用情况如图 4.8-31 所示。

图 4.8-31　VR 技术与安全管理应用

(4) 采用 3×3 的 9 个模块箱体进行预拼装全面检查

预拼装检查见图 4.8-32。

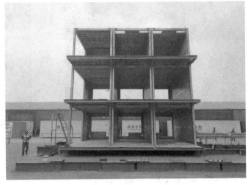

图 4.8-32 预拼装检查

(5) 跨两地运输组织、物流设计与管控

跨两地运输组织、物流设计与管控示范如图 4.8-33 所示。

(a) 运输组织与装卸货地点、物流设计

(b) 基于三维扫描街道的运输路径分析、设计

图 4.8-33 跨两地运输组织、物流设计与管控

(6) 箱式模块吊装

本次吊装工程涉及模块共 418 件，共 17 层。模块最大尺寸为 7350mm×3100mm，单个模块最大重量为 26.57t。现场吊装就位过程如图 4.8-34 所示。

图 4.8-34 现场吊装就位过程

3. 示范工程亮点与效果

该项目在香港产生了良好的社会反响,香港特别行政区行政长官林郑月娥在项目奠基仪式上致辞时表示:"组装合成"建筑法正好解决了香港制造业现在正面对的建筑工人短缺、需要提高工地安全和生产力等问题……香港科技园 Innocell 项目的兴建,是建造业科技应用的新里程碑。未来,政府将在规划中的公务员学院、其他法定机构或者非政府机构的建筑项目等建设中都会鼓励或要求使用"组装合成"建筑法。如图 4.8-35 所示。

图 4.8-35 香港特别行政区行政长官林郑月娥出席启动仪式

该项目的竣工,不仅意味着集成模块化建筑在香港取得开创性应用,也意味着国内高端模块化建筑产品真正成功进入了香港建筑市场。

4.8.4 示范生产线 1—箱式钢结构集成模块生产线

1. 示范工程概况

(1) 示范工程(生产线/产业园)基本信息

示范生产线名称:箱式钢结构集成模块生产线

地点：广东省江门市新会区大鳌镇

工艺设计方：广东中集建筑制造有限公司

生产线供应商：广东新会中集特种运输设备有限公司等

(2) 示范生产线简介

本示范生产线包括箱式钢结构集成房屋钢结构制作、各功能系统工厂内集成、装饰装修生产的多条机械化、自动化流水生产线。包括钢结构下料、表面处理与冲压成型、部件焊接与总装，喷砂除锈与油漆防腐/防火涂料及检验试验，装饰装修的材料安装，水电管线预埋敷设、门窗家具、五金卫浴灯具等安装，成品保护，包装运输等工序。主要示范箱式钢结构的生产及装饰装修的关键工序、自动化设备、质量保证手段。

1) 示范生产基地规模

示范生产基地位于广东省江门市新会区大鳌镇，生产线占地面积约 100000m^2。工厂规模与设备：箱式钢结构集成模块生产线车间总建筑面积 8.5 万 m^2。其中钢结构车间：1 个，面积 2.3 万 m^2，年产能 15 万 m^2；集成与装修车间：3 个，面积 6.2 万 m^2，年产能 12 万 m^2。拥有专用箱式钢结构集成模块生产设备 180 余台（套），年产箱式钢结构集成模块 3500 个。

2) 示范生产基地布局

中集模块化生产基地毗邻西江，因其自有场地面积约 8000m^2，有装载能力超过 3000 吨级的码头，为模块化产品的运输提供了极大便利，从中集的码头发货到内陆华南区域的主要港口仅需要 8h 左右，发货到华北区域的主要港口仅需要 20h 左右。同时中集模块化生产基地与各大运输公司、船公司建立了长期合作伙伴关系，能够满足超尺寸（超长、超宽）模块的运输，通过海陆联运模式，灵活配置，可将模块运送至全球各个角落。中集模块化生产基地布局主要分为两大板块，其中包括钢结构制造基地和装修生产基地，生产基地布局鸟瞰图、平面图、内部图分别见图 4.8-36、图 4.8-37、图 4.8-38。

图 4.8-36　生产基地鸟瞰图

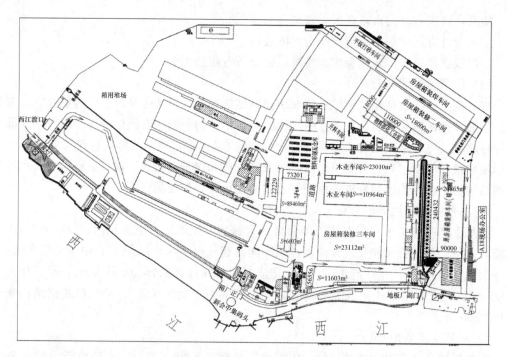

图 4.8-37 生产基地总平面图

图 4.8-38 生产车间内部图

2. 示范内容

(1) 示范生产线工艺方案（图 4.8-39）

(2) 示范生产线工艺

1) 示范生产线工艺照片1：原材料与预处理，如图 4.8-40 所示。
2) 示范生产线工艺照片2：材料加工，如图 4.8-41 所示。
3) 示范生产线工艺照片3：组装与焊接，如图 4.8-42 所示。
4) 示范生产线工艺照片4：检验与安装，如图 4.8-43 所示。
5) 示范生产线工艺照片5：室内轻钢与管线，如图 4.8-44 所示。
6) 示范生产线工艺照片6：机电设备安装，如图 4.8-45 所示。

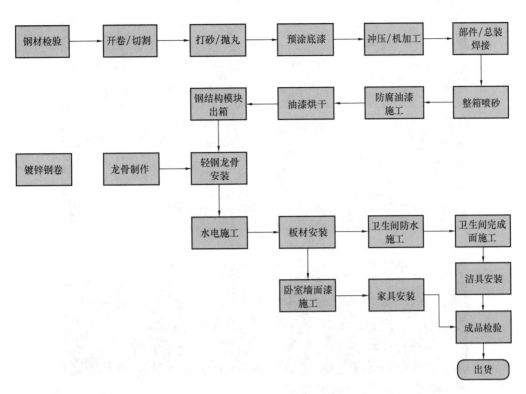

图 4.8-39 生产工艺总体方案

图 4.8-40 原材料与预处理

图 4.8-41 材料加工

图 4.8-42 组装与焊接

图 4.8-43 检验与安装

图 4.8-44　室内轻钢与管线

图 4.8-45　机电设备安装

7) 示范生产线工艺照片 7：装修与装饰，如图 4.8-46 所示。
8) 示范生产线工艺照片 8：检验与测试，如图 4.8-47 所示。
9) 示范生产线工艺照片 9：包装与出场，如图 4.8-48 所示。

(a) 墙面、地面和家具装修

(b) 卫生间装修

(c) 厨房装修

图 4.8-46 装修与装饰

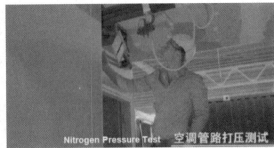

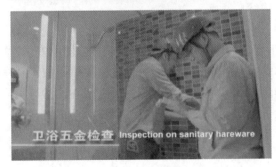

图 4.8-47 检验与测试

图 4.8-48　包装与出厂

4.8.5　示范生产线 2—建筑功能一体化模块单元生产线

1. 示范工程概况

（1）示范工程（生产线/产业园）基本信息

建筑功能一体化模块单元生产线设置在国家钢结构工程技术研究中心特种钢结构中试基地，位于天津市滨海新区，建于 2015 年，厂房车间总建筑面积 7.2 万 m^2，拥有两条模块建筑生产线，年产建筑功能一体化模块单元 2000 个。

（2）示范生产线简介

建筑功能一体化模块单元生产线示范如下内容：

1）建筑功能一体化模块单元的箱体结构制作：部装、总装和涂装技术。

2）模块单元装修技术：地面工程、墙面工程、门窗安装、卫生间安装、强弱电安装、给水排水安装、消防系统、暖通系统安装技术。具备完成建筑功能一体化模块单元加工制作的所有技术和工艺。该生产线的牵头实施单位是国家钢结构工程技术研究中心，参与实施单位是中国京冶工程技术有限公司和中冶天工集团有限公司。

2. 示范内容

（1）生产线布置

生产线布置如图 4.8-49 所示。

（2）生产线工艺流程

总工艺流程如图 4.8-50 所示。

（3）箱体结构制作线路与装修线路图

箱体结构制作及模块单元装修线路图分别如图 4.8-51、图 4.8-52 所示。

（4）箱体模块钢结构制作与装修

1）波纹板拼板焊接，如图 4.8-53 所示。

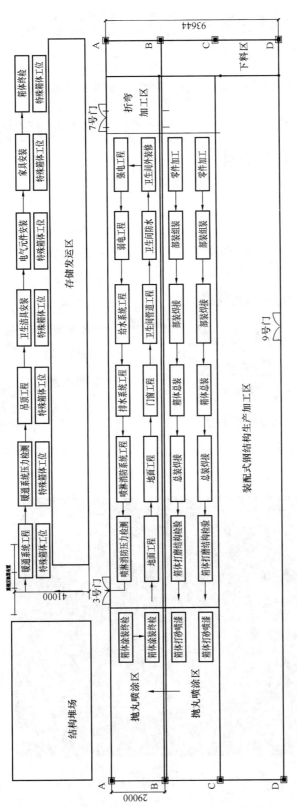

图 4.8-49 生产线布置图

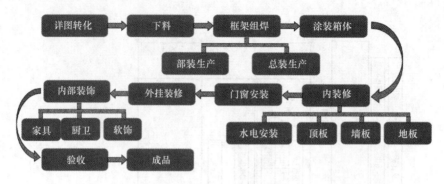

图 4.8-50 总工艺流程图

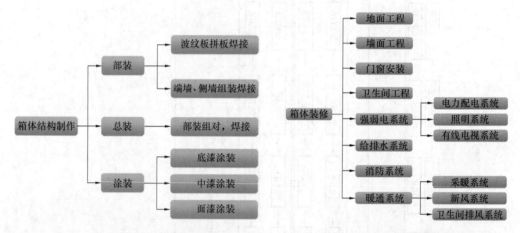

图 4.8-51 箱体结构制作线路图　　　图 4.8-52 模块单元装修线路图

图 4.8-53 波纹板拼板焊接

2）模块单元总体装配（总装），如图 4.8-54 所示。

图 4.8-54　模块单元总体装配（总装）

3）地面水泥板铺装，如图 4.8-55 所示。

图 4.8-55　地面水泥板铺装

4）胶质地板铺设，如图 4.8-56 所示。

图 4.8-56　胶质地板铺设

4.8.6 示范产业园—模块化钢结构建筑产业化示范园区

1. 示范工程概况

（1）示范园区基本信息

模块化钢结构建筑产业化示范园区设置在国家钢结构工程技术研究中心特种钢结构中试基地，位于天津市滨海新区，建于2015年8月，占地面积20万m^2，厂房面积7.2万m^2，拥有三个生产车间，五条国际领先水平的现代化生产线，五个功能区。配套先进的生产加工设备300台套，生产装配式钢结构、特种钢结构、装备、非标设备、钢结构模块、罐式集装箱等产品。

（2）示范产业园简介

模块化钢结构建筑产业化示范园区包含了多种装配式钢结构建筑的生产线、科研试验基地、办公基地、生活配套设施等，其中生产线部分可以加工制作和展示如下内容：

1）模块化钢结构建筑单元的箱体结构制作：部装、总装和涂装技术；

2）模块单元装修技术：地面工程、墙面工程、门窗安装、卫生间安装、强弱电安装、给水排水安装、消防系统、暖通系统安装技术；

3）特种钢结构生产线。园区自建成起便承接装配式建筑的生产任务，经过多年的经验积累，目前已具备了装配式钢结构、特种钢结构、装备、非标设备、钢结构模块、罐式集装箱的生产技术和工艺。该园区的牵头实施单位是中国京冶工程技术有限公司，参与实施单位是国家钢结构工程技术研究中心和中冶天工集团有限公司。

2. 示范内容

（1）示范园区构成

示范园区整体式模块化单元生产主要包括：模块化钢结构建筑单元的箱体结构制作；模块单元装修技术，地面工程、墙面工程、门窗安装、卫生间安装、强弱电安装、给水排水安装、消防系统、暖通系统安装技术；特种钢结构生产线，主要为罐式集装箱、电力集装箱、污水处理集装箱。

图 4.8-57 罐式集装箱

（2）罐式集装箱

罐式集装箱由罐体和箱体框架两部分组成，如图 4.8-57 所示，其框架尺寸符合国际标准协会（ISO）所规定的尺寸，罐箱产品严格依照陆地/海上散装液体运输/存储的国际标准设计。

（3）电力集装箱

电力集装箱采用钢结构箱式模块单元形式建造，机组基本配置主要由东风康明斯发动机、双马发电机、冷却水系统、燃油系统、启动系统、发电控制系统等组成，如图 4.8-58所示。

（4）生活污水处理集装箱

生活污水处理系统采用了 MBR 技术，利用膜分离设备截留水中的活性污泥与大分子有机物，以膜组件取代传统生物处理技术中的二沉池。本系统由厌氧池、缺氧池、好氧

图 4.8-58　电力集装箱

池、MBR 膜池和污泥池组成，如图 4.8-59、图 4.8-60 所示。

图 4.8-59　箱式生活污水处理设施外壳　　　　图 4.8-60　设施控制室

参 考 文 献

[1] Lawson R M. Building design using modules[J]. New Steel Construction, 2007, 15(9): 28-29.
[2] Serrette R, Hall G, Ngyen J, et al. Additional shear wall values for light weight steel framing[R]. American Iron and Steel Institution, 1997(revision 2007).
[3] Chung K F, Ho H C, Wang A J, et al. Advances in analysis and design of cold-formed steel structures[J]. Advances in Structural Engineering, 2008, 11(6): 615-632.
[4] 郎晟颉. 低层轻钢龙骨结构整体受力性能分析[D]. 杭州：浙江工业大学，2010.
[5] 陈志华，钟旭，余玉洁，刘洋，韩建聪. 多层模块钢结构住宅项目关键技术及实践[J]. 建筑技术，2018(4)：372-376.
[6] Lawson R M, Ogden R G, Pedreschi R, et al. Developments in pre-fabricated systems in light steel and modular construction.[J]. Structural Engineer, 2005, 83(6): 28-35.
[7] Lawson R M, Ogden R G, Pedreschi R, et al. Developments of cold-formed steel sections in composite applications for residential buildings[J]. Advances in Structural Engineering, 2008, 11(6):

651-660.
- [8] Lawson R M, Ogden R G, Bergin R. Application of modular construction in high-rise buildings[J]. Journal of Architectural Engineering, 2012, 18(2): 148-154.
- [9] Lawson R M, Ogden R G, Pedreschi R, et al. Pre-fabricated systems in housing using light steel and modular construction[J]. International Journal of Steel Structures, 2005, 5(5): 477-483.
- [10] Annan C D, Youssef M A, El-Naggar M H. Effect of directly welded stringer-to-beam connections on the analysis and design of modular steel building floors [J]. Advances in Structural Engineering, 2009, 12(3): 373-383.
- [11] Annan C D, Youssef M A, El-Naggar M H. Experimental evaluation of the seismic performance of modular steel-braced frames[J]. Engineering Structures, 2009, 31(7): 1435-1446.
- [12] Annan C D, Youssef M A, El-Naggar M H. Seismic overstrength in braced frames of modular steel buildings[J]. Journal of Earthquake Engineering, 2009, 13(1): 1-21.
- [13] Annan C D, Youssef M A, El-Naggar M H. Seismic vulnerability assessment of modular steel buildings[J]. Journal of Earthquake Engineering, 2009, 13(8): 1065-1088.
- [14] Annan C D, Youssef M A, El-Naggar M H. Analytical investigation of semi-rigid floor beams connection in modular steel structures[C]//33rd Annual General Conference of the Canadian Society for Civil Engineering, Ontario, Canada. 2005: 1-9.
- [15] Fathieh A, Mercan O. Seismic evaluation of modular steel buildings[J]. Engineering Structures, 2016, 122: 83-92.
- [16] Fathieh A. Nonlinear dynamic analysis of modular steel buildings in two and three dimensions[D]. University of Toronto, 2013.
- [17] 丁阳, 邓恩峰, 宗亮, 等. 模块化钢结构建筑连接节点研究进展[J]. 建筑结构学报, 2019, 40(3): 33-40.
- [18] 张鹏飞. 多层钢结构模块结构设计与力学性能研究[D]. 天津: 天津大学, 2016.
- [19] DENG E-F, YAN J-B, DING Y, et al. Analytical and numerical studies on steel columns with novel connections in modular construction [J]. International Journal of Steel Structures, 2017, 17(4): 1613-26.
- [20] 杨晓杰, 陆烨, 顾超, 等. 新型多高层钢结构箱式模块建筑的设计[J]. 建筑钢结构进展, 2016, 18(5): 41-7+72.
- [21] XU B, XIA J, CHANG H, et al. A comprehensive experimental-numerical investigation on the bending response of laminated double channel beams in modular buildings [J]. Engineering Structures, 2019, 200: 109737.
- [22] XU B, XIA J, CHANG H, et al. Flexural behaviour of pairs of laminated unequal channel beams with different interfacial connections in corner-supported modular steel buildings [J]. Thin-Walled Structures, 2020, 154: 106792.
- [23] CHEN W, YE J, BAI Y, et al. Full-scale fire experiments on load-bearing cold-formed steel walls lined with different panels [J]. Journal of Constructional Steel Research, 2012, 79: 242-54.
- [24] WANG X, YE J. Reversed cyclic performance of cold-formed steel shear walls with reinforced end studs [J]. Journal of Constructional Steel Research, 2015, 113: 28-42.
- [25] LIU F, FU F, WANG Y, et al. Fire performance of non-load-bearing light-gauge slotted steel stud walls [J]. Journal of Constructional Steel Research, 2017, 137: 228-41.
- [26] WANG J, WANG W, XIAO Y, et al. Cyclic test and numerical analytical assessment of cold-formed thin-walled steel shear walls using tube truss [J]. Thin-Walled Structures, 2019, 134: 442-

59.

[27] ZHA X, ZUO Y, FRANCO F. Finite Element Study of Container Structure under Normal and High Temperature [J]. Mathematical Problems in Engineering, 2016, 2016: 1-15.

[28] 左洋. 集装箱结构抗侧刚度理论模拟和试验研究 [D]. 哈尔滨: 哈尔滨工业大学, 2016.

[29] 中国工程建设标准化协会. 集装箱模块化组合房屋技术规程: CECS 334—2013 [S]. 北京: 中国计划出版社, 2013.

[30] 李英磊, 马荣奎, 李元齐. 集装箱模块化组合房屋单体纵向抗侧刚度及承载力数值分析 [J]. 建筑钢结构进展, 2014, 16(1): 28-33+41.

[31] 陆烨, 刘青, 陈宇龙, 等. 集装箱房屋结构设计方法研究 [J]. 工业建筑, 2014, 44(2): 130-6+97.

[32] 丁阳, 邓恩峰, 宗亮, 等. 模块化集装箱建筑波纹钢板剪力墙抗震性能试验研究 [J]. 建筑结构学报, 2018, 39(12): 110-8.

[33] DING Y, DENG E-F, ZONG L, et al. Cyclic tests on corrugated steel plate shear walls with openings in modularized-constructions [J]. Journal of Constructional Steel Research, 2017, 138: 675-91.

[34] YU Y, CHEN Z. Rigidity of corrugated plate sidewalls and its effect on the modular structural design [J]. Engineering Structures, 2018, 175: 191-200.

[35] HOU J, WANG X, LIU J, et al. Study on the stability bearing capacity of multi-column wall in modular steel building [J]. Engineering Structures, 2020, 214: 110648.

[36] 侯杰文. 钢结构模块中密柱墙稳定性能研究 [D]. 天津: 天津大学, 2018.

[37] 刘学春, 任旭, 詹欣欣, 等. 一种盒子式模块化装配式钢结构房屋梁柱节点受力性能分析 [J]. 工业建筑, 2018, 48(5): 62-9.

[38] FENG R, SHEN L, YUN Q. Seismic performance of multi-story modular box buildings [J]. Journal of Constructional Steel Research, 2020, 168: 106002.

[39] CHEN Z, LIU Y, ZHONG X, et al. Rotational stiffness of inter-module connection in mid-rise modular steel buildings [J]. Engineering Structures, 2019, 196: 109273.

[40] CHEN Z, LIU J, YU Y. Experimental study on interior connections in modular steel buildings [J]. Eng Struct, 2017, 147: 625-38.

[41] DAI X-M, ZONG L, DING Y, et al. Experimental study on seismic behavior of a novel plug-in self-lock joint for modular steel construction [J]. Engineering Structures, 2019, 181: 143-64.

[42] CHEN Z, LI H, CHEN A, et al. Research on pretensioned modular frame test and simulations [J]. Engineering Structures, 2017, 151: 774-87.

[43] DENG E-F, ZONG L, DING Y, et al. Seismic behavior and design of cruciform bolted module-to-module connection with various reinforcing details [J]. Thin-Walled Structures, 2018, 133: 106-19.

[44] 毛磊. 箱式建筑箱体拼接节点受力性能研究 [D]. 上海: 同济大学, 2015.

[45] Lu Y, Li G Q, Mao L. Experimental research on joint mechanical behavior of container structures [C]//Proceedings of the 2015 Modular and Offsite Construction Summit & 1st International Conference on the Industrialization of Construction. 2015: 437-443.

[46] 李英磊, 马荣奎, 李元齐. 集装箱模块化组合房屋单体纵向抗侧刚度及承载力数值分析[J]. 建筑钢结构进展, 2014, 16(1): 28-33.

[47] ZHANG J-F, ZHAO J-J, YANG D-Y, et al. Mechanical-property tests on assembled-type light steel modular house [J]. Journal of Constructional Steel Research, 2020, 168: 105981.

[48] 杨柳. 扩展集装箱式活动房非线性静力分析[D]. 天津: 天津大学, 2007.

[49] 冯远红, 黄光宏, 杨柳, 等. 扩展集装箱式活动房结构受力有限元分析[C]//第 16 届全国结构工

程学术会议. 太原. 2007: 227-230.
[50] 高秀青. 扩展式活动房结构试验与集装箱静力分析[D]. 天津: 天津大学, 2007.
[51] 傅爽. 扩展集装箱式活动房的承载力试验与有限元分析[D]. 天津: 天津大学, 2007.
[52] 刘建飞. 扩展集装箱式活动房静力试验与有限元分析[D]. 天津: 天津大学, 2007.
[53] 王璐璐. 基于建筑和结构安全统一的废旧集装箱改造房构造的研究[D]. 哈尔滨: 哈尔滨工业大学, 2010.
[54] 范坤杰. 基于能量理论的集装箱房抗侧刚度理论研究及有限元分析[D]. 哈尔滨: 哈尔滨工业大学, 2015.
[55] 查晓雄, 王璐璐, 钟善桐. 构建多层集装箱改造房的方法及确保其安全性实用公式推导[J]. 建筑结构, 2010, S2: 462-465.
[56] 查晓雄, 范坤杰. 集装箱房抗侧刚度分析Ⅰ: 整箱蒙皮效应[J]. 哈尔滨工业大学学报, 2017, 49(6): 102-108.
[57] 范坤杰, 查晓雄. 集装箱房抗侧刚度分析Ⅱ: 侧板开洞影响[J]. 哈尔滨工业大学学报, 2017, 49(6): 109-116.
[58] 曲可鑫. 钢结构模块化建筑结构体系研究[D]. 天津: 天津大学, 2014.
[59] 陈志华, 周子栋, 刘佳迪, 等. 多层钢结构模块建筑结构设计与分析[J]. 建筑结构, 2019, 49(16): 59-64+18.
[60] 华凯. 多层框架-模块体系开发与设计方法研究[D]. 上海: 同济大学, 2017.
[61] 希比亚. 底层模块化建筑开发及其承载性能分析研究[D]. 上海: 同济大学, 2017.
[62] 中国船级社. 集装箱检验规范[S]. 北京: 人民交通出版社, 2021.
[63] 国家质量监督检验检疫总局. 运输包装件尺寸与质量界限: GB/T 16471—2008 [S]. 北京: 中国标准出版社, 2008.
[64] 建筑设计资料集编委会. 建筑设计资料集(全10本)[M]. 2版. 北京: 中国建筑工业出版社, 1994.
[65] 周铁军, 韩奕. 迈向社会化的高校学生公寓设计研究[J]. 重庆建筑大学学报, 2003, 25(5): 5-8.
[66] 勾希琦. 办公空间模数化设计研究——清华美院第一届校企合作设计实践[J]. 艺术科技, 2014, 27(1): 251-254.
[67] 黄斐汐. "集约化模式"在中小学设计中的应用探索[J]. 南方建筑, 2017(2): 97-101.
[68] 住房和城乡建设部. 建筑抗震试验规程: JGJ/T 101—2015 [S]. 北京: 中国建筑工业出版社, 2015.
[69] 邓恩峰. 集成模块钢结构波纹钢板剪力墙与新型节点抗震性能研究[D]. 天津: 天津大学, 2018.
[70] 李忠献. 工程结构试验理论与技术[M]. 天津: 天津大学出版社, 2004.
[71] ANSI/AISC 341-16. Seismic provisions for structural steel buildings [S]. American Institute of Steel Construction, Chicago, 2016.
[72] 中国工程建设标准化协会. 钢结构模块建筑技术规程: T/CECS 507—2018[S]. 北京: 中国计划出版社, 2018.
[73] 倪诗阁. 结构延性系数的确定方法[J]. 建筑结构, 1980, 5: 66-67.
[74] British Standards Institution. BS EN 1993-1-8: 2005 Eurocode 3: Design of steel structures-Part 1-8: Design of joints[S]. United Kingdom: London, 2005.

第 5 章　装配式板柱钢结构体系建筑产业化技术与示范

5.1　引言

5.1.1　课题背景及研究现状

如本书第 1 章所述，我国目前钢结构建筑产业化发展虽然起步较晚，但是发展较快，有着广阔前景。钢-混凝土组合结构是钢结构建筑工程中的主要形式之一，该类型项目量大且广，遍布各地，种类也比较全，覆盖了低层、多层、小高层、也有高层，用途也涵盖了住宅、商业、办公楼等。

钢-混凝土组合结构通过钢和混凝土组合受力可以充分发挥两种建筑材料的优势，具有承载力高、整体刚度大、材料用量少、施工效率高等优点，适用于装配式建筑。目前的装配式组合结构根据结构体系可以分为装配式组合框架或组合框架-支撑结构、装配式框架-剪力墙或框架-核心筒组合结构、带重力框架的组合结构三类，许多国内外学者针对上述三类装配式组合结构展开了系列研究。然而，现有的装配式组合结构仍然存在标准化程度低、传力机制复杂、节点连接构造复杂等问题，绝大多数结构体系的水平抗侧力系统和竖向承重系统是耦合在一起的，导致在地震荷载作用下构件的内力会随着层数而变化，使结构的抗震设计更加烦琐，构件截面种类繁多，预制构件成本较高，这些问题严重制约了装配式组合结构的应用和发展。

5.1.2　研究内容及目标

本课题"装配式板柱钢结构体系建筑产业化技术与示范"（课题编号：2017YFC0703804，以下简称课题）共包含 4 部分研究内容，研究内容 1 为竖向承重体系与抗侧力体系相分离的新型装配式板柱钢结构体系研发；研究内容 2 为新型装配式板柱钢结构体系一体化集成式楼盖研究与应用；研究内容 3 为新型复合轻质外围护墙板一体化建造及协同工作性能研究；研究内容 4 为新型装配式板柱钢结构体系集成与示范。

研究内容 1 针对新型装配式板柱钢结构体系从结构整体层面开展研究，要点包括：重力-侧力可分装配式板柱钢结构体系的结构布置方案研究；重力-侧力可分装配式板柱钢结构体系的模拟技术及力学机理研究；重力-侧力可分装配式板柱钢结构体系的抗震性能评价指标研究；重力-侧力可分装配式板柱钢结构体系的抗震设计控制指标研究；重力-侧力可分装配式板柱钢结构体系的抗侧力系统及其优化布置方案研究；重力-侧力可分装配式板柱钢结构体系的标准化设计方法研究。

研究内容 2 对集成式楼盖的受力性能和设计方法进行重点研究，要点包括：集成式楼盖系统开发设计；集成式楼盖系统的受力性能研究；集成式楼盖系统的节点和连接及其力学性能研究。

研究内容 3 对一体化外围护墙板的受力性能和设计方法进行重点研究，要点包括：新型复合轻质外围护墙板与主体钢构件的连接形式及其力学性能研究；新型复合轻质外围护墙板与主体结构耦合体系的静动力性能研究；新型复合轻质外围护墙板一体化构件的综合热工性能、隔声性能研究；新型复合轻质外围护墙板的设计方法研究。

研究内容 4 为各研究成果的综合集成、生产线开发、示范园区建设和工程示范，要点包括：研究新型装配式高层钢结构住宅体系设计及构件拆分；装配式高层钢结构住宅部品部件生产技术的研究与应用；装配式高层钢结构住宅安装集成技术的研发与应用；开展装配式高层钢结构住宅制作、安装节点研究与应用；生产线的开发及示范园区建设。

本课题以装配式板柱钢结构体系研发及产业化为目标，针对钢结构住宅产业化过程中存在的梁柱外露功能适应性差、结构体系标准化装配化程度低、防火防腐费用高且耐久性不足、体系不配套等关键技术问题，研发竖向承重体系与抗侧力体系相分离的新型多高层装配式板柱钢结构建筑体系。研发新型结构体系的标准化技术、建筑-结构-水暖电集成化技术、结构-墙体-保温-装饰一体化建造技术，形成产业化成套集成技术和技术标准。通过课题研究解决以下关键问题：

（1）研发竖向承重体系与抗侧力体系相分离的新型装配式板柱钢结构体系，实现结构体系的标准化；

（2）研发新型装配式板柱钢结构体系一体化集成式楼盖，实现钢梁无外露、空间自由分割、结构高度显著降低；

（3）研究新型复合轻质外围护墙板一体化建造技术，研究墙板与主结构协同工作性能，提升体系工业化水平，满足建筑功能需求。

5.1.3　研究方案和技术路线

针对钢结构住宅建造希望实现标准化、模块化、产业化的特殊需求，基于现有的钢结构住宅设计建造技术提出竖向承重体系和抗侧力体系相分离的新型装配式板柱钢结构体系，以及与之相配套的集成式楼盖和一体化外围护墙板技术。

针对研究范围及目标提出的各项研究内容采用总—分—综的技术路线，如图 5.1-1 所示。首先是总体研究，以竖向承重体系和抗侧力体系相分离为基础，研发适用于多层和高层的装配式板柱钢结构体系，论证新体系在地震区应用的适用性、可行性与经济性，提出适用于新体系的抗震设计理论、抗震性能控制指标、抗震设计计算模型和验算方法。其次是分项研究，针对新型结构体系中的关键构件进行其受力性能和设计方法的研究，主要分为两部分：一是集建筑、结构、水暖电、机电设备和新风系统等功能于一体的集成式楼盖研究与应用，建立考虑梁板协同的设计方法，研究集成楼盖节点受力性能及其对体系性能的影响，建立节点设计方法；二是新型复合轻质外围护墙板一体化建造及协同工作性能研究，改进外墙板与钢柱、钢梁连接构造及其力学行为，实现外墙与主体钢构件的一体化，提出一体化墙板的设计方法、加工制备与安装关键技术。最后是综合集成研究，根据前述对新型装配式板柱钢结构体系和关键构件的研究成果，研发新体系部品部件生产工艺，以及生产各类部品部件所需的模具、设备和生产线，建立新型装配式板柱钢结构体系加工和生产的示范园区，开展新体系集成研究与工程示范。

第 5 章 装配式板柱钢结构体系建筑产业化技术与示范

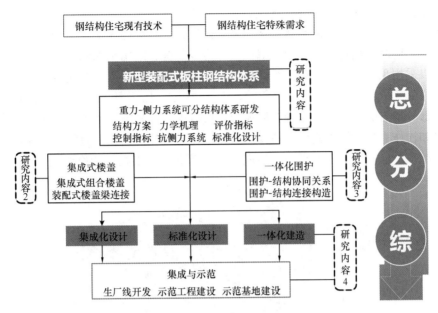

图 5.1-1 课题的总体技术路线

5.2 重力-侧力系统可分结构体系概念设计

相比于传统的刚接双重抗侧体系，本课题分别提出了适用于多层和高层的重力-侧力系统可分结构体系。针对多层建筑，提出了剪力墙-铰接框架可分体系和支撑-铰接框架可分体系；针对高层建筑，提出了核心筒-支撑铰接框架可分体系和束柱筒-铰接框架可分体系。下面将对新提出的几种可分体系进行详细介绍。

5.2.1 多层建筑可分结构体系概念设计

多层建筑的传统组合结构体系为刚接组合框架体系，如图 5.2-1 所示，柱为钢管柱或钢管混凝土柱，梁为钢-混凝土组合梁，主梁与柱的连接采用刚接节点，通常腹板采用螺栓连接，上下翼缘焊接。该体系受力特点为重力-侧力耦合，具有承载能力高、结构冗余度大的优点，但同时由于梁参与抗侧作用，每层梁的受力情况均不相同，需要分别设计，

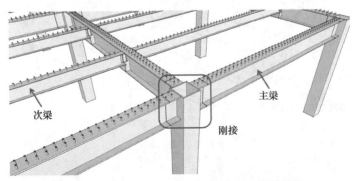

图 5.2-1 多层建筑传统组合结构体系（刚接框架）

标准化程度低，难以应用于装配式建筑。

因此，本课题基于传统的刚接框架体系做出改进，将梁柱连接改为铰接，以保证梁的标准化生产，同时在结构内增设剪力墙或支撑等构件弥补结构抗侧刚度的不足。另外，楼板系统可以采用预制板＋现浇层的叠合楼盖来代替传统的混凝土现浇楼盖，混凝土预制板先铺设在相邻梁段之间，如图 5.2-2 所示，之后再施工现浇层形成叠合板，预制板既作为楼板的一部分参与受力，也充当现浇层模板，可以大大提高施工效率。这样的改进使得结构中的梁和柱作为竖向承重构件，斜撑或剪力墙作为抗侧构件，传力路径明确，楼板也大大提高装配率，形成适用于多层建筑的重力-侧力系统可分装配式组合结构体系。

图 5.2-2　多层建筑可分结构体系中的叠合楼盖

1. 剪力墙-铰接框架可分体系

适用于多层建筑的剪力墙-铰接框架可分体系结构布置如图 5.2-3 所示，该结构体系主要由框架柱、主次梁、组合剪力墙、叠合楼板等构件组成。结构中所有的梁柱节点均为铰接，次梁与主梁也是铰接连接，因此该结构体系中所有的梁均为标准化简支组合梁，构成结构的重力系统，承担楼板传来的竖向荷载。另外，在一些框架柱旁边设置组合剪力墙，构成结构的侧力系统，承担地震荷载、风荷载等水平荷载。组合剪力墙抗侧刚度大，

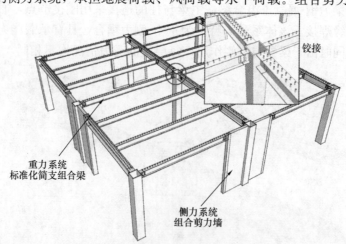

图 5.2-3　剪力墙-铰接框架可分体系

且靠近框架柱局部布置基本不影响建筑使用效果。该体系中楼盖采用叠合楼盖系统，施工简便，适用于装配式建筑。

2. 支撑-铰接框架可分体系

适用于多层建筑的支撑-铰接框架可分体系结构布置如图 5.2-4 所示，该结构体系主要由框架柱、主次梁、支撑、叠合楼板等构件组成。结构中所有的梁柱节点均为铰接，次梁与主梁也是铰接连接，因此该结构体系中所有的梁均为标准化简支组合梁，构成结构的重力系统，承担楼板传来的竖向荷载。另外，在某些榀框架内设置柱间支撑，构成结构的侧力系统，承担地震荷载、风荷载等水平荷载。支撑是很常见

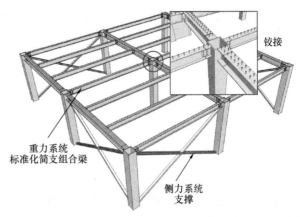

图 5.2-4　支撑-铰接框架可分体系

的抗侧力构件，构造简单便于制作，安装施工快速高效。该体系中楼盖采用叠合楼盖系统，施工简便，适用于装配式建筑。

5.2.2　高层建筑可分结构体系概念设计

高层建筑的传统组合结构体系为组合框架-核心筒体系，如图 5.2-5 所示，柱为钢管混凝土柱，梁为钢-混凝土组合梁，结构内部设置混凝土核心筒以增大结构抗侧刚度，主梁与柱的连接采用刚接节点，通常腹板由螺栓连接，上下翼缘焊接。该体系受力特点为重力-侧力耦合，属于双重抗侧力结构，即框架和核心筒共同抵抗风荷载和地震作用，内部核心筒作为第一道抗震防线，外框架作为第二道抗震防线。该结构体系具有承载能力高、结构冗余度大的优点，但同时由于梁参与抗侧作用，每层梁的受力情况均不相同，需要分别设计，标准化程度低，难以应用于装配式建筑。

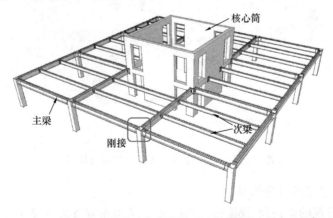

图 5.2-5　高层建筑传统组合结构体系（组合框架-核心筒结构）

因此，本课题基于传统的组合框架-核心筒结构体系做出改进，将梁柱连接和梁墙连

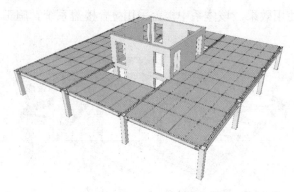

图 5.2-6　高层建筑可分结构体系中的叠合楼盖

接均改为铰接，以保证梁的标准化生产，同时在外框架增设支撑等构件以增强结构抗侧刚度，或者内部核心筒改为抗侧刚度大、耗能能力强的束柱筒，以满足高层建筑的抗震需要。另外，楼板系统可以采用预制板＋现浇层的叠合楼盖来代替传统的混凝土现浇楼盖，混凝土预制板先铺设在相邻梁段之间，如图 5.2-6 所示，之后再施工现浇层形成叠合板，预制板既作为楼板的一部分参与受力，也充当现浇层模板，可以大大提高施工效率。这样的改进使得结构中的梁和柱作为竖向承重构件，内部核心筒＋外部支撑或束柱筒作为抗侧构件，传力路径明确，楼板也大大提高装配率，形成适用于高层建筑的重力-侧力系统可分装配式组合结构体系。

1. 核心筒-支撑铰接框架可分体系

适用于高层建筑的核心筒-支撑铰接框架可分体系结构布置如图 5.2-7 所示，该结构体系主要由框架柱、主次梁、内部核心筒、外框架支撑、叠合楼板等构件组成。结构中所有的梁柱、梁墙节点均为铰接，次梁与主梁也是铰接连接，因此该结构体系中所有的梁均为标准化简支组合梁，构成结构的重力系统，承担楼板传来的竖向荷载。另外，在外框架设置柱间支撑，与内部核心筒一起构成结构的侧力系统，承担地震荷载、风荷载等水平荷载。该结构体系相较于传统体系改动较少，保留了内部核心筒，施工工艺成熟，外框架支撑制作安装也比较方便。该体系中楼盖采用叠合楼盖系统，施工简便，适用于装配式建筑。

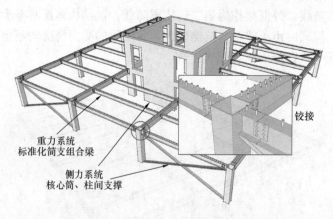

图 5.2-7　核心筒-支撑铰接框架可分体系

2. 束柱筒-铰接框架可分体系

适用于高层建筑的束柱筒-铰接框架可分体系结构布置如图 5.2-8 所示，该结构体系主要由框架柱、主次梁、束柱筒、叠合楼板等构件组成。结构中所有的梁柱节点均为铰接，次梁与主梁也是铰接连接，因此该结构体系中所有的梁均为标准化简支组合梁，构成结构的重力系统，承担楼板传来的竖向荷载。另外，将传统体系中的内部核心筒改为束柱筒，束柱筒的具体构造为间距较小的钢管混凝土柱和柱间消能减震连梁，构成结构的侧力系统，承担地震荷载、风荷载等水平荷载。该结构体系采用了新型束柱筒结构，其中的阻尼耗能元件可以提升整体结构在地震作用下的耗能能力，并且束柱筒刚度较大可以弥补外部铰接框架刚度的不足，无需增设支撑，不影响建筑使用效果。该体系中楼盖采用叠合楼盖系统，施工简便，适用于装配式建筑。

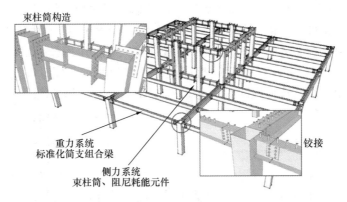

图 5.2-8　束柱筒-铰接框架可分体系

5.3　多层可分体系抗震性能研究

5.3.1　研究思路

为深入研究可分结构体系的抗震性能，本章针对适用于多层建筑的可分结构体系（以下简称"可分体系"）开展试验及数值模拟，并与传统刚接组合框架体系（以下简称"传统体系"）做对比，以揭示多层可分体系在地震作用下的力学机理。

5.3.2　试验方案

1. 试验设计思路

为保证各个试件的对比性，模型试验设计思路如图 5.3-1 所示，具体设计步骤如下：

（1）根据工程实际设计条件确定传统刚接框架结构体系的合理设计方案，并从中提取出典型的 2 层 2 跨 3 榀的子结构模块作为模型试验的参照组；

（2）以（1）中的子结构模块为标准，按照抗侧刚度相同的原则设计出剪力墙-铰接框架子结构模块；

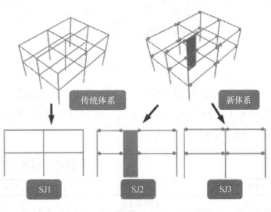

图 5.3-1　模型试验设计思路

(3) 考虑实验室条件等因素,将子结构模块中的各榀代表性框架抽出作为试件进行抗震性能试验,得到各榀框架的抗震性能,再按照各体系的结构布置特点还原出整个子结构的抗震性能。

2. 试件设计

(1) 传统刚接框架结构方案设计

根据清华大学土木工程系工程结构实验室的试验能力,结合实际工程情况,设计了 x 向跨度 7.5m、y 向跨度 6m、层高 3.5m 的 4 跨 7 榀 6 层框架,如图 5.3-2 (a)、(b) 所示。结构主要设计条件为:楼面恒载为 5.0kN/m² (含楼板自重),活载 3.0kN/m²,除顶层梁以外,其余梁上均布置 10.0kN/m 的隔墙自重;地震作用按《建筑抗震设计规范》GB 50011—2010 (2016 年版)[1] 确定,抗震设计条件为北京 8 度 (0.2g) 设防,Ⅱ类场地,设计分组为第一组,特征周期 $T_g=0.35s$,抗震设计反应谱如图 5.3-2 (c) 所示。

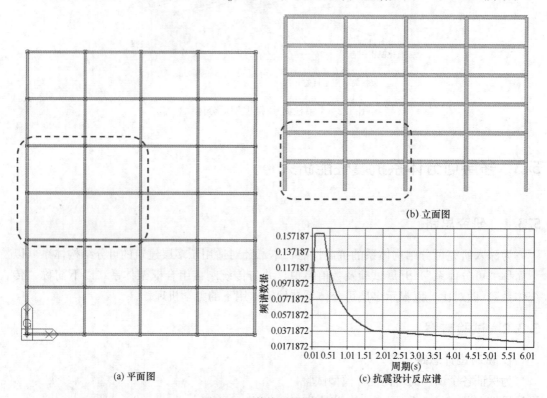

图 5.3-2 传统刚接框架结构

按照上述设计条件,根据国家现行标准《钢结构设计标准》GB 50017—2017[2] 和《组合结构设计规范》JGJ 138—2016[3] 中的相关规定对该结构进行设计,得到主要构件的设计结果如表 5.3-1 所示。

传统刚接框架构件信息　　　　表 5.3-1

构件种类	采用形式	材料标号	截面尺寸(mm)
柱	方钢管柱	Q345B	400×400×20
梁	工字钢-混凝土组合梁	Q345B+C30	400×250×12×20
楼板	混凝土楼板	C30	厚度 120

(2) 多层可分体系子结构设计

取该刚接框架结构中的底部2层2跨3榀（图5.3-2中虚线框内部分）作为试验设计的子结构原型，保持建筑整体尺寸、框架柱不变，按照刚度一致的原则设计剪力墙-铰接框架子结构。在可分结构体系中梁由于只承受竖向荷载，因此可以视为简支组合梁，按照和传统刚接框架承载力富裕度相同的原则设计得到梁的尺寸。

可分体系采用双钢板-混凝土组合剪力墙作为抗侧构件，按照《钢板剪力墙技术规程》JGJ/T 380—2015[4]等相关规范的具体要求设计剪力墙，按照该体系子结构的抗侧刚度与传统体系子结构抗侧刚度相同的原则确定剪力墙的具体截面尺寸。多层可分体系子结构的主要构件设计结果如表5.3-2所示。

多层可分体系子构件信息　　　　　　　　　　　　　　表5.3-2

构件种类	采用形式	材料标号	截面尺寸（mm）
柱	方钢管柱	Q345B	400×400×20
剪力墙	双钢板-混凝土组合剪力墙	Q345B+C40	墙肢宽1420，厚200（8+184+8），端柱200×200×8
梁	工字钢-混凝土组合简支梁	Q345B+C30	300×240×12×16
楼板	混凝土楼板	C30	厚度120

(3) 试件设计结果

分别从传统体系子结构和可分体系子结构中提取出有代表性的各榀框架按照1:2缩尺设计试验构件。传统体系各榀框架构成均相同，因此从子结构中提取出任意1榀2层2跨框架进行试验即可，如图5.3-1中的SJ1所示。可分体系各榀布置不同，因此需从子结构中分别提取出含抗侧构件的1榀（图5.3-1中的SJ2）和不含抗侧构件的1榀（图5.3-1中的SJ3）分别进行试验。综上所述，本模型试验共包含3个框架试件，各试件的具体尺寸信息如表5.3-3所示。为考虑楼板组合作用，且需要详细研究节点半刚性对结构抗震性能的影响，各试件需包含楼板，试件楼板宽度取框架左右两侧楼板跨度的一半之和，即缩尺后的试件楼板宽度为3m，厚度为60mm。综合考虑组合梁纵向抗剪、楼面荷载等设计要点，楼板配筋为上下双层双向布置，与框架主梁垂直的下部钢筋设计为HRB400ϕ8@100（保证组合梁纵向抗剪能力），其余楼板配筋均为HPB300ϕ6@100。

各试件详细尺寸信息　　　　　　　　　　　　　　表5.3-3

试件编号	构件种类	材料标号	截面形状	截面尺寸（mm）
SJ1	柱	Q345B	方管	200×200×10
	梁	Q345B	工字形	200×125×6×10
	柱	Q345B	方管	200×200×10
	梁	Q345B	工字形	150×120×6×8
SJ2	剪力墙	Q345B+C40	墙肢+端柱	墙肢：宽710，厚100（4+92+4），端柱：100×100×4
SJ3	柱	Q345B	方管	200×200×10
	梁	Q345B	工字形	150×120×6×8

试件SJ1中梁柱刚接节点采用柱外伸牛腿，钢梁与牛腿腹板螺栓连接、上下翼缘焊接的形式，如图5.3-3所示，节点域设计为内隔板贯通式，避免梁端焊缝撕裂，梁端传力简洁流畅。试件SJ2-SJ3中梁柱铰接节点采用柱外伸牛腿，钢梁与牛腿腹板螺栓连接、翼缘不焊的形式，如图5.3-4所示。

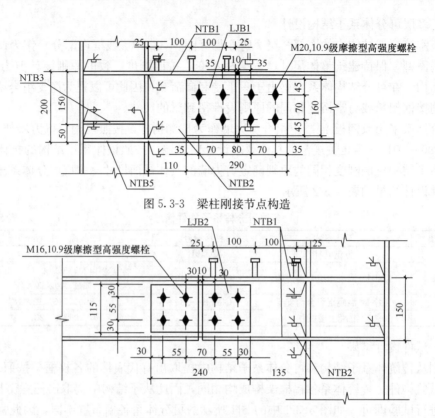

图 5.3-3 梁柱刚接节点构造

图 5.3-4 梁柱铰接节点构造

3. 加载方案

试验加载装置如图 5.3-5 所示。整体试验在一个三维加载框架内进行,采用两个 100t 的作动器分别对试件的每一层施加侧向力,作动器通过底座与反力墙连接。试验时在两层

图 5.3-5 试验加载装置

楼板上放置专用砝码模拟楼面荷载作用。为防止框架试件发生面外失稳，对每层的柱分别采用三脚架施加侧向约束。

试验加载分为竖向堆载和水平滞回加载两个工况。第一个阶段为施加竖向荷载，通过在两层楼板上堆放砝码以模拟抗震设计中的重力荷载代表值（3.5kN/m²）。第二个阶段为在保留楼板砝码的基础上施加水平荷载，通过作动器在两层施加拟静力的往复荷载，在加载过程中保证1层作动器的力控制为2层的1/2，且整个试验过程中该比例保持不变，以模拟子结构中侧向地震力的倒三角分布。根据《建筑抗震试验规程》JGJ/T 101—2015[5]，水平加载制度采用力-位移双控制方法，在试件屈服前按照力控制进行加载，屈服后转为按照位移控制进行加载，每一级位移荷载的增量取试件初始屈服时顶点位移的一半，每级荷载循环三次。

各试件的量测方案如图5.3-6所示。两个作动器的加载端布置有力传感器F1和F2，用以实时测量施加在试件两层的水平力。在地梁、1层楼板和2层楼板东侧各布置一个水平

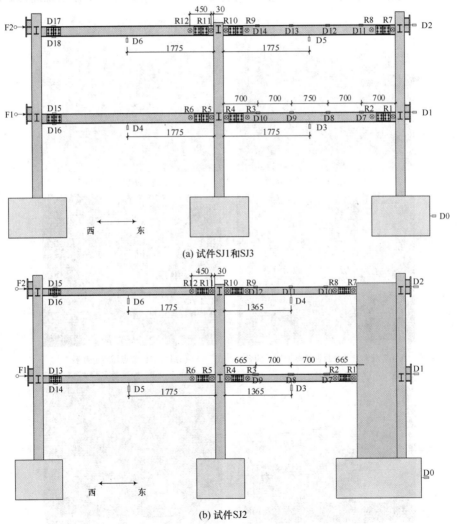

图 5.3-6 各试件力传感器和位移计布置

位移计（D0～D2）以测量试件整体的水平位移，在各层主梁跨中布置竖向位移计（D3～D5）以测量各主梁的跨中挠度。在试件东侧两层主梁的钢梁和混凝土楼板之间间隔布置水平位移计（对于试件 SJ1 和 SJ3 为 D7～D14，对于试件 SJ2 为 D7～D12）以测量组合梁的界面滑移。在东侧边柱和中柱与主梁连接节点的螺栓群内外侧均布置倾角仪（R1～R12）以测量各节点转角。在西侧边柱牛腿上下翼缘与主梁上下翼缘之间分别布置水平位移计（对于试件 SJ1 和 SJ3 为 D15～D18，对于试件 SJ2 为 D13～D16）以量测节点上下翼缘张开闭合产生的位移，从而计算节点转角。

5.3.3 试验结果

1. 主要试验现象

试件 SJ1 的典型破坏现象如图 5.3-7 所示。随着荷载增加，边节点下翼缘焊缝逐渐断裂，中柱节点域焊缝出现撕裂破坏，受压区混凝土压溃剥落，柱脚壁板出现局部屈曲。在

(a) 边节点下翼缘焊缝断裂

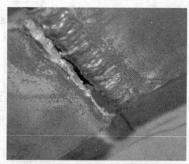
(b) 焊缝完全断裂，张开较大

(c) 焊缝断开处在反向加载时错位闭合

(d) 1层中柱节点域焊缝撕裂

(e) 受压区混凝土剥落

(f) 柱脚壁板鼓屈

图 5.3-7 试件 SJ1 典型试验现象

全部边节点下翼缘焊缝受拉断裂后,试件的整体变形模式呈现边柱弯曲变形、中柱剪切变形的特征,这是由于两个边柱伸出的牛腿与梁的下翼缘断开,边柱受力模式类似于悬臂柱,在侧向荷载作用下呈现弯曲型变形模式,中柱与梁的节点焊缝未断开,在侧向荷载作用下呈现剪切型变形模式。

试件 SJ2 的典型破坏现象如图 5.3-8 所示。水平滞回加载过程中,破坏主要集中在双钢板-混凝土组合剪力墙底部,剪力墙受压时底部钢板鼓屈导致焊缝断裂、受拉侧底部钢板撕开,后期受压侧混凝土压溃从断裂处被挤出,剪力墙呈现明显的弯曲破坏模式。试验结束后凿开节点区楼板混凝土,发现纵向钢筋因滞回加载时受压已经屈曲,如图 5.3-8(g) 所示;另外拆解开节点的螺栓发现,连接板开孔周围有明显的磨痕,且连接板整体

(a) 剪力墙底部受压鼓屈 ($-1.0\Delta_y$,第1圈)

(b) 剪力墙底部焊缝撕裂 ($-1.0\Delta_y$,第2圈)

(c) 边节点底部混凝土剥落 ($+2.0\Delta_y$,第1圈)

(d) 牛腿和钢梁明显转折 ($+2.0\Delta_y$,第1圈)

(e) 柱脚壁板鼓屈 ($+2.5\Delta_y$,第3圈)

(f) 剪力墙钢板断裂严重 ($+3.0\Delta_y$,第3圈)

(g) 楼板纵向钢筋受压屈曲

(h) 节点连接板变形明显,开孔周围有磨痕

图 5.3-8 试件 SJ2 典型试验现象

已发生变形，如图 5.3-8（h）所示。

试件 SJ3 的典型破坏现象如图 5.3-9 所示。水平滞回加载过程中，不断听到节点处发生转动钢板摩擦发出的响声；节点连接处上下翼缘间距发生变化，正弯矩时下翼缘张开，负弯矩时下翼缘闭合，如图 5.3-9（a）所示；节点连接处观察到板底扩展处等间距裂缝，并向跨中辐射，如图 5.3-9（b）所示；柱脚受压侧壁板发生鼓屈，如图 5.3-9（c）所示；节点区板底混凝土剥落，钢筋裸露且后期受压屈曲，如图 5.3-9（d）所示；加载结束后柱脚周围混凝土压溃，如图 5.3-9（e）所示；试验结束后拆解开节点的螺栓发现，连接板开孔周围有明显的磨痕，如图 5.3-9（f）所示。

(a) 钢梁上下翼缘间距变化 (+1.5Δ_y, 第1圈)

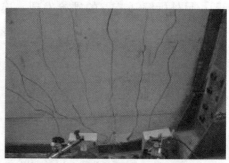
(b) 节点区板底裂缝 (−2.0Δ_y, 第3圈)

(c) 柱脚壁板鼓屈 (−3.0Δ_y, 第1圈)

(d) 裸露钢筋受压屈曲 (+3.0Δ_y, 第3圈)

(e) 柱脚附近混凝土压溃

(f) 节点板开孔周围有明显磨痕

图 5.3-9 试件 SJ3 典型试验现象

2. 荷载-位移曲线

三个试件的荷载-位移曲线如图 5.3-10 所示。从中可以看出，三个试件的滞回曲线均比较饱满，具有良好的耗能能力和位移延性。其中，试件 SJ2 的承载力最高，SJ1 次之，

SJ3 承载力最低，这也符合试验设计；另外，试件 SJ1 和 SJ2 由于在加载后期出现节点焊缝断裂以及剪力墙底部的屈曲和钢板断裂，承载力出现退化，试件 SJ3 承载力退化不明显。三个试件顶点位移率达到规范规定的倒塌层间位移角（0.02）之前，滞回曲线非常稳定，呈丰满的梭形；顶点位移率超过 0.02 后，虽然试件 SJ1 和 SJ2 的强度有所下降，但曲线仍然比较饱满，表现出良好的耗能能力。滞回加载阶段构件的最大顶点位移率为 1/15，已远大于结构的倒塌层间位移角，并且仍具有一定的剩余强度。

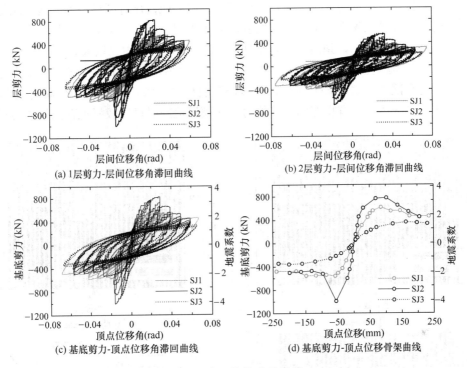

图 5.3-10 荷载-位移曲线

利用图解法可以得到各试件的特征点信息以及位移延性系数如表 5.3-4 所示，其中试件 SJ1 和 SJ2 的极限位移正负向有较大区别，这是因为试件 SJ1 滞回加载过程中负向承载力下降不明显，从纯数值上负向骨架线达到峰值点对应的加载等级为 2.5 倍屈服位移，而正向骨架线达到峰值点对应的加载等级为 1.5 倍屈服位移；试件 SJ2 由于剪力墙底部屈曲强度退化较为严重，延性系数较低。

各特征点参数和延性系数　　　表 5.3-4

加载方向		屈服点		极限点		破坏点		延性系数
		P_y (kN)	Δ_y (mm)	P_u (kN)	Δ_u (mm)	P_f (kN)	Δ_f (mm)	μ_Δ
SJ1	+	551.7	61.9	621.1	86.0	527.9	155.4	2.51
	−	538.8	52.5	581.9	146.2	494.6	174.4	3.32
SJ2	+	597.8	33.5	822.5	96.2	699.1	65.3	1.95
	−	819.0	30.3	1004.8	55.1	854.1	57.1	1.89
SJ3	+	278.7	80.8	360.9	195.8	247.6	229.5	2.84
	−	303.9	92.8	368.2	193.7	250.2	234.0	2.52

3. 耗能情况

三个试件每半圈内各层耗能与框架总耗能的比值如图 5.3-11（a）、(b)、(c) 所示，在整个加载过程中两层耗能分布比较均匀。可以注意到试件 SJ1 随着加载等级的增加，1 层的层间耗能占比逐步增大并趋于稳定，这是因为在加载后期 1 层柱脚进入塑性出现屈曲而耗能，且量测到的 2 层柱脚应变较小，也没有出现明显屈曲，因而耗能相对较少。试件 SJ2 在整个加载过程中 1 层耗能一直比 2 层大，这是由于剪力墙损伤主要集中在底部。试件 SJ3 整体上也是 1 层耗能大于 2 层，但前半段 2 层耗能占比有明显增加，这可能是由于此时柱脚尚未全部进入塑性，而 2 层层间变形大于 1 层，层间变形导致的耗能占主导，因此 2 层耗能占比有所增加，到后期柱脚塑性铰发展，1 层耗能占比增大。

三个试件的累积耗能如图 5.3-11（d）所示，从图中可以看出试件 SJ2 的累积耗能明显高于另外两个试件，试件 SJ1 和 SJ3 的累积耗能相差不大，说明设置有双钢板-混凝土组合剪力墙的可分体系具有良好的耗能能力，在遭遇地震时可以较好地耗散地震能量。

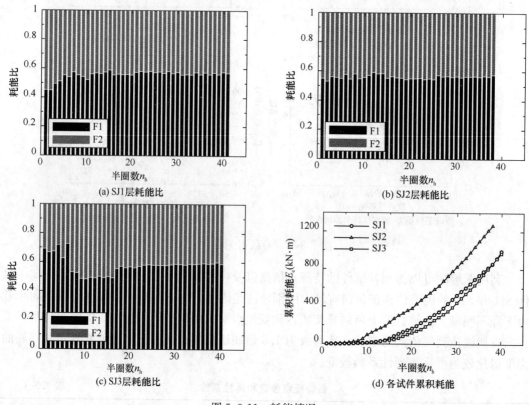

图 5.3-11 耗能情况

5.3.4 有限元分析

1. 模型设定

为了进一步研究两种结构体系的力学性能，利用通用有限元软件 MSC.Marc 建立两种体系子结构的以杆系为主的有限元模型，其中，梁、柱、剪力墙边缘约束构件采用组合纤维梁单元[6]进行模拟，剪力墙墙肢采用分层壳单元[7]进行模拟，两个体系子结构的有限元模型如图 5.3-12 所示，对于可分体系子结构，试验中观察到节点存在半刚性，因此分别建立铰接模型和刚接模型进行分析。纤维梁单元中钢、混凝土材料本构在文献 [6] 中有详细介绍。分层壳单元中，钢材采用理想弹塑性本构，屈服面取为 Von-Mises 屈服面，强化法则为等向强化，弹性模量取为 $2\times10^5\mathrm{N/mm^2}$，泊松比取 0.3；混凝土采用弹塑性本构模型，屈服面取为 Von-Mises 屈服面，强化法则为等向强化，受压应力-应变曲线采用 Rüsch 曲线[8]。

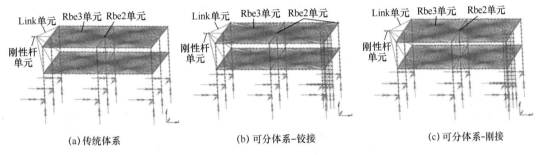

(a) 传统体系　　　　　(b) 可分体系-铰接　　　　　(c) 可分体系-刚接

图 5.3-12　两种体系子结构有限元模型

采用 Rbe2 单元耦合各层楼板节点的 X 和 Y 向平动自由度，以实现刚性楼盖假定。在各楼板区格中心建立节点以施加竖向楼盖荷载，采用 Rbe3 单元连接中心节点和四周梁单元节点，并耦合其三个平动自由度，Rbe3 单元可将楼盖荷载均匀分配到四周梁单元上。对于可分体系铰接模型，在梁端节点与柱节点之间设置 Rbe2 单元，关联二者间除梁面内转动方向之外的所有自由度，以模拟可分体系的铰接连接；对于可分体系刚接模型，梁端与柱共节点以实现刚接连接。

约束模型底部节点三个平动和三个转动方向的自由度以实现固支边界条件。在模型一侧与2层楼板相同高度处设置刚性杆单元，建立 Link 单元将刚性杆单元节点与子结构各层楼板顶点相连，通过 UFORMS 子程序采用基于多点位移控制的推覆分析算法[9]，实现1、2层荷载比例始终为1:2，计算中在刚性杆单元另一侧节点处施加位移荷载。

2. 分析与讨论

在竖向楼面荷载 $3.5\mathrm{kN/m^2}$ 作用下，两种体系子结构的梁跨中挠度与试验量测结果对比如表 5.3-5 所示，其中可分体系仅提取中间 1 榀（框架-剪力墙）梁跨中计算结果与试件 SJ2 量测结果对比。从表中可以看出，传统体系有限元模型计算的1层西侧和2层东侧梁跨中挠度与试验误差很小，1层东侧和2层西侧梁跨中挠度试验量测结果与同层另一侧梁有一定差距，考虑挠度值本身很小，可能是测量有误差。总之，传统体系节点刚接，梁端与柱端共节点的有限元模型可以较好地模拟节点实际约束情况。可分体系铰接模型计算的梁跨中挠度要高于试验值，可分体系刚接模型计算结果则低于试验值，由此可见，可分体系节点存在半刚性，有限元中按理想铰接（Rbe2 单元）或理想刚接（共节点）均不能准确反映节点处约束条件对结构竖向承载性能的影响。

有限元计算得到的两种体系子结构的侧向初始刚度与试验测得的初始刚度对比如表 5.3-6 所示，传统体系有限元计算得到的初始刚度要略高于试验值，这在数值模拟中也较为常见，一般是由于有限元模型未能考虑作动器与结构之间空隙的影响，因此有限元模型的刚度一般比实测偏高。尽管如此，可分体系铰接模型的正负向初始刚度仍比试验值低

10%左右,可分体系刚接模型的正负向初始刚度则比试验值分别高出57%和39%,说明实际节点存在半刚性,且更偏向于铰接,节点半刚性对结构抗侧刚度存在显著影响。

竖向荷载作用下两种体系子结构主梁跨中挠度　　　　表 5.3-5

结构体系	梁	梁跨中挠度(mm)		有限元/试验
		试验	有限元	
传统体系	1层东	0.275	0.367	1.34
	1层西	0.350	0.367	1.05
	2层东	0.422	0.446	1.06
	2层西	0.382	0.446	1.17
可分体系铰接模型	1层东	0.633	0.989	1.56
	1层西	1.672	2.103	1.26
	2层东	0.725	1.015	1.40
	2层西	1.840	2.137	1.16
可分体系刚接模型	1层东	0.633	0.343	0.54
	1层西	1.672	0.672	0.40
	2层东	0.725	0.388	0.53
	2层西	1.840	0.792	0.43

两种体系子结构侧向初始刚度　　　　表 5.3-6

结构体系	方向	侧向初始刚度(kN/mm)		有限元/试验
		试验	有限元	
传统体系	+	42.0	45.7	1.09
	−	41.3	45.6	1.10
可分体系铰接模型	+	42.6	38.9	0.91
	−	56.8	50.5	0.89
可分体系刚接模型	+	42.6	67.0	1.57
	−	56.8	79.1	1.39

5.3.5 抗震性能评价

传统体系与可分体系

根据图 5.3-1 所示传统体系子结构和可分体系子结构的结构布置,将两种体系对应的试件的骨架曲线进行整合,即可得到传统体系子结构和可分体系子结构的骨架曲线,如图 5.3-13 所示,一些关键力学参数列于表 5.3-7。两种结构体系的初始刚度,尤其是正向刚度相当接近,符合试件设计中

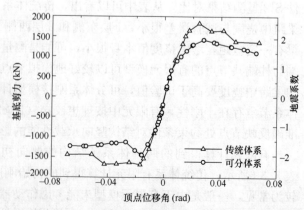

图 5.3-13　传统体系与可分体系子结构骨架线

保证相同的最大层间位移角的控制标准。总体而言，可分体系在正负方向的承载力相近，略低于传统体系。由于试件SJ2剪力墙钢板的早期屈曲，可分体系在负方向的延性相对较差。但在屈曲后较大位移角阶段，可分体系的负向承载力有所提高，这说明可分体系在构件局部失效的情况下仍具有足够的强度。

传统体系与可分体系子结构关键力学参数 表 5.3-7

结构体系	加载方向	初始刚度 k_0 (kN/mm)	屈服点 P_y (kN)	屈服点 Δ_y (mm)	极限点 P_u (kN)	极限点 Δ_u (mm)	破坏点 P_f (kN)	破坏点 Δ_f (mm)	延性系数
传统体系	正向	42.04	1655.1 (2.27)	61.4 (1.75%)	1863.3 (2.56)	86.0 (2.46%)	1583.8 (2.17)	155.4 (4.44%)	2.53
传统体系	负向	41.33	1616.4 (2.22)	52.5 (1.50%)	1745.7 (2.40)	146.2 (4.18%)	1483.8 (2.04)	174.4 (4.98%)	3.32
可分体系	正向	42.55	1118.1 (1.54)	51.4 (1.47%)	1424.2 (1.96)	96.2 (2.75%)	1210.6 (1.66)	187.5 (5.36%)	3.65
可分体系	负向	56.75	1190.7 (1.64)	40.7 (1.16%)	1445.0 (1.98)	55.1 (1.57%)	1228.3 (1.69)	83.7 (2.39%)	2.06

注：表中三个特征点的承载力列括号内的数字代表基底剪力对应的地震系数，位移列括号内的数字代表顶点位移对应的顶点位移角。

为了对可分体系的抗震性能进行定量评价，并与传统体系进行比较，在试验结果的基础上，对两种结构体系进行了非线性静力推覆分析（pushover分析）[10-15]。静力推覆分析过程总结如下：

首先，假设该结构可视为等效单自由度（SDOF）系统，根据ATC-40[16]规定的变换关系，从推覆曲线中确定两个结构体系的双线性能力曲线，该曲线是骨架曲线的一段。两个体系子结构双线性能力曲线的三个关键参数，即峰值谱加速度（C_s）、屈服谱位移（S_{dy}）和极限谱位移（S_{du}）列于表5.3-8。极限谱位移对应于推覆曲线的终点，即结构的承载力降低到最大值的0.85倍的点。

其次，采用增量动态分析（IDA）的简单方法IN2法[17]来确定两个结构体系的IN2曲线，即IDA曲线的近似值。利用欧洲规范8[18]推荐的强度降低系数、延性和周期之间的关系（R-μ-T关系），可以确定传统体系和可分体系的IN2曲线，如图5.3-14所示。随着弹性需求谱峰值地面加速度（PGA）的增大，目标位移即需求谱与IN2曲线交点对应的位移逐渐增大。当目标位移达到S_{du}时，需求谱称为能力对应的需求曲线（DCC曲线）。

最后，可用于评估地震行为的安全系数（SF）的计算方法如式（5.3-1）所示[19]：

$$SF = \frac{PGA_c}{PGA_d} \tag{5.3-1}$$

式中 PGA_d和PGA_c——分别为对应大震需求谱和DCC曲线的峰值加速度，在图5.3-14中标出，两个体系的安全系数见表5.3-8。

对比结果显示，可分体系的抗震性能评价指标SF值略高于传统体系。因此，当可分体系按与传统体系相同的需求谱峰值加速度值设计时，可分体系在侧向地震作用下的安全裕度大于传统体系，这表明可分体系抗震设计的层间位移角限值可略微放松，以达到与传统体系相似的抗震性能。

传统体系与可分体系子结构抗震性能参数　　　　　表 5.3-8

结构体系	C_s（m/s²）	S_{dy}（m）	S_{du}（m）	PGA_c（m/s²）	PGA_d（m/s²）	安全系数 SF
传统体系	27.82	0.048	0.130	24.90	3.97	6.27
可分体系	23.81	0.044	0.156	27.23	3.97	6.86

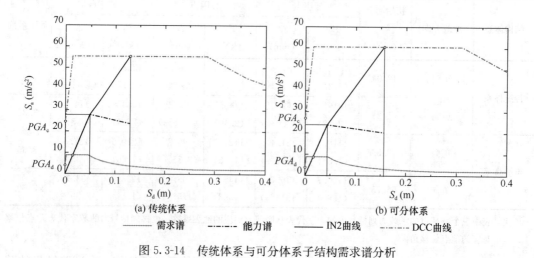

图 5.3-14　传统体系与可分体系子结构需求谱分析

5.3.6　总结

（1）竖向堆载试验中，传统体系试件与可分体系试件均未出现明显破坏，混凝土楼板在柱附近有裂缝发展。由于梁端约束条件的不同，两种体系内力分布表现出不一样的特征，可分体系的裂缝宽度小于传统体系，主梁挠度大于传统体系，边柱弯矩小于传统体系。

（2）水平滞回加载试验中，两种体系均未出现软弱层，各试件滞回曲线稳定饱满，可分体系的累积耗能高于传统体系，在地震作用下具有良好的滞回耗能能力。

（3）在相同最大层间位移角设计限值要求下，可分体系在侧向地震荷载下的承载能力略低于传统体系（可分体系的承载能力由于剪力墙西侧的边缘约束构件较弱未能充分发挥），但是基于试验结果的抗震性能评价表明可分体系的安全系数比传统体系高10%左右，安全裕度更大。

（4）有限元分析结果表明，节点铰接模型和节点刚接模型的模拟结果均与可分体系试验结果有所区别，可分体系节点表现出显著的半刚性，且节点半刚性对结构竖向承载刚度和侧向刚度均有明显影响。

5.4　高层可分体系数值模拟与性能评价

5.4.1　研究思路及方法

高层重力-侧力系统可分结构体系的抗震性能评价的研究思路，选取核心筒-支撑铰接框架可分体系为研究对象，利用开发的高效数值模拟工具进行有限元建模，通过对已有研究的文献调研，总结出能够准确反映高层建筑结构抗震性能的构件损伤指标、结构变形指标等，并结合有限元模型在静力推覆分析和反应谱分析下的计算结果，包括结构在设防地震（中震）和罕遇地震（大震）下的应变响应、位移响应等，结合选取的抗震性能评价指标，对结构体系的抗震性能进行综合评价。

在研究方法上，将高层重力-侧力系统可分结构体系和传统的刚接双重抗侧体系进行对比，以核心筒-支撑铰接框架可分体系（高层可分体系）和刚接框架-核心筒体系（传统刚接体系）为对象，对比高层可分体系和传统刚接体系在静力推覆及反应谱分析下的抗震性能评价指标值差异，从而达到评估高层可分体系抗震性能的研究目的。采用"先控制设计，后对比评估"的研究方法，为保证选取的高层可分体系和传统刚接体系研究对象具备可对比性，需要控制二者除结构形式不同外，其他的设计条件保持相同。在控制设计阶段，按我国现行结构设计规范规定的频遇地震（小震）下结构层间位移角不超过1/800限值进行控制，使得两种体系的设计层间位移角既处于相同水平，同时又尽可能接近控制限值，这样进行控制设计的目的是为了避免结构在超出规范控制水准的额外强度对结构的抗震性能评价产生影响。在对比评估阶段，采用相同的建模和分析策略，对两种体系进行有限元建模、静力推覆分析和反应谱分析。在相同的控制设计和对比评估策略下，二者分析结果具备较高的可对比性。

5.4.2 结构方案设计

1. 设计参数

以唐山市溧阳区某高层可分体系住宅楼设计方案为原型，分别按核心筒-支撑铰接框架可分体系和刚接框架-核心筒体系进行高层可分体系和传统刚接体系的结构方案设计。分析用结构方案参数如下：层高3m，地上20层结构，结构方案设计地震分组为第一组，设防烈度为8度，设计地面加速度值为$0.20g$，场地特征周期为$0.35s$。

将按传统刚接框架-核心筒体系设计的结构方案记为方案1，按核心筒-支撑铰接框架可分体系设计的结构方案记为方案2，两套结构方案的平立面布置如图5.4-1所示。两种方案平面按中心对称布置，X方向共8开间，每开间宽度4m；Y方向为3跨，两侧跨度6m，中间1跨跨度5m；总体尺寸X向轴长32m，Y向轴长17m，在结构平面中部设置钢筋混凝土剪力墙。图5.4-1（b）～（d）显示了两种方案的立面布置，其中高层可分体系方案2在传统刚接体系方案1的基础上，于①轴和⑤轴框架边跨设置跨层交叉支撑，②轴和④轴框架中跨处设置X形交叉支撑。图5.4-1（e）显示了两种方案的剪力墙布置形式，两种方案采取相同的剪力墙布置和配筋方案。

2. 构件信息

方案1高层可分体系和方案2传统刚接体系的梁柱构件平面布置信息如图5.4-1（a）中所示。GZ1和GZ2均为方钢管混凝土柱，GZ1截面尺寸900mm×900mm，钢管壁厚20mm，GZ2截面尺寸800mm×800mm，钢管壁厚16mm。各框架梁均为工字钢组合梁，按《组合结构设计规范》JGJ 138—2016中相关规定考虑楼板空间组合效应，钢梁尺寸列于表5.4-1中。方案2中的支撑构件采用矩形钢管支撑，截面尺寸为200mm×300mm，钢管壁厚20mm（表5.4-2）。两套方案中楼板厚度均为150mm，楼板混凝土材料强度等级为C30，其余构件中钢材强度均为Q345B，钢筋抗拉强度为335MPa，柱混凝土和剪力墙混凝土材料强度均为C50。

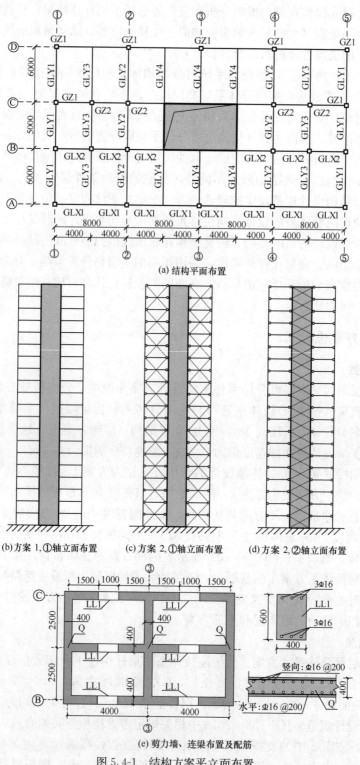

图 5.4-1 结构方案平立面布置

结构方案 1 梁截面设计尺寸　　　　　　　　　　表 5.4-1

构件编号	翼缘宽度 b_f (mm)	翼缘厚度 t_f (mm)	腹板高度 h_w (mm)	腹板厚度 t_w (mm)
GLY1	270	14	472	14
GLY2	200	12	426	14
GLY3	250	14	472	14
GLY4	200	14	422	16
GLX1	200	14	222	14
GLX2	200	14	252	14

注：钢梁均为对称工字形截面，且均按照《组合结构设计规范》JGJ 138—2016 中对刚接框架梁的相关规定，采用刚度放大系数考虑钢梁与楼板的组合作用。

结构方案 2 梁截面设计尺寸　　　　　　　　　　表 5.4-2

构件编号	翼缘宽度 b_f (mm)	翼缘厚度 t_f (mm)	腹板高度 h_w (mm)	腹板厚度 t_w (mm)
GLY1	220	12	256	14
GLX1	200	12	206	12

注：钢梁均为对称工字形截面，所有 X 方向钢梁使用同一设计截面，所有 Y 方向钢梁使用同一设计截面；钢梁均按照《组合结构设计规范》JGJ 138—2016 对于两端铰接梁的相关规定，采用有效翼缘宽度考虑钢梁与楼板的组合作用。

3. 设计控制指标

在"先控制设计，后对比评估"的研究方法下，需要对传统刚接体系方案和高层可分体系方案进行小震下层间位移角设计控制，使二者处于接近规范 1/800 限值的相同水平。

采用结构设计软件 Midas.Gen 对结构体系方案 1 和方案 2 进行设计验算，按结构设计参数定义地震工况，设计控制方向为结构 Y 方向，验算结果为：方案 1 传统刚接体系在地震荷载下最大层间位移为 3.72mm，最大层间位移角为 1/806；方案 2 高层可分体系最大层间位移 3.74mm，最大层间位移角为 1/801。绘制两种结构方案层间位移角分布图如图 5.4-2 所示。验算结果表明，两套结构方案达到了所需设计控制的水平，两套结构方案在 Y 方向具备抗震性能可对比性。

5.4.3 有限元建模

1. 建模策略

采用大型通用有限元软件 MSC.Marc 对结构方案 1 和方案 2 分别进行有限元建模。对于结构方案中的直线型构件如柱、梁、连梁、侧向支撑等，

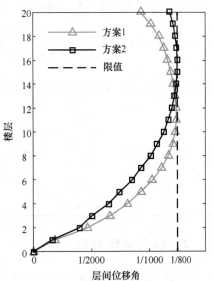

图 5.4-2　两种结构方案层间位移角分布（Y 方向）

采用基于 MSC.Marc 平台二次开发的组合结构非线性分析程序 COMPONA-MARC 中的纤维梁单元进行模拟[20]，该单元经过大量试验及数值验证[21]，可以准确模拟组合梁、组合柱等组合构件的非线性力学行为；对于结构方案中的墙构件如钢筋混凝土剪力墙，采用程序自带的分层壳模型进行模拟；基于刚性楼盖假定，采用 RBE2 单元固定楼板内所有节点的平面内自由度进行考虑，同时楼板对梁的面外约束刚度在梁单元中按楼板空间组合效应予以考虑。对于方案 1 中的刚接梁柱节点，采用共节点的建模方式来模拟刚接条件；对于方案 2 中的铰接梁柱节点，采用 MSC.Marc 中自带的弹簧单元和 RBE2 单元组合约束自由度，以实现梁柱节点在对应转动方向上的自由度释放。

对于模型中的材料属性，混凝土材料单轴应力-应变骨架曲线采用 Rüsch 提出的本构模型，钢材采用 Esmaeilly 等人提出的二次塑流模型，如图 5.4-3（a）和（b）所示。

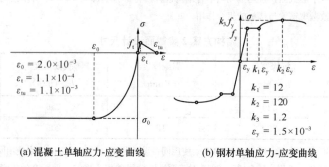

(a) 混凝土单轴应力-应变曲线　　　　(b) 钢材单轴应力-应变曲线

图 5.4-3　材料单轴应力-应变曲线

2. 模型自振特性比较

对比 MSC.Marc 有限元模型和 Midas.Gen 模型的模态分析结果，二者的自振周期和自振频率如表 5.4-3 所示。两种结构方案的模态特征为：前 2 阶均为 X、Y 方向的弯曲模态，第 3 阶均为绕 Z 轴扭转模态。采用不同有限元分析软件的结构自振周期接近，误差在 10% 以内，说明建立的有限元模型分析结果可靠。

有限元模型自振周期对比　　　　　　　　　　　表 5.4-3

结构方案	分析方法	T (s)		
		第 1 阶	第 2 阶	第 3 阶
方案 1	Midas	1.5518	1.5251	1.4405
	Marc	1.6281	1.5262	1.4043
	相对误差（%）	4.92	0.08	2.51
方案 2	Midas	1.7501	1.4697	1.1067
	Marc	1.7103	1.5926	1.0885
	相对误差（%）	2.28	8.36	1.65

5.4.4　静力推覆分析

静力推覆分析（Pushover）是研究结构在地震作用下的变形模式、受力特征和破坏模式的重要分析方法，本研究采用按模态推覆的侧向力荷载模式，逐渐施加水平地震作用，各层沿高度分布施加的侧向力按式（5.4-1）计算：

$$\Delta F_i = \phi_{2i} \Delta V_b \tag{5.4-1}$$

式中 ϕ_{2i}——第 2 振型在第 i 层的相对位移；

ΔV_b——结构基底剪力增量。

侧向推覆力的施加采用基于多点位移控制的推覆算法，以 MSC.Marc 中自带的 link 连接条件以及用户自定义的 UFORMS 子程序，实现各层水平荷载按模态位移比例分布的施加模式。推覆分析得到两种体系荷载-位移曲线，以及推覆过程中的结构损伤发展情况如图 5.4-4 所示。

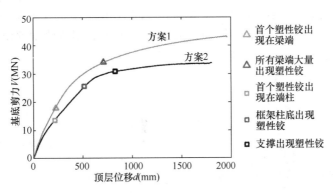

图 5.4-4 两种体系推覆分析荷载-位移曲线

在推覆过程中，传统刚接体系侧向变形模式由框架部分和剪力墙共同作用，表现为弯剪型变形模式，如图 5.4-5（a）所示。推覆过程中，施加荷载初期的塑性铰主要出现在 5～10 层，并集中在中心线位置 Y 方向梁的端部；随后各层框架梁的梁端逐步出现塑性

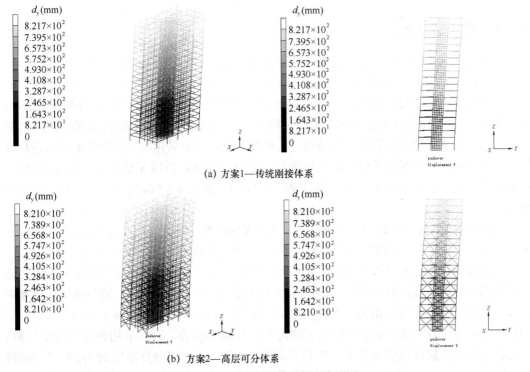

(a) 方案1—传统刚接体系

(b) 方案2—高层可分体系

图 5.4-5 两种结构体系侧向变形图

铰；随着侧向位移的增大，最终所有梁柱节点位置均出现 Y 方向梁端塑性铰。结构最终塑性铰分布形态如图 5.4-6（a）所示。

相比之下，新型可分结构体系侧向变形模式由剪力墙部分主导，表现为弯曲型变形模式，如图 5.4-5（b）所示。由于梁柱节点采用铰接设计，主梁接近简支梁受力模式，结构最终形成柱底出铰的破坏模式。在施加荷载初期，结构塑性铰相比与传统刚接体系更少；随着荷载的增加，首批塑性铰出现在底层剪力墙的端柱底部；随后外侧柱的柱底出铰，并且塑性铰逐渐向上层柱和底层其他柱底逐步发展。特别是，随着结构侧向位移的增大和塑性损伤的累积，底层的跨层交叉支撑和柱间 X 形支撑先后屈服。同时，所有底层柱的底部均产生塑性铰，并伴有上层外侧框架中跨 Y 方向钢梁跨中部位屈服。结构最终塑性铰分布形态如图 5.4-6（b）所示。

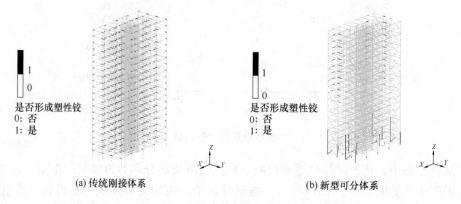

图 5.4-6　两种结构体系塑性铰分布

5.4.5　反应谱分析

根据美国《钢筋混凝土建筑抗震评估和修复》ATC-40 手册中的能力谱方法（Capacity Spectrum Method），和建筑抗震弹塑性分析方法，将结构的荷载-位移曲线转为能力谱曲线，并建立对应于设防地震、罕遇地震水平下设计用弹性反应谱下的 ADRS 谱（即需求谱曲线），开展结构体系反应谱分析。如图 5.4-7 所示，方案 1 为刚接体系，方案 2 为可分体系。可见，罕遇地震作用下结构进入塑性状态，需要采用折减的塑性需求谱进行计算。将结构的弹塑性耗能等效为阻尼耗能后，采用等效阻尼折减罕遇地震下弹性反应谱，折减后的罕遇地震下塑性需求谱曲线和两方案能力谱曲线如图 5.4-7（b）、图 5.4-7（c）所示。

根据折减后的塑性需求谱，得到结构罕遇地震下性能点处谱位移分别为 $S_{d-1}=138.3$ mm，$S_{d-2}=148.7$ mm。对应的结构顶层位移分别为 $d_{1,\text{roof}}=201.86$ mm，$d_{2,\text{roof}}=224.01$ mm。

根据该顶层位移下结构的变形向量，可以分别求得两方案罕遇地震塑性需求谱下性能点处的结构侧移。若选取层间位移角指标作为结构变形性能评价指标，刚接体系罕遇地震性能点处的最大层间位移角为 1/247（层间位移 12.12mm），而可分体系的为 1/214（层间位移 14.01mm）。设防地震反应谱下结构塑性发展不显著，因此采用弹性反应谱计算，刚接体系的最大层间位移角为 1/357（层间位移 8.40mm），可分体系的为 1/291（层间位移 10.30mm）。

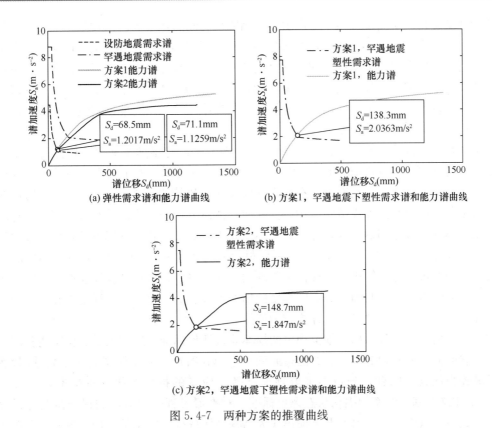

图 5.4-7 两种方案的推覆曲线

5.4.6 抗震性能评价

1. 抗震性能评价指标综述

层间位移角是用于评价楼层损伤的最常见指标，也是我国结构设计规范中控制结构侧向变形的常用设计指标，可以反映多高层结构水平荷载作用下剪切变形程度。对于高层结构中的剪力墙，其变形往往呈弯剪型。而根据推覆分析结果，高层可分体系的侧向变形特征则表现为弯曲型。为此，结构上部由于弯曲变形所产生的楼层转角累积，会在结构层间位移角计算中引发较大的无害位移角。因此，采用层间位移角指标对剪力墙结构等弯曲变形主导的结构体系进行损伤水平评估具有一定的局限性。

基于高层剪力墙结构实际工程的震害情况统计，剪力墙出现严重损伤的部位一般位于结构底部数层，而层间位移角最大值往往出现在结构的中上部，如图 5.4-2 所示，传统刚接体系和高层可分体系在小震作用下的最大层间位移角所在楼层分别位于 12 层和 16 层。针对该问题，国内外学者提出了多种抗震性能评价指标，包含结构损伤评估指标和变形评估指标等，用于更合理准确地评估高层结构的抗震性能。

文献 [22] 建议在高层剪力墙结构中，采用楼层曲率作为工程需求参数，可以准确评估剪力墙不同的损伤状态，曲率指标可以由楼层层间位移角分布结果导出，计算处理较为简便，并且相关研究结论也表明，采用曲率指标进行的损伤评价准确性高，可以有效反映弯曲型变形结构的损伤分布。

文献 [23] 建议采用有害层间位移角（Harmful inter-story drift ratio），有害层间位

移角的含义是指在层间位移角中分离剪力墙因刚体转动所产生的转角贡献，即楼层层间位移角减去楼层水平转动角。同样，有害位移角具备明确的指标物理含义，损伤评价准确性高，适用于评估高层剪力墙损伤和建立易损性曲线的工程需求参数。但是，在有害位移角计算的步骤中，需要额外导出楼层水平转动角，在数值模型中，该变形量计算难度较大，且计算误差较高，在采用不同假定的结构数值模型中计算结果可能差别较大，因此也导致有害位移角指标计算较为困难。

美国新一代抗震性能化评价方法 FEMA P58[24] 中，对于细长剪力墙构件类建议采用有效位移角（Effective drift ratio），作为该种构件易损性曲线的工程需求参数。有效位移角的含义是指构件在有效高度处（有效高度定义为构件底端弯矩和剪力之比），构件的侧向位移角。该参数在国外规范中应用广泛，但在体系分析中，构件的有效高度以及对应的位移角大小计算过程相对繁琐，计算结果不易导出。此外，我国《建筑结构抗倒塌设计标准》T/CECS 392—2021[25] 中按照剪力墙中材料的应变水平，对剪力墙划分了不同的损坏等级，作为评价剪力墙等压弯构件损坏程度的标准，可以根据构件在地震作用下混凝土和钢筋的实际应力情况，明确划分不同程度的损坏等级。剪力墙构件中混凝土和钢筋的应力可以在有限元分析结果中导出，计算较为便捷。

在上述指标中，我国相关规范规定的损坏等级评价标准，经过大量工程实践验证，其评价可靠性强。另外，对于方案 2 的弯曲型变形模式特征，采用楼层曲率参数适用性强，且计算较为简便。因此，分析中采取规范中基于应变的损坏等级评价标准，以及文献 [22] 中建议的基于曲率的损伤状态评价标准，对推覆过程中剪力墙的损伤情况进行分析计算。此外，以确定的剪力墙严重损伤作为结构破坏依据，以文献 [19] 中的安全系数指标作为结构总体安全性能评估参数，对两套结构体系的抗震安全性能进行综合评价。

2. 基于应变的损伤等级分析

利用 MSC. Marc 后处理（plotv）函数，可以通过用户自定义变量定义剪力墙损坏指标 D，提取剪力墙构件中混凝土主压应变和钢筋主拉应变值，根据《建筑结构抗倒塌设计标准》T/CECS 392—2021 中的损坏等级规定，归一化损坏指标 D 取值范围为 0~1，对应规范中剪力墙损坏等级 1~6 级，损坏等级"无损坏"至"严重损坏"。选取推覆过程中，结构底层剪力墙达到 $D=1$（6 级，严重损坏）的分析步，结构整体和底部一层的剪力墙损伤情况如图 5.4-8 所示。传统刚接体系和高层可分体系均表现为底层损伤严重、上层损伤轻微的损伤分布规律。

图 5.4-8 (c)、(d) 显示了两种结构体系的有限元模型在推覆分析全过程中，剪力墙的损坏指标 D 最大值首次达到 1 时，模型底层剪力墙的损坏指标分布云图。由于剪力墙损坏最严重的位置位于结构底部，所以可以将底部剪力墙达到"严重损坏"作为整体结构推覆分析的极限状态。根据计算结果，在剪力墙达到"严重损坏"状态的应变临界点时，传统体系和可分体系结构顶层推覆位移分别为 $d_{1,\varepsilon}=1046.9$mm，$d_{2,\varepsilon}=1512.6$mm。

3. 基于曲率的损伤状态分析

将剪力墙视为压弯构件，根据其截面应变分布的临界情况，定义如下剪力墙截面损伤状态：(1) 受拉侧边缘混凝土开裂，即 DS1 状态；(2) 受拉侧钢筋屈服，即 DS2 状态；(3) 受压侧混凝土压溃，即 DS3 状态。根据平截面假定，3 种损伤状态临界状态下剪力墙的截面曲率可以分别计算。

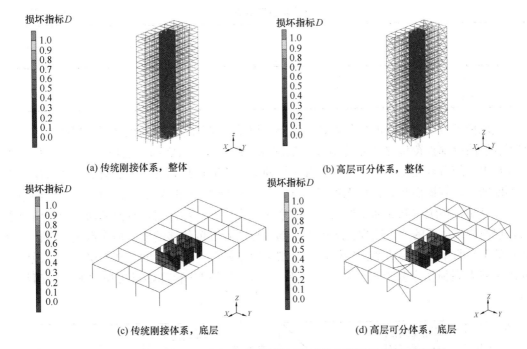

图 5.4-8 加载至底层剪力墙"严重损坏"时剪力墙损坏指标云图对比

将剪力墙视为压弯构件，在轴压力作用下产生初始压应变为：

$$\varepsilon_0 = \mu \frac{f_c A_c + f_y A_s}{E_c A_c + E_s A_s} \tag{5.4-2}$$

式中 μ ——轴压比；

f_c、f_y——分别为混凝土抗压强度、钢筋屈服强度；

A_c、A_s——分别为混凝土和钢筋的截面面积；

E_c、E_s——分别为混凝土和钢筋的弹性模量。

此时，截面受拉边缘混凝土拉应变应满足如下关系：

$$\varepsilon_t = \frac{1}{2}\kappa l - \varepsilon_0 \tag{5.4-3}$$

而截面受拉区钢筋拉应变为：

$$\varepsilon_{te} = \frac{1}{2}\kappa l_0 - \varepsilon_0 \tag{5.4-4}$$

截面受压区边缘混凝土压应变为：

$$\varepsilon_c = \frac{1}{2}\kappa l + \varepsilon_0 \tag{5.4-5}$$

式中 κ ——构件曲率；

l——墙肢截面高度；

l_0——墙肢截面核心区高度；

ε_0、ε_t、ε_{te}、ε_c——分别为对应不同截面高度处的应变。

式中取对应的临界应变分别为混凝土开裂应变、钢筋屈服应变、混凝土极限压应变，即可求得对应于 3 种损伤临界状态的构件曲率。剪力墙的临界曲率值如表 5.4-4 中所示。

剪力墙的临界曲率 表 5.4-4

结构方案	κ ($\times 10^{-6}$ rad·mm^{-1})		
	DS1	DS2	DS3
方案 1	0.116	1.44	2.62
方案 2	0.156	1.48	2.58

提取推覆过程中结构的层位移计算结果，以楼层平均曲率作为该楼层的层曲率值，得到了各层曲率随推覆位移的变化情况，如图 5.4-9 所示（取底部 3 层作为代表）。从图中可以得出，随着推覆位移的增大，底部 3 层曲率值不断增加，各层的剪力墙也随着层曲率的不断增大，其损伤状态也从无损伤状态，发展至 DS1～DS3 状态。由两方案楼层曲率演变对比可知，传统体系底部 1 层的楼层曲率明显大于 2 层和 3 层，且曲率增长速率明显更快，说明传统体系的剪力墙损伤集中于底部，且随着推覆位移的增大损伤迅速发展；可分体系的 1 层曲率和 2 层曲率比较接近，且增长速率慢于传统体系的底部 1 层曲率，说明可分体系剪力墙损伤主要出现在底部 1 层和 2 层，且其损伤程度随推覆位移的增大而缓慢增加。

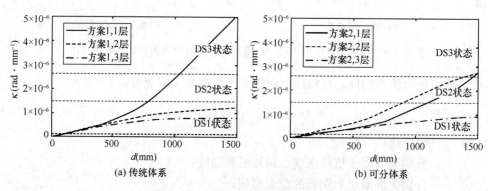

图 5.4-9 两方案楼层曲率变化

以底层剪力墙达到 DS3 状态的临界曲率作为剪力墙结构破坏的依据，计算出剪力墙在达到该曲率临界点时，传统体系和可分体系两种结构体系的顶层推覆位移分别为 1040.2mm、1460.0mm。

4. 安全系数

安全系数指标 SF 计算方法为：

$$SF = \frac{PGA_c}{PGA_d} \tag{5.4-6}$$

式中 PGA_c——体系弹塑性目标位移达到极限位移处对应的需求谱地面峰值加速度；

PGA_d——体系按弹性需求谱设计的峰值加速度，可按《建筑抗震设计规范》GB 50011—2010（2016 年版）中规定的设防地震、罕遇地震弹性需求谱的地面峰值加速度取值。

采用增量 N2 法计算 PGA_c。增量 N2 法是通过在结构反应谱曲线上逐步递增峰值加速度，确定每个计算步骤下结构的谱位移响应的方法。当在某个增量步结构谱位移响应达到结构破坏状态对应的极限谱位移时，该增量步对应的峰值加速度大小即为需求加速度

PGA_c 的值。结构的极限位移由剪力墙的"严重损坏"、损伤状态 DS3 确定,已于前述剪力墙损伤评价部分给出,可以看出采用两种损伤评价方法得到的结构极限位移大小接近,误差分别为 0.60%、3.48%。因此,在评估剪力墙损伤时,这两种标准可以认为具有相同的评价效果。取规范建议的损坏等级评价结果作为极限状态点,根据 ATC-40 下包面积相等原则建立拟合的二折线反应谱,如图 5.4-10 所示,二折线反应谱参数极限谱加速度 S_{au}、屈服谱位移 S_{dy}、极限谱位移 S_{du} 如表 5.4-5 所示。

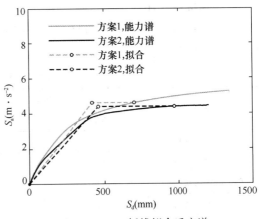

图 5.4-10 二折线拟合反应谱

结构体系性能参数　　表 5.4-5

结构方案	工况	S_{au} (m·s^{-2})	S_{dy} (mm)	S_{du} (mm)	PGA_c (m·s^{-2})	PGA_d (m·s^{-2})	SF
方案 1	设防地震	4.61	0.42	0.70	14.85	2.02	7.35
	罕遇地震	4.61	0.42	0.70	14.85	3.97	3.74
方案 2	设防地震	4.39	0.46	0.97	18.06	2.02	8.94
	罕遇地震	4.39	0.46	0.97	18.06	3.97	4.55

结构的谱位移响应求解方法按 FEMA-273/274[26,27] 中建议的直接估算目标性能点法,由二折线拟合反应谱得到的方案 1 和方案 2 等效弹性自振周期分别为 1.90s 和 2.03s,均大于设计场地特征周期($T=0.35s$),建立线性增量 N2 曲线关系如图 5.4-11 所示。两种结构方案的 PGA_c 求解结果,以及安全系数指标计算结果列于表 5.4-5 中。

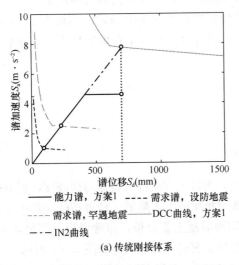

(a) 传统刚接体系

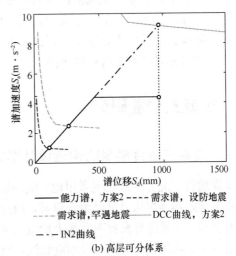

(b) 高层可分体系

图 5.4-11 增量 N2 曲线和反应谱能力曲线

5. 多指标综合评价

表 5.4-6 列出了多种抗震性能评价指标下,传统刚接体系方案(方案 1)和高层可分体系方案(方案 2)的性能参数,评价结果如下:

结构体系性能参数 表 5.4-6

评价指标	设防地震		罕遇地震	
	方案1	方案2	方案1	方案2
最大层间位移角	1/357	1/291	1/247	1/214
剪力墙损坏等级	轻度	轻度	轻度	轻度
剪力墙损伤状态	DS1	DS1	DS1	DS1
最大有害位移角	1/1613	1/3348	1/664	1/1572
安全系数 SF	7.35	8.94	3.74	4.55

(1) 层间位移角指标。方案 1 在设防地震下最大层间位移角为 1/357,发生在结构 13 层,罕遇地震下最大层间位移角为 1/247,发生在结构 12 层;方案 2 在设防地震下最大层间位移角为 1/291,罕遇地震下最大层间位移角为 1/214,均发生在第 18 层。相比于方案 1,方案 2 的层间位移角指标略大。

(2) 有害位移角指标。方案 1 和方案 2 的最大有害位移角远小于其最大层间位移角,其差值表明层间位移角指标中包含了大量楼层转角的累积;同时,两者的最大有害位移角均发生在底层,这与剪力墙损伤沿层高的分布规律相吻合。此外,相比于方案 1,由方案 2 计算得到的最大有害位移角指标更小。

(3) 剪力墙评估指标。两方案中剪力墙损伤最严重的楼层均为底部 1~2 层,损伤程度均为 2 级/轻度损坏,最大楼层曲率基本接近,损伤状态均发展至受拉侧混凝土开裂状态。

(4) 安全系数指标。在规范需求谱对应的性能点处,两方案的剪力墙损伤情况基本接近,且均具有较大安全冗余,中震和大震下两种结构方案的安全系数值均远大于 1,而且方案 2 安全系数指标大于方案 1 指标值,表明高层可分体系方案在地震作用下具备承担更高地震荷载的能力,安全富裕度更高。

5.5 集成式楼盖研究

5.5.1 集成式组合楼盖的构造设计思路

本课题针对北方地区住宅采用地采暖的情况,为最大程度降低楼盖结构高度,创新提出了楼板下承式不等翼缘蜂窝梁组合扁梁,通过将梁板集成大大降低了楼盖高度。具体实施方式为在新型不等翼缘蜂窝梁下翼缘上搁置桁架钢筋混凝土叠合板,布置楼板上部分布钢筋,浇筑混凝土;在钢梁孔洞内布设水电管线,敷设建筑面层。具体构造如图 5.5-1 所示。

课题为解决钢结构住宅建筑中钢梁外露、防腐防火费用高以及楼盖装配化施工等技术难题,创新提出了双向叠合空心楼板组合扁梁和预制叠合密肋楼板技术。实现了钢梁与楼板的集成化,解决了钢梁的防腐和防火问题。具体实施方式为在不等翼缘蜂窝梁下翼缘上

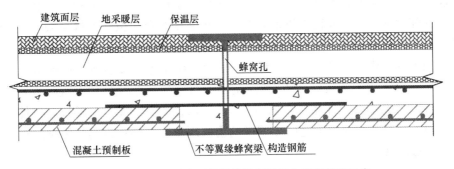

图 5.5-1　楼板下承式不等翼缘蜂窝梁组合扁梁构造示意

搁置预制叠合密肋楼板，设置轻质填充物（如长方体发泡塑料、高强薄壁管、高强薄壁盒、倒梯形空腔盒体等），布置楼板上部分布钢筋，浇筑混凝土。具体构造如图 5.5-2 和图 5.5-3 所示。

双向叠合空心楼板组合扁梁楼盖由预制叠合密肋楼板、不等翼缘钢梁、搭接钢筋和后浇混凝土层组成。这里，钢梁腹板开洞或采用不等翼缘蜂窝梁；搭接钢筋兼作抗剪连接件（PBL 连接件），提升楼盖整体性；后浇混凝土，提升楼盖刚度和整体性；填充箱体采用轻质填充材料，减轻自重。

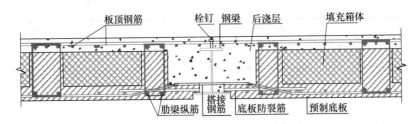

图 5.5-2　双向叠合空心楼板组合扁梁构造示意

该新型楼盖体系可以与钢柱、型钢混凝土柱或钢管混凝土柱结合形成适用于钢结构住宅的新型板-柱钢结构体系，该技术与现浇混凝土空心楼盖和深肋压型钢板组合扁梁楼盖相比，具有下列优势：①工厂预制叠合密肋楼板，实现了现场装配式施工；②填充箱体工厂与预制楼板连接，解决了填充箱体现场施工易漂浮的难题；③通过钢梁与钢柱连接，解决了空心楼盖与钢柱或钢管混凝土柱连接问题；④钢梁作为空心楼盖的型钢

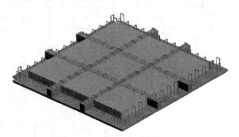

图 5.5-3　预制叠合密肋楼板效果图

剪力架，大幅提高抗冲切性能，避免设置柱帽；⑤钢梁包敷于混凝土内，解决了钢梁的防腐防火问题；⑥通过钢梁与钢柱连接，大幅提高板柱节点抗震性能。

5.5.2　集成式组合楼盖的抗弯性能研究

课题进行了 2 个正向加载和 3 个负向加载共 5 个双向叠合空心楼板组合扁梁试件抗弯

性能试验研究。考虑了加载形式（正弯矩作用和负弯矩作用）、钢梁腹板开孔形式（蜂窝孔、小圆孔和大圆孔）和栓钉设置的影响。楼板采用叠合楼板。钢材为 Q345B，楼板混凝土为 C35，钢筋为 HRB400。钢筋保护层厚度为 15mm。部分试件尺寸如图 5.5-4 所示。

试件加工及加载装置如图 5.5-5 和图 5.5-6 所示，试件 1 试验现象如图 5.5-7 所示。

试验后为查看 PBL 连接件破坏现象，选择试件 2 加载点附近 PBL 连接件，将混凝土凿除，查看 PBL 连接件工作状态，如图 5.5-8 所示。观察发现：①PBL 连接件无明显的变形；②PBL 连接件与混凝土之间无明显的滑移现象；③穿孔钢筋与钢梁腹板空隙间混凝土无挤压破坏现象。

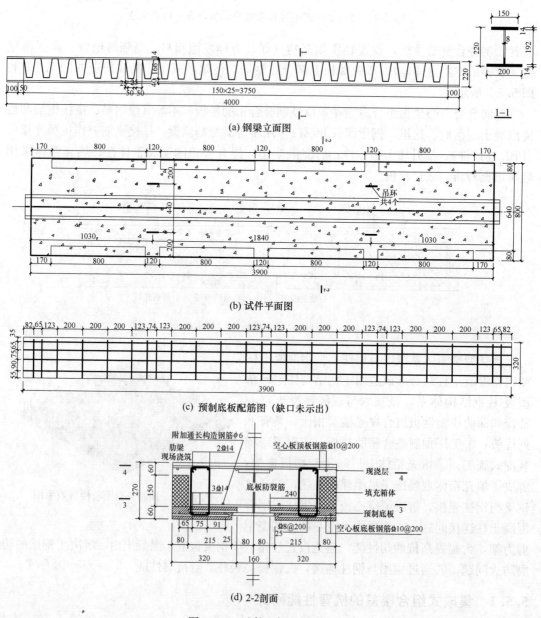

图 5.5-4 试件 1 加工图（一）

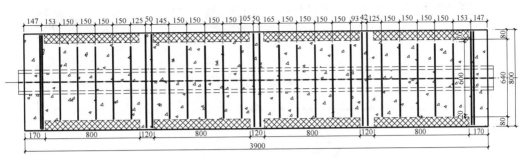

(e) 3-3剖面（穿孔钢筋及填充箱体布置图）

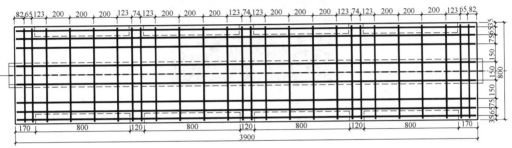

(f) 4-4剖面（板顶钢筋布置图）

图 5.5-4　试件 1 加工图（二）

(a) 钢筋绑扎及支模

(b) 混凝土浇筑及振捣

图 5.5-5　试件加工照片

(a) 正置加载

(b) 倒置加载

图 5.5-6　试验照片

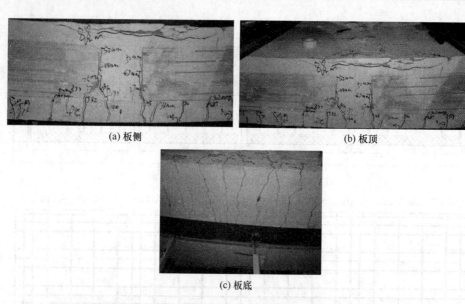

图 5.5-7 试件 1 破坏现象照片

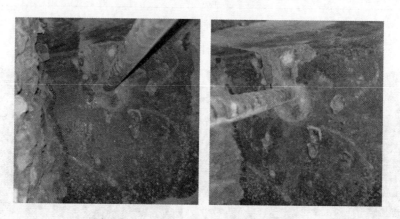

图 5.5-8 试件 2 PBL 连接件试验后照片

荷载-跨中挠度曲线如图 5.5-9 所示。

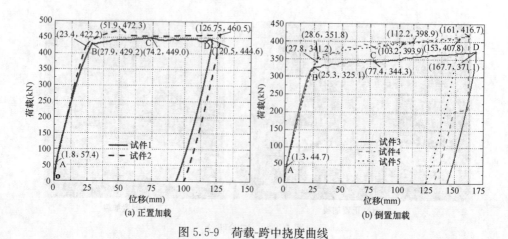

图 5.5-9 荷载-跨中挠度曲线

各试件对应于开裂状态、屈服状态和极限状态的特征值如表 5.5-1 所示。

各试件特征值汇总　　　　　表 5.5-1

加载方式	试件编号	开裂状态		屈服状态		极限状态	
		开裂位移 (mm)	开裂承载力 (kN)	屈服位移 (mm)	屈服承载力 (kN)	极限位移 (mm)	极限承载力 (kN)
正向加载	试件 1	1.8	57.4	27.9	429.2	74.2	449.0
	试件 2	1.8	57.4	23.4	422.2	51.9	472.3
	(2-1)/2（%）	0.0	0.0	−19.2	−1.7	−43.0	4.9
反向加载	试件 3	1.3	44.7	25.3	325.1	77.4	344.3
	试件 4	1.3	44.7	28.6	351.8	112.2	398.9
	试件 5	1.3	44.7	27.8	341.2	103.2	393.9
	(4-3)/4（%）	0.0	0.0	11.5	7.6	31.0	13.7
	(4-5)/4（%）	0.0	0.0	2.8	3.0	8.0	1.3

注：反向加载时，以受压区混凝土压溃作为承载能力极限状态标志。

通过试验研究得到以下主要结论：

双向叠合空心楼板组合扁梁具有优良的承载能力和延性性能。试件挠跨比达到 1/32（正向加载时）和 1/23（负向加载时）时，试件承载力仍未有明显下降，试件呈延性破坏特征。正向加载时，在钢梁下翼缘边缘和受拉钢筋屈服时，试件达到屈服承载力；在钢梁全截面屈服、受拉和受压钢筋屈服、受压区混凝土压溃时，试件达到极限承载力。负向加载时，在钢梁下翼缘边缘和受拉钢筋屈服时，试件达到屈服承载力；在钢梁部分截面屈服、受拉和受压钢筋屈服、受压区混凝土压溃时，试件达到极限承载力。在峰值荷载之前，混凝土和钢梁截面应变分布近似呈线性分布，可以采用平截面假定。

5.5.3　集成式组合楼盖的抗弯性能模拟

为研究双向叠合空心楼板组合扁梁的受弯力学性能，进行了 5 根双向叠合空心楼板组合扁梁的试验研究。根据试验现象对其破坏特征、破坏过程、裂缝发展及塑性变形进行了分析，研究结果表明，双向叠合空心楼板组合扁梁具有良好的承载能力和延性性能。为进一步研究双向叠合空心楼板组合扁梁的受弯承载性能、受力机理以及钢梁受力过程中的承载性能变化情况，采用 ABAQUS 有限元软件建立了双向叠合空心楼板组合扁梁有限元分析模型，利用验证后的有限元模型，研究了双向叠合空心楼板组合扁梁受力机理。有限元模型如图 5.5-10 所示。

有限元计算荷载-跨中挠度曲线与试验结果对比如图 5.5-11 所示。图中有限元计算结果给出了按照组合截面计算结果，并给出了单纯蜂窝钢梁、实腹钢梁、单纯混凝土楼板的计算曲线，以及混凝土楼板与蜂窝梁、混凝土楼板与实腹钢梁计算曲线简单叠加的曲线作为对比。

对应于有限元计算荷载-跨中挠度曲线达到峰值时刻，试件 1 的混凝土受压塑性损伤因子云图、受拉塑性损伤因子云图、钢梁和钢筋的 Mises 应力云图如图 5.5-12 所示。

从图中可见，荷载-跨中挠度曲线达到峰值时刻，纯弯段受压区混凝土压溃，受拉区

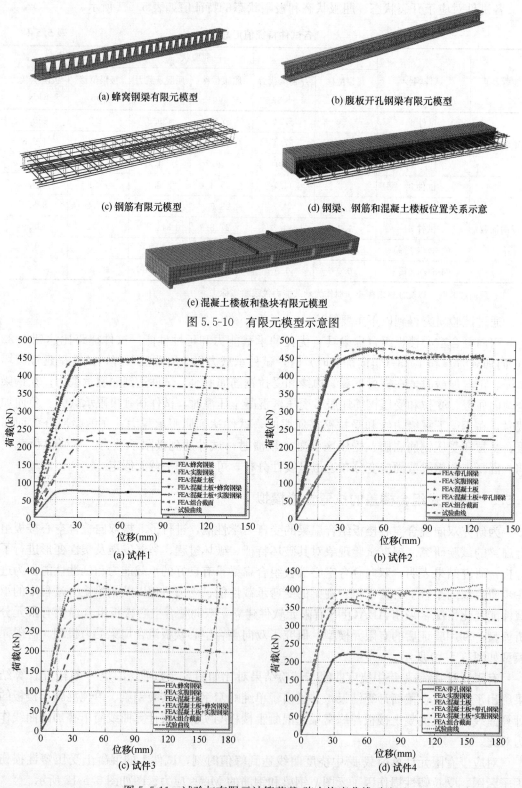

图 5.5-10　有限元模型示意图

图 5.5-11　试验与有限元计算荷载-跨中挠度曲线对比

第 5 章 装配式板柱钢结构体系建筑产业化技术与示范

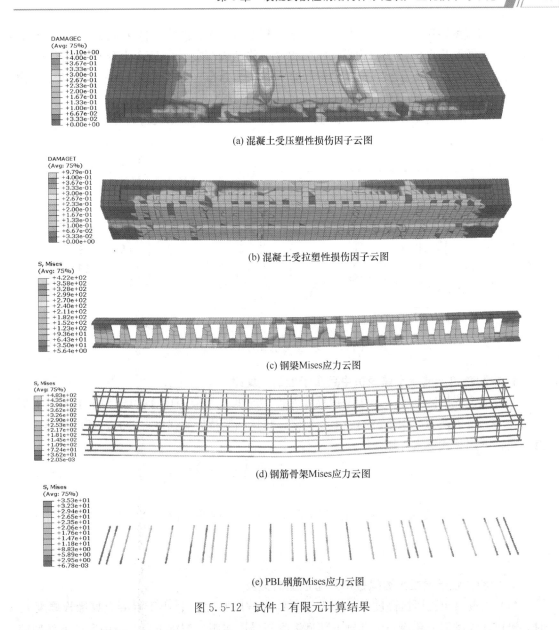

图 5.5-12 试件 1 有限元计算结果

混凝土开裂，裂缝向上扩展至混凝土顶板，与试验现象一致。跨中位置钢梁全截面屈服。跨中位置处，钢筋骨架纵向受拉钢筋屈服，受压钢筋也达到屈服阶段。PBL 钢筋 Mises 应力较小，最大 Mises 应力为 35.3MPa。

5.5.4 集成式组合楼盖的设计方法研究

基于破坏强度理论，提出了双向叠合空心楼板组合扁梁正向加载时的受弯承载力计算公式，以及基于简单叠加方法，提出了双向叠合空心楼板组合扁梁负向加载时的受弯承载力计算公式。

由试验研究可知，双向叠合空心楼板组合扁梁正向加载达到承载能力极限状态时，为简化抗弯极限承载力计算过程，采用以下假定：①截面应变保持平面；②型钢和纵向钢筋应力达到相应的屈服强度；③受拉区混凝土开裂退出工作，忽略受拉区混凝土对受弯承载力的贡献；④受压区混凝土达到设计抗压强度，将截面混凝土的压应力分布等效为矩形；⑤钢梁上下翼缘和混凝土板纵向应力沿板宽方向均匀分布，所有混凝土板在其宽度范围内有效，并且在受压区均匀受压，破坏时达到抗压强度。

根据中和轴位置的不同，试件的抗弯承载力可按以下3种情况进行分析，如图5.5-13所示。

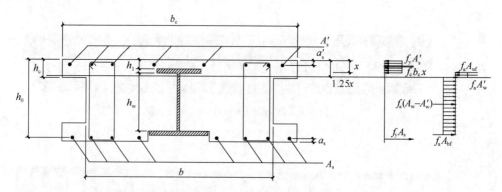

图 5.5-13 受弯承载力计算简图

1. 中和轴位于混凝土翼缘板中且高于型钢上翼缘

当混凝土受压区高度 x 小于型钢翼缘保护层厚度 h_1 时，中和轴位于型钢上翼缘上部混凝土中。可以认为型钢全截面处于受拉区，且达到受拉屈服强度。此时，试件的受弯承载力可按下列公式进行计算：

$$x = \frac{(A_s - A'_s)f_y + (A_{uf} + A_w + A_{bf})f_a}{b_c f_c} \leqslant h_1 \tag{5.5-1}$$

$$M_u = A_s f_y (h_0 - x) + A_{bf} f_a \left(h_w + h_1 + \frac{t_f}{2} - x\right) + A_w f_a \left(\frac{h_w}{2} + h_1 - x\right)$$

$$A_{uf} f_a \left(h_1 - \frac{t_f}{2} - x\right) + A'_s f_y (x - a'_s) + b_c f_c \frac{x^2}{2} \tag{5.5-2}$$

2. 中和轴位于混凝土翼缘板中且通过型钢腹板

（1）当混凝土受压区高度 x 大于型钢翼缘保护层厚度 h_1、小于混凝土翼缘板厚度 h_c 时，可以认为型钢上翼缘与中和轴上部型钢腹板受压屈服，型钢下翼缘与中和轴下部型钢腹板受拉区屈服。此时，试件的受弯承载力可按下列公式进行计算：

$$h_1 \leqslant x = \frac{(A_s - A'_s)f_y + (A_w - 2A'_w + A_{bf} - A_{uf})f_a}{b_c f_c} \leqslant h_c \tag{5.5-3}$$

$$M_u = A_s f_y (h_0 - x) + A_{bf} f_a \left(h_w + h_1 + \frac{t_f}{2} - x\right) + (A_w - A'_w) f_a \left(\frac{h_w + h_1 - x}{2} + \right)$$

$$A'_w f_a \left(\frac{x - h_1}{2}\right) + A_{uf} f_a \left(x - h_1 + \frac{t_f}{2}\right) + A'_s f_y (x - a'_s) + b_c f_c \frac{x^2}{2} \tag{5.5-4}$$

（2）当混凝土受压区高度 x 大于混凝土翼缘板厚度 h_c 时，可以认为型钢上翼缘与中和轴上部型钢腹板受压屈服，型钢下翼缘与中和轴下部型钢腹板受拉区屈服。此时，试件的受弯承载力可按下列公式进行计算：

$$h_c \leqslant x = \frac{(A_s - A'_s)f_y + (A_w - 2A'_w + A_{bf} - A_{uf})f_a - b_c h_c f_c}{b_c f_c} + h_c \leqslant h_1 + h_w \tag{5.5-5}$$

$$M_u = A_s f_y (h_0 - x) + A_{bf} f_a \left(h_w + h_1 + \frac{t_f}{2} - x\right) + (A_w - A'_w) f_a \left(\frac{h_w + h_1 - x}{2}\right) +$$

$$A'_w f_a \left(\frac{x - h_1}{2}\right) + A_{uf} f_a \left(x - h_1 + \frac{t_f}{2}\right) + b_c h_c f_c \left(x - \frac{h_c}{2}\right) + A'_s f_y (x - a'_s) + b f_c \frac{(x - h_c)^2}{2} \tag{5.5-6}$$

式中 x——混凝土受压区高度；

b——梁腹板宽度；

b_c——梁翼缘宽度；

h_0——梁顶部距受拉纵筋界面中心的距离；

h_c——上部翼缘板厚度；

h_1——梁顶部距型钢上翼缘的距离；

a'_s——受压纵筋保护层厚度；

A_s——受拉纵筋面积；

A'_s——受压纵筋面积；

t_f——型钢翼缘厚度；

h_w——型钢腹板高度；

A_{uf}——型钢上翼缘面积；

A_{bf}——型钢下翼缘面积；

A_w——型钢腹板面积；

A'_w——中和轴上部型钢腹板面积；

f_y——受拉纵筋抗拉强度设计值；

f_a——型钢抗拉强度设计值；

f_c——混凝土抗压强度设计值。

根据上述计算方法计算的试件 1 和试件 2 的受弯承载力与试验结果比较见表 5.5-2。从表中可见，采用上述公式计算的受弯承载力与试验结果吻合良好，且偏于安全，试件 1 和试件 2 计算值与试验值分别相差 -3% 和 -6%。

受弯承载力计算结果与试验结果比较　　　　　表 5.5-2

试件编号	试验值 M_u (kN·m)	理论值 $M_{u,c}$ (kN·m)	$M_{u,c}/M_u$
试件 1	336.8	326.8	0.97
试件 2	354.2	332.6	0.94

从图 5.5-13 和表 5.5-2 可见，负向加载时，腹板形式对试件的承载力影响不大，试件的承载力与钢梁和混凝土楼板的承载力简单叠加的承载力比较接近，因此可以按照简单叠加的方式进行计算。按照现行行业标准《钢骨混凝土结构技术规程》YB 9082—2006 第 6.2.1 条和第 6.2.3 条进行计算。计算公式如下：

$$M_u = M_{by}^{ss} + M_{bu}^{rc} \tag{5.5-7}$$

$$M_{by}^{ss} = \gamma_s \cdot W_{ss} \cdot f_{ssy} \tag{5.5-8}$$

$$M_{bu}^{rc} = A_s \cdot f_{sy} \cdot \gamma h_{b0} \tag{5.5-9}$$

式中 M_u——组合扁梁抗弯承载力；

M_{by}^{ss}——梁中钢骨部分的抗弯承载力；

M_{bu}^{rc}——梁中钢筋混凝土部分的抗弯承载力；

γ_s——截面塑性发展系数，对工字形钢骨截面，取 1.05；

W_{ss}——钢骨的截面抵抗矩，当钢骨截面有孔洞时应取净截面的抵抗矩；

f_{ssy}——钢骨的抗拉强度设计值；

A_s——受拉钢筋面积；

f_{sy}——受拉钢筋抗拉强度设计值；

γh_{b0}——受拉钢筋面积形心到受压区（混凝土和受压钢筋）压力合力点的距离，按现行国家标准《混凝土结构设计规范》GB 50010—2010（2015 年版）中的受弯构件进行计算。在计算中，受压区混凝土宜扣除钢骨的面积；

h_{b0}——钢筋混凝土部分截面的有效高度，即受拉钢筋面积形心到截面受压边缘的距离。

根据上述计算方法计算的试件 3～试件 5 的受弯承载力与试验结果比较见表 5.5-3。从表中可见，对于钢梁腹板开圆孔的试件（试件 4 和试件 5）采用公式计算的受弯承载力与试验峰值弯矩吻合良好。对于钢梁腹板开蜂窝孔的形式，按照公式计算得到的承载力高于试件混凝土压溃时的承载力 9%，但考虑到混凝土压溃后试件承载力仍无明显的下降，并具有较长的强化段，按照该方法计算仍然是偏于安全的。

受弯承载力计算结果与试验结果比较　　　　　　表 5.5-3

试件编号	试验值 M_u (kN·m)	理论值 $M_{u,c}$ (kN·m)	$M_{u,c}/M_u$
试件 3	258.2	281	1.09
试件 4	299.2	282	0.94
试件 5	295.4	282	0.96

5.5.5 全装配式楼盖连接节点性能研究

现阶段钢结构住宅的楼盖形式主要包括传统桁架钢筋楼板、可拆底模桁架钢筋楼板和叠合板组合楼板。经市场验证，上述产品都存在一定的局限性，并非成熟的楼板解决方案。其中，桁架钢筋楼板由于压型钢板暴露等问题，导致消费者接受程度较低，目前已很少使用；升级版的可拆底模桁架钢筋楼板，在施工后期可以拆除楼板底模，解决了传统桁架钢筋楼板的问题，但底模拆除后需对楼板底面进行二次找平修复，且产品本身造价大幅提升，底模可重复利用性不足，造成资源浪费；叠合板组合楼板应用在板厚较大的桥梁工程或跨度较大的商业建筑结构中是一种经济成熟的产品，但在楼板厚度普遍为 100～120mm 的住宅建筑中较难实现，而如果采用 150mm 以上的楼板方案，又会大幅提高结构自重和造价，降低结构空间利用率，适用性明显不足。近年来，为满足装配式钢结构体系快速发展的需求，一些学者提出了多种干式及湿式连接钢-混组合楼盖设计方案，但往往存在预制构件间连接性能不足或局部构造过于复杂等问题，因此，亟待开展适用于装配式钢结构住宅的全预制组合楼板连接节点性能及构造设计方法的研究。

高性能水泥基新型材料具有高强、高韧和高耐久性等特点，力学性能优越，可解决现有装配式组合梁-板结构连接节点性能不足及全寿命周期服役性能方面的问题，但新型材料成本较高，大面积使用势必会带来经济性问题，因此需研发一种新型全预制装配式梁-板连接节点构造，依据连接节点性能需求在局部区域合理使用高性能水泥基材料，寻求性能和经济性之间的平衡点。

据此，提出一种全预制装配式钢-混凝土组合梁连接节点构造，如图 5.5-14 所示。该构造为满足预制板刚度需求并有效控制预制板厚度，采用钢梁-预制板连接区域局部叠合设计，即仅将连接节点设计为阶梯状局部叠合构造形式；为避免预制板板侧伸出钢筋对现场装配效率的影响，采用在叠合区域预制底板间隔预留槽孔并放置后置钢筋的构造设计方式，以满足装配式钢-混组合梁节点纵向抵抗剪力需求；节点连接区域上部横向钢筋采用后置搭接方式，以满足连接节点抵抗楼板面外负弯矩的性能需求，且保障了现场装配过程中的操作便利性。

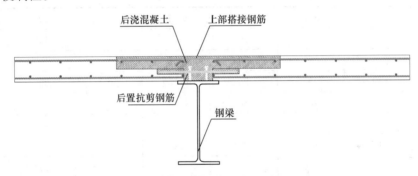

图 5.5-14 装配整体式钢-混凝土组合梁构造

为研究新型装配式钢混组合梁与现浇钢混组合梁在纵向抗裂性能方面的差异性，分别设计相同截面尺寸的装配式组合梁（PSC）和现浇钢混组合梁（SC）推出试件各一组，试件设计见图 5.5-15。每组包括 3 种不同横向钢筋配筋率（0.419%、0.559% 和 0.838%）试件各一个，以对比分析不同横向钢筋配筋率水平下两类试件破坏形态和抗剪强度、刚度的异同。

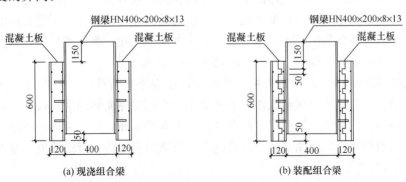

图 5.5-15 装配组合梁和现浇组合梁

与现浇钢混组合梁相比，装配式钢混组合梁采用后置横向钢筋代替混凝土板底部通长钢筋，导致其受力机理、破坏过程和失效行为发生变化，采用现有钢混组合梁混凝土截面抗剪强度计算公式无法满足新型装配式钢混组合梁安全性要求，因此，为研究装配式钢混组合梁纵向抗裂性能及纵向抗裂强度计算模型，需开展不同配筋率、栓钉尺寸钢混组合梁试验，并通过试验结果分析导致装配式组合梁纵向抗裂性能变化的主要原因及其影响机理，从而对现有规范中相关计算公式进行调整和修正，该试验试件详细参数如表 5.5-4 所示。需要指出的是，欧洲建筑工程设计规范 Eurocode4 规定推出试验相同尺寸试件个数不少于 3 个，故最终确定各配筋率对应不同尺寸栓钉试件共 4 个（预期发生纵向劈裂破坏试件约 3 个）；设定 3 种不同配筋率，试件设计参数见表 5.5-4。该方案不仅可研究后置横向钢筋构造对连接节点纵向抗裂强度的影响，还可研究新型装配式钢混组合梁连接节点剪力-滑移曲线和刚度的演化规律。

试验试件设计参数　　　　　　　　　　　　　　表 5.5-4

试件编号	直径（mm）	栓钉纵向间距（mm）	栓钉横向间距（mm）	纵筋直径/间距（mm）	横向钢筋直径（mm）	横向钢筋间距（mm）	配筋率（%）
PSC-1	13	150	80	8/150	8	200	0.419
PSC-2	13	150	80	8/150	8	150	0.559
PSC-3	13	150	80	8/150	8	100	0.838
PSC-4	10	150	80	8/150	8	200	0.419
PSC-5	10	150	80	8/150	8	150	0.559
PSC-6	10	150	80	8/150	8	100	0.838
PSC-7	16	150	80	8/150	8	200	0.419
PSC-8	16	150	80	8/150	8	150	0.559
PSC-9	16	150	80	8/150	8	100	0.838
PSC-10	19	150	80	8/150	8	200	0.419
PSC-11	19	150	80	8/150	8	150	0.559
PSC-12	19	150	80	8/150	8	100	0.838

考虑到新型装配式钢混组合梁构造措施可能会对其纵向抗裂性能产生影响，在上述试验基础上进一步探究后置横向钢筋配筋率、锚固长度、布置方式、新旧混凝土界面处理方式和后浇混凝土强度等因素对新型装配式钢混组合梁在栓钉剪力作用下受力性能和失效模式的影响，从而对新型装配式连接节点设计方法进一步优化，为新型装配式钢混组合楼盖整体性能研究奠定基础。图 5.5-16 为实际试件加工过程。

推出试验采用 200kN 压力试验机对推出试件施加竖向荷载，并采用力传感器对施加荷载值进行采集，为准确量测荷载作用下混凝土板与钢梁界面间的滑移效应，分别在两侧混凝土板内侧布置位移计。这里，将位移计布置于钢梁表面，并将位移计顶针与相应混凝土表面粘贴角钢相连，从而测试同一位置混凝土与钢梁之间的相对滑移值。推出试验加载装置见图 5.5-17。

为研究新型装配式钢混组合梁纵向抗力机理，分析栓钉剪力作用下混凝土及后置横向

(a) 预制板支模

(b) 现浇部分支模

(c) A面现浇混凝土

(d) B面现浇混凝土

图 5.5-16　试件加工过程

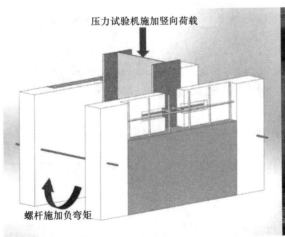

图 5.5-17　推出试验加载装置

钢筋受力状态，需要采用应变条及电阻应变片测试混凝土及横向钢筋在加载过程中的应变水平，从而揭示栓钉剪力作用下组合梁推出试件纵向开裂破坏过程及失效机理，为后续装配式钢混组合梁连接节点抗剪强度计算公式提供依据。

本研究除考虑梁板界面剪力对试件破坏行为的影响，还考虑了双向楼板荷载产生负弯矩作用对装配式连接节点纵向抗力性能的影响，据此，除了对推出试验钢梁施加竖向荷载外，还通过对预制混凝土板两端螺杆施加相应预紧力来模拟上述负弯矩作用效应。这里，螺杆预紧力需依据钢梁中线处承受负弯矩及试件尺寸进行计算，其中，假设连续楼板跨度为3m，楼面恒载为5kN/m²，活载为2kN/m²。

试验过程中，采用压力试验机对推出试件施加竖向荷载，依据欧洲规范中推出试验相关规定，加载制度采用力-位移混合加载控制模式，首先进行荷载幅值为极限荷载5%～40%的循环预加载，以消除连接区域后浇混凝土与钢梁翼缘粘结性能等干扰因素对试验结果的影响；随后进行单调逐级加载，每级荷载大小约为极限荷载的10%，在达到极限荷载后采用位移控制的方法继续进行加载，加载速率为1mm/min，直至试件最终破坏。

图5.5-18给出了不同类型推出试件最终破坏模式，主要包括混凝土板劈裂破坏及栓钉剪断破坏两种模式，当栓钉抗剪强度低于连接节点抗剪强度时，在加载过程中混凝土翼板表面会出现八字形裂纹，且裂纹长度随荷载增大而增大，但裂纹宽度及深度增幅有限，当栓钉剪断后可发现栓钉与混凝土之间产生明显间隙，栓钉受剪变弯，包裹栓钉局部区域混凝土被压碎；当连接节点抗剪性能较差时，加载过程中对应栓钉区域的混凝土板表面均产生八字形裂纹，且裂纹长度随荷载增大而逐渐增长，相互贯通形成纵向劈裂裂纹，进入到承载退化阶段后，连接区域混凝土裂纹宽度明显增大，最终导致主劈裂裂纹间混凝土脱落，横向钢筋明显变形，构件完全失效。

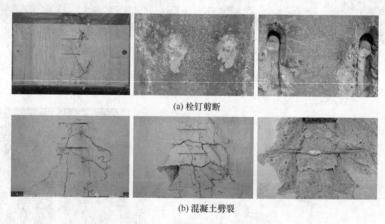

(a) 栓钉剪断

(b) 混凝土劈裂

图5.5-18 装配式钢混组合梁节点主要破坏模式

图5.5-19给出了典型装配式钢-混组合梁推出试件荷载-位移曲线，通过对比可以发现：①当设计参数相同时，装配式钢-混组合梁推出试件呈现出与现浇钢-混组合梁试件相似的性能；②当连接区域后置钢筋混凝土抗剪强度高于栓钉承载力时，推出试件抗剪承载力及刚度随栓钉尺寸增大而增大；③与普通混凝土相比，后浇高强灌浆料或超高性能混凝土可有效提升连接节点抗剪性能，但同时限制了栓钉剪断时的弯曲变形，因此新

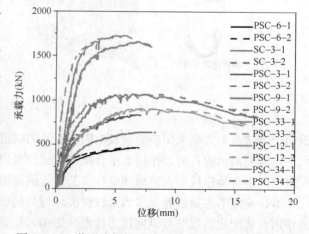

图5.5-19 装配式钢-混组合梁推出试件荷载-位移曲线

型水泥基材料连接节点峰值荷载对应的滑移变形值逐渐下降；④后置横向钢筋可有效提升连接节点抗剪强度，配筋率越高，抗剪强度越大，但横向钢筋提升作用与混凝土相比较为有限；⑤栓钉剪断推出试件的失效过程与混凝土劈裂试件相比更为突然，由于在混凝土劈裂过程中横向钢筋发生显著塑性变形，此种试件的承载能力在失效过程中呈现较为缓慢的退化趋势，其在完全失效时对应的滑移值明显高于栓钉剪断试件。

5.6 一体化外围护墙板研究

围护体系在满足建筑使用功能中起重要作用，以外围护墙板为代表的围护体系发展不完备，是长期以来制约我国装配式钢结构建筑推广的主要问题之一。本研究提出一种新型一体化外围护墙板体系，提高围护墙板体系科技含量，提升其使用性能及使用体验，将对装配式钢结构住宅在我国发展产生有力推动作用。

5.6.1 研究思路

为改善装配式钢结构建筑中外围护墙板保温、隔声等使用性能研究不完善的问题，进一步研究装配式钢结构建筑外围护墙板对结构整体抗震性能的影响[28]，本课题针对一种新型外围护复合墙板进行了保温、隔声、受弯性能的研究。同时，考虑到装配式外墙板应采用柔性连接以适应主体结构变形的要求，为减小外墙板对结构受力性能的影响，本课题提出了三种外围护墙板与结构间的可滑动连接节点，通过拟静力试验考察了其连接性能，以期能对装配式板柱结构外墙体系的工程应用提供一定的参考，供设计人员根据不同工程情况选用。

5.6.2 新型复合墙板保温性能的试验研究及数值模拟

为了解本课题所研究的新型复合墙板的保温性能，进行两个试件不同测点的热箱-热流计试验[29,30]，并使用 ANSYS 软件开展对应的数值模拟分析。通过上述研究，对这种新型复合墙板的保温性能进行评价，并考察各因素对墙板保温性能影响。

1. 新型复合墙板的热箱-热流计试验

冷箱、热箱的尺寸分别为 1200mm×1100mm、1000mm×1000mm。共制作两片尺寸为 1300mm×1200mm 的墙体试件 WR-1 和 WR-2 进行热箱-热流计试验，考虑不同地区的适用情况，两试件分别采用 75mm、150mm 两种保温层厚度。墙体试件的设计如图 5.6-1 所示。试验采集的温度及热流量数据采用算术平均法进行数据处理。墙体试件内钢筋及连接件均选用 HRB400 级钢筋；试件采用 C30 级混凝土；保温层选用挤塑聚苯乙烯板（Extruded Polystyrene 板，XPS 板）；蒸压加气混凝土砌块参照《蒸压加气混凝土砌块》GB/T 11968—2020 选用 AAC-B A3.5 b05（Ⅰ）；内、外叶均选用直径为 5mm，间距 150mm 的焊接钢筋网片，钢筋牌号为 CPB550。每片墙体试件采用两种测点布置方案，其中方案 1 测点布置在试件中心位置附近，方案 2 测点到连接件的距离分别为 390mm、290mm、125mm，如图 5.6-2 所示。

试验得到的数据包括各试件每个测点的温度（冷箱、热箱两侧）、热箱侧热流密度，并计算出各测点的热阻值及传热系数。

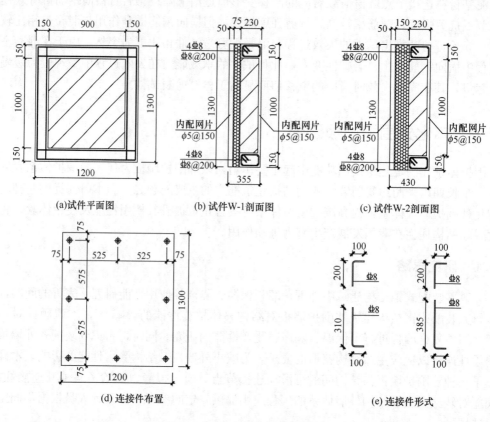

图 5.6-1 墙体试件设计图

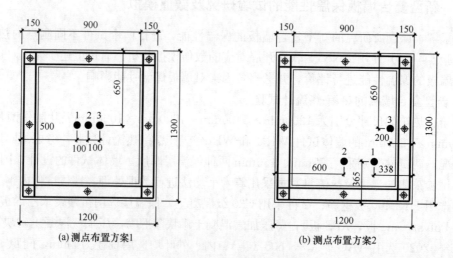

图 5.6-2 试验测点布置

图 5.6-3 和图 5.6-4 分别为方案 1 中试件 WR-1 和试件 WR-2 的表面温度、传热系数的变化曲线，图 5.6-5 和图 5.6-6 分别为方案 2 中试件 WR-1 和试件 WR-2 的表面温度、传热系数的变化曲线。

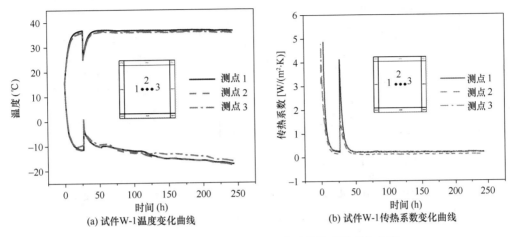

图 5.6-3　方案 1 试件 WR-1 温度及传热系数变化曲线

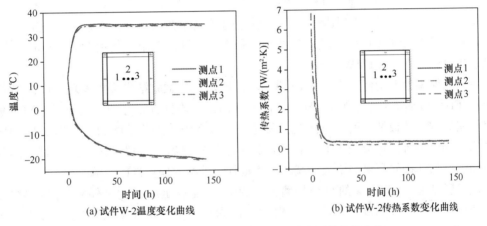

图 5.6-4　方案 1 试件 WR-2 温度及传热系数变化曲线

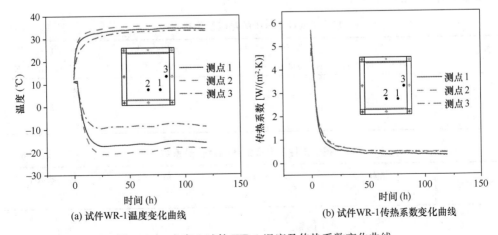

图 5.6-5　方案 2 试件 WR-1 温度及传热系数变化曲线

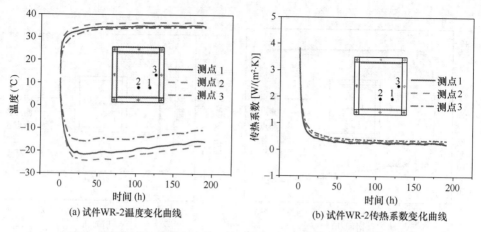

图 5.6-6 方案 2 试件 WR-2 温度及传热系数变化曲线

试验开始时,在热箱与冷箱的作用下,墙板内叶测点温度升高、外叶测点温度降低,同时传热系数曲线呈现快速下降的趋势。由于三个测点均位于墙板中心位置,三个测点的温度差异不大。试件 WR-1 到达稳态后,试件热阻平均值为 3.641 m²·K/W,传热系数的平均值为 0.280 W/(m²·K)。试件 WR-2 到达稳态后,试件热阻平均值为 5.970 m²·K/W,传热系数的平均值为 0.176 W/(m²·K)。

各测点保温性能指标如表 5.6-1~表 5.6-4 所示。从试验结果可以发现,试件 WR-1、WR-2 的平均传热系数分别为 0.280 和 0.176,两试件均具有较好的保温效果。XPS 板的加厚能明显改善墙板试件的保温性能。采用 150mm XPS 板的外围护墙板 WR-2 与 XPS 板厚度为 75mm 的外围护墙板 WR-1 相比,其中心位置保温性能提升 37.1%。试件的传热系数随测点到连接件距离的增大而减小。连接件对墙板的保温性能影响较大。

保温层厚度为 150mm 的复合外墙板(WR-2)能满足居住建筑外墙传热系数要求,保温层厚度为 75mm 的复合外墙板(WR-1)能满足除了严寒(A)区 8 层及以下建筑以及严寒(B)区 3 层及以下建筑以外的建筑关于外墙传热系数的要求[31]。两种保温层厚度的外墙板均有较好的保温性能。

方案 1 试件 WR-1 的热阻及传热系数   表 5.6-1

测点编号	热阻 $R(m^2·K/W)$	热阻平均值 $\overline{R}(m^2·K/W)$	传热系数 $K[W/(m^2·K)]$	传热系数平均值 $\overline{K}[W/(m^2·K)]$
1	3.164		0.301	
2	5.017	3.641	0.193	0.280
3	2.743		0.345	

方案 1 试件 WR-2 的热阻及传热系数   表 5.6-2

测点编号	热阻 $R(m^2·K/W)$	热阻平均值 $\overline{R}(m^2·K/W)$	传热系数 $K[W/(m^2·K)]$	传热系数平均值 $\overline{K}[W/(m^2·K)]$
1	4.912		0.197	
2	8.477	5.970	0.116	0.176
3	4.519		0.214	

方案 2 试件 WR-1 的热阻及传热系数 表 5.6-3

测点编号	测点到连接件的距离 (mm)	热阻 $R(m^2 \cdot K/W)$	传热系数 $K[W/(m^2 \cdot K)]$
1	390	2.732	0.346
2	290	1.978	0.468
3	125	2.074	0.448

方案 2 试件 WR-2 的热阻及传热系数 表 5.6-4

测点编号	测点到连接件的距离 (mm)	热阻 $R(m^2 \cdot K/W)$	传热系数 $K[W/(m^2 \cdot K)]$
1	390	3.779	0.254
2	290	3.231	0.295
3	125	2.619	0.360

2. 新型复合墙板保温性能的数值模拟

对 WR-1、WR-2 试件开展了基于 ANSYS 软件的有限元模拟分析，各不同参数模型的传热系数如表 5.6-5 所示。采用不含连接件、含有 8 个和 12 个连接件的模型为例，数值模拟得到的温度场如图 5.6-7 所示，其中 R75-8、R150-8 即为试件 WR-1、WR-2 的数值模型。

数值模拟得到不同参数模型的传热系数 表 5.6-5

保温层厚度(mm)	传热系数 $K[W/(m^2 \cdot K)]$						
	不含连接件	2 个连接件	4 个连接件	6 个连接件	8 个连接件	10 个连接件	12 个连接件
75	0.322	0.344	0.367	0.382	0.408	0.434	0.456
150	0.178	0.193	0.208	0.223	0.238	0.253	0.268

针对表 5.6-5 中不同连接件数量墙板的传热系数进行拟合，墙板的传热系数与连接件数量呈线性关系，如图 5.6-8 所示。显然，对于挤塑聚苯乙烯板较厚的 W150 模型，增加相同数量的连接件时墙板的传热系数上升缓慢，而挤塑聚苯乙烯板较薄的 W75 模型的传热系数随连接件数量的增加上升明显。W75、W150 模型拟合分别得到式(5.6-1)、式(5.6-2)，可为不同连接件数量的墙板传热系数估算提供参考。

$$K_{75} = K_{75}^0 + 0.0105N \tag{5.6-1}$$

$$K_{150} = K_{150}^0 + 0.0075N \tag{5.6-2}$$

式中　　N——连接件数量；

K_{75}、K_{150}——75mm 和 150mm 厚度保温层墙板的传热系数；

K_{75}^0、K_{150}^0——75mm 和 150mm 厚保温层、不带有连接件的墙板传热系数。

5.6.3 新型复合墙板隔声性能试验研究

为了解本课题所研究的新型复合墙板的隔声性能，进行两个试件的混响室试验，随后使用了一些声学的理论知识[32]对结果进行分析，以获得这种新型复合墙板的计权隔声量，并提出提高墙板计权隔声量建议以供在工程实际使用中参考。

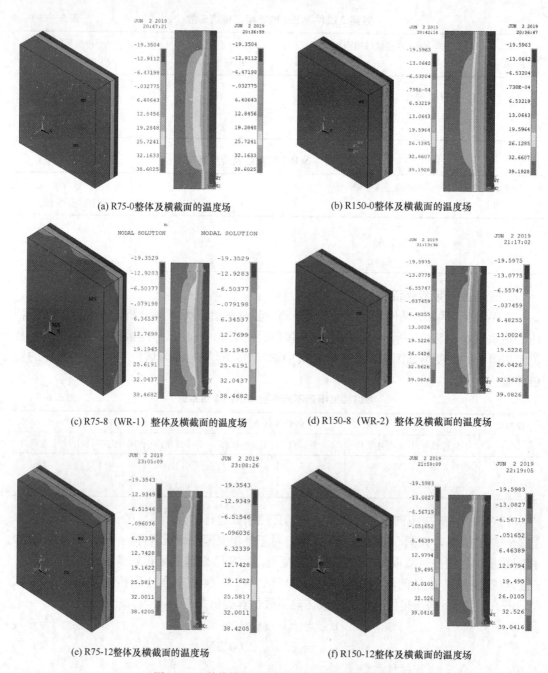

图 5.6-7 数值模拟得到不同参数模型的温度场

本课题计划采用 75mm、150mm 两片不同保温层厚度的轻质复合墙体进行混响室试验,分别记为试件 WS-1、WS-2。考虑到墙体试件在洞口壁龛内的安装方便,墙体分为三片组合而成,试件的四周尺寸比洞口壁龛的四周尺寸相应缩小,墙体之间及墙体与混响室内洞口壁龛之间的空隙进行密封处理。

由 1/3 倍频程的隔声基准曲线确定两试件的计权隔声量如图 5.6-9、图 5.6-10 所示。试件 WS-1 的计权隔声量为 49dB,试件 WS-2 的计权隔声量为 45dB。

第 5 章 装配式板柱钢结构体系建筑产业化技术与示范

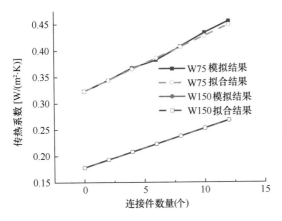

图 5.6-8 连接件数量与传热系数关系曲线

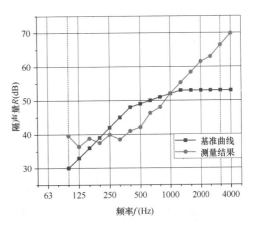

图 5.6-9 WS-1 隔声特性曲线—基准曲线

康玉成[33]推荐使用基于质量定理的经验公式(5.6-3)、公式(5.6-4)对围护构件的隔声量进行计算。

$$R = 23\lg m - 11.5 (m > 200 \text{kg/m}^2) \quad (5.6\text{-}3)$$

$$R = 13.5\lg m + 11.5 (m \leqslant 200 \text{kg/m}^2) \quad (5.6\text{-}4)$$

式中 R——围护构件的隔声量(dB);
m——围护构件的面密度(kg/m²)。

试件 WS-1 经验公式与试验得到的结果吻合程度较好,而 WS-2 由经验公式得出的预测结果与试验结果有差异。分析可能的原因如下:质量定理在推导过程中假

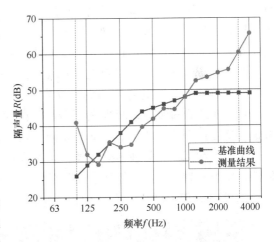

图 5.6-10 WS-2 隔声特性曲线—基准曲线

设墙板为没有刚度、没有阻尼的无限大柔性墙板。忽略了刚度不同带来墙板自振特性对于隔声性能的影响,也没有考虑墙板构造的影响,这与实际情况不符。

采取文献[34]提出的一种工程方法计算墙板产生共振及吻合效应的频率。计算所得试件的各特征频率如表 5.6-6 所示。

WS-1、WS-2 的各特征频率 表 5.6-6

试件编号	共振频率 (Hz)	墙板内叶 吻合频率(Hz)	墙板外叶 吻合频率(Hz)
WS-1	125	182	360
WS-2	86	182	360

虽然由于计算模型对试件的简化及材料特性参数与实际使用材料的参数可能不同等原因,上述计算结果可能存在一些误差,但通过计算结果仍可以发现试件隔声性能的特点:墙体内叶部分与外叶部分的吻合频率都处于中低频率,与通常的情况有一定差异。同时,吻合频率与共振频率也较为接近。这两种不利于隔声的现象集中发生在 80~360Hz 的频

率范围内，对墙体的隔声性能产生了很大的影响。这是造成试验得到的隔声量与预期结果产生偏差的原因之一。从图5.6-9、图5.6-10的隔声特性曲线中也可以看到，在100～400Hz的频率范围内，两试件的隔声性能没有明显地随频率的增加而提高，且存在多个隔声低谷。与等重的单层墙相比，双层墙在中频段的隔声量随质量的增加提升较快，但在整体共振频率处，双层墙的隔声量不如等重的单层墙。

考虑人耳声学特性，计权隔声量评价的频率范围在100～3150Hz之间。为提高复合墙板构件的隔声性能，建议加大两侧板的厚度差。从而使得薄板的吻合界限频率尽量向高频移动、厚板的吻合频率尽量向低频移动，在低频和高频分别形成两个较小的吻合谷，就能降低吻合频率对于墙板隔声性能的影响，提高双层墙板体系的隔声性能。

5.6.4 新型复合墙板受弯性能试验研究

设计两个足尺新型复合墙板，编号为试件1和试件2。试件1和试件2的保温层厚度分别设计为75mm和150mm，墙板总厚度分别为335mm和410mm。两个试件内配筋方式相同，连接件布置方式相同，墙板尺寸均为3000mm×3000mm。在两侧的混凝土面层内均布置双向钢筋网片，直径5mm，间距150mm，钢筋牌号为CPB550。

试验加载方式采用力控制进行分级加载，每级荷载为试件重量的30%，即10kN。因分配梁等装置的总重量约为5kN，故第一级荷载为5kN。每级加荷完成后，静置3min，当试件屈服后，每级荷载减少至5kN，当试件承载力下降到最大承载力的85%左右或墙板最大挠度达到跨度的1/50，即60mm，则停止加载，记录此时的破坏荷载，试验结束。

试件1和试件2的破坏模式类似，均为典型的受弯破坏，如图5.6-11所示。在加载初期，墙板开裂之前，试件挠度随荷载的增加而增大，增长缓慢，近似呈线性发展。当荷载达到极限荷载的30%左右，试件底部纯弯段、靠近加载点处出现第一条细微的竖向裂

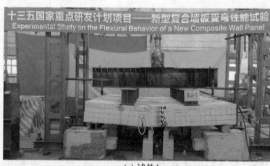 

(a) 试件1　　　　　　　　　　　(b) 试件2

图5.6-11　试件受弯破坏模式

 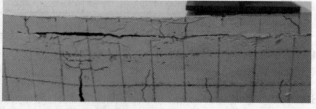

图5.6-12　临界裂缝和层间滑移现象

缝。试件开裂后，随荷载逐步增大，试件挠度增长速度稍有加快，墙板纯弯段裂缝数量逐渐变多，第一条裂缝宽度不断增大，墙板下部裂缝逐渐向上发展，裂缝长度不断增大。当荷载增加到极限荷载的 60% 左右，试件发出混凝土压碎的声音，混凝土面层与保温层逐渐发生滑移，如图 5.6-12 所示。当荷载增加到极限荷载的 70%~80% 时，混凝土面层与保温层滑移明显，钢筋混凝土井字梁内钢筋屈服，挠度随荷载增大而迅速增加，底部裂缝数量不再增多，但裂缝宽度、长度明显增大，此时墙板出现临界裂缝，如图 5.6-12 所示。继续加载试件，当试件挠度大于等于板跨的 1/50，即 60mm 时，认为板件达到极限状态，此时试件 1 主裂缝宽度达到 27mm，试件破坏。

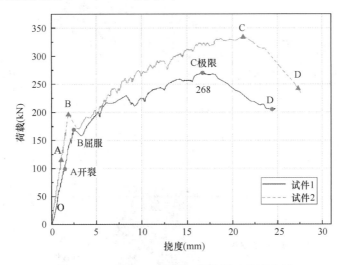

图 5.6-13　试件 1、试件 2 荷载-跨中挠度曲线

值得注意的是，当混凝土面层与保温层发生滑移后，分层处开始出现细小的竖向裂缝，试件的层间裂缝发展迅速。

试件 1、试件 2 的荷载-跨中挠度曲线如图 5.6-13 所示。由图可知，在加载初期，挠度随荷载呈线性发展，试件处于弹性阶段，如 OA 段所示，试件开裂荷载为 15kN/m²。试件初始刚度较大，开裂后，受拉区一部分混凝土退出工作，试件进入弹塑性阶段，挠度增长速率加快，荷载-挠度曲线斜率略有减小，如 AB 段所示。随着挠度增长，钢筋混凝土框架梁内的纵筋应力逐渐增大，直至达到 B 点，试件基本达到屈服；试件屈服后，进入塑性变形阶段，挠度增长速率更快，荷载-挠度曲线斜率减小明显，试件具有较好的延性，如 BC 段所示；当试件达到极限荷载时，挠度迅速增长，荷载急降，如 CD 段所示。加载到此，荷载-挠度曲线呈现出明显的"三折线"特点，试件的极限荷载取为 C 点，在 OC 段，试件的塑性变形约占总变形量的 70%，为典型的延性破坏。

与试件 1 相比，试件 2 的保温层厚度增大，增大了复合墙板截面高度，墙板初始刚度提高，极限承载力提高 23%。

5.6.5　墙板-结构的柔性连接

1. 复合墙板-结构耦合体系拟静力试验

在实际设计时，通常将外墙以荷载的形式加在结构上，通过系数调整十分简化地考虑其对结构的影响。对上述的重力-侧力可分结构体系而言，刚度较大的外墙板若参与到结构受力中无疑会对结构整体的受力模型产生很大的影响，让结构不能按设计预想的方式承担荷载。2017年发布实施的《装配式钢结构建筑技术标准》GB/T 51232—2016指出：外墙板与主体结构的连接部位应采用柔性连接方式，连接节点应具有适应主体结构变形的能力。

针对上述问题，提出三种复合墙板与钢梁间的滑动连接节点，并设计完成了带有柔性连接节点的墙板-结构耦合体系的拟静力试验，考察新型连接节点的滑动性能。墙板与梁之间的三种可滑动连接节点示意图见图 5.6-14~图 5.6-16。

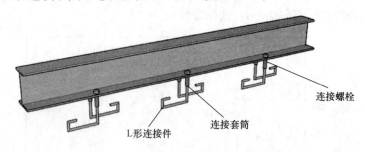

图 5.6-14　可滑动连接节点 1 示意图

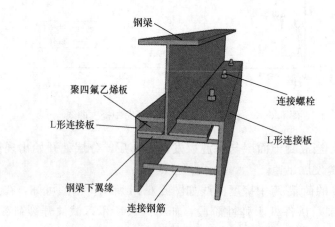

图 5.6-15　可滑动连接节点 2 示意图

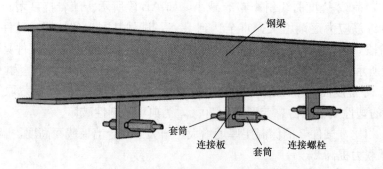

图 5.6-16　可滑动连接节点 3 示意图

试件的设计、加工及加载过程不再赘述，三个连接节点滑动性能试验的滞回曲线如图 5.6-17 所示。由滑动连接节点 1、2 的滞回曲线中可以看出：刚开始试验时，滞回曲线基本重合在一起，滞回环面积很小，刚度上没有明显变化。随后由于滑动界面开始产生静摩擦力使试件的刚度开始增大。接着，在加载位移增大到某一点时，由于开始滑动，静摩擦力转变成了更小的滑动摩擦力，刚度又出现了明显的下降并几乎回到了初始刚度的水平。通过滞回曲线图形可知，滑动连接节点开始滑动后产生的滑动摩擦力水平较低，不会对连接节点的性能产生明显的影响。滑动前的静摩擦力会造成试件的刚度增大，但因为此过程出现的范围很小，也不会对结构整体的受力情况产生很大影响。

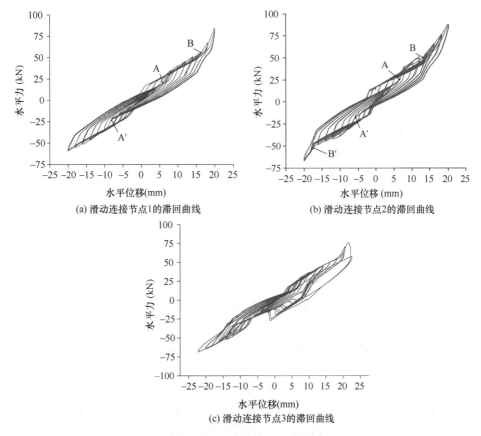

图 5.6-17　各试件的滞回曲线

从滑动连接节点 3 的滞回曲线中可以看出，推出回程的曲线变化异常。通过分析滞回曲线与试验时的现象，认为导致此现象可能的原因是：由于连接节点的滑动界面由螺栓和连接板组成，螺栓的螺纹与连接板边缘十分容易产生咬合现象，使得滑动过程难以控制。若要解决此问题，建议可采用双头螺纹螺栓，使得滑动界面保持平整。

各曲线中，A、B 两点分别对应正向加载时试件刚度第一次与第二次提高的时刻，也就是滑动连接节点的滑动界面开始产生静摩擦与滑动连接节点滑动范围达到限值的时刻，A'、B' 两点对应负向加载时试件刚度第一次和第二次提高的时刻。将试验得到滑动连接节点 1、2 对推迟墙板参与结构抵抗水平荷载的效果列于表 5.6-7 和表 5.6-8。

在三个连接节点的滑动性能拟静力试验中，滑动连接节点 1、2 均具有较好的滑动性能，可以在预先设置的－10～10mm 左右的范围内滑动，从而使得墙板在较大范围内不会参与结构承担水平荷载。试件刚度第一次增加时，滑动界面开始产生静摩擦力。紧接着，当滑动界面开始滑动时，刚度随即下降至与初始刚度相当的水平，即滑动摩擦力不会对连接节点的滑动性能产生明显影响。而滑动界面静摩擦的影响范围很小，也不会对连接节点的效果有较大影响。滑动连接节点3由于螺栓与连接板边缘产生了咬合现象，墙板不能按预期滑动。可以通过将滑动连接节点中的螺栓替换为只在两头有螺纹的双头螺栓解决上述问题，双头螺栓中部平整的螺栓杆可以保证连接节点正常工作。

滑动连接节点1的使用效果　　　　　　　　　　表5.6-7

特征点	特征点意义	横坐标（mm）	原墙板承载层间位移角	使用后墙板承载层间位移角	提升效果
A	滑动连接节点生效	5.90	2.0‰	5.4‰	135%
B	滑动达到限值	16.33			
A′	滑动连接节点生效	−8.15	2.7‰	≥6.7‰	≥148%

滑动连接节点2的使用效果　　　　　　　　　　表5.6-8

特征点	特征点意义	横坐标（mm）	原墙板承载层间位移角	使用后墙板承载层间位移角	提升效果
A	滑动连接节点生效	6.59	2.2‰	4.4‰	100%
B	滑动达到限值	13.11			
A′	滑动连接节点生效	−6.35	2.1‰	5.8‰	176%
B′	滑动达到限值	−17.48			

2. 考虑复合墙板的装配式板柱结构小震作用下抗震性能

使用 Midas/Gen 软件对使用该新型复合墙板的某工程实例进行了墙板与结构刚接、墙板与结构可滑动连接两种情况的建模分析。由于滑动连接节点可以保证外墙板在较大的范围内不参与结构受力，可以认为没有加入外墙板模型的受力模式与墙板采用可滑动连接节点的结构相符。考虑本课题研究的墙板外叶是50mm厚混凝土，故建模时考虑的等效墙板总厚度为123mm。两个模型如图5.6-18所示，分别命名为 M-1、M-2。

M-1、M-2 的周期与振型参与质量　　　　　　　　　　表5.6-9

振型	周期 M-1 (s)	振型参与质量 (%)	合计 (%)	周期 M-2 (s)	振型参与质量 (%)	合计 (%)
1	1.8191	63.5274	63.5274	2.0313	60.744	60.744
2	1.2069	0.0035	63.5309	1.9204	0.1742	60.9183
3	1.0876	0.0002	63.5311	1.711	0.0033	60.9216
4	0.4786	14.4724	78.0034	0.5348	0.0276	60.9492
5	0.3632	0.0021	78.0056	0.4963	15.3544	76.3036
6	0.326	0.0008	78.0063	0.4917	0.5497	76.8533
7	0.2312	5.4573	83.4636	0.2729	0.0016	76.8549
8	0.2005	0.0043	83.4679	0.2399	0.0224	76.8772
9	0.1643	0.0003	83.4682	0.2302	5.7325	82.6098
10	0.1461	3.3604	86.8286	0.1815	0.0004	82.6102

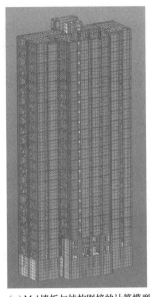 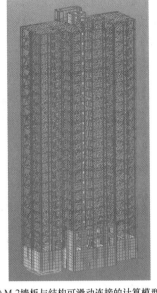 

(a) M-1墙板与结构刚接的计算模型　(b) M-2墙板与结构可滑动连接的计算模型

图 5.6-18　两个计算模型的示意图　　　　图 5.6-19　外墙板拉应力云图

M-1 与 M-2 模型的自振周期如表 5.6-9 所示。可见不安装滑动连接节点的结构体系，其基本周期与安装滑动连接节点的结构体系相差 12%，有较大差距。使用可滑动连接节点后，即可在设计时不考虑外墙板对结构的影响。

在小震作用效应组合下，Midas/Gen 软件得到等效外墙板的最大拉应力如图 5.6-19 所示，可以看到外墙板的拉应力较大幅度超出混凝土的抗拉强度（深色区域）。外墙板会产生裂缝，直至破坏的情况。外墙的破坏可能导致其他附属设施的损坏等，不利于建筑的正常使用，甚至将带来严重的安全隐患。这也说明，可滑动连接节点的使用是必要的。

5.7　产业化示范

5.7.1　唐山市丰润区浭阳新城二区 A-4-6 地块工程 4 号楼

1. 工程概况

唐山市丰润区浭阳新城二区 A-4-6 地块工程 4 号楼作为装配式板柱钢结构体系示范工程楼，地上共 22 层，地下 2 层，标准层层高 3.0m，总建筑面积 10950.45m²，其中地上建筑面积 10096.82m²，地下建筑面积 853.63m²。

建筑户型为 2 梯 4 户，单层预制构件数量：墙板（部分带梁）47 块，楼板 58 块，楼梯 2 块，阳台（带空调板）3 块，空调板 6 块。钢结构含钢量为 71kg/m²，总体钢结构用钢量约为 800t，钢筋用量 42.6kg/m²，预制率 83%，装配率 90% 以上。

该示范工程采用钢框架-支撑-剪力墙结构体系，重力体系和侧力体系分离（图 5.7-1），利用框排架结构承受重力荷载，支撑、多肢柱和剪力墙体系承受侧向荷载，实现标准化、模块化、产业化。

采用空间组合楼盖体系、一体化墙板和防腐防火内墙板，使梁柱无外露，充分发挥钢结构住宅大空间的优势，利用结构创新解决了钢构件防腐防火的问题。围护、保温等结构采用装配式节点连接的方法，形成结构—墙体—保温—装饰一体化。同时，采用上述预制化构件和一体化设计，施工过程采用装配式工法，充分发挥了钢结构住宅施工周期短、进度快的优势。

示范工程于2018年10月主体竣工，实际工期8个月，并于2020年10月通过了专家的验收。

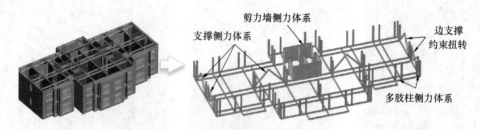

图 5.7-1　重力与侧力体系分离示意图

2. 示范内容

（1）新型装配式板柱钢结构体系

本示范工程采用新型装配式板柱钢结构体系，解决了常规住宅结构小开间、小空间的问题，实现了梁柱不外露，室内无柱大空间、户型可自由分割灵活布置，显著提升了住宅使用性能（图5.7-2）。

图 5.7-2　示范工程现场照片

（2）新型装配式板柱钢结构体系一体化集成式楼盖系统

本示范工程采用的双向叠合空心楼板组合扁梁楼盖技术降低了楼盖高度，提升了楼盖刚度和使用舒适度，解决了住宅中钢梁外露的难题（图5.7-3）。

（3）新型复合轻质外围护墙板一体化建造技术

1）预制夹心保温外墙板部品技术

预制夹心保温外墙板由钢筋混凝土、挤塑聚苯板等多种材料组成，结构分外叶和内叶两部分，墙体内设计填充砌块，减轻墙体重量，墙体结构为防火、保温一体化，构造设计可有效地解决钢柱、钢梁等钢结构的冷桥现象。预制夹心保温外墙板如图5.7-4所示。

(a) 密肋叠合板上铺设填充块

(b) 叠合板上部混凝土浇筑完成，钢梁隐藏

图 5.7-3　双向叠合空心楼板组合扁梁楼盖施工过程

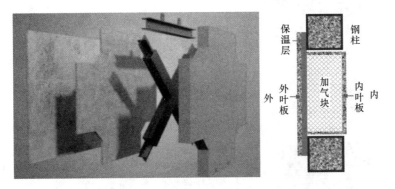

图 5.7-4　预制夹心保温外墙体图

2）墙板接缝密封施工技术

本工程密封防水技术主要采用的方式为材料密封和构造方式两种如图 5.7-5 所示，室内外均采用密封胶做防水，外侧防水采用耐候胶密封，主要用于防止紫外线、雨雪等气候的影响。而内侧二道防水主要是隔断突破外侧防水的外界水汽与内侧发生交换，同时也能阻止室内水流入接缝，造成漏水。预制构件端部的企口构造也是构造防水的一部分，可以与两道材料防水、空腔排水口组成的防水系统配合使用；通过处理满足装配式建筑的使用功能及耐久性、安全性要求，达到了良好的效果。

预制外墙板内叶接缝、内墙钢柱与砌块接缝和钢梁接缝的处理方法如表 5.7-1 所示。

(a) 墙体竖向缝的断桥处理

(b) 墙体水平缝的断桥处理

图 5.7-5　墙板接缝密封施工构造图

接缝做法   表 5.7-1

名称	做法图片	具体做法
预制外墙板内叶接缝		由外到内做法依次采用：①满填岩棉条；②遇水膨胀止水条；③改性硅烷密封胶 352；④水泥砂浆拉毛（掺水重 20% 的建筑胶）；⑤1:3 水泥砂浆挂镀锌钢丝网，每侧外延 150mm（丝径 0.9mm，网孔大小 12.7mm×12.7mm）；⑥1:3 水泥砂浆磨平；⑦内墙装修做法（刮腻子，墙漆）。注：对于缝宽小于 10mm 的外墙内叶板接缝，岩棉条和遇水膨胀止水条由 1:3 水泥砂浆代替
内墙钢柱与砌块接缝		由内向外依次做法：①界面剂一道；②水泥砂浆拉毛（掺水重 20% 的建筑胶）；③1:3 水泥砂浆挂耐碱玻纤网格布，每侧外延 150mm（密度为 160g/m²）；④1:3 水泥砂浆磨平（增设一道网格布）；⑤内墙装修做法（刮腻子，墙漆）
钢梁接缝		对于屋顶钢梁接缝，由上到下做法依次采用：①界面剂一道；②水泥砂浆拉毛（掺水重 20% 的建筑胶）；③1:3 水泥砂浆挂耐碱玻纤网格布，每侧外延 150mm（密度为 160g/m²）；④1:3 水泥砂浆磨平；⑤顶棚装修做法（刮腻子、墙漆）

3）结构围护一体化技术

围护夹心保温混凝土外墙板与钢梁、钢支撑组合墙体一体化部品制作，在装配式钢结构住宅中将钢梁和钢斜支撑安装在夹心保温外墙板中（放在 200mm 厚内叶中）与夹心保温外墙板预制在一起，即外叶为 50mm 厚钢筋混凝土＋75mm 挤塑聚苯板＋内叶（钢梁、钢斜支撑、格构式梁、加气块）＋30mm 厚内叶钢筋混凝土，共 355mm 厚，如图 5.7-6、图 5.7-7 所示。此技术解决了钢梁、钢斜支撑的防火问题，实现了保温一体化，保温与结构同寿命，解决了与钢梁、钢斜支撑的冷桥问题，解决了钢梁、钢斜支撑底部封堵不密实、易产生裂缝的现象，避免了在砌筑墙体上抹灰、粘贴挤塑聚苯板容易脱落的现象，利用钢梁进行墙体吊装，解决

图 5.7-6　围护结构一体化效果图

了墙体的吊装问题，同时也加快了钢结构安装速度，且外墙板现场安装施工速度比传统砌筑快，减少了现场湿作业，保护环境，有利于现场文明施工。

(a) 带钢梁外墙板

(b) 带飘窗的钢梁外墙板

(c) 带钢柱复合墙板1

(d) 带钢柱复合墙板2

图 5.7-7　结构围护一体化部品

(4) 新型装配式高层钢结构住宅体系设计及构件拆分技术

1) 柱：采用三肢 L 形柱和双肢一字形柱。

钢柱布置形式如图 5.7-8 所示，具有以下优点：①建筑室内效果好，组合钢柱采取防火保护后与墙体同厚度，室内不露柱角；②结构布置灵活，可根据建筑墙体位置设置支撑，调整单肢柱的间距，适合各种建筑平面；③融合了纯钢与混凝土材料的优势，钢管混凝土柱充分发挥了钢材受拉强度好和混凝土抗压性能高的特点，减小了柱截面尺寸，塑性和韧性好，抗震性能强。

2) 梁：采用不等翼缘蜂窝梁，梁柱铰接，楼板支撑在钢梁下翼缘。

梁截面形式如图 5.7-9 所示，具有以下优点：①建筑室内效果好，楼板落在钢梁下翼缘，室内不露梁；②结构布置灵活，可以根据需要预留大空间，也可以自由分隔灵活布置；③融合了纯钢与混凝土材料的优势，钢梁与混凝土板协同工作，结构的稳定性、安全性进一步增强。

3) 板：采用钢梁与叠合空心楼板相组合的一体化集成式楼盖系统。

叠合空心楼板形式如图 5.7-10 所示，具有以下优点：①建筑室内效果好，采光效果、空间效果均明显好于采用梁板结构的建筑；②隔声效果好，具有良好的隔声效果，同比梁板结构可降低 10~15dB 声量，尤其可以阻碍撞击声音的传播；③具有良好的保温隔热性能和防火性能，使空调效果更好；④经济效益好，降低层高，减少各类竖向管道费用，提高竖向交通效率，及减少电梯运营费用。

4）支撑：采用方管交叉支撑和人字形支撑相结合（图5.7-11）。

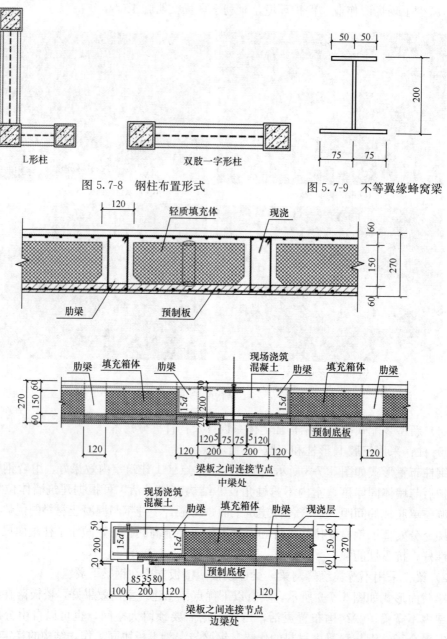

图5.7-8　钢柱布置形式

图5.7-9　不等翼缘蜂窝梁

图5.7-10　叠合空心楼板

5）核心筒：采用装配式混凝土剪力墙竖向搭接连接体系。

装配式混凝土剪力墙结构构造如图5.7-12所示，具有以下优点：技术成熟可靠，通过试验验证和专家论证，并在厂区试验楼和溧阳五区9号楼进行了示范应用；质量易保证，采用工厂平模制作质量可控、后浇混凝土模板定型程度高，钢筋连接质量检查直观、可靠；成本可控，不使用套筒，生产成本减低；安装便捷，安装快速精准、调整方便，施工效率高，可同层浇筑，施工进度有保证。

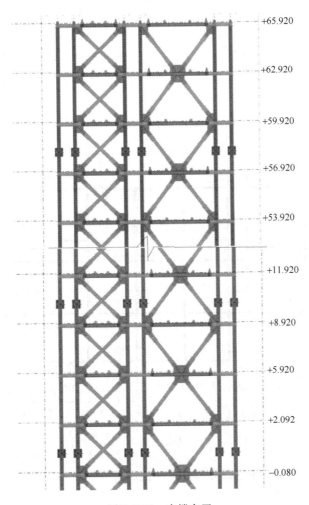

图 5.7-11 支撑布置

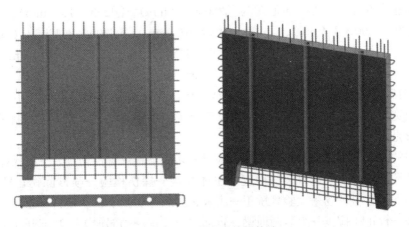

图 5.7-12 剪力墙结构构造

整体结构平面布置如图 5.7-13 所示,梁采用工字形梁,主梁铰接于柱端牛腿上或者剪力墙上,主梁的牛腿部分与柱刚接,长度为 500mm(接近反弯点位置),次梁铰接于主梁之上,组成共同的受力体系。柱从下到上分为 3 类,在同一平面内也分为 3 类——顺 X 方向墙柱、顺 Y 方向墙柱、角部柱。采用方钢管混凝土柱。墙采用钢筋混凝土墙,厚度取 250mm、300mm,只在楼梯和电梯筒位置布置。抗侧支撑采用方钢管,壁厚沿结构层高逐渐减小。

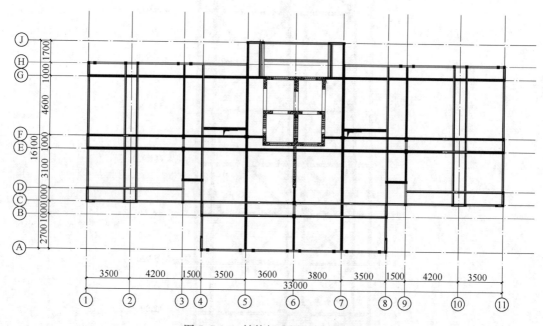

图 5.7-13　结构标准层平面布置图

(5) 装配式高层钢结构住宅部品部件生产技术

1) 钢构件生产工艺

4 号楼采用钢-混凝土板柱-支撑-剪力墙结构形式,钢柱、梁材质为 Q345B,支撑为 Q235B。钢柱为方管,主要截面形式为 □200×8(mm)、□200×10(mm)、□200×14(mm)、□200×300×8(mm)、□200×300×10(mm)、□200×300×14(mm),钢梁为不等边翼缘的焊接工字形,主要截面形式为 H200×100/150×6×10(mm)、H200×120/145×6×10(mm),支撑为 □200×10(mm) 的方管。

其结构特点为轻钢结构,板薄、焊接易变形,而且工字形上下翼缘板不等宽,截面小、翼缘板宽度小,翼缘矫正机无法对焊接工字形翼缘不平度进行校正。控制过程中各工序制作变形是本工程的重点。

方管柱的工艺流程如下:材料进场→检验→切割下料(零件切割)→搭操作平台→装焊零件→柱端部处理→主体拼装→检查→主体焊接→探伤检验→喷砂除锈;H 型钢梁的工艺流程如下:材料进场→检验、矫正→腹板、翼缘→切割下料→接料→超探检查→校验→气割长条→校正→检查→组装断面梁→自动焊→校正→端部加工、腹部开孔→检查→焊装零件→除锈→油漆。

2) 带钢柱复合墙板生产工艺

带钢柱复合墙板工艺流程如下：模具清理→L形挂板长边钢筋网片布置→长边外叶混凝土浇筑→长边保温板铺贴→钢柱安装→内叶模具封堵→长边内叶钢筋、专业、加气块布置→长边内叶、短边外叶混凝土浇筑→蒸汽养护→钢结构侧翻→短边内叶混凝土浇筑→蒸汽养护→预制构件拆模→编号→预制构件吊装堆放。下面详细介绍每项工艺流程的操作步骤。

模具清理：先检验选用生产构件的模具是否正确，核对模具尺寸，若模具有挠度、变形现象，及时对模具进行修理。确保模具表面没有混凝土浮浆、浮灰、油污、铁锈等，然后用拖布在模台上均匀薄薄地涂刷一层脱模剂。当脱模剂风干以后再进行下一道工序。在模具上贴生产构件标识。

L形挂板长边钢筋网片布置：钢筋网片铺贴在长边模具上，钢筋网片底下用混凝土垫块支承，根据图纸上的连接件的位置布置连接件，连接件与钢筋网片连接固定，严禁随意放置连接件，以防止连接件与钢柱的位置冲突。

长边外叶混凝土浇筑：在确保隐蔽的钢筋网片与连接件无误后，清理外叶模具内的焊渣等杂物，进行外叶混凝土浇筑，浇筑过程中将混凝土集中的部位用搂耙耙平，混凝土浇筑厚度采用负公差，严禁超高，振捣过程振动棒插点要均匀排列，避开埋件位置。

长边保温板铺贴：根据图纸选用对应厚度的保温板（本工程有两种厚度的保温板）。保温板铺贴要保证整齐有序，外轮廓边与混凝土边平齐。铺贴之后核对完成面是否平整与超高。

钢柱安装：在钢柱的短边铺贴保温板，同时将连接件穿透保温板与钢柱焊接，连接件位置要与图纸相符。连接件焊接在5mm钢丝网上。将配有保温板的钢柱整体放置在L形模具上，确保钢柱保温板与模板的空间位置。

内叶模具封堵：用定型模具对构件顶部、底部和钢梁部位进行封堵。

长边内叶钢筋、专业、加气块布置：根据墙体钢筋平面布置图和下料单，核对生产所需的钢筋种类型号、尺寸、数量是否准确。在模具内布置钢筋。根据图纸上线盒的位置布置线盒，明确线管根数及走向。根据图纸上的加气块位置布置加气块，混凝土浇筑之前需要对加气块浇水润湿。

长边内叶、短边外叶混凝土浇筑：在确保隐蔽的钢筋网片与连接件连接无误后，清理外叶模具内的焊渣等杂物，进行混凝土浇筑，浇筑过程中将混凝土集中的部位用搂耙耙平，混凝土浇筑厚度采用负公差，严禁超高，振捣过程振动棒插点要均匀排列，避开埋件位置。混凝土表面做抹面压光处理。在浇筑短边时用钢筋棍对混凝土进行振捣。待浇筑到短边外叶接近顶部时，将方管压入做出构造防水。

蒸汽养护：为了加快生产速度，采取蒸汽养护。

钢结构侧翻：待混凝土到达起吊强度，用导链四点起吊进行钢结构整体侧翻，让短边水平长边垂直。侧翻前用Φ20的钢筋600mm一道将钢柱和模板点焊，防止模板与构件位置发生偏移。

短边内叶混凝土浇筑：混凝土浇筑之前清理模内杂物，对隐蔽工程验收和技术复核，准确无误后方可浇筑。

蒸汽养护：采用蒸汽养护时，应实时跟踪养护，使棚温与构件内水化热相适应。试验室工作人员要每天记录温度变化情况。

预制构件拆模：轻敲击边模具，使模具松动。如若出现模具与混凝土接触密实，仍然无法松动时，可以充分利用模具上的吊装点及车间内的起吊设施，通过起吊来使模具与构件脱离。拆除模具过程中，注意对混凝土构件、模具的成品保护。将构件标识牌扎到钢梁上。模具拆除完毕之后，及时对模具上的混凝土残渣、污染物等进行清理。清理完毕后，边模堆放整齐，漏浆封堵件收集到工具盒中，不得随意丢放。

编号：编号采取喷涂。预制构件标识包括：生产单位、构件型号、生产时间和质量验收标志。

预制构件吊装堆放：同条件试块抗压强度必须达到设计强度的75%，并有签字确认单，方可起吊。起吊时用卡环对墙体进行四点起吊。挂板存放采用水平放置。

3）带钢梁复合墙板生产工艺

带钢梁外叶复合墙板生产流程如下：安装外叶墙模具→刷脱模剂→铺钢筋网片→放垫块与保温连接件→浇筑外叶墙混凝土→铺保温板。下面详细介绍每项工艺流程的操作步骤。

安装外叶墙模具：外叶墙模具安装前先将脱模剂涂刷均匀；位于平台边缘处的模具，用螺栓与平台连接；其余两边用高强磁铁将模具固定在平台上。

绑扎外叶钢筋：外叶墙钢筋一般采用成品钢筋网片，钢筋直径6mm，网孔200mm；钢筋网片在外叶混凝土层中居中布置，单块网片无法铺满模内时，可用多块网片搭接铺设，搭接长度不小于200mm，搭接区域满扣绑扎。

安装垫块和保温连接件：保温连接件，注意绑扎在钢筋网片的底部；混凝土垫块位置按1m间距梅花形布置。

浇筑外叶混凝土：外叶墙混凝土浇筑完毕后，注意校正保温连接件的位置和垂直度。

铺保温板：混凝土浇筑完毕且静置0.5h后，方可铺设保温板；内叶墙混凝土振捣必须在外叶墙混凝土完全初凝之前完成。当铺完保温板时应与内外叶模具连接处齐平。

带钢梁内叶复合墙板生产流程如下：安装内叶墙模具→放置钢梁→绑扎内叶钢筋→放加气块与钢筋网片→预埋专业线管、线盒、吊点埋件与钢梁吊耳连接豁口→浇筑内叶→内叶收面→蒸汽养护→模具拆除清理→墙体吊装→墙体堆放。下面详细介绍每项工艺流程的操作步骤。

安装内叶墙模具：模具与模具之间用螺栓固定拧紧，固定钢梁。

放置钢梁：为钢梁与其他构件焊接连接时方便而预留的豁口。每个外墙都有它对应的钢梁，钢梁与模具用螺栓连接。

绑扎内叶钢筋：内叶绑扎钢筋时应注意四周外围钢筋与内叶模具距离是否符合保护层厚度要求。

放置加气块、铺钢筋网片：加气块之间距离与数量按情况分配，放置网片时注意保护层厚度。

预埋专业线管、线盒、吊点埋件与钢梁吊耳连接豁口：钢筋与钢板焊接，拆模后与钢梁吊耳焊接。豁口模具，四周可做成斜坡使拆模方便，钢梁吊耳连接豁口模具与钢板用螺栓连接。

浇筑内叶墙混凝土和混凝土收面处理：浇筑混凝土前应清理模内杂物，且模具内不得有积水；振动棒插点要均匀排列，可采用"行列式"的次序移动，每次移动位置的距离应不大于振动棒作用半径的1.4倍;振动棒使用时,振动棒距离模具不应大于振动棒作用半径的0.5倍,且不宜紧靠模具振动,避免碰撞钢筋、吊环、预埋件等。内叶墙混凝土收面处理方式:①混凝土浇筑后,在混凝土初凝前和终凝前宜分别对混凝土裸露表面进行抹面处理;②混凝土浇筑完毕后,静置0.5h,待混凝土内气泡排出后,可将混凝土面收平压光;③有预埋件部位的混凝土,应用专用工具将预埋件周圈混凝土压平压光,不得出现凹凸不平。

蒸汽养护:蒸汽养护全过程分为静停、升温、恒温、降温四个阶段。蒸养前,要提前拆除磁铁,由于磁铁磁性受高温后会削弱,所以高温养护混凝土构件时,固定边模的高强磁铁应在养护前拆除。静停期:构件混凝土浇筑完毕至混凝土终凝之时的养护期为静停期。静停期间应保持窑内温度不低于5℃,时间为2~3h。静停期可向窑内供给小量的蒸汽,将窑内温度控制在20℃以内。升温期:温度由静停期升至规定的恒温阶段为升温期。升温速度不得大于15℃/h。恒温期:恒温时窑内温度为60±2℃,不宜超过65℃;构件芯部混凝土温度不宜超过80℃,个别最大不得超过85℃;恒温期一般保持4~8h,具体时间可根据试验确定。降温期:按规定恒温时间,取出随构件养护的混凝土抗压试件经试验达到混凝土脱模强度(构件混凝土强度达到设计强度的75%为脱模强度)后,停止供气降温,降温速度不大于15℃/h。如检查试件达不到脱模强度的要求,则按试验室的通知延长恒温时间,直至混凝土达到脱模强度后方能降温。降温至25℃以下,且构件表面温度与环境温度之差不超过15℃时,方可将构件运出蒸养窑。

模具拆除、清理:拆除配件,先松开紧固螺栓,后拆除高强磁铁;边模拆除,先拆除内叶墙模具,再拆除外叶墙模具,边模拆除时注意轻轻敲击,以免破坏外墙板;模具清理,模具拆除完毕之后,及时对模具进行清理,包括模具上的混凝土残渣、污染物等。

墙体吊装:①预制构件脱模起吊时,所需要的混凝土立方体抗压强度必须达到22.5MPa以上;②预制混凝土构件的运输、起吊强度应不低于设计强度的75%;③吊装时吊索与水平线的夹角不宜小于60°;④构件部品起吊前,应确认部品与模具间的连接部分完全拆除后方可起吊。

喷涂标记、堆放:外墙板喷涂标记按照统一格式进行,标记中含有生产厂家,墙体编号和生产日期。

4)预制叠合密肋楼板生产工艺

预制叠合密肋楼板工艺流程如下:模台清理→模具组装→钢筋加工与绑扎→专业布置→混凝土浇筑→混凝土养护→预制构件拆模→预制构件吊装堆放。下面详细介绍每项工艺流程的操作步骤。

模台清理:模台通过自动清扫机后,基本上将模台上的浮土、混凝土残渣等清理干净,需要人工利用干抹布对模台上遗留的浮尘清理干净。若模台上出现锈迹、水印痕迹等,则要求人工利用砂纸对其打磨处理,保证模台的清洁度。平台清扫机、废料仓应在下班前用高压水枪冲洗干净。

模具组装:边模组装要先在平台的一端固定大边模,而后根据图纸尺寸标注侧模位置,再安装顶模用磁盒固定牢固,四个角再用卡子卡死;熟悉图纸,了解构件的尺寸、型号是否与模具类型相同;模具及其支架必须有足够的强度、刚度和稳定性。组装前,检查边模是否变形,否则将极易导致混凝土漏浆;边模转角部位用专用紧固件固定拧紧,边模中间部位用高强磁铁压紧，防止混凝土从边模底部漏浆。由于磁铁磁性受高温后会削弱，所以采用高温养护混凝土构件时，固定边模的高强磁铁应在养护前拆除。

放置叠合板钢筋网片：在模具内放置钢筋网片前，首先在底部放置少量混凝土垫块，垫块按梅花状布置，间距不宜大于 1000mm，用于钢筋保护层厚度控制。

钢筋加工与绑扎：首先根据构件图纸上反映的钢筋形状、长度等要求合理配料；钢筋采用冷拉方法调直，钢筋调直过程中，不应损伤带肋钢筋的横肋；弯曲钢筋时，应先反复修正并完全符合设计要求的尺寸和形状，作为样板（筋）使用，然后进行正式加工生产；钢筋绑扎前熟悉图纸及边模，核实图纸上的钢筋、桁架筋的品种、规格、数量等与现有加工钢筋是否相符；绑扎的钢筋网、钢筋骨架应牢固。对绑扎网和绑扎骨架，其缺扣、松扣的数量不得超过绑扣总数的 20%，且不应有相邻两点缺扣或松扣；板内桁架钢筋中心间距不大于 600mm，桁架钢筋高度方向允许偏差 －3mm，构件每侧外伸钢筋长度偏差 ±5mm。

专业布置：熟悉图纸上叠合板上专业线盒、预留孔洞和吊环的位置和数量；根据设计图纸说明，确定照明线接线盒的位置以及配管数量，提前将接线盒及其相通的接线管进行安装；接线盒固定，将接线盒反扣在模台上，线盒四周用短钢筋绑扎固定，固定钢筋再与钢筋网固定；预埋线盒安装完毕后，必须坚持预埋件安装牢固，核对其位置及数量。

混凝土浇筑：混凝土浇筑之前清理模内杂物；采用手持振动棒振捣时，振捣时间不小于 20s，直至混凝土面层泛出水泥浆，并无气泡浮出；采用混凝土振动台振捣时，振捣频率应在 80～100Hz 之间，时间 30s，重复 3～5 次，直至叠合板构件混凝土面层泛出水泥浆，并无气泡浮出；混凝土浇筑后用抹子找平面层。

混凝土养护：采用蒸汽养护时，应实时跟踪养护，使棚温与构件内水化热相适应。蒸汽养护全过程分为静停、升温、恒温、降温四个阶段。蒸养前，要提前拆除磁铁，由于磁铁磁性受高温后会被削弱，所以高温养护混凝土构件时，固定边模的高强磁铁应在养护前拆除。

预制构件拆模：轻敲击边模具，使模具松动；拆除模具过程中，注意对混凝土构件、模具的成品保护；将构件标识牌绑扎到肋梁箍筋上；模具拆除完毕之后，及时对模具上的混凝土残渣、污染物等进行清理。

吊装堆放：同条件试块抗压强度达到设计强度的 75% 后方可起吊。叠合板之间叠放 200mm 厚加气块。

(6) 装配式高层钢结构住宅安装集成技术

1) 构件施工部署

为了保证构件的制作质量，所有钢构件均在中国二十二冶集团有限公司工业园制造厂内进行制作，所有混凝土预制构件均在中国二十二冶集团有限公司装配式住宅产业分公司基地制作。构件制作完成验收合格后公路运输至安装现场，制作、运输顺序及进度要满足安装顺序及进度要求。根据现场塔吊的吊装能力对部分超重钢柱进行分段，以满足现场塔吊的额定吊装能力。构件施工区域划分如图 5.7-14 所示，本工程共设东西两个塔吊，可分为一区、二区两个工作区域，即两个塔吊分别负责东、西两区。

施工流向如图 5.7-15 所示，总体施工流向为从中间向外侧，即先安装中间阴影部分区域，待形成稳定框架后，再分别向外侧扩展安装。所有构件使用塔吊进行吊装，西侧塔

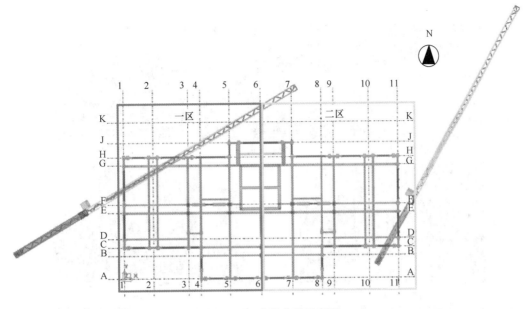

图 5.7-14 安装分区示意图

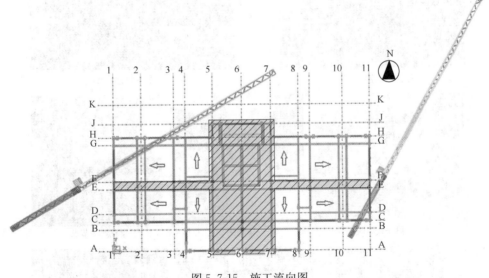

图 5.7-15 施工流向图

吊型号为 C7022（最重额定吊重为 16t），东侧塔吊型号为 STC7020（最重额定吊重为 10t），遇带钢柱复合外挂板构件需借助 25t 汽车吊吊装构件底部进行辅助吊装。

2）构件安装

构件卸车、倒运、安装采用塔吊进行安装。构件安装时严格根据总包的主体施工进度计划编制钢结构制作、运输、安装进度计划。在保证安全、质量的前提下，确保构件安装进度计划满足整体施工进度的要求。各类型构件的安装过程如图 5.7-16 所示。

图 5.7-16 构件安装过程（一）

图 5.7-16 构件安装过程（二）

5.7.2 中冶建筑研究总院有限公司科研试验用房改造项目

1. 工程概况

中冶建筑研究总院有限公司科研试验用房改造项目位于北京海淀区西土城路33号院，由三座科研试验楼（A1、A2、A3楼）及地下部分组成。三座科研试验楼于用地南侧自东向西依次增高并排布置，体型均为规则矩形，朝向为南北向。建设用地面积为65400.649m²，总建筑面积为118598m²。其中 A1 楼 6 层，建筑高度 30m，钢框架结构。A2 楼 10 层，建筑高度 45m，钢框架-混凝土核心筒结构。A3 楼 13 层，建筑高度 59.45m，钢框架-耗能支撑＋钢筋混凝土核心筒结构。地下 3 层为钢筋混凝土剪力墙结构。

该示范工程主体结构如图 5.7-17 所示，地上部分共 3 栋单体，自左至右分别为 A1、A2、A3 楼。其中，A1 为 6 层装配式钢框架结构办公楼，A2 和 A3 楼为钢框架（支撑/耗能钢板墙）-混凝土核心筒结构办公楼。

该示范工程应用了新型预制混凝土叠合楼板。如图 5.7-18 所示，传统预制板端部伸出胡子筋，施工时经常出现钢筋打架的情况，加工制作不便。新型预制板端部不出筋，便于工厂全自动流水线生产提高生产效率，施工现场无钢筋打架的问题，施工效率高。通过在间隔设置的凹槽内附加钢筋满足组合梁纵向抗剪的要求。应用新型叠合楼板，大幅提升了装配式钢结构建筑的建造效率。新型叠合楼板的示范效果如图 5.7-19 所示。

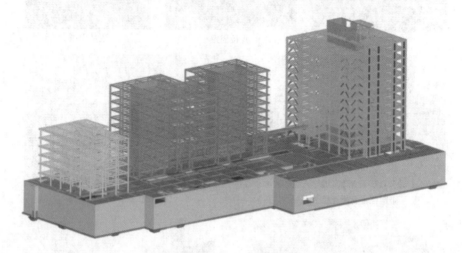

图 5.7-17 科研试验用房改造项目结构示意图

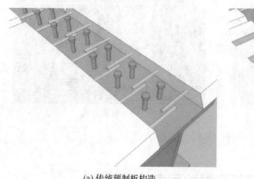 

(a) 传统预制板构造　　　　　　　　(b) 新型预制板构造

图 5.7-18 示范应用的新型预制混凝土叠合楼板

图 5.7-19 新型预制板顶面

2. 示范内容

该示范工程中应用了一种新型的不出筋叠合楼板，该种叠合楼板的具体制作方式如图 5.7-20 所示。

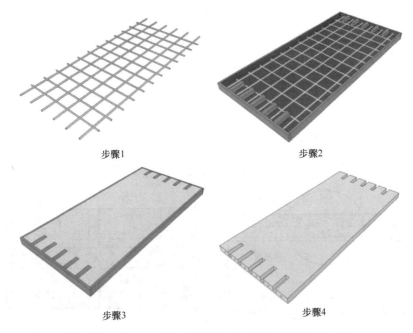

图 5.7-20　新型预制叠合楼板制作步骤

相对传统的预制板叠合板钢-混凝土组合楼盖，这种新型的叠合板不出筋，因此在运输和吊装的过程中具有更好的便利性，具有更高的建造效率。并且，由于预制板不出筋，在楼板吊装时候不会产生与栓钉的碰撞问题，因此钢梁在工厂加工制造过程中，可以在厂内直接焊接好栓钉。这一方面更好地保证了栓钉的焊接质量，另外也大大减少了现场栓钉焊接的工作量，缩短了施工周期，具有显著的经济效益。

叠合楼板的安装以及浇筑混凝土后的效果示意图如图 5.7-21 所示。首先将预制板吊装到钢梁上，并调整就位；之后，在预制的板槽内放置横跨钢梁的抗剪钢筋，并铺纵横向板顶钢筋；最后，浇筑混凝土，整个预制叠合板组合梁形成整体、共同工作。槽内放置的抗剪钢筋与栓钉和后浇混凝土成为一体后可以提供有效的纵向抗剪作用，防止组合楼盖在竖向荷载作用下发生沿着栓钉的纵向劈裂破坏。

这种新型的钢-混凝土预制板叠合楼盖相对传统的组合楼盖具有基本相同的力学性能，在保证了钢-混凝土组合楼盖的承载力前提下，大幅度简化了组合楼盖的现场安装难度，提高了施工效率；并且由于现场安装工艺更加简单，施工质量也得到更好的保证，具有广阔的应用前景。

新型叠合预制板的生产工艺流程如下：钢筋下料→钢筋绑扎→模台清理→模板清理及涂刷水洗剂→叠合板模板组装→放置钢筋半成品→混凝土浇筑→拉毛→蒸养→模板拆除→冲刷水洗面→编号→吊装→修补→浇水养护→出厂。

叠合板进场需有必要的文件进行物资进场报验，合格后方可投入使用。叠合板应依据经核准之铺设规划图面施工。叠合板间需焊接栓钉位置应依据规范及设计要求确定。焊接

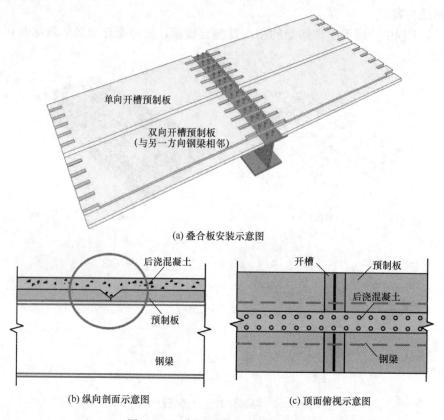

图 5.7-21 新型预制叠合楼板示意图

材料应能保证栓钉与钢梁材料有良好的熔接。混凝土浇筑时，应小心避免混凝土堆积过高，以及倾倒混凝土所造成之冲击。严禁在浇筑混凝土时使用振捣棒振捣，应采用平板式振捣器进行振捣。叠合板铺设完毕后注意边角接缝的封堵工作，以保证混凝土施工时不会有漏浆污染已安装的钢柱、钢梁。叠合板铺设时 V 形开口应紧贴，避免漏浆，若存在缝隙，混凝土浇筑时应进行有效封堵；叠合板不得存在影响结构安全的通缝，局部有开裂现象不影响使用，主要针对混凝土干缩或养护不及时引起的表面裂缝（指裂缝深度不得超过混凝土保护层，且裂缝宽度不应超过板跨的 1/400 的裂缝），另外安装时需严格控制板间间隙。如果叠合板与钢梁顶面间隙较大，须进行有效封堵，以防混凝土浇筑时漏浆。叠合板现场吊装过程及成品如图 5.7-22 和图 5.7-23 所示。

图 5.7-22 叠合板吊装

图 5.7-23　吊装完成效果

5.7.3　示范生产线

1. 板柱式钢结构示范生产线

板柱式钢结构示范生产线在原有生产线的基础上，增加高速数控三维钻床、数控转角带锯床、数控机械锁口铣、数控焊接及切割等高端先进设备，生产线经过改造升级，钢结构年生产能力可达 20 万 t，产品类型也更加多样性，不仅可以生产传统的 H 型钢、箱形柱、管桁架等重钢构件，还可以生产薄板钢构件，市场不仅覆盖民用、交通、海工、工业等，还可以涉及装配式钢结构领域，填补了公司钢构件生产的空白，大大提升了公司的市场竞争力。板柱式钢结构示范生产线如图 5.7-24 所示。

生产线的主要核心技术包括：①生产线核心技术，如高精度下料技术、高精度制孔技术、高精度 H 型钢组装技术、H 型钢高速焊接技术、防腐车间净化技术等；②智慧建造技术应用，基于 BIM 技术与钢结构全生命周期智慧建造平台（ERP）实现，采集构件全生命周期的重要数据，并以三维模型为载体，为其赋予时间信息、人员信息、资料信息和相关数据映射等信息，形成一个完整的构件生产、安装的线上管理流程；③钢结构深化设计技术，运用专业化深化设计软件 Tekla，根据设计院下发原设计图纸进行深化设计，建立钢结构 BIM 三维模型，在模型中赋予构件基础工程信息；④材料管理技术，根据 Tekla 软件导出的构件材料清单编制材料计划，进行材料采购；⑤钢结构排版下料技术，使用超级算法算出最佳排版方式，将板材利用率最大化，通过数字化钢材库模块调取材料堆场中的钢材，调取钢材过程配合钢材管理模块选取最优方案进行钢材调用；⑥钢结构虚拟预拼装技术，对焊接完毕的构件进行三维扫描，扫描结果与深化设计模型进行比对检测构件外形尺寸是否合格，合格构件的模型将用于虚拟预拼装进行进一步检测；⑦物流管理技术，通过终端设备将司机和车辆与管理中心建立交互，随时监控运输情况，实现运输工作总体调控。

2. 板柱式钢混组合结构示范生产线

板柱式钢混组合结构示范生产线是在一期 PC 生产线的基础上，新增加立式蒸养窑、码垛机、布料机、蒸养棚及模台等设备，生产效率得到了很大的提升，生产线节能更环保，新增加产能 1.5 万 m³/年，不仅可以生产 PC 构件，还可以生产钢混组合构件，完成了示范工程所需构件的生产工艺的研究，年生产能力 6 万 m³。生产线整体情况如图 5.7-25 所示。

为了扩大生产能力，提高生产效率，2019 年启动遵化二期项目建设，引进 5 条国内

(a) 钢结构H形生产线

(b) 钢结构箱形生产线

(c) 钢结构板单元生产线

图 5.7-24 板柱式钢结构示范生产线

图 5.7-25 生产线整体情况

最先进的 PC 生产线和 1 条钢筋加工线，可生产装配式混凝土外墙板、内墙板、叠合楼板、叠合墙板及钢混组合构件等多品种装配式部品部件，设计产能为年产 30 万 m³，生产线可实现单跨生产工艺双线双循环，产能更高效，并且采用了智能布料技术、堆垛机控制技术、低噪振动技术、养护系统高效节能的温度控制技术及智慧工厂管理系统，生产更高效，管理更智能。

5.7.4 示范产业园

示范产业园是以集装配式住宅研发、设计、生产、施工及咨询为一体的综合生产园区，下设装配式钢结构生产基地和装配式混凝土生产基地，园区总占地面积 40 万 m²，实景如图 5.7-26 所示。

图 5.7-26　示范产业园实景图

装配式钢结构生产基地于 2002 年建成，厂房占地面积 5.8 万 m²，目前拥有五条生产线，分别为 2 条箱形生产线，2 条板形生产线、1 条工字形生产线，可进行轻型/重型 H 型钢、箱形构件、钢管桁架构件的生产加工，通过引进现代化加工设备，对下料区、组装区、焊接区以及涂装区的改造，能够满足各类钢结构部品部件的生产制造及安装需求，年生产能力达到 20 万 t，实现产业升级和园区示范。

装配式混凝土生产基地于 2012 年建成，厂房占地面积 8400m²，拥有 2 条生产线，分别为自动化生产线和固定线，通过对生产线改造，不仅可以生产传统的 PC 构件，还可以生产钢-混结构复合构件，产能提升 1.5 万 m³/年，生产能力达 6 万 m³/年。

为满足新型装配式钢结构建筑生产需求，园区新建二期生产基地，占地面积 5.4 万 m²，建设有 5 条 PC 生产线，1 条钢筋生产线。其中 PC 生产线包括综合生产线 2 条、内墙生产线 1 条、叠合板及双皮墙生产线 1 条、柔性固定线 1 条，采用目前国内最先进的生产线设备，年生产能力达 30 万 m³。

示范园区采用智能管理系统，集成应用信息化、BIM、物联网、云计算和大数据技术，能够实现"总厂＋分厂""工厂＋项目"的全周期智能化管理。

参 考 文 献

[1] 住房和城乡建设部. 建筑抗震设计规范：GB 50011—2010(2016 年版)[S]. 北京：中国建筑工业出

版社，2010.

[2] 住房和城乡建设部. 钢结构设计标准：GB 50017—2017[S]. 北京：中国建筑工业出版社，2017.

[3] 住房和城乡建设部. 组合结构设计规范：JGJ 138—2016[S]. 北京：中国建筑工业出版社，2016.

[4] 住房和城乡建设部. 钢板剪力墙技术规程：JGJ/T 380—2015[S]. 北京：中国建筑工业出版社，2015.

[5] 住房和城乡建设部. 建筑抗震试验规程：JGJ/T 101—2015[S]. 北京：中国建筑工业出版社，2015.

[6] Tao M-X, Nie J-G. Fiber beam-column model considering slab spatial composite effect for nonlinear analysis of composite frame systems. J Struct Eng. 2014；140(1)：04013039.

[7] Lu X, Lu X, Guan H, et al. Collapse simulation of reinforced concrete high-rise building induced by extreme earthquakes[J]. Earthquake Engineering & Structural Dynamics，2013，42（5）：705-723. DOI：10.1002/eqe.2240.

[8] Rüsch H. Researches toward a general flexural theory for structural concrete[J]. Journal of the American Concrete Institute，1960，57(1)：1-28.

[9] 黄羽立，陆新征，叶列平，等. 基于多点位移控制的推覆分析算法[J]. 工程力学，2011，28(2)：18-23.

[10] Srikanth B, Ramesh V. Comparative Study of Seismic Response for Seismic Coefficient and Response Spectrum Methods. Int J Eng Res Appl. 2013；3(5)：1919-1924.

[11] Chopra AK, Goel RK. A modal pushover analysis procedure for estimating seismic demands for buildings. Earthq Eng Struct Dyn. 2002；31(3)：561-582. doi：10.1002/eqe.144.

[12] Chopra AK, Goel RK. A modal pushover analysis procedure to estimate seismic demands for unsymmetric-plan buildings. Earthq Eng Struct Dyn. 2004；33(8)：903-927. doi：10.1002/eqe.380.

[13] Kilar V, Fajfar P. Simple push-over analysis of asymmetric buildings. Earthq Eng Struct Dyn. 1997；26(2)：233-249. doi：10.1002/(SICI)1096-9845(199702)26：2.

[14] Gupta B, Kunnath SK. Adaptive spectra-based pushover procedure for seismic evaluation of structures. Earthq Spectra. 2000；16(2)：367-391. doi：10.1193/1.1586117.

[15] Krawinkler H, Seneviratna GDPK. Pros and cons of a pushover analysis of seismic performance evaluation. Eng Struct. 1998；20（4）：452-464. doi：https://doi.org/10.1016/S0141-0296（97）00092-8.

[16] Seismic Evaluation and Retrofit of Concrete Buildings，Volume1：ATC-40[S]. California：Applied Technology Council，1996.

[17] Fajfar P, Dolsek M. IN2 - a Simple Alternative for IDA. In：Proceedings of the 13th World Conference on Earthquake Engineering. Vol Paper No. 3353. Vancouver，Canada；2004.

[18] Eurocode 8：Design of Structures for Earthquake Resistance—Part 1：General Rules，Seismic Actions and Rules for Buildings. Brussels，Belgium：European Standard NF EN；1998.

[19] Fernando Gómez-Martínez, Adolfo Alonso-Durá, Flavia De Luca, Gerardo M. Verderame. Seismic performances and behaviour factor of wide-beam and deep-beam RC frames[J]. Engineering Structures，2016，125(20)：107-123.

[20] 陶慕轩. 钢-混凝土组合框架结构体系的楼板空间组合效应[D]. 北京：清华大学，2012.

[21] Tao M-X, Nie J-G. Element mesh, section discretization and material hysteretic laws for fiber beam-column elements of composite structural members. mater Struct. 2015；48（8）：2521-2544. doi：10.1617/s11527-014-0335-2.

[22] Xiong Chen, Lu Xinzheng, Lin Xuchuan. Damage assessment of shear wall components for RC

frame-shear wall buildings using story curvature as engineering demand parameter[J]. Engineering Structures, 2019, 189(12): 77-88.

[23] Ji Xiaodong, Liu Dan, Carlos Molina Hutt. Seismic performance evaluation of a high-rise building with novel hybrid coupled walls[J]. Engineering Structures, 2018, 169(16): 216-225.

[24] FEMA. Seismic performance assessment of buildings: Volume 1: methodology: FEMA P-58-1[S]. Washington DC: Federal Emergency Management Agency, 2012.

[25] 中国工程建设标准化协会. 建筑结构抗倒塌设计标准: T/CECS 392—2021[S]. 北京: 中国计划出版社, 2021.

[26] FEMA. NEHRP Guidelines for the Seismic Rehabilitation of Buildings: FEMA-273[S], Washington DC: Federal Emergency Management Agency; 1997.

[27] FEMA. NEHRP Commentary on the Guidelines for the Seismic Rehabilitation of Buildings: FEMA-274[S], Washington DC: Federal Emergency Management Agency, 1997.

[28] 于春刚. 住宅产业化——钢结构住宅围护体系及发展策略研究[D]. 上海: 同济大学, 2006.

[29] 住房和城乡建设部. 居住建筑节能检测标准: JGJ/T 132—2009[S]. 北京: 中国建筑工业出版社, 2009.

[30] 段恺, 费慧慧. 中国建筑节能检测技术[M]. 北京: 中国质检出版社, 中国标准出版社, 2012.

[31] 住房和城乡建设部. 严寒和寒冷地区居住建筑节能设计标准: JGJ 26—2018[S]. 北京: 中国计划出版社, 2010.

[32] 何琳, 等. 声学理论与工程应用[M]. 北京: 科学出版社, 2006.

[33] 康玉成. 建筑隔声设计: 空气声隔声技术[M]. 北京: 中国建筑工业出版社, 2004.

[34] 颜於滕. 腹板开孔轻钢龙骨围护墙体保温性能研究[D]. 哈尔滨: 哈尔滨工业大学, 2012.

第 6 章　装配式交错桁架钢结构体系建筑产业化技术与示范

6.1　引言

6.1.1　课题背景及研究现状

交错桁架的结构形式由美国的威廉·麦苏瑞（William LeMessurier）在 20 世纪 60 年代中后期提出。这是一项科研项目的结果。在 20 世纪 60 年代的美国，混凝土板式建筑占据了高层住宅的建筑市场。为了使得钢结构更有市场的竞争力，获得一定的市场份额，美国钢铁公司（USS）要求它在麻省理工学院（MIT）的应用研究实验室（ARL）提出创新性的概念和想法。实验室的负责人于是建议 MIT 进行一项跨学科的研究项目，开发具有经济竞争力的结构钢框架解决方案。威廉·麦苏瑞是这个研究项目主要的结构工程师。

在美国钢铁公司的技术报告《高层住宅的交错桁架体系》中，威廉·麦苏瑞设想了："整层高的桁架横跨建筑物外部的柱子之间，并以交错的方式排列。作为隔板的楼板，将横向水平载荷传递到桁架。因此，横向水平载荷由桁架传递到基础中，而柱在横向上不承受弯矩。建筑物的内部是无柱的，空间仅受到楼板和桁架的限定。为了走廊的需要，桁架通常开一个矩形开口。然而如果建筑布置需要，可以在桁架的其他地方有开口"①。

1967 年 1 月，麻省理工学院的研发团队向美国钢铁公司提交了一份关于交错桁架结构体系的详尽报告，如何设计结构，如何布置各种配置以及如何建造。经过应用研究实验室和美国钢铁公司建筑营销部的审查，交错桁架结构体系被认为具有极高的成本竞争力，适用于建筑高度限制与板式混凝土相同，并使用轧制钢板作为主要结构元件。这项研究成果随后投入市场应用。世界上第一栋交错桁架的建筑是 1968 年建造的 17 层的老人公寓。美国钢铁公司开始大力推广交错桁架。根据 2013 年 6 月美国《结构》杂志的报道[1]，在美国大概有一百多栋交错桁架结构的建筑，包括麦苏瑞公司设计的在波士顿的老佛爷酒店。采用交错桁架结构体系的楼大多在 10~20 层，也有 30 层的，如亚特兰大城的国际度假酒店。

1967 年，该体系首次应用于明尼苏达圣保罗的一个 16 层的老年公寓。1969 年，22 层的 Raddison South 旅馆第二次采用了这种体系。同年，麻省理工学院的研究小组，对一幢高 30 层、长 87.8m，宽 18.3m，开间为 3.7m 的典型建筑进行了方案比较。比较结果说明，采用交错桁架结构比采用普通钢框架结构或钢框架-支撑结构用钢量少得多。

---

①　见美国《结构》杂志上的专文报告。

1971年，J. B. Scalzi[①]认为虽然交错桁架位于两个相邻竖向平面内，但由于楼板的刚性隔板作用，其性能就像位于一个竖向平面一样。于是，他将两相邻竖向平面结构迭加在一起进行力学分析，大大地简化了计算。

1972年，R. P. Gupta等人对交错桁架结构在地震作用下的弹性和弹塑性动力反应进行了研究。他们从分析交错桁架结构的静力特性入手，将桁架进行等效简化，并假定塑性铰只出现在桁架的空腹节间弦杆上，其余杆件均处于弹性状态，弦杆采用双线性恢复力模型。R. P. Gupta等人采用1940年1.5倍El Centro波，对某20层交错桁架结构进行了计算。

1974年，R. D. Hanson等人提出了相应的抗震设计方法，其研究表明，交错桁架结构体系具有良好的耗能能力和延性。

20世纪80年代以来，作为适合推广应用于工业化建筑的重要结构形式之一，交错桁架钢结构体系在美国、澳大利亚、加拿大等发达国家发展十分迅速，该结构体系具有装配化程度高、施工速度快、经济性好等优势，主要适用于中高层住宅、旅馆、医院或办公楼等建筑。1983年，R. E. Loffier对交错桁架结构在横向水平风荷载作用下的变形性能进行了研究，并提出了一种计算侧移的手算方法。计算表明，交错桁架结构具有良好的抗风性能。1986年，美国大西洋城建造了43层的国际旅游饭店。该工程建筑总高度为128m，开创了交错桁架结构体系应用于100层以上建筑先例。

1998年3月在美国拉斯维加斯建成38层有2600个房间的阿拉丁旅馆，体现了交错桁架在节约费用和缩短工期等方面的优越性能。

2002年，美国钢结构协会（AISC）出版的规范《Steel Design Guide Series 14: Staggered Truss Framing Systems》中，已将钢结构交错桁架体系视为一种高效、经济而且施工快速的新型结构体系。2014年在美国芝加哥建造的Godfrey Hotel旅馆，充分体现了交错桁架的优越性能，可被视为推动交错桁架结构体系发展的又一重要实例。

我国自20世纪90年代开始对交错桁架钢结构体系开展研究。研究主要集中在高校，近年来已有科技论文及技术标准等研究成果。华南理工大学梁启智，梁平在1996年对交错桁架体系结构采用空腹桁架、带斜腹杆桁架和混合型桁架的三类体系的侧移刚度及其在侧力作用下的计算提出简易可行的实用方法[2]。

东南大学唐兴荣等在1997年对将钢筋混凝土桁架沿房屋高度方向隔层布置形成各种类型的钢筋混凝土间隔桁架式框架结构的静力性能进行了分析，并提出了实用计算方法和一些合理化设计建议[3]。

1999年周绪红等在介绍交错桁架体系的特点的基础上，总结了其结构设计要点，并通过工程实例证明交错桁架体系确实是一种经济、适用、高效的新型结构体系，其推广应用适合我国国情，是必要和可行的[4]。随后，以周绪红教授为首的课题组对这种结构体系展开了系统研究，试图为我国制定设计规程提供可靠依据，促进这种结构在我国的推广应用。周绪红教授在交错桁架结构的静力、抗震和抗风性能方面取得初步成果，其研究课题被列为教育部科学技术研究重点项目（99089），并得到国家自然科学基金项目（50078021）的资助。

进入21世纪之后相继开展了大量研究，通过对交错桁架体系整体结构受力性能的分

---

① J. B. Scalzi. Thestaggeredtrussystem. structuralconsideration. EngineeringJournal. ASCE. Oct. 1971.

析、抗震性能分析以及与钢框架对比分析，得出该结构体系受力性能、抗震性能良好，是高层建筑结构的理想体系。2008年张崇厚等在交错桁架的基础上提出了适用于高烈度地震区的改进的错列双桁架钢结构住宅体系，在结构受力合理的基础上，实现了结构、建筑、设备的完美结合[5]。

在总结国内外设计、施工、管理经验和科研成果的基础上，2009年《交错桁架体系钢结构技术规程》编制会在兰州大学举行，经过反复的意见征求和审查，2012年中国工程建设协会标准《交错桁架钢框架结构技术规程》CECS323—2012出版。对交错桁架结构体系设计、施工等技术要求做出配套的规定，改变了我国在该体系方面没有相应的结构设计和构造规范可以参考的状况。此后，在广泛调查研究、认真总结实践经验，参考有关国际标准和国外先进标准的基础上，住房和城乡建筑部编制了《交错桁架钢结构设计规程》JGJ/T 329—2015，于2015年3月30日发布，于2015年12月1日正式实施[6]。该规程的编制发布极大地促进了交错桁架钢结构的研究和应用。

总体来说，与国外相比，我国交错桁架钢结构体系研究相对滞后。1999年，仅上海建造了5层住宅（办公）试验房（用钢量为50kg/m^2），以及上海现代房地产公司在新疆库尔勒设计建造的8层住宅楼等为数不多的试验性案例。但上述案例并不是真正意义上的交错桁架体系。

正如周绪红教授所概括的[7]，目前我国结合自身的具体情况，对交错桁架结构体系的研究主要应该集中在以下几个方面：①受力性能和破坏机理；②设计理论；③防火技术；④施工技术；⑤建筑部件的开发及标准化；⑥经济性的综合评定等方面。但是，通过对CNKI（中国知识资源总库）中以交错桁架结构为主要研究内容的学术文献进行考察，可知2000年至2016年期间，国内以交错桁架结构为主要研究内容的学术论文共186篇（图6.1-1）。主要研究方向集中于交错桁架结构体系的受力性能和破坏机理、设计理论研究、防火技术、经济性等方面（图6.1-2）。而施工技术、建筑部件的开发及标准化研究相对较为欠缺。

经过20多年的努力攻关，我国交错桁架钢结构体系研究目前即将进入从实验室研究向大范围的实际工程应用转换的关键阶段。大量实际性的问题，需要在已取得的科研成果的基础上继续攻关。

装配式交错桁架钢结构体系经济性好，施工高效，且其建造方式体现了建筑工业化的建造要求。具体体现在以下几个方面：

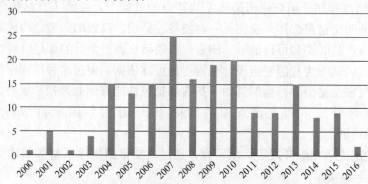

图6.1-1　2000—2016年CNKI以交错桁架结构为主要研究内容的学术论文数量统计

(1) 工业化生产：结构体系中的框架柱、框架梁、整榀桁架在工厂以工业化方式生产，生产效率高，质量可控；

(2) 装配化施工：结构主体由框架柱、框架梁及平面桁架组成，且平面桁架在工厂加工组装，施工现场构件数量及节点数量少，装配化程度高，施工速度快；

(3) 环保节能：施工现场湿作业少，无建筑垃圾，环保节能；

(4) 经济性好：节约结构用钢量，节约人工，施工速度快，节约工期；

(5) 两倍柱距大空间：桁架隔跨布置，室内实现了两倍柱距的大空间，室内空间可根据用户需求灵活布置；

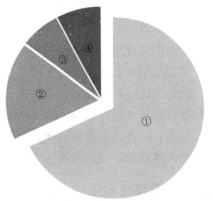

①受力性能和破坏机理122篇
②设计理论研究28篇
③防火性能分析12篇
④简介综述14篇

图 6.1-2 2000—2016 年 CNKI 交错桁架结构相关学术论文研究内容统计

(6) 超大空间：通过对底层柱布置斜撑的方式取代底层桁架可实现底层无隔断的超大空间，满足建筑超大空间的功能需求。

交错桁架结构体系的研究工作包括基础理论研究、关键技术创新和新技术、新材料应用三个环节，其中理论分析、试验研究、设计软件开发和工程应用已在不同领域分别开展。但是，有序组织的联合攻关、配套开发和技术集成极为缺失，这也成为制约交错桁架结构市场化大批量应用的瓶颈。本研究着力系统地解决交错桁架钢结构体系在建筑设计、建筑结构、建筑构造、建筑设备、建筑施工和构件生产等方面存在的问题，推动交错桁架钢结构体系的市场应用。

我国民用建筑市场需求巨大，交错桁架钢结构体系建筑产业化技术可推广应用于多、高层的办公楼、宿舍楼、教学楼、医院住院楼、酒店式公寓、宾馆以及适老建筑等有内廊且横向跨度较大的民用建筑，具有较高的工程应用价值，市场前景广阔。同时，对于推动国内钢结构建筑发展，化解钢铁产能过剩，建设生态城市，增加战略资源储备等方面也具有现实意义。

6.1.2 研究内容及目标

交错桁架钢结构引入中国已有一定的时间，结构领域的相关研究也不断有典型性成果，但是该结构体系在市场上的推广并不理想。交错桁架钢结构体系建筑的研究，亟待在既有研究成果积累上推进建筑空间体系与结构技术体系的适配性研究。因此，本课题"装配式交错桁架钢结构体系建筑产业化技术与示范"（课题编号：2017YFC0703805，以下简称课题）研究目的就是要从建筑设计的需求角度，推动装配式交错桁架钢结构体系这一结构类型的市场应用及产业化推广。

装配式交错桁架钢结构体系建筑课题，是研究针对快速装配钢结构体系建筑，以及相对应的高效装配化连接技术；开发便于与钢结构可靠连接的多元化建筑围护体系及其产业化应用技术；研发建筑、结构、设备和装修一体化钢结构建筑集成建造技术；开展设计、加工、装配一体化的工业化钢结构建筑工程示范。

装配式交错桁架钢结构体系建筑课题的主要研究内容，是适应市场化推进的典型钢结构建筑的完整体系建设，包含建筑空间模数体系研究、建筑围隔部品部件研究、建筑与结构空间的配合度研究、典型结构体系及其标准化与多元化研究、典型结构部品部件体系研发、建筑与结构典型装配式连接节点功能及效能研究、设备集成及内装一体化研究。

课题的预期成果目标：在系统研究层面，解决交错桁架钢结构体系的设计市场推广基础问题；在技术研究层面，解决特定体系成熟部品化的关键技术研究；在实践与技术成果推广层面，一方面通过示范项目的实践，验证和推进既定技术路线的工作；另一方面将较为成熟的体系化研究成果通过实践予以推广研究。

6.1.3 研究技术路线

综上，本课题分解为以下四方面内容：①装配式交错桁架钢结构体系建筑的建筑空间体系及围隔体系部品化设计；②装配式交错桁架钢结构体系典型结构节点及系统多元化研究；③装配式交错桁架钢结构体系建筑的结构系统部品化研究；④装配式交错桁架钢结构体系建筑设备空间集成化模块研究；⑤装配式交错桁架钢结构体系建筑配套装配化工法及配套工业化生产线建设研究。

研究技术路线如图 6.1-3 所示。

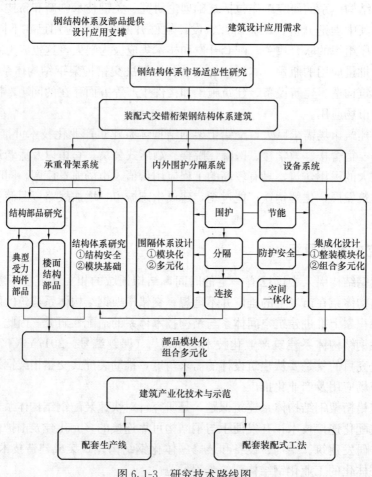

图 6.1-3　研究技术路线图

6.2 交错桁架钢结构体系

6.2.1 体系特点与应用问题

1. 交错桁架结构体系的空间特点

交错桁架的结构体系是一个超越常规的、充满想象力的结构体系。研发的目的是在钢筋混凝土体系支配市场的情况下，获得一定的市场份额，策略是为获得更大、更加灵活的使用空间同时减少钢材的用量。周绪红教授将交错桁架的结构形式系统引介后[8]，其团队进行了大量关于该结构形式的研究。交错桁架钢结构设计规程中对于这一结构形式的定义是："在建筑物横向的每个轴线上，平面桁架隔层设置，而在相邻轴线上交错布置的结构体系。在相邻桁架间，楼层板一端支撑在下一层平面桁架的上弦上，另一端支撑在上一层桁架的下弦上"。以图 6.2-1 为例。整层高的桁架放置在外侧的柱上，相邻的两榀桁架分别布置在同一楼层上方与下方。楼板一端放置在下层桁架上弦，一端在上层桁架的下弦。交错桁架通常承担了横向和竖向的荷载。相邻桁架的交错为建筑提供了更大的无柱空间。假设钢筋混凝土结构的一个柱距是 8m，进深是 3 个柱距 24m（办公楼常用的空间尺寸单元）——也就是说在 16m×24m 的空间中需要 12 根柱子，每一根柱子与其他相邻柱子的间距是 8m（构成了空间使用的限定）。如果使用交错桁架，则 16m×24m 的空间中只有外围的 6 根柱子，内部无柱，基本限定的空间单元就是 16m×24m。这为空间的使用带来巨大的弹性和灵活性。图 6.2-2 进一步解释了这一特殊的结构形式。其中尤其谈到，交错桁架的结构形式可以获得最大化的空间高度，可以获得 60 英尺（约 18m）以上宽度（进深随桁架长度）的无柱空间；另外，为了减少造价，每一榀桁架的尺寸要相同。相比较一般性的钢结构，交错桁架钢结构减少了用钢量的同时，由于桁架数减少，一定程度加快了工程安装与建造的速度。

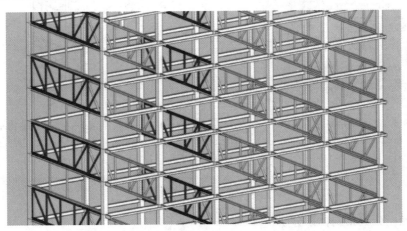

图 6.2-1 交错桁架结构体系示意 1

目前较著名的、使用交错桁架的建筑是美国芝加哥的戈弗雷旅馆（Godfrey Hotel），这是一栋 16 层楼的旅馆。为了表现出交错桁架的结构形式，建筑师在端部使用大量玻璃，

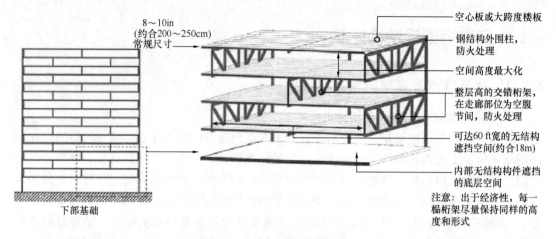

图 6.2-2 交错桁架结构体系示意 2
（图片来源：https://www.aisc.org/globalassets/why-steel/images/whysteel_staggered_truss.png）

透过玻璃可见隔层的桁架；建筑师甚至在局部将建筑体量内缩，使得桁架和支撑构件直接暴露出来，获得了很好的表现效果（图 6.2-3、图 6.2-4）[9]。

图 6.2-3 戈弗雷旅馆
（图片来源：https://www.dexigner.com/images/article/24135/Godfrey_Hotel_Chicago_02_gallery.jpg）

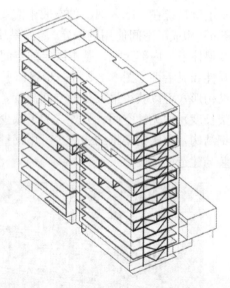

图 6.2-4 戈弗雷旅馆的交错桁架结构示意
（图片来源：https://www.archdaily.com/530219/godfrey-hotel-valerio-dewalt-train-associates/53cf2016c07a80492d000441-godfrey-hotel-valerio-dewalt-train-associates-isometric）

2. 交错桁架钢结构体系分析

在竖向荷载作用下的受力性能如图 6.2-5 所示，竖向荷载通过楼板形成均布力，均布力可转化成结点力，在桁架的上下弦中产生次弯矩。桁架的其他杆件都只受轴向力，因此竖向荷载不会使边柱中出现水平剪力。由于桁架和边柱的连接一般视为铰接，因此在竖向荷载作用下边柱中也不会出现弯矩。

交错桁架结构体系中的水平荷载所产生的剪力通过楼板及其与桁架弦杆的连接传给桁架的上弦，又通过斜腹杆传给桁架的下弦，再通过下弦及其与楼板的连接传至下层楼板。每个桁架承受作用于两个柱间的剪力，楼板犹如一刚性隔板传递着剪力，其传力的机理如图 6.2-6 所示。抗震研究表明，在水平地震作用下，由于柱子中的弯矩很小，塑性铰集中出现在桁架门洞节间的腹杆和弦杆上，形成的塑性铰多，塑性发展的过程长，吸收与耗散的能量大，表现出良好的抗震性能。

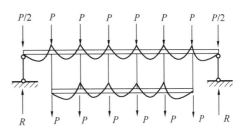

图 6.2-5　交错桁架在竖向荷载下的受力性能

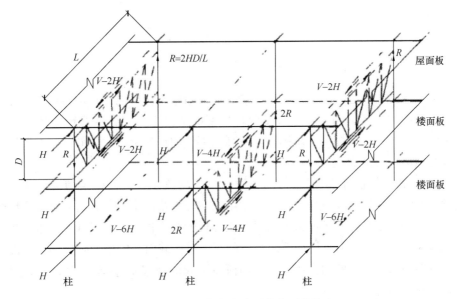

图 6.2-6　交错桁架在水平荷载下的传力

交错桁架弦杆可采用上翼缘窄而厚，下翼缘宽而薄的不等翼缘 H 型钢构件，如图 6.2-7 所示。这种弦杆适用于楼板为预制-叠合楼板，且楼板为降板的形式，如图 6.2-8 所示。这种降板形式具有许多优点，首先是便于楼板下沉，预制板可以方便地铺排在弦杆宽的下翼缘上，由此增大室内净高，室内无梁露出；最后，弦杆腹板可以射孔穿入钢筋抗剪键，使得楼板与弦杆可靠连接。

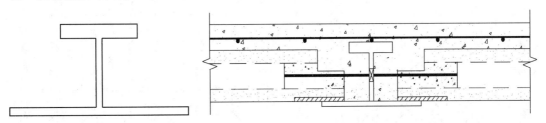

图 6.2-7　桁架不等翼缘弦杆　　　　图 6.2-8　不等翼缘弦杆与楼板降板

当采用不等翼缘弦杆结合楼板降板的构造形式时，桁架与柱往往通过铰接节点连接，这导致桁架弦杆两侧靠近柱的侧节间的跨中弯矩比其他节间大,当桁架纵向柱距较大时,可能导致该节间桁架弦杆的跨中弯矩超过截面的抗弯承载力,而其他节间的抗弯承载力仍然足够(图6.2-9)。

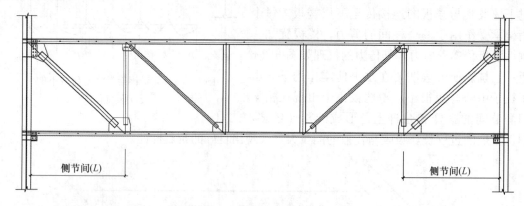

图6.2-9 桁架需要加厚的区间

为解决上述技术问题,提出一种创新的提高交错桁架弦杆局部抗弯承载力的方法,以克服现有技术中的所述缺陷,在不改变弦杆高度的情况下,在弦杆弯矩局部过大的范围内,在弦杆的下翼缘底部焊接一块钢板,提高该部位的抗弯承载力,同时也不会造成弦杆上翼缘端面超出楼板平面。

《交错桁架钢结构设计规程》JGJ/T 329—2015中规定:交错桁架结构在分析竖向荷载作用时,不宜计入组合梁效应。交错桁架结构在分析横向水平荷载时,宜计入组合梁效应。在计算模型中是否考虑平面桁架与混凝土楼板的组合作用,将对计算结果产生较大的影响。美国AISC设计指南采用如下假定:所有横向荷载引起的桁架弦杆轴力由混凝土楼板承受,不参与桁架弦杆的内力组合;横向荷载引起的桁架弦杆剪力和弯矩由弦杆承受,参与桁架弦杆的内力组合。

课题组提出一种设计方法,在结构设计软件中建立一个模型,在竖向荷载下,该模型计算时不考虑桁架弦杆与楼板的组合梁作用,在横向水平荷载下,该模型计算时可以模拟楼板对结构整体分析的作用(图6.2-10)。

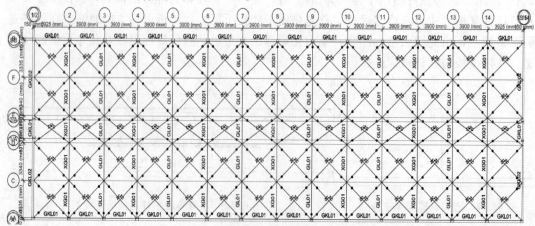

图6.2-10 水平交叉支撑模型结构平面

为验证节点安全性，采用 ABAQUS 对该节点进行了分析。节点模型采用三维实体单元 C3D8R，柱上、下端固定。弦杆和斜腹杆根据 ETABS 分析得到的内力施加荷载，轴力转换为杆件截面的压强荷载，弦杆剪力转换为节点区域上翼缘压强荷载。螺栓与连接板、连接板与连接板之间都进行了绑定（节点设计采用摩擦型高强度螺栓，在设计内力范围内，连接板与连接板不产生滑移），使构件处于共同工作状态。

节点分别建立了两个模型进行计算和分析，分别是弹性模型和考虑材料及几何非线性的弹塑性模型。节点模型如图 6.2-11 所示。

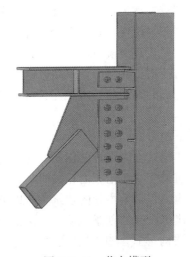 

图 6.2.11　节点模型　　　　　图 6.2-12　交错桁架结构形式的公寓建筑

3. 交错桁架的应用问题

2000 年以后，交错桁架的结构形式在国内进行了示范应用。图 6.2-12、图 6.2-13 是浙江绿筑集成科技有限公司建造的交错桁架结构的公寓楼，结构形体纯粹，结构逻辑清晰，但并没有得到普遍推广。究其原因主要是在过去四十年的建设浪潮中，特别在民用建筑建设中，钢筋混凝土结构形式仍然是支配性的结构形式，装配式钢结构（包括交错桁架

图 6.2-13　交错桁架的结构形式获得较大的室内空间

钢结构）在整个建筑行业虽然有所发展，但并未进入整个建筑生产的主链条中。要普遍推广（从钢筋混凝土结构转向装配式钢结构，意味着建筑生产方式的转型）至少存在三个基本条件：国家政策的引导与扶持、市场的需求、必要的知识与技术的供给。从过去几年的情况上看，国家显然大力推广装配式钢结构，出台各种必要的政策。在市场层面，装配式钢结构由于其构件的工厂预制（意味着新生产链条的出现）、现场装配、干作业多，施工时间相对较短具有一定的优势（时间已经成为市场资本运作的重要支配性要素），但也由于其本身防火、防腐、构件连接中存在的问题，以及造价及市场建筑生产的惯性，并未对钢筋混凝土结构产生严重威胁。总体上看，除了在东部较发达地区有一定比重的装配式钢结构建筑生产，在中西部地区这一结构形式推广和应用较为缓慢。在这三个条件中，还没有引起足够重视的是必要的知识与技术供给。在各大主要建筑类院校的基础教育中，普遍缺乏钢结构建筑设计的教学。建筑设计作为一种知识与技术，在整个建筑生产链中、特别在空间创意中起到重要的、不可替代的作用。由于这一部分知识与技术在建筑市场中供给的严重不足，也影响了装配式钢结构的广泛应用。

交错桁架的结构形式在获得发展的同时也存在以下两方面问题：

首先是因为交错桁架的结构是一种结构创新，并非建筑空间设计的创新。这一创新为结构工程师所了解，但建筑师大多并不熟悉，包括目前关于交错桁架的相关研究与论文基本是结构工程领域的研究者或者设计者的成果。以结构工程师为主导的建筑生产以解决技术应用问题为主，总体上，就目前已建项目看，缺乏建筑设计的创意，缺乏将交错桁架这一特殊的结构形式表现出来的必要的创意，缺乏将结构形式与建筑形式创新性结合的趋势。

其次，交错桁架的一个很重要的特点是可以获得较大的无柱空间，目前来看这一重要特性没有得到很好地利用，往往是用交错桁架的结构形式完成主体结构的建造，再划分、细分使用空间——却丧失了使用交错桁架这一结构形式为获得大空间的意义。为了使得交错桁架获得较大程度的应用，除了前面谈到的要加强相关知识与技术的供给外，建筑师与结构工程师、与施工团队紧密的配合是推进这一创新结构形式的前提。在这一过程中，尤其需要建筑师创新性的思考和更富有想象力的探索，需要建筑师将交错桁架的结构与创新的建筑形式有效地结合起来。但是，我国的建筑师执业模式使得建筑师较少参与工程施工管理，从方案设计、技术设计到具体实施，建筑师进行实质性全程把控的状态还有待提升。

6.2.2 结合市场发展需求的系统化研究问题

结合研究目标，本课题在研究思路上着重既有研究的完善，以及针对市场化推进的设计方法、部品部件及产业化示范需求的完整体系体现。具体研究包括以下三方面：

（1）解决建筑学领域的适配问题

根据既有结构研究成果，针对交错桁架结构骨架的规范限定，对建筑空间模式展开研究，提供这一特定结构模式的建筑空间模式规律，并就建筑设计的方法展开研究；针对特定结构类型，展开建筑部品标准化、系列化及模数协调研究，助推这一体系建筑的市场化运用。

（2）完善结构设计方法

针对本结构体系建筑的前序研究基础，主要关注节点、性能等专项研究。本课题的研究推进工作需要提出体系化的结构设计方法。在本课题研究中，既需要针对建筑空间模数的研发，提供结构体系的优化解决方案，同时形成结构体系设计的介入方法；又需要系统化解决体系、节点与典型部品的设计运用方法的论证。研究内容主要包括：适应建筑空间需求的全装配式交错桁架钢结构体系构成；全装配式交错桁架钢结构体系节点构造研发和承载力性能研究；装配式交错桁架钢结构体系设计方法研究。

（3）推进落实和完善交错桁架体系建筑的一体化建造技术等关键问题

针对一体化建造技术需要提出适应交错桁架钢结构体系的建筑空间模数和建筑部品体系，结合建筑体系发展完善的交错桁架部品化结构、设备集成化系统。解决纵横向刚度协调机理、围护系统与主体结构共同工作性能、全预制结构体系建造技术以及桁架墙体布线、防火、装饰和节能一体化建造技术等关键问题。在既有研究、建筑空间研究及典型结构形式、节点研究的基础支撑下，展开集布线—装饰—节能—防火一体化围护系统的开发、基于模数化设计方法的研究以及工业化构配件生产和装配化施工安装技术等方面的研究工作，形成装配式交错桁架钢结构体系建筑产业化成套技术，并开展工程示范应用。

6.3 建筑空间体系及围护体系部品化设计

交错桁架结构体系是一种特定的结构体系，适配的空间类型存在一定的限定。同时交错桁架钢结构与其他结构体系相比较，其优势在于具有大空间、大跨度、可变性等特点，该优势需要被体现。研究工作的起点是要找到交错桁架适配的建筑类型，确定结构体系的最佳适用范围及模数协调关系，进而针对不同类型再进行部品体系研究。确定结构经验值（跨度、柱距、层数等）和体型适应性（空间规整度、可变性）等的限定之后，围护系统保温装饰一体化及建筑部品化的研究可进一步进行。

6.3.1 公共建筑的交错桁架结构适配性研究

交错桁架结构体系常规的桁架类型为中间空腹两边带斜杆的类型，因此中间带走廊的这一类建筑空间适配性最好，比如公寓、酒店、办公楼、医院、教学楼等，同时这些建筑类型部分位置有无柱大空间的需求，例如酒店的宴会厅、教学楼的报告厅等。本研究考虑了空间类型选择的典型性和研究结果的统筹性，比如医院住院楼标准层比酒店和公寓标准层更具有复杂性，研究成果同样可以适用于酒店和公寓。因此，在公共建筑领域，首先对适宜应用交错桁架钢结构的建筑类型中的办公楼、教学楼、住院楼的空间适配性进行了初步探讨。

交错桁架钢结构空间存在诸多限定因素，包括层高、层数、最大跨度、跨高比、高宽比、开间宽度以及梁、柱、弦杆、腹杆截面尺寸、楼板厚度等，各因素之间彼此关联，相互限定。在建筑空间与结构适配性的研究上，需要结合结构专业的实时反馈，并协调全专业寻找可能的排列组合，再二次验算筛选合适的建筑空间形式以取得最佳的经济性。

1. 住院楼

医院住院楼的空间尺度可分为病房——护理单元——住院楼三个层级。三个层级之间存在密切关联，并呈现出一种递进关系。鉴于各类规范对住院楼各级空间尺度的规定，研究针对空间尺度的限定因素展开，进行分析比较，探寻交错桁架与医院建筑的适配性。

(1) 通过寻求病房空间尺寸的规定，包括窗地比、层高、卫生间布局等，确定功能基本单元。对于医院建筑，交错桁架体系的横向跨度限定因素即病房的进深，结合规范要求，对病房的布局进行了细化的极限类型推导，得出常用病房的极限类型，以及组合而成的标准层的跨度类型，以此作为平面模数的推演参照。

(2) 通过对护理单元空间尺度的功能限定因素的研究，结合不同开放模式的护士站，以及护士站到最远病房门口的距离不宜超过30m，消防疏散的平面分区最大距离等，寻求结合护理单元布置的典型平面模数。利用现有规范分别进行了极限布局研究（表 6.3-1 和图 6.3-1），得出平面跨度和建筑纵长数据，以便结构专业进一步验算经济性。

床护理单元可能最大矩形平面形式　　表 6.3-1

平面类型	图示
单廊式（不对称）	15.6m×93.6m
单廊式（对称）	18.2m×85.8m
复廊式（不对称）	23.4m×62.4m
复廊式（对称）	26m×54.6m
复廊式（带天井）	26m×54.6m

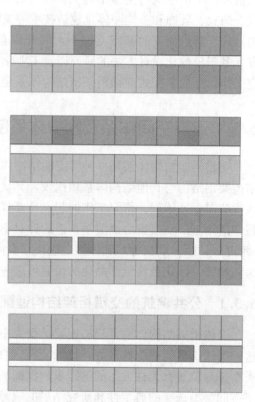

图 6.3-1　单廊式/复廊式 1 型护理单元和 2 型护理单元最大平面布局示意

(3) 根据结构适配性研究对比，确定住院楼规模尺度的适宜空间限定区域。根据医院建筑柱距、交错桁架经济跨度、交错桁架跨高比等限定要素，以 500 床标准规模住院楼进行适配性验算，得到典型平面模数成果，如图 6.3-2 所示。

2. 办公楼

办公楼的研究方法同医院综合住院楼。综合规范以及相关研究延伸，初步得出办公空间适配性的限定因素包含：办公单元限定、层高、采光、交通面积、设备层等。针对办公组织形态、办公空间需求趋势，寻求基于交错桁架结构优势的办公建筑突破点。

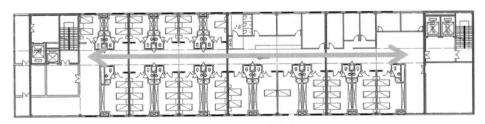

(a) 单廊式（不对称、1型护理单元）

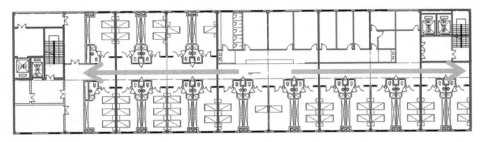

(b) 单廊式（对称、1型护理单元）

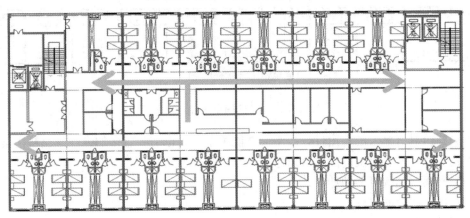

(c) 复廊式（1型护理单元）

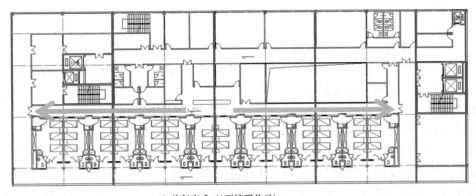

(d) 单复廊式（1型护理单元）

图 6.3-2　各类型平面示意（一）

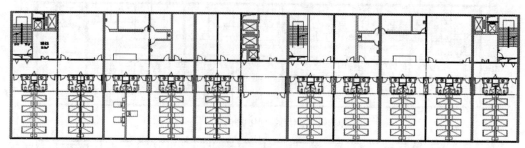

(e) 单廊式（2型护理单元）

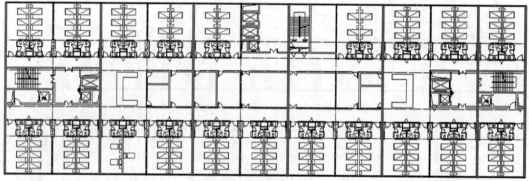

(f) 复廊式（2型护理单元）

图 6.3-2　各类型平面示意（二）

办公建筑具有极大的自由性，故平面功能关系布置也需要更多的弹性。交错桁架在办公建筑适配性中所要解决的问题可以总结为以下几个方面：

(1) 平面与结构可能的冲突；

(2) 局部扩大的走廊；

(3) 转折的走廊；

(4) 需要自然采光的小办公室；

(5) 房间开门的位置自由；

(6) 节间变化的不规律和多模数。

根据结构验算和平面需求规律，课题对办公建筑的桁架弦杆进行了适配性研究，并得到具备更大弹性空间的办公建筑结构布置模式。

3. 教学楼

教学楼建筑主要针对中小学。高校教学楼可以纳入办公楼类。

这一类型主要依据《中小学校设计规范》GB 50099—2011 展开教学楼模数研究。根据已有教学建筑论文综述研究及规范的平面排布方式，确定教室净进深尺寸，根据不同排布方式探讨平面组织类型。根据《建筑设计防火规范》GB 50016—2014（2018 年版），确定教学楼平面疏散模型。并针对不同柱距、进深、走廊联系方式，结合结构验算，得到教学楼的基本平面模式及多种拓展类型（图 6.3-3～图 6.3-6）。

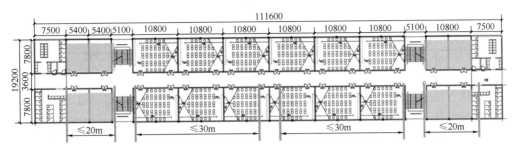

图 6.3-3 教学楼平面疏散距离示意

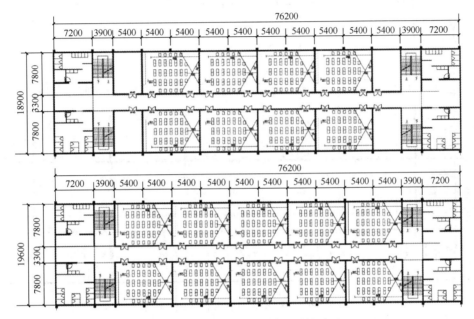

图 6.3-4 5400 柱距教学楼上下层平面

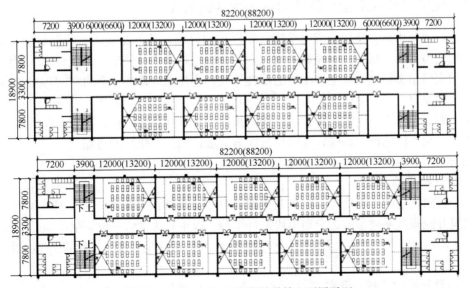

图 6.3-5 6000/6600 柱距教学楼上下层平面

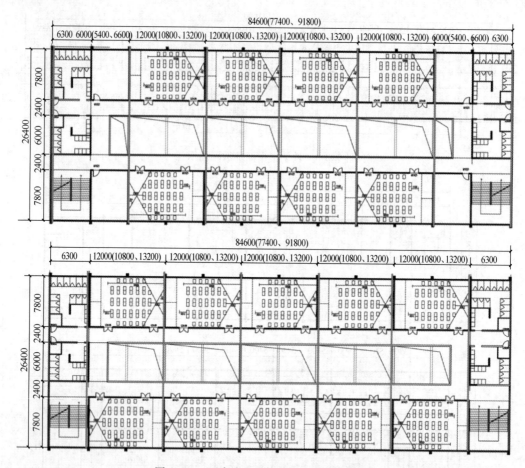

图 6.3-6 环廊式交错桁架平面及桁架模数

6.3.2 住宅建筑的交错桁架结构适配性基础研究

在居住建筑中进行交错桁架的结构适配性空间研究，是本课题研究的创新发展方向。针对住宅类型，主要展开以下基础研究内容：①交错桁架集合住宅体系设计的适配性维度研究；②交错桁架住宅与住宅体型的适配性研究；③住宅交通体、套内空间与交错桁架结构的适配性研究。

研究方法针对以下途径展开：①结构体系的住宅空间适配特征；②集合住宅体型适配与筛选；③交通体适配与筛选；④套型适配与筛选；⑤工业化技术适配。

交错桁架工业化住宅典型设计成果分析如下。

1. 设计结果的类型

基于板式住宅的平面特点，将典型交通体中筛选出的优选类型置入1梯2户的单元，与依照单开间模数系列生成的套型模块进行组合，以单元为增值单位，生成9m与12m进深、21~33m和33~54m高度的五个交错桁架工业化住宅典型应用结果，如图6.3-7所示。

2. 设计结果的比较和证实

对上述交错桁架工业化住宅典型应用结果，分别进行技术经济指标、套内空间设计、

第6章 装配式交错桁架钢结构体系建筑产业化技术与示范

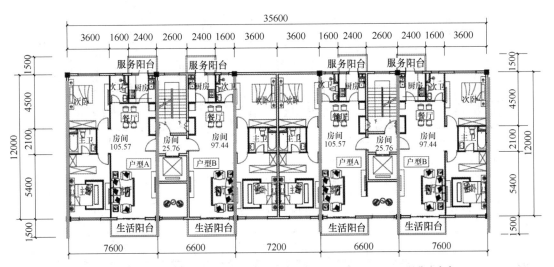

(a) 进深12m、面宽35.6m、21m<H≤33m、单户建筑面积118.45m²/110.32m²的住宅方案

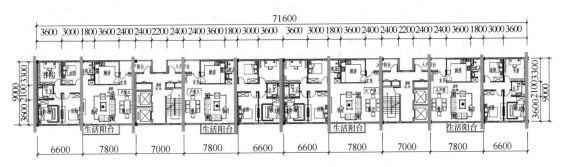

(b) 进深9m、面宽58.0m、21m<H≤33m、单户建筑面积1141.62m²的住宅方案

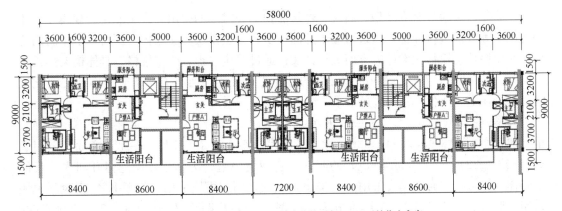

(c) 进深9m、面宽71.6m、33m<H≤54m、单户建筑面积167.58m²的住宅方案

图 6.3-7 典型应用结果（一）

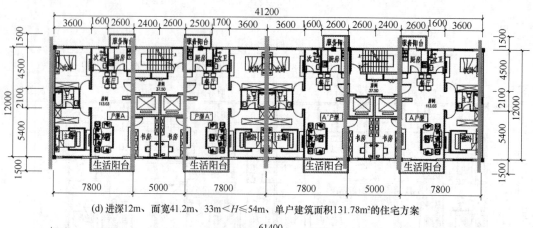

(d) 进深12m、面宽41.2m、33m<H≤54m、单户建筑面积131.78m² 的住宅方案

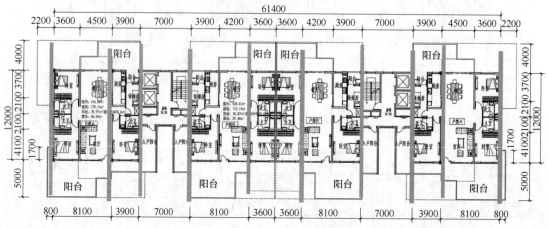

(e) 进深12m、面宽61.4m、33m<H≤54m、单户建筑面积179.16m²/173.14m² 的住宅方案

图 6.3-7 典型应用结果（二）

结构空间分析。通过对应体型、高度、建筑面积、公摊率的得出，在工业化的规模化、体型适配性等方面进行证实；通过对应单开间模块、套型模块、交通体、厨房、卫生间的验证，在模块化与模数化设计的方面进行证实；通过对应柱距、桁架规格、具体桁架形式等方面，在结构空间与建筑空间的适配性的方面进行证实。所有方案均应用内装工业化策略，符合住宅工业化体系分离的要求。

典型方案 1（表 6.3-2）是一个进深 12m、面宽 35.6m、建筑高度在 21～33m 之间、单户建筑面积 118.45m²/110.32m² 的住宅，其公摊率为 11.01%。在建筑方面，采用了 3600mm（c22）+4000mm（c21）的两开间套型模块组合为基础，交通体开间内余下的空间作半间房；交通体模块采用 21～33m 对面式，厨房模块采用双排型 K2，卫生间模块采用方形 T1 与长形 T3。在结构方面，套型单元的柱距为 7600/6600/7200/6600/7600（mm），符合结构的适宜柱距要求；桁架跨度 12m，高度 3m，奇偶层桁架共 6 榀，桁架为中间节取消斜腹杆的类型。

典型方案1的综合分析　　表 6.3-2

典型方案1

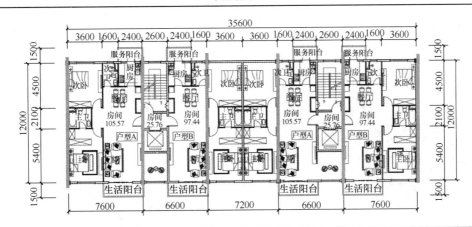

技术经济指标

体形参数	建筑高度	柱距（mm）	套型建筑面积（m²）	公摊率
面宽 35.6m 进深 12m	21～33m	7600/6600/7200/ 6600/7600	118.45/110.32	11.01%

套内空间设计

套型	单开间组合（mm）

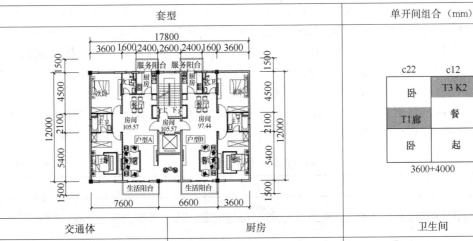

c22	c12
卧	T3 K2
T1 廊	餐
卧	起

3600+4000

交通体	厨房	卫生间

对面式 25.2m²　　双排型 K2　　方形 T1+长形 T3

续表

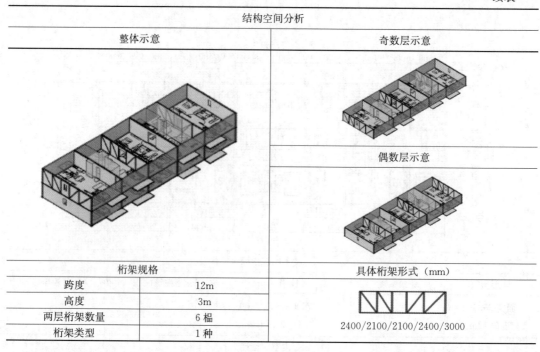

结构空间分析			
整体示意		奇数层示意	
		偶数层示意	
桁架规格		具体桁架形式（mm）	
跨度	12m	2400/2100/2100/2400/3000	
高度	3m		
两层桁架数量	6榀		
桁架类型	1种		

典型方案2（表6.3-3）是一个进深9m、面宽58m、建筑高度在21～33m之间、单户建筑面积141.62m² 的住宅，其公摊率为11.89%。在建筑方面，采用了3600mm（c22）+4800mm（b21）+3600mm（a13）的三开间套型模块组合为基础，交通体开间内余下的空间作为阳台；交通体模块采用21～33m左右式，厨房模块采用U形K3，卫生间模块采用方形T2与长形T3。在结构方面，套型单元的柱距为8400/8600/8400/7200/8400/8600/8400（mm），符合结构的适宜柱距要求；桁架跨度9m，高度3m，奇偶层桁架共8榀，桁架类型为中间节斜腹杆偏交+中间节腹杆取消、左侧节腹杆偏交的两种。

典型方案2 的综合分析　　　　　　　　　　　　表6.3-3

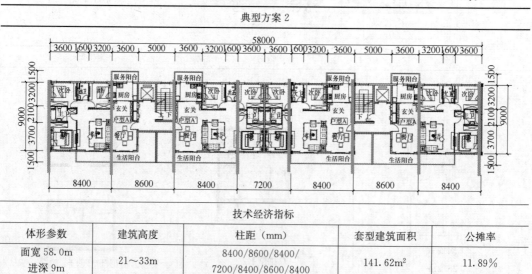

体形参数	建筑高度	柱距（mm）	套型建筑面积	公摊率
面宽58.0m 进深9m	21～33m	8400/8600/8400/ 7200/8400/8600/8400	141.62m²	11.89%

续表

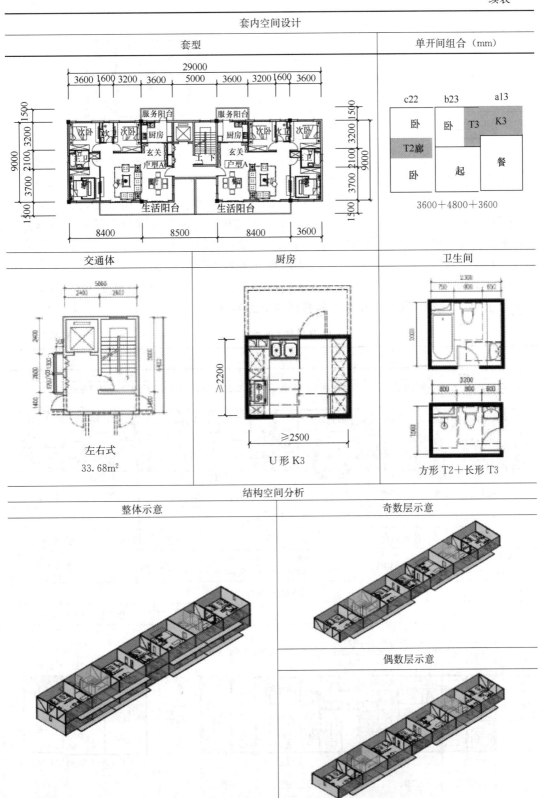

续表

桁架规格		具体桁架形式（mm）
跨度	9m	
高度	3m	
两层桁架数量	8 榀	3300/3000/2700
桁架类型	2 种	

典型方案 3（表 6.3-4）是一个进深 9m、面宽 71.6m、建筑高度在 33～54m 之间、单户建筑面积 167.58m² 的住宅，其公摊率为 15.25%。在建筑方面，采用了 3600mm（c22）＋4800mm（b23）＋3600mm（a13）的三开间套型模块组合为基础，靠近交通体一侧增加 2400mm 的附加开间以制造横厅的空间范围，交通体开间内余下的空间作为入户阳台；交通体模块采用 33～54m 左右相对式，厨房模块采用 U 形 K4，卫生间模块采用方形 T1 与分室型 T4。在结构方面，套型单元的柱距为：6600/7800/7000/7800/6600/6600/7800/7000/7800/6600（mm），符合结构的适宜柱距要求；桁架跨度 9m，高度 3m，奇偶层桁架共 12 榀，桁架为中间节斜腹杆偏交的类型。

典型方案 3 的综合分析　　　　　　　　　　表 6.3-4

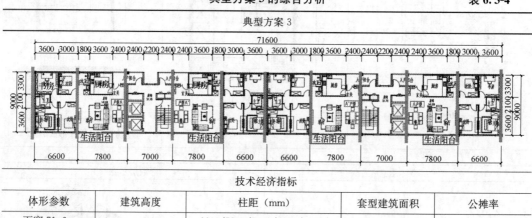

体形参数	建筑高度	柱距（mm）	套型建筑面积	公摊率
面宽 71.6m 进深 9m	33～54m	6600/7800/7000/7800/6600/ 6600/7800/7000/7800/6600	167.58m²	15.25%

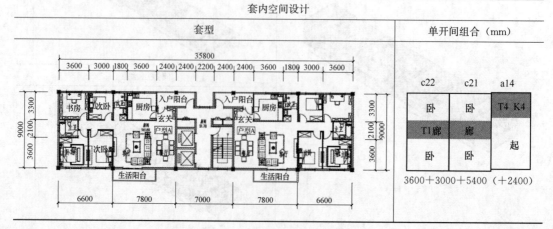

续表

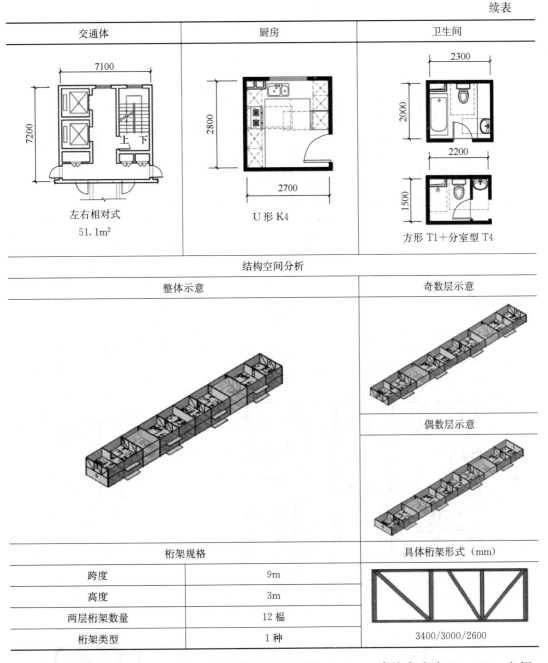

典型方案 4（表 6.3-5）是一个进深 12m、面宽 41.2m、建筑高度在 33～54m 之间、单户建筑面积 131.78m² 的住宅，其公摊率为 14.04％。在建筑方面，采用了 3600mm（c22）＋4200mm（c12）的两开间套型模块组合为基础，交通体开间内余下的空间作半间房；交通体模块采用 33～54m 上下相对式，厨房模块采用双排型 K2，卫生间模块采用方形 T1 与长形 T3。在结构方面，套型单元的柱距为 7800/5000/7800/7800/5000/7800（mm），符合结构的适宜柱距要求；桁架跨度 12m，高度 3m，奇偶层桁架共 7 榀，桁架类型为中间节斜腹杆取消＋第 2 节和第 4 节斜腹杆取消的两种。

典型方案 4 的综合分析　　　　　　　　　　表 6.3-5

典型方案 4

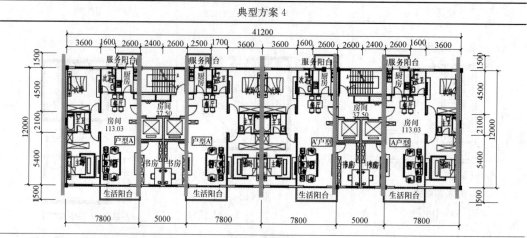

技术经济指标

体形参数	建筑高度	柱距（mm）	套型建筑面积	公摊率
面宽 41.2m 进深 12m	33～54m	7800/5000/7800/7800/ 5000/7800	131.78m²	14.04%

套内空间设计

套型	单开间组合（mm）
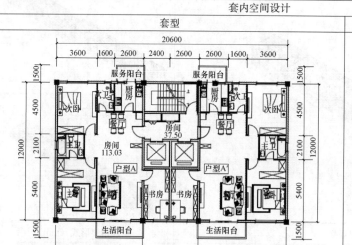	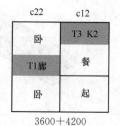　3600＋4200

交通体	厨房	卫生间
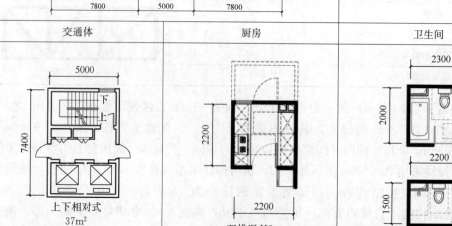		

续表

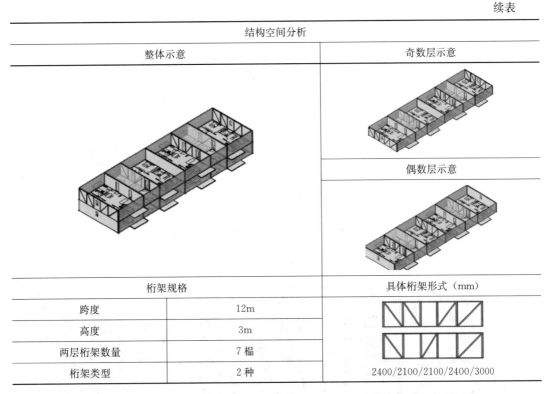

结构空间分析		
整体示意	奇数层示意	
	偶数层示意	
桁架规格		具体桁架形式（mm）
跨度	12m	
高度	3m	
两层桁架数量	7 榀	
桁架类型	2 种	2400/2100/2100/2400/3000

典型方案 5（表 6.3-6）是一个进深 12m、面宽 61.4m、建筑高度在 33～54m 之间、单户建筑面积 179.16/173.14m² 的住宅，其公摊率为 14.51%。在建筑方面，采用了 3600mm（c22）+4500mm/4200mm（b13）+3900mm（c34）的三开间套型模块组合为基础，交通体开间内余下的空间作入户阳台；交通体模块采用 33～54m 左右相对式，厨房模块采用单排型 K1，卫生间模块采用方形 T1 与分室型 T4。在结构方面，套型单元的柱距为 8100/3900/7000/8100/7200/8100/7000/3900/8100（mm），符合结构的适宜柱距要求；桁架跨度 12m+外挑 9m 共 21m，高度 3m，奇偶层桁架共 10 榀，桁架类型为中间节斜腹杆取消+第 4 节中间节斜腹杆取消+中间节第 7 节斜腹杆取消的 3 种。

典型方案 5 的综合分析　　　　　　　　　　表 6.3-6

典型方案 5

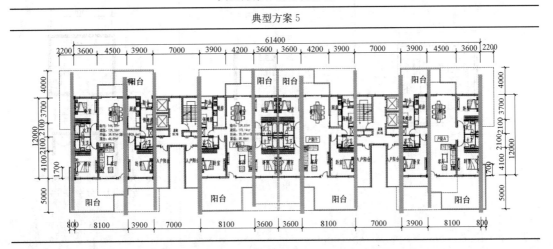

续表

技术经济指标				
体形参数	建筑高度	柱距（mm）	套型建筑面积（m²）	公摊率
面宽 61.4m 进深 12m	33～54m	8100/3900/7000/8100/7200/ 8100/7000/3900/8100	179.16/173.14	14.51%
套内空间设计				
套型			单开间组合（mm）	

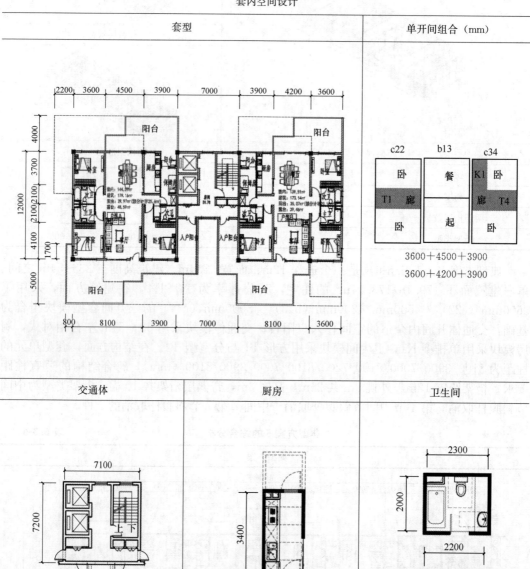

左右相对式
51.1m²

单排型 K1

方形 T1＋分室型 T4

3600＋4500＋3900
3600＋4200＋3900

续表

结构空间分析		
整体示意 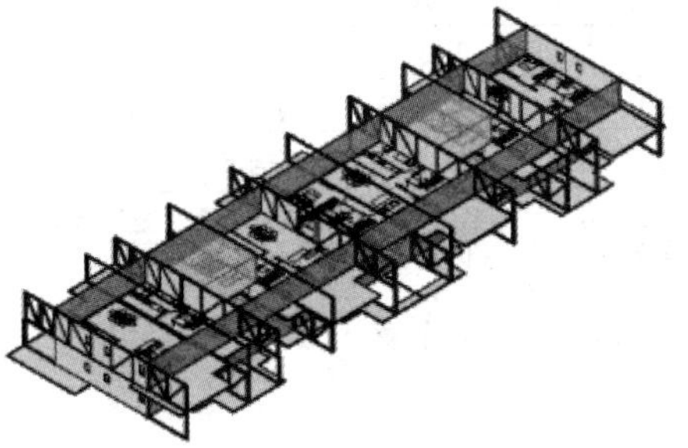	奇数层示意	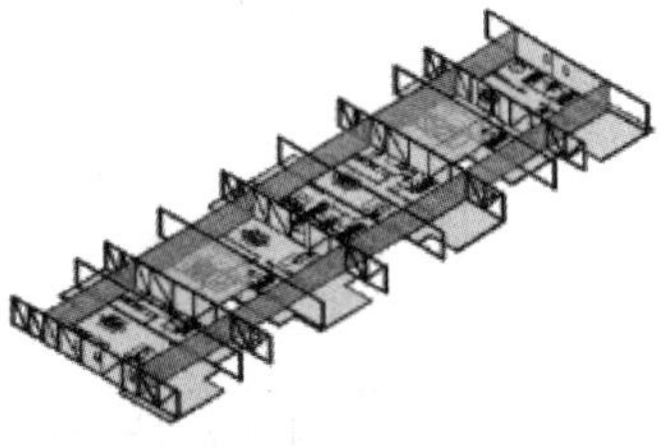
	偶数层示意	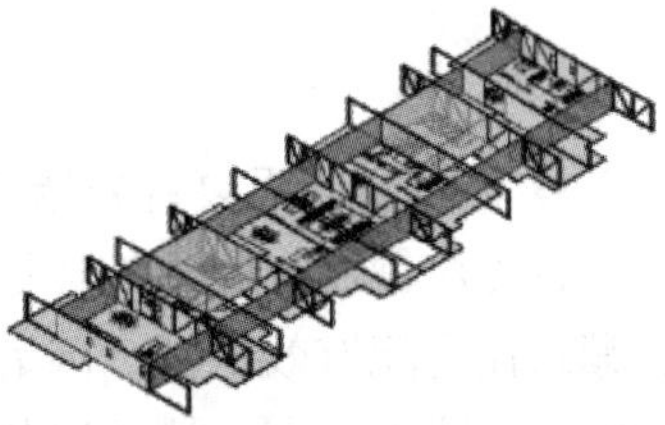

桁架规格		具体桁架形式（mm）
跨度	（4m+）12m（+5m）	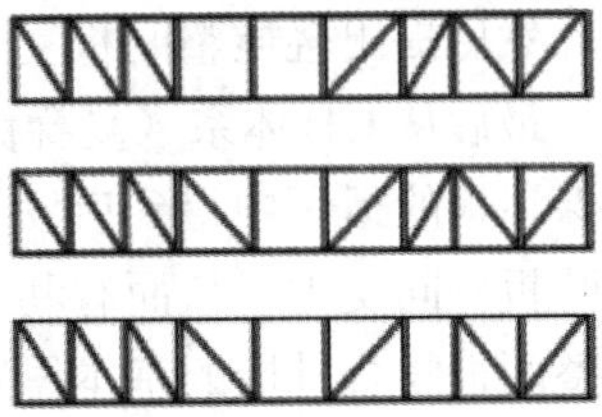 (2000/2000/) 1900/2800/2600/2800/ 1900 (/2500/2500)
高度	3m	
两层桁架数量	10 榀	
桁架类型	3 种	

6.3.3 墙板部品研究

墙板部品尽管不是本课题研究的重点内容，但因装配整体思维的相关性，故课题仍开展了典型墙板部品与外墙在结构体系方面的适应性探讨，以及适用于装配式交错桁架钢结构体系的新型外墙板研究，并开展了部分墙板性能研究工作。

本节研究内容包括：典型预制外墙在结构体系方面的适应性评估；适用于装配式交错桁架钢结构体系住宅的新型外墙板研究；基于装配式构造特点的墙板物理性能研究。

适用于装配式交错桁架钢结构体系住宅的新型外墙板研究是墙板部品的研究重点。在充分研究国内外现有装配式建筑各类型外墙板的基础上，提出了一种可以应用于钢结构住宅的新型轻质整间板复合外墙，并从各方面分析验证其可行性。关键问题在于如何高效且具有通用性地开发外围护墙板，满足轻质高效，复合一体化和配套构造技术等需求。这需要落实到包括板型划分，结构性能，物理性能，细部构造和外装一体等几个方面的需求，如图 6.3-8 所示。

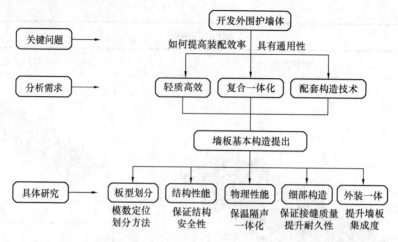

图 6.3-8 墙板研究的开展示意

1. 轻质整间板复合外墙基本构造提出

首先对预制混凝土外挂墙板的各种分类及特点进行研究。总结分析发现整间板运用于装配式住宅能有效地减少因墙板拼接带来过多的板缝和拼接工作量；夹心保温墙板具有节能保温与防火集于一体的优势，更加符合装配化的要求；组合墙板相对于非组合墙板可减小墙板的总厚度，有利于减轻墙板自重。

然后提出轻质整间板复合外墙在重量、结构安全以及物理性能等方面的设计要求。

最后从 CL 体系（复合保温钢筋焊接网架混凝土剪力墙建筑体系）、泰柏板对钢丝网架保温板的运用中得到启发，钢丝网架保温板在提高复合墙板保温性能的同时，可以让内外叶板协同受力，从而有利于墙板减轻自重，以此确定了以钢丝网架保温板为基础研发轻质整间板复合外墙的基本思路。并且针对现有相关规范及标准，以及参考 CL 体系与泰柏板的结构形式，对内外叶板的材料选择、保温层的材料选择、钢丝网架中钢丝网与斜插钢丝的排布进行研究与界定，提出最终的 60mm（LC25 陶粒混凝土）+40mm（XPS 板）+60mm（LC25 陶粒混凝土）的复合外墙基本构造层次。

2. 轻质整间板复合外墙板型划分研究

以已建立的交错桁架结构体系适配的典型住宅设计成果为基础，进行了外墙部件模数尺寸定位分析，并结合住宅工业化的需求，对交错桁架住宅典型平面的整间板外墙的板型划分方法进行探讨。整间板外墙的板型划分应遵循主模具的设计思路，尽量减少主要规格尺寸不同的墙板类型。首先确定外纵墙墙板尺寸，外纵墙一般根据开间划分，在开间尺寸系列较多情况下，墙板可跨越开间，板缝不一定要与内墙对齐，以尽量减少墙板主要尺寸系列；然后山墙墙板尺寸根据外纵墙墙板尺寸进行调整，尽量与外纵墙尺寸系列相同；最后在山墙与外纵墙的交接处由于墙板厚度影响，会形成独立的补板系列，如图 6.3-9 所示。

（1）水平方向定位方式分析

交错桁架住宅是由作为承重主体的交错桁架和只起到围护作用的各种部件组成。交错桁架的主要结构构件有钢桁架、方钢管混凝土柱以及把所有桁架纵向拉结成一个整体的纵向连系梁，考虑到结构构件对内部空间以及墙板安装的影响，纵向连系梁与位于山墙的钢

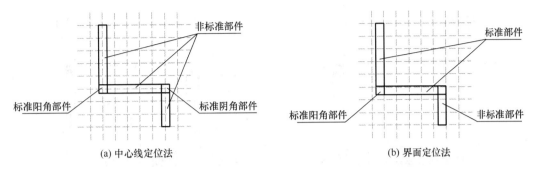

图 6.3-9 外墙部件与两种定位方式的关系

（资料来源：根据白茹《基于模数协调下的钢结构住宅体系化设计方法研究》改绘）

桁架相对于方钢管混凝土柱做偏心处理，其余位置的钢桁架相对于方钢管混凝土柱居中布置。而外墙挂板则位于整个主体结构的外侧。以下基于上述的交错桁架结构形式，对外挂墙板部件的定位方式进行分析（图 6.3-10、图 6.3-11）。

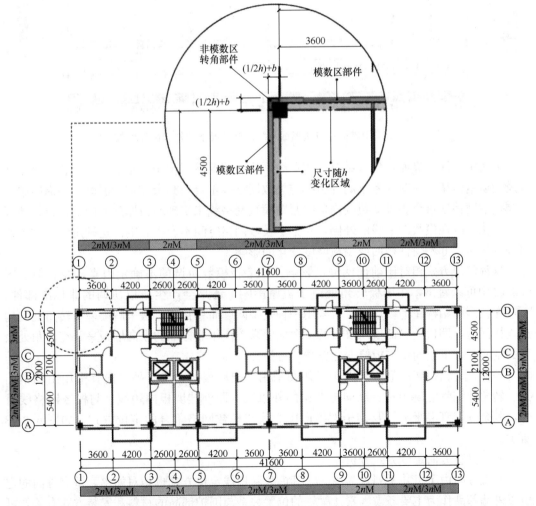

图 6.3-10 采用中心线定位法形成单线网格情况下的外墙部件模数分析

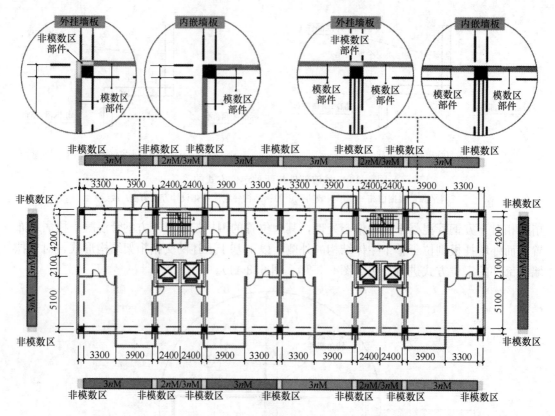

图 6.3-11 采用界面定位法形成双线网格情况下的外墙部件模数分析

采用中心线与界面定位法结合形成单线网格的情况下，位于转角处的方钢管混凝土柱以及山墙钢桁架、纵向连系梁的外边线与模数网格线重合，其余方钢管混凝土柱纵向中心线与模数网格线重合。外墙板的内边线紧贴模数网格线来实现墙板厚度方向的定位，墙板厚度变化控制在模数网格线的外侧，对整个模数网格空间不产生影响。这种定位方式可使内部空间净尺寸不受柱截面或墙板厚度变化的影响。

这种定位方式相对于前面两种，影响外挂墙板模数协调的不确定因素较少。但从图 6.3-12 中可以看出，在墙板转角处由于板厚影响，还是会产生难以协调的非标准部件。不过在我国钢结构住宅设计中，常采用一种复杂问题简单化的方法来解决墙板转角处的构造连接问题，即优先保证横向墙板的模数化要求，使用非标准的纵向墙板来补充转角处余下的空间，余下空间仅受板厚变化影响，可控性较强。

综上，交错桁架住宅中外围护墙体在采用外挂墙板时，在水平方向宜采用山墙钢桁架、转角处钢管混凝土柱、纵向连系梁的外边线（即外挂墙板内边线）与模数网格线重合，其余方钢管混凝土柱及钢桁架纵向中心线与模数网格重合的定位方式，如图 6.3-13 所示。

(2) 垂直方向定位方式分析

垂直方向由于尺寸系列较为单一，其模数网格线定位方式也相对简单，垂直方向的定位以外墙部品作为主要考虑因素。梁柱的位置关系与围护部品的材料和安装方式有关，可分为以下三种情况（图 6.3-14）：

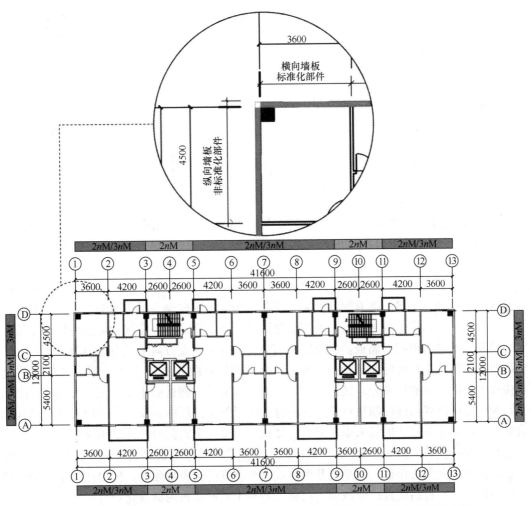

图 6.3-12　采用中心线与界面定位法结合形成单线网格情况下外墙部件模数分析

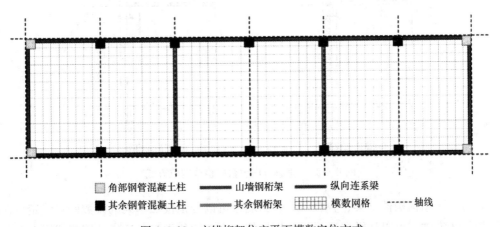

图 6.3-13　交错桁架住宅平面模数定位方式

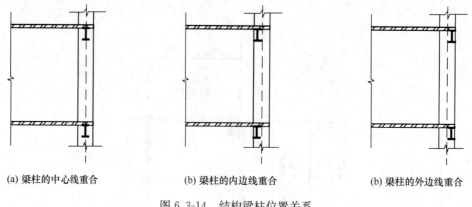

(a) 梁柱的中心线重合　　(b) 梁柱的内边线重合　　(b) 梁柱的外边线重合

图 6.3-14　结构梁柱位置关系

1) 梁柱的中心线重合，这种方式在梁外侧预留出一定的空间，有利于填充保温材料；
2) 梁柱的内边线重合，这种方式在梁外侧预留出较大空间，可以满足内嵌墙板的安装；
3) 梁柱的外边线重合，适用于采用外挂墙板的情况，有利于外挂墙板安装。第三种情况与前面提到的交错桁架方钢管混凝土柱与钢桁架及纵向连系梁之间的位置关系相符。

一般情况下，住宅每一层的层高都是相同的，各个楼层同一位置的墙板可以看作是相同的单元，可采用相同的墙板，因此墙板的高度，就是垂直方向上的设计模数。垂直方向模数网格线定位方式可分为两种：一种是净高线模数如图 6.3-15（a）所示，模数网格线与楼板的顶部与底部均重合，楼板厚度区域形成标准模数网格的中断区域，楼板的厚度不会影响中断区以外构件的模数尺寸，这种方式可以保证内部净高及内嵌墙板高度符合模数要求，但对于外挂式墙板来说，只有在楼板厚度也符合模数时，才能满足模数要求；另一种是层高线模数如图 6.3-15（b）所示，即以楼层建筑平面或结构标高来定位形成模数网格，这种方式无法保证内部净高及内嵌式墙板高度符合模数要求，但更适合于应用外挂墙板的情况，墙板高度设计模数即为层高，有利于外挂墙板的标准化设计。

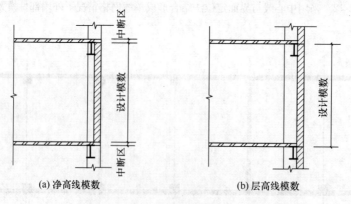

(a) 净高线模数　　(b) 层高线模数

图 6.3-15　垂直方向模数网格线定位方式

垂直方向结构构件（梁、叠合板等）与墙板可以分别按照不同的模数网格线定位。在交错桁架住宅中，可以让纵向连系梁和钢桁架上下弦的顶面与一道模数网格线重合，外挂墙板上下层间的连接处与另一道模数网格线重合（图 6.3-16）。

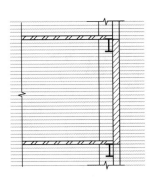 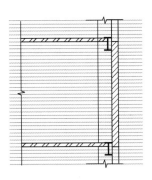

图 6.3-16　各部件定位于不同的模数网格线上

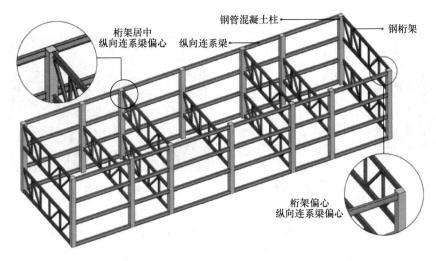

图 6.3-17　方钢管混凝土柱与钢桁架及纵向连系梁之间的位置关系

3. 外挂式墙板对住宅内部空间的影响

（1）方钢管混凝土柱对内部空间的影响

由于外墙板完全挂在主体结构外，结构构件将会侵占更多的室内空间，特别是在交错桁架住宅转角处，方钢管混凝土柱对室内空间的影响非常大（图6.3-17）。经过结构团队的计算，54m高的交错桁架住宅的柱子尺寸大致为550～600mm，如图6.3-18所示，由于柱子尺寸较大，且因外挂墙板的使用，柱子完全位于室内，这就侵占了较多的室内空间，这种情况影响了室内净空，过多减少了住宅使用面积，且严重影响室内美观，不为消费者所接受。因此当方钢管混凝土柱对室内空间影响较大时，可以考虑将其置换为方钢管混凝土组合异形柱，尽可能减小结构构件对室内空间的影响程度（图6.3-19、图6.3-20）。

（2）山墙上桁架对内部空间的影响

由于交错桁架的结构特性，平面桁架在相邻的柱子上隔层交错布置，桁架可以包在墙体内，但由于采用外挂式墙板，墙板被置于结构主体之外，山墙部位隔层就会有桁架在室内暴露出来（图6.3-21），这被国内大众审美普遍无法接受，但可以通过在此处增加装配

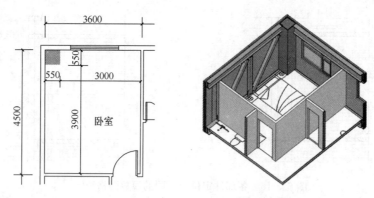

图 6.3-18　交错桁架住宅转角处方钢管混凝土柱示意图

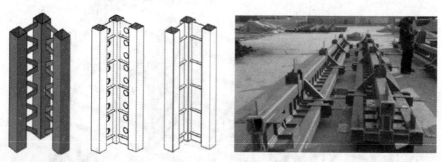

(a) 不同构造形式的方钢管混凝土组合异形柱　　(b) 工厂预制的方钢管混凝土组合异形柱

图 6.3-19　方钢管混凝土组合异形柱

(资料来源：https://wenku.baidu.com/view/36aa6b4658eef8c75fbfc77da26925c52dc59175.html)

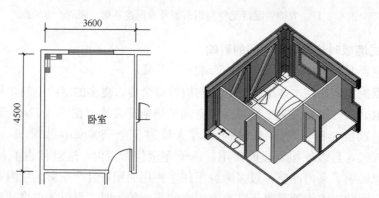

图 6.3-20　交错桁架住宅转角处运用方钢管混凝土组合异形柱示意图

式内装墙板来解决。

传统装配式建筑预制剪力墙外墙板常选用 $3n\text{M}$ 模数数列，目前工程上常见的预制剪力墙外墙板主要分为有洞口外墙和无洞口外墙，根据墙板开洞情况进行了研究细分，并针对轻质整间板复合外墙进行了结构性能、物理性能的分析论证。

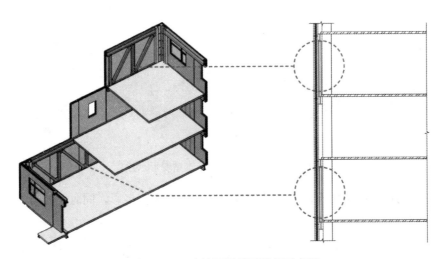

图 6.3-21　山墙隔层暴露桁架示意图

6.3.4　基于空间适配性的形态研究创新拓展

交错桁架是一个超越常规、充满想象力的结构体系，研发的目的是在钢筋混凝土体系支配市场的情况下，获得一定的市场份额，策略是在获得更大、更灵活的使用空间的同时减少钢材的用量[10]。

1. 基本型与拓展型分析

基于交错桁架的基本结构原型，可在保证其结构优势的情况下进行更加丰富和多元的建筑形式与空间的演绎。演绎的逻辑为：确定基本型，进行基于基本型的变形，基本型的组合以及组合型的变形。

传统的交错桁架多为矩形平面，但在保证其结构受力的情况下，可以将楼板形式变为诸如圆形，多边形，三角形等，给予其在建筑形式上的更多可能性，如图 6.3-22 所示。

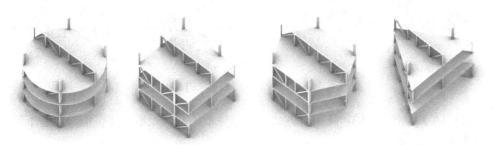

图 6.3-22　交错桁架的基本型示意

在上述基础上，可以对其楼板局部进行诸如悬挑，切割等处理，使其在不同楼层有不同位置的出挑阳台。这样的优势有三：一是使得建筑形式更活泼美观；二是保证建筑形式与建筑结构之间的关联性，即让形式如实地反映内在结构；三是各层都具备双层通高阳台（图 6.3-23）。

除了基本型的研究，基本型之间的组合也十分重要。组合分为两种：一种是垂直方向

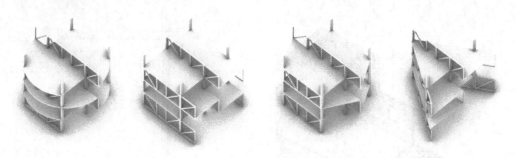

图 6.3-23 交错桁架的基本型变形示意

的组合,即层与层之间采用不同形式的楼板,既让空间丰富多彩,同时也使得形式灵动活泼(图 6.3-24)。

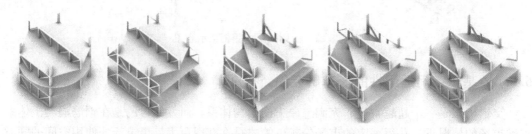

图 6.3-24 交错桁架基本型的垂直组合示意

另外还有在水平方向上的组合。此处又可细分为两种情况,一是不同基本型之间的水平组合,楼板形式呈现不规则的形状(图 6.3-25)。

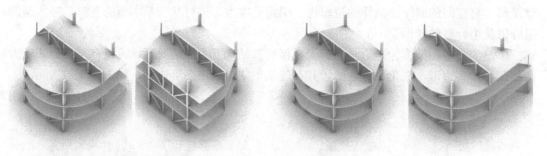

图 6.3-25 不同基本型的水平组合示意

二是相同基本型之间的水平组合方式。如三角形的基本原型,便可推导出若干种水平组合方式(图 6.3-26)。

正如在基本型上做变化,每种组合型上也可以进行相应的变化处理,以此演绎出更多的类型,证明了在交错桁架主要结构特征不变的情况下,建筑形式依然可以有充分的设计空间(图 6.3-27)。

2. 基于演绎的设计

此处简单介绍几个基于演绎的设计。一是在矩形平面的基础上,进行两种不同形式的楼板切割,使得上下两层的阳台相互交错,并将桁架的端部做成锐角形式。整体造型强调交错与三角形的特点,反映了内部的交错桁架结构(图 6.3-28)。

第 6 章　装配式交错桁架钢结构体系建筑产业化技术与示范

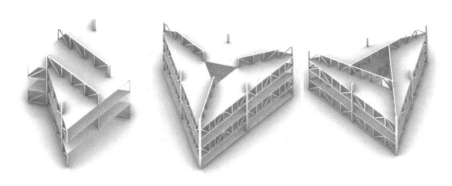

图 6.3-26　相同基本型的水平组合示意

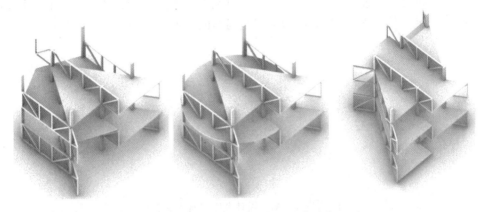

图 6.3-27　组合型的水平组合示意

图 6.3-28　概念设计 1 示意

另外，对于圆形＋矩形的组合型，可将中间一层的楼板还原成圆形，并进行镜像对称布置，且取消中间层一侧的楼板，以此形成一种自带公共空间的单元。随后竖向叠加，并在左右两侧加入交通核。因此就可形成带有相互交错公共空间的高层楼宇（图 6.3-29）。

图 6.3-29　概念设计 2 示意

此外，还可对等边三角形的基本型进行变形，获得钝角三角形的基本型，并相互搭接成风车状，中间加入交通核。在特定层数，还可利用交错桁架的结构特性进行悬挑，形成角部错落的立面造型，悬挑的阳台甚至可以是通高的（图 6.3-30、图 6.3-31）。

图 6.3-30　概念设计 3 原型演绎示意

图 6.3-31　概念设计 3 示意

3. 针对住宅市场推广的设计研发

针对目前市场占有量较大的住宅建设领域，课题团队对结构布置与空间的结合进行了演绎深化，并经过与市场参与方的沟通论证，结合当前的住宅户型发展趋势，研发了系列化的交错桁架钢结构住宅平面。以下为部分研发成果，主要用以展示本结构体系所带来的大空间格局、户内弹性、空中花园等要素优势（图 6.3-32～图 6.3-37）。

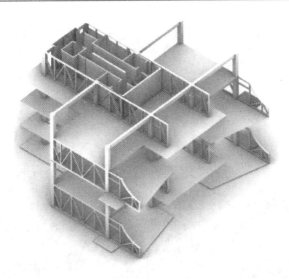

图 6.3-32　不同住宅平面结构布置关系示意

图 6.3-33　1 梯 2 户多层住宅结构外部表现示意

图 6.3-34　1 梯 2 户高层住宅结构外部表现示意

图 6.3-35　1 梯 3 户高层住宅结构外部表现示意

图 6.3-36　丰富多元富有创造力的结构表现示意

图 6.3-37　多层-高层组合的集合住宅结构表现示意

住宅作为"内部性"要求较高的建筑空间类型，在空间布局上有较大的限制要求，在建筑外观上有"常规"样貌的延续性。针对住宅的内外空间研究具有典型性，并可以更为广泛地在公共建筑中得到类比推广。

6.3.5　应用建议

课题对交错桁架结构体系在公共建筑、住宅建筑中的适配性问题，结合交错桁架结构体系的空间模数问题，进行了较为系统深入的研究。

公共建筑中针对医院、教学楼、办公楼的交错桁架适配性进行了研究。医院的适配性研究方面，对病房、护理单元、住院楼三个层级的规范及交错桁架适配性做了较为深入的建筑空间模数研究。应用时应注意利用单一平面内多功能的包容性、满足医疗功能的拓展变化弹性的同时利用交错桁架的结构体系实现建筑创新。教学楼建筑在应用课题研究得到的适配于交错桁架体系的若干类型，和相关平面类型拓展内容时，应注意平面和竖向模数的问题。办公楼的适配性研究针对的是平面空间自由性较大的问题，探索了恒定柱距下的交通核、卫生间等空间布置模块类型，为多元化平面的弹性发展提供了支撑。

住宅建筑作为"内部性"要求较高的建筑空间类型，结合住宅空间的独特性，应用时应注意交错桁架集合住宅的套型模块生成逻辑、适配于交错桁架结构的集合住宅体型选择、住宅交通体与交错桁架结构的适配性、住宅内装工业化系统与交错桁架结构的适配性、交错桁架工业化住宅典型设计成果等内容，课题组对此也都有对应研究和阐述。

此外，基于对空间适配性的形态研究进行的拓展，课题组在交错桁架结构体系建筑设计方法的既有成果上进行了创新性的推进，形成的较为明确的引导方法可帮助该结构类型进行市场化推广和应用。

同时，结合交错桁架既有空间模数，展开了墙板的相关研究，该研究成果有助于墙板的标准化推广应用。以住宅为例，本课题通过研究，得到了墙板部品典型类型的基本构造、配合空间模数的板型划分、外挂墙板与内部空间的细部协同等技术成果。当然作为普适性研究，在理论与试验验证上，以及示范项目建设中，对墙板的物理性能研究有进一步推进。

6.4 基于3D模型的交错桁架结构实用设计方法研究

交错桁架结构虽然可以为建筑提供较大的空间，但由于结构在两个主方向刚度相差过大，有很大的动力特性差异。同时，由于结构在桁架方向刚度较大，抗震延性较低，不宜用于抗震设防八度以上地区。在不同荷载工况条件下，交错桁架结构体系中不同构件间协同工作方式存在差异，在当前国内的三维结构设计软件中尚不能得到准确的处理。此外，交错桁架结构体系延性和耗能性能较差、两主轴方向动力性能差异大，极大限制了该结构体系的应用。因此交错桁架结构的设计方法及抗震性能研究包含以下内容：

（1）开展基于三维空间结构模型的交错桁架结构体系实用设计方法研究。在设计方法中，引入不同荷载工况下楼板与桁架构件间不同协同工作方式的处理机制。

（2）根据交错桁架结构体系产业化技术研究中所提炼的典型建筑空间布局，改进交错桁架结构布置，改善结构两主轴方向的刚度差异，提高结构耗能能力。

（3）开展不同交错桁架结构体系的抗震性能对比分析，评价结构耗能能力，总结结构的破坏规律及延性性能。

6.4.1 特殊楼板单元法与"两步法"近似计算方法

较之其他结构体系，交错桁架结构体系中楼板的作用相对特殊：一方面，鉴于混凝土材料并不能够有效地传递拉力，AISC设计指南[11]及国内的交错桁架结构相关设计标准[12,13]建议分析竖向荷载作用效应时忽略楼板的组合梁效应；但另一方面，90%以上的水平荷载由楼板传递至下层相邻桁架的上弦杆中[14]，水平荷载作用效应分析时，楼板是不可忽略的部分。因此，根据交错桁架结构当前的设计标准要求，竖向荷载工况与水平荷载工况下，楼板与主体结构间的协同工作方式存在显著区别。

当前的通用三维结构设计软件，如YJK（盈建科）[15]、3D3S[16]、PKPM等，虽可选用多种类型楼板单元，如刚性楼板、弹性楼板等，但实测表明，它们均无法实现竖向与水平荷载工况下与主体结构的不同协同工作方式。在交错桁架结构的实际设计计算中，多采用平面协同分析模型[17,18]，该模型假定结构质量中心与刚度中心重合，不能反映扭转效应对结构内力的影响。

1. 特殊楼板单元法

分析 YJK、3D3S、PKPM 等软件的计算结果可知，竖向荷载工况中，桁架弦杆轴力主要通过楼板拉、压应力传递，导致弦杆轴力计算值较小，进而得到偏小的柱弯矩结论。而水平荷载工况中，楼板主要受剪。因此，本研究提出采用一种仅传递剪应力，不提供面内拉压应力的特殊的楼板单元，实现竖向和水平荷载工况下，楼板与桁架结构的不同协同工作方式。

该特殊楼板单元可基于通用结构设计软件 ETABS[19] 实现。ETABS、SAP2000 等结构设计和计算软件除提供常用楼板单元类型外，还开放单元参数设置接口，以满足不同工程结构的特殊计算需求。为实现前述特殊楼板单元，可定义正交各向异性楼板材料，将板中面内两方向的弹性模量 E_1 和 E_2 设置为 0，并保持原有剪切模量。采用该面内纯剪楼板单元，可避免弦杆轴力由楼板承担和传递，从而实现竖向荷载作用下的弦杆轴力由钢桁架弦杆自身承担，而水平荷载作用下，该楼板单元能够有效传递剪力，为水平荷载传递提供一个连续途径。

为验证方法的有效性，采用 ETABS 计算了图 6.4-1 所示 5 层交错桁架结构。该结构平面布置见图 6.4-2，桁架和柱采用 Q345B 钢。楼板为 200mm 厚 C30 混凝土，采用 ETABS 所提供的 PLANK 单元，并按前述说明设置为各向异性的面内纯剪单元，下称 Plank200SF。为进行对比，对楼板单元采用了另外两种不同的设置并分别进行了计算。第一种 Plank200 按常规设置为 200mm 厚各向同性材料，第二种 Plank1 设置板厚为 1mm，以近似忽略楼板刚度对桁架弦杆内力计算的影响。

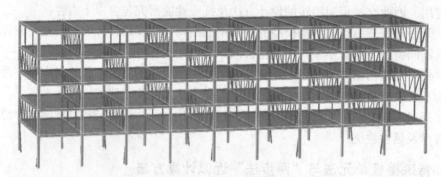

图 6.4-1 结构三维模型

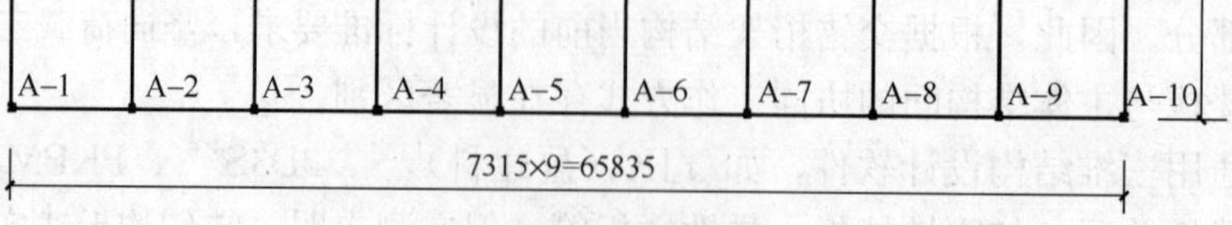

图 6.4-2 结构平面布置

在板面均布 7.0kN/m² 竖向荷载工况下，桁架弦杆轴力计算结果对比如图 6.4-3 所示。根据当前设计标准要求不考虑楼板的组合作用时（Plank1 结论），桁架弦杆轴力显著。若按照常规的楼板设置（Plank200 结论），由于楼板的面内抗压能力的贡献，弦杆中的轴力接近 0，该结论是不满足要求的。采用本研究所提出的特殊楼板单元，所得到的结论（Plank200SF 结论）与忽略楼板组合作用影响的结论是一致的。

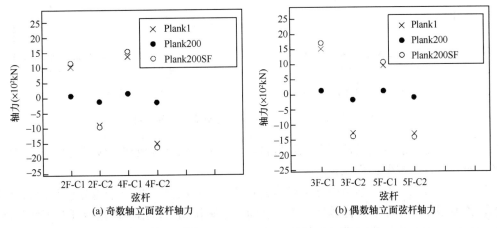

图 6.4-3　竖向荷载工况下弦杆轴力最大值对比

水平荷载作用下弦杆弯矩较小，图 6.4-4 和图 6.4-5 主要对比了当基本风压取 0.45 kN/m² 和 4.5 kN/m² 时，普通模型计算方法和特殊楼板单元模型计算方法的桁架弦杆轴力计算结果。

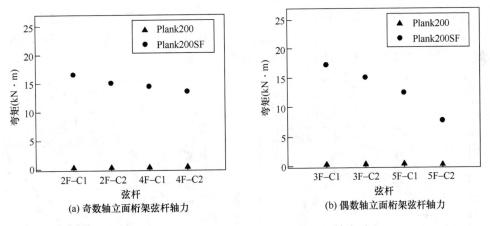

图 6.4-4　基本风压 0.45kN/m² 时桁架弦杆轴力对比

计算结果表明，随基本风压取值的增加，采用特殊楼板单元的模型弦杆轴力同比例增加，而普通楼板单元模型计算出的弦杆轴力依然较小，可忽略不计。这表明特殊楼板单元模型计算结果对于结构设计更有意义。若采用普通楼板单元模型计算则会在内力分析阶段得到偏小的桁架内力计算结论，并导致柱弯矩设计值偏小。

2. "两步法"近似计算方法

盈建科、3D3S、PKPM 等结构分析软件在我国建筑结构设计领域应用较广泛，但这

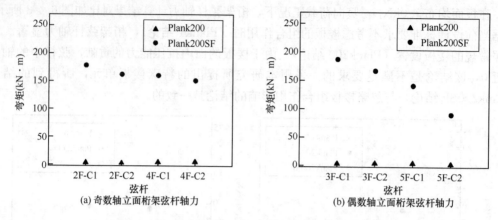

图 6.4-5 基本风压 $4.5 \mathrm{kN/m^2}$ 时桁架弦杆轴力对比

些结构分析软件不能自定义楼板单元及材料属性。可采用有楼板和无楼板的结构模型分别计算后包络设计,按下述步骤:

第一步,按照一般三维结构分析思路建立三维计算模型 1 进行结构分析和内力计算。其中,该模型楼板厚度取设计厚度,施加竖向和水平作用,依据具体楼板开洞等情况判断是否采用强制刚性楼板假定进行整体指标计算,内力计算非强制刚性楼板假定。

第二步,消除楼板影响,计算竖向荷载作用下结构内力。将模型 1 楼板厚度设置为 0 以形成模型 2,不采用刚性楼板假设,仅施加竖向荷载,计算竖向荷载作用下结构内力。

分别计算模型 1 和模型 2,得到两模型的设计内力。然后取两模型的设计内力包络值进行设计。

对于前述 5 层交错桁架算例,采用 YJK(盈建科)开展"两步法"近似计算,所得到的结果与人工提取各工况内力进行组合的结果对比如图 6.4-6～图 6.4-9 所示,两者结论接近,表明"两步法"近似计算可满足设计精度要求。

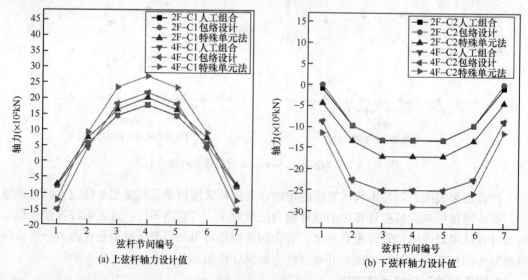

图 6.4-6 奇数轴立面桁架弦杆轴力设计值对比

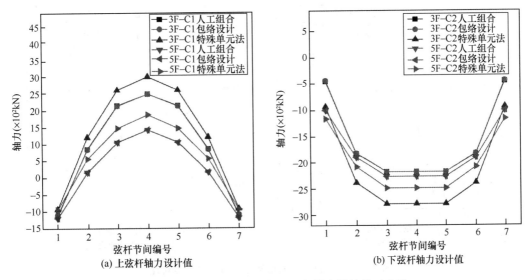

图 6.4-7 偶数标准轴立面桁架弦杆轴力设计值对比图

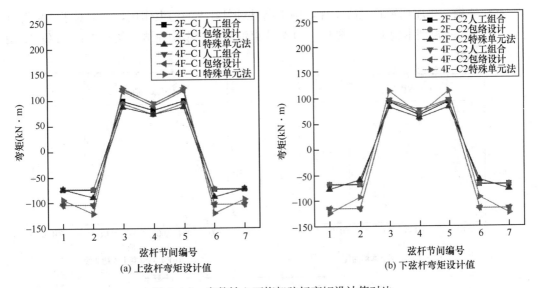

图 6.4-8 奇数轴立面桁架弦杆弯矩设计值对比

6.4.2 交错桁架-框架混合结构的抗震延性性能研究

在现有国内外研究的基础上,采用动力时程分析、静力弹塑性分析以及延性评价方法作为主要的研究手段,结合国内建筑的功用需求,对交错桁架以及交错桁架-框架混合结构进行抗震分析[20]。研究工作主要包括以下几个方面:①选取 9 种不同的模型进行弹性分析,对比不同结构的模态周期,探讨结构扭转效应与桁架布置的关联性;②根据 ATC-40 报告提供的能力谱法对结构进行静力弹塑性分析[21];③对结构进行动力时程分析,并对结构进行延性评价[22]。

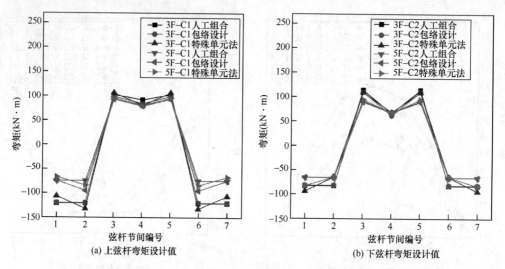

图 6.4-9 偶数轴立面桁架弦杆弯矩设计值对比

1. 静力弹塑性反应

在交错桁架中应用钢管混凝土柱,由于钢材对混凝土的约束作用,一般对于约束混凝土选用 Mander 模型本构关系,图 6.4-10 为约束混凝土的本构曲线,图 6.4-11 为 Q345 钢材的本构曲线。

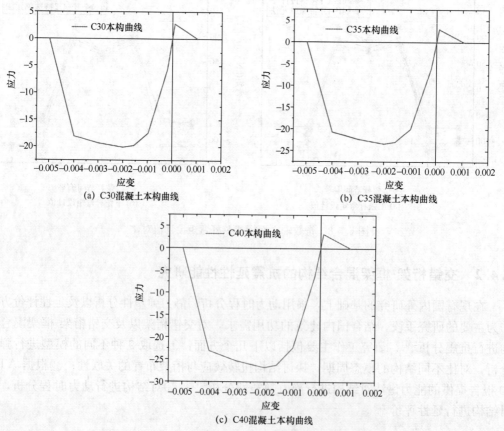

图 6.4-10 混凝土 Mander 模型本构曲线

(1) pushover 工况介绍

静力弹塑性 pushover 方法作为常用的抗震分析手段，可以提供设计师有效的计算结果，相比起时程分析，用时较小，分析效率高。Pushover 分析的主要步骤如下[23]：

1）根据规范手册建立分析力学物理模型；

2）设置构件的塑性铰，并根据构件截面材料以及受力选用合适的塑性铰，定义到构件的相对位置处；

3）设置加载的前置非线性重力工况：$1.0D$（恒荷载）$+0.5L$（活荷载）；

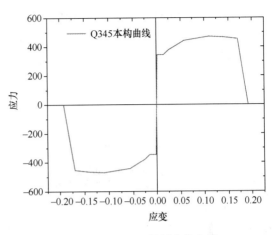

图 6.4-11　Q345 钢材本构曲线

4）定义非线性推覆工况，选取定义好的前置重力工况，并考虑结构的 $P\text{-}\Delta$ 效应，设置结构顶部中心点位移监测点，目标位移为楼高的 $1/50$，至少保存 50 步加载；

5）采用合理的侧向分布荷载施加在结构上；

6）计算结束后得到结构的能力曲线以及性能点。

(2) 结果分析

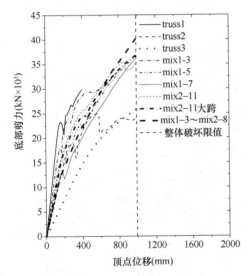

图 6.4-12　能力曲线

图 6.4-12～图 6.4-15 为九种模型桁架方向的推覆能力曲线。从图中可以得到以下结论：①初始刚度从大到小依次是 truss1、mix1-3、mix1-5、mix2-11、mix2-11 大跨、mix1-3～mix2-8、mix1-7、truss2、truss3；② truss 模型中最早出现塑性铰的是 truss1，其次是 truss2、truss3；③从破坏状态来看，truss1 和 mix1-3 属于局部破坏，其他模型都发生的是整体性破坏。

(3) 结构损伤分析结果（图 6.4-16）

1）truss 模型：truss1 由于桁架多处腹杆破坏导致结构局部机构发生破坏，塑性铰开展不充分，结构的损伤程度较低，在图 6.4-16（a）中弹塑性构件占比最低；truss2 模型由于增大空腹耗能段弦杆长度，构件的损伤程度有所增大，在图 6.4-16（b）中 truss2 模型损伤程度超过 E 点的构件数量占比最大，结构较不利；truss3 损伤程度在 IO-LS 段的构件数量占比最大，结构耗能能力在九种模型中最具优势。

2）mix1-A 模型：mix1-3 模型由于代换了三轴桁架，相较之 truss1 模型，结构总弹塑性耗能构件数占比有所增大，从图 6.4-16（b）中可知，超过 E 点的构件数占比下降，而可修复构件占比有所增多，结构抗震优于 truss1 模型；mix1-5 模型弹塑性构件占比最大，接近20%；mix1-7模型弹塑性构件占比仅次于mix1-5模型，构件破坏程度较低，可恢复构件占比高于mix1-5。三种模型中mix1-7构件参与耗能数量较多，构件损伤程度最低，结构性能优越。

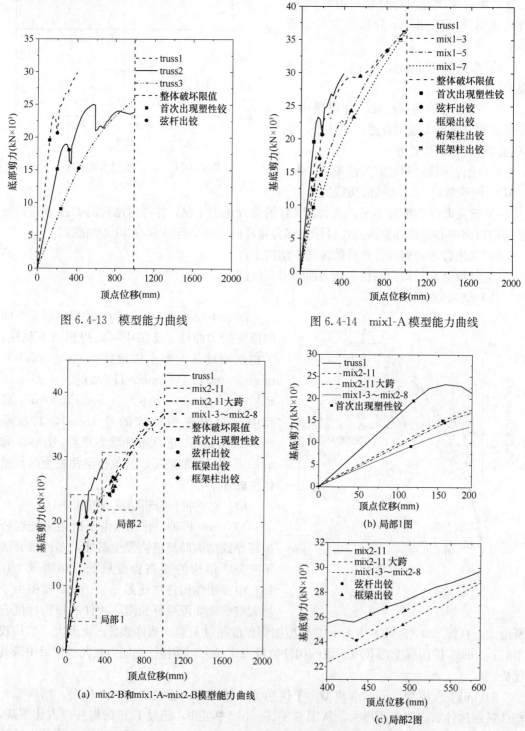

图6.4-13 模型能力曲线

图6.4-14 mix1-A模型能力曲线

(a) mix2-B和mix1-A~mix2-B模型能力曲线

(b) 局部1图

(c) 局部2图

图6.4-15 mix2-B和mix1-A~mix2-B模型能力曲线

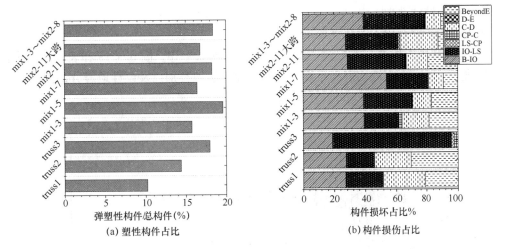

图 6.4-16 构件损伤占比图

3) mix2-B 和 mix1-A～mix2-B 模型：三种模型中 mix2-11 进入弹塑性的构件数量最少，构件损伤程度较严重；mix1-3～mix2-8 弹塑性构件数量仅次于 mix1-5，发生破坏的构件数量占比最低，可修复构件占比高于 mix1-5、mix1-7。

通过将多自由度能力曲线等效为双折线，算出结构的等效弹性刚度、等效屈服荷载及等效极限位移，并得到等效延性要求系数，见图 6.4-17。该图表明，各结构的延性要求小于延性能力，满足抗震性能要求。

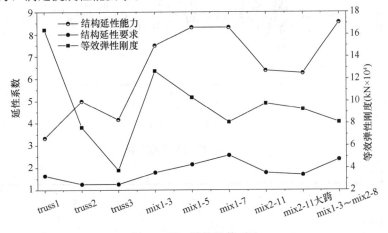

图 6.4-17 结构性能对比

2. 动力弹塑性反应

在 SAP2000 里一共有五种可提供的方法（表 6.4-1）：Newmark 法、Wilson 法、排列法、Hiber-Huges-Taytor 法和 Chung and Hulbert 法[24]。

瑞雷阻尼系数取值　　　　　　　　　表 6.4-1

参数	truss1	truss2	truss3	mix1-3	mix1-5	mix1-7	mix2-11	mix2-11 大跨	mix1-3～mix2-8
α_0	0.3349	0.2286	0.1725	0.2930	0.2637	0.2338	0.2524	0.2439	0.2280
α_1	0.0028	0.0042	0.0055	0.0032	0.0036	0.0041	0.0038	0.0039	0.0042

(1) 地震波的选取

在我国规范中有以下的几点要求[25]：

1) 地震波中天然波与人工波占比为 2∶1（如图 6.4-18、图 6.4-19 和表 6.4-2 所示），在此基础上，所有地震波均需满足规范中对于建筑场地类别以及设计地震分组的要求；

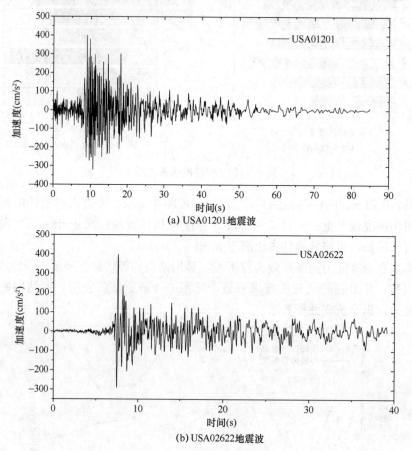

图 6.4-18　两条天然地震波

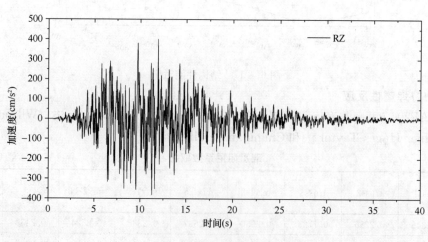

图 6.4-19　RZ 地震波

地震波参数 表 6.4-2

名称	类别	有效持时（s）	间隔（s）	峰值（cm/s²）
USA01201	天然波	52.2	0.02	22.443
USA02622	天然波	29.7	0.01	125.65
RZ	人造波	25.2	0.02	220

2) 结构在各地震波作用下的平均谱加速度与规范谱在主要振型周期点上的差值不大于 20%（图 6.4-20）；

3) 结构在各地震波作用下的平均底部剪力（所研究方向：本文中为桁架方向）一般不会小于小震 CQC 法计算结果的 80%，不大于 120%；单条波的计算结果不小于 65%，不大于 135%。

除此之外，满足以上规范要求的基础上，还应根据频率或周期双区段选波方法进行选取[26]：① 控制周期 [0.1, t_g] 平台段上的地震反应平均值，使得地震波的平均响应与标准设计谱之间的差异不超过 10%；② 控制加速度反应谱在基本周期 $T_1[T_1-\Delta T_1, T_2+\Delta T_2]$ 附近，相差不超过 10%。

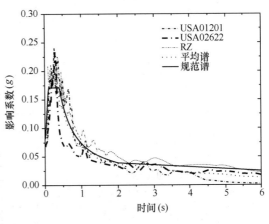

图 6.4-20　反应谱绘图

三种地震波与设计反应谱相对吻合，研究的九种模型桁架方向的主周期处地震波平均值与反应谱的差值控制在 20% 以内，满足规范的选波要求（图 6.4-21）。

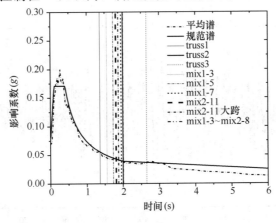

图 6.4-21　主周期点谱加速度离散图

(2) 计算结果对比

1) USA01201 地震波-位移时程曲线（图 6.4-22～图 6.4-24）
2) USA02622 地震波-位移时程曲线（图 6.4-25～图 6.4-27）
3) RZ 地震波-位移时程曲线（图 6.4-28～图 6.4-30）

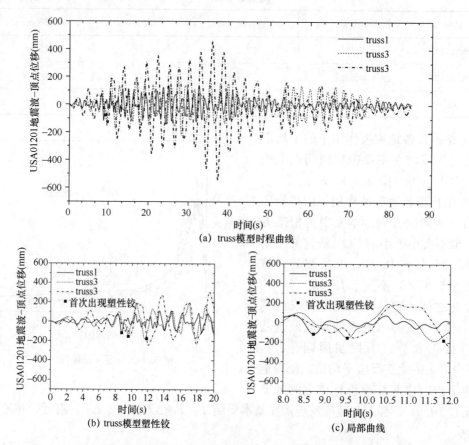

图 6.4-22　USA01201 地震波—truss 模型时程曲线

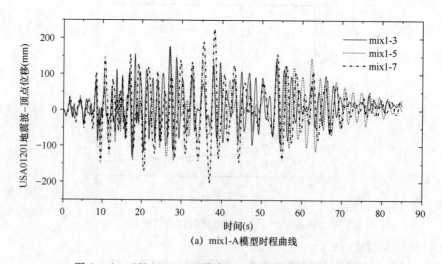

图 6.4-23　USA01201 地震波—mix1-A 模型时程曲线（一）

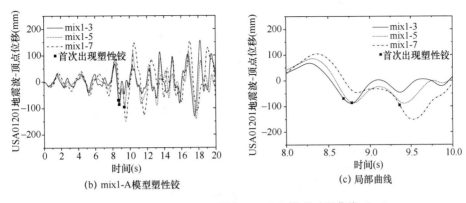

图 6.4-23 USA01201 地震波—mix1-A 模型时程曲线（二）

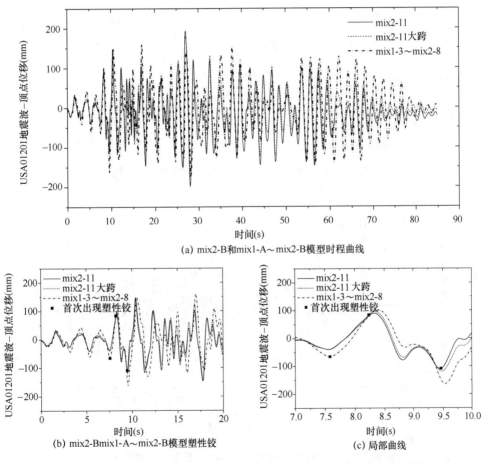

图 6.4-24 USA01201 地震波—mix2-B 和 mix1-A～mix2-B 模型时程曲线

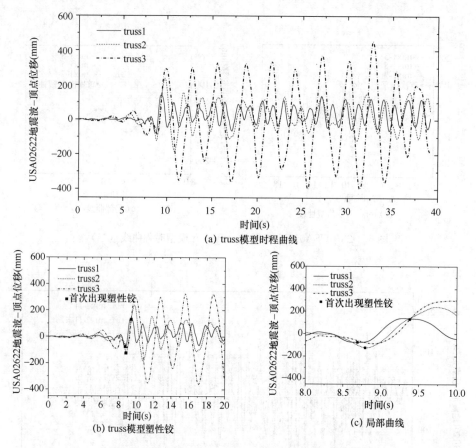

图 6.4-25 USA02622 地震波—truss 模型时程曲线

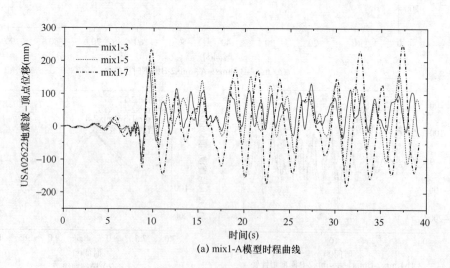

图 6.4-26 USA02622 地震波—mix1-A 模型时程曲线（一）

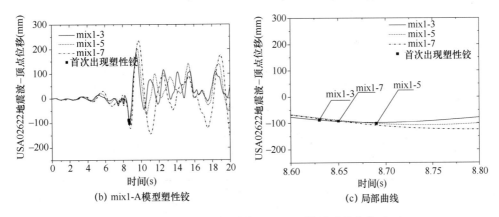

图 6.4-26 USA02622 地震波—mix1-A 模型时程曲线（二）

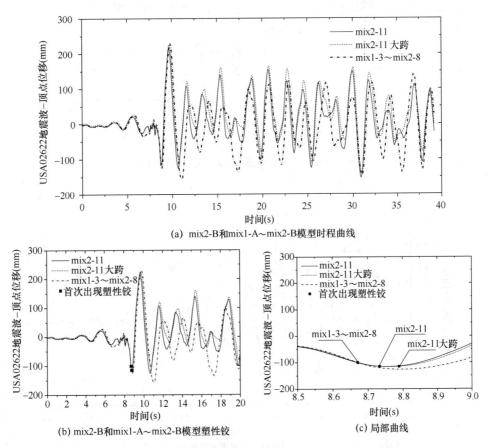

图 6.4-27 USA02622 地震波—mix2-B 和 mix1-A～mix2-B 模型时程曲线

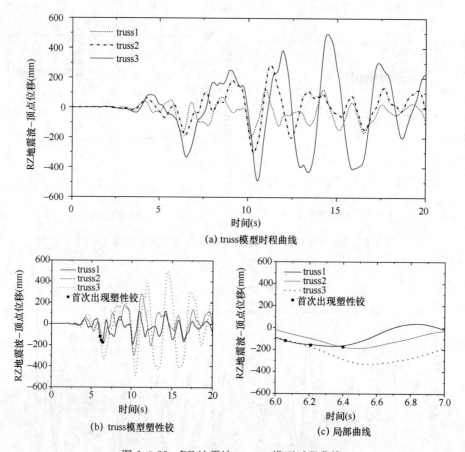

图 6.4-28　RZ 地震波—truss 模型时程曲线

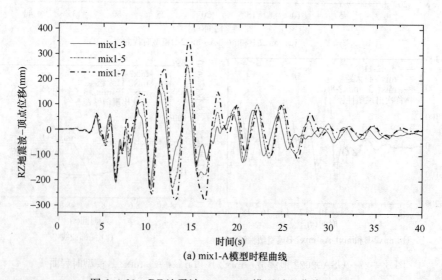

图 6.4-29　RZ 地震波—mix1-A 模型时程曲线（一）

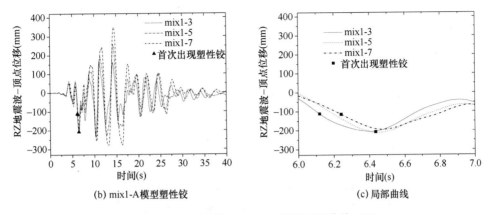

(b) mix1-A模型塑性铰　　　　　　　(c) 局部曲线

图 6.4-29　RZ 地震波—mix1-A 模型时程曲线（二）

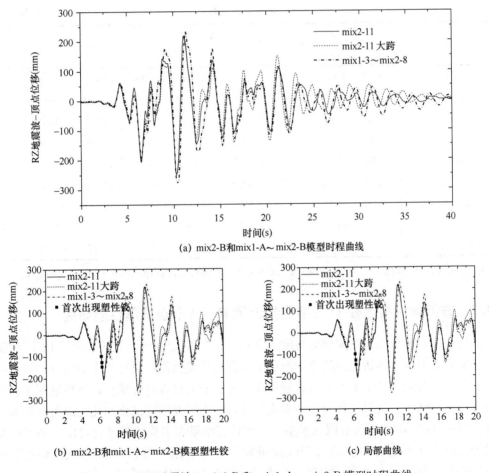

(a) mix2-B和mix1-A～mix2-B模型时程曲线

(b) mix2-B和mix1-A～mix2-B模型塑性铰　　　　　(c) 局部曲线

图 6.4-30　RZ 地震波—mix2-B 和 mix1-A～mix2-B 模型时程曲线

(3) 滞回延性能力（图6.4-31和表6.4-3）

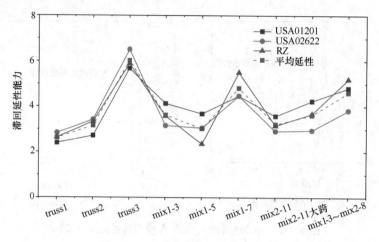

图6.4-31 结构滞回延性能力曲线

滞回延性系数　　　　　　　　　　　　　　　　　　表6.4-3

模型	USA01201			USA02622			RZ		
	Δ_y	Δ_u	μ	Δ_y	Δ_u	μ	Δ_y	Δ_u	μ
truss1	116.95	279.79	2.39	75.07	213.23	2.84	118.19	312.4	2.64
truss2	154.46	420.02	2.72	124	424.58	3.42	174.84	584	3.34
truss3	176.97	1003.64	5.67	130.39	848.95	6.51	157.32	926.12	5.89
mix1-3	69.71	287.88	4.13	87.25	275.99	3.16	110.94	396.9	3.58
mix1-5	86.14	317.31	3.68	101.37	309.75	3.06	207.47	487.82	2.35
mix1-7	95.93	428.3	4.46	91.82	410.15	4.47	114.08	626.77	5.49
mix2-11	109.39	391.6	3.58	115.46	336.97	2.92	147.07	465.21	3.16
mix2-11大跨	83.61	354.66	4.24	115.46	341.41	2.96	126.84	466.53	3.68
mix1-3～mix2-8	64.97	312.44	4.81	100.73	385.8	3.83	98.55	512.31	5.20

注：表中的Δ_u为结构顶点位移曲线中相邻波峰波谷绝对最大差值；Δ_y为结构首次出现塑性铰时的位移。

6.4.3 方钢管混凝土柱-U形钢混组合梁穿心式节点抗震性能研究

为促进交错桁架结构纵向框架装配式节点的应用和发展[27]，提出CFST柱-U形钢混组合梁穿心式节点，为研究该类型中间层中节点的抗震性能，设计6个中节点。具体研究内容如下：①分别对3个Ⅰ类节点试件和3个Ⅱ类节点试件进行试验，考察轴压比、加载制度和施工方法等参数对试件的破坏模式、延性、强度及刚度退化和耗能能力的影响。②建立节点试件的ABAQUS有限元模型，并将计算结果和实验结果进行对比。基于已验证的模型进行大量参数分析。③基于试验研究结果和有限元分析结果，针对本文提出的CFST柱-U形钢混组合梁穿心式节点构造形式提出设计和构造建议。

1. 新型节点介绍

考虑实际施工，对于U形钢梁的安装提出两种方法（Ⅰ类节点和Ⅱ类节点）。

(1) Ⅰ类节点

安装步骤如下：①将两个方向的节点区槽钢分别穿过钢管如图 6.4-32（a）所示；②将翼缘部分切掉（50mm 长）的 U 形连接件置于节点区槽钢外侧，并用角焊缝连接于钢管壁如图 6.4-32（b）所示；③将带有槽钢连接件的 U 形钢梁置于柱中，并滑动槽钢连接件以使 U 形钢梁临时定位，最后将钢梁与 U 形连接件对接焊接，将槽钢连接件与 U 形连接件进行焊接如图 6.4-32（c）所示。

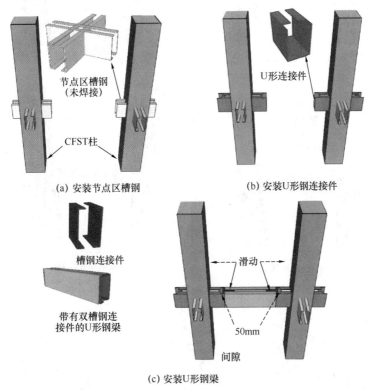

图 6.4-32　Ⅰ类节点

(2) Ⅱ类节点

安装步骤如下：①将两个方向的节点区槽钢分别穿过钢管，见图 6.4-33（a）；②将托板焊接于节点区槽钢上，见图 6.4-33（b）；③将 U 形钢梁置于托板上，并焊接于节点区槽钢上，见图 6.4-33（c）；④将上部柱钢管焊接于下部钢管上，见图 6.4-33（d）。

2. CFST 柱-U 形钢混组合梁穿心式节点抗震试验研究

(1) 试验概况

所有试件按照"强柱弱梁"以及"强节点"进行设计[28]，其中试件的强柱弱梁系数为 1.77。试件的命名及主要参数见表 6.4-4，试件混凝土采用 C50 商品混凝土，所有钢筋采用 HRB400，所有型钢和钢板均采用 Q345B。试件命名说明如下：以Ⅰ-SIJ-1 为例，Ⅰ表示试验为第一批次，SIJ 表示中节点，1 表示试件编号顺序，其中 1s 表示该试件有贯通节点区并伸出至梁端的短纵筋。加载方式中 C 表示循环加载，M 表示单调加载。两类节点的几何尺寸及构造如图 6.4-34 所示。

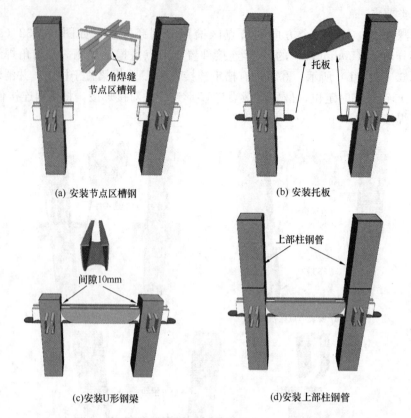

图 6.4-33 Ⅱ类节点

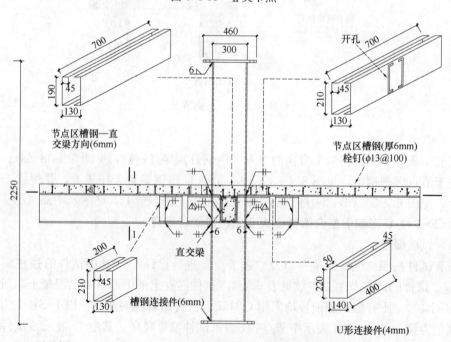

图 6.4-34 节点试件几何尺寸及配筋图（一）

第 6 章 装配式交错桁架钢结构体系建筑产业化技术与示范

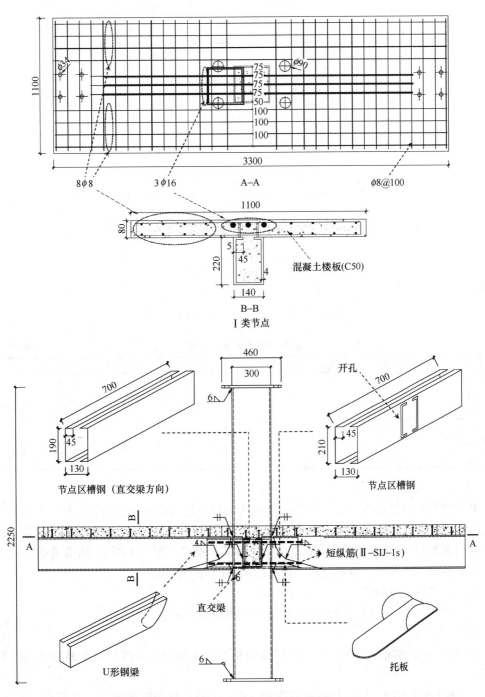

图 6.4-34 节点试件几何尺寸及配筋图（二）

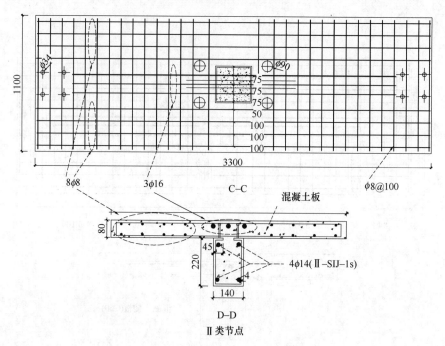

图 6.4-34　节点试件几何尺寸及配筋图（三）

试件主要参数表（mm）　　　　　　表 6.4-4

试件编号	柱钢管截面	梁截面	直交梁截面	板厚	安装方式	加载方式	n
I-SIJ-1	300×6	140×220×4	140×210×4	80	I	C	0
I-SIJ-2						M+C	0
I-SIJ-3						C	0.3
II-SIJ-1s					II	C	0.3
II-SIJ-2						C	0.3
II-SIJ-3						C	0.5

(2) 试验现象

共观察到两种破坏模式，第一种破坏模式的特点是梁端角焊缝断裂，并且节点区槽钢开孔处断裂，第二种破坏模式的特点是梁下翼缘及腹板屈曲，最后钢管壁附件热影响区的节点区槽钢断裂[29]。所有 I 类节点发生第一种破坏模式（图 6.4-35），所有 II 类节点发生第二种破坏模式（图 6.4-36）。图 6.4-37 为试件的滞回曲线。

(3) 试验结果及分析

对 2 类共 6 个节点试件进行了试验研究，得到如下结论：

1) I 类节点

① 均发生了梁端焊缝热影响区低周疲劳撕裂破坏和节点区槽钢翼缘断裂的混合破坏模式；

② 滞回曲线饱满，具有较强的强度和刚度，具有良好的变形能力、耗能能力和延性，且满足美国标准 ACI 374.1 的相关验收标准，具有良好的抗震性能；

③ 单调加载的承载能力是循环加载承载能力的 1.2 倍，是因为单调加载不存在循环加载导致的混凝土塑性累积损伤和钢材的疲劳损伤；

④ 柱轴压力对该类节点的承载能力影响较小，但是能有效提高节点的耗能能力；

第6章 装配式交错桁架钢结构体系建筑产业化技术与示范

(a) 最终破坏形态

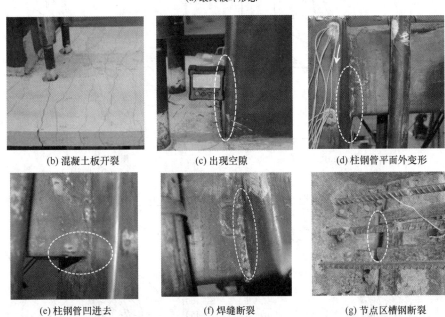

(b) 混凝土板开裂　　(c) 出现空隙　　(d) 柱钢管平面外变形

(e) 柱钢管凹进去　　(f) 焊缝断裂　　(g) 节点区槽钢断裂

图 6.4-35　第一种破坏模式（I-SIJ-3）

(a) 底部翼缘屈曲　　(b) 腹板屈曲　　(c) 节点区槽钢断裂

图 6.4-36　第二种破坏模式（II-SIJ-2）

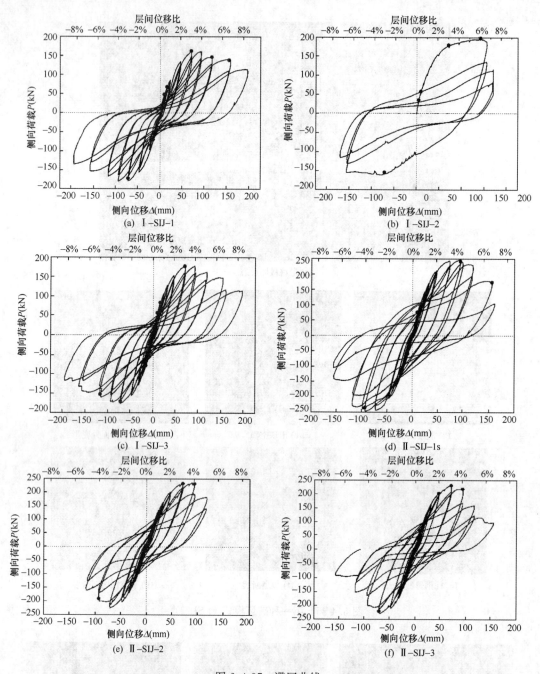

图 6.4-37 滞回曲线

⑤ 节点区内部槽钢连接处应进行焊缝连接以免因开洞面积过大使截面削弱成为薄弱处。

2) Ⅱ类节点

① 均发生了梁端下翼缘和腹板受拉断裂、受压局部屈曲的梁端弯曲破坏,节点区槽钢连接处焊接后未发生破坏;

② 滞回曲线较为饱满,具有较强的强度和刚度,具有良好的变形能力、耗能能力和延性,且几乎都满足美国标准 ACI 374.1 的验收标准,具有良好的抗震性能;

③ 梁端布置钢筋能在一定程度上提高承载能力，同时也能有效提高节点的耗能能力和延性性能；

④ 提高轴压力对节点承载能力影响不大，但是能有效提高节点的耗能能力；

⑤ 此类节点在加工时应注意保证钢梁连接处的焊缝质量，注意焊缝应力集中问题。

6.4.4 有限元分析研究

课题组利用 ABAQUS 软件建立了两类 CFST 柱-U 形钢混组合梁节点模型，将有限元模拟分析与试验结果进行对比（图 6.4-38 和图 6.4-39）。分析了轴压比、混凝土强度、节点区槽钢厚度和节点区槽钢开洞处焊接等参数对Ⅰ类节点的影响，分析了钢梁焊接位置、节点区槽钢厚度和直交梁对Ⅱ类节点的影响。

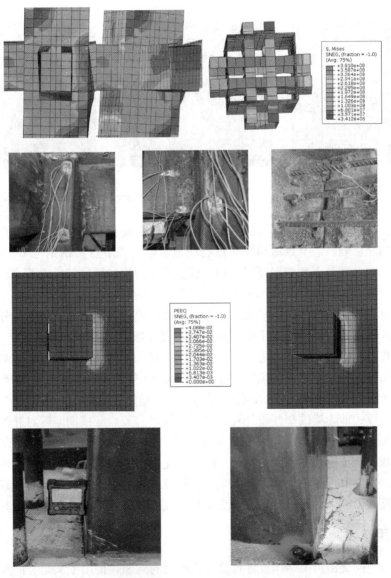

图 6.4-38 有限元模拟现象与试验现象对比（Ⅰ类节点）

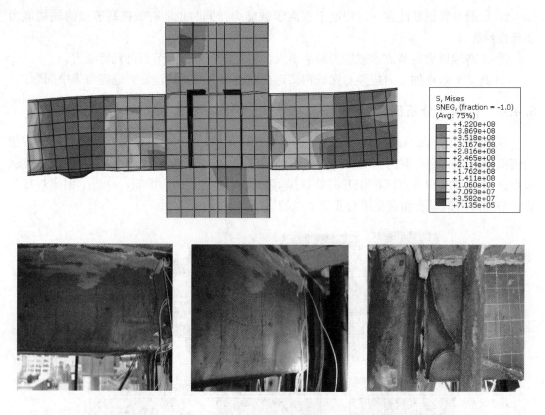

图 6.4-39 有限元模拟现象与试验现象对比（Ⅱ类节点）

参数分析结果表明：①轴压比、混凝土强度等级和楼板配筋率对Ⅰ类节点的承载力和破坏模式无明显影响；②节点区槽钢厚度有明显影响。当节点区槽钢与U形钢梁抗弯强度比小于2.7时，随节点区槽钢厚度增加，节点承载力增加幅度较大，节点破坏模式为梁端焊缝热影响区低周疲劳撕裂破坏和节点区轻微破坏的混合破坏；当 $\alpha_{jb} \geqslant 2.7$ 时，当节点区槽钢增加时，节点承载力无明显变化，但节点破坏模式转变为梁端塑性铰外移的弯曲破坏；③节点区槽钢开洞处焊接对Ⅰ类节点的破坏模式影响显著，对其承载能力影响较小。当柱抗弯承载力与梁抗弯承载力之比大于等于1.3时，Ⅰ类节点的破坏模式均为梁端塑性铰外移的弯曲破坏；④钢梁焊接位置对Ⅱ类节点破坏模式的影响较为明显。当柱抗弯承载力与梁抗弯承载力之比不小于1.3，将钢梁与节点区槽钢一起焊接在柱钢管上时，此时Ⅱ类节点的破坏模式即为梁端塑性铰外移的弯曲破坏；⑤节点区槽钢厚度对Ⅱ类节点的破坏模式影响较大。当柱梁抗弯承载力之比不小于1.3，将钢梁焊接在节点区槽钢外伸牛腿上，若梁端截面与预期控制截面的抗弯承载力之比不小于两截面与梁跨中反弯点距离之比的1.1倍时，Ⅱ类节点的破坏模式即为梁端塑性铰外移的弯曲破坏；⑥有无直交梁对Ⅱ类节点的破坏模式影响不明显，且移除直交梁时对该破坏模式下的承载力降低有限。

6.4.5 应用建议

本节针对当前交错桁架结构设计计算方法不足的问题，提出了满足竖向和水平荷载工况下楼板与交错桁架不同协同工作方式要求的两种设计计算方法。对比计算表明，特殊楼板单元计算精度较高，且操作简单，便于结构设计人员采用。对于低烈度区的一般多层交错桁架建筑结构，基于常用结构设计软件所实现的"两步法"近似包络计算方法，能够满足工程设计精度要求，且便于实施和推广。

常规混合式交错桁架由于其特殊的桁架布置方式导致结构立面相对不规整，弹性层间位移角曲线呈现锯齿状，且前两阶平动周期相差较大。交错桁架-框架混合结构将结构中的桁架部分局部整榀换为框架或减小桁架跨度整榀缩进，在保留部分交错桁架结构的大空间前提下改善了结构两主轴方向的结构动力特性。采用交错桁架-框架混合式结构有利于满足《建筑抗震设计规范》GB 50011—2010（2016年版）中对于主轴方向动力特性一致的建议和要求。交错桁架-框架混合结构中框架部分参与结构耗能，提高了结构的延性性能。基于pushover的分析及结构的动力时程反应分析表明，较之常规交错桁架结构，交错桁架-框架混合结构延性可提升达70%～80%。

低周往复荷载试验及有限元模拟结果表明：所提出的两类CFST柱-U形钢混组合梁穿心式中节点的强度刚度较大，位移延性系数分别在3.28～3.68和2.34～2.90之间，极限位移角分别在1/14～1/16和1/19～1/28之间，峰值荷载时的等效黏滞阻尼系数分别在0.15～0.17和0.14～0.18之间。滞回曲线较饱满，延性、变形能力和耗能能力较好，具有良好的抗震性能，建议在相关设计中采用。

6.5 建筑的结构系统部品化研究

近年来，随着国家发展规划对建筑工业化提出了更高的要求，装配式建筑结构开始加速发展。在多、高、超高层建筑中，楼盖体系越来越成为一个突出的问题。尤其是交错桁架钢结构体系中，对大跨度楼盖有了更大的需求，在大跨度楼盖中，需要楼板拥有更大的刚度、更轻的质量，传统的钢筋混凝土楼盖已经不能满足目前大跨度建筑体系的使用需求，因此，开发一种跨度大、质量轻、抗裂性能好且便于施工的预制装配式楼板，是当前建筑工程技术领域一项亟需解决的问题。

跨度不超过4.5m的简支楼板和跨度一般不超过5.1m的连续楼板在施工过程中一般不设置支撑。因此，本文的研究对象选择不设置支撑且大于4.8m的组合楼板。目前，关于组合楼板的研究主要集中在1.2～4.5m跨度范围，对大跨度组合楼板的研究还较少，尤其是对大跨度预制组合楼板的研究，因此，本课题对新型大跨度空心预制组合楼板的力学性能进行了研究，为新型大跨度组合楼板在实际工程中的设计和使用提供可靠的参数依据，这项工作具有十分重要的现实意义。

为了解决新型预制楼板与钢梁连接的问题，本研究提出了一种新的连接方式：楼板与钢梁下翼缘采用高强度螺栓连接，中间采用局部湿连接。与传统的钢筋桁架叠合楼板相比，湿连接部位显著减少，楼板与钢梁之间由T形连接钢板相连，相比传统预制楼板直接搁置在梁上，此种连接方式更加可靠。对新型楼板与钢梁连接节点在不同参数下的受力性能和极限承载力进行的研究，可为设计提供参考。

6.5.1 新型大跨度空心组合楼板的开发

新型大跨度压型钢板-混凝土空心组合楼板主要由压型钢板、轻骨料混凝土、钢筋、

PVC管和高强混凝土构成，压型钢板类型可以是闭口型、开口型和缩口型，如图 6.5-1 所示。楼板中的混凝土有轻骨料混凝土和高强混凝土两种，组合楼板截面下部使用轻骨料混凝土，上部使用高强混凝土来抵抗上部受压作用。新型大跨度空心组合楼板的构造要求需要符合《组合楼板设计与施工规范》CESC 273：2010[30]和《现浇混凝土空心楼盖技术规程》JGJ/T 268—2012[31]的相关技术要求。组合楼板上所使用的轻骨料混凝土强度不应小于LC35。轻骨料混凝土的力学性能应该符合《轻骨料混凝土应用技术标准》JGJ/T 12—2019 的规定。

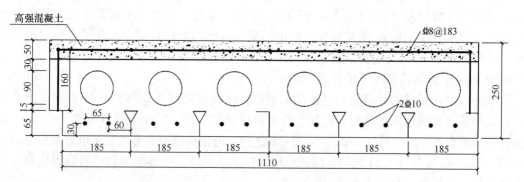

图 6.5-1 新型大跨度组合楼板截面形式示意图

6.5.2 新型大跨度闭口型空心组合楼板的试验研究

1. 试件设计与制作

为了研究新型大跨度闭口型压型钢板-轻骨料混凝土空心组合楼板的受力性能，共设计了 9 个试件，主要的研究参数是有无高强混凝土、压型钢板厚度、高强混凝土厚度、剪跨比。试件设计尺寸及参数见表 6.5-1，试件制作过程如图 6.5-2 所示，试验加载装置如图 6.5-3 所示。新型大跨度闭口型组合楼板的静力加载试验中所有试件分别是商品 LC35 轻骨料混凝土和 C60 高强混凝土现场浇筑而成，两种混凝土材料的平均强度分别为 30.3MPa 和 65.5MPa。

新型组合楼板试件设计尺寸及参数　　　　　　表 6.5-1

序号	试件编号	净跨（m）	钢板板厚（mm）	剪跨（mm）	高强混凝土等级	高强混凝土厚度（mm）	剪跨比
1	HCS-1	7200	1.5	900	C60	50	3.6
2	HCS-2	7200	1.5	900	—	—	3.6
3	HCS-3	7200	1.2	900	C60	50	3.6
4	HCS-4	7200	1.0	900	C60	50	3.6
5	HCS-5	7200	1.5	900	C60	30	3.6
6	HCS-6	6000	1.5	750	C60	50	3
7	HCS-7	6000	1.5	750	—	—	3
8	HCS-8	4800	1.5	600	C60	50	2.4
9	HCS-9	4800	1.5	600	—	—	2.4

注：表中各组合板厚度均为 250mm，轻骨料混凝土等级均为 LC35，实际板长均比净跨长 200mm。

第 6 章 装配式交错桁架钢结构体系建筑产业化技术与示范

(a) 支模

(b) 混凝土浇筑

图 6.5-2 试件制作

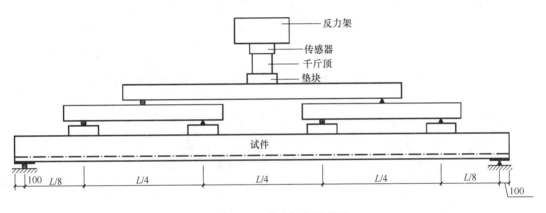

图 6.5-3 八分点加载示意图

2. 试件破坏形态

试件主要发生受弯破坏，除了跨中挠度过大，未发现有明显过大的主导裂缝，也未发现端部压型钢板与混凝土界面明显的相对滑移现象。典型试件的破坏形态如图 6.5-4 所示。

图 6.5-4 HCS-1 试件的破坏形态

3. 试验结果分析

图 6.5-5 为试件荷载-跨中挠度及荷载-端部滑移曲线。从图中可以看出，试件在加载

初期荷载-挠度关系曲线呈现出良好的整体弹性变形性能，随着竖向荷载的增加，试件整体进入弹塑性变形阶段，最终因跨中挠度过大而发生延性破坏。压型钢板越厚，组合楼板刚度越大，极限承载力越高。高强混凝土层的强度变化对组合楼板的抗弯承载力没有影响。随着构件的剪跨比不断增大，虽然构件极限承载力下降，但构件的整体性更好。有高强混凝土层的组合板屈服荷载和极限承载力均大于没有高强混凝土层的组合板。高强混凝土层厚度对组合楼板极限承载力有较大影响。

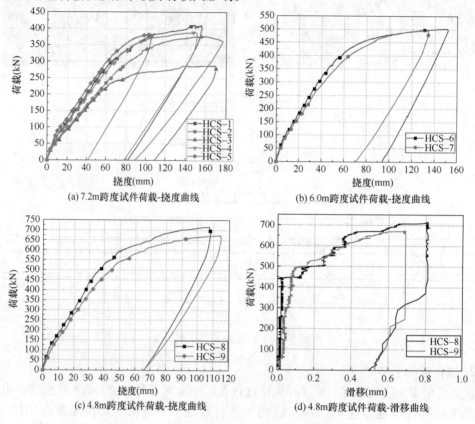

图 6.5-5 试件荷载-跨中挠度及荷载-端部滑移曲线

6.5.3 新型大跨度楼板与钢梁连接的开发

新型大跨度空心压型钢板组合楼板与钢梁的连接形式主要包括大跨度预制楼板、T形连接钢板、不等宽 H 型钢梁和后浇混凝土带四部分组成，如图 6.5-6 楼板与钢梁连接形式所示。另外还包括高强度螺栓、混凝土堵头、T 形连接钢板加固钢筋等。

6.5.4 新型装配式楼板与钢梁连接节点的承载性能有限元分析

1. 有限元模型的建立

采用 ABAQUS 非线性有限元软件建立有限元模型。钢材及螺栓的材料属性见表 6.5-2。8.8 级 M16 高强度螺栓预拉力为 80kN，10.9 级 M16 高强度螺栓预拉力为 100kN。各部件之间的相互作用关系见图 6.5-7 模型各部件之间相互作用关系示意图，有限元模型及边界条件如图 6.5-8 有限元模型及边界条件所示。

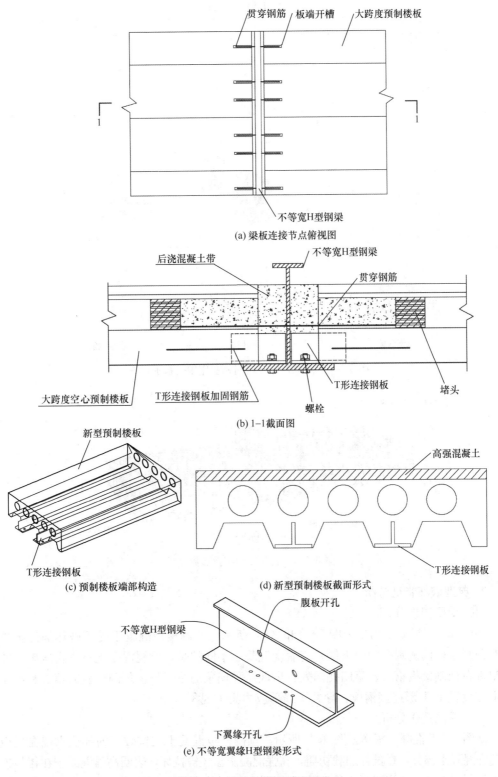

图 6.5-6 楼板与钢梁连接形式

钢材和螺栓材料属性　　　　　　　　　　表 6.5-2

材料	屈服强度 f_y（MPa）	极限强度 f_u（MPa）
Q235B	235	370
Q345B	345	470
Q390	390	490
8.8级螺栓	640	800
10.9级螺栓	940	1040

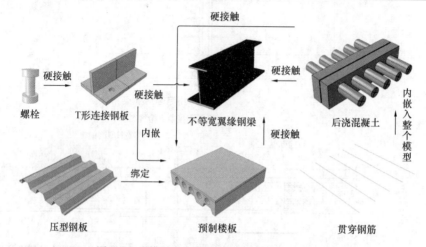

图 6.5-7　模型各部件之间相互作用关系示意图

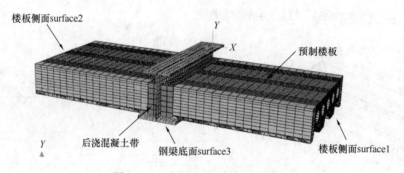

图 6.5-8　有限元模型及边界条件

2. 典型破坏特征分析

（1）受压损伤分析

如图 6.5-9 混凝土损伤云图（a）和（b）所示，预制楼板混凝土受压破坏部位主要出现在预制楼板两侧圆孔的中下侧。与后浇混凝土不同的是，后浇混凝土首先受压破坏的地方出现在预制楼板第二、第四孔洞处，出现这种现象的原因是在预制楼板的第二和第四孔洞下方设置了 T 形连接钢板，导致了局部应力集中现象。

（2）受拉损伤分析

如图 6.5-9 混凝土损伤云图（c）所示，预制楼板混凝土受拉破坏的部位出现在楼板上部高强混凝土部分，在试件加载初期，高强混凝土已经被拉坏，表明高强混凝土在楼板连接节点处作用不大。现浇混凝土受拉破坏的部位出现在与预制楼板相连的混凝土榫上部。

（3）应力分析

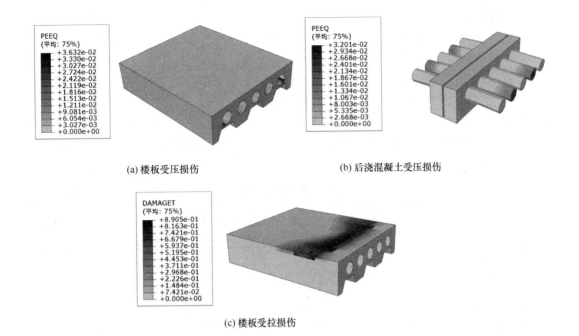

图 6.5-9 混凝土损伤云图

如图 6.5-10 所示,当梁板节点达到极限承载力时,T 形连接钢板的最大应力为 358.9MPa,已经进入屈服阶段,此时,T 形连接钢板的屈服区域主要集中于预埋在楼板中的部分,尤其是腹板的上部和翼缘板的两侧,在后浇混凝土中的 T 形连接件应力较小,起到关键性连接作用的 10.9 级高强度螺栓的最大应力为 589.7MPa,在竖向荷载作用下,其还处于弹性工作阶段。贯穿钢筋的最大应力为 107.4MPa,钢筋还未屈服,说明梁板节点中的混凝土先于钢筋屈服前破坏。

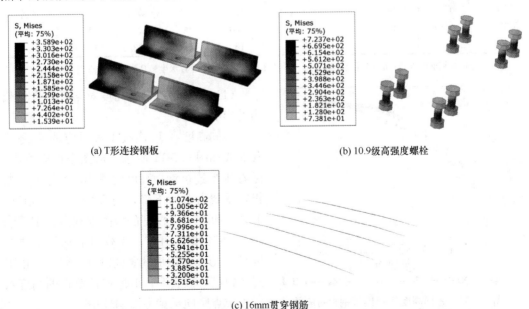

图 6.5-10 Mises 应力云图(MPa)

3. 参数分析

为了研究梁板节点的抗弯承载力,共设计了17个构件,研究不同参数对新型楼板与钢梁连接节点承载力的影响。工字钢采用不等宽翼缘形式,上翼缘宽200mm,厚14mm,下翼缘宽300mm,厚20mm,腹板高316mm,厚10mm,钢材采用Q355;贯穿钢筋采用HRB400;T形连接钢板的腹板和翼缘均厚10mm,宽110mm,开孔位置见图5.3;高强度螺栓采用M16;每块预制楼板截取尺寸为1000mm×880mm,其中上层高强混凝土厚30mm,强度等级为C60,中间轻质混凝土厚200mm,强度等级为LC35,构件编号、材料参数和各构件的力学性能详见表6.5-3。

模型构造参数及结果 表6.5-3

编号	混凝土强度等级	贯穿钢筋		T形连接钢板参数				螺栓等级	P (kN)
		D (mm)	根数	h (mm)	l (mm)	d (mm)	强度		
TXJ-1	C30	16	5	75	180	90	Q355	10.9	40.96
TXJ-2	C30	16	5	65	180	90	Q355	10.9	40.37
TXJ-3	C30	16	5	55	180	90	Q355	10.9	39.83
TXJ-4	C30	16	5	75	180	90	Q355	8.8	40.63
TXJ-5	C30	16	5	75	210	120	Q355	10.9	45.05
TXJ-6	C30	16	5	75	240	150	Q355	10.9	51.08
TXJ-7	C30	16	5	75	180	90	Q235	10.9	40.68
TXJ-8	C30	16	5	75	180	90	Q390	10.9	40.77
TXJ-9	C30	18	5	75	180	90	Q355	10.9	40.65
TXJ-10	C30	20	5	75	180	90	Q355	10.9	40.89
TXJ-11	C30	22	5	75	180	90	Q355	10.9	41.02
TXJ-12	C40	16	5	75	180	90	Q355	10.9	42.52
TXJ-13	C50	16	5	75	180	90	Q355	10.9	42.73
TXJ-14	C60	16	5	75	180	90	Q355	10.9	44.18
TXJ-15	C70	16	5	75	180	90	Q355	10.9	44.85
TXJ-16	C80	16	5	75	180	90	Q355	10.9	46.16
TXJ-17	C80	16	0	75	180	90	Q355	10.9	40.76

注:D 为贯穿钢筋的直径;h 为连接件的高度;l 为连接件长度;d 为埋置深度;P 为梁板节点竖向承载力。

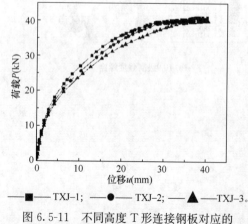

图 6.5-11 不同高度T形连接钢板对应的荷载-位移曲线

(1) T形连接钢板高度对梁板节点承载力的影响

不同高度T形连接钢板对应的荷载-位移曲线如图6.5-11所示。从图中可以看出,随着T形连接钢板高度的减小,梁板节点的极限承载力有所下降,与TXJ-1模型相比,TXJ-2和TXJ-3模型的极限承载力分别下降了1.46%和2.84%,承载力下降的主要原因是T形连接钢板的竖向刚度下降了。由下降的幅度可以表明,T形连接钢板的高度对梁板节点竖向承载力影响较小。

(2) 螺栓强度对梁板节点承载力的影响

不同强度的高强度螺栓对应的荷载-位移曲线如图6.5-12所示，TXJ-1和TXJ-4分别代表等级为10.9级和8.8级螺栓的构件。两个构件的竖向承载力分别为40.96kN和40.63kN，与TXJ-1模型相比，TXJ-4模型相对下降0.81%，表明螺栓强度对梁板节点竖向承载力影响很小；由于10.9级螺栓的预紧力大于8.8级螺栓，所以10.9级螺栓的初始应变较大，在施加竖向荷载的过程中，两者的应变发展几乎相同，表明高强度螺栓只是起到了固定的作用，对梁板节点竖向承载力的影响较小。因此，在实际使用时，选用8.8级螺栓即可满足固定楼板的需求。

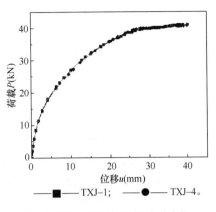

图6.5-12 不同等级螺栓对应的荷载-位移曲线图

(3) T形连接钢板埋置深度对梁板节点承载力的影响

不同埋置深度的T形连接钢板对应的荷载-位移曲线如图6.5-13所示。随着T形连接钢板埋置深度的不断增加，梁板节点的竖向承载力不断提高，增幅十分明显。与TXJ-1模型相比，TXJ-5和TXJ-6模型的极限承载能力分别提高了9.99%和24.71%，承载力提高的主要原因是T形连接钢板与预制混凝土楼板接触面积增大，因而参与共同工作的钢材与混凝土都增加了，因此梁板的极限承载力增幅明显。为了使梁板连接达到最佳的效果，建议T形连接钢板的埋置深度取120mm以上。

(4) T形连接钢板强度对梁板节点承载力的影响

不同强度的T形连接钢板对应的荷载-位移曲线如图6.5-14所示。随着T形连接钢板强度的不断提高，梁板节点的极限承载力几乎没有变化，它们的极限荷载分别为40.68kN、40.96kN和40.77kN，相差都在1%以内。T形连接钢板的强度对梁板节点承载力的影响很小。因此，在实际使用中，T形连接钢板的强度选用Q235B即可满足要求。

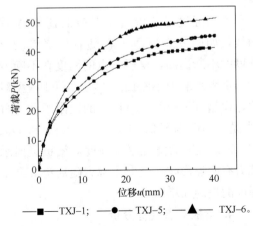

图6.5-13 不同埋置深度T形连接钢板对应的荷载-位移曲线

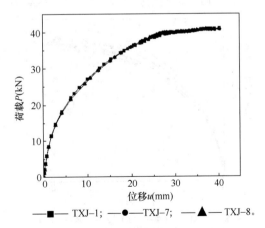

图6.5-14 不同强度T形连接钢板对应的荷载-位移曲线

(5) 贯穿钢筋直径对梁板节点承载力的影响

不同直径贯穿钢筋对应的荷载-位移曲线，如图 6.5-15 所示。随着钢筋直径的增加，梁板节点极限承载力提高很小，四个模型的极限承载力分别为 40.96kN、40.65kN、40.89kN、41.02kN，相差都在 1‰ 以内，表明贯穿钢筋的直径对梁板节点竖向承载力影响较小。因此，在实际使用中梁板连接抵抗弯矩作用时，贯穿钢筋选用超过为 16mm，即可满足实际工程的需要，避免材料的过度使用。

(6) 有无贯穿钢筋对梁板节点承载力的影响

有无贯穿钢筋对应的荷载-位移曲线，如图 6.5-16 所示。无贯穿钢筋时，最大承载力为 40.76kN，当有贯穿钢筋时，承载力增大到 46.16kN，相对增大 13.2%，表明有无贯穿钢筋对梁板节点竖向承载力影响较大。结合上文分析，在实际工程中，设置贯穿钢筋是必要的，但仅需设置直径为 16mm 的贯穿钢筋即可满足实际使用的需要。

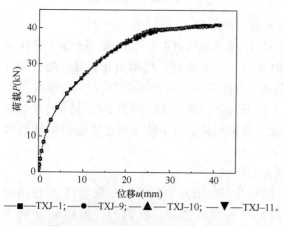

图 6.5-15 不同直径贯穿钢筋对应的荷载-位移曲线

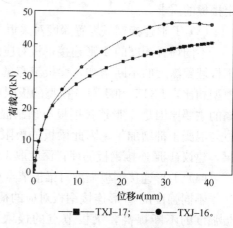

图 6.5-16 有无贯穿钢筋对应的荷载-位移曲线

(7) 后浇混凝土强度对梁板节点承载力的影响

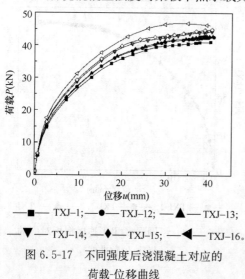

图 6.5-17 不同强度后浇混凝土对应的荷载-位移曲线

不同强度后浇混凝土对应的荷载-位移曲线，如图 6.5-17 所示。随着后浇混凝土强度的不断提高，梁板节点的刚度在不断增大，极限承载力不断提高，与 TXJ-1 模型对比，模型 TXJ-12～TXJ-16 的极限承载力分别提高了 3.8%、4.3%、7.9%、9.5%、12.7%，表明后浇混凝土强度对梁板竖向承载力有明显影响，竖向承载力随后浇混凝土强度的提高而增大。

4. 梁板节点受剪分析

文献[32]研究结果表明，楼板的最大剪应力一般出现在水平力施加在短边方向的工况下，在罕遇地震 6～8 度时，最大剪应力为11.05MPa。课题组采用PKPM结构计算软件设计了一栋交错桁架结构的建筑，建筑结构简化了楼梯间，构件尺寸采用文献[1]中项目所使用的尺寸，楼板使用开口型压型钢板，板厚设置为230mm。地震作用下楼板在Y方向上最大剪应力分布如图6.5-18所示，地震作用根据规范反应谱进行计算，各工况下楼板与桁架连接处最大剪应力τ_{max}如表6.5-4所示。

楼板最大剪应力 表6.5-4

烈度	τ_{max}（MPa）	
	多遇	罕遇
6度（0.05g）	2.08	5.23
7度（0.10g）	2.85	7.12
7度（0.15g）	2.95	9.07
8度（0.20g）	4.22	10.28
8度（0.30g）	5.91	14.83

根据有限元分析结果，课题组设计的梁板连接节点可承受的最大剪切应力在12.12~12.58MPa之间，可以满足该项目在6、7度罕遇地震作用下对楼板的设计要求，也可以满足在8.5度多遇地震作用下对楼板的设计要求。

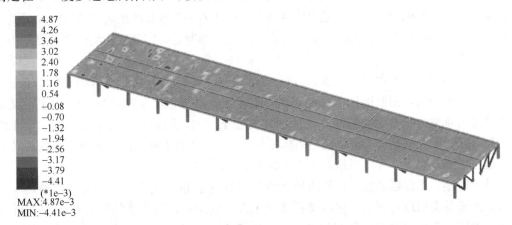

图6.5-18 多遇地震作用下楼板在Y方向上最大剪应力云图

6.5.5 应用建议

（1）试验结果表明，本课题所设计的新型大跨度空心组合楼板试件在加载初期荷载-挠度关系曲线呈现出良好的整体弹性变形性能，随着竖向荷载的增加，试件整体进入弹塑性变形阶段，最终因跨中挠度过大而发生延性破坏，且端部滑移较小。

（2）压型钢板的厚度对组合楼板的抗弯承载力有着显著影响，压型钢板越厚，组合楼板刚度越大，极限承载力越高，提高压型钢板的厚度，可以有效地提高组合楼板的极限承载力。高强混凝土层的强度变化对组合楼板的抗弯承载力没有影响，表明C60高强混凝土可以满足组合楼板上部的受压需求，在实际工程中，建议高强混凝土层的强度设置为C60即可满足需要。

(3) 剪跨比对组合楼板的抗弯承载力有较大影响，剪跨比越大，构件的变形能力和延性越好，极限承载力呈现出较长时间的稳定，构件趋于发生跨中板底压型钢板屈服的弯曲破坏，随着构件的剪跨比不断增大，虽然构件极限承载力下降，但构件的整体性更好。有无高强混凝土层对三种不同跨度组合楼板的抗弯承载力有较大影响，有高强混凝土层的组合板屈服荷载和极限承载力均大于没有高强混凝土层的组合板，表明高强混凝土层在组合楼板中有较大作用，在生产这种预制楼板时，应在上部设置高强混凝土层。

(4) 高强混凝土层厚度对组合楼板极限承载力有较大影响，高强混凝土厚度不足，会造成组合楼板发生弯剪破坏。在设计这种大跨度组合楼板时，高强混凝土层的厚度应该大于组合楼板受压区高度。

(5) T形连接钢板的高度会影响梁板节点的刚度，但对极限承载力影响不大。T形连接钢板的强度对梁板节点承载力的影响很小，埋置深度是影响梁板节点承载力的关键因素，经对比分析，每增加30mm的埋置深度，极限承载能力分别提高了9.99%和24.71%，为了使梁板连接达到最佳的效果，建议T形连接钢板的埋置深度取120mm以上。在实际设计使用中，需要考虑连接件强度对预制楼板及梁板连接其他因素的影响，在设计使用中，T形连接钢板的强度选取Q235B即可。

(6) 螺栓强度等级不是影响梁板节点承载力的因素，经对比分析8.8级和10.9级高强度螺栓，发现两者极限承载力只相差0.81%，在设计使用中采用8.8级螺栓即可。贯穿钢筋直径不是影响梁板节点承载力的主要因素，随着钢筋直径的增大，梁板竖向承载力变化不大，但不配置贯穿钢筋时，梁板节点承载力下降明显，因此，在设计中需要按构造配置贯穿钢筋。

(7) 后浇混凝土对梁板节点承载力有一定影响，梁板节点极限承载力随着后浇混凝土强度的增大而增大，预制楼板上层使用高强混凝土，后浇混凝土建议取C60以上。梁板节点的受剪承载力随着抗剪钢筋直径的增加而逐渐增加，钢筋直径大于20mm时，承载力增幅有限。最大剪切应力可以满足实际工程在6、7度罕遇地震作用下对楼板的设计要求，也可以满足在8.5度多遇地震作用下对楼板的设计要求。

综上所述，本课题研发了一种新型大跨度压型钢板-混凝土空心组合楼板，给出了合理构造形式及截面设计方法。这种楼板适用于大跨度结构，与普通的压型钢板-混凝土组合楼板相比，它可以在工厂预制加工，具有跨度大、自重小、刚度大以及施工便捷等优势，有效地减少施工时间、材料使用，降低了工程的成本。

此外本课题对应研发出一种适用于新型大跨度压型钢板-混凝土空心组合楼板结构与钢梁连接的新型式，并给出了该连接方法的合理构造形式和设计建议，解决了在大跨度钢结构体系中所遇到的楼板布置的问题。这种预制楼板与钢梁的连接方法，可以有效地提高装配式建筑的施工效率，降低楼层高度，空间布置灵活，且力学性能优越，可以满足实际工程的需要。

6.6 建筑设备空间集成化模块研究

在摒弃"重结构、轻建筑、无内装"的设计方法，开启由建筑引领结构、外围护、设备和内装协同设计的2.0时代，交错桁架钢结构体系建筑的成套技术研究，具体内容包含建筑体系、结构体系、设备集成、产业化实施四个方面。

针对装配式交错桁架钢结构体系建筑的自身特点,结合该结构形式的典型建筑类型——住宅,进行了相应的设备空间集成化体系及实施技术的探讨和研究。并在此基础上,充分利用不同部位的既有建筑、结构空间进行设备管线集成化设计的组合,进一步减少对建筑空间布局的影响,使其更好地适应该结构形式的建筑,为推进设备空间集成化模块的发展奠定基础。

设备空间集成的模块化设计及施工能在工厂预制管线安装模块,这样可节省管线现场安装的时间,大幅缩短工期,提高效率。由于模块在工厂进行预制,其工业化程度高,精准度高,施工质量大幅提升。模块化设计可更好地适应装配式交错桁架钢结构体系建筑,使其优势更好地发挥,更好地促进该种结构体系建筑的产业化推进和长远的发展。

集成设计是指建筑结构系统、外围护系统、设备与管线系统、内装系统一体化的设计[33]。本课题设备管线集成主要研究水、暖、电三个专业管线间的综合布线,在特定性质的建筑内,根据机电三个专业的管线种类和设置特点尽量将机电各专业管线合并在一两个空间内集中设置,通过空间整合达到优化设计的效果。通过合理的排列使管线尽可能地少交叉或不交叉,做到既同槽敷设又互不干扰。

将设备管线集成后的集中管线空间—管廊进行模数化分解,将所需物料在工厂进行预制生产,形成标准化部品部件,再通过物流配送到现场进行装配式施工来实现模块化的操作[34]。

系统分解为模块的目的是实现标准件的选择性组合,模块只有形成标准模块组合才能实现标准化组合。

基于装配式建筑和管线分离技术进行工程实地的调查研究及相关技术推广会的现场交流工作。本课题组分别前往国内相关企业进行参观学习,前往重庆沙坪坝万科住宅项目施工现场及住博会现场等地进行学习交流,部分图片如图 6.6-1~图 6.6-4 所示。

图 6.6-1 管线分离敷设一

图 6.6-2 管线分离敷设二

图 6.6-3　插拔式管道连接

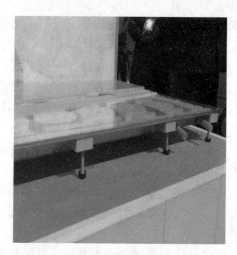
图 6.6-4　地暖模块

通过实际项目的参观学习对于装配式建筑、外围护结构形式、内装部品部件、整体厨卫及管线分离技术等有了更为直观的接触和了解，为课题研究提供了参考和方向。

6.6.1　微型设备管线综合管廊模型的研究

结合参观项目所用到的装配式内装技术，以装配式交错桁架钢结构体系建筑为基础，进行设备空间集成模块化的研究和探索，提出一种适用于装配式住宅建筑的设备管线集成的新做法。

近年来随着人们对可直接入住的高品质精装修房的需求越来越大，内装工业化体系中的整体厨房、整体卫浴、架空地板技术等也在一些示范项目中得到了应用。2010年住房和城乡建设部发部了《CSI住宅建设技术导则（试行）》，为我国工业化住宅明确了发展方向。其核心内容之一即为"所有机电管线应与结构体分离"。这样不仅省去了在结构体内预留预埋设备管线的过程，主要使设备管线具有了可维修性和可更替性，从而延长住宅的使用寿命[35]。

管线分离技术是装配式住宅中经常用到的管线设置方法，即将设备管线与结构层、装饰基层分离，使设备管线脱离被主体结构、装饰刚性垫层基层掩盖和填埋所导致的不可追溯、不可改造、不可检视等状态，使设备管线独立存在，使住宅具备结构耐久性的同时，保证设备管线具有可追溯性、可检视性、可更新性的优点[36]。

本课题以装配式交错桁架钢结构体系住宅建筑为例进行机电专业管线布置，并在此基础上进行各专业图纸整合，使各专业管线进行优化集成，形成初步的管线综合微型管廊，再在集成的基础上进行模块化拆分，使其转化为几种标准化模块方便设计、工厂预制和施工。

(1) 装配式交错桁架钢结构住宅户内给水排水管线布置如图 6.6-5 所示，把水专业管线的路由独立出来，如图 6.6-6 所示。

(2) 装配式交错桁架钢结构住宅户内暖通管线分别按暖气片采暖和干式地暖采暖两种方式进行了绘制，如图 6.6-7、图 6.6-8 所示。把暖气片供暖形式的供暖管线的路由独立出来，如图 6.6-9 所示。

第 6 章 装配式交错桁架钢结构体系建筑产业化技术与示范

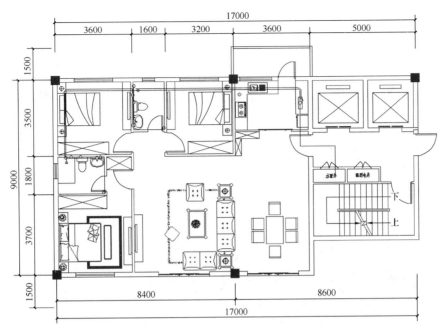

图 6.6-5 住宅户内给水排水管线布置图

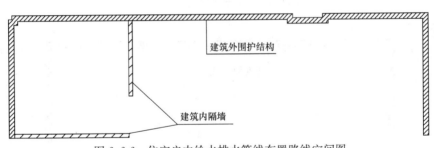

图 6.6-6 住宅户内给水排水管线布置路线空间图

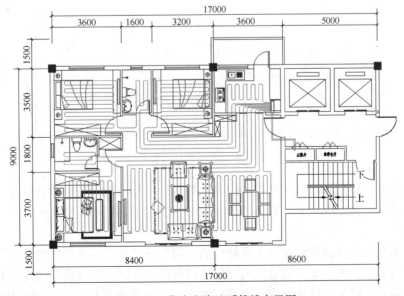

图 6.6-7 住宅户内地暖管线布置图

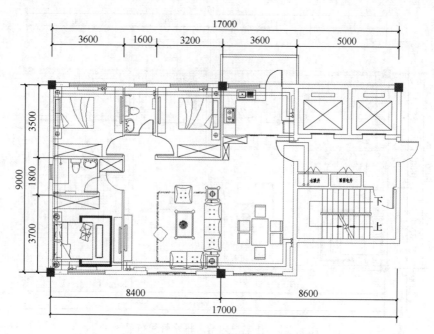

图 6.6-8 住宅户内暖气管线布置图

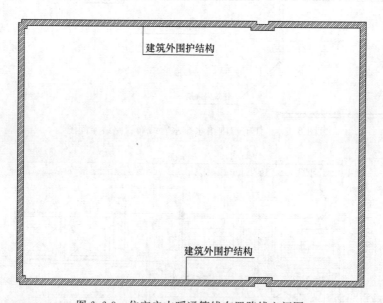

图 6.6-9 住宅户内暖通管线布置路线空间图

(3) 装配式交错桁架钢结构住宅户内电气管线选取可沿地面敷设的智能化管线和插座管线进行了绘制,如图 6.6-10、图 6.6-11 所示。把电气专业管线的路由独立出来,如图 6.6-12 所示。

从以上机电专业管线布置及其布置路线的空间图可以看出,水暖电的公共管线均沿外围护结构进行设置,其余均可沿建筑内隔墙进行敷设,所以机电专业管线在沿外围护结构处进行整合集成,将其合理排布在一个并行的空间内及形成微型管廊的初步构想和模型,

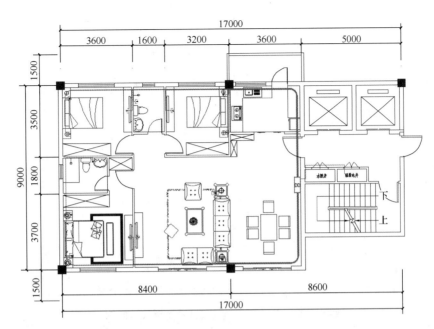

图 6.6-10　住宅户内智能化管线布置图

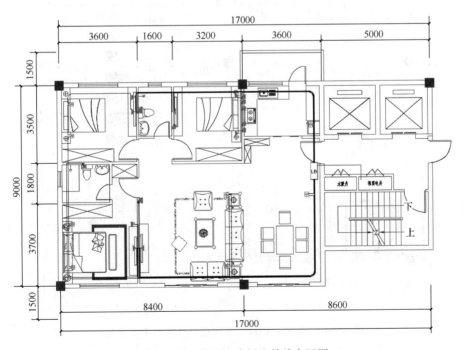

图 6.6-11　住宅户内插座管线布置图

其余沿建筑内隔墙敷设的机电管线可结合建筑内墙体的性能进行各自专业的管道设置，比如管道走在隔墙的空腔或硅酸钙板内，通过装饰部品部件来实现设备管线的隐蔽设置。集中管廊初步设想模型如图 6.6-13、图 6.6-14 所示。

机电各专业在各自研究的基础上进行统一协调，提出了微型综合管廊的概念，各专

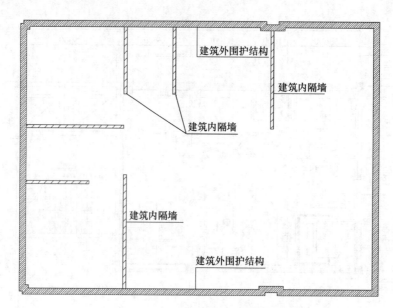

图 6.6-12 住宅户内电气管线布置路线空间图

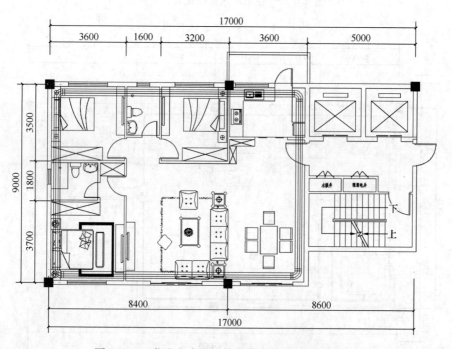

图 6.6-13 住宅户内机电管线综合管廊平面示意图

业管道在管廊内集中敷设，根据管廊的设置情况将集成形式拆分成标准化模数的部品部件，如图 6.6-15 所示。这样制定一个统一的模数或规格的标准方便设计组合和工厂的预制加工，再将标准模块在项目施工现场进行组合安装，提高了设计及施工效率，缩短了工期。

第 6 章　装配式交错桁架钢结构体系建筑产业化技术与示范

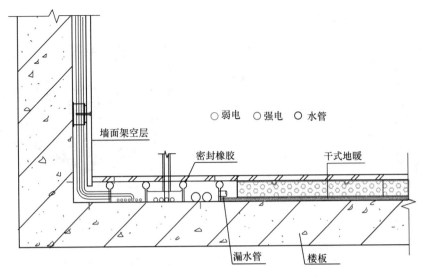

图 6.6-14　住宅户内机电管线综合管廊剖面示意图

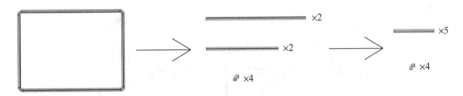

图 6.6-15　集成管廊模块化拆解图

6.6.2　微型设备管线综合管廊模型的扩展

微型综合管廊概念的引入使各专业管线可以集中设置，节省空间，方便管线查找检修；同时在设计时引入 BIM 技术使管线设计与实际安装更加符合，节约工期；微型管廊设计为标准化模块提高了装配率，提高安装效率，缩短工期。但在微型综合管廊的研究过程中发现对于不同建筑类型其管廊的形式也不同，这对于模块标准化是不利的，需要结合不同的建筑类型来探讨适用于各种建筑形式的管廊，总结其共同点使微型管廊应用范围更广，管线准入性更高；也可不仅只拘泥于沿外围护结构的综合微型管廊，可以结合建筑部品部件、结构构件空间进行管线的综合集成设置，以达到节省空间的目的。

新风管道与水电管线结合以及在建筑内隔墙的上下位置预留设置管线的空间，既可以解决设备管线的设置问题，又不需要占用新的空间，将建筑部品部件中已有空间进行充分利用很好地解决了管线的设置问题，如图 6.6-16～图 6.6-18 所示。

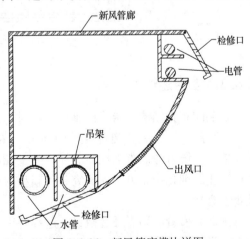

图 6.6-16　新风管廊模块详图

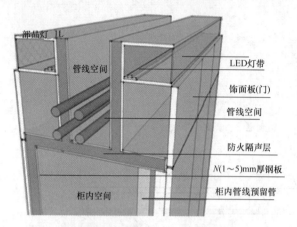
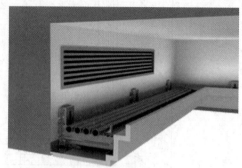

图6.6-17 建筑柜体空间管廊模块　　　　图6.6-18 建筑吊顶空间管廊模块

除上述研究外还在水电管线与新风系统借助钢结构空间方面进行了初步的尝试和探索如图6.6-19所示。新风管道及水电管线与结构空间相结合，充分利用已有的结构空间进行管线综合布设，极大地节省建筑空间。

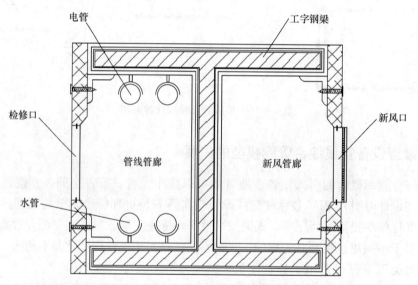

图6.6-19 工字钢管廊模块详图

6.6.3 应用建议

在装配式钢结构建筑广泛推广的同时，为建筑自身服务的设备管线集成化低，与装配式内装部品的不匹配、契合度低的问题，逐渐显现出来。现今的设备管线大都是分开设计、施工，统筹考虑方面比较欠缺，施工现场管线相互交叉，相互影响。故本课题提出一套标准化的细化排布方案，研究一种新型的可开启式地面微型管廊系统，具有广阔的前景及重要意义。

地面微型管廊均靠外墙敷设，这样解决了地暖盘管与其他管线交叉的问题，同时水专业管线沿管廊敷设到卫生间处时，管线可直接出管廊竖向在内装隔墙龙骨间敷设，解决了管线交叉的问题，机电专业共用腔体且各自出线，互不影响，这样既解决了管线综合问题又避免了管线的交叉，节省了空间高度。且管廊组件简单，易模块化、标准化生产；现场组装，简单便捷，降低施工难度，节省施工周期；管廊的可开启式设计，方便后期机电管线的维护；微型管廊尚可根据后期建筑功能的改变进行布线调整，简单方便。

在地面微型管廊模型研究的基础上，结合建筑结构的相关部品部件空间如建筑局部设置的吊顶、结构工字钢梁剩余空间进行机电管线和风管的集中设置，使原有空间得以充分利用，减少了对建筑布局的影响和限制，使该管线集成系统为装配式交错桁架钢结构体系建筑的产业化实施提供可靠的技术支持和保证。

本研究将机电专业管线敷设路由进行分析、梳理，尽可能将三个专业的管线综合在同一空间内设置，由此提出了机电管线微型综合管廊的概念，并在此基础上进行标准化、模块化探讨。此外结合建筑内装系统及钢结构构件的特点进一步探索、扩展微型综合管廊的设置空间，使其更加灵活、机动，能更好地适应装配式建筑。

6.7 产业化示范

6.7.1 示范工程

课题执行期内共完成两项示范工程建设："绍兴市柯桥区集体宿舍楼1号、2号、3号"及"杭州萧山国际机场5号、6号宿舍及其配套"，共完成工程建设4.8万 m^2 交错桁架钢结构成套技术项目建设。其中"绍兴市柯桥区集体宿舍楼1号、2号、3号"项目位于浙江省绍兴市柯桥经济开发区GY14～01地块，倪家浦直江以东，滨海大河以北。总建筑面积138696.13m^2。其中计容容积率建筑面积138696.13m^2，容积率为1.23。集体宿舍分为1号、2号、3号宿舍楼，见图6.7-1和图6.7-2。

另一示范项目"萧山国际机场5号、6号公寓楼及其配套工程"的基本情况是：该项目位于浙江省杭州萧山国际机场内，永盛路南侧，机场4号宿舍楼北侧。总用地面积

图6.7-1 绍兴市柯桥区1号、2号、3号宿舍楼总平面图与效果图

图 6.7-2 绍兴市柯桥区 1 号、2 号、3 号宿舍楼结构模型

8286m²，总建筑面积 34400m²，其中地上建筑面积 28541m²，地下建筑面积 5859m²。5 号楼地上 7 层，6 号楼地上 10 层，层高 3.100m；地下 1 层，层高 5.100m，见图 6.7-3。

限于篇幅限制，本节以"杭州萧山国际机场 5 号、6 号宿舍及其配套"项目为主对交错桁架结构体系在项目的示范应用进行具体介绍。

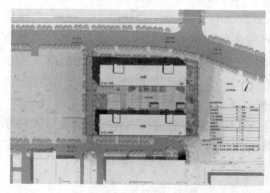

图 6.7-3 萧山国际机场 5 号、6 号公寓楼项目规划图及效果图

1. 交错桁架结构体系的选型及设计示范

（1）建设项目的结构适用性分析

示范项目均为居住类宿舍建筑，建筑的平面布置规则，房间排布整齐。平面均采用内廊式，建筑中部设门厅。设有多部楼、电梯。萧山国际机场 5 号、6 号公寓楼的宿舍单元单一且由标准模块组成，每层大约 42 个标准单元，可实现大空间及标准单元模块的有效组合。

结合国家政策引导并采用系统集成的《装配式钢结构建筑技术标准》GB/T 51232—2016，标准中推荐的体系有：钢框架体系、钢框架-支撑结构体系、钢框架-延性墙板结构体系、筒体结构、门式钢架、交错桁架结构体系和冷弯薄壁型钢结构体系。

综合考虑到业主的需求、建筑功能布局以及抗震设防烈度等，认为本类项目适合采用交错桁架结构体系。该结构体系用钢量约为 57kg/m²，明显小于钢框架及框架-支撑结构，有较好的经济性。且采用该结构体系能形成建筑大开间，为建筑房间灵活布置提供便利。

以萧山国际机场 5 号、6 号公寓楼项目为例，设计比较了交错桁架与框架结构两种结构的用钢量。经计算，纯钢框架结构用钢量约为 72kg/m²，而交错桁架体系用钢量约为 57kg/m²（不包含钢板用钢量）。分析其原因主要有三个：①平面布置时主体结构绝大部分采用交错桁架，传力直接由桁架传至外侧立柱，相对于框架平面，中间是抽柱的；②交错桁架在立面交错布置，相对于框架立面，构件是抽空的；③引入 SP 板跨度达到双开间 6.6m 时，又省去了每跨中间设置的次梁。

结构设计采用对称布置，分三类板块，可以提高建筑整体稳定性，如图 6.7-4 所示。

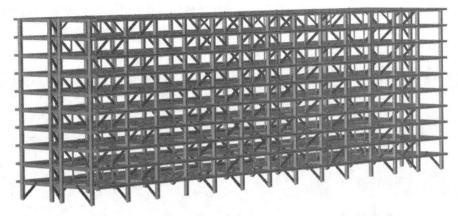

图 6.7-4　萧山国际机场 5 号、6 号公寓楼结构模型

（2）建设项目的结构设计——结构构件布置

采用纯交错桁架体系时存在抗震性能不佳，以及遇楼梯、电梯井等位置不便布置桁架的缺点。考虑到框架结构布置灵活性，将该体系与传统钢框架体系相结合，进行混合布置。结构在楼梯、电梯间及其对称位置共布置 4 榀桁架，其余全部为交错桁架，框架部分尽量形成闭合的梁柱结构体系，保证内部的框架在各个方向均有框架梁拉结。在楼梯、电梯区域框架将楼梯井、电梯井包含其中，加强大开洞薄弱部位与周边结构的拉结，如图 6.7-5 所示。

由于交错桁架仅在结构横向两侧设置立柱及框架梁，其纵向抗侧体系为框架系统，而结构横向通过桁架腹杆形成支撑抗侧系统，因此，交错桁架结构往往横向刚度过

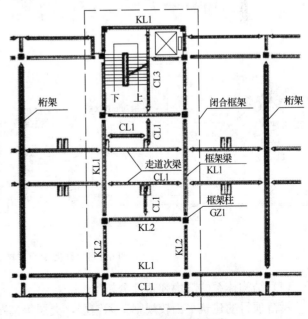

图 6.7-5　钢框架结合部位

大，而纵向刚度偏小，为提高纵向刚度，需设置纵向支撑，且纵向支撑须与竖向构件相连方可提供足够的抗侧力。

通常交错桁架沿结构纵向的尺寸比较大，导致结构扭转效应明显，具体表现为有限元分析时结构扭转位移偏大，然而由于交错桁架结构不论在结构中部还是在两侧，其桁架榀数基本相同，导致通过调整刚度减小扭转效应的方法较难实施，对比传统交错桁架结构，交错桁架-钢框架混合体系在结构中部结合了贯通横断面的框架，结构中部的刚度变小，结构刚性点往纵向两侧对称分散，从而使较大的横向抗侧刚度转换为抗扭刚度。

（3）构件连接节点设计

以萧山国际机场5号、6号公寓楼为例，端部杆件主要连接节点如图6.7-6所示，桁架弦杆端部与框架柱铰接。所有示范项目斜腹杆与横向支撑采用铰接，空腹段桁架两侧直腹杆采用刚接，其余直腹杆为铰接。结构纵向框架梁与框架柱均为刚接连接。结构所有次梁均为铰接。

框架柱梁			
	宽厚比限值	7度、8度	6度
梁	H形截面翼缘外伸处	$9\sqrt{235/f_y}$	$11\sqrt{235/f_y}$
	H形截面腹板		
柱	矩形管截面腹杆壁板	$11\sqrt{235/f_y}$	$13\sqrt{235/f_y}$
	H形截面腹板	$45\sqrt{235/f_y}$	$52\sqrt{235/f_y}$
	箱形截面壁板	$36\sqrt{235/f_y}$	$40\sqrt{235/f_y}$

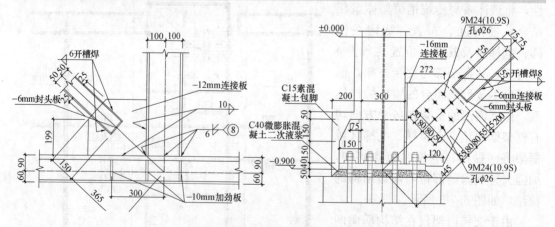

图6.7-6 杆件主要连接节点

（4）结构体系的静力弹塑性分析

示范项目的建筑平面较规则，无错层，夹层等情况，上下层侧向刚度分布均匀，采用静力弹塑性分析能较准确地获得结构从弹性到塑性的变化过程。以萧山国际机场5号、6

号公寓楼为例分析如下。

采用 SAP2000 对萧山国际机场 5 号、6 号公寓楼中一栋 10 层结构模型进行静力推覆分析，该模型高 31m，层高 3.1m，桁架跨度 16.8m，该分析主要目的为获得结构弹塑性屈服的过程，各类杆件所采用的有限元分析类别以及塑性铰定义详见表 6.7-1。

单元塑性铰类别　　　　　　　　　　表 6.7-1

构件类别	单元类别	塑性铰类别
弦杆	弯曲单元	PMM 铰
腹杆	轴弯单元与轴力单元	PMM 铰及 P 铰
钢柱	轴弯单元	Fiber PMM 铰
支撑	轴力单元	P 铰
纵向主梁	弯曲单元	M3 铰

为简化原有空间三维模型至二维平面，假定结构各层楼板起到隔板作用，忽略扭转变形。桁架两端与立柱位置均为铰接，侧向推覆力加载模式按照倒三角分布，分别作用于三组结构上，各层作用侧向力成等比数列，且初始侧向力之和约为小震作用下结构底部的总剪力，加载过程中不断加大各层侧向力，并记录结构总底部剪力 V、顶点侧向位移 Δ 并计算最大层间位移角 θ_{max}。推覆过程由顶点位移控制，推覆过程的力-位移曲线如图 6.7-7 所示。

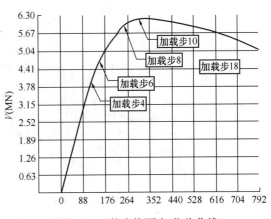

图 6.7-7　静力推覆力-位移曲线

结构体系推覆过程几个关键节点的特征值如表 6.7-2 所示。

关键加载步数据表　　　　　　　　　　表 6.7-2

加载时刻	加载步	Δ（mm）	θ_{max}	V（kN）
初始塑性铰时刻	4	122.01	1/163	4078
框架出现塑性铰	6	182.85	1/102	4720
$\theta_{max}=1/75$	8	246.65	1/75	6001
出现上部柱铰	18	606.09	1/24	5766

图 6.7-8 为出现初始塑性铰的加载步，产生于空腹节间附近。

图 6.7-9 为结构最大层间位移角 θ_{max}（2 层）达到 1/75 时刻，底部剪力 V 接近峰值，多个楼层空腹节间均产生塑性铰，且构件转角变性明显，框架部分塑性铰向上部楼层扩散。

在推覆过程中，结构屈服时塑性铰首先出现在交错桁架部分，因为该部分抗侧刚度明显高于框架部分，是推覆前期主要的侧向刚度提供者。

交错桁架塑性发展到一定程度后框架部分开始出现塑性铰，且在后续的推覆过程中框

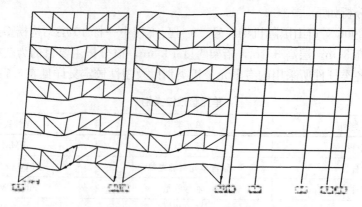

图 6.7-8 初始塑性铰分布图

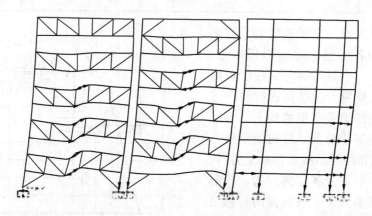

图 6.7-9 $\theta_{max}=1/75$ 塑性铰分布图

架部分塑性铰持续增多,而交错桁架部分塑性铰的个数并未明显增多,但是其弯曲变形持续加大,中后期推覆过程中框架是主要的侧向刚度提供者。

观察推覆过程最终时刻的塑性铰分布,可以发现交错桁架部分塑性铰个数明显少于框架部分,交错桁架结构在每个楼层仅空腹节间附近出现塑性铰,所提供的耗能能力有限,且各榀桁架变形差异较大,而框架部分几乎每跨框架梁均会出现塑性铰,且每处塑性铰的弯曲变形程度较相似,说明框架部分有更大的耗能能力,具有合理的耗能机制。

2. 装配式交错桁架体系建筑标准化连接技术示范

(1) 部品部件的选型与物理性能示范

1) 复合墙板技术产品的设计方法及构造选择

山墙部分采用的墙板体系为 PC 单板+ALC 墙板的复合墙体系(图 6.7-10)。建筑外墙板体系需满足基本热工、空气声隔声、风荷载等主要物理力学性能的要求;墙板防渗漏问题上,外墙板着重考虑墙板的横纵缝接缝措施,内外墙板以错缝为主,结合构造加材料防水方式。

2) 墙板的热工性能考虑

项目处于浙江夏热冬冷地区,建筑东西山墙只需做隔热处理。在实施的墙板夹芯体系中,考虑空腔的防火处理,如层间防火封堵等。

3）墙板的空气声隔声

第一步，针对墙板主断面的声学研究设计，采用了空气声隔声的计算分析，通过墙板的整体密度与厚度的叠加，计算墙板的空气声隔声的主要数值，具体如表 6.7-3 所示：

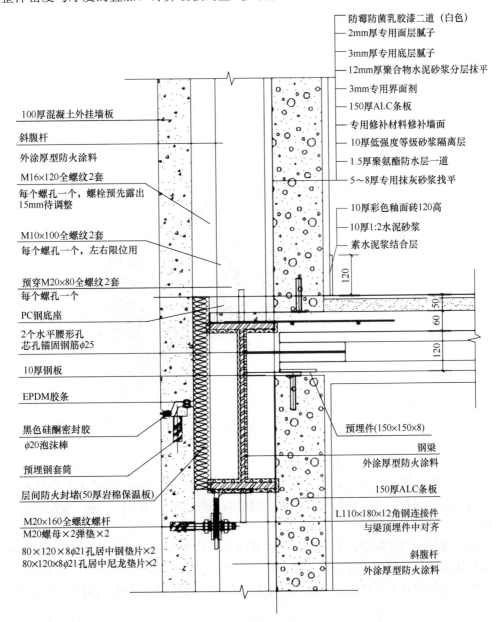

图 6.7-10　PC＋ALC 墙体系统构造（单位：mm）

墙板材料物理性能　　　　表 6.7-3

名称	密度（kg/m³）	厚度（m）	乘积（kg/m²）
外板（C30 混凝土）	2400	0.1	240
ALC 条板	720	0.1	72

其中：

各层材料厚度与密度之积：$m=240+72=312 \text{kg/m}^2 > 200 \text{kg/m}^2$

空气声隔声估算值为：$R=23 \lg 312 - 9 = 48.36 \text{db} \geqslant 45 \text{db}$

经估算，该型号墙体系统的隔声估算值为 48db。

第二步，开展模拟分析，通过软件模拟墙板体系的工作环境及与其他构件的连接等情况，与第一步计算数据进行对比，通过模拟分析数据对部分声学薄弱环境可继续进行节点设计优化。

模拟结论为：外墙空气声隔声设计符合建筑隔声设计要求；在图 6.7-11 中显示的几个声学薄弱环节，需要进行保护性处理，以提升室内环境质量。主要提升措施：连接配件等构造采用断桥处理，并做密封保护，在窗口等薄弱环节进行密缝处理。

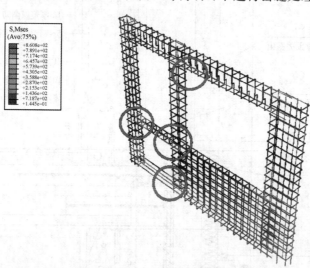

图 6.7-11　模拟分析模型

(2) 部品部件的标准化与模数化示范

宿舍的主要建筑空间产品具备实现标准化的基本条件。此外，需考虑生产的制作工艺、运输过程等问题，开展模拟核验，最大限度利于整体项目的生产、施工及建成后的运营管理。

空间界面按所需装配部件的不同，采用不同参数的平面网格（图 6.7-12）。平面网格参数按照从大到小的顺序，分别以 3M、1M、1/2M 进级。内装、外装部件（分部件）的类型复杂，数量达到上万种之多，在尺寸上跨度较大。除了极少数板状部件在长度方向上

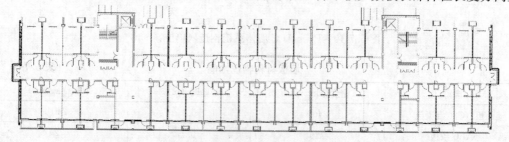

图 6.7-12　萧山国际机场 5 号、6 号公寓楼项目的建筑空间布置

的尺寸以 3M 进级以外，大部分内装、外装部件的尺寸以 1M 和 1/2M 进级；内装、外装分部件的尺寸宜以分模数 1/2M、1/5M、1/10M 进级。

技术尺寸可作为模数协调体系中的一种技术调节手段。在部件生产、定位和安装过程中，对公差和其他误差，可以通过技术手段进行处理，使部件符合模数的定位要求。例如，空间分隔部件（如内隔墙部件、楼板部件）定位安装后，其界面与定位基准面之间恰好重合的概率很低，界面与定位基准面之间的距离（即技术尺寸）可以通过技术手段（如抹灰厚度的调整、架空地板架空高度的调整等）来调整，使其符合模数网格要求。模数条件下的非模数尺寸也属于技术尺寸，非模数尺寸都是为了模数目的而进行设置。

（3）标准化连接构件部品技术示范

对于连接技术的实施要点可总结为："安全可靠、技术可行、经济性好"。在保证构造及正常功能的情况下，兼顾后期的生产制造与施工安装等环节，从示范工程全局考虑，力争整体规范化，主要示范要点如下。

1) 预制楼板与结构体系的标准化连接技术

交错桁架结构体系的楼板可选用叠合楼板、可拆卸钢筋桁架楼承板等，针对交错桁架钢结构大柱距、大跨度的特点，应用了美式大跨度预制预应力空心板（简称"SP 板"）。SP 板由自动化生产设备，采用线性方式生产。采用大跨度楼板能带来如下优点：当结构纵向是大柱距时，采用大跨度楼板可以不用布置次梁，可以大大减小结构用钢量；桁架之间的空间得到了进一步增大，利于宿舍活动空间的调整；柱子和桁架的数量进一步减少，从而相应的制作、运输和安装变得更为高效和经济，基础造价也得到进一步降低。

另外一个重要创新为 SPD 降板技术，将 SPD 板置于钢梁下翼缘，该技术主要优势在于：有利于弦杆受力稳定，安全性高；对弦杆防火的有利作用；对建筑净高的有利；对楼板抗震性能的有利；对楼板施工的有利。该技术经过同济大学实验室试验验证，具有一定的理论及实践基础，在本项目应用中，也获得了良好的效果，如图 6.7-13 所示。

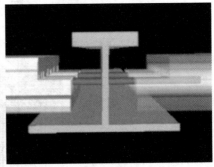

图 6.7-13　SPD 降板技术

2) 复合墙板体系与结构体系的标准化连接技术

对于墙板与结构体系的连接技术属于该项目实施的重点，主要在于技术可行，安全可靠，工艺便捷，经济合理，要保证墙板技术满足在复杂环境的适用可靠，也需要保证在建筑整个生命周期内发挥其基本的力学、围护等正常功能，同时需要在前期考虑到在施工过程中免模板、免脚手架技术，实现整洁干净的绿色施工作业，以保证良好的施工环境。在研发人员比对国内外主要连接技术，同时针对本产品的基本特点，开展标准化连接技术的研究与开发,并在项目中进行应用。在过程中,基于技术的配套及工具的改进,优化管理方式,开发出更为经济可行、安全可靠的下承重连接技术,确实改善了预制墙板本身与装配式钢结构的整体功能,同时解决了外墙施工对于脚手架、模板等依赖,现场无扬尘等影响环境的不利因素。

3)施工安装的便捷性

墙板的受力需要在安装阶段考虑六向调节的问题,即上下、左右、前后的调节,在研发的初期重点考虑采用上钩头螺栓进行调节前后位置,左右的调节通过上下拉结点的共同作用,墙板的上下定位主要靠下部的定位螺栓,其扭动可调节墙板的上下位置,因此,作为墙板配套施工工法,具有一定的可操作性,且安全便捷,墙板的安装效果也较好,质量也得到保证。

4)连接件及连接节点的优化处理

连接件的性能直接影响的是构件的安全性与便易性,铸钢件稳定性较好,对于墙板体系来说还需要考虑整体经济性,在研发初期综合考虑各方面因素采用的是较大的节点,在后期项目应用中,进行了节点优化处理,形成标准化的铸钢件,并且从运营管理上也进行了优化,整体降低节点的成本,使节点更具有应用价值。

此外,考虑了连接节点的构造设计保护。在实际应用中,需要综合考虑节点的构造设计处理,主要考虑的是层间的防火封堵等带来的问题,为使连接节点的设计满足更安全、更舒适的要求,需要在一定程度上考虑必要的封堵,在项目设计中,主要采用的是岩棉封堵、ALC条板外包的方式,该种构造方案,经济性较好,防火效果良好,能够很好地弥补节点的构造薄弱环节(图6.7-14)。

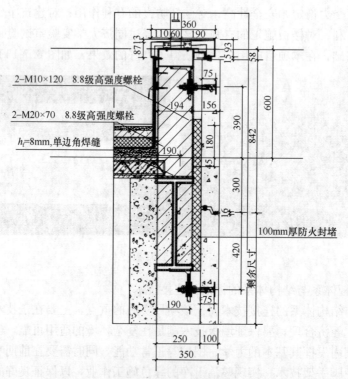

图6.7-14 下承重平移式连接节点(单位:mm)

3. 装配式交错桁架体系建筑结构管线集成技术示范

（1）钢结构桁架内部管线集成

模块单元内部在设计时即需将管线走位以及相对位置进行确定，并且在工厂中完成构件单元内部的管线安装，并且将管线进行集成，最终模块单元内部管线汇总到管道井中与外部连接。

墙体处与走廊之间的管道线路集成到预留洞口部位走线，在工厂中即预留并预埋大部分的内部管线，运输到工地后内部无需后期二次机电安装，可在连接区域与建筑总管线进行快速连接，实现工地现场管线安装量的最小化，其中做好接口设计是较为重要的一环，也便于后期的检查维修。

本项目中构件全部采用标准构件，并且实现管线综合的集成化，提高了工业化和标准化程度。

（2）设备管线设计集成

本项目采用预埋管线综合的方式进行设计集成。管线集成主要包含两个部位：一是钢桁架墙处，二是集成卫浴，在这两个部位通过前期构件设计，完成部品、构件的建筑、结构与管线设计，将所有功能进行技术产品的集成，形成带有多种功能的部品部件，采用工厂预制加工的形式，完成加工后，采用小件运输，装配式组装的方式施工，干法作业，且保证整体精度，如图 6.7-15 所示。

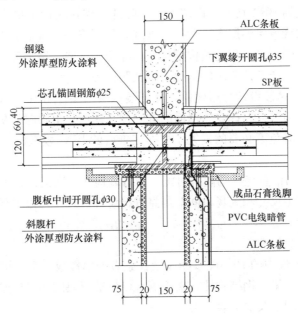

图 6.7-15 管线综合与集成设计

（3）构件的设计生产施工信息化协同管理

项目采用 BIM 技术进行模型创建、管线碰撞检测、方案优化、可视化交底、信息传递与共享。在构件的设计与生产等建设周期各阶段均有不同程度的介入，对于构件管线集成的信息化协同管理，需要联同建筑、管线等运用 BIM 信息建模，并在模型中，体现出管线设计，并在构件拆分中，完成管线接口标准化设计，为以后管线检查维修做准备，同时在构件的生产上与施工等形成匹配关系，生产进行管线的预埋、在施工中采用管线集成进行装配式施工，并与其他穿线等形成标准连接安装，最终形成建筑结构管线的集成系统，如图 6.7-16 所示。

4. 结合项目的 BIM 信息化技术的应用管理示范

（1）深化设计

利用 BIM 系统软件实现设计深化模型的创建，在建筑、结构、设备的技术设计深化中提供可视化支持，并结合精装修、幕墙、管线综合等进行 BIM 深化设计。并利用

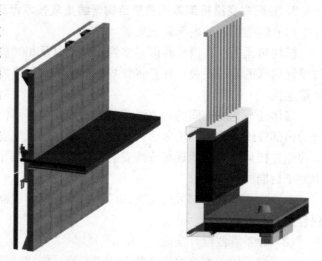

图 6.7-16　信息化协同管线集成

软件协同的工作原理，进行各专业间的相对位置关系核查和相应的调整。基于信息化技术的精确设计用于指导精确下料及现场装配化施工，明确结构材料用量，加强成本控制。

1）建筑设计深化

采用三维可视化的 BIM 技术可以使工程实际的状貌在表达上更直观清楚，传统表达予以省略的部分（如管道保温层等）均得以展现，从而将一些看上去没问题，而实际上却存在的深层次问题暴露出来；将建筑构配件（内隔墙、幕墙、精装等）以标准模块形式创建，绘制符合工业化生产工艺要求的深化图纸及明细表。

在 BIM 模型中，精装设计分层建模，保证装修层与墙体分开。基墙下立楼板上顶梁底，而装修面直到吊顶结束。提高装修面的准确性，在深化下料时能更准确统计装修净面积，减少材料浪费，避免不必要的损失。根据完善后的 BIM 模型绘制精装深化图纸并出具详细材料清单。

利用 Revit 强大的信息统计功能，对每一个幕墙构件、嵌板进行编号，并对其定位坐标、颜色、材质、加工尺寸和到场时间等信息进行统计梳理，可以方便快捷地导出板块清单、材料清单。

2）结构设计深化

利用 BIM 系统软件中的 Revit、Tekla 及探索者创建楼板、钢结构深化模型。在 BIM 模型中将结构（钢结构梁、钢结构柱、楼板等）以标准模块的形式创建，绘制符合工业化生产工艺要求的深化图纸及明细表。

3）设备设计深化

利用 BIM 系统软件中的 Revit MEP 及鸿业创建水、暖、电等设备专业深化模型。

给水排水深化模型包括给水系统、排水系统、消防水管、喷淋水管、管路附件模型等，创建精确的给水排水深化图及明细表，确定管件及配件的材料用量。

暖通深化模型包括空调设备、新风系统、空调水管及消防排烟等，创建精确的暖通深化图及明细表，确定设备及其他管件的材料用量。

电气深化模型包括电缆桥架、强电系统、弱电系统（电视、电话、网络通信、网络监

控、消防报警、停车导视、智能办公）等。Revit MEP 包含功能强大的布局工具，可让电力线槽、数据线槽和穿线管的建模工作更加轻松。借助真实环境下的穿线管和电缆槽组合布局，协调性更为出色，并能创建精确的电气深化图。新的明细表类型可统计电缆槽和穿线管的布设总长度，以确定所需材料的用量。

图 6.7-17～图 6.7-23 为萧山机场示范工程的信息化设计深化模型示例。

图 6.7-17　项目 BIM 模型

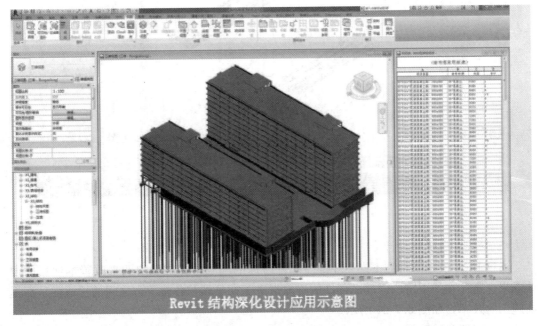

图 6.7-18　结构深化图

图 6.7-19　给水排水深化图

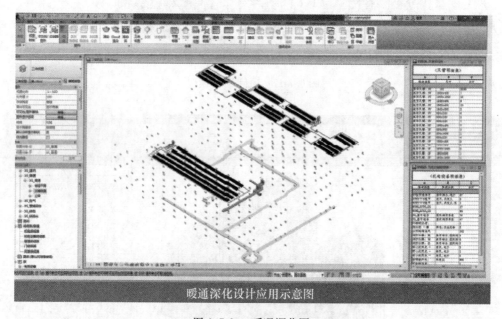

图 6.7-20　暖通深化图

4）管线综合优化设计

通过 BIM 模型来检测不同专业部品部件碰撞的问题，并加以协调来改善本项目的设计成果。避免在施工阶段因部品部件的碰撞带来工期延误与各施工方之间的矛盾，从而提高施工的效率，如图 6.7-24 所示。

（2）智能化采购加工

以建筑工程项目的信息数据作为基础，根据 BIM 模型导出相应的建筑材料、钢结构

第 6 章 装配式交错桁架钢结构体系建筑产业化技术与示范

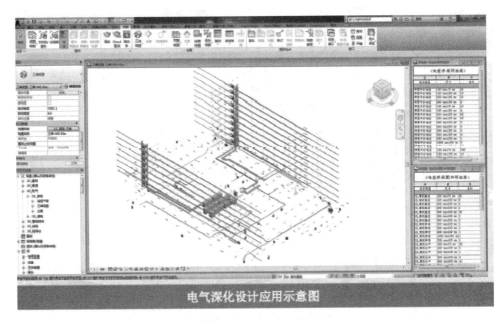

图 6.7-21 电气深化图

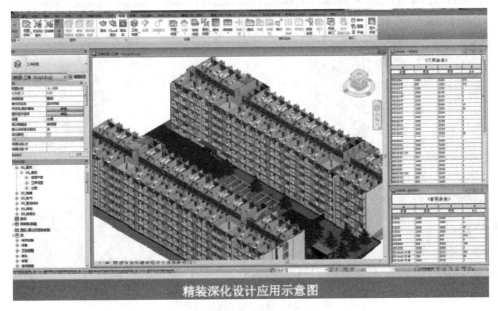

图 6.7-22 精装深化图

构件、给水排水管道和管件、暖通管道、机械设备的材料清单，然后提交给项目部，项目部依据清单进行现场管理，如图 6.7-25 所示。

BIM 模型还具有可出图性，通过 BIM 模型绘制出各专业的构件、零件加工图，并提交给生产部门加工制作。BIM 模型能够放样出复杂零件的加工尺寸及零件在构件上的定位尺寸。对于标准零件可采用数控机床加工。BIM 模型同时还具有导出标准零件的数控加工 NC 文件的应用能力，以模型数据导入数控机床自动加工。

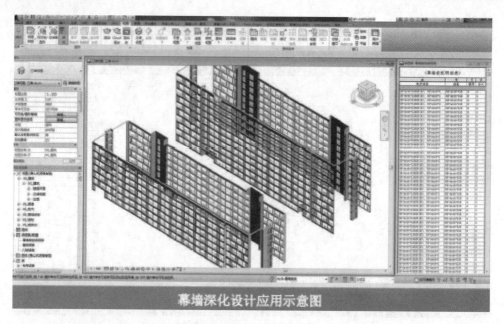

图 6.7-23 幕墙设计深化图

图 6.7-24 管线优化设计示意图

(3) BIM 施工全程管理

本项目的实施包括了：信息化物流管理、施工安装模拟、施工场地布置优化、工期动态管理等几个方面。

项目针对构件物流管理研发 BIM 模型中的物流管理技术，对装配化构件的材料采购、加工制作、现场安装进行全程追踪，实时自动反馈到 BIM 模型中，并实时发布模型。通过特有平台查询，公司高层、项目业主及项目部等对构件物流管理最佳决策提供了有力保障，指导工厂、现场的制作和施工，如图 6.7-26 所示。

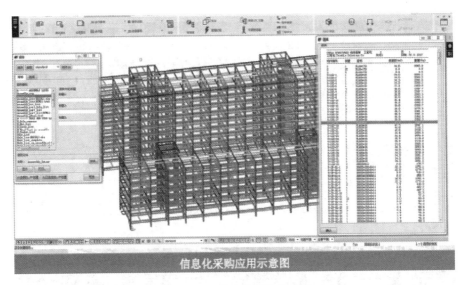

图 6.7-25　信息化采购示意图

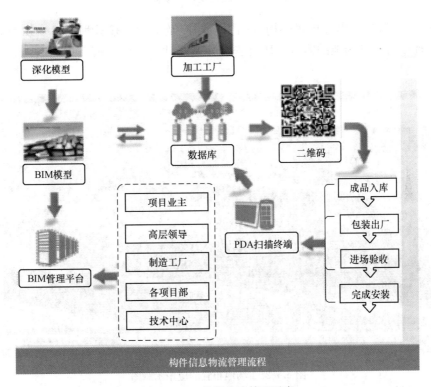

图 6.7-26　构件物流管理示意

BIM 模型以施工进度计划为时间因素，建立 4D 模型进行可视化模拟施工，动态地模拟结构施工进度，工程进展变化过程。将 BIM 模型与工程总控计划相结合，利用 BIM 系统合理规划现场的施工进度。

在施工场地的布置中，将施工临时设施及设备加入 BIM 系统中，确定场地布置及大型机械设备的最优配置，更佳直观地展示各施工作业面的施工情况和不同专业的交叉作业

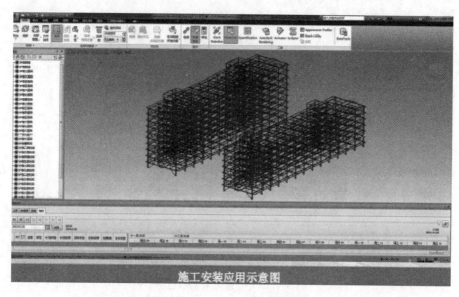

图 6.7-27 施工安装现场模拟

影响（图 6.7-27）。合理安排每个构件的安装顺序及构件运输计划，减少现场的二次搬运，减少现场对临时场地的需求。所有安装控制尺寸可从软件模型中提取，如图 6.7-28 所示。

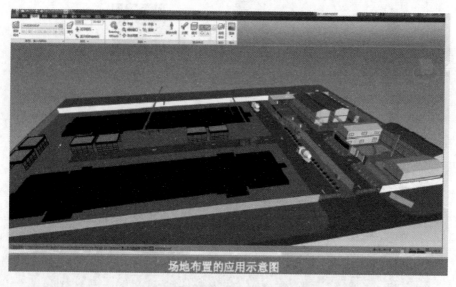

图 6.7-28 场地布置的应用示意图

利用 BIM 模型实时管控工程工期动态，在 Navisworks 中体现各时间段现场施工要求完成的实际情况。根据制定的施工计划控制施工进度，如遇特殊情况（雨、雪、台风天气等）及不可避免的外界因素，需修改进度计划，可在 BIM 模型中调整。从而利用 Navisworks 分析出实际工期与计划工期差及各项费用差。在施工过程中，可利用 BIM 模型的可视化功能，预先了解施工实施范围内及各标段施工差异，如图 6.7-29 所示。

图 6.7-29 工期动态管理示意图

5. 装配式交错桁架结构施工工法研究与示范

(1) 施工工艺流程（图 6.7-30）

(2) 施工方案

本工程施工采用汽车吊作为起吊工具，根据现场实际工程的需求选取合适的汽车吊型号及行进路线。汽车吊的选取应通过《起重机设计规范》GB/T 3811—2008 中对汽车吊的抗倾覆验算。根据单榀桁架的重量、作业半径、楼层高度计算出汽车吊的倾覆力矩，汽车吊的稳定力矩大于倾覆力矩。规划合理的汽车吊行进路线和构件堆放位置，减少二次搬运，本项目汽车吊行进路线和构件堆放如图 6.7-31 所示。

柱子吊装：吊装前，对进入施工现场的钢柱进行检查验收，并做好验收记录。对钢柱的定位轴线，基础轴线和标高等进行检查和办理交接验收，划出钢柱上下两端的安装中心线、柱下端标高线和柱顶三维标高控制点。

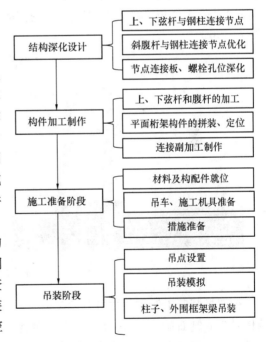

图 6.7-30 操作流程图

钢柱就位：钢柱在基础上就位后使柱中线与基础面上的中线对齐，柱底应尽可能在钢柱安装时一步就位，少量的偏差可用千斤顶和撬棍校正，柱底就位后轴线偏差应不大于 2mm。

吊装前，要注意清除柱子表面的泥沙、油污等杂质。柱子按照要求进行定位，柱脚应准确安装在定位位置上。

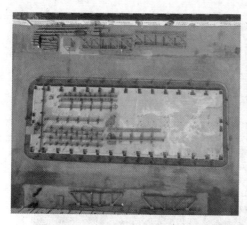 

图 6.7-31 汽车吊行进路线和构件堆放

外围框架梁吊装：待各钢柱安装完成之后，进行结构外围框架梁的安装。钢柱加工制作时预先在上下翼缘两侧伸出一小段梁段，该梁段预先开螺栓孔，纵向框架梁通过吊装与柱伸出的梁段对齐，然后人工进行螺栓连接，完成框架梁的拼装。

钢梁吊装：每个区域外框钢柱安装后，及时进行柱顶楼层外框梁安装，以便形成稳定的结构体系。钢梁按施工图进行吊装就位时要注意钢梁的靠向，钢梁就位时，先用冲钉将梁两端孔就位，然后用安装螺栓拧紧。钢梁安装顺序遵循先主梁后次梁的原则（图 6.7-32）。

图 6.7-32 柱子、外围框架梁吊装

桁架吊装：桁架起吊时吊点设在桁架上弦杆的两端，采用两点吊装。吊装时，桁架从结构纵向的侧面穿入、然后斜入一段距离后，转动一个角度，使得桁架与预定平面平行，最后，将桁架水平、竖直平移至预定位置。桁架吊装过程如图 6.7-33 所示。

在桁架吊装过程中，需要确保桁架平面处于竖直状态。桁架吊装时，各桁架根据编号对号入座，吊装到预定位置（图 6.7-34）。

桁架与柱子拼接：在交错桁架中，柱子和桁架之间多为铰接，当桁架与 H 型钢柱的翼缘连接时，可以较容易地实现螺栓连接。交错桁架中，结构的横向刚度比纵向大得多，为了减小结构纵横向的刚度差异，H 型钢柱强轴被设置为与桁架平面平行，此时，桁架

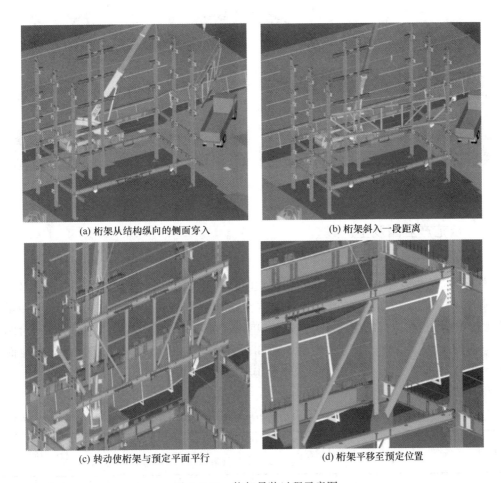

(a) 桁架从结构纵向的侧面穿入　　(b) 桁架斜入一段距离

(c) 转动使桁架与预定平面平行　　(d) 桁架平移至预定位置

图 6.7-33　桁架吊装过程示意图

图 6.7-34　桁架吊装

需要与 H 型钢柱的腹板相连。为此，本课题组设计了一种交错桁架与 H 型钢柱腹板铰接连接的全螺栓节点（图 6.7-35）。

图 6.7-35 桁架与柱子拼接

6.7.2 示范产业园及生产线

1. 产业园概况

产业园位于浙江绍兴柯桥开发区,计划建设年产 100 万 m² 集成建筑部品部件的生产产业园,一期 303 亩园区主要产品为:主体钢结构(机械式装配结构)、主体围护系统(混凝土预制墙板和楼板结构)、围护体系(单元式幕墙及门窗产品)、预制钢-混组合结构体系(简称 PSC 体系)。该项目坐落于杭甬高速公路柯桥出口北侧,一期总占地面积 20.18 万 m²(约 303 亩,含代征),实际可用地面积为 18 万 m²(270 亩)。

项目期内投产情况见表 6.7-4 和表 6.7-5。

钢结构生产线 表 6.7-4

序号	名称	生产线名称	生产线数量(条)	单条年产能(万 t)	投产时间
1	钢结构构件生产线	普通 H 型钢生产线	1	1.2	2017 年 9 月
2		H 型钢二次加工线	1	1.2	2017 年 7 月
3		方管智能焊接生产线	1	0.7	2020 年 7 月
4		箱形生产线	1	1.2	
5		PSC 生产线	1	1.6	

预制混凝土构件(PC 构件)生产线 表 6.7-5

序号	名称	配置生产线名称	生产线数量	单条年产能	投产时间
1	预制混凝土构件生产线	二号 PC 生产线	1	60 万 m²	2019 年 12 月
2		PC 非标生产线	1	16 万 m²	

2. 实施内容

(1)H 型钢智能化生产线

1)主要特点

①人机交互界面,参数化驱动,数字化控制;

②可一次性完成 H 型钢卧式预拼装;

③一侧固定,另一侧移动,适合不同规格 H 型钢预拼装;

④ 翼板和腹板位置调整采用数字控制,自动化程度高(图6.7-36)。

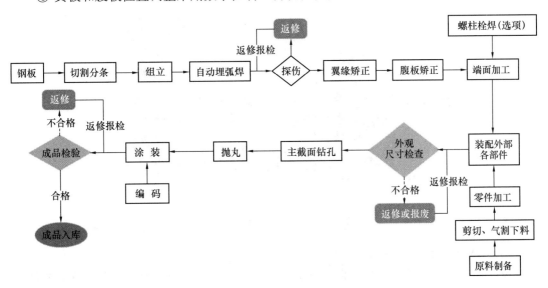

图6.7-36 H型钢焊接生产线工艺流程

2) 设备方案

① H型钢预拼装机(图6.7-37)

预拼装机主要由固定侧翼板90度翻转装置、移动侧翼板90度翻转装置、中间腹板升降托起装置、输送辊道、液压系统、电控系统等组成。

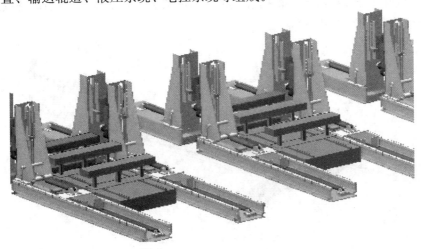

图6.7-37 H型钢预拼装机

② H型钢卧式组立机(图6.7-38)

卧式H型钢组焊机比原有的各种机型更具优势,只需将H型钢的翼板和腹板平吊到预拼装机上,就能一次实现H型钢的组立和定位点焊,自动化程度高,提高了劳动生产率。

该机主要由固定侧翼板驱动装置、移动侧翼板驱动夹紧装置、腹板升降托辊装置、翼板压辊装置、端部对齐系统、工作台升降装置、自动定位点焊系统、液压系统、电气控制系统等组成。

图 6.7-38　H 型钢卧式组立机

③ RGV 输送台车（图 6.7-39）

该设备主要由母车体、纵向驱动系统、子车体、横向驱动系统、子车升降和翻转系统、液压系统、供电系统、智能通信系统等组成。

母车共有两个组成，每个母车上搭载 1 个子车，母车纵向运行采用伺服、齿轮和齿条驱动，定位精准，能实时向控制系统反馈具体运行位置及运行速度；子车横向运行采用电机＋减速＋滚轮驱动，子车之间实时通信，保持运行步调一致，子车升降系统采用双级液压锁控制升降梁高度位置，保证各升降系统在运行过程中高度一致，母车通过通信滑束线实时与各工位呼叫器保持联系，根据各工位发出的信息，自动将 H 型钢运进或运出，实现了 H 型钢的自动化柔性物流。

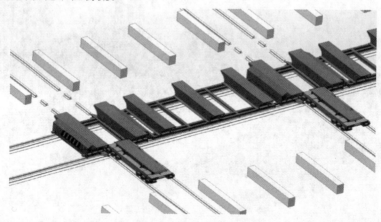

图 6.7-39　RGV 输送台车

④ H 型钢机器人埋弧焊接机

机器人焊接机主要由行走底座、行走轨道系统、立柱系统、横臂系统、焊臂系统、激光焊缝跟踪系统、双机器人焊接手臂、焊剂循环系统、埋弧焊接系统、焊丝通道系统、气控系统、电控系统等组成。主要完成 H 型钢卧式双边埋弧焊接或 H 型钢船形焊接（图 6.7-40）。

第 6 章 装配式交错桁架钢结构体系建筑产业化技术与示范

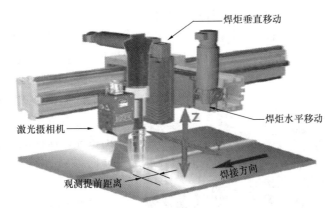

(a) 系统示意图

(b) 实物图

图 6.7-40　H 型钢机器人埋弧焊接机

⑤ 45°双向翻转机

本机主要由双 L 型翻转臂、转动支架、液压油缸、液压系统和电控系统等组成，每个焊接工位设有 3 组，主要完成工件的 45°双向变位，结构简单，使用方便，操作安全灵活（图 6.7-41）。

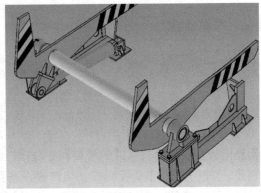

图 6.7-41　45°双向翻转机

H型钢由RGV子车横移到双向翻转机上,当工件不需要翻转45°船形位焊接时,翻转机仅起到支撑架的作用,此时H型钢进行双边平角焊,当H型钢腹板开坡口时,H型钢先向一侧翻转45°进行船位焊,然后在向另一侧翻转45°进行另一边船位焊。

⑥ H型钢卧式双边矫正机

H型钢卧式双边矫正机主要由底座、左右矫正支撑架、固定侧翼板矫正系统、移动侧翼板矫正系统、腹板导向系统、翼板压辊系统、驱动系统、液压系统、前后输送辊道和电控系统等组成(图6.7-42)。

电控系统:主要由控制柜、操作箱、控制线路等组成,操作箱上设有人机交互控制界面,采用触摸屏操作,通过界面切换进行不同功能的控制操作,采用程序控制,参数化驱动,只需输入工件的尺寸,各执行机构根据控制指令自动调整各自位置。

图6.7-42 H型钢卧式双边矫正机

(2) 全自动装配式预制混凝土生产线

1) 工艺流程(图6.7-43)

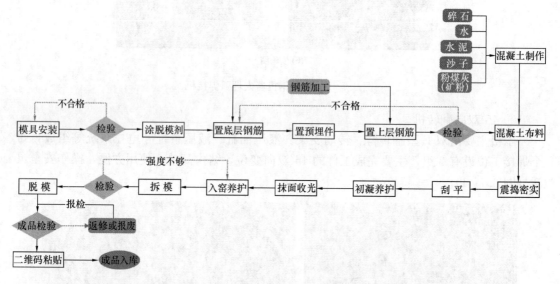

图6.7-43 预制混凝土构件生产工艺流程

2) 设备方案

① 数控全自动钢筋桁架生产线

钢筋桁架主要作为自承式钢楼板和叠合楼板的骨架。桁架由2根折弯腹杆钢筋、2根下弦钢筋、1根上弦钢筋焊接而成。生产线设备组成如下:5个垂直钢筋装料架、预矫直装置、钢筋蓄料装置、钢筋精矫直装置、上弦钢筋扭曲矫正装置、钢筋打弯装置、钢筋输送装置、200mm节距定位装置、钢筋焊接装置、腹杆底脚折弯装置、钢筋切断装置、码垛装置、电控系统、液压系统、冷却系统等(图6.7-44)。

图 6.7-44　数控全自动钢筋桁架生产线

② 混凝土预制生产线（PC 线）

PC 是钢筋混凝土预制件的简称，是指在工厂中通过标准化、机械化方式，预先加工制作的建筑物或构筑物的混凝土部件。

PC 线采用现代工业做法，工作模台流转作业，实现住宅预制构件批量生产，将传统现浇施工大量立体分散的工作，转移至工厂，大幅提高了功效，同时会大量节省人工（图 6.7-45）。

图 6.7-45　混凝土预制生产线

③ 混凝土搅拌站

混凝土搅拌设备是将混凝土的原材料——水泥、水、砂、石、粉料、添加剂等，按预先制定的配合比，生产出符合质量的成品混凝土。适用于各类预制构件厂、道路、桥梁、水利、码头等工业及民用建筑，可搅拌各种干硬性、塑性、流动性、轻骨料混凝土和各种砂浆，尤其适合于港口、公路、桥梁及商品混凝土生产。

6.7.3 应用建议

在设计方法与工程实践的结合上，本章工程示范展示了针对交错桁架结构体系布置、结构建模分析以及诸多关键构造方面的设计运用方法，运用了在交错桁架结构纵向布置部分包覆钢-混凝土组合结构柱或纵向外围框架梁的跨中隔层、隔跨布置立柱的结构布置方案。设计大大缩小了整体结构的纵横向刚度差，提高了结构的安全性，而且也不会对建筑的空间布置产生制约。本章工程示范内容、注意事项也可供其他项目设计、施工时参考。

在结构设计方法、节点、工法的体系化融合上进行了示范：

（1）研发、运用了针对交错桁架结构楼板作用进行水平交叉支撑等刚度代换的设计方法，建立了简化计算模型，并开发了专属设计软件。从而极大地降低了交错桁架结构整体分析难度，提升了设计效率；

（2）创新提出、运用了H型钢柱弱轴沿桁架方向布置，桁架与柱弱轴全螺栓连接的节点及构造。不仅节点安全可靠，而且有利于缩小结构整体纵横向刚度差，同时大大地提高了施工效率；

（3）研发、运用了全预制局部叠合楼板和预应力空心楼板与桁架弦杆的新型连接形式和设计方法，提升了该结构配套不同跨度楼板时的安全、高效和经济性；

（4）提出了一种自带套筒定位、四边均为槽口、在槽口处局部后浇混凝土而形成的全预制局部叠合楼板。该装配式楼板在跨度较小时能显著提升经济性和安装效率；

（5）示范了将大跨度预应力楼板降板搁置于弦杆下翼缘，并在弦杆腹板开孔对穿钢筋后再浇筑混凝土的新型节点。该新型节点解决了交错桁架结构应用大跨度预应力叠合楼板的整体性问题，同时提升了建筑净高以及交错桁架结构的经济性。

受项目业主需求及项目空间限定，本项目未能进行多元化的空间可行性示范。但是，结合示范工程的实施，示范了与交错桁架结构配套的两种装配式外墙系统，解决了外墙防水、防裂、耐久、安全、保温隔热以及外装饰的诸多构造问题。

结合装配式建筑的信息化管理一体化趋势，在示范工程进程中，推进了多项交错桁架结构体系建筑的信息化软件应用，从设计深化、仓储、物流以及现场安装等方面提升了项目的实施效率。

参 考 文 献

[1] Robert J. Hansen, WIlliam J. LeMessurier, Peter J. Pahl and Robert J. Pelletier. New steelframing syetem promises major saving in high-rise apartments[J]. Architectural Recor, June 1966：191-196.

[2] Scalzi, John B. (1971). The Staggered Truss System-Structural Considerations. Engineering Journal, American Institute of Steel Construction, Vol. 8, pp. 138-143.

[3] 唐兴荣，等. 间隔桁架式框架结构的静力性能分析[J]. 建筑结构，1997(10)：3-7.

[4] 周绪红，等. 新型交错桁架结构体系的应用[J]. 钢结构，2000(2)：16-19.

[5] 唐兴荣，蒋永生，丁大钧，等. 间隔桁架式框架结构的静力性能分析[J]. 建筑结构，1997(10)：3-7. DOI：10.19701/j.jzjg.1997.10.001.

[6] 住房和城乡建设部. 交错桁架钢结构设计规程：JGJ/T 329—2015[S]. 北京：中国建筑工业出版社，2015.

[7] 张崇厚，张勇，刘彦生. 高烈度地震区的错列双桁架钢结构住宅体系[J]. 清华大学学报（自然科

学版)，2008(06)：926-930. DOI：10.16511/j.cnki.qhdxxb.2008.06.021.

[8] 周绪红，莫涛，蔡益燕，等. 新型交错桁架结构体系的应用[J]. 钢结构，2000(2)：16-19.
[9] https://www.archdaily.com/530219/godfrey-hotel-valerio-dewalt-train-associates.
[10] 覃琳，杨宇振. 少就是多绿：基于交错桁架结构的建筑设计创新[J]. 新建筑，2020(5)：78-82.
[11] 姚玉珊. 两边连接钢板式交错桁架结构设计与抗震性能分析[D]. 重庆：重庆大学，2019.
[12] 龙帮云，刘殿华. 建筑结构抗震设计[M]. 南京：东南大学出版社，2017.
[13] 郭庆生. 带填充墙钢交错桁架结构的抗震性能研究[D]. 北京：北京交通大学，2013.
[14] 章丛俊，宗兰. 高层建筑结构设计[M]. 南京：东南大学出版社，2014.
[15] 周绪红，周期石. 水平荷载作用下交错桁架结构的内力和侧移计算[J]. 建筑结构学报，2004(4)：66-71.
[16] 卢林枫. 钢结构错列桁架体系结构分析与设计方法[D]. 西安：西安建筑科技大学，2003.
[17] 周期石. 高层钢结构交错桁架结构体系的静力性能研究[D]. 长沙：湖南大学，2001.
[18] 殷凌云，王志浩. 错列桁架结构体系的抗侧力特性和简化计算[J]. 建筑结构，2002(2)：34-35+68.
[19] 林同炎，S.D. 思多台斯伯利. 结构概念和体系[M]. 王传志. 译. 北京：中国建筑工业出版社，1985：56-8.
[20] 左茂荣. 交错桁架结构体系楼板和桁架共同作用性能研究[D]. 长沙：湖南大学，2005.
[21] 住房和城乡建设部. 钢结构设计标准：GB 50017—2017[S]. 北京：中国建筑工业出版社，2017.
[22] 住房和城乡建设部. 组合结构设计规范：JGJ 138—2016[S]. 北京：中国建筑工业出版社，2016.
[23] 周惟德，陈辉求. 钢-混凝土组合桁架有限元计算模型[J]. 工业建筑，1996(7)：14-19.
[24] 王涛. 钢结构交错桁架楼板计算分析处理[J]. 建筑技术开发，2013，40(7)：8-9+24.
[25] 周诗强. 钢结构交错桁架体系楼板设计研究[D]. 长沙：长沙理工大学，2012.
[26] 周诗强，许红胜. 交错桁架结构分析中楼板模型的比选[J]. 长沙理工大学学报(自然科学版)，2011，8(4)：54-58.
[27] 赵宝成，顾强，何若全，等. 交错桁架结构楼板受力性能的试验研究[J]. 武汉理工大学学报，2009，31(13)：69-72+82.
[28] 冷新中，李泽深，胡雪雅. 某装配式交错桁架结构经济布局分析[J]. 中国建筑金属结构，2021(5)：34-35.
[29] 许红胜. 钢结构交错桁架体系的抗震延性性能分析[D]. 长沙：湖南大学，2003.
[30] 中国工程建设标准化协会，组合楼板设计与施工规范：CECS 273—2010[S]. 北京：中国计划出版社，2010.
[31] 住房和城乡建设部. 现浇混凝土空心楼盖技术规程：JGJ/T 268—2012[S]. 北京：中国建筑工业出版社，2012.
[32] 陈劲，程前，翟立祥，等. 交错桁架-钢框架混合体系在某装配式建筑应用中的关键技术研究[J]. 建筑结构学报，2018，39(S2)：65-71.
[33] 住房和城乡建设部. 装配式钢结构建筑技术标准 GB/T 51232—2016：[S]. 北京：中国建筑工业出版社，2017.
[34] 杨晓琳. 基于体系分离的高层开放住宅设计方法研究[D]. 广州：华南理工大学，2016.
[35] 李悦，满孝新，刘京，等. 预制装配式住宅机电管线设计研究[J]. 规划与设计，2016，20(5)：21-25.
[36] 建筑设计资料集编委会. 建筑设计资料集[M]. 3版. 中国建筑工业出版社，2017.

参 考 资 料

[1] 住房和城乡建设部. 综合医院建筑设计规范：GB 51039—2014[S]. 中国计划出版社，2015.

[2] 罗运湖. 现代医院建筑设计[M]. 2版. 北京：中国建筑工业出版社，2010.
[3] 住房和城乡建设部. 办公建筑设计标准：JGJ/T 67—2019[S]. 北京：中国建筑工业出版社，2020.
[4] 住房和城乡建设部. 建筑采光设计标准：GB 50033—2013[S]. 北京：中国建筑工业出版社，2013.
[5] 住房和城乡建设部. 中小学校设计规范：GB 50099—2011[S]. 北京：中国建筑工业出版社，2013.
[6] 陈树华，张建华. 钢结构设计[M]. 武汉：华中科技大学出版社，2016.
[7] 秦皇岛市城乡规划局. 秦皇岛市城市规划管理技术规定（2014版）[EB/OL]. [2018-06-04]http://www.qhdgh.gov.cn/Show/Index/219.
[8] 重庆市规划和自然资源局. 重庆市城市规划管理技术规定（2018版）. [EB/OL]. [2018-06-04]http://www.cqupb.gov.cn/content.aspxid=36728.
[9] 住房和城乡建设部. 住宅设计规范：GB 50096—2011[S]. 北京：中国计划出版社，2012.
[10] 朱永梅. 板式高层住宅户型可变性设计研究[D]. 合肥：安徽建筑大学，2017.
[11] 陈虹霖. 住宅产业化进程中内装部品体系研究[D]. 重庆：重庆大学，2017.
[12] 刘东卫. SI住宅与住房建设模式体系·技术·图解[M]. 北京：中国建筑工业出版社，2016.
[13] 章潇，李帼昌，杨志坚，郭丰伟. 闭口型压型钢板-混凝土组合板纵向抗剪承载力研究[J]. 工业建筑，2017，47(9)：152-157+190.
[14] 谢晓晔，尤伟，丁沃沃. 基于传统绿色营建要义的外围护构造方式评估[J]. 建筑学报，2019(5)：78-83.
[15] Steel Design Guide 14：Staggered Truss Framing Systems. America：AISC，2002.
[16] 中国工程建设标准化协会. 交错桁架钢框架结构技术规程：CECS323—2012[S]. 北京：中国计划出版社，2012.
[17] 北京盈建科软件股份有限公司. 结构计算软件 YJK-A 用户手册及计算条件[M]. 北京：北京盈建科软件股份有限公司，2015.
[18] 上海同磊土木工程技术有限公司. 3D3S V14 使用手册[M]. 上海：上海同磊土木工程技术有限公司，2019.
[19] 北京金土木软件技术有限公司. ETABS 中文版使用指南[M]. 北京：中国建筑工业出版社，2004.
[20] Socrates A. Ionnides and Stanley D. Lindsey. Staggered Truss Adapted to High Rise[J]. Civil Engineering，ASCE，June 1985.
[21] 陈艳芬. 不同形式交错桁架结构性能的比选[J]. 四川建材，2013，39(6)：103-104.
[22] 巩玉发，闫杨润，李紫璇. 偏心腹杆对交错桁架体系抗震性能影响[J]. 辽宁工程技术大学学报（自然科学版），2016，35(10)：1122-1125.
[23] 蒋宜晨，赵宝成. 偏心腹杆式交错桁架结构滞回性能有限元分析[J]. 苏州科技学院学报（工程技术版），2014，27(3)：22-26.
[24] 赵宝成，周德昊，顾强，等. 偏心腹杆式交错桁架结构滞回性能试验研究[J]. 工程力学，2013，30(12)：71-77.
[25] 闫杨润. 偏心支撑对交错桁架结构体系地震响应影响研究[D]. 沈阳：辽宁工程技术大学，2016.
[26] 甘丹，刘涛，姚玉珊，周绪红. 两边连接钢板式交错桁架塑性设计方法研究[J]. 钢结构（中英文），2020，35(11)：1-24.
[27] Scalzi J B. The staggered truss system-structural consideration [J]. Engineering Journal AISC 1971；8(10)：25-30.

[28] Gupta R P, Goel S C. Dynamic analysis of staggered-truss buildings framing system[J]. Journal of the Structural Division, 1972, 98(7): 1475-1492.

[29] Lee J, Kang H, Kim J. Seismic Performance Evaluation of Staggered Wall System Structures with Middle Corridors [J]. The Structural Design of Tall and Special Building, 2013, 22(15): 1139-1155.

[30] 焦盈盈, 苏惠林, 陈森. 装配式住宅管线分离技术 SI 体系应用研究[J]. 住宅产业, 2021, 1(1): 31-33.

[31] 住房和城乡建设部. 装配式住宅建筑设计标准: JGJ/T 398—2017[S]. 北京: 中国建筑工业出版社, 2018.

[32] 辛智蕾. 装配式中学宿舍内装系统模块化设计研究与实践[D]. 长春: 长春工程学院, 2020.

[33] 王志成, 帕特里克·麦卡伦, 约翰·凯·史密斯, 鲍勃·布劳顿. 美国钢结构建筑体系与技术动向[J]. 住宅与房地产, 2019(32): 60-64.

[34] 毛娜, 徐其功. 广东某院校学生宿舍装配式设计[J]. 广东土木与建筑, 2019, 26(7): 1-5.

[35] Le Messurier W J, Paul P J. New steel framing system promises major saving in high-rise apartments[J]. Architecture Record, 1966, 6: 191-196.

[36] Higgins T R, Dubas P. Council on tall buildings committee 15, 1979, stability[J]. Chapter SB-4. Vol. SB of Monograph on Planning and Design of Tall Buildings. ASCE. NEWYORK.

[37] 本格尼. S. 塔拉纳特. 高层钢混凝土组合结构设计[M]. 2版. 罗福午, 方鄂华, 等. 译. 北京: 中国建筑工业出版社, 1999.

[38] Gupta R P, Goel S C. Dynamic analysis of staggered-truss buildings framing system[J]. Journal of the Structural Division, 1972, 98(7): 1475-1492.

[39] Hanson R D, Berg G V. Aseismic Design of Staggered Truss Buildings[J]. Journal of the Structural Division, 1974, 100(1): 175-193.

[40] 莫涛, 蔡益燕, 周绪红. 交错桁架结构体系的受力性能分析[J]. 建筑结构学报, 2000, 21(6): 49-54.

[41] 许红胜, 周绪红, 刘永健. 钢结构交错桁架体系在强震作用下的破坏模式[J]. 建筑科学與工程學報, 2007, 24(2): 63-67.

[42] 卢林枫, 顾强, 苏明周, 等. 交错桁架典型节点设计[J]. 四川建筑科学研究, 2005, 31(5): 25-28.

[43] 许红胜, 周绪红, 蒋建国. 交错桁架结构体系的若干构造设计问题[J]. 建筑结构, 2006, 36(8): 35-36.

[44] 周绪红, 莫涛, 刘永健. 轻钢交错桁架结构体系与钢框架的对比分析[J]. 钢结构, 2001, 16(2): 5-7.

第 7 章 钢结构高效装配化连接技术

7.1 引言

7.1.1 研究背景及研究现状

装配式钢结构建筑具有集成化程度高、施工效率高、节能环保等诸多优势，是实现建筑产业化、智能化发展的重要路径。建筑产业化要求运用现代化管理模式，通过标准化的建筑设计以及模数化、工厂化的部品生产，实现建筑构部件的通用化和现场施工的装配化、机械化。建筑产业化对于促进新技术、新材料、新设备和新工艺的大量运用，提升建筑安全性、舒适性和耐久性，促进建设标准规范化、技术集成化、部品工业化以及建造集约化等方面具有重要意义。截至我国"十二五"末期，我国钢结构建筑产业化发展迅猛，但水平仍有进步空间，尤其是在钢结构高效装配化连接技术方面仍存在大量制约建筑产业化发展的关键共性技术问题，具体如下：

（1）钢结构建筑广泛采用以箱形柱（钢管柱）为代表的闭口截面柱，其施工连接方式仍普遍采用传统全熔透焊接，存在着施工效率低、人工成本高、污染环境及地震作用下易发生断裂等问题；

（2）现有标准规定且工程中应用较多的钢结构梁柱连接节点为栓焊连接节点，存在着现场熔透施焊难度大、焊接质量不易控制、抗震性能差、无法实现快速装配等问题；

（3）传统围护墙体与钢结构主体柔性连接应用较少，大部分仍为刚性连接，在主体位移过大时容易造成墙体破坏及坍塌，进一步研发围护结构的连接方式以适应钢结构建筑结构位移特点，更有利于装配式钢结构的实际工程应用；

（4）在机电设备系统方面，传统连接方式存在着施工效率低下，与主体结构不匹配，需要二次剔凿、穿孔，影响结构安全性等问题；

（5）缺乏可以产业化推广的钢结构建筑高效装配化连接相关的技术产品体系、技术标准体系、产业园、生产线以及典型工程示范。

研究团队针对钢结构建筑产业化面临的关键技术和共性问题，开展钢结构建筑高效装配化体系与连接技术的研究，完成模块化钢结构建筑高效装配化体系连接技术与产品研发、钢管混凝土建筑高效装配化及机电设备与结构连接技术和产品研发、钢结构建筑围护体系和主体高效装配化及自锁式单向螺栓连接技术与产品研发，进一步制定行业技术标准与施工工法，建设钢结构产业园与生产线，完成工程示范，建立了装配式钢结构建筑高效装配化连接的产业化技术体系。研究成果充分发挥了装配式钢结构建筑综合优势，对于提高我国自主创新能力和核心竞争力，实现建筑产业化和碳达峰、碳中和目标，具有重大影响和战略意义。

7.1.2 研究内容及目标

本课题"钢结构建筑高效装配化连接技术与示范"（课题编号：2017YFC0703806，以下简称课题）的研究内容包括四方面：模块化钢结构建筑高效装配化体系连接技术与产品研发；钢管混凝土建筑高效装配化及机电设备与结构连接技术和产品研发；钢结构建筑围护体系和主体高效装配化及自锁式单向螺栓连接技术与产品研发；高效装配化连接钢结构建筑生产线及产业化示范。其研究目标是通过研究钢结构高效装配化体系连接技术与产品，包括连接机理、连接构造、体系组成、设计方法、配套部品与技术，解决钢结构建筑产业化面临的关键技术和共性问题，重点解决适合产业化生产方式，在满足结构良好性能的基础上，划分主体钢结构安装模块，实现不同模块之间的高效装配化连接的节点构造、工作机理与设计理论等科学问题，突破我国钢结构体系箱型截面竖向构件的连接问题及主体结构与围护结构、机电设备的连接问题，最终形成连接产品、专利和技术标准等并应用于装配式钢结构建筑中，加快和推动我国建筑工业化进程。

7.1.3 研究技术路线

通过大量查阅检索国内外有关高效装配化连接钢结构体系的相关文献资料，总结分析国内外研究和实践的进展，剖析制约装配式钢结构建筑发展的关键问题，确定本课题研究的对象和研究目标。采用有限元分析软件对节点性能和整体结构进行数值模拟，分析影响节点性能的各个因素及对整体结构性能的影响，进而修改关键部分的设计参数，优化节点构造和设计方法。根据数值计算结果，选取典型节点和子结构，进行足尺或缩尺试件的静、动力试验，验证结构的力学性能，揭示其工作和破坏机理，为设计方法的提出和标准的制定提供依据。以既有钢结构设计基本理论为基础，结合新型高效装配式连接产品的试验和数值计算结果，提出新型节点和结构的设计理论和设计方法。对研究成果进行归纳、总结，提炼出适用于实际工程的技术标准、施工工法及设计理论和方法。将研究总结得到的设计技术、工艺方法和检验规则应用于实际示范项目，通过实际设计项目的设计计算、构件制作、安装装配和检验验收的全过程对研究成果进行检验。

7.2 钢结构竖向构件高效装配化连接技术

7.2.1 研究简介

研究团队创新了钢结构竖向构件高效装配化连接技术——箱形柱芯筒法兰全螺栓连接，区别于传统的箱形柱全熔透焊缝连接，该连接节点通过螺栓进行上下柱间的拼接，能够实现钢结构竖向构件的高效装配[1-5]。

1. 芯筒法兰全螺栓连接节点构造

箱形柱芯筒法兰全螺栓连接节点构造如图 7.2-1 所示。上柱与下柱之间通过芯筒和法兰采用高强度螺栓连接，八边形截面芯筒与柱壁应紧密贴合，与下柱在工厂焊接制作，上柱在现场安装。根据性能需要，芯筒与柱壁的间隙一般控制在 1~2mm 以内。实际加工精度达不到要求时，可以在芯筒与柱壁之间设置自锁式单向螺栓，通过在柱壁外拧紧螺母施加自锁式单向螺栓预拉力,使得芯筒与柱壁之间相互贴合而保证芯筒与柱之间协同工作。

2. 芯筒制作工艺

芯筒是在柱外单独加工成整体的,如图7.2-2所示。根据箱形柱内壁的尺寸制作相应的芯筒工装,进而保证芯筒制作加工精度。加工时首先放置4块直钢板于工装内并进行固定,之后放置余下4块钢板进行点焊,而后将不同钢板之间再次进行全熔透焊接,而后将固定好尺寸的芯筒取出,芯筒加工制作完成。

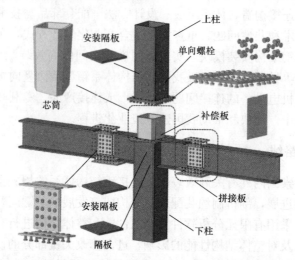

图 7.2-1 箱形柱芯筒法兰全螺栓连接节点

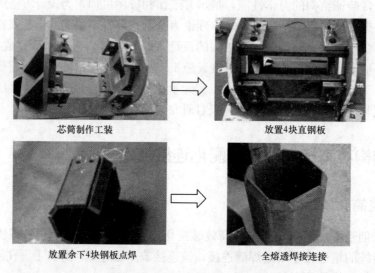

图 7.2-2 芯筒制作方法

7.2.2 钢结构竖向构件及单向螺栓高效装配化连接节点拟静力试验研究

1. 芯筒法兰连接节点设计

芯筒法兰连接节点具体尺寸如图7.2-3所示,为了研究芯筒、加劲肋、补偿板、单向螺栓的设置和芯筒长度对芯筒法兰连接节点力学性能的影响，在保持柱和法兰板截面尺寸不变的情况下改变其他参数并与传统箱形柱焊接节点进行对比试验，节点基本情况如表 7.2-1 所示[6-8]。

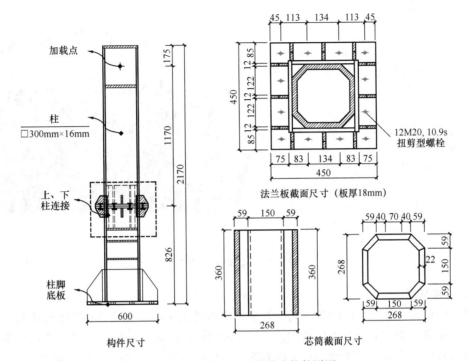

图 7.2-3　芯筒法兰连接节点构件详图

芯筒法兰连接节点基本参数　　　　表 7.2-1

序号	节点类型	节点名称	螺栓等级	芯筒	加劲肋	单向螺栓	间隙 (mm)	芯筒长度 (mm)
1	传统连接节点	TCJS	—	—	—	—	—	—
2	设置单向螺栓芯筒式连接节点	FBCROB-2-360	10.9S	设置	设置	设置	2	360
3	未设置补偿板芯筒式连接节点	FBCR-2-360	10.9S	设置	设置		2	360
4	未设置芯筒式连接节点	FBR	10.9S	—	设置			
5	未设置加劲肋芯筒式连接节点	FBC-1-360	10.9S	设置	—		1	360
6	芯筒长度 580mm 芯筒式连接节点	FBCR-3-580	10.9S	设置	设置		3	580
7	芯筒式连接节点	FBCR-1-360	10.9S	设置	设置		1	360
8	芯筒长度 580mm 芯筒式连接节点	FBCR-1-580	10.9S	设置	设置		1	580
9	未设置补偿板芯筒长度 580mm 芯筒式连接节点	FBCROB-2-580	10.9S	设置	设置	设置	2	580

注：F——设置法兰；B——设置法兰螺栓；C——设置芯筒；R——设置加劲肋；OB——设置单向螺栓；1、2、3——芯筒与柱壁间隙；360、580——芯筒长度。

2. 加载装置

试验构件在水平方向利用 200t 作动器在反弯点处进行位移加载，作动器的一端固定在柱顶的连接件，另一端与反力墙相连。竖向轴力通过 200t 千斤顶在柱顶施加，千斤顶一端放置于柱顶,另一端与反力架进行连接,千斤顶与反力架之间设置滑板保证千斤顶能随节点变形而滑动。柱脚与底部锚板通过 12 个 10.9 级 M30 高强度螺栓连接,锚板两端设置压梁,两端的压梁通过 4 个 100t 的地锚杆与柱底连接,保证柱脚底部固接。试验加载装置如图 7.2-4 所示。

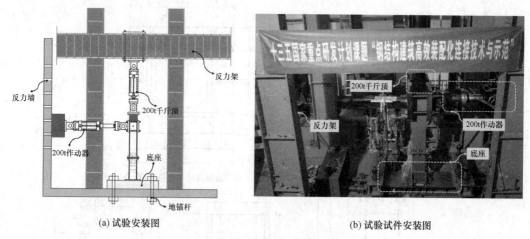

(a) 试验安装图　　　　　　　　　　(b) 试验试件安装图

图 7.2-4　试验加载装置

3. 加载制度

试验中试件在柱顶以层间位移角进行控制并参考美国抗震规范 AISC 进行加载,施加的层间位移角与相应的加载点位移如图 7.2-5 所示。试件加载过程中以试验节点发生突然破坏或试验节点达到极限承载力后下降到 85% 两个准则作为试验停止的判断依据。

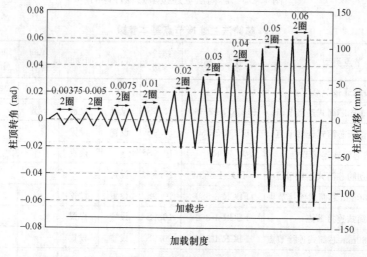

图 7.2-5　加载制度

4. 测量方案

应变测量:在柱连接节点东侧、西侧和南侧分别设置 8 组应变片,分别编号 1~8,每组设置 1~4 个应变片,上柱和下柱的法兰板分别在加劲肋两侧设置应变片,共 48 个。在芯筒贴近柱壁的钢板内侧上、下部分平行布置 2 个应变片,共计 16 个应变片。布置如图 7.2-6 所示。

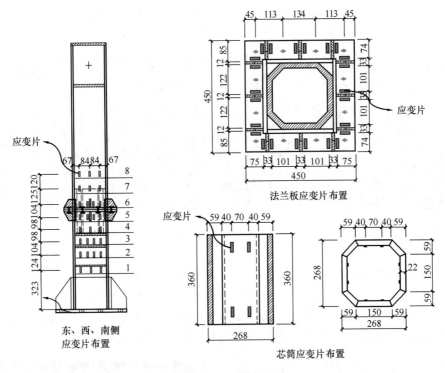

图 7.2-6 应变片布置

位移测量：在柱顶一侧设置 2 个 ±150mm 位移计，在法兰板两侧设置 2 个 ±15mm 位移计，在柱脚两侧分别设置 1 个 ±50mm 位移计，一共设置 6 个位移计，具体布置如图 7.2-7 所示。

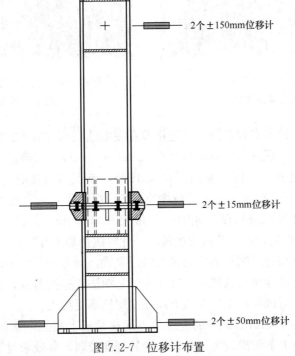

图 7.2-7 位移计布置

螺栓预拉力测量：螺栓预拉力采用中国航天空气动力技术研究院研发的螺栓轴力计，量程为500kN，在法兰四个角部分别设置螺栓轴力计，具体布置如图7.2-8所示。

图7.2-8 螺栓轴力计

5. 试验现象及结果分析

为研究钢结构竖向构件高效装配化连接节点的力学性能，对21组不同参数的箱形柱芯筒法兰全螺栓连接节点进行拟静力试验研究，如图7.2-9和图7.2-10所示，分析节点的破坏模式及力学性能，并与传统全熔透焊接节点进行对比验证节点刚性连接性能。

图7.2-9 箱形柱芯筒法兰全螺栓
连接节点试验构件

图7.2-10 箱形柱芯筒法兰全螺栓
连接节点拟静力试验

未设置芯筒的连接节点和芯筒法兰连接节点在加载到0.02rad之前，两试件均处于弹性状态，法兰板间未出现开口。在加载至0.02rad时，未设置芯筒的连接节点法兰板间开口2mm，芯筒法兰连接节点法兰板间开口仅1mm，节点均无其他明显的塑性变形产生，如图7.2-11和图7.2-12所示。从试件最终的破坏情况来看，未设置芯筒的连接节点加载至0.04rad时高强度螺栓被拉断，此时法兰最大开口为9mm；设置芯筒的节点加载至0.05rad时高强度螺栓被拉断，节点发生破坏，此时法兰最大开口为8mm。从整个试验过程中法兰开口情况及高强度螺栓的拉力增长情况来看，同等加载级下未设置芯筒的连接节点法兰开口和高强度螺栓拉力的增长程度均大于芯筒法兰连接节点，说明芯筒的设置能够提供一定的抗弯承载力进而减少法兰板上高强度螺栓所受拉力。

如图7.2-13所示，未设置芯筒的连接节点的法兰板上高强度螺栓在加载过程中受拉而伸长，法兰板之间上下脱离较为严重，连接处刚度较弱，导致未设置芯筒的连接节点滞

(a) 未设置芯筒的连接节点　　　　(b) 芯筒法兰连接节点

图 7.2-11　0.02rad 时节点整体变形情况

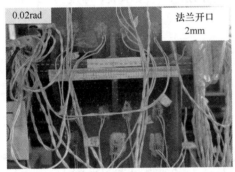 

(a) 未设置芯筒的连接节点　　　　(b) 芯筒法兰连接节点

图 7.2-12　0.02rad 时节点法兰处变形现象

回曲线"捏拢"现象较为严重，说明芯筒的设置能够提高节点刚度，延缓连接节点刚度退化，提高连接节点延性，降低法兰应力水平和高强度螺栓拉力，提高节点极限承载能力。

芯筒法兰全螺栓连接节点与传统全熔透焊接节点的滞回曲线对比如图 7.2-14 所示，

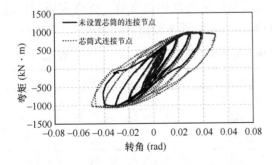 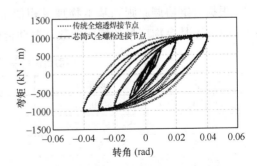

图 7.2-13　芯筒法兰连接节点和　　　　图 7.2-14　芯筒法兰全螺栓连接节点和
　　　未设置芯筒的连接节点对比　　　　　　　　　传统全熔透焊接节点对比

芯筒法兰全螺栓连接节点与传统全熔透焊接节点滞回曲线基本重合，由于法兰板上高强度螺栓在加载过程中受拉而伸长，法兰板之间上下脱离，所以芯筒法兰连接节点滞回曲线存在轻微"捏拢"，对整体滞回性能影响较小，芯筒法兰全螺栓连接节点与传统全熔透焊接节点拥有较为一致的力学性能，实现了柱与柱之间的刚性连接。

7.2.3 钢结构竖向构件和水平构件高效装配化连接节点钢框架振动台试验研究

1. 原型结构

本课题选取首都师范大学附属中学通州校区教学楼南侧一幢 2×2 跨、5 层钢框架结构作为试验原型结构，原型结构平面示意图如图 7.2-15 所示。该工程位于北京市通州区，抗震设防烈度为 8 度，设计基本地震加速度 0.2g，设计地震分组为第二组，建筑场地类别为Ⅲ类。原型结构采用钢框架结构体系，长跨方向（X 向）跨度为 9m 和 9m，短跨方向（Y 向）跨度分别为 6.8m 和 3.7m；首层层高 4.2m，2~4 层层高为 3.9m，5 层层高 4.5m；箱形柱截面尺寸为□400mm×16mm，框架梁截面为 H500×300×18×22（mm），次梁截面为 HM294×200×8×12（mm）；楼板采用钢筋桁架楼承板，厚度为 130mm；所有钢材均为 Q345B，楼板采用 C30 混凝土。

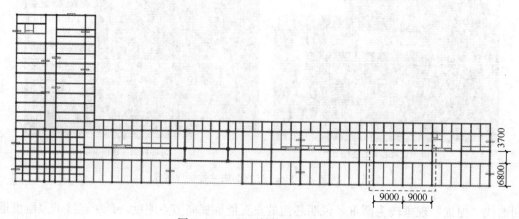

图 7.2-15 原型结构平面示意图

2. 相似设计

根据量纲协调原则和基本物理量相似常数以及质量密度相似常数，可确定质量、频率、时间等其余物理量的相似常数，振动台试验的主要物理量相似常数如表 7.2-2 所示。

振动台试验主要物理量相似常数　　　　　表 7.2-2

物理量	相似系数	物理量	相似系数
几何长度	$S_l=0.25$	质量密度	$S_\rho=2$
面积	$S_A=S_l^2=0.0625$	质量	$S_m=S_\rho S_l^3=0.03125$
线位移	$S_d=S_l=0.25$	加速度	$S_a=2$
角位移	$S_r=1$	阻尼	$S_c=S_E(S_l^3/S_a)^{0.5}=0.08839$
应力	$S_\sigma=1$	时间(周期)	$S_t(S_T)=(S_l/S_a)^{0.5}=0.3536$
弹性模量	$S_E=S_\sigma=1$	自振频率	$S_f=1/S_T=2.8284$

3. 模型结构

基于上节各物理量的相似设计原理,设计箱形柱芯筒式法兰连接节点钢框架(IS-FBCSF)和未设置芯筒的箱形柱法兰连接节点钢框架(FBCSF)试验模型,试验模型分为1~2层、3~4层和5层三个拼接模块,模块与模块之间通过芯筒式法兰连接节点(设置芯筒)或法兰连接节点(未设置芯筒)连接。

试验模型的主要参数确定如下:长跨方向(X向)共两跨,跨度均为2.25m,短跨方向(Y向)两跨不等,综合考虑几何相似比和振动台台座固定孔的位置,确定两跨跨度分别为1.75m和1.0m;首层高度1.05m,2~4层层高0.975m,5层层高1.15m,缩尺模型平面和立面示意图分别如图7.2-16和图7.2-17所示。

根据几何相似比和型钢规格,确定框架柱(GKZ)、框架主梁(GKL)和次梁(GL)截面分别为□100mm×6mm、H126×74×5×8.4(mm)和H100×68×4.5×7.6(mm),混凝土楼板厚度40mm。

图 7.2-16 模型结构平面图

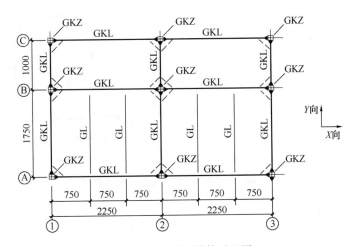

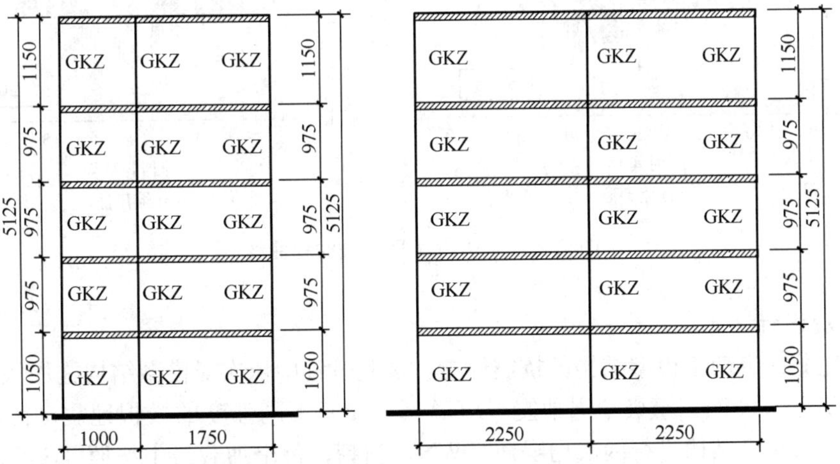

图 7.2-17 模型结构立面图

4. 试验选波

试验前通过 PKPM 软件对原型结构模型进行弹性分析,算得其第一振型周期为 $T_1 = 0.99s$,根据《建筑抗震设计规范》GB 50011—2010(2016 年版)规定选取 2 条天然地震波(唐山波、EL-Centro 波)和 1 条人工波,三条地震波加速度反应谱与规范反应谱的对比情况如图 7.2-18 所示。加速度相似比为 $S_a = 2$,根据相似关系换算将地震波时间步压缩至原型波的 0.3536 倍,3 条缩尺地震波时长分别为 20s、16s 和 14.14s,有效时长均大于 5 倍的结构自振周期,唐山波(TS)、EL-Centro 波(ELC)和人工波(AR)的原型和缩尺加速度时程记录分别如图 7.2-19~图 7.2-21 所示。

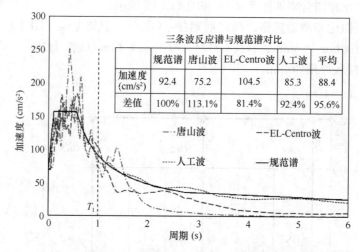

图 7.2-18 三条地震波反应谱与规范谱对比

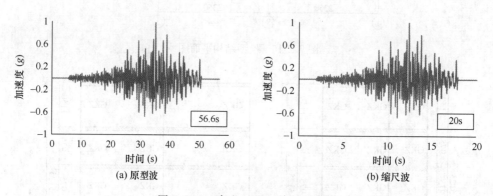

图 7.2-19 唐山(TS)波时程曲线

5. 工况设计

为了充分研究两组模型结构的抗震性能,试验过程中依次对模型结构施加从 7 度多遇地震($PGA=0.035g$)至极罕遇地震($PGA=1.0g$)不同强度的模拟地震动激励,每级加载前后均对模型结构进行两次白噪声(WN)扫频,每个加载级中按照 TS 波、ELC 波和 AR 波的顺序依次对模型结构进行单向加载、双向加载和三向加载。以 8 度设防地震为例,试验具体工况如表 7.2-3 所示。

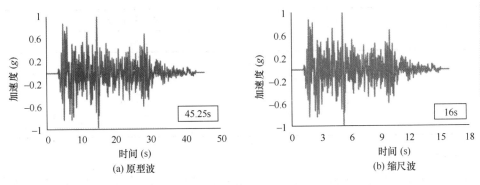

图 7.2-20 EL-Centro (ELC) 波时程曲线

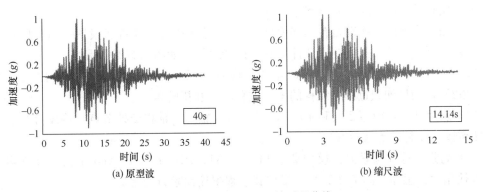

图 7.2-21 人工 (AR) 波时程曲线

振动台试验加载工况（以 8 度设防地震为例） 表 7.2-3

工况序号	加载工况	加速度峰值 (g)		
		X 向	Y 向	Z 向
1	WN	0.05	0.05	—
2	WN	0.05	0.05	—
3	TS	0.4	—	—
4	ELC	0.4	—	—
5	AR	0.4	—	—
6	TS	—	0.4	—
7	ELC	—	0.4	—
8	AR	—	0.4	—
9	TS	0.4	0.34	—
10	ELC	0.4	0.34	—
11	AR	0.4	0.34	—
12	TS	0.34	0.4	—
13	ELC	0.34	0.4	—

续表

工况序号	加载工况	加速度峰值（g）		
		X向	Y向	Z向
14	AR	0.34	0.4	—
15	TS	0.4	0.34	0.26
16	ELC	0.4	0.34	0.26
17	AR	0.4	0.34	0.26

6. 量测方案

试验中采用12组三向加速度传感器、24组拉线式位移传感器、20组螺栓传感器和应变片若干测量模型结构的加速度响应、双向水平层位移响应、法兰开口、柱节点法兰螺栓预紧力变化和关键位置应变发展水平。具体如下：

（1）加速度响应：振动台台面和模型1～5层楼面中心和角部各设置一组三向加速度传感器，量测结构的加速度响应和计算其自振特性等，如图7.2-22所示。

（2）水平层位移响应：模型X向和Y向台面及各层楼面均设置两列拉线位移计（图7.2-22），测量加载过程中结构的楼层位移响应和扭转角。

（3）法兰开口：模型2层和4层A1节点（A轴与1轴相交处节点）均设有竖向拉线位移计测量A1柱节点法兰开口。

（4）高强度螺栓预紧力：模型2层和4层A1、A3、B3、B2和C3五处节点均装设2组螺栓压力传感器（图7.2-23）测量加载过程螺栓预紧力变化。

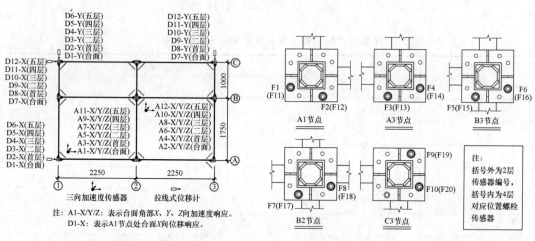

图7.2-22 加速度计和位移计布置　　图7.2-23 螺栓压力传感器布置

（5）应变水平测量：2层和4层A1、C1节点典型位置（节点域和法兰板）、长梁段腹板和翼缘及柱脚均粘贴应变片（图7.2-24），监测应变发展。

7. 试验现象及结果分析

2组5层全螺栓连接空间钢框架振动台试验分别如图7.2-25与图7.2-26所示。两钢框架的柱与柱连接分别采用未设置芯筒的全螺栓连接节点及芯筒法兰全螺栓连接节点，框架梁的翼缘和腹板的拼接均采用翼缘和腹板在同一断面的高强度螺栓连接。

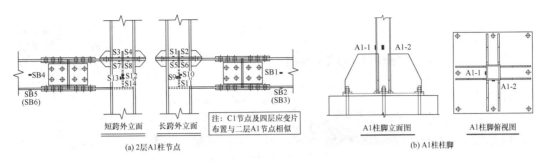

图 7.2-24 典型位置应变片布置

图 7.2-25 未设置芯筒的全螺栓连接钢框架

图 7.2-26 芯筒法兰全螺栓连接钢框架

8 度多遇地震（$PGA=0.07g$）和设防地震（$PGA=0.2g$）作用下，未设置芯筒的全螺栓连接钢框架和芯筒法兰全螺栓连接钢框架长跨方向（X 向）最大层间位移角分别达到 1/399 和 1/279，短跨方向（Y 向）最大层间位移角分别达到 1/376 和 1/239，最大位移响应已达到钢框架结构弹性层间位移角限值 1/250。芯筒法兰全螺栓连接钢框架的初始刚度大于未设置芯筒的全螺栓连接钢框架，使得芯筒法兰全螺栓连接钢框架承受的地震作用更大，导致层间位移角大于未设置芯筒的全螺栓连接钢框架。两框架均保持弹性工作状态，柱节点区高强灌浆料、框架梁拼接区、混凝土楼板和柱脚等典型位置均无明显损伤，两框架均具有良好的动力性能，如图 7.2-27 所示。层间位移角如图 7.2-28 所示。

9 度罕遇地震（$PGA=0.62g$）作用下，未设置芯筒的全螺栓连接框架和芯筒法兰全螺栓连接钢框架长跨方向层间位移角分别达到 1/96 和 1/104，短跨方向最大层间位移角分别达到 1/124 和 1/97，最大位移响应已超过层间位移角 1/100。未设置芯筒的全螺栓连接框架楼板边缘出现裂缝，框架梁拼接处部分螺栓出现滑移，部分柱节点法兰连接处高强度螺栓垫片发生挤压变形几近脱落，说明该震级下法兰开口趋势由高强度螺栓群独自抵抗，螺栓力接近其受拉承载力。芯筒法兰全螺栓连接钢框架楼板边缘、柱节点区混凝土均出现细微的裂缝，框架梁拼接区部分螺栓出现滑移，柱节点无任何损伤，在该震级下仍具有可靠的连接性能。层间位移见图 7.2-29。

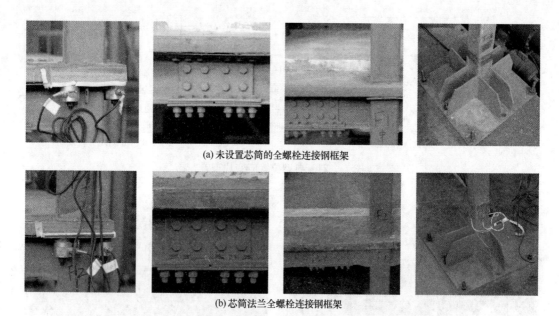

图 7.2-27 8度设防地震（$PGA=0.2g$）作用下典型位置状态

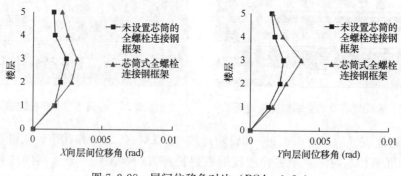

图 7.2-28 层间位移角对比（$PGA=0.2g$）

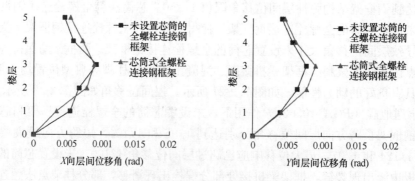

图 7.2-29 层间位移角对比（$PGA=0.62g$）

在罕遇地震（$PGA=0.8g$）作用下，无芯筒框架 X 向层间位移角达到 1/35，Y 向层间位移角达到 1/83，节点处大量螺栓弹簧垫片滑移、脱落，楼板出现贯穿裂缝；设置芯筒框架 X 向层间位移角达到 1/66，Y 向层间位移角达到 1/48，最大位移响应已达大震弹塑性层间位移角的1/50。节点螺栓和法兰板无明显变形，楼板出现贯穿性裂缝。具体现象如图7.2-30所示，层间位移角见图7.2-31。

(a) 未设置芯筒的全螺栓连接钢框架

(b) 芯筒法兰全螺栓连接钢框架

图7.2-30 罕遇地震（$PGA=0.8g$）作用下典型位置状态

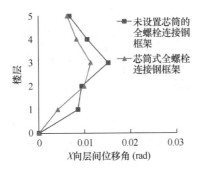 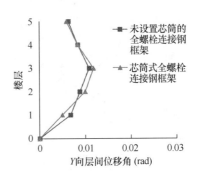

图7.2-31 层间位移角对比（$PGA=0.8g$）

未设置芯筒框架在$PGA=1.0g$时，人工波加载超限，试验停止。最大层间位移角达到1/47，节点法兰翘曲明显，大量螺栓弹簧垫片滑移、脱落，楼板出现贯穿裂缝；设置芯筒框架在$PGA=1.1g$时，人工波双向加载超限，试验停止。最大层间位移角达到1/33，楼板破碎，对节点失去约束作用；框架梁翼缘屈曲，节点螺栓和法兰板无肉眼可见变形，节点表现出显著的刚接特征，如图7.2-32所示，层间位移角见图7.2-33和图7.2-34。

8. 综合分析

（1）箱形柱芯筒法兰连接节点钢框架（IS-FBCSF）破坏模式为混凝土楼板损伤和框架梁连接刚度削弱，罕遇地震作用下框架竖向构件连接无损伤，满足"强节点弱构件"的设计准则，该体系可用于高烈度设防区抗震结构设计。在多遇和设防地震作用下，框架最大层间位移角达到1/239，框架无明显损伤；在罕遇地震作用下，框架最大层间位移角达到1/97，框架梁连接刚度开始受到削弱，楼板边缘出现裂缝；极罕遇地震作用下，框架最大层间位移角达到1/49，超过钢框架结构弹塑性层间位移角限值1/50，该震级下框架

(a) 未设置芯筒的全螺栓连接钢框架，单向地震，$PGA=1.0g$

(b) 芯筒法兰全螺栓连接框架，双向地震，$PGA=1.0g$

图 7.2-32　极限加载状态下现象

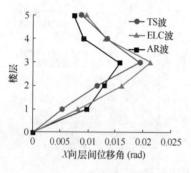 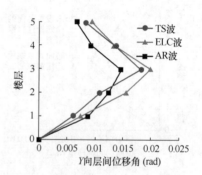

图 7.2-33　极限加载状态下未设置芯筒的全螺栓连接钢框架层间位移角

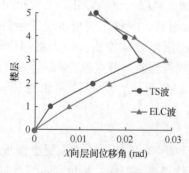 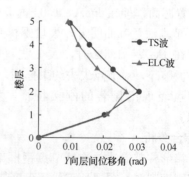

图 7.2-34　极限加载状态下芯筒法兰全螺栓连接钢框架层间位移角

楼板损伤严重，框架梁连接刚度显著削弱，而竖向构件连接无可见损伤，节点设计满足"强节点弱构件"准则，框架体系具有良好的抗震性能。

（2）未设置芯筒的箱形柱法兰连接节点钢框架（FBCSF）在多遇和设防地震作用下

具有良好的抗震性能，在罕遇地震作用下法兰连接节点的连接刚度受到削弱，框架抗震性能不足，用于高烈度设防区结构设计时应采取有效措施加强柱节点。多遇和设防地震作用下，框架最大层间位移角达到1/376，变形相对较小，框架无可见损伤；罕遇地震作用下，框架最大层间位移角达到1/96，框架梁连接处、楼板和柱连接节点均出现损伤；极罕遇地震作用阶段，框架最大层间位移角超过1/50，楼板损伤严重，框架梁和柱节点连接刚度均受到显著削弱，框架楼层变形快速增长，抗震性能不足。

(3) 两框架在地震作用下竖向惯性力明显大于水平方向，IS-FBCSF 框架由于具有芯筒与柱壁间摩擦机制，可在一定程度上提高芯筒法兰连接节点及其框架的竖向连接刚度，从而降低地震作用下框架底部所受惯性力。

(4) 箱形柱芯筒法兰连接节点钢框架（IS-FBCSF）主要由混凝土楼板损伤和框架梁连接摩擦滑移等耗散能量，框架楼层剪力-变形滞回曲线饱满，具有出色的耗能能力，有效保护了主体框架免受损伤。

(5) 未设置芯筒的箱形柱法兰连接节点钢框架（FBCSF）主要由混凝土楼板损伤、框架梁连接摩擦滑移以及法兰连接柱节点变形等耗散能量，框架滞回曲线较为饱满，但在罕遇地震作用下刚度下降，楼层变形急剧增长。

(6) 箱形柱芯筒法兰连接节点钢框架（IS-FBCSF）具有稳定的承载能力，框架整体抗侧刚度稳定，框架承载力-变形曲线未出现几何非线性特征，变形能力和抗震能力均较好，结构体系安全可靠。

(7) 在极罕遇地震和框架扭转共同作用下，IS-FBCSF 框架抗侧力体系无明显损伤，验证了该体系抗震性能的可靠性。

7.2.4 箱形柱芯筒法兰全螺栓连接节点受力机理分析

1. 节点的芯筒传力分析

为研究芯筒式连接节点中芯筒的传力形式，对不设置法兰螺栓的芯筒式连接节点进行拟静力试验研究，深入分析不考虑高强度螺栓预拉力作用下芯筒传力方式。

(1) 节点试验现象

不设法兰螺栓的芯筒式连接节点加载至柱顶转角为 0.05rad 时整体变形和上下法兰开口如图 7.2-35 和图 7.2-36 所示。节点柱顶转角在 0.00375rad 时，法兰处未出现开口，上柱与下柱变形较为协调。由试验现场测量可得，当柱顶转角为 0.01rad 时，上、下法兰开始出现开口，开口量为 1mm。当柱顶转角为 0.02rad、0.03rad、0.04rad 和 0.05rad 时上、下法兰的开口量分别为 3mm、5mm、7mm 和 9mm。随着柱顶转角逐渐增大，上法兰与下法兰逐渐脱离，上柱法兰以其与柱壁交接线为旋转轴进行转动。由此可得，在连接处法兰板与柱壁的交接线可近似看作支点，芯筒与柱壁接触处相互传力。

针对不设法兰螺栓的芯筒式连接节点的芯筒传力过程进一步简化，法兰板未开口时，连接处转角较小，传力过程如图 7.2-37 所示。柱顶受到轴力 N 和剪力 F 的作用。在剪力 F 和轴力二阶效应的作用下会在连接处形成弯矩 M，在弯矩 M 作用下会在柱壁形成一对力偶 F_t 和 F_p，法兰板上柱壁为旋转轴进行转动。在柱壁与芯筒接触的区域，由于柱顶剪力 F 的作用，芯筒会传给柱壁一个反力 F_n，大小近似等于柱顶剪力 F，芯筒与柱壁之间存在相互运动的趋势，因而会在法兰未开口时芯筒与柱壁之间还存在摩擦力。因而，上柱

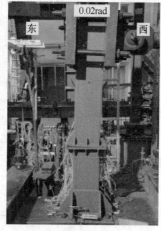

(a) 0.00375rad　　　　　(b) 0.02rad　　　　　(c) 0.05rad

图 7.2-35　不设法兰螺栓的芯筒式连接节点整体变形

图 7.2-36　节点法兰处变形现象

将压力 F_n 和摩擦力传递给芯筒，完成上柱到芯筒的传力过程。芯筒将受到的压力 F_n 和摩擦力在以柱壁为支点通过芯筒下半部分与柱壁接触处传递给下柱，完成芯筒至下柱的传力过程。轴力通过上、下柱的柱壁进行传递。

在力的传递过程中，依据柱壁与芯筒之间力的平衡可得式（7.2-1），由于上、下法兰板发生脱离时，如图 7.2-38 所示，箱形柱只有一边柱壁与下法兰接触，因而式（7.2-1）所取柱壁轴力值为 $3/4N$。

$$F_t = \frac{F \cdot h + N \cdot e}{B} \leqslant \frac{3}{4}N + \mu F_n \tag{7.2-1}$$

式中 F_t——节点连接处弯矩引起的柱壁拉力,弯矩由柱顶剪力和轴力二阶效应引起;

F——柱顶剪力;

h——节点连接处至加载点的距离;

e——柱顶位移;

B——柱截面宽度;

N——柱顶轴力;

μ——摩擦面抗滑移系数,参考《钢结构设计标准》GB 50017—2017 取值;

F_n——芯筒与柱壁接触面压力,理想情况下可取柱顶剪力。

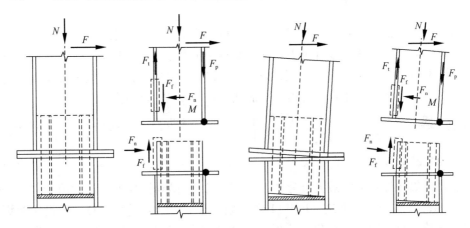

图 7.2-37 法兰未开口时传力过程　　图 7.2-38 法兰开口时传力过程

当法兰开口后,连接处转角不能忽略,此时的传力过程如图 7.2-38 所示,当柱顶转角为 θ 时平衡方程如式 (7.2-2) 所示,柱壁与芯筒之间压力近似取柱顶剪力在垂直于柱壁方向的分力,柱顶剪力也会引起沿柱壁向上的分力,此时平衡条件为考虑柱壁的拉力 F_t 与柱顶剪力的分力之和等于轴力和摩擦力。

$$\frac{F \cdot h + N \cdot e}{B} + F\sin\theta = \frac{3}{4}N + \mu F_n \tag{7.2-2}$$

(2) 节点滞回曲线和骨架曲线分析

针对不设法兰的芯筒式连接节点的滞回曲线和骨架曲线进行分析,如图 7.2-39 所示,在柱顶位移为 19.74mm (0.01rad) 之前,不设法兰的芯筒式连接节点柱顶剪力逐渐增大,在柱顶位移为 19.74mm 时,柱顶剪力最大,分别为 212.96kN 和 219.76kN,之后随着柱顶位移的增大,柱顶剪力逐渐减少。结合试验现象和芯筒传力分析和公式可知,在柱顶转角为 0.01rad 之前,上下法兰板之间未产生开口,此时连接处转角较小,由式 (7.2-1) 可得,在柱顶轴力不变的情况下,随着柱顶位移的增加,柱顶剪力会持续增加至满足该平衡方程的最大值。当柱顶转角为 0.01rad 之后,此时连接处转角较大、不能忽略,由式 (7.2-2) 可得,在柱顶轴力不变的情况下,轴力二阶效应引起的弯矩逐渐增大,柱顶剪力引起沿柱顶向上的分力逐渐增加,传给芯筒的压力逐渐减小,为满足方程的平衡,柱顶剪力会逐渐减小。

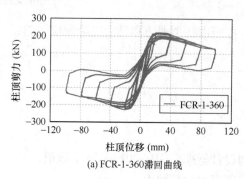
(a) FCR-1-360 滞回曲线

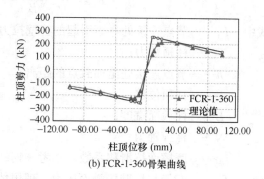
(b) FCR-1-360 骨架曲线

图 7.2-39　FCR-1-360 滞回曲线和骨架曲线

不设法兰螺栓的芯筒式连接节点承载力分析如表 7.2-4，运用式（7.2-1）对节点柱顶剪力进行计算，由试验构件设计可得，连接节点距加载点 $h=1.17\text{m}$，柱宽 $B=0.3\text{m}$，柱顶轴力 $N=1250\text{kN}$，摩擦面抗滑移系数取 $\mu=0.35$，当上、下法兰板未开口时，芯筒与柱壁间的压力考虑近似等于柱顶剪力，按照式（7.2-1）进行计算，如下所示：

$$F = \left(\frac{3}{4}N - \frac{N \times e}{B}\right) \bigg/ \left(\frac{h}{B} - \mu\right) = \left(\frac{3}{4} \times 1250 - \frac{1250 \times 0.019}{0.3}\right) \bigg/ \left(\frac{1.17}{0.3} - 0.35\right)$$
$$= 241.78\text{kN}$$

由公式计算得柱顶剪力最大值为 241.78kN，试验得到柱顶剪力最大值为 212.96kN，两者相差 11.9%。当上、下法兰板开口时，按照式（7.2-2）进行计算。不设法兰螺栓的芯筒式连接节点在不同柱顶转角下柱顶剪力试验值与理论值对比如图 7.2-39 所示，具体数值如表 7.2-4 所示。法兰开口后试验曲线和理论曲线基本重合，试验值与理论值最大误差为 13.86%，试验值与理论值吻合得较好。

不设法兰螺栓的芯筒式连接节点柱顶剪力值　　表 7.2-4

柱顶转角（rad）	柱顶位移（mm）	柱顶剪力（kN）	柱顶剪力理论计算值（kN）	误差
0.05	98.54	124.86	146.09	13.86%
0.04	78.78	149.18	174.54	11.41%
0.03	59.37	177.71	207.92	7.27%
0.02	39.51	210.75	246.58	2.27%
0.01	19.47	212.96	249.16	11.72%
0.0075	14.71	199.62	233.55	小于
0.005	9.64	150.54	176.13	小于
0.00375	7.31	120.26	140.70	小于
0.00	0.00	0.00	0.00	—
−0.00375	−7.39	−162.93	−190.63	小于
−0.00500	−9.79	−190.43	−222.80	小于
−0.00750	−14.67	−217.97	−255.03	小于

续表

柱顶转角（rad）	柱顶位移（mm）	柱顶剪力（kN）	柱顶剪力理论计算值（kN）	误差
−0.01	−19.75	−219.76	−257.12	8.78%
−0.02	−39.30	−198.94	−232.76	7.86%
−0.03	−59.27	−171.44	−200.58	10.60%
−0.04	−78.59	−148.31	−173.52	12.04%
−0.05	−98.40	−130.99	−153.26	9.73%

2. 节点法兰板上高强度螺栓传力形式

运用有限元软件对芯筒式连接节点（FBCR-1-360）进行有限元模拟，依据有限元结果对法兰板应力分布和加劲肋传力形式进行分析。

(1) 有限元模型建立

1) 单元选取和网格划分

采用通用有限元分析软件 ABAQUS 建立芯筒式连接节点模型如图 7.2-40 所示，模型构件尺寸与试验构件尺寸一致，构件均采用实体单元 C3D8R，网格大小依据结果的准确性和计算成本综合考虑，节点连接加密区网格大小为 20mm，其他区域网格大小为 60mm。

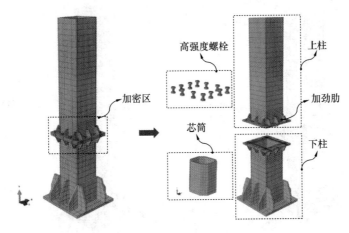

图 7.2-40 有限元模型

2) 几何非线性和材料非线性

构件均采用 Q345B 钢材，依据材性试验结果平均值，取弹性模量 $E=2.06\times10^5$ MPa，泊松比 $\mu=0.3$。钢材拉伸试验得到的名义应力 σ_{nom} 和名义应变 ε_{nom} 与真实应力 σ 和真实应变 ε 换算关系如式 (7.2-3) 和式 (7.2-4) 所示。考虑结构几何非线性，在分析步中打开结构大变形开关。充分考虑材料的非线性，依据 Von Mises 屈服准则和随动强化准则分析得到钢材的真实应力 σ 和真实应变 ε 曲线如图 7.2-41(a) 所示，高强度螺栓真实应力和应变曲线如图 7.2-41(b) 所示。

$$\sigma = \sigma_{nom}(1+\varepsilon_{nom}) \tag{7.2-3}$$

$$\varepsilon = \ln(1+\varepsilon_{nom}) \tag{7.2-4}$$

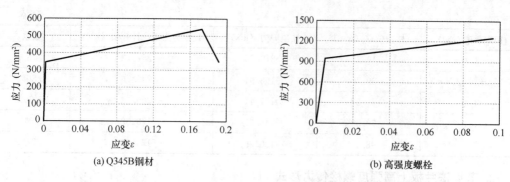

图 7.2-41 材料应力-应变曲线

3) 边界条件和荷载工况

模型边界条件与试验构件边界条件一致,将有限元模型柱脚固结,柱顶仅约束平面外自由度。法兰板上高强度螺栓预拉力为155kN,柱顶轴压比为0.2,模型柱顶加载制度同试验加载制度。模型中上柱法兰板与下柱法兰板、高强度螺栓与法兰板、芯筒与柱壁轴向均设置"硬接触",保证相互仅传递压力并防止网格间相互侵入,切向均设置"摩擦",摩擦系数取0.35,如图7.2-42所示。

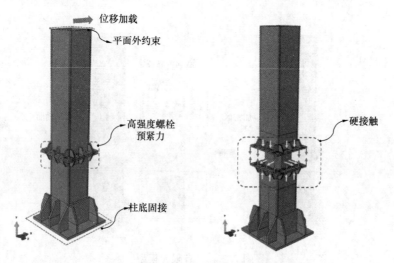

图 7.2-42 边界约束条件和荷载工况

(2) 芯筒式连接节点试验和有限元对比分析

1) 试验现象对比

将芯筒式连接节点(FBCR-1-360)试验时上、下法兰板变形与有限元结果进行对比,如图7.2-43所示。试验与有限元中法兰板开口量基本保持一致,在0.02rad和0.03rad时,试验和有限元得到法兰板开口相等,在0.04rad和0.05rad时,试验得到法兰板开口分别为5mm和8mm,有限元得到的法兰板开口为3mm和6mm,两者结果相差较少。由此可得有限元计算得到的节点变形与试验基本一致,验证了有限元分析的正确性。

2) 力学性能对比

将芯筒式连接节点(FBCR-1-360)试验得到的滞回曲线、骨架曲线和等效刚度退化曲

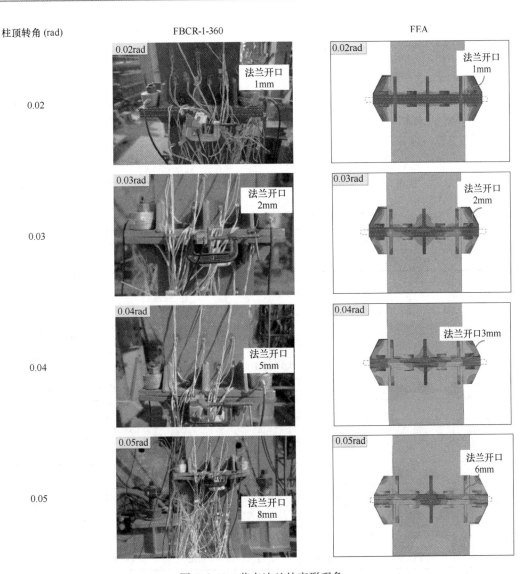

图 7.2-43 节点法兰处变形现象

线与有限元分析结果进行对比,如图 7.2-44~图 7.2-46 所示。试验和有限元滞回曲线基本重合,由于有限元计算的结果较为理想,因而得到的滞回曲线更加饱满。试验和有限元的骨架曲线和等效刚度退化系数曲线基本一致,试验和有限元承载力及等效刚度退化系数如表 7.2-5 所示。试验和有限元计算节点承载力在 $-0.00375\mathrm{rad}$ 时最大相差 24.61%,平均相差 4.81%,有限元计算结果在误差允许范围以内。试验和有限元得到的节点等效刚度退化系数在 $-0.05\mathrm{rad}$ 时分别为 0.2 和 0.29,两者基本接近,平均相差 11.83%,两者得到的节点退化趋势基本一致,均在误差允许范围以内,验证了有限元计算得到数值结果的准确性。

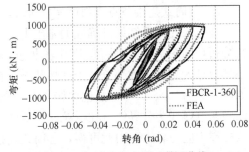

图 7.2-44 试验和有限元滞回曲线

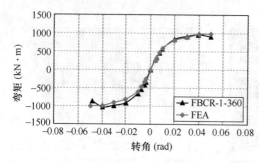

图 7.2-45 试验和有限元骨架曲线

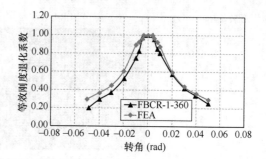

图 7.2-46 试验和有限元等效刚度退化系数曲线

试验和有限元承载力及等效刚度退化系数　　　　　表 7.2-5

转角 (rad)	承载力（kN）		差值	等效刚度退化系数		差值
	FBCR-1-360	FEA		FBCR-1-360	FEA	
0.05	905	989.71	−9.36%	0.25	0.29	−17.11%
0.04	963	969.76	−0.70%	0.34	0.36	−5.47%
0.03	916.6	886.77	3.25%	0.42	0.44	−4.10%
0.02	831.39	802.93	3.42%	0.57	0.59	−4.18%
0.01	570.66	590.63	−3.50%	0.8	0.87	−9.20%
0.0075	461.28	468.02	−1.46%	0.85	0.92	−8.59%
0.005	337.89	324.84	3.86%	0.95	0.96	−1.15%
0.00375	272.88	253.53	7.09%	1	1	0.00%
0	0	0	0.00%	1	1	0.00%
−0.00375	−336.59	−253.75	24.61%	1	1	0.00%
−0.005	−409.11	−324.79	20.61%	0.97	0.96	1.03%
−0.0075	−541.05	−468.85	13.34%	0.83	0.92	−11.31%
−0.01	−659.3	−604.2	8.36%	0.75	0.89	−19.05%
−0.02	−913.94	−815.52	10.77%	0.52	0.60	−15.88%
−0.03	−989.31	−906.72	8.35%	0.37	0.45	−20.72%
−0.04	−1030.99	−989.072	4.07%	0.29	0.37	−26.01%
−0.05	−862.34	−997.84	−15.71%	0.2	0.29	−47.46%
平均值			4.81%			−11.83%

3）芯筒式连接节点高强度螺栓旋转轴分析

在有限元计算结果准确性的基础上，对芯筒式连接节点法兰板和高强度螺栓的受力进行分析，如图 7.2-47 所示，图中浅灰色部分为进入屈服的区域，此时法兰板和螺栓只有小部分进入塑性，大部分处于弹性状态。在柱顶转角为 0.02rad 和 0.03rad 时，应力路径如图 7.2-47(a)、(c) 中黑色虚线所示，螺栓和法兰板上应力分布基本以法兰板中心轴即图中灰色虚线为分界线，在受拉的一侧法兰板上螺栓所受拉力较大，且距旋转轴较远的螺栓孔周围应力较大。由此可得，芯筒式连接节点在弹性阶段，法兰板上高强度螺栓受力以法兰板中心轴为旋转轴，并据此旋转轴的距离计算高强度螺栓受弯承载力。

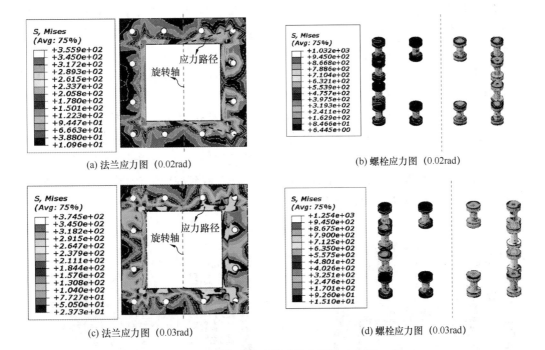

图 7.2-47 弹性阶段法兰和螺栓应力图

对芯筒式连接节点法兰板和高强度螺栓的受力进行分析，如图 7.2-48 所示，图中灰色部分为进入屈服的区域，在柱顶转角为 0.04rad 时，法兰板和高强度螺栓较多部分进入塑性，螺栓和法兰板上应力分布分界线从法兰板中心轴向柱壁进行偏移，即图中灰色虚线

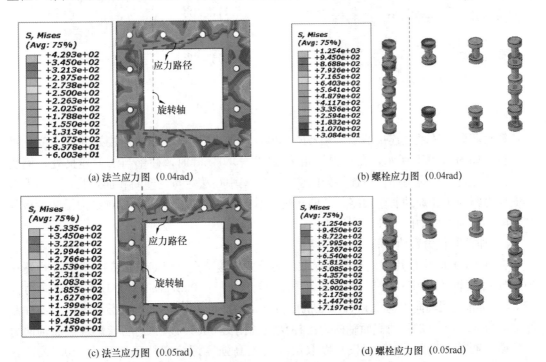

图 7.2-48 弹塑性阶段法兰和螺栓应力图

为分界线,距旋转轴较远的螺栓受拉力较大,在受拉的一侧法兰板上螺栓孔周围应力也较大。在柱顶转角为 0.05rad 时,法兰板和高强度螺栓大部分进入塑性,螺栓和法兰板上应力分布分界线偏移至柱壁,由此可得,芯筒式连接节点在弹塑性阶段,法兰板上高强度螺栓受力以柱壁边缘为旋转轴,并据此旋转轴的距离计算高强度螺栓受弯承载力。

4) 加劲肋传力形式分析

针对无加劲肋芯筒式连接节点(FBC-1-360)在加载过程中法兰连接处的应力变化进行分析,如图 7.2-49 所示。在柱顶转角为 0.02rad 时,柱壁与法兰连接处一侧受拉,由节点连接处应力图可得连接处的应力主要集中在法兰与柱壁间,随着柱顶转角的增大,法兰板与柱壁的应力逐渐集中在上、下柱角,另一侧法兰收到柱壁传来的压力,法兰板边缘出现翘曲。由此可得,法兰板高强度螺栓预拉力沿法兰板与柱壁的焊缝向上柱和下柱传递。

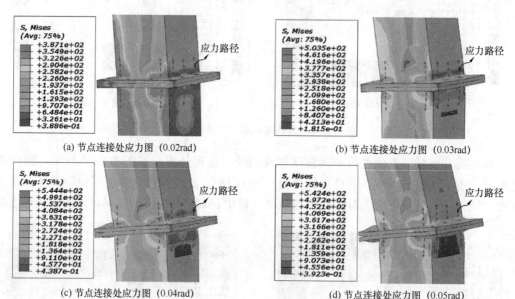

(a) 节点连接处应力图 (0.02rad)　　(b) 节点连接处应力图 (0.03rad)

(c) 节点连接处应力图 (0.04rad)　　(d) 节点连接处应力图 (0.05rad)

图 7.2-49　节点连接处应力图

针对芯筒式法兰柱连接节点(FBCR-1-360)在加载过程中法兰连接处的应力变化进行分析,如图 7.2-50 所示,在柱顶转角为 0.02~0.04rad 时,柱壁与法兰连接处一侧受拉,由节点连接处应力图可得连接处的应力主要集中在法兰与柱壁间和加劲肋,主要沿着焊缝应力路径 1 和加劲肋应力路径 2 向柱进行延伸,法兰板高强度螺栓预拉力沿法兰板与柱壁的焊缝和加劲肋向上柱、下柱传递。

5) 加劲肋传力数值分析

在 ABAQUS 中运用截面法分别提取出芯筒式连接节点(FBCR-1-360)处柱、焊缝和加劲肋截面轴向力如图 7.2-51 所示,在柱顶转角为 -0.00375rad 时,柱截面轴向力为 87kN,焊缝截面轴向力为 49kN,加劲肋截面轴向力为 29.15kN。焊缝截面轴向力占柱截面轴向力 56.3%,加劲肋截面轴向力占柱截面轴向力 33.5%,加劲肋与焊缝截面轴向力与柱截面轴向力误差为 10.17%。提取法兰板上高强度螺栓在柱顶转角为 -0.00375~-0.05rad 的传力数据如表 7.2-6 所示,焊缝与加劲肋截面轴向力合力与柱截面轴向力之

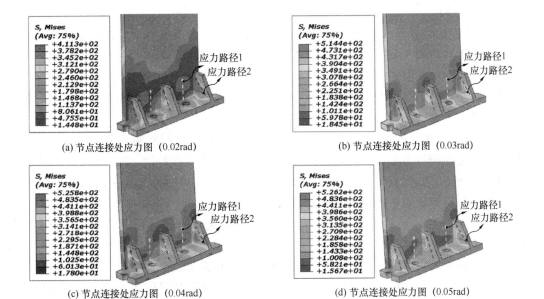

图 7.2-50 节点连接处应力图

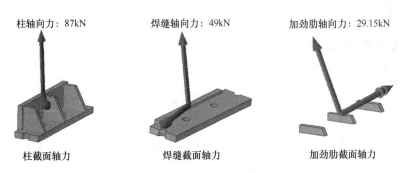

图 7.2-51 法兰板上高强度螺栓传力分析（−0.00375rad）

和误差平均值为 12.86%，焊缝截面轴向力占柱截面轴向力平均值为 52.19%，最小为 45.26%，加劲肋截面轴向力占柱截面轴向力平均值为 35.18%，最大为 42.16%。由此可得，在工程设计时，加劲肋所受的力占柱截面轴向力比值可以偏安全取 50%。

法兰板上高强度螺栓传力数值（kN） 表 7.2-6

转角（rad）	柱	焊缝	加劲肋	焊缝占比	加劲肋占比	合力误差
−0.00375	87	49	29.15	56.32%	33.50%	10.17%
−0.005	−922	−749	−144	81.24%	15.62%	3.15%
−0.0075	403	192	160	47.64%	39.70%	12.66%
−0.01	612	277	258	45.26%	42.16%	12.58%
−0.02	964	453	387	46.99%	40.15%	12.86%
−0.03	1188	567	437	47.73%	36.78%	15.49%
−0.04	1374	646	511	47.02%	37.19%	15.79%
−0.05	1506	682	582	45.29%	38.65%	16.07%
平均值	—	—	—	52.19%	35.18%	12.64%

(3) 综合分析

1) 对不设法兰螺栓的芯筒式连接节点的拟静力试验结果进行分析，研究芯筒的传力形式可得，上柱将压力和摩擦力传递给芯筒，完成上柱到芯筒的传力过程。芯筒将受到的压力和摩擦力在以柱壁为支点通过芯筒下半部分与柱壁接触处传递给下柱，完成芯筒至下柱的传力过程，轴力通过上、下柱的柱壁进行传递。并在此基础上提出在法兰板开口和未开口两个状态下柱顶剪力理论计算公式。

2) 对芯筒式法兰连接节点法兰板和高强度螺栓上应力进行有限元分析，研究节点法兰板上高强度螺栓传力形式可得，芯筒式法兰连接节点在弹性阶段，法兰板上高强度螺栓受力以法兰板中心轴为旋转轴，在弹塑性阶段，法兰板上高强度螺栓受力以柱壁为旋转轴，并据离此旋转轴的距离计算高强度螺栓受弯承载力。

3) 对芯筒式法兰连接节点连接处应力和截面轴力进行分析，研究节点法兰板上加劲肋传力形式可得，无加劲肋芯筒式法兰连接节点法兰板高强度螺栓预拉力沿法兰板与柱壁的焊缝向上柱和下柱传递。芯筒式法兰连接节点法兰板高强度螺栓预拉力沿法兰板与柱壁的焊缝和加劲肋向上柱和下柱传递，在工程设计时，加劲肋所受的轴力占柱截面轴向力比值可以偏安全地取 50%。

7.2.5 设计方法

1. 法兰连接及芯筒式法兰连接弹性设计

(1) 法兰板上不设加劲肋时，上、下法兰板厚度验算如下[7]：

$$\sigma = \frac{2.5 R_f \cdot a}{s \cdot t^2} \leqslant f \tag{7.2-5}$$

$$\tau = 1.5 \times \frac{R_f}{t \cdot s} \leqslant f_v \tag{7.2-6}$$

$$R_f = T_b \cdot \frac{b}{a} \tag{7.2-7}$$

$$T_b = \frac{1}{n} \times \left(\frac{M_{cx}}{2W_x} B_y t_c + \frac{M_{cy}}{2W_y} B_x t_c \right) + \frac{N}{n_0} \tag{7.2-8}$$

式中 R_f ——法兰板之间相互作用力（N）；

T_b——高强度螺栓所对应的管壁段中的拉力（N）；

N——与弯矩同一组合的柱轴力设计值（N）；

M_{cx}、M_{cy}——柱绕 x 轴、y 轴的多遇地震作用组合弯矩值（N·mm）；

σ——法兰板正应力（N/mm^2）；

τ——法兰板剪应力（N/mm^2）；

W_x、W_y——法兰板 x 向、y 向截面矩（mm^3）；

B_x、B_y——柱截面沿 x 轴、y 轴的长度（mm）；

t_c——柱壁厚度（mm）；

n——法兰板上受拉侧高强度螺栓数；

n_0——法兰板上高强度螺栓总数；

a——高强度螺栓孔中心距法兰板边缘距离;
b——高强度螺栓孔中心距柱壁板的距离;
s——高强度螺栓间距的最小值。

(2) 设置加劲肋时,上、下法兰板厚度应按下式计算 (图 7.2-52~图 7.2-54):

$$t \geqslant \sqrt{\frac{5M_{\max}}{f}} \tag{7.2-9}$$

$$M_{\max} = m_b q l_2^2 \tag{7.2-10}$$

$$q = \frac{N_{\max}}{l_1 l_2} \tag{7.2-11}$$

$$N_{\max} = \frac{M_{cx} y_n}{\sum y_i^2} + \frac{M_{cy} x_n}{\sum x_i^2} + \frac{N}{n_0} \tag{7.2-12}$$

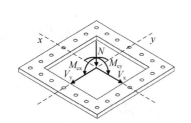

图 7.2-52 法兰和高强度
螺栓受力计算简图

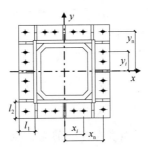

图 7.2-53 矩形法兰
旋转轴示意图

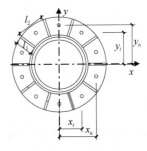

图 7.2-54 圆形法兰
旋转轴示意图

式中 $N_{\max}$ ——单个高强度螺栓最大拉力设计值 (N);
N ——与弯矩同一组合的柱轴力设计值 (N);
$M_{\max}$ ——单位板宽法兰板弯矩 (N·mm/mm);
M_{cx}、M_{cy} ——柱绕 x 轴、y 轴的多遇地震作用组合弯矩设计值 (N·mm);
m_b ——弯矩计算系数,按表 7.2-7 和表 7.2-8 取值;
l_1 ——法兰区格内加劲板边长 (mm);
l_2 ——法兰区格内柱壁边长 (mm);
x_i ——第 i 个高强度螺栓到旋转轴 y 的距离 (mm);
y_i ——第 i 个高强度螺栓到旋转轴 x 的距离 (mm);
t ——法兰板厚度 (mm);
q ——作用在法兰区格内均布荷载值 (N/mm²);
n_0 ——法兰板上高强度螺栓总数。

均布荷载下有加劲肋法兰 (邻边固结板) 弯矩计算系数 m_b 表 7.2-7

l_1/l_2	0.40	0.50	0.60	0.70	0.80	0.90	1.00	1.10	1.20	1.30	1.40
m_b	0.454	0.421	0.387	0.346	0.306	0.267	0.235	0.263	0.290	0.320	0.340
l_1/l_2	1.50	1.60	1.70	1.80	1.90	2.00	2.10	2.20	2.30	2.40	2.50
m_b	0.359	0.376	0.390	0.400	0.411	0.421	0.429	0.436	0.442	0.448	0.454

均布荷载下有加劲肋法兰（一边简支，两边固结板）弯矩计算系数 m_b 表 7.2-8

l_1/l_2	0.35	0.40	0.45	0.50	0.55	0.60	0.65	0.70	0.75	0.80	0.85
m_b	0.0785	0.0834	0.0874	0.0895	0.0900	0.0901	0.0900	0.0897	0.0892	0.0884	0.0872
l_1/l_2	0.90	0.95	1.00	1.10	1.20	1.30	1.40	1.50	1.75	2.00	>2.00
m_b	0.0860	0.0848	0.0843	0.0840	0.0838	0.0836	0.0835	0.0834	0.0833	0.0833	0.0833

（3）下法兰板厚度应按下式进行全截面和主要受力区等强验算：

全截面等强： $kN_f \leqslant N_{p1}$ (7.2-13)

主要受力区等强： $\gamma N_f \leqslant N_{p2}$ (7.2-14)

式中 N_{p1}——与钢梁翼缘连接处，去除高强度螺栓孔洞的下法兰板净截面承载力（N）；

N_f——翼缘板承载能力（N）；

k——全截面超强系数，取 1.8；

N_{p2}——与钢梁翼缘连接处，沿翼缘 45°角扩散过程中的净截面承载力（N）；

γ——应力不均匀系数，取 1.1。

（4）连接处的高强度螺栓同时承受剪力和拉力时，高强度螺栓受拉、受剪承载力应满足下式要求：

$$\frac{N_v}{N_v^b} + \frac{N_t}{N_t^b} \leqslant 1 \quad (7.2\text{-}15)$$

式中 N_v、N_t——分别为单个高强度螺栓的剪力、拉力设计值（N）；

N_v^b、N_t^b——分别为单个高强度螺栓的抗剪、抗拉承载力设计值（N）。

（5）高强度螺栓最大拉力设计值应按下式计算（图 7.2-55～图 7.2-58）：

$$N_t = \frac{M_{cy} x_n}{\sum x_i^2} + \frac{M_{cx} y_n}{\sum y_i^2} + \frac{N}{n_0} \quad (7.2\text{-}16)$$

式中 M_{cx}、M_{cy}——柱绕 x 轴、y 轴的多遇地震作用组合弯矩值（N·mm）；

N——与弯矩同一组合的柱轴力设计值（N）；

N_t——为高强度螺栓所承受的最大拉力设计值（N）；

x_i、y_i——第 i 个高强度螺栓到 y、x 轴的距离（mm）；

n_0——法兰板上高强度螺栓总数。

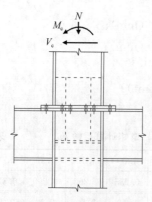

图 7.2-55 箱形柱（矩形柱）节点受力计算简图

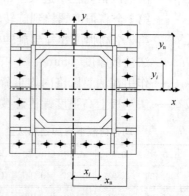

图 7.2-56 箱形柱（矩形柱）弹性阶段旋转轴示意图

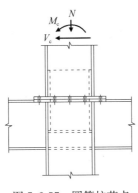
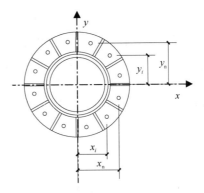

图 7.2-57 圆管柱节点受力计算简图

图 7.2-58 圆管柱弹性阶段旋转轴示意图

(6) 单个高强度螺栓承受剪力应按下式计算：

$$N_v = \frac{\sqrt{V_x^2 + V_y^2}}{n_0} \qquad (7.2\text{-}17)$$

式中 V_x、V_y——柱 x 向、y 向同一工况的剪力设计值（N）；

n_0——法兰板上高强度螺栓总数；

N_v——单个高强度螺栓的剪力设计值（N）。

2. 钢结构抗侧力构件连接的承载力设计值

钢结构抗侧力构件连接的承载力设计值，不应小于与之连接构件的承载力设计值，高强度螺栓连接不得出现滑移。

3. 钢结构抗侧力构件连接的极限承载力验算

钢结构抗侧力构件连接的极限承载力应大于与之连接构件的屈服承载力，应按下式进行验算：

$$M_{ux}^j \geqslant \eta_j M_{pcx} \qquad (7.2\text{-}18)$$

$$M_{uy}^j \geqslant \eta_j M_{pcy} \qquad (7.2\text{-}19)$$

式中 M_{ux}^j、M_{uy}^j——连接的 x 向、y 向极限受压（拉）弯承载力（N·mm）；

M_{pcx}、M_{pcy}——考虑轴力影响时柱的 x 向、y 向塑性受弯承载力（N·mm）；

η_j——连接系数，母材牌号为 Q235 时取 1.45，Q345 及以上强度钢材取 1.35。

连接处芯筒全塑性受弯承载力、高强度螺栓极限受弯承载力和连接极限受弯承载力计算应符合下列规定：

(1) 连接极限受压（拉）弯承载力应按下式计算：

$$M_{ux}^j = M_{pox} + M_{ubtx} \qquad (7.2\text{-}20)$$

$$M_{uy}^j = M_{poy} + M_{ubty} \qquad (7.2\text{-}21)$$

式中 M_{ux}^j、M_{uy}^j——连接的 x 向、y 向极限受压（拉）弯承载力（N·mm）；

M_{pox}、M_{poy}——芯筒 x 向、y 向全塑性受弯承载力（N·mm），当为法兰连接时，不考虑芯筒作用；

M_{ubtx}、M_{ubty}——高强度螺栓群 x 向、y 向极限受弯承载力（N·mm）。

(2) 芯筒塑性受弯承载力按下式计算：

$$M_{pox} = f_y W_{pox} \qquad (7.2\text{-}22)$$

$$M_{poy} = f_y W_{poy} \quad (7.2\text{-}23)$$

式中 M_{pox}、M_{poy}——芯筒 x 向、y 向全塑性受弯承载力（N·mm）；

W_{pox}、W_{poy}——芯筒 x 向、y 向塑性截面模量（mm³）；

f_y——钢材的屈服强度（N/mm²）。

(3) 当芯筒式法兰连接进入塑性阶段时，高强度螺栓极限受弯承载力按下式计算：

$$M_{ubtx} = N_{tu}^b \sum_{i}^{n} y_i \quad (7.2\text{-}24)$$

$$M_{ubty} = N_{tu}^b \sum_{i}^{n} x_i \quad (7.2\text{-}25)$$

式中 M_{ubtx}、M_{ubty}——高强度螺栓群 x 向、y 向极限受弯承载力（N·mm）；

N_{tu}^b——单个高强度螺栓极限抗拉强度设计值（N）；

x_i——第 i 个高强度螺栓到旋转轴 y' 的距离（mm）；

y_i——第 i 个高强度螺栓到旋转轴 x' 的距离（mm）（图 7.2-59）。

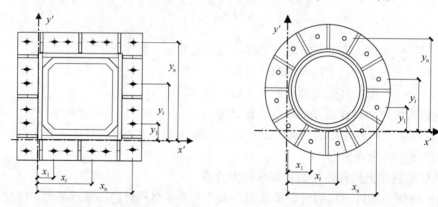

图 7.2-59 塑性阶段时法兰旋转轴示意图

4. 连接极限受剪承载力验算

$$V_{uco} + V_{ubt} \geqslant 1.2 V_{pc} \quad (7.2\text{-}26)$$

式中 V_{uco}——芯筒的极限受剪承载力（N），$V_{uco} = A_{uco} f_{vy}$；

V_{ubt}——高强度螺栓群极限受剪承载力（N），$V_{ubt} = n N_v^b$；

V_{pc}——柱的塑性受剪承载力（N），$V_{pc} = A_{pc} f_{vy}$。

7.3 钢结构与轻质围护结构协同工作机理

7.3.1 研究简介

结合现有常用的轻质墙板连接节点的优缺点，设计可用于 ALC 墙板与主体结构相连的新型连接节点，开展纯钢框架、传统与新型节点内置墙板钢框架及传统节点横向内置墙板钢框架结构模型试验与数值模拟，对比新型节点与传统节点结构承载力与抗震性能等差异。将新型柔性连接节点与传统钢管锚及钩头螺栓连接节点应用于钢结构围护体系中，开展 5 层钢框架-ALC 墙板围护体系振动台试验，研究 ALC 墙板围护体系与钢框架结构协同工作机理及柔性连接节点滑移机制耗能对墙板受力情况的改善程度。

7.3.2 新型 ALC 外墙板与钢结构连接节点构造

1. 新型柔性连接节点：NDR 滑移节点

NDR 滑移节点具体构造如图 7.3-1 所示。上部连接件与框架梁焊接，与外挂墙板相连的一侧设有竖向长孔允许竖向的滑移，下部连接件设有水平长孔，保证墙板水平错动时能够滑动。上下连接件均使用 NDR 节点的专用连接杆，该连接杆由一长管和带有孔的螺栓组成，装配时在墙板侧面和正面打孔，将两个杆件分别穿入对位，再拧紧螺栓即可完成预埋和安装。

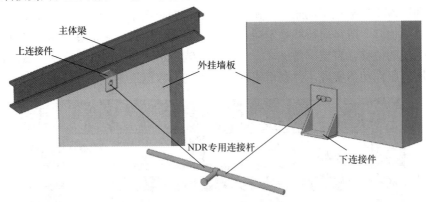

图 7.3-1 NDR 滑移节点构造

2. 传统刚性连接节点——钢管锚节点

钢管锚节点为标准图集中的一类刚性节点，具体构造如图 7.3-2 所示。连接节点处有专用连接杆和专用压板。先在墙板内部预埋专用连接杆，利用螺杆穿过专用压板穿入内部连接杆，压板与主体结构相连的角钢焊接在一起完成固定。

3. 传统刚性连接节点——钩头螺栓节点

钩头螺栓节点为现有较为常用的传统刚性节点，具体构造如图 7.3-3 所示。预先在墙板连接处打孔，连接节点处利用钩头螺栓穿过墙板，一端用专用螺帽拧紧，钩头一端焊接在通长角钢上完成固定。

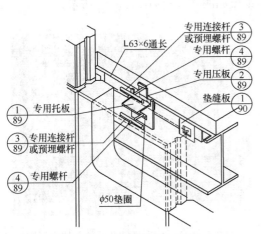

图 7.3-2 钢管锚节点构造

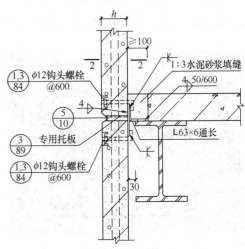

图 7.3-3 钩头螺栓节点构造

7.3.3 装配式复合墙板 H 型钢框架结构力学性能研究

1. 装配式复合墙板与 H 型钢框架结构试验研究

采用低周往复荷载试验方法，加载装置主要包括反力墙、MTS 液压伺服作动器、100t 轴压千斤顶、100t 水平作动器等，同时采取措施防止试验加载过程中试件发生侧翻和滑移。

试验过程中，竖向荷载通过 MTS 液压伺服作动器控制轴压千斤顶施加在装配式框架结构顶部放置的简支分配梁上，再通过分配梁将竖向荷载施加到装配式框架结构两端的框架柱上。利用 MTS 液压伺服加载控制系统对试件施加竖向荷载至 430kN（轴压比取 0.2）时，停止继续加载，待竖向荷载稳定后，再对装配式结构试件施加逐渐增大的往复作用荷载或交替变化的位移，直至试件破坏。试验加载装置示意如图 7.3-4 所示。试验的加载系统通过液压伺服作动器实现，并联机实现加载控制与数据采集。

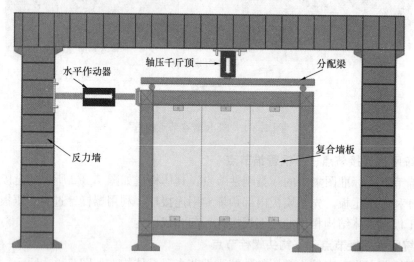

图 7.3-4 试验加载装置示意图

根据《建筑抗震试验规程》JGJ/T 101—2015，对试件的滞回曲线、骨架曲线、刚度、强度、延性、耗能能力等进行分析，试验现象如图 7.3-5～图 7.3-12 所示。

图 7.3-5 试件 SJ-K 钢框初始状态

图 7.3-6 试件 SJ-K 卸载后的整体变形图

图 7.3-7　试件 SJ-ALC 初始状态

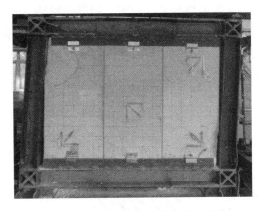
图 7.3-8　试件 SJ-ALC 的整体破坏图

图 7.3-9　试件 SJ-OALC 初始状态

图 7.3-10　试件 SJ-OALC 的整体破坏示意图

图 7.3-11　试件 SJ-HALC 初始状态

图 7.3-12　墙板整体破坏示意图

对于试件 SJ-K，如图 7.3-13(a) 所示，滞回曲线的滞回环面积很小，滞回曲线在加载初期也基本呈线性，此时试件 SJ-K 尚处于弹性阶段，在此时基本不存在残余变形，水平往复力卸载到 0 时，试件会恢复到加载前的原始状态；随试验加载位移逐渐增大，试件 SJ-K 会进入塑性阶段，随加载位移的增大，滞回曲线中滞回环的面积也会逐渐增大，滞回曲线逐渐呈梭形，说明结构开始耗能，水平往复力卸载到 0 时，试件已不能恢复到加载前的原始状态，试件产生残余变形。到加载后期，试件 SJ-K 的滞回曲线出现锯齿的形状，说明此时的结构的耗能能力逐渐增加，并且随着加载位移的增大，结构的刚度也随之逐渐降低，出现刚度退化现象。

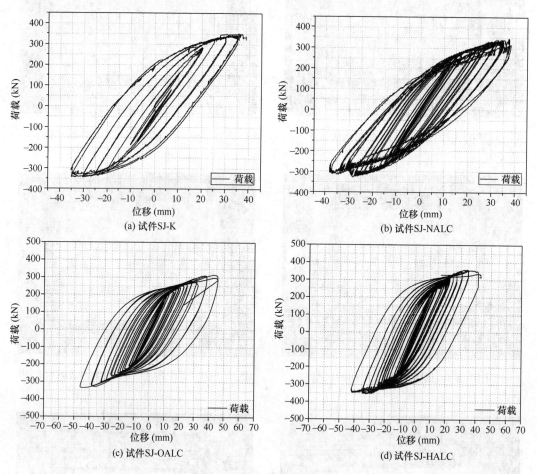

图 7.3-13 各试件滞回曲线

对于试件 SJ-ALC，如图 7.3-13(b) 所示，试件的滞回曲线比较饱满，说明结构具有良好的耗能能力，在加载初期，试件 SJ-ALC 的滞回曲线的滞回环的面积很小，基本呈线性，试件也不存在残余变形，随着加载位移的增大，试件逐渐进入塑性，并且滞回曲线面积也随之增大，结构开始耗能，此时试件已经产生残余变形，在加载后期试件 SJ-ALC 滞回曲线中的锯齿要比试件 SJ-K 滞回曲线的锯齿明显得多，且曲线锯齿的波动程度更甚，说明试件 SJ-ALC 的耗能能力强于试件 SJ-K，随加载位移的增大，结构的刚度也随之逐渐降低，出现退化现象。

对于试件 SJ-OALC，如图 7.3-13(c) 所示，试件的滞回曲线饱满，说明结构具有良好的耗能能力，在加载初期，试件 SJ-OALC 的滞回曲线基本呈线性，试件也不存在残余变形，随着加载位移的增大，试件逐渐进入塑性，并且滞回曲线面积也随之增大，结构开始耗能，试件的极限位移和极限承载力较空框架都具有较大的提高，说明填充墙板的加入提高了结构的整体抗震性能。

对于试件SJ-HALC，如图7.3-13(d)所示，试件的滞回曲线饱满，说明结构具有较好的耗能能力，在加载初期，试件SJ-OALC的滞回曲线基本呈线性，试件也不存在残余变形，随着加载位移的增大，试件逐渐进入塑性，并且滞回曲线面积也随之增大，对于同样使用传统节点的试件，墙板填入方式的不同对试件也具有比较明显的影响，填入横向墙板的试件与填入竖向墙板的试件相比，其极限位移明显下降，并且随加载位移的增大，结构的刚度也随之逐渐降低，出现退化现象。

对比四榀试验试件能够发现，在试验初期滞回曲线明显呈线性，试件还在弹性阶段，随着加载位移的不断增大，试件进入塑性，存在残余变形，并且，结构的刚度也随加载位移的增大而逐渐降低，出现退化现象。

如图7.3-14所示，试件SJ-K和试件SJ-ALC的骨架曲线基本相似，骨架整体呈"S"形，试件经历的弹性阶段、弹塑性阶段、破坏阶段表现均较为明显，且从各试件的骨架曲线中可以看出，试件SJ-ALC的破坏阶段要比试件SJ-K的破坏阶段明显的多，说明试件SJ-ALC的耗能情况要好于试件SJ-K，认为ALC板在试验过程中达到了协同框架抗震和耗能的能力；各试件的骨架曲线在达到弹塑性阶段时，骨架曲线开始变得平缓，试验中水平力增加缓慢，各试件的骨架曲线达到峰值点后，水平力衰减也较为缓慢，表现出良好的延性，而试件SJ-ALC的骨架曲线达到峰值点后的水平衰减相比于试件SJ-K骨架曲线达到峰值点后的水平衰减持续时间要长得多，说明相比试件SJ-ALC，在骨架曲线达到峰值点后，试件SJ-K要更早失去承载能力，更早达到破坏，因此认为，试件SJ-ALC中ALC板在试验过程中达到了协同框架抗震和耗能的能力；比较分析各试件的骨架曲线，发现在试验加载后期，相比试件SJ-K的刚度退化，试件SJ-ALC的刚度退化要明显得多，试件SJ-ALC的承载能力明显强于试件SJ-K。

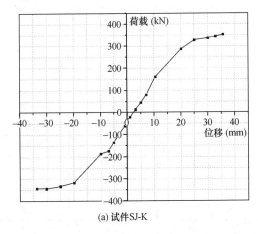
(a) 试件SJ-K

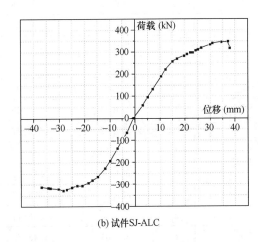
(b) 试件SJ-ALC

图7.3-14 试件的骨架曲线

骨架曲线是每级荷载-位移曲线的峰值点所组成的，它能够反映结构在整个加载过程中的强度与延性特征，但无法反映某个加载位移值下结构的刚度特性，本节采用等效刚度来评价试件的刚度特性。等效刚度又称割线刚度，它是连接每级荷载正反方向最大荷载的直线斜率，其具体表达形式为：

$$K_i = \frac{|+P_i|+|-P_i|}{|+\Delta_i|+|-\Delta_i|} \qquad (7.3\text{-}1)$$

式中 $+P_i$、$-P_i$——试件第 i 级加载循环的正向、负向峰值点荷载；

$+\Delta_i$、$-\Delta_i$——第 i 级加载循环的正向、负向顶点位移。表 7.3-1 和表 7.3-2 分别给出了试件 SJ-K 和试件 SJ-ALC 加载阶段的等效刚度值。

试件 SJ-K 加载阶段的等效刚度值 表 7.3-1

加载级别	加载位移 (mm)	循环编号	正向峰值点荷载绝对值 |+P_i| (kN)	负向峰值点荷载绝对值 |-P_i| (kN)	正向顶点位移绝对值 |+Δ_i| (mm)	负向顶点位移绝对值 |-Δ_i| (mm)	等效刚度 K (kN/mm)
1	3	1	12.62	96.62	2.99	3.04	18.12
		2	13.55	96.56	3.00	3.03	18.26
2	5	1	45.72	134.09	4.99	5.17	17.70
		2	46.38	134.29	5.00	5.17	17.76
3	7	1	78.40	171.75	7.00	7.11	17.73
		2	81.10	165.75	7.02	7.03	17.57
4	10	1	153.45	186.74	10.39	10.09	16.61
		2	159.32	185.28	10.44	10.32	16.60
5	12	1	175.09	232.38	12.60	12.12	16.48
		2	170.19	235.85	12.33	12.29	16.49
6	15	1	227.12	271.28	15.34	15.12	16.36
		2	226.58	273.08	15.16	15.35	16.38
7	17	1	247.11	298.21	17.22	17.37	15.77
		2	239.33	289.62	17.09	17.00	15.52
8	21	1	282.38	316.93	20.35	20.11	14.81
		2	286.98	322.23	20.22	20.07	15.12
9	23	1	321.54	329.59	23.02	22.97	14.16
		2	321.07	326.77	23.15	23.04	14.03
10	25	1	335.10	335.69	24.87	24.96	13.46
		2	334.91	337.31	25.01	25.08	13.42
11	27	1	337.25	338.59	27.06	27.11	12.48
		2	330.56	336.44	26.87	27.02	12.38
12	30	1	339.01	343.73	30.03	30.14	11.35
		2	330.75	337.31	30.02	30.07	11.12
13	33	1	337.12	338.52	32.97	33.01	10.24
		2	339.57	331.80	32.81	32.99	10.20
14	37	1	338.09	340.91	35.04	35.03	9.69
		2	341.67	329.82	35.13	35.22	9.54

试件 SJ-ALC 加载阶段的等效刚度值　　　　表 7.3-2

加载级别	加载位移 (mm)	循环编号	正向峰值点荷载绝对值 $\lvert +P_i \rvert$ (kN)	负向峰值点荷载绝对值 $\lvert -P_i \rvert$ (kN)	正向顶点位移绝对值 $\lvert +\Delta_i \rvert$ (mm)	负向顶点位移绝对值 $\lvert -\Delta_i \rvert$ (mm)	等效刚度 K (kN/mm)
1	3	1	59.92	64.16	3.10	3.13	19.92
		2	59.02	65.65	3.02	3.19	20.08
2	5	1	94.34	98.06	5.00	5.00	19.24
		2	96.05	97.85	5.03	4.96	19.41
3	7	1	129.97	137.40	7.03	7.10	18.92
		2	132.80	135.43	7.07	7.00	19.06
4	10	1	180.12	193.34	10.02	10.07	18.59
		2	190.18	191.52	10.40	10.00	18.71
5	12	1	215.09	226.42	12.10	12.10	18.24
		2	221.18	224.85	12.19	12.02	18.42
6	15	1	250.77	261.89	15.02	15.02	17.07
		2	257.68	263.73	15.06	14.96	17.37
7	17	1	266.28	279.19	17.15	17.11	15.92
		2	270.11	280.59	17.15	17.11	16.07
8	21	1	283.28	292.25	21.22	21.33	13.53
		2	291.47	296.73	21.15	21.11	13.92
9	23	1	297.54	306.23	23.09	23.38	12.99
		2	297.70	306.52	23.06	23.32	13.03
10	25	1	307.29	313.06	25.18	25.32	12.28
		2	310.92	313.64	25.33	25.26	12.35
11	27	1	317.25	320.59	27.23	27.56	11.64
		2	319.56	323.44	27.17	27.65	11.73
12	30	1	334.19	327.60	30.97	30.54	10.76
		2	333.08	295.45	30.16	31.45	10.20
13	33	1	341.85	306.52	34.77	34.12	9.41
		2	334.13	299.79	34.85	34.00	9.21
14	37	1	318.37	314.98	37.96	37.18	8.43
		2	341.93	312.19	37.30	38.14	8.67

图 7.3-15 为试件 SJ-K 和试件 SJ-ALC 刚度退化曲线对比图，从图中可以看出，试件 SJ-ALC 的初始刚度要高于试件 SJ-K，在试验加载到第 1 级，加载位移达到 3mm 时，试件 SJ-K 的等效刚度 K 大约为 18kN/mm，试件 SJ-ALC 的等效刚度 K 大约为 20kN/mm；在加载初期，试件 SJ-K 和试件 SJ-ALC 的刚度退化速率基本一致，在试验加载到第 6 级，加载位移达到 15mm 时，试件 SJ-ALC 的等效刚度 K 退化速率开始增大，在试验加载到第 7 级，加载位移达到 17mm 时，试件 SJ-K 和试件 SJ-ALC 的等效刚度 K 已基本相同，

当试验加载到第 8 级，加载位移达到 20mm 时，试件 SJ-ALC 的等效刚度 K 已小于试件 SJ-K 的等效刚度 K；试验继续加载，试件 SJ-K 和试件 SJ-ALC 的等效刚度 K 基本相同，刚度退化趋势也趋于一致。

结构试件在低周往复荷载作用下，会出现当保持相同的峰值位移时，峰值荷载随循环次数增多而降低的现象，即强度退化现象。根据《建筑抗震试验规程》JGJ/T 101—2015 的相关规定，试件的强度退化特性采用强度退化系数 λ_i 表示，其计算公式如下：

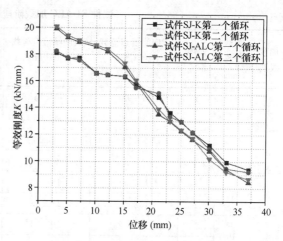

图 7.3-15　各试件刚度退化对比图

$$\lambda_i = \frac{P_j^i}{P_j^{i-1}} \tag{7.3-2}$$

式中　λ_i——第 i 次循环的强度退化系数；

P_j^i——第 j 级加载时，第 i 次加载时峰值荷载；

P_j^{i-1}——第 j 级加载时，第 $i-1$ 次加载循环的峰值荷载。

根据各试件在各加载级下的滞回曲线，通过上述公式计算，得到各试件同级荷载强度退化系数 λ_i 随加载级数变化的情况，如图 7.3-16 所示。其中，试件加载过程中大多采取 2 次循环加载，所绘制的曲线为第二次循环与第一次循环峰值荷载的比值。

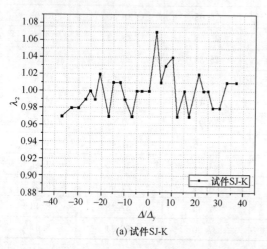

(a) 试件SJ-K

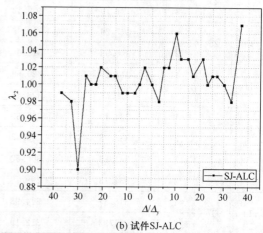

(b) 试件SJ-ALC

图 7.3-16　各试件的强度退化曲线

对结构体系来说，延性是指结构在承载力没有显著下降情况下的变形能力，也可以理解为结构或构件在破坏前的非弹性变形能力，通常采用延性系数来评价结构的延性。延性系数是衡量结构抗震能力的一个重要参数，也是评价其变形能力的特征之一。本章采用位移延性系数 μ 和位移角延性系数 μ_θ 来分析结构的延性，位移延性系数 μ 定义为结构整体极限荷载对应位移 Δ_u 与屈服位移 Δ_y 之比，即：

$$\mu = \frac{\Delta_u}{\Delta_y} \tag{7.3-3}$$

节点的层间位移角为 $\theta = \arctan(\Delta H/H)$，$\Delta H$ 为柱端反弯点水平位移，H 为柱上下反弯点间距离。则试件破坏时位移角 θ_u 和屈服位移角 θ_y 的比值即为位移角延性系数 μ_θ，即

$$u_\theta = \frac{\theta_u}{\theta_y} \tag{7.3-4}$$

各试件延性系数　　　　表 7.3-3

试件编号	屈服位移 Δ_y (mm)	破坏位移 Δ_u (mm)	屈服位移角 θ_y (mrad)	破坏位移角 θ_u (mrad)	位移延性系数 μ	位移角延性系数 μ_θ
试件 SJ-K	10.39	35.04	6.95	23.44	3.37	3.37
	−10.09	−35.14	−6.75	−23.51	3.48	3.48
试件 SJ-ALC	12.19	37.96	8.15	25.39	3.11	3.11
	−12.02	−38.14	−8.04	−25.51	3.17	3.17

表 7.3-3 给出了各试件正反向加载时的层间位移角及延性系数。根据《建筑抗震设计规范》GB 50011—2010（2016 年版）规定：多、高层钢结构弹性层间位移角限值 $[\theta_e]=1/250$，多、高层钢结构弹塑性层间位移角限值 $[\theta_p]=1/50$。本次试验试件的位移延性系数 $\mu=3.11\sim3.48$，位移角延性系数 $\mu_\theta=3.11\sim3.48$，位移延性系数 μ 与位移角延性系数 μ_θ 基本无差异，认为试件 SJ-K 和试件 SJ-ALC 具有良好的延性；本次试验试件的弹性层间位移角 $\theta_y=2.7\sim3.26[\theta_e]$，弹塑性层间位移角 $\theta_u=1.17\sim1.28[\theta_p]$，试件 SJ-K 和试件 SJ-ALC 均满足《建筑抗震设计规范》GB 50011—2010（2016 年版）中规定的钢结构抗震变形验算的层间位移角限值，均能满足抗震设计要求。

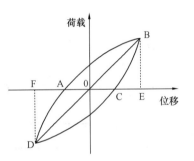

图 7.3-17　能量耗散系数计算示意图

在试件的荷载-位移曲线上，耗能能力用滞回环所包围的面积来衡量，滞回环的面积即为图 7.3-17 中的 $S_{(ABC+CDA)}$，滞回环越饱满，结构的耗能能力越强。本章采用数据分析与制图软件 origin 来计算每个滞回环的面积，表 7.3-4 给出了试件 SJ-K 和试件 SJ-ALC 在加载各个阶段的耗能实测值。

加载各阶段试件的耗能实测值　　　　表 7.3-4

| 加载级别 | 循环编号 | 耗散能量（kN·mm） | |
		试件 SJ-K	试件 SJ-ALC
3	1	25.543	26.286
	2	22.107	22.897
5	1	54.238	61.798
	2	52.782	47.104
7	1	109.688	117.697
	2	86.156	78.396

续表

加载级别	循环编号	耗散能量（kN·mm）	
		试件 SJ-K	试件 SJ-ALC
10	1	267.205	312.694
	2	167.701	154.750
12	1	414.276	421.710
	2	388.706	277.043
15	1	1795.315	1224.632
	2	1564.629	1031.120
17	1	1992.854	2272.534
	2	1997.789	2177.634
21	1	5281.047	5380.844
	2	4568.672	5367.897
23	1	6412.562	6864.572
	2	6013.579	6785.133
25	1	8280.134	8481.230
	2	8172.586	8310.743
27	1	9732.175	10167.828
	2	9463.584	9844.288
30	1	11525.340	13527.169
	2	12148.213	12287.613
33	1	13979.671	14107.952
	2	13082.549	13455.886
37	1	15497.370	16885.741
	2	15463.607	15999.928

2. 装配式复合墙板 H 型钢框架结构有限元分析

为了验证本章有限元分析模型的正确性，本章将提取有限元分析计算结果中的荷载-位移滞回曲线、骨架曲线以及破坏现象等结果与本章上节试验结果进行比较和分析。

利用有限元分析软件 ABAQUS，本章建立了与试验对应的数值分析模型，并采用隐式算法对其进行了计算，如图 7.3-18、图 7.3-19 所示为计算后各模型的应力应变云图，图 7.3-20 为试件 SJ-ALC 模型墙板整体应力应变云图。

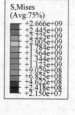

图 7.3-18　试件 SJ-K 模型应力应变云图

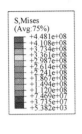  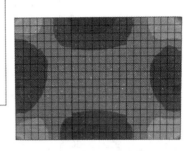

图 7.3-19　试件 SJ-ALC 模型应力应变云图　　　　图 7.3-20　试件 SJ-ALC 模型墙板整体应力应变云图

从各试件应力应变云图中可以发现，水平荷载作用下，从钢框架的应力分布来看，最大值出现在柱端翼缘处，框架梁应力相对较小，这与试验中"框架柱两端翼缘发生屈曲，框架梁无明显变化"的现象一致。

提取分析模型中加载点的荷载-位移滞回曲线，并与试验结果进行对比。

由图 7.3-21 和图 7.3-22 滞回曲线对比分析可以得出：试件 SJ-K 和试件 SJ-ALC 有限元分析计算结果与试验结果基本吻合，当加载位移较小时，试件处于弹性阶段，试件初始刚度较大；随着加载位移的增大，塑性变形逐渐增加，试件进入塑性阶段，滞回环面积逐渐增大，刚度开始退化；在加载后期，试件承载力继续增加，而试验中承载力开始下降。有限元分析结果的极限承载力略高于试验结果，主要因为有限元分析模型是理想化的模型，没有考虑试件在试验中存在不同程度的缺陷以及试验过程中环境因素的影响，如焊接质量、材料本身的缺陷以及理想固结等。

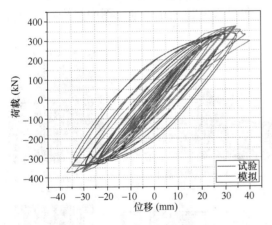 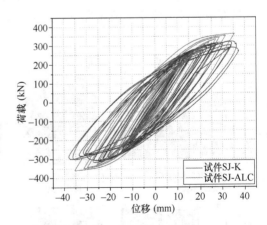

图 7.3-21　试件 SJ-K 滞回曲线对比图　　　　图 7.3-22　试件 SJ-K 滞回曲线对比图

有限元分析计算完成后，将加载点处的反力与位移从 ABAQUS 中导出，得到模拟的滞回曲线，根据模拟出的滞回曲线将各级循环的峰值点连接起来得到骨架曲线，并与试验骨架曲线进行对比，如图 7.3-23 所示。

试件 SJ-K 和试件 SJ-ALC 的骨架曲线有限元分析计算结果与试验结果基本吻合，将有限元模拟得到的骨架曲线与试验的骨架曲线进行对比，可以看出：

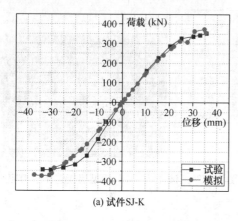
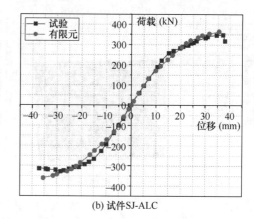

(a) 试件SJ-K (b) 试件SJ-ALC

图7.3-23 试件的骨架曲线

（1）有限元模拟结果与试验结果吻合较好，有限元模拟得到的骨架曲线具有较好的对称性，而通过试验得到的骨架曲线存在一定的非对称性，分析是因为在有限元计算过程中结构在拉压两个方向的损伤和退化程度基本相同，而在试验过程中，试件安装有一定的误差导致在正向和负向加载中结构的损伤存在差异。

（2）与有限元结果相比，试验结果的骨架曲线的刚度退化更明显，出现刚度退化现象也早于有限元分析，这是因为试验加载过程中试件会产生滑移，包括螺栓在预留孔内的滑移、墙板内钢筋的滑移、固定地梁和加载端的装置的滑移等，使得所能承受的水平荷载下降，而在有限元模拟计算中，钢材焊接位置采用绑定约束，这些设置使有限元模型未考虑它们之间的滑移，因此有限元计算出试件的弹性刚度较大。

在有限元分析软件ABAQUS计算分析完成后，对比装配式结构试件SJ-K和试件SJ-ALC有限元及试验变形破坏现象，如图7.3-24和图7.3-25所示。通过图中整体应力云图

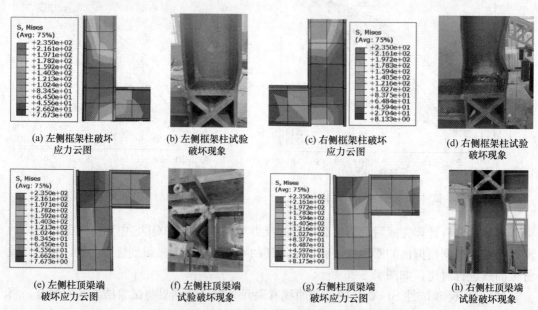

图7.3-24 试件SJ-K有限元应力云图与试验破坏现象对比

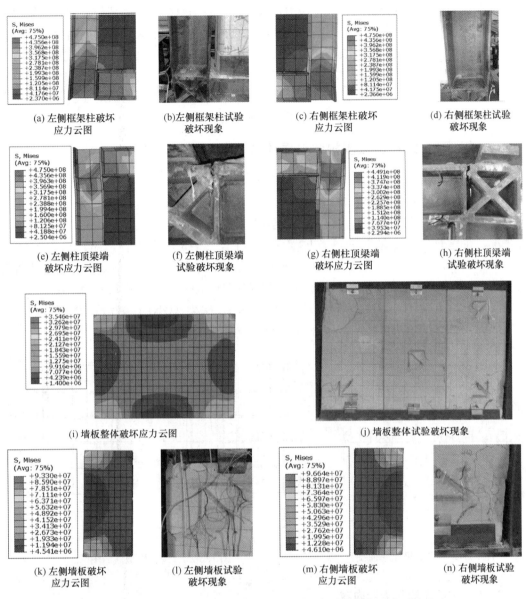

图 7.3-25 试件 SJ-ALC 有限元应力云图与试验破坏现象对比

和试验破坏现象对比可以看出，有限元分析结果与试验吻合较好。

将装配式结构试件 SJ-K 有限元分析模型中的破坏应力云图与试验结果相对比，由图 7.3-25 可以看出：装配式钢框架试件 SJ-K 的有限元应力云图中左右两侧框架柱底部与装配式框架两侧柱顶梁端处受力较大，应力也较大，与试验中装配式结构左右两侧框架柱底部屈曲变形、装配式框架柱顶梁端连接处焊缝撕裂破坏现象相吻合。经对比分析，有限元模型分析结果与低周往复荷载试验中细部破坏现象较为吻合一致，充分验证了有限元模型的正确性。

将装配式结构试件 SJ-ALC 有限元分析模型中的破坏应力云图与试验结果相对比，由图 7.3-25 可知：装配式结构试件 SJ-ALC 的有限元应力云图中左右两侧框架柱底部与装配式框架两侧柱顶梁端处受力较大，应力也较大，左右两侧框架柱底部与装配式框架两侧柱顶梁端处也产生了屈曲变形，与试验中装配式结构左右两侧框架柱底部屈曲变形、装配式框架柱顶梁端连接处焊缝撕裂破坏现象相吻合；装配式结构试件 SJ-ALC 墙板的应力云图中墙板的四个墙角处应力较大，与试验中装配式结构两侧墙板墙角处发生墙体开裂破碎、墙体掉落破坏现象相吻合。经对比分析，有限元模型分析结果与低周往复荷载试验中细部破坏现象较为吻合一致，充分验证了有限元模型的正确性。

7.3.4 钢框架-ALC 墙板围护体系振动台试验研究

1. 模型试件设计

模型 1/4 缩尺尺寸如图 7.3-26 和图 7.3-27 所示，平面尺寸为 4.50m×2.75m，共 5 层，总高 5.15m，首层层高 1.05m，2～4 层层高 0.975m，5 层层高 1.15m，为更贴近实际情况，在建筑①、③轴两面的首层墙板布置门，2～5 层布置窗，缩尺后门尺寸为 300mm×500mm，窗尺寸为 300mm×300mm。为便于进出观察试验结果，Ⓐ、Ⓒ轴两面仅一跨布置墙板，另一跨不布置。试验采用的钢框架柱（GKZ1）截面尺寸为□100×100×6×6（mm），主梁（GKL1）为 H126×74×5×8.4，次梁（GKL1）为 H100×68×4.5×7.6（mm），钢材均采用 Q345B，楼板为 40mm 厚的压型钢板组合楼板。

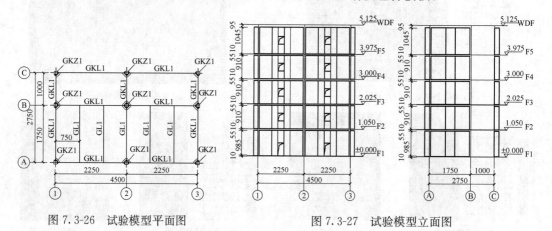

图 7.3-26 试验模型平面图　　图 7.3-27 试验模型立面图

2. 模型加载仪器和测量内容

在钢框架振动台试验中，采用了四种不同的外挂墙板连接节点，分别为两种自主研发的新型柔性连接节点：NDR 滑移节点和夹板式滑移节点及两种传统刚性连接节点：钩头螺栓和钢管锚节点，为测量模型的地震响应，在每层的两个方向分别设置 2 个位移计。如图 7.3-28 及图 7.3-29 所示。

3. 试验加载制度

根据结构模型的设计参数，考虑到墙板损伤的累积效应，选取一条 El-Centro 波。试验过程中，模型在 X、Y 方向的加速度幅值按照 1∶0.85 的比例进行调幅，按照 8 度多遇地震（$PGA=0.14g$、$PGA=0.22g$）、8 度设防地震（$PGA=0.40g$、$PGA=0.60g$）、8 度罕遇地震（$PGA=0.80g$、$PGA=1.02g$）、9 度罕遇地震（$PGA=1.24g$）、极罕遇地震（$PGA=1.60g$、$PGA=1.80g$、$PGA=2.00g$）的峰值加速度进行双向地震试验，在每一

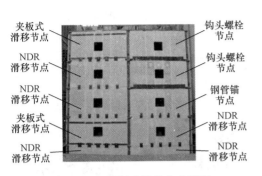
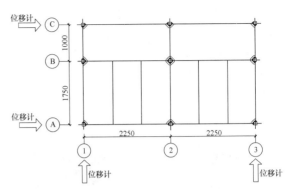

图 7.3-28 墙板连接节点布置图   图 7.3-29 测点布置

级地震动加载后利用白噪声激励响应测得结构的频率和自振周期,试验加载工况见表 7.3-5。

试验加载工况   表 7.3-5

序号	地震波输入	缩尺结构峰值加速度		
		X	Y	Z
1	白噪声	—	—	
2	白噪声	—	—	
3	ELC-XY	$2\times PGA$	$1.7\times PGA$	
4	ELC-YX	$1.7\times PGA$	$2\times PGA$	
5	ELC-XYZ	$2\times PGA$	$1.7\times PGA$	$1.3\times PGA$
6	ELC-YXZ	$1.7\times PGA$	$2\times PGA$	$1.3\times PGA$

4. 试验结果及其分析

试验过程中,观察墙板的破坏程度并对比不同节点类型墙板的破坏形式。试验开始时,位移响应较小,无明显破坏现象。试验过程中模型最大位移角均发生在第三层,当 $PGA=0.40g$ 时,测得结构最大层间位移角为 1/267,相当于小震层间位移角限值 1/250,此时三层钢管锚节点墙板在窗角处产生明显裂缝,同层 NDR 滑移节点墙板和其他层墙板未出现裂缝。当 $PGA=1.02g$ 时,三层钢管锚节点墙板在窗口处有新裂缝产生,且钢管锚节点 SE3-1 周围墙板发生破坏,裂缝从螺栓处两个方向伸出并延展开来。此震级下 NDR 滑移节点墙板与钩头螺栓节点墙板仅在砂浆拼接处出现轻微裂缝且裂缝发展缓慢,观察到三层 NDR 滑移节点 SW3-1 产生 2mm 微小滑移,节点周围墙板未发生开裂,如图 7.3-30 所示。

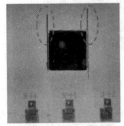   

(a) 钢管锚节点墙板   (b) NDR 滑移节点墙板   (c) 钢管锚节点   (d) NDR 滑移节点

图 7.3-30 $PGA=1.02g$ 试验现象

当 $PGA=1.24g$ 时，结构最大层间位移角为 $1/100$，等于中震层间位移角限值，钢管锚节点墙板的板间裂缝进一步延伸，破坏现象严重；钩头螺栓节点墙板窗口处裂缝加深，节点处周围出现细微圆形冲剪裂缝；NDR 滑移节点墙板仅在窗口处产生部分裂缝，节点 SW3-1 连接螺栓的中心线进一步偏离初始位置，相对滑移现象明显，抵消了层间位移对于墙板的剪切力，起到保护墙板的作用，如图 7.3-31 所示。

(a) 钢管锚节点墙板　　(b) 钩头螺栓节点墙板　　(c) NDR滑移节点墙板　　(d) NDR滑移节点

图 7.3-31　$PGA=1.24g$ 试验现象

当 $PGA=2.00g$ 时，结构最大层间位移角为 $1/46$，相当于大震层间位移角限值 $1/50$。加载过程中，钢管锚节点墙板板间裂缝不断加深，且节点处出现由水平层剪力引起的剪切斜裂缝和受平面外剪力影响而产生的冲剪裂缝，最终使连接件周围墙板局部脱落，墙板内钢锚杆外露导致破坏；钩头螺栓节点处的圆形冲剪裂缝宽度不断增加，且出现一条竖向的贯通裂缝，最终导致连接节点性能降低；NDR 滑移节点螺杆持续滑移，节点处周围墙板未发生明显开裂，由于墙板上开设的圆形螺栓孔扩大成长圆孔，使得节点的滑移机制能够保证墙板的完整性，如图 7.3-32 所示。

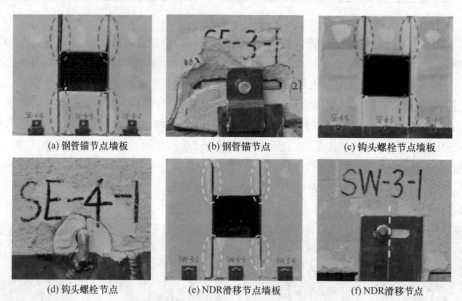

(a) 钢管锚节点墙板　　(b) 钢管锚节点　　(c) 钩头螺栓节点墙板

(d) 钩头螺栓节点　　(e) NDR滑移节点墙板　　(f) NDR滑移节点

图 7.3-32　$PGA=2.00g$ 试验现象

从整个试验加载过程来看，墙面的裂缝破坏主要集中在窗角处，模型的上、下墙板间部分挤塑板发生脱落，各墙板间接缝处及墙板连接节点局部区域出现应力集中现象。

对于设置传统钢管锚节点的墙板，在结构层间位移角达到 1/100 时墙板的节点连接处出现局部碎裂，钩头螺栓节点墙板在节点连接处因应力过大，螺杆周围混凝土出现破裂，相比较而言 NDR 滑移节点处墙板连接可靠，结构层间位移角达到 1/46 时连接处墙板保持完好，由于节点的滑移机制，外挂墙板能够随着主体结构发生相对位移，呈现出一种"随动性"，反映出设置 NDR 滑移节点的外挂墙板围护体系与钢框架主体结构具有一定的协同工作能力，表明 NDR 滑移节点在保证构造简单、安装简便的同时具有良好的受力性能。

7.3.5 ALC 墙板围护体系与钢结构协同工作机理研究

当层间位移角不超过 1/267 时，地震作用相对较小，主体结构上下两层产生相对位移，使得墙板上下两端产生相对错动，因此墙板具有一个相对运动的趋势，由于主体结构对墙板平面内的约束，外挂墙板围护体系与主体结构不会发生相对运动；随着地震作用的增加，层间位移角逐步增大到 1/100，墙板内部产生较大的应变能，此时墙板内主拉应力未超过其极限抗拉强度，由于节点的滑移机制，使得墙板发生平面内平动与转动的耦合运动，即随着主体结构的侧移而产生运动，此种现象称为 ALC 墙板的"随动性"，同时由于 ALC 条板具有一定的平面内刚度，在整体转动时条板间产生竖向的剪应力，导致板间接缝处砂浆开裂，条板间出现竖向贯通的裂缝；当层间位移角继续增大到 1/46 时，主体结构产生较大的侧移，导致 ALC 墙板内部的应变能继续增加，在层剪力作用下，墙板内部的主拉应力超过其极限抗拉强度，使其产生 X 形剪切斜裂缝，至此 ALC 墙板一端与钢框架分离，围护结构不再提供刚度。协同工作机理示意如图 7.3-33 所示。

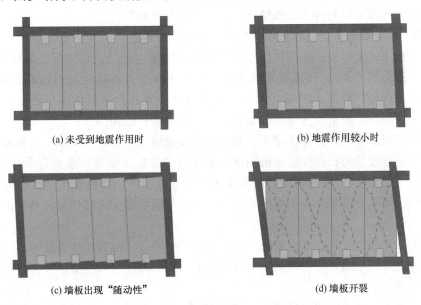

图 7.3-33 ALC 墙板与钢结构的协同机理

7.3.6 柔性连接节点传力机理研究

柔性滑移节点传力路径如图 7.3-34 所示。初始状态下，连接节点与墙板处于中心位

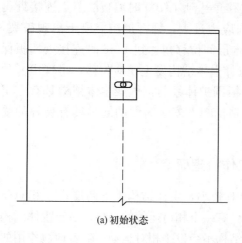 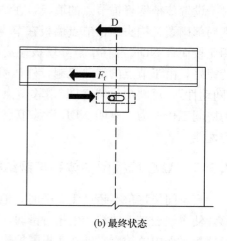

(a) 初始状态　　　　　　　　　　　(b) 最终状态

图 7.3-34　柔性节点传力过程

置，当主体结构发生位移时，带动与梁相连的螺栓一起移动，连接件因与主体梁相连也会有随动的趋势，而带动墙板移动需要一定的拉力，另一面与墙板相连的节点螺栓也会给予连接件一定的反作用力。随着主体结构位移的增大，墙板承受的作用力也会逐渐增加，当作用力超过连接件与主体结构的摩擦力 F_f 时，两者就会发生相对滑动，从而减缓墙板连接节点处的承载力及相应位置的损伤。主体结构与墙板在地震作用下的相对滑移过程中，墙板不断通过连接件的滑移避免承受主体结构传来过大的剪力，这种转移墙板受力至连接件与主体结构摩擦的协同工作机理有效地保护了墙板。理论分析与试验结果相呼应，柔性连接节点可通过滑移机制避免墙板整体及节点遭受严重破坏。

钢框架-ALC 墙板围护体系振动台试验研究综合分析：

（1）在整个试验过程中，柔性连接节点与两种传统连接节点均能保证墙体的完整性。当层间位移角达到 1/46 时，两种传统连接节点墙板在节点连接处均出现较大剪切裂缝，连接处墙板出现局部脱落，NDR 滑移节点墙板在节点连接处未发生明显开裂，且能够通过滑移机制耗能，有效地改善墙板的受力情况，减缓墙板的损伤。

（2）在多遇地震时，柔性连接节点墙板与钢框架协同变形，并提供一定的刚度；设防地震时，节点处设置的长圆孔滑移机制能够避免应力集中，使得节点具有柔性连接特点，墙板呈现出"随动性"；罕遇地震时，柔性连接节点能够防止墙板发生严重破坏，墙板并未出现倒塌、掉落等现象，表明柔性连接节点墙板与钢框架主体结构具有良好的协同工作能力。

（3）柔性连接节点为支承点型受力节点，通过受力分析得到柔性连接节点竖向荷载作用下平面内反力、平面外反力与水平荷载作用下的平面内反力标准值的计算公式，为工程设计及应用奠定了基础。

（4）NDR 滑移节点墙板在预制时无需预埋件，在现场装配时能够减少焊接量，降低墙板加工生产难度的同时又利于其标准化生产，且现场能够实现低污染的绿色装配，顺应当前装配式钢结构体系的发展。

7.4 装配式钢结构梁柱连接标准化节点

7.4.1 研究简介

研发一种刚度可调的装配式钢结构梁柱连接标准化节点，该节点与梁柱全部分离，形成标准化节点，梁与标准化节点错位搭接，柱与标准化节点通过法兰盘全螺栓连接，并对连接件进行试验及理论研究，进行各类连接的静动力性能研究，建立其承载力和变形设计方法，为相关规范的完善提供支撑。

7.4.2 节点构造

提出一种刚度可调的钢结构梁柱连接可装配标准化节点技术，如图7.4-1所示。该节点与梁柱全部分离，可通过全螺栓连接；翼缘部位可减少一半螺栓；也可采用栓焊并用连接，翼缘处焊缝为角焊缝；连接刚度可调整为刚接、半刚接、铰接三种形式。

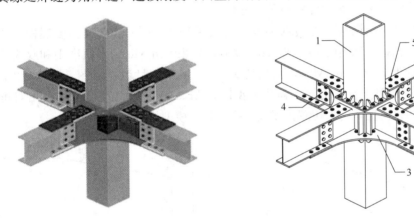

1—钢柱；2—钢梁；3—标准化节点；4—梁腹板拼接板；5—高强度螺栓。

图 7.4-1 刚度可调的钢结构梁柱连接标准化节点

其中标准化节点由底板、盖板、柱腹板、梁腹板、加劲肋组成，如图7.4-2所示。为实现与钢梁的错位搭接连接，与梁上翼缘连接的盖板伸出部分比与梁下翼缘连接的底板要短。标准化节点一体在工厂焊接预制完成。

钢柱通过法兰盘与标准化节点全螺栓连接，钢柱由柱体、法兰盘以及柱脚加劲肋组成，在工厂预制焊接而成，如图7.4-3所示。钢梁为焊接H形梁，同样为与标准化节点实现错位搭接，其上下翼缘不等长，梁端上翼缘具有伸长段，如图7.4-4所示。标准化节点、梁、柱在制作完成后，现场施工时用高强度螺栓进行装配连接。

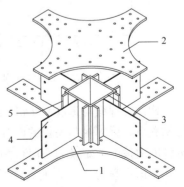

1—底板；2—盖板；3—柱腹板；
4—梁腹板；5—加劲肋。

图 7.4-2 标准化节点构造

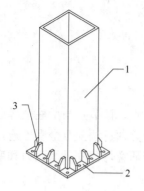
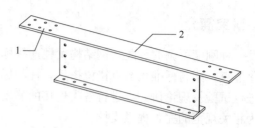

1—柱体；2—法兰盘；3—柱脚加劲肋。

图 7.4-3　钢柱构造

1—梁端上翼缘伸长段；2—焊接 H 型钢梁。

图 7.4-4　焊接 H 型钢梁

7.4.3　标准化节点梁翼缘角焊缝连接受力性能研究

1. 翼缘角焊缝连接受力性能的有限元分析

梁柱及连接件所用钢材全为 Q345B 钢，螺栓采用 10.9 级 M22 高强度螺栓。考虑到循环加载过程中钢材表现出的 Bauschinger 效应，采用 von Mises 屈服准则和双线性本构关系。弹性模量为 2.06×10^5 MPa，泊松比为 0.3，其他材性数据见图 7.4-5、图 7.4-6。焊缝的材性同 Q345B。当采用随动强化模型时，ABAQUS 的材性模型需采用双折线模型；对于等向强化模型，则采用双折线或三折线材性模型均可。

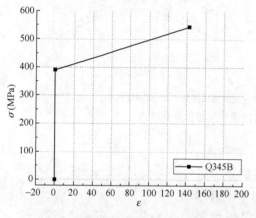
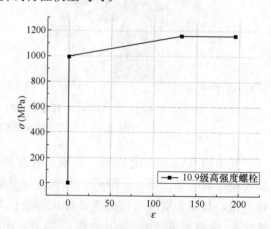

图 7.4-5　Q345B 钢材本构关系

图 7.4-6　10.9 级高强度螺栓本构关系

构件与焊缝均选取 C3D8R 实体单元。只对节点的关键区域进行加密处理。考虑到柱与梁翼缘、梁翼缘与夹板的面接触，定义接触为切向行为、摩擦系数为 0.5；螺栓帽和各构件的面接触，定义为切向行为，摩擦系数为 0.05；栓杆和栓孔之间建立接触，切向行为，摩擦系数为 0.01；所有的面接触中定义法向行为且均为硬接触。焊缝和悬臂梁、梁之间进行 Tie 连接。如图 7.4-7 和图 7.4-8 所示。

在柱顶和柱底均设置刚性垫块，并通过在垫块上定义柱形心为参考点，来定义刚接约束；在梁端位置设置刚性垫块，并在垫块距柱形心 1420mm 的距离上定义参考点，来施加位移，滞回加载制度如图 7.4-9 所示。在梁端位置定义侧向约束。

为了研究标准化节点梁角焊缝连接在不同焊缝连接强度下，节点表现出的强度、刚度、抗震性能等的差异，在其他参数不变的情况下，按照等强连接的不同倍数，设置不同的焊缝尺寸，对不同焊缝尺寸下的节点模型分别进行单向加载和滞回加载计算，以进行参数分析，参数设置如表 7.4-1 所示。

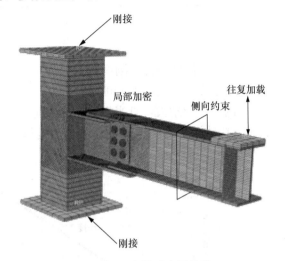

图 7.4-7 有限元边界条件

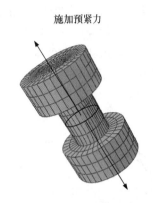

图 7.4-8 高强度螺栓模型

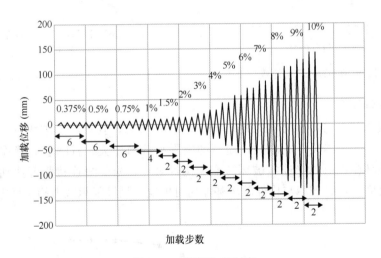

图 7.4-9 滞回加载制度

梁角焊缝连接数值模拟参数设置　　　　　　　　　表 7.4-1

编号	焊缝尺寸	等强倍数
G1	2mm	0.2
G2	4mm	0.4
G3	6mm	0.6
G4	7mm	0.7

续表

编号	焊缝尺寸	等强倍数
G5	9mm	0.9
G6	10mm	1.0
G7	11mm	1.1

有限元结果及分析如下:

(1) 刚度特性

各模型的弯矩-转角曲线如图 7.4-10 所示,其各自的初始刚度曲线如图 7.4-11 所示。由图可见不同焊缝尺寸,即节点在不同焊缝连接强度下的初始刚度基本接近,且均为刚性连接。节点在承载后期的刚度随着焊缝尺寸的增大而增大,且当焊缝连接强度达到等强连接的 90% 时,后期刚度的增加也不再明显。总体上标准化节点用焊缝连接能够达到刚接连接的目的。

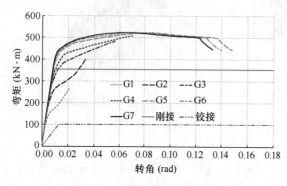
图 7.4-10 模型 G1～G7 弯矩-转角曲线

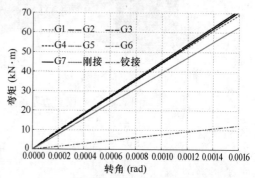
图 7.4-11 模型 G1～G7 初始刚度曲线

(2) 强度特性

模型极限承载力与焊缝尺寸的关系如图 7.4-12 所示,其对应的破坏模式如图 7.4-13 所示。显然,随着焊缝尺寸的增加,模型的极限承载力增大,且随着焊缝连接强度的增大,模型的破坏模式由焊缝连接破坏转变为构件破坏,当焊缝连接强度达到等强连接的 70%～90% 之间,焊缝破坏与构件破坏基本同时出现,且极限承载力趋于稳定。

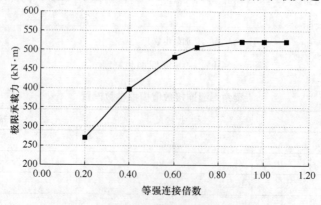
图 7.4-12 极限承载力与焊缝尺寸的关系

第 7 章 钢结构高效装配化连接技术

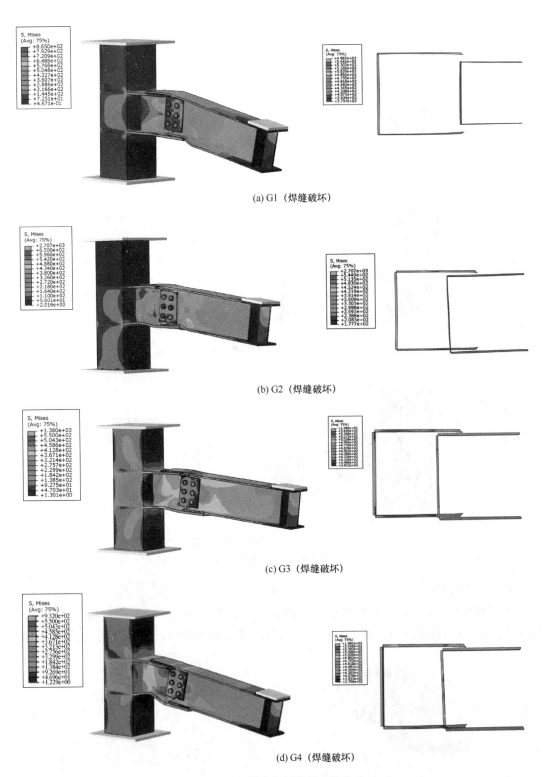

图 7.4-13 破坏模式与焊缝尺寸的关系（一）

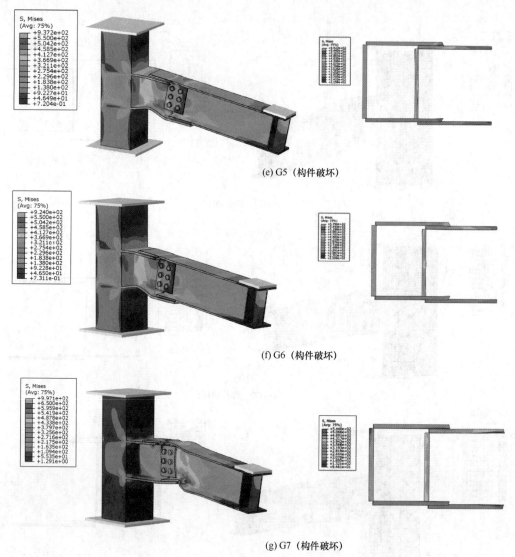

图 7.4-13 破坏模式与焊缝尺寸的关系（二）

（3）抗震性能

通过对模型 G1～G7 往复加载分析，得到相应的滞回曲线、骨架曲线如图 7.4-14 和图 7.4-15 所示。由图可知，模型 G5～G7 的滞回曲线更加饱满，为典型的纺锤形，且在

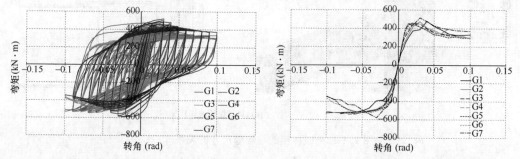

图 7.4-14　模型 G1～G7 滞回曲线　　　　图 7.4-15　模型 G1～G7 骨架曲线

达到峰值荷载以后骨架曲线的下降段比模型 G1~G4 更加明显,说明屈服后进入塑性工作状态,延性较好。这是由于 G1~G4 是焊缝破坏,而 G5~G7 是构件破坏,因此模型 G5~G7 的抗震性能要优于模型 G1~G4。

2. 翼缘角焊缝连接受力性能的试验研究

(1) 材性结果

试验试件所用钢材牌号均为 Q345B,根据《金属材料拉伸试验 第 1 部分:室温试验方法》GB/T 228.1—2021,制作与节点试件同一批次的钢板材性试件,进行单向轴拉试验,取平均值确定材料本构关系。如图 7.4-16 所示为钢材本构关系的简化模型,泊松比为 0.3,弹性模量为 2.06×10^5 MPa,详细参数见表 7.4-2。所用高强度螺栓为 10.9 级 M22 的摩擦型高强度螺栓,采用直接强化的三线性等向强化模型(图 7.4-17)。

材性试验结果 表 7.4-2

钢材牌号	屈服强度	抗拉强度	弹性模量	泊松比
Q345B	390MPa	540MPa	2.06×10^5 MPa	0.3

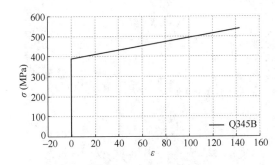

图 7.4-16 Q345B 材料本构关系简化模型

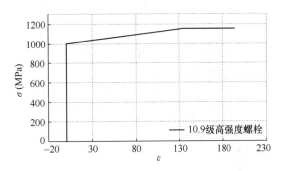

图 7.4-17 10.9 级高强度螺栓本构关系简化模型

(2) 试件设计

为研究标准化节点梁连接变形构造中角焊缝连接在侧向力作用下的强度、刚度和抗震性能以验证有限元分析的准确性,设计了同形式两个如图 7.4-18 所示的刚接连接试件,分别用来做单向加载强度与破坏模式试验与往复加载滞回性能试验,编号为 LG-1 和 LG-2。试件方钢管柱截面尺寸为 300mm×300mm×16mm,牛腿上下翼缘板厚 16mm,腹板厚 8mm。梁上下翼缘板厚 12mm,腹板厚 8mm。试件均采用 Q345B 钢材,翼缘搭接处采用 10mm 高角焊缝三面围焊,腹板夹板连接所用螺栓为 10.9 级 M22 高强度螺栓。梁端侧向力加载点距柱中心距离为 1420mm。

(3) 加载装置

试验加载采用柱卧式,将柱竖直向固定于反力架上,并在柱顶施加一定的轴压力,将柱固定防止滑移,采用侧向约束装置将梁的平面外自由度进行约束,避免梁发生平面外变形,并在梁端施加水平荷载,加载装置如图 7.4-19 所示。

(a) 几何模型　　　　　　　　　　　　(b) 试件实物

图 7.4-18　标准化节点梁角焊缝连接试件

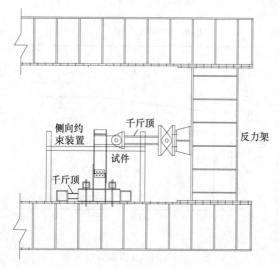 

图 7.4-19　试验加载装置及加载现场

（4）加载方案

单向加载采用力加载模式，有限元数值模拟梁角焊缝连接试件的极限抗弯承载力为540kN·m，加载点到柱底面距离为1420mm，据此可以计算出施加在梁端的侧向力，加载梯度如表7.4-3所示。

梁角焊缝连接试件单向加载梯度　　　　　　表 7.4-3

百分比（%）	10	20	30	40	50	60	70	80	85	90	95	100
弯矩（kN·m）	54	108	162	216	270	324	378	432	459	486	513	540
侧力（kN）	38	76	114	152	190	228	266	304	323	342	361	380

使用液压伺服系统施加低周往复荷载，本章参考美国 AISC 的抗震规范，采用变幅值位移控制加载方式，以层间侧移角来控制加载，加载制度如图 7.4-20 所示。

本试验为破坏性试验，当满足下列条件之一即停止加载，终止试验：

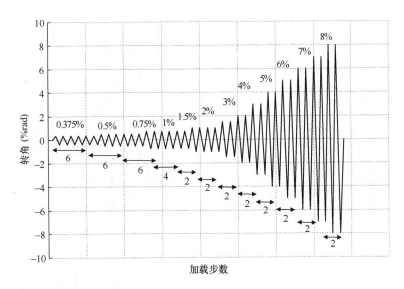

图 7.4-20 往复加载制度

1）试件出现明显的破坏，不能继续加载；
2）当梁端荷载下降到峰值荷载的 85% 以下。

(5) 试验结果分析

在侧向力作用下，在弯矩达到 200kN·m 时，牛腿下翼缘受压侧就有测点部位屈服，随后弯矩在 300～500kN·m，牛腿下翼缘受压侧、上翼缘受拉侧、梁上翼缘与牛腿搭接缝区域及牛腿下翼缘与梁搭接缝区域均有测点进入塑性，腹板也有部分区域在荷载达到 400kN·m 时开始进入塑性。

当弯矩达到 540kN·m 时，试件 LG-1 最终下翼缘发生明显鼓曲破坏而无法继续承载，上翼缘亦有显著屈服变形，梁发生轻微弯扭，构件失效时角焊缝连接未破坏（图 7.4-21）。

试件 LB-2 加载过程现象与单向加载类似，但破坏现象更加显著。梁上翼缘发生明显鼓曲，一侧角部焊缝端部由于变形后的应力集中出现局部开裂，其余角焊缝一切正常；牛腿有轻微弯曲，腹板有滑移痕迹，腹板孔有 1～2mm 变形。牛腿上翼缘根部将柱壁拉鼓曲，柱竖向拼接焊缝开裂，这是由于柱内加劲隔板未与柱内壁熔透连接，翼缘拉力没有有效传递导致的。试件最终由于梁翼缘鼓曲破坏、柱壁鼓曲焊缝开裂，而无法继续加载（图 7.4-22）。

(6) 承载力与破坏模式分析

如图 7.4-23 所示，加载前期，曲线呈现直线，此时试件整体处于弹性阶段。在转角为 0.015rad 之后，曲线斜率明显下降，曲线变化比较平缓。在转角达到 0.05rad 之后，承载力无法继续上升，试件最终由于翼缘鼓曲而破坏。破坏时的弯矩为 540kN·m，极限转角为 0.055rad。试验得到的弯矩-转角曲线与有限元分析的结果总体接近，破坏模式也很相似，如图 7.4-24 所示，试验条件下构件的变形小于有限元分析的结果，但重点考察的初始刚度误差极小。

(a) 加载结束

(b) 试件鼓曲破坏

图 7.4-21 试件 LG-1 试验现象

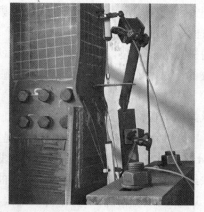

(a) 加载结束

图 7.4-22 试件 LG-2 试验现象（一）

(b) 试件破坏

(c) 焊缝破坏

图 7.4-22 试件 LG-2 试验现象（二）

(7) 塑性开展分析

由图 7.4-25 荷载-应变曲线可见，牛腿下翼缘受压侧测点 XY-3 在弯矩为 200kN·m 时即已进入塑性，随后超过 400kN·m 后 3 个受压侧测点全部进入塑性，受拉侧 3 个测点也在 400~500kN·m 之间陆续进入塑性；梁上翼缘测点 SY-4~SY-9 在荷载为 300~400kN·m 之间陆续进入塑性；梁下翼缘与牛腿搭接边缘测点 XY-10~XY-12 在荷载为 300~500kN·m 时陆续进入塑性，牛腿下翼缘与梁搭接缝靠柱一侧的测点 XY-5 最终也进入塑性；腹板测点 FB-10 在荷载接近 400kN·m 时开始进入塑性。其余各测点部位均未屈服。

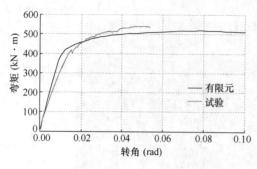

图 7.4-23 试件 LG-1 弯矩-转角曲线

图 7.4-24 试件 LG-1 破坏模式的有限元结果

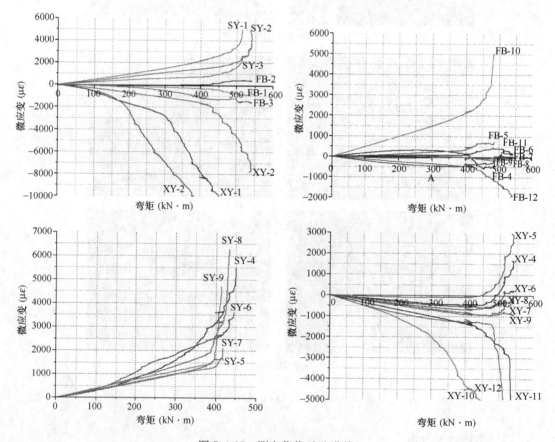

图 7.4-25 测点荷载-应变曲线

（8）抗震性能分析

梁翼缘角焊缝连接试件 LG-2 的滞回曲线与有限元模拟结果有较明显差异，如图 7.4-26 所示，试验结果的极限转角小于有限元模拟的结果，其耗能能力比数值模拟结果要差，分析原因可能为柱壁鼓曲焊缝开裂，致使翼缘板等部位屈服后的耗能能力并没有发挥出来。

3. 翼缘角焊缝连接受力性能综合分析

通过上述研究，可以看到标准化节点梁角焊缝连接的初始刚度可实现刚接，节点在承

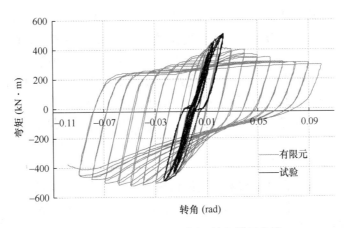

图 7.4-26 试件 LG-2 弯矩-转角滞回曲线

载后期的刚度随着焊缝尺寸的增大而增大,当焊缝连接强度达到等强连接的 90% 时,后期刚度的增加也不再明显。标准化节点用焊缝连接能够达到刚接连接的目的。

随着焊缝尺寸的增加,节点连接的极限承载力增大,且随着焊缝连接强度的增大,节点的破坏模式由焊缝连接破坏转变为构件破坏,当焊缝连接强度达到等强连接的 70%~90% 之间,焊缝破坏与构件破坏基本同时出现。极限承载力趋于稳定。破坏模式由焊缝破坏变为构件破坏后,节点连接的耗能能力更强,抗震性能更好。

7.4.4 标准化节点梁翼缘螺栓连接受力性能研究

1. 翼缘螺栓连接受力性能的有限元分析

梁柱及连接件所用材料全为钢,螺栓采用高强度螺栓。考虑到循环加载过程中钢材表现出的包辛格效应,采用 Von Mises 屈服准则。弹性模量为 $2.06 \times 10^5 \mathrm{MPa}$,泊松比为 0.3。

如图 7.4-27 和图 7.4-28 所示,只对节点的关键区域进行加密处理。在单元选取方面,构件均选取 C3D8R 实体单元。考虑到柱与梁翼缘、梁翼缘与夹板的面接触,定义接触为切向行为,摩擦系数为 0.35;螺栓帽和各构件的面接触,定义为切向行为,摩擦系数为 0.05;栓杆和栓孔之间建立接触,切向行为,摩擦系数为 0.01;所有的面接触中定义法向行为且均为硬接触。

图 7.4-27 节点螺栓连接几何模型

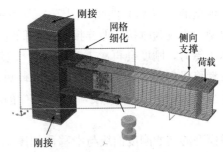

图 7.4-28 有限元边界条件

在柱顶和柱底均设置刚性垫块，并通过在垫块上定义柱形心为参考点，来定义刚接约束；在梁端位置设置刚性垫块，并在梁端刚性垫块中心定义参考点，此点距离柱中心为1420mm。梁的两侧设置与试验一致的侧向约束。按照《钢结构高强度螺栓连接技术规程》JGJ 82—2011，为模型中M22高强度螺栓施加190kN的预紧力。高强度螺栓采用"哑铃"状实体模型来等效实际高强度螺栓的栓杆、栓帽和垫片，并且螺栓模型杆端的圆柱体与实际高强度螺栓连接中的垫圈等面积，此种简化方式足以保证节点整体受力性能的准确度。

为了研究标准化节点梁螺栓连接在不同螺栓规格和数量下，节点表现出的强度、刚度、抗震性能等的差异，在其他参数不变的情况下，按照等强连接的不同倍数，设置不同的螺栓规格和数量，对不同螺栓连接强度下的节点模型分别进行单向加载和滞回加载计算，以进行参数分析，参数设置如表7.4-4所示。

梁螺栓连接数值模拟参数设置　　　　表 7.4-4

编号	螺栓规格	孔直径（mm）	性能等级	摩擦系数	倍数
B1	M20	22	8.8s	0.35	0.2
B2	M22	24	10.9s	0.35	0.3
B3	M27	30	8.8s	0.35	0.4
B4	M30	33	10.9s	0.35	0.6
B5	M27	30	10.9s	0.5	0.7
B6	M30	33	10.9s	0.5	0.9
B7	M30	33	8.8s	0.5	1.0
B8	M27	30	10.9s	0.5	1.1
B9	M30	33	10.9s	0.5	1.3

模型B1～B6按照表格变化相应参数，螺栓孔中心位置不变，扩大孔直径，其他参数均不变；B7～B9，翼缘螺栓数量由4个变成6个，其他参数均不变。

（1）刚度特性

各模型的弯矩-转角曲线如图7.4-29所示，由图可见在摩擦传力的阶段，不同连接强度的模型均表现为刚接，但连接强度较低的模型，很快发生滑移，有明显的滑移段，变为接触承压传力，刚度会再次上升，在这个过程中表现为半刚性。对于承载力比较高的连接，其滑移段出现的比较晚，且持续比较短，甚至当连接强度达到等强连接的1.3倍时，即使模型B9没有明显滑移段，但随着转角增大也会出现刚度缓慢下降现象，进入半刚接区域。

各模型的初始刚度曲线与滑移段如图7.4-30所示，随着连接强度的增大，初始刚度基本接近，且均属于刚接；连接强度越小，越早出现滑移段，越快进入半刚性区域。在螺栓数量不变的情况下，连接强度越高，其刚度曲线也越接近于刚接曲线，本例参数分析中，

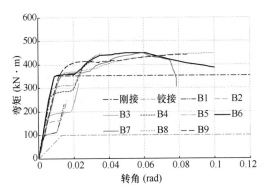

图 7.4-29 模型 B1~B9 弯矩-转角曲线

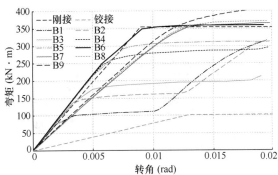

图 7.4-30 模型 B1~B9 初始刚度曲线与滑移段

当螺栓连接强度达到等强连接的 90% 时,其刚度曲线介于刚接和半刚接之间。但是当通过增加螺栓数量而增加强度时,反而会出现连接刚度下降的情况,如本例模型 B7~B9 在半刚阶段的刚度反而小于 B4~B6 的刚度。

由上述分析可知,当螺栓连接强度在等强连接的 90% 以下时,连接发生滑移后才进入半刚区域,连接强度在等强及以上时,连接未发生滑移即可表现出半刚性的特征,总体上标准化节点用螺栓连接能够达到半刚接连接的目的。

(2) 强度特性

高强度螺栓失效分两个阶段,一是滑移失效,二是断裂破坏。模型滑移失效承载力与螺栓连接强度的关系如图 7.4-31 所示,显然,随着螺栓连接强度的增大模型滑移失效承载力增大,当连接强度达到等强连接的 90% 时,连接滑移失效承载力将不再随螺栓强度的增大而增加。且如上节所述,当连接强度达到等强连接的 1.1~1.3 倍时,连接将不再出现滑移失效,而以构件破坏为极限状态。

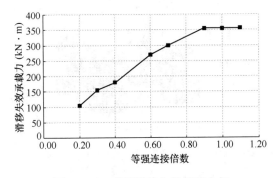

图 7.4-31 模型滑移失效承载力与
螺栓连接强度的关系

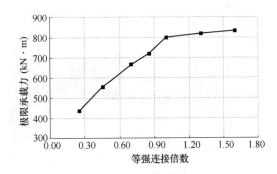

图 7.4-32 极限承载力与螺栓连接
强度的关系

模型极限承载力与螺栓连接强度的关系如图 7.4-32 所示,其对应的破坏模式如图 7.4-33 所示。显然,随着螺栓连接强度的增加,模型的极限承载力增大,当螺栓连接强度达到等强连接的 70% 以后,极限承载力趋于稳定。且随着连接强度的增大,模型的破坏模式由螺栓断裂转变为构件破坏,当螺栓连接强度达到等强连接的 70%~90% 之间,螺栓断裂与构件破坏基本同时出现。

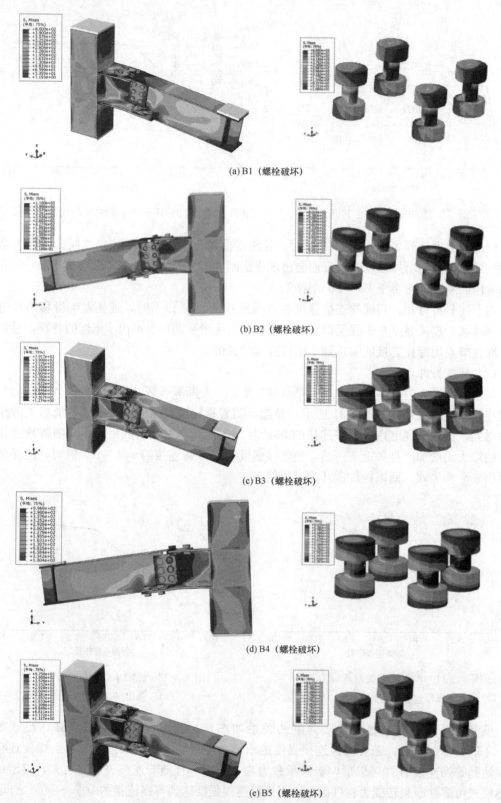

图 7.4-33 破坏模式与螺栓连接强度的关系(一)

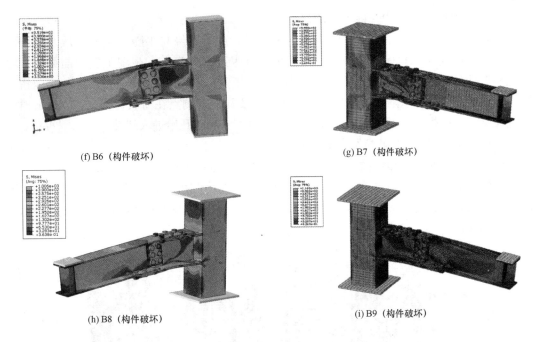

图 7.4-33 破坏模式与螺栓连接强度的关系（二）

(3) 抗震性能

通过对模型 B1~B9 往复加载分析，得到相应的滞回曲线、骨架曲线如图 7.4-34 和图 7.4-35所示。由图可知，随着螺栓连接强度的增加，滞回曲线的形状由弓字形逐渐变为梭形。螺栓连接强度较低时曲线捏缩明显，说明节点存在着明显的滑移；滞回曲线的两端比较饱满，反应连接塑性变形能力尚可。每个滞回环中间都有个近似水平的滑移段，滑移荷载随着加载的进行不断降低，主要原因有两点：一是随着荷载循环次数的增加，由于摩擦面不断磨损，接触面的抗滑移系数会降低；二是由于加载过程中连接板被螺栓垫片塑性压缩，导致预紧力下降。

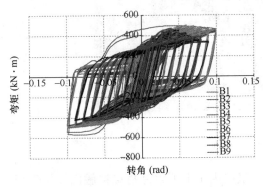

图 7.4-34 模型 B1~B9 滞回曲线

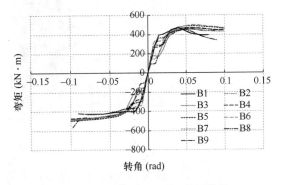

图 7.4-35 模型 B1~B9 骨架曲线

随着螺栓连接强度的升高，滞回曲线呈现梭形，曲线有轻微捏缩，说明节点仍然存在滑移；但曲线总体饱满，耗能能力较强并有着较强的塑性变形能力，即随着螺栓连接强度的增加，抗震性能逐渐增强。

2. 翼缘螺栓连接受力性能的试验研究

在侧向力作用下，在弯矩达到 150kN·m 时，梁上翼缘与牛腿搭接缝区域及牛腿下翼缘与梁搭接缝区域就有测点进入塑性；在弯矩达到 300kN 前，牛腿下翼缘与梁搭接缝区域靠近柱一侧的 3 个测点陆续进入塑性；在弯矩达到 400kN 前，梁上翼缘与牛腿搭接缝区域的全部 6 个测点陆续进入塑性；牛腿根部受压侧有测点在荷载达到 250kN·m 时开始进入塑性；腹板也有部分区域在荷载达到 350kN·m 时开始进入塑性。

试件 LB-1 最终上下翼缘发生不同程度的屈曲；由于梁平面外变形过大，夹持装置未能完全限制其平面外变形，因此梁发生一定程度的弯扭变形；牛腿与梁翼缘搭接区域发生滑移错位，上翼缘螺孔发生 2～3mm 拉伸变形，下翼缘和腹板螺孔发生 1～2mm 拉伸变形，孔壁被挤压出螺纹，螺栓出现明显变形。弯矩达到 412kN·m 时试件无法继续承载（图 7.4-36）。

(a) 加载结束与试件破坏

(b) 螺栓孔变形

图 7.4-36　试件 LB-1 试验现象

试件 LB-2 加载过程现象与单向加载类似，但最终由于上下翼缘搭接接触面发生显著滑移，下翼缘四个螺栓被全部剪断而破坏。梁上翼缘和牛腿下翼缘屈服弯曲，翼缘螺孔附近的往复滑移痕迹达 10mm 以上，上下翼缘包括腹板的螺孔均有 2～3mm 拉伸变形，孔壁有挤压螺纹（图 7.4-37）。

(a) 加载结束与试件破坏

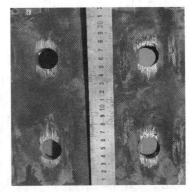

(b) 螺孔变形与滑移

(c) 螺栓断裂破坏

图 7.4-37　试件 LB-2 试验现象

(1) 承载力与破坏模式

试件 LB-1 弯矩-转角曲线如图 7.4-38 所示，加载前期，曲线呈现直线，此时试件整体处于弹性阶段。在转角为 0.01rad 之后试件发生滑移，曲线斜率明显下降，曲线变化比较平缓。在转角达到 0.02rad 之后，螺栓开始与孔壁承压接触，曲线斜率开始上升，梁端承载力开始上升。试件最终因为上下翼缘屈曲，梁发生弯扭而破坏。破坏时的弯矩为 412kN·m，极限转角为 0.05rad。

与有限元分析的弯矩-转角曲线相比可见，试验结果得到的初始刚度比有限元结果小，且在加载过程中，多次发生不同程度的滑移，导致刚度进一步减小，且极限承载力和极限转角的试验值均小于数值分析结果（图 7.4-39），即试验结果的弯矩-转角曲线整体位于有限元分析结果的下方，表现出了更明显的半刚性特征。试件的破坏模式与有限元分析结果相似。

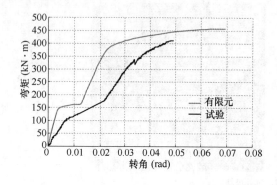

图7.4-38 试件LB-1弯矩-转角曲线

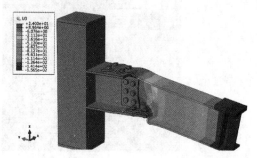

图7.4-39 试件LB-1破坏模式的有限元结果

(2) 塑性开展分析

由图7.4-40荷载-应变曲线可见，下翼缘测点XY-4～XY-6在荷载为150～300kN·m时陆续进入塑性；上翼缘测点SY-4～SY-9在荷载为150～400kN·m时陆续进入塑性；牛腿根部受压侧测点XY-1和XY-3在荷载达到250kN·m时开始进入塑性；腹板测点FB-10在荷载达到350kN·m时开始进入塑性。其余各测点部位均未屈服。

(3) 抗震性能分析

如图7.4-41所示，梁翼缘螺栓连接试件LB-2早期往复加载的滞回曲线与有限元模拟结果相似，表现出了一定的耗能能力，但后期的极限承载力与转角都小于有限元模拟的结果，这主要是由于下翼缘板发生滑动，螺栓被剪断致构件破坏导致的，翼缘板等部位屈服后的耗能能力并没有发挥出来。

3. 翼缘螺栓连接受力性能综合分析

通过上述研究，可以看到螺栓连接的标准化节点梁在摩擦传力阶段，不同连接强度均表现为刚接，但连接强度较低时，会很快发生滑移，变为接触承压传力，刚度会再次上升，在这个过程中表现为半刚性。对于承载力比较高的连接，其滑移段出现的比较晚，且持续比较短，当连接强度达到等强连接的1.3倍时没有明显滑移段，但随着转角增大也会出现刚度缓慢下降现象，进入半刚接区域。当螺栓连接强度在等强连接的90%以下时，连接发生滑移后才进入半刚区域，连接强度在等强及以上时，连接未发生滑移即可表现出半刚性的特征，总体上标准化节点用螺栓连接能够达到半刚接连接的目的。

随着螺栓连接强度的增大模型滑移失效，承载力增大，当连接强度达到等强连接的90%时，连接滑移失效，承载力将不再随螺栓连接强度的增大而增加。当连接强度达到等强连接的1.1～1.3倍时，连接将不再出现滑移失效，而以构件破坏为极限状态。随着螺栓连接强度的增加，模型的极限承载力增大，当螺栓连接强度达到等强连接的70%以后，极限承载力趋于稳定。且随着连接强度的增大，模型的破坏模式由螺栓断裂转变为构件破坏，当螺栓连接强度达到等强连接的70%～90%之间，螺栓断裂与构件破坏基本同时出现。

随着螺栓连接强度的增加，滞回曲线的形状由弓字形逐渐变为梭形。说明节点存在滑移，但总体饱满，耗能能力较强并有着较强的塑性变形能力，即抗震性能逐渐增强。

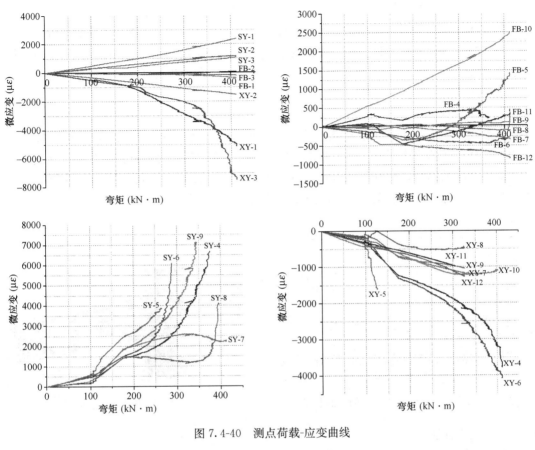

图 7.4-40 测点荷载-应变曲线

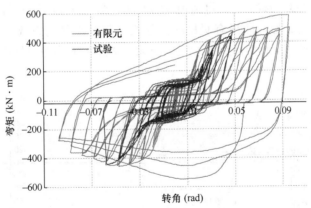

图 7.4-41 试件 LB-2 弯矩-转角滞回曲线

7.4.5 标准化节点梁翼缘释放连接受力性能研究

1. 翼缘释放连接受力性能的有限元分析

（1）刚度特性

模型 J0 的弯矩-转角曲线如图 7.4-42 所示，由图可见加载初期，节点整体处于弹性阶段，弯矩-转角曲线呈现线性阶段，其初始刚度处于半刚性连接靠近铰接的区域。随着加载的继续，节点拼接区开始出现滑移，转角增大同时弯矩有些许增长，此时连接刚度特征已位于铰接区域。当滑移完成后，螺栓杆挤压孔壁，承载力上升，刚度也略有上升。

由分析可知，梁翼缘释放连接的初始刚度为接近铰接的半刚性连接，连接发生滑移后才进入铰接区域，之后便一直处于铰接区域，总体上标准化节点梁翼缘释放连接能够达到铰接连接的目的。

（2）强度特性

模型 J0（图 7.4-43）加载初期整体处于弹性阶段，随着加载的继续，节点拼接区开始出现滑移，转角增大同时弯矩有些许增长，当滑移完成后，螺栓杆挤压孔壁，承载力上升。随着加载的继续，部分位置开始进入屈服阶段，弯矩增长缓慢。随着加载位移的加大，牛腿下翼缘出现屈曲现象，试件破坏，承载力开始下降。

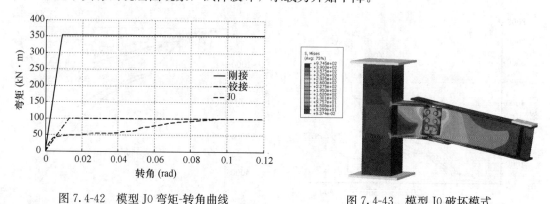

图 7.4-42　模型 J0 弯矩-转角曲线　　　　图 7.4-43　模型 J0 破坏模式

（3）抗震性能

通过对模型 J0 往复加载分析，得到相应的滞回曲线、骨架曲线如图 7.4-44 和图 7.4-45 所示。滞回曲线呈现 Z 形，曲线有明显的滑移段，节点承载能力低，形成的滞回环不饱满，节点耗能能力弱。从骨架曲线上看正反向加载情况下承载力变化相似；正反向梁端承载力相差不大。

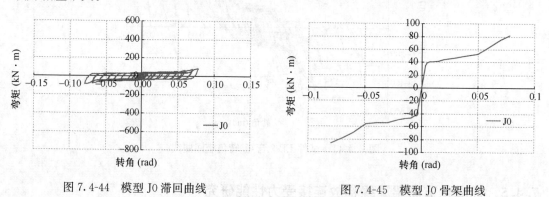

图 7.4-44　模型 J0 滞回曲线　　　　图 7.4-45　模型 J0 骨架曲线

2. 翼缘释放连接受力性能的试验研究

在侧向力作用下，在弯矩达到 25kN·m 时，位于牛腿下翼缘与梁搭接缝区域就有测点进入塑性，并在弯矩达到 60kN·m 时 6 个测点全部屈服。最终由于牛腿下翼缘弯曲变形、腹板变形、试件转角过大，梁端侧向位移测量已不准确，故而停止加载。试件 LJ-1

最终牛腿下翼缘屈服弯曲，牛腿与梁腹板靠受拉侧翼缘的螺孔显著拉伸塑性变形达 10～12mm，梁受压翼缘与牛腿腹板发生碰撞产生挤压变形，如图 7.4-46 所示。

(a) 加载结束

(b) 构件破坏

(c) 螺孔变形

图 7.4-46　试件 LJ-1 试验现象

试件 LJ-2 加载过程现象和最终停止加载的原因与单向加载类似，但因为是往复加载，梁上翼缘悬挑段和牛腿下翼缘悬挑段均屈服弯曲，腹板靠近翼缘的四个螺栓孔显著拉伸塑性变形达 10～12mm（图 7.4-47）。

(1) 承载力与破坏模式

试件 LJ-1 弯矩-转角曲线如图 7.4-48 所示，加载前期，曲线呈现直线，试件整体处于弹性阶段。在转角为 0.003rad 之后，曲线斜率明显下降，曲线变化比较平缓，试件发生滑移，一部分区域开始出现塑性。在转角达到 0.04rad 之后，曲线斜率开始上升，说明搭接的下翼缘在滑移一段之后产生接触，翼缘因为板材的相互挤压，梁端承载力开始上升。试件最终因为变形过大而停止加载。

(a) 加载结束

(b) 螺孔变形

图 7.4-47 试件 LJ-2 试验现象

试件 LJ-1 弯矩-转角曲线与有限元结果对比,如图 7.4-49 所示,初始刚度接近,进入塑性平滑阶段的转角和弯矩较小,承载力试验值小于有限元分析结果,但转角变形大于数值分析结果。

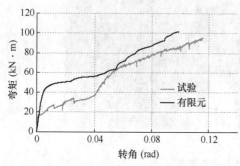
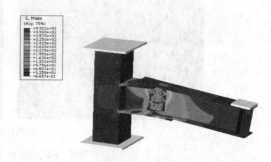

图 7.4-48 试件 LJ-1 弯矩-转角曲线   图 7.4-49 试件 LJ-1 破坏模式的有限元结果

(2) 塑性开展分析

由图 7.4-50 荷载-应变曲线可见,全部 33 个应变测点部位,只有牛腿下翼缘与梁搭接缝两侧的 6 个测点,编号 XY-4~XY-9,即发生屈服弯曲变形最大的部位,在荷载达到 25~60kN·m 时陆续进入屈服,其余各测点部位均未屈服。

(3) 抗震性能分析

如图 7.4-51 所示,试件 LJ-2 滞回曲线与有限元模拟结果总体接近,试验结果变形更大,但由于承载力较低,由翼缘板屈服弯曲塑性变形及腹板螺栓孔拉伸塑性变形产生了部分有限的耗能能力。

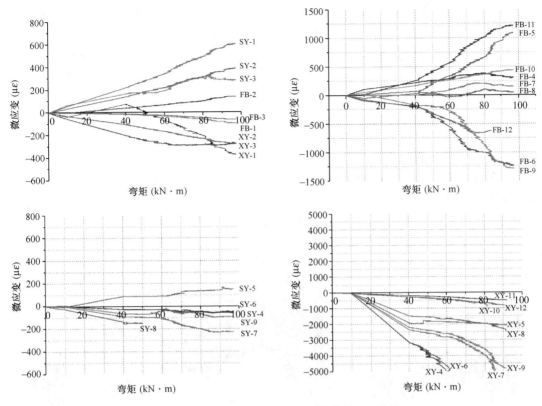

图 7.4-50 测点荷载-应变曲线

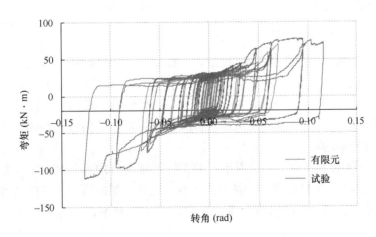

图 7.4-51 试件 LJ-2 弯矩-转角滞回曲线

3. 翼缘释放连接受力性能综合分析

通过上述研究，可以看到标准化节点梁翼缘释放连接的初始刚度为接近铰接的半刚性连接，连接发生滑移后才进入铰接区域，之后便一直处于铰接区域，总体上标准化节点梁翼缘释放连接能够达到铰接连接的目的。

连接在承载初期整体处于弹性阶段，随着加载的继续，节点拼接区开始出现滑移，转角增大同时弯矩有些许增长，当滑移完成后，螺栓杆挤压孔壁，承载力上升。随着加载的继续，部分位置开始进入屈服阶段，弯矩增长缓慢。随着加载位移的加大，牛腿下翼缘出现屈曲现象，试件破坏，承载力开始下降。

标准化节点梁翼缘释放连接的滞回曲线呈现 Z 形，曲线有明显的滑移段，节点承载能力低，形成的滞回环不饱满，由翼缘板屈服弯曲塑性变形及腹板螺栓孔拉伸塑性变形产生了部分有限的耗能能力，抗震性能较差。

7.4.6 标准化节点设计建议与应用

1. 完全等强连接计算

为了将 3 种梁连接与完全等强连接的强度、刚度进行对比，特建立其他参数不变，将梁和标准节点翼缘板不错位、融为一体板的模型，如图 7.4-52～图 7.4-54 所示，对其强度和刚度进行分析。模型的具体细节以及分析结果如下。

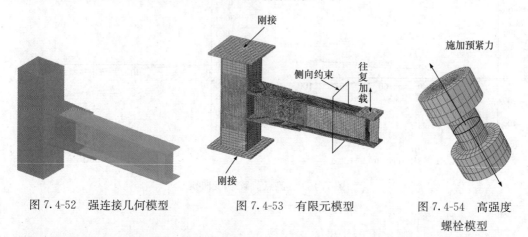

图 7.4-52 强连接几何模型　　图 7.4-53 有限元模型　　图 7.4-54 高强度螺栓模型

梁柱及连接件所用钢材全为 Q345B 钢，螺栓采用 10.9 级 M22 高强度螺栓。考虑到循环加载过程中钢材表现出的 Bauschinger 效应，采用 von Mises 屈服准则和双线性本构关系。弹性模量为 2.06×10^5 MPa，泊松比为 0.3。焊缝的材性同 Q345B。当采用随动强化模型时，ABAQUS 的材性模型需采用双折线模型；对于等向强化模型，则采用双折线或和三折线材性模型均可。

构件选取 C3D8R 实体单元。只对节点的关键区域进行加密处理。定义接触为切向行为，摩擦系数为 0.5；螺栓帽和各构件的面接触，定义为切向行为，摩擦系数为 0.05；栓杆和栓孔之间建立接触，切向行为，摩擦系数为 0.01；所有的面接触中定义法向行为且均为硬接触。

在柱顶和柱底均设置刚性垫块，并通过在垫块上定义柱形心为参考点，来定义刚接约束；在梁端位置设置刚性垫块，并在垫块距柱形心 1420mm 的距离上定义参考点，来施加位移，在梁端位置定义侧向约束。

图 7.4-55 为完全等强连接单向加载弯矩-转角曲线，图 7.4-56 所示为其破坏模式。由图可见模型加载初期为弹性阶段，当荷载达到 400kN·m，转角达到 0.01rad 时，梁下翼缘进入屈服，刚度明显下降，弯矩增长缓慢，最终梁下翼缘屈曲破坏，最大弯矩接近 525kN·m。

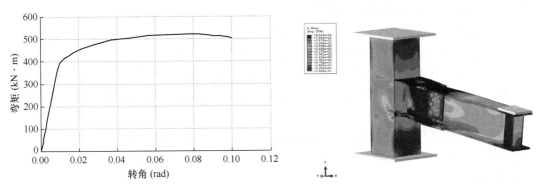

图 7.4-55 完全等强连接弯矩-转角曲线   图 7.4-56 完全等强连接破坏模式

2. 节点设计建议

节点连接设计时，所涉及构件，如梁、牛腿的翼缘、腹板等的计算与构造要求，现有的研究很多，直接采用规范要求即可。本章在此主要针对焊缝、螺栓等连接对节点强度、刚度和抗震性能的影响提出设计建议。

根据本章前述几节的研究分析，梁翼缘焊缝连接、螺栓连接、释放连接以及柱法兰连接的荷载转角-曲线分布区域大致如图 7.4-57 所示。总体上而言，本章提出的标准化节点梁柱连接在刚度方面达到了设计预期，具体地提出以下几条设计建议：

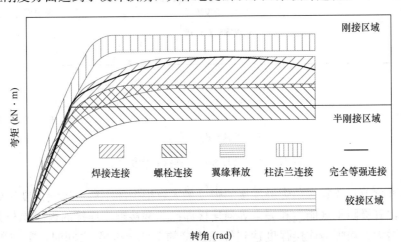

图 7.4-57 各连接荷载转角-曲线分布区域

（1）标准化节点梁翼缘角焊缝连接总体上可以实现刚接的要求。连接的初始刚度与焊缝尺寸关系较小，均处于刚接区域；连接的后期刚度随焊缝尺寸的增大而增大，当焊缝连接强度达到等强连接的 90% 时，后期刚度的增加也不再明显。即标准化节点梁翼缘角焊缝连接强度达到等强连接的 90% 以后，即可得到连接的最大刚度。

（2）标准化节点梁翼缘螺栓连接的初始刚度，不同连接强度均表现为刚接。当螺栓连接强度在等强连接的 90% 以下时，连接发生滑移后会进入半刚接区域；连接达到等强以后，连接在发生滑移前即可表现出半刚性的特征；当连接强度达到等强连接的 1.3 倍时将不再发生滑移，但随着转角增大刚度也会缓慢下降，进入半刚接区域。总体上标准化节点翼缘螺栓连接能够达到半刚接连接的目的。

（3）标准化节点梁翼缘释放连接总体上能够达到铰接连接的要求。连接的初始刚度为接近铰接的半刚性连接，连接发生滑移后进入铰接区域，之后便一直处于铰接区域。

（4）标准化节点柱法兰连接总体上表现为刚接。其初始刚度处于刚接区域，即便在螺栓、构件等相继屈服后刚度下降，仍处于刚接区域。且不同螺栓连接强度下柱法兰连接的刚度相差不大。

根据本章前述几节的研究分析，梁翼缘焊缝连接、螺栓连接及柱法兰连接破坏模式与连接强度的关系如图7.4-58所示。有关标准化节点几种梁柱连接强度与破坏模式提出以下几条设计建议：

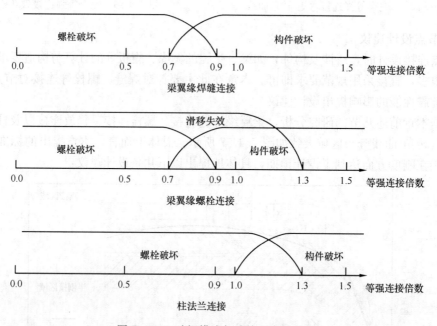

图7.4-58 破坏模式与连接强度的关系

（1）标准化节点梁翼缘角焊缝连接的强度最大，根据图中所示焊缝强度达到等强连接90%以上时，其极限承载能力和完全等强连接即已非常接近。连接的极限承载力随着焊缝尺寸增加而增大，当焊缝连接强度达到等强连接的70%～90%之间时，节点的破坏模式逐渐由焊缝连接破坏转变为构件破坏，极限承载力也趋于稳定，不再增加。

（2）标准化节点梁翼缘螺栓连接的极限承载能力小于翼缘焊接连接。若以滑移失效作为节点连接的破坏指征，则当连接强度达到等强连接的90%时，连接滑移失效承载力将不再随螺栓连接强度的增大而增加，且当连接强度达到等强连接的1.1～1.3倍时，连接将不再出现滑移失效，而以构件破坏为极限状态。若以螺栓破坏作为节点连接的破坏指征，则当螺栓连接强度达到等强连接的70%以后，极限承载力趋于稳定，且节点连接的破坏模式逐渐由螺栓断裂转变为构件破坏。

（3）标准化节点梁翼缘释放连接承载力最低，随着荷载增加将陆续出现节点拼接区开始滑移，部分位置开始进入屈服阶段，牛腿下翼缘梁腹板等屈曲而最终破坏。

（4）标准化节点柱法兰连接极限承载力随着螺栓连接强度的增加而增大，螺栓连接强度至少要达到等强甚至更高,其破坏模式才逐渐由螺栓断裂转变为构件破坏,极限承载力增长逐渐趋于稳定。

根据研究分析,无论是梁翼缘焊缝连接、螺栓连接、释放连接还是柱法兰连接,都是在破坏模式为构件破坏而非焊缝、螺栓等连接破坏情况下,构件屈服后的耗能能力得以发挥,才能表现出更优越的抗震性能。

因此,对于梁翼缘焊缝连接和螺栓连接,当连接强度达到等强连接的70%~90%之后,节点连接才能表现出较强的塑性变形能力和耗能能力及较好的抗震性能。

对于梁翼缘释放连接,由于节点连接承载能力低,形成的滞回环不饱满,由翼缘板屈曲塑性变形及腹板螺栓孔拉伸塑性变形产生的耗能能力有限,其抗震性能较差。

对于柱法兰连接,螺栓连接强度达到等强连接的80%以后,法兰盘和柱等构件屈服区域逐渐变大,破坏逐渐由构件控制,耗能能力逐渐增强,从而获得更好的抗震性能。

7.5 钢结构与减震装置装配式连接技术

7.5.1 中间柱型阻尼器构造

中间柱型摩擦阻尼器构造如图7.5-1所示,阻尼装置与上下部中间柱之间通过T形钢板、L形钢板与高强度螺栓进行连接,阻尼装置由两块L形钢板夹着T形钢板和两块黄铜板组成,靠摩擦片与钢板之间的摩擦提供稳定的摩擦力。T形钢板开设长圆孔、L形钢板及黄铜板开设圆孔,待梁柱节点安装完成,楼板浇筑后,结构变形完毕后通过摩擦型高强度螺栓进行连接[9-13]。

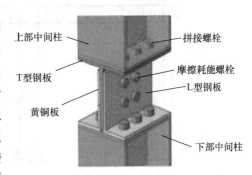

图7.5-1 中间柱型阻尼器构造

7.5.2 试验方案

1. 原型结构及试件设计

试验框架以实际工程某附中通州分校教学楼1榀框架为原型结构进行研究,原型结构南侧部分结构平面布置图见图7.5-2,中间柱型阻尼器布置见图7.5-2中粗虚线框选部分,选取粗实线框选部分的1榀框架首层为试验框架开展拟动力及拟静力试验研究。

钢结构高效装配减震体系边柱均采用芯筒式全螺栓连接节点,中间柱设有阻尼器,其加工详图如图7.5-3所示。

梁、柱、中间柱以及详细构件的尺寸见表7.5-1。每个箱形柱芯筒式全螺栓连接节点法兰板采用15套10.9S级M24扭剪型高强度螺栓连接;单个梁柱节点梁翼缘板共采用26套10.9S级M20扭剪型高强度螺栓连接,梁腹板采用16套10.9S级M20扭剪型高强度螺栓连接;阻尼器耗能装置中设4个10.9S级M16扭剪型高强度螺栓进行连接,压紧钢板及黄铜板以提供稳定摩擦力。

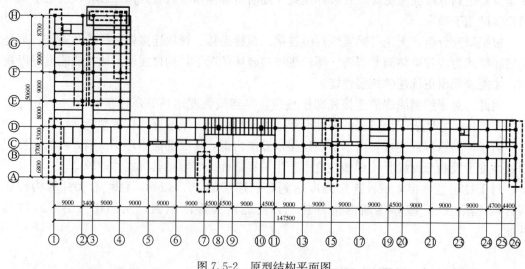

图 7.5-2 原型结构平面图

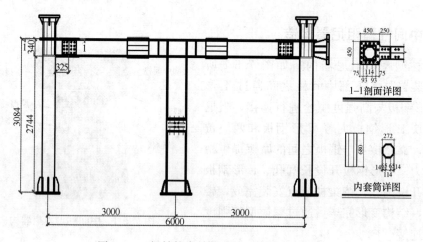

图 7.5-3 钢结构高效装配减震体系加工详图

梁、柱、中间柱及构件详细尺寸　　　表 7.5-1

构件	构件尺寸（mm）
试验框架梁	HM340×250×8×14
试验框架柱	H300×300×14
试验框架中间柱	H450×250×12×14
试验框架梁柱节点外侧连接板	470×250×14
试验框架梁柱节点内侧连接板	470×100×10
中间柱上部加腋板	312×120×14
试验框架梁柱节点剪切板	330×276×12
芯筒	114×825×14

图 7.5-4 为钢结构高效装配减震体系试验框架的安装过程示意。

(a) 芯筒安装完成

(b) 节点安装完成

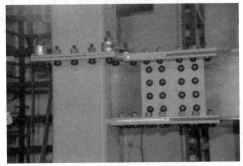
(c) 梁柱节点安装完毕

(d) 减震框架安装完成

图 7.5-4 钢结构高效装配减震体系试验框架安装

2. 材料性能

钢构件采用 Q345B 钢材，钢板厚有 10mm，12mm，14mm 及 20mm 四种，对每种厚度的钢板按照规范分别设计制作 3 个试件，并使用万能试验机进行单向拉伸试验，测得试验数据见表 7.5-2，其中抗拉强度为试样在拉断前承受最大应力值。阻尼器装置中钢板与黄铜板间摩擦系数为 0.34。

标准板状试样拉伸试验数据　　　　　　　　　　表 7.5-2

厚度 (mm)	弹性模量 ($\times 10^5 \text{N/mm}^2$)	屈服强度 (N/mm^2)	抗拉强度 (N/mm^2)
10	205.7	432.8	559.0
12	206.0	451.4	574.5
14	206.9	390.3	521.5
20	213.4	339.6	545.9

3. 加载装置及加载制度

钢结构高效装配减震体系试验框架加载示意图和实际加载照片见图 7.5-5，拟动力试验平台采用多层结构远程协同拟动力试验系统（NetSLab_MSBSM1.0.0），两框架柱柱顶由两个 200t 千斤顶施加轴力，轴压比与实际工程一致为 0.25，轴力大小为 1240kN。中间柱柱顶轴力 25kN，由 100t 千斤顶施加，模拟实际活荷载的作用大小。侧向力由 200t 作动器施加。在框架柱两侧三分点位置设有两对测向支撑防止框架面外失稳，在梁对应位置焊接钢板并粘贴聚四氟乙烯板，支撑与钢板点接触。

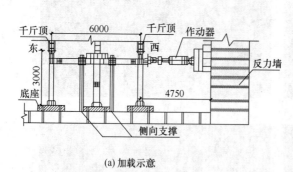

(a) 加载示意   (b) 加载现场

图 7.5-5　试验加载装置

拟动力试验选取工程常用 EL-Centro 地震动，幅值与持时均满足规范要求。经过傅里叶变换确定其加速度反应谱。钢结构高效装配减震体系 $T_1=1.335s$，钢结构高效装配减震体系原型结构 $T_1=1.209s$。计算 EL-Centro 波与规范加速度反应谱在两结构自振周期下的地震影响系数并进行对比，其差值百分比分别为 -17.4% 及 2.50%。对应于 $PGA=0.07g$、$0.2g$、$0.4g$、$0.51g$、$0.62g$，对钢结构高效装配减震体系试验框架进行 8 度 $(0.2g)$ 多遇、设防、罕遇、8 度 $(0.3g)$ 罕遇、9 度罕遇 5 个不同地震水平的拟动力试验。地震动原时间步长 0.01s，缩尺后为 0.00836s，阻尼比 0.05。

原型结构框架为 1 榀 5 层减震框架剪切模型，见图 7.5-6，对原结构缩尺 0.7 倍后首层层高 2.94m，2~4 层层高为 2.73m，5 层层高 3.15m，减震框架质量为 46.97t，阻尼比 0.05。取首层为试验子结构，以上 4 层为计算子结构。采用有限元分析软件 ABAQUS 对框架整体进行推覆作用下数值模拟，确定双线性的层间恢复力模型，如图 7.5-7 所示，确定结构层间抗侧刚度 K_1、恢复力 R_1 作为初始迭代条件，将框架质量、层间抗侧刚度以及恢复力和阻尼比输入至计算及控制中心，各参数数值见表 7.5-3。

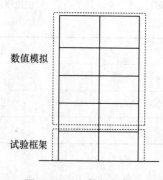

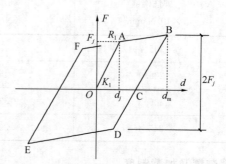

图 7.5-6　整体结构模型   图 7.5-7　双线性模型

拟动力试验参数　　　　　　　　　　　　　表 7.5-3

结构层质量（t）	恢复力模型	层间弹性刚度 K_1 （kN/m）	恢复力 R_1 （kN）	结构阻尼比
46.98	双线性	42000	843	0.05

拟静力试验参考 FEMA350，通过控制层间位移角对结构进行低周往复加载。加载历程为①0.00375rad，2 个循环；②0.005rad，2 个循环；③0.0075rad，2 个循环；④0.01rad，2 个循环；⑤0.015rad，2 个循环；⑥0.02rad，2 个循环；⑦0.03rad，2 个循环；⑧0.04rad，2 个循环。

4. 量测内容

荷载的测量：侧向力施加处作动器自带荷载传感器测量试验过程中荷载变化。螺栓预紧力变化测量：传感器实时记录加载过程中耗能螺栓预紧力的变化。在东柱箱形柱芯筒式全螺栓连接节点法兰板螺栓四个角对应有 4 个螺栓传感器检测螺栓预紧力变化，在中间柱型阻尼器位置 4 个耗能螺栓对应有 4 个传感器量测预紧力损失。位移的测量：作动器自带位移传感器记录侧向位移值。试件的位移计布置见图 7.5-8。应变的测量：粘贴应变片用于测量加载过程中各典型位置的应变变化，应变片具体布置见图 7.5-9。

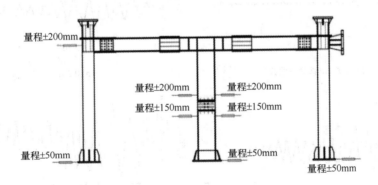

图 7.5-8　位移计布置图

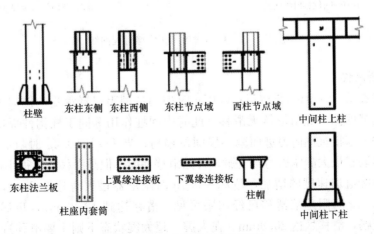

图 7.5-9　主要应变片布置图

7.5.3 拟动力试验结果及其分析

1. 试验现象及位移时程

对钢结构高效装配减震体系试验框架进行8度（0.2g）多遇、设防、罕遇、8度罕遇（0.3g）及9度罕遇五个不同震级作用下的拟动力试验，各震级对应的位移时程曲线如图7.5-10所示，试验框架各震级最大层间位移角见表7.5-4。以东柱侧移为例分析减震框架层间位移角，柱顶侧移分别为4.2mm、7.6mm、14.0mm、23.6mm和32.9mm，8度（0.2g）多遇地震和设防地震作用下，结构层间位移角为1/700和1/387，均小于规范多遇地震下限值1/250；在8度（0.2g）罕遇地震、8度（0.3g）罕遇地震作用下框架的层间位移角分别为1/210和1/125，9度罕遇地震作用下层间位移角1/89，均小于弹塑性层间位移角限值1/50。层间位移角略小于弹塑性层间位移角限值时，箱形柱芯筒式全螺栓连接节点无变形产生，柱拼接节点法兰板无相对滑移，阻尼器无明显滑移，柱脚均无任何变形。

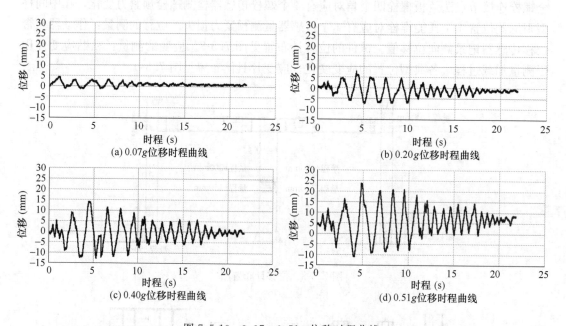

图 7.5-10　0.07～0.51g 位移时程曲线

2. 阻尼器滑移

试验框架在 EL-Centro 波 $PGA=0.07g$ 时中间柱型阻尼器承受的侧向力未达到阻尼器起滑的最大静摩擦力，阻尼器无滑移，此时中间柱作用等同于柱构件提供附加抗侧刚度，和框架柱一起抵抗侧向力进而减小层间位移角；当 $PGA=0.2g$ 时阻尼器略有滑移，中震时阻尼器装置最大静摩擦力被克服，开始滑移耗能，但是滑移耗能很小，主要提供抗侧刚度；随着峰值加速度的增加，$PGA=0.4g$ 时阻尼器最大滑移3.6mm，开始滑移耗能；$PGA=0.51g$ 时阻尼器滑移已经肉眼可见，滑移达到12.23mm；$PGA=0.62g$ 时，阻尼器滑移顺畅，滑移量达20.9mm。在大震、超大震状态下则主要滑移进而提供耗能，仍有一定的抗侧刚度。

不同地震动作用下最大层间位移角 表 7.5-4

地震动峰值加速度	位移（mm）	层高（mm）	层间位移角（rad）
0.07g	4.2	2940	1/700
0.20g	7.6	2940	1/387
0.40g	14	2940	1/210
0.51g	23.6	2940	1/125
0.62g	32.9	2940	1/89

3. 应变变化

EL-Centro 波 $PGA=0.4\sim0.62g$ 时减震体系试验框架各典型部位应变峰值如表 7.5-5 所示。拟动力试验结束后，试验框架各部位均无塑性产生，说明试验框架在 9 度罕遇地震作用下仍具有较好的抗震性能及足够的可靠性。

试验框架各典型部位应变变化（$\mu\varepsilon$） 表 7.5-5

加速度	0.07g	0.02g	0.40g	0.51g	0.62g
梁翼缘	541	654.7	886.3	975.9	1049.8
梁腹板	188.9	491.5	1097.9	1411.2	1049.8
节点域	−562.9	−659.2	−796.8	−585.8	−1080.8
上法兰板	76.5	95.6	109.9	116	−842.8
芯筒	−167.4	−253.9	−386.5	−460.1	−540.7
下法兰板	297	476.1	733.7	867.8	1043.7
东柱柱脚	−435.2	−1493.5	1012.9	−1260.3	−1565.2

4. 滞回曲线

图 7.5-11 为 EL-Centro 地震波作用下试验框架 8 度设防、罕遇、8 度罕遇（0.3g）和 9 度罕遇地震（对应峰值度 $PGA=0.2g$、0.4g、0.51g 和 0.62g）的滞回曲线。$PGA=0.07\sim0.2g$ 时，试验框架滞回曲线呈线性，试验框架处于弹性状态。$PGA=0.4g$ 时，随着地震水平增加结构的位移响应增加，变形逐渐充分，各部件间均会发生微小滑移且变形抵消了各装配构件因初始安装及装配构件加工误差，滞回环由这些微小错动和变形产生，另外阻尼器的滑移机制被启动，开始滑移耗能，微小滞回环开始出现，无塑性发展。检测试验框架应变，试验框架各部分仍处于弹性状态。$PGA=0.51g$ 时，对应 8 度 0.3g 罕遇地震作用，阻尼器滑移耗能明显，摩擦耗能特征明显，滞回环比较饱满，试验框架应变均未超过屈服应变，试验框架各典型部位无塑性发展，试验框架处于弹性状态，说明滞回环主要由阻尼器摩擦耗能形成。9 度罕遇地震作用下，对应 0.62g，滞回环非常饱满，阻尼器滑移耗能明显，恢复力曲线为双线性，框架具有刚接特征。各位置在典型应变 0.62g 时，试验框架各部位应变均未达到塑性应变，表明试验框架耗能主要为阻尼器耗能，阻尼器能够实现小震提供抗侧刚度，中震时滑移机制启动，中震和大震主要耗能，实现保护主体结构的目标。

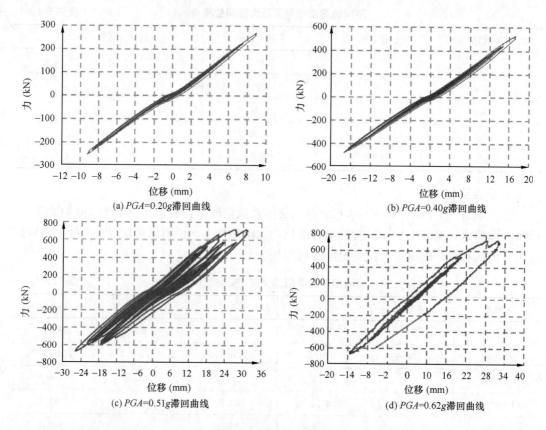

图 7.5-11 拟动力试验滞回曲线

5. 柱法兰板滑移和螺栓预紧力变化

选取东侧箱形柱芯筒式全螺栓连接节点法兰板螺栓预紧力两个测点，对螺栓预紧力损失进行分析，法兰螺栓为 10.9 级 M24 扭剪型高强度螺栓，测点 1 和测点 2 螺栓初始预紧力分别为 229kN 和 230kN。$PGA=0.2g$ 时，损失分别为 4.5kN 和 4.7kN，损失了 1.97% 和 2.04%。地震动峰值加速度为 0.40g 时，两测点的最大预紧力损失为 4.3kN 和 4kN，降低了 1.88% 和 1.74%，与上个加载级相差不大。当 $PGA=0.51g$，损失 3.3kN 和 1.6kN；0.62g 时，测点 1 和 2 的预紧力损失分别为 5.3kN 和 3.3kN，降低了 2.31% 和 1.43%，损失很小。

在整个拟动力试验过程中，螺栓预紧力损失变化很小，最大损失 2.31%，试验中 $PGA=0.07g$ 至 0.62g 之间时法兰板无滑移，箱形柱芯筒式全螺栓连接节点安全可靠。

7.5.4 拟静力试验结果及其分析

1. 试验现象

层间位移角为 0.00375~0.02rad 时，减震框架各典型部位无屈曲、变形等现象出现。当层间位移角达到弹塑性层间位移角限值 0.02rad，即 1/50 时，主体结构各部位均无现象产生，结构无明显变形出现；直到层间位移角达到 0.04rad（1/25）时，仅东侧框架柱柱脚出现了轻微鼓曲、其余各部位无现象产生，整体结构保持完好，箱形柱芯筒式全螺栓连接节点始终保持刚性。试验因加载装置限制停止。

2. 阻尼器滑移

中间柱型阻尼器在各加载级滑移情况见图 7.5-12。层间位移角为 0.00375rad（1/266，对应弹性层间位移角限值附近）时，阻尼器滑移 0.9mm，几乎无滑移，中间柱受侧向力未克服 T 形板和 L 形板间的静摩擦力，此时阻尼器相当于一个柱，提供抗侧刚度。层间位移角达到 0.005rad（1/200）时，阻尼器所受侧向力克服最大静摩擦力，滑移机制启动，阻尼器开始滑移耗能，滑移量为 3.4mm。随着拟静力试验的进程，阻尼器滑移顺畅。当层间位移角达到弹塑性层间位移角限值 0.02rad（1/50），阻尼器滑移明显，阻尼器滑移量已经达到 46.7mm，此时，减震框架顶点侧移 58.8mm，滑移量占整体框架顶点滑移的 79.42%，滑动幅度很大。当整体框架层间位移角达到 0.04rad 时，整体框架顶点侧移 117.6mm，阻尼器滑移 110.9mm，阻尼器滑移较大，几乎和框架梁侧移一致。此时结构除框架柱柱脚出现屈曲外，其他各部位均无现象出现。

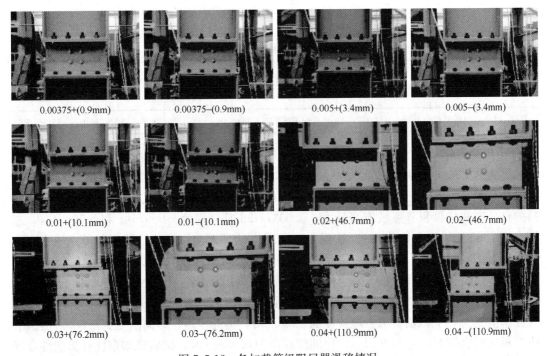

图 7.5-12 各加载等级阻尼器滑移情况

对中间柱型阻尼器摩擦耗能装置阻尼力进行分析，计算公式见式（7.51），得到不同加载级下中间柱型阻尼器耗散的能量，如图 7.5-13 和表 7.5-6 所示。中间柱型阻尼器发挥了耗能作用。

$$F_{ji} = f_{ji} = \mu_f N_{Ave,ji} = \mu_f P_{Ave,ji} \tag{7.5-1}$$

式中 F_{ji}——第 j 级加载时，i 次循环加载平均阻尼力；

f_{ji}——第 j 级加载时，i 次循环加载阻尼装置平均摩擦力；

μ_f——接触面摩擦系数，为 0.34；

$N_{Ave,ji}$——第 j 级加载时，i 次循环加载接触面平均压力；

$P_{Ave,ji}$——第 j 级加载时，i 次循环加载高强度螺栓平均预拉力。

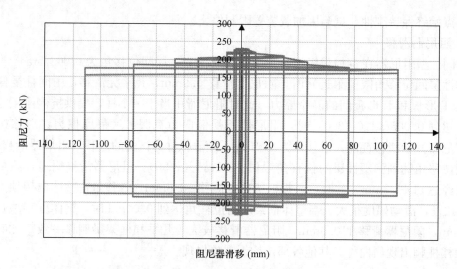

图 7.5-13 阻尼力-位移曲线

中间柱型阻尼器耗能   表 7.5-6

指标	对象	加载级（rad）							
		0.00375	0.005	0.0075	0.01	0.015	0.02	0.03	0.04
耗能（J）	中间柱型阻尼器	414.05	1563.03	2363.29	4414.06	12424.28	18061.23	27154.17	37253.53

3. 应变变化

试验框架东柱柱脚以及节点域从层间位移角 0.00375~0.04rad 时应变变化见图 7.5-14。层间位移角 0.00375~0.0075rad，试验框架东柱柱脚、节点域、芯筒和上下法兰板均保持弹性，东柱柱脚和节点域应变较大，0.00375rad 时分别为 $-909.5\mu\varepsilon$ 和 $-798.4\mu\varepsilon$，芯筒应变为 $352.8\mu\varepsilon$，0.0075rad 时达到 $-552.2\mu\varepsilon$，表明芯筒在试验开始便与节点域协同作用，随着试验的进程，芯筒应变一直增加。当层间位移角为 0.01rad 时，柱脚应变为 $2290\mu\varepsilon$，开始进入塑性，但其他位置均保持弹性状态，节点域应变增长较快，为 $1401.6\mu\varepsilon$。0.01~0.02rad 时，试验框架东柱柱脚塑性继续发展，但发展缓慢，0.02rad 时柱脚应变为 $3744.2\mu\varepsilon$；节点域应变为 $1950.8\mu\varepsilon$，接近塑性，芯筒应变为 $-883.7\mu\varepsilon$。下法兰板应变也较大，为 $1229.1\mu\varepsilon$。层间位移角为 0.03rad 时，试验框架东柱柱脚塑性发展迅速，应变已经达到 $-10854.3\mu\varepsilon$，节点域进入塑性。当层间位移角为 0.04rad 时，试验框架东柱柱脚塑性很大；节点域和下法兰板应变迅速增长，分别为 $5205.9\mu\varepsilon$ 和 $3450\mu\varepsilon$，此时芯筒应变也较大，为 $1462.3\mu\varepsilon$。

在整个拟静力试验过程中，试验框架东柱柱脚从 0.01rad 开始进入塑性，节点域在 0.03rad 进入塑性，东柱下法兰板在 0.04rad 进入塑性。0.00375~0.03rad 时，芯筒应变均匀增加，和节点域增长趋势一致，表明两者一直协同作用；从 0.03~0.04rad，两者应变都有一个迅速增加的情况也可证明这一点。箱形柱芯筒式全螺栓连接节点在大变形状态下也表现出良好的性能。

选取中间梁段典型位置，分析其从层间位移角 0.00375~0.04rad 应变变化，结果见图 7.5-15、图 7.5-16。0.00375~0.015rad 时，中间长梁各处均处于弹性状态，中间柱西

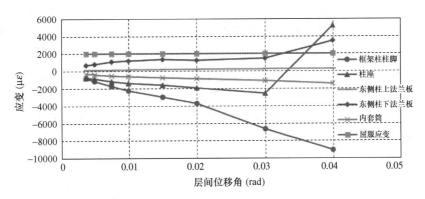

图 7.5-14　框架东柱柱脚及节点域应变变化

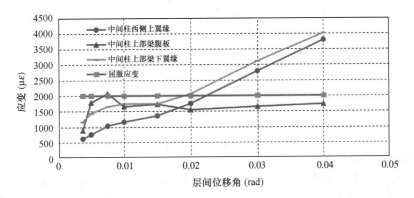

图 7.5-15　中间柱西侧梁应变

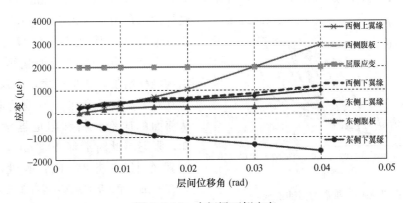

图 7.5-16　中间梁两侧应变

侧翼缘应变比梁两端的应变大，层间位移角为 0.015rad 时，中间柱对应梁位置以及两侧翼缘应变分别为 1736.7$\mu\varepsilon$ 和 1358.5$\mu\varepsilon$。层间位移角为 0.02rad 时，中间柱上部梁下翼缘即梁与中间柱连接处，进入塑性，应变为 2059.3$\mu\varepsilon$，其他位置保持弹性状态。0.03rad 时，中间柱西侧上翼缘和中间柱上部梁下翼缘塑性持续增长，中间柱西侧上翼缘进入塑性状态。0.04rad 时，除中间柱西侧上翼缘和中间柱上部梁下翼缘塑性持续增加外，西侧上翼缘进入塑性状态，应变为 2947.6$\mu\varepsilon$，其他各位置仍保持弹性状态。

中间柱从层间位移角 0.00375~0.04rad 应变变化见图 7.5-17。0.00375~0.015rad

时，试验框架中间柱各部位均保持弹性状态，应变均小于屈服应变 $2000\mu\varepsilon$；0.02rad 时，试验框架中间柱上翼缘与梁连接位置首先进入塑性，应变为 $2078.5\mu\varepsilon$，此时中间柱柱脚应变接近塑性，应变为 $1976.2\mu\varepsilon$，其余应变较大的位置为中间柱上端板翼缘和下端板翼缘，应变分别为 $1749.4\mu\varepsilon$ 和 $1495.1\mu\varepsilon$。层间位移角为 0.03rad 时，试验框架中间柱柱脚进入塑性，各典型翼缘位置也进入塑性，中间柱上腹板、上端板腹板和下端板腹板应变一直保持弹性状态。0.04rad 时，各翼缘塑性继续发展，中间柱上翼缘和中间柱柱脚应变发展迅速，已经达到 $4566\mu\varepsilon$ 和 $3852.5\mu\varepsilon$。

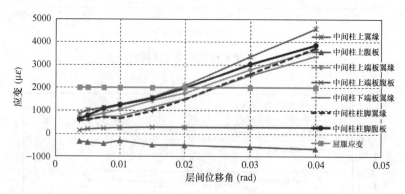

图 7.5-17 中间柱应变

4. 滞回曲线及骨架曲线

减震框架滞回曲线如图 7.5-18 所示，层间位移角分别为 0.00375rad，0.0075rad，0.05rad，0.01rad，0.015rad，0.02rad，0.03rad，0.04rad 时对应的结构侧移分别为 11.07mm，14.75mm，22.13mm，29.50mm，44.25mm，58.8mm，88.2mm，117.6mm。当层间位移角为 0.00375～0.0075rad 时，试验框架荷载-位移曲线呈线性，试验框架整体处于弹性状态。随着加载等级的提高，结构侧移增加，变形增大，当层间位移角为 0.01rad 时，滞回环包围的面积增大，从前面的应变分析和阻尼器滑移分析可知，阻尼器此时滑移 10.1mm，此时试验框架东柱柱脚刚进入塑性，应变为 $-2290\mu\varepsilon$，钢结构高效装配减震体系试验框架通过阻尼器耗能和少许的塑性发展同时进行能量耗散。层间位移角为 0.02rad 时，试验框架滞回特性明显，呈双线性，试验框架主要通过阻尼器滑移耗能。结构侧移继续增加，阻尼器耗能明显，试验框架滞回曲线包络面积逐渐增大。层间位移角达到 0.04rad 时，滞回曲线较为饱满、对称，呈双线性且无承载力降低的情况，说明减震结构具有良好抗震性能，在大变形情况下通过结构塑性的发展吸收并耗散能量，很好地保护主体结构。

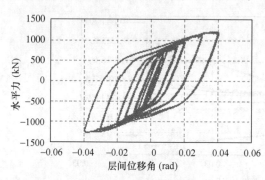

图 7.5-18 拟静力滞回曲线

试验框架骨架曲线如图 7.5-19 所示，拟静力试验开始到层间位移角达到 0.0075rad 阶段，骨架曲线基本呈线性增长，结构承载力提升较快，结构整体处于弹性状态，承载力正负向荷载最大值基本一致，正向最大值为 714.1kN，负向最大值为 727.8kN，两者基本一致。当层间位移角在 0.0075～0.02rad 之间时，骨架曲线增长趋势较为平稳，分析其原因，试验框架处于阻尼器滑移耗能和塑性发展阶段，刚度降低。0.02～0.04rad 时，阻尼器滑移耗能明显，刚度进一步降低，但减震承载力仍在上升，结构塑性不断发展，骨架曲线增势较为缓慢。层间位移角为 0.04rad 时，东柱、西柱柱

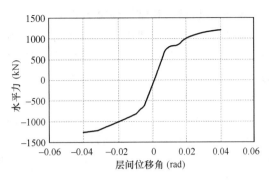

图 7.5-19　拟静力骨架曲线

脚东、西两侧均出现轻微屈曲现象，此时试验框架虽产生了较大变形，但其正向、负向位移最大值所对应的最大荷载仍较为相近，骨架曲线基本对称，正负向承载力仍呈上升趋势，钢结构高效装配减震体系试验框架没有达到极限状态，具有较好的延性。

5. 刚度及承载能力分析

框架刚度以试验框架的环线刚度为准，对试验框架刚度进行分析，计算公式见式 (7.5-2)，刚度退化见表 7.5-7 和图 7.5-20，在整个拟静力加载过程中，试验框架的刚度退化均匀持续。

$$K_j = \frac{\sum_{i=1}^{n} P_j^i}{\sum_{i=1}^{n} \Delta_j^i} \tag{7.5-2}$$

式中　K_j——第 j 级加载时，试验框架的环线刚度；

　　　P_j^i——第 j 级加载时，i 次加载循环峰值点的最大荷载值；

　　　Δ_j^i——第 j 级加载时，i 次加载循环峰值点的水平位移值；

　　　n——第 j 级加载循环次数。

结构的刚度退化　　　　表 7.5-7

层间位移角 (rad)	0.00375	0.005	0.0075	0.01	0.015	0.02	0.03	0.04
刚度 (kN·mm^{-1})	46.35	45.24	33.71	28.89	23.47	17.93	13.69	11.65
刚度比	1	0.98	0.73	0.62	0.51	0.39	0.30	0.25

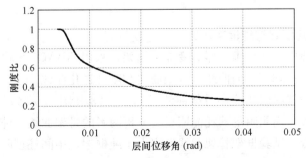

图 7.5-20　刚度退化曲线

6. 法兰板滑移和螺栓预紧力变化

箱形柱芯筒式全螺栓连接节点用螺栓为10.9级M24的扭剪型高强度螺栓。在拟静力试验下，框架东柱法兰螺栓传感器布置如图7.5-21所示，试验过程中，选取东侧箱形柱芯筒式全螺栓连接节点法兰板螺栓预紧力测点1和测点2，测点1和测点2初始螺栓预紧力为229kN和230kN，其螺栓预紧力损失如图7.5-22所示。在层间位移角为0.00375rad（1/266）时，螺栓预紧力最大损失2.48%，损失很小；层间位移角达到0.02rad（1/50）时，螺栓预紧力最大损失3.17%，表明节点具有良好的受力性能；即便加载到0.04rad（1/25），螺栓预紧力最大损失仅为5.89%，损失很小，且上下法兰板几乎无滑移。

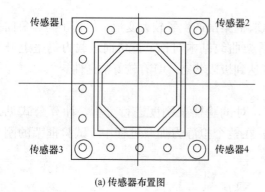
(a) 传感器布置图

(b) 试验传感器照片

图 7.5-21 节点传感器布置

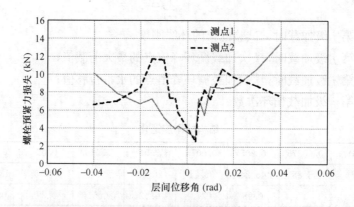

图 7.5-22 螺栓预拉力变化

7. 数值模拟试验框架与纯框架对比

将减震框架去掉中间柱型阻尼器后变成纯框架，采用ABAQUS软件进行同减震框架一致的拟静力模拟，得到其滞回曲线、骨架曲线和刚度退化曲线。

试验框架和纯框架滞回曲线和骨架曲线见图7.5-23和图7.5-24，试验框架滞回曲线比纯框架包围面积大，表明阻尼器耗能明显。分析两者的骨架曲线，纯框架承载力在各个时刻均比试验框架低，试验框架骨架曲线斜率大于纯框架，中间柱型阻尼器提供了较大的附加刚度。

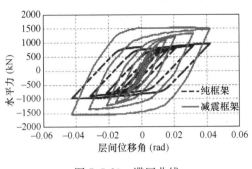

图 7.5-23 滞回曲线

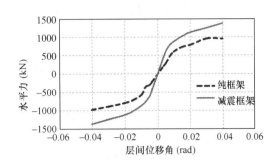

图 7.5-24 骨架曲线

试验框架和纯框架的刚度情况以及两者的刚度退化曲线见图 7.5-25，中间柱型阻尼器刚度退化曲线见图 7.5-26。0.00375rad 时，中间柱型阻尼器提供了与纯框架刚度相当的附加刚度，试验框架的刚度最大为纯框架的 2.1 倍，0.005rad 时，阻尼器开始滑移，但此时试验框架刚度为纯框架刚度的 1.91 倍；0.0075rad 时，阻尼器滑移耗能明显，中间柱型阻尼器仍可提供相当于纯框架将近 70% 的刚度。随着加载等级的增加，阻尼器刚度继续降低，层间位移角为 0.02rad 时，中间柱型阻尼器刚度仍占纯框架刚度的 40%；最后，在 0.04rad 时，阻尼器刚度稳定在纯框架刚度的 40% 左右。阻尼器滑移耗能后仍有较大的刚度，兼具耗能和控制作用。

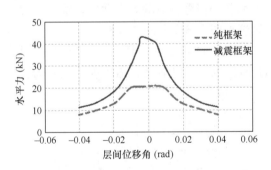

图 7.5-25 刚度退化曲线对比

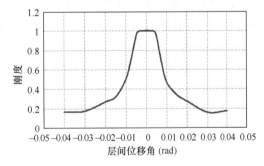

图 7.5-26 中间柱型阻尼器刚度退化曲线

7.5.5 综合分析

(1) 钢结构高效装配减震体系试验框架具有良好的抗震性能。层间位移角为 0.00375rad (1/266，接近小震 1/250)～0.0075rad (1/133) 时，试验框架各部位均保持弹性，试验框架东柱柱脚在 0.01rad (1/100，接近中震) 开始进入塑性，层间位移角达到弹塑性层间位移角限值 0.02rad (1/50) 时，柱脚塑性继续缓慢发展，节点域接近塑性，主体结构无明显变形出现。0.03rad 时节点域进入塑性，层间位移角达到 0.04rad (1/25) 时东柱下法兰板进入塑性，仅东侧框架柱柱脚出现轻微鼓曲，钢结构高效装配减震体系表现出良好的抗震性能。

(2) 在拟动力和拟静力试验过程中，中间柱型阻尼器发挥了耗能和提供附加刚度的作用，钢结构高效装配减震体系试验框架节点性能接近刚接。试验表明，0.005rad (1/200)

时阻尼器起滑后开始摩擦耗能，提供耗能和部分附加刚度，实现了小震提供刚度，中震和大震主要耗能，并且提供附加刚度，实现保护主体结构的目标。层间位移角达到0.04rad(1/25)大变形时，滞回曲线呈双线性且无承载力降低的情况，试验框架具有刚接特征，阻尼器耗能增加，试验框架主要通过阻尼器滑移耗能，减少主体结构损伤。

（3）箱形柱芯筒式全螺栓连接节点有良好的受力性能。拟动力试验螺栓预紧力最大损失仅为2.31%，之后进行拟静力试验层间位移角达到0.00375rad(1/266)时，法兰板螺栓预紧力最大损失（在拟动力试验基础上）增加0.17%；层间位移角达到0.02rad(1/50)时，螺栓预紧力最大损失增加0.86%；0.04rad(1/25)时，螺栓预紧力最大损失仅增加3.58%，法兰板几乎无滑移，表明节点受力性能良好。

7.6 钢管混凝土建筑高效装配化及机电设备与结构连接技术

7.6.1 平面内双侧板梁柱连接节点抗震性能试验研究

本次试验以钢结构框架梁柱连接节点为研究对象，采用新型的双侧板连接节点，以期获得良好的节点滞回性能和预定的节点破坏模式。基于有效控制梁柱节点破坏模式的设计思想，依据单调加载有限元分析结果，设计了如图7.6-1(a.1)、(b.1)和(c.1)所示的梁柱节点，包括两个中柱节点和一个边柱节点[14,15]。

试验为在恒定轴压荷载作用下施加往复水平荷载的拟静力试验，在西安建筑科技大学结构工程与抗震教育部重点实验室进行，试验装置如图7.6-2和图7.6-3所示。

试验按照《建筑抗震试验规程》JGJ/T 101—2015的规定，采用力-位移混合控制的加载方式。首先竖向千斤顶施加轴压荷载，通过稳压系统保持轴压荷载不变；然后伺服作

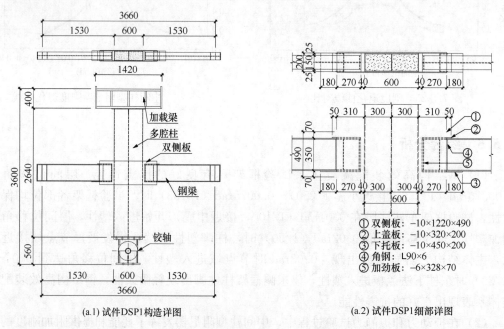

(a.1) 试件DSP1构造详图　　　　　　(a.2) 试件DSP1细部详图

图7.6-1　试件尺寸及构造（一）（单位：mm）

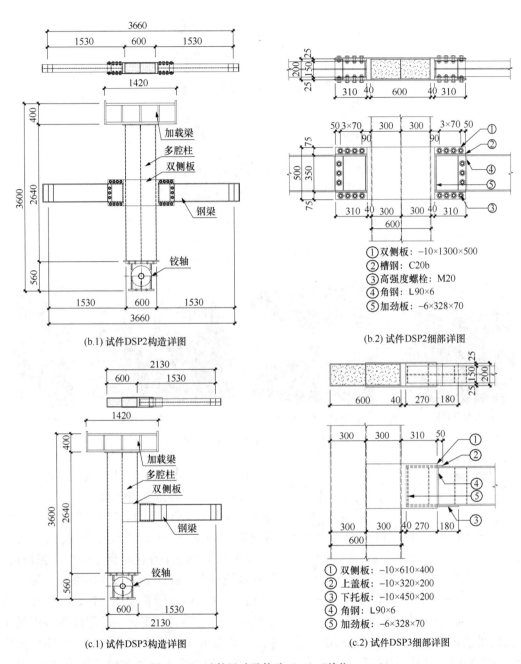

图 7.6-1　试件尺寸及构造（二）（单位：mm）

动器施加往复水平荷载，水平力加载点距柱底截面距离为 3120mm，主控测点位移计 D1 距柱底截面 2720mm。试件的水平荷载在预测屈服荷载前采用力控制加载，加载等级为 0.2 倍预测屈服荷载，每级荷载循环 1 次；试件屈服后按位移控制加载，各加载等级对应的主控点位移增量为 10mm，每级位移循环 3 次，加载制度如图 7.6-4 所示。水平加载时先加推力，为正向加载；后加拉力，为反向加载。当试件钢板屈曲、混凝土压碎不能维持施加的轴压力或水平荷载下降到峰值水平力的 85% 以下时，试验停止。

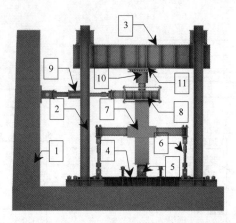

1—反力墙；2—反力刚架；3—反力梁；4—台座；5—铰轴；6—刚性链杆；
7—试件；8—加载梁；9—伺服作动器；10—千斤顶；11—滑动滚轴。

图 7.6-2　试验加载装置

(a) 柱底铰轴　　　　　　(b) 柱顶千斤顶及滚轴　　　　　(c) 千斤顶稳压装置　　　　(d) 刚性链杆

图 7.6-3　试验装置细部

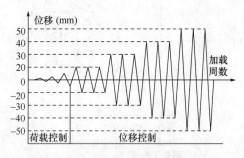

图 7.6-4　试验加载制度

图 7.6-5～图 7.6-7 给出了各试件侧板和钢梁的破坏形态。各试件壁式柱、节点域均未发现破坏现象。试件 DSP1、DSP2 侧板未发现明显变形，破坏集中于梁端塑性铰区。试件 DSP3 塑性区域集中在柱与钢梁间隙位置侧板，塑性区域较小。试件 DSP1、DSP2 节点域及梁塑性铰区未发现整体平面外变形，双侧板对梁端能够提供有效的约束。梁端塑性铰区钢板屈曲发展迅速，翼缘在循环荷载作用下反复弯折，翼缘与盖板连接焊缝处存在塑性残余应力，导致翼缘母材开裂甚至断裂。试件 DSP3 侧板平面外变形导致钢梁整体平面外侧移，

  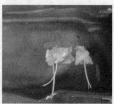 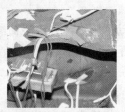

(a) 整体破坏形态　　　　(b) 左侧梁塑性铰区　　　　(c) 左侧梁钢板屈曲　　　　(d) 左侧梁上翼缘裂缝

图 7.6-5　试件 DSP1 破坏形态

  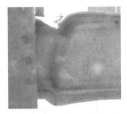 

(a) 整体破坏形态　　(b) 左侧梁正面钢板屈曲　　(c) 左侧梁背面钢板屈曲　　(d) 左侧梁上翼缘微裂缝

图 7.6-6　试件 DSP2 破坏形态

(a) 整体破坏形态　　(b) 侧板屈曲　　(c) 梁上翼缘焊缝撕裂侧板断裂　　(d) 梁下翼缘焊缝开裂侧板断裂

图 7.6-7　试件 DSP3 破坏形态

侧板屈曲后同时承受弯曲和拉压变形，在反复荷载作用下断裂。

(1) 柱端 P-Δ 滞回曲线和骨架曲线

图 7.6-8 为试件 DSP1～DSP3 荷载-位移滞回曲线。由图可知：①加载初期，试件处于弹性状态。水平位移小于 20mm 时，滞回曲线基本为线性，残余变形微小。位移大于 20mm 时，钢梁或侧板钢材屈服，刚度下降，荷载稳定增加，卸载后出现残余变形。水平位移为 50～60mm 时，荷载达到峰值，DSP1 和 DSP2 节点钢梁塑性铰区钢板和 DSP3 节点侧板开始屈曲，残余变形明显，滞回环包围的面积增加，累积损耗的能量增大。继续加载，试件承载力和刚度快速退化，残余变形增大。②同一位移下，达到极限荷载前，随着荷载循环次数的增加，由于钢材强化，滞回环包围的面积略微增大；达到极限荷载后，随着荷载循环次数的增加，由于钢板屈曲，承载力下降，滞回环包围的面积明显减小，表明试件产生累积损伤，耗能能力变弱。③各试件的滞回曲线饱满，无明显的捏拢现象，表现出良好的抗震性能。④DSP1 和 DSP2 节点承载力和能量耗散主要由钢梁塑性铰控制，表现出良好的抗震性能。DSP3 节点塑性变形和屈曲变形集中与钢梁与壁式柱连接处，塑性区域小，耗能能力相对较差。⑤双侧板对节点域形成了良好的保护和加强，各节点域均未

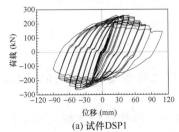 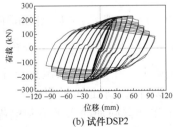 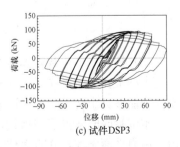

(a) 试件DSP1　　(b) 试件DSP2　　(c) 试件DSP3

图 7.6-8　试件滞回曲线

见屈曲或其他类型破坏。

骨架曲线能体现试件在整个受力过程中刚度、承载力的变化及其延性特征。各试件的骨架曲线均呈 S 形,并基本关于原点对称,如图 7.6-9 所示。由图可知:①试件 DSP1、DSP2 的骨架曲线具有明显的弹性阶段、弹塑性阶段和破坏阶段。试件 DSP3 变形位置集中,弹性阶段不明显,较早进入弹塑性阶段。②加载初期,试件 DSP1 和 DSP2 的骨架曲线基本重合,初始刚度基本一致。随着位移增加,各试件钢材屈服,钢梁塑性铰区钢板先后出现屈曲,骨架曲线开始出现差异。③达到水平荷载峰值时,试件 DSP1

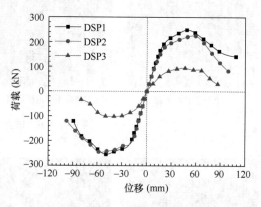

图 7.6-9 试件骨架曲线

和 DSP2 承载力基本相同,试件 DSP1 由于用上下托板加强了钢梁上下翼缘,塑性铰区外移,承载力略高。④到达水平峰值荷载后,随着 $P\text{-}\Delta$ 效应增加,钢板屈曲发展,各试件骨架曲线进入下降段。⑤试件 DSP3 塑性变形区域较为集中,较早出现了非线性变形,承载力曲线平缓,试件相对强节点较早破坏,变形能力略差。

(2) 梁端竖向反力-层间位移角滞回曲线

各试件的梁端竖向反力-层间位移角滞回曲线如图 7.6-10 所示。由图可知,各试件梁端竖向反力-层间位移角滞回曲线均稳定饱满,具有良好的耗能能力。各曲线具有明显的弹性阶段、弹塑性阶段和破坏阶段。试件 DSP1、DSP2 梁端反力达到最大值后梁塑性铰区板件屈曲,并随层间位移角增大而迅速发展,梁端承载力随之下降。试件 DSP3 梁端反力达到最大值后双侧板屈曲,由于屈曲被限制在较小的范围内,承载力下降并不明显,最后两级荷载使侧板撕裂,承载力迅速下降。

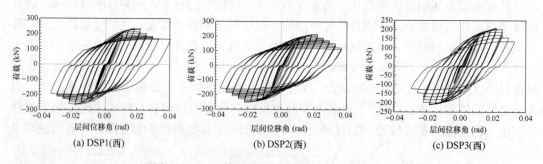

图 7.6-10 试件梁端反力-层间位移角滞回曲线

(3) 柱顶水平荷载计算值

本试验在总结以往试验的基础上,在千斤顶加载头与柱顶之间增加小直径万向球铰,使柱顶能够自由转动,减少试验设备对试验造成的影响。

本试验同时测得了柱顶伺服作动器施加的水平力和梁端力位移传感器测得的双向反力。由力平衡条件,并考虑柱 $P\text{-}\Delta$ 效应可反算柱顶水平力。计算时不考虑钢梁的轴向变形,计算简图如图 7.6-11 所示。计算所得柱顶水平荷载为:

$$P = \frac{(V_1 - V_2) \times L - (V_1 + V_2) \times \Delta_1 - N \times \Delta}{H}$$

(7.6-1)

式中　V_1 和 V_2——梁端实测竖向反力；

　　　Δ 和 Δ_1——分别为柱顶和梁端侧移。

柱顶水平荷载-位移滞回曲线和计算所得滞回曲线如图 7.6-12 所示。柱顶作动器内传感器测得最大水平力和计算所得最大水平力见表 7.6-1。由对比结果可知，柱顶水平荷载直接测量值和间接计算值峰值之间的差值在 10% 以内。试件 DSP1 和 DSP3 在加载过程中钢梁平面外变形较大，梁端平面外水平支点对测量结果产生了较大影响。试件 DSP2 直接测量值和间接计算值吻合良好，本试验采用的试验装置具有较高的精度。

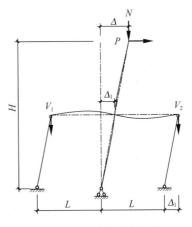

图 7.6-11　试件受力简图

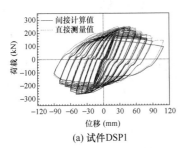
(a) 试件DSP1

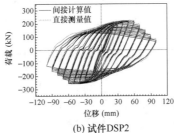
(b) 试件DSP2

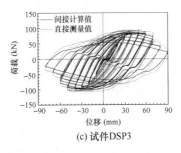
(c) 试件DSP3

图 7.6-12　试件柱顶水平荷载-位移滞回曲线计算值与测量值

试件柱顶水平荷载计算值与测量值　　　　表 7.6-1

试件编号	加载方向	测量值 P_p (kN)	计算值 P_c (kN)	P_p/P_c
DSP1	正向	249.1	244.7	1.02
	反向	254.8	265.4	0.96
DSP 2	正向	225.1	219.8	1.02
	反向	245.0	256.8	0.95
DSP 3	正向	94.2	86.1	1.09
	反向	101.4	100.4	1.01

（4）承载能力和变形能力

试验得到的各阶段荷载、位移和层间位移角见表 7.6-2。各试件的名义屈服荷载约为峰值荷载的 0.80 倍。试件 DSP1、DSP2 水平承载力由梁端塑性铰承载力决定，其数值接近；试件 DSP3 塑性铰位于双侧板位置，其水平承载力较低。试件 DSP1~DSP3 均能满足我国现行规范对多、高层壁式钢管混凝土结构弹塑性层间位移角限值 1/50 的要求。

主要试验结果 表 7.6-2

试件编号	加载方向	屈服			峰值			破坏		
		V_y (kN)	Δ_y (mm)	θ_y (rad)	V_p (kN)	Δ_p (mm)	θ_p (rad)	V_u (kN)	Δ_u (mm)	θ_u (rad)
DSP1	正向	199.9	22.6	0.0083	249.1	49.7	0.0183	211.7	68.8	0.0253
	反向	214.8	21.2	0.0078	254.8	49.6	0.0182	216.5	64.6	0.0238
DSP 2	正向	178.5	21.6	0.0079	225.1	59.9	0.0219	191.3	70.5	0.0259
	反向	209.3	20.7	0.0076	245.0	59.8	0.0220	208.3	71.1	0.0261
DSP 3	正向	76.9	22.8	0.0084	94.2	49.9	0.0183	80.0	68.5	0.0252
	反向	80.4	17.8	0.0065	101.4	39.6	0.0146	89.2	60.3	0.0222

注:V_y、V_p 和 V_u 分别为名义屈服荷载、峰值荷载和破坏荷载;Δ_y、Δ_p 和 Δ_u 分别为名义屈服荷载、峰值荷载和破坏荷载对应的位移;θ_y、θ_p 和 θ_u 分别为 Δ_y、Δ_p 和 Δ_u 对应的层间位移角,$\theta=\Delta/H$,H 为测点距柱底高度。

(5) 延性和耗能能力

试件的位移延性系数 μ 按表 7.6-2 中屈服位移 Δ_y 和极限位移 Δ_u 计算:

$$\mu = \frac{\Delta_u}{\Delta_y} \tag{7.6-2}$$

试件的能量耗散能力以荷载-位移滞回曲线所包围的面积衡量,可采用等效黏滞阻尼系数 ζ_{eq} 和累积能量耗散评估。

$$\zeta_{eq} = \frac{1}{2\pi} \frac{S_{(ABC+CDA)}}{S_{(OBE+ODF)}} \tag{7.6-3}$$

按式 (7.6-2) 计算所得的延性系数,按式 (7.6-3) 计算所得的荷载峰值点所在循环正向和反向加载的 $\zeta_{eq,p}$,以及最后一级循环加载的 $\zeta_{eq,u}$,结果列于表 7.6-3。各试件的累积能量耗散见图 7.6-13。结果表明:双侧板节点具有良好的变形能力,其延性系数大于 3.0;试件 DSP1~DSP3 等效黏滞阻尼系数均大于 0.4,具有较强的耗能能力;试件 DSP1、DSP2 钢梁塑性铰充分发展,能够耗散更多的能量,试件 DSP3 塑性区域较为集中,能量耗散能力较弱。

(6) 刚度退化

各试件的刚度退化曲线见图 7.6-14。由图可见,各试件割线刚度在进入弹塑性阶段后迅速退化,随着钢材的塑性发展和强化,刚度退化趋于平缓。试件正向刚度小于负向刚度,是由于正向加载时钢材强化,反向加载时试件具有更高的承载力。由于下托板对钢梁的加强作用,试件 DSP1 刚度略大于试件 DSP2。试件 DSP3 侧板被壁式柱和钢梁约束,板件宽厚比较小,刚度下降平缓,双侧板节点具有良好的抗震性能。

试件延性系数和等效黏滞阻尼系数 表 7.6-3

试件编号	加载方向	μ	$\zeta_{eq,p}$	$\zeta_{eq,u}$
DSP1	正向	3.04	0.307	0.491
	反向	3.05	0.288	0.486
DSP 2	正向	3.26	0.365	0.665
	反向	3.43	0.368	0.546

续表

试件编号	加载方向	μ	$\zeta_{eq,p}$	$\zeta_{eq,u}$
DSP 3	正向	3.00	0.266	0.425
	反向	3.39	0.347	0.573

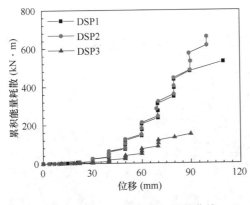

图 7.6-13　试件累积能量耗散曲线

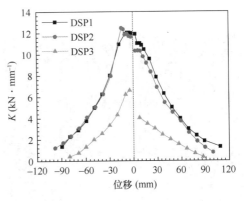

图 7.6-14　试件刚度退化曲线

7.6.2　平面内双侧板梁柱连接节点非线性有限元分析

1. 试验验证

由精细有限元模型所得到的各节点破坏形态见图 7.6-15～图 7.6-17，图中也给出了

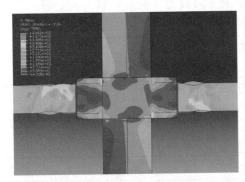
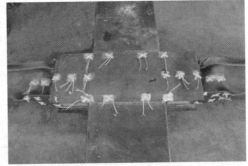

图 7.6-15　DSP1 整体破坏形态对比

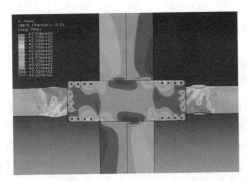

图 7.6-16　DSP2 整体破坏形态对比

试验所得破坏形态,以便对比分析。各节点的有限元计算结果与试验结果基本一致,试件 DSP1 主要为连接盖板临近位置钢梁翼缘和腹板屈曲破坏,试件 DSP2 为连接槽钢临近位置钢梁翼缘和腹板屈曲破坏,试件 DSP3 为壁式柱和钢梁间隙处侧板屈曲破坏。有限元模型中没有考虑钢材和焊缝累积塑性断裂,破坏形态中未能再现试验中的钢板断裂和焊缝撕裂,与试验结果有一定差异,但能从应力峰值和累积塑性应变判断可能出现断裂的位置。

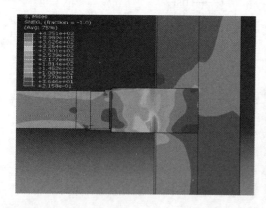 

图 7.6-17　DSP3 整体破坏形态对比

由精细有限元模型所得到的各双侧板节点的柱顶 P-Δ 滞回曲线和骨架曲线与试验曲线的对比如图 7.6-18 所示。由图可见,有限元计算结果和试验结果吻合良好,有限元模型能够很好地模拟双侧板节点在低周往复荷载下的受力行为(表 7.6-4)。

主要分析结果对比　　　　　　　　　　　　　　　　　表 7.6-4

试件编号	加载方向	屈服(试验)		屈服(计算)		峰值(试验)		峰值(计算)	
		V_y (kN)	Δ_y (mm)	V_y (kN)	Δ_y (mm)	V_p (kN)	Δ_p (mm)	V_p (kN)	Δ_p (mm)
DSP1	正向	199.9	22.6	209.7	20.1	249.1	49.7	237.5	60.0
	反向	214.8	21.2	207.8	20.1	254.8	49.6	237.4	60.0
DSP2	正向	178.5	21.6	187.8	19.7	225.1	59.7	213.1	49.0
	反向	209.3	20.7	188.6	19.7	245.0	59.8	214.2	49.5
DSP3	正向	76.9	22.8	79.9	19.4	94.2	49.9	98.7	38.4
	反向	80.4	17.8	81.7	19.8	101.4	39.6	100.9	38.4

注:V_y、和 V_p 分别为名义屈服荷载和峰值荷载;Δ_y、和 Δ_p 分别为名义屈服荷载和峰值荷载对应的位移。

2. 参数分析

本研究提出的壁式钢管混凝土柱-H 型钢梁双侧板节点作为一种新型的节点形式,配合壁式钢管混凝土柱使用。所述的壁式钢管混凝土柱截面宽厚比一般大于 3,柱子强轴方向刚度较大,相对于一般工程钢梁,壁式钢管混凝土柱线刚度远大于钢梁线刚度,因此节点区一般均满足"强柱弱梁"的设计要求。针对新型节点形式,将考虑轴压比、侧板高度、侧板厚度、盖板及托板厚度等因素对节点受力性能、破坏模式的影响,为工程设计提供依据和建议。

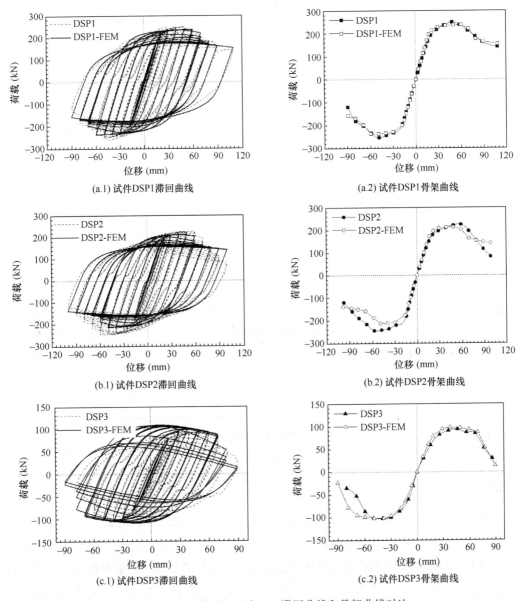

图 7.6-18 有限元与试验 P-Δ 滞回曲线和骨架曲线对比

本研究设计了 5 个系列的节点模型，模型参数见表 7.6-5～表 7.6-9，采用式（7.6-4）计算轴压比 n_d。

$$n_d = \frac{N}{f_c A_c + f_y A_s} \tag{7.6-4}$$

式中　N——竖向荷载；

f_c——混凝土轴心抗压强度设计值；

A_c——截面混凝土净面积；

f_y——钢材屈服强度设计值；

A_s——截面钢材面积。

节点系列1模型参数　　　　　表 7.6-5

模型编号	DSP1-1	DSP1-2	DSP1-3	DSP1-4	DSP1-5	DSP1-6	DSP1-7
设计轴压比	0.35	0.40	0.45	0.50	0.60	0.70	0.80
荷载（kN）	1332.45	1522.80	1713.15	1903.50	2284.19	2664.89	3045.59

节点系列2模型参数　　　　　表 7.6-6

模型编号	DSP2-1	DSP2-2	DSP2-3	DSP2-4	DSP2-5	DSP2-6	DSP2-7
侧板高度（mm）	520	490	460	430	400	370	350
与钢梁高度比	1.49	1.40	1.31	1.23	1.14	1.06	1

节点系列3模型参数　　　　　表 7.6-7

模型编号	DSP3-1	DSP3-2	DSP3-3	DSP3-4	DSP3-5	DSP3-6	DSP3-7
侧板厚度（mm）	6	8	10	12	14	16	18
与翼缘厚度比	0.55	0.73	0.91	1.10	1.27	1.45	1.64

节点系列4模型参数　　　　　表 7.6-8

模型编号	DSP4-1	DSP4-2	DSP4-3	DSP4-4	DSP4-5	DSP4-6	DSP4-7
盖板厚度（mm）	6	8	10	12	14	16	18
与翼缘厚度比	0.55	0.73	0.91	1.10	1.27	1.45	1.64

节点系列5模型参数　　　　　表 7.6-9

模型编号	DSP5-1	DSP5-2	DSP5-3	LSJD3-420
侧板长度 l（mm）	210	280	350	420
与梁高比值	0.60	0.80	1	1.20

（1）轴压比对节点受力性能影响

如图 7.6-19 所示，弹性阶段试件刚度变化不大，试件的承载力随着轴压比的升高而降低，但变化率较小，变化率在 1.0%～2.0%之间。试件的延性系数随着轴压比的升高而降低，降低率在 9.3%～10.5%之间。由表 7.6-10 可知，轴压比对试件的屈服位移影响较小，而对试件破坏位移的影响较大，破坏位移随着轴压比的升高而减小，这主要是因为试件屈服后，竖向荷载产生的二阶效应对试件的影响逐渐增大，轴压比越大这种影响越显著。因此，在设计中控制轴压比可保证节点具有一定的延性。

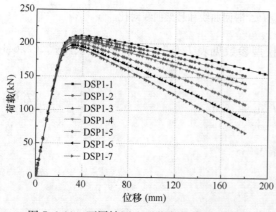

图 7.6-19　不同轴压比下节点荷载-位移曲线

不同轴压比下有限元分析结果　　　　　表 7.6-10

模型编号	屈服状态		极限状态		破坏状态		延性系数
	P_y (kN)	Δ_y (mm)	P_{max} (kN)	Δ_{max} (mm)	P_u (kN)	Δ_u (mm)	μ
DSP1-1	197.81	23.75	211.01	38.71	179.36	141.47	5.96
DSP1-2	195.80	23.57	208.87	35.76	177.54	126.15	5.35
DSP1-3	193.74	23.39	206.57	35.76	175.59	113.14	4.84
DSP1-4	192.10	23.06	204.74	36.09	174.03	104.32	4.52
DSP1-5	188.12	22.69	200.70	33.19	170.59	89.93	3.96
DSP1-6	184.83	22.46	196.81	33.19	167.29	79.82	3.55
DSP1-7	181.20	22.44	193.21	32.17	164.23	72.29	3.22

（2）侧板高度对节点受力性能影响

如图 7.6-20 和表 7.6-11 所示，随着侧板高度的增加，试件的承载力也得到提高。模型 DSP2-1、DSP2-2、DSP2-3 和 DSP2-4 的承载力相差率较小，在 10% 以内，而 DSP2-4 与 DSP2-5、DSP2-6、DSP2-7 相差率在 10% 以上。模型 DSP2-1 与 DSP2-2 承载力相差较小，DSP2-3 与 DSP2-4 承载力相差较小，但 DSP2-2 与 DSP2-3 承载力相差较大，另外 DSP2-5、DSP2-6 与 DSP2-7 彼此承载力相差较大，这是因为侧板高度不同时，节点梁柱隔离处侧板塑性发展程度不同，从而节点的破坏模式发生改变。由表 7.6-12 显示，随着侧板高度的增加，节点的延性逐渐增大，延性系数均在 4 以上。

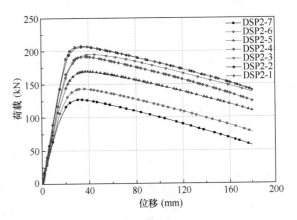

图 7.6-20　不同侧板高度下节点荷载-位移曲线

不同侧板高度下各试件的承载力指标　　　　　表 7.6-11

模型编号	屈服状态		极限状态		破坏状态	
	P_y (kN)	相差（%）	P_{max} (kN)	相差（%）	P_u (kN)	相差（%）
DSP2-1	195.5	0	207.59	0	176.45	0
DSP2-2	193.74	0.90	206.57	0.49	175.59	0.49
DSP2-3	179.20	7.50	195.57	5.49	165.95	5.49
DSP2-4	178.72	0.27	191.80	1.76	163.03	1.76
DSP2-5	154.77	13.40	167.57	11.59	144.13	11.59
DSP2-6	130.77	15.51	143.50	15.37	121.97	15.37
DSP2-7	115.84	11.42	127.43	11.19	108.32	11.19

不同侧板高度下各试件的延性指标 表 7.6-12

模型编号	Δ_y (mm)	Δ_{max} (mm)	Δ_u (mm)	μ
DSP2-1	22.54	33.90	111.74	4.96
DSP2-2	23.39	35.76	113.14	4.84
DSP2-3	24.04	37.63	115.87	4.82
DSP2-4	25.47	42.14	121.19	4.76
DSP2-5	23.71	37.28	109.02	4.60
DSP2-6	21.94	33.71	92.12	4.20
DSP2-7	20.50	32.17	82.32	4.01

图 7.6-21 给出了典型节点试件在峰值荷载时的应力云图，分析表明：DSP2-1、DSP2-2 的破坏属于典型的梁端出现塑性铰的破坏模式，侧板只有与柱相连的上下两侧区域的应力值微大，其余大部分区域均处于弹性阶段，满足"强柱弱梁，强节点弱构件"的设计原则；DSP2-3、DSP2-4 的梁柱隔离处侧板有较大的塑性发展，同时钢梁翼缘也有一定的塑性发展，介于侧板与钢梁同时出现塑性铰的状态；DSP2-5、DSP2-6 和 DSP2-7 的破坏最先从侧板处开始，在梁柱间隔的侧板处出现了塑性铰，属于典型的节点区破坏；DSP2-2 与 DSP2-3 梁柱隔离处侧板的塑性发展程度不同，这导致 DSP2-2 承载力略高于 DSP2-3；控制侧板高度可以有效地控制梁柱隔离处侧板的塑性发展程度，进而有效地控制节点试件的破坏模式。

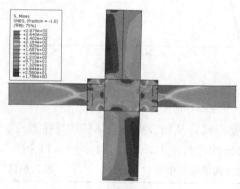

(a) DSP2-1节点应力云图（Δ=33.90mm）

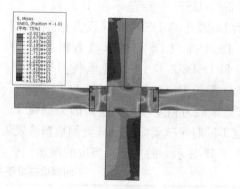

(b) DSP2-3节点应力云图（Δ=37.63mm）

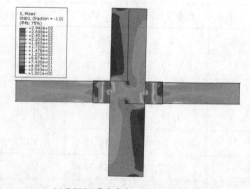

(c) DSP2-6节点应力云图（Δ=33.71mm）

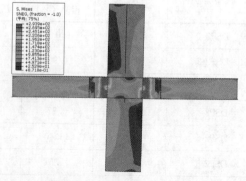

(d) DSP2-7节点应力云图（Δ=32.17mm）

图 7.6-21 典型节点试件极限荷载下的应力云图

（3）侧板厚度对节点受力性能影响

图 7.6-22 给出了不同侧板厚度下节点系列 3 的荷载位移曲线，表 7.6-13 给出了不同构件的承载能力以及延性参数。分析表明：侧板厚度对试件初始刚度的影响较小，当侧板厚度过小时，构件的承载力急剧下降，DSP3-1 的承载能力和延性明显低于其余节点的构件的承载能力和延性；当侧板厚度适当时，增加侧板厚度有利于提高构件的承载能力以及延性，但是增大率较小约在 0.4%～2% 之间。

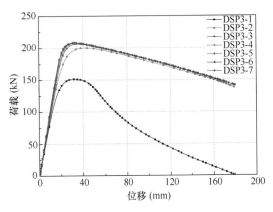

图 7.6-22 不同侧板厚度下节点的荷载-位移曲线

图 7.6-23 给出了 DSP3-1、DSP3-2、DSP3-3 及 DSP3-7 在峰值荷载时构件的应力云图。分析表明：DSP3-1 的破坏最先从侧板开始，在梁柱间隔的侧板处形成塑性铰，导致构件的承载能力明显低于其他构件；DSP3-2 侧板与梁端同时出现了塑性铰，其承载能力明显高于 DSP3-1，但是比其他构件承载力略低，其余构件均属于典型的梁柱破坏模式，梁端首先形成塑性铰，侧板大部分区域处于弹性阶段；当侧板厚度增加时，梁柱隔离处的侧板的塑性发展区域减少，相应的承载力以及延性均有所提高。因此设计时应注意侧板厚度不应过小，但是过厚的侧板厚度对构件的承载能力及延性的提高不明显，同时过厚的侧板厚度也会影响建筑墙的厚度，影响建筑使用功能，建议侧板厚度取钢梁翼缘厚度。

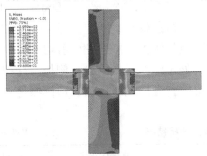

(a) DSP3-1 节点应力云图（Δ=31.90mm）

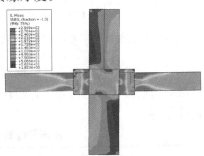

(b) DSP3-2 节点应力云图（Δ=42.69mm）

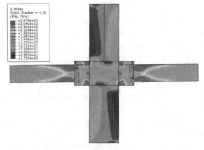

(c) DSP3-3 节点应力云图（Δ=35.76mm）

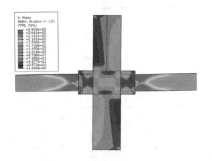

(d) DSP3-7 节点应力云图（Δ=46.58mm）

图 7.6-23 不同侧板厚度下节点极限荷载时的应力云图

不同侧板厚度下有限元分析结果 表 7.6-13

模型编号	屈服状态		极限状态		破坏状态		延性系数
	P_y (kN)	Δ_y (mm)	P_{max} (kN)	Δ_{max} (mm)	P_u (kN)	Δ_u (mm)	μ
DSP3-1	138.93	19.79	151.71	31.90	128.95	54.23	2.74
DSP3-2	183.99	24.54	200.26	42.69	170.22	118.22	4.82
DSP3-3	193.74	23.39	206.57	35.76	175.59	113.14	4.84
DSP3-4	195.38	22.50	207.43	32.29	176.32	111.96	4.98
DSP3-5	196.10	22.07	207.99	33.83	176.79	111.10	5.03
DSP3-6	196.24	21.54	208.36	32.17	177.11	110.63	5.14
DSP3-7	196.93	21.24	208.48	46.58	177.21	110.38	5.20

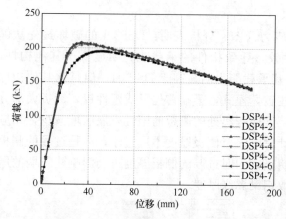

图 7.6-24 不同盖板厚度下节点的荷载-位移曲线

（4）盖板厚度对节点受力性能影响

图 7.6-24 给出了不同盖板厚度下节点构件有限元计算得到的荷载位移曲线，表 7.6-14 给出了构件承载力以及延性性能指标。加厚盖板板厚在一定程度上可以提高构件的承载能力以及延性，但是盖板厚度对构件的受力性能影响较小，值得注意的是当板厚过小时，结构的承载力降低幅度较大。

图 7.6-25 给出 DSP4-1、DSP4-3 在荷载峰值时的应力云图，DSP4-1 盖板与侧板连接处发生剪切屈服，构件的承载力低于其余构件；其余节点构件钢管与侧板均处于弹性工作阶段，侧板与柱相连处的上下侧区域应力值微大，但仍处于弹塑性阶段；梁端首先出现塑性铰，构件满足"强柱弱梁"的设计原则。

不同盖板厚度下有限元分析结果 表 7.6-14

模型编号	屈服状态		极限状态		破坏状态		延性系数
	P_y (kN)	Δ_y (mm)	P_{max} (kN)	Δ_{max} (mm)	P_u (kN)	Δ_u (mm)	μ
DSP4-1	171.84	25.07	195.13	50.61	165.86	117.41	4.68
DSP4-2	191.31	23.90	204.93	39.37	174.19	115.26	4.82
DSP4-3	193.74	23.39	206.57	35.76	175.59	113.14	4.84
DSP4-4	194.77	22.88	207.14	35.14	176.07	112.44	4.91
DSP4-5	194.84	22.72	207.45	36.29	176.33	111.87	4.92
DSP4-6	194.88	22.53	207.66	36.29	176.51	111.81	4.96
DSP4-7	194.90	22.38	208.02	34.36	176.81	111.32	4.97

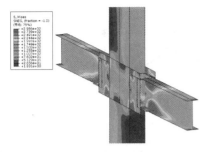
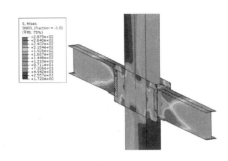

(a) DSP4-1应力云图（Δ=50.61mm）　　　　(b) DSP4-3应力云图（Δ=35.76mm）

图 7.6-25　峰值荷载时节点的应力云图

（5）侧板外伸长度对节点受力性能影响

1）滞回曲线和骨架曲线分析

不同侧板延伸长度下的荷载-位移滞回曲线见图 7.6-26，在低周往复荷载作用下，各节点的滞回曲线呈现梭形，比较饱满，中间无捏缩现象，说明各节点具有良好的抗震耗能性能。骨架曲线见图 7.6-27，可以看出，骨架曲线有明显的弹性阶段、弹塑性阶段、破坏阶段。表 7.6-15 和表 7.6-16 为有限元分析数值结果，可以看出随着侧板外伸长度 l 的增加，节点的初始刚度、屈服荷载和极限荷载均增大，l 每增加 20%，初始刚度增加 10% 左右，屈服荷载和极限荷载增大幅度稍小，增幅在 7% 左右。总体来看，随着侧板长度的增大，不仅节点核心区参与承载的单元增加，而且使塑性铰位置沿梁长方向往外推移，因此节点的破坏荷载和初始刚度都随之增大。DSP5-1 初始刚度和承载力下降幅度均大于其

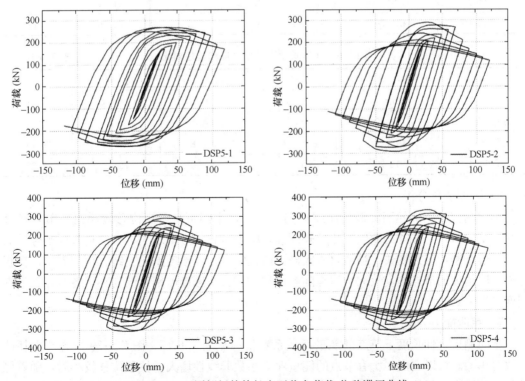

图 7.6-26　不同侧板外伸长度下节点荷载-位移滞回曲线

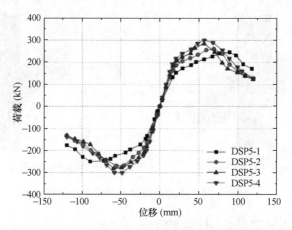

图 7.6-27　不同侧板外伸长度荷载-位移骨架曲线

他节点，是由于侧板长度过小时，整个节点域抗弯剪能力急剧下降，因此，侧板长度不应过小。由表7.6-15可以看出节点延性均大于2，说明节点延性性能良好，满足抗震要求。

不同侧板外伸长度下有限元计算结果　　　　表 7.6-15

模型编号	屈服状态		极限状态		破坏状态	
	P_y（kN）	增量（%）	P_{max}（kN）	增量（%）	P_u（kN）	增量（%）
DSP5-1	189.42	−17.87	245.59	−13.65	208.75	−13.65
DSP5-2	211.16	−8.45	267.37	−6.01	227.26	−6.01
DSP5-3	230.64	0	284.43	0	241.77	0
DSP5-4	244.21	5.88	308.47	8.45	262.20	8.45

不同侧板外伸长度下初始刚度和延性对比　　　　表 7.6-16

模型编号	初始刚度（kN/mm）	增量（%）	Δ_y（mm）	Δ_u（mm）	μ
DSP5-1	8.59	−25.24	40.78	102.42	2.51
DSP5-2	10.30	−10.36	33.51	83.10	2.48
DSP5-3	11.49	0	32.78	70.90	2.16
DSP5-4	12.70	10.53	31.50	79.52	2.52

2）刚度退化分析

不同侧板长度下的刚度退化曲线见图7.6-28，由图可见，当位移较小时，节点还处于弹性受力阶段，此时的刚度退化比较缓慢，随着位移的逐渐增大，节点进入弹塑性受力阶段，节点刚度退化变快，当节点进入破坏阶段时，节点刚度退化变缓。可以看出，侧板外伸长度越大的节点刚度较大，但是随着位移的增大，刚度差别逐渐变小，各节点在后期刚度趋于一致。

3）耗能能力分析

不同侧板延伸长度下节点的能量耗散系数指标见表7.6-17，图7.6-29为各节点耗能系数对比图。可以看出，所有节点的能量耗散系数非线性增大。柱顶位移较小时，随着侧板长度的增大，耗能系数逐渐增大，在加载后期，到达破坏阶段后，DSP5-2、DSP5-3、

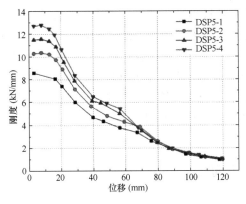
图 7.6-28 不同侧板长度下刚度退化曲线

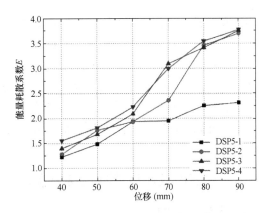
图 7.6-29 不同侧板长度能量耗散系数 E 对比图

DSP5-4 的耗能系数趋于一致，原因在于当位移较小时，侧板长度的增加使塑性铰位置向外推移，参与受力的节点域变大，耗能能力也逐渐增强，但是加载后期，节点的耗能能力主要取决于钢梁的尺寸，侧板长度的增加成为次要因素。

不同侧板外伸长度下能量耗散系数 E　　表 7.6-17

模型编号	40（mm）	50（mm）	60（mm）	70（mm）	80（mm）	90（mm）
DSP5-1	1.23	1.49	1.94	1.91	2.25	2.31
DSP5-2	1.29	1.76	1.93	2.36	3.46	3.70
DSP5-3	1.40	1.68	2.09	3.09	3.41	3.76
DSP5-4	1.56	1.81	2.23	3.00	3.55	3.77

4）应力分析

图 7.6-30 为 DSP5-1、DSP5-2、DSP5-3、DSP5-4 的应力云图，可以看出：不同侧板

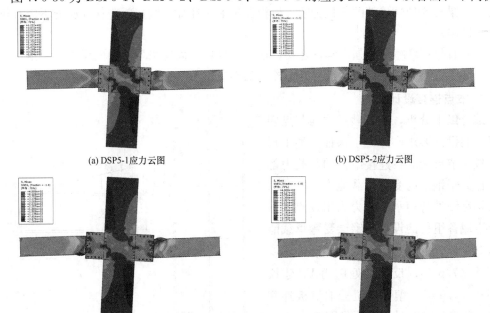

图 7.6-30 不同侧板外伸长度下的应力云图

外伸长度 l 下，节点呈现出的破坏模式均为梁端塑性铰破坏，塑性铰位置大约为距离侧板外侧 1/4 梁高处。随着 l 的增大，节点域向外延伸，节点域面积逐渐增大，参与受力的节点区域也随之增大，因此刚度和承载力逐渐增大。DSP5-1 节点域比较小，整个节点域基本上都已经处于塑性状态，这种状态相对不安全，因此侧板长度不宜过小。

综上所述，侧板长度越大，承载能力和初始刚度越大，长度过小时，会加速结构的破坏，但是过大会影响建筑的使用功能，并且不经济，建议侧板外伸长度取 0.7～1.0 倍的梁高。

7.6.3 平面内双侧板梁柱连接节点设计方法研究

1. 节点构造要求

抗震设计中，节点应满足"强柱弱梁，强节点弱构件"的设计原则，保证节点域具有足够的强度，以保证在梁端形成塑性铰之前不会破坏。因此建议采用如下构造要求：

（1）根据《钢管混凝土结构技术规范》GB 50936—2014：钢管内混凝土等级不应低于 C30；对于 Q235B 钢管，宜配 C30～C40 混凝土；对于 Q345B 钢管，宜配 C40～C50 混凝土。

（2）混凝土浇筑宜采用自密实混凝土浇筑，应在钢管壁适当位置留有足够的排气孔，排气孔孔径不应小于 20mm。

（3）采用双侧板连接形式的钢梁应满足规范宽厚比的要求，同时梁跨高比应大于 3 以保证受弯破坏起控制作用。

（4）侧板外伸长度宜取 $0.7\sim1.0h$，h 为钢梁高度。

（5）侧板、槽钢的厚度不应小于钢梁翼缘厚度，建议和钢梁翼缘同厚。

（6）槽钢翼缘高度不应高于 200mm，以保证楼板的施工。

（7）梁柱物理间隔处的侧板为节点侧板保护区，在加工制造时应保证此处不应有较大的初始缺陷。

（8）宜采用摩擦型高强度螺栓连接，连接板件接触面应采取必要的保护，槽钢连接处螺栓个数不小于 3 个，角钢连接处螺栓个数不应小于 2 个。

2. 节点连接设计

综合以上分析，为了满足"强节点弱构件"的设计要求，即为了保证梁端出现塑性铰，节点域的各连接组件的承载力都要保证大于钢梁的受弯承载能力。因此以钢梁塑性铰处弯矩承载能力为出发点，进行节点域各组件的设计。钢梁受弯承载能力取塑性铰处的塑性极限弯矩 M_{yb}，建议采用式（7.6-5）；反弯点处剪力 V_{bu} 建议采用式（7.6-6）。塑性铰位置取侧板外侧 $0.5h$（梁高）处，计算简图见图 7.6-31。

$$M_{yb} = f_y W_{nx} \quad (7.6-5)$$

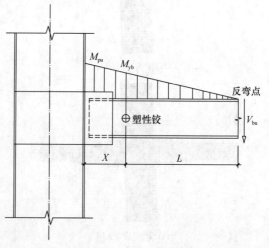

图 7.6-31 节点计算简图

$$V_{\text{bu}} = \frac{M_{\text{yb}}}{L} \tag{7.6-6}$$

式中 f_y ——钢材的屈服强度设计值；

W_{nx} ——梁截面对 x 轴的塑性截面模量；

L ——反弯点到塑性铰的位置，图中 x 是塑性铰到柱边的距离。

（1）侧板设计建议

由上述侧板破坏模式可以看出，梁柱隔离处的侧板为侧板的薄弱区域，此处的弯矩值也最大，为了满足梁端首先出现塑性铰，即保证此处侧板不破坏，侧板设计时建议满足式（7.6-7）和式（7.6-8）。

$$M_{\text{pu}}/(M_{\text{yb}} + V_{\text{bu}}x) \geqslant 1.2 \tag{7.6-7}$$

$$M_{\text{pu}} = f_y W_{\text{px}} \tag{7.6-8}$$

式中 M_{pu} ——侧板受弯承载力；

W_{px} ——侧板塑性截面模量；

f_y ——钢材屈服强度设计值。

（2）槽钢设计建议

槽钢连接处伸出钢梁翼缘的腹板部分为受力薄弱区域，主要承受弯矩和剪力的共同作用，把上下槽钢剖开来看，在平面内做计算简图如图 7.6-32 所示，由图可知，在弯矩和剪力的共同作用下，最不利位置在上下槽钢腹板的边缘处，参考扭矩作用下角焊缝的计算公式，并进行改进设计，槽钢的设计建议满足式（7.6-9）和式（7.6-10）。

$$f_v \geqslant \sqrt{\left(\frac{Tr_x}{2(I_x + I_y)} + \frac{V}{2lt}\right)^2 + \left(\frac{Tr_y}{2(I_x + I_y)}\right)^2} \tag{7.6-9}$$

$$T = M_{\text{yb}} + V_{\text{bu}}s 、 V = V_{\text{bu}} \tag{7.6-10}$$

式中 f_v ——钢材的抗剪强度设计值；

l ——槽钢长度；

t ——槽钢厚度；

$I_x、I_y$ ——有效截面绕 x、y 轴的惯性矩；

$r_x = l/2, r_y = h/2$；

h ——钢梁高度；

s ——塑性铰处到计算截面形心 o 处的距离；

T ——作用在截面形心处的弯矩；

V ——作用在形心处的剪力。

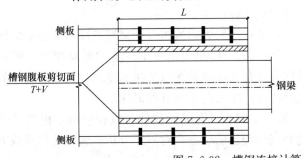

图 7.6-32 槽钢连接计算简图

(3) 连接角钢设计建议

连接角钢主要是将梁腹板剪力传递到侧板,连接角钢的高度根据钢梁高度按构造设计,连接角钢的厚度建议采用式(7.6-11)设计。

$$t_a = \frac{V_{bu}}{2f_v h_a} \tag{7.6-11}$$

式中　t_a——角钢厚度;

　　　h_a——角钢高度;

　　　f_v——角钢钢材的抗剪强度设计值。

(4) 高强度螺栓设计建议

该节点的连接形式为摩擦型高强度螺栓连接(图 7.6-33),为了保证连接强度,参考螺栓群在弯矩和剪力共同作用下的承载力计算公式,建议此节点的螺栓连接满足式(7.6-12)。

$$\sqrt{\left(\frac{Ty}{2\sum(x_i^2+y_i^2)}\right)^2 + \left(\frac{Tx}{2\sum(x_i^2+y_i^2)} + \frac{V}{2n}\right)^2} \leqslant N_v^b \tag{7.6-12}$$

$$T = M_{yb} + V_{bu}s, V = V_{bu} \tag{7.6-13}$$

$$N_v^b = 0.9 n_f \mu P \tag{7.6-14}$$

式中　N_v^b——单个摩擦型高强度螺栓受剪承载力设计值;

　　　P——高强度螺栓预紧力值;

　　　n_f——摩擦型高强度螺栓传力摩擦面个数;

　　　μ——摩擦面抗滑移系数;

　　　n——单侧高强度螺栓个数;

　　　x、y——距离形心最远处螺栓的坐标;

　　　x_i、y_i——各个螺栓在形心坐标轴当中的坐标;

　　　s——塑性铰处到计算截面形心 o 处的距离;

　　　T——作用在截面形心处的弯矩;

　　　V——作用在形心处的剪力。

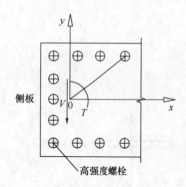

图 7.6-33　螺栓连接计算简图

3. 综合分析

(1) 强节点试件的破坏模式为梁端首先出现塑性铰,梁柱隔离处侧板有一定的塑性发展,属于典型的节点破坏模式,满足"强柱弱梁,节点更强"的设计原则。弱节点试件的破坏模式为节点区薄弱处侧板破坏,在设计时应避免出现节点区破坏。

(2) 试验结果表明虽然由于梁端链杆销轴的安装间隙导致柱端荷载-位移曲线出现了一定的滑移现象,但是节点试件仍具有良好的延性以及耗能能力,强节点试件的延性以及耗能性能均高于弱节点试件。

(3) ABAQUS 有限元软件可以较准确地模拟试验现象,由于试验装置和试件加工不能达到完全理想的状态,有限元分析得到的试件承载力以及延性均高于试验值。

（4）轴压比对试件初始刚度以及峰值荷载影响较小，随着轴压比提高，试件的延性降低幅度较大，控制轴压比可以有效地控制试件的延性；适当地增加侧板高度可以提高试件的承载能力，但是当侧板高度过小时会发生节点区的破坏，控制侧板高度可以有效控制试件的破坏模式；侧板厚度、盖板厚度及托板厚度对试件承载力以及延性影响较小，但当厚度过小时会导致节点区首先发生破坏。

（5）试验与有限元模拟分析表明侧板梁柱隔离区域均出现了一定程度的塑性发展，此部分区域应为节点保护区域，生产施工时应避免过多的初始缺陷。

（6）新型双侧板节点的破坏模式主要为钢梁塑性铰破坏以及节点侧板破坏。钢梁拉压应力沿着侧板对角线路径传递到另一侧钢梁，传力路径简洁，侧板承担较多的应力传递，钢管柱与混凝土对于应力传递贡献较小。

（7）侧板外伸远端区域可以采用降低高度的方式进行优化设计，优化区域越靠近柱端，节点侧板受力越复杂，梁柱间隔处侧板越容易发生断裂，另外优化过度区域应尽可能地平缓，避免应力突变。

7.6.4 机电一体化楼板卡槽式吊件承载力性能研究

1. 机电一体化楼板卡槽式吊件承载力性能研究

（1）闭口压型钢板

一般压型钢板厚约0.7~1.4mm，板高约75~200mm，大部分按单向板设计，其与混凝土的组合作用发挥了钢板抗拉及混凝土抗压的优点，对截面刚度提高作用也很大。目前压型钢板与混凝土组合板的截面形式大致有开口型和闭口型两种。闭口型则可以发展为缩口型，见图7.6-34。另外，提高承载能力的方法有：补充横向钢筋，改做波纹式钢板，轧制出凹凸槽纹，板上焊接横向钢筋或板上焊接抗剪栓钉等。

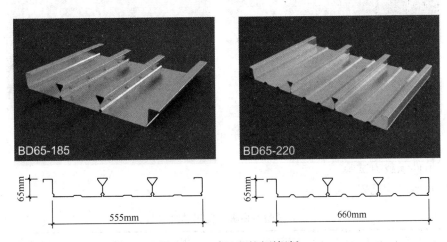

图7.6-34 闭口型压型钢板

闭口型承压板的主要优点：①板底平整、腹板贴合，可根据各种房间的不同功能和需要提供多种板底天花处理方式。②闭口型楼承板截面重心距板底15mm左右，小于开口型或缩口型截面参数，按塑性理论分析，表示材料强度发挥更充分，因此该板型组合板具有更大的结构承载力或者说具有更高的安全系数。③闭口型楼承板能够完全替代楼板中正弯矩受拉钢筋而且无须喷刷防火涂料即可达到 1.5h 的耐火时效。④闭口型楼承板能够减小楼板厚度，减轻自重，增大净空高度。采用开口楼承板，喷防火涂料的情况下最小板厚需 126mm，而采用该板型无须防火涂料最小只需 100mm。⑤该板型闭口型楼承板独特的卡槽悬吊系统能为建筑物板底机电管道安装提供方便，该系统无需在板底打眼或预埋铁件，只需将两只卡片插入板底沟槽内，便可提供吊点，拆卸也很方便。

（2）两片卡槽式悬吊系统

该系统包括钢承板及数个悬挂件，钢承板由板底及数个沿等距排列于底板上的肋体连接而成，底板顶面提供为混凝土浇置的浇置面，肋体顶面两侧缘向下弯折形成彼此紧密贴合的两延伸板，两延伸板与底板连接处之间分别朝外扩张构成与底板上形成卡槽的扩张部，数个悬挂件依照需求位置自卡槽伸入安装于钢承板扩张部内，并可沿卡槽的纵向自由移动定位。该系统不需要事前的规划或预埋，安装时也不需要在楼板底部钻孔打胀栓、烧焊或火药击钉。见图 7.6-35。

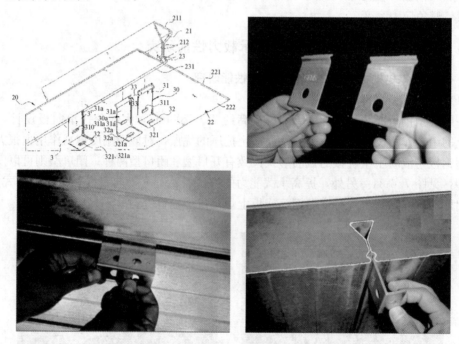

图 7.6-35　两片卡槽式悬吊系统

（3）吊件承载力试验

试件几何尺寸见表 7.6-18。

试验所用板几何尺寸表　　　　表 7.6-18

试件编号	试件长度 l (mm)	楼板厚度 d (mm)	钢板厚度 d_p (mm)	试件宽度 b (mm)
BD65-1	2291	198	1.2	1147
BD65-2	2304	199	1.2	1146
BD65-4	4200	122	0.91	1142
BD65-5	3600	119	0.91	1139
BD65-6	3200	122	0.91	1136

采用铅块加载,0.1kN 为一级,逐级加载,每次施加荷载后,等待约 60s,若吊件没有失效,继续施加荷载,如此直至吊件失效(即吊件滑脱或破坏),具体加载方式见图 7.6-36,吊件与卡槽连接处详见图 7.6-37。

图 7.6-36 加载方式

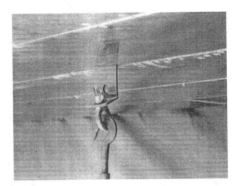

图 7.6-37 吊件与卡槽连接处详图

(4) 试验结果分析(表 7.6-19)

吊件承载力 表 7.6-19

吊件编号	板编号	所在卡槽	离板端距离(mm)	承受荷载(kN)
1	BD65-1 板	东 1 道	650	3.9
2		东 1 道	1550	4.2
3		东 2 道	550	3.4
4		东 3 道	650	4.0
5		东 4 道	650	3.4
6		东 4 道	1650	4.0
7		东 5 道	650	4.0
8		东 5 道	1650	4.1
9	BD65-2 板	东 5 道	600	3.7
10		东 5 道	1100	4.0
11		东 4 道	1100	3.5
12		东 3 道	1100	4.5
13		东 3 道	1400	4.6
14		东 2 道	1300	3.0
15		东 2 道	1050	3.4
16		东 1 道	1250	3.9
17	BD65-4 板	东 1 道	2100	5.6
18		东 2 道	1800	5.6
19		东 2 道	2400	5.8
20		东 3 道	2100	5.8
21		东 4 道	2100	5.1
22		东 5 道	2100	5.6

续表

吊件编号	板编号	所在卡槽	离板端距离（mm）	承受荷载（kN）
23	BD65-5 板	东 1 道	2100	5.8
24		东 2 道	2100	5.0
25		东 3 道	2100	5.6
26		东 4 道	2100	5.8
27		东 5 道	1900	5.8
28		东 5 道	2300	5.4
29	BD65-6 板	东 1 道	2100	5.8
30		东 2 道	2100	5.6
31		东 3 道	1800	5.8
32		东 3 道	2400	5.2
33		东 4 道	2100	5.8
34		东 5 道	2100	5.2

图 7.6-38　吊件最终形态

从表 7.6-19 可以看出，试验数据差别较小，但不同板间存在较大差别，分析原因为板在搬运、吊装、浇筑时产生了误差。

吊件在荷载作用下，由直角慢慢变为钝角，其破坏均表现为两个卡片从卡槽中突然掉落，观察吊件可以看出设置螺栓处吊件已经压出凹槽，但并未开裂，吊件最终形态见图 7.6-38。

2. 综合分析

单点吊重可达 225kg 标准重，无需设计、放样、预埋，拆装容易、无需特殊工具，承压板具有零损耗，整齐美观的特点。在设计吊顶或其他悬挂荷载，及吊件承载力时，可以将以上试验结果作为参考。

7.7　自锁式单向螺栓连接技术

7.7.1　研究简介

引进一种能够从封闭钢结构截面外侧直接完成连接、可以实现单边锁紧的自锁式单向螺栓，使得箱形截面柱等封闭截面构件与钢梁的连接不再依赖于现场焊接或对穿螺栓式连接等传统方式，能有效提高装配化效率和施工质量。

7.7.2　单向螺栓的设置对箱形柱芯筒法兰全螺栓连接力学性能的影响

为了研究单向螺栓的设置对节点力学性能的影响，将设置单向螺栓的芯筒式连接节点

（FBHCROB-1-360）、设置单向螺栓的芯筒式-宽法兰连接节点（BFBHCROB-1-360）、设置单向螺栓的芯筒式隔板贯通型连接节点（FBDHCOB-1-360）分别与芯筒式连接节点（FBHCR-1-360）、芯筒式-宽法兰连接节点（BFBHCR-1-360）、芯筒式隔板贯通型连接节点（FBDHC-1-360）的力学性能进行对比。

1. 节点试验现象对比

设置单向螺栓前后芯筒式连接节点加载到 0.02rad 之前，两种节点无任何明显的现象。节点加载至破坏时整体变形如图 7.7-1 和图 7.7-2 所示。节点法兰处变形如图 7.7-3 所示，柱顶转角 0.05rad 之前，设置单向螺栓前后芯筒式连接节点法兰开口大小基本相等，未设置单向螺栓芯筒式连接节点加载至 0.05rad 时高强度螺栓被拉断，连接节点发生破坏，然而设置单向螺栓芯筒式连接节点在柱顶转角 0.06rad 时法兰开口不再变化，说明法兰上螺栓拉力不增加，芯筒承受余下的弯矩，节点加载至 0.06rad 时柱脚钢板开裂，连接节点发生破坏。其他节点设置单向螺栓前后试验现象与此类似。单向螺栓的设置能够提高节点极限承载能力，增强芯筒受弯承载力，降低高强度螺栓预拉力，提高节点极限承载能力。

图 7.7-1　芯筒式法兰连接节点整体变形（0.05rad）　　图 7.7-2　设置单向螺栓芯筒式连接节点整体变形（0.06rad）

2. 节点滞回曲线对比

针对单向螺栓的设置对芯筒式连接节点滞回性能的影响进行对比，各个节点的弯矩-转角滞回曲线如图 7.7-4～图 7.7-6 所示。节点设置单向螺栓前后滞回曲线基本重合，未设置单向螺栓的节点在柱顶转角为 0.05rad 时发生破坏。设置单向螺栓的节点（FBHCR-OB-1-360、BFBHCROB-2-360）在柱顶转角为 0.06rad 发生破坏，滞回曲线更加饱满，单向螺栓的设置能够提高节点极限承载力，增强节点耗能能力。

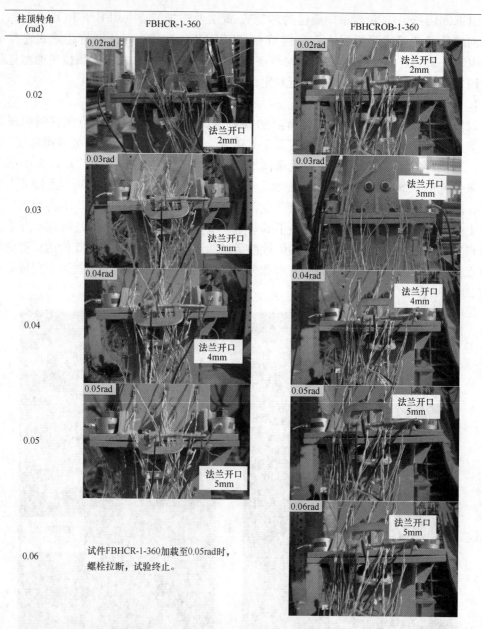

图 7.7-3 节点法兰处变形现象

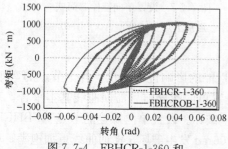

图 7.7-4 FBHCR-1-360 和 FBHCROB-1-360 滞回曲线

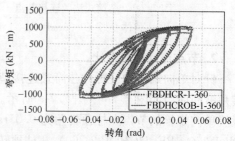

图 7.7-5 FBDHCR-1-360 和 FBDHCROB-1-360 滞回曲线

3. 节点骨架曲线对比

针对单向螺栓的设置对芯筒式连接节点承载力的影响进行对比，各个节点的骨架曲线如图 7.7-7～图 7.7-9 所示。柱顶转角为 0.05rad 之前，芯筒式连接节点在各加载级下的承载力基本相等，单向螺栓设置对芯筒式连接节点承载力影响对比如表 7.7-1 所示。芯筒式隔板贯通型连接节点相较于设置单向螺栓的芯筒式隔板贯通型连接节点承载力在柱顶转角为 0.005rad 时最大相差 20%，平

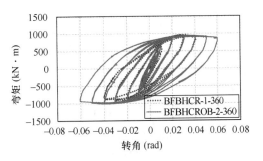

图 7.7-6 BFBHCR-1-360 和 BFBHCROB-2-360 滞回曲线

均相差 1%。芯筒式连接节点相较于设置单向螺栓的芯筒式连接节点承载力在柱顶转角为 0.005rad 时最大相差 17.85%，平均相差 3%。芯筒式-宽法兰连接节点相较于设置单向螺栓的芯筒式-宽法兰连接节点承载力在柱顶转角为 0.05rad 时最大相差 23%，平均相差 4%。未设置单向螺栓的节点在柱顶转角为 0.05rad 均发生节点破坏，设置单向螺栓的节点（FBHCROB-1-360、BFBHCROB-2-360）在柱顶转角为 0.06rad 时发生破坏，单向螺栓的设置在不同柱顶转角作用下承载力基本相等，但是单向螺栓的设置能够提高节点极限承载力。

单向螺栓设置对芯筒式法兰连接节点承载力影响对比 表 7.7-1

转角 (rad)	弯矩 (kN·m)		差值	弯矩 (kN·m)		差值	弯矩 (kN·m)		差值
	FBDHCR-1-360	FBDHCROB-1-360		FBHCR-1-360	FBHCROB-1-360		BFBHCR-1-360	BFBHCROB-2-360	
−0.06					−958.0			−917.2	
−0.05	−982.3	−986.7	0	−982.8	−1001.0	−1.85%	−798.7	−979.4	−23%
−0.04	−959.5	−1074.3	−12%	−968.9	−969.9	−0.11%	−851.0	−985.5	−16%
−0.03	−898.3	−1026.6	−14%	−918.0	−910.8	0.78%	−890.6	−948.5	−7%
−0.02	−823.0	−925.5	−12%	−849.8	−812.0	4.45%	−866.2	−889.7	−3%
−0.01	−625.4	−675.9	−8%	−655.7	−559.2	14.72%	−633.6	−640.5	−1%
−0.0075	−514.0	−570.6	−11%	−531.2	−459.3	13.53%	−519.4	−539.5	−4%
−0.005	−390.7	−467.6	−20%	−411.7	−338.2	17.85%	−386.1	−389.5	−1%
−0.00375	−329.3	−388.0	−18%	−327.6	−281.7	13.99%	−316.4	−322.0	−2%
0.00375	316.5	235.3	26%	313.4	330.9	−5.58%	319.7	317.3	1%
0.00500	394.8	305.4	23%	411.4	433.6	−5.39%	415.0	402.2	3%
0.00750	537.3	437.4	19%	551.3	557.9	−1.22%	538.6	531.3	1%
0.01	653.6	538.6	18%	698.9	666.7	4.61%	645.6	635.5	2%
0.02	865.2	786.8	9%	912.9	900.0	1.41%	878.6	869.4	1%
0.03	963.2	903.4	6%	994.0	987.4	0.67%	941.7	919.7	2%
0.04	995.3	956.7	4%	1042.6	1035.2	0.70%	904.6	923.2	−2%
0.05	1044.6	917.6	12%	1008.9	1063.6	−5.42%	814.8	906.9	−11%
0.06					1007.0			866.0	
平均值			1%			3%			−4%

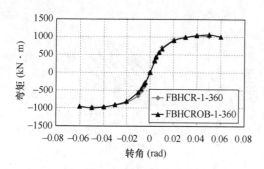

图 7.7-7　FBHCR-1-360 和
FBHCROB-1-360 骨架曲线

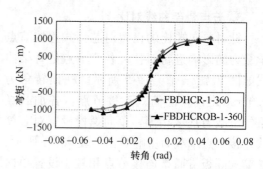

图 7.7-8　FBDHCR1-360 和
FBDHCROB-1-360 骨架曲线

4. 节点等效刚度退化曲线对比

针对单向螺栓的设置对芯筒式连接节点的刚度退化情况的影响进行分析，各个节点的等效刚度退化系数曲线如图 7.7-10～图 7.7-12 所示。在柱顶转角为 0.06rad 之前，设置单向螺栓前后节点的等效刚度退化规律基本一致，节点等效刚度退化曲线基本重合。设置单向螺栓的节点在柱顶转角为 0.06rad 时等效刚度退化系数较小，设置单向螺栓的节点此时刚度退化较为缓慢。设置单向螺栓对芯筒式法兰连接节点等效刚度退化系数影响对比如表 7.7-2 所示。芯筒式隔板贯通型连接节点相较于设置单向螺栓的芯筒式隔板贯通型连接节点等效刚度退化系数在柱顶转角为 0.04rad 时最大相差 26%，平均相差 4%。芯筒式连

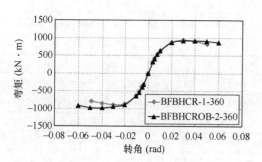

图 7.7-9　BFBHCR-1-360 和
BFBHCROB-2-360 骨架曲线

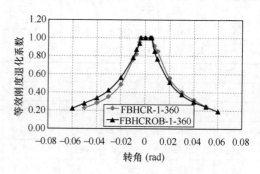

图 7.7-10　FBHCR-1-360 和
FBHCROB-1-360 等效刚度退化曲线

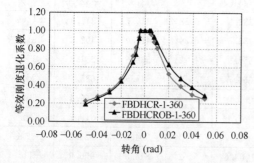

图 7.7-11　FBDHCR-1-360 和
FBDHCROB-1-360 等效刚度退化曲线

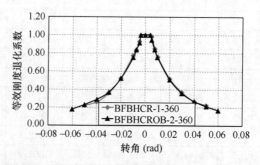

图 7.7-12　BFBHCR-1-360 和 BFBHCROB-
2-360 等效刚度退化曲线

接节点相较于设置单向螺栓的芯筒式连接节点等效刚度退化系数在柱顶转角为 0.02rad 时最大相差 26%，平均相差 7%。芯筒式-宽法兰连接节点相较于设置单向螺栓的芯筒式-宽法兰连接节点等效刚度退化系数在柱顶转角为 0.04rad 时最大相差 12%，平均相差 0%。由此可得，单向螺栓设置对芯筒式连接节点的等效刚度退化系数影响较小。

单向螺栓的设置对芯筒式连接节点等效刚度退化系数影响对比　　表 7.7-2

转角 (rad)	弯矩 (kN·m)		差值	弯矩 (kN·m)		差值	弯矩 (kN·m)		差值
	FBDHCR-1-360	FBDHCROB-1-360		FBHCR-1-360	FBHCROB-1-360		BFBHCR-1-360	BFBHCROB-2-360	
−0.06	—	—	—	—	0.19	—	—	0.17	
−0.05	25%	29%	−15%	0.24	0.24	1%	22%	21%	5%
−0.04	0.30	0.38	−26%	0.32	0.30	7%	0.27	0.27	−1%
−0.03	0.39	0.48	−23%	0.40	0.37	7%	0.37	0.36	3%
−0.02	0.52	0.63	−20%	0.55	0.51	8%	0.52	0.51	2%
−0.01	0.80	0.87	−9%	0.85	0.76	10%	0.76	0.75	1%
−0.0075	0.88	0.93	−6%	0.91	0.85	6%	0.85	0.84	1%
−0.005	0.96	1.00	−4%	1.00	1.00	0	0.98	0.94	4%
−0.00375	1.00	1.00	0	1.00	1.00	0	1.00	1.00	0
0.00375	1.00	1.00	0	1.00	1.00	0	1.00	1.00	0
0.00500	0.92	0.92	1%	1.00	0.94	6%	0.93	0.91	2%
0.00750	0.82	0.74	9%	0.95	0.87	8%	0.83	0.84	0
0.01	0.72	0.65	9%	0.82	0.78	5%	0.77	0.75	3%
0.02	0.47	0.45	6%	0.76	0.56	26%	0.52	0.52	0
0.03	0.34	0.33	5%	0.49	0.42	14%	0.36	0.37	−3%
0.04	0.27	0.26	6%	0.35	0.34	4%	0.26	0.29	−12%
0.05	0.22	0.19	16%	0.28	0.28	1%	0.22	0.23	−4%
0.06	—	—	—	—	0.22	—	—	0.18	
平均值	—	—	−4%	—	—	7%	—	—	0

5. 综合分析

单向螺栓的设置能够提高节点连接区刚度，增强节点延性和耗能能力，进而提高节点极限承载能力，但是对节点不同加载级承载能力、等效刚度退化系数和高强度螺栓预拉力影响较小。

7.7.3　矩形钢管柱 H 型钢梁高强度螺栓连接的有限元分析

通过对有限元模型不同构件几何参数设置的不同，共形成 6 组模型，分别讨论端板控制、柱壁控制、螺栓控制几种破坏模式下 T 形连接节点的力学性能。将同济大学所做的自锁式单向螺栓 T 形连接节点承载力性能研究试验所得的试验数据和本章中的理论计算所得结果与高强度螺栓连接下 T 形连接节点的有限元分析结果进行对比分析，获得自锁式单向螺栓 T 形连接节点受力特性更全面的知识，总结出自锁式单向螺栓的简化设计依据及指导结构设计的节点构造建议。

图 7.7-13～图 7.7-18 为各模型在加载过程中的应力云图，根据试验现象与理论分析，可知模型 OB-1 与 HSB-1 形成螺栓受拉屈服、断裂的破坏模式；模型 OB-2 与 HSB-2 形成端板受弯屈服的破坏模式；模型 OB-3 与 HSB-3 形成柱壁受弯屈服的破坏模式。

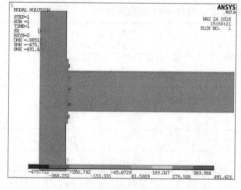 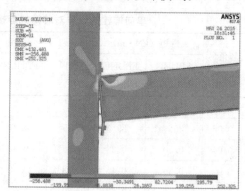

(a) 初始加载　　　　　　　　　　　　　　(b) 极限破坏阶段

图 7.7-13　无预紧力高强度螺栓模型 OB-1 螺栓破坏

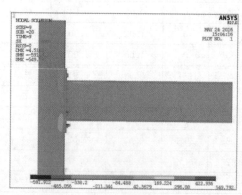 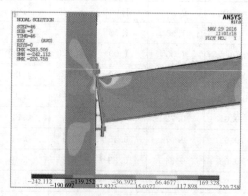

(a) 初始加载　　　　　　　　　　　　　　(d) 极限破坏阶段

图 7.7-14　50% 预紧力高强度螺栓模型 HSB-1 螺栓破坏

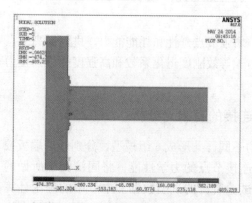 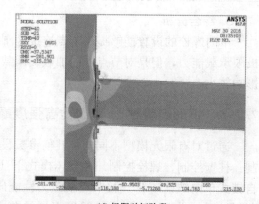

(a) 初始加载　　　　　　　　　　　　　　(d) 极限破坏阶段

图 7.7-15　无预紧力高强度螺栓模型 OB-2 端板破坏

第 7 章 钢结构高效装配化连接技术

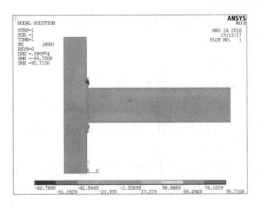
(a) 初始加载

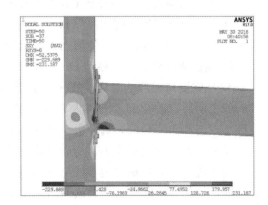
(d) 极限破坏阶段

图 7.7-16 50%预紧力高强度螺栓模型 HSB-2 端板破坏

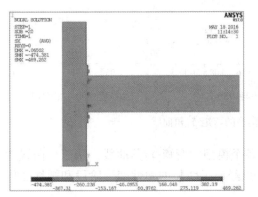
(a) 初始加载

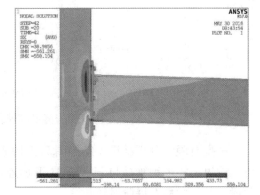
(d) 极限破坏阶段

图 7.7-17 无预紧力高强度螺栓模型 OB-3 柱壁受弯屈服

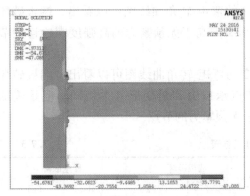
(a) 初始加载

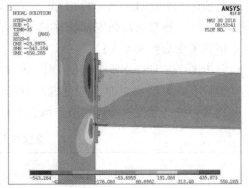
(d) 极限破坏阶段

图 7.7-18 50%预紧力高强度螺栓模型 HSB-3 柱壁受弯屈服

1. 螺栓破坏模式——模型 OB-1 和 HSB-1 螺栓破坏

从上述两个模型的破坏过程和最终破坏应力云图可以看出，由于端板和柱壁相对刚度较大，模型由于螺栓破坏致使节点丧失承载能力。

2. 端板破坏模式——模型 OB-2 与 HSB-2 端板破坏

3. 柱壁受弯屈服的破坏模式——模型 OB-3 和 HSB-3 柱壁受弯屈服

综上所述，改变 H 型钢梁与矩形钢管柱端板连接节点的柱壁厚度、端板厚度等对节点破坏形态和角变形的影响较大。柱壁和端板厚度的增加会减小二者受力后的变形，使二者间受力后产生的间隙变小，从而充分发挥螺栓的使用功能。

为了进一步分析矩形钢管柱与 H 型钢梁在高强度螺栓连接作用下 T 形连接节点承载力性能，根据有限元分析结果绘制出如图 7.7-19 所示六个模型对应的弯矩-转角曲线，以此进行模型承载力分析。

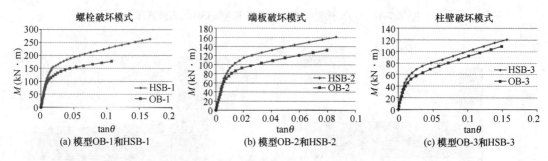

图 7.7-19　各破坏模式下模型的弯矩-转角曲线

根据有限元分析结果，绘制图 7.7-19 所示各个模型的弯矩-转角曲线。从三个曲线图可以看出，矩形钢管柱与 H 型钢梁 T 形连接节点经历了明显的弹性变形阶段和塑性变形阶段，并且塑性发展阶段较长。

分析图 7.7-19(a) 所示模型 OB-1 和 HSB-1 的弯矩-转角曲线图可以看出，在螺栓破坏模式下，施加 50% 预紧力高强度螺栓连接下的节点承载力与角变形均高于无预紧力的高强度螺栓连接节点；

分析图 7.7-19(b) 所示模型 OB-2 和 HSB-2 的弯矩-转角曲线图可以看出，端板破坏模式下，50% 预紧力高强度螺栓连接下的节点承载力高于无预紧力的高强度螺栓连接节点，但是角变形差别不大；

分析图 7.7-19(c) 所示模型 OB-3 和 HSB-3 的弯矩-转角曲线图可以看出，端板破坏模式下，有、无预紧力的高强度螺栓连接下节点承载力和角变形基本相同，但是施加 50% 预紧力的高强度螺栓连接节点承载力略高于无预紧力的节点。

各试件承载力汇总表　　　　表 7.7-3

破坏模式	螺栓破坏		端板破坏		柱壁破坏	
试件编号	HSB-1	OB-1	HSB-2	OB-2	HSB-3	OB-3
承载力分析结果（kN）	230	155	140	115	105	95

由于有限元分析过程中各模型均按照 5kN/min 速度加载，即每增加一个载荷步荷载增加 5kN，故分析得到的曲线图及承载力数值均以整数计，实际子载荷步可能出现±2.5kN

左右的波动，分析数据时应予以适当考虑。

从有限元分析结果可以读出无预紧力高强度螺栓连接作用下的模型 OB-1、OB-2、OB-3 的承载力为 155kN、115kN、95kN，施加 50％预紧力高强度螺栓连接作用下的模型 HSB-1、HSB-2、HSB-3 的承载力为 230kN、140kN、105kN，详见表 7.7-3。

由表 7.7-3 和图 7.7-19 综合分析可得如下结论：

矩形钢管柱壁厚度对节点承载力影响最大，钢管柱壁厚较小的模型 HSB-3 和 OB-3 的承载力明显小于钢管柱壁厚较大的另外四组模型；在螺栓尺寸不变的情况下，改变端板和柱壁厚度对模型承载力影响较大；当端板厚度由模型 OB-1/HSB-1 中的 14mm 变为模型 OB-2/HSB-2 中的 10mm 时，节点承载力分别相差近 40kN 和 90kN；相当于承载力高出 34.78％和 64.28％；当柱壁厚度由模型 OB-1/HSB-1 中的 12mm 变为模型 OB-3/HSB-3 中的 8mm 时，节点承载力分别相差近 60kN 和 115kN；相当于承载力高出 42.1％和 109.5％；

同尺寸三组模型 OB-1 与 HSB-1、OB-2 与 HSB-2、OB-3 与 HSB-3，只是存在所用螺栓是否施加预紧力的区别，但承载力值分别相差 75kN，25kN，20kN，可见有预紧力的高强度螺栓连接作用下的节点承载力高于无预紧力高强度螺栓连接作用下的节点承载力。并且对螺栓承载力控制下的模型 OB-1 与 HSB-1 承载力影响较大，即 50％预紧力的高强度螺栓连接下的节点承载力高出无预紧力高强度螺栓连接作用下的节点承载力 48.38％。

（1）螺栓杆上的应力发展过程

以试件 HSB-1 为例，分析加载过程中受拉翼缘对应位置处的 4 根高强度螺栓的应力分布及其变化规律。各加载阶段高强度螺栓的应力云图如图 7.7-20 所示。由应力云图可看出，高强度螺栓在施加预拉力后处于弹性受力状态，4 根螺栓的应力分布基本一致。由于螺栓杆与螺帽和螺母相交处在预拉力阶段存在应力集中，故螺栓杆两端应力较大，螺栓杆中间应力较小。随着荷载的逐渐增大，螺栓杆上应力越来越大，尤其是螺栓杆中部应力发展极为迅速，另外，由于受矩形钢管柱柱壁鼓曲变形的影响，端板一侧的应力明显大于柱壁一侧的应力。模型最终破坏时，破坏位置位于螺栓杆中部。

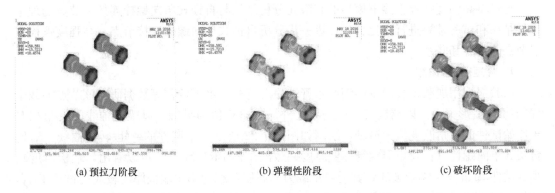

(a) 预拉力阶段　　　　　　(b) 弹塑性阶段　　　　　　(c) 破坏阶段

图 7.7-20　模型 HSB-1 中螺栓各阶段应力云图

由上述螺栓在加载过程中应力的发展云图可以看出，每个模型中 H 型钢梁受拉翼缘对应位置处的 4 根螺栓受力情况基本相同。为了直观表达不同几何参数构件组成的各模型中高强度螺栓的应力变化情况，笔者以受拉翼缘中四个螺栓拉力的平均值为纵坐标，以模型上施加的外荷载为横坐标，绘制出螺栓拉力随外荷载变化的曲线。

(2) 各模型中螺栓拉力的变化

为探索各模型中螺栓拉力对节点承载力的贡献和影响，列出图 7.7-21 所示各模型中螺栓拉力随外荷载的变化曲线。

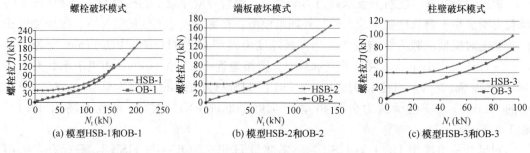

图 7.7-21　螺栓拉力随 N_t 变化曲线

从图 7.7-21 中可以看出：①高强度螺栓施加预拉力之后，各模型中的螺栓拉力与所施加预拉力基本相同；未施加预紧力的高强度螺栓拉力从零开始增加；②开始施加外界荷载后，螺栓拉力随着外荷载的增加而缓慢增大，当外荷载大于 75kN 后，螺栓拉力开始迅速增大；③螺栓承载力控制的模型 OB-1 和 HSB-1 中螺栓拉力增大过程中有明显的加速上升阶段，原因是其进入塑性变形阶段；④端板和柱壁承载力控制的模型 OB-2/3 和 HSB-2/3 中螺栓拉力并未出现加速上升段，螺栓拉力随 N_t 变化曲线基本保持斜率不变状态，原因是节点破坏时螺栓并未完全进入塑性阶段，尚处于弹性受力阶段；⑤比较图 7.7-21 中各曲线图还可以看出，当外荷载相同时，端板、柱壁厚度越大，螺栓拉力相对越小，主要是因为端板和柱壁厚度的增加使其相对变形减小，从而使螺栓受拉过程中撬力作用的影响降低。

7.7.4　理论分析及计算与 ANSYS 建模分析对比

通过将高强度螺栓连接下模型的有限元分析结果与自锁式单向螺栓连接下节点的理论推导结果和试验结果进行对比分析，进一步分析自锁式单向螺栓连接节点与高强度螺栓连接节点的差异和联系。

1. 弯矩-转角曲线

试验根据用加载系统记录的钢梁悬臂端静力荷载和水平位移等数据研究该节点加载全程的荷载-变形关系。以端板与柱壁交界处外加的弯矩值为纵轴，以梁柱轴线间夹角相对于原始试件的转角改变值为横轴，绘制如图 7.7-22 所示 3 个试件的弯矩-转角曲线。对比自锁式单向螺栓直径及矩形钢管柱壁厚度一致的试件 BR1 和 BR2 可以看出，端板厚度较小的试件 BR2 发生端板破坏，其受弯承载力和屈服荷载均小于端板厚度较大的试件 BR1，试件 BR1 发生螺栓破坏，如图 7.7-22(a) 和（b）所示。对比自锁式单向螺栓直径及端板厚度一致的试件 BR1 和 BR3 可以看出，矩形钢管柱壁厚度较小的试件 BR3 发生柱壁破坏，其受弯承载力和屈服荷载明显低于柱壁厚度较大的试件 BR1，试件 BR1 发生螺栓破坏，如图 7.7-22(a) 和（c）所示。

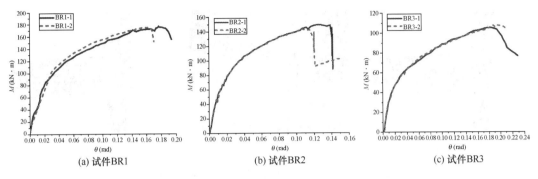

图 7.7-22　试件弯矩-转角曲线

2. 试件承载力试验值

试件承载力试验值详见表 7.7-4。对于无预紧力的高强度螺栓连接下的模型 OB-1，从开始加载到 75kN 过程中，端板与柱壁间出现微小缝隙；继续加载至 125kN，端板与柱壁间变形随荷载增加而急剧增大，同时加载点处对应位置即梁的悬臂端下降位移明显增大处；当荷载达到 155kN 时，螺栓出现严重紧缩变形，不适于继续加载（图 7.7-23～图 7.7-27 和表 7.7-4）。

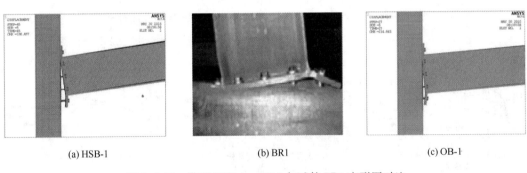

图 7.7-23　模型 HSB-1、OB-1 与试件 BR1 变形图对比

图 7.7-24　模型 HSB-2、OB-2 与试件 BR2 变形图对比

试件承载力试验值　　　　表 7.7-4

试件编号	BR1	BR2	BR3
试验值（kN·m）	175.95	142	106.95

图 7.7-25　模型 HSB-3、OB-3 与试件 BR3 变形图对比

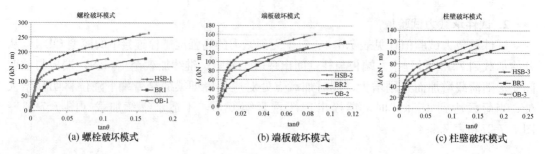

图 7.7-26　模型 HSB-2、OB-2 与试件 BR2 弯矩-转角曲线对比

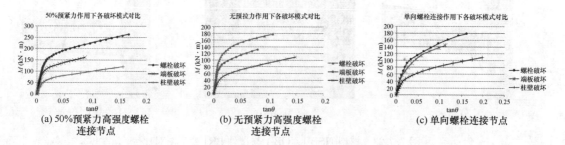

图 7.7-27　各破坏模式的弯矩-转角曲线对比

3. 综合分析

（1）矩形钢管柱 H 型钢梁 T 形连接节点存在三种破坏模式，分别是：螺栓破坏、端板破坏和柱壁破坏；发生螺栓达到极限抗拉状态的螺栓破坏模式时，连接节点的承载力和抗弯刚度均最大。因此在进行自锁式单向螺栓 T 形连接节点设计时，应合理地以螺栓破坏模式为设计准则，同时通过构造措施避免端板和柱壁两种破坏模式。

（2）在螺栓尺寸、等级相同的情况下，发生端板破坏模式时自锁式单向螺栓连接节点的承载力介于有无预紧力高强度螺栓连接节点之间，通过插值法分析，理论上应与施加 1/5 预紧力高强度螺栓连接节点的承载力一致。

（3）自锁式单向螺栓连接节点的破坏形态、承载力和抗弯刚度更接近于无预紧力高强度螺栓连接节点，但节点角变形明显增大，节点抗弯刚度明显降低；螺栓和柱壁破坏模式下，最终破坏时其极限角变形更接近于 50% 预紧力高强度螺栓连接节点。

（4）通过对比试验与公式推导结果可知，螺栓和端板破坏模式下的自锁式单向螺栓连接节点承载力计算公式合理；柱壁破坏模式下的计算公式偏于保守；并且建议设计时采用螺栓、柱壁强度控制下的节点承载力大于端板强度控制的节点承载力的原则。

（5）在进行矩形钢管柱自锁式单向螺栓T形连接节点设计时，为了免去使用理论公式的烦琐计算，建议按照同等级普通螺栓连接设计规程进行节点承载力设计；对于节点抗弯刚度设计，宜通过构造措施加以控制，根据分析结果并考虑经济因素，建议端板厚度 $t_d \geqslant 1.0d$，柱壁厚度 $t_b \geqslant 0.8d$，其中 d 为自锁式单向螺栓直径；同时建议节点设计时，通过合理设置几何参数，规避螺栓破坏和柱壁破坏两种破坏模式，最好能够形成端板受弯的破坏机制。

7.8 产业化示范

7.8.1 示范工程

1. 首师大附中通州校区教学楼示范项目

示范工程首都师范大学附属中学通州校区教学楼项目（图7.8-1和图7.8-2）位于北京市通州区中山路50号，为2017年北京市重点工程，建筑面积48000m²，示范应用了钢结构竖向构件和水平构件及单向螺栓高效装配化连接技术与产品、主体结构与减震装置和楼板高效装配化连接技术与产品等项目研究成果，具有性能良好、高效装配、缩短工期、绿色低碳等优势，取得了551万元的直接经济效益，进一步推广应用面积达57905m²，取得了良好的社会、环境和经济效益。

图7.8-1 装配式钢结构竖向构件高效连接技术工程应用

图 7.8-2 首师大附中通州校区教学楼施工现场

2. 重庆新都汇 1-2 号、22 号装配式钢结构住宅示范项目

示范工程重庆新都汇 1-2 号、22 号装配式钢结构住宅示范项目（图 7.8-3~图 7.8-7）位于重庆市綦江区东部新城，建筑面积 $25770m^2$，示范应用了新型双侧板全螺栓梁柱节点、平面外对穿螺栓梁柱节点和结构与机电设备一体化高效连接技术等项目研究成果，实现了现场装配效率高、建筑外观易保证、混凝土易浇筑等效果，节约钢材 200t，节约总工期 30d，创造直接经济效益 330 万元，进一步推广应用面积达 $60000m^2$，带来了良好的经济及社会效益。

图 7.8-3 建筑效果图

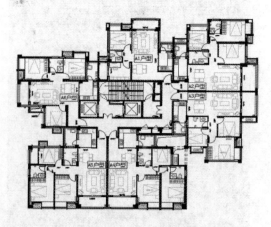

图 7.8-4 建筑平面图

图 7.8-5　竣工完成　　　　　　　图 7.8-6　管线分离技术示范

图 7.8-7　新型节点技术示范

3. 中冶建筑研究总院有限公司科研试验用房改造示范项目

示范工程中冶建筑研究总院有限公司科研试验用房改造项目（图 7.8-8）位于北京市

图 7.8-8　中冶建筑研究总院有限公司科研试验用房

海淀区西土城路33号，主体结构采用钢框架结构体系，建筑面积6546m²，示范应用了钢结构梁柱连接节点高效装配化连接技术与产品及一体化轻质围护外墙板与主体钢结构高效装配化连接技术等项目研究成果，实现了钢结构构件标准化生产，绿色装配，具有良好的社会和经济效益，施工效率提升70%，节约总工期40d，创造直接经济效益356万元。

7.8.2 示范生产线

1. 生产线基本信息

生产线名称：唐山海港首钢建设钢结构有限公司钢结构加工生产线

项目地点：河北省唐山市海港开发区港盛街

建设单位：唐山海港首钢建设钢结构有限公司

2. 生产线项目简介

如图7.8-9所示，钢结构加工基地主要建设生产线四条：H型钢数控自动化生产线2条、箱形构件数控自动化生产线1条、下料及钢管生产线1条。同时，配有多种抛丸机设备及独立的喷漆车间。整个基地占地面积288131m²，现拥有40453m²生产厂房和占地面积28000m²的两个露天跨，构成总面积68453m²的大型生产基地。拥有年产2.5万t钢结构生产能力。

图7.8-9　唐山海港首钢建设钢结构有限公司钢结构加工生产线

3. 示范亮点

完成H型钢生产线和箱形生产线建设，并利用建成的箱形构件生产线，完成对箱形芯筒式法兰刚性连接的试验性制作和检验，形成产业化生产工艺及工法。

箱形柱芯筒式法兰刚性连接为北京建筑大学钢结构建筑高效装配化连接节点研究成果，具有建筑设计标准化、部件制作工厂化、现场施工装配化、减少现场焊接工程量等优点。根据节点的特点，利用生产线设备及工装进行施工工艺方法的研究。

如图7.8-10所示，箱形上柱与下柱通过上、下柱法兰、八边箱形芯筒进行连接，芯筒主壁板与箱形本体壁板装配间隙为1mm，垂直度为0.5mm，直线度0.5mm，构件制作精度要求高，箱形芯筒截面尺寸的保证是本工程的施工难点。通过对连接节点分析，上、下柱连接法兰采用数控三维钻制孔可保证螺栓的穿孔率；上、下柱法兰平整度，采用整体组装、焊接，再拆分的施工工艺进行保证；芯筒的制作采用辅助工装进行制作，以保证构件的制作精度及施工效率。箱形芯筒法兰柱见图7.8-10，箱形芯筒及连接节点剖面见图7.8-11。

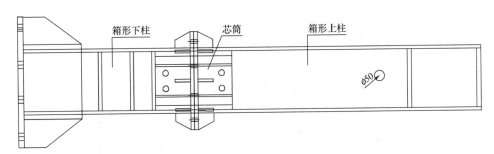

图 7.8-10　箱形芯筒式法兰柱

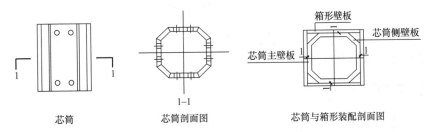

图 7.8-11　箱形芯筒及节点组装剖面图

针对该结构形式，研发了一套芯筒生产装备，以实现流水作业，产品精度高、效率高。装配过程如图 7.8-12 所示。

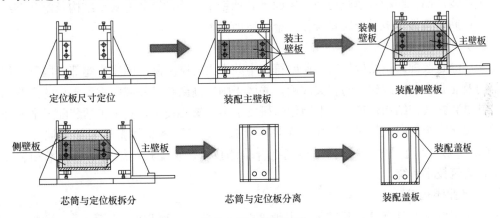

图 7.8-12　装配过程

实施过程如图 7.8-13～图 7.8-15 所示。

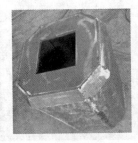

图 7.8-13　制作过程　　　　　　　　图 7.8-14　芯筒成品

图 7.8-15 箱形节点制造

该高效装配化柱节点大幅减少了现场焊接工作，提高了安装效率，实现了真正的绿色装配式钢结构建筑，具有良好的社会效益和经济效益。

7.8.3 示范产业园

1. 产业园基本信息

产业园名称：天津绿建装配式钢结构建筑产业园

地点：天津市静海开发区

建设单位：多维绿建（天津）科技有限公司

生产线产品：装配式建筑楼面、屋面等其他钢结构构件，装配式钢结构及配套钢结构构件、钢筋桁架楼承板、金属幕墙板、金属屋面板

2. 产业园项目简介

天津绿建装配式钢结构建筑产业园符合中共中央、国务院、国家住建部、国家科技部等部门及北京市装配式建筑的相关政策，并属于国家高新技术领域中重点支持的高技术领域。针对装配式钢结构建筑，产业园创新研发了多项核心技术，其中包括装配式金属楼面技术、装配式金属屋面技术、装配式金属幕墙技术、装配式金属幕墙板组合墙体（DW-VWALL）技术、装配式 LGS 薄壁型钢组合墙体技术、装配式钢结构制造技术和装配式钢结构建筑技术系统。

3. 产业园规模

产业园位于天津市静海开发区，占地 365 亩，总建筑面积约 15 万 m^2。其中，一期"绿建项目"建筑面积 7.7 万 m^2，二期"绿筑项目"建筑面积 8 万 m^2，如图 7.8-16 所示。

图 7.8-16 天津绿建装配式钢结构建筑产业园

4. 产业园产品

（1）承重构件

承重构件产品加工设备先进，技术成熟，产品质量高。主要产品有：H型钢系列钢结构产品、十字柱系列钢结构产品、箱形系列钢结构产品、圆管系列钢结构产品、角钢、槽钢系列、格构柱系列钢结构产品、桁架系列钢结构产品等。

加工工艺如图7.8-17所示。

图 7.8-17 加工工艺

产品种类如图7.8-18所示。

图 7.8-18 产业园产品（一）

图 7.8-18 产业园产品（二）

(2) 外围护墙（屋）体

产业园先后从意大利、德国、奥地利等国家引进领先的金属围护系统产品生产线，并在此基础上不断进行技术改进与创新，形成了园区独有的金属幕墙板系统。其中防火性能优异的 VGOO（维固）；具有优越节能效果的岩棉夹芯板系统 VPOLYMER（维聚）；表面平整度极高的聚氨酯夹芯板系统 VWALL（维科）；隔热保温且气密性极佳的金属幕墙板系统 VCOOL（维酷）；无尘净化的冷库板系统 VCLEAN（维洁）；洁净板系统等 6 大系列产品，以其特有的绿色、节能、环保、耐久、防火、隔声、舒适、安装快捷等特点得到了广泛的应用与客户的好评。

(3) 楼（屋）盖系统

在多种压型钢板楼承板的基础上，研发了钢筋桁架楼承板 SUPERDECK"维杰"楼承板系统，可减少施工现场 70% 的钢筋绑扎量。钢筋桁架楼承板生产工艺流程如图 7.8-19 所示：

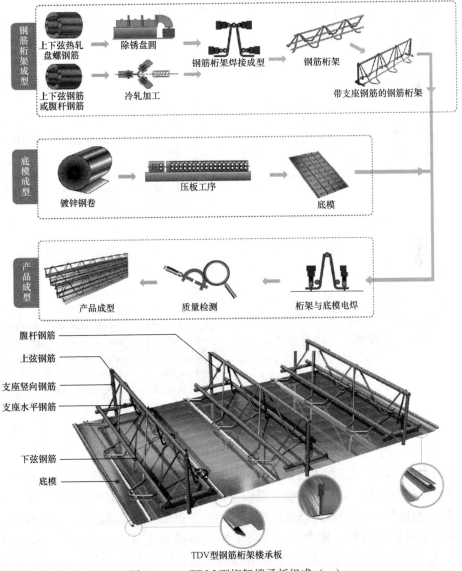

图 7.8-19 TDM 型桁架楼承板组成（一）

◆ "M"形直立肋双折边钢筋桁架楼承板：

◆ TDM型钢筋桁架板优势：

独一无二的M型直立肋设计

- 超强焊点承载力：
  "M"型直立肋宽度达2～3mm，与钢筋桁架腹杆钢筋的焊点承载力约为普通"V"形肋板型焊点承载力的1.5倍。
- 超强的耐久性：
  钢筋桁架与底模焊点的距离约5mm，底模表面无焊点，不会产生锈点，抗腐蚀能力优于TDV型钢筋桁架楼承板，避免了后期产生维护的可能。
- 避免漏浆：
  由于底模无焊点，不存在焊穿的孔洞，焊点不会出现漏浆。

◆ 产品构成
TDM钢筋桁架楼承板由上弦钢筋、下弦钢筋、腹杆钢筋、底模、支座钢筋构成。

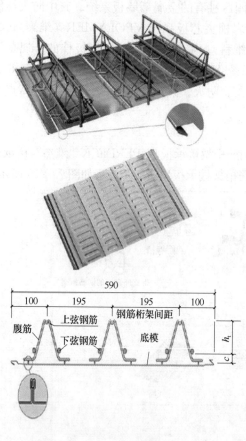

◆ 材料参数
- 上、下弦钢筋：采用三级热轧盘螺钢筋HRB400级或冷轧带肋钢筋CRB550级。
- 腹杆钢筋：采用冷轧光圆钢筋。
- TDM底模钢板：采用镀锌钢板常用厚度为0.4～0.5mm，双面镀锌量120g/m²。

◆ 产品尺寸参数

名称	规格
上下弦钢筋直径	6～14mm
腹杆钢筋直径	4～7mm
钢筋桁架高度	70～270mm
支座水平钢筋直径	10mm(h≤100mm)，12mm(h>100mm)
支座竖向钢筋直径	12mm(h≤100mm)，14mm(h>100mm)
底模钢板厚度	0.4～0.6mm
底模钢板宽度	600mm
混凝土保护层厚度	15mm, 20mm, 25mm, 30mm
钢筋桁架搭承板长度	1.0～12.0m

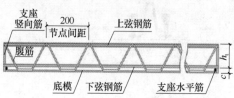

图 7.8-19　TDM型桁架楼承板组成（二）

将楼板中的钢筋在工厂加工成钢筋桁架，并将钢筋桁架通过塑料扣件，自攻钉与复合塑料或高强度镀锌板焊接成一体的组合模板，在施工阶段，钢筋桁架楼承板可承受施工载荷，直接铺设到钢梁上，只在现场进行简单的钢筋工程便可浇筑混凝土，完全替代了模板功能，减少了模板架设和支撑费用，提高了楼屋盖板施工效率。具有自主知识产权的TDD型装配式钢筋桁架楼承板系统（图 7.8-20），达到国际领先水平。

◆**产品构成：**
TDD钢筋桁架楼承板由上弦钢筋、下弦钢筋、腹杆钢筋、复塑模板、支座钢筋、扣件、自攻钉构成。

◆**材料参数：**
- 上、下弦钢筋：采用三级热轧盘螺钢筋HRB400级、或冷轧带肋钢筋CRB550级
- 腹杆钢筋：采用冷轧光圆钢筋
- TDD底模：15mm厚复合塑料模板或1.0～1.2mm高强镀锌板

◆**产品尺寸参数**

名称	规格
上下弦钢筋直径	6～14mm
腹杆钢筋直径	4～7mm
钢筋桁架高度	70～270mm
支座水平钢筋直径	10mm($h \leq 100$mm)，12($h > 100$mm)
支座竖向钢筋直径	12mm($h \leq 100$mm)，14($h > 100$mm)
底模厚度	15mm复塑模板； 1.0～1.2mm高强度镀锌板
底模宽度	600mm
混凝土保护层厚度	15mm，20mm，25mm，30mm
钢筋桁架楼承板长度	1.0～12.0m

◆**TDD示意图：**

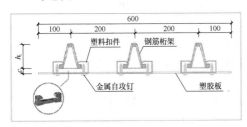
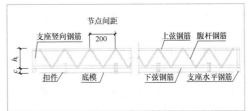

图 7.8-20 TDD装配可拆式钢筋桁架楼承板

参 考 文 献

[1] 张爱林，邵迪楠，张艳霞，等. 箱形柱内套筒式全螺栓柱拼接节点参数化分析[J]. 工业建筑，2018，48(5)：45-53.

[2] 张艳霞，郑明召，黄威振，等. 箱形柱内套筒式全螺栓拼接节点试验数值模拟[J]. 建筑钢结构进展，2018，20(4)：34-46.

[3] 张艳霞，程梦瑶，张爱林，等. 箱形柱整体芯筒式全螺栓连接受力性能研究[J]. 建筑结构学报，2020，41(5)：180-189.

[4] 张艳霞，侯兆新，张爱林，等. 箱形钢柱螺栓连接节点试验研究[J]. 钢结构(中英文)，2021，36(1)：34-49.

[5] 张艳霞，黄威振，郑明召，等. 箱形柱内套筒式全螺栓拼接节点拟静力试验研究[J]. 工业建筑，2018，48(5)：37-44.

[6] 住房和城乡建设部. 钢结构设计标准：GB 50017—2017[S]. 北京：中国建筑工业出版社，2017.

[7] 中国钢结构协会. 多高层建筑全螺栓连接装配式钢结构技术标准：T/CSCS 012—2021[S]. 北京：中国建筑工业出版社，2021.

[8] 住房和城乡建设部. 建筑抗震设计规范：GB 50011—2010(2016 年版)[S]. 北京：中国建筑工业出版社，2016.

[9] 张爱林，邵迪楠，张艳霞，等. 可恢复功能的中间柱型阻尼器预应力钢框架结构性能化设计研究[J]. 建筑结构，2018，48(11)：1-9+16.

[10] Zhang Y, Li Q, Yan Z, et al. Experimental study on spatial prefabricated self-centering steel frame with beam-column connections containing bolted web friction devices[J]. Engineering Structures, 2019, 195(Sep. 15): 1-21.

[11] Zhang YX, Li QG, Huang WZ, et al. BEHAVIOR OF PREFABRICATED BEAM-COLUMN CONNECTION WITH SHORT STRANDS IN SELF-CENTERING STEEL FRAME[J]. Advanced Steel Construction: An International Journal, 2019, 15(2): 203-214.

[12] 张爱林，王庆博，张艳霞，等. 芯筒式双法兰刚性连接平面及减震框架试验对比分析[J]. 工程力学，2020，37(12)：18-33.

[13] 张爱林，武超群，张艳霞，等. 钢结构高效装配减震体系拟动力和静力试验研究[J]. 土木工程学报，2020，53(12)：54-65.

[14] 黄育琪，郝际平，樊春雷，等. WCFT 柱-钢梁节点抗震性能试验研究[J]. 工程力学，2020，37(12)：34-42.

[15] 孙晓岭，郝际平，薛强，等. 壁式钢管混凝土柱抗震性能试验研究[J]. 建筑结构学报，2018，39(6)：92-101.

第8章 钢结构建筑轻质环保围护体系技术与产品

8.1 引言

8.1.1 研究背景及研究现状

如本书前几章所述，近年来钢结构建筑迎来了发展的好时机。为与钢结构建筑协调发展，其围护体系除了要求有足够的强度和刚度，还必须要满足轻质的要求[1-3]，并且要达到绿色节能的效果，满足密封性能、热工性能、隔声性能、装饰性能的要求[4-6]。

国外钢结构住宅发展至今已经形成了较为系统的建筑体系。美国以低层、多层轻钢结构住宅为主，围护体系多采用轻钢龙骨结构体系，价格低、施工速度快、布局灵活[7]。日本的产业化住宅重点考虑地震的影响，提出的"三合一"外墙体系将钢骨架与结构柱组合，提高结构抗侧力30%左右[8]；另一种"外墙干式免震构造法"可通过弹性构造消化地震引起的变形[9]。英国根据预制单元体系大小将钢结构住宅分为"Stick"结构及"Panel"结构[10]，通过工厂预制和现场组装提高建造速度和质量控制。芬兰的Termo体系外墙采用工厂预制、现场拼接的轻钢龙骨框架结构，提高了施工安装效率[11]；意大利的"BSAIS"建筑体系在外墙基层用玻璃棉做保温材料，并用防护板包裹来提高防火性能[12]。我国钢结构住宅发展始于20世纪80年代，1999年国家经贸委将"轻型钢结构住宅建筑通用体系的开发和应用"作为我国建筑业鼓励用钢的突破点，并正式列入国家重点技术创新项目[13]。二十多年来，国家颁布了一系列政策大力支持和推广钢结构建筑，众多企业也开展了新型墙体的研究，新材料、新技术不断被应用在实际工程中。

在围护墙体材料方面，加气混凝土以较轻的重量、较低的吸水率和较好的保温性能，在日本以及一些欧洲国家大量使用，并已形成较为成熟的生产应用技术[14]。如德国Handle公司开发的轻质空心墙板"ECO-Panel板"不仅作为围护体系使用，而且能够作为承重构件使用，在我国有良好的应用市场[15]。我国新型墙体材料在国家各项政策的推动下也得到了快速发展，早在2010年时，轻质加气混凝土砌块墙、板材墙、幕墙等新型墙体材料产量就已占墙体材料总量的55%[16]。但加气混凝土墙板收缩裂缝、保温性能、强度较低、尺寸限制等缺点限制了其在钢结构建筑围护体系中的应用。

因此，本课题"钢结构建筑轻质环保围护体系技术与产品"（课题编号：2017YFC0703807，以下简称课题）将结合建筑工业化对装配式轻质环保围护体系关键技术进行研究，开发与钢结构建筑配套使用的围护墙板产品生产技术，墙板与钢结构的连接、安装技术，墙板间及墙板与门窗的连接技术，形成适合我国不同热工地区的墙板产品系列，为我国发展钢结构建筑、全面推广建筑工业化及加快建筑产业升级提供技术支持，实现多种材质、模数化、完备性墙板产业化生产，实现全国范围内装配式轻质围护体系与钢结构建筑的配套使用。

8.1.2 研究内容及目标

1. 拟解决的关键问题

从目前来看，我国大力发展钢结构建筑，必须破除传统混凝土建筑、砌体建筑采用传统的厚重的预制混凝土大板、砌体材质（如黏土砖等实心材料）等内外墙做法，而必须转向 ALC 板、砌块及其他金属材料类型的新型墙体材料。从国内外研究和以往实践经验看，结合我国幅员辽阔存在不同热工地区，在我国发展钢结构建筑、全面推广建筑工业化及加快建筑产业升级提供技术支持，则必须面对下列技术问题：

（1）保温装饰一体化复合板生产技术。开发以水泥为基材的轻质、环保、节能的复合墙板，实现产业化生产，生产出满足保温、强度和抗渗要求的保温装饰一体化复合墙板，满足钢结构建筑的需要。

（2）模数化、完备性墙板板型制作技术。通过与钢结构模数化配合，建立模数化和完备性的板型图集，提高生产和现场装配效率和装配质量，满足建筑工业化和装配式建筑的发展需求。

（3）安全、高效的轻质墙板连接与安装技术。解决墙板与主体结构之间的连接技术问题，满足墙板与钢结构协同变形，实现安全和高效的安装，提高现场装配效率和装配质量。

（4）抗裂、耐久的轻质墙板接缝材料与施工技术。开发满足墙板耐久性要求和防渗、防裂要求的接缝材料和接缝技术，实现墙板连接抗渗、抗裂、耐久。

2. 主要研究内容

（1）保温装饰一体化轻质复合板技术研究与示范 开发一体化轻质复合墙板，研究轻质墙板、保温、外装饰三者的连接技术、协同工作技术、整体保温性能；研究一体化复合墙板生产技术和生产工艺；研究一体化复合墙板与主体结构之间的连接技术、复合墙板间接缝技术；进行工程示范，形成标准化图集。

（2）新型金属幕墙围护体系技术研究与示范 开发更适合在民用建筑中应用的金属幕墙与轻质墙板相结合的新型金属幕墙围护体系，研究金属幕墙与轻质墙板复合技术与连接技术和生产技术，实现产业化生产并进行工程示范，形成标准化图集。

（3）选取不同热工分区中有代表性的地区，如东北（严寒）地区、京津冀（寒冷）地区、长三角（夏热冬冷）地区、珠三角（夏热冬暖）地区，就不同区域的围护体系技术、产品及示范进行研究，开发适合不同地区的围护墙体复合材料与连接技术，形成标准化、模数化、完备性围护体系产品，实现产业化生产，最终实现工程示范，形成图集和技术指南。

3. 研究目标

通过本课题涉及的钢结构建筑围护系统相关内容的深入研究，实现多种材质、模数化、完备性墙板生产、设计与安装技术，实现全国范围内装配式轻质墙板围护体系与钢结构建筑的配套使用。

8.1.3 研究方案和技术路线

本课题研究将以现有技术为基础，基于热传导原理以及结构和材料力学原理分析围护体系的节能保温性能、力学特性和连接性能，采用数值计算分析手段对保温隔热节能和力学特性深入研究，并通过模型试验进行对比验证，以达到建筑设计要求。最后，通过围护产品的工程示范检验产品性能，并通过生产线工艺改进剔除产品缺陷。

技术路线分纵向技术研究和横向技术研究，纵向通过轻质节能材料研究、板型研究、连接技术研究，最终形成产业化技术，并进行示范应用；横向主要是针对我国不同热工分区进行系列产品和技术研究，最终形成适合不同热工地区的围护系统产品和技术系列（图 8.1-1）。

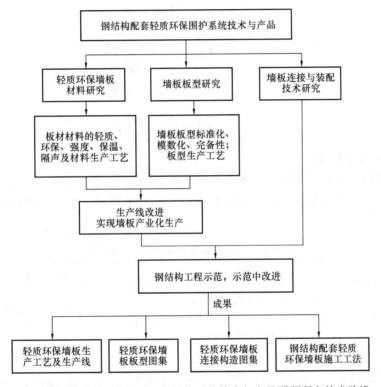

图 8.1-1　钢结构配套轻质环保围护系统技术与产品课题研究技术路线

8.2 基于金属板的保温装饰一体化围护体系技术与产品

8.2.1 研究思路

在本课题研究期间，由本课题承担单位主编的行业标准《建筑金属围护系统工程技术标准》JGJ/T 473—2019 和国家建筑标准设计图集《压型金属板建筑构造》17J925-1 正式发布。对建筑金属围护系统，尤其是以压型金属板作为屋面、墙面、底面系统主材料的围护系统的设计、使用、维护和保养进行了系统规定和图例说明，可供该行业从业者参考使用。故本章以近年来在钢结构公共建筑、住宅系统积极推广使用的金属夹芯板围护系统

(图 8.2-1)为例,着重从热工性能、外墙密闭性和抗风性能等方面对研究成果进行阐述。

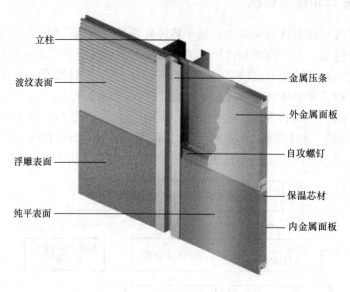

图 8.2-1 金属夹芯板围护系统

1. 基本性能指标要求

课题组查阅了大量国内外围护体系标准、规范,引进了金属幕墙相关性能检测指标和试验方法,汇总成保温装饰一体化围护体系技术与产品可用于实际工程的各项性能指标(表 8.2-1)。

装配式轻质保温装饰一体化板的性能指标 表 8.2-1

项目	性能指标	试验方法所依据标准
外观质量/尺寸	满足《建筑用金属面绝热夹芯板》GB/T 23932—2009 中 6.1 和 6.2 对外观质量和规格尺寸的要求	《建筑用金属面绝热夹芯板》GB/T 23932—2009
平面内变形性能	≥3 级①	《建筑幕墙层间变形性能分级及检测方法》GB/T 18250—2015
粘结性能	聚苯乙烯夹芯板、硬质聚氨酯夹芯板不小于 0.1MPa;岩棉、矿渣棉夹芯板不小于 0.06MPa;玻璃棉夹芯板不小于 0.03MPa	《建筑用金属面绝热夹芯板》GB/T 23932—2009
抗风压性能	满足墙体所受风荷载设计要求,且风荷载标准值不小于 1.0kN/m²	《建筑幕墙气密、水密、抗风压性能检测方法》GB/T 15227—2019
气密性能	夏热冬暖地区 10 层以下≥2 级,10 层及以上≥3 级;其他地区 7 层以下≥2 级,7 层及以上≥3 级②	《建筑幕墙气密、水密、抗风压性能检测方法》GB/T 15227—2019
水密性能	≥3 级③	《建筑幕墙气密、水密、抗风压性能检测方法》GB/T 15227—2019

续表

项目	性能指标	试验方法所依据标准
热工性能	满足墙体传热系数设计要求，且在夏热冬暖地区传热系数 $K \leqslant 1.5$ W/($m^2 \cdot$K)；夏热冬冷地区 $K \leqslant 1.0$ W/($m^2 \cdot$K)；寒冷地区 $K \leqslant 0.60$ W/($m^2 \cdot$K)；严寒C区 $K \leqslant 0.50$ W/($m^2 \cdot$K)；严寒A、B区 $K \leqslant 0.45$ W/($m^2 \cdot$K)	《绝热 稳态传热性质的测定 标定和防护热箱法》GB/T 13475—2008
隔声性能	空气声计权隔声量 $R_w \geqslant 45$ dB④	《声学 建筑和建筑构件隔声测量 第5部分：外墙构件和外墙空气声隔声的现场测量》GB/T 19889.5—2006
防火性能	满足《建筑设计防火规范》GB 50016—2014（2018年版）中不同建筑类型耐火等级的要求	《建筑构件耐火试验方法 第1部分：通用要求》GB/T 9978.1—2008
吊挂力	$\geqslant 1000$N⑤	《建筑墙板试验方法》GB/T 30100—2013
抗冲击性	$\geqslant 5$次⑥	《建筑墙板试验方法》GB/T 30100—2013
抗弯极限承载力	挠度为 $L_0/150$（L_0 为3500mm）时，均布荷载应 $\geqslant 0.5$kN/m^2；当 L_0 大于3500mm或作为承重结构件使用时，应符合相关结构设计规范的规定	《建筑结构保温复合板》JG/T 432—2014

注：1. 墙板的平面内变形性能以层间位移角为性能指标，分级指标应符合《建筑幕墙》GB/T 21086—2007中第5.1.6的有关规定。
2. 气密性能指标应符合《民用建筑热工设计规范》GB 50176—2016、《公共建筑节能设计标准》GB 50189—2015、《居住建筑节能检测标准》JGJ/T 132—2009、《夏热冬冷地区居住建筑节能设计标准》JGJ 134—2010、《严寒和寒冷地区居住建筑节能设计标准》JGJ 26—2018的有关规定，并满足相关节能标准的要求。
3. 水密性能分级指标应符合《建筑幕墙》GB 21086—2007中第5.1.2的有关规定。
4. 本空气声计权隔声量 R_w 是指装配式轻质保温装饰一体化外挂墙板实体部分的隔声量。
5. 墙板的单点吊挂力应满足《轻型钢结构住宅技术规程》JGJ 209—2010中第3.2.7的有关规定，不应低于1.0kN。
6. 墙板的抗冲击试验应满足《轻型钢结构住宅技术规程》JGJ 209—2010中第3.2.7的有关规定，不得小于5次。

2. 外墙密闭性研究

（1）对接缝节点设计

1）横向对接缝节点

课题组调研普通金属夹芯板板型在工程项目的实际应用情况，发现存在大量插接口处自攻钉错位、偏移，接口处有缝隙且自攻钉紧固失效等问题（图8.2-2），此范围内为雨水流动区域，常规板型会出现进水现象，浸泡芯材，并且在横向接缝位置汇集，漏水明显。因此以原有板型为基础，将其插接口形状进行改进，以实现自攻钉安装限位功能（图8.2-3），再配套研发的预注胶工艺，组成避水线（图8.2-4），能够有效保证上下接口处的密闭性和自攻钉紧固可靠性。

图 8.2-2　改进前插接口形式　　图 8.2-3　改进后插接口形式

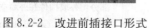

图 8.2-4　预注胶示意

2) 竖向对接缝节点

对于金属夹芯板围护系统的竖向拼缝防水处理,为了消除漏水隐患和改善防冷桥性能,课题组设计研发了金属夹芯板墙体对接缝"四重防水、防冷桥节点"技术(图 8.2-5),国内首创研制"带导水槽的高耐候柔性防水防冷桥胶垫",即便有雨水渗漏至对接缝处,也会从导水槽处将雨水引流至建筑底部。

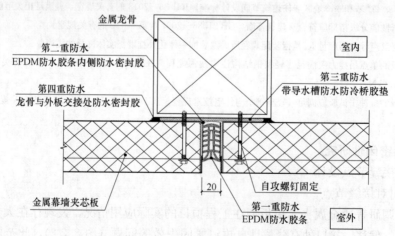

图 8.2-5　外板四重防水、防冷桥节点

(2) 密闭性能检测

课题组委托国家建筑材料测试中心对装配式金属夹芯板组合墙体的气密性、水密性和隔声性能进行测试。

对于气密性和水密性,由于该体系的内外板功能分开,所以只对金属夹芯板和金属龙骨组成的外板(本节以下简称外板)进行测试即可。送检样品由 3 块 3000mm×1000mm、1 块 3000mm×730mm 和 1 块 3000mm×770mm 的金属夹芯板与 3 根金属龙骨组成外板(图 8.2-6),经检验,外板的气密性和水密性均达到了 4 级(分级按照《建筑幕墙气密、水密、抗风压性能检测方法》GB/T 15227—2019 的相关规定),均达到了较高水平,可以达到工程应用的要求,检验报告如图 8.2-7 所示。

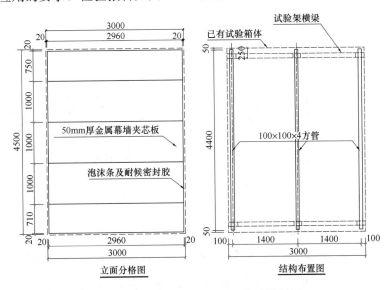

图 8.2-6 气密性和水密性送检试样图纸

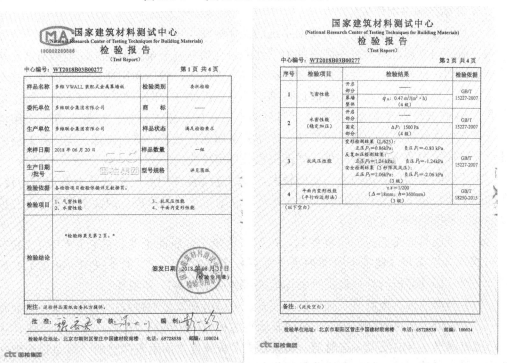

图 8.2-7 外板气密性和水密性检测报告

隔声性能不能只考虑外板作用，需考虑整个组合外墙的共同作用，其送检样品的平面图和剖面图如图 8.2-8 所示，外板由两块 990mm×1000mm 的 50mm 厚金属夹芯板组成，金属龙骨采用 C100 冷弯薄壁型钢，空腔采用 100mm 厚岩棉填充，内板为 100mm 厚加气混凝土条板，试样总厚度 250mm，隔声量为 47dB（图 8.2-9），满足普通居住建筑的使用要求。

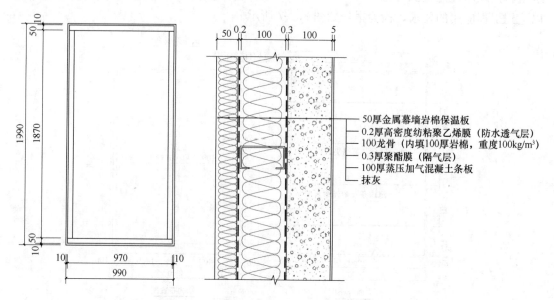

图 8.2-8　隔声性送检试样图纸（单位：mm）

3. 外墙抗风性能研究

（1）现行规范中金属夹芯板墙面系统的破坏模式与传力机制

目前国内外规范对金属夹芯板的力学性能研究均是基于单块板在不同类型荷载作用下的试验得到。试验时，将金属幕墙夹芯板搁置在支座上，然后利用液压千斤顶等方式在金属幕墙夹芯板板面施加向下的荷载进行测试，芯板沿宽度方向始终与支座接触。规范根据图 8.2-10 的试验装置测试，给出的金属幕墙夹芯板破坏模式包括：在最大弯矩作用截面处金属面板边缘纤维受拉或受压破坏、支座处金属面板及芯材剪切破坏、支座处芯材的局部承压破坏，以及金属面板的受压局部失稳破坏等模式。

由于金属幕墙夹芯板的剪切变形较大，多跨连续板在中间支座处剪力及弯矩均较大，在加载早期板跨中挠度较小时就会发生破坏，从而退化为单跨板，因此金属幕墙夹芯板可以偏保守地按单跨简支板计算。

对于金属幕墙夹芯板的刚度控制，按照《建筑用金属面绝热夹芯板》GB/T 23932—2009 第 6.3.3 条和《建筑金属围护系统工程技术标准》JGJ/T 473—2019 第 6.4.1 条控制。金属幕墙夹芯板的计算简图及破坏模式示意见图 8.2-11 和图 8.2-12。

由金属幕墙夹芯板墙面系统的破坏模式，可以得到其传力路线：以横向铺设的金属幕墙夹芯板为例，在风荷载作用下，金属幕墙夹芯板上由于风吸或风压产生正负风压，从而沿跨度方向发生弯曲变形，这时与金属幕墙夹芯板跨度方向垂直的竖向金属龙骨作为支承结构承受传来的荷载，竖向金属龙骨再将荷载传递至主体钢结构。

国家建筑材料测试中心

(National Research Center of Testing Techniques for Building Materials)

检 验 报 告

(Test Report)

中心编号：WT2017B03A01427　　第 2 页 共 2 页

序号	检验项目	检验结果
1	空气声隔声量，dB	47

中心频率，Hz	100	125	160	200	250	315	400	500	630
隔声量，dB	24.8	25.8	35.5	33.4	38.5	40.6	43.2	45.5	46.8
中心频率，Hz	800	1000	1250	1600	2000	2500	3150	4000	5000
隔声量，dB	48.8	50.3	51.7	51.6	52.1	52.4	50.6	50.4	45.1
计权隔声量，Rw	Rw(C;Ctr)= 47(-1; -6)dB								

试件的隔声特性曲线图

备注：1、计权隔声量（Rw）及频谱修正量（C，Ctr）依据 GB/T 50121-2005 计算；不同种类的噪声源宜采用的频谱修正量参照 GB/T 50121-2005 中表 A.0.1 进行选择；

2、样品结构：50mm 厚金属幕墙岩棉保温板+0.2mm 厚高密度纺粘聚乙烯膜(防水透气层) +100mm 厚龙骨（内填 100mm 厚玻璃丝棉）+0.3mm 厚聚酯膜（隔汽层）+100mm 厚蒸压加气混凝土条板+5mm 厚抹灰，总厚 255.5mm。

本报告结束

检验单位地址：北京市朝阳区管庄中国建材院南楼　电话：65728538　邮编：100024

国检集团

图 8.2-9　隔声试验报告

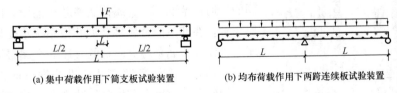

(a) 集中荷载作用下简支板试验装置　(b) 均布荷载作用下两跨连续板试验装置

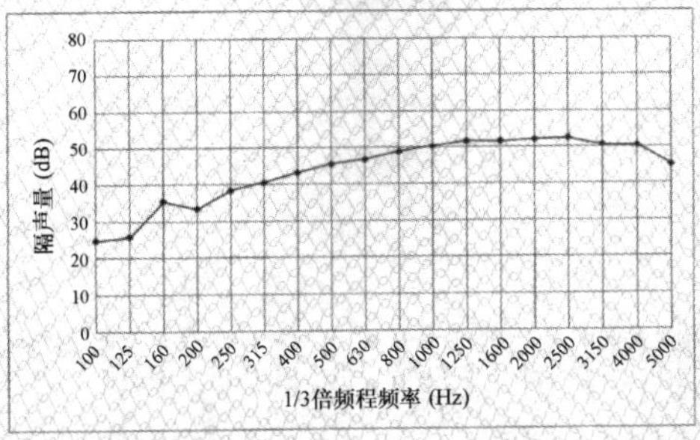

图 8.2-10　金属幕墙夹芯板力学性能试验装置

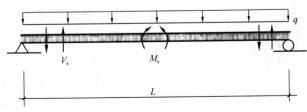

图 8.2-11　金属幕墙夹芯板计算简图

受拉边缘破坏　　　　　　　　　　受压区面板局部稳定破坏

图 8.2-12　金属幕墙夹芯板破坏形式

（2）金属幕墙夹芯板外墙系统的实际破坏模式及加强措施

1）实际破坏模式

本研究建立了图 8.2-13 所示的金属围护系统抗风揭试验平台，并严格遵循 FM4471 静态法测试标准规定的试验方法及流程操作；图 8.2-14 为金属幕墙夹芯板抗风揭破坏测试结果，由图可见，金属幕墙夹芯板插接口张开，露出紧固件，部分紧固件发生了破坏。将图 8.2-14 中的试验模型卸载重新加压后，试验气囊内压力值未达到原有水平，原先张开的插接口处母肋被撕裂，而公肋所在金属幕墙夹芯板未出现塑性变形，所有破坏都属于节点连接破坏，节点破坏先于构件破坏。

图 8.2-13　抗风揭试验　　　　　　　图 8.2-14　抗风揭试件破坏

抗风揭试验表明金属幕墙夹芯板围护系统在风吸力及风压力作用下的传力路径以及实际变形方式是截然不同的。通常情况下，金属幕墙夹芯板铺设方向垂直于金属龙骨，在迎风面金属幕墙夹芯板系统承受风压力，金属龙骨作为金属幕墙夹芯板的支座与金属幕墙夹芯板板面紧密贴合，金属幕墙夹芯板沿跨度方向发生弯曲变形，相邻金属幕墙夹芯板公母肋榫卯连接的插接口之间并不传力。但是，在建筑的两个侧面及背风面，气流在墙面产生负压区，使该区域的围护系统承受向外的风吸力作用，并使金属幕墙夹芯板与金属龙骨脱开，仅在插接口处因自攻钉固定而贴合（图 8.2-15、图 8.2-16），这使金属幕墙夹芯板既沿其跨度方向发生弯曲变形，又在金属龙骨位置处沿其宽度方向发生弯曲变形。

图 8.2-15　金属幕墙夹芯板在风吸力作用下的变形

2）加强措施设计

风吸力作用使夹芯板在支座处因点接触而应力集中严重，沿宽度方向发生弯曲变形，使得插接紧密的公母肋榫卯连接被拉开，插接口处的受力发生恶化，最终使插接口处母肋由于点接触而在较大的拉应力下被撕裂，使金属幕墙夹芯板的整体性能无法得到充分发挥。由此可见，金属幕墙夹芯板系统在风吸力作用下的抗风性能取决于其插接口的连接承载力，而插接口的连接承载力则取决于公母肋的形状、插接口的刚度及强度。由于金属幕墙夹芯板插接口的构造复杂，加上变形后产生的应力集中现象，建议通过抗风揭试验确定其承载力。

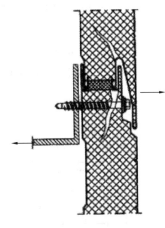

图 8.2-16 金属幕墙夹芯板插接口破坏

从造价成本上衡量，紧固件在金属围护系统乃至整个建筑中所占的份额微乎其微，但对建筑系统的结构安全与使用寿命是至关重要的。金属围护系统中涉及的紧固件主要是自攻螺钉，金属板材通过自攻螺钉与支承结构连接，当承受垂直板面拉力时存在两种破坏方式：一种是紧挨钉头侧的连接金属板材从钉头处被拉脱，另一种是自攻螺钉从支承结构中被拔出。

钉头侧金属板抗拉脱承载力设计值：

$$F \leqslant k_w t d_w f \quad \text{（面板为钢材）} \tag{8.2-1}$$

$$F \leqslant 0.48 t d_w f \sqrt{\frac{d_w}{22}} \quad \text{（面板为铝材）} \tag{8.2-2}$$

自攻螺钉在支承结构中的抗拔承载力设计值：

$$F \leqslant 0.65 t_1 d_n f_c \quad \text{（面板为钢材）} \tag{8.2-3}$$

$$F \leqslant f_c \sqrt{t_1 d_n} \quad \text{（面板为铝材）} \tag{8.2-4}$$

式中 d_w——紧固件垫圈或者钉头的直径；
　　f——面板抗拉强度设计值，最高取 250MPa；
　　k_w——定参数，静载取 1.1，往复荷载取 0.55；
　　t_1——支承构件的厚度，最高取 6mm；
　　f_c——支承构件抗拉强度设计值；
　　t——紧挨钉头侧压型钢板厚度，在 0.5～1.5mm。

钉头侧金属板抗拉脱承载力设计值：

$$N_t^f = 17tf \quad \text{（只承受静荷载作用）} \tag{8.2-5}$$

$$N_t^f = 8.5tf \quad \text{（承受含风荷载组合作用）} \tag{8.2-6}$$

自攻螺钉在支承结构中的抗拔承载力设计值：

$$N_t^f \leqslant 0.75 t_c d f_c \tag{8.2-7}$$

式中 t——紧挨钉头侧压型钢板厚度，在 0.5～1.5mm；

f —— 面板抗拉强度设计值；
d —— 自攻螺钉的直径；
t_c —— 钉杆的圆柱状螺纹部分钻入基材中的深度；
f_c —— 支承构件抗拉强度设计值。

欧洲规范对自攻螺钉的承载力设计值计算公式进行规定，造成计算结果差异的原因是对被固定的压型钢板强度设计值进行了限定；此外，欧洲规范荷载的分项系数及抗力分项系数与我国规范并不相同，在保证安全系数相当的前提下对欧洲规范公式中的系数进行了调整。鉴于欧洲规范限定压型钢板抗拉强度 $f_u \leqslant 550\text{N/mm}^2$，故建议取消对压型钢板强度设计值的限定；此外，欧洲规范规定当自攻螺钉螺纹间距大于钉尖侧支承结构钢板的厚度时，自攻螺钉在支承结构中的抗拔承载力设计值需考虑 0.7 的折减系数。

当钉头侧压型钢板抗拉脱承载力设计值较低时，可以在压型钢板外侧设置图 8.2-17 所示的加强垫板，通过加强垫板进行应力扩散，可有效避免钉头侧钢板被拉脱。为保证加强垫板刚度，其厚度应不小于 1.6mm。

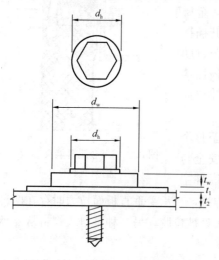

图 8.2-17 自攻螺钉设置加强垫板

8.2.2 不同热工分区金属夹芯板围护系统

1. 严寒气候区（东北、西北）建筑金属夹芯板围护系统

基于该地区对建筑物保温要求，可采用"金属夹芯板＋保温墙板"的方式，其组合墙体构造做法（图 8.2-18、图 8.2-19）：

(1) 50mm 厚金属幕墙岩棉夹芯板；
(2) 金属龙骨（内填 150mm 厚岩棉隔声保温层）；
(3) 100mm 厚 ALC 板。

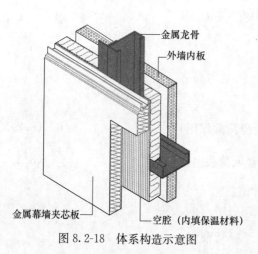

图 8.2-18 体系构造示意图

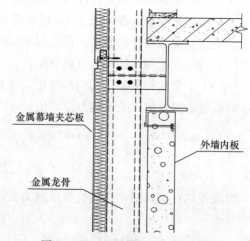

图 8.2-19 金属幕墙组合外墙剖面

依据《公共建筑节能设计标准》GB 50189—2015 第 3 条热工计算基本参数和方法，可得出该墙体的传热系数值 K 为：$0.21\text{W}/(\text{m}^2 \cdot \text{K})$，标准中对应区域的外墙 $K \leqslant 0.35\text{W}/(\text{m}^2 \cdot \text{K})$，故墙体的传热系数满足区域要求。

2. 寒冷气候区（京津冀）建筑金属夹芯板围护系统

基于该地区对建筑物保温要求，可采用"金属夹芯板＋轻质墙板"的组合方式，其组合墙体构造做法（图 8.2-18、图 8.2-19）：

（1）50mm 厚金属幕墙岩棉夹芯板；

（2）金属龙骨（内填 100mm 厚岩棉隔保温层）；

（3）100mm 厚 ALC 板。

依据《公共建筑节能设计标准》GB 50189—2015 第 3 条热工计算基本参数和方法，可得出该墙体的传热系数值 K 为 $0.26\text{W}/(\text{m}^2 \cdot \text{K})$，标准中对应区域的外墙 $K \leqslant 0.45\text{W}/(\text{m}^2 \cdot \text{K})$，故墙体的传热系数满足区域要求。

此组合墙体在日常实践中取得了非常好的应用效果。体系的创新点是内外板分开，在结构和功能上实现相互独立，如图 2.1-18 所示，外墙内板不与金属龙骨发生关系即外部荷载全部由金属幕墙夹芯板和金属龙骨承担。外板采用金属幕墙夹芯板承担装饰、防水和围护结构作用，其优点是质量轻，相比其他材料，金属幕墙夹芯板与龙骨连接可靠，承载能力可通过计算控制；外墙内板可以采用不同形式的轻质条板（ALC、水泥聚苯颗粒、轻集料混凝土等），通过连接件有效地固定在主体结构上而不与外墙龙骨发生关系，承担墙体的日常使用功能，其优点是轻质条板通常可独立用作内隔墙，所以方便装饰和钉挂，且通常不会有敲击时的空骨感；金属龙骨形成的空腔设计具有多重功能，一是可调式的保温构造，二是外墙防水的二道防线，三是避开结构构件（支撑，阻尼器等）与外墙的相互碰撞，四是可以铺设管线。

3. 夏热冬冷气候区（长三角）建筑金属夹芯板系统

基于该地区对建筑物保温要求，可采用金属夹芯板墙体做法，其构造做法如下（图 8.2-20、图 8.2-21）：

（1）75mm 厚金属幕墙岩棉夹芯板；

（2）金属龙骨。

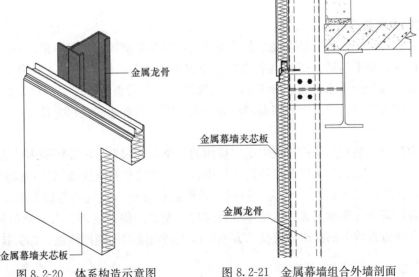

图 8.2-20　体系构造示意图　　　图 8.2-21　金属幕墙组合外墙剖面

依据《公共建筑节能设计标准》GB 50189—2015 第 3 条热工计算基本参数和方法，可得出该墙体的传热系数值 K 为 $0.58W/(m^2 \cdot K)$，标准中对应区域的外墙 $K \leqslant 0.60W/(m^2 \cdot K)$，故墙体的传热系数满足区域要求。

4. 夏热冬暖气候区（珠三角）建筑金属夹芯板系统

基于该地区对建筑物保温要求，可采用类似夏热冬冷地区的金属夹芯板墙体做法，其墙体构造做法（图 8.2-20、图 8.2-21）：

（1）75mm 厚金属幕墙岩棉夹芯板；

（2）金属龙骨。

依据《公共建筑节能设计标准》GB 50189—2015 第 3 条热工计算基本参数和方法，可得出该墙体的传热系数值 K 为 $0.58W/(m^2 \cdot K)$，标准中对应区域的外墙 $K \leqslant 0.80W/(m^2 \cdot K)$，故墙体的传热系数满足区域要求。

8.2.3 建筑金属隔墙系统

建筑内隔墙系统主要是分割建筑物内部空间的墙面系统，除应具备普通内隔墙的建筑功能外，从钢结构建筑产业化，以及户型可变等角度，内隔墙应尽量便于拆装。由于功能要求相对外墙系统较低，可用于隔墙的产品较多，但以金属制品为龙骨的隔墙产品相对较少。

1. 岩棉夹芯板内墙板系统

岩棉夹芯板除了可以作为外墙板使用，也可以作为内墙板使用。如图 8.2-22 所示金属岩棉夹芯板产品，是以岩棉带为夹芯的夹芯板制品，两端封堵聚氨酯，两侧由钢板封面，该产品用作内墙面系统，需与龙骨相组合，并根据隔声、防火等要求考虑外置石膏板等组成隔声复合内隔墙，图 8.2-23 为在新加坡环球影城所用的某一类型的隔声复合内隔墙示意图。

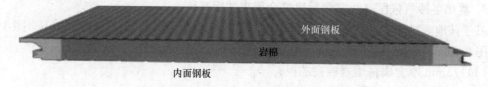

图 8.2-22　岩棉夹芯板内墙板剖面示意图

2. 轻钢龙骨复合墙体

轻钢龙骨墙板主体构造是以轻钢龙骨为骨架，在其两侧固定轻质薄板，中间填充保温材料，在此主体构造基础上衍生出来的许多轻钢龙骨复合墙板如图 8.2-24 所示。其中无机轻质薄板可以为纤维水泥板、OSB 板、硅酸钙板、石膏板等；保温层则是以无机保温材料为主，例如岩棉、聚苯颗粒保温砂浆等；龙骨则分为普通的轻钢龙骨与腹板开孔的保温龙骨。

困扰内隔墙产品在钢结构建筑中推广应用的一个重要因素是内隔墙隔声性能问题，与本课题同期的"十三五"国家重点研发计划项目"工业化建筑高性能部品和构配件技术体系研究与示范"的相关成果[17]认为，轻钢龙骨纸面石膏板内隔墙要考虑面密度、共振效应、薄弱部位漏声等影响因素，从墙体材料选择、龙骨的隔声处理、石膏板的隔声处理、薄弱部位漏声处理等方面提出相应技术方案，以提高内隔墙的隔声性能。相关技术成果和建议包括：

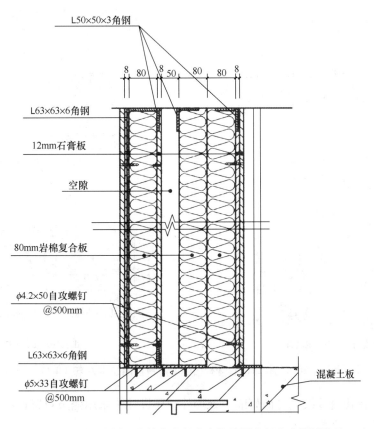

图 8.2-23　以金属面岩棉夹芯板为主体的隔声复合内隔墙构造

（1）内隔墙所用纸面石膏板厚板化可提高隔声性能，全部使用 15mm 厚纸面石膏板，以降低内隔墙共振频率及产生共振的可能，从而提高隔墙的隔声效果，见图 8.2-25（a）。

（2）鉴于龙骨的弹性是影响内隔墙隔声性能的重要因素，选择具有减震功能的龙骨，如 Z 形龙骨可有效提高隔声性能。在石膏板与龙骨之间增加弹性垫，如金属减震条和弹性材料垫（隔声毡），在石膏板与石膏板之间加上隔声毡会对轻钢龙骨石膏板隔墙的隔声有一定改善。

图 8.2-24　轻钢龙骨复合墙体示意图

（3）在内隔墙隔声性能要求较高的位置，采用高隔声性能内隔墙系统的石膏板材料组合，如 12mm+15mm 厚相组合的形式，见图 8.2-25（b）。同时轻钢龙骨石膏板隔墙采用双排龙骨形式，具有更多的材料组合结构及空腔，可以提高墙体的隔声性能，也可采用具有减震功能的 Z 形龙骨，增强隔墙对声音的消减，提高隔墙的隔声效果，见图 8.225（c）。

（4）民用建筑最常见的隔墙漏声现象出现在接线盒的连接上，故而接线盒要错位安装，即墙体两侧的接线盒不处于同一位置，要放置在 2 个龙骨空挡内，如图 8.2-25（d）

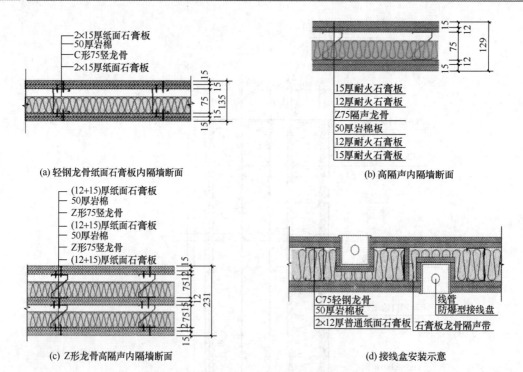

图 8.2-25　轻钢龙骨纸面石膏板内隔墙隔声性能技术方案（单位：mm）

所示。此外除在普通接线盒处做好隔声处理外，还设计了采用隔声包覆材料与标准接线盒共同构成的高隔声接线盒。

8.2.4　建筑金属屋面系统

基于金属板的建筑屋面系统，其设计、施工、使用应满足现行国家标准《屋面工程技术规范》GB 50345—2012、《建筑给水排水设计标准》GB 50015—2019、《建筑设计防火规范》GB 50016—2014（2018年版）、《建筑物防雷设计规范》GB 50057—2010、《民用建筑热工设计规范》GB 50176—2016、《公共建筑节能设计标准》GB 50189—2015 等的要求。

本章在目前市面应用较多的铝镁锰屋面板的基础上，重点介绍了可种植屋面、金属屋面抗风产品、屋面阻雪和融雪装置。

1. DW-65 铝镁锰金属屋面系统做法

图 8.2-26、图 8.2-27 是目前应用较多的 DW-65 铝镁锰金属屋面系统示意图，该屋面系统的常规做法如下（构造层次从上至下依次为）：

（1）0.9mm 氟碳喷涂铝镁锰屋面板 65/400；

（2）通风降噪丝网：8mm 厚；

（3）防水透气膜：0.49mm 厚防水透气膜；

（4）吸声层：100mm 厚玻璃丝绵卷毡，容重 32kg/m³；

（5）隔气膜：0.3mmPE 膜；

（6）屋面底板：0.5mm 厚，YX15-225-900 白灰色压型钢板，PE 涂层。

该类屋面在设计、安装时应切实注意金属压型板之间的连接咬合情况，具体可参见标

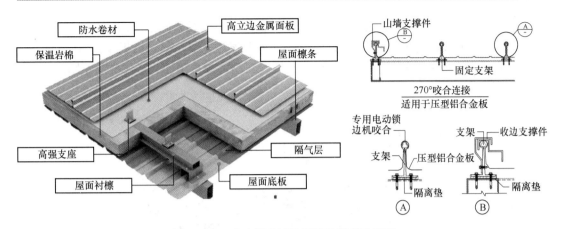

图 8.2-26 直立锁边围护系统及板型示意图

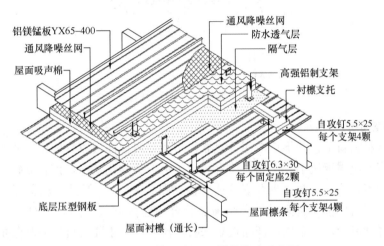

图 8.2-27 铝镁锰板屋面结构构造示意图

准图集《压型金属板建筑构造》17J925-1 的相关做法。

2. 种植屋面专用底板

为适应种植屋面的需求，考虑不同种植屋面的荷载差别较大，专用钢底板设计了不同的波高，容器种植和花园式种植屋面可以采用 76mm 波高的板型，简单种植屋面则可采用 51mm 波高的板型；波距设计为 303mm，同样条件下节省自攻钉；波峰宽度设计为 123mm，较宽的波峰可以方便钢底板以上的保温材料的施工，保证保温材料固定件的施工质量。如图 8.2-28 所示。

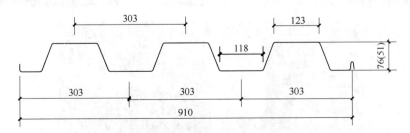

图 8.2-28 种植屋面专用底板板型图

底板为 76mm 波高的此类板型，有效宽度 910mm，展开宽度 1250mm，出板率达 72.8%；51mm 波高的板型有效宽度 910mm，展开宽度 1120mm，出板率达 81.2%，均大大提高了现有板型的板材利用率，图 8.2-29 是典型的种植屋面构造层次示意图。

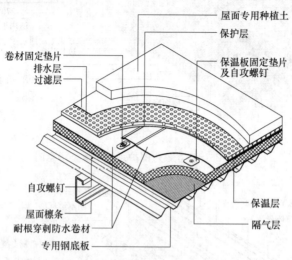

图 8.2-29　典型的种植屋面构造层次

3. 金属屋面抗风产品

随着新材料、新工艺的推广应用，直立锁边型金属屋面板以其轻质、防水、易成弧度等特点，被广泛应用于机场、车站、体育场馆等大型公共建筑中，该直立锁边型金属屋面板的安装采用锁边咬合工艺，现场安装速度快（图 8.2-30）。但是，从实际使用中可以看到，这种直立锁边型金属屋面板与支座锁边咬合的连接方式（图 8.2-31）存在一定的风险隐患，为降低风险，新型抗风产品近年来被广泛使用，主要有抗风夹和起抗风作用的连接夹、檐口抗风加强部件等等。

（1）点式铝合金防风夹

专门用于铝镁锰直立锁边金属屋面系统的防风加固，如图 8.2-30、图 8.2-31 所示。

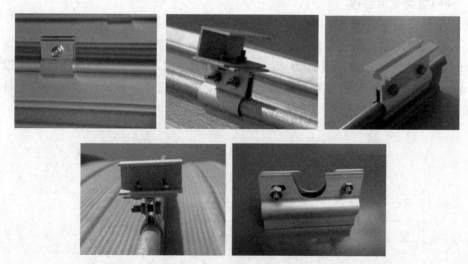

图 8.2-30　采用锁边咬合工艺金属屋面板对应防风夹示意图

第8章 钢结构建筑轻质环保围护体系技术与产品

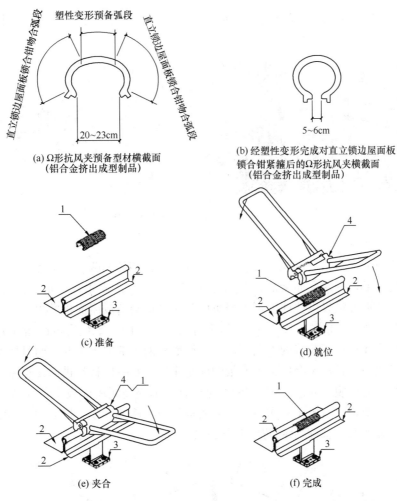

1—Ω形专用高强抗风夹具；2—直立锁边屋面板；3—固定支座；4—专用锁合钳。

图 8.2-31　Ω形专用高强抗风夹的安装过程示意图

（2）点式镀锌钢抗风夹

图 8.2-32 所示的抗风夹主要用于 360°直立锁边板和角驰板型的屋面板。

图 8.2-32　直立锁边板和角驰板型的屋面板抗风夹

(3) 线式防风挡雪装置

图 8.2-33 所示的线式防风挡雪装置示意图在实践中应用，能够很好地抵抗风荷载和雪荷载对金属屋面系统的损害。

图 8.2-33 线式防风挡雪装置示意图

(4) 防风 U 形压条

现有的金属屋面板是通过先设置若干固定座，再将相邻的两块屋面板的扣合部相对扣合在固定座的外部，两块屋面板的扣合部之间容易开口，造成扣合不紧。在受到风压时，负风压荷载会使屋面板发生挠曲变形，严重的甚至开口会造成屋面板的永久性变形而带来麻烦，因此其抗风压性能差。图 8.2-34 是现有的金属屋面板系统受负风压荷载发生变形失效的示意图，在负风压荷载的作用下，不仅屋面板的中部向上拱起，而且屋面板的变形使得扣合部发生开裂，甚至会使得屋面板的固定座发生水平位移，进而使得屋面与固定座之间产生脱扣，完全脱离固定。图 8.2-35 为现有的单块金属屋面板受负风压荷载时发生变形的过程示意图，在负风压的作用下，屋面板的中部逐渐拱起，最终脱离固定座发生脱扣。故而设置如图 8.2-36 所示的防风 U 形压条。

图 8.2-34 金属屋面板系统受负风压荷载发生变形失效的示意图

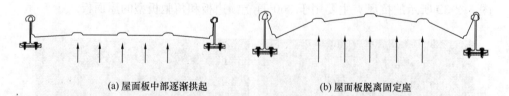

(a) 屋面板中部逐渐拱起　　　　　　　　　(b) 屋面板脱离固定座

图 8.2-35 单块金属屋面板受负风压荷载发生变形的过程示意图

4. 金属屋面阻雪和融雪装置

在北方地区冬季存在严重的屋面积雪问题，近几年有大量的金属围护系统因积雪滑落而导致建筑物受损，因此积雪的存在对建筑结构、部件及附属设施的安全性影响极大。应用阻雪装置（图 8.2-37）可以防止冰坝和冰挂的产生而伤人或者损坏建筑，影响建筑物的正常使用（图 8.2-38）。

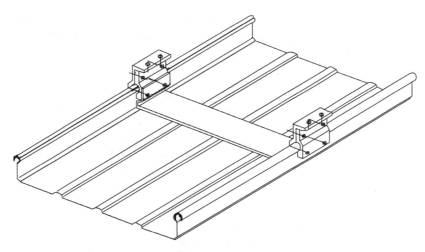

图 8.2-36　防风 U 形压条示意图

(1) 阻雪装置

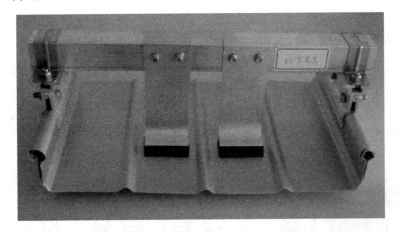

图 8.2-37　阻雪装置图片

(2) 融雪装置

图 8.2-38　屋面系统安装阻雪装置实景图

天沟加热对于降雪量大的地区是非常有必要的一个有效措施，通过电装置的低温加热系统，可根据需要进行融雪处理，有效地消除了天沟内的积雪结冰引起的堵塞情况，也杜绝了因局部积雪过大引起的天沟坍塌的发生。天沟融雪板采用电加热装配，通长布置于天沟底部，此时的天沟需设置为保温天沟且有防水层设计（图 8.2-39）。

图 8.2-39　融雪装置图片

8.2.5　建筑楼面系统

适用于钢结构建筑的装配式整体楼盖系统的基础板型，主要包括装配式可拆分钢筋桁架板体系（图 8.2-40）、压型钢板钢筋桁架板体系（图 8.2-41）、闭口板—YJ 型压型钢板体系（图 8.2-42）、深肋板（图 8.2-43）这几种类型，因本书前几章对上述几类板型及对应建筑楼面系统的性能、安装工艺均有所阐述，故本章不一一赘述。

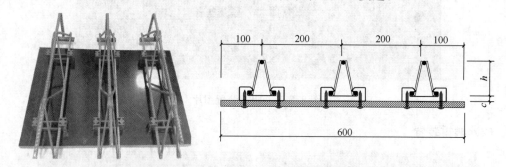

图 8.2-40　装配式可拆分钢筋桁架板体系板型示意图

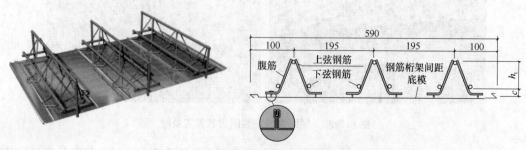

图 8.2-41　压型钢板钢筋桁架板体系板型示意图

图 8.2-42 闭口板—YJ 型压型钢板体系板型示意图

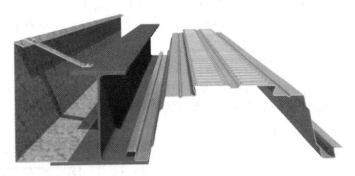

图 8.2-43 深肋板示意图

8.3 基于 ALC 板的保温装饰一体化围护体系技术与产品

8.3.1 研究思路

1. 基本性能要求

ALC 板具有轻质高强、保温隔热性好、隔声性好、耐火性好、耐久性好、抗冻性好、抗渗性好、水软化性好、材料绿色环保、抗震性好等特点。蒸压加气混凝土基材系列产品，如 ALC 板、装配式一体化高保温大板、高性能 ALC 保温夹芯板、ALC 双墙体系，被广泛应用于民用建筑与公共建筑的围护结构。

本课题根据不同热工设计地区建筑物保温要求，有针对性地提出基于 ALC 板的建筑围护结构体系保温方案。国内外学者对 ALC 单板体系进行了大量的研究，也形成了较多的技术成果[18]。本章重点对课题组研发的 ALC 岩棉保温一体化复合墙板的保温性能和隔声性能进行阐述。

2. 保温性能研究

（1）传热系数规范算法

在进行建筑外围护系统设计时，墙体的平均传热系数是作为判断墙体能否满足热工性能要求的主要指标。目前关于轻质复合围护外墙板的热工性能设计，主要是根据《民用建筑热工设计规范》GB 50176—2016 给出的热工计算方法进行计算，规范中要求相邻部分不同介质的热阻比值不大于 1.5。当该比值超过 1.5 时，则需要考虑结构冷桥的影响，通过传热有限元软件进行计算或试验确定。试验可以测定复合墙板真实的传热系数，但是试验受墙板边界条件和测试仪器的影响较大，实际测试结果并不理想，因此，在基材热工性能确定的前提下，通过计算分析得到夹芯复合墙板的传热系数更具有工程意义。

课题组结合实际工程需求，对 ALC 岩棉保温一体化复合墙板，以沿线性变截面的热传导公式为基础思路，提出一种考虑结构冷桥的结构热阻计算方法，并与现行规范方法以及有限元计算方法结果进行对比，计算精度明显提高，可满足工程设计需要。

(2) 围护墙板传热系数计算

1) 轻质围护墙板结构形式该产品的基本形式为箱形截面的轻质混凝土复合墙板，墙板的构造形式包括四周带肋以及纵向加肋，如图 8.3-1 和图 8.3-2 所示。该墙板选用较为常见的 ALC 板作为面层材料，岩棉板作为保温材料，其中岩棉板的导热系数 $\lambda_{RWB} = 0.041 \mathrm{W/(m \cdot K)}$，ALC 板 $\lambda_{ALC} = 0.14 \mathrm{W/(m \cdot K)}$。北京地区室内外表面换热阻分别为 $R_i = 0.11 (\mathrm{m^2 \cdot K})/\mathrm{W}$，$R_e = 0.04 (\mathrm{m^2 \cdot K})/\mathrm{W}$。

课题组研究的复合墙板整体尺寸分别为 $L_0 = 4.0\mathrm{m}$、$b_0 = 0.6\mathrm{m}$、$h_0 = 0.275\mathrm{m}$。每块墙板有 2 块岩棉板，单块岩棉板尺寸分别为 $L_1 = 1.75\mathrm{m}$、$b_1 = 0.45\mathrm{m}$、$h_1 = 0.125\mathrm{m}$。墙面内、外面层 ALC 厚度为 $t = 0.075\mathrm{m}$，墙板两侧肋宽为 $a = 0.075\mathrm{m}$。

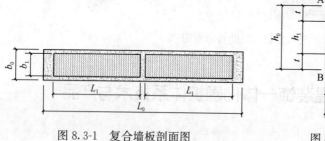

图 8.3-1 复合墙板剖面图　　图 8.3-2 复合墙板截面图

2) 现行规范传热系数计算方法依据《民用建筑热工设计规范》GB 50176—2016 以及 ISO 6946—2007，两者提供了同一种关于非均质墙体平均热传导系数热工计算方法。对于多种材料的结构，要求当相邻部分热阻比值不大于 1.5 时，可将结构按照两个方向分别划分进行计算，如图 8.3-3 和图 8.3-4 所示。该种计算方法中未考虑结构冷桥的影响。

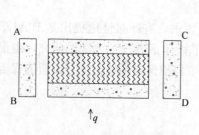
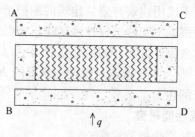

图 8.3-3 墙板平行热传递方向　图 8.3-4 墙板垂直热传递方向
　　　　划分示意图　　　　　　　　　划分示意图

按图 8.3-3 对墙板的热阻计算，按平行于热流传递方向划分为 3 部分，热阻 R_{ou} 计算如下：

$$R_{ou} = \frac{1}{\frac{f_a}{R_{oua}} + \frac{f_b}{R_{oub}} + \frac{f_c}{R_{ouc}}} \quad (8.3\text{-}1)$$

$$R_{ouj} = R_i + R_{j1} + R_{j2} + R_{j3} + R_e \quad (8.3\text{-}2)$$

其中 R_{j1}、R_{j2}、R_{j3} 的 j 为图 8.3-3 中三部分，下标号 1、2、3 为图 8.3-4 中三层，计算得到：

$$R_{ou} = 3.176 (\text{m}^2 \cdot \text{K})/\text{W} \quad (8.3\text{-}3)$$

按图 8.3-4 垂直于热流传递方向划分，计算如下：

$$R_{ol} = R_i + R_1 + R_2 + R_3 + R_e \quad (8.3\text{-}4)$$

$$R_k = \frac{1}{\frac{f_a}{R_{ka}} + \frac{f_b}{R_{kb}} + \frac{f_c}{R_{kc}}} \quad (8.3\text{-}5)$$

式中 R_k 分别为 R_1、R_2、R_3，指图 8.3-4 中三层的热阻。计算得到：

$$R_{ol} = 2.902 (\text{m}^2 \cdot \text{K})/\text{W} \quad (8.3\text{-}6)$$

墙板考虑表面换热阻条件下的平均热阻

$$\bar{R} = \frac{R_{ou} + R_{ol}}{2} = 3.039 (\text{m}^2 \cdot \text{K})/\text{W} \quad (8.3\text{-}7)$$

墙板的平壁传热系数

$$K = \frac{1}{\bar{R}} = 0.329 \text{W}/(\text{m}^2 \cdot \text{K}) \quad (8.3\text{-}8)$$

(3) 考虑冷热桥影响的热工性能计算

《民用建筑热工设计规范》GB 50176—2016 要求，当热阻比值大于 1.5 时需要通过传热有限元计算考虑冷桥的影响。而实际情况中结构冷热桥的影响，本质是由于垂直于主要热流传递方向上，相邻不同介质的导热系数不同，导致该方向上出现热量传递，从而影响结构传热性能。该部分计算往往较为复杂，需要利用相关有限元软件进行计算。

在本计算方法中，为简化计算过程，假定冷桥部位周边的热流传递是沿线性变截面传递，如图 8.3-5 所示。

线性变截面断面延长侧边交于一点 o，建立厚度方向的坐标 x，变截面的变化宽度按 kx 变化，构件截面另一方向上长度取为 L。则水平方向上热流量计算公式如下：

$$Q_x = \lambda S \frac{dT}{dx} = \lambda L k x \frac{dT}{dx} \quad (8.3\text{-}9)$$

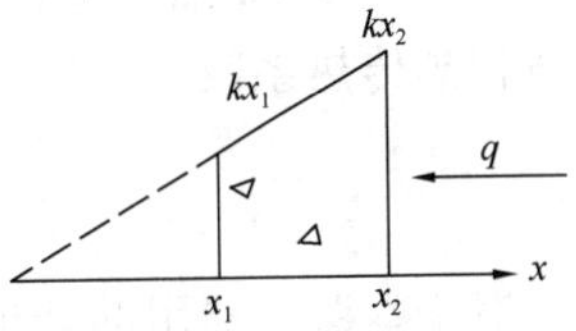

图 8.3-5 热量沿线形变截面传递示意图

分离变量计算得到：

$$Q_x = \frac{\lambda L k \Delta T}{\ln(x_2/x_1)} = \frac{\lambda(S_2 - S_1)}{\ln(S_2/S_1)} \frac{\Delta T}{\Delta x} \quad (8.3\text{-}10)$$

其中两侧截面面积分别为：

$$S_1 = kL x_1 \quad S_2 = kL x_2 \quad (8.3\text{-}11)$$

根据热阻与热流量和温度关系公式，x_1 位置处的热流密度以及等效热阻如下所示：

$$q_x = \frac{\lambda(S_2/S_1 - 1)}{\ln(S_2/S_1)} \frac{\Delta T}{\Delta x} \tag{8.3-12}$$

$$R = \frac{dT}{q_x} = \frac{\Delta x}{\frac{S_2/S_1 - 1}{\ln(S_2/S_1)}\lambda} = \frac{\Delta x}{\alpha\lambda} \tag{8.3-13}$$

可以发现，构件的等效热阻受到线形变截面的影响，其影响系数设为 α，得到：

$$\alpha = \frac{S_2/S_1 - 1}{\ln(S_2/S_1)} \tag{8.3-14}$$

对于箱形截面形式的轻质隔墙板，由于 ALC 导热系数远大于岩棉，因此，通过宽度为 a 纵肋的热量到墙板表面会沿虚线扩散出宽度 c 到达 E、F、G、H 点，如图 8.3-6 所示。

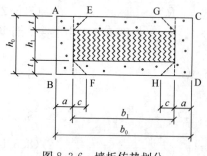

图 8.3-6 墙板传热划分

对于构件的平均热阻值，可以以 ALC 侧肋断面为基准，利用等效热阻影响系数计算 ALC 和岩棉非标准划分下各部分的热阻如下：

$$\begin{cases} R_{\text{ouALC}} = \frac{h_1}{\lambda_{\text{ALC}}} + \frac{2t}{\alpha_{\text{ALC}}\lambda_{\text{ALC}}} + (R_i + R_e)\frac{S_{\text{ALC}}}{S'_{\text{ALC}}} \\ R_{\text{ouYM}} = \frac{h_1}{\lambda_{\text{RWB}}} + \frac{2t}{\alpha_{\text{RWB}}\lambda_{\text{RWB}}} + (R_i + R_e)\frac{S_{\text{RWB}}}{S'_{\text{RWB}}} \end{cases} \tag{8.3-15}$$

式中　S_{RWB}、S_{ALC}——墙板中截面处岩棉所占面积和 ALC 所占面积；

$S'_{\text{ALC}} = S_{\text{ALC}} + \Delta S$ 为墙板表面 ALC 由肋传热所到面积；

$S'_{\text{RWB}} = S_{\text{RWB}} - \Delta S$ 为墙板表面由岩棉传热所到面积；

$\alpha_{\text{ALC}} = \dfrac{\dfrac{S'_{\text{ALC}}}{S_{\text{ALC}}} - 1}{\ln(S'_{\text{ALC}}/S_{\text{ALC}})}$ 为面层厚度内 ALC 肋对应处等效热阻影响系数；

$\alpha_{\text{RWB}} = \dfrac{\dfrac{S'_{\text{RWB}}}{S_{\text{RWB}}} - 1}{\ln(S'_{\text{RWB}}/S_{\text{RWB}})}$ 为面层厚度内岩棉对应处等效热阻影响系数。

得到传热系数：

$$K = \frac{1}{R_{\text{ouALC}}}\frac{S_{\text{ALC}}}{S} + \frac{1}{R_{\text{ouRWB}}}\frac{S_{\text{RWB}}}{S} \tag{8.3-16}$$

对于本课题选用的墙板，根据对称性选取其中一半进行分析，主要参数 $h_1 = 0.125\text{m}$，$t = 0.075\text{m}$，$S = 1.2\text{m}^2$，$S_{\text{RWB}} = 0.7875\text{m}^2$，$S_{\text{ALC}} = 0.4125\text{m}^2$，得到 K 与 ΔS 的关系如图 8.3-7 所示。

经过计算发现，当 $\Delta S = 0.40\text{m}^2$ 时，墙板的平均传热系数最大，此时的模型为最符合墙板热流传递规律的模型，传热系数为 $K = 0.335\text{W}/(\text{m}^2 \cdot \text{K})$。

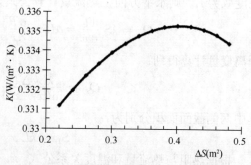

图 8.3-7 墙板传热系数 K 与 ΔS 关系

(4) 有限元计算

本章中的有限元计算采用 ABAQUS 软件进行热传导分析。根据上述的墙板模型，选取半块墙板进行模拟。墙板材料共分为 ALC 板和岩棉板两种，板面两侧温度分别设定为 263K 及 293K。

当墙板热流平稳情况下，墙板表面温度分布如图 8.3-8 所示。

图 8.3-8 墙板整体温度分布图

岩棉板温度分布如图 8.3-9 所示，可以发现岩棉板两侧与 ALC 混凝土截面位置处温度基本相同，证明了本章前述假设较为合理。

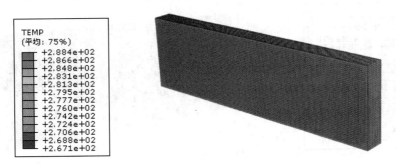

图 8.3-9 岩棉板温度分布图

观察墙板中间部位剖面的温度分布，如图 8.3-10 所示，同截面内 ALC 混凝土位置处温度则稍有变化，这可能会导致手算方法结果与有限元模拟的结果存在一定差异。

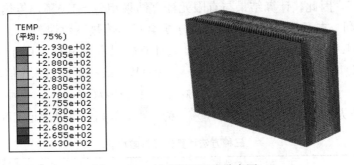

图 8.3-10 墙板剖面温度分布图

墙板在温度稳定状态下，垂直于板面方向热流密度如图 8.3-11 所示。可以看到冷桥对于热传递起到了一定的影响，岩棉板与 ALC 混凝土的导热系数比值为 0.3，而岩棉板

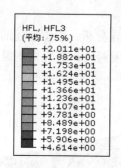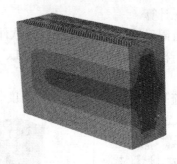

图 8.3-11　墙板热流密度图

位置的热流密度只有 ALC 混凝土加肋位置热流密度的 1/4,受冷桥结构影响,更多的热流从 ALC 混凝土边肋部分通过。

将墙板的表面换热阻等效为墙体表面厚度后,墙板表面的热流密度如图 8.3-12 所示,根据整个结果计算得到墙板表面的平均热流密度 $q=10.031\text{W}/\text{m}^2$,墙板的热阻:

$$R=\frac{\Delta T}{q}=2.991(\text{m}^2\cdot\text{K})/\text{W} \tag{8.3-17}$$

得到传热系数为 $K=0.334\text{W}/(\text{m}^2\cdot\text{K})$。

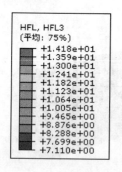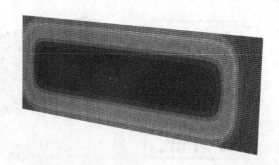

图 8.3-12　墙板表面热流密度图

以有限元计算结果为基准值,三种方法计算结果比较见表 8.3-1。《民用建筑热工设计规范》GB 50176—2016 要求相邻部分不同介质的热阻比值不大于 1.5,复合墙板一般都会远大于 1.5,因此,计算结果与有限元计算结果相差 －1.5%,传热系数是偏小的,对节能保温不利。本章方法虽然比规范方法更合理,传热系数误差 0.3%,精度明显提高,可以满足工程应用要求,但是,仍然是对节能保温不利的。由于 ALC 板 $\lambda_{\text{ALC}}=0.14\text{W}/(\text{m}\cdot\text{K})$ 与岩棉板的导热系数 $\lambda_{\text{RWB}}=0.041\text{W}/(\text{m}\cdot\text{K})$ 相差 3.4 倍,还不能体现热桥的明显效应,将 ALC 换为普通混凝土,$\lambda_{\text{HNT}}=1.74\text{W}/(\text{m}\cdot\text{K})$,三种计算方法数据见表 8.3-1。本章方法与有限元相差仅 4.6%,精度明显提高,可以满足工程设计需要。

三种方法计算传热系数比较　　　　表 8.3-1

计算方法	ALC 复合墙板		混凝土复合墙板	
	传热系数[W/(m²·K)]	相对误差	传热系数[W/(m²·K)]	相对误差
规范方法	0.329	－1.5%	1.671	－16.0%
本文方法	0.335	－0.3%	2.080	4.6%
有限元法	0.334	—	1.989	—

(5) 围护墙板传热系数试验研究

ALC 板＋岩棉复合墙板由两侧纵肋、中间横肋和两端组成，围护墙板各部分传热不同，见图 8.3-13，为此，选取了墙板的三个部位进行传热系数试验，期望得到不同部位的传热系数，组合得到整个墙板的综合传热系数。

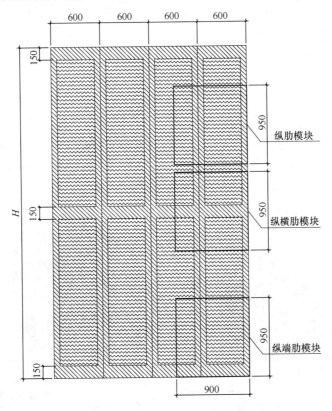

图 8.3-13　墙板试验单元选取位置

三个基本单元见图 8.3-14（a）、图 8.3-14（b）、图 8.3-14（c），同时进行 75mmALC＋125mm 岩棉＋75mmALC 三明治式的无冷桥的复合墙板单元传热系数试验，见图 8.3-14。

有了三个基本单元的传热系数就可以得到任意高度墙板的传热系数，基本假定是不考虑墙板上下两端与上下端结构传热的影响，不考虑墙板左右存在门窗时的局部传热影响。

3. 隔声性能研究

(1) 外围护结构的隔声要求

提高建筑围护结构的隔声指标是近年来解决民用建筑内的噪声干扰问题的重要措施，为推进 ALC 岩棉复合墙板在实际工程的应用，必须将隔声减噪作为一个重要因素加以考虑。参考国外发达国家标准，如英国标准 $D_{nT,w}+C_{tr}$ 为 43~45dB，澳大利亚标准 $D_{nT,w}+C_{tr}$ 为 45dB，美国 STC45 相当于 $D_{nT,w}+C_{tr}$ 为 45dB，《民用建筑隔声设计规范》GB 50118—2010 规定，外围护墙的空气声隔声性能，空气声隔声单值评价量＋交通噪声修正量应≥45dB。

(2) 外围护结构隔声理论

测试表面平均声压级 $L_{1,s}$：声压平方的表面和时间的平均值与基准声压（20μPa）平

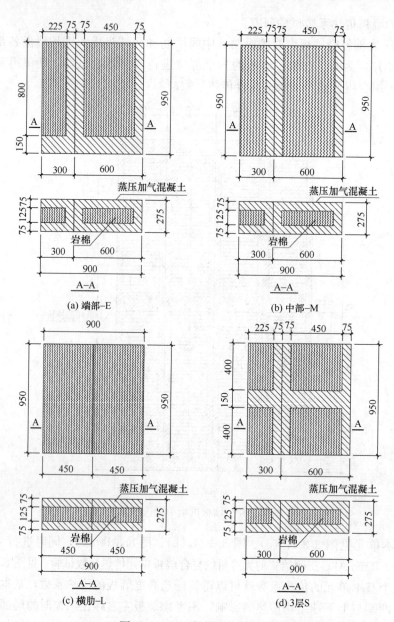

图 8.3-14 4 种墙板试验单元

方之比的以 10 为底的对数,再乘以 10,单位为分贝(dB)。表面平均在整个测试表面上进行,包括来自外墙和测试试件的反射作用。

室内平均声压级 L_2:声压平方的空间和时间的平均值与基准声压($20\mu Pa$)平方之比的以 10 为底的对数,再乘以 10,单位为分贝(dB)。空间平均在整个测试室内进行,但不包括受声源直接辐射或边界附近(例如墙、窗户等)对结果具有显著影响的区域。

等效连续声压级 L_{eq}:一种连续的稳态声的声压级值,其在测量时间内,具有与所考虑的声级随时间变化的声音相同的均方声压,单位为分贝(dB)。

隔声量(传声损失)R:入射至被测试件上的声功率 W_1 与透过试件辐射至接收室的声功率 W_2 之比值,取以 10 为底的对数再乘以 10,单位为分贝(dB)。见式(8.3-18):

$$R = 10\lg\left(\frac{W_1}{W_2}\right) \qquad (8.3\text{-}18)$$

表观隔声量 R：入射至被测试件上的声功率 W_1 与透射到接收室的总声功率之比值，取以 10 为底的对数再乘以 10。如果由侧向传声构件或其他构件辐射至接收室的声功率显著，则透射到接收室的总声功率为由被测试件辐射入接收室的声功率 W_2 加上由侧向传声构件或其他构件辐射至接收室的声功率 W_3 之和：

$$R' = 10\lg\left(\frac{W_1}{W_2+W_3}\right) \qquad (8.3\text{-}19)$$

表观隔声量 R'_{45}：表示当采用扬声器作为声源，且入射角为 45°时，建筑构件的空气声隔声量，按下式计算。此处入射角指扬声器主轴指向被测试件中心时，与外墙面法线之夹角。

$$R'_{45} = L_{1,s} - L_2 + 10\lg\left(\frac{S}{A}\right) - 1.5 \qquad (8.3\text{-}20)$$

式中 $L_{1,s}$ ——被测试件表面的平均声压级；
L_2 ——接收室内平均声压级；
A ——接收室的吸声量；
S ——被测试件的面积，按下述方式确定。

确定外墙构件，例如窗户或门的隔声量时，其面积 S 等于安装窗户或门的洞口的净面积。在测试报告中应给出关于面积 S 的说明。当欲测量接收室整个外墙的隔声量时，其面积 S 等于能从接收室看到的外墙部分的面积（此公式是基于如下假设，即声波仅从一个角度即 45°方向入射至试件，并且接收室的声场充分扩散。）

表观隔声量 $R'_{tr,s}$：表示当声源是交通噪声且户外传声器位置是置于测试表面时建筑构件的空气声隔声量，按下式计算。

$$R'_{tr,s} = L_{eq,1,s} - L_{eq,2} + 10\lg\left(\frac{S}{A}\right) - 3 \qquad (8.3\text{-}21)$$

式中 $L_{eq,1,s}$ ——被测试件表面的等效连续声压级的平均值，其值考虑了来自被测试件及外墙立面的声反射的影响；
$L_{eq,2}$ ——接收室等效连续声压级的平均值。

声压级差 D_{2m}：距外墙表面 2m 处的户外声压级 $L_{1,2m}$ 与接收室内按空间和时间平均的声压级 L_2 之间的声压级差，单位为分贝（dB），见下式。

$$D_{2m} = L_{1,2m} - L_2 \qquad (8.3\text{-}22)$$

当利用交通噪声作为声源时，用 $D_{tr,2m}$ 来表示；当利用扬声器作为声源时，用 $D_{1s,2m}$ 来表示。

标准化声压级差 $D_{2m,nT}$：经接收室混响时间修正后的声压级差，单位为分贝（dB），见式（8.3-23）。

$$D_{2m,nT} = D_{2m} + 10\lg\left(\frac{T}{T_0}\right) \qquad (8.3\text{-}23)$$

式中：$T_0 = 0.5\text{s}$。当利用交通噪声作为声源时，用 $D_{tr,2m,nT}$ 来表示；当利用扬声器作为声源时，用 $D_{1s,2m,nT}$ 来表示。

规范化声压级差 $D_{2m,n}$：经接收室吸声重修正后的声压级差，单位为分贝（dB），见式（8.3-24）。

$$D_{2m,n} = D_{2m} + 10\lg\left(\frac{A}{A_0}\right) \tag{8.3-24}$$

式中：$A_0 = 10\text{m}^2$。当利用交通噪声作为声源时，用 $D_{tr,2m,n}$ 来表示；当利用扬声器作为声源时，用 $D_{1s,2m,n}$ 来表示。

(3) 泡沫水泥复合墙板隔声性能

发泡水泥复合墙板，厚度 250mm，单块板尺寸 1965mm×2500mm，两块板拼在一起进行试验，总面积 10m^2，复合墙板断面见图 8.3-15，四周及板间 20～25mm 的缝隙由水泥砂浆封堵，声源室容积 78m^3，接收室容积 91m^3，实验室温度 15℃，相对湿度 46%，表 8.3-2 为对应的隔声试验数据。

隔声试验数据　　　　　　表 8.3-2

频率（Hz）	R（dB）
100	37.7
125	36.1
160	38.7
200	37.0
250	40.6
315	39.1
400	42.9
500	42.6
630	44.7
800	45.8
1000	45.9
1250	47.0
1600	44.9
2000	49.0
2500	54.1
3150	57.6
4000	60.9
5000	64.3

$R_w(C, C_{tr}) = 47(0, -2)\text{dB}$

发泡水泥复合墙板体积密度为 680kg/m^3，墙板厚度 250mm，面密度为 170kg/m^2。

根据发泡水泥材料的试验数据：密度为 560kg/m^3 时，抗压强度为 1.5～2.0MPa，弹性模量为 150～200MPa；密度为 680kg/m^3 时，抗压强度 $f_c = 2.0$～2.5MPa，弹性模量 $E_c = 200$～250MPa。

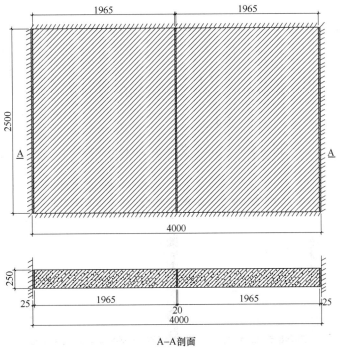

图 8.3-15 隔声试验试件

(4) ALC+岩棉复合墙板

ALC 岩棉保温一体化复合墙板由 ALC 与岩棉一次成型,并配有钢筋提高墙板的承载力及抗裂性。ALC 密度一般控制在 $500\sim800 kg/m^3$,强度不小于 3.5 MPa,可以满足墙板的强度要求。岩棉密度不小于 $120 kg/m^3$,ALC 与岩棉保温板复合后的密度一般在 $500\sim800 kg/m^3$,折合墙板重量小于 $100\sim170 kg/m^2$,有效减小墙体自重,减小结构地震响应。ALC 导热系数不大于 $0.15 W/(m·K)$,岩棉导热系数不大于 $0.04 W/(m·K)$,复合墙板传热系数可达到 $0.31 W/(m·K)$。岩棉采用憎水岩棉板,具有最高防火等级,燃烧性能等级为 A1 级(图 8.3-16、图 8.3-17)。

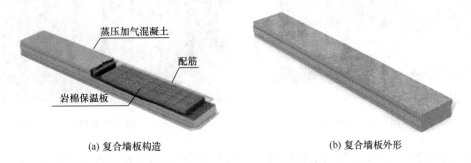

(a) 复合墙板构造　　　　　　　　(b) 复合墙板外形

图 8.3-16　ALC+岩棉复合墙板构造及外形

(5) 外围护结构隔声试验

对 ALC+岩棉复合墙板进行了隔声试验,试验方法见图 8.3-18,被测墙体由 5 块标准板和 1 块非标准板安装而成,见图 8.3-19,墙板之间有 30mm 左右的缝隙,墙板间缝隙以及墙板四周与实验室墙体间缝隙,由水泥砂浆密封,见图 8.3-20。

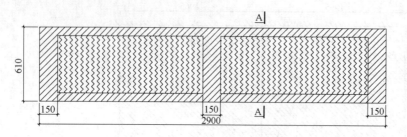 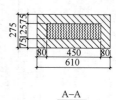

图 8.3-17 ALC+岩棉复合墙板试验板尺寸

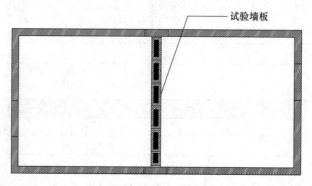

图 8.3-18 隔声试验实验室

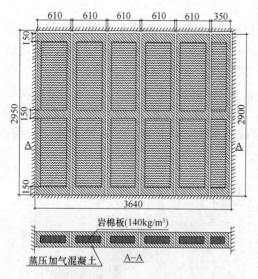

图 8.3-19 隔声试验墙板布置图

图 8.3-20 隔声试验墙板安装完成

测量了两块 ALC 岩棉复合墙板的重量平均为 278kg,综合面密度为 157kg/m²。岩棉板体积密度为 140kg/m³,可以得到 ALC 密度为 743kg/m³,水泥砂浆密度 1800~1900kg/m³。

洞口面积 $S_0 = 10.735 m^2$,全面积分为 A、B、C 三种不同构造,三部分分别为:

① 复合墙板中纵横肋及两端,全截面为 ALC 单一材料,面密度为 203kg/m²,所占面积 $S_A = 3.686 m^2$;

② 复合墙板中 75mmALC+125mm 岩棉+75mmALC 三层复合部分是外墙重要的保温构造，其面密度为 $55\text{kg/m}^2+15\text{kg/m}^2+55\text{kg/m}^2=125\text{kg/m}^2$，面密度为 $S_B=6.174\text{m}^2$；

③ 填充缝隙部分全部为水泥砂浆单一材料，面密度为 $495\sim522\text{kg/m}^2$，取 $m_B=500\text{kg/m}^3$，砂浆填缝所占面积 $S_C=0.875\text{m}^2$。

单层匀质实墙隔声的质量定理：当声波无规则角度入射时：

$$R_0 = 20\lg f + 20\lg m - 48 \tag{8.3-25}$$

式中 f——入射波的频率；

m——墙体单位面积质量。

对于面密度分别为 m_2 和 m_1，且较为接近时，两种墙板的隔声量 R_2 和 R_1 存在如下关系：$R_2 = R_1 + 20\lg \dfrac{m_2}{m_1}$

钢筋混凝土墙体 100mm 厚的密度为 250kg/m^2，其隔声量为 $R_0=48\text{dB}$，180mm 厚的密度为 500kg/m^2，其隔声量为 $R_0=52\text{dB}$，以此为参考，根据公式可以近似得到 A 区面密度为 $m_A=203\text{kg/m}^3$ 时，隔声量为：

$$R_A = 48 + 20\lg \frac{203}{250} = 45.2(\text{dB}) \tag{8.3-26}$$

B 区水泥填充缝隙处的面密度为 $m_B=500\text{kg/m}^3$ 时，B 区隔声量为：

$$R_B = 52 + 20\lg \frac{500}{450} = 52.9(\text{dB}) \tag{8.3-27}$$

对 75mm 厚 ALC+50mm 岩棉板+75mm 厚 ALC 的复合墙进行了试验研究，见图 8.3-20，其中 ALC 密度 650kg/m^3，岩棉板密度 100kg/m^3，试验得到复合墙隔声单值评价为 $R_W(C, C_{tr})=51(-3, -6)$。本次实验 ALC 密度 743kg/m^3，两层 75mm 厚 ALC 面密度 110kg/m^2，大于面密度 102.5kg/m^2，岩棉隔声量应大于 51dB。加气混凝土轻质墙板面密度为 100kg/m^2 时，隔声为 $43(-1, -3)$ dB，岩棉隔声可增加 $10\sim18$dB，可判断 C 区复合后隔声可达到 $53\sim61$dB，取最小值 $R_C=53$dB。

洞口面积 $S_0=10.735\text{m}^2$，复合墙壁带岩棉部分面积为 $S_B=6.174\text{m}^2$，$R_B=53.0$dB，全截面为 ALC 部分所占面积 $A_A=3.686\text{m}^2$，$R_A=45.2$dB，砂浆填缝所占面积 $S_C=0.875\text{m}^2$，$R_c=52.9$dB，得到：

$$\bar{\tau} = \frac{3.686\times 10^{-4.52}+0.875\times 10^{-5.29}+6.174\times 10^{-5.3}}{10.736} \tag{8.3-28}$$

$$=0.00001292$$

取整数为 $R=10\lg\dfrac{1}{\tau}=48.9$dB。

(6) 外围护结构隔声试验结果

图 8.3-21 和图 8.3-22 是课题组进行两次隔声试验的结果，与标准曲线比较两次结果均为 $R_W=43$dB，但与前面理论分析的 $R_W=48.9$dB 相比小了 5dB，这是一个很大的差别，出现异常现象。由于两次试验结果几乎一致，故初步断定 ALC+岩棉复合墙板隔声出现的异常现象与该复合墙板的构造有关，需进一步分析。

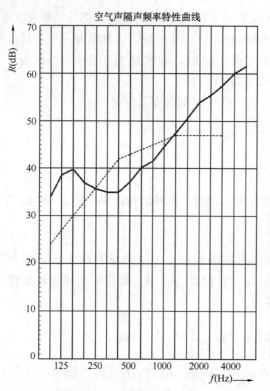

图 8.3-21 ALC＋复合墙板隔声试验结果（第一次试验）

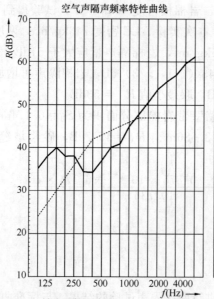

图 8.3-22 ALC＋复合墙板隔声试验结果（第二次试验）

用 ANSYS 对 ALC＋岩棉复合墙板进行了有限元建模分析，可以得到，由于在 610mm 宽 2900mm 高的单跨墙板存在两个空心填充了岩棉，岩棉与 ALC 相比较几乎没有任何刚度，得到局部振型如图 8.3-23 所示，第 1～第 4 振型为单个空心表面为半个波的振动，见图 8.3-23（a），频率最低为 355Hz。第 4 到 8 振型见图 8.3-23（b），振动频率最低为 441Hz。第 9 振型见图 8.3-23（c），振动频率最低为 525Hz。可见在局部振动的基频 355Hz 会出现共振现象，这与试验结果完全吻合。

(a) $f_1 \sim f_4$: 355～377Hz振型　　(b) $f_5 \sim f_8$: 441～450Hz振型　　(c) $f_9 \sim f_{10}$: 525～580Hz振型

图 8.3-23　ALC＋复合墙板局部振动分析

（7）综合分析

通过计算、有限元数值模拟和试验三者对比分析，造成 ALC 岩棉复合墙板计算满足隔声要求，但实验不满足隔声要求的主要原因是墙板的局部内、外层共振，从而降低墙板的隔声量 5dB，后采用通过墙板内、外层 ALC 不同厚度或室内抹灰等措施避免内、外层局部共振，提高 ALC 岩棉复合墙板隔声量 5dB，达到 48dB，从而保证了工程使用。

8.3.2　严寒气候区（东北、西北）建筑外墙板

1. 产品原理

装配式一体化高保温大板，是基于 ALC 双层墙体系，在工厂完成装配化的预制墙体构件。采用 ALC 外侧墙板＋保温层＋ALC 内侧墙板的多层复合墙体构造，在工厂完成装配安装，最后在现场完成吊装施工。

其材料构造做法如图 8.3-24 所示，工艺构造做法如图 8.3-25 所示。

装配式一体化高保温大板内置的保温板的材料可随实际需求调整。如岩棉保温板、XPS 挤塑保温板等均可作为内置的保温材料。

图 8.3-24 材料构造做法示意图中：

a—ALC 外侧墙板；b—保温层；c—ALC 内侧墙板。

图 8.3-25 工艺构造做法示意图中：

a—ALC 外侧墙板；b—保温层；c—钢框架；d—ALC 内侧墙板。

2. 产品性能

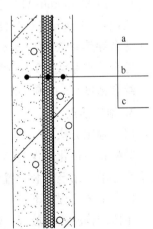

图 8.3-24　材料构造做法示意图

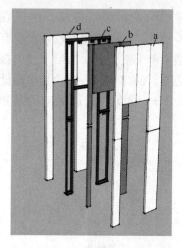

图 8.3-25　工艺构造做法示意图

以 3000mm 高度板材为例，装配式一体化高保温大板内置岩棉保温板，装配式一体化高保温大板不同厚度的材料综合保温性能及密度如下：

(1) 厚度 200mm 装配式一体化高保温大板。

构成：100mmALC 外侧墙板＋25mm 岩棉保温层＋75mmALC 内侧墙板；

综合导热系数：0.1095W/(m·K)；

综合传热系数：0.506W/(m²·K)；

综合密度：583.750kg/m³。

(2) 厚度 225mm 装配式一体化高保温大板。

构成：100mmALC 外侧墙板＋50mm 岩棉保温层＋75mmALC 内侧墙板；

综合导热系数：0.1013W/(m·K)；

综合传热系数：0.422W/(m²·K)；

综合密度：532.222kg/m³。

(3) 厚度 250mm 装配式一体化高保温大板。

构成：100mmALC 外侧墙板＋75mm 岩棉保温层＋75mmALC 内侧墙板；

综合导热系数：0.0948W/(m·K)；

综合传热系数：0.359W/(m²·K)；

综合密度：491kg/m³。

(4) 厚度 275mmALC 装配式一体化高保温大板。

构成：100mmALC 外侧墙板＋100mm 岩棉保温层＋75mmALC 内侧墙板；

综合导热系数：0.0895W/(m·K)；

综合传热系数：0.310W/(m²·K)；

综合密度：457.273kg/m³。

(5) 厚度 300mmALC 装配式一体化高保温大板。

构成：100mmALC 外侧墙板＋125mm 岩棉保温层＋75mmALC 内侧墙板；

综合导热系数：0.0818W/(m·K)；

综合传热系数：0.285W/(m²·K)；

综合密度：409.091kg/m³。

3. 施工要点

(1) 施工方法：

装配式一体化高保温 ALC 大板，根据构件形式及重量选择合适的吊具，宜采用平衡梁垂直起吊，吊至安装位置后进行安装。

(2) 工艺流程如下：

主体结构验收—放线—焊接连接角钢—装配式一体化高保温大板吊装—校正—连接角钢与装配式一体化高保温大板焊接—防锈修补—外侧安装 PE 棒打密封胶—内侧勾缝剂填缝及内装饰面处理—报验。

8.3.3 寒冷气候区（京津冀）建筑外墙板

1. 产品原理

高性能 ALC 保温夹芯板，是一种采用 ALC 作为包裹层墙体基材，内部包裹保温板材料，采用双层双向钢筋作为结构受力钢筋，一体浇筑而成的高性能保温墙体产品。材料构造如图 8.3-26 所示。

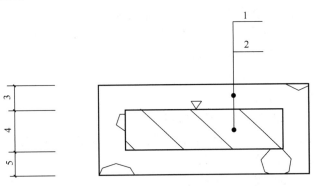

图 8.3-26　材料构造示意图

高性能 ALC 保温夹芯板内置的保温板的材料可随实际需求调整。如岩棉保温板、XPS 挤塑保温板等均可作为内置的保温材料。

图 8.3-26 材料构造示意图中：

1—ALC；2—保温层；3—75mm；4—$n \times 25$mm（25mm 模数）；5—75mm。

高性能 ALC 保温夹芯板内置的保温板的材料可随实际需求调整。如岩棉保温板、XPS 挤塑保温板等均可作为内置的保温材料。

2. 产品性能

以 3000mm 高度板材为例，高性能 ALC 保温夹芯板内置岩棉保温板，高性能 ALC 保温夹芯板不同厚度的材料综合保温性能及密度如下：

(1) 厚度 175mmALC 装配式一体化高保温大板。

构成：75mmALC 基材＋25mm 岩棉保温层＋75mmALC 基材；

综合导热系数：0.1128W/(m·K)；

综合传热系数：0.588W/(m^2·K)；

综合密度：604.571kg/m^3。

(2) 厚度 200mmALC 装配式一体化高保温大板。

构成：75mmALC 基材＋50mm 岩棉保温层＋75mmALC 基材；

综合导热系数：0.1074W/(m·K)；

综合传热系数：0.497W/(m^2·K)；

综合密度：570.5kg/m^3。

(3) 厚度 225mmALC 装配式一体化高保温大板。

构成：75mmALC 基材＋75mm 岩棉保温层＋75mmALC 基材；

综合导热系数：0.1032W/(m·K)；

综合传热系数：0.429W/(m^2·K)；

综合密度：544.0kg/m³。

（4）厚度 250mmALC 装配式一体化高保温大板。

构成：75mmALC 基材＋100mm 岩棉保温层＋75mmALC 基材；

综合导热系数：0.0998W/(m·K)；

综合传热系数：0.377W/(m²·K)；

综合密度：522.8kg/m³。

（5）厚度 275mmALC 装配式一体化高保温大板。

构成：75mmALC 基材＋125mm 岩棉保温层＋75mmALC 基材；

综合导热系数：0.0971W/(m·K)；

综合传热系数：0.335W/(m²·K)；

综合密度：505.455kg/m³。

（6）厚度 300mmALC 装配式一体化高保温大板。

构成：75mmALC 基材＋150mm 岩棉保温层＋75mmALC 基材；

综合导热系数：0.0948W/(m·K)；

综合传热系数：0.302W/(m²·K)；

综合密度：491kg/m³。

3. 施工方法

高性能 ALC 保温夹芯板可采用 NDR 节点（参见本书第 7 章图 7.3-1）或钩头螺栓节点进行安装，适用于钢结构或混凝土结构的外墙板安装。

（1）钩头螺栓施工工艺流程如下：

主体结构验收—放线—焊接导向角钢和托板—安装门窗加固角钢（或安装墙洞两边板后安装扁钢加固框）—板钻孔—ALC 板就位，安装钩头螺栓—校正—钩头螺栓焊接—防锈修补—外墙安装 PE 棒打密封胶—报验。

（2）NDR 施工工艺流程如下：

主体验收—放线—焊通长连接角钢—焊门窗加固框—ADR 连接件安装—板就位—板面调整—焊接、防锈—打胶勾缝—修补、清理—报验。

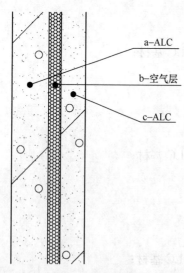

图 8.3-27 ALC 双墙体系材料构造示意图

a—ALC
b—空气层
c—ALC

8.3.4 夏热冬冷气候区（长三角）建筑外墙板

1. 产品原理

ALC 双墙体系，是一种采用 ALC 外侧墙板＋空气层或保温层＋ALC 内侧墙板的多层复合墙体安装体系。

ALC 外墙板见图 8.3-27 中 a，根据设计要求充分发挥建筑物外墙的围护保温装饰一体化作用；空气层或保温层见图 8.3-27 中 b 的材料和厚度可随实际需求调整，如空气层、岩棉保温板、XPS 挤塑保温板等均可作为填充材料，根据设计要求充分发挥保温隔热作用；ALC 内墙板见图 8.3-27 中 c，在设计要求中起到保温装饰作用。

2. 产品性能

以 3000mm 高度板材为例,ALC 双墙体系中使用 25mm 空气层,ALC 双墙体系各厚度墙板综合保温性能及密度如下:

(1) 厚度 200mmALC 双墙体系。

构成:100mmALC 外侧墙板+25mm 空气层+75mmALC 内侧墙板;

综合导热系数:0.1200W/(m·K);

综合传热系数:0.622W/(m^2·K);

综合密度:650kg/m^3。

(2) 厚度 225mmALC 双墙体系。

构成:125mmALC 外侧墙板+25mm 空气层+75mmALC 内侧墙板;

综合导热系数:0.1200W/(m·K);

综合传热系数:0.55W/(m^2·K);

综合密度:650kg/m^3。

(3) 厚度 250mmALC 双墙体系。

构成:150mmALC 外侧墙板+25mm 空气层+75mmALC 内侧墙板;

综合导热系数:0.1200W/(m·K);

综合传热系数:0.494W/(m^2·K);

综合密度:650kg/m^3。

(4) 厚度 275mmALC 双墙体系。

构成:175mmALC 外侧墙板+25mm 空气层+75mmALC 内侧墙板;

综合导热系数:0.1200W/(m·K);

综合传热系数:0.448W/(m^2·K);

综合密度:650kg/m^3。

(5) 厚度 300mmALC 双墙体系。

构成:200mmALC 外侧墙板+25mm 空气层+75mmALC 内侧墙板;

综合导热系数:0.1200W/(m·K);

综合传热系数:0.410W/(m^2·K);

综合密度:650kg/m^3。

3. 产品安装施工要点

双墙技术体系 ALC 墙板外侧采用钩头螺栓工法或 NDR 节点,ALC 墙板内侧采用管板节点。施工工法如下。

(1) 钩头螺栓施工工艺流程如下:

主体结构验收—放线—焊接导向角钢和托板—安装门窗加固角钢(或安装墙洞两边板后安装扁钢加固框)—板钻孔—ALC 板就位,安装钩头螺栓—校正—钩头螺栓焊接—防锈修补—外墙安装 PE 棒打密封胶—报验。

(2) NDR 节点施工工艺流程如下:

主体验收—放线—焊通长连接角钢—焊门窗加固框—ADR 连接件安装—板就位—板面调整—焊接、防锈—打胶勾缝—修补、清理—报验。

(3) 管板节点施工工艺流程如下:

放线、验线—制作安装洞口加固框—板端安装管板—板就位—板面调整—固定管板—板顶填水泥砂浆—清理、修补—勾缝—验收。

8.3.5 夏热冬暖气候区（珠三角）建筑外墙板

1. 产品原理

该区域采用 ALC 单板即可满足保温需要。

2. 产品性能

ALC 板导热系数 $\lambda=0.14\text{W}/(\text{m}\cdot\text{K})$，仅及混凝土的 $1/11$，为砖砌体的 $1/7$，该材料的综合传热系数 $S=2.75\text{W}/(\text{m}^2\cdot\text{K})$，是一种高效保温隔热围护结构材料。

3. 产品安装施工节点

双墙技术体系 ALC 墙板外侧采用钩头螺栓工法或 NDR 节点。

（1）钩头螺栓施工工艺流程如下：

主体结构验收—放线—焊接导向角钢和托板—安装门窗加固角钢（或安装墙洞两边板后安装扁钢加固框）—板钻孔—ALC 板就位，安装钩头螺栓—校正—钩头螺栓焊接—防锈修补—外墙安装 PE 棒打密封胶—报验。

（2）NDR 施工工艺流程如下：

主体验收—放线—焊通长连接角钢—焊门窗加固框—ADR 连接件安装—板就位—板面调整—焊接、防锈—打胶勾缝—修补、清理—报验。

8.3.6 建筑内隔墙板

基于 ALC 板的建筑内墙面系统，同基于金属板的建筑内墙面系统，都是分割建筑物内部空间的墙面系统，该系统除应具有不同的强度要求和连接性能要求，还要根据内墙面系统所在空间建筑功能要求的不同，内隔墙在隔声、耐火性能、防潮性能方面应满足现行国家建筑设计防火、隔声、防腐蚀方面的要求，此外从钢结构建筑产业化，以及户型可变等角度，内隔墙应尽量便于拆装。

随着墙体材料改革的不断深化，实心黏土砖已经逐渐退出历史舞台，各种轻质高强、节能保温的新型墙体材料相继涌现，取而代之。非黏土质墙材、空心制品、大块制品、条形装配式制品、轻型墙体已经成为我国新型墙体材料发展的标签。近年来，我国各地政府都在因地制宜地推广新型建筑材料。现有钢结构建筑墙体，以采用轻质砌体、条板为多。建筑轻质板材产品主要有玻璃纤维增强水泥轻质条板（GRC）、ALC 条板、陶粒及废渣混凝土空心条板、石膏空心条板等单一材料轻质墙板。这类单一材质墙板，虽然可以用作外墙板，但也可作为内部隔墙板。

8.3.7 建筑屋面板

本章重点介绍课题组所研发的适用于严寒地区的预制混凝土夹芯屋面板，该板由内外叶混凝土板及中间保温层三部分组成，内外叶板的连接件采用玻璃纤维增强筋（GFRP）连接件。其屋面板构造如图 8.3-28 所示。

从图 8.3-28 可以看出 GFRP 连接件从真空绝热板（STP）层中聚苯板拼接条处穿过，固定在波折聚苯板的凹处，其两端嵌入内外叶混凝土板中 38mm，将内外叶混凝土板连接

第 8 章 钢结构建筑轻质环保围护体系技术与产品　773

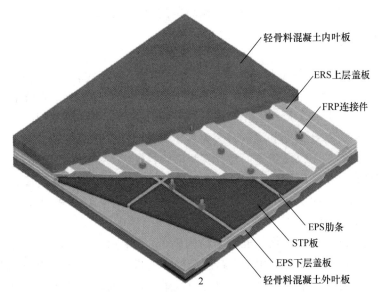

图 8.3-28　预制混凝土夹芯屋面板三维图

成一个整体。

为降低屋面板的重量，内外叶混凝土板采用 AL25 轻骨料混凝土降低构件的自重，重度 1500kg/m³，骨料为黏土陶粒，其厚度为 60mm，采用细筋密布的原则，增加屋面板的抗冲击性能、抗裂性能与抗渗性能。

真空绝热板（STP），是由芯部的隔热材料、气体吸附材料和封闭的阻隔膜三部分组成，芯材的主要作用一是作为支撑骨架，二是芯材本身具有一定的热阻，也可以起到一定的保温效果；高阻气薄膜是由铝箔、无机纤维布和多层致密材料复合而成的，它的好坏对成品板的影响最为明显，如果选用的铝箔透气和透水性比较高，成品板的使用寿命不会很高；吸气剂的放置主要是为了保证板内更好的真空度，吸附由于渗透或材料放气所产生的多余气体，渗入板内的水气分子则由干燥剂吸附掉，以确保 STP 板的使用寿命。STP 板具有以下优点：

(1) 导热系数为 0.008W/(m·K)，保温效果相当于常规聚苯板的 5 倍，挤塑板的 4 倍，聚氨酯的 2.8 倍，保温效果优异。

(2) 单位质量轻，上墙后每平方米的重量大约 12kg，仅为瓷砖上墙后的重量的 1/4。施工后，不易脱落，安全性高。

(3) 保温材料为无机保温材料，防火不燃，而现有常规保温材料均可燃烧。

(4) 无毒、绿色环保，使用寿命长；吸水率小，防水效果好、性价比高。

但是 STP 板尺寸受到限制，无法现场裁切，否则真空腔漏气失去保温效果；施工过程中容易刮坏 STP，造成 STP 板真空泄漏，影响屋面板的保温效果。于是本章采用低导热系数的 STP 作为主要保温层材料降低保温层厚度，增加屋面板保温性能。在两侧粘贴波折状聚苯板，其主要目的是保护 STP 板在真空状态不被破坏，与此同时波折状聚苯板能够提高屋面板的保温隔热性能，并减少混凝土用量降低墙体重量；连接件的存在会导致热桥现象，影响屋面板的热工性能，采用低导热系数 GFRP 连接件与 STP 板进行搭配，降低连接件造成的热桥效应,充分发挥保温材料的保温性能。

8.3.8 建筑楼面板

建筑楼面板的类型有很多种,本章重点介绍 ALC 装配式轻质叠合楼板的开发与研究。叠合楼板主要以混凝土结构为主,多为在工厂预制或在施工现场现浇而成,以预制混凝土楼板为例,虽说是在工厂产业化制造生产,但其生产过程中需要制作大量不同规格的模板,而且在焊接、绑扎钢筋和浇筑时多为人工操作,质量难以保证。混凝土预制楼板使用了大量混凝土材料,不仅重量重而且其保温隔声性能差,无形中增加了施工难度。现浇混凝土楼板则也存在上述问题,而且施工现场养护周期长,还有拆除模板等工序,对工期的影响非常大。为了解决上述问题,发达国家如日本多采用 ALC 板材作为建筑楼板,但 ALC 楼板因其长度限制无法广泛应用于大跨度建筑结构中。

ALC 叠合楼板将 ALC 楼板与混凝土结构叠合,解决了单一 ALC 楼板在一定楼层荷载下,因其长度有所限制无法应用于大跨度结构中的难点。ALC 叠合楼板利用了 ALC 板轻质、保温性能优越解决了建筑楼层保温的技术难点,同时由于其质量仅为传统混凝土楼板的 40%,对提升建筑的抗震性能也起到重要的作用。ALC 板全部在工厂产业化制造生产,不仅保证了产品质量而且在施工时大大提升了装配效率。ALC 叠合楼板使用 ALC 板替代传统混凝土楼板用模板,大大降低了施工成本和人工费用,而且提高了施工效率,缩短了施工工期。

1. ALC 叠合楼板物理性能

(1) 重度:相同厚度的 ALC 叠合楼板与预制混凝土楼板比较,重量减少 60%;

(2) 保温隔热性:满足 50%的节能要求;

(3) 防火:属于 A1 级不燃材料,能达到 4h 以上的耐火极限;

(4) 隔声:隔声效果好,150mm 厚的 ALC 板的平均隔声大于 40dB;

(5) 耐久性能、抗冻性能、抗渗性能较单一混凝土楼板提高 50%以上。

2. ALC 板材生产施工流程

(1) ALC 制品设计标准化:ALC 制品深化设计标准化和多样化相结合,这是 ALC 板材装配式施工的前提,有计划有步骤地实现建筑的围护结构配套产品系列化、通用化;

(2) ALC 制品部品化:工厂生产的各种配套 ALC 制品运到施工现场进行有序装配,这是 ALC 板材装配式建筑的目的,有计划有步骤地实现除主体结构以外的其他建筑结构部品集成的装配式施工;

(3) 施工机械化:ALC 板装配式施工过程中,实现机械化、半机械化和工具改良相结合,这是 ALC 板材装配式建筑的核心,有计划有步骤地提高 ALC 板材装配式施工机械化水平;

(4) 管理信息化:运用 BIM 信息化管理手段,从 ALC 板材的深化设计、加工生产到现场装配,有计划有步骤地实现科学化建筑施工组织管理,这是 ALC 板材实现装配式工业化施工的重要保证。

3. ALC 叠合楼板的基本原理与应用技术

以 ALC 板为叠合楼板的叠合层底板,提升现有楼板承载性能,是一种集保温、隔声、防火多功能为一体的新型叠合楼板底板,利用了 ALC 楼板本身的节能保温的特性实现建筑楼层保温的目标。ALC 叠合楼板常规尺寸见表 8.3-3。

ALC 叠合楼板常规尺寸　　　　　　　　表 8.3-3

类别	宽度	长度	厚度
楼板	300～600mm	4800m 及以下	75mm/100mm/125mm/150mm

ALC 叠合楼板是以 ALC 板为叠合楼板的叠合层底板，利用预制花篮梁的两侧进行搭接，并采用单向受力板的方式进行布板，最后上层现浇混凝土（单层双向钢筋网）构成的一种集保温、隔声、防火、装饰多功能为一体的新型叠合楼板。具体节点处理如图 8.3-29～图 8.3-32 所示：

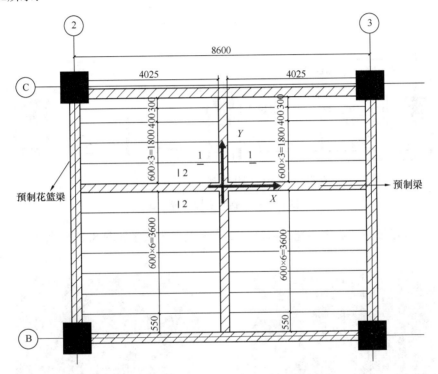

图 8.3-29　标准跨距单元 ALC 叠合楼板布板图

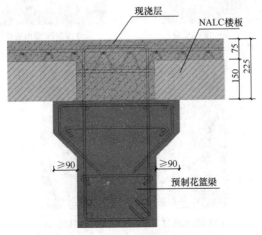

图 8.3-30　搭接端板梁节点处理

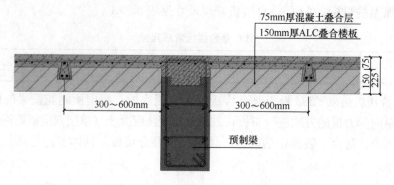

图 8.3-31 非搭接端板梁节点处理

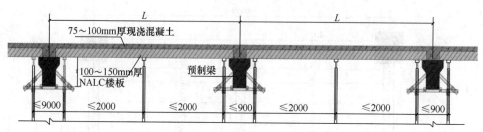

$L=$跨距，$L\leqslant 2000$时，可取消跨中临时支撑

图 8.3-32 临时支撑设置方式

ALC叠合楼板在产业化装配式建筑中安装施工工艺顺序如图8.3-33所示。

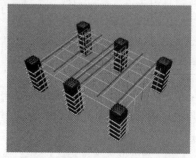

(a) 现浇立柱钢筋绑扎与支模→预制PC梁
临时支撑就位→ALC叠合板临时支撑就位

(b) 预制PC梁吊装就位→预制PC梁
调平与固定

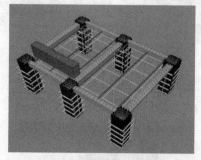

(c) ALC楼板通过塔吊整托就位到安装楼层面

图 8.3-33 安装施工工艺顺序（一）

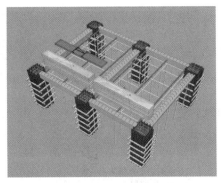
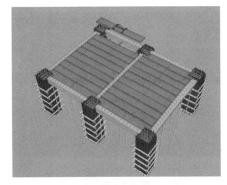

(d) 整托ALC楼板在吊装楼层利用专用夹具安装铺设

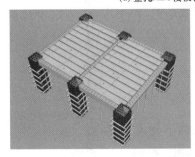

(e) ALC楼板板缝处三角钢筋桁架铺设就位
并且与端部受力预制梁钢筋进行绑扎焊接作业

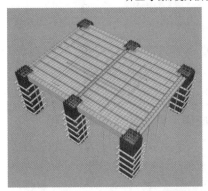

(f) ALC楼板板缝处三角钢筋桁架铺设就位
并且与端部受力预制梁钢筋进行绑扎焊接作业

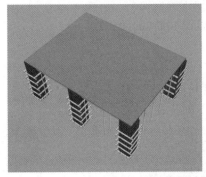
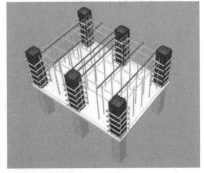

(g) ALC叠合楼板现浇层混凝土现浇养护后拆模
模具与支撑可移至上一楼层重复使用

图8.3-33　安装施工工艺顺序（二）

(h) 将ALC墙板吊装到底层并对下一楼层进行施工

(i) 中间层支撑拆除后，安装ALC墙板，同时对下一楼层进行施工

图 8.3-33　安装施工工艺顺序（三）

4. ALC 叠合楼板截面受力分析

（1）ALC 叠合楼盖承载力计算应满足以下假定：

1）ALC 板与混凝土界面无滑移；

2）截面受压区高度不应大于混凝土层厚度。

（2）ALC 叠合楼盖正截面受弯承载力计算应按以下公式进行：

$$M \leqslant \alpha_1 f_c b_x \left(h_0 - \frac{x}{2}\right) + f'_x A'_s (h_0 - a'_s) \tag{8.3-29}$$

受压区高度应按下列公式确定：

$$\alpha_1 f_c b_x = f_y A_s - f'_y A'_s \tag{8.3-30}$$

式中　M——弯矩设计值；

$A_s A'_s$——受拉区、受压区纵向钢筋截面面积。

叠合楼板 ALC 与混凝土结合面处的剪应力应满足以下计算要求：

$$\tau_{kh} = \frac{V_d \cdot S}{I_{eq} \cdot b} \tag{8.3-31}$$

$$\tau_{kh} \leqslant [\tau_{kh}] \tag{8.3-32}$$

式中　V_d——竖向剪力；

　　　S——现浇钢筋混凝土部分对叠合板全截面中和轴的面积矩；

　　　I_{eq}——叠合板截面换算惯性矩；

　　　b——叠合板的宽度；

　　　$[\tau_{kh}]$——无结合钢筋粗糙叠合面的抗剪强度，取 0.35MPa。

叠合楼板短期荷载作用下截面抗弯刚度可按下列公式计算：

$$B_s = 0.85 E_c I_{eq} \tag{8.3-33}$$

$$I_{eq} = I_c + \alpha_E I_{ALC} \tag{8.3-34}$$

$$I_c = \frac{1}{12} b h_c^2 + b h_c (y_1 - 0.5 h_c)^2 \tag{8.3-35}$$

$$I_{ALC} = \frac{1}{12}bh_{ALC}^2 + bh_{ALC}(y_1 - 0.5h_{ALC})^2 \qquad (8.3\text{-}36)$$

$$y_1 = \frac{bh_c \times 0.5h_c + \alpha_E bh_{ALC} \times 0.5h_{ALC}}{bh_c + \alpha_E bh_{ALC}} \qquad (8.3\text{-}37)$$

$$\alpha_E = E_{ALC}/E_c \qquad (8.3\text{-}38)$$

式中　　B_s——短期荷载作用下的截面抗弯刚度；
　　　　I_{eq}——短期荷载作用下未开裂换算截面惯性矩；
　　　　E_c——混凝土弹性模量；
　　　E_{ALC}——ALC 板弹性模量；
　　　　b——叠合楼板宽度；
　　　　h_c——混凝土层厚度；
　　　h_{ALC}——ALC 板厚度；
　　　　y_1——截面中和轴距叠合板顶端距离；
　　　　α_E——ALC 与混凝土的弹性模量比值。

5. ALC 叠合楼盖作为抗震构件的刚性楼盖分析

不同厚度叠合楼盖荷载位移曲线列表　　表 8.3-4

试件类型	楼盖尺寸 $B \times L$ (mm)	盖楼厚度 (mm)	极限荷载 (kN)	测点变形（mm）			弹性刚度 (kN/mm)	试验现象
				测点 4	测点 2	测点 5		
ALC 叠合楼盖	3600×4000	175	415.0	6.63	4.98	4.38	29.3	加载侧 ALC 板局部受压破坏
	3600×3500	150	675.3	6.95	20.03	17.35	29.1	ALC 叠合楼盖与钢梁连接处发生剪切破坏

根据图 8.3-34～图 8.3-36 的推载布置图、图 8.3-37 试验结果及表 8.3-4 数据，结合美国荷载规范 2005（ASCE7-05）中的规定，当楼盖的最大平面内变形是其下竖向抗侧力构件顶部平均位移 2 倍以上时为柔性楼盖，反之为刚性楼盖。4m 跨楼盖跨中位移 4.98mm

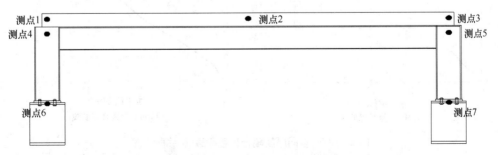

图 8.3-34　叠合楼盖推载测点布置

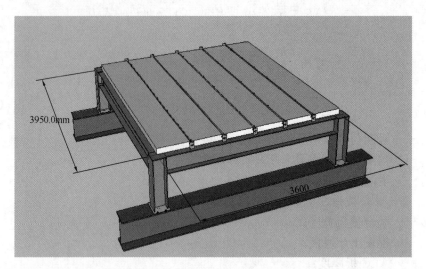

图 8.3-35 叠合楼盖推载测点布置示意图

图 8.3-36 叠合楼盖推载测点布置实物图

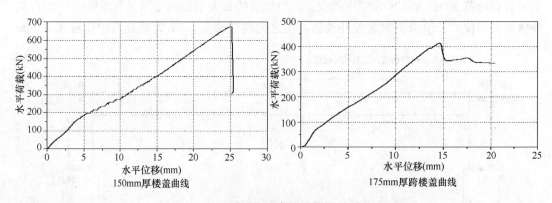

150mm厚楼盖曲线　　　175mm厚跨楼盖曲线

图 8.3-37 不同厚度叠合楼盖荷载-位移曲线图

$<(6.63+4.98)\times2/2=11.61$ mm，因此可认为 4m 跨 ALC 叠合楼盖为刚性楼盖；3.5m 跨楼盖跨中位移 20.05mm$<(6.95+17.35)\times2/2=24.3$ mm，因此可认为 3.5m 跨 ALC 叠合楼盖为刚性楼盖。

6. ALC 叠合楼盖综合性能分析

（1）本体系的 ALC 叠合楼板将 ALC 楼板与混凝土结构叠合，解决了原来蒸压轻质加气混凝土楼板（ALC）在一定楼层荷载下，其长度有所限制，因此无法应用于大跨度结构中的难点。

（2）ALC 叠合楼板利用了 ALC 板轻质性能，由于其质量仅为传统混凝土楼板的 40%，因此对提升建筑的抗震性能也起到重要的作用。

（3）ALC 叠合楼盖利用了 ALC 楼板本身的保温隔声性能，免去了使用预制混凝土楼板后期还需保温层施工的工序，在楼盖施工过程中一次性实现了保温、隔声一体化，大幅缩减了施工工期。

（4）ALC 楼板全部在工厂产业化制造生产，不仅保证了产品质量和精度而且大大提升了装配效率。ALC 叠合楼板使用 ALC 楼板替代传统混凝土楼板用模板，在施工时仅需要少量支模，而且 ALC 楼板与现浇混凝土一次浇筑成型，免去了后浇带，减少了施工工序，大大降低了施工成本和人工费用，而且提高了施工效率，缩短了施工工期。因此本项目的研发对改变传统建筑楼板施工工艺，解决目前建筑楼板施工中的诸多不足与短板有着重要的意义。

7. 生产、运输、施工、运维全过程保障

ALC 制品 BIM 数据库是针对装配式的建筑构件，基于 BIM 系列软件进行开发的一套由参数化模型构成的数据库。该数据库具有设计工业化、多维可视化、模型数据化等性质，同时具备设计、生产及施工无缝对接，模型可量化出图、数据流通双向性的特点。其在 ALC 装配式设计及优化过程中起着重要的作用（图 8.3-38）。

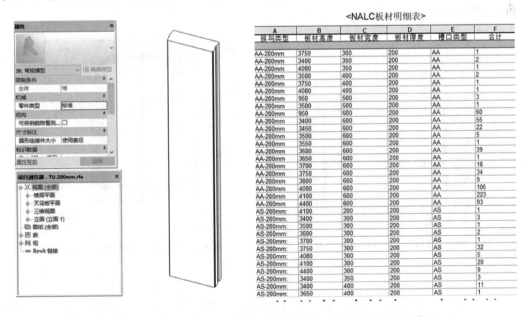

图 8.3-38　BIM 系列软件进行开发的数据库截面、数据列表及布板模型（一）

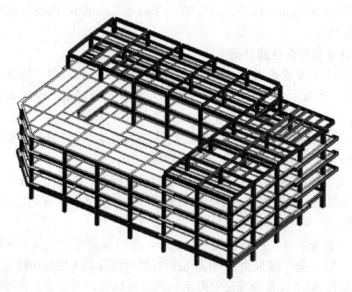

图 8.3-38　BIM 系列软件进行开发的数据库截面、数据列表及布板模型（二）

8.3.9　ALC 包覆薄板

1. ALC 包覆薄板包梁柱应用技术

项目的结构形式主要以装配式钢结构为主，为解决整体结构的防火、装饰及冷热桥保温的技术难点，采用了 ALC 薄板应用技术体系，即用 37mm 或 50mmALC 薄板对整体钢结构进行包裹装饰的同时，利用 ALC 板防火性能和保温性能优越的特点解决了钢结构构件防火及保温问题，能够大幅度简化多道传统工序、缩短施工周期以及降低材料成本（图 8.3-39、图 8.3-40）。

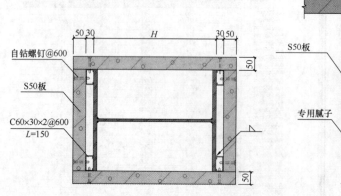

图 8.3-39　ALC 包覆薄板包柱节点

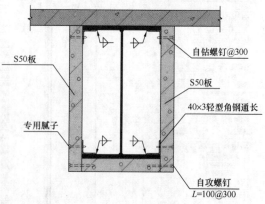

图 8.3-40　ALC 包覆薄板包梁节点

2. ALC包覆薄板包梁柱流程（图 8.3-41）

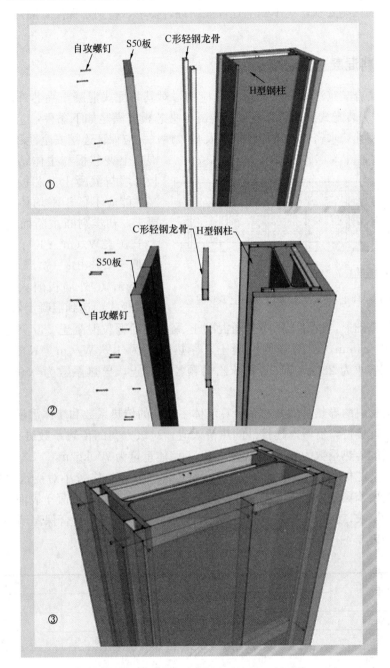

图 8.3-41 ALC 包覆薄板包梁柱流程图

8.4 基于新型材料的轻质环保围护体系技术与产品

8.4.1 研究思路

对于装配式结构的外墙板，既要求其满足强度、刚度等力学性能，还要求具备优良的保温、隔热、隔声、防水、防渗透和装饰等性能。以往单一材料混凝土组成的外墙板往往只能实现少数的性能要求，达不到上述性能的综合要求，特别是保温、隔热、装饰性能等方面的要求。

8.4.2 轻骨料混凝土复合墙板

本课题组结合某京津冀地区实际工程应用，对其装配式混凝土夹芯外墙板进行设计（图8.4-1）。作为装配式外墙板，设计的混凝土夹芯板需满足如下条件：①应满足外围护结构整体的气密性、水密性、抗风压性能及耐久性；②应保证连接安全性和可靠性。包括混凝土夹芯板与主体结构的连接，陶板幕墙与混凝土夹芯板的连接；③保温性能应不低于平均传热系数0.4的要求，初步判断主断面传热系数不应大于0.32W/(m²·K)；④计权隔声量不低于48dB；⑤墙板的厚度为200mm；⑥外墙板耐火等级为A级；⑦墙板表面达到混凝土效果。

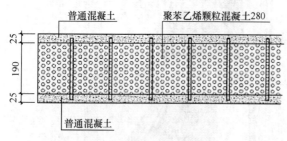

图8.4-1 普通混凝土-聚苯乙烯颗粒混凝土280夹芯板

在此条件基础上，设计了采用普通混凝土-聚苯乙烯颗粒混凝土280夹芯板，外叶板和内叶板厚度25mm，使用普通混凝土，导热系数为1.63W/(m·K)。夹芯层厚度190mm，使用容重为280kg/m³的聚苯乙烯颗粒混凝土，导热系数为0.061W/(m·K)（图8.4-1）。

根据所给材料的导热系数及容重计算墙体主断面的传热系数和墙体重量，该方案内外叶板之间存在连接件，需考虑连接件的热桥效应，对该方案的传热系数进行相应的调整。得到复合墙板的传热系数为0.32W/(m²·K)，墙体重量为700kg/m³。

为保证该夹芯板在加工厂内浇筑顺利，避免钢筋网片空格较小对浇筑振捣质量的影响，以及避免聚苯颗粒由于密度原因在振捣浇筑过程中会上浮至混凝土表面而造成保温性能不满足实际要求，课题组采用了如图8.4-2所示的轻质混凝土复合保温墙板的模型，最终试验参数如表8.4-1所示。

轻质混凝土复合保温墙板参数　　　　表8.4-1

墙体尺寸	长度（mm）	宽度（mm）	厚度（mm）
	4200	600	240
墙体类型	外层材料	保温材料	内层材料
墙体材料	普通混凝土	颗粒混凝土280	水泥砂浆
墙体厚度（mm）	40	190	10
钢筋网	直径（mm）	网格间距（mm）	层间间距（mm）
	3	50	190
	保护层厚度（mm）	材料	
	25	普通钢材	
拉结三角桁架	直径（mm）	沿板长度方向间距（mm）	沿板宽度方向间距（mm）
	3	100	300
	三角桁架高度（mm）	材料	
	200	不锈钢	

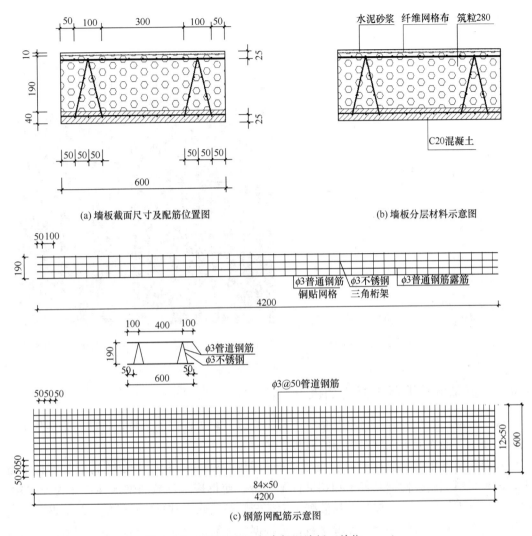

图 8.4-2 轻质混凝土复合保温墙板（单位：mm）

在以上措施保证下，预制的轻骨料混凝土复合墙板各种性能满足设计需求。在考虑预制构件之间接缝的连接问题是其研究与推广应用中的关键性技术问题，尤其是上下层预制墙体之间的连接和左右间预制墙体之间的连接（即水平接缝和竖向接缝的连接）的可靠性对装配式墙板结构整体性能至关重要。课题组对夹芯保温外墙板水平横缝及竖向缝的处理采取如图 8.4-3 所示的方案。

水平缝构造：为防止基板之间发生硬接触，以免钢梁变形后对夹芯板造成损坏，也免于造成由于基板硬接触而使钢梁的受力状态不同于结构计算。在上下板的横缝中添堵柔性的防水保温材料，若有设计要求，需保证其防火性能。且上下板接口处应进行弯折构造，防止虹吸作用下渗水。竖向缝构造：在板缝处，为避免形成一条内外相通的直缝，按图 8.4-3 加工基板。建筑外侧板预留 30mm 豁口，且中间保温层探出 30mm，保证板材安装后无热桥产生，内侧板探出 50mm，保证竖缝的气密性和水密性。在内侧进行砂浆封堵，外侧在砂浆封堵后，进行防水结构胶封缝。最终试验用房项目成果如图 8.4-4 所示。

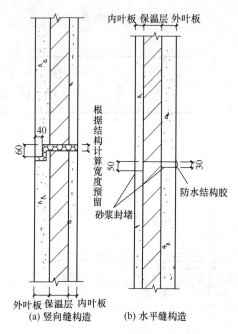

图 8.4-3 夹芯板间横竖缝构造图

图 8.4-4 轻质混凝土复合保温墙板建成后的效果

8.4.3 聚苯颗粒混凝土复合墙板

聚苯颗粒混凝土受限于材料制备的不稳定性以及耐火性能的影响，目前还是多作为保温材料使用，而作为板面材料的研究较少。

本课题组选用的保温材料是轻质改性聚苯颗粒混凝土，相比于传统的聚苯颗粒混凝土，该种材料利用改性剂对聚苯颗粒进行了处理，使得聚苯颗粒的憎水性转变为亲水性，在一定程度上解决了常见聚苯颗粒混凝土中聚苯颗粒与水泥基材连接性能差的问题。该材料作为复合墙板的水泥基材和保温材料，可根据实际需求对配比进行调整，得到不同密度的聚苯颗粒混凝土，使其获得保温防火性能良好、具有一定强度的特点，同时该种材料相比于常见的挤塑板、聚氨酯等保温材料造价成本更低，更适用于产品市场推广。

该产品结构形式为较常见的夹芯复合墙板形式，两侧面板材料选用厚度为 40mm 的 C30 混凝土，作为结构主要受力构件，既保证了墙板受力性能，也提供了面层强度和防火性能。中间夹心保温材料选用厚度为 195mm，密度为 280kg/m^3 的聚苯颗粒混凝土，作为结构的保温构件。通过调整密度达到 280kg/m^3 使得材料具有 A2 级防火性能，在接口处可以直接外露，避免了因主体材料封边产生的冷热桥问题，并且材料仍具有较好的保温性能，导热系数为 0.061W/(m·K)。该产品的截面具体尺寸及结构形式如图 8.4-5 所示。

为保证墙板的受弯承载力满足要求，墙板两侧面层材料中均设置了钢筋网片，同时为保证不同材料的面层和保温层之间的可靠连接与协同工作，钢筋网片通过一定数量的斜拉筋进行连接。为避免由于斜拉筋穿透保温层材料导致的冷桥效应影响墙板的整体导热系数，斜拉筋材料选用导热系数相对较低的不锈钢，并尽可能减少斜拉筋的尺寸和数量。该产品的钢筋网片及斜拉筋布置如图 8.4-6 所示。

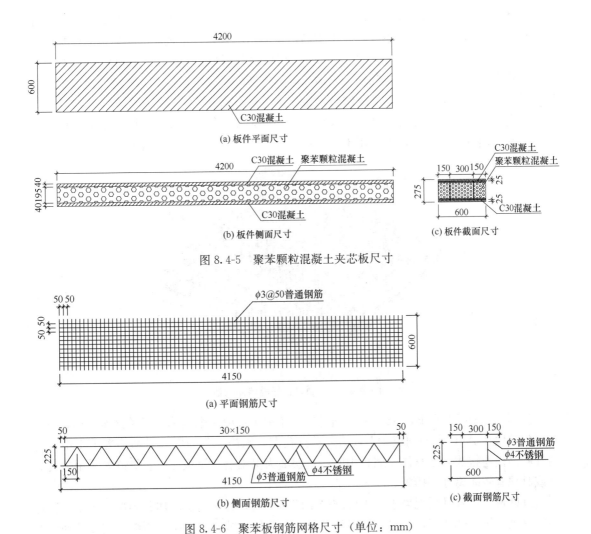

图 8.4-5 聚苯颗粒混凝土夹芯板尺寸

图 8.4-6 聚苯板钢筋网格尺寸（单位：mm）

8.4.4 预制混凝土复合保温墙板

预制混凝土夹芯墙板内外叶混凝土板通过连接件组合而成，中间填充保温层，如图 8.4-7 所示。目前国内外学者的研究方向，主要是变化连接件种类与内外叶混凝土板的材料。连接件按材料类型主要分为碳钢、不锈钢以及 FRP 三种材料，其中碳钢包括钢板、桁架、钢筋以及钢棒；不锈钢包括板状、筒状以及棒状；FRP 包括针状、片状、栅格状。混凝土材料则是轻骨料混凝土与普通混凝土，其中轻骨料混凝土中的骨料可以分为煤矸石、陶粒、火山石等等。

变化连接件主要带来两方面的影响，一是对墙体保温隔热性能的影响；二是对墙体的受力性能的影响。对于保温隔热性能，由于连接件穿过保温层，造成热

图 8.4-7 预制混凝土夹芯板

桥，对墙体的保温隔热效果影响较大。对于受力性能，其主要影响墙体的复合程度，复合程度越高，墙体的受力性能越好，其中钢筋桁架墙体的复合程度较高。普通钢筋连接件造价低、安装方便，但其导热系数高，钢筋连接件抗腐蚀性能较差，易造成墙体的安全隐患。国内学者对其连接件导热问题、墙体保温隔热性能、湿传递性能、隔声性能以及耐久性能等进行了大量的研究，本课题结合严寒地区对复合墙体的要求，研发出新型产品。

课题组研发的预制复合夹芯保温墙体从内到外依次是 ALC 板、有机保温板、轻骨料混凝土板，内外叶板的连接件采用不锈钢板。其墙体构造如图 8.4-8 所示。

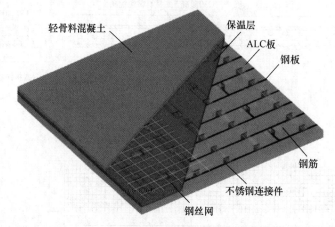

图 8.4-8 预制复合保温墙体构造

从图 8.4-8 可以看出，ALC 板 3 通过通长角钢拼接成一个整体，不锈钢连接件 6 一端焊接到预埋在 ALC 中的钢板 4 上，另一端打孔穿入钢筋 7 预埋在轻骨料混凝土 1 中，将内外叶墙板连接成一个整体。墙板中间构造层 2 为保温层。钢板 4 以及焊缝处采用热浸镀锌或其他有效防腐处理措施。

外叶板采用轻骨料混凝土，不仅减轻了墙体重量，还对内层墙体起到保护作用，轻骨料混凝土采用整体现浇，把复合墙板浇筑为一个整体，减少了拼接的板缝，增强了外墙的防水性能。采用细筋密布的原则，增加外墙板的抗冲击性能、抗裂性能与抗渗性能。

保温层采用有机保温材料，而 ALC 板相当于无机保温材料，二者相结合构成双层保温，利用有机保温材料的高效隔热性能与无机保温材料的耐火性能，提高墙体的耐火性能与保温性能，并且双层保温可以有效地减少热桥效应的影响。

内叶板采用 ALC 板，其一自重轻，从而降低了复合外墙的自重，其二是 ALC 本身具有很好的保温性能，导热系数在 0.11～0.14W/(m·K) 之间，可提高墙体的保温效果。其三，ALC 具有很好的隔声性能，厚度为 150mm 时其隔声性能就能达到 45dB，提高了复合外墙的整体隔声性能。其四，150mm 厚的 ALC 其耐火等级可以达到 4h，应用在外墙内侧可以有效地保护有机保温材料，提高复合墙体的耐火性能。其五，ALC 有较强的抗弯性能，能够与外叶板共同抵抗风荷载。

8.4.5 开孔龙骨岩棉保温复合墙体

开孔龙骨复合墙体是一种新型轻质保温墙体，以腹板开孔冷弯薄壁型钢为立柱，外覆石膏板、纤维水泥压力板、OSB 板等轻质板材，内填岩棉或玻璃纤维等保温隔热材料组

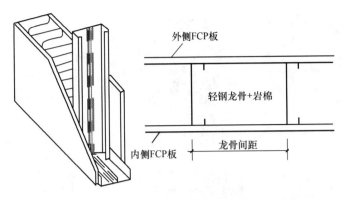

图 8.4-9 开孔龙骨复合墙体

成的新型复合墙体。其构造如图 8.4-9 所示。与传统的砌体墙相比，轻钢龙骨复合墙体具有以下优点：

装配化程度高、施工快捷：由于轻钢龙骨墙体是由若干部件组成，且构件可采用自攻螺钉等实现快速连接；同时岩棉及石膏板均为轻质材料，且材料的保温能力比传统墙体好，所以墙体保温性能相近时，轻钢龙骨墙体自重仅约为常用混凝土砌块墙体自重的 1/6 左右。因此，轻钢龙骨墙体可由工厂预制，现场组装；同时轻钢龙骨墙体施工为干作业，施工受季节影响小，施工周期与传统结构形式相比缩短 1/3 左右。

节能环保：轻钢龙骨墙体内填优质保温隔热材料岩棉，墙体保温性能良好，能有效地降低墙体能量耗散，减少采暖消耗。轻钢龙骨墙体的组成构件大多可回收再利用，其中钢材重复利用率可达 100%，且对于非承重墙体其重复利用时材料性能几乎不变；保温材料（岩棉和玻璃棉）重复利用率可达 75%的；石膏板的重复利用率也可达到 10% 左右。并且施工产生的建筑垃圾和施工噪音的影响与传统墙体相比大幅减少，可以称之为绿色环保的建筑构件。

保温材料无机化：目前常用的保温材料如苯板、挤塑板等聚苯乙烯泡沫板为有机材料，抗火性能不好，且燃烧时会释放有毒气体。轻钢龙骨墙体选用保温材料如岩棉、玻璃棉是由矿石、玻璃等无机材料加工而成，属无机材料，无机材料是较好的耐火材料。轻钢龙骨墙体实现了保温材料的无机化，有效地避免了因保温材料耐火性能差造成的安全隐患。

开孔龙骨复合墙体构造如图 8.4-10 所示，内外叶 FCP 板通过自攻钉固定在开孔龙骨上，中间保温层采用岩棉，课题组共制作 20 个试件，11 个试件用于热工性能试验，9 个试件用于抗弯性能试验。其制作流程如图 8.4-11 所示，首

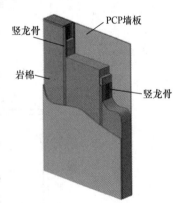

图 8.4-10 开孔龙骨复合墙体构造

先是对龙骨腹板进行开孔，将开孔龙骨进行折弯，然后连接件与竖龙骨相连并与天地龙骨拼装，其次将一侧 FCP 板与骨架连接并填充岩棉，最后将另一侧 FCP 板与骨架连接。

8.4.6 发泡陶瓷轻质外墙板

课题组还对发泡陶瓷轻质外墙板进行了专项研究，该外墙板是以发泡陶瓷围护板为面

图 8.4-11 开孔龙骨复合墙体制作流程

板、以金属框架为面板支承,面板与金属框架通过板框锚固件连接,在工厂预制完成的复合构件。

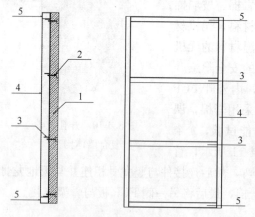

1—发泡陶瓷围护板;2—板框锚固件;3—副肋;
4—主肋;5—端肋。

图 8.4-12 发泡陶瓷轻质外墙挂板的结构示意图

通过坐立式或悬挂式安装在主体结构上,由发泡陶瓷轻质外墙挂板、挂板与主体结构连接节点、防水密封构造、外饰面材料等组成,具有规定的承载能力、位移能力、适应主体结构变形能力、防水性能、防火性能等,起围护及装饰作用的外围护结构系统,简称发泡陶瓷轻质外墙挂板系统。

课题组在实践基础上,形成了企业内部标准《发泡陶瓷轻质外墙挂板应用技术标准》,从材料、建筑设计、结构设计、制作与运输、安装与施工、验收、保养与维护等角度,对发泡陶瓷轻质外墙挂板应用的范围和注意事项进行了规定(图 8.4-12、图 8.4-13)。

8.4.7 珍珠岩复合墙板

钢丝网架珍珠岩复合保温墙板是一种高性能抗火、保温、轻质且易于工业化生产的装配式建筑用围护墙板，这种新型构造的保温墙板在结构外墙保温与内隔墙设计中已有多种不同类型的工程应用。

课题组还在实践基础上对珍珠岩复合墙板的性能进行研究，开发了装配式模块化钢丝网架珍珠岩复合保温外墙板与轻钢组合结构采用"咬合包裹"和"企口拼接"装配成型，之后在面层喷抹高性能砂浆层的构造作法，并进行了振动台整体受力性能试验研究。

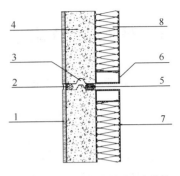

1—装饰层；2—耐候密封胶+泡沫棒；3—企口；4—发泡陶瓷围护板；5—密封条；6—端肋；7—主肋；8—保温层。

图 8.4-13 外墙挂板水平缝企口构造示意

为深化研究地震作用下这种新型保温墙板与结构连接构造及其二者共同工作的抗震安全性，课题组进行了两层足尺装配式珍珠岩复合墙板轻钢组合框架结构房屋的模拟地震振动台试验。本次试验之所以选择的主体结构为一种装配式轻型钢管混凝土柱-H型钢梁框架结构，就是因为该结构层间变形较大，是属于考虑不利情况的研究。基于57个工况下装配式钢丝网架珍珠岩复合墙板轻钢组合结构整体的大型模拟地震振动台试验，分析了结构的地震反应及动力特性，研究了结构刚度、强度以及损伤规律，得到了一系列重要的抗震试验结果，验证了装配式珍珠岩复合墙板轻钢组合结构的抗震安全性（图 8.4-14 和图 8.4-15）。

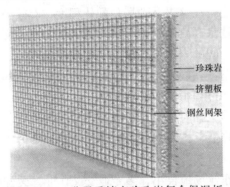

图 8.4-14 非承重填充珍珠岩复合保温板

图 8.4-15 振动台台面及安装于台面上的试验房屋

8.5 轻质环保建筑围护体系先进生产工艺和高效施工方法

8.5.1 装配式超大规格金属围护单元组件制造和施工技术

金属面夹芯板作为围护外墙板具有工厂预制程度高，现场装配快捷等特点，符合装配式建造的发展趋势，尤其是在大型的工业建筑上使用较为广泛。但相对于工业建筑外围护的大体量来说，金属面夹芯板基本装配单元的宽度依然较小，现场施工时仍然会消耗大量人工和时间，当遇到交叉作业多，工期紧张，天气条件恶劣等情况，仍可能会无法满足工程进度要求。另外，建筑施工涉及的专业分包数量多，各专业施工队伍均需要材料堆场和施工作业面，金属围护外墙板极易因磕碰导致损坏，其成品保护难度大，在高密度的交叉作业时，施工安全事故发生概率较高。

为克服上述困难，课题组经研究和实践形成了装配式超大规格金属围护单元组件施工工法，提升外墙装配化施工程度，加快外墙施工速度，降低安全和质量风险方面效果显著，具有明显的社会效益和经济效益。

1. 技术特点

根据建筑立面图，对建筑墙面进行分析，把相同形式的墙面进行分类汇总，将基本金属夹芯板模块分类组合成多个超大外墙模块，在施工现场之外的临时加工厂将小单元的金属围护外墙板、窗户、龙骨及配件拼装成为一个整体，形成超大规格金属围护单元组件，运至施工现场进行安装作业，显著提升现场装配化程度，有效减少施工现场的工作量。

采用榫卯式插接节点技术和哈芬槽预埋件，以及配套研发的单向安装方头螺栓技术，实现上下、左右单元组件之间的全螺栓连接，实现现场无焊接、全装配连接。

采用配套研发的翻板车，完成超大规格金属围护单元组件的运输和辅助吊装工作，有效防止超大外墙模块在吊装过程中的变形和损坏。

将大部分现场作业转移至临时工厂，使施工场地的占用率、工人的高空作业风险、各专业的交叉作业程度有效降低，进而提升工程建设质量，降低工程建造风险。

2. 适用范围

体量大，工期紧张，作业场地狭小，多专业交叉作业，装配化程度要求高的金属围护外墙工程，超大规格金属围护单元组件最优的工厂拼装方案是在工地附近的工厂内进行，以便减少运输费用。

3. 工艺原理

通过超大规格金属围护单元组件的骨架设计和外墙排板设计，将大量的现场施工作业甚至是高空作业，转移至工厂进行。在进行单元体制作前，首先要进行图纸深化，根据项目外墙的特点，将基本的小块金属外墙夹芯板分类组合成大型的单元体模块，然后，在工厂进行龙骨和夹芯板的下料堆放，并按照顺序转移至预制组装平台在组装平台上将已经加工好的金属龙骨进行拼装作业，横竖龙骨之间使用螺栓连接，然后将金属围护外墙板等基本外墙单元通过自攻螺钉固定在龙骨上，最后安装密封件和其他配件，形成整体性较好的超大外墙模块，运至现场后直接吊装就位即可。

为满足外墙的抗风能力，在骨架设计时，将榫卯插接节点简化为铰接节点，整根外墙龙骨视为多跨静定梁计算模型,通过结构计算选取可靠的龙骨规格。安装时使用翻板车辅助吊装,防止超大规格外墙模块翻身和起吊引起的变形。保证装配式超大规格金属围护单元组件安装和使用时的安全可靠。

4. 施工工艺流程及操作要点

(1) 施工工艺流程

装配式超大规格金属围护单元组件施工工艺如图 8.5-1 所示。

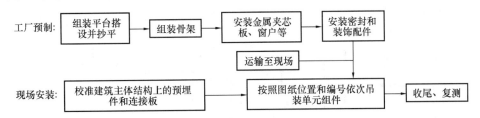

图 8.5-1 装配式超大规格金属围护单元组件施工工艺流程图

(2) 操作要点

1) 工厂预制

① 组装平台搭设并抄平

搭设组装平台的方式比较灵活,可以选择硬化且平整的地面,也可以使用钢材或木材在地面上搭设平整度满足要求的平台,图 8.5-2 所示为直接在已硬化地面上用矩形钢管搭设简单组装平台。预制超大规格金属围护单元组件加工时,应在基准面上设置醒目的"组装控制线",以确保相同单元组件的组装精度,以及相邻单元组件安装后的水平和垂直度。以每种单元组件的第一个组装完成并检查合格的实物为基准,做样板胎具,控制以后每单元的板缝及板宽。

图 8.5-2 搭设组装平台并抄平

② 组装骨架及夹芯板安装

按照单元组件的龙骨大样图(图 8.5-3),在组装平台上组装骨架,龙骨的截面形状优选方形或矩形钢管,主要是因为闭口截面形式在两个主轴方向都有较好的刚度,龙骨自身不易发生翘曲、扭转等初始缺陷,具体截面尺寸需要根据不同工程的实际荷载情况进行计算。为了防止焊接导致的龙骨变形，横竖龙骨通过角码进行螺栓连接（图 8.5-4）。骨架成型后，按照排板图一次铺设夹芯板等外墙板件，如图 8.5-5 所示，外墙板与骨架采用自攻螺钉固定。

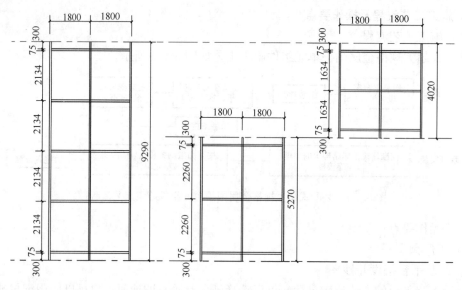

图 8.5-3　单元组件的龙骨大样图示意

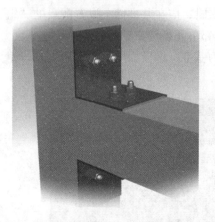

图 8.5-4　横竖龙骨连接示意

图 8.5-5　已成型骨架上安装夹芯板

2）现场安装

① 单元组件与主体结构的连接

安装超大规格金属围护单元组件之前，应校准预埋或后置与主体结构上的连接件位置，确保安装精度。单元组件的龙骨通过钢制连接板与主体结构相连，当主体结构为混凝土结构时，采用哈芬槽作埋件，以消除沿墙左右 X 轴方向的土建施工误差。连接件设置长圆孔：消除上下 Y 轴方向安装误差。连接件和檩条连接设长圆孔：消除内外 Z 轴方向安装误差。达到三维方向上（上下、左右、内外）的误差调整，如图 8.5-6 所示。如主结构为钢结构时，使用长圆孔消除 X 方向施工误差即可。

② 上下单元组件间的榫卯式插接连接

上下单元组件之间的连接，利用榫卯式的转接件插接做法，如图 8.5-7 所示。转接件长度 400mm，焊成成品在上部单元组件的龙骨内，连接件外露 200mm 用于和下部单元组件插接，如图 8.5-8 所示。

图 8.5-6　单元组件与主结构连接节点图

图 8.5-7　榫卯式插接连接

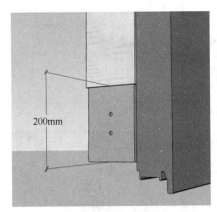

(a) 上部单元组件的下端构造

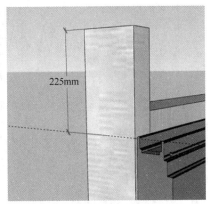

(b) 下部单元组件的上端构造

图 8.5-8　上部和下部单元组件接头处构造

③ 左右单元组件间的构造

左右单元组件在对接缝的位置使用双龙骨构造，如图 8.5-9 所示，由于在对接缝位置的双龙骨紧贴在一起，所以需要采用单向安装的螺栓进行连接，针对这一问题，研发了方头螺栓，其构造和安装流程如图 8.5-10 所示。

④ 单元组件的运输和吊装

超大规格金属围护单元组件目前做到的最大尺寸为 3.6m×9.0m（宽×高），在运输和现场吊装过程中极易发生变形和损坏，装车时采用平吊的方式将单元组件吊装至翻板车上，并用卡夹固定，装车时每层单元组件之间要用质地较软的方木或者泡沫板隔开，避免划伤外墙板。

运输至现场的吊装作业区域后，打开固定卡夹，移除垫木（或泡沫），用液压装置将车板转起 60°以便进行施工吊装作业，如图 8.5-11～图 8.5-13 所示。

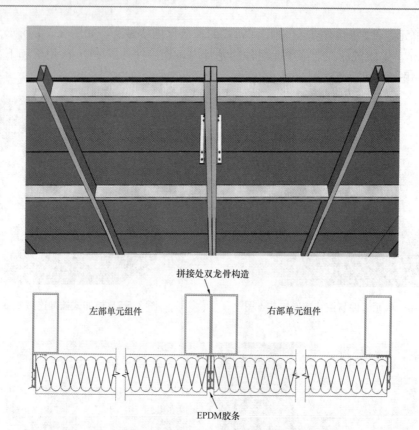

图 8.5-9 左部和右部单元组件拼接处构造

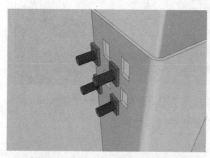

(a)龙骨开矩形孔，螺栓的螺帽形状改造为矩形

(b)先将螺帽伸入矩形孔，然后安装配套卡箍

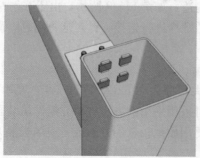

(c)螺栓旋转90°，卡箍和孔壁接触同时限制了方头螺栓的转动

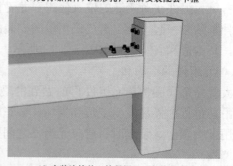

(d)安装连接件，拧紧螺母，安装完成

图 8.5-10 单向安装方头螺栓构造及安装流程

第 8 章　钢结构建筑轻质环保围护体系技术与产品

(a) 翻板车作业模型

(b) 工程现场吊装实景

图 8.5-11　单元组件的吊装作业

图 8.5-12　单元组件的吊装作业实景

图 8.5-13　单元组件的吊装作业实景

5. 质量控制

(1) 工程质量控制标准

1) 单元组件的骨架组装质量控制。

单元组件的骨架在组装过程中应执行《钢结构工程施工质量验收标准》GB 50205—2020（表8.5-1）。

龙骨允许偏差表　　　　　　　　　　　表8.5-1

序号	项目	允许偏差（mm）	检查频率	检验方法
1	间距	±5	每个单元组件	用钢尺
2	弯曲矢高	1/750，且不大于12		拉线或钢尺
3	两端高差	5		拉线或钢尺

2) 单元组件的夹芯板安装质量控制。

单元组件在工厂预制时，其夹芯板的安装过程应执行《建筑金属围护系统工程技术标准》JGJ 473—2019（表8.5-2）。

夹芯板允许偏差表　　　　　　　　　　　表8.5-2

序号	项目		允许偏差（mm）	检验频率	检验方法
	墙面平整度	沿板长度方向	3	每个单元组件	用拉线，水平尺，水准仪检查
		沿板高度方向	3		
	门窗洞口	沿板长度方向	±3		
		沿板高度方向	±3		
		整体偏移	5		

(2) 工程质量保证措施

1) 超大规格金属围护单元组件拼装前必须抄平组装平台，并定期检查组装平台是否因拼装作业而产生变形，如果有变形要及时校正。

2) 现场安装前对照设计图纸，复测每一个主体结构上的预埋件或后置连接件，发现有错位或间距不满足要求的立即整改。

3) 地面设置专人操控缆风绳牵引单元组件，防止吊装过程中的晃动损伤已安装完成的墙面板，也有利于工人安装定位时的准确性。

6. 安全措施

(1) 认真贯彻"安全第一，预防为主"的方针，根据国家有关规定、条例，结合施工单位实际情况和工程的具体特点，组成专职安全员和班组兼职安全员以及工地安全用电负责人参加的安全生产管理网络，执行安全生产责任制，明确各级人员的职责，抓好工程的安全生产。

(2) 施工现场按符合防火、防风、防雷、防洪、防触电等安全规定及安全施工要求进行布置，并完善布置各种安全标识。

(3) 各类房屋、库房、料场等的消防安全距离做到符合公安部门的规定，室内不堆放易燃品；严格做到不在木工加工场、料库等处吸烟；随时清除现场的易燃杂物；不在有火种的场所或其近旁堆放生产物资。

(4) 吊装作业安全守则：配备信号手、作业区域管制人员（配置扩音器/哨子），设置安全作业区域（禁止靠近），设置牵引绳（两端各1条），吊车的支腿伸出最大长度时支腿下部必须设置垫木，吊绳必须固定2个点。

(5) 高空作业安全守则：攀登和悬空作业人员必须经过专业技术培训及专业考试合

格，持证上岗，并必须定期进行体格检查。悬空作业所用的索具、脚手架、吊篮、吊笼、平台等设备，均需经过技术鉴定或验证后方可使用。施工中对高处作业的安全技术设施，发现有缺陷和隐患时，必须及时解决；危及人身安全时，必须停止作业。

7. 环保措施

（1）成立对应的施工环境卫生管理机构，在工程施工过程中严格遵守国家和地方政府下发的有关环境保护的法律、法规和规章，加强对施工燃油、工程材料、设备、废水、生产生活垃圾、弃渣的控制和治理，遵守有防火及废弃物处理的规章制度，做好交通环境疏导，充分满足便民要求，认真接受城市交通管理，随时接受相关单位的监督检查。

（2）将施工场地和作业限制在工程建设允许的范围内，合理布置、规范围挡，做到标牌清楚、齐全，各种标识醒目，施工场地整洁文明。

（3）对施工中可能影响到的各种公共设施制定可靠的防止损坏和移位的实施措施，加强实施中的监测、应对和验证。同时，将相关方案和要求向全体施工人员详细交底。

8. 效益分析

（1）本工法将大量现场高空作业转移至工厂地面操作，减少了施工场地的占用率、工人的高空作业率、各专业的交叉作业程度有效降低，进而提升工程建设质量，降低工程建造风险。同时，对于施工过程中产生的垃圾，均在工厂集中处理，避免了施工现场垃圾随意堆放、丢弃的现象。新颖的工法技术不仅提升了工程建设质量，而且减少安全隐患和环境污染，社会效益和环境效益明显。

（2）本工法与传统工法相比，具有明显的装配式建造的特征，即现场无焊接、无高密度劳动作业、无粉尘，同时可以不受现场的场地限制和多专业交叉作业的限制，即使遇到刮风下雨等天气，仍不影响工厂内拼装作业，显著提升施工效率，原小模块施工做法中的大量的高空作业被转移至工厂成为地面作业，大大降低了施工风险。另外由于其大模块的安装方式，减少了现场施工场地的占有时间，加快了工程建设进度，产生了较好的经济效益。

8.5.2 ALC产业化大板高效生产技术

研发符合绿色、低碳要求的部品部件产业化集成，设计建设一条专业ALC预制大板生产流水线，将多块标准ALC单板组装成满足设计要求的预制ALC墙体，使之保留原ALC板节能保温、防火防水、装饰一体化功能的同时提升整体ALC大板承载力30%；将现行的结构钢材外部连接固定ALC板材的工艺方式创新为内部预埋连接，消除因钢结构连接节点而产生的局部冷桥现象，实现新型建筑节能和低碳环保材料、工艺、技术在大型建筑上的系统集成应用与示范（图8.5-14～图8.5-17）。

图8.5-14　ALC预制大板试验样品

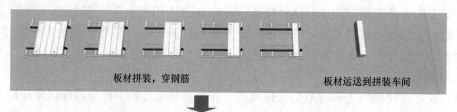

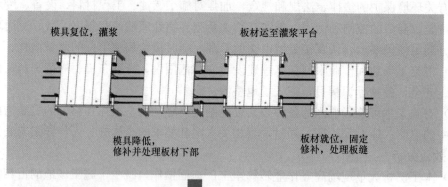

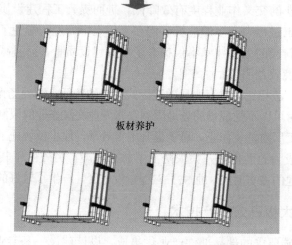

图 8.5-15 竖装大板流水线设计

1. 实施方案

ALC 板制造工艺的改良→ALC 大板拼装→ALC 拼装生产线的研发→大板与主体结构连接。

(1) ALC 标准单板尺寸型号：宽度 300～600mm，长度 1800～3600mm，厚度 100～250mm，板材长度方向两侧预留 C 形槽口。由于 ALC 标准单板本身具有节能保温、防火防水、装饰一体化的功能，因此使用 ALC 标准单板生产的 ALC 预制大板同样也具有上述功能。

(2) ALC 标准单板在宽度方向根据设计要求预留横向孔洞，预留孔洞直径 50～80mm。

(3) 将两块以上 ALC 板拼装，在两块板材 C 形槽口中间埋入连接钢筋，在板材宽度方向预留孔洞内埋入连接钢筋，将横向竖向钢筋通过焊接方式连接后灌注 1∶3 水泥砂浆，最终制成 ALC 预制大板。

(4) ALC 预制大板装饰装修加工工序，可以采取粉刷涂料、产业化粘贴石材或瓷砖等工序。

第 8 章　钢结构建筑轻质环保围护体系技术与产品

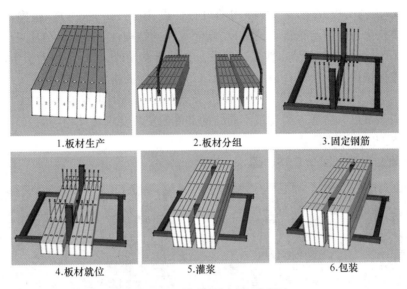

图 8.5-16　横装大板流水线设计

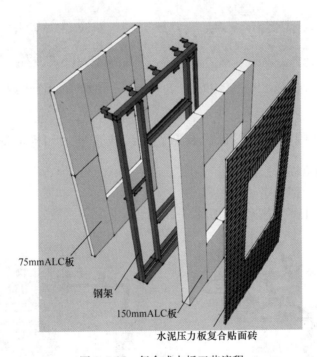

图 8.5-17　复合式大板工艺流程

（5）最后完成的 ALC 预制大板标准尺寸为长度 1800～3600mm；宽度 1200～3600mm；厚度 100～250mm。

2. 关键技术

（1）ALC 标准单板宽度方向预留孔洞精度控制，采用在 ALC 板生产过程中预留孔洞的方式控制孔洞精度，由于 ALC 板材在生产制造过程中全部使用 PLC 程序控制，其制造精度可达到±2mm，完全可以保证 ALC 板预留孔洞尺寸和同心精度。

(2) ALC预制大板井字形拼装结构的可行性设计研发。通过力学建模，结构计算，对上述拼装结构进行验算与论证，使ALC预制大板的结构性能提高百分之三十。

(3) ALC预制大板生产流水线工艺研发。自行研发设计ALC预制大板生产流水线工艺和相关制造机械设备、模具，最终保证ALC预制大板的拼装质量、精度。

(4) 吊装节点和安装节点设计，在保证节点强度的同时避免破坏ALC预制大板立面。特别是安装节点，考虑各类建筑不同结构部件的安装要求设计相应的安装节点，扩大ALC预制大板的应用范围。

3. 主要设备改造（图8.5-18、图8.5-19）

图8.5-18　组合单板固定组装模台

图8.5-19　灌浆及打包机具建设

8.5.3　轻质环保围护体系设计、制造、安装成套技术和标准体系

1. 生产制作与运输

(1) 生产制作

ALC复合墙板主要工艺流程如图8.5-20所示。

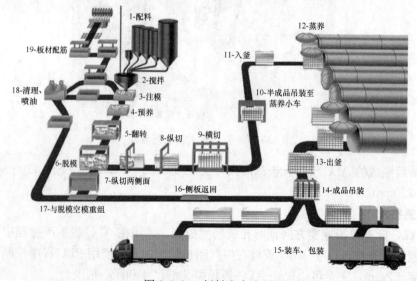
图8.5-20　板材生产流程

1) 原材料的加工处理：蒸压 ALC 板材主要原料是砂子、水泥、石灰、石膏以及铝粉，在生产之前，应将这些原料由汽车运输入厂，将进厂的块状生石灰、石膏分别破碎、粉磨后进行存储，存储过程中注意确保原料的干燥。

2) 钢筋加工及部品组装：钢筋加工包括钢筋的除锈、调直、切断、焊接、涂料制备、涂料浸渍和烘干。部品组装是把经过防腐处理的钢筋网和用作芯材的憎水岩棉，按照工艺要求的尺寸和相对位置组合后装入模具，使其固定后进行浇筑。

3) 原料配合：在生产过程中，配料是一个关键环节，直接关系到原料之间各有效成分的比例，关系到料浆的黏度和流动性是否适合铝粉发气以及坯体的正常硬化，因此应引起足够的重视。配料是把制备好并储存待用的各种原料进行计量、温度和浓度的调节。按照工艺要求，依次向搅拌设备投料，将上述原料按照一定的配合比先用电子秤进行计量，确保计量的准确性，然后加水进行混合搅拌，原料的配量及搅拌采用 PLC 控制系统，确保配合比的精确性，提高制品的性能稳定。

4) 浇筑搅拌：浇筑工序是把前道配料工序经计量及必要的调节后投入搅拌机的物料进行搅拌，制成达到工艺规定的时间、温度、稠度要求的料浆，然后通过浇筑搅拌机浇筑入模。料浆在模具中进行一系列物力化学反应，产生气泡，使料浆膨胀、稠化、硬化。这道工序是能否形成良好气孔结构的重要工序。

5) 蒸压养护：将坯体经摆渡车送入蒸压釜进行蒸压养护，这个过程需要在 175℃ 以上进行，因此，使用密闭性能良好的蒸压釜，通入具有一定压力的饱和蒸汽进行加热，使坯体在高温高压条件下充分完成水热反应，使 ALC 板材具备一定的强度以及物理化学性能。

(2) 构件运输

本工程构件重量较小、规格整齐，将全部采用汽车运输。运输过程中构件平放，每层构件间设置木方，于钢丝绳捆扎部位进行保护，每捆重量不宜大于 20t，采用手拉葫芦捆绑固定。具体要求如下：

1) 成品构件转运前，检查安全可靠性，构件应堆码整齐；

2) 装卸工应积极服从临时安排，协助其他岗位做好装卸前的准备工作，以缩短准备时间，提高生产效率；

3) 遵循熟悉转运路线及路况的原则，安全快速转运构件成品，务必保持车上成品堆放稳固可靠；

4) 成品卸车应按照堆码要求：每垛直立，不偏不倚；构件与构件之间间隙应均匀，便于装卸操作，成品构件码放应互相独立、每行整齐。

2. 施工组织及施工工艺

(1) 施工部署

明确管理目标。

① 工期：合理利用现有的技术、设备、管理力量对专业分包加强管理，确保工程按合同工期完工。

② 质量：严格按照标准图集《蒸压轻质加气混凝土板（ALC）构造详图》03SG715-1 和设计图纸进行施工，符合国家质量验收规范，一次性验收合格。在施工过程中全程接受业主及监理单位的跟踪检查，配合业主单位完成实测实量及平行检测。

③ 安全生产：确定完整的生产操作规程，杜绝重大伤亡事故，轻伤事故率控制在0.3‰以下，严格按国家安全评分标准，安全操作规程作业。

④ 文明施工：以标准化的文明施工现场及有关规定组织施工。

(2) 施工管理形式

根据本项目工程规模、特点、工期要求，依据业主的入围采购品牌清单，谨慎选择专业劳务分包单位。在公司及项目经理部的统筹管理下，在公司领导及相关职能部门指导、配合服务下，采用由项目经理部负责实施从工程项目开工到竣工交付使用全过程的施工承包经营管理体制，保证工程预定目标的实现。

① 建立工地领导班子及各工作小组。工作小组分技术管理、生产管理、质量管理、安全管理、材料设备管理以及后勤保障管理等职能机构，配备有丰富实践经验的技术人员和管理人员。

② 整个施工过程做到目标明确、指挥统一、调度及时，所有技术和生产问题都能及时解决。

③ 建立岗位责任制，做到有权有责，责权匹配。拟定质量保证体系、安全生产保证体系，建立生产调度规章制度，并逐渐落实到各作业班组。

(3) 建立管理制度

1) 安全管理

① 健全安全机构，项目经理是第一责任人，并由总工程师、质量安全组、物资、工程技术组组成安全产生小组，项目经理任组长。另设立消防安全委员会，对消防工作同等重视。

② 领导安全值班制度：项目经理、工程队长轮流值班，并有值班记录，每天如此，对重大安全隐患及时发出"安全指令"进行整改。

③ 试行安全责任制：由项目经理任命安全主任。有权代表经理处理安全问题，并直接对项目经理负责。每天"安全巡视"记录安全问题，发布安全整改通告书。主持安全会议，总结每月安全工作，计划下月安全生产要点，提出安全生产中的奖励与罚款。

④ 定期组织施工人员进行安全培训。

⑤ 安全奖励：对无事故的施工队重奖，在确保安全生产上舍得投入。

⑥ 从严管理，违章罚款，对违反安全规定的抓一个罚一个，毫不留情，罚款通知一旦签发，在工资中必须扣回。

⑦ 由专人负责与气象台联系，及时发出大雨、大风、台风预报，以便采取相应的技术措施，防止发生安全事故。

2) 质量管理

① 成立以项目经理为首的质保体系，搞好工程质量，实现公司质量方针，让业主满意。

② 严格根据施工规范及本施工组织设计的要求认真地组织施工。

③ 以质检组为主抓好工程质量，每走一步之前都进行动员和技术交底，让施工人员做到心中有底。

④ 严格控制标高、板面平整度。各道工序经质检人员验收签字后方可进行下道工序。

⑤ 每天由质检小组"质量巡视"记录质量问题，发布质量整改通告书及主持质量会

议，总结每日质量工作。跟踪进行质量自检工作，作好自检和实验记录。

3）计划管理

① 编制每周作业计划，让工程进度始终控制在计划范围内。

② 定时召开每周工程例会，"工程巡视"由工程技术人员与建设单位、监理单位有关人员一起巡视现场，巡视后根据工程实际进展情况，研究决定下一步具体工作。

（4）施工准备

1）技术准备

施工由专业技术工人进行，在施工前严格执行交底制度，对班组主要负责人进行图纸要求、技术要点和安全操作重点交底，确保交底到位。

2）现场准备

ALC板材进场后采用塔吊或叉车卸车、堆放。安装时外墙板材直接由堆放场地用塔吊运送到安装面。具体运输时间和配合方式在现场协商解决。

现场临时用电需求为5kW，另需协调板材堆放场地，具体堆放要求如下：

① 场地要平整。

② 用垫木支垫（或用损坏的ALC切条），只能两点支垫，严禁三点支垫。垫木距两端≤1/5L。

③ 每层高度≤1000mm，每垛高≤2000mm。

④ 取放时均应抬起平放，严禁推拉刮坏ALC板。

⑤ 堆放于露天环境时，需采用覆盖防雨。

3）工机具准备（表8.5-3）。

工机具准备列表 表8.5-3

序号	机具名称	台数	用途
1	电焊机	2	连接件临时固定
2	吊篮	1	墙板外表面板缝处理
3	汽车吊或塔吊	1	墙板安装
4	激光水平仪	1	放线

（5）工艺流程

依据示范项目图纸要求，主要的施工工艺流程如图8.5-21所示。

各主要工序如图8.5-22所示。

施工中主要工序的操作要点如下：

1）构件进场

材料进场凭送货单对板端打标验收规格、品种。

材料进场应附带产品的质量合格保证文件及相关材料的型式检验报告，并在现场进行见证取样复试。对于无法出具原件的报告需加盖"原件存放章"，注明原件所存放的地点。

现场取样复试针对ALC板进行，试件规格为100mm×100mm，鉴于墙板内外叶厚度均小于100mm，无法进行实体取样，

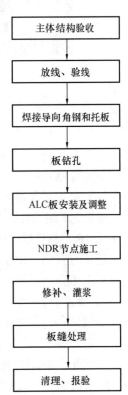

图8.5-21 施工工艺流程

(a) 放线安装导向角钢

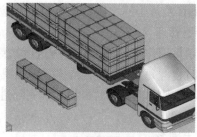
(b) 板材整托卸货

(c) 板材吊钩固定,吊至安装楼层面

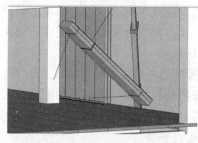
(d) 板材底部就位后上端通过拉绳调整垂直度

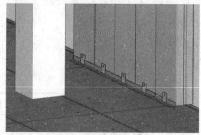
(e) 安装节点并修补破损

(f) 墙板内侧钩缝剂钩平,外侧吊篮打密封胶,上下板缝先填PE棒或发泡剂后用密封胶密封

图 8.5-22 施工工序流程图

需于工厂加工构件时对原材料进行留样,复试内容为干密度及抗压强度。

检查损伤情况,做好记录,严重损伤应联系退货。

卸车应该用吊车、铲车(少量不方便用吊车时用滑道应轻拉慢放)。

吊具应用尼龙宽辐吊带或专用吊具,捆扎要牢固,严禁用钢丝绳,严禁挂角起吊。

运抵施工现场后应积极组织装卸工作。按照项目收货(保管)人员的要求,安全、迅速、有序地将成品构件堆码在指定地点,并做好保护措施。防止构件出现磕碰受损的情况发生。

运送时宜用专用小车,短距离也可人工搬运,均应小心,避免碰伤。起吊堆放时应避免碰撞损坏。

2) 测量要点

放线以总包方提供的基准轴线和基准标高点为依据,采用经纬仪、水准仪、拉线测量等方式进行。

放线前应结合图纸及现场的实际情况,考虑装修处理及效果,发现问题及时与相关方(业主、设计、总包、监理)沟通并提出合理化建议。

验线应会同签约方进行。

3) 连接件安装

对照图纸在现场弹出轴线，并按排版设计标明每块板的位置，放线后需经技术人员校核认可。

焊接的导向角钢必须顺直，不直的必须事先调直。

焊接时必须按设计和标准图规定确保焊缝厚度、长度和焊缝质量。

4）构件就位

ALC 板安装应根据现场情况并结合图纸做合理安排，一般从墙体的一侧向另一侧安装，窄幅 ALC 板尽量放在一侧。

每装一块板都应用吊线和 2m 靠尺进行检查，合格后才能固定；每装好两轴线间的一道墙，用拉线检查，发现超过规定误差的应进行调整，调整时应放松螺栓，扶稳，用橡皮锤垫木敲击或用木塞挤动等方法，禁止用撬棍硬撬以防损坏 ALC 板。

将钩头螺栓与导向角钢沿接触长度满焊。

所有焊缝均应将焊渣清除干净，除接缝钢筋外均应满涂防锈漆。

检查层高，按照图纸将相应的板材就位。

用专用工具将板就位（或抬扶就位），板底可先铺一层水泥砂浆，也可后填干水泥砂浆。

用线锤吊板的垂直度，用靠尺检查板的平整度，要求板缝高低差、平整度误差、垂直度误差均小于 1mm，否则用橡皮锤敲击和专用宽边撬棍调整误差。

直到板边和边线平齐，板位置达到规定，板缝吻合，板面完全平直后用两对对敲木楔从上部楔紧临时固定。

所有焊缝均应将焊渣清除干净，除接缝钢筋外均应满涂防锈漆。

5）安装就位后处理

对板面和边棱损坏处应进行修补，损坏深度较大时应分层修补，每层修补应等前一道修补材料干燥后进行。先用聚合物水泥砂浆修补至距板面 1cm 处。最后用修补粉或勾缝剂压实、抹平。聚合物水泥砂浆可用 1∶3 水泥砂浆加水泥用量 10% 的丙烯酸乳液或 15% 的 801 胶配置。

按设计处理好板缝，外墙外侧需要放置 PE 棒的不能遗漏；打胶必须保证没有中断、遗漏，板缝顺直。用干水泥砂浆将顶缝底缝填实，内侧用勾缝剂将板材倒角拼缝压实、抹平。

将板面灰浆及现场清理干净。

3. 过程质量控制

（1）质量标准

1）进入现场的预制构件必须进行验收，其外观质量、尺寸偏差及结构性能应符合标准图或设计的要求。

2）检查数量：按批检查。

3）墙板在生产加工过程中尺寸允许偏差按表 8.5-4 执行。

墙板尺寸允许偏差　　　　表 8.5-4

检查项目	允许偏差	检查项目	允许偏差
尺寸（长/宽/高）	±3mm	表面平整度	≤2mm
侧向弯曲	1/1000 且≤3mm	洞口尺寸	±3mm
对角线	±3mm		

4) 墙板在吊装、安装就位允许偏差按表 8.5-5 执行。

外墙板安装允许偏差　　　　　　表 8.5-5

检查项目	允许偏差	检查项目	允许偏差
轴线位置	±3mm	表面平整度	±3mm（每 2m）
墙面垂直度	±3mm	拼缝高差	±1mm
板缝垂直度	±3mm	洞口偏移	±8mm

（2）保证措施

1) 墙板安装基面清理应干净、平整，不应有塌陷的情况出现。

2) 对照施工图纸进行现场放线，对于楼板便于发生施工误差处，应保证墙板内皮整齐，放线完成后，依据深化图相关节点进行通长角钢安装。若存在多根角钢相接的情况，须保证整体角钢的平整性，以确保墙板安装质量。

3) 板材应依据编号和规格，按照排板图进行安装，安装前应根据施工节点进行工艺孔的开设。

4) 采用尼龙吊带进行墙板吊装，结构外侧配合吊篮进行，板材就位后，应及时进行固定，以防坠落。板缝处理于墙板安装完成后进行，安装时应采用楔形木方进行板缝预留，底缝砂浆塞填应保证密实。

5) 每块板安装完成后，应及时进行吊线和靠尺检查垂直度和平整度，发现不符合要求，采用专用撬棍进行调整直至符合要求。

6) 对于节点所用角钢及其他钢质连接件（非镀锌）在安装完成后，需及时进行防锈处理。

7) 现场所有板材均为实测后进行加工，现场严禁私自切割代换使用。

8) 根据此工程时间安排，正值雨季，雨天应及时对未安装板材进行覆盖，对于已安装的墙体，若已进行修补和砂浆填塞且未初凝，需采取有效防雨措施，防止雨水冲刷刚施工完但砂浆或修补料暂未初凝的区域。

4. 验收标准及资料

单项工程完工后（以检验批划分为准）应由项目部进行自检，检查项目主要有墙面轴线位置，隐蔽工程验收记录（加固扁钢、连接铁件、膨胀螺栓、焊接接缝长度、防锈等）。墙面平整度、垂直度、接缝误差、板缝处理等按规定数量检查做好记录。

自检合格后填表签字盖章，报监理验收。

验收依据如下：

（1）《建筑工程施工质量验收统一标准》GB 50300—2013；

（2）《蒸压加气混凝土板》GB 15762—2020；

（3）《蒸压轻质加气混凝土板应用技术规程》DGJ32/TJ 06—2017；

（4）设计图纸及相关工程变更。

相关资料按照各地资料规定进行编写，例如在北京市，则按照北京市地方标准《建筑工程资料管理规程》DB11/T 695—2017 进行编写，并及时上报总包单位及监理单位，分项工程完成后及时进行上报。

8.6 钢结构热断桥节点构造和设计方法研究

对于钢结构建筑的围护结构的推广应用，冷热桥问题是制约其发展的痛点之一，据此本课题针对钢结构建筑围护结构钢柱临近部位热桥、挑板式阳台和挑梁式阳台的保温节能情况进行分析，并提出相应保温设计方法。

8.6.1 钢柱临近部位热桥分析及断桥构造

采用有限元软件 ABAQUS 对北京市钢结构建筑围护结构的钢柱部位的热桥进行二维稳态传热数值模拟，开展对钢柱热桥的深入分析，给出钢柱断桥节能构造措施。首先在验证二维稳态传热模型正确性的前提下，研究钢柱保温在典型做法下的热工性能，分析热桥部位的温度和热流密度随柱局部保温厚度增大的变化规律，指出局部保温存在的弊端，需要采取进一步的保温构造消除热桥影响。依据 ISO 标准的相关规定，并结合数值模拟的分析结果，确定热桥的影响区域，分析柱截面尺寸对热桥的影响，基于完全消除热桥的原则，提出局部延伸柱外侧保温层的构造措施，并进一步进行局部延伸保温构造的优化，使之满足建筑节能75%的要求；最后对 H 型钢柱、方钢管混凝土柱、空心方钢管柱和各类常见的外保温材料进行讨论分析，得到钢柱适宜的局部保温厚度和延伸宽度，该构造有利于降低保温材料用量，消除热桥影响，同时满足节能75%的要求，能够为钢结构建筑的钢柱部位的热桥消除提供有效的构造措施，适合实际工程采用。

1. 钢柱热桥稳态传热分析

（1）分析模型的确定

钢结构建筑围护结构的构造一般分为两种，一种是采用轻质砌体，另一种是采用外挂板材。板材通常是工厂预制，施工时通过吊装的方式与主体结构预先设置的连接件连接，从而将板材外挂在围护结构外，因而钢结构建筑的主体结构都被围护在板材之内，且板材与钢框架之间存在间距，并不直接接触，热桥问题不明显，热损失较少。采用砌体的围护结构又可以分为外包式保温与嵌砌式保温构造，外包式与外挂板材类似，均将钢结构主体围护在保温层之内；采用嵌砌式保温构造时，围护结构与钢结构构件直接接触，保温层存在一定程度的削弱，物理几何上形成热损失通道，建筑热桥效应明显，热损失较为严重。

标准图集《钢结构住宅（二）》05J910-2 中典型的嵌砌式复合保温墙体的做法如图 8.6-1 所示。墙体采用轻质砌块砌筑，外保温材料利用粘结砂浆或锚栓固定在墙体上；H 型钢柱的内部腔体填充轻质砌块锯切块，与外保温层之间填充轻质砌块锯切块或保温材料，墙体与型钢柱之间预留的空隙用轻质材料填充；每隔一定高度布设通长钢筋，加强墙体与柱子之间的连接。

当墙体的高度达到厚度的 10 倍时，在高度方向上的温度场可以看作恒定不变，墙体热桥的传热过程宜用二维稳态传热分析。取 H 型钢柱与邻近部位墙体作为计算模型进行稳态传热分析，墙厚度为 t_w，长度 L 取大于 $2t_w$，但不宜过大，可将分析误差控制在3%以内。为便于分析，模型中忽略饰面层、墙体内部钢筋和墙体与柱之间的轻质材料填充层的影响。选用应用较为广泛的加气混凝土砌块作为墙体的主要材料，保温材料为 A 级防火玻璃保温棉。墙体外保温层和柱子外侧局部保温层厚度分别为 t_1 和 t_2。

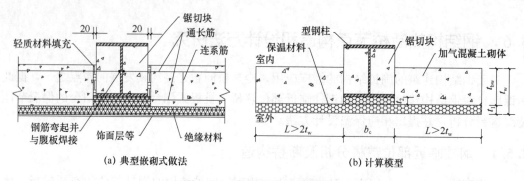

(a) 典型嵌砌式做法　　(b) 计算模型

图 8.6-1　保温构造的典型做法

根据北京市地方标准《居住建筑节能设计标准》DB11/891—2020 对外墙传热系数的相关规定，如表 8.6-1 所示，按一维平壁传热计算理论可算出单独采用加气混凝土砌块保温所需的保温厚度为 413~540mm，因此采用复合保温措施更为合适。根据目前市场上常用的加气混凝土砌块的规格，取加气混凝土砌块厚度 $t_{bw}=250$mm，玻璃棉保温层厚度经过计算，适合取 $t_1=60$mm，两侧墙体长度 L 取 700mm，此时墙长 $L>2t_w$，满足上文提到的分析误差要求。

北京市建筑节能 75% 外墙传热系数限值 [W/(m²·K)]　　表 8.6-1

建筑层数	≤3	4~8	≥9
传热系数限值	0.35	0.40	0.45

（2）二维稳态传热模型建立

采用大型商业有限元软件 ABAQUS 建立传热分析有限元模型。型钢柱尺寸取为 H350×350×12×19 (mm)，型钢柱、砌体和保温层全部采用四节点四边形热传导单元 DC2D4 模拟，划分网格后的有限元模型参见图 8.6-2，建筑材料的导热系数见表 8.6-2。分析不考虑辐射换热和热湿换热的影响，仅考虑材料间的热传导和材料与空气的热对流；各种材料接触面假设为完全传热；采用传热学第三类边界条件，模型中施加室内外对流换热系数分别为 8.7W/(m²·K) 与 23.0W/(m²·K)，室内外计算温度分别为 18℃ 与 −7℃，模型两侧墙体边界按绝热条件处理。空气相对湿度为 60%，对应的室内露点温度为 10.1℃。

图 8.6-2　有限元模型网格划分

材料导热系数值 [W/(m·K)]　　表 8.6-2

材料	建筑钢材	加气混凝土 ALC	玻璃保温棉
导热系数	58.2	0.20	0.04

（3）二维稳态传热模型验证

为验证稳态传热有限元模型的正确性，采用已有文献中的试验进行分析。文献采用热流计法对某外墙角热桥节点的热工性能以及气象参数等进行了实际检测。墙体构造如图8.6-3所示，室内空气温度和室外空气温度分别为11.98℃和－17.33℃。室内a、b和c三个位置的温度测点和有限元计算结果如图8.6-4所示，实测温度与分析结果的比较见表8.6-3，表中还列出了采用现行规范计算的温度值和采用FLUENT软件分析的结果。从表中可看出，分析结果与试验结果基本吻合，相对误差在8%以内。在b和c两点的ABAQUS模拟值与规范计算值几乎相等，规范计算无法考虑热桥对周边墙体的影响，而实际上a点距离热桥较近，受到热桥影响较大，所以ABAQUS模拟值小于规范计算值，这是符合实际的。通过上述的分析，可以认为本章建立的二维稳态传热有限元模型的正确性和结果的可靠性，上述方法可用于墙体的二维稳态传热分析。

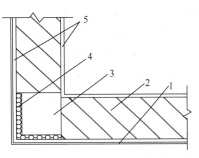

图 8.6-3 试验墙体
1—10mm厚面砖；2—490mm厚黏土砖；3—410mm×500mmRC柱；4—80mm厚聚苯板；5—20mm厚水泥砂浆

有限元结果与实测值比较（℃）　　　　　　　　表 8.6-3

测点位置	测点 a	测点 b	测点 c
实测结果	5.55	7.00	7.31
分析结果	5.98	7.53	7.76
本项目分析结果	5.98	7.53	7.75
本项目规范计算值	7.82	7.82	7.82
相对实测值误差	7.7%	7.6%	6.0%

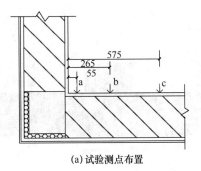
(a) 试验测点布置

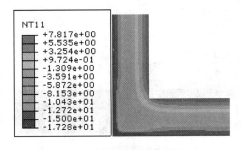
(b) ABAQUS有限元计算温度云图

图 8.6-4 试验测点布置及有限元模拟温度云图

2. 钢柱热桥热工性能分析

(1) H 型钢柱热桥热工性能分析

一般情况下，保温材料的厚度越大，围护结构的保温效果越好，但实际上保温效果与保温材料的厚度不成正比，随着保温厚度的增加，节能效果会有所降低，盲目增加保温层厚度，不仅不经济，施工上也会带来一定的困难。通过改变局部保温厚度 t_2，对钢柱热桥进行二维稳态温度场模拟，t_2 取 0~100mm，分析热桥部位的温度、热流密度的变化情况。

由于计算模型是关于柱轴线成轴对称的，所以计算结果截取一半，如图8.6-5给出在室内外温差作用下热桥部位的部分温度变化与热流的变化云图。从图中可以看出，远离柱部位墙体的等温线趋于水平，表明此部位不受热桥的影响，可以按一维平壁计算墙体的传热；而柱所在部位温度梯度变化明显，特别是在钢柱与其他墙体材料的相互交接的部位，温度发生急剧波动；由于钢材导热系数远大于砌体，钢柱的热流密度最大，是热流传递的主要通道。随着局部保温厚度 t_2 的逐渐增加，柱体范围内的温度普遍升高，型钢柱与砌体交界部位的温度分布有逐渐趋于水平均匀的趋势，但仍存在明显的温度变化。

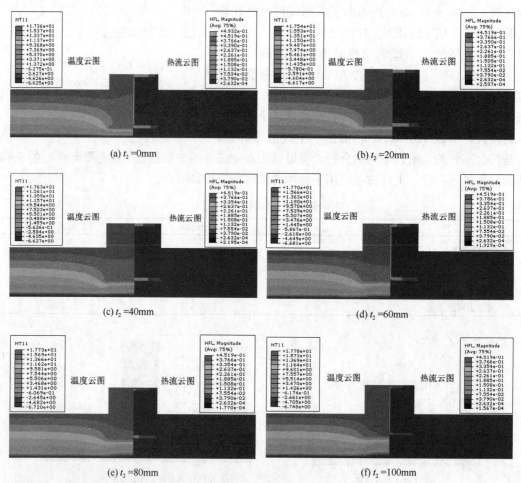

图 8.6-5 t_2 对温度和热流密度的影响

根据数值模拟的结果，选取H型钢的柱中轴线（弱轴）与墙体外表面的交点作为坐标原点，得到围护结构外表面温度和热流密度随着局部保温厚度 t_2 增大的变化规律，进一步分析热桥，如图8.6-6所示。

从图8.6-6可以看出，不同局部保温厚度 t_2 下，钢柱部位的温度变化最为明显，从柱中轴线到主墙体部位逐渐平缓过渡，随着 t_2 的增加，柱子范围内墙体外表面温度逐步降低，远离热桥部位趋于主墙体温度。当 $t_2=0$ 和 10mm 时，柱部位温度下降较为平缓，到达柱边界时，温度急剧下降，远离柱体一定距离后，温度保持稳定在某一水平值。当 $t_2=$

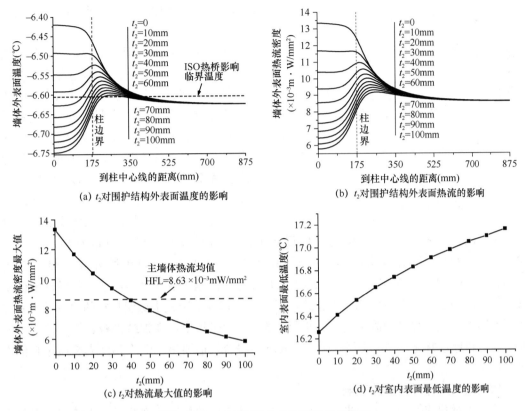

图 8.6-6　t_2 对围护结构热工性能的影响

20~100mm 时，温度值在柱部位平稳过渡，到柱边界附近先上升再下降，最后保温稳定。图 8.6-6（a）中还给出基于公式计算出的热桥影响临界温度，其值为 $-6.60526℃$，高于该临界温度的区域处于热桥影响区域。当 $t_2=0$~30mm 时，柱子范围内和临近部位墙体均处于热桥区域，而且热桥影响区域几乎不变，当 $t_2=40$~100mm 时，热桥影响区域缓慢减小，当 $t_2>60$mm 时，仅柱子和墙体交界部位处于热桥影响区域。当 $t_2=100$mm 时，热桥影响区域几乎完全消失，表明热桥完全消除。

从图 8.6-6（a）、（b）可以看出，墙体外表面的热流密度随 t_2 的变化规律与温度大体相同。热桥的热流最大值出现在外表面柱体中心处，如图 8.6-6（c）所示，柱体热流密度明显集中，当 $t_2=0$ 时，热流最大值约为主墙体的 1.6 倍；当 $t_2=40$mm 时，柱部位的热流密度约等同于主墙体。靠近柱子部位墙体的热流较主墙体大。局部保温厚度 t_2 的增大，热流并不是呈现线性降低的趋势，热流的降低趋势逐渐变缓，表明节能的效果正逐渐变差，盲目增大保温层厚度，将造成材料的浪费。

室内温度是衡量室内舒适度的重要指标，并且保证保温墙体不会在室内出现冷凝水。图 8.6-6（d）给出了室内表面最低温度随 t_2 的变化规律，整体曲线是呈升高的趋势，但对室内最低温度的提高幅度不大，$t_2=0$ 与 100mm 的最低温度分别为 16.26℃ 和 17.16℃，仅仅提高了 0.9℃。当 t_2 在 0 到 70mm 变化时，H 型钢柱的柱翼缘中心对应部位的室内表面温度均最低，当 $t_2>70$mm 时，柱部位的室内温度高于主墙体，温度最低点的位置发生改变，出现在主墙体上。复合保温墙体的室内最低温度为 16.26~17.16℃，均大于露点

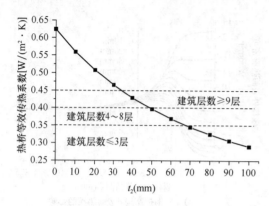

图 8.6-7 热桥等效传热系数

温度 10.1℃,因此不会出现室内结露发霉现象。

为了进一步评价围护结构是否满足节能要求,图 8.6-7 表明了不同 t_2 情况下按照公式计算出的热桥等效传热系数。图中还标明了北京地区节能 75% 对围护结构传热系数的限值规定。可以看出,随着 t_2 增大,热桥等效传热系数逐渐降低。柱部位的热桥等效传热系数为 $0.63\text{W}/(\text{m}^2 \cdot \text{K})$,约为主墙体的 1.8 倍,当 t_2 取 68mm、48mm 和 35mm 时,可分别满足北京地区建筑层数分别为≤3 层、4~8 层和≥9 层的居住建筑节能 75% 的要求。同时可以看出,当 t_2 = 100mm 时满足了完全消除柱热桥的原则,此时 t_2 = 100mm 的热桥等效传热系数为 $0.290\text{W}/(\text{m}^2 \cdot \text{K}) \leqslant 0.35\text{W}/(\text{m}^2 \cdot \text{K})$,满足北方地区建筑节能对围护结构的最低限值要求,可以应用于任意层数的钢结构建筑,但是一定程度上造成了保温材料的浪费,另一方面标准图集《蒸压加气混凝土砌块、板材构造》13J04 指出,围护结构板、梁、柱部位的外保温材料厚度规定≤1/4 墙厚,t_2 = 100mm 不符合构造要求,消除热桥需要通过其他方法实现。

(2) 截面尺寸对热桥的影响

从上文对热流的分析中,当 t_2 = 40mm 时,柱部位的热流密度等同于主墙体,因此本节在 t_2 = 40mm 的基础上,进一步分析热桥,从而找出热桥的最佳断桥保温构造。

对带有不同规格 H 型钢柱的围护结构进行分析,对目前常用的不同尺寸的 H 型钢进行热桥分析,分别为 H200×200×8×12 (mm)、H250×250×9×14 (mm)、H300×300×10×15 (mm)、H350×350×12×19 (mm) 和 H400×400×13×21 (mm),有限元计算的温度云图和热流云图如图 8.6-8 所示。从图中可以看出,柱截面尺寸对柱体温度有一定的影响,截面尺寸越大,柱部位的外表面温度越低,室内表面温度升高,远离柱体的温度几乎不受影响,这表明了柱体所在部位保温性能的提高,主要是因为 H 型钢柱不起主要的作用,砌体锯切块的增大对墙体的保温性能影响较大,H 型钢柱尺寸对墙体的热工性能影响不大。

计算得到墙体外表面的温度如图 8.6-9 所示。可以看出,不同规格 H 型钢柱对墙体外表面温度分布影响不大,由于型钢尺寸不同而出现各温度曲线在距离上的差异,但温度曲线几乎可以看作是相互平移得到的。利用 ISO 方法计算出的热桥影响区域宽度 B 见表 8.6-4,B 基本稳定在 230mm 左右,因此可认为在相同的保温构造情况下,H 型钢柱的截面尺寸对热桥影响区域宽度 B 的影响很小。

不同 H 型钢柱截面附近墙体热桥影响区域宽度 (mm)   表 8.6-4

型钢截面	B	型钢截面	B	型钢截面	B
H200×200×8×12	231	H250×250×9×14	231	H400×400×13×21	228
H300×300×10×15	230	H350×350×12×19	231		

第8章 钢结构建筑轻质环保围护体系技术与产品

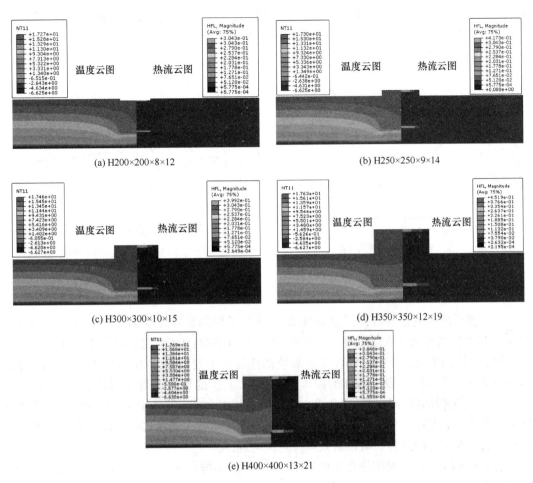

图 8.6-8 不同截面尺寸下的温度和热流计算云图（单位：mm）

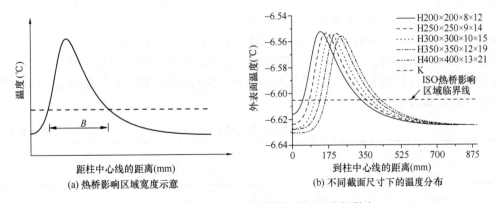

图 8.6-9 H 型钢截面对墙体外表面温度的影响

（3）断桥保温构造优化

根据以上分析可知，当 H 型钢柱局部保温厚度 $t_2=40$mm 时，热桥影响区域的宽度稳定在 230mm 左右，故可将局部保温向两侧墙体延伸 230mm，以此来阻断墙柱交界部位的热桥。$t_2=40$mm 以及 $t_2=40$mm 且延伸 230mm 保温构造的墙体外表面温度分布如

图 8.6-10 (a) 所示。从图中可知，40mm 厚的局部保温并向两侧墙体延伸 230mm 的保温构造达到了消除热流集中的目的，外表面温度也远低于临界点，热桥可完全消除，所以局部延伸保温的构造做法能够有针对性达到有效的节能效果。

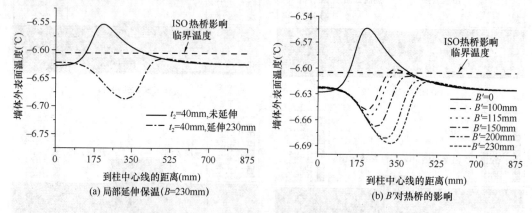

图 8.6-10 B' 对围护结构热工性能的影响

为了得到更为适宜的延伸保温宽度 B'，计算了局部延伸宽度 B'=100mm、150mm、200mm 以及热桥影响区域宽度的一半 B'=115mm 下的热桥热工性能，计算结果如图 8.6-10 (b) 所示。从图中可以看出，墙柱交界部位的热流集中现象随着 B' 的增大而降低，而柱部位的温度几乎保持一致，墙体的温度最低点随着 B' 的增大而逐渐远离柱体；当 B'=115mm 时，热桥部位的最高温度几乎与临界温度相当，可以认为 B'=115mm 达到了较为适宜的延伸保温宽度，所以局部延伸保温构造无需布满整个热桥影响区域，只需在热桥影响区域的一半宽度内延伸，可以有效解决热桥问题。

表 8.6-5 给出了 B' 对传热系数的影响，t_2=68mm 与 t_2=40mm 且延伸 115mm 的两种保温构造，热桥等效传热系数分别为 0.350W/(m²·K) 与 0.353W/(m²·K)，再考虑后期的墙面抹灰，两者满足外墙传热系数 0.35W/(m²·K) 的要求，局部保温材料用量相差 2.5%，可以认为两者的保温效果与材料用量相当，但是 t_2=68mm 的保温方法并没有完全消除热桥，按照阻断热桥的原则，局部保温厚度 t_2 需要做到 100mm，与 t_2=40mm 且延伸 115mm 构造相比，后者材料用量可减少 34%，同时柱的内退距离减少 60mm，占用室内建筑使用面积减小。所以，采用的局部延伸保温构造可以满足节能要求，同时消除了热桥现象，提高室内的使用面积。

B' 对传热系数的影响　　　　表 8.6-5

B' (mm)	0	100	115	150	200	230
热桥等效传热系数	0.429	0.363	0.353	0.341	0.318	0.296

(4) 各类柱体和保温材料的断桥构造优化

随着钢结构建筑的发展，钢柱的截面形式除了 H 型钢柱外，空心方钢管柱、方钢管混凝土柱的应用也颇为广泛，如图 8.6-11 所示。另一方面，市面上应用较为广泛的外墙保温材料除了玻璃棉，还有岩棉、挤塑聚苯板（XPS）、模塑聚苯板（EPS）、聚氨酯等，材料的导热系数见表 8.6-6。因此，为了在更大范围内讨论柱外侧局部延伸保温作法的适用性和有效性，对采用不同保温材料和柱截面形式的围护结构的传热性能进行分析。

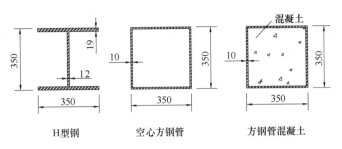

图 8.6-11 三种柱截面形式

保温材料导热系数值 [W/(m·K)]　　　　　　　　　表 8.6-6

保温材料	玻璃棉	岩棉	XPS	EPS	聚氨酯
导热系数	0.040	0.044	0.036	0.041	0.0264

注：导热系数按规范考虑了室外的修正系数。

(5) 方钢管柱热桥影响区域分析

选取工程上常用的方钢管尺寸，对其临近部位墙体传热性能进行参数分析，其余参数同前所述，局部保温厚度由于空心方钢管与钢管混凝土类似，本节以方钢管混凝土柱和玻璃保温棉为例分析方钢管的热工性能，截面尺寸的边长和壁厚的计算结果分别如图 8.6-12 和图 8.6-13 所示，从图中可以看出，方钢管范围内温度相对较高，材料交接处

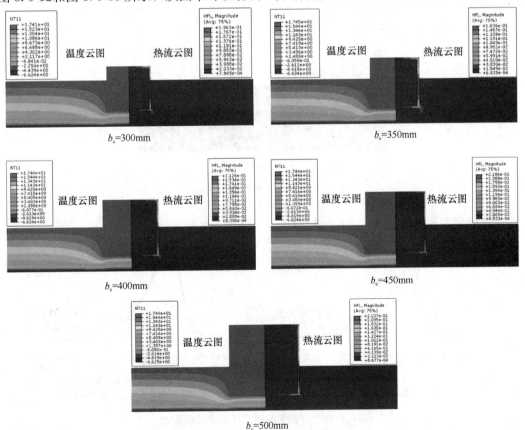

图 8.6-12　b_c 对热桥的影响

温度发生较大的变化，这与 H 型钢热桥的现象一致。墙体外表面温度如图 8.6-14 所示，可以看出，墙体外表面温度基本一致，方钢管的边长 b_c 与壁厚 t_c 对热桥的影响较小，这与 H 型钢柱的分析结果类似，通过计算方钢管的热桥可以得到其热桥影响区域的宽度稳定在 260mm 附近。

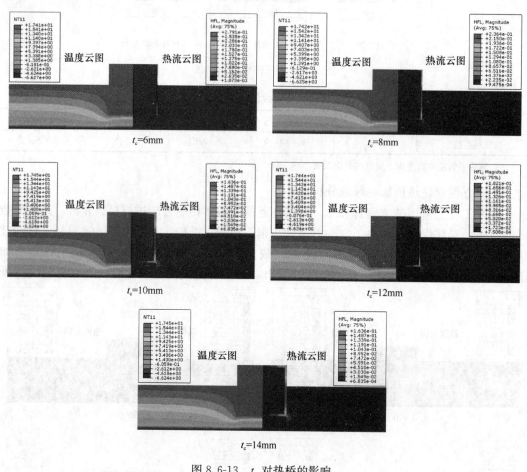

图 8.6-13 t_c 对热桥的影响

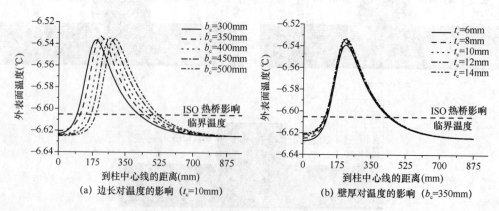

(a) 边长对温度的影响（t_c=10mm）　　(b) 壁厚对温度的影响（b_c=350mm）

图 8.6-14 方钢管截面尺寸对热桥的影响

通过上文对方钢管的稳态传热分析发现，在相同的局部保温状况下，柱的截面尺寸对热桥影响区域不大，所以按照 ISO 标准给出的公式计算不同柱截面类型和保温材料下的热桥影响区域的宽度 B，计算结果见表 8.6-7。从计算结果可以看出，热桥影响区域的大小与保温材料和局部保温厚度有关，采用相同的保温材料，H 型钢的热桥影响区域最小，方钢管混凝土热桥影响区域最大，这说明 H 型钢的热工性能最好。

热桥影响区域宽度 B (mm)　　　　表 8.6-7

保温材料	H 型钢	空心方钢管	方钢管混凝土
玻璃棉	230	260	270
岩棉	250	270	290
XPS	220	240	260
EPS	270	300	310
聚氨酯	230	260	270

（6）不同保温材料的厚度及延伸宽度

通过前文的分析，空心方钢管柱和方钢管混凝土柱的截面尺寸对热桥影响区域范围的影响不大，可以按照 H 型钢柱断桥保温的方法分析空心方钢管和钢管混凝土的保温构造，确定热桥的最佳的断桥保温构造，分析结果见表 8.6-8。表中给出了 3 种柱截面类型和 5 种保温材料对应的最佳局部保温厚度和延伸宽度。按照表中的保温尺寸进行热桥的保温施工，能够消除热桥影响，满足节能 75% 对围护结构的限值要求。

建议局部保温厚度 t_2 与延伸宽度 B' (mm)　　　　表 8.6-8

建筑材料	H 型钢	空心方钢管	方钢管混凝土
玻璃棉	40/115	45/130	45/135
岩棉	45/125	50/135	50/145
XPS	35/110	40/120	40/130
EPS	40/135	45/150	45/155
聚氨酯	25/115	30/130	30/135

注：表中 40/115 表示的是最佳的局部保温厚度 t_2 与延伸宽度 B'，以此类推，保温厚度与宽度全部取为 5 的模数。

8.6.2　挑板式阳台外保温节能分析

阳台不同于其他形式的热桥，由于阳台直接穿透了围护结构，形成贯通性的结构热桥，因此热损失较大。随着建筑节能规范的实行，建筑的保温措施要求相应提高，对阳台的节能构造措施也提出了巨大的挑战。本章主要对挑板式阳台进行二维稳态传热模拟和热工性能分析，根据节能 75% 标准、分户楼板保温要求和钢结构防火规范确定阳台板的分析模型，首先研究分析室内保温情况对阳台板的温度、热流密度的影响；接着采用 STP 保温板作为外保温材料对阳台板的热工性能进行详细分析，得到北京市挑板式阳台的最佳外保温厚度，能够使挑板式阳台满足节能要求；最后依据热阻等效的原则，进一步给出各地区挑板式阳台采用不同外保温材料分别满足传热系数 $0.45W/(m^2 \cdot K)$ 和 $0.40W/(m^2 \cdot K)$ 的厚度计算公式，可供挑板式阳台的节能保温提供简化计算方法。

1. 挑板式阳台保温的典型构造

阳台是建筑围护结构的重要组成部分，建筑悬挑阳台一般采用以下两种结构布置方式：挑板式和挑梁式。挑板式阳台是在两侧及外侧不设置结构梁，弯矩完全由阳台板来承担，悬挑跨度较大时阳台板可采用变截面设计；挑梁式阳台是在其两侧及外侧均设置结构梁，荷载及其弯矩主要由挑梁来承担，阳台板按普通单向板或双向板设计。阳台的两种布置方式都不可避免要穿透墙体与主体结构连接，形成了贯通性的结构热桥，因此阳台是建筑围护结构比较特殊的部位，阳台部位节能构造也相对较为困难和复杂。

标准图集《外墙外保温建筑构造》10J21 建议阳台板的典型保温做法如图 8.6-15 所示。阳台板是通过全包的方式进行节能保温。阳台板的上下面铺设保温材料，转角处与外墙保温层相连，形成封闭的保温环，阳台板竖向与外墙的连接可以采用混凝土栏板和不锈钢栏杆两种方式，其中不锈钢栏杆与预埋连接件连接，C 型钢的截面高度与外保温层厚度相当，截面宽度应大于预埋连接件的宽度，一般是 60mm 为宜，C 型钢厚度不宜过大，工程上常常采用 4mm 厚度，在高度方向上设置 3 个 C 型钢，最上面的设置在扶手处，保证扶手的有效焊接固定。

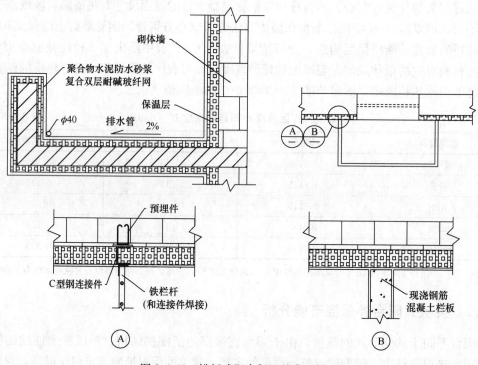

图 8.6-15 挑板式阳台保温的典型做法

节能建筑的阳台通常采用悬挑梁连接而板断开的断桥设计方法，若外挑阳台梁板未采取断桥节能措施，则需要高效保温材料包裹整个外挑部分，而目前挑板式阳台由于其宽度不受开间的限制，造价较低，施工方便也广泛应用于实际工程中，但考虑到结构安全性的因素，一般的悬挑板的外挑长度不宜过大。

2. 有限元模型的确定

（1）分户楼板保温构造

由于北方地区一般采用暖气采暖,考虑到不同楼层住户之间的人员流动,有无开暖气等因素,为保证住户的居住舒适度和降低相邻楼板间的热传递,分户楼板的传热系数必须满足居住建筑节能设计标准中规定性指标的要求,根据地方标准《江苏省居住建筑热环境和节能设计标准》DGJ32/J 71—2014规定,如表8.6-9所示。

寒冷地区居住建筑分户楼板热工性能标准 [W/(m²·K)]   表8.6-9

建筑类型	层高	分户楼板传热系数
被动式节能	6层以上	≤1.0(系列一)
		≤1.5(系列二)
	4~5层	≤1.0(系列一)
		≤1.5(系列二)
	3层以下	≤1.0(系列一)
		≤1.5(系列二)
主动式节能	6层以上	≤1.0
	4~5层	
	3层以下	

寒冷地区建筑分户楼板的传热系数 K_i≤1.0W/(m²·K),一般120mm厚的混凝土楼板的传热系数为14.5W/(m²·K),如果考虑室内空气的对流系数[室内对流系数为8.7W/(m²·K)],楼板的传热系数为3.3W/(m²·K),其热工性能远远达不到要求,所以需要对分户楼板进行保温处理。

分户楼板的保温构造做法较多,采用的保温层材料需要集保温、隔声和抗压功能于一体,常用的保温层材料有石墨聚苯板、硬质挤塑聚苯板、轻质混凝土(砂浆)、聚氨酯、木地板等。轻质混凝土一般兼具保温和保护层的功能,浇筑较快且一次成型,与混凝土楼板能够完全结合,施工方便,造价较低,因此使用广泛。本章将采用LC15轻质陶粒混凝土作为楼板上的保温材料,考虑到陶粒混凝土的导热系数为0.42W/(m·K)以及实际工程应用的问题,单一采用陶粒混凝土较难以满足寒冷地区分户楼板的传热系数要求,仍需采用岩棉板粘贴在楼板下表面,综上所述,采用的楼板保温构造如图8.6-16所示,采用傅里叶定律计算的楼板的传热系数如表8.6-10所示。

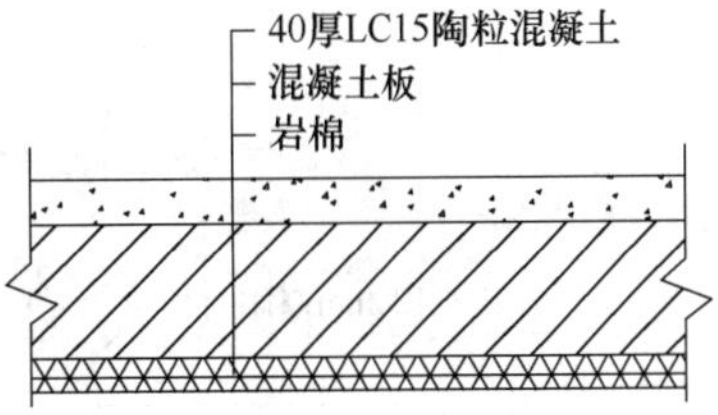

图8.6-16 分户楼板保温构造

分户楼板传热系数计算   表8.6-10

岩棉厚度(mm)	25	35	45	55	65
楼板热阻(m²·K/W)	1.02	1.25	1.52	1.76	2.01
传热系数 K [W/(m²·K)]	0.98	0.80	0.66	0.57	0.50

(2)模型尺寸的确定

江苏省地方标准《住宅工程质量通病控制标准》DGJ32/J 16—2014中7.1.1-3规定:当阳台挑出长度 L≥1.5m时,应采用梁板式结构;当阳台挑出长度 L<1.5m且需要采用悬挑板时,其根部板厚不小于 L/10且不小于120mm,受力钢筋直径不应小于10mm。据

以上规定,悬挑板的悬挑长度宜小于1.5m,综合考虑,本章确定挑板式阳台的外挑尺寸取为1.375m。

由于阳台板-外墙热桥节点高度方向远大于墙厚,因此热桥节点可以采用二维稳态的方法计算。为简化有限元模型,不考虑阳台降板的影响,室内楼板与阳台板厚取为120mm,墙延伸长度取为大于2倍的墙厚,仍取为700mm,外保温层和砌体仍取为60mm和250mm,室内分户楼板长度取为500mm,梁取为H400×200×8×13(mm)。根据《建筑钢结构防火技术规范》GB 51249—2017规定,钢结构的防火保护可采用防火涂料、防火板、柔性毡状隔热材料以及混凝土外包等措施,一级耐火钢结构建筑,钢梁的耐火等级为2h,本章选用防火板作为钢梁的防火构造,一般在钢梁翼缘焊接角钢,采用自攻螺钉固定防火板,从而钢梁腹板内形成空腔。

由于防火板的材料较多,本项目选择ALC板作为防火材料,ALC板轻质高强,隔热耐火,能够适用于各种建筑结构和安装方法,ALC板的耐火性能如表8.6-11所示。从表中可以看出,ALC板的耐火性能优越,50mm厚能够满足钢构件的防火要求,因此传热分析模型中防火板厚度取为50mm,分析模型见图8.6-17。

ALC防火板耐火性能 表8.6-11

用途	ALC板厚(mm)	耐火极限(h)
墙	50	1.57
	75	2.25
	100	3.23
	150	≥4
楼板	170	1.1
保护钢梁	50	≥3
保护钢柱	50	≥4

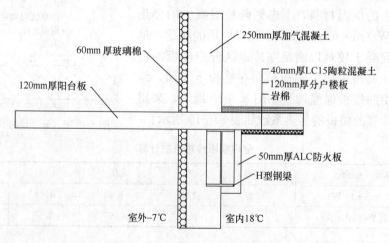

图8.6-17 板式阳台分析基础模型

(3)分户楼板传热系数K_i对热桥的影响

分户楼板的构造主要是为了楼板的保温隔声,在施工时分户楼板与阳台板同时浇筑,室内的热量一方面通过外墙损失,一方面通过楼板向阳台板输送热量,从而无时无刻地损失室内的热量。分户楼板上下面均和上下层的室内环境接触,对外挑阳台板-外墙热桥节点的影响尚未可知,因此需要分析分户楼板的传热系数 K_i 对阳台板传热的影响,建筑材料的导热系数见表 8.6-12。

建筑材料导热系数 [W/(m·K)]   表 8.6-12

建筑材料	混凝土	加气混凝土	陶粒混凝土	ALC 防火板	建筑钢材	岩棉	玻璃棉
导热系数	1.74	0.20	0.42	0.20	58.20	0.04	0.04

有限元计算的不同分户楼板传热系数 K_i 下的阳台板部分温度云图和热流云图如图 8.6-18 所示。实际上,模型中存在两个热桥,其一是阳台板的贯穿性结构热桥,其二是钢梁部位的热桥,从温度云图以及热流云图可以看出,钢梁的热桥很小,其主要原因是因为钢梁外侧存在保温层,热阻较大,热流很难穿过这部分区域。楼板的热流沿分户楼板向阳台板传递的时候,大部分热流沿楼板从右向左流出,小部分热流流向钢材,到达钢梁

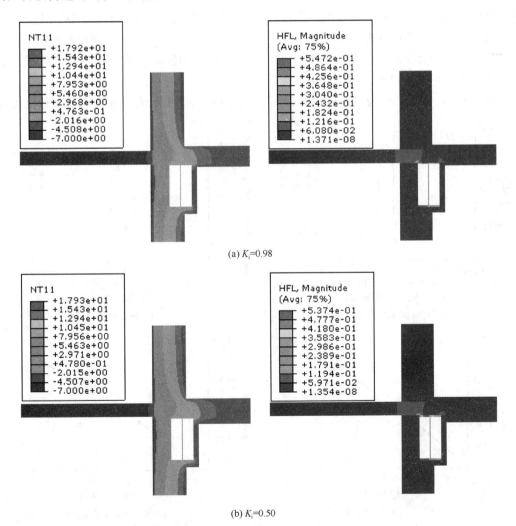

(a) K_i=0.98

(b) K_i=0.50

图 8.6-18 不同 K_i 下的温度和热流云图

上翼缘板右端部会形成局部的热流集中,热流在上翼缘板内传递,从另一侧翼缘左端部流出,再次传递到楼板上,因此可以认为钢梁部位的热桥影响很小。从热流云图中可以看出,热流的最大值出现在钢梁上翼缘板的左侧,热流矢量表明,防火板的热流传递给钢梁下翼缘板后,热流沿着腹板高度方向向上流动,从而钢梁上翼缘板与腹板交接处有2处的热流汇聚,因此热流最大值会出现在交接处。从云图可以看出,阳台板室内外连接处温度波动较大,热流显著集中,阳台板其他部位的温度和热流很小,远离热桥部位的墙体温度逐渐趋于水平,室内表面的温度最低点出现在楼板上表面与外墙的交接部位。从云图上看,随着K_i的减小,温度和热流的变化很小,温度分布和热流分布趋于一致。

为了进一步确定K_i对热桥的影响,以墙体上端面为坐标原点,沿着墙体高度负方向绘制墙体外表面温度与热流的曲线,如图8.6-19所示。从图中不难看出,贯通性结构热桥的热桥部位温度和热流均达到最大值,热桥部位的温度和热流分别是主墙体的2倍和12倍,可见热桥部位影响极大。从温度曲线图中可以看出,钢梁部位所对应的区域温度最低,热桥的侧向影响区域大约20mm左右,侧向超过20mm后,外墙出现温度比主墙体还低的左右两区域,左区域是由于阳台板属于贯通性结构热桥引起的,右区域主要是因为钢梁所在部位的墙体存在削弱,热阻较主墙体小,保温性相对差些,穿过左右两个低温区域后,温度稍微提高,并保持水平分布,不再受热桥的影响。从温度和热流曲线上来看,K_i对热桥的影响很小,可以忽略不计。

图8.6-19(c)、(d)表明,随着K_i的降低,钢梁的热流最大值和室内表面最低温度

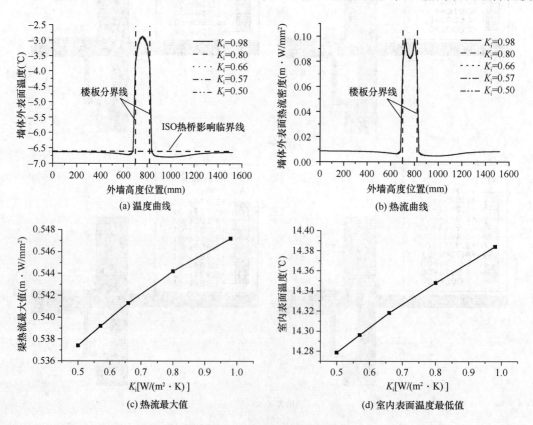

图8.6-19 K_i对热工性能的影响

均逐渐降低，楼板保温性能提高，相当于整体热阻提高，热流最大值降低，但是并没有提高室内表面的最低温度，这主要是因为楼板热阻与外墙热阻相对大小值发生变化，楼板保温性越好，热流从墙体穿过的部分相应会增加，但是两者的变化幅度都较小，变化率仅有1%。总的来说，分户楼板的保温性能越好，即传热系数越低，对热桥部位的温度和热流有降低的趋势，但是变化很小，几乎可以忽略不计，可以认为分户楼板保温性能仅起到对室内楼板的保温作用，对阳台板热桥无影响。

3. 阳台热桥外保温节能分析

（1）真空绝热材料

从上文分析可知，分户楼板的保温情况对阳台贯通性热桥无影响，因此，本节将在$K_i=0.98W/(m^2 \cdot K)$的基础上分析热桥的热工性能，确定阳台板节能的最佳保温厚度。

经过一系列的分析得知，采用目前市场上常用的可用于楼板保温材料如挤塑聚苯板和酚醛板等，其导热系数在$0.04W/(m \cdot K)$左右，用于寒冷地区的居住建筑的阳台板需要较大的体积，不适合应用于冬季温差很大的实际工程。2016年山东省实行《STP真空绝热板建筑保温系统应用技术规程》DB37T 5064—2016，规范了STP真空绝热板保温工程的设计、施工及验收，STP真空绝热板（以下简称STP保温板）是目前推广的新一代高效节能保温材料，热阻是聚苯板的5倍，耐火等级为A级，已逐渐运用于新建建筑的保温系统和既有建筑的节能改造，在节能开展工作中具有较大的发展潜能，STP真空绝热板的性能如表8.6-13所示。

STP保温板技术性能指标 表8.6-13

导热系数[W/(m·K)]	≤0.008
密度（kg/m²）	≤10
垂直于板面的抗拉强度（kPa）	≥80
压缩强度（kPa）	≥100
表面吸水量（g/m²）	≤100
燃烧分级	A1
外观	外观应无划痕损伤、无褶皱，封口完好

（2）悬挑板保温性能分析

STP保温板优异的保温性能适用于热桥明显的阳台板，因此考虑在阳台板上下表面铺设STP保温板，远端端部不设保温层，STP保温板导热系数取为$0.008W/(m \cdot K)$，分析STP保温厚度t_s对悬挑板热工性能的影响，STP的保温厚度取为$t_s=0\sim70mm$，阳台板保温构造模型见图8.6-20所示。

图8.6-21给出了$t_s=20mm$和$t_s=70mm$情况下阳台板的温度变化云图和热流变化云图。温度云图表明了随着t_s的增大，阳台板的温度逐渐升高，等温线有向阳台板倾斜的趋势，特别是阳台板与墙体交界区域温度升高明显；阳台板的保温情况对远离热桥部位的墙体部位的温度和热流无明显影响。从图8.6-22（a）、（b）可以看出楼板部位的温度和热流都达到了最大值，而且随STP保温板厚度的增加，阳台板温度逐渐升高，热流逐渐降低，这主要是因为热阻增加，隔绝了混凝土板与室外空气的直接接触，热流沿着阳台板的悬挑方向流动，热流的传递路径变长，因此悬挑板的温度升高，这表明了STP保温板起

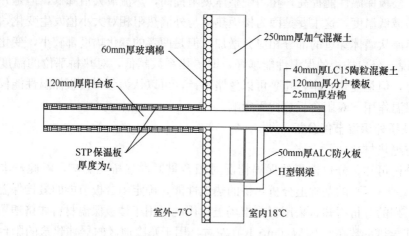

图 8.6-20 阳台板保温计算模型

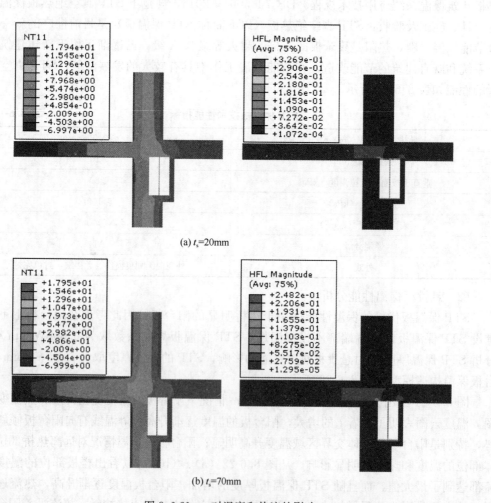

(a) t_s=20mm

(b) t_s=70mm

图 8.6-21 t_s对温度和热流的影响

到了良好的保温效果。如图 8.6-22（c）、（d）所示，当 $t_s=10mm$ 时，楼板热桥部位的温度从 $-2.87℃$ 升高到 $3.94℃$，温度提高了约 $5℃$，热流最大值从 $0.083m·W/mm^2$ 降低到 $0.053m·W/mm^2$，热流幅度降低了 36%，当 t_s 达到 $60mm$ 后，温度提升的速度和热流降低的速度逐渐平缓，随着 t_s 的逐渐增大，节能的效果也逐渐降低。与主墙体热工性能相比，$t_s=0$ 的楼板温度比主墙体高 $3.8℃$，热流大约是主墙体的 10 倍，由此可见，贯通性结构热桥的热损失较大。

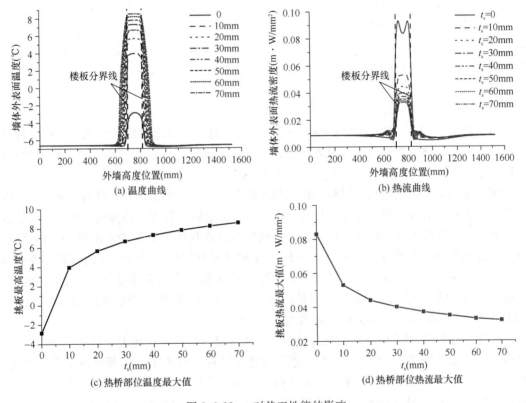

图 8.6-22 t_s 对热工性能的影响

为了进一步定量热桥的耗能损失，在单位时间和一米板宽内对热流进行积分得到穿过围护结构的热量值，如图 8.6-23 所示。当 $t_s=0$ 时，板的耗能占围护结构总耗能的 50%，

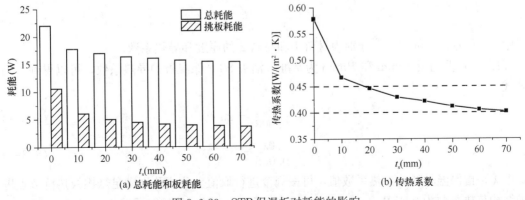

图 8.6-23 STP 保温板对耗能的影响

热桥造成的热损失值约为 38kJ/h，截面积为 0.12m² 的热桥相当于 1.2m² 的主墙体耗能，这与热桥部位的热流和主墙体热流之间的相对比值是一致的，因此，板的热损失较大，热工计算中不可以忽略这部分的热损失，然而按照传统的一维平壁算法无法将这部分的热损失考虑在内。当 t_s=10mm、20mm、30mm、40mm、50mm、60mm、70mm 时，其板耗能的占比分别为 34%、29%、27%、26%、25%、24%、23%，由此可见，STP 保温板的节能效果与保温厚度不成正比，保温达到一定厚度后，节能效果却随之下降，可见结构性热桥是难以避免的，热桥很难完全消除。图 8.6-23（b）给出了考虑热桥耗能的围护结构的平均传热系数，图中表明了当 STP 保温板厚度达到 20mm 时即可满足节能 75% 对传热系数 0.45W/(m²·K) 的限值要求，当厚度达到 70mm 时，满足传热系数 0.40W/(m²·K) 的限值要求，节能标准对传热系数的要求越严格，对保温材料的绝热性能和厚度提出了更大的挑战。

(3) 挑板阳台外保温计算方法

以上对阳台-外墙热桥节点的分析，得到了北京地区外挑阳台的最佳保温厚度，现基于对北京地区的挑板式阳台的保温方法进行保温节能计算设计，针对不同建筑保温材料，不同地区的挑板阳台给出满足建筑节能 75% 的保温厚度。

围护结构的传热系数与各材料构造层的热阻有关，在理想条件下，材料的导热系数保持不变，当墙体的保温构造尺寸一旦确定，传热系数也随之确定，即传热系数与组成的各部分有关，与外界无关，因此外挑阳台板的热桥节点在板的上下设 20mm 厚的 STP 保温板，其传热系数即确定为 0.45W/(m²·K)，不同的是建筑热工设计分区的不同，各地方的冬季室内外计算温差的不同，设置 20mm 厚的 STP 板将会改变穿过围护结构的热流值，热损失会随着温差的增大而增大，但传热系数保持不变，同理，当各地区采用 70mm 厚 STP 保温板，热桥所在墙体的传热系数为 0.40W/(m²·K)。

前文通过采用 STP 保温板实现悬挑板的节能保温，但目前市场上 STP 保温板的单位价格为常用保温材料的 3 倍左右，但考虑到普通保温材料和 STP 保温板导热系数的差别，另一方面各地区节能进程的差别和保温材料厂家规格的限制，以及各地区采用的保温材料不大一样，采用 STP 保温不能够适用所有地区，因此在外挑阳台板上考虑不同的保温材料，以北京地区的热桥分析结果为基准，采用热阻等效的原则，实现不同保温材料的节能效果。

两种不同保温材料的热阻等效可以用下式表示：

$$\frac{t_1}{\lambda_1} = \frac{t_2}{\lambda_2} \tag{8.6-1}$$

式中　t_1 和 t_2、λ_1 和 λ_2——分别为材料 1 和材料 2 的厚度和导热系数。

以 STP 保温板 20mm 和 70mm 为基准，消去 STP 保温板的导热系数，可以得到下列公式：

$$t_{0.45} = \frac{20\lambda}{0.008} = 2500\lambda \tag{8.6-2}$$

$$t_{0.40} = \frac{70\lambda}{0.008} = 8750\lambda \tag{8.6-3}$$

式中 λ 是指保温材料的导热系数值，可按规范进行取值。公式分别满足悬挑板热桥节点围护结构传热系数为 0.45W/(m²·K) 和 0.40W/(m²·K) 的节能要求。

以下给出悬挑阳台板保温构造的具体方法，阳台-外墙热桥区域的保温构造主要可以分为4部分，见图8.6-24。

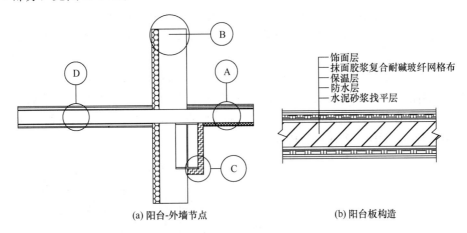

(a) 阳台-外墙节点　　　　　　(b) 阳台板构造

图 8.6-24　阳台保温措施

区域A：室内分户楼板保温性能对阳台板的节能无明显影响，该处的保温构造依据各个地区对分户楼板保温隔声的要求设置构造层；

区域B：外墙的保温构造采用外保温，采用轻质加气混凝土砌块复合外保温材料，通过平壁稳态传热理论计算保温厚度，实现主墙体的节能要求；

区域C：钢梁的防火要求依据《建筑钢结构防火设计规范》GB 51249—2017，根据建筑的防火等级确定防火板厚度，防火板采用自攻螺钉和角钢与钢梁连接，保证防火板的可靠连接，同时防火板隔开了钢梁与室内的直接接触，降低了热流的传递；

区域D：阳台板除了保温的要求，仍要兼具防水功能，因此阳台板需要根据设计要求设置防水层，保温层厚度采用公式进行计算，具体构造如图8.6-24（b）所示。

8.6.3　挑梁式阳台的保温节能分析

据研究表明，在建筑节能方面，阳台适宜采用挑梁式阳台，阳台板与主体结构断开的方法，从而阳台的热损失主要集中在钢梁部位，挑梁式阳台的热桥问题转化为悬挑梁的贯通性热桥问题。本章主要分析钢结构建筑悬挑钢梁的热工性能与力学性能，在验证三维稳态传热模型的基础上，一方面采用保温层环包钢梁的方法，经传热模拟分析挑梁的热工性能，对比有无挑梁对室内表面最低温度和能耗的影响，得到满足节能要求的环包厚度；另一方面开展悬挑梁的新型断桥节点构造的传热性能和力学性能分析，该梁柱连接断桥节点采用端板连接，在端板与柱翼缘之间设置高强的隔热材料，从而将贯通性热桥在梁柱连接处断开，达到减轻热桥影响和降低热损失的效果。首先对该新型断桥节点进行传热性能模拟，分析温度、热流、热损失和传热系数的变化规律，评价断桥节点的节能效果，并根据分析结果进一步优化断桥节点的构造，得到最佳的保温构造措施；接着建立梁柱连接断桥节点的力学模型，对断桥构造进行力学性能分析，分析隔热板的应力状态、节点的承载力和刚度等力学性能；最后基于组件法，考虑隔热板的影响构建断桥节点的转动刚度计算模型，模型计算结果和有限元分析结果吻合较好，能够为挑梁式阳台提供有效的节能构造措施和理论依据。

1. 挑梁式阳台保温的典型构造

目前钢结构建筑的挑梁式阳台采用的保温构造相对简单，《钢结构住宅（二）》05J910-2 图集中挑梁式阳台的保温措施采用外保温的方法，悬挑梁采用变截面梁，一方面减轻构件自重，另一方面形成阳台板与室内楼板的高差，从而形成"降板"。型钢梁下部按设计要求设置保温层，避免钢梁与外界环境直接接触而引起强烈的热对流，见图 8.6-25（a）；在图 8.6-25（b）中，悬挑梁和柱采用焊接连接，型钢梁内部的空腔填充保温材料，从而增加钢梁整体的热阻，并且进一步采用吊顶隔开钢梁与外界环境。总的来看，钢结构建筑的挑梁式阳台在型钢梁下部设置保温层或者型钢内部填充保温材料，避免钢梁与外界直接接触，这是挑梁保温节能行之有效的典型做法。

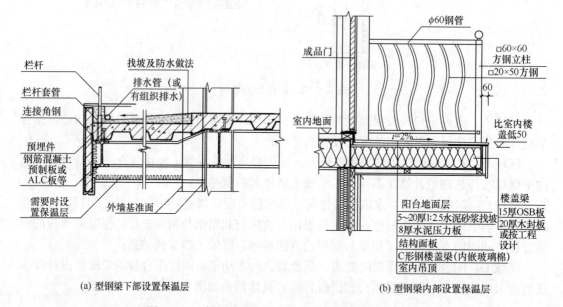

图 8.6-25 挑梁式阳台保温的典型做法（单位：mm）

2. 悬挑梁外保温节能分析

（1）悬挑梁外保温节能分析模型

首先分析采用传统保温方法的挑梁的热工性能，挑梁的传热模型基于本章前述的分析结果提出。H 型钢柱尺寸为 350×350×12×19（mm），钢梁型号为 I32a，悬挑跨度一般大于 1.5m，取工程上常用的 1.8m，柱的计算高度上下取为一半层高，因此柱高和墙高均取为 3m，挑梁处于柱的中间位置，梁柱采用高强度螺栓连接，端板厚度 20mm，柱加劲肋和梁翼缘等厚，螺栓型号为 M20，主墙体的主截面同前，即柱周边墙长取为 700mm。砌体采用厚度为 250mm 的加气混凝土，根据前文的分析结果，当外保温厚度、局部保温厚度和延伸保温宽度分别为 60mm，40mm 和 115mm 时，钢柱热桥影响消除，故本章按此分析结果取值建立分析模型，传热模型具体尺寸如图 8.6-26 所示。

挑梁式阳台无法按挑板式阳台进行维度简化，需要计入高度方向挑梁的影响，因此建立挑梁热桥节点的三维稳态传热模型，模型全部采用八节点线性实体热传导单元 DC3D8 模拟，模型采用先合并成整体再进行各部件切割的方法，不能切割的部件全部采用节点耦合的方法，从而实现接触面之间的温度自由度耦合。分析不考虑辐射换热的影响，仅考虑

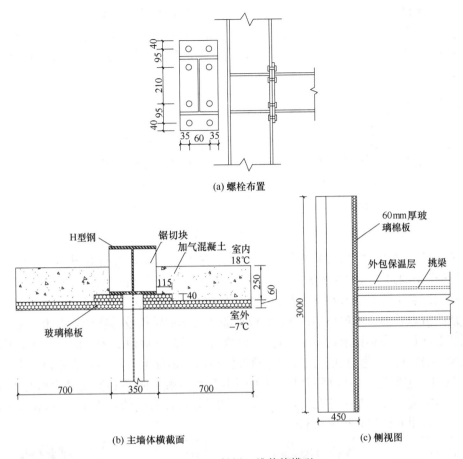

图 8.6-26 挑梁三维传热模型

材料间的热传导；材料间的传热导不考虑接触热阻的影响，理想化为完全导热；采用传热学第三类边界条件，模型中施加室内外的墙体表面计算温度和对流换热系数同前文。钢梁的外包保温材料假设选用玻璃棉板，设厚度为 t_b，分别取 $t_b=0$mm、20mm、40mm、60mm、80mm、100mm、150mm，模型主要分析悬挑梁的外包保温层厚度对梁热损失的影响，模型网格划分如图 8.6-27 所示。

(2) 三维稳态传热模型验证

为验证 ABAQUS 建立的三维稳态传热模型的正确性和可靠性，采用文献的热工试验进行验证。文献中采用热箱法对钢柱附近的墙体进行了稳态传热试验。试验一共进行了两组，一组是未保温的试件 A，一组是外保温的试件 B，围护结构采用加气混凝土砌筑，尺寸为 1000mm×290mm×1200mm（长×宽×高），

图 8.6-27 有限元网格划分

型钢柱尺寸为 H200mm×200mm×12mm×12mm，柱内嵌在主墙体中，墙体两侧均用水泥砂浆抹面，横截面如图 8.6-28 所示。试验开始前将墙体置于温度稳定的防护箱内 7d，保证墙体处于稳定的传热状态，试验过程中连续记录了室内外温度以及墙体表面的温度和热流变化。

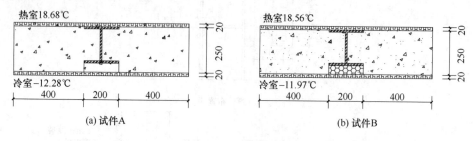

图 8.6-28 试验墙体

本节以此为验证试验，建立墙体的三维稳态传热模型，验证传热模型的正确性。ABAQUS 模拟的温度云图如图 8.6-29（a）、（b）所示，在热桥部位出现明显的温度梯度变化，提取试验中测量点所在位置的温度值，模拟结果与规范计算如图 8.6-29（c）、（d）所示。从图可以看出，本项目 ABAQUS 模拟曲线与文献模拟较为吻合，由于规范计算采用一维稳态计算，在热桥附近，ABAQUS 模拟值比规范计算值更为准确，在远离热桥的部位，ABAQUS 模拟值与规范值接近。模拟值在远离钢柱部位与实测值相差较大，误差在 10% 以内，主要是因为模型假设为材料间不存在接触热阻和热湿交换而引起的误差，而实际工程中完全传热是不存在的，所以计算结果是可以接受的，所建立的 ABAQUS 三维稳态传热有限元模型是正确可靠的。

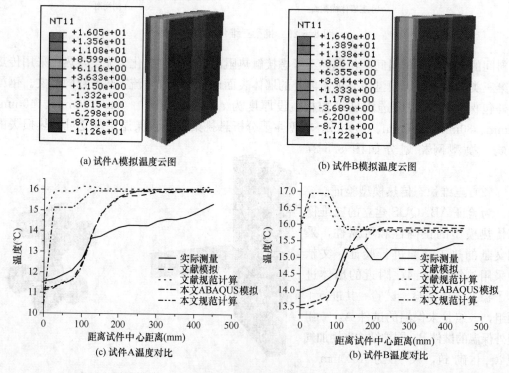

图 8.6-29 温度变化对比

(3) 悬挑梁外保温节能分析

挑梁随着外保温厚度的增加显然保温性能会变得更好，然而钢梁的热损失和围护结构的传热系数如何变化尚未可知，需要深入地分析挑梁的热工性能。如图 8.6-30 所示的模拟的温度云图和热流云图。当挑梁不包保温层即 $t_b=0$ 时可以看出，挑梁与主墙体的交接处的温度和热流云图明显与主墙体不同，温度和热流明显高于主墙体，在远离挑梁的位置，温度在高度方向和长度方向无明显变化，在厚度方向呈现均匀变化。热流的传递路径没有被实质性断开，从钢柱传到钢梁，再扩散到外界环境中，无任何的保温措施，因此，在挑梁根部出现一小段温度和热流的剧烈变化区域，热流大部分在这一段区域完全传递到外界环境中；图 8.6-30（c）、(d) 表明挑梁的存在对钢柱的温度和热流分布均有影响，温度梯度明显呈现沿着挑梁的环形形状分布，并且影响到整根柱子，因此柱子在高度方向的温度会呈现先降低再升高的对称分布，对于热流而言，挑梁的热流大部分由与梁连接的钢柱直接水平传递而来，从图 8.6-30（d）来看，挑梁上下区域的钢柱也有流向挑梁的热流分量，即挑梁的存在导致钢柱的热流由原来的厚度方向的一维运动，转变为两部分的热流流向路径，一部分通过墙体流向外界，一部分流向挑梁。

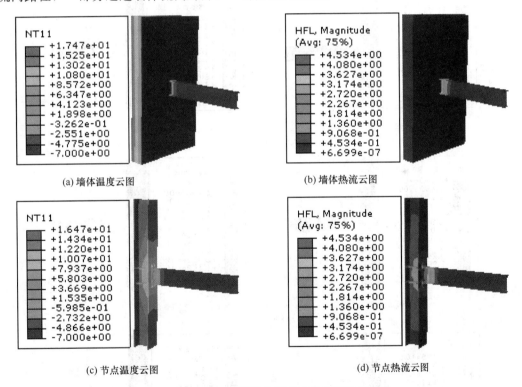

(a) 墙体温度云图　　(b) 墙体热流云图

(c) 节点温度云图　　(d) 节点热流云图

图 8.6-30　$t_b=0$ 时挑梁热桥节点温度和热流云图

图 8.6-31 表明了热流的传递路径，在与钢梁连接的钢柱部位及其邻近区域，钢柱的大部分热流传递到端板，而热流的传递原则为"路径最短且热阻最小"，因此在端板上出现了明显的工字形热流云图形状，而且是翼缘热流更为突出，这表明钢梁的翼缘热流略大于腹板；钢柱的小部分热流会流向螺栓，如图 8.6-31 (b) 所示，从图中可以看出，端板外伸部位的螺栓热流高于内部螺栓，根据热流的传递原则，钢柱翼缘的热流会直接流向端

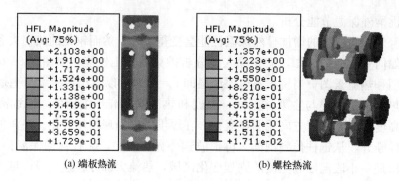

图 8.6-31 $t_b=0$ 时端板和螺栓热流云图

板的工字形区域,外排螺栓的热流由于不在工字形区域内,因此钢柱的热流会优先流向外伸部分,再传给梁翼缘,所以外排螺栓的热流会大于内排螺栓。

挑梁外表面铺设保温层的部分云图如图 8.6-32 所示,为了更为清楚地显示保温层对

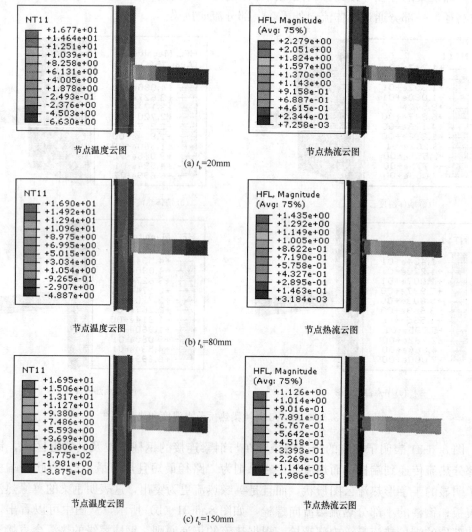

图 8.6-32 t_b 对热桥的影响

挑梁的影响，在 ABAQUS 中隐藏了外保温层。从温度云图上来看，保温层越厚，柱体的温度明显提高，柱体温度仍然是呈现挑梁所对应区域温度最低的环形温度梯度现象，越靠近挑梁，温度越低，挑梁的温度由于保温层的存在也逐渐升高，并且随着外保温厚度的增加柱体在高度方向上的温度波动逐渐变小，等温线开始趋于直线分布。从热流云图上来看，柱体热流随着保温厚度增加开始降低，并且可以明显看出，热流沿着挑梁的方向移动，外保温层越厚，挑梁的热流会逐渐升高，热流传递的路径越长。

为了进一步分析挑梁的热工性能，给出了室内沿柱中线纵向的温度值和挑梁的热流值，如图 8.6-33 所示。图 8.6-33（a）表明了温度沿着柱纵向逐渐降低，达到一段温度低谷后又升高，温度值沿着节点域中心线成对称分布；节点域区域是柱体温度最低的区域，温度最低点发生在柱加劲肋与柱翼缘交接部位，当挑梁不做外保温即 $t_b=0$ 时，室内表面最低值为 13.14℃，高于露点温度 10.1℃，因此室内不会出现结露现象，这主要得益于主墙体的保温性较好。从前文的分析得出，无挑梁围护结构的室内墙体表面温度最低值为 16.74℃，图中可以发现挑梁的存在大幅度降低了室内表面温度最低值，当 $t_b=0$ 时，最低温度值降低了 3.6℃，并且难以恢复到无挑梁时室内的表面温度，这主要是因为挑梁的贯通性热桥一直存在的原因，另一方面发现当 $t_b=100\text{mm}$ 时，远离挑梁部位的温度值等同于 16.74℃。随着保温厚度增加，室内表面温度逐渐升高，从 $t_b=0$ 到 $t_b=150\text{mm}$，最低温度升高了 2.9℃，保温效果提升最快的是在 $t_b=0$ 到 $t_b=20\text{mm}$ 区间，最低温度提高了 1.75℃。

从图 8.6-33（b）、（c）热流曲线上来看，梁腹板的热流分布在 $t_b=0$、20mm、40mm

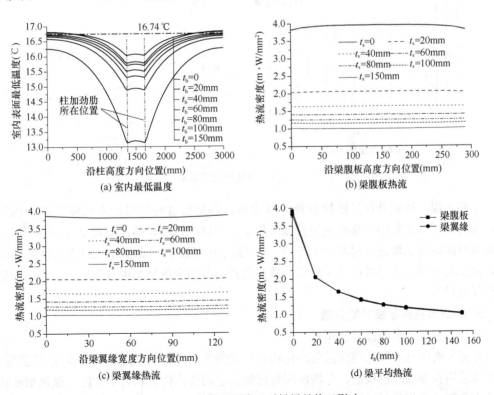

图 8.6-33 外保温厚度 t_b 对挑梁的热工影响

时呈"凸"形分布,在 $t_b=60mm$、80mm、100mm、150mm 呈"凹"形分布;梁翼缘热流呈"凹"形分布,但梁翼缘与梁腹板的各处的热流相差不大,这是由于柱加劲肋的影响。为了相对准确地计算挑梁的热损失,仍分别对梁的腹板和翼缘热流求平均值,如图 8.6-33(d)所示。图中表明随着外保温厚度的增加,梁热流也开始由急剧下降的下降段最后趋于平缓;$t_b=20mm$、40mm、60mm、80mm、100mm、150mm 相对于 $t_b=0$ 的钢梁热流平均降低了 47%、58%、64%、70%、74%,这表明外保温构造良好的节能效果,但节能效果也开始下降。

挑梁式阳台的热损失可以分为两部分,一部分是热流穿过墙体耗散的热量,一部分是通过挑梁直接流出室外的热量,第一部分的热损失主要由主墙体的保温构造决定,第二部分的热损失由外保温厚度决定,如图 8.6-34(a)所示,挑梁的热损失与计算单元的总耗能的变化趋势一致。当 $t_b=0$、20mm、40mm、60mm、80mm、100mm、150mm 时,挑梁耗能占总耗能的 36%、23%、19%、17%、16%、15%、13%,这表明解决建筑围护结构节能的关键就是降低热桥影响,当热桥被消除,建筑围护结构的节能问题就可以容易解决。从图 8.6-34(b)可以看出,当 $t_b=0$ 即裸露的钢梁提高了围护结构传热系数约 55%,当 $t_b=20mm$ 时,围护结构传热降低为 $0.45W/(m^2·K)$,传热系数降低了 17%,满足现阶段的节能需求;当 $t_b=140mm$ 时,传热系数小于 $0.40W/(m^2·K)$,进一步提高了节能需求;外保温层越厚,传热系数的降低愈加缓慢,若要进一步提高节能效果,增加主墙体的外保温厚度会更加明显。

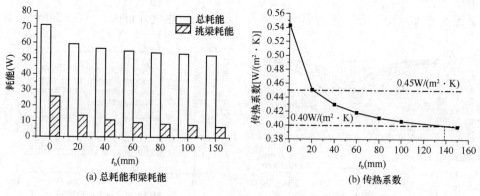

图 8.6-34 耗能和传热系数

总的来说,挑梁外保温跟挑板外保温类似,都是通过外保温的方法降低阳台的热损失,是目前实际工程中一直在应用的保温构造,能够取得良好的保温效果,但节能效果随着保温厚度的增加而逐渐降低,要想进一步提高节能效果,保温材料的用量将会急剧增加,保温材料的选择仍可以基于热阻等效原则和本节的分析结果进行换算,从而可以适用各类保温材料。

3. 新型悬挑梁断桥节能分析

(1) 新型悬挑梁节能设计模型

上文分析了悬挑梁采用保温层环包构造时的热工性能,得到了最佳的环包保温厚度。本节将采用新型的断桥构造,分析该断桥保温构造的传热性能和力学性能。悬挑梁断桥构造采用高强的工程材料嵌入端板与柱翼缘之间,从而增加节点的总体热阻,阻止室内外热流的传递,从而达到减小热桥和节能的目的,以此断桥构造开展挑梁式阳台的传热和力学的数值模拟并进行分析,并基于分析结果给出挑梁断桥最佳的构造措施,能够满足节能75%的设计要求。

计算模型如图 8.6-35 所示,与外保温模型不同的是,端板和柱翼缘板之间增加隔热材料,隔热材料和端板等长等宽,在隔热板上打孔,螺栓穿过孔洞,形成断桥节点,材料采用应用广泛的工程塑料聚酰胺 6(以下简称 PA6),其厚度设为 t_n,导热系数为 0.30W/(m·K),其余建模参数参考上文。

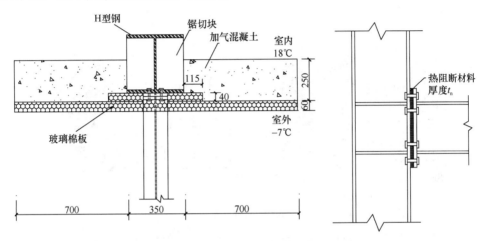

图 8.6-35 悬挑梁断桥节能构造

(2) 断桥节点热工性能分析

对于新型的断桥节点,热阻断材料的热阻是消除热桥的关键,由于 PA6 材料的导热系数已知,因此需要确定尼龙 PA6 的厚度。本节将探究厚度 $t_n = 0$、20mm、30mm、40mm 对悬挑梁耗能的影响。

图 8.6-36 给出了 PA6 厚度 $t_n = 10$mm 和 $t_n = 40$mm 时的挑梁温度云图。从图中可以看出梁柱节点整体的温度云图与采用环包构造类似,呈现环形的温度梯度分布,挑梁仍是热量传递的主要通道,这也进一步表明了外挑钢梁热桥难以避免。从 PA6 的温度云图上来看,隔热板的外伸部分温度最高,中间区域温度最低,钢梁翼缘的外边线在隔热板"W"面的对应位置出现较为明显的等温线;随着 t_n 的增加,在隔热板的"T"方向上温度梯度降低明显,中间区域的温度开始升高,螺栓邻近区域温度最低;从热流上来看,隔热板的中间区域热流最为集中,梁翼缘对应的区域次之,外伸部分热流最低;从"T"方向看,新型的挑梁断桥构造节点的热流主要传递路径可以分为两部分,一是腹板中间区域对应路径,二是梁翼缘对应路径,并且腹板中间区域对应路径占比最大,随着尼龙材料的厚度增加,隔热板的热流逐渐降低。

从图 8.6-37(a)的温度曲线上来看,沿着柱高的温度分布类似于外保温构造,随着 t_n 的增大,室内表面温度的提高幅度不大,均比无挑梁的主墙体温度低,保温程度比外保温构造差,这表明了采用环包保温构造的优越性。从梁热流上看,梁腹板和翼缘的热流随着 t_n 的变化趋势相同,但梁腹板的热流均值大于梁翼缘,这不同于外保温构造,主要是因为外保温构造实质是增加了梁的整体热阻,从而使梁的热流更加趋于均匀,而采用内嵌

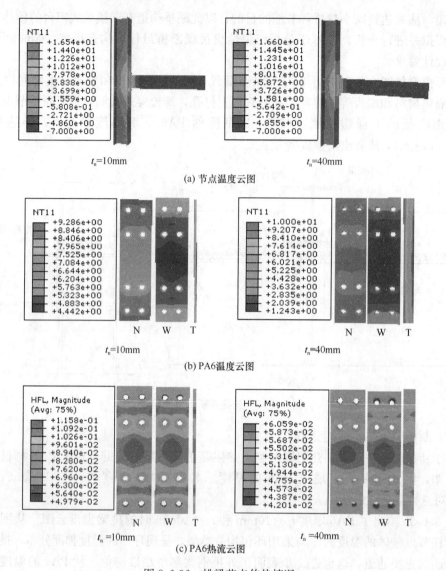

图 8.6-36 挑梁节点传热情况

注：图中下标 N、W、T 分别表示隔热材料的内表面，外表面和厚度方向。

隔热板的断桥形式，钢梁仍裸露在外界环境中，腹板与外界的接触面积更大，因此热流优先穿过。在 $t_n \leqslant 10\text{mm}$ 内，热流下降较快，$t_n > 10\text{mm}$ 后热流下降幅度有所减小；当 $t_n = 10\text{mm}$、20mm、30mm 和 40mm 时，梁腹板和翼缘热流相比于 $t_n = 0$ 分别下降了 13%、16%、20%、23%。

图 8.6-37（c）为所计算单元和挑梁的耗能情况，从图中可以看出，挑梁的耗能占比分别为 36%、32%、30%、29%、28%，降低幅度并不大，挑梁的热损失仍然很大。当挑梁不做任何处理时，其耗能为 25.74W，耗能相当于 3m^2 的主墙体，从传热系数上来看，当 $t_n = 40\text{mm}$ 时，围护结构的传热系数约为 $0.50\text{W}/(\text{m}^2 \cdot \text{K})$，传热系数降低了 7%，尚未达到节能的标准，需要进一步对挑梁采取有效的节能措施。

（3）悬挑梁断桥构造优化

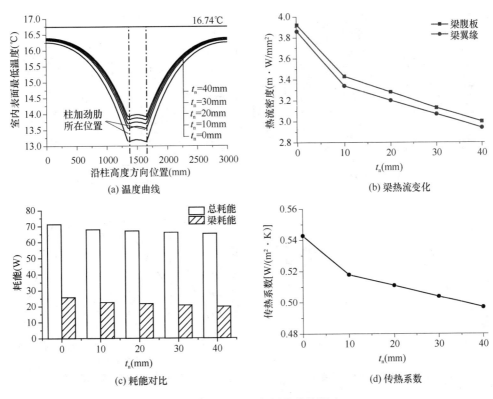

图 8.6-37　PA6 对挑梁的传热影响

上文的分析表明了裸露的钢梁热桥难以避免，需要采取有效的节能方法降低热损失，采用热阻断的断桥构造节能效果一般，主要是裸露的钢梁与外界接触，对流接触面积大，加剧了热传导，另一方面隔热材料导热系数的影响。为了进一步达到节能目的，需要采取有效的构造优化措施。

图 8.6-38 为节点和螺栓的热流矢量图，由于采用了隔热板在空间上隔开了钢梁和钢柱，从热流矢量图中可以明显看出螺栓是大部分热流集中的主要通道。当 $t_n=0$ 时，外排螺栓热流大于内排；当 $t_n=10mm$ 时，螺栓热流相比于 $t_n=0$ 大幅度升高，外排螺栓提高了约 10 倍，内排螺栓提高了约 20 倍，并且采用隔热板使内排螺栓热流大于外排；当 $t_n=40mm$ 时，热流反而有明显下降的趋势，这主要是因为螺栓和隔热板的接触面积增大的影响。螺栓热流的变化势必会改变钢梁截面的热流分布，如图 8.6-38（d）所示，在梁截面高度位置上，梁的热流分布呈现"M"状，螺栓所对应的梁截面位置热流集中，临近区域达到峰值，高于最低值 7%。因此采用的内嵌隔热材料的断桥节能节点，螺栓形成了新的热桥通道。

从钢结构建筑的节能角度来看，不锈钢的节能效果比碳钢好，这主要是由不锈钢的性质决定的。各类不锈钢的导热系数在 $10\sim30W/(m\cdot K)$ 之间，约为碳钢的 $1/6\sim1/2$，较低的导热系数能够有效提高热阻，提高节能保温效果，因此将采用不锈钢螺栓代替普通的高强度螺栓，不锈钢螺栓与普通的高强度螺栓力学性能相近，弹性模量和泊松比均为 206GPa 和 0.3，不同的是不锈钢没有明显的屈服阶段。采用牌号为 304 和 316 的奥氏体、马氏体或者双相不锈钢并经过热处理制成的螺栓，其螺栓强度可以达到 8.8 级别，甚至 10.9 级。设螺栓导热系数为 $16W/(m\cdot K)$，计算围护结构的热损失情况，如图 8.6-39 所示。

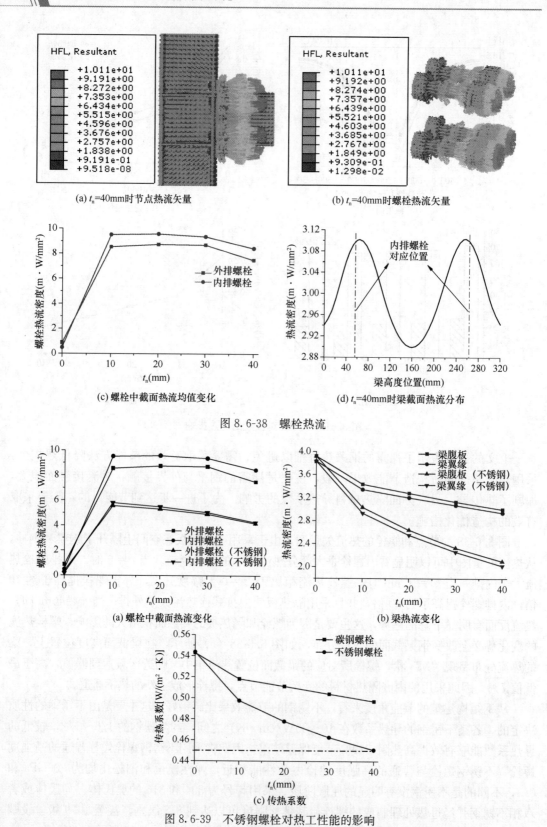

图 8.6-38 螺栓热流

图 8.6-39 不锈钢螺栓对热工性能的影响

采用不锈钢高强度螺栓能够有效缓解螺栓的热流集中现象，并且内排螺栓和外排螺栓的热流比较接近，表明热流在传递过程中趋于均匀，如图 8.6-39（a）所示。当不采用隔热材料时（$t_n=0$），螺栓的热流下降较小，$t_n=10$mm 时螺栓热流最大，相比于使用碳钢的高强度螺栓，内外排螺栓热流分别下降 35% 和 40%，显然降低螺栓的导热系数对外排螺栓的传热影响更大；当 $t_n>10$mm，螺栓热流开始下降，而且有下降越快的趋势。螺栓热流变小会直接影响梁的热损失，如图 8.6-39（b）所示，梁热流下降显著，而且随着 t_n 的增大，节能效果相比于之前愈加明显，当 $t_n=10$mm、20mm、30mm、40mm 时，梁的耗能分别降低了 12%、20%、26%、31%，这说明隔热板和不锈钢螺栓两者起着相互促进的作用。图 8.6-39（c）给出了计算单元的传热系数，可以注意到 $t_n=0$ 时传热系数几乎不变，表明此时螺栓不起控制作用，当采用隔热板后才开始起到节能的效果，当 $t_n=40$mm 时，传热系数刚好可以满足 0.45W/(m²·K)。

前文已经分析到无论是柱、挑板、挑梁的外保温构造方法能够取得良好的保温和节能效果，特别是在保温前期效果最为明显。在实际工程中，无论是保温还是钢材防腐蚀，裸露的钢梁是不被允许的，因此，为了充分发挥外保温的前期优势，下文将在上文优化的断桥构造基础上采用外保温，防止钢梁与外界直接对流，计算结果由图 8.6-40 给出。

从图中可以看出，在优化构造的基础上采用玻璃棉环包挑梁仍然能够取得良好的节能效果，复合构造能够容易满足传热系数 0.45W/(m²·K)。当满足以下构造时传热系数达到 0.40W/(m²·K)：① $t_n=40$mm，$t_b=60$mm；② $t_n=20$mm 或者 30mm，

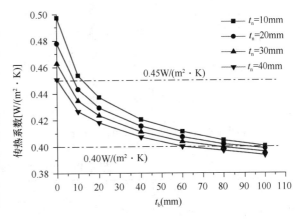

图 8.6-40 挑梁复合保温

$t_b=80$mm；③ $t_n=10$mm，$t_b=100$mm。根据前文的分析，当挑梁直接采用外保温的节能方法，其传热系数达到 0.40W/(m²·K) 时需要满足 $t_b=140$mm，相比于直接采用外保温的节能方法，新型的断桥构造复合外保温能够大幅度降低外保温厚度，在本项目的分析参数上，保温厚度可以减少 40~80mm，即降低了 28%~57%，因此传热系数的要求越低，新型的断桥构造越能够体现节能优势，避免了大体积铺设外保温材料。

4. 新型梁柱连接断桥节点力学性能分析

(1) 有限元力学模型建立

以上分析了钢梁断桥构造的热工性能，满足了节能规范的要求，采用的挑梁断桥构造由于在梁柱之间内嵌了隔热材料，因此需要进行断桥节点的力学性能分析，模型尺寸如图 8.6-41 所示，节点经过力学计算，满足《钢结构设计标准》GB 50017—2017 的要求。

ABAQUS 的力学建模过程主要包括建立几何模型、定义材料属性、部件装配、施加约束和荷载、创建接触对、划分网格和定义单元类型等步骤。

材料属性：钢材采用 Q235B，螺栓采用 A4-80（8.8 级），所有材料均假设为各向同性，钢材、螺栓和 PA6 材料的泊松比分别是 0.3 与 0.41，钢材和不锈钢螺栓的应力-应变

关系采用考虑强化三折线模型,如图 8.6-42 所示,具体力学性能见表 8.6-14,尼龙 PA6 应力-应变曲线由文献给出,见表 8.6-15,屈服准则采用 Von Mises 屈服准则。

钢材和螺栓的力学性能　　　　表 8.6-14

名称	屈服强度 δ_y (MPa)	极限强度 δ_u (MPa)	屈服应变 ε_y (10^{-2})	弹性模量 E (MPa)	塑性模量 E_{st} (MPa)
Q235B	235	450	0.114	206000	$0.02E$
A4-80	664	830	0.322	206000	$0.1E$

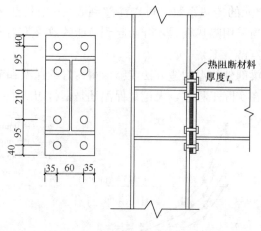

图 8.6-41　模型尺寸(单位:mm)

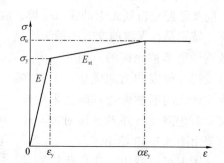

图 8.6-42　材料应力-应变关系

尼龙 PA6 的应力-应变关系　　　　表 8.6-15

应力 (MPa)	60	70	78	85	92	97	101	106	116	125
塑性应变	0	0.07	0.12	0.17	0.22	0.27	0.32	0.37	0.47	0.57

施加约束和荷载:模型在柱底端施加固定约束,柱顶放开纵向的自由度。模型需要施加的荷载包括螺栓预拉力和梁端荷载,为保证计算容易收敛选择分开加载。一共涉及四个分析步,螺栓采用 M20 高强度螺栓,施加预拉力 125kN,采用逐级加载的方式,第一步在螺栓中截面施加螺栓力 10kN,从而使模型的接触能够平稳建立,第二步施加到 125kN,第三步保持螺杆长度不变,至此螺栓的预应力设置完成,第四步在梁端建立参考点,参考点与梁端截面耦合,并采用位移加载的方式在参考点施加位移。

创建接触对:模型中存在较多的接触对,需要建立接触的部位有柱翼缘和端板之间、端板和尼龙 PA6 之间、端板与梁之间、螺杆与柱翼缘之间、螺杆与端板之间、螺杆与尼龙 PA6 之间、螺帽与柱翼缘之间、螺帽与端板之间。由于隔热材料的开孔应该比实际大,故不考虑螺杆和 PA6 接触。钢构件间摩擦系数根据《钢结构设计标准》GB 50017—2017 取为 0.45,尼龙材料与钢的摩擦系数取为 0.36,不锈钢螺栓的螺母和螺帽与梁柱的摩擦系数取为 0.135,切向方向的摩擦力遵循库仑摩擦定律,计算采用有限滑移,模型中的法向接触默认为"硬接触",梁与端板采用全熔透对接焊缝,实际中近似协同工作,故采用绑定接触,所有接触均采用面面接触方式提高计算准确性。

单元网格:在建立模型过程中,对于各部件均采用三维八节点缩减积分单元 C3D8R,

在节点域进行多次网格加密，检查网格划分没有错误单元，或者在节点域无警告单元后提交工作计算，计算结果通过对比得到网格最为合适的密度，并以此网格密度进行有限元建模分析（图 8.6-43）。

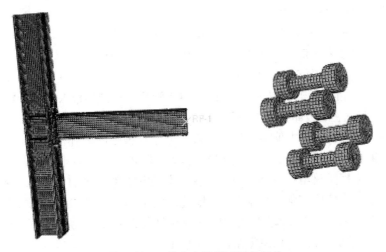

图 8.6-43 节点力学模型网格划分

（2）有限元力学模型验证

为了验证 ABAQUS 力学有限元模型的正确性和可靠性，对参考文献中的试验进行分析。文献中对 8 个足尺的螺栓连接的梁柱节点进行了单向加载静力试验研究，对节点的承载力和变形进行测量，本项目选取文献中的试件 SC1（平齐端板连接）和 SC3（外伸端板连接）进行 ABAQUS 力学模型正确性验证。梁柱构件的截面尺寸分别为 H300×200×8×12（mm）和 H300×250×8×12（mm），试件 SC3 柱翼缘在端板外伸外缘上下 100mm 范围内加厚，厚度等同于端板，螺栓采用 10.9 级摩擦型高强度螺栓 M20，施工预拉力采用扭矩法施加到 170kN，端板厚度均为 20mm，具体尺寸如图 8.6-44 所示。对连接构件表面进行抛丸处理，柱翼缘和端板的抗滑移系数为 0.44，柱翼缘加厚部分与原有的翼缘

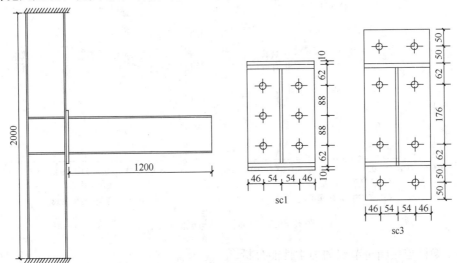

图 8.6-44 试件节点详图

之间、梁和端板之间全部采用全熔透对接焊缝。

除了高强度螺栓外,其余构件的材料均为 Q345B 钢材,实测抗拉屈服强度的平均值为 363.3MPa,弹性模量为 206GPa,钢材本构采用理想的弹塑性模型,钢材和高强度螺栓均采用文献给出的材性试验结果。

有限元模拟结果如图 8.6-45 所示,从节点的模拟变形图来看,SC1 和 SC3 试件的试验破坏结果与模拟结果相似,为了更加准确地验证模型是否正确,按照文献中的方法提取节点的弯矩-转角曲线进行对比,如图 8.6-45(c)、(d)所示。从节点的弯矩-转角曲线可以看出,节点的初始刚度吻合较好,而且试件 SC1 和 SC3 模拟的极限荷载分别为 192kN·m 和 297kN·m,与试验的破坏荷载 187kN·m 和 307kN·m 相接近。两试件的螺栓达到极限强度,端板的 Vol Mises 应力值达到屈服强度,有限元模拟的破坏模式与文献描述的端板屈服、螺栓拉断的破坏模式一致。计算得到的弯矩-转角曲线进入非线性段后与试验结果出现偏差的主要原因是材料模型不够准确,文献材性试验给出的材料参数不够具体,因此在模拟时忽略了钢材的应变强化影响而采用理想弹塑性模型,因此曲线在非线性段出现一定的偏差。但总的来说,ABAQUS 模拟的数值结果与试验结果吻合较好,因此可以认为 ABAQUS 建模方法的正确性和模拟结果的可靠性。

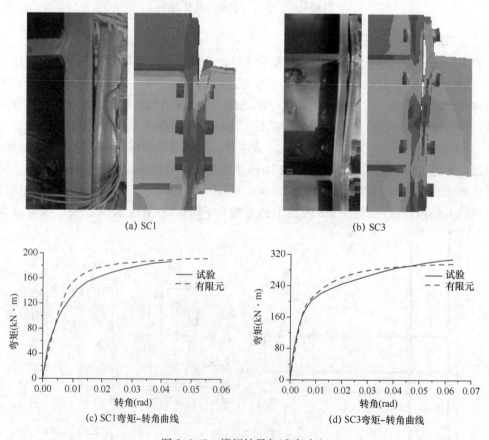

图 8.6-45 模拟结果与试验对比

(3) 梁柱连接断桥节点的力学性能分析

基于有限元力学模型正确性的基础上,开展对悬挑梁断桥节点的力学性能研究。内嵌隔热板的节点断桥构造已经通过热工分析得到了能够满足节能需求的具体构造措施，因此仍需要对节点的力学性能进行分析。本节将分析隔热材料 PA6 在 $t_n=0$、10mm、20mm、30mm 和 40mm 时节点的力学性能变化，研究隔热板厚度对节点力学性能的影响。

如图 8.6-46 所示，在相同的位移加载情况下，所有梁柱节点的应力分布相似，荷载加载过程中，端板上部受拉侧最先达到屈服，然后梁翼缘随之也开始屈服，随着梁端截面塑性的开展，节点域也开始达到屈服点进入塑性阶段，最终因螺栓先达到极限强度而破坏。

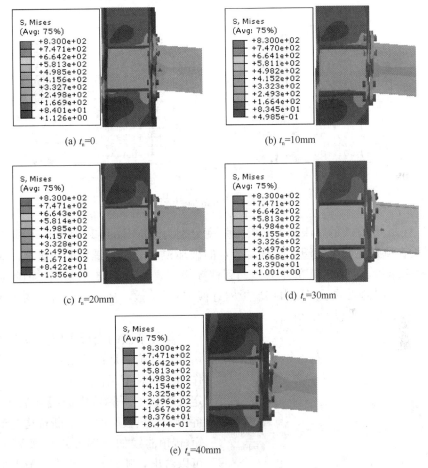

图 8.6-46 节点模拟云图

节点断桥构造的主要板件是隔热板，为了观察 PA6 的应力状态，图 8.6-47 给出了节点破坏时隔热板的应力云图，从图中可以看出，所有节点达到极限承载力时的 PA6 都达到了屈服，PA6 受到端板和螺栓的挤压发生变形，PA6 的应力发生屈服的位置的 Vol Mises 应力都尚未达到材料的破坏应力状态。$t_n=10mm$、20mm、30mm、40mm 时隔热板的上部受拉侧最大节点应力分别为 70MPa、60MPa、53MPa、58MPa，而且最大值都出现在隔热板受拉侧的外缘线，主要是由于端板变形挤压所致。隔热板下部受压部位的最大 Mises 应力分别为 61MPa、62MPa、63MPa、63MPa，随着隔热板厚度的增大，受压区的应力由两侧边缘逐渐向中间区域开展，受压屈服是由于梁翼缘传递过来的压力超过了材料

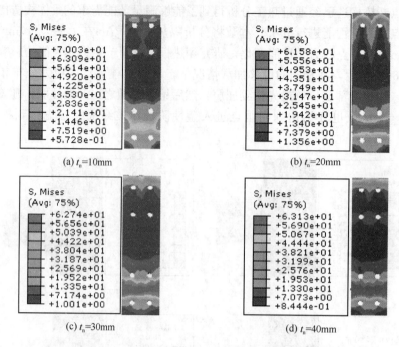

图 8.6-47 PA6 应力云图

的屈服点,而尼龙 PA6 的屈服强度和极限强度分别为 60MPa 和 125MPa,因此节点破坏时 PA6 仍处在刚过屈服点的塑性阶段,节点的破坏模式全部为螺栓受拉破坏。梁的上部拉力由螺栓来承担,而梁的下部压力传递到柱翼缘需要通过 PA6 来承压,但隔热板并未破坏,这主要是因为梁的下部压力在端板内近似按 45°扩散,从而尼龙材料的承压面积变大,使得材料能够承受较大的荷载。

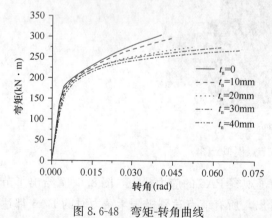

图 8.6-48 弯矩-转角曲线

梁柱节点的变形主要由节点的转角来衡量,理论上是连接梁柱轴线夹角在荷载作用下相对于无荷载时的变化值,本项目定义为梁上下翼缘中心线处的相对转角,各不同隔热板厚度 t_n 下断桥构造节点的弯矩-转角曲线如下图 8.6-48 所示。从图中可以看出,随着 t_n 的增大,节点的极限承载力有所降低,隔热板对节点的初始转动刚度和屈曲后刚度的影响较大,变形能力也有所增大,这主要是隔热板的变形引起的节点极限转角的增大的影响。

为了计算节点的转动刚度,需要确定节点的塑性抗弯承载力 M_p,通过节点的弯矩-转角曲线的初始刚度线与屈曲后刚度的切线相交得到,取塑性抗弯承载力 2/3 时的割线刚度作为节点的转动刚度,计算结果如表 8.6-16 所示。从表中可以看出,隔热板对节点的初始刚度影响较大,在 $t_n=10$mm、20mm、30mm、40mm 时,节点刚度分别降低了 11.1%、19.4%、27.1%、33.6%。由于隔热板影响了弯矩-转角曲线的屈曲后刚度,而弹性阶段保持一致，由于两者的交点上移，所以节点的塑性抗弯承载力有所增大，但极限承载力呈现一定程度的下降趋势。

t_n 对节点力学性能的影响　　　　　　　　　　　　　　　　表 8.6-16

t_n (mm)	0	10	20	30	40
M_u (kN·m)	305	296	278	274	268
M_p (kN·m)	207	208	216	230	226
转动刚度 (kN·m·rad^{-1})	52075	46310	41983	37954	34585

当节点达到塑性抗弯承载力 M_p 时，PA6 的力学性能是值得关注的一个问题。如图 8.6-49 所示，当节点处于 M_p 状态时，所有节点的隔热板节点的最大 Vol Mises 应力出现在下部受压区的边缘，$t_n=$ 10mm、20mm、30mm、40mm 分别达到了 44MPa、49MPa、57MPa、58MPa，即各节点达到塑性抗弯承载力时，各厚度下的 PA6 隔热材料的最大应力均未达到屈服强度，随着厚度的增加，隔热板的最大应力会逐渐濒临屈服点。

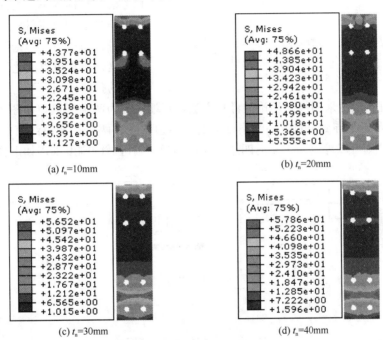

图 8.6-49　M_p 状态下尼龙 PA6 的应力云图

（4）新型梁柱断桥节点的初始转动刚度

节点的初始刚度是衡量节点抵抗弹性变形的能力，是节点重要的力学性能之一，通常采用弯矩-转角曲线关系在原点的一阶导数来表示：

$$K_i = \left.\frac{dM}{d\phi}\right|_{\phi=0} \quad (8.6\text{-}4)$$

欧洲规范 EC3 提出组件法计算连接节点的初始转动刚度，得到较为广泛的应用，该方法将节点分解为一系列的组件，节点的力学特性可以通过这些组件来确定，对于采用组件法计算的节点初始刚度由以下步骤来得到：

① 确定对节点刚度有贡献的组件；

② 分别计算各组件的刚度；
③ 整合各组件的刚度，从而获得整体节点的初始转动刚度。

对于采用外伸端板的梁柱节点，影响其受力性能的主要组件包括：螺栓受拉、端板受弯、柱翼缘受弯、柱腹板受剪、柱腹板受拉、柱腹板受压。外伸端板梁柱节点采用组件法计算初始转动刚度一般将梁翼缘和端板、柱腹板和柱翼缘看作T形连接件，T形连接件等效为梁模型，该方法的计算结果有时候与试验值相差较大，因此采用板壳理论建立了外伸端板连接的纯钢节点的初始刚度计算公式，实验值与理论值较为接近，本项目将以此为理论基础，在原有组件的情况下，增加内嵌隔热板组件对其他组件刚度的影响和考虑本身构成单一组件的刚度，从而重新整合计算断桥节点的初始刚度，进行模拟值与理论值的对比。

梁柱节点可以简化为如图 8.6-50 所示的弹簧模型。

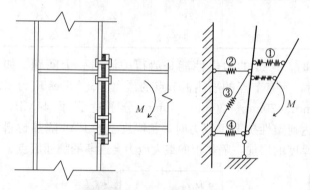

①—连接组件；②—柱腹板受拉；③—柱腹板受剪；
④—受压组件节点连接力学模型
图 8.6-50 端板受弯

端板的抗弯刚度采用板壳理论的计算方法，将端板分为两个区域，如图 8.6-51 所示，区域 A 的边界条件与 1/4 的中心受集中力的两对边固支、两边有转角约束的矩形板条件等效，区域 B 则可以等效为 1/4 的四边固支矩形板，两区域的刚度采用如下公式计算。

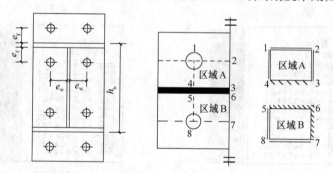

图 8.6-51 端板计算示意图

$$K_{Aep} = \frac{Et_{ep}^3}{48(1-\nu^2)F_1(e_w, e_f)} \qquad (8.6\text{-}5)$$

$$K_{Bep} = \frac{Et_{ep}^3}{48(1-\nu^2)F_2(e_w, e_f)} \qquad (8.6\text{-}6)$$

$$F_1(e_w, e_f) = \begin{cases} 0.0336 e_f^2 (e_w/e_f)^{-0.732}, & (\lambda \leqslant 0.87) \\ 0.0372 e_f^2, & (\lambda > 0.87) \end{cases} \qquad (8.6\text{-}7)$$

$$F_2(e_w, e_f) = \frac{0.029 e_w^2 e_f^2}{(e_w^{14} + e_f^{14} + 4e_w^7 e_f^7)^{1/7}} \qquad (8.6\text{-}8)$$

式中 K_{Aep}、K_{Bep}——端板区域 A 和 B 的刚度；

E——钢材弹性模量；

t_{ep}——为端板厚度；

ν——泊松比；

e_f——螺栓中心到梁翼缘边缘的距离；

e_w——螺栓中心到梁腹板边缘的距离；

λ——尺寸比，$\lambda=b/a$，其中 b 为固支边长度。

(5) 柱翼缘受弯

柱翼缘板的计算方法和端板类似，不同的是柱翼缘板只存在一种区域，当柱不设加劲肋时，柱翼缘板属于区域 A；存在柱加劲肋时柱翼缘属于区域 B，目前钢结构建筑中，梁柱节点螺栓连接需要按力学性能要求或者构造增设柱加劲肋，因此，柱翼缘板的公式按式(8.6-9)计算。

$$K_{cf} = \frac{Et_{cf}^3}{48(1-\nu^2)F_2(e_w, e_f)} \qquad (8.6\text{-}9)$$

式中 K_{cf}——柱翼缘板的抗弯刚度；

t_{cf}——柱翼缘板的厚度。

(6) 螺栓受拉

考虑到螺栓预应力对螺栓孔周围板件的压紧效果，一般压紧的面积为螺栓截面面积的 10 倍以上，而板的刚度又远大于螺栓的刚度，因此，需要将螺栓和所连接的板件一起考虑，螺栓受拉变形的大小由连接的板件和螺栓来控制，螺杆有效长度考虑隔热材料的影响，因此螺栓的受拉刚度可由式(8.6-10)来得到：

$$K_{bt} = \frac{EA_b}{L_b}\left(5.10 + 3.25\frac{t_{ep}+t_n+t_{cf}}{d_b}\right) \qquad (8.6\text{-}10)$$

$$L_b = t_{ep}+t_{cf}+t_n+2t_c+(h_1+h_2)/2 \qquad (8.6\text{-}11)$$

式中 K_{bt}——螺栓受拉刚度；

A_b——螺栓的有效面积；

d_b——螺栓的有效直径；

L_b——螺栓的有效长度；

t_n——隔热材料厚度；

t_c——垫圈厚度；

h_1、h_2——螺母和螺帽厚度。

(7) 连接组件的刚度整合

连接组件的刚度包括端板受弯刚度、柱翼缘受弯刚度、螺栓受拉刚度，基于梁的平截面假定，现将三者整合成连接组件的刚度 K_{con}，采用如下公式计算。

$$k_1 = \frac{1}{\frac{1}{K_{Aep}}+\frac{1}{K_{cf}}+\frac{1}{K_{bt}}}; \quad k_2 = \frac{1}{\frac{1}{K_{Bep}}+\frac{1}{K_{cf}}+\frac{1}{K_{bt}}} \qquad (8.6\text{-}12)$$

$$K_{con} = 2\left[k_1\left(h_b-\frac{t_{bf}}{2}+e_f\right)\left(h_b-\frac{t_{bf}}{2}\right)+k_2\left(h_b-\frac{3t_{bf}}{2}-e_f\right)\left(h_b-\frac{3t_{bf}}{2}\right)\right] \qquad (8.6\text{-}13)$$

(8) 柱腹板受剪

为了计算柱腹板抗剪刚度,通常是将柱腹板假设为受剪力作用的短柱,因此忽略弯矩对柱腹板变形的影响,计算简图如图 8.6-52 所示。

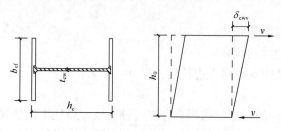

图 8.6-52 柱腹板剪切变形

结合剪切模量和弹性模量的关系,由图 8.6-52 可知,柱腹板在剪力作用下的剪切变形为:

$$\delta_{cwv} = \frac{Vh_0}{GA_{vc}} = \frac{2(1+\nu)Vh_0}{EA_{vc}} \tag{8.6-14}$$

$$A_{vc} = A_c - 2b_{cf}t_{cf} + t_{cf}(2r_c + t_{ew}) \tag{8.6-15}$$

因此柱腹板的刚度按下式(8.6-16)计算。

$$K_{cwv} = \frac{1}{2(1+\nu)} \frac{EA_{vc}}{\beta h_0} \tag{8.6-16}$$

式中 δ_{cwv} ——柱腹板剪切变形;

V ——作用在柱腹板上的剪力;

G ——剪切模量;

A_{vc}、A_c ——分别为柱腹板剪切面积和柱横截面面积;

t_{cf}、t_{ew} ——分别为柱翼缘厚度和柱腹板厚度;

r_c ——转角半径;

K_{cwv} ——柱腹板抗剪刚度。

(9) 柱腹板受压

柱腹板受到来自梁下翼缘传递过来的压力,力在端板和隔热材料内按 45°角扩散,在柱内按 2.5:1 进行传递,如图 8.6-53 所示,受压的柱腹板可以等效为两对边固支,两边受均布荷载的矩形板,按平面应力问题计算柱腹板的受压变形,考虑到柱需要加设加劲肋,柱腹板和加劲肋同时承担压力,因此柱腹板的抗压刚度按式(8.6-17)计算。

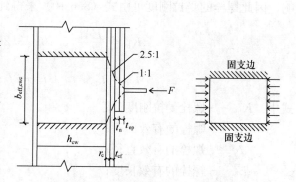

图 8.6-53 柱腹板受压计算模型

$$K_{cwc} = \frac{E(t_{cw}b_{eff,cwc} + 2t_sb_s)}{h_{cw}(1-\nu^2)} \tag{8.6-17}$$

式中 K_{cwc} ——柱腹板受压刚度;

$b_{eff,cwc}$ ——柱腹板有效受压宽度,$b_{eff,cwc} = t_{bf} + 2(t_{ep}+t_n) + 5(t_{ef}+r_c)$;

t_s、b_s ——分别为柱加劲肋板的厚度和宽度;

h_{cw} ——柱腹板高度。

(10) 隔热材料受压

当存在隔热材料时,节点刚度考虑端板的抗压刚度和隔热板的抗压刚度,梁翼缘传递过来的压力经端板传递后通过隔热材料，隔热材料相对于端板刚度较弱，但由于压力扩散，板的受力面积变大，因此隔热板的抗压性能增大。在弹性阶段，两者协同工作，其抗压刚度为两者之和。

端板的抗压刚度按 T 形连接件分析，端板外侧为自由边，T 形件上的荷载呈三角形分布，等效为悬臂板抗弯刚度，如图 8.6-54 所示，悬臂板在三角形分布荷载作用下的变形为：

$$\delta_{\mathrm{epc}} = \frac{q_{\mathrm{epc}} l_{\mathrm{ep}}^4}{30 E I_{\mathrm{ep}}} = \frac{2 F l_{\mathrm{ep}}^3}{5 E b_{\mathrm{ep}} t_{\mathrm{ep}}^3} \tag{8.6-18}$$

式中　q_{epc}——三角形分布荷载最大值。

因此受压端板的抗压刚度按式（8.6-19）计算。

$$K_{\mathrm{epc}} = \frac{5 b_{\mathrm{ep}} t_{\mathrm{ep}}^3}{2 l_{\mathrm{ep}}^3} \tag{8.6-19}$$

隔热板按扩散面积内的均布荷载计算，其抗压刚度按下式计算，同时得出两者的刚度和 K_{npc}。

$$K_{\mathrm{nc}} = \frac{E_{\mathrm{n}} A_{\mathrm{n}}}{t_{\mathrm{n}}} = \frac{E_{\mathrm{n}} B L}{t_{\mathrm{n}}} \tag{8.6-20}$$

$$K_{\mathrm{npc}} = K_{\mathrm{nc}} + K_{\mathrm{epc}} = \frac{E_{\mathrm{n}} B L}{t_{\mathrm{n}}} + \frac{5 b_{\mathrm{ep}} t_{\mathrm{ep}}^3}{2 l_{\mathrm{ep}}^3} \tag{8.6-21}$$

式中　K_{epc}——端板受压刚度；

K_{nc}——隔热板受压刚度；

b_{ep}——端板宽度；

l_{ep}——端板外伸长度；

E_{n}——隔热板弹性模量；

A_{n}——隔热板的受压面积，$A_{\mathrm{n}} = B L$。

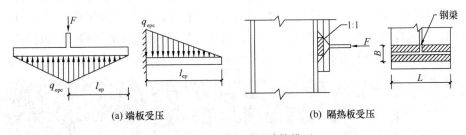

图 8.6-54　端板受压计算模型

(11) 柱腹板受拉

柱腹板的受拉计算与柱腹板的抗压类似，差别在于柱腹板的有效受拉宽度和受压宽度计算取值，受压宽度经由端板、隔热板、柱翼缘和转角半径计算得到，柱腹板所受拉力由螺栓传递，因此有效宽度按式（8.6-22）计算。

$$b_{\mathrm{eff,cwt}} = 2[2 e_{\mathrm{w}} + 5(t_{\mathrm{cf}} + r_{\mathrm{c}})] \leqslant 2 e_{\mathrm{w}} + 5(t_{\mathrm{cf}} + r_{\mathrm{c}}) + P \tag{8.6-22}$$

式中　$b_{\mathrm{eff,cwt}}$——柱腹板有效受拉宽度；

P——螺栓行间距。

(12) 腹板和受压组件整合

柱腹板和下翼缘组件的刚度整合为：

$$K_c = \frac{h_0^2}{\frac{1}{K_{cwv}} + \frac{1}{K_{cwc}} + \frac{1}{K_{npc}} + \frac{1}{K_{cwt}}} \quad (8.6-23)$$

因此梁柱连接断桥构造节点的初始刚度按下式计算得到：

$$K_{int} = \frac{1}{\frac{1}{K_{con}} + \frac{1}{K_c}} \quad (8.6-24)$$

为了对比初始刚度模型和有限元模拟结果的差异性，对节点刚度进行了模型计算，如表 8.6-17 所示。从表中可以看出，理论值与模拟值基本吻合，误差在 8% 以内，可以用该模型用来预估梁柱连接断桥节点的初始刚度。

节点刚度模拟值与计算值对比　　　　表 8.6-17

t_n	0	10	20	30	40
有限元模拟值 K_{aba}	52075	46028	41983	37954	34585
模型计算值 K_{int}	51492	44440	41476	39859	37655
K_{aba}/K_{int}	1.02	1.04	1.02	0.95	0.92

8.7　产业化示范

8.7.1　示范工程

1. 示范工程名称及概况：南京国际健康城大众健康科创中心

南京浦口大众健康城是江北新区健康产业项目集群，是南京旭建新型建材股份有限公司参与的"十三五"课题"钢结构建筑产业化关键技术及示范"子课题"钢结构建筑轻质环保围护体系技术与产品"的示范项目。南京旭建新型建材股份有限公司承担了该项目全部 ALC 板材供货及技术方案，主要应用于一期二期约 6 万 m² 装配式钢结构的三板围护及薄板包梁包柱。示范工程实施期间：2017 年 5 月～2018 年 12 月，其鸟瞰图如图 8.7-1 所示。

图 8.7-1　南京浦口大众健康城鸟瞰图

2. 示范内容

(1) ALC 双墙应用技术体系研究

南京浦口大众健康城项目的所有外墙均采用了 ALC 双墙技术体系替代了传统单一围护墙体配合内外保温及内外装饰的做法，充分发挥了 ALC 板在围护保温装饰一体化方面的技术优势，并且通过双墙构造增强了整体外围护结构的物理防水性能。

(2) ALC 薄型板包梁柱应用技术

南京浦口大众健康城项目的结构形式主要以装配式钢结构为主，存在整体结构的防火、装饰及冷热桥保温的技术难点。采用了 ALC 薄板应用技术体系即用 37mm 或 50mmALC 薄板对整体钢结构进行包裹装饰的同时，利用 ALC 板防火性能和保温性能优越的特点解决了钢结构构件防火及保温问题。做到了大幅度简化多道传统工序、缩短施工周期以及降低材料成本。

(3) 关于 ALC 叠合楼板应用技术体系的研发

ALC 叠合楼板是以 ALC 楼板为叠合楼板的叠合层底板，利用预制钢梁的两侧进行搭接，并采用单向受力板的方式进行布板，最后上层现浇混凝土（单层双向钢筋网）的一种集保温、隔声、防火、装饰多功能为一体的新型叠合楼板。相比普通 PC 叠合楼板，省去了传统楼板上部保温层及保护层施工工序的同时，大幅度降低施工周期及结构构件成本。

8.7.2 示范生产线

1. 示范基地名称：装配式 ALC 装饰保温一体化板材组装生产线

(1) 基本信息

地点：南京市雨花台区

主要产品：ALC 预制大板、ALC 叠合楼板、ALC 高效保温板

生产能力：上述产品实现年产 10 万 m^3 产能目标

(2) 示范生产线内容（图 8.7-2）

图 8.7-2 示范生产线全貌

1) ALC 预制大板生产流水线：ALC 预制大板生产线是将多块标准 ALC 单板通过内置孔洞或外设钢结构的方式组装成满足设计要求的预制 ALC 墙体，在原 ALC 板节能保温、防火防水、装饰一体化功能的基础上提升整体 ALC 大板承载力，减少施工现场耗材，简化现场工序（图 8.7-3）。主要设备改造：组合单板固定组装模台、灌浆及打包机具建设。

图 8.7-3　ALC 预制大板生产线

2）大板拼装生产线及瓷砖装饰流水线（图 8.7-4）。

图 8.7-4　ALC 大板及瓷砖装饰流水线/大板拼装生产线示意图

3）ALC 叠合楼板生产线：ALC 叠合楼板生产线是在生产线完成楼板槽口加工及板缝三角钢筋桁架制作，ALC 楼板作为建筑预制楼板的底板，利用梁的两侧进行搭接，并采用单向受力板的方式进行布板，将楼板现浇层结构钢筋网与三角钢筋桁架进行绑扎连接后，整体浇筑混凝土。主要改造设备：板内增强钢筋制造工艺设备改造、板材后加工、湿加工切割工艺设备改造（图 8.7-5、图 8.7-6）。

2. 建筑金属夹芯板智能生产线

（1）基本信息：位于天津静海区的天津绿建装配式钢结构建筑产业园（一期）

图 8.7-5　板内增强钢筋制造工艺设备改造

图 8.7-6　板材后加工、湿加工切割工艺设备改造

内，主要产品为金属夹芯板、金属幕墙夹芯板。

（2）示范生产线内容，如图 8.7-7～图 8.7-13 所示。

图 8.7-7　示范生产线—建筑金属夹芯板智能生产线全景图

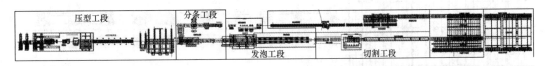

图 8.7-8　建筑金属夹芯板智能生产线整体缩略图

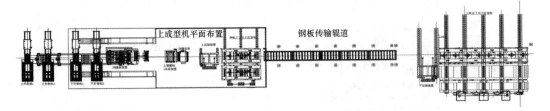

图 8.7-9　建筑金属夹芯板智能生产线局部详图—压型工段

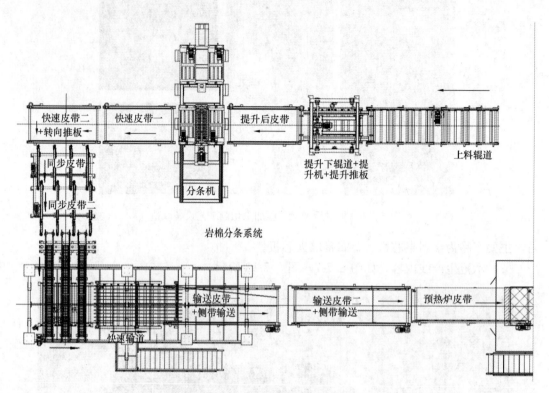

图 8.7-10 建筑金属夹芯板智能生产线局部详图—岩棉加工工段

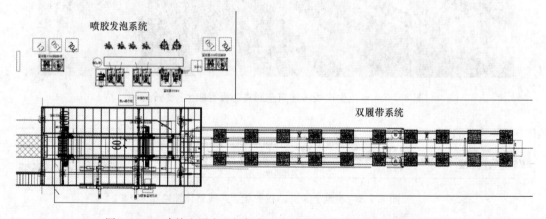

图 8.7-11 建筑金属夹芯板智能生产线局部详图—发泡与喷胶工段

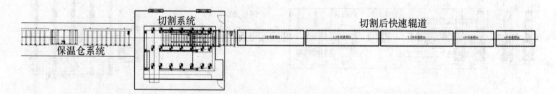

图 8.7-12 建筑金属夹芯板智能生产线局部详图—定尺切割工段

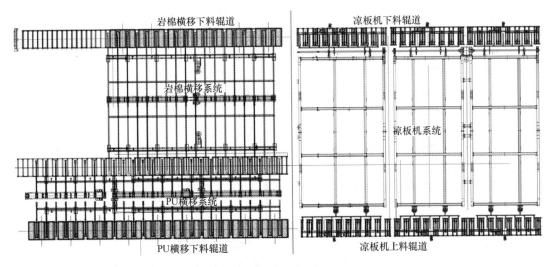

图 8.7-13　建筑金属夹芯板智能生产线局部详图—横移与晾板工段

(3) 示范生产线部分局部照片（图 8.7-14、图 8.7-15）。

图 8.7-14　鼠笼翻转系统

图 8.7-15　岩棉提升上料系统

参 考 文 献

[1] 郝际平，孙晓岭，薛强，等．绿色装配式钢结构建筑体系研究与应用[J]．工程力学，2017，34(1)：1-13．
[2] 赵东拂，孟颖．装配式钢结构住宅外围护结构体系的发展与应用[J]．建筑结构，2016，46(S2)：422-425．
[3] 孙菲．装配式钢结构住宅外围护结构发展[J]．山西建筑，2017，43(5)：33-35．
[4] 阎奕岑．绿色建筑体系下的公共建筑围护结构节能及优化组合研究[D]．重庆：重庆大学，2016．
[5] 李其廉，仇紫璇，温红广．装配式钢结构建筑围护结构体系研究[J]．山西建筑，2020，46(17)：34-35．
[6] 赵文浩．钢结构住宅外围护墙体构造设计研究[D]．北京：北京交通大学，2020．
[7] 王志成，帕特里克·麦卡伦，约翰·凯·史密斯，等．美国钢结构建筑体系与技术动向[J]．住宅与房地产，2019(32)：60-64．

[8] 胡成. 高层钢结构住宅结构体系选型[D]. 沈阳：沈阳建筑大学，2008.

[9] 王永合，谢厚礼，唐绍伟，等. 建筑产业化发展政策支持体系构建研究与探讨[J]. 城市建设理论研究，2014(9).

[10] 赵欣. 芬兰和英国的产业化钢结构住宅[J]. 建筑钢结构进展，2003(S1)：29-36.

[11] 张亚平. 煤矸石空心砖墙及煤矸石空心砖填充墙钢框架受力性能研究[D]. 西安：长安大学，2013.

[12] 张晓哲. 钢结构装配式住宅构件标准化探究[D]. 北京：北京工业大学，2008.

[13] 董军，梅阳，徐植，等. 浅议21世纪我国钢结构住宅体系的发展模式[C]. 第六届中国城市住宅研讨会，北京，2007.

[14] 吕玉香. 新型墙体材料应用分析与对策[D]. 济南：山东大学，2006.

[15] 何水清，李素贞. 国外新型建材发展的现状与展望[J]. 建材工业信息，2005(1)：45-47.

[16] 国家发展改革委关于印发"十二五"墙体材料革新指导意见的通知[EB/OL]，[2011-11-28]，http://www.gov.cn/zwgk/2011-11/28/content_2005176.htm.

[17] 赵峥，徐正东. 提高轻钢龙骨纸面石膏板内隔墙隔声性能技术方案研究[J]. 城市住宅，2021(2)：219-220.

[18] 李佩勋，陈福林，侯兆新，等. 钢结构建筑轻质环保围护墙体系设计与施工[M]. 北京：中国建筑工业出版社，2012.

第9章 建筑钢结构防火防腐装饰一体化防护新技术与产品

9.1 引言

9.1.1 课题背景及研究现状

钢结构自重轻、承载力高、抗震性能好，但抗火和耐腐蚀性能差，常采用防火涂料和防腐涂料的涂装进行防护。目前防火、防腐涂料的发展趋势是除了满足基本功能外，还应具有良好的环保性、耐久性和易施工性[1]。水性涂料是当前的重点发展方向，代表性产品有水性环氧系列底漆、水性丙烯酸面漆、水性膨胀型防火涂料等。近年来，国外还开发了双组分环氧膨胀型涂料，在无特殊装饰要求的情况下，该材料可不涂装底漆和面漆的情况下，达到防火和防腐双功能，该类产品最初用于海上平台，近年来也逐渐应用于建筑钢结构领域，尤其是室外或高腐蚀环境下。

我国钢结构防火涂料、防腐涂料发展起步晚，价格比国外涂料品牌便宜，但应用于住宅钢结构时，也经常面临 VOC 含量高、重金属含量超标，导致室内环境环保不达标，亟待开发一套环保性、耐久性、装饰性、施工性好、成本低的防火涂料和防腐涂料。实际工程中常发生因防火涂料和防腐涂料不相容而导致的钢结构防护效果降低、甚至脱落的问题，需要提出一套防火防腐一体化的新产品、新技术及相关检测标准。另一方面，根据我国建筑设计防火规范及装饰设计防火规范要求，钢结构建筑的围护构件和装修分隔构件绝大部分是采用不燃材料制作，但是由于对围护构件、装饰构件及被包裹的钢构件在火灾下的性能缺乏系统的研究，无法定量确定围护构件或装饰构件对钢构件抗火性能的贡献，目前钢结构防火设计时完全不考虑围护构件和装饰构件的贡献。为适应建造预制装配化的发展，应研发围护防火一体化和防火装饰一体化技术。

9.1.2 研究内容及目标

本课题"建筑钢结构防火防腐装饰一体化防护新技术与产品"（课题编号：2017YFC0703808，以下简称课题）包括5部分研究内容，分别是：钢结构防火新产品及新技术的研究与应用，研发具有良好环保性和耐候性的水性膨胀型钢结构防火涂料及应用技术；钢结构防腐新产品及新技术的研究与应用，研发低 VOC 高固体分环保型钢结构长效防腐涂料，提出适应钢结构建筑产业化的涂装体系设计和施工技术；钢结构防火防腐一体化新产品及新技术的研究与应用，研发新型防火防腐双功能涂料及应用技术，提出具有兼容性的钢结构防腐防火一体化的涂层配套体系；钢结构防火和建筑装饰一体化新产品及新技术的研究与应用。研发兼具钢结构防火功能的围护装饰材料，提出相应的构造要求和设计方法，实现钢结构防火保护与围护装饰一体化；一体化产品及技术的性能指标及检测技术，研究新型防火涂料的质量检测与判定技术，提出相容性、环保性、耐久性的性能指标和检测方法，研究防火装饰一体化产品的质量检测与判定技术。通过上述五方面的研究，达到钢结构建筑涂装满足2h耐火极限和25年防腐年限的总体研究目标。

9.1.3 研究方案和技术路线

本课题采用技术适用性调研与论证、理论分析与试验研究、技术研发与集成和典型工程示范相结合的技术路线，研发了绿色新型防火涂料、长效防腐涂装体系、防腐防火一体化产品和涂层体系、围护-防火一体化、防火装饰一体化产品及应用技术，编制相应检测方法，形成建筑钢结构防火防腐装饰一体化成套集成技术（图9.1-1）。

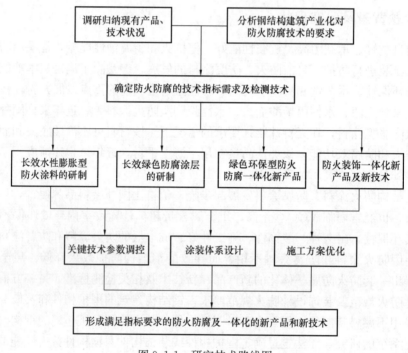

图 9.1-1　研究技术路线图

9.2　钢结构防火新产品及新技术的研究与应用

9.2.1　水性薄型、超薄型钢结构防火涂料研发

在钢结构表面涂刷防火涂料是目前钢结构防火保护中的常用方法，水性膨胀型钢结构防火涂料在常温下和其他涂层一样，可起到保护和装饰基材的作用，当涂料遇火时涂层能发生膨胀，形成比原来涂层厚十几倍甚至几十倍的海绵状炭层结构，起到良好的隔热效果，从而延长钢结构的耐火极限。

目前，现有的钢结构防火涂料存在的主要问题是，涂层遇火后发泡倍率过高，一般在六十倍以上，这导致炭层的内聚强度较差，炭层较为疏松，而实际火场中火焰本身是有冲击力的,这就要求膨胀炭层要具有一定的机械强度。疏松的膨胀炭层对抗火焰和热气流冲击性差,发泡炭层容易从钢结构表面脱落。这会导致防火保护的过早失效,不利于对钢结构建筑物的隔热保护。因此,需要膨胀碳层具有一定机械强度,遇火能够形成低膨胀致密碳层,可以有效应对火焰和热气流的冲击[2]。

本课题研究开发了一种新型的水性膨胀型钢结构防火涂料,并通过提高防火涂料的热稳定性、降低热烧蚀速率,增加与阻燃填料的反应时长,使膨胀发泡炭层更加致密,有效改善炭层火焰冲击易掉落的弊病,从而提高涂料防火性能。

1. 防火涂料配方设计

(1) 原料筛选

水性膨胀型防火涂料配方主要由乳液、TiO_2、聚磷酸铵、三聚氰胺、季戊四醇及相应的助剂和溶剂水等构成。

(2) 乳液制备

乳液选择环氧改性醋叔乳液含有下列原料及其按重量份计的含量:E-20 环氧树脂 1%~5%,乳化剂 0.1%~0.6%,助溶剂 5%~10%,醋叔乳液 80%~90%。所用环氧树脂为双酚 A 型环氧树脂 E-20,反应型含环氧基团的乳化剂为法国先创牌号 ES100 的乳化剂,助溶剂由丙二醇乙醚、丙二醇甲醚、乙二醇乙醚和乙二醇丁醚的一种或几种组成,试验原料见表 9.2-1。

环氧改性醋叔乳液的制备过程如下:

按量将事先破碎好的环氧树脂 E-20、乳化剂 ES100、助溶剂丙二醇乙醚、丙二醇甲醚、乙二醇乙醚和乙二醇丁醚的一种或几种的组合加入带有搅拌器、冷凝管的反应釜中。90℃加热固相熔融后降温至 60℃,保温并在高剪切力作用下滴加醋叔乳液,至黏度突变后保持搅拌 0.5h,最后加入剩余量醋叔乳液,即得到环氧改性醋叔乳液。

试验组分及原料名称 表 9.2-1

组分名称	原料名称
乳液分散剂	环氧改性醋叔乳液
分散剂	六偏磷酸钠
	112D
	BYK-190
	731A
增稠剂	膨润土
	R-430
	TT935
	RM2020
	RM-8W
成膜助剂	十二酯醇
	丙二醇
	二乙二醇丁醚
	苯甲醇

(3) 助剂的确定

作为膨胀型钢结构防火涂料，通常都含有膨胀催化剂、成炭剂、发泡剂这三个部分，这三种组分组成一个协同体系。但水性膨胀型钢结构防火涂料的储存稳定性等基本性能也是首先需要解决的问题。助剂的选择和搭配无疑是解决涂料稳定性的关键手段，以下是在"开罐效果"、储存稳定性等方面所做的探索。

通过预实验，首先拟定了基料的种类和阻燃体系在配方中占比及三者间比例关系，然后以储存稳定性为考察主线，具体考察不同助剂在涂料配制过程中产生凝聚物的程度、对涂料黏度调节效应、涂料的流动性、涂料贮存后的黏度变化情况、分水情况、结块（或破乳）状况等。采用分级方法进行评定。共分为3级，其中1级为最好，3级为最差。

1) 增稠剂

水性防火涂料可以理解为阻燃体系和颜料二氧化钛的水分散体系和聚合物乳液的混合物，为了使所制备的涂料具备所需的各项性能如施工性、稳定性等，就必须对水相进行增稠，使其达到一定的黏度。目前常用的增稠剂有纤维素醚及其衍生物类增稠剂、缔合型碱溶胀增稠剂（HASE）和聚氨酯增稠剂（HEUR）。根据实验条件选用了4种不同类型的增稠剂进行试验，以其获得最佳的稳定体系。试验结果见表9.2-2。

增稠剂对涂料稳定性的影响　　　　表9.2-2

名称	类型	涂料储存后状态		
		分水情况	结块情况	流动性
R-430	HASE	3	3	3
TT935	HASE	3	2	3
RM-2020	HEUR	1	1	1
RM-8W	HEUR	2	1	1

由表9.2-2可见，选用HASE型增稠剂，虽然其增稠效率高，能够有效提高涂料的黏度，但涂料储存后流动性变差，同时往往伴随有分水、结块现象；HEUR类增稠剂对体系的黏度调节效果较好，储存后涂料不易分水，也无结块、破乳情况，流动性优；各种HEUR在对黏度调节的效果上各有不同，可以互相搭配从而控制体系黏度大小，达到最理想的稳定效果。

2) 分散剂

在乳胶防火涂料的制备中，为了确保产品的防火性能往往需要较高的颜基比，而颜填料不易被水润湿，易产生粉团，且作为黏结剂的乳液不能在浆料的制备中作为展色剂。因此，为了解决阻燃填料和颜料的分散必须使用分散剂。在水性介质中颜填料的分散过程包含润湿、分离和稳定化三个相互协同的过程，因此分散剂的优劣情况常以其对颜填料的润湿作用、分散作用和稳定化作用来综合评价。

试验中选用了六偏磷酸钠（10%水溶液）、112D、731A、BYK-190四种分散剂进行对比试验，以分散剂对颜填料的润湿情况、对涂料的贮存稳定性状况和调节效应来进行评级。将原来的3级分为5级，1级为最好，5级为最差。试验结果见表9.2-3。

由表9.2-3可知，在相同配方的条件下，731A对体系的黏度调节效应好，涂料表现出优异的贮存稳定性；BYK-190和112D对体系的黏度调节效应差，体系黏度低，贮存后涂料短期内严重分水，外观差。六偏磷酸钠表现出较好的各项性能。

分散剂对涂料稳定性的影响　　　　　　　　　　　　　　表 9.2-3

项目	分散剂			
	六偏磷酸钠	112D	731A	BYK-190
组成	(NaPO3)6	聚丙烯酸铵盐	聚丙烯酸钠盐	高分子量嵌段共聚物乳液
对颜填料润湿分散情况	4	2	3	1
对黏度调节效应	2	4	1	5
涂料贮存稳定性	2	5	1	5

（4）成膜助剂

制备的防火涂料所使用的基料为环氧改性醋叔乳液。一种理想的成膜助剂必须是一种在水中的溶解度小、能为乳胶粒吸附、具有适宜的挥发速率、与乳胶粒子有较好的相容性的强溶剂。基于上述原则，结合实验室条件，课题组选用被认为具有最佳成膜效果的十二酯醇搭配 1-丙二醇和 2-丙二醇进行试验。试验结果表明：加入成膜助剂速度过快易导致体系中凝聚物产生，如果加入方式变为逐滴滴入，体系中不产生凝聚物、对涂料黏度有一定的增稠效应、与体系的相容性好。

（5）配方的确定

在确定了基料，阻燃材料和助剂的基础上，以涂层发泡膨胀倍率和炭层强度为考察指标，通过多次正交实验优化确定了膨胀型防火涂料的最佳配方，如表 9.2-4 所示。

水性膨胀型钢结构防火涂料配方　　　　　　　　　　　　表 9.2-4

物质名称	质量份	物质名称	质量份
环氧改性醋叔乳液	30	P-10	0.3
聚磷酸铵	17.8	RM-2020	2
三聚氰胺	10.7	RM-8W	1
季戊四醇	7.2	1-丙二醇，2-丙二醇	2
钛白粉	5	十二酯醇	2
氯化石蜡-52	2	BYK-034	0.6
六偏磷酸钠	1	去离子水	18.4

2. 防火涂料的制备

本试验以聚磷酸铵、季戊四醇和三聚氰胺作为防火涂料填料，以环氧改性醋叔乳液为基料，氯化石蜡为增塑剂，辅以颜料 TiO_2，并添加相应的助剂和溶剂水来配制防火涂料。防火涂料配制过程如图 9.2-1 所示。

3. 防火涂料的性能

（1）膨胀发泡性能

1）试样制备

试验采用上海现代 SFJ-400 砂磨、分散、搅拌多用机，样板制备参照《钢结构防火涂料》GB 14907—2018[3]，将自制防火涂料涂覆在 120mm×210mm×3mm 配套了兰陵牌 H53-6 环氧云铁防锈底漆的钢板上，并将涂刷好防火涂料的钢板水平放置自然晾干，每隔

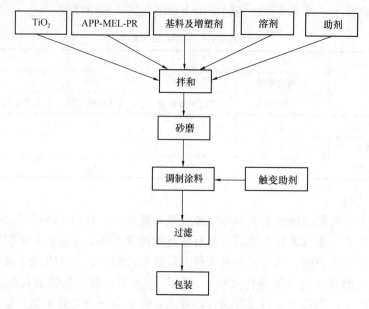

图 9.2-1 防火涂料配制流程图

12h 再次涂刷一遍防火涂料，直至涂层厚度达到 2 ± 0.2mm。涂刷厚度满足要求后在室温下养护 60d，待养护期满放置于实验室自制测试装置上进行防火性能测试，用红外线测温仪测量钢板背面温度。

2) 试验仪器

热重分析（TG）：利用 TGA Q50 对干燥后涂层进行热分析，温度范围 50~950℃，升温速率 10℃/min，N_2 氛围，样品质量 10mg 左右。

数码相机成像分析：采用 SONY 数码相机拍摄燃烧测试的炭层表面及剖面图片。

3) 试验结果

在自制的测试装置上对涂层防火性能进行了测试，火焰源为丁烷气，受火过程中钢板背面温度用红外测温仪测得并实时记录。图 9.2-2 为涂层受火 1h 后涂料发泡情况，其中图 9.2-2（a）为炭层整体情况，图 9.2-2（b）为炭层剖面图；图 9.2-3 为钢板背温与时间关系曲线。

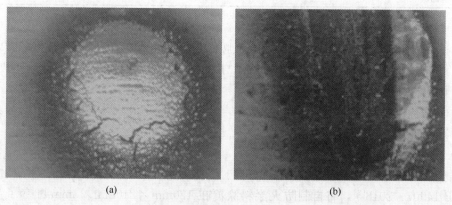

图 9.2-2 水性膨胀型钢结构防火涂料受火测试后炭层情况

从图 9.2-2（a）中可以看出，自制水性膨胀型钢结构防火涂料炭层表现出较好的丰满度，从图 9.2-2（b）炭层剖面中可以看到炭层较致密，受火 1h 后炭层上半部分已氧化为白色无机物，下半部分仍为黑色有效炭层。

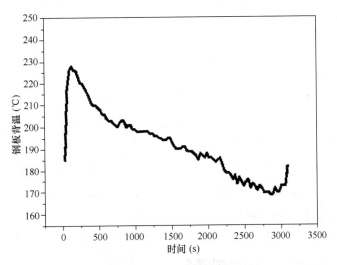

图 9.2-3 水性膨胀型钢结构防火涂料钢板背温与时间关系

从图 9.2-3 可以看到，钢板背面温度在整个耐火试验中呈现先升后降然后再上升的趋势。这个过程对应了炭层的逐渐形成和缓慢氧化过程，同时也是防火涂层由形成到逐渐失效的过程。

（2）理化性能

按表 9.2-4 配方所制备的涂料，其理化性能见表 9.2-5。

涂料理化性能　　表 9.2-5

项目	性能
浆料外观	白色黏稠状液体
在容器中状态	无硬块，搅拌后呈均匀状态、外观丰满
涂抹外观	平整、光滑、无刷痕
表干时间（h）	≤1
施工性	刷涂多道无障碍
流平性	基本无刷痕
涂抹手感	平滑
储存 30d 后分层情况及耐水性	不分层，24h 不鼓泡，不脱落
触变值	1.8

4. 型式检验结果

委托国家防火建筑材料质量监督检验中心，对研发的水性膨胀型钢结构防火涂料进行了型式检验，结果见表 9.2-6。涂层厚度 2.4mm 时，耐火极限达到 93min，表明该涂料具有良好的耐火性能。

防火涂料型式检验结果   表 9.2-6

检验项目	标准要求	检验结果	结论
耐火性能	耐火性能试验时间 1.5h；试件的最大弯曲变形量不应超过 $L_{02}/400h$（mm），L_0 为试件的计算跨度，h 为试件截面上的抗压点与抗拉点之间的距离；试件的平均温度≤538℃	涂层厚度 2.4mm；耐火性能试验时间进行至 94min 时，试件的最大弯曲变形量 33.9mm；试件的平均温度 543℃	耐火极限 93min
粘结强度	≥0.15 MPa	0.31 MPa	合格
耐水性	24h 试验后，涂层应无起层、发泡、脱落现象，且隔热效率衰减量≤35%	24h 试验后，涂层无起层、发泡、脱落现象，且隔热效率衰减量为 20%	合格
耐冷热循环性	15 次试验后，涂层应无开裂、脱落、起泡现象，且隔热效率衰减量≤35%	15 次试验后，涂层无开裂、脱落、起泡现象，隔热效率衰减量为 35%	合格

5. 防火涂料保护层热阻试验

采用中型耐火试验炉（图 9.2-4）对研发的膨胀型防火涂料进行可保护层热阻测试[4]。

图 9.2-4 中型构件耐火试验炉

（1）试件

试件形式：270mm×200mm×16mm 的钢板，详细尺寸及测点布置见图 9.2-5。

（2）试验方法与试验条件

试验装置、试验程序等应符合下列规定：

1）升温条件、压力条件、实验室室内空气条件等试验条件应符合《建筑构件耐火试验方法 第 1 部分：通用要求》GB/T 9978.1—2008[5] 的规定，试件为四面受火，且试件与炉壁（不包括附属凸状物）的净空不小于 200mm；

2）试件内部温度（钢板温度）由热电偶测量。一个试件选取 4 个内部温度测点，测点位于试件中央位置，呈对称布置，如图 9.2-5 所示；

3）试验过程中按《建筑构件耐火试验方法 第 1 部分：通用要求》GB/T 9978.1—2008 规定记录炉内温度、试件温度以及试验现象；

4）在试验过程中，达到下列条件之一时，试验结束：试件平均温度达到 540℃。

钢结构防火涂料应根据试验结果计算热阻：

1）计算每个试件内部各测点的平均温度；

2）按式（9.2-1）计算等效热阻；

$$R_\mathrm{i} = \frac{5 \times 10^{-5}}{\left(\dfrac{T_s - T_{s0}}{t_0} + 0.2\right)^2 - 0.044} \cdot \frac{F_\mathrm{i}}{V} \qquad (9.2\text{-}1)$$

式中 R_i——防火保护层的等效热阻（m²·℃/W），该值对应于该防火保护层厚度 d_i；

d_i——防火保护层的厚度(m);

F_i/V——有防火保护钢试件的截面形状系数(m^{-1});

T_{s0}——试验开始时钢试件的温度,可取20℃;

T_s——钢试件的平均温度(℃),取540℃;

t_0——钢试件的平均温度达到540℃的时间(s)。

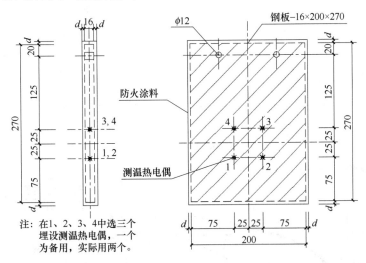

图9.2-5 试件尺寸及测点布置

3)试验现象及结果

火灾升温持续一段程度后,防火涂料开始发生化学反应,呈现"发泡"现象。构件温度达到200~300℃时,防火涂料膨胀基本完全,构件温度上升速度降低。

表9.2-7、图9.2-6给出了各个试件防火涂层的热阻测试结果。

等效热阻试验结果 表9.2-7

试件编号	试件类型	设计耐火极限(h)	实测涂层厚度(mm)	时间(min)	截面形状系数F_i/V(m^{-1})	热阻($m^2·K/W$)
P0.5-1	—16×200×270	0.5	0.32	25	142.4	0.028
P0.5-2	—16×200×270	0.5	0.33	26	142.4	0.029
P1.0-1	—16×200×270	1.0	0.76	31	142.4	0.038
P1.0-2	—16×200×270	1.0	0.76	35	142.4	0.045
P1.0-3	—16×200×270	1.0	0.71	34	142.4	0.044
P1.0-4	—16×200×270	1.0	0.71	35	142.4	0.046
P1.0-5	—16×200×270	1.0	0.76	34	142.4	0.043
P1.0-6	—16×200×270	1.0	0.82	36	142.4	0.048
P1.5-1	—16×200×270	1.5	2.25	42	142.4	0.059
P1.5-2	—16×200×270	1.5	2.25	50	142.4	0.075
P1.5-3	—16×200×270	1.5	2.25	34	142.4	0.044
P1.5-4	—16×200×270	1.5	2.81	44	142.4	0.064
P1.5-5	—16×200×270	1.5	2.73	54	142.4	0.082
P1.5-6	—16×200×270	1.5	3.11	53	142.4	0.080

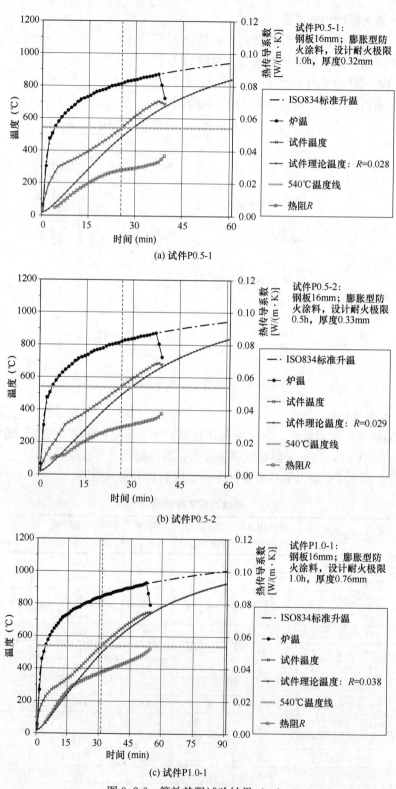

图 9.2-6 等效热阻试验结果（一）

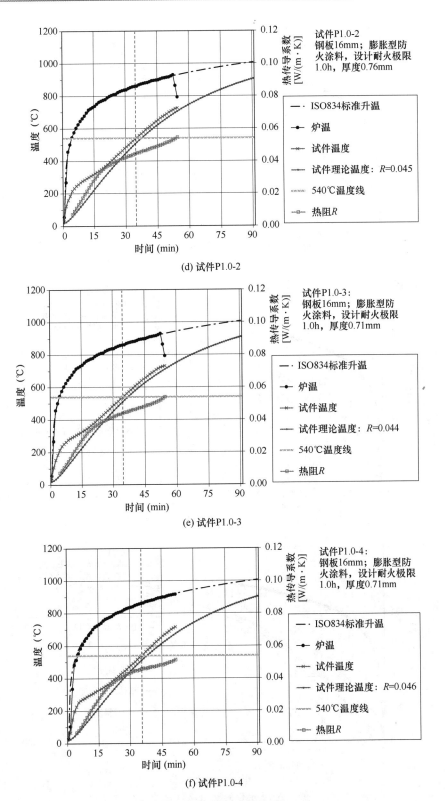

图 9.2-6 等效热阻试验结果（二）

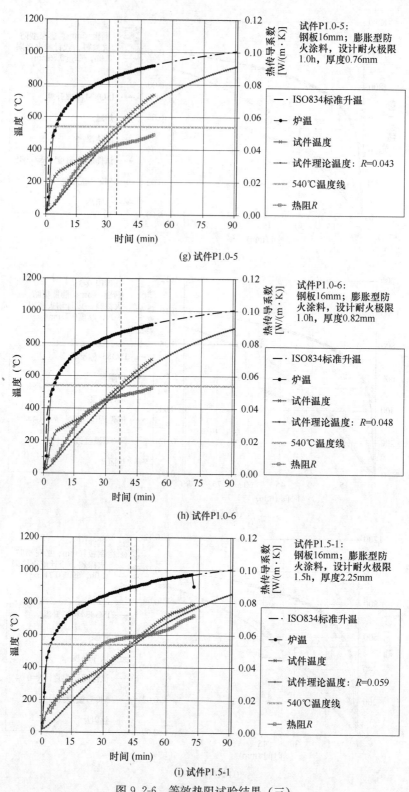

(g) 试件P1.0-5

(h) 试件P1.0-6

(i) 试件P1.5-1

图 9.2-6　等效热阻试验结果（三）

第9章 建筑钢结构防火防腐装饰一体化防护新技术与产品

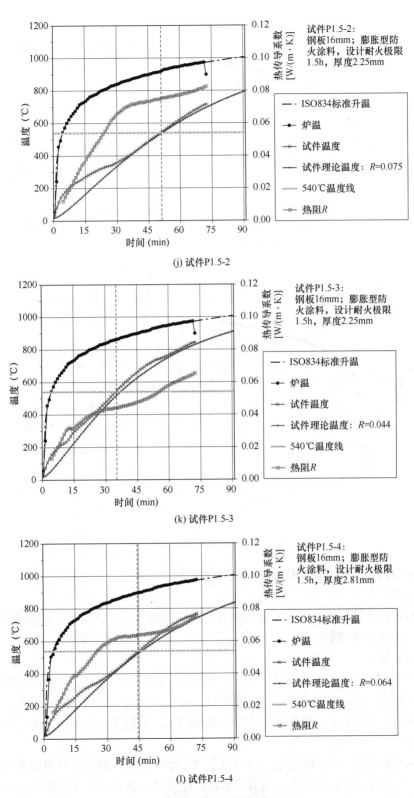

(j) 试件P1.5-2

(k) 试件P1.5-3

(l) 试件P1.5-4

图 9.2-6 等效热阻试验结果（四）

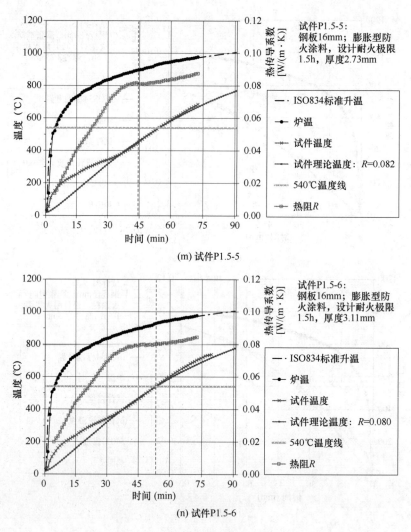

图 9.2-6　等效热阻试验结果（五）

6. 水性薄型、超薄型钢结构防火涂料施工工艺

（1）施工准备

1）材料：防火涂料产品开通后经搅拌应呈均匀细腻状态，无沉淀、结块现象。

2）机具：电动搅拌器、无气喷涂机、羊毛刷、滚筒、测厚仪等。

3）基材处理：

预涂装钢结构防火涂料在施工前需对钢结构做除锈、防锈处理，可以采用打磨、喷砂等方法除去铁锈。铁锈是松散物质，往往截留了湿气和氧气，锈蚀产物还经常含有可溶性盐。硫酸铁、氯化亚铁等可溶性盐不仅直接破坏涂层，引起渗压起泡、附着力差等，它还是一种催化剂，会加剧腐蚀。

施工前还需将基材表面的灰尘、油污等清理干净，底材有油污就易引起缩孔、附着力差等问题。大量的油污先要刮去，而后用溶剂（脂肪烃或松香水）反复多次擦洗，直至油污被彻底清洗干净。

环境温度较低、天气潮湿,基材表面已经结露时,需用干净的毛巾将结露擦除,并等基材干燥后才能施工防火涂料。

(2) 防火涂料施工

1) 钢结构表面涂刷环氧类防锈漆,或在已涂防锈漆的表面去除油污、灰尘。

2) 施工前将涂料充分搅拌均匀。

3) 防火涂料分道涂装,可刷涂、辊涂和喷涂。第一道涂装干膜厚度不超过 $300\mu m$,以后每道涂装干膜厚度 $300\sim400\mu m$,涂装间隔建议 24h($23\pm2℃$),具体视温度情况而定。

4) 最佳施工环境条件:温度 5~40℃,相对湿度≤85%。

5) 可根据需要涂装配套的面漆。

9.2.2 高粘结强度的水性环氧钢结构防火涂料的研究

本课题的主要任务之一是研制既有防火功能又有防腐功能的一体化防火涂料,且可以应用于装配式建筑钢结构,而目前市面上的防火涂料主要存在以下问题:

(1) 粘结强度太低。现行国家标准《钢结构防火涂料》GB 14907—2018 的技术要求是非膨胀型粘结强度≥0.04MPa,膨胀型粘结强度≥0.15MPa,但目前市面上的非膨胀型粘结强度值约为 0.04~0.1MPa,膨胀型粘结强度约为 0.15~0.4MPa,涂装于构件后,运输途中,极易损坏,不适合于钢结构装配式建筑;

(2) 由于主要材料如聚磷酸铵、季戊四醇随着温度升高,溶解度增加,使得防火涂料的物理性能及防火性能存在衰减,耐候性及耐久性较差。

为此,课题开展了水性高粘结强度的水性环氧钢结构防火涂料的研究。

1. 试验材料及涂料制备

课题组根据既有经验,给出了防火涂料的主料配方和辅料配方,见表 9.2-8,其中,丙二醇甲醚(PM)是环氧树脂 OER-95 的稀释剂,固化剂为 751 型胺类材料。由于树脂中含有大量的环氧基、醚键结构、因此树脂可以对阻燃组分有优良的相容性,同时具有良好的附着力。

主料配比(质量比) 表 9.2-8

序号	原料	基础配方(质量比)
1	环氧树脂 OER-95	28
2	丙二醇甲醚(PM)	2.9
3	MEL(三聚氰胺)	12~16
4	PER(季戊四醇)	7~11
5	APP(聚磷酸铵)	20~26
7	钛白粉	6
8	羟丙基甲基纤维素 75000	1.1
9	去离子水	14~25

称量各组分材料,依次加入已称量的材料于分散机内,转速控制在 1500r/min,搅拌 10min。

辅料配比及制备方面，按表9.2-9称量各组分材料，依次加入已称量的材料于分散机内，转速控制在1000r/min，搅拌10min。

辅料配比（质量比） 表9.2-9

序号	原料	基础配方（质量比）
1	醇酯十二	11
2	乙二醇	8
3	AMP-95	0.8
4	杀菌剂	1.1
5	消泡剂NXZ	1.0

按主料：辅料＝100∶4.5（质量比）的比例，将辅料及主料加入三辊机中，检查防火涂料细度，当细度<60μm，停止研磨，即成防火涂料。

2. 试样制备及性能测试

（1）试样制备

将钢板400mm × 400mm ×1.2mm的钢板用砂纸除锈后，晾干备用，按涂料：固化剂＝100∶（8.5～12.5）（质量比）的比例称取涂料及固化剂（固化剂冬季用量比夏季稍多），将涂料及固化剂充分搅拌后刷涂在钢板上，待表干后重复涂刷，每次涂刷的厚度不超过0.2mm，直至涂层厚度达到规定的厚度为止，在35℃的空调房中养护15d以上，即制得防火涂层测试样。

（2）性能测试方法

为了比较各样品的技术性能，前期的配方筛选时，涂层厚度控制在1.0 ± 0.2（mm），升温曲线均采用《建筑构件耐火试验办法 第1部分：通用要求》GB/T 9978.1—2008规定的标准升温曲线。

1）耐火极限的测定：前期试验时，仅升温30min，比较钢板背面温度以评价其防火性能。正式试验时，按《钢结构防火涂料》GB 14907—2018中第6.5条、第6.6条进行。

2）膨胀倍率：测试防火涂料在高温下的膨胀倍数。

3）粘结强度测试：按《钢结构防火涂料》GB 14907—2018第6.4.4条进行。

4）耐水性测试：按《钢结构防火涂料》GB 14907—2018第6.4.9条进行。

3. 正交试验法确定膨胀体系的配比

本课题采用了三聚氰胺-季戊四醇-聚磷酸胺体系，各膨胀体系的含量与防火涂层的耐火性能关系密切，为此开展了膨胀体系配比优化的试验。

为简化试验，设定环氧树脂、钛白粉、羟丙基甲基纤维素及辅料配比不变，仅仅考虑三聚氰胺、季戊四醇及聚磷酸胺量的变化。

由于去离子水在涂层的干燥过程中会蒸发其含量的大部分，水的加入量对防火涂料影响不大，为了使样品的数量统一，主料和辅料混合后，让水的添加量使得各组分的总量为100份。试件的正交设计因素水平表见表9.2-10。

试验数据及数据分析如下：

涂层厚度1.0 ± 0.2mm，试验按正交试验表（表9.2-11）开展，主要考察涂层的膨胀高度、钢板背面温度及膨胀层的密实度，因此，仅升温30min。主要试验结果见表9.2-12和表9.2-13。

因素水平表　　　　　　　　　　　　　　　　　　　表 9.2-10

因素	A（聚磷酸铵）	B（三聚氰胺）	C（季戊四醇）
1	A1（20）	B1（12）	C1（7）
2	A2（24）	B2（14）	C2（9）
3	A3（26）	B3（16）	C3（11）

正交试验表　　　　　　　　　　　　　　　　　　　表 9.2-11

试验序号	A	B	C	膨胀高度	30min 背面温度	发泡层是否脱落及密实度
1	A1(20)	B1(12)	C1(7)	28.8	286.5	未脱落 密实度中
2	A1(20)	B2(14)	C2(9)	31.6	274.2	未脱落 密实度好
3	A1(20)	B3(16)	C3(11)	27.0	295.8	部分脱落 密实度中
4	A2(24)	B1(12)	C2(9)	20.2	301.8	部分脱落 密实度较好
5	A2(24)	B2(14)	C3(11)	27.5	276.0	未脱落 密实度好
6	A2(24)	B3(16)	C1(7)	23.1	281.6	未脱落 密实度中
7	A3(26)	B1(12)	C3(11)	26.0	291.4	部分脱落 密实度差
8	A3(26)	B2(14)	C1(7)	21.8	305.1	脱落严重 密实度差
9	A3(26)	B3(16)	C2(9)	20.2	310.2	脱落严重 密实度差

30min 后背火面温度结果分析　　　　　　　　　　　　表 9.2-12

试验序号	A	B	C	30min 背面温度（℃）
1	A1(20)	B1(12)	C1(7)	286.5
2	A1(20)	B2(14)	C2(9)	274.2
3	A1(20)	B3(16)	C3(11)	295.8
4	A2(24)	B1(12)	C2(9)	301.8
5	A2(24)	B2(14)	C3(11)	276.0
6	A2(24)	B3(16)	C1(7)	281.6
7	A3(26)	B1(12)	C3(11)	291.4
8	A3(26)	B2(14)	C1(7)	305.1
9	A3(26)	B3(16)	C2(9)	310.2
K1/k1	856.5/285.5	879.7/293.2	873.2/291.1	
K2/k2	859.4/286.5	855.3/285.1	886.2/295.4	
K3/k3	906.7/302.2	887.6/295.9	863.2/287.7	
R	16.7	10.8	7.7	

膨胀高度结果分析　　　　　　　　　表 9.2-13

试验序号	A	B	C	膨胀高度(mm)
1	A1(20)	B1(12)	C1(7)	28.8
2	A1(20)	B2(14)	C2(9)	31.9
3	A1(20)	B3(16)	C3(11)	27.0
4	A2(24)	B1(12)	C2(9)	20.5
5	A2(24)	B2(14)	C3(11)	27.5
6	A2(24)	B3(16)	C1(7)	23.1
7	A3(26)	B1(12)	C3(11)	26.0
8	A3(26)	B2(14)	C1(7)	21.8
9	A3(26)	B3(16)	C2(9)	20.2
K1/k1	87.7/29.2	75.3/25.1	73.7/24.6	
K2/k2	71.1/23.7	81.2/27.1	72.6/24.2	
K3/k3	68.0/22.7	70.3/23.4	80.5/26.8	
R	6.5	3.7	2.6	

表 9.2-12 及表 9.2-13 数据均表明，聚磷酸铵对材料的耐火性能和膨胀高度影响最大，三聚氰胺次子，季戊四醇影响最小。

背火面温度越低，说明涂料的耐火性能越好，即 k 值越小，效果越好，表 9.2-12 的数据表明，聚磷酸铵对材料的耐火性能影响最大，三聚氰胺次子，季戊四醇影响最小，且较优的组合为 A1B2C3。一般而言，膨胀高度越大，耐火性能越好，表 9.2-13 的数据表明，聚磷酸铵对材料的膨胀高度影响最大，三聚氰胺次之，季戊四醇影响最小，且较优的组合也是 A1B2C3。因此，发泡膨胀材料聚磷酸胺、三聚氰胺及季戊四醇质量比确定为 20∶14∶11。表 9.2-11 表明 A1B2C2 组合发泡层未脱落且密实度好。

4. 涂料基础配方及耐火性能测试

(1)基础配方

根据上述数据，确定了涂料的基础配方，基础配方的主料配方(质量比)为：环氧树脂 OER-95 28.0、丙二醇甲醚(PM)2.9、三聚氰胺 14、季戊四醇 11、聚磷酸铵 20、钛白粉 6、羟丙基甲基纤维素 1.1、去离子水 17。辅料配方为醇酯十二 11、乙二醇 8、AMP-95 0.8、杀菌剂 1.1、消泡剂 NXZ 1.0。主辅料配比为主料∶辅料＝100∶4.5。

(2)基础配方的耐火性能测试

将上述配方制得的防火涂料涂刷在 1.2m 长的 I36 热轧工字钢钢梁上，每次涂刷厚度不超过 0.2mm，涂层总厚度为 5.0mm，养护 40d 后，在微型试验炉中，按碳氢(HC)标准升温曲线升温，测定其耐火性能，其耐火极限可以达到 1.93h(116min)。在化工钢结构领域，设计的耐火时间多为 2.0h，必须对相关材料进行改性试验，以提高其性能。

5. APP 包覆对材料防火涂料性能影响

(1)APP 包覆及不同温度下的溶解度

采用水性环氧树脂乳液 EP386W/52WA 作为 APP 的包覆材料，三乙烯四胺为固化剂，环氧树脂及固化剂均为 Allnex 产品，固化剂含量控制在树脂的 15％。按表 9.2-14 称取环氧树脂、聚磷酸铵及固化剂。

包覆反应在夹层反应釜内进行,开启搅拌机和冷却水,将温度控制在 40℃,转速控制在 800r/min,30min 后,将温度升至 70℃,转速控制在 1000r/min,反应 180min。

包覆量试验　　　　　　　　　　　　　　表 9.2-14

序号	环氧 EP386W/52WA	APP	三乙烯 四胺	30℃ 溶解度	50℃ 溶解度	70℃ 溶解度
1	100	0	0	0.63	3.86	10.3
2	100	6	15	0.311	2.53	4.08
3	100	8	15	0.234	1.45	3.91
4	100	10	15	0.188	1.32	3.70
5	100	14	15	0.132	1.26	3.55
6	100	16	15	0.130	1.24	3.55
7	100	18	15	1.128	1.23	3.49
8	100	20	15	0.128	1.23	3.50

取出样品,按样品:自来水=1:2的比例,清洗样品 3 次,再按样品:去离子水=1:2的比例冲洗样品两次,将冲洗过的样品放入 100℃的烘房中干燥 24h。自然环境中的钢结构,环境温度一般不会超过 70℃,为确定 APP 在自然环境下的析出情况,本课题测试了各温度下的溶解度,试验表明,环氧树脂:APP:三乙烯四胺=100:14:15 时,包覆效果较好,在 30℃、50℃、70℃时,溶解度分别降低了 79%、67.3%、65.6%。

(2) 使用包覆 APP 的涂料耐火性能测试

用包覆的 APP 替代未包覆的 APP,在微型试验炉中测定涂料的耐火极限,同样的涂层厚度,耐火极限达到了 2.08h(125min),增长了(2.15-1.93)/1.93=11.4%。包覆 APP 不仅对涂层耐火性能有影响,由于减少了 APP 的析出,对涂层的耐久性,必将产生正面影响。

由于涂料的检验存在着一定的误差,2.08h 的耐火极限并不保证每次检测都能达到 2.0h,为了增加涂层的耐火极限,可以采取增加涂层厚度的办法,但涂层厚度增加,增加了涂料的用量、成本及涂刷次数,必须采取其他措施,提高涂层耐火极限。

6. 羧基化多壁碳纳米管对防火涂料性能的影响

羧基化多壁碳纳米管(简称碳纳米管)可以改善防火涂料的耐火性能和理化性能,为此,加入了羧基化多壁碳纳米管,测试涂层的粘结性能和耐火性能。

羧基化多壁碳纳米管对涂层性能的影响(质量比)　　表 9.2-15

序号	主料	辅料	主辅料配比	751 固化剂	碳纳米管	耐火性能 (h)	粘结性能 (MPa)
1	100	4.5	主料:辅料 =100:4.5	9	0	2.15	1.35
2					0.2	2.22	1.39
3					0.4	2.25	1.41
4					0.6	2.31	1.45
5					0.8	2.37	1.45
6					1.0	2.41	1.47

由表 9.2-15 可见，碳纳米管的加入，可显著提高涂层粘结强度和耐火性能，当添加量达到 0.6 以上时，无论是耐火性能还是粘结性能，提高的幅度均不大。当添加量为 0.6 时，与未添加比较，涂层的粘结强度增加了 7.4% 以上，涂层的耐火极限提高 7.5% 以上，考虑到碳纳米管的价格因素，羧基化多壁碳纳米管的加入料以主料：碳纳米管＝100：0.6 为宜。

7. 防火涂料性能指标及附加耐水试验

（1）性能指标

课题组将按课题研究配方生产的 800kg 的防火涂料相关产品，送至国家防火建筑材料质量监督检验中心按《钢结构防火涂料》GB 14907—2018 规定进行室外防火涂料检测，升温曲线为 HC 曲线，当涂层厚度为 5.4mm 时，耐火时间达到 2.00h（表 9.2-16）。

防火涂料性能指标　　　　表 9.2-16

序号	检验项目	标准要求	检验结果	结论
1	耐火性能	$F_t 2.00 \geqslant 2.00$：试件的最大弯曲变形量不应超过 $L_0^2/400h$（mm），L_0 为试件的计算跨度，h 为试件截面上抗压点与抗拉点之间的距离；试件的平均温度≤538℃	涂层厚度 5.4mm（含防锈厚度 0.07mm）；耐火性能试验时间 2.00h；试件最大弯曲变形量 49.6mm；试件平均温度 497℃	$F_t 2.00$ 合格
2	在容器中的状态	经搅拌后呈均匀细腻状态或稠厚流体状态，无结块	—	—
3	干燥时间（表干）(h)	≤12	—	—
4	初期干燥抗裂性	不应出现裂纹	—	—
5	粘结强度（MPa）	≥0.15	1.45	合格
6	pH 值	≥7	—	—
7	耐爆热性	720h 试验后，涂层应无起层、脱落、空鼓、开裂现象，且隔热效率衰减量应≤35%	720h，符合要求，无衰减	合格
8	耐湿热性	504h 试验后，涂层应无起层、脱落现象，且隔热效率衰减量应≤35%	504h，符合要求，无衰减	合格
9	耐冻融循环性	15 次试验后应无开裂、脱落、气泡现象，且隔热效率衰减量应≤35%	15 次，符合要求，无衰减	合格
10	耐酸性	360h 试验后，涂层应无起层、脱落、开裂现象，且隔热效率衰减量应≤35%	360h，符合要求，无衰减	合格
11	耐碱性	360h 试验后，涂层应无起层、脱落、开裂现象，且隔热效率衰减量应≤35%	360h，符合要求，无衰减	合格
12	耐盐雾腐蚀性	30 次试验后，涂层应无起泡、明显的质变、软化现象，且隔热效率衰减量应≤35%	30 次，符合要求，衰减量 27%	合格
13	耐紫外线辐照性	60 次试验后，涂层应无起层、开裂、粉化现象，且隔热效率衰减量应≤35%	60 次，符合要求，衰减量 21%	合格

(2) 附加耐水试验

将课题研发的涂料在水中浸泡1d、30d、60d、90d后，观察涂层是否空鼓，并按《钢结构防火涂料》GB 14907—2018 第6.4.4条测定涂层粘结强度，试验表明，涂层在浸水90d，粘结强度基本无变化，浸水90d，粘结强度仅仅降低了2.7%，试验结果见表9.2-17。

附加耐水试验结果　　　　　　　　　　表 9.2-17

序号	浸水时间（d）	是否起层、空鼓、脱落	粘结强度（MPa）
1	0	—	1.45
2	1	无	1.44
3	30	无	1.42
4	60	无	1.42
5	90	无	1.41

9.3 钢结构25年长效防腐体系研究

众所周知在钢结构表面涂刷防护涂层是目前钢结构防腐的主要措施之一，但是在一定条件下或者使用一段时间后，由于受外界环境的影响，涂层自身的完整性、微结构、与底层的黏附力等都会发生变化，从而使防腐涂层对钢结构的保护作用下降。因此，防腐涂层的耐久性能越来越受到关注。

本课题以通过强屏蔽中间漆和长效防腐底漆的叠加防护以及面漆的长耐久性实现建筑钢结构25年长效防腐为目标进行研究。

9.3.1 既有钢结构建筑防腐涂装信息调研

本课题对中国不同地区以及海外的10年以上的钢结构涂装进行了调研，总结了它们的涂装体系现状等数据，具体信息如表9.3-1所列。

从表9.3-1中可以看出，调研所搜集的资料涵盖中国华北、华东、华南和西北地区，涉及的工程寿命约为10~30年。其中气候环境特点为：

（1）华北-东北地区：温带大陆性季风气候，四季分明，降水偏少，冬季寒冷干燥，夏季潮湿多雨，空气含盐量低；

（2）华东-华南沿海（工业）环境：热带/亚热带海洋气候，温度高，湿度大，空气中含盐量高，长时间日照和大量的太阳辐射；

（3）西北地区：温带大陆性气候，冬季严寒而干燥，夏季高温，降水稀少，盐碱和风化严重。

中国境内总体调研工程数量为北京6个，天津3个，上海6个，浙江4个，福建1个，广东2个，湖南1个，甘肃1个，其调研情况统计如图9.3-1所示。

所有调研的工程项目在使用一定时间后（10~30年）都是局部有缺陷，例如锈点、剥落、外伤等，但整体结构保护完好，不影响使用。这充分说明钢结构防腐涂装是可以达到25年设计使用寿命，并起到保护钢结构主体的作用。

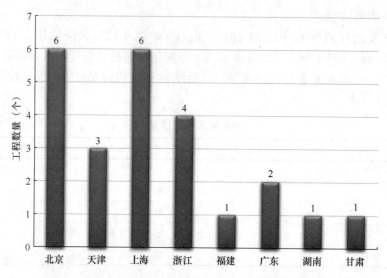

图 9.3-1　钢结构防腐涂装调研情况统计图（中国）

从表 9.3-1 中还可以看出早期（1990 年前）的钢结构防腐涂装中有红丹底漆的使用，但是后期因为环保问题这种防腐底漆逐渐退出市场。含有环氧成分的涂料（环氧富锌底漆、环氧云铁中间漆、环氧底漆等）从 1990 年到现在逐渐占据市场主流，而且逐渐发展出多种类型的防腐涂料。聚氨酯涂料使用历史悠久，目前也有很多改性涂料在应用，而且从调研数据来看，也可以用于钢结构长效防腐。氟碳面漆近几年成为常用的钢结构涂装防腐面漆。

既有钢结构防腐涂装体系调研数据信息表　　　表 9.3-1

醇酸体系	氯化橡胶体系	环氧体系				环氧氯化橡胶体系	环氧聚氨酯体系	无机富锌底漆	丙烯酸聚氨酯	氟碳面漆	竣工时间	地点
		环氧红丹底漆	环氧富锌底漆	环氧云铁	环氧漆							
		埃菲尔铁塔		埃菲尔铁塔			埃菲尔铁塔				1889 年	法国
东京铁塔	东京铁塔			东京铁塔							1958 年	日本
长富宫											1988 年	北京
			京城大厦								1989 年	北京
			东城区少年宫礼堂								1990 年	北京
			上海南浦大桥	上海南浦大桥		上海南浦大桥					1991 年	上海

续表

醇酸体系	氯化橡胶体系	环氧体系				环氧氯化橡胶体系	环氧聚氨酯体系	无机富锌底漆	丙烯酸聚氨酯	氟碳面漆	竣工时间	地点
		环氧红丹底漆	环氧富锌底漆	环氧云铁	环氧漆							
			北京西站								1994年	北京
								首都机场四机位			1994年	北京
			深圳之窗仿埃菲尔铁塔	深圳之窗仿埃菲尔铁塔						深圳之窗仿埃菲尔铁塔	1994年	广东
			东方明珠	东方明珠			东方明珠				1995年	上海
			甘肃金昌某钢结构厂房							甘肃金昌某钢结构厂房	2000年	甘肃
	上海逸仙路高架桥		上海逸仙路高架桥		上海逸仙路高架桥						2000年	上海
			浙江杭州海创基地								2000年	浙江
	井冈山机场航站楼		井冈山机场航站楼		井冈山机场航站楼						2000年	江西
	杭州黄龙体育中心		杭州黄龙体育中心	杭州黄龙体育中心							2000年	浙江
	上海浦东机场行李分拣装置				上海浦东机场行李分拣装置						2001年	上海
			北京金宸公寓	北京金宸公寓							2002年	北京
					天津泰达图书馆		天津泰达图书馆	天津泰达图书馆			2002年	天津

续表

醇酸体系	氯化橡胶体系	环氧体系				环氧氯化橡胶体系	环氧聚氨酯体系	无机富锌底漆	丙烯酸聚氨酯	氟碳面漆	竣工时间	地点
		环氧红丹底漆	环氧富锌底漆	环氧云铁	环氧漆							
					广州新白云机场航站楼			广州新白云机场航站楼			2002年	广东
			天津外滩公园钢结构	天津外滩公园钢结构				天津外滩公园钢结构			2003年	天津
			天津历史博物馆		天津历史博物馆			天津历史博物馆			2003年	天津
				杭州大剧院				杭州大剧院			2004年	浙江
					上海环球金融中心			上海环球金融中心			2008年	上海
		泉州海峡体育中心	泉州海峡体育中心								2008年	福建
		杭州市民中心	杭州市民中心					杭州市民中心			2009年	浙江
		上海世博会演艺中心	上海世博会演艺中心					上海世博会演艺中心			2010年	上海

9.3.2 钢结构长效防腐材料的研究

1. 长效防腐底漆的研制

(1) 水含量、催化剂、不同溶剂体系等因素对基料储存稳定性的影响

图 9.3-2～图 9.3-4 考察了相关因素对基料储存稳定性的影响。其中，横坐标代表的是各个因素的变化，纵坐标代表的是基料在吗啡啉催化下发生凝胶的时间，该凝胶时间的长短反映了基料储存时间的长短，凝胶时间越长，稳定储存的时间也越长。

通过对比可以发现，基料的凝胶时间对基料体系中的水含量最为敏感，水的含量直接决定了基料在生产和储存过程中的水解缩聚情况。水含量过少，会导致基料水解不够充分，影响底漆的成膜性能；水含量过多，有利于底漆的成膜，但会大大减短底漆的储存期。

图 9.3-5 考察了不同溶剂体系对基料储存稳定性的影响。横坐标为基料在 50℃ 烘箱中的储存时间，纵坐标表示了相对应的基料凝胶时间。随着储存时间增长，基料的凝胶时间减短，直至发生凝胶。从图中两条曲线的对比中可以发现，基料中的溶剂选用正丁醇时，凝胶时间要长于"乙醇-正丁醇"复合溶剂体系。

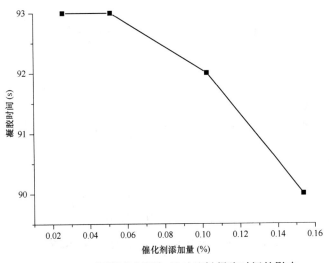

图 9.3-2　不同催化剂添加量对基料凝胶时间的影响

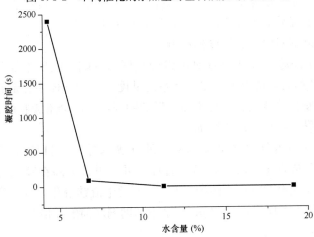

图 9.3-3　不同水含量对基料凝胶时间的影响

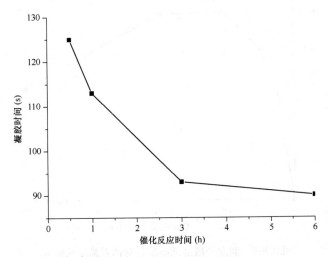

图 9.3-4　不同催化反应时间对基料凝胶时间的影响

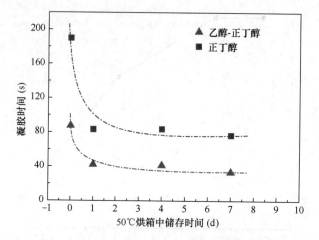

图 9.3-5　不同溶剂体系对基料凝胶时间的影响

通过调整基料体系中的水含量，并选用合适的溶剂体系，可以提高基料的储存稳定性。目前，该产品的保质期由原来的三个月提高至半年。

（2）润湿分散助剂对甲组分黏度的影响

图 9.3-6 考察了润湿分散助剂 S 对甲组分黏度的影响。发现添加少量（0.25wt％～0.5wt％）润湿分散剂时，可以大大提高体系的黏度，有助于体系在储存和输运过程中防止出现沉降或浮色发花的情况。并且添加少量的助剂，并不会给漆膜的其他性能带来任何负面影响，也不会导致明显的成本增加。

试验中发现，在甲组分中添加 0.25wt％的分散助剂 S，可以有效防止体系在储存和输运过程中出现浮色或发花（表 9.3-2）。而且，可以明显提高在喷涂施工过程中的抗流挂性能，单道可以喷涂至 $50\mu m$（干膜厚度）而不发生流挂现象，在分散助剂 S 的添加量为 0.5wt％时，单道干膜厚度可达 $60\mu m$，是添加助剂之前的 2 倍。

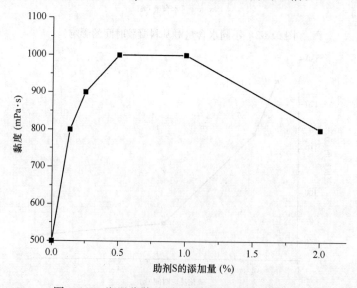

图 9.3-6　润湿分散助剂添加量对体系黏度的影响

助剂 S 添加量对底漆相关性能的影响　　　　　表 9.3-2

S 添加量（%）	黏度/(mPa·s)	混合稳定性	单道喷涂厚度（μm）
0	500	静置后出现浮白	30
0.13	800	静置后出现浮白	
0.25	900	静置后不会浮白	50
0.5	1000	静置后不会浮白	60
1	1000	静置后不会浮白	
2	800	静置后不会浮白	

（3）填料对漆膜性能的影响（表 9.3-3）

填料对漆膜性能的影响　　　　　表 9.3-3

氧化锌	33.87							
滑石粉		16.32						
磷铁粉（样品 1）			39.27					
磷铁粉（样品 2）							39.27	
其他组分合计			262.89					
	刷	喷	刷	喷	刷	喷	刷	喷
表干时间（min）	8	2	12	2	7	2	5	2
7d 硬度	3H+	3H	2H+	H	3H	H+	H	2H
附着力（级）	1	1	1	1	1	1	1	1
柔韧性（mm）	1	1	1	1	1	1	1	1
耐冲击性（cm）	50	50	50	50	50	50	50	50
沉降（h）	1.5		1.5		1.5		0.5	
耐盐雾（d）	17		3		3		3	

从表 9.3-3 中可以看出，氧化锌的适量加入，能够提高硬度，并且能显著提高耐盐雾性能。

（4）硅烷偶联剂的影响

正硅酸乙酯分子式为 $Si(OCH_2CH_3)_4$，带有四个乙氧基，在酸性或碱性条件下都容易与水反应，生成部分水解产物。正硅酸乙酯完全水解、缩聚的反应示意如式（9.3-1）和式（9.3-2）所示。

正硅酸乙酯水解产物在缩聚过程中，会与锌粉反应或与少量的铁反应，生成漆膜如图 9.3-7 所示。无机富锌涂料的涂膜是靠正硅酸乙酯的化学反应而黏附到钢结构基材上的，因此能够提供优异的附着力。

硅烷偶联剂在酸性或碱性条件下遇水会发生水解，如式（9.3-3）所示。在成膜过程中，硅烷偶联剂水解产物与正硅酸乙酯的水解产物之间发生缩聚，生成产物如图 9.3-8 所示。通过这种形式，可以在硅酸锌漆膜中引入烷基侧链。当使用不同的硅烷偶联剂对漆膜进行改性时，比如选择带有不同 R 基的偶联剂，可以改换烷基侧链的柔性或刚性，从而可以对漆膜的性能进行调整和控制。选择合适的偶联剂，可以使漆膜同时获得较好的硬度和柔韧性。

$$C_2H_5O-\underset{\underset{OC_2H_5}{|}}{\overset{\overset{OC_2H_5}{|}}{Si}}-OC_2H_5+4H_2O \longrightarrow HO-\underset{\underset{OH}{|}}{\overset{\overset{OH}{|}}{Si}}-OH+4C_2H_5OH \quad (9.3\text{-}1)$$

$$n HO-\underset{\underset{OH}{|}}{\overset{\overset{OH}{|}}{Si}}-OH \longrightarrow H\left[O-\underset{\underset{OH}{|}}{\overset{\overset{OH}{|}}{Si}}\right]_n OH + n-1 H_2O \quad (9.3\text{-}2)$$

$$MeO-\underset{\underset{OMe}{|}}{\overset{\overset{R}{|}}{Si}}-OMe+3H_2O \longrightarrow HO-\underset{\underset{OH}{|}}{\overset{\overset{R}{|}}{Si}}-OH+3CH_3OH \quad (9.3\text{-}3)$$

图 9.3-7 无机富锌涂膜示意图　　　　图 9.3-8 硅烷偶联剂改性的无机富锌涂膜示意图

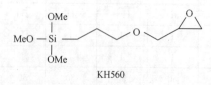

图 9.3-9　KH560 偶联剂的化学式

硅烷偶联剂能够提高低毒溶剂型底漆的施工性能和机械性能，是因为它能改变无机硅氧烷链段的分子结构。偶联剂 KH560 的化学式如图 9.3-9 所示。KH560 的烷基侧链为 γ-缩水甘油醚氧丙基，是一个柔性链。通过在无机富锌涂料中添加不同的硅烷偶联剂，可以在硅氧烷链段中接枝上不同的烷基侧链。这些接枝上去的烷基侧链，一方面可以给无机硅氧烷链段提供一定的柔性，减少了正硅酸乙酯水解产物在缩聚时产生的内应力，因此能改善无机富锌涂料的施工性能，使涂料获得较好的漆膜完整性，以及更高的铅笔硬度；另一方面，与二氧化硅相比，有机烷基链段与钢铁基材之间有更好的相容性，所以在无机硅氧烷链段中引入有机侧链之后，可以明显改善硅氧烷链段与钢结构基材的润湿性，使漆膜能够获得更大的柔韧性和附着力。

由于添加偶联剂 Y4 获得的铅笔硬度更高，而且相比 KH560，偶联剂 Y4 的成本要低很多，所以在实际生产中选用 Y4 为偶联剂，并根据正硅酸乙酯的添加量来调节硅烷偶联剂的用量。

上述研究表明：①调节水含量，并选用合适的溶剂体系，可以提高基料的储存稳定性；②添加适当量的润湿分散助剂可提高体系黏度，提高抗流挂性和抗浮花性；③氧化锌的适量加入，能够提高硬度，并且能显著提高耐盐雾性能；④硅烷偶联剂能够提高低毒溶剂型底漆的施工性能和机械性能。

表 9.3-4 显示，研制的低毒溶剂型底漆的柔韧性、耐冲击性和耐盐雾性好于国内外同类样品，具有很强的竞争优势。

研制的长效防腐底漆和国内外同类产品性能对比　　　　表 9.3-4

测试项目	长效防腐底漆	样品1（国外）	样品2（国内）
附着力（级）	1	1	1
柔韧性（mm）	1	2	2
耐冲击性（cm）	50	40	30
储存性	6个月	6个月	5个月
耐盐雾性	6000h	5000h	6000h

2. 无溶剂强屏蔽中间漆的研制

本研究以环氧树脂为基料，改性有机胺为固化剂，以不锈钢鳞片和中碱玻璃鳞片为耐腐蚀屏蔽材料，制备了一种无溶剂的厚浆型环氧强屏蔽涂料。探讨了鳞片品种、大小、用量及不同处理情况等对涂料性能的影响，检测了涂层对盐雾、碱溶液及水等介质的防腐蚀性能，考察了涂层的抗阴极剥离性能。试验表明，制备的环氧玻璃鳞片适用于钢结构的长效保护。

（1）环氧树脂的选择

无溶剂高 PVC 玻璃鳞片涂料相对于溶剂类环氧玻璃鳞片重防腐涂料的难点在于高颜料体积浓度时的涂料黏度控制，同时低分子环氧涂料本身存在韧性问题，这些因素严格关系到涂料的生产、施工及性能。因此，主要考虑的因素有以下几个：环氧树脂、活性稀释剂、助剂、固化剂的选择及涂料体系的增韧。首先是环氧树脂的选择，双酚 A 型 6101 环氧树脂软化点在 12～20℃，故在低温时黏度增加较大，加工变得十分困难；双酚 A 型环氧树脂 618 相对分子质量低，软化点低，并且通过增韧改性，能够达到目标要求。综合以上环氧树脂的特点，为得到具有良好的加工性能，较长的施工期效、防腐性能和低温可操作性，以双酚 A 型环氧树脂 618 作为无溶剂高 PVC 玻璃鳞片涂料的主要成膜物。

（2）活性稀释剂的选择

活性稀释剂具有低毒性、低蒸气压，弱反应性，较好的稀释效果，使非极性表面获得改善。混合树脂（环氧树脂 618 和聚氨酯改性环氧树脂）自身黏度较高，为进一步降低树脂黏度，得到合适的混合树脂黏度，对应使用不同的活性稀释剂对混合树脂进行稀释，图 9.3-10 是不同稀释剂对混合树脂的黏度影响曲线。

图 9.3-10 中四条曲线是四种活性稀释剂对混合树脂的稀释黏度，从四条曲线的对比来看，丁基缩水甘油醚对混合树脂的稀释效果最好，添加量为混合树脂的 20% 时，黏度降低到 400mPa.s，能够充分满足配制无溶剂涂料的黏度。

（3）增韧剂的选择

未改性厚浆型无溶剂环氧涂层由于单次成膜厚，固化后韧性差，脆性大，当与钢材粘接部位承受外力弯曲时，容易产生裂纹，并迅速扩展，导致涂层开裂。增韧剂一般含有活性基团，能与氨基反应，但应用到厚浆型无溶剂环氧涂层中主要存在以下问题：①少量加入对涂层的韧性改善不明显；②同固化剂、环氧树脂相容性差，固化后不完全相容，并伴有相分离的情况。选择对树脂进行改性，聚醚氨类固化剂碳链长，韧性好，但固化速度慢。故选择改性聚醚胺固化剂，既能提高固化速度又能提高韧性。

（4）助剂的选择

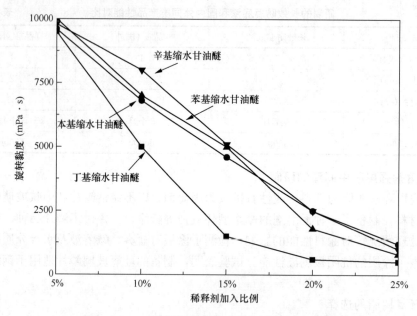

图 9.3-10　四种活性稀释剂对混合树脂的稀释黏度

高颜料体积浓度无溶剂涂料最关键的是黏度，黏度关系到生产与施工，控制黏度的因素除了树脂、稀释剂、固化剂、颜料体积浓度外，助剂也功不可没，因此助剂的选择至关重要。选择对涂料有稀释效果的润湿分散剂，不仅会提高树脂对填料的润湿性，还能对整体涂料体系起到稀释作用。消泡剂也是无溶剂体系中必不可少的助剂，玻璃鳞片由于添加时容易带入空气，故选择消泡抑泡效果好，且固含高的消泡剂能够在生产及施工过程中有效消除起泡。此外，无溶剂厚浆涂料容易出现施工时的流挂现象，在配方中专门加入触变剂，可提高涂料施工时的触变性，涂料黏度变化不明显，不影响生产，但施工时能很好地抑制涂层流挂。

(5) 强屏蔽鳞片材料的选择

本课题在研究初期首先对比评价了两种鳞片材料的性能和优缺点，一种是不锈钢合金鳞片，另一种是中碱玻璃鳞片，在采用相同表面处理方法、相同目数配比、相同体积分数的情况下，两种材料对于强屏蔽中间漆的影响如表 9.3-5 所示。

两种鳞片对强屏蔽中间漆的影响　　　　表 9.3-5

检测项目	不锈钢合金鳞片指标	玻璃鳞片指标
抗流挂性（μm）	100	150
抗渗透率 [$g/(m^2 \cdot d \cdot kPa)$]	0.14	0.15
成本（元/kg）	60	18

从表 9.3-5 数据可以看到，不锈钢合金鳞片具有更好的剪切强度和抗渗透性，但是不锈钢的比重大，抗流挂性差，在相同的体积分数下，不锈钢的添加量更多，对漆膜成本造成更大压力。故本课题主要采用玻璃鳞片作为强屏蔽填料进行研究。

常用于制作鳞片的玻璃为耐酸性好的中碱玻璃，即化学玻璃，简称 C 玻璃。玻璃鳞片粒径的选择，不仅影响涂层的性能，而且影响涂层的施工性能，涂层的水蒸气透过率随玻璃鳞片片径的增大而降低,即玻璃鳞片的径厚比越大,涂层的耐水性就越好。一般厚度为 $2\sim8\mu m$,片晶长度为 $100\sim300\mu m$。玻璃鳞片的片径纵横越大,涂层的抗渗透性能越强。但不同厂家玻璃鳞片的片径控制都有所不同,存在着很大差异,图 9.3-11~图 9.3-13 是几个不同厂家的玻璃鳞片的放大图像。

图 9.3-11　厂家 1 玻璃鳞片

图 9.3-12　厂家 2 玻璃鳞片

图 9.3-11 和图 9.3-12 两个厂家的玻璃鳞片片径范围相对比较大,图 9.3-13 厂家 3 片径范围相对窄些,因此选厂家 3 的玻璃鳞片。

(6) 玻璃鳞片用量对漆膜水蒸气渗透率的影响

图 9.3-14 是表面处理过的鳞片和表面没处理的鳞片的添加量对涂层水蒸气渗透率的影响,随着鳞片添加量的增加涂层的水蒸气渗透率都是先降低后增加,经表面处理的鳞片的抗渗透性明显提高,因此,玻璃鳞片的表面处理非常重要。过量的鳞片会造成涂层中鳞片的无序堆积,使涂层内部形成空隙、气孔等缺陷,影响涂层的致密性;若玻璃鳞片的用量不足,鳞片之间难以形成搭桥、重叠排列,则涂料的抗渗性会降低。所以,若玻璃鳞片的加入方式不当,表面处理方式或偶联剂选择不当,反而会降低涂料或涂层的性能。玻璃鳞片在涂料中的含量一般在 20%～35% 较好,高于 35% 易产生沉淀结块,涂层气泡率增加,施工困难,耐蚀性反而下降。当鳞片的添加量为 25%,出现了水蒸气抗渗率曲线的最低值,而且鳞片的添加量是 25% 时,无溶剂中间漆的黏度能够满足施工要求,因此该点作为考察的重点。

图 9.3-13　厂家 3 玻璃鳞片

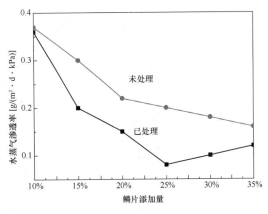

图 9.3-14　玻璃鳞片用量对漆膜水蒸气渗透率的影响

(7) 不同片径的玻璃鳞片复配对水蒸气渗透率的影响

图 9.3-15 从 0 到 100% 表示 80 目鳞片和 120 目鳞片的复配中，120 鳞片所占的比例，即 80 目鳞片：120 目鳞片＝0：10、1：9、2：8……9：1、10：0。从上图曲线中可以看出随着 120 鳞片添加量的增加，漆膜水蒸气渗透率先降低后升高，最低点位置为两种粒径鳞片复配的最佳比例，即 80 目鳞片：120 目鳞片＝7：3。单独使用大片径鳞片容易出现涂料中带入空气多，增稠快，更主要影响漆膜的屏蔽效应；单独使用小片径鳞片难以形成迷宫效应。因此，不同片径的鳞片搭配，能够更好地提高涂层的屏蔽性能。

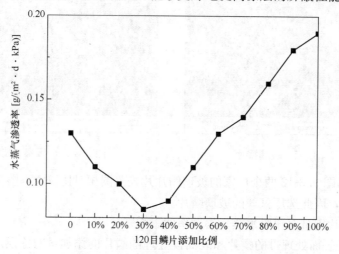

图 9.3-15　不同片径的玻璃鳞片复配对水蒸气渗透率的影响

(8) 表面处理剂浓度对水蒸气渗透率及漆膜附着力的影响

玻璃鳞片在制造中易受污染，另外在潮湿的大气中玻璃鳞片表面易吸附水分，由于这些因素的影响使鳞片表面与树脂间的浸润能力下降，影响鳞片与树脂界面的粘接状态。使用表面处理剂对其进行处理，一是保护玻璃鳞片表面不受侵蚀，二是为了提高玻璃鳞片与树脂的粘结力，使固化后的膜层形成坚实的整体膜，使用的处理剂如同在树脂与玻璃鳞片之间形成了"分子桥"，将两种性质不同的材料牢固地连接在一起。图 9.3-16 是玻璃鳞片

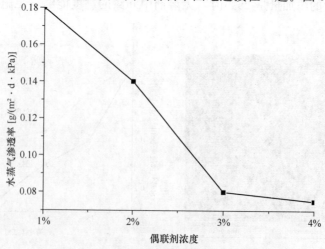

图 9.3-16　表面处理剂浓度对水蒸气渗透率的影响

处理使用的不同浓度的处理剂对玻璃鳞片涂料抗渗透性能的影响：

随着表面处理剂浓度的增加，漆膜水蒸气渗透率逐渐降低，但处理浓度3%到4%的变化中，漆膜水蒸气渗透率下降不明显。

图9.3-17是随着表面处理剂浓度的增加涂层附着力（拉开强度）的变化，从曲线图中可以看出随着表面处理剂浓度的增加，涂层附着力开始提高很快，但从3%～4%的变化中附着力变化不明显。

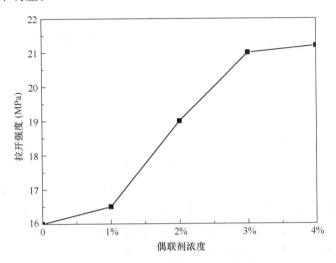

图9.3-17　表面处理剂浓度对漆膜附着力的影响

综合图9.3-15和图9.3-16的数据曲线，选择处理剂浓度为3%作为试验数据继续考察涂层的其他性能。

（9）玻璃鳞片的表面处理对涂层中鳞片排列的影响

图9.3-18和图9.3-19是玻璃鳞片断裂涂层的放大图片，对比可以看出玻璃鳞片表面经处理后，在图层中能够顺序排列，形成片层结构。图9.3-20是理想状态的涂层迷宫效应图，虚线是介质的渗透途径，形成迷宫效应的涂层加大了介质的渗透时间，延长了防腐蚀年限。

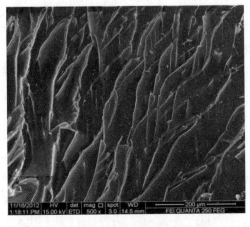
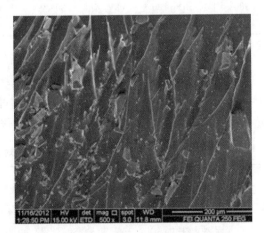

图9.3-18　表面处理后的玻璃鳞片的状态　　　图9.3-19　表面未处理玻璃鳞片的状态

（10）生产工艺对漆膜性能的影响

玻璃鳞片的处理是使用稀释后的表面处理剂对鳞片进行喷洒再烘干，因此要控制润湿剂溶液的喷洒速度，确保喷洒均匀，避免鳞片聚集成团，影响涂层的抗渗透性能及附着力等性能。

涂料过程中树脂、稀释剂、消泡剂、分散剂等在 800r/min 的转速下分散均匀后加入重钙分散至细度小于 80μm；之后降转速至 400r/min，缓慢加入玻璃鳞片，玻璃鳞片加入的速度过快容易出现分散过程中玻璃鳞片成团，不易分散，且容易带入空气，增加消泡难度。

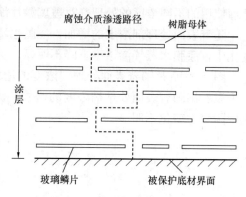

图 9.3-20　理想状态的涂层迷宫效应图

3. 高性能耐候面漆的研究

以聚硅氧烷为主成膜物质的改性聚硅氧烷涂料具有与氟碳涂料相当的耐候性、耐盐雾性，在环保性、光泽、施工性方面又优于氟碳涂料，是氟碳涂料的理想替代品，成为近年来高性能钢结构防腐面漆的新宠，引起我国涂料科研单位和企业的广泛关注。通过氢化环氧树脂对有机硅树脂进行改性，研制出了综合性能优异的耐候性面漆。

（1）未改性聚硅氧烷树脂品种对漆膜性能的影响

从表 9.3-6 上可以看出未经改性的聚硅氧烷树脂，实干时间都比较长，溶剂型的品种光泽好，附着力等性能好，但 VOC 太高。故选择低 VOC 品种进行改性。

未改性聚硅氧烷树脂品种对漆膜性能的影响　　表 9.3-6

品种	固含量	VOC(g/L)	表干(h)	实干(h)	铅笔硬度	附着力(级)	耐水性(d)	60°光泽
804	60%	431	5	48	3H	1	2	89
805	50%	503	10	48	3H	1	7	83
840	60%	431	25	48	3H	1-2	7	88
3074	100%	极微	15	48	2H	2	2	72
9802	50%	503	30	48	HB	1-2	1	72
G2-1	100%	极微	30	48	3H	2	2	70

（2）氢化环氧树脂含量对聚硅氧烷树脂的影响

氢化环氧树脂含量的影响见表 9.3-7，结果表明，随着加入氢化环氧树脂含量的提升，涂料的表干时间减少，附着力提高，耐冲击性提高，加速老化性能在氢化环氧树脂含量大于 20% 时有所下降，因此选择氢化环氧树脂添加量为 20%。

氢化环氧树脂含量对聚硅氧烷树脂的影响　　表 9.3-7

4080E（树脂总量）	0	5	10	15	20	25
表干时间（h）	8	7	6	4	3	3
附着力（级）	3	3	2	2	1	1
耐冲击性（mm）	30	30	40	50	50	50
耐人工加速老化（h）	6000	6000	6000	6000	6000	5000

(3) 不同氨基硅烷固化剂品种对性能的影响

不同氨基硅烷固化剂品种对性能的影响见表9.3-8，结果表明，双氨基固化剂比单氨基固化剂官能团多一倍，活性高，干燥时间短。

不同氨基硅烷固化剂品种对性能的影响　　表 9.3-8

	单氨基固化剂	双氨基固化剂
表干时间（h）	8	5
附着力（级）	2	2
柔韧性（mm）	2	2
耐冲击性（cm）	40	40

(4) 氨基硅烷固化剂用量的影响

氨基硅烷固化剂用量的影响见表9.3-9，结果表明，随着593含量的增加，涂料的表干时间减少，附着力提高，耐冲击性提升，加速老化性能下降。因为体系中硅含量下降。

氨基硅烷固化剂用量的影响　　表 9.3-9

593/双氨基固化剂（%）	0	10	20	30	40
表干时间（h）	8	7	6	4	3
附着力（级）	3	3	2	1	1
耐冲击性（mm）	30	30	40	50	50
耐人工加速老化（h）	6000	6000	6000	6000	4000

(5) 与其他高耐候面漆的性能比较

在上述研究工作基础上，自制了复配型氨基硅烷固化剂，用于自制聚硅氧烷涂料的固化，并将所得的聚硅氧烷涂膜与聚氨酯涂膜、国产聚硅氧烷涂膜、进口聚硅氧烷涂膜进行性能比较。其中，聚氨酯涂膜采用羟基丙烯酸树脂822-70与TPA-90SB固化得到，选用的颜填料和颜基比同自制聚硅氧烷涂料。根据《色漆和清漆涂层老化的评级方法》GB/T 1766—2008进行评价，失光率3%以内（含3%）为0级，4%~15%为1级，16%~30%为2级，大于2级，综合评定为2级；变色色差值ΔE为1.5%以内（含1.5%）为0级，4%~15%为1级。表9.3-10比较了4种涂膜的综合性能。与进口聚硅氧烷涂料相比，本课题开发的聚硅氧烷涂料的柔韧性和抗冲击性稍好。

4 种涂膜的性能比较　　表 9.3-10

检测项目	聚氨酯涂料	进口聚硅氧烷涂料	国产聚硅氧烷涂料	自制聚硅氧烷涂料
表干（h）	2	3	4	1
实干（h）	8	24	24	20
60°光泽	80	90	86	85
铅笔硬度	2H	3H	3H	3H
柔韧性（mm）	1	2	2	1
抗冲击性（cm）	50	40	40	50
层间附着力（级）	1	1	1	1
耐人工老化性	2500h	6000h	4000h	6000h

图 9.3-21 和图 9.3-22 比较了 4 种涂料的加速老化性能。由图 9.3-21 可以看出,自制聚硅氧烷涂料与进口聚硅氧烷涂料的老化失光率曲线十分相似,即在老化前期,失光率快速达到约 10%,而在后期,失光率变化缓慢,在老化 6000h,失光率仍小于 15%,符合面漆的设计要求。国产聚硅氧烷涂料在 4000h 大于 15%,聚氨酯涂料的失光率在 2500h 后大于 15%,综合评级降为 2 级。

由图 9.3-22 可以看出,聚氨酯涂料在 2500h 色差大于 1.5,国产聚硅氧烷涂料的色差则在 4000h 大于 3,超过 1 级。自制聚硅氧烷涂料和进口聚硅氧烷涂料人工老化 3000h 色差仍小于 1.5(即无变色),人工老化 6000h,色差均小于 3,仍属于很轻微变色范围。

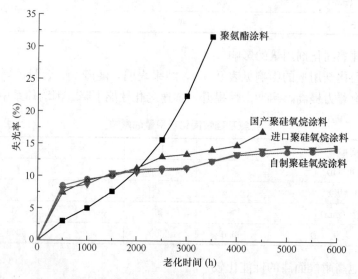

图 9.3-21 4 种涂料的加速老化失光率性能比较

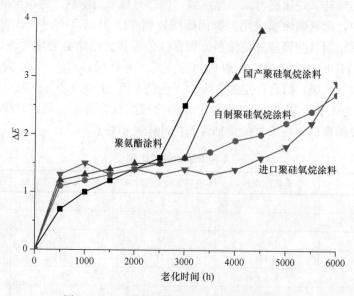

图 9.3-22 4 种涂料的加速老化 ΔE 性能比较

综上研究表明:①随着加入氢化环氧树脂含量的提升,涂料的表干时间减少,附着力提高，耐冲击性提高，加速老化性能在氢化环氧树脂含量大于20%时有所下降；②双氨基固化剂比单氨基固化剂官能团多一倍，活性高，缩短干燥时间；③韧性固化剂可以在一定范围内提高聚硅氧烷面漆的柔韧性和耐冲击性。

9.3.3 钢结构防腐涂装体系的耐久性研究

根据前期调研结果以及9.3.1节的研究成果，选取两个涂装体系进行涂装耐腐蚀性试验，涂装体系细节如表9.3-11所示。

钢结构长效防腐涂装体系内容 表 9.3-11

体系	底漆	中间漆		面漆
1	水性富锌底漆	—	环氧云铁中间漆	氯化橡胶面漆
2	富锌底漆	环氧封闭漆	环氧云铁中间漆	聚四氟乙烯树脂

主要进行的涂装防腐耐久性研究和结果如表9.3-12所示。

钢结构长效防腐涂装防腐耐久性试验内容 表 9.3-12

体系	4000h中性盐雾	附着力	氙灯老化试验	电化学阻抗
1	耐	试验后≤2MPa	进行中	进行中
2	耐	—	进行中	进行中

选择的两个防腐涂装体系经过4000h的中性盐雾试验，涂装表面没有明显的鼓泡、剥落、开裂等现象，钢基体没有出现锈蚀。但是经过盐雾试验的样品附着力明显下降，测量值均≤2MPa，见图9.3-23和图9.3-24。

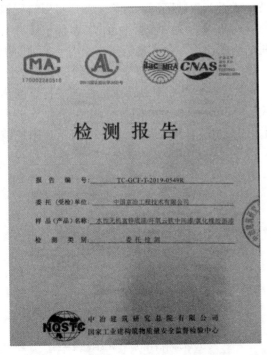 

图 9.3-23 体系1检测结果

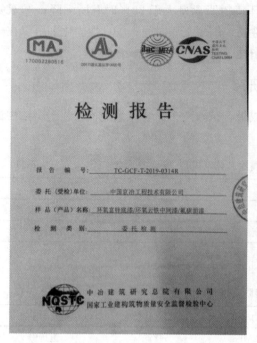 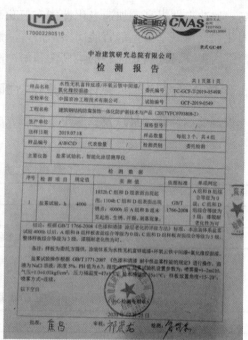

图 9.3-24 体系 2 检测结果

9.3.4 自修复防腐涂料体系的研究

Self-healing coating,被译作自愈涂层或者自修复涂层,就是一种新兴的智能化防腐涂料。在因外部因素(外力或者环境)受到破坏或者产生缺陷后,自修复涂层可以自行修复或者在一定条件下恢复(或部分恢复)其原有的防腐功效。智能化的自修复涂层可以有效减少人为修复的误差与成本,从而延长金属结构的使用寿命,是近年来国内外腐蚀防护领域研究的重要方向之一。

课题组在防腐涂料中添加了 0.1wt% 的自修复成分,然后对其防腐蚀性能进行了初步的试验。试验样品基层为 Q235 碳钢,涂层厚度约 $50\mu m$。电化学阻抗(EIS)测试溶液为 3.5%NaCl 溶液,pH 值 ≈ 6,试验间隔为 1d。EIS 的试验结果如图 9.3-25 所示,阻抗值

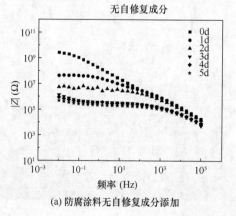 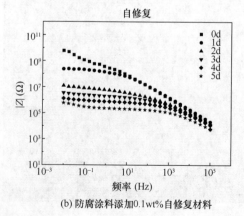

(a) 防腐涂料无自修复成分添加　　(b) 防腐涂料添加0.1wt%自修复材料

图 9.3-25　EIS 测试结果

如表 9.3-13 所示。防腐涂料添加自修复成分后电化学阻抗提高比例如图 9.3-26 所示。

无添加和添加 0.1wt% 自修复成分的 EIS 试验阻抗值比较   表 9.3-13

|Z|	0d	1d	2d	3d	4d	5d
自修复	6.12E9	2.36E8	1.24E7	3.52E6	1.32E6	5.98E5
无自修复成分	2.71E9	4.31E7	5.52E6	1.36E6	8.95E5	4.89E5

从表 9.3-13 和图 9.3-26 中可以看出，虽然防腐涂料中只加入了约 0.1wt% 的自修复成分，但是效果却很明显，阻抗值可以提高 100% 以上，延缓了腐蚀反应，相信随着自修复材料含量的增加，可以延长自修复功能的有效保护时间，从而延长涂层的使用寿命。

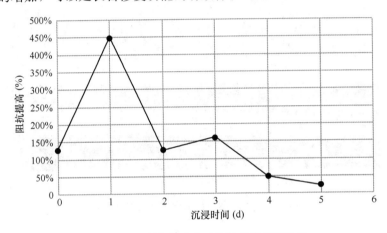

图 9.3-26 自修复成分阻抗性能提高百分比

9.3.5 钢结构涂装体系 25 年长效寿命的研究

对于已有的 25 年使用年限的钢结构涂装的研究有利于对现有长效防腐蚀涂装的应用与开发。本课题组对一项 25 年使用寿命的钢结构工程涂装进行研究，其涂装（设计）体系如表 9.3-14 所列。经过对 25 年使用后的涂膜进行试验研究，其涂装形态如图 9.3-27 和图 9.3-28 所示。

25 年钢结构工程样板涂装（设计）体系   表 9.3-14

体系	涂装	厚度（μm）
底漆	环氧富锌	2×40
中间漆	环氧云铁	2×65
面漆	氟碳	2×35
总厚度	—	280

从图 9.3-27 中可以看出，经过了 25 年的使用，钢结构涂装表面已经有不少的缺陷和损伤，但是从横截面图可以看出，其钢结构主体仍然保护的非常完好。从图 9.3-28 的扫描图中可以得到，实际的钢结构防腐涂装为环氧富锌底漆约 100μm，环氧云铁中间漆约 150μm，氟碳面漆约 80μm，仍然满足设计要求。为钢结构涂层长效寿命的研究提供了可靠基础数据。

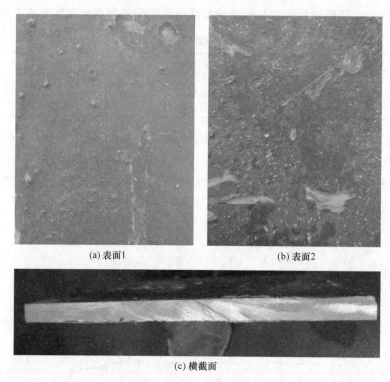

图 9.3-27 25 年钢结构工程试样防腐涂装样板

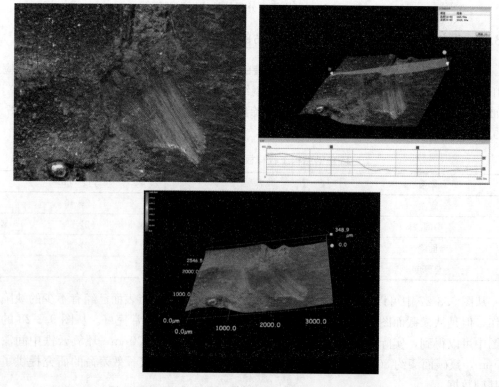

图 9.3-28 25 年钢结构工程试样防腐涂装表面形态扫描

对这个工程样品的电化学试验、盐雾试验、周期浸润试验、UV 循环试验还在进行当中。

9.3.6 装配式钢结构防腐涂装施工工艺研究

1. 工艺原理

(1) 基层处理工艺原理

大部分的涂层缺陷都来自于不良的基层处理，基层处理的作用主要有：①结构处理，对基材自身进行一定的处理，包括锐边的打磨、倒角的磨圆、飞溅的去除、焊孔的补焊和磨平等。②表面清理，除去表面上对涂料有害的物质，特别是氧化皮、铁锈、可溶盐、油脂、水分等。③表面粗糙度，表面粗糙度增大基层对涂层接触面积，并有机械咬合作用，可提高涂层对基材的附着力。但是粗糙度不能过大，否则在波峰处容易引起厚度不足，导致早期点蚀。

(2) 底漆涂装施工工艺原理

底漆是防腐涂装体系中最主要的环节，底漆起作用的原理可分为物理屏蔽、化学钝化和电化学防腐三类。本工法采用的水性无机富锌底漆具有极其优异的电化学防腐性能，可以阻止铁作为阳极参与电化学反应，从而使钢结构免受腐蚀，实现长效防腐。

(3) 中间漆涂装施工工艺原理

中间漆的作用主要是阻隔电解质溶液渗透，防止腐蚀发生，同时增加漆膜厚度，提高防护能力。本工法采用了自修复涂料作为中间漆，除了常规中间漆的作用，还可以在涂层收到破坏后一定程度恢复其原有的防腐功效，有效延长涂层使用寿命。

(4) 面漆涂装施工工艺原理

面漆是涂层中最外层的涂料，在漆膜中起主要的装饰和保护作用，减少腐蚀介质和外界应力对中间漆和底漆的损害。漆膜性能指标和耐划伤性、硬度、光泽、手感、透明度、耐老化性能、耐黄变性能等都主要从面漆上体现出来，面漆的质量直接影响着整个漆膜的质量。面漆涂装的质量标准分为室内环境和室外环境，室内环境的面漆对耐老化性能和耐黄变性能要求低一些。

2. 施工工艺流程及操作要点

装配式钢结构防腐涂装施工工艺流程及操作要点，根据施工顺序可分为：施工准备、基层处理、底漆施工、中间漆施工、构件现场安装后的查漏补缺、面漆施工。

(1) 工艺流程

工艺流程详见图 9.3-29。

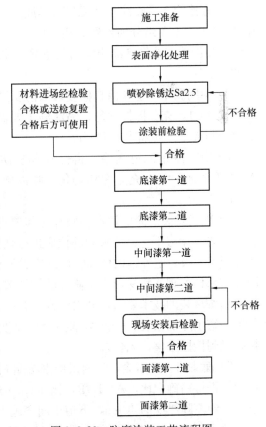

图 9.3-29 防腐涂装工艺流程图

(2) 施工准备

1) 准备好相关文件,包括合同和施工文件、施工深化设计图纸、施工计划表等。

2) 业主、设计、供应商、施工方以及各必要方面参与现场开工会议,做好安全和技术交底工作。

3) 现场管理人员到位。

4) 施工人员培训并体检合格后方可进入施工现场。确保所有工人配备齐全适当的个人保护装备并通过安全检查。确保所有员工熟悉安全操作规则与器材使用方法。

5) 工程所需机械设备的采购与安装调试须在现场施工开始前准备妥当。

6) 材料到位并检查合格。

(3) 装配式钢结构防腐涂装施工方法及操作要点

1) 基层处理方面:①钢结构在除锈处理前应进行表面净化处理,用溶剂或清洗剂清理表面油脂、可溶污物等;②喷砂除锈达到 Sa2.5 级,无法进行喷砂清理时,可采用手动和动力工具除锈;③清理后的钢结构表面应及时涂刷底漆,表面处理与涂装之间的间隔时间不应超过 12h,否则,应对经预处理的有效表面采用干净牛皮纸、塑料膜等进行保护。

2) 底漆第一道喷涂水性无机富锌底漆,准确称量,按比例进行精确配比,A∶B 质量比 2.5∶1,将 A 组分加入到 B 组分中,一边加入一边充分搅拌 5~10min,用 100 目筛网过滤,喷涂施工要做到涂刷均匀无遗漏,控制漆膜干膜厚度约 40μm,下道底漆施工间隔为 4~8h。

3) 底漆第二道喷涂水性无机富锌底漆,准确称量,按比例进行精确配比,A∶B 质量比 2.5∶1,将 A 组分加入到 B 组分中,一边加入一边充分搅拌 5~10min,用 100 目筛网过滤,喷涂施工要做到涂刷均匀无遗漏,控制漆膜厚度约 40μm,下道中间漆施工间隔为 4~24h。

4) 中间漆第一道喷涂自修复环氧防腐涂料,准确称量,按比例进行精确配比,A∶B 质量比 6∶1,充分搅拌均匀,喷涂施工要做到涂刷均匀无遗漏,控制漆膜厚度约 40μm,下道中间漆施工间隔为 8~24h。

5) 中间漆第二道喷涂,自修复环氧防腐涂料,准确称量,按比例进行精确配比,A∶B 质量比 6∶1,充分搅拌均匀,喷涂施工要做到涂刷均匀无遗漏,控制漆膜厚度约 40μm。

6) 现场安装后涂层检查和修补操作要点:①现场组装后,应对防腐涂层进行全面检查;②防腐涂层不符合要求的部位应进行现场修补;③室内钢构件的修补部位用电动除锈机除至 St3 级,室外钢构件和室内外交界处钢构件采用微型喷吸砂机除至 St3 级,四周涂膜完整部位处理成阶梯形;④修补的构件部位应清理干净,表面无油污、粉尘等;⑤各涂层严格按涂装的技术要求,分层涂刷,并严格控制涂层间隔,待上一道涂层干燥后方可进行下一道工序的涂装;⑥严格掌握涂层厚度,不可太薄或过厚;⑦注意掌握和涂层的衔接,做到接搓平整,无色差。

7) 面漆第一道喷涂,室内采用聚氨酯面漆,室外采用丙烯酸聚氨酯面漆。准确称量,按比例进行精确配比,A∶B 质量比 4∶1,充分搅拌均匀,喷涂施工要做到涂刷均匀无遗漏,控制漆膜厚度约 40μm,下道中间漆施工间隔为 8~24h。

8) 面漆第二道喷涂,室内采用聚氨酯面漆,室外采用丙烯酸聚氨酯面漆。准确称量,按比例进行精确配比,A∶B质量比4∶1,充分搅拌均匀,喷涂施工要做到涂刷均匀无遗漏,控制漆膜厚度约40μm。

3. 材料要求

(1) 水性无机富锌底漆

水性无机富锌底漆性能指标见表9.3-15。

水性无机富锌底漆性能指标　　表9.3-15

项目		指标	检测方法(依据标准编号)
容器中状态		搅拌混合后无硬块,呈均匀状态	目测
黏度(混合后,涂-4杯)(s)		≥25	GB/T 1723—1993(乙法)
施工性		喷涂、滚涂、刷涂无障碍	目测
干燥时间	表干	≤10min	GB/T 1728—1979
	实干	≤8h	
附着力(划格法)(级)		≤1	GB/T 9286—2021
柔韧性(mm)		2	GB/T 1731—1993
耐冲击性(cm)		50	GB/T 1732—1993
耐盐雾性(h)		2000	GB/T 1771—2007

(2) 自修复环氧防腐涂料

自修复环氧防腐涂料性能指标见表9.3-16。

自修复环氧防腐涂料性能指标　　表9.3-16

项目		指标	检测方法(依据标准编号)
容器中状态		搅拌混合后无硬块,呈均匀状态	目测
黏度(混合后,涂-4杯)		≥25	GB/T 1723—1993(乙法)
施工性		喷涂、滚涂、刷涂无障碍	目测
干燥时间(h)	表干	≤4	GB/T 1728—1979
	实干	≤24	
附着力(划格法)(级)		≤1	GB/T 9286—2021
柔韧性(mm)		2	GB/T 1731—1993
耐冲击性(cm)		50	GB/T 1732—1993

(3) 聚氨酯面漆

聚氨酯面漆性能指标见表9.3-17。

聚氨酯面漆性能指标　　表9.3-17

项目		指标	检测方法(依据标准编号)
容器中状态		搅拌混合后无硬块,呈均匀状态	目测
黏度(混合后,涂-4杯)(s)		≥50	GB/T 1723—1993(乙法)
施工性		喷涂、滚涂、刷涂无障碍	目测
干燥时间(h)	表干	≤4	GB/T 1728—1979
	实干	≤24	

续表

项目	指标	检测方法（依据标准编号）
附着力（划格法）（级）	≤1	GB/T 9286—2021
柔韧性（mm）	1	GB/T 1731—1993
耐冲击性（cm）	50	GB/T 1732—1993

（4）丙烯酸聚氨酯面漆

丙烯酸聚氨酯面漆性能指标见表 9.3-18。

丙烯酸聚氨酯面漆性能指标　　表 9.3-18

项目		指标	检测方法（依据标准编号）
容器中状态		搅拌混合后无硬块，呈均匀状态	目测
黏度（混合后，涂-4 杯）（s）		≥50	GB/T 1723—1993（乙法）
施工性		喷涂、滚涂、刷涂无障碍	目测
干燥时间（h）	表干	≤4	GB/T 1728—1979
	实干	≤24	
附着力（划格法）（级）		≤1	GB/T 9286—2021
柔韧性（mm）		1	GB/T 1731—1993
耐冲击性（cm）		50	GB/T 1732—1993
耐人工老化（h）		1000	GB/T 1865—2009

4. 质量控制

（1）质量标准

本工法除满足设计图纸外，还需按照要求提交质量保证规划书。材料应接受每日现场确认、随机抽查及质量控制档案记录。设备接受每日现场确认及维护档案记录。

（2）质量保证措施

1）涂装施工环境应符合下列规定：①施工环境温度为 5～38℃，相对湿度不大于 85%；②钢材表面温度高于露点 3℃以上；③在大风、雨、雾、雪天、有较大灰尘及强烈阳光照射下，不宜进行室外施工；④当施工环境通风较差时，应采取强制通风。

2）涂装前对钢结构表面进行外观检查，确保表面除锈等级和粗糙度满足设计要求再进行涂装。

3）涂料出厂时，产品质量应符合有关标准的规定。应附有涂料品种名称、技术性能、制造批号、贮存期限和使用说明。

4）涂料进场，生产厂必须提供产品的说明书、合格证、国家权威检测中心出具的检测报告，并经监理报验，监理批准后方可使用。所有涂装材料进场经检验合格或送检复验合格后方可使用。涂料贮存环境温度应在 25℃以下。

5）涂装方法和涂刷工艺根据所选用涂料的物理性能、施工条件和被涂刷钢结构的形式进行确定，符合涂料说明书的规定。

6）防腐涂装结束后，涂层养护时间应不少于 7d，方可投入使用。

（3）涂装质量验收要求

1) 表面处理验收要求的主控项目：①涂装前基层表面除锈应达到 Sa2.5 级；②涂装前基层表面粗糙度约 Rz40～60μm。表面处理验收要求的一般项目有：①外观检查，涂装前表面不得有污染或返锈。涂装完成后，构件的标志、标记和编号应清晰完整；②表面清理和涂装作业施工环境的温度和湿度应符合设计要求。

2) 涂层施工验收要求的主控项目有：①涂装遍数和涂层厚度均应符合设计要求；②涂层的附着力应满足设计要求。涂层施工验收要求的一般项目有：①外观检查，涂层应均匀，无可见皱皮、流坠、针眼和气泡；②构件表面不应误涂、漏涂，涂层不应脱皮和返锈。

9.4 钢结构防火防腐一体化新产品及应用技术研究

我国钢结构防火涂料、防腐涂料发展起步晚，价格比国外涂料品牌便宜，但应用于住宅钢结构时，也经常面临 VOC 含量高、重金属含量超标，导致室内环境环保不达标，亟需开发一套环保性、耐久性、装饰性、施工性好、成本低的防火涂料和防腐涂料。在钢结构涂装过程中，工程建设企业也常面临防火涂料和防腐涂料分别采购造成涂料不匹配的问题，导致钢结构防护效果降低、甚至脱落的问题，需要提出一套防火防腐一体化的新产品及新技术及相关检测标准。

针对不同的应用环境，考虑腐蚀条件和应用环境，研究提出钢结构防火防腐一体化的性能需求和实施方案，研发防火防腐一体化产品和关键技术。具体包括以下研究内容：

（1）提出不同应用环境对钢结构防火防腐一体化的性能需求和实施方案。

（2）针对适用于 C1 环境的不具腐蚀性并具有良好热工性能的非膨胀型防火涂料产品，研究提高其机械性能的措施，并通过表面处理技术和合理的界面剂选择确保其具有要求的粘结强度，研发其应用技术，实现"防火极限 2h，防腐年限 25 年以上"的性能要求。

（3）对于具有良好的防火防腐双功能的双组分环氧膨胀型防火涂料，通过系列复杂荷载下的钢构件试验研究防火涂层在严苛环境下的适用性。

（4）对于一般应用环境，选取具有良好相容性的防火防腐配套体系，实现"防火极限 2h，防腐年限 25 年以上"的性能要求。

9.4.1 典型环境对钢结构防火防腐一体化的性能需求

1. 大气环境腐蚀性分类

防腐蚀涂层（覆盖层）体系的选择和环境的腐蚀性密切相关，因此对环境腐蚀性进行准确分类并定义很重要。

腐蚀性等级可参照国际标准《Corrosion of metals and alloys. Corrosivity of atmospheres. Classification, determination and estimation》ISO 9223—2012，是基于全球数据的规定，本报告采用国际标准 ISO 9223—2012 对大气环境腐蚀性分类。

综上所述，民用建筑钢结构的腐蚀性等级按表 9.4-1 确定。当采用试样确定的腐蚀性等级与温和性气候下典型环境确定的腐蚀性等级不同时，应按较高等级确定。

大气环境腐蚀性分类   表 9.4-1

腐蚀级别	试样单位面积上质量或厚度损失（经第 1 年暴露后）				温和性气候下的典型环境	
	低碳钢		锌		室外	室内
	质量损失 m_R (g/m²)	厚度损失 t_R (μm)	质量损失 m_R (g/m²)	厚度损失 t_R (μm)		
C1 微腐蚀性	≤10	≤1.3	≤0.7	≤0.1	干燥、寒冷地带，空气洁净、干燥	空气洁净并采暖的建筑物的内部，如住宅、办公室、商店、学校和宾馆等
C2 弱腐蚀性	10～200	1.3～25	0.7～5	0.1～0.7	低污染水平（SO_2 含量<5μg/m³）的大气，大部分是乡村地带	未采暖，冷凝有可能发生的建筑物，如体育馆等
C3 中等腐蚀性	200～400	25～50	5～15	0.7～2.1	城市和工业大气（5μg/m³≤SO_2 含量<5μg/m³），中等的二氧化碳污染以及低盐度沿海区域	高湿度和有些空气污染的空间，如房屋卫生间、厨房
C4 强腐蚀性	400～650	50～80	15～30	2.1～4.2	中等含盐度的工业区（30μg/m³≤SO_2 含量<90μg/m³）和沿海区域	游泳池、地热温泉类场馆
C5 很强腐蚀性	650～1500	80～200	30～60	4.2～8.4	高湿度和恶劣大气的工业区域（90μg/m³≤SO_2 含量<250μg/m³）和高含盐度的沿海区域	冷凝和污染持续发生和存在的建筑和区域
CX 极端腐蚀性	>1500	>200	>60	>8.4	具有高含盐度的海上区域以及具有极高湿度和侵蚀性大气的热带亚热带工业区域	具有高含盐度的海上区域以及具有极高湿度和侵蚀性大气的热带亚热带工业区域

注：1. m_R 和 t_R（R，reduced）分别代表质量变化和重量变化，单位分别为 g/m² 和 μm；
2. 试样的质量或厚度划分腐蚀性等级，两者结果不同时，应按较高的等级确定。

对于民用钢结构建筑物的内部和密封结构的情况，除了考虑维修难的情况下，还应考虑应力和凝露的影响。没有与外界环境接触的位于建筑物内部的钢结构上的腐蚀应力通常是轻微的；如果建筑内部只有一部分未与外界环境接触，腐蚀应力可以假定为与建筑周围的大气环境相同。但有些情况，建筑物内部的腐蚀应力可能会增强，因此常需采用高一级的腐蚀等级保护措施，例如：用氯消毒的室内游泳池、需要经常消毒的特殊用途的建筑物内；季节性冷凝的形成，钢结构也会遭受更高的腐蚀应力；钢结构表面被电解液湿润，即使这种湿润是暂时性的，如在建筑材料被浸湿的情况下。

对于盒状构件和空心构件，如保持密封严密只偶尔打开时，内部腐蚀应力很小。因此，应从设计上确保它们的密封性（如：没有不连续的焊接，螺栓连接保持紧密），否则由于外部温度的变化,潮气会进入并在内表面液化凝结并附着在表面,内表面需要采取防护措施。没有将各结构面完全密封的盒状构件和空心部件内,应采取和外部环境类似的防腐蚀措施。

2. 性能要求

钢结构防护涂装除需满足 25 年长效防腐和 2h 耐火极限的要求外,还需同时考虑以下性能要求:

(1)机械性能:在钢结构长期使用过程中,涂层应具有足够的抗机械损伤性能。

如为充分发挥装配式钢结构的优势,则防护涂装应在工厂施工,因此,在钢结构的运输和安装过程中,涂层应具有足够的抗机械损伤性能。

(2)相容性:涂层相容性指的是两种及两种以上涂料组成的涂层之间没有产生异常变化反应的性能。

工程实践中,常需在短时间检验出钢结构底漆、中间漆、面漆是否相容,防火涂料和钢结构底漆、中间漆、面漆是否相容。国家工业建、构筑物安全检验中心参照相关试验方法和涂装工程实践经验,总结出一套实用的涂料相容性检测方法[6]。

防腐涂层即防腐底漆、中间漆和面漆间的相容性试验包括外观、耐水性、耐湿热性和附着力(粘结强度)等四项试验。

1)外观:考察两种涂料涂刷后 24h 内,表面是否有反应,如起泡、起皱、溶起、脱落等。

2)耐水性:两种涂料复合涂层在 23 ±2℃养护 7d 后,试板在水中浸泡 7d,试样表面无变色、无起泡起皱、无咬边、无剥落。

3)耐湿热性:两种涂料复合涂层在 23 ±2℃养护 7d 后,做湿热性试验 168h,试样表面应无起泡起皱、无生锈、无咬边、无剥落。

4)附着力(粘结强度):两种涂料复合涂层在 23 ±2℃养护 7d 后,用拉开法测其附着力(粘结强度),粘结强度不低于 5MPa。

防火涂层和防腐涂层之间的相容性试验也包括外观、耐水性、耐湿热性和附着力(粘结强度)等四项。其中外观和耐湿热性与防腐涂层相容性试验相同,耐水性和附着力(粘结强度)等四项试验应满足《钢结构防火涂料》GB 14907—2018 规定的性能指标。

相容性试验依据的标准有:

《色漆和清漆拉开法附着力试验》GB/T 5210—2006

《色漆和清漆划格试验》GB/T 9286—2021

《漆膜耐湿热测定法》GB/T 1740—2007

《漆膜耐水性测定法》GB/T 1733 —1993

《钢结构防火涂料》GB 14907—2018

5)装饰性:防火涂层实际施工中,一般在涂层表面涂覆面漆,以起到改善外观和抗老化的作用。选用面漆时,需考虑对防火涂层隔热性能的影响。韩君和李国强团队的研究发现[7,8],面漆对水性防火涂料的隔热性能影响可以忽略,但面漆对溶剂型防火涂料的隔热性能影响较显著,如双组分脂肪族丙烯酸聚氨酯面漆的使用使单组分丙烯酸膨胀型防火涂层的膨胀率降低了 30% 左右,等效导热系数增大了 30%~70%。

3. 防火防腐一体化实施方案

根据 9.4.1-1 节的使用环境分类和 9.4.1-2 节的钢结构防火防腐一体化的性能需求，提出以下实施方案：

（1）针对 C1 环境，原则上钢结构可不需要腐蚀防护。因此首先通过调研选取不具腐蚀性并具有良好热工性能的防火涂料产品，然后通过表面处理技术和合理的界面剂选择确保其具有要求的粘结强度，实现"防火极限 2h，防腐年限 25 年以上"的性能要求。

（2）针对 C2 及其他环境，则首先根据环境选择可满足 25 年长效防腐年限的防腐涂料体系，然后通过相容性试验选择相匹配的防火涂料，并通过结构抗火计算分析确定防火涂料的厚度，以满足 2h 防火极限要求。如选择膨胀型防火涂料还需同时考虑涂料面层对隔热性能的影响。

（3）如用于室外环境，则需更高的机械性能和抗老化性能。

9.4.2 钢结构防火防腐一体化产品研究

1. 石膏基防火涂料的力学性能改进

首先通过研究，提出了在干燥地区或室内非腐蚀环境，可采用石膏基非膨胀型防火涂料实现防火防腐一体化目标；然后通过系列试验，研究了石膏基防火涂料力学性能和隔热性能；并进一步提出添加氧化石墨烯（GO）以提高石膏基防火涂料物理性能的措施并确定了最优添加率[9]。

非膨胀型防火涂料采用无机胶结料、防火添加剂、化学药剂和增强材料及填料等混合配制而成，依靠涂料的难燃性和低热传导性来保护钢构件，具有防火性能稳定、长期效果好等优点。但其力学性能较差，在地震、碰撞和爆炸等作用下容易发生破损或脱落而失效。有文献表明，可再分散乳胶粉对于非膨胀型防火涂料的粘结强度有显著的提高作用[10]，但总体上，国内外对于非膨胀型防火涂料改性的相关研究较少。

石墨烯（Graphene）是由碳原子以 sp^2 杂化连接的单原子层构成的新型二维原子晶体，具有优异的导热性、耐热性和物理机械性能[11]。氧化石墨烯（下称：GO）是石墨烯的氧化物，具有亲水性、高活性，同时可以增加材料的阻燃隔热性能。利用石墨烯和 GO 优异的机械性能和阻燃作用对复合材料进行改性成为近年来的一大研究热点。Chuah 等[12]系统阐述了 GO 对水泥基材料的微观结构、和易性、力学性能等方面影响的研究现状。Wang[13]、曹明莉[14]、彭晖[15]等人通过试验研究了石墨烯和 GO 对水泥基复合材料力学性能的影响。研究发现，添加极微量的石墨烯或 GO，就可以显著提高材料的抗弯、抗压和抗折强度。Huang[16]、Cao[17]、Fang[18]等研究了石墨烯和 GO 对一些高分子有机化合物阻燃性能的影响。相关试验结果表明，石墨烯或 GO 的掺入将使得聚乙烯醇、聚丙烯和环氧树脂的热释放速率明显下降。

鉴于石墨烯和 GO 在提高材料力学性能和阻燃隔热性能上发挥出的显著效果，本文将 GO 掺入钢结构非膨胀型防火涂料，研究了 GO 对涂料力学性能及隔热性能的影响。首先通过一系列力学试验研究了不同 GO 添加率对涂料的抗压、抗拉、法向粘结和切向粘结强度的影响，并基于试验结果确定了提高力学性能的 GO 最优添加率；然后通过扫描电镜分析，从微观结构的角度剖析了 GO 影响涂料力学性能的机理。最后进行了普通涂料（即未添加 GO 的涂料）和最优添加率 GO 改性涂料的隔热性能试验，研究了 GO 对涂料隔热性能的改善作用。

(1) 力学性能试验

1) 原材料

非膨胀型防火涂料由北京赛格斯科技有限公司提供，该涂料主要化学成分为石膏，是一种稳定半水化合物，涂料施工时质量比为：涂料∶水＝1.15∶1。

试验所用GO溶液是由苏州碳丰石墨烯科技有限公司通过改进的hummers法制备并在去离子水中经超声处理得到的，其pH值为5～7。其中GO单层厚度小于1.0nm，单层率大于98%，片层直径为0.2～10μm，比表面积为1000～1217m²/g。

试样制作时将GO溶液、水和涂料按比例进行混合，其中GO的质量分数（GO质量占试样总质量的百分比）分别设置为0、0.01%、0.05%、0.1%和0.5%。

2) 试验试件、加载与破坏模式

力学性能试验主要考察防火涂料的抗压强度、抗拉强度、法向粘结强度和切向粘结强度。每类强度试验各设置5个试件。

图9.4-1给出了各类性能试验的试件形式、加载方式与破坏模式，具体如下：

① 防火涂料的抗压强度试验按照《钢结构防火涂料》GB 14907—2018进行。如图9.4-1 (a) 所示，试件尺寸70.7mm×70.7mm×70.7mm，制作完成后置于标准养护室中养护至测试龄期，采用WA-200万能拉压机进行抗压强度测试，加载速度为1mm/min。在抗压强度试验中，涂料试件加载至压溃。

② 如图9.4-1 (b) 所示，防火涂料的抗拉强度试件设计成哑铃型，以确保破坏发生在标距段。由于非膨胀型防火涂料材性松脆，不能直接夹持来进行张拉试验，因此设计了T型钢连接件，涂料试件与钢连接件通过环氧树脂有效粘结。按0.2mm/min均匀加载到试件破坏，以激光位移计记录变形。在抗拉强度试验中，试件大多在中间标距段发生破坏，且破坏发生在中间标距段才计为有效试件。

③ 防火涂料法向粘结强度试验按照《钢结构防火涂料》GB 14907—2018进行。如图9.4-1 (c) 所示，试件尺寸为50mm×50mm×15mm，其下表面与钢连接件按照工程防火涂装要求施工并粘结，上表面与钢连接件用环氧树脂粘在一起，加载速度为0.1mm/min。各试件破坏模式均为粘结面破坏，即达到粘结强度后涂料和钢板在粘结面发生脱离。

④ 如图9.4-1 (d) 所示，防火涂料切向粘结强度试件将中间钢板与防火涂料用环氧树脂粘结，两边钢板与涂料之间则按照工程防火涂装要求进行施工并粘结在一起。将试件以0.1mm/min加载至破坏。各试件破坏模式同样均为粘结面破坏。

3) 涂料强度计算与分析

涂料的抗压、抗拉、法向粘结和切向粘结强度分别按式 (9.4-1) ～式 (9.4-4) 计算：

$$f_c = \frac{F_c}{A_c} \tag{9.4-1}$$

$$f_t = \frac{F_t}{A_t} \tag{9.4-2}$$

$$f_b = \frac{F_{nb}}{A_{nb}} \tag{9.4-3}$$

$$f_{tb} = \frac{F_{tb}}{A_{tb}^r + A_{tb}^l} \tag{9.4-4}$$

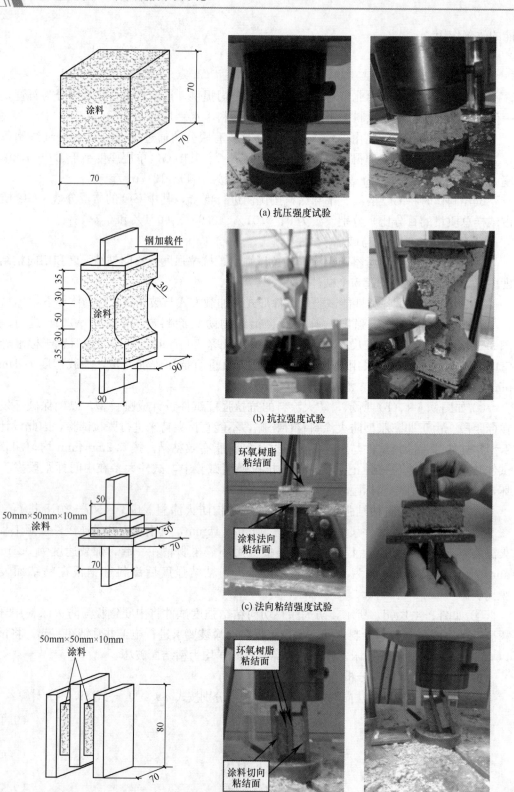

图 9.4-1 各试验试件形式、加载情况及破坏模式

式中 f_c、f_t、f_b、f_{tb}——分别为涂料的抗压、抗拉、法向粘结和切向粘结强度;

F_c、F_t、F_{nb}、F_{tb}——分别为涂料的受压、受拉、法向粘结和切向粘结破坏荷载;

A_c、A_t、A_{nb}、A_{tb}^r 和 A_{tb}^l——分别为受压面积、受拉标距段截面积、法向粘结面积、右侧和左侧的切向粘结面积。

表 9.4-2 中列出了不同 GO 添加率下的试件强度平均值和各强度相对于未添加 GO 的强度的相对值。图 9.4-2 给出了强度相对值随着 GO 添加率的变化规律。可以发现,随着 GO 添加率的增加,涂料的抗压和抗拉强度平均值均增大。当添加率为 0.5% 时,抗压强度和抗拉强度平均值分别提高了 75.6% 和 56.8%,因此,可以认为 0.5% 的 GO 添加率为本文所设工况中的最优 GO 添加率。而涂料的法向和切向粘结强度则在 GO 添加率改变时变化幅度不大,因此认为 GO 对涂料粘结强度的改性作用不明显(图 9.4-2)。

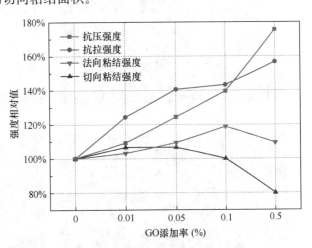

图 9.4-2 涂料力学性能指标与 GO 添加率的关系

不同 GO 添加率下涂料的力学性能指标　　　　表 9.4-2

力学性能指标		GO 添加率(%)				
		0	0.01	0.05	0.1	0.5
抗压强度	绝对数值(MPa)	0.086	0.094	0.107	0.120	0.151
	相对数值	100%	109.3%	124.4%	139.5%	175.6%
抗拉强度	绝对数值(MPa)	0.037	0.046	0.052	0.053	0.058
	相对数值	100%	124.3%	140.5%	143.2%	156.8%
法向粘结强度	绝对数值(MPa)	0.032	0.033	0.035	0.038	0.035
	相对数值	100%	103.1%	109.4%	118.8%	109.4%
切向粘结强度	绝对数值(MPa)	0.015	0.016	0.016	0.015	0.012
	相对数值	100%	106.7%	106.7%	100.0%	80.0%

(2) 石膏基防火涂料的微观机理研究

采用的非膨胀型防火涂料的主要成分为半水石膏 $CaSO_4 \cdot 0.5H_2O$,其发生水化反应将生成二水石膏 $CaSO_4 \cdot 2H_2O$。为探索添加 GO 对防火涂料力学性能影响的机理,分别对普通涂料和 0.5% 添加率的 GO 改性涂料(下称 0.5%GO 涂料)进行了电镜扫描,其微观形貌如图 9.4-3 所示。可以看出,普通涂料的水化产物颗粒体积大而分散,呈疏松泡沫状;0.5%GO 涂料水化产物体积小且集中,孔隙率较小,涂料整体密度较大。这一结论与试验中发现的 0.5%GO 涂料试块质量较大这一规律相一致。由图 9.4-3 (d) 可见,0.5%GO 涂料中形成大量针状和棒状水化晶体,晶体间相互层叠交叉,填充于涂料原有孔隙中,使其结构更为密实,从而使得涂料的抗压与抗拉强度有所提高。

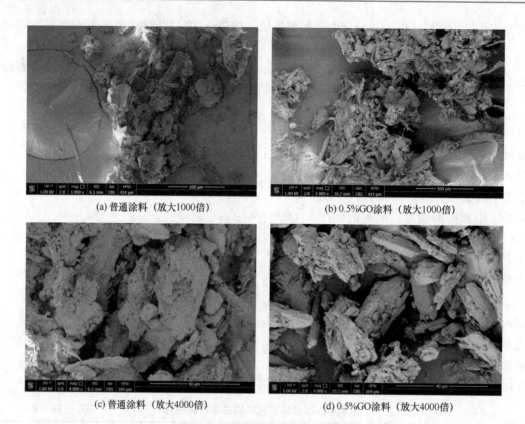

图 9.4-3 涂料扫描电镜微观形貌

GO 对涂料法向和切向粘结强度基本无影响,且所有破坏均为粘结面破坏,原因可能是:虽然钢模均做了刷漆保护,但由于养护室的湿气较大,导致钢模和涂料的粘结面有所锈蚀。锈斑的存在导致粘结面强度降低,且试验数据离散性偏大。另外,钢板和涂料界面的粘结作用主要由分子间范德华力提供力的作用。一般地,范德华力随着原子半径的增大而增大,氧化石墨烯主要成分为碳原子,其半径较小,未能与钢材之间产生较大的作用力。

(3) 隔热性能试验

1) 试验设计

涂料的隔热性能试验采用上海市地方标准《建筑钢结构防火技术规程》DGTJ 08—008—2017 附录 B 推荐的试验方法来进行。共设置 6 块钢板构件,其中 3 块构件涂覆普通涂料,另外 3 块构件涂覆 0.5‰GO 涂料。钢板底材采用 Q235B 钢,尺寸为 300mm×300mm×16mm,涂层厚度为 20mm。防火涂料施工前,在钢板底材上安装两个热电偶,热电偶热端位于钢板中间厚度处。试验试件如图 9.4-4 所示。

将试件按照防火涂料施工说明书进行养护,养护完成后进行隔热性能试验。本试验在同济大学土木工程防灾国家重点实验室进行,采用的钢结构防火涂料隔热性能试验炉如图 9.4-5 所示。采用 ISO834 标准升温曲线进行升温。当两个热电偶的平均温度达到 540℃或试验时间达到 3h 升温停止。

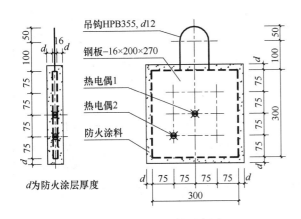

图 9.4-4 试验试件示意图

图 9.4-5 钢结构防火涂料隔热性能试验炉

2) 试验现象

图 9.4-6 和图 9.4-7 给出了试验前后的试件情况。通过对比可以发现，试验前涂料表面平整无裂缝，呈灰色，质地坚硬密实。升温过程中防火涂料保护层性能稳定。试验后涂料呈黄褐色，质地松脆，但其表面未出现明显裂缝，且无明显脱落与破损。

图 9.4-6 试验前构件情况

图 9.4-7 试验后构件情况

3) 试验结果分析

图 9.4-8 和图 9.4-9 分别给出了炉温与时间关系曲线（即标准升温曲线）及试验中各钢板构件的升温曲线。其中一块普通涂料试件由于其中一个热电偶量测通道故障导致部分数据缺失，故在此不予绘出。由图 9.4-9 可以看出，相较于普通涂料试件，0.5%GO 涂料试件的温度在试验过程中始终较低，可见 GO 可以一定程度地提升防火涂料的隔热性能。

采用上海市地方标准《建筑钢结构防火技术规程》DGTJ 08—008—2017 给出的公式，计算涂料在标准火灾下的等效热传导系数，并据此判断涂料的隔热性能。等效热传导系数越小，涂料的隔热性能越好。等效热传导系数的计算公式如下：

$$\lambda_i = \frac{d_i}{\dfrac{5 \times 10^{-5}}{\left(\dfrac{T_s - T_{s0}}{t_0} + 0.2\right)^2 - 0.044} \cdot \dfrac{2}{d}} \tag{9.4-5}$$

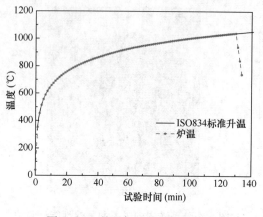

图 9.4-8 炉温与试验时间的关系

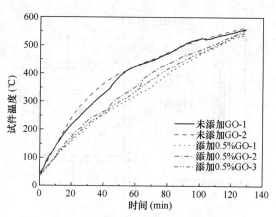

图 9.4-9 各构件温度与试验时间的关系

式中 λ_i——等效热传导系数 [W/(m·K)];

d_i——防火保护层的厚度 (m);

t_0——钢试件两个测点的平均温度达到 540℃ 的时间 (s);

T_{s0}——试验开始时钢试件两个测点的平均温度 (℃);

T_s——t_0 时刻钢试件两个测点的平均温度 (℃),取 540℃;

d——钢板底材的厚度 (m)。

表 9.4-3 列出了根据公式 (9.4-5) 所确定的各试件等效热传导系数值。计算得到的普通涂料的等效热传导系数为 0.0866,0.5%GO 涂料的等效热传导系数为 0.0788,相较于普通涂料降低约 9%,说明 GO 能够改善涂料的隔热性能。

各试件根据公式所计算的等效热传导系数值 表 9.4-3

	初始温度(℃)	达到540度所用时间(s)	平均厚度(m)	等效热传导系数
普通-1	39	7316	0.0197	0.0885
普通-2	38	7016	0.0183	0.0870
普通-3	38	7410	0.0190	0.0842
平均热传导系数				0.0866
0.5%GO-1	36	8016	0.0207	0.0831
0.5%GO-2	39	7704	0.0183	0.0768
0.5%GO-3	40	7841	0.0187	0.0765
平均热传导系数				0.0788

考虑到涂料的热传导系数是涂料在某温度下的物理特性,与涂料温度直接相关,因此可以进一步建立涂料热传导系数和涂料温度的关系。对于火灾条件下表面受热均匀的采用非膨胀型防火涂料保护的钢构件,可根据集总热容法建立如下迭代公式,计算不同温度下的热传导系数:

$$\lambda_i = \frac{d_i}{R_i} \tag{9.4-6}$$

$$R_i = \frac{1}{T} - \frac{1}{T_c + T_r} \tag{9.4-7}$$

$$T = \frac{[T_s(t+\Delta t) - T_s(t)]d_s c_s V}{[T_g(t+\Delta t) - T_s(t)]F_i \Delta t} \tag{9.4-8}$$

式中 λ_i——防火保护层材料的热传导系数[W/(m·K)];

t——升温时间(s);

Δt——时间步长,一般不应大于5s;

T_s——火灾下钢构件内部温度(℃);

T_g——周围空气温度(℃);

d_s——钢材密度(kg/m³);

c_s——钢材比热容[J/(kg·K)];

F_i——钢构件单位长度保护层的内表面积(m²/m);

V——钢构件单位长度的体积(m³/m);

R_i——防火保护层的热阻[m²/(W·K)];

d_i——防火保护层的厚度(m);

T——综合热传递系数[W/(m³·K)];

T_c——空气与构件表面之间的热对流传热系数,一般取25W/(m²·K);

T_r——空气与构件表面之间的热辐射传热系数[W/(m²·K)]。

通常,防火保护层的热阻 R 远大于 $1/(T_c+T_r)$,因此热阻可近似按照下式计算:

$$R_i = \frac{1}{T} \tag{9.4-9}$$

根据式(9.4-6)~式(9.4-9),可以计算得到各钢板上涂料在各时刻的热传导系数。假定涂料沿厚度方向温度为线性分布,因此认为各时刻的涂料温度为各时刻炉温和钢板温度的平均值[19],据此可以得到涂料热传导系数与涂料温度的关系曲线(图 9.4-10)。可以发现:在 600℃ 之前,0.5% GO 涂料的热传导系数显著低于普通涂料,因此添加 GO 对于涂料的耐火性能有较大的提高;而在 600℃ 之后,两曲线较为接近,添加 GO 对于涂料热传导系数的影响并不明显。

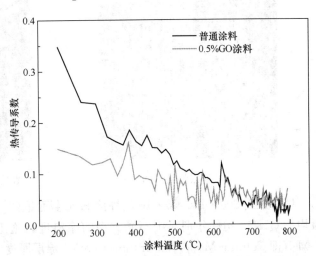

图 9.4-10 涂料热传导系数与涂料温度的关系

GO 的耐火阻燃机理常被认为是 3 种作用叠加的结果[20]:首先,GO 的二维片层结构能在涂料中层层叠加,可形成致密的物理隔绝层,提高涂料的隔热性能;其次,GO 可以与涂料中的少量树脂进行交联复合,进一步形成致密的保护膜,起到阻隔空气的作用,从而发挥阻燃的效果;另外,在高温下 GO 涂层燃烧产生二氧化碳和水,并生成更加致密连续的炭层,阻隔作用更强,从而提高了防火涂料的隔热性能。

2. 双组分环氧膨胀型涂料的力学性能研究

当用于室外或严苛环境时,石膏基防火涂料难以适用。双组分环氧膨胀型涂料最初设计用于海上平台的防火保护,近年来也逐渐地应用于建筑钢结构领域,特别适用于室外以及高腐蚀环境下。在无特殊装饰要求的情况下，该材料可在不需要底漆和面漆的情况下，达到防火和防腐保护的作用。为探究双组分环氧膨胀型涂料在更高机械性能需求应用环境中的适用性，本课题开展了双组分环氧膨胀型涂层的钢构件的单调加载、低周反复加载、高周疲劳荷载等系列试验。

(1) 单调荷载作用下钢柱防火涂层破损试验

1) 试验方案

本试验的目的是：观察当钢柱承受柱顶横向单调荷载时，其表面涂层的破坏形态，研究其破损机理与模式。

试验采用的非膨胀型防火涂料为水泥基涂料，如图9.4-11所示；本试验采用的膨胀型防火涂料是由International Paint Ltd提供的Chartek环氧膨胀型防火涂料，如图9.4-12所示；该涂料是一种厚浆型的水性双组分涂料，有着卓越的耐久性，同时具备防腐和防火保护性能。由International Paint Ltd的专业技术人员进行涂料施工。涂料基本固化后脱模，自然养护。养护完成后，送至实验室进行试验。

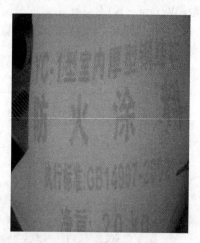

图9.4-11 非膨胀型钢结构防火涂料

图9.4-12 膨胀型钢结构防火涂料

试验采用200×150×6×10的焊接H形截面钢柱，除底板采用Q345钢材外，其余钢材均为Q235。构件分别采用不同类型的涂料进行施工。所用膨胀型钢结构防火涂料为C-M-I（即Column-Monotonic-Intumescent），涂层厚度为3mm。

柱脚采用10.9级高强度螺栓固接；在柱脚设置靴梁，加强柱脚并防止底板弯曲；在柱顶加载点处设置加载头，用于与作动器加载头的连接，在柱顶施加侧向集中荷载，加载绕强轴。单调加载试件的设计如图9.4-13、图9.4-14所示。

试验在同济大学结构试验室进行，单调荷载试验采用200kN大型多功能结构试验机进行加载。通过安装在柱顶的作动器施加单调加载，加载装置见图9.4-15。在柱顶强轴方向施加侧向荷载P，每级荷载为10kN，保持2min。按全截面屈服准则，初步估计钢柱的屈服荷载，之后按位移控制加载，加载速度为2mm/min。

当试验出现以下两者中的任意一个时，试验结束。

① 涂料发生大面积脱落；

② 钢柱底部的受压翼缘发生过大变形。

试验过程中，主要测量构件柱顶的侧向位移和柱脚处应变，分别采用 YHD-30 型（量程范围 30mm、传感器灵敏度系数 0.3）和 YHD-100 型位移传感器（量程范围 100mm、传感器灵敏度系数 0.2）、BX120-3AA 型（量程范围 20000με、灵敏度系数 2%）和 BX120-50AA 型应变片（量程范围 20000με、灵敏度系数 2%）。

测量构件顶端加载方向（D1）及水平面内垂直加载方向（D2）的位移、支座处翼缘外侧的底板竖直方向的位移（D3，D4）。另外，测量柱底板与底梁之间的相对位移（D5）和底梁的绝对位移（D6）。在试验观测方向，D1、D5 向右为正，D2 向观测视线方向为正，D3 向上为正，D4 向下为正，D6 向左为正。位移计布置如图 9.4-16 所示，钢柱表面及涂料表面的应变片布置分别如图 9.4-17、图 9.4-18 所示，应变片布置共三个截面，分别为上、中和下截面，A 面和 B 面对称布置。

2）试验现象和结果

试件 C-M-I 防火涂料的实测平均厚度为 2.81mm，实际加载历程分为以力控制的加载和以位移控制的加载，定义经修正后柱顶的实际位移（见本章第 9.3.2 节）与构件高度的比值为层间位移角，以字母 φ 表示。

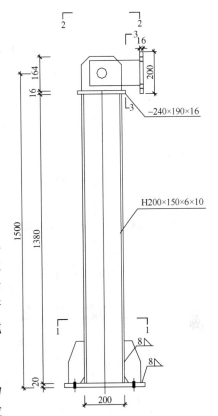

图 9.4-13 试验构件示意图

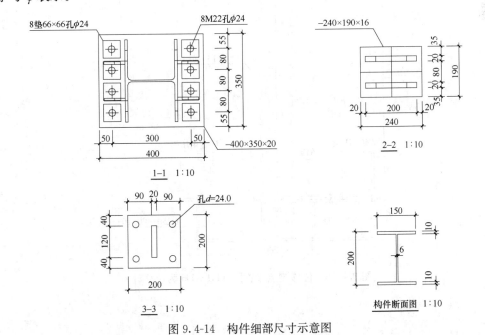

图 9.4-14 构件细部尺寸示意图

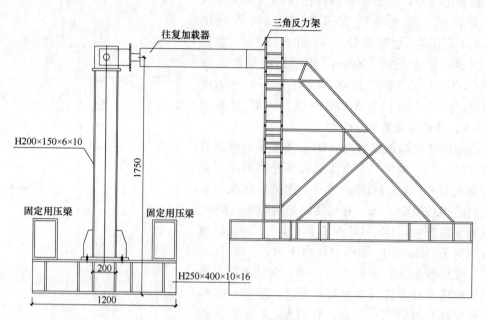

图 9.4-15 单调加载装置图

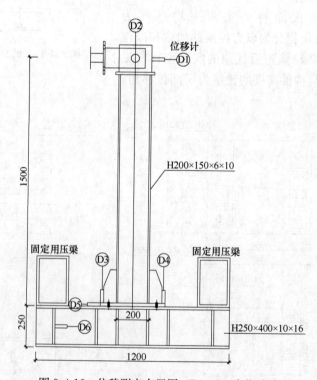

图 9.4-16 位移测点布置图（D1~D6 为位移计）

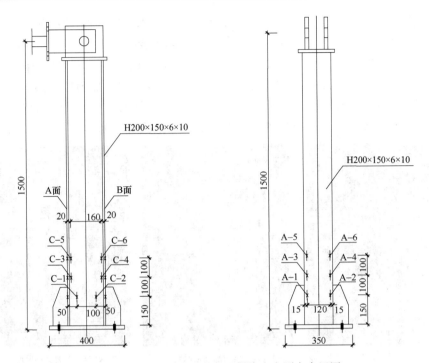

图 9.4-17 钢柱表面腹板及翼缘应变测点布置图

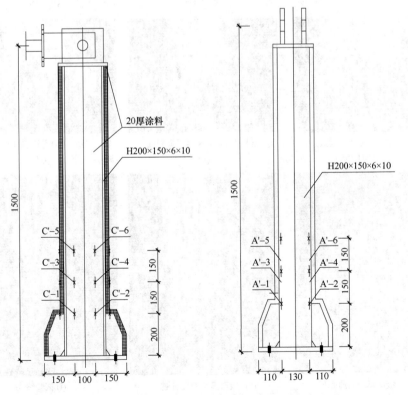

图 9.4-18 钢柱涂层表面腹板及翼缘应变测点布置图

试验整体布置如图 9.4-19（a）所示。荷载加载到第 10 级之前，涂层无肉眼可见的裂缝。加载到第 10 级时，受拉区加劲板上部出现横向细小裂缝 1 和 2，如图 9.4-19（b）所示。加载到第 11 级时，裂缝 1 和 2 进一步开展，在加劲板厚度方向贯通，未出现新的裂缝，如图 9.4-19（c）所示。加载到第 12 级时，拉区翼缘底部、加劲板上部出现两条细小的水平裂缝 3 和 4，如图 9.4-19（d）所示。加载到第 13 级时，拉区翼缘出现大量的细小水平裂缝，腹板和翼缘交界处也出现大量的微裂缝，最大裂缝宽度不超过 1.0mm，压区

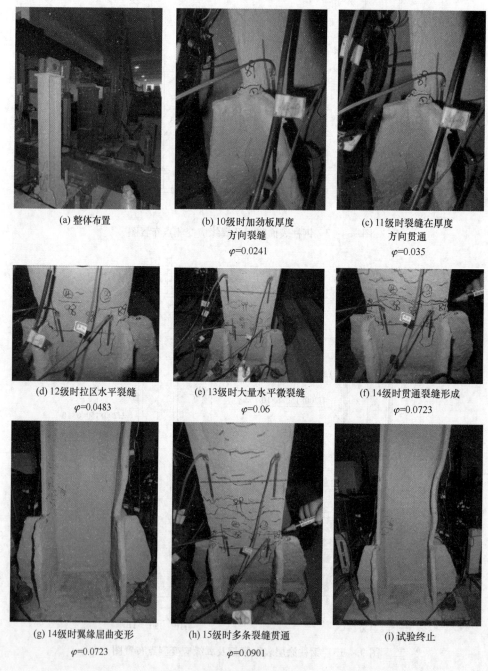

图 9.4-19　不同加载级别时试验现象（φ 为层间位移角）

翼缘开始屈曲变形，但没有裂缝形成，如图 9.4-19（e）所示。加载到第 14 级时，拉区水平裂缝 3 和 4 连通，形成贯通裂缝，最大裂缝宽度达到 1.0mm，如图 9.4-19（f）所示。压区翼缘屈曲变形明显，但仍没有裂缝形成，如图 9.4-19（g）所示。加载到第 15 级时，拉区贯通裂缝宽度加大，达到 2mm 左右，同时各细小水平裂缝相互贯通，形成多条大的水平裂缝，如图 9.4-19（h）所示；压区翼缘彻底屈服变形，但未有裂缝形成，如图 9.4-19（i）所示。试验整个过程中，上部涂层并无明显的变化。

经过修正后，试件 C-M-I 的荷载-位移曲线如图 9.4-20 所示。从图中可以看到，加载初期，试件的荷载-位移关系基本符合线性。当荷载超过 80kN 之后，试件开始出现明显的屈服现象，可在图中读出，试件 C-M-I 边缘开始屈服的荷载约为 76.38kN，相应位移为 21.45mm（对应的层间位移角 $\varphi=0.014$），试件 C-M-I 的极限承载力为 109.21kN，相应的柱顶极限位移为 152.26mm（对应的层间位移角 $\varphi=0.1015$）。

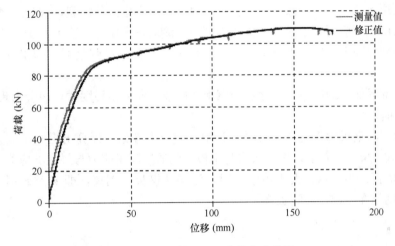

图 9.4-20 试件 C-M-I 荷载位移曲线

钢柱涂层三个截面的应变片均能正常工作，如图 9.4-21～图 9.4-23 所示。由于膨胀型防火涂料性能好，可以很好地与钢构件共同工作，因此涂层截面的应力应变状态基本同试件 C-M-C 钢柱表面的应力应变状态。在柱顶水平荷载达到屈服荷载之前，应变随荷载的变化一直是线性的，当超过屈服荷载以后，由于构件边缘达到屈服，构件进入弹塑性阶

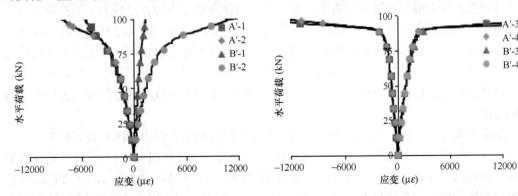

图 9.4-21 荷载-翼缘涂层应变图（下截面）　　图 9.4-22 荷载-翼缘涂层应变图（中截面）

段，应变随荷载的增加不再是线性变化。当荷载达到极限荷载左右的时候，构件翼缘已出现严重的屈服变形，应变随荷载的增大迅速增大，直至应变片损坏。钢柱翼缘表面的拉区与压区应变基本一致。

3）防火涂料破损分析

防火涂层的破坏取决于两个因素：一是钢柱上荷载的大小，二是防火涂料的抗拉、抗压强度和防火涂料与钢柱之间的粘结强度。根据涂层破坏的不同原因，可将涂层的破坏分为以下几类：

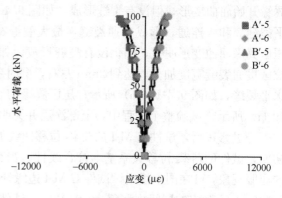

图 9.4-23　荷载-翼缘涂层应变图（上截面）

① 当涂层的拉应力大于涂层的抗拉强度时，涂层发生拉伸断裂，称为 A 类破损；

② 当涂层的压应力大于涂层的抗压强度时，涂层发生压碎，称为 B 类破损；

③ 当局部界面上的应力大于涂层与钢板法向或切向粘结强度时，即出现裂缝，称为 C 类破损；

④ 当全部界面上的应力大于涂层与钢板法向或切向粘结强度时，即会出现整体剥离，称为 D 类破损；

⑤ 当涂层与钢板承受复合应力时，利用层间应力理论，计算出层间正应力与层间剪应力，代入式（9.4-10）中，作为涂层与钢板之间的层间正应力与层间剪应力复合条件下的失效判定依据。当表达式大于等于 1 时，涂层从钢板上剥离，即 E 类破损。否则涂层仍将与钢板粘结在一起，共同工作。

$$\left(\frac{\sigma_z}{\sigma_{z0}}\right)^2 + \left(\frac{\tau_z}{\tau_{z0}}\right)^2 \quad (9.4\text{-}10)$$

该式由许金泉[21]据分子动力学模拟结果提出的一个结合材料复合应力下界面破坏的准则，当防火涂料端部的层间粘结正应力和粘结剪应力达到了破坏准则时，防火涂料破坏就发生，即防火涂料开始发生剥离。其中 σ_z，τ_z 分别是界面上正应力和剪应力，σ_{z0}、τ_{z0} 分别是界面的抗剥离强度和抗剪强度。

王卫永[22]、陈素文、江黎明等[23-25]利用层间应力理论考察防火涂料和钢柱之间的应力，并根据大量有限元数据分析表明：对工字形钢柱弯剪受力时，涂料表面的拉应力只与弯矩有关，除端部一个很小的长度外，应力大小与弯矩成正比；防火涂料和钢柱翼缘之间的粘结正应力也只和涂料边界处钢柱上的弯矩有关，且与弯矩成正比；防火涂料和钢柱翼缘之间的粘结剪应力与拉应力和粘结正应力相比非常小。因此，对工字形钢柱，弯剪受力时，计算涂料表面的拉应力和涂料与翼缘之间的粘结正应力可以将其近似等效为纯弯受力钢柱考虑。

如果两端弯矩不同，可以分成两个构件来计算层间粘结正应力和涂料表面拉应力，每个构件所受的弯矩分别是钢柱上防火涂料端部的弯矩大小。如图 9.4-24 所示，受弯剪的构件，两端防火涂料端弯矩不相等，分别为 M_C 和 M_D，其中 M_C 和 M_D 与端部弯矩的关系可以根据构件的尺寸和荷载来确定。那么在计算左端的层间应力时可以看成两端受纯弯，弯矩为 M_C 的柱来计算，在计算右端的层间应力时，可以看成两端弯矩为 M_D 的纯弯柱来计算。

对于工字形截面柱,仅考虑柱翼缘上防火涂料和翼缘之间的层间应力。受弯矩作用时,每侧翼缘可以看成是拉弯或者压弯矩形构件考虑,如图 9.4-25 所示。

根据 International Paint Ltd 提供的 Chartek 环氧膨胀型防火涂料的材性试验数据,防火涂料粘结强度 $[\sigma_{z0}] = 10$MPa,抗压强度 $[\sigma_-] = 11.31$MPa,抗拉强度 $[\sigma_+] = 10.4$MPa。

取防火涂料的计算厚度 t_s 为试件防火涂料的平均厚度,则 $t_s = 2.81$mm。根据防火涂料和钢材的材性试验数据,防火涂料的弹性模量取 $E_c = 570$MPa。钢材弹性模量 $E_s = 2.06 \times 10^5$MPa。忽略防火涂料的抗力。

钢柱边缘屈服时(对应荷载 76.38kN),钢柱上靴梁顶部高度处弯矩 $M = 95.48$MPa。将钢柱的受拉翼缘和受压翼缘分别看作拉弯和压弯板件。

以受拉翼缘为例,其外表面的拉应力:

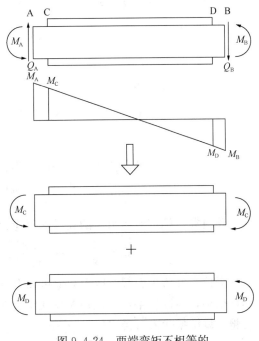

图 9.4-24 两端弯矩不相等的钢柱层间应力计算方法示意图

$$\sigma_1 = \frac{My_1}{I} = \frac{95.48 \times 10^6 \times 100}{30016000} = 318.08 \text{MPa} \qquad (9.4\text{-}11)$$

受拉翼缘内表面的拉应力:

$$\sigma_2 = \frac{My_2}{I} = \frac{95.48 \times 10^6 \times (100-10)}{30016000} = 286.17 \text{MPa} \qquad (9.4\text{-}12)$$

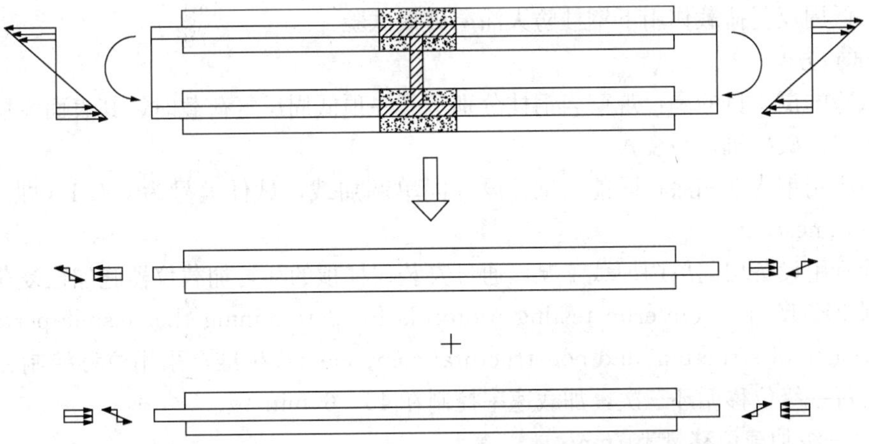

图 9.4-25 工字形截面的处理示意图

将受拉翼缘单独考虑，计算其所受的拉力和弯矩，则翼缘端部拉力：

$$N = \frac{1}{2}(\sigma_1 + \sigma_2)A_f = \frac{1}{2} \times (318.08 + 286.27) \times (150 \times 10) = 453.26 \text{kN} \tag{9.4-13}$$

受拉翼缘端部弯矩：

$$M = \frac{1}{2}(\sigma_1 - \sigma_2)W_f = \frac{1}{2}(318.08 - 286.27) \times \left(\frac{1}{6} \times 150 \times 10^2\right) = 39.76 \text{kN·mm} \tag{9.4-14}$$

对受拉翼缘，单独由拉力引起的应力为：

$$\sigma_n = \frac{N}{A} = \frac{453260}{(150 \times 10)} = 302.17 \text{MPa} \tag{9.4-15}$$

单独由翼缘端部弯矩引起的翼缘端部应力为：

$$\sigma_m = \frac{M}{W} = \frac{39760}{(1/6 \times 150 \times 10^2)} = 15.90 \text{MPa} \tag{9.4-16}$$

根据拉力和弯矩引起的应力数值可以看到，弯矩引起的应力数值与拉力引起的应力数值相比很小，可以忽略，因此将翼缘视作拉伸板件。

将计算结果代入可得：

$$\sigma_{\max} = \frac{96 \times 453.26 \times 10^3 \times 570}{150 \times (10 + 2 \times 2.81) \times (100 \times 570 + 13 \times 2.06 \times 10^5)} \times \left(\frac{2.81}{10}\right)^{0.72}$$
$$= 1.55 \text{MPa} \tag{9.4-17}$$

$$\sigma = \frac{453.26 \times 10^3 \times 570}{570 \times 2.81 \times 150 + 2.06 \times 10^5 \times 110 \times 150} = 0.84 \text{MPa} \tag{9.4-18}$$

涂料表面拉应力 $\sigma = 1.55\text{MPa} < [\sigma_+] = 10.4\text{MPa}$，涂料远未达到开裂荷载；最大粘结正应力 $\sigma_{\max} = 0.84\text{MPa} < [\sigma_{z0}] = 10\text{MPa}$，涂料未脱落。

实际试验过程中，试件 C-M-I 加载至层间位移角 φ 达到 0.0171 时，受拉受压区涂层均无肉眼可见的裂缝；实际上当层间位移角 φ 达到 0.0228 时，受拉区加劲板上部才开始出现横向细小裂缝，且最大裂缝宽度不超过 1.0mm，分析原因，可能是膨胀型涂料自身的材性比较好，可以和构件有效地粘结在一起并一起变形。

(2) 低周反复荷载作用下钢柱防火涂层破损试验

1) 试验方案

本试验的试验目的是：观察当钢柱分别承受柱顶低周反复荷载时，其表面涂层的破坏形态，研究其破损机理与模式。

试验所用钢构件和涂料同前。试件设计同单调加载，试件编号为 C-C-I（即 Column-Cyclic-Intumescent）。

试验所用设备均同单调加载工况，通过安装在柱顶的往复加载仪器施加往复荷载。

根据 FEMA 461（Interim testing protocols for determining the seismic performance characteristics of structural and nonstructural components）标准，采用位移控制在柱顶施加荷载，每一级位移循环三次，加载速率控制在 45～60min/级。

① 第一级加载位移量为 7mm；

② 加载初期，每一级加载位移量为上一级加载位移量的 1.4 倍；

③ 当构件出现屈服之后,增长倍数改为1.3;
④ 当试件破坏时,试验停止。

试验加载制度如图9.4-26所示。测量方案和破坏准则同单调加载。

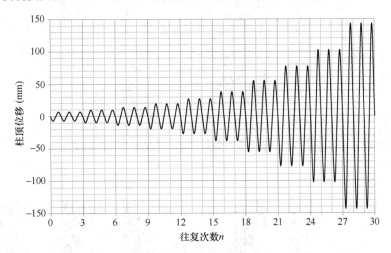

图9.4-26 加载制度

2) 试验现象和结果

试件实际加载历程如表9.4-4所示,每级位移往复3次。定义经修正后柱顶的实际位移与构件高度的比值为层间位移角,以字母φ表示。

低周反复加载试验试件C-C-C的加载历程　　　表9.4-4

加载级数	1	2	3	4	5	6	7	8	9	10
加载位移值 (mm)	±7	±9.8	±13.72	±17.84	±23.19	±30.14	±39.19	±50.94	±66.22	±86.09
加载速率 (kN/min)	2	3	4	5	6	8	12	18	20	25
层间位移角	0.0041	0.0056	0.0081	0.0101	0.013	0.0173	0.0229	0.0306	0.0425	0.0574

给构件的两个面分别编号为A面和B面,其中A面为在第一个往复加载时受压的面,B面为受拉面。为了便于描述,给每个加载级别编号,例如4-2-F (forward loading) 表示加载到第四级第二个循环的正方向(即A面受压,B面受拉),5-3-B (backward loading) 表示加载到第五级第三个循环的反方向(即A面受拉,B面受压),以此类推。

试件C-C-I防火涂料的实测平均厚度为2.0mm,试件实际加载历程和实际加载制度同试件C-C-C,如表9.4-4所示。

加载到第6级之前,涂层均无肉眼可见的裂缝。加载到第6级时,受拉面加劲板上部与翼缘相交处出现细小横向裂缝,宽度约0.1mm,当为受压面时,裂缝完全闭合,如图9.4-27 (a) 所示。加载到第7级时,受拉面加劲板上的裂缝向翼缘厚度方向扩展,当为受压面时,裂缝完全闭合,未出现新的裂缝,如图9.4-27 (b) 所示。加载到第8级时,受拉面加劲板上的裂缝沿翼缘厚度方向贯通,最大处裂缝宽度达2mm左右,如图9.4-27 (c) 所示;受

图 9.4-27 不同加载级别时试验现象（φ 为层间位移角）

压面翼缘出现屈曲变形，侧向位移增大，没有肉眼可见的受压裂缝，如图 9.4-27（d）所示。加载到第 9 级时，受拉面加劲板裂缝向翼缘背面延伸，翼缘变形较大的部位出现细小横向裂缝，裂缝宽度小于 0.1mm，如图 9.4-27（e）所示；加载到 9-3 级时，受拉面翼缘边缘断裂，承载力有所下降，如图 9.4-27（f）所示。加载到第 10 级时，受拉面翼缘水平裂缝开始贯通，可以听到钢材断裂的声音，受拉翼缘被撕裂，涂层开始在变形较大的部位张开，但未剥落；受压面翼缘屈曲变形加大，如图 9.4-27（g）所示。随着加载的进行，翼缘断裂延伸至腹板，承载能力急剧下降；最终因翼缘彻底断裂及变形过大，试验结束，如图 9.4-27（h）、图 9.4-27（i）所示。

经过修正后，试件 C-C-I 的加载滞回曲线如图 9.4-28 所示。从图中可以看到，加载初期，试件的荷载-位移关系基本符合线性。当荷载超过 80kN 之后，试件开始出现明显的屈服现象和滞回现象。

将试件 C-C-I 开始屈服时的数据单独列出绘制曲线（图 9.4-29），该曲线的加载级别为 5-（3）～6-1 级，可在此图中读出，当荷载达到 76.44kN 时，试件边缘开始屈服，相应位移为 21.94mm。试件 C-C-I 的极限承载力为 99.92kN，相应的柱顶极限位移为 50.78mm。

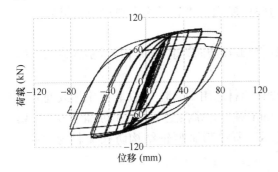

图 9.4-28 试件 C-C-I 修正的滞回曲线

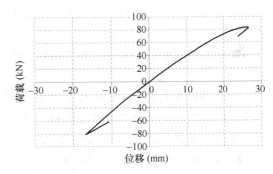

图 9.4-29 试件 C-C-I 屈服时力-位移曲线

钢柱涂层三个截面典型的荷载-应变曲线如图 9.4-30～图 9.4-32 所示。由于膨胀型防火涂料材性好，可以很好地跟钢构件共同工作，因此涂层截面的荷载应变变换规律基本同试件 C-C-I 钢柱加载的荷载-位移曲线。在达到屈服荷载之前，涂层表面应变随荷载的变化一直是线性的，当超过屈服荷载以后（约 80kN），由于构件边缘达到屈服，构件进入弹塑性阶段，应变随荷载的变化呈现一定的滞回性能。当荷载达到极限荷载左右的时候，构件翼缘已出现严重的屈服变形，应变随荷载的增大迅速增大，直至损坏。

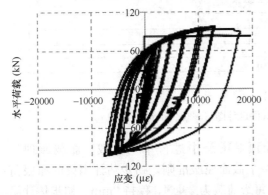

图 9.4-30 荷载-翼缘涂层应变图（应变片 A'-2）

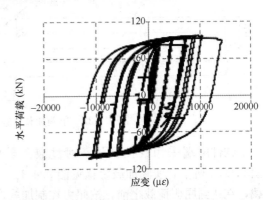

图 9.4-31 荷载-翼缘涂层应变图（应变片 A'-4）

实际试验过程中，试件 C-C-I 加载至层间位移角达到 $\varphi=0.0173$ 之前，涂层均无肉眼可见的裂缝；随后，受拉面加劲板上部与翼缘相交处出现细小横向裂缝，当为受压面时，裂缝完全闭合；当层间位移角 φ 达到 0.0425 时，受拉面翼缘边缘断裂，承载力下降。

（3）单调荷载作用下钢梁防火涂层破损试验

1）试验方案

防火涂层在高周疲劳荷载下的破损，是在长时间动力荷载累积下的疲劳

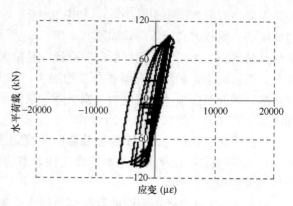

图 9.4-32　荷载-翼缘涂层应变图（应变片 A′-6）

破坏，为便于加载，将采用梁式试件，施加横向荷载，使梁产生挠曲变形，通过对试验现象和试验数据的分析，研究了钢梁防火涂层的破损模式，建立了涂层破损与钢梁变形的关系。

本试验的试验目的是：观察当钢梁跨中承受单调荷载时，其表面涂层的破坏形态，确定其破损机理与模式。

试验所用涂料同前。钢梁跨度为 2.0m，设计钢材选用 Q235。为防止跨中加载处局部提前破坏，在上翼缘跨中加载处焊接一块 150mm 钢板，并在上下翼缘间加焊 6mm 加劲板。单调加载试验的试件尺寸如图 9.4-33 所示。所涂膨胀型钢结构防火涂料为 B-M-I（即 Beam-Monotonic-Intumescent）。

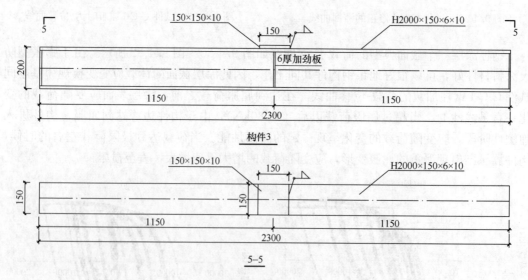

图 9.4-33　单调加载试验试件设计图（单位：mm）

构件两端采用铰接设计。通过液压千斤顶对梁跨中进行单调加载。加载原理如图 9.4-34 所示，实际加载装置见图 9.4-35。按全截面屈服准则，初步估计钢梁的屈服荷载，在达到屈服荷载之前，按照力控制加载，每级荷载为 20kN，保持 2min。初步估计梁

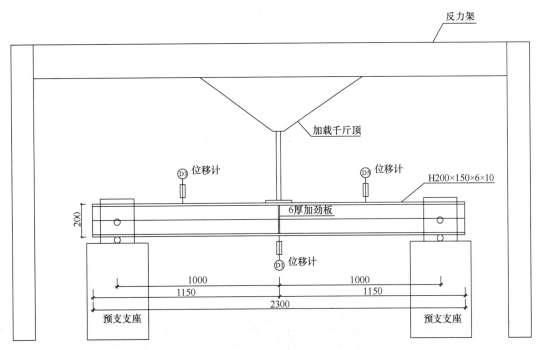

图 9.4-34 高周疲劳试验加载示意图

图 9.4-35 安装好的试件加载装置

跨中全截面屈服时跨中集中荷载为 220kN，之后按每级荷载为 5kN，观察现象并记录。

当试验出现以下两者中的任意一个时，试验结束。

① 涂料发生大面积脱落；

② 钢梁跨中挠度过大，钢梁断裂。

单调加载试验时，主要测量构件梁跨中的竖向位移、侧向位移，梁两端四分之一跨的竖向位移和梁跨中、四分之一跨处的应变，利用数据采集系统和电测位移传感器，测量构件跨中加载方向（D1，D2）的位移及两端四分之一跨处的竖向位移（D3～D6）、梁跨中平面外（D7）的位移。在试验观测方向，D1～D6 均向下为正，D7 向观测视线方向为正。位移计布置如图 9.4-36 所示。钢柱表面及涂料外部的应变片布置分别如图 9.4-37 和图 9.4-38所示。

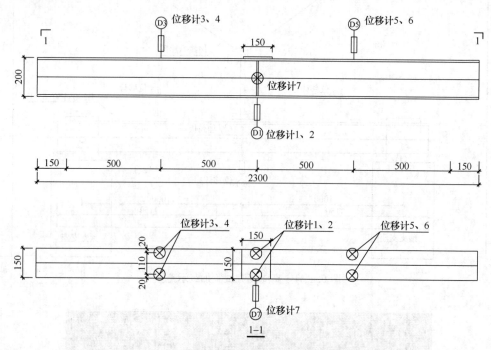

图 9.4-36　位移测点布置图（D1～D7 为位移计）

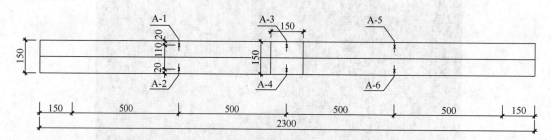

图 9.4-37　钢梁下翼缘表面应变测点布置图

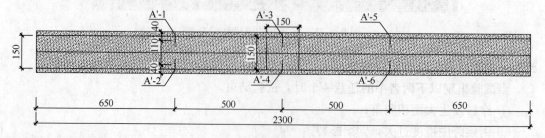

图 9.4-38　钢梁下翼缘涂层表面应变测点布置图

2) 试验现象和结果

试件 B-M-I 防火涂料的实测平均厚度为 2.65mm，实际加载历程如表 9.4-5、表 9.4-6 所示。

试件 B-M-I 全截面屈服之前的加载历程　　　　　　　　　　　　　　　表 9.4-5

加载级数	1	2	3	4	5	6	7	8	9	10	11
加载荷载值(kN)	20.42	40.29	60.16	80.58	100.08	120.87	139.63	160.05	180.47	200.16	220.21
跨中位移值(mm)	0.68	1.42	2.12	2.95	3.61	4.52	5.23	6.15	7.09	8.53	9.52
挠跨比	0	0.001	0.0011	0.0015	0.0018	0.0023	0.0026	0.0031	0.0035	0.0043	0.0048

试件 B-M-I 全截面边缘屈服之后的加载历程　　　　　　　　　　　　　表 9.4-6

加载级数	12	13	14	15	16	17
对应荷载值(kN)	239.34	245.78	250.93	255.35	260.68	265.1
跨中位移值(mm)	13.89	19.37	25.45	30.45	34.32	39.03
挠跨比	0.0069	0.0097	0.0127	0.0153	0.0172	0.0195

荷载加到第 14 级之前，涂层均无开裂。第 14 级时，当力保持不变，跨中挠度持续增加，跨中加劲板与下翼缘相交处出现翼缘厚度方向的细小裂缝，但未贯通，如图 9.4-39（a）所示。荷载加到第 17 级时，上翼缘与加载板相交处附近有明显的屈曲变形，下翼缘与加劲板相交处出现新的竖向裂缝，下翼缘表面出现细小横向裂缝，如图 9.4-39（b）、图 9.4-39（c）所示。荷载加到第 18 级时，梁上翼缘屈曲变形更加明显，涂料开裂张开；腹板形成竖向裂缝和斜裂缝，底部横向裂缝发展，但未形成主要的贯通裂缝，如图 9.4-39（d）、图 9.4-39（e）所示。最终梁因扭转变形过大而破坏。构件最终破坏状态如图 9.4-39（f）所示。

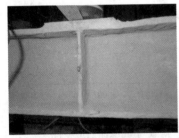
(a) 14级时下翼缘裂缝
δ=0.0127

(b) 17级时上翼缘屈曲变形
δ=0.0195

(c) 17级时下翼缘横向裂缝
δ=0.0195

(d) 18级时上翼缘涂层张开

(e) 18级时横向裂缝发展

(f) 最终破坏形态

图 9.4-39　不同加载级别时试验现象（δ为挠跨比）

试验中使用位移计 D1、D2 测量跨中挠度，取二者平均值，可得跨中挠度随荷载的变化如图 9.4-40 所示。从图 9.4-40 可以看到，在荷载达到 220kN 之前，跨中挠度随着荷载的增加基本上是线性增加，当超过 220kN 以后，位移随着荷载的增加开始非线性增加，尤其是超过 240kN，当荷载基本保持不变的时候，位移可持续增加，试件表现出出明显的屈服现象。

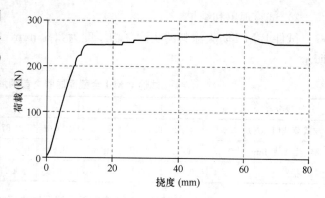

图 9.4-40 荷载-挠度曲线

钢梁三个截面的应变片均能正常工作，其表面荷载-应变曲线如图 9.4-41 所示。在梁跨中荷载达到全截面屈服荷载之前，钢梁下翼缘表面的应变随荷载基本上线性变化，当超过全截面屈服荷载以后，由于钢梁跨中全截面达到屈服，跨中应变随荷载的增加不再是线性变化。当荷载达到极限应力对应的荷载时，构件翼缘已出现严重的屈服变形，应变值急剧增加，直至损坏。整个过程中，钢梁下翼缘表面对称位置的应变变化基本一致。

涂层三个截面的应变片均能正常工作，其表面荷载-应变曲线如图 9.4-42 所示。由于膨胀型涂层材性较好，且涂层厚度较薄，涂层应变片的变化基本同构件下翼缘钢表面应变片的变化。

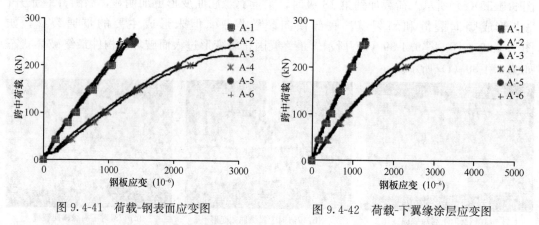

图 9.4-41 荷载-钢表面应变图　　图 9.4-42 荷载-下翼缘涂层应变图

（4）高周疲劳荷载作用下钢梁防火涂层破损试验

1）试验方案

本试验的目的是：观察当钢梁跨中承受高周疲劳荷载时，其表面涂层的破坏形态，确定其破损机理与模式。

本试验所用钢板、涂料及施工均同钢梁单调加载试验，试件编号为 B-F-I（即 Beam-Fatigue-Intumescent）。

高周疲劳荷载试验时主要考虑民用建筑和海洋平台风荷载作用，初步预计进行 $2×10^6$ 次加载，并在加载过程中记录防火涂料的开裂情况。《钢结构设计标准》GB 50017—2017 中规定：在风荷载标准值作用下，框架柱顶水平位移和层间相对位移不宜超过多层框架的层间相对位移 $h/400$。考虑到涂料破坏主要和构件的变形有关,试验时需保证柱和梁的变形程度一致,即:$y_{柱}/l_{柱} = y_{梁}/(l_{梁}/2)$。由此可得梁跨中挠度为 2.50mm,梁跨中荷载值为 92.75kN(疲劳荷载),对应应力为 154.50MPa,作为最大应力。当按照频遇值选取时,由荷载规范规定,其组合值系数为 0.4,因此按照 0.4 倍的侧向极限荷载(承载力限值)极限值作为疲劳加载最小值,即 37.1kN,对应的最小应力为 61.80MPa,按正弦加载。试验的加载制度如图 9.4-43 所示。

高周疲劳荷载试验采用同济大学振动实验室的电液式脉动疲劳机进行,试验加载频率为 4.0Hz。加载示意图如图 9.4-44 所示。实际加载情况如图 9.4-45 所示。

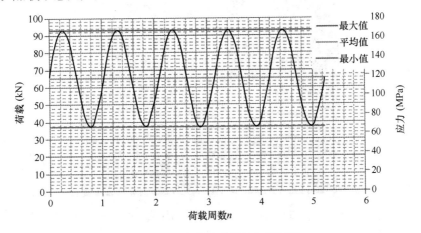

图 9.4-43 疲劳试验设计加载制度

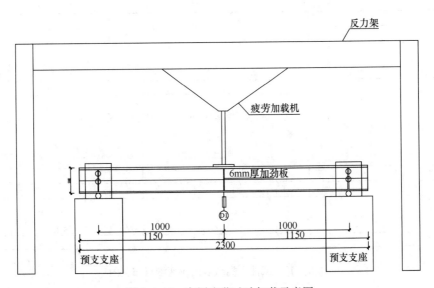

图 9.4-44 高周疲劳试验加载示意图

高周疲劳荷载作用时,测量试件 B-F-C、B-F-I 表面的应变片布置分别如图 9.4-46 和图 9.4-47 所示。

2)试验现象和结果

① 加载应力幅为 141.6MPa

图 9.4-45 安装好试件的加载装置

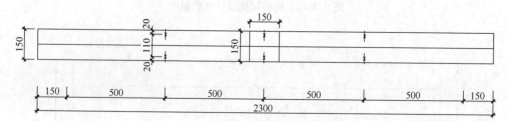

图 9.4-46 试件下翼缘表面应变测点布置图

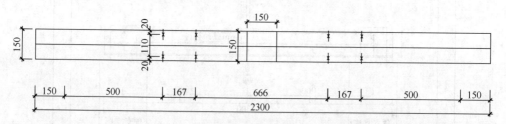

图 9.4-47 试件上翼缘表面应变测点布置图

试件 B-F-I 防火涂料的实测平均厚度为 2.59mm。考虑到膨胀型涂料材性比较好，开始的时候采用比较大的应力幅进行加载，疲劳荷载最大值为 115kN，最小值为 30kN，按正弦加载，如图 9.4-48 所示。

② 加载应力幅为 200MPa

加载到 207.11 万次时，构件及涂层均无任何变化，因构件已通过 200 万次的疲劳荷载考核,为加快构件疲劳破坏,加大应力幅。疲劳荷载最大值为 165kN,最小值为 45kN,按正弦加载,如图 9.4-48 所示。

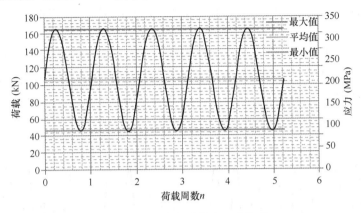

图 9.4-48　实际加载制度（膨胀型）

累计加载到 214.61 万次时,试件在加劲板与下翼缘相交处出现沿翼缘厚度方向的细裂缝,裂缝宽度约 0.1mm 左右,随着加载的进行,裂缝不断地闭合和张开,发展极其缓慢,如图 9.4-49（a）所示。累计加载到 239.43 万次时,钢梁挠度突然增大,可以听到钢材撕裂后不断碰撞的声音。随着加载继续进行,梁的挠度不断增大,声音也越来越响,梁底部贯通裂缝形成并迅速扩展,如图 9.4-49（b）所示。

(a) 214 万次时初始裂缝形成

(b) 239 万次时贯通裂缝形成

(c) 试件破坏后腹板裂缝

(d) 试件破坏后底部裂缝

图 9.4-49　不同加载级别时试验现象

当梁的挠度增加到一定程度时,加载设备达到安全阀值,试验自动停止,从钢梁疲劳断裂开始到试验结束,只用了短短几分钟的时间。试件破坏后除底部形成贯通的横向裂缝之外,在靠近加劲板下部的腹板处形成大量的微裂缝,但均未发展贯通,如图 9.4-49 (c)、图 9.4-49 (d) 所示。

钢梁四个截面的应变片均能正常工作。应变取相应位置的平均值,则 1/3 跨和 1/4 跨处应变-加载周期如图 9.4-50 和图 9.4-51 所示。由图可知,1/3 跨处微应变差为 427,1/4 跨处微应变差为 322,二者比值约为 4∶3,说明加载过程中符合平截面假定,由此可计算跨中微应变差约为 642。

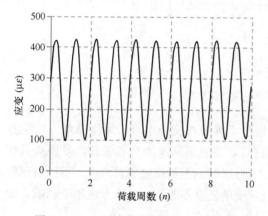

图 9.4-50　1/4 跨荷载周期-钢材应变图

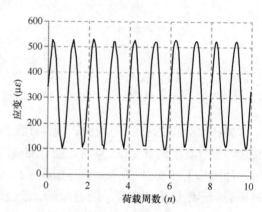

图 9.4-51　1/3 跨荷载周期-钢材应变图

整个加载过程中,试件均处于弹性受力范围,试件的破坏为疲劳加载破坏。试件 B-F-I 的挠度测量结果如表 9.4-7 所示。将简支梁的一半视作卧位的悬臂柱,则挠度与半梁长之比可评估相应悬臂柱模型的变形程度。

高频试验挠度测量结果（膨胀型）　　　　表 9.4-7

振动次数（万次）	累计振动次数（万次）	上峰值（kN）	下峰值（kN）	平均挠度差 f（mm）	$2f/l$
207.11	207.11	115	30	2.14	1/467
32.32	239.43	165	45	4.72	1/212

根据以上试验结果可知,构件承受 207 万次的振动时,对应的层间位移角为 1/467,防火涂料无任何开裂现象。

9.5　围护-防火一体化研究

钢结构建筑中常采用的围护体系（包括各类轻型砌体填充外墙、轻质复合墙板等）,通常都是由不燃材料制作,具有一定的防火性能。很多情况下,钢结构的很多结构构件全部或者部分被这些围护和装饰构件包裹,火灾时,这类围护构件实际上将钢构件与周围热烟气隔离开来,对钢构件起到了防火保护作用。国内有学者对火灾下带墙（楼）板的钢结构的升温情况进行了研究,但仅探讨围护体系对有防火涂料或防火板保护的钢结构的升温影响,未考虑和研究在不采用防火涂料或防火板保护的情况下,将围护体系兼作防火保护的可行性。

综合考虑围护材料的高温稳定性、热工特性、变形适应性等性能后初步筛选了三种围护形式,利用有限元软件 ABAQUS 进行传热分析的数值计算,得到火灾下受围护体系包裹的 H 型钢柱的温度分布情况,结合规范要求,从钢构件升温方面来评估将围护、装饰构件兼作钢结构防火保护的可行性。

9.5.1 基本假定及计算模型

1. 基本假定

应用 ABAQUS 进行了高温下构件截面温度分布的传热分析有限元计算,做出如下的假设:

(1) 空气的升温符合 ISO 834 标准升温曲线。

(2) 温度分布与应力水平无关。即在进行温度分析时不考虑构件变形、应力应变等因素对材料热工参数和热传递的影响。

(3) 钢构件内部的温度在各瞬时沿长度方向都是均匀分布的,仅考虑截面上温度不均匀分布,即为二维热传导问题。

(4) 钢构件与围护构件均为等截面构件。

2. 基本参数及选用单元

在本章,墙体为单面受火,受火面对流换热系数取 $25W/(m^2 \cdot ℃)$,综合辐射系数取 0.7;背火面的对流换热系数取 $4W/(m^2 \cdot ℃)$,综合辐射系数取 0.9,空气温度按照国际标准 ISO 834 曲线如式(9.5-1)所示进行升温,加热过程持续 3h。

$$T_g - T_0 = 345\lg(8t+1) \quad (9.5\text{-}1)$$

式中　T_g——升温到 t 时刻的平均炉温;

　　　T_0——炉内的初始温度;

　　　t——试验所经历的时间(min)。

本章应用 ABAQUS 进行火灾下带围护构件的 H 型钢柱的传热分析,模型采用二维实体热传递单元 DC2D4(四节点四边形单元)。每个节点只有一个温度自由度,该单元可用于二维稳态或瞬态传热分析。

3. 计算模型及热工参数

本章共有 4 个模型,其中模型 1 与文献 [26] 的结果进行对比用以验证模型的准确性。

(1) 模型 1

模型 1(图 9.5-1)中采用 ALC 墙板与钢柱 H 200×100×10×14(mm)相连,钢柱被 20mm 的防火涂料包裹。各材料热工参数如表 9.5-1 所示。

模型 1 各材料的热工性能参数　　　　表 9.5-1

热工参数	钢材	ALC	防火涂料
干密度 ρ_0 (kg/m³)	7850	500	680
导热系数 λ [W/(m·K)]	45	0.15	0.1
比热容 C [J/(kg·K)]	600	1000	1000

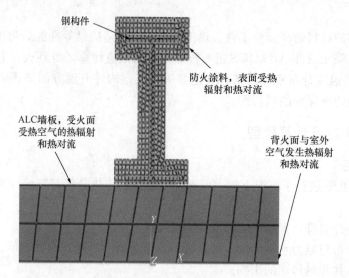

图 9.5-1　模型 1 示意图

(2) 模型 2

模型 2 (图 9.5-2) 中采用 ALC 板对与墙板相连的钢柱 H200×100×10×12 (mm) 进行三面包覆。钢材和 ALC 的材料参数与模型 1 相同,根据《民用建筑热工设计规范》GB 50176—2016[27],对于 45mm 厚的空气层,其热阻为 $0.15(m^2 \cdot K/W)$,则等效的传热系数为 $0.045/0.15=0.3 W/(m \cdot K)$。

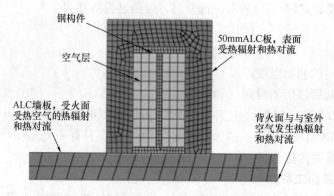

图 9.5-2　模型 2 示意图

(3) 模型 3

模型 3 (图 9.5-3) 中采用石膏板对试件进行三面包覆,内部填充岩棉,墙体材料性能参数如表 9.5-2 所示。

模型 3 各材料的热工性能参数　　表 9.5-2

热工参数	石膏板	硅酸钙板	岩棉
干密度 ρ_0 (kg/m³)	1050	900	70
导热系数 λ [W/(m·K)]	0.33	0.12	0.05
比热容 C [J/(kg·K)]	1050	1000	1340

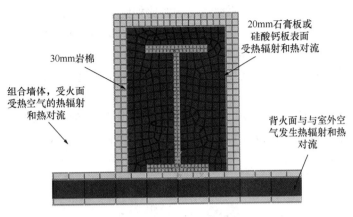

图 9.5-3 模型 3 示意图

(4) 模型 4

模型 4（图 9.5-4）中采用砖砌体对钢柱进行三面包覆，砖砌体材料性能参数如表 9.5-3 所示。

模型 4 各材料的热工性能参数　　　　　　　　　表 9.5-3

热工参数	普通砖	耐火砖
干密度 ρ_0 （kg/m³）	1700	900
导热系数 λ [W/（m·K）]	0.76	0.55
比热容 C [J/（kg·K）]	1050	1050

4. 验证模型

如图 9.5-5 所示，在 100mm 厚 ALC 墙板影响下，5400s（1.5h）时刻钢构件截面温度分布情况结果验证了本文有限元模型的正确性。

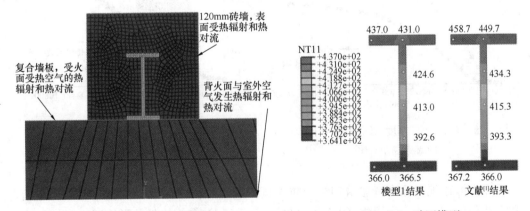

图 9.5-4　模型 4 示意图　　　　　图 9.5-5　验证模型

图 9.5-6 描述了模型 2 钢柱截面温度分布随时间变化的情况，在整个升温过程中，上翼缘温度最高，下翼缘温度最低，两者之间相差将近 70℃，腹板中央的温度基本与截面的平均温度持平。

为探究 ALC 板厚对钢构件截面平均温度和上下翼缘温差的影响，在保持其他条件相同的情况下,将板厚改为 30mm,两种情况的对比如图 9.5-7 及图 9.5-8 所示。

由图 9.5-7 可见,采用不同板厚进行保护时,受火 3h 后钢柱的截面平均温度相差近 200℃。而由图 9.5-8 可见,上下翼缘温差相差 30℃左右。

为探究空气传热系数随温度变化的影响,将空气层的传热系数设为 0.4W/(m·K) 时,分析结果如图 9.5-9 所示,可见影响不大,这是因为空气层本身密度小,升高相同温度需要的热量少,即使传热系数变小,依然会快速升温到与 ALC 板相近的温度,故对钢柱截面的温度分布影响不大,也说明采用等效传热系数的方式来简化空气层的建模方式有一定的合理性。

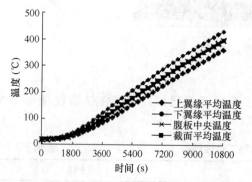

图 9.5-6 ALC 板保护下的钢柱截面温度分布

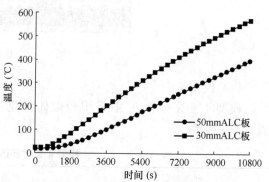

图 9.5-7 不同厚度 ALC 板保护下的平均温度对比

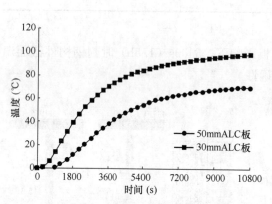

图 9.5-8 不同厚度 ALC 板保护下的翼缘温差对比

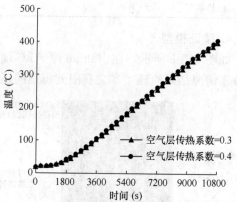

图 9.5-9 不同空气传热系数下的平均温度对比

根据上海市地方标准《建筑钢结构防火技术规程》DGTJ 08—008—2017,对于有非轻质防火层的钢构件,采用式(9.5-2)和式(9.5-3)计算钢构件的平均温度:

$$B = \frac{1}{1+\frac{c_i \rho_i d_i F_i}{2 c_s \rho_s V}} \cdot \frac{\lambda_i}{d_i} \frac{F_i}{V} \tag{9.5-2}$$

$$T_s(t) = (\sqrt{0.044 + 5.0 \times 10^{-5} B} - 0.2)t + T_0 \tag{9.5-3}$$

式中　　B——钢构件单位长度综合传热系数；

　　　　F_i/V——截面系数；

　　　　$T_s(t)$——钢构件温度（℃）；

　　　　T_0——初始温度（℃），一般取20℃。

由于规程中对于与墙体相连的钢柱的温度计算是假设墙体完全绝热的条件下进行的，利用有限元进行了绝热墙体下的温度分布计算，结果的对比如图9.5-10所示。由图中可见，规范公式始终在考虑墙体吸热的模型的有限元计算结果之下，当考虑将墙体设为绝热后，也只有在2.5h后其温度才超过规范计算结果，这证明规范公式相对较为保守，但是对于实际工程计算比较适用，故对于ALC墙板兼作钢结构防火保护的做法，可依旧按照规范中的设计方法进行。

图9.5-11描述了模型3在石膏板岩棉组合墙体保护下的钢柱截面在受火3h时的温度分布，可见钢构件的整体温度比较均匀，最大温差不到30℃，最高温度为269.4℃，这主要是因为岩棉的传热系数很低，起到了很好的保温作用，同时也使得墙体与模型2中的ALC墙相比吸收的热量少，因而减少了上下翼缘的温差。图9.5-12显示了在受火3h后，模型整体低于600℃的部分，可见约有近15mm厚的岩棉超过了600℃的最高使用温度，考虑到岩棉的最高

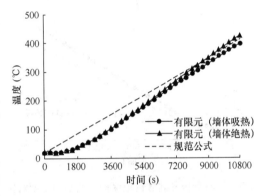

图9.5-10　有限元结果与规范公式计算结果比较

使用温度为600℃，且不能遇明火，这部分岩棉将失去作用，因此实际火灾过程中的保温效果会有所减弱，具体的影响需结合试验进一步探究。

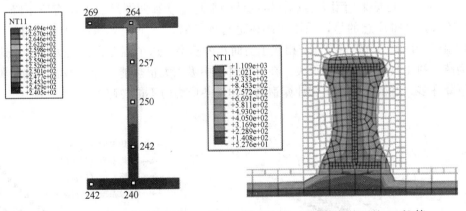

图9.5-11　石膏板岩棉组合墙体保护　　　　图9.5-12　石膏板保护下的600℃等
　　　　下的截面温度分布　　　　　　　　　　　　　　值切面图

为探究采用防火性能更好的硅酸钙板代替石膏板的必要性，对采用硅酸钙板的模型进行了分析，结果如图9.5-13和图9.5-14所示。由图可知，采用硅酸钙板之后，钢构件的整体温度下降了40℃左右，但岩棉超过600℃的部分面积基本不变。而起隔热作用的主要

是岩棉，因此，为了能保证在火灾过程中，防火保护材料始终保持完整性，在实际应用时，内部填充材料建议使用改性岩棉（最高使用温度1000℃），虽然价格稍高一些，但是对钢构件的保护效果更佳。

规范公式只能计算单一材料的保护效果，但硅酸钙板的隔热能力远差于岩棉，实际上硅酸钙板的主要功能在于隔绝明火，保证岩棉的完整性。所以，实际起隔热作用的主要是岩棉，因此基于岩棉的厚度（忽略硅酸钙板作用）运用式（9.5-2）、式（9.5-3）进行计算后的结果如图9.5-15所示。从图中可见采用规范公式进行计算过于保守，因而可以采用对岩棉厚度乘以一个放大系数的方法进行调整。从图中可知，当放大系数在1.5~2.0时与有限元计算结果较为接近。在实际工程中，可结合试验结果确定采用多大的放大系数。

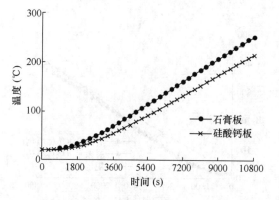
图9.5-13 石膏板和硅酸钙板保护下的平均温度对比

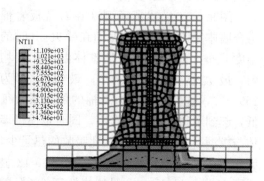
图9.5-14 硅酸钙板保护下的600℃等值切面图

图9.5-16描述了模型4钢柱在120mm厚砖砌体保护下受火3h的截面温度分布，考虑到砌体在高温下易发生开裂和剥落，所以实际的防火效果应该会有所减弱。当采用轻质耐火砖进行保护时的结果也表示在图9.5-16中，不同厚度砖砌体保护下温度对比如图9.5-17所示。可见采用耐火砖后，钢构件的平均温度和两翼缘温差均有所下降，但下降幅度不大。值得注意的是，采用砖砌体进行保护时，上下两翼缘的温差达到了96℃，占平均温度（162℃）的59.3%，相比于前面几种模型，这个温差占比要大得多。这主要是因为砖墙的比热容和密度都很大，在火灾过程中吸收大量热能，导致靠墙一端的翼缘的温度下降许多。这么大的温差在计算钢构件内部热应力时不能忽略。

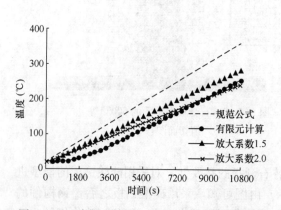
图9.5-15 有限元结果与规范公式计算结果比较

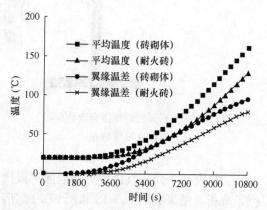
图9.5-16 普通砖和耐火砖保护下的温度对比

在 120mm 厚砖砌体保护下，受火 3h 后钢构件最高温度只有 236℃，因此考虑采用 60mm（砖规格所限）砖砌体进行保护，如图 9.5-17 所示，当砖砌体厚度减少为 60mm 之后，其平均温度升高了许多，3h 的平均温度为 499℃，基本满足了防火保护的要求，在减少自重的角度考虑，建议采用 60mm 厚的砖砌体进行保护更加合理经济。

考虑到对于一般的 120mm 内墙而言，钢构件常常被包裹在中央，对防火保护是有利的，因而下面也对与内隔墙相连的钢柱进行了分析。模型如图 9.5-18 所示。截面的平均温度对比如图 9.5-19 所示。

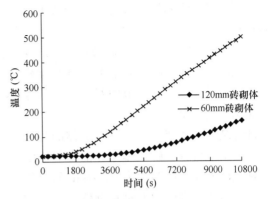

图 9.5-17　不同厚度砖砌体保护下的温度对比

对于内隔墙内的钢构件，最高温度为 484℃，3h 的平均温度为 300.3℃，均有所下降。这表明对于内隔墙包裹的钢构件，由于其嵌入隔墙内，产生的防火保护效果更佳。

上面模型均为单面受火，当内隔墙双面受火时，钢构件的温度分布如图 9.5-20 所示。不同受火情景下的截面温度对比如图 9.5-21 所示。

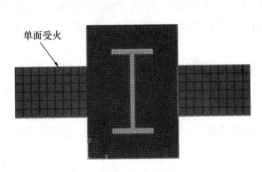

图 9.5-18　内墙模型示意图

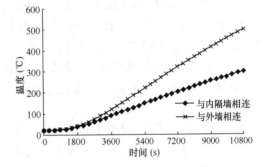

图 9.5-19　不同构造方式的平均温度对比

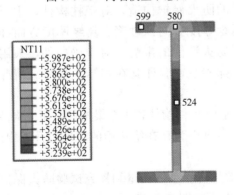

图 9.5-20　双面受火的温度分布

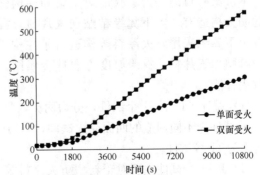

图 9.5-21　不同受火情景下的截面温度对比

由图 9.5-20 和图 9.5-21 可知，对于内隔墙内的钢构件，双面受火时温度升高了许多，最高温度为 599℃，3h 的平均温度为 572℃。但是温差下降了许多，最大温差为

75℃，这是因为两面受火使热量传递更加对称均匀。

由于砖砌体的厚度超过规范公式要求，无法按照规范中所给的方式计算钢构件的截面系数，因而规范中对应的公式也不能用于计算钢构件温度。但是根据有限元计算结果，发现 60mm 厚的墙体的防火保护效果，与忽略砖砌体厚度的影响仍沿用规范公式计算的厚度为 95.7mm 的效果接近，因此也可以考虑对砖砌体厚度乘以一个放大系数进行调整（图 9.5-22）。从图中可知，当放大系数在 1.5 时与有限元

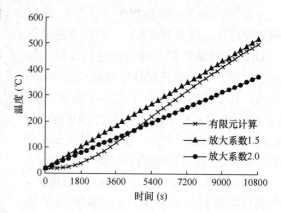

图 9.5-22　有限元结果与规范公式计算结果比较

计算结果较为接近。在实际工程中，可结合试验结果确定采用多大的放大系数，或结合试验重新确定在砖砌体保护下的钢构件实际的截面系数，从而能适用规范中的公式。

9.5.2　围护-防火一体化试验研究

1. 研究目的

（1）验证在不同防火保护构造下，PEC 构件的耐火性能，评估 PEC 构件的耐火极限是否分别满足：梁 2.0h、柱 2.0h 或 3.0h 的耐火极限要求，从安全、施工便捷性及成本等方面比较不同防火构造的优缺点；

（2）采用火灾下的短构件升温试验，比较采用不同防火保护构造的隔热效果，选择适于 PEC 构件的防火保护方式，并通过受载足尺梁的耐火性能试验验证改变防火保护方法的可靠性；

（3）通过在实际工况中不同受火情况下的升温试验，考虑不均匀升温对试件局部温度的影响，检验防火保护在不同工况下的可靠性。

2. 试件设计

本次试验目的是为了验证对于梁和柱构件的防火保护构造，对于柱构件，主要考察的防火构造有：上下翼缘粘贴加气片材、翼缘厚度方向抹砂浆、翼缘厚度方向挂网以及上下翼缘采用防火涂料等构造对于柱构件防火性能的影响。对于梁构件，采用下翼缘粘贴加气片材，翼缘厚度方向挂金属网并抹砂浆，验证其在实际工程荷载情况下的抗火性能。

分别设计了以下 11 个试件，分为两类，包括 10 个柱构件和 1 个梁构件，而柱构件中 1~4 号试件为不同构造的四面受火试件，5~10 号试件为存在绝热面的不均匀升温构件，梁构件为 11 号试件。

（1）1~4 号试件主要对于新型防火涂料等效热传导系数测量和探究试验防火保护构造要求，第一次试验试件如表 9.5-4 所示，试件截面如图 9.5-23 所示。

（2）5~10 号试件主要根据实际工程情况，对于不同受火面情况下的梁柱进行不均匀升温，第二次试验试件构造与试件 2 完全相同，但采取不同的受火方式，如图 9.5-24 所示（黑色粗线表示绝热面，实际用岩棉板以及岩棉覆盖）。

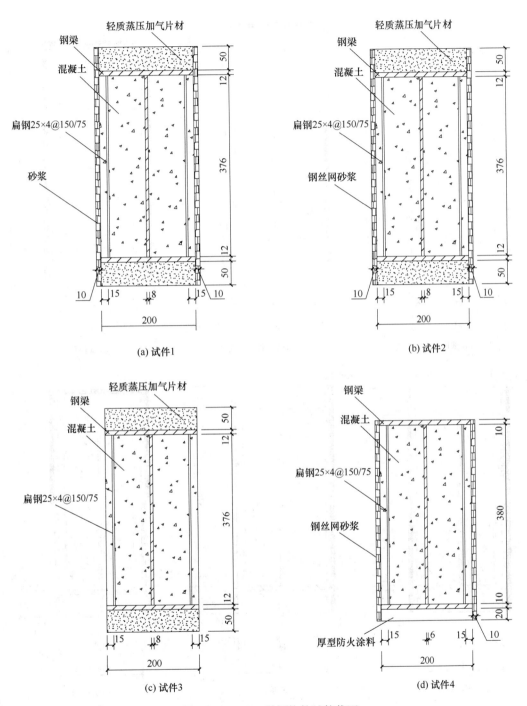

图 9.5-23 1～4号短构件试件截面

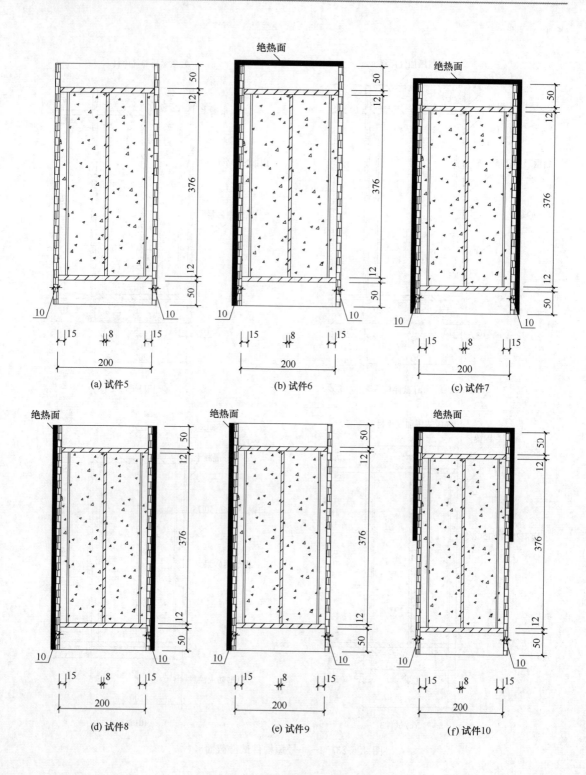

图 9.5-24 5~10 号短试件受火情况

第一次试验钢板试件参数列表　　　　　　　　　　　表 9.5-4

试件编号	加载方式	试件截面尺寸（mm）	试件长度（mm）	受火方式	试验时间（min）	防火构造做法
1	无	400×200×12×8	1000	四面	180	钢梁上下表面用聚合物砂浆粘贴50mm加气片材，翼缘厚度方向抹10mm厚砂浆
2	无	400×200×12×8	1000	四面	180	钢梁上下表面用聚合物砂浆粘贴50mm加气片材，翼缘厚度方向挂金属网抹10mm厚砂浆
3	无	400×200×12×8	1000	四面	180	钢梁上下表面用聚合物砂浆粘贴50mm加气片材，翼缘厚度方向无处理
4	无	400×200×10×6	1000	三面	120	钢梁下表面喷涂20mm厚防火涂料，翼缘厚度方向挂金属网抹10mm厚砂浆

（3）11号试件为足尺梁试件，参数见表 9.5-5，构件截面如图 9.5-25 所示。对于实际工程荷载情况下的梁进行火灾下的模拟实验，主要对于其防火保护的完整性、变形情况和升温过程进行试验。

11 号试件参数　　　　　　　　　　　　　表 9.5-5

试件编号	加载方式	试件截面尺寸（mm）	试件长度（mm）	受火方式	试验时间（min）	防火构造做法
12	无	400×200×12×8	5500	三面受火	120	钢梁下表面用聚合物砂浆粘贴50mm加气片材，翼缘厚度方向挂金属网抹10mm厚砂浆（上翼缘不做保护，露在炉子上方）

3. 温度测点布置

对于试件 1～4 短构件试验，为了得到受火过程中构件的温度分布及升温过程，在跨中处布置 4 个热电偶，测试该截面的温度，如图 9.5-26 所示。

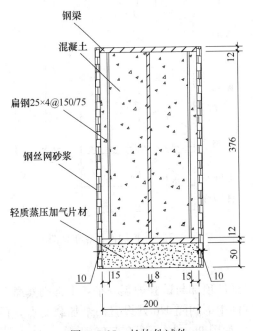

图 9.5-25　长构件试件

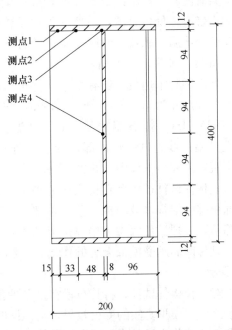

图 9.5-26　均匀受火短构件中间截面温度测点布置图

对于 5~10 号试件，由于受火情况不对称，需要增设热电偶，典型热电偶设置方法如图 9.5-27 所示。

对于 5.5m 长构件试验，在跨中处及 1/4 处分别布置一层如图 9.5-28 所示的热电偶测点，共两层 14 个测点，同时也在跨中梁顶布置位移计，记录跨中位移。

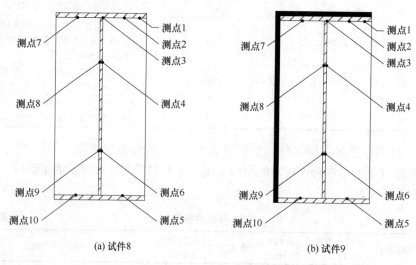

图 9.5-27 不均匀受火短构件中间截面测点布置图

4. 加载方案

本次试验在同济大学工程结构抗火实验室进行，试验采用装置有小型构件抗火试验炉，炉膛尺寸为 1.0m×1.0m×1.2m，炉内的喷嘴数量共有两套，控温区数为 2 区，抗火试验炉内部设置有三处传感器，包括一处炉压传感器以及两处炉温传感器，时时记录试验过程中炉内的情况。如图 9.5-29 所示。

本次试验采用装置还有水平构件抗火试验炉，炉膛尺寸为 4.5m×3.0m×2.2m，炉温控制曲线有 ISO834 升温曲线、HC 升温曲线、自设升温曲线，试验炉内部设置有 9 处喷嘴，两个观察监控口。如图 9.5-30 所示。

短构件试件被放置在抗火试验炉中，试件底部垫硅酸铝棉（玻璃棉）毡，顶部盖有硅酸铝棉毡，模拟试件两端为绝热边界条件，试验时，试件四面承受模拟火灾的作用，如图 9.5-31 所示。

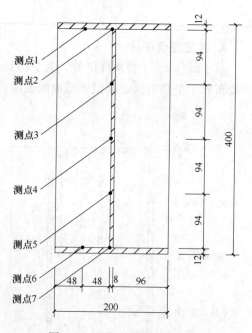

图 9.5-28 长构件测点布置图

对于长构件试件，将其布置在试验炉顶部，试件顶部与试验炉盖齐平，下部则暴露在火场之中，模拟真实的受火效果，与此同时，试件中部间隔 1m 处设置两个加载测点，荷载取 0.7 倍稳定承载力，两点加载均为 86.4kN，如图 9.5-32 及图 9.5-33 所示。

图 9.5-29 小型构件抗火试验炉

图 9.5-30 水平构件抗火试验炉

图 9.5-31 短构件试件现场布置图

图 9.5-32 足尺梁试件现场布置图

足尺梁的受力示意图如图 9.5-34 所示。

5. 加载制度

本次试验采用的升温加载制度为《建筑构件耐火试验方法 第 1 部分：通用要求》GB/T 9978.1—2008 中给出的升温制度，试验炉内的升温曲线为 ISO 834 标准升温曲线，该制度能使试件受到与一般建筑的纤维类火灾作用相似。试验炉内温度随时间变化满足下列函数关系式：

$$T_g - T_0 = 345 \lg(8t+1) \tag{9.5-4}$$

式中 T_g——升温到 t 时刻的平均炉温（℃）；

T_0——炉内的初始温度（℃）；

t——试验所经历的时间（min）。

其温度与时间关系以表格形式给出如表 9.5-6 所示。

采用标准升温曲线 ISO-834 曲线，如图 9.5-35 所示。

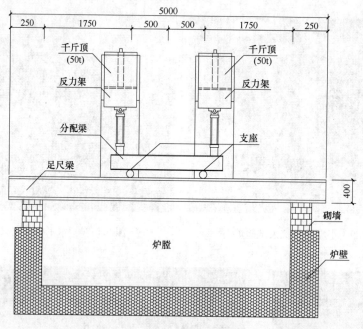

图 9.5-33　足尺梁试件布置图

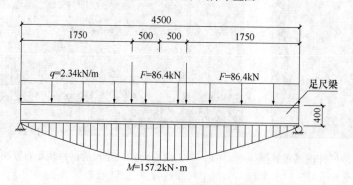

图 9.5-34　足尺梁试件受力示意图

ISO-834 标准升温曲线温度与时间关系　表 9.5-6

时间（min）	温度升高，$T_g - T_0$（℃）
0	0
5	556
10	659
15	718
30	821
60	925
90	986
120	1029
180	1090
240	1133
360	1193

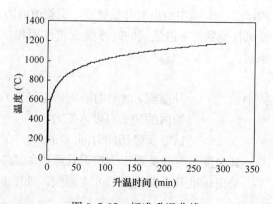

图 9.5-35　标准升温曲线

对于足尺梁试件,试件中部间隔 1m 处设置两个加载点,根据《建筑钢结构防火技术规范》GB 51249—2017[28] 和上海市地方标准《建筑钢结构防火技术规程》DGTJ 08—008—2017 荷载取 0.7 倍稳定承载力,两点加载均为 86.4kN。

6. 试验结果

(1) 不同构造升温试验

1) 试件 1 现象及数据(表 9.5-7)

试件参数　　　　　　　　　　　　　　　　　　　表 9.5-7

试件编号	加载方式	试件截面尺寸 (mm)	试件长度 (mm)	受火方式	试验时间 (min)	防火构造做法
1	无	400×200×12×8	1000	四面	180	钢梁上下表面用聚合物砂浆粘贴 50mm 加气片材,翼缘厚度方向抹 10mm 厚砂浆

试件 1 在试验前后现象如图 9.5-36 所示,试验数据如图 9.5-37 所示。

图 9.5-36　试验前的试件(左图)试验后的试件(右图)

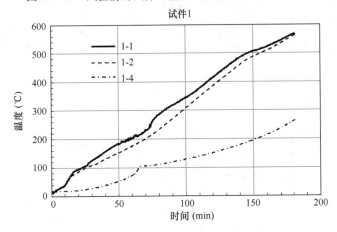

图 9.5-37　试件 1 的升温曲线(其余测点损坏)

2) 试件 2 现象及测试数据（表 9.5-8）

试件 2 参数　　　　　　　　　　　　　　　表 9.5-8

试件编号	加载方式	试件截面尺寸（mm）	试件长度（mm）	受火方式	试验时间（min）	防火构造做法
2	无	400×200×12×8	1000	四面	180	钢梁上下表面用聚合物砂浆粘贴 50mm 加气片材，翼缘厚度方向挂金属网抹 10mm 厚砂浆

试件 2 在试验前后现象如图 9.5-38 所示，试验数据如图 9.5-39 所示。

图 9.5-38　试验前的试件（左图）试验后的试件（右图）

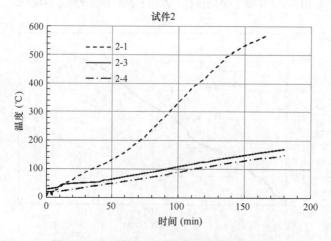

图 9.5-39　试件 2 升温曲线（其余测点损坏）

3）试件 3 现象及测试数据（表 9.5-9）

试件 3 参数　　　　　表 9.5-9

试件编号	加载方式	试件截面尺寸（mm）	试件长度（mm）	受火方式	试验时间（min）	防火构造做法
3	无	400×200×12×8	1000	四面	180	钢梁上下表面用聚合物砂浆粘贴 50mm 加气片材，翼缘厚度方向无处理

试件 3 在试验前后现象如图 9.5-40 所示，试验数据如图 9.5-41 所示。

图 9.5-40　试验前的试件（左图）试验后的试件（右图）

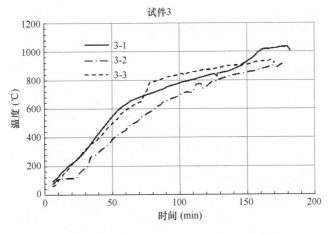

图 9.5-41　试件 3 升温曲线（其余测点损坏）

4) 试件 4 现象及测试数据（表 9.5-10）

试件 4 参数　　　　表 9.5-10

试件编号	加载方式	试件截面尺寸（mm）	试件长度（mm）	受火方式	试验时间（min）	防火构造做法
4	无	400×200×10×6	1000	三面	120	钢梁下表面喷涂 20mm 厚防火涂料，翼缘厚度方向挂金属网抹 10mm 厚砂浆

试件 4 在试验前后现象如图 9.5-42 所示，试验数据如图 9.5-43 所示。

图 9.5-42　试验前的试件（左图）试验后的试件（右图）

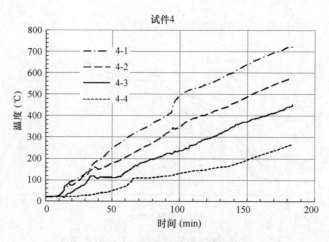

图 9.5-43　试件 4 升温曲线

(2) 不均匀升温试验

1) 试件 5 现象及数据（表 9.5-11）

试件 5 参数　　　　　　　表 9.5-11

试件编号	加载方式	试件截面尺寸（mm）	试件长度（mm）	受火方式	试验时间（min）	防火构造做法
5	无	400×200×12×8	1000	四面	180	钢梁上下表面用聚合物砂浆粘贴 50mm 加气片材，翼缘厚度方向挂金属网抹 10mm 厚砂浆（不受火面不做保护，预先包岩棉）

试件 5 在试验前后现象如图 9.5-44 所示，试验数据如图 9.5-45 所示。

图 9.5-44　试验前的试件（左图）试验后的试件（右图）

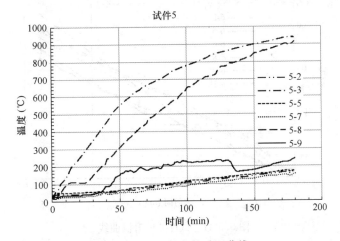

图 9.5-45　试件 5 的升温曲线

2) 试件 6 现象及数据（表 9.5-12）

试件 6 参数　　　　　　　　　　表 9.5-12

试件编号	加载方式	试件截面尺寸（mm）	试件长度（mm）	受火方式	试验时间（min）	防火构造做法
6	无	400×200×12×8	1000	一长边一短边	180	钢梁上下表面用聚合物砂浆粘贴50mm加气片材，翼缘厚度方向挂金属网抹10mm厚砂浆（不受火面不做保护，预先包岩棉）

试件 6 在试验前后现象如图 9.5-46 所示，试验数据如图 9.5-47 所示。

图 9.5-46　试验前的试件（左图）试验后的试件（右图）

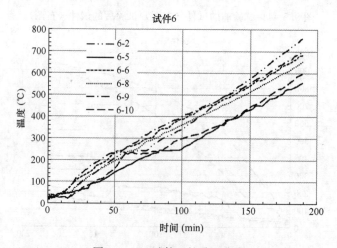

图 9.5-47　试件 6 的升温曲线

3) 试件 7 现象及数据（表 9.5-13）

试件 7 参数　　　　　　　　　　　表 9.5-13

试件编号	加载方式	试件截面尺寸 （mm）	试件长度 （mm）	受火方式	试验时间 （min）	防火构造做法
7	无	400×200×12×8	1000	两长边一短边	180	钢梁上下表面用聚合物砂浆粘贴 50mm 加气片材，翼缘厚度方向挂金属网抹 10mm 厚砂浆（不受火面不做保护，预先包岩棉）

试件 10 在试验前后现象如图 9.5-48 所示，试验数据如图 9.5-49 所示。

图 9.5-48　试验前的试件（左图）试验后的试件（右图）

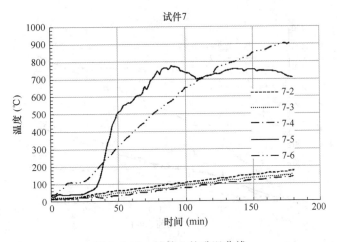

图 9.5-49　试件 7 的升温曲线

4) 试件 8 现象及数据（表 9.5-14）

试件 8 参数   表 9.5-14

试件编号	加载方式	试件截面尺寸 （mm）	试件长度 （mm）	受火方式	试验时间 （min）	防火构造做法
8	无	400×200×12×8	1000	两长边	180	钢梁上下表面用聚合物砂浆粘贴50mm加气片材，翼缘厚度方向挂金属网抹10mm厚砂浆（不受火面不做保护，预先包岩棉）

试件 8 在试验前后现象如图 9.5-50 所示，试验数据如图 9.5-51 所示。

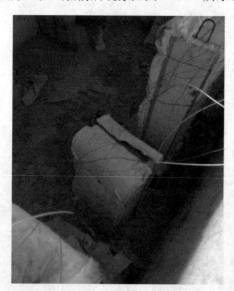
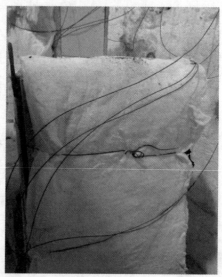

图 9.5-50 试验前的试件（左图）试验后的试件（右图）

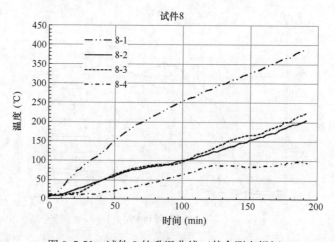

图 9.5-51 试件 8 的升温曲线（其余测点损坏）

5) 试件 9 现象及数据（表 9.5-15）

试件 9 参数　　　　　　　　　　　　　　表 9.5-15

试件编号	加载方式	试件截面尺寸（mm）	试件长度（mm）	受火方式	试验时间（min）	防火构造做法
9	无	400×200×12×8	1000	一长边	180	钢梁上下表面用聚合物砂浆粘贴50mm加气片材，翼缘厚度方向挂金属网抹10mm厚砂浆（不受火面不做保护，预先包岩棉）

试件 9 在试验前后现象如图 9.5-52 所示，试验数据如图 9.5-53 所示。

图 9.5-52　试验前的试件（左图）试验后的试件（右图）

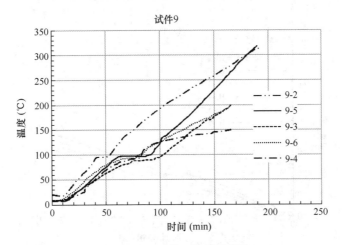

图 9.5-53　试件 9 的升温曲线

6) 试件 10 现象及数据（表 9.5-16）

试件 10 参数 表 9.5-16

试件编号	加载方式	试件截面尺寸（mm）	试件长度（mm）	受火方式	试验时间（min）	防火构造做法
10	无	400×200×12×8	1000	一短边两个半长边	180	钢梁上下表面用聚合物砂浆粘贴50mm加气片材，翼缘厚度方向挂金属网抹10mm厚砂浆（不受火面不做保护，预先包岩棉）

试件 10 在试验前后现象如图 9.5-54 所示，试验数据如图 9.5-55 所示。

图 9.5-54　试验前的试件（左图）试验后的试件（右图）

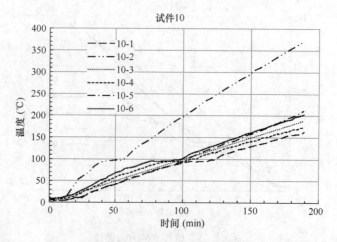

图 9.5-55　试件 10 的升温曲线

(3) 足尺梁恒载升温试验

1) 试件现象及数据（表 9.5-17）

足尺梁参数　　　　　　　表 9.5-17

试件编号	加载方式	试件截面尺寸（mm）	试件长度（mm）	受火方式	试验时间（min）	防火构造做法
11	无	400×200×12×8	5500	下翼缘受火	120	钢梁下表面用聚合物砂浆粘贴 50mm 加气片材，翼缘厚度方向挂金属网抹 10mm 厚砂浆（上翼缘不做保护，露在炉子上方）

长构件试件在试验中现象如图 9.5-56 所示，试验数据如图 9.5-57 所示，跨中位移如图 9.5-58 所示。

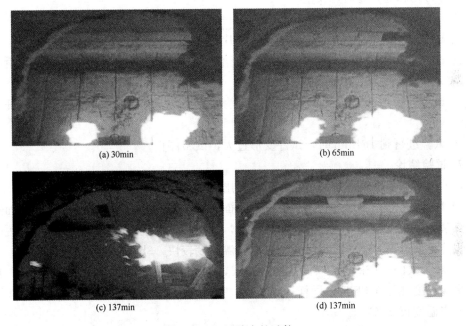

图 9.5-56　试验中的试件

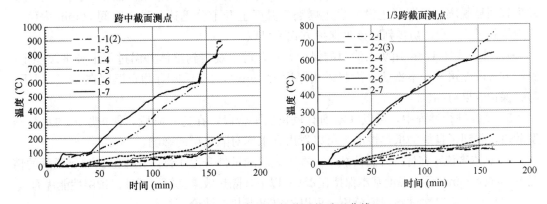

图 9.5-57　长梁试件截面的升温曲线

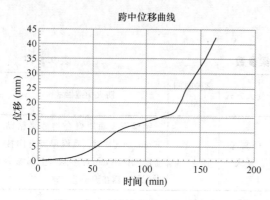

图 9.5-58　试件的跨中位移曲线

2）长构件试验的试验现象通过视频和试验数据相结合显示，主要有以下几个重点：

① 在试验开始的 65min 内，试件无明显现象，两侧抹灰产生裂缝，试件无明显变形。

② 在试验进行到 65min 时，试件左侧 1/5 跨度处两块加气片材先后脱落，并在脱落后试验变形开始增加，1/3 跨度升温速度也开始加快。

③ 在试验进行到 78min 时，左侧 1/4 跨度处片材先翘起，随后也脱落。

④ 试验进行到 116min 时，试件最右侧一块片材脱落。

⑤ 试验进行到 124min 时，右侧 1/4 处片材脱落。

⑥ 试验进行到 125min 时，中间片材脱落，，试件变形开始显著增加，此时距离试件跨中 0.5m 处产生的试件挠度约为 12mm。

⑦ 试验进行到 137min 时，试件挠度约为 28mm，与此同时，跨中测点温度开始显著升高。

⑧ 试验进行到 164min 时，试件变形过大，试验停止。

7. 试验结论

（1）对于第一次试验现象分析，可以得出以下几点结论：

1）对于试件 1，翼缘抹灰但一面挂网一面不挂网，试验后发现试件 1 不挂网面混凝土发生爆裂，虽范围较小，但仍需预防该情况，且试验后发现两侧加气片材有突出脱落的现象。温度方面，布置于翼缘上的两个测点升温速度较快，3h 后达到 550℃左右。

2）对于试件 2，采取了双面挂网的形式，试验后完整性较好，无明显现象。温度方面，翼缘温度在受火 3h 后，同样达到 570℃左右，靠近腹板处温度较低，达到 130℃，腹板上测点温度仅 26℃。

3）对于试件 3，翼缘方向没有进行抹灰，可以观察到试验结束后两侧加气片材与钢板发生较明显脱离，但混凝土没有发生爆裂。温度上升十分迅速，受火时间 50min 内两个测点均超过 550℃，初步判断该种保护方式不可取。

4）对于试件 4，采用防火涂料的保护方式，可以观察到整体升温过程十分平缓稳定，保护方式成熟可靠。本次防火涂料采用厚度为 19mm，2h 后所有测点温度在 550℃以下，防火保护效果可靠。

5）试验进行过程中，可以观察到有较长的平台段，在这一阶段，保护层内的水分蒸发散热，起到了良好的散热性能，可以看出含水率对隔热层的影响。

6）总体来说，在标准升温荷载下，本次试验的试件升温缓慢，在排除保护层脱落的情况下，试验 90min 后，温度基本保持在 150℃以下，隔热效果良好，试件保护层性能优秀。

（2）对于第二次试验现象分析，可以得出以下几点结论：

1）每一个试件相应的受火条件不同，但有一些共性，在加气片材保护的翼缘端，在受火 3h 后均有不同程度的脱落或松动现象，说明防火保护材料的粘结性需要进一步考虑。

2）在不同受火条件下，各个试件的升温情况不同，但总的来说，当构件存在一定的不受火面时，整体试件的升温速度相比于对照的 8 号试件均有降低，而升温最快的 11 号试件表面最外层温度也不超过 450℃，因此可见在不均匀升温的情况下，采用这样的防火保护方式，结构依然比较可靠。

3）综上所述，在考虑不均匀升温和不同受火面的情况下，可以认为实际工况下防火保护有效。

(3) 对于第三次试验现象分析，可以得出以下几点结论：

1）从试件升温曲线来看，对于梁试件，在 120min 内，14 个测点中有 13 个测点（除跨中最外侧一个测点）均能保持在 550℃ 以下，虽在 65min 时试件下部防火保护开始出现脱落，但保护效果仍发挥了一定的作用，试件温度满足要求。

2）根据《建筑构件耐火试验方法 第 1 部分：通用要求》GB/T 9978.1—2008，对于水平承重构件，受火时间 164min 后最大挠度如式 9.5-5 所示。

$$\delta = 42.3 < \frac{L}{20} = \frac{4500}{20} = 225 \text{mm} \tag{9.5-5}$$

式中，L 为试件的计算跨度。最大挠度满足标准要求。

3）从防火保护中看，本次试验最突出的现象在于加气片材的脱落问题，在其他几批试验中，也普遍存在试验后防火保护脱落的问题，在静力加载梁试验中，这个问题更加突出。并且当一块防火保护脱落后会导致构件的升温加快，造成构件变形加剧从而诱使更多防火保护脱落。

4）本次试验后，混凝土无明显爆裂现象，整体性较好，两侧挂网比较有效。

9.6 金属基材防火涂料板性能试验研究

9.6.1 金属基材防火涂料板背景简介

在钢结构以及钢-混凝土组合结构的抗火设计中，通过相应的规范可以选择出建筑物的耐火等级与结构的耐火极限，然后以此为根据去选择相应的钢结构防火保护措施，使钢构件的耐火极限能够达到要求。

目前钢结构防火保护的最主要的措施为使用防火涂料保护钢构件，是指将防火涂料直接涂覆在钢构件的表面，通过其隔热性能或是膨胀过程的吸热性能达到防火保护的目的。该方法目前适用性广泛，重量轻，十分实用，广泛地被采用。

那么在本研究中所提到的钢结构防火保护模式为在金属基材装饰板上涂覆防火涂料，再制作成板件包覆在钢构件表面，本质上类似于防火外包层，只是其特点在于防火能力并不是由板件本身提供，而是由防火涂料提供。板件基本的组成模式如图 9.6-1 所示。

钢结构防火涂料按照不同的标准可以进行不同的分类方式，按照使用位置可以分为室内型和室外型；按照材料类型可以分为有机类和无机类；而按照厚度可以分为厚型、薄型

图 9.6-1　金属基材防火涂料配套示意图

以及超薄型防火涂料，三类涂料的厚度和耐火极限如表 9.6-1 所示。

防火涂料厚度分类　　　　　　　　　　　　表 9.6-1

	厚型（H）	薄型（B）	超薄型（CB）
涂料厚度（mm）	8～50	3～7	<3
耐火极限（h）	≥2.0	≥1.0	≥1.0

非膨胀型防火涂料通常为各类材料混合制成，起到防火隔热的作用。该类防火涂料一般在受热后不膨胀，依靠材料自身的防火隔热特性进行防火保护，材料一般不燃，导热系数低或者具有一定的吸热能力，其防火效果较好，缺点在于表面装饰效果差。

薄型防火涂料一般用水性聚合物作为基底，配上阻燃的复合体系、防火添加剂等材料制成。它的特点是受火时会膨胀，并在这个过程中吸热，膨胀发泡后会形成一层耐火的保护层，以达到防火保护的目的。这一类防火涂料相比于非膨胀型防火涂料，装饰性较好。

超薄型防火涂料则使用的是溶剂体系作为基底，防火机理与薄型类似。它的特点则是装饰性好，施工方便，涂层很薄，适用面很广。

通常，非膨胀型防火涂料指的就是非膨胀型防火涂料，而膨胀型防火涂料指的是薄型和超薄型防火涂料。

我国对于钢结构防火涂料的研制时间相对于发达国家来说比较晚，但是发展速度很快，目前国内自制的钢结构防火涂料品种多样，各种类型十分齐全，各类检测手段也不断提升。涂料是我国采用的钢结构主要的防火保护手段。

但是防火涂料目前还是存在许多缺陷和问题，存在的比较前沿的问题包括非膨胀型防火涂料在使用过程中的破损、薄型和超薄型等膨胀型钢结构防火涂料在使用中的老化以及防火涂料的实际隔热参数如何确定等。

除此之外，在施工过程中，防火涂料的施工一般需要在主体结构施工告一段落后，而防火涂料在施工完毕后需要进行一定时间的养护。一般来说对于防火涂料施工过程中，超薄型防火涂料养护时间不少于 7d，而薄型的不少于 10d，厚型的则不少于 28d。这些养护时间会不同程度地对施工进度造成影响。

9.6.2　金属基材装饰板性能分析

对于金属基材，可选择的类型较多，本章以涂层钢板为例，对其性能进行分析。

涂层钢板是为了提高普通钢板的防腐蚀性、装饰性能而开发的新型钢板，一般为彩色涂层钢板，近些年来在我国得到了蓬勃发展。它的加工过程是把冷轧钢板、镀锌钢板或热镀钢板进行表面脱脂、磷化等处理，涂上涂层而制成的产品，其涂层一般为有机涂层、无机涂层和复合涂层几类。因此这种复合板材兼有钢板基材和涂层材料的优点，具有钢板的一定的力学强度和良好的装配性和加工制造性，又可以兼具表面涂层的耐腐蚀性、耐热性、装饰性等性能，是一种用途广泛、物美、价廉，经久耐用的新型装饰板材。

涂层钢板装饰板材是其表面可以配置各类花纹和图案，具有突出的装饰性，一般用于各类建筑的屋面和墙面。主要类型有一般涂层钢板、PVC钢板、隔热涂层钢板、高耐久性涂层钢板等类型。其区别主要在于钢板表面上所附加的材料不同，因此给钢板带来了不同的特性，以满足各种类型的使用需求。

涂层钢板的安装流程为：预埋连接件→立墙筋→安装墙板→板缝处理。特别注意施工后的墙体表面应做到平正，接缝严密，连接可靠，无翘起、卷边等现象。

涂层钢板的固定方法主要有两大类，这两大类连接方式基本上对于其他类型的金属装饰板也同样适用，分别是插接式构造以及嵌条式构造。

插接式构造是将金属板件使用螺钉或其他紧固件固定到骨架上，连接方式比较简洁，耐久性能好。

嵌条式构造是指采用特制的龙骨，在安装板条时，将板条与龙骨互相卡在一起。这种方法很适合较薄的板件，并且多用于室内。

对于这类金属基材的性能研究以及安装方法、拼缝构造进行学习，对于设计金属基材防火涂料板是有借鉴意义的。

同时目前钢板表面装饰技术已经比较成熟，包括木纹钢板转印技术，各类面漆涂料，饰面材质粘贴等工艺，能为金属基材防火涂料装饰板外表面提供优良的装饰性，例如图9.6-2所示的一种木纹钢板转印技术。

图 9.6-2　木纹钢板转印技术材料示意图

9.6.3　金属基材防火涂料板设计

对于金属基材防火涂料板的设计过程，首先要确定的是对于金属基材的材料以及构造选择。

对于本次设计中的金属基材的使用需求为充当涂料涂覆的基材，不作为承担外力的结构，设计上也不要求其提供防火性能，满足易于安装的特性，具有良好的装饰性。

基于以上的使用需求，用户对于金属基材的选择要求是具有基本的刚度，并且尽量薄，重量尽量轻，安装性强，升温情况下变形小，造价低，装饰性强的特点。

因此金属基材的选择范围为铝合金材料，不锈钢以及彩色涂层钢板。三者作为装饰板材均有优良的性能，安装性较强。铝合金材料质量较轻，彩色涂层钢板耐腐蚀性优良。

那么在板型上，考虑到利于安装的特性，选择压型板板型，其造型美观新颖，装饰性强，组合方式多样，风格多变，具有良好的蒙皮刚度，更重要的是工厂化产品质量高，施工安装方便，减少安装、运输工作量，缩短施工工期。

而板的厚度选择则参考金属装饰板材的厚度，选取为 0.6mm、0.8mm、1.0mm 等，但是在这里需要特别注意的一点是，在金属板材的厚度较小时，会对在其上面涂覆防火涂料的施工难度加大，原因在于金属板材厚度薄，刚度较小，板自身容易发生挠曲和晃动，对板件搬动和涂刷的过程均会造成一定的影响，因此板材使用需选取合适的厚度。

防火涂料在本设计中的使用需求为能起到足够的防火保护能力，同时要求与金属基材结合得比较紧密，在施工运输中尽量不脱落，并且耐候性较好，装饰性较好。

基于以上的考虑，膨胀型防火涂料以及非膨胀型防火涂料都可以满足要求。

选择膨胀型防火涂料，根据涂料的膨胀率等隔热性能和耐久性能选择合适的防火涂料的类型，根据建筑物耐火等级以及构件的耐火极限确定应该涂覆的厚度。满足该条件的防火涂料类型也较多，可根据实际情况进行选择，例如 A60-1 超薄膨胀型钢结构防火涂料。

选择非膨胀型防火涂料，因为该涂料的厚度一般比较大，所以需要考虑该涂料预先涂覆在金属基材板件上养护完毕后，在运输过程和施工过程中不脱落。所以选择非膨胀型防火涂料应该选择密度小，粘结强度和抗拉强度都比较好的防火涂料，例如 NH（JF-202）室内厚型钢结构防火涂料。

由于本章所研究的金属基材防火涂料板的目标特性为预制装配性，因此板件上的防火涂料可以根据具体的使用需求，在类型、厚度上均可调整，以满足不同的要求。

金属基材防火涂料板的构造设计，主要需满足工厂预制、现场装配、实际使用三个方面的使用需求：对于工厂预制，具体包括对金属基材的切割制备，防火涂料涂覆并养护以及预埋连接件等工序，在设计过程中需考虑的是板件的加工性与运输性；对于现场装配，主要包括整板安装以及接缝处理，在该过程中需考虑板件的装配性，尽量减少现场的施工量，且安装施工过程不会影响板件的性能；对于实际使用过程中，包括在正常情况下的耐久性能以及在火灾发生状况下的防火性能发挥，也需考虑到膨胀型防火涂料在高温下膨胀发泡时是否产生有害气体的逸散。

基于以上使用需求，对常见的钢结构梁柱进行构造设计。

参考标准图集《防火建筑构造图集》07J905—1，现行国家标准《建筑内部装修设计防火规范》GB 50222—2017[29] 以及《蒸压轻质加气混凝土（ALC）板构造图集》J01—2002、《蒸压轻质砂加气混凝土（AAC）砌块和板材结构构造》06CG01 等相关构造图集[30]，本课题提出了两类构造方式，分别为采用轻钢龙骨板材构造以及无龙骨板材构造作为连接件的安装体系。

采用轻钢龙骨的安装体系，适用范围广泛，包括内外墙体、钢梁、钢柱、吊顶等均适用,安装方式简洁,安装体系现实且成熟,对于工厂预制-现场安装有一套高效且经济的运转模式,且可对体系采用卡扣式或自攻螺钉等连接方式,根据实际使用方式进行调整,灵活多变。但其缺点在于轻钢龙骨安装体系采用的龙骨及连接件多为金属材质,在高温下容易升温且发生变形。在传统的钢结构体系中,采用轻钢龙骨体系进行安装的对象往往是吊顶,装饰板等非结构构件,不需要考虑其在高温下的稳定性。但在本研究中,其高温下的性能会直接影响到所安装的金属基材防火涂料板对钢结构的防火保护,因此需对传统的体系进行适当调整以满足该使用需求。

而无龙骨板材构造则往往应用于钢梁以及钢柱的包覆,主要适用的建筑板材包括耐火石膏板、纤维增强硅酸盐板、硅酸钙板以及蒸压加气混凝土等材料,其特点为作为连接件的这类板材往往自身具有较好的耐火性以及在高温下的稳定特性,能为金属基材防火涂料板提供稳定的连接。在传统的防火建筑构造中,往往这类板材作为对钢柱或钢梁的围护,但在本研究中,仅将这些板材作为连接件,可减少其体量使用,而主要是对这类板材外表面包覆金属基材防火涂料板作为防火构造。该体系的缺点为相对施工工序比较复杂,且成本较高。以下分别对两种构造方式进行说明。

1. 轻钢龙骨安装体系

对于传统的轻钢龙骨安装体系,以四面包覆钢柱截面的方式为例,往往采用如图9.6-3所示的构造,在该类体系中,防火功能与饰面板之间是区分开来的,并且轻钢龙骨在沿着柱的长度方向通长布置,并在其高度上按照一定间距间隔布置作为其面板的连接件,再利用龙骨固定夹将其于钢柱表面连接。完成龙骨安装后,通过自攻螺钉将面板固定在龙骨上就完成了包覆。

基于以上传统设计,金属基材防火涂料板在构造中的位置与面板类似并且提供了防火性能,因此对防火材料的填充是不必要的。同时,由于防火涂料内涂在金属基材表面,需

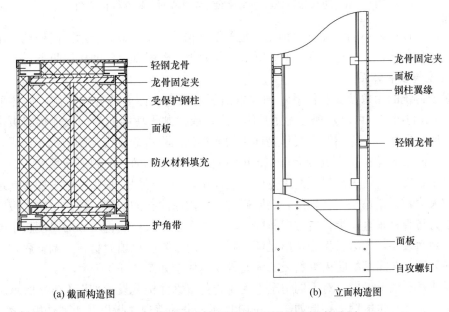

(a) 截面构造图   (b) 立面构造图

图 9.6-3 传统轻钢龙骨体系四面包覆钢柱构造图

要在内部留出一定的空间供其膨胀，因此龙骨的通长布置显然是不合理的，在进行了相应的调整后，以四面包覆钢柱为例，金属基材防火涂料板的轻钢龙骨安装体系如图9.6-4所示。

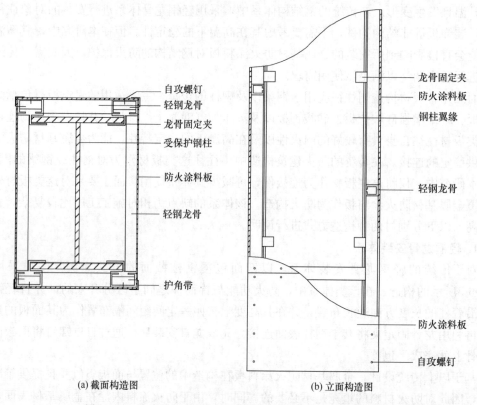

(a) 截面构造图　　　　(b) 立面构造图

图9.6-4　防火涂料板轻钢龙骨安装体系四面包覆钢柱构造图

基于以上设计，不同情况下轻钢龙骨包覆钢柱构造如图9.6-5所示。同样地，不同情况下轻钢龙骨包覆钢梁构造如图9.6-6所示，分为普通楼板以及压型楼板两类。

2. 无龙骨安装体系

而对于传统的无龙骨安装体系，同样以四面包覆钢柱截面的方式为例，往往采用如图9.6-7所示的构造，可以发现在无龙骨体系中，取代龙骨功能的为耐火板接缝板带，在沿钢柱长度方向按照一定间距布置作为面板的连接件。将接缝板带与钢结构相连后，再用自攻螺丝将面板固定在接缝板带上。在包覆空间的内部采用防火材料进行填充。

而对于金属基材防火涂料板的无龙骨安装体系，明显对耐火板沿柱的长度方向通长布置并与防火涂料板紧贴是不合理的，会阻碍防或板内涂涂料的膨胀，因此将防火板的布置方向更改为与腹板垂直，沿长度方向每隔一段距离布置一块板，每块板的厚度较小即与防火板的接触面较小，为涂料膨胀留出足够空间。同时去除防火填充材料，调整后，以四面包覆钢柱为例，金属基材防火涂料板的无龙骨安装体系如图9.6-8所示。

同样地基于以上考虑，对不同情况下无龙骨包覆钢柱构造设计如图9.6-9所示。以及不同情况下无龙骨包覆钢梁构造如图9.6-10所示，分为普通楼板以及压型楼板两类。

第9章 建筑钢结构防火防腐装饰一体化防护新技术与产品

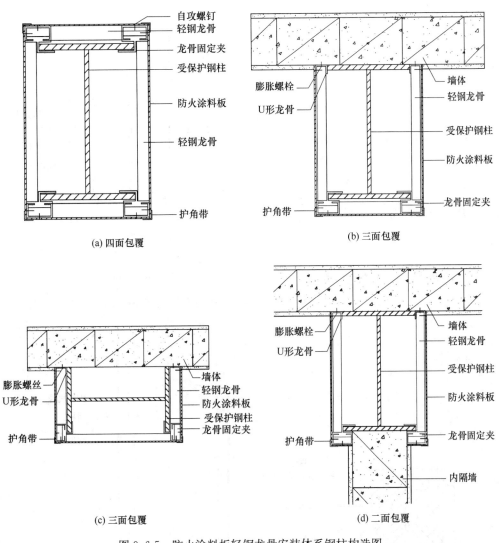

图 9.6-5 防火涂料板轻钢龙骨安装体系钢柱构造图

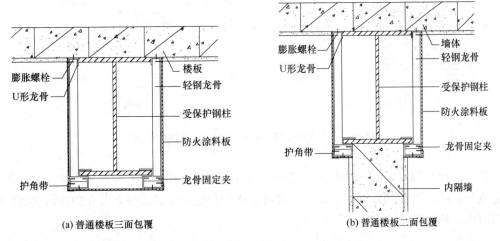

图 9.6-6 防火涂料板轻钢龙骨安装体系钢梁构造图（一）

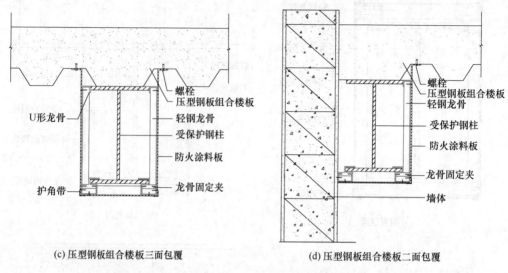

(c) 压型钢板组合楼板三面包覆 (d) 压型钢板组合楼板二面包覆

图 9.6-6 防火涂料板轻钢龙骨安装体系钢梁构造图（二）

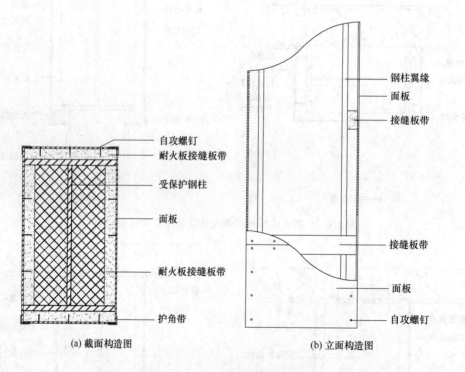

(a) 截面构造图 (b) 立面构造图

图 9.6-7 传统的轻钢龙骨板材四面包覆钢柱构造图

另外，在金属基材防火涂料板的接缝处需进行耐火处理，可常规地使用耐火密封条对板缝进行封堵。考虑到外观的装饰性，也可在接缝处安装金属盖板，并在盖板内表面同样涂覆防火涂料，如图 9.6-11 所示。

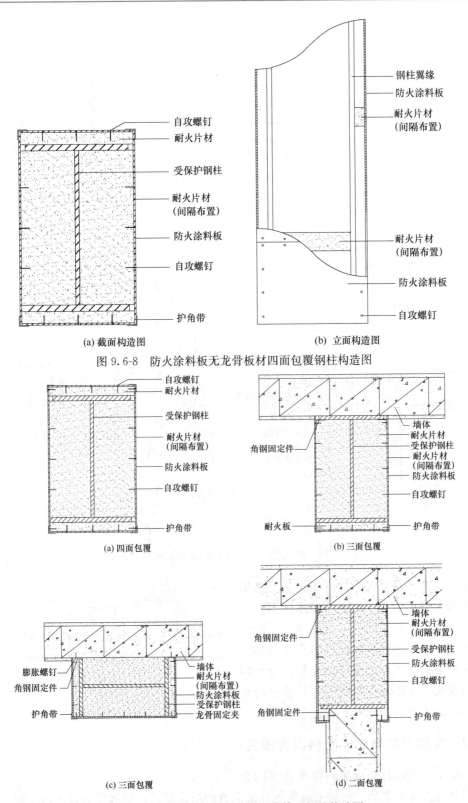

图 9.6-8 防火涂料板无龙骨板材四面包覆钢柱构造图

图 9.6-9 防火涂料板无龙骨安装体系钢柱构造图

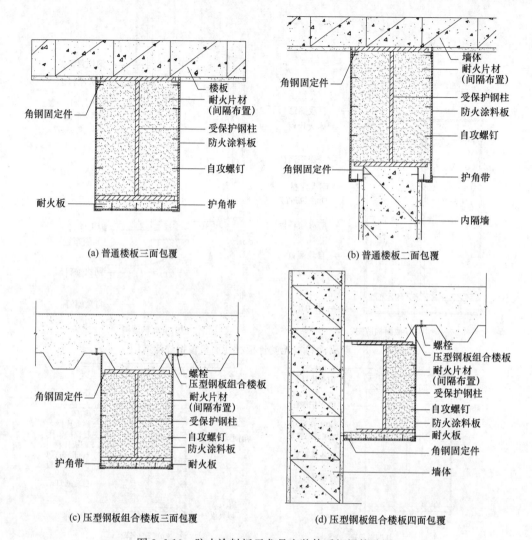

图 9.6-10 防火涂料板无龙骨安装体系钢梁构造图

综上所述,基于现有规范图集的参考做法,根据金属基材防火涂料板的耐火特点,对其构造进行了相关设计。主要考虑了防火板的预制性,现场的装配性,防火涂料的膨胀空间以及在受火后的整体稳定性,分为轻钢龙骨安装体系以及无龙骨安装体系进行设计,并给出了相关的构造方案。

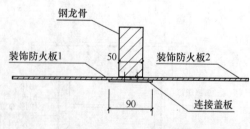

图 9.6-11 防火板接缝处理

9.6.4 金属基材与防火涂料组合模式

确定了金属基材防火涂料板所选择的金属基材和防火涂料之后,所需要确定的就是两者的组合模式,即选择防火涂料涂覆在外层或是涂覆在内层。

防火涂料外涂的优点是所提供的防火保护直接,对于金属基材也起一定保护作用,安装方式简洁,安装过程中造成的防火涂料破损少。但是缺点在于外观较差,装饰效果低,暴露在环境中经受破坏的可能性高。

防火涂料内涂的优点是装饰性极佳,防火涂料耐候性有保证。但是缺点是不能对金属基材提供有效的防火保护,金属基材在受热环境下可能发生局部变形,造成防火涂料的脱落,造成其防火能力的缺失,同时也会对安装过程造成一定的困难。

对于这两种组合模式,本课题设计了试验进行研究。

9.6.5 试验研究

本试验旨在探究防火涂料与金属基材组合成防火板材后是否能发挥其防火性能,以及对于上文提及的防火涂料涂覆在金属基材内表面与外表面的性能进行比较。

通过耐火试验对所涉及的防火板材各方面性能进行检验,这些性能是在给定参数的情况下测定的,所谓给定的参数包括防火涂料厚度,耐火极限时间,防火涂料涂覆位置在内部或在外部。而防火涂料性能的展现则是随着时间变化的构件各个测点的温度变化,本次试验主要对其内部钢构件的时间-温度曲线进行记录,判断其达到耐火极限的时间。

本次试验设立两组对照组,区别仅仅在一组将防火涂料涂覆在金属基材内表面,另外一组将防火涂料涂覆在金属基材外表面。

试件加工过程中,金属基材均采用0.6mm的彩钢板,防火涂料采用1.2mm的膨胀型防火涂料,涂覆方式为滚涂。加载装置采用的是燃气式抗火试验炉,升温加载制度为ISO-834标准升温曲线。试验构件及热电偶布置如图9.6-12所示:

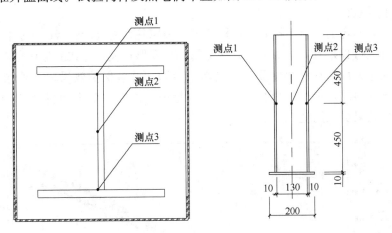

图 9.6-12 试验试件示意图

1. 板材耐火性能试验结果

耐火性能试验结果如图9.6-13所示。对比外涂与内涂的试验结果,可以从防火机制、保护效果、装饰效果三方面进行对比总结两种涂覆方式。

从防火机制上来看,外涂防火涂料与内涂防火涂料均为受热后防火涂料膨胀形成保护层。由于涂覆位置差异,外涂防火涂料在膨胀后不能有效地对板件间的缝隙进行覆盖,而内涂防火涂料在膨胀后则能较好地封堵板缝,防火机制更加突出。

从保护效果的角度,外涂防火涂料的情况下,金属基材变形较小,挠度较小,产生的缝隙也较少，然而外层的防火涂料易于脱落。而内涂的防火涂料没有对于金属基材形成任何保护，造成了彩钢板变形较大，产生了明显的缝隙，但是内部防火涂料的耐久性显然更好，没有产生脱落等现象。

从装饰效果的角度，显然内涂方式比外涂方式的装饰效果更加美观突出。

(a) 外涂试验结果　　　　　　　　　　　(b) 内涂试验结果

图 9.6-13　试验结果对比

外涂与内涂的升温过程对比如图 9.6-14 所示。对于外涂与内涂的测点温度对比来看，可以发现以下几点：

总体来说，两者的防火保护效果比较接近，金属基材防火涂料板的耐火性能均发挥比较稳定。从升温过程来看，初期内涂方法金属基材变形较大，导致缝隙存在，因此升温较快。而之后内涂方法防火涂料膨胀后，封堵了缝隙，并且保护效果较之外涂方法更加突出。内涂防火涂料的耐火时间更长，认为原因是内涂的方法防火涂料膨胀后的耐久性更好，同时保护效果更加周全。

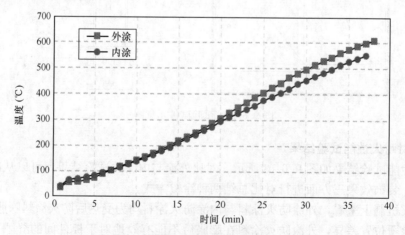

图 9.6-14　外涂与内涂试件温度对比

2. 不同构造耐火性能试验

金属基材防火涂料板在实际工程中应用，需要进一步对其构造方式及安装方式进行深化设计，并且通过恒载升温的方式检验其在实际火灾下的工作状态及性能，进而评估其实际工作性能。本节主要介绍了对三种柱试件升温试验以及两个足尺梁试件的恒载升温试验，评估了其构造、安装设计并进行分析。结合设计理念、试验结果与参数分析，给出金属基材防火涂料板的设计应用建议。

构造耐火性能试验的目的为对采用不同构造、安装方式的金属基材防火涂料板的试件耐火性能进行试验测试，验证其防火保护的可行性。对不同构造、安装方式的金属基材防火涂料板进行测试，综合评价各类构造方式的优缺点。模拟实际工况，对采取防火保护的梁试件施加荷载，并检验其在受火情况下的性能，测量其耐火极限、截面升温情况和跨中挠度-升温时间关系，评价防火涂料板及构造的工作性能。

本次试验设计3个长度为1000mm的短柱试件以及2个长度为5500mm的足尺梁试件，每个试件由H型钢（足尺梁还需在钢梁上翼缘浇筑钢筋混凝土板），金属基材防火涂料板，连接件（包括轻钢龙骨，ALC腹板填充板，吊环等）组成。构造措施以轻钢龙骨安装体系以及无龙骨安装体系为基础进行制备，以下分别进行介绍：

（1）短柱试件

短柱试件长度1m，其H型钢完全相同；分别采用不同的构造及安装方式，制作4个试件，分别命名为ZA，ZB，ZC 3个试件（Z代表柱，ABC区分试件）。ZA试件采用2mm轻钢龙骨＋自攻螺钉进行安装；ZB试件在工字钢腹板区域用聚合物砂浆每隔500mm粘贴一片50mm厚的ALC片材，并用自攻螺钉将金属基材防火涂料板安装在ALC片材上，翼缘的做法与ZA相同；ZC试件用ALC材料填充了腹板，并用自攻螺钉将金属基材防火涂料板安装在ALC上，翼缘的做法与ZA相同；金属基材防火涂料板均采用1.5mm厚的镀锌钢板作为金属基材，ZA，ZB，ZC试件的内表面均涂覆厚度平均为1.4mm（含0.05mm防锈漆）的Interchar1983室外超薄型钢结构防火涂料。各试件截面如图9.6-15～图9.6-17所示。

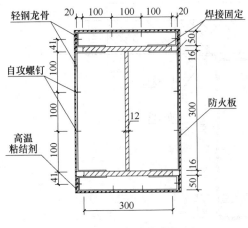

图9.6-15 ZA试件截面图

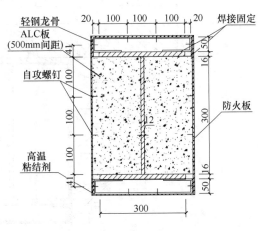

图9.6-16 ZB试件截面图

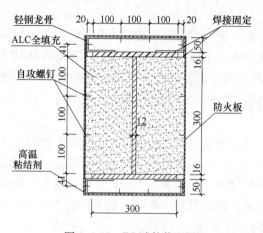

图 9.6-17 ZC 试件截面图

(2) 足尺梁试件

足尺梁试件长度 5.5m，制作两个试件，防火板基材分别采用不锈钢以及普通钢板，作为金属基材防火涂料板基材，两个试件的其他方面完全一致，分别命名为 DXL、BXL（L 代表梁，DX 代表镀锌钢板，BX 代表不锈钢板）。每个试件由工字钢构件、金属基材防火涂料板、钢筋混凝土板，以及安装连接件组成，另需在足尺梁顶部非加载点处设置吊环用于吊装（吊环高度需超过 100mm，高出浇筑混凝土板高度）。DXL 与 BXL 试件中的防火涂料与 ZA 试件一致，防火涂料板内表面涂覆厚度约为 1.5mm（含 0.05mm 防锈漆）的 Interchar1983 室外超薄型钢结构防火涂料；钢筋混凝土板采用 C30 普通硅酸盐混凝土，纵向受力钢筋的混凝土保护层为 15mm，采用单层配筋，纵向受力钢筋为 HRBϕ8@200，横向受力钢筋为 HPBϕ8@200，配筋示意如图 9.6-18 所示；DXL 试件及 BXL 试件截面如图 9.6-19 所示；足尺梁试件腹板布置轻钢龙骨用于固定防火涂料板，侧视图如图 9.6-20 所示；足尺梁试件中相邻的金属基材防火涂料板在搭接处用宽度 90mm 的钢压条进行覆盖，在防火板处搭接方式如图 9.6-21 所示。

图 9.6-18 钢筋混凝土楼板配筋图

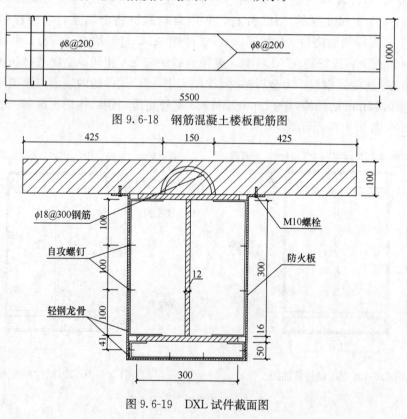

图 9.6-19 DXL 试件截面图

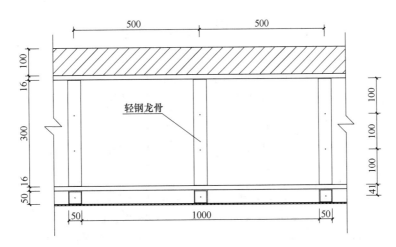

图 9.6-20 足尺梁侧视图

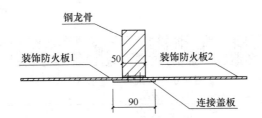

图 9.6-21 防火板搭接构造示意图

试件汇总如表 9.6-2 所示。

试验试件设计参数列表 表 9.6-2

试件编号	安装方式	金属基材	是否加载	耐火时间
ZA	轻钢龙骨+自攻螺钉	镀锌钢板	否	90min
ZB	ALC 片材+自攻螺钉	镀锌钢板	否	90min
ZC	ALC 填充+自攻螺钉	镀锌钢板	否	90min
DXL	轻钢龙骨+自攻螺钉	镀锌钢板	是	90min
BXL	轻钢龙骨+自攻螺钉	不锈钢板	是	90min

试验加载装置与前文的足尺梁试件一致，柱试件放置于燃气抗火试验炉中试验，足尺梁试件安装于耐火试验炉顶部，千斤顶位置调整为梁的三等分点，如图 9.6-22 所示。

本次试验采用的升温曲线为 ISO834 标准升温曲线。

同样对于足尺梁试件，在试件跨间三分点处设置两个加载点，根据现行国家标准《建筑钢结构防火技术规范》GB 51249—2017 和上海市地方标准《建筑钢结构防火技术规程》DG/TJ 08—008—2017，两点加载均为 151.23kN，常温下的荷载比为 0.5。足尺梁的受力示意图如图 9.6-23 所示。

对于柱试件，进行温度测量，所有试件热电偶布置方式一致，每个试件 5 个测点，布置在跨中截面，温度测点布置如图 9.6-24 所示。

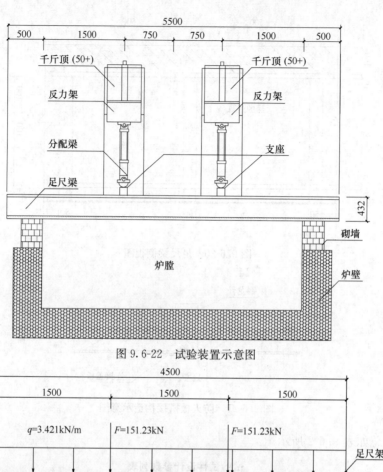

图 9.6-22 试验装置示意图

图 9.6-23 足尺梁试件受力示意图

图 9.6-24 短构件试件温度测点布置示意图

对于足尺试件,分别在跨中以及 1/4 跨截面处布置一层热电偶测点,一共两层,共 10 个测点,同时也在跨中梁顶布置位移计,记录跨中竖向位移。

对实时荷载与炉温由测量系统自动测量记录。

3. 不同构造耐火性能试验结果

(1) ZA 试件

ZA 试件试验前后现象如图 9.6-25 所示。通过观察 ZA 试件的试验现象可得,虽然 ZA 试件表面钢板有一定程度的变形,产生 1~2cm 的板缝,但板缝内部可以看到有明显防火涂料膨胀后封堵的痕迹,封闭性相对较好。迎火面与背火面防火涂料膨胀后的形状保存比较完整,可以看到其受热膨胀的性能比较良好，有 2~3cm 的厚度。而在腹板区域，可以观察到腹板空间内四周的防火涂料均附着的比较密实，但中间区域未观察到防火涂料，可以认为是在降温后脱落。总体而言，ZA 试件受火后性状较好，防火保护性能发挥较为充分。

图 9.6-25　ZA 试件试验后现象

（2）ZB 试件

ZB 试件试验前后现象如图 9.6-26 所示。通过观察试验现象可以发现，在试验后，ZB 试件表面钢板出现约 2cm 宽的板缝，且板缝没有得到膨胀型防火涂料的完全封堵。产生板缝的原因一方面为镀锌钢板受火不均匀产生的变形，另一方面考虑到对试件的观察为关火降温后，试件内部温度较高，外部温度较低，从而使得板件向外鼓起。ZB 试件迎火面翼缘相较背火面翼缘防火涂料膨胀状况较差，在试验后发现存在防火涂料脱落的现象。观察腹板处 ALC 片材，发现两侧均发生脱落，存在关火后降温阶段脱落的可能性，炉外侧腹板处防火涂料有比较明显的脱落现象。从炉内侧未脱落的防火涂料膨胀后现象来看，膨胀厚度为 1.5~2.5cm，观察到的膨胀效果尚可。整体而言，ZB 试件构造形式的耐火表现尚可。

（3）ZC 试件

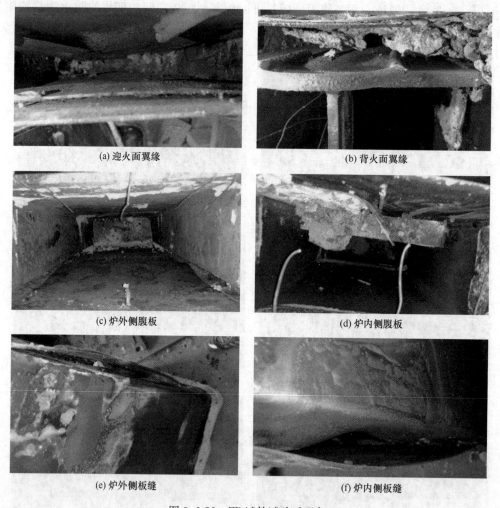

图 9.6-26 ZB 试件试验后现象

ZC 试件试验前后现象如图 9.6-27 所示。根据 ZC 试件试验后的现象，可以发现 ZC 试件性状相对比较稳定，在试验后仅有炉外侧腹板处产生约 1.5cm 较为明显的板缝，且板缝中明显有膨胀后防火涂料封堵的痕迹。ZC 试件腹板填充的 ALC 块材无明显变化，迎火面翼缘处防火涂料保留相对较为完整，可以观察到 1.5cm 左右的膨胀厚度，背火面翼缘处防火涂料有部分脱落。ZC 试件构造方式耐火性能较好。

（4）DXL 试件

DXL 试件试验前后的整体状况如图 9.6-28 所示。DXL 试件表面的金属基材防火涂料板通过轻钢龙骨与自攻螺钉连接在钢板表面，具有良好的装饰性。在试验过程中，当钢梁随着温度上升而挠度加大，该类构造能保持较好地整体性并持续对钢梁提供防火保护，并且没有任何防火板或自攻螺钉脱落。同时，在试验过程中，可以观察到板件能对膨胀型防火涂料受热膨胀所产生的烟气提供一定的密封，烟气主要从试件两端的缝隙中溢出。

更进一步，每一块金属基材防火涂料板以及涂覆的防火涂料的现象如图 9.6-29 所示。可以看到大部分板件均较好地贴合在钢梁表面的连接件上，板件顶部与混凝土的贴合比较

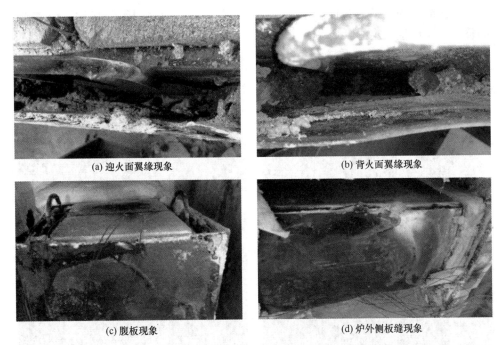

(a) 迎火面翼缘现象 (b) 背火面翼缘现象

(c) 腹板现象 (d) 炉外侧板缝现象

图 9.6-27　ZC 试件试验后现象

(a) 试验前的 DXL (b) 试验中的 DXL

(c) 试验后的 DXL 顶部 (d) 试验后的 DXL 底部

图 9.6-28　DXL 试件试验前后整体现象

紧密，且有防火涂料膨胀的痕迹，较好地封堵了缝隙。在试件同一截面处，腹板处钢板与底部翼缘处钢板存在一定缝隙，原因为腹板处钢板有向外鼓起的现象，而底部钢板变形较小。沿试件长度方向，大部分相邻的防火涂料板接缝处的钢压条贴合比较紧密，仅左侧与右侧第一个接缝处的压条顶部有较大变形，向外鼓起，导致两块板之间产生一定缝隙，对试件的整体升温产生一定的影响。

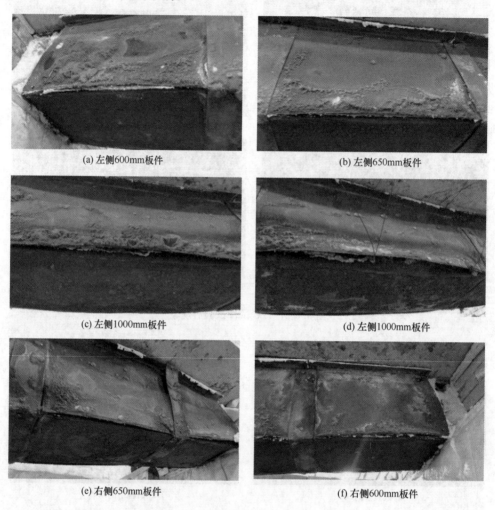

图 9.6-29　试验后的 DXL 试件防火涂料板

对金属基材防火涂料板所有板缝进行整理，现象如图 9.6-30 所示。可以发现防火涂料板的板缝均由腹板处板件鼓起造成，板缝宽度约为 2～3cm。观察这类板件缝隙，内部基本都可以观察到存在膨胀后的防火涂料填充，仅左侧 1000mm 板正面板缝处涂料未完全封堵住板缝。而试件两处压条缝隙均为压条鼓起造成的，而两处鼓起位置虽然观察到防火涂料，但没有达到对板缝的完全封堵。

最后，试件顶部的混凝土楼板现象如图 9.6-31 所示。可以观察到板件顶部在跨中变形大幅增加的过程中产生明显的纵向裂缝，裂缝由跨中蔓延至试件端部。而试件底部混凝土存在一些横向裂缝，但数量较少，长度也较短，不是非常明显。可以认为顶部的纵向裂缝对混凝土板与钢梁的组合作用产生一定的影响。

(5) BXL 试件

BXL 试件试验前后的整体状况如图 9.6-32 所示。可以观察到 BXL 与 DXL 试件的最

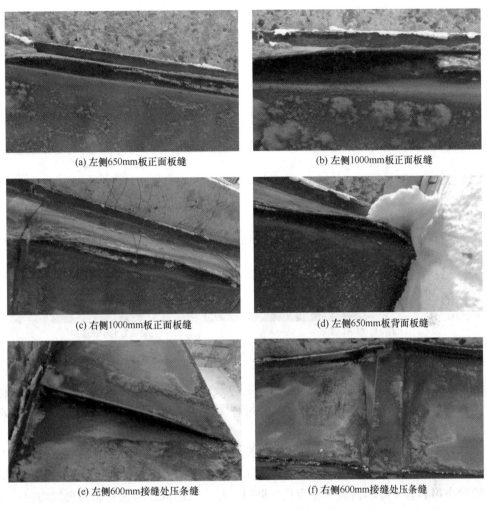

图 9.6-30 试验后的 DXL 试件板缝

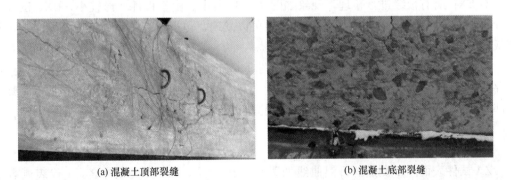

图 9.6-31 试验后的 DXL 试件混凝土楼板

明显差异在于，BXL 试件在试验后跨中混凝土发生断裂，且跨中底部涂料板有脱落的现象。结合 BXL 试件的跨中位移曲线来看，可以认为在试验的最后阶段，BXL 试件跨中位移过大，导致混凝土断裂，且右侧混凝土下压，造成下部金属基材防火涂料板变形较大，

(a) 试验前的BXL

(b) 试验中的BXL

(c) 试验后的BXL顶部

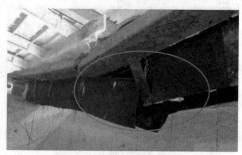
(d) 试验后的BXL底部

图 9.6-32　BXL 试件试验前后整体现象

最后连接失效进而脱落。但根据试验中的现象以及数据分析来看，该破坏仅在试验即将结束以及试验后的降温阶段发生的，对试验过程无太大影响。BXL 试件其他整体现象与 DXL 试件比较接近。

同样对于每一块金属基材防火涂料板以及涂覆的防火涂料的现象进行整理如图 9.6-33 所示。在不考虑脱落的涂料板的基础上，BXL 试件相比于 DXL 试件表面的大部分不锈钢基材变形小，具有更好的高温下稳定性。同时，板内的防火涂料也膨胀的更加均匀，可以看到各个缝隙间都有涂料膨胀的痕迹。

对 BXL 所有板缝进行整理，现象如图 9.6-34 所示。由于板件变形较小，BXL 试件的板缝很小，宽度最大为 2cm。观察板件缝隙可以发现，包括仅有的一处钢压条缝在内，所有板缝内部都有膨胀后涂料填充的痕迹。

最后，试件顶部的混凝土楼板现象如图 9.6-35 所示。板件顶部有明显的横向裂缝，也存在相对细小的纵向裂缝，裂缝贯穿混凝土跨中截面，通过侧向视角可以看到，混凝土内部钢筋没有发生断裂。可以认为裂缝对混凝土板与钢梁的组合作用产生一定的影响。

4. 试验数据分析

（1）ZA 试件

ZA 试件表面 5 个测点的升温曲线如图 9.6-36 所示，ZA 代表试件名，1 代表测点编号，后续试件也参照此规律进行介绍。观察升温曲线可以发现 ZA 试件的升温速度非常均匀，各个测点间温度基本保持一致，均在 60min 左右达到 550℃，可以认为采用轻钢龙骨构造的试件内部没有小型防火分区，防火涂料板内热烟气传递没有阻碍，各个区域温度相对一致。

（2）ZB 试件

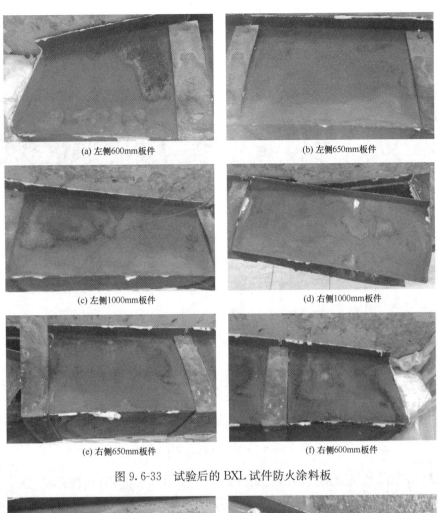

图 9.6-33 试验后的 BXL 试件防火涂料板

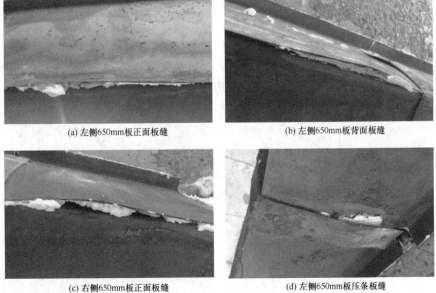

图 9.6-34 试验后的 BXL 试件板缝

(a) 混凝土断裂顶部　　　　　　　　　　(b) 混凝土断裂侧向

图 9.6-35　试验后的 BXL 试件混凝土楼板

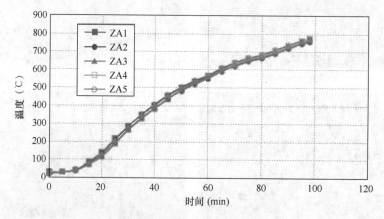

图 9.6-36　ZA 试件温度-时间曲线

ZB 试件表面 5 个测点的升温曲线如图 9.6-37 所示。对于 ZB 试件升温过程来看，可以发现其翼缘的升温速度相对较快，尤其是迎火面翼缘处 ZB1 测点，在开始升温 45min 后就超越 550℃。而在 55min 左右，两侧翼缘温度均超过 550℃。但腹板测点 ZB3 升温速度较慢，在 75min 后达到 550℃。从理论上讲，每个试件翼缘的升温过程是非常一致的，但 ZB 试件的翼缘升温却相对较快，结合试验现象分析可以认为 ZB 试件翼缘膨胀型防火涂料的受热膨胀过程不佳，且翼缘的金属板由于加工等问题变形较大，存在一定的板缝，

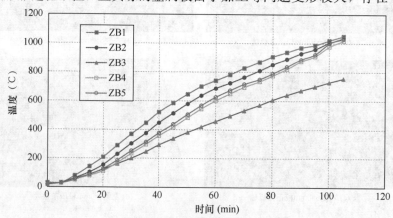

图 9.6-37　ZB 试件温度-时间曲线

导致穿火从而使试件升温相对较快。

(3) ZC 试件

ZC 试件表面 5 个测点的升温曲线如图 9.6-38 所示。ZC 试件升温过程较为缓慢且十分稳定，迎火面翼缘处 ZC1 测点升温最快，在 77min 左右达到 550℃。而翼缘的 ZC4 测点在 105min 试验结束时温度仅为 525℃。由于 ZC 试件腹板有 ALC 全填充，ALC 材料本身就是一种比较好的耐火材料，因此腹板的 ZC3 测点升温速度非常缓慢，在试验结束时仅 364℃。ZC 试件的构造耐火性能比较优秀。

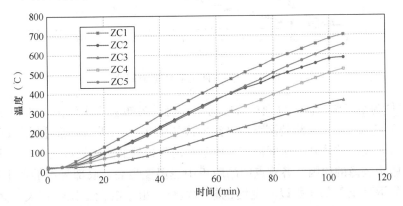

图 9.6-38　ZC 试件温度-时间曲线

为进一步说明不同构造下各试件防火保护能力的差异，对比各短试件平均温度以及腹板测点温度如图 9.6-39 所示。可以发现，ZC 试件的平均温度以及腹板温度均远低于其他试件（图 9.6-40）。而 ZA 试件平均温度略低于 ZB 试件，腹板温度却明显高出，说明其翼缘平均温度相对 ZB 较低。结合试验现象可以认为，ZA 试件的构造模式，翼缘的防火涂料膨胀效果较好，翼缘温度较低，但翼缘与腹板的传热效果较强，导致腹板温度高于 ZB 试件。

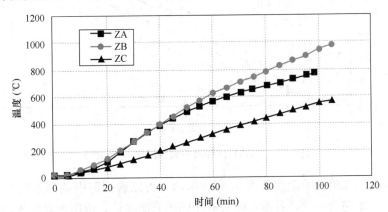

图 9.6-39　短柱试件平均温度-时间曲线

(4) DXL 试件

DXL 试件为足尺梁试件，通过恒载升温试验，主要对其试验中的升温以及位移数据进行分析。为详细研究试件的破坏过程以及抗火性能，分别对其温度数据以及位移数据进行分析。

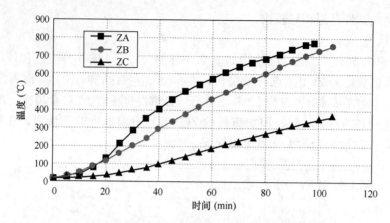

图 9.6-40 短柱试件腹板温度-时间曲线

DXL 试件为足尺梁试件，分别在跨中与 1/4 跨处各布置 5 个测点，跨中测点的升温曲线如图 9.6-41 所示，1/4 跨处测点的升温曲线如图 9.6-42 所示。通过观察 DXL 的升温曲线可以发现，试件整体升温速度稳定。由于炉内腹板处的防火板可能存在一定缝隙以及工字钢构件腹板较薄的原因，各测点中的腹板中点温度最高。底部翼缘的两个测点次之，而上翼缘紧靠混凝土下部，所以其温度也较为接近，由于混凝土比热容大，具有吸热作用，所以温度显著低于其他部分，最高温度与最低温度有近 200℃ 的温差。同时，对比在截面同一高度的 1、2 测点与 4、5 测点，可以发现越靠近钢梁外侧，温度越低，由此可以看出，在钢梁内部，中心温度较高，两端温度较低。

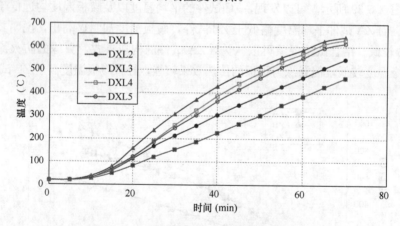

图 9.6-41 DXL 试件跨中截面温度-时间曲线

对比跨中与 1/4 跨处的温度如图 9.6-43 所示。可以看到跨中截面温度与 1/4 跨截面各测点的温度基本完全一致，各测点间具有相同的升温规律，说明钢梁腹板内空气温度比较均匀。

除此之外，DXL 试件与 ZA 试件在构造上均采用轻钢龙骨安装方式，两者的构造区别在于 DXL 试件跨度更大，且顶部有混凝土楼板。荷载上的区别为，DXL 试件除了火灾升温之外，顶部还有恒定的设计荷载。DXL 试件与 ZA 试件的各测点温度对比如图 9.6-44 所示。可以发现 DXL 试件大部分测点的温度均低于 ZA 试件，原因主要为 DXL 试件

第 9 章 建筑钢结构防火防腐装饰一体化防护新技术与产品

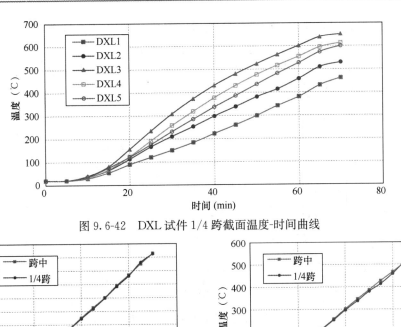

图 9.6-42 DXL 试件 1/4 跨截面温度-时间曲线

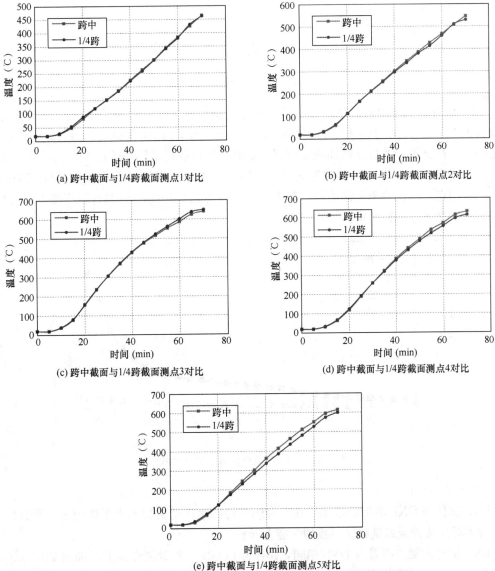

图 9.6-43 跨中截面与 1/4 跨截面温度-时间曲线

上翼缘混凝土有一定吸热能力,使钢梁温度得以降低。其中 DXL 下翼缘的测点与 ZA 试件温度十分接近,可以得出两种构造的翼缘部分传热过程基本一致,并且该类防火构造在高温下有较强的变形适应性,DXL 试件的跨中挠度对升温过程影响很小,说明防火板的构造能很好适应梁在高温下的变形。

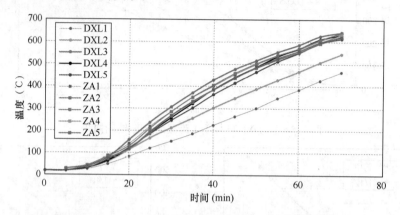

图 9.6-44　DXL 与 ZA 试件各测点温度-时间曲线

DXL 试件在试验中的位移同样是重要的分析指标,本次试验在跨中以及支座两端分别设置了 1 个位移计,其位移-时间曲线如图 9.6-45 所示。跨中位移向下为正,支座位移向上为正。在试验开始后分级加载至荷载设定值,当荷载稳定后炉子点火升温,可以看到位移均持续增加,趋势为前期较为缓慢,后期逐渐加快。尤其是跨中位移曲线在 60min 左右产生拐点,增长速率大幅增加,在 73min 左右达到 200mm(位移计行程终点),试件与炉盖发生穿火,试验结束。

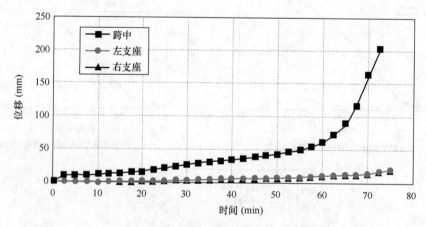

图 9.6-45　DXL 试件位移～时间曲线

(5) BXL 试件

BXL 试件与 DXL 试件的区别仅在于金属基材由镀锌钢板替换为不锈钢板,测试的主要目的为对比两种金属基材涂料板的性能差异。

BXL 试件的测点布置与 DXL 相同,跨中测点与 1/4 跨处测点的升温曲线如图 9.6-46 和图 9.6-47 所示。总体来说,BXL 的升温规律比较稳定,与 DXL 试件类似,升温速度最快的为腹板测点,底部测点次之,而顶部测点靠近混凝土温度最低。BXL 与 DXL 相似的升温过程也进一步验证了该类防火保护下升温的相关规律,一定程度上排除了随机性因素的影响。

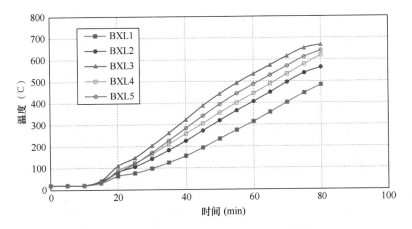

图 9.6-46　BXL 试件跨中温度-时间曲线

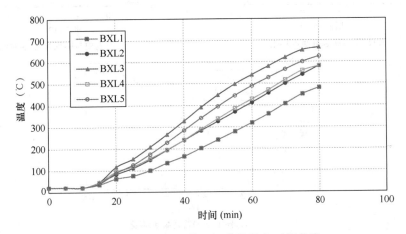

图 9.6-47　BXL 试件 1/4 跨处温度-时间曲线

对比跨中与 1/4 跨处的温度如图 9.6-48 所示。各测点间升温规律比较一致,同样说明钢梁腹板内空气温度比较均匀。

对比 DXL 与 BXL 试件的温度如图 9.6-49 所示。可以发现两者的升温规律基本一致,但 BXL 试件升温速度较慢。在 50min 前两者平均温差逐渐加大至约 100℃,50min 后随着升温减缓,温差也减小到约 50℃,DXL 试件温度一直高于 BXL 试件。结合试验现象可以认为,不锈钢基材的涂料板在高温下稳定性更好,板件变形更小,能更好地发挥防火保护作用。

同样的,在 BXL 的跨中以及支座两端分别设置了 1 个位移计,加载方式与 DXL 试件相同,其位移-时间曲线如图 9.6-50 所示,跨中位移曲线与 DXL 试件对比如图 9.6-51 所示。可以发现,BXL 跨中位移前期增长比较缓慢,在 70min 左右发生拐点。而两个试件的位移曲线对比也表现出 BXL 试件的变形发展较慢,滞后 DXL 试件约 10min。

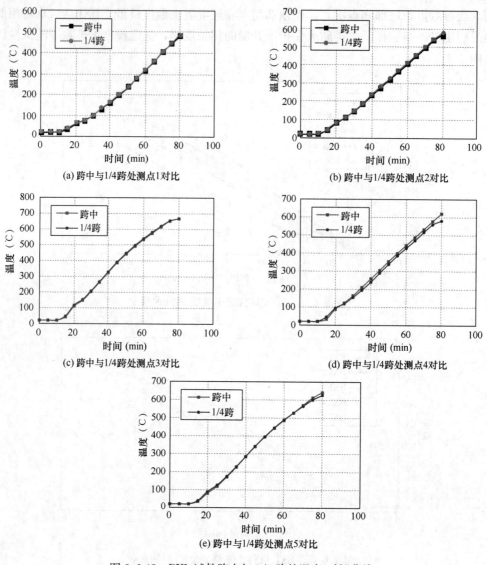

图 9.6-48　BXL 试件跨中与 1/4 跨处温度-时间曲线

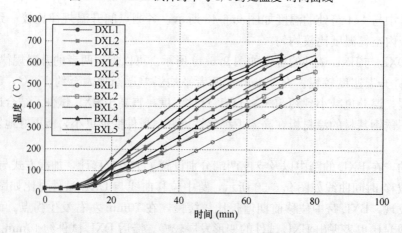

图 9.6-49　DXL 与 BXL 试件跨中升温曲线对比

第 9 章 建筑钢结构防火防腐装饰一体化防护新技术与产品

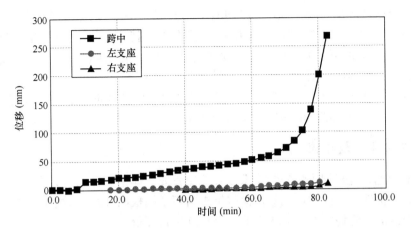

图 9.6-50 BXL 试件位移-时间曲线

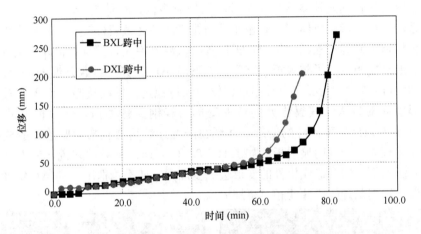

图 9.6-51 BXL 与 DXL 试件跨中位移-时间曲线

由于钢结构的升温会使自身强度与刚度下降，因此试件的位移与试件的温度有十分密切的关系，整理 DXL 与 BXL 跨中位移-截面平均温度的曲线如图 9.6-52 所示。观察曲线

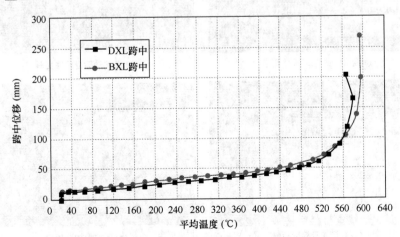

图 9.6-52 BXL 与 DXL 试件跨中位移-平均温度曲线

可以发现两个试件规律比较一致,当平均温度低于 500℃时,试件变形较小,变形速度比较缓慢;当温度高于 500℃时,试件位移显著发展。特别需要说明的是,当位移接近 200mm 时,温度有所下降的原因是试件顶部发生穿火,与外界空气交互,导致炉温下降,从而使得试件平均温度降低。

综上所述,DXL 与 BXL 试件在试验中的升温过程以及变形发展均比较符合预期,控制试件的升温速度对于试件的挠度有重要的影响。

9.6.6 试验评价及建议

本次试验主要对轻钢龙骨安装体系以及无龙骨安装体系两种构造方式进行测试,探究构造的防火保护性能。同时,也对比镀锌钢板与不锈钢板两种基材对板件性能的影响。主要可以从构造的高温稳定性、防火性能两个角度进行评价。

两类安装体系的高温稳定性主要由连接件提供,体现在连接件以及板件的变形与裂缝等方面,选取对比轻钢龙骨体系与无龙骨体系的典型构造整体变形如图 9.6-53 所示。轻钢龙骨体系的整体变形主要体现在腹板龙骨与龙骨间的区域板件鼓起,从而产生一定的板缝,但这种构造下升温过程相对均匀,板件各区域温差不大,并且腹板处的钢龙骨能有效约束板件变形,变相减小了防火板的跨度,变形较小,尤其对恒载升温的 DXL 试件,在钢梁产生 200mm 挠度的情况下,升温过程依旧保持稳定,性能优越。而无龙骨安装体系的板件变形就相对较大,其翼缘处的板件变形与轻钢龙骨类似,但腹板处的连接龙骨 ALC 片材不能有效地约束板件的变形,甚至在降温开炉后会轻易地脱落,造成腹板处防火涂料板变形较大,产生明显的板缝如图 9.6-53(b)所示。总的来说,考虑到降温过程中试件内外温度不均匀会造成板件的变形进一步加大,两类构造下的高温稳定性均可以满足使用要求,轻钢龙骨构造性能相对更加突出。

(a) 轻钢龙骨构造板件变形

(b) 无龙骨构造板件变形

(c) 轻钢龙骨构造板缝

(d) 无龙骨构造板缝

图 9.6-53 轻钢龙骨与无龙骨构造体系整体典型变形对比

而在防火保护能力上,轻钢龙骨安装体系以及无龙骨构造中的耐火片材安装方式的防火能力均由涂覆在防火涂料板内表面的膨胀型防火涂料提供,而 ZC 试件中的 ALC 全填充构造同样能提供一定的防火保护能力。对比 ZA 试件与 ZB 试件的防火涂料膨胀状况如图 9.6-54 所示。可以看到轻钢龙骨体系的试件中,涂料膨胀的比较充分,而无龙骨构造下的涂料膨胀的不够饱满,从翼缘的温度曲线图 9.6-55 中同样可以发现 ZB 试件的翼缘升温速度高于 ZA 试件。甚至在无龙骨构造中,存在耐火片材脱落的风险,容易造成对防火涂料膨胀层的损伤。从另一方面来看,ALC 全填充的 ZC 试件的升温速度非常缓慢,耐火性能优越。然而在腹板中全填充 ALC 的做法容易造成结构自重较大,不适用于钢梁结构,并且施工过程相对复杂。

(a) 轻钢龙骨构造涂料膨胀　　(b) 无龙骨构造涂料膨胀

图 9.6-54　轻钢龙骨与无龙骨构造体系涂料膨胀对比

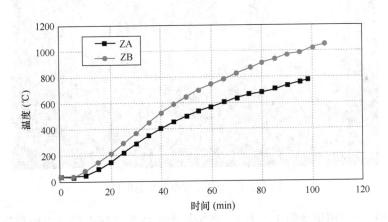

图 9.6-55　ZA 与 ZB 试件翼缘温度-时间曲线对比

对于镀锌钢板与不锈钢板,结合试验现象与数据分析可以明显发现采用不锈钢板做基材具有更好的高温下稳定性,在相同厚度的情况下,板件不易发生变形,产生的板缝较小,导致保护下的试件升温以及变形均发展的较慢。但需要注意的是,不锈钢板造价高于镀锌钢板,实际设计中应按具体情况选用。

综上所述,两类构造均能为钢结构提供稳定的防火保护效果,且在高温下具有稳定性,满足装饰-防火一体化构造的需求,具有应用的可行性。相对来说,轻钢龙骨安装体系有较好的高温稳定性,而无龙骨体系的防火保护性能更加突出。同时,不锈钢板基材的防火涂料板性能比镀锌钢板更加优异。

9.7 产业化示范

9.7.1 示范工程

1. 工程概况

丽泽平安金融中心项目，位于北京市丰台区丽泽商务区（图9.7-1）。建筑功能为高端写字楼及配套商业，总建筑面积15.3万 m^2，其中地上建筑面积11.7万 m^2，地下建筑面积3.6万 m^2。塔楼地上共40层，总高度200m。裙房地上共3层，总高度17.5m。地下大底盘连成一体，共4层，埋深19.7m。建设单位为北京金坤丽泽置业有限公司，设计单位为中国建筑设计研究院，施工单位为中国建筑第八工程局有限公司。

图9.7-1 丽泽平安金融中心项目

本项目钢结构总用钢量约1.2万t。塔楼结构体系为"核心筒（内插型钢骨柱和型钢骨梁）＋外钢框架＋加强层桁架＋屋顶钢结构"，外框钢柱为箱形柱、钢梁为H型钢梁，外框楼板是由钢筋桁架楼承板与混凝土形成的组合楼板支撑体系，核心筒为钢筋混凝土楼板。裙楼结构体系为钢框架，楼板为组合楼板。

构件耐火极限：钢柱3.0h、屋顶钢桁架3.0h、钢梁2.0h（当钢梁上方为防火墙时钢梁的耐火极限为3.0h）。本工程防火涂装均使用非膨胀型钢结构防火涂料，产品为宸泰CT-MK6/HY石膏基室内非膨胀型防火涂料（图9.7-2）。

2. 示范内容

（1）示范产品

1）CT-MK6/HY石膏基室内非膨胀型防火涂料（低密度）

本款产品是以石膏为主要基材，针对纤维类火灾提供防火保护。采用无机轻质隔热和

图 9.7-2 宸泰 CT-MK6/HY 石膏基室内非膨胀型防火涂料

纤维材料组成的粉料，用水拌和，与速凝溶液混合，压送式喷涂施工。适用于在室内部位和室外隐蔽部位的钢构件或压型钢板涂装。经测试和认证，可为结构提供 4h 以上的防火保护。产品基本色为灰白色，外观为麻面真石漆效果，具有较好的装饰功能。

CT-MK6/HY 石膏基室内非膨胀型防火涂料（低密度）具有以下特性：①重量轻，实际干密度 260kg/m³，是水泥基涂料的 1/2，可有效减轻结构承载；②高附着性，不开裂、不空鼓、不脱落、不流坠，最大挠度可达 1/20，抗变形能力强；③高耐久性：主要成分均为中性材料，对钢材无腐蚀作用，且防霉防潮；④施工效率高，15min 固化成型技术，可一遍喷涂完成；⑤人工成本低，采用喷涂工艺，一次成型，施工速度快，可节省大量人工费用；⑥绿色环保，纯无机材料，不含石棉、苯类和玻璃纤维物质，VOC 有机挥发物为零；⑦隔声性好，产品密度低，隔声降噪性能更加优良。各类特性的具体指标见表 9.7-1。

CT-MK6/HY 石膏基室内非膨胀型防火涂料（低密度）特性表　　表 9.7-1

序号	特性	参数
1	固化时间	10min
2	表干时间	6h
3	粘结强度	0.08MPa
4	抗压强度	0.4MPa
5	干密度	370kg/m³
6	抗腐蚀性	pH 值 7，无腐蚀
7	VOC 检测	无有机挥发物
8	耐水性	24h 浸泡，涂层无起层、发泡、脱落
9	耐冷热循环	15 次冷热循环，涂层无起层、发泡、脱落
10	等效导热系数	0.078W/(m·℃)

2) CT-MK6/HY 石膏基室内非膨胀型防火涂料（中密度）

本款产品是针对纤维类火灾提供防火保护的湿式防火涂料。以石膏基材料为主体，添加少量轻料复合而成，采用抹涂或喷涂两种施工方式。对室内的外露构件用抹刀涂抹后，可以达到表面细腻光滑的装饰效果。具有强度高、耐久性好、外观平整的特点。适用于室内的钢柱、钢梁、托梁、桁架、网架、钢楼梯、压型钢板及预制混凝土构件等抗磨损或抗损坏钢构件的涂装（图9.7-3）。经测试和认证，可为结构提供4h以上的防火保护。应用于商务办公楼内的特殊使用区域、交通枢纽站、会展中心、楼梯井、轻生产区域和设施、设备间等。产品基本色为灰白色，具有较好的装饰效果。

图9.7-3　CT-MK6/HY石膏基室内非膨胀型防火涂料（低密度）施工图

CT-MK6/HY石膏基室内非膨胀型防火涂料（中密度）具有以下特性：①装饰效果好：厚度较小，细腻光滑、平整美观，无需找平、收光，可直接与各种水性涂料、面漆结合，实现丰富多彩的涂装效果；②施工效率高，有抹涂及喷涂两种施工方式，可对室内外露构件通过用抹刀涂抹以达到表面平整的要求；③人工成本低：无需现场配比，只需加水，且用传统灰浆设备进行施工，厚度20mm以内可喷涂一遍完成，20mm以上应视第一层材料凝结后，再逐层施作，施工造价低廉，400m²/d·班组，节省人工，施工便捷（图9.7-4）。各类特性的具体指标见表9.7-2。

(a) 施工图1　　　　　　　　(b) 施工图2　　　　　　　　(c) 施工图3

图9.7-4　CT-MK6/HY石膏基室内非膨胀型防火涂料（中密度）施工图

CT-MK6/HY 石膏基室内非膨胀型防火涂料（中密度）特性表 　　表 9.7-2

序号	特性	参数
1	固化时间	60min
2	表干时间	6h
3	粘结强度	0.09MPa
4	抗压强度	0.7MPa
5	干密度	495kg/m³
6	抗腐蚀性	pH值9，无腐蚀
7	VOC检测	无有机挥发物
8	耐水性	24h浸泡，涂层无起层、发泡、脱落
9	耐冷热循环	15次冷热循环，涂层无起层、发泡、脱落
10	等效导热系数	0.079W/(m·℃)

（2）示范工作过程

本项目防火涂料施工时，每3层作为一个单元同时施工，安置3套设备（空压机、挤压泵、喷涂机、搅拌机、角磨机），从设备、产品进场、产品复检、设备安装、施工样板、防火涂料施工再到防火涂料的验收共计历经10个月时间，超前完成预定工期目标。

3. 示范亮点

石膏基防火涂料，作为防火涂料的第二代产品（第一代为水泥基防火涂料），具有如下优点：

（1）结构荷载轻盈性：石膏基重量轻，是水泥基的1/3～1/4，这样结构荷载可以降低，有利于结构设计；

（2）施工便利性：石膏基可以一次喷涂成型，施工速度快，节省人工。而水泥基至少要施工3遍，每遍施工厚度5mm左右，间隔48h，费时费工；

（3）施工工艺方便性：石膏基不需要刷底胶和挂网，而水泥基必须要刷胶，同时挂网，以防止开裂和脱落；

（4）施工质量优质性：石膏基柔性好，变形能力强，且粘结强度高，因此，不会开裂和脱落。而水泥基防火涂料较难做到不开裂和不脱落，除非水泥基采购价格足够高，以保证可以采购优质的胶水和挂网；

（5）环保零污染性：石膏基VOC（挥发性有机物）为零，重金属含量为零。而水泥基VOC含量在100左右；

（6）耐火效能长久性：石膏基是第二代防火产品，水泥基是第一代产品。石膏基现在可以达到4h耐火极限（有报告证明），而水泥基很少能做到；

（7）防腐保护延长性：石膏基喷涂可以起到防腐涂装对钢构件保护的效果，可以帮助防腐油漆提升防腐年限达到30年（目前市场的防腐油漆只能保证防腐年限15年）。

4. 示范效果

本项目钢结构防火涂料采用石膏基防火涂料（图9.7-5～图9.7-7），其具有如下优点：质量轻；可以节省材料用量；无需钢材基层刷胶、涂料面层挂网，采用机械喷涂施工，30mm以下厚度一次成型，人工成本低，施工时间快；粘结性好，变形能力强，成型后完全不开裂、不空鼓、不脱落。

中国国家强制性产品认证证书
CERTIFICATE FOR CHINA COMPULSORY PRODUCT CERTIFICATION

证书编号：2018081809000128

认证委托人：河南耐泰防火科技有限公司
地　　址：河南省新乡市长垣蒲北防腐产业园区卫河路
生 产 者：河南耐泰防火科技有限公司(H007244)
地　　址：河南省新乡市长垣蒲北防腐产业园区卫河路
生产企业：河南耐泰防火科技有限公司
地　　址：河南省新乡市长垣蒲北防腐产业园区卫河路
产品名称：室内厚型钢结构防火涂料
认证单元：NH(CT-MK6)
　内含：NH(CT-MK6)(涂层厚度：24mm
　　　　耐火性能试验时间：150min)(主型)
产品认证实施规则：CNCA-C18-02：2014
产品认证实施细则：CCCF-HZFH-01
产品认证基本模式：企业质量保证能力和产品一致性检查 + 型式试验 + 获证后使用领域抽样检测或者检查
产品标准：GB 14907-2002
上述产品符合强制性产品认证实施规则CNCA-C18-02：2014、强制性产品认证实施细则CCCF-HZFH-01的要求，特发此证。
首次发证日期：2018-08-06
发（换）证日期：2018年08月06日　有效期至：2023年08月05日

本证书的有效性需靠通过证后监督获得保持
本证书的相关信息可通过国家认监委网站www.cnca.gov.cn和中国消防产品信息网站www.cccf.com.cn查询

  中国认可
产品
PRODUCT
CNAS C073-P

公安部消防产品合格评定中心
中国·北京市东城区永外西革新里甲108号　100077
http://www.cccf.net.cn

A 0251888

图 9.7-5　室内 CT-MK6 防火涂料中国国家强制性产品认证证书

国家防火建筑材料质量监督检验中心
检验结果汇总表

No：2019700034   共4页   第2页

序号	检验项目	《钢结构防火涂料》GB 14907—2018标准条款号	标 准 要 求	检验结果	结 论
1	耐火性能	5.2.1 6.5.6 6.5.7	涂层厚度25mm±2mm；耐火性能试验时间≥2.0h。梁试件最大挠度≤L_0/20=210.0mm。（L_0为试件计算跨度，L_0=4200mm）	涂层厚度26mm；耐火性能试验时间3.0h。梁试件最大挠度43.1mm	合格
3	干燥时间（表干）(h)	5.2.1 6.4.2	≤24	4	合格
4	初期干燥抗裂性	5.2.1 6.4.4	允许出现1~3条裂纹，其宽度应≤1mm	符合要求	合格
5	粘结强度(MPa)	5.2.1 6.4.5	≥0.04	0.37	合格
6	抗压强度(MPa)	5.2.1 6.4.6	≥0.3	0.4	合格
7	干密度(kg/m^3)	5.2.1 6.4.7	≤500	380	合格
8	耐水性(h)	5.2.1 6.4.8	≥24，涂层应无起层、发泡、脱落现象	24，符合要求	合格
9	耐冷热循环性(次)	5.2.1 6.4.9	≥15，涂层应无开裂、剥落、起泡现象	15，符合要求	合格
	以		下	空	白

备注：1. 施工时采用XH-1003省工型环氧富锌防锈底漆；
       2. 试件基材为140b工字钢，外荷载总量253kN；
       3. 至试验当日，涂覆钢梁试件已在通风干燥的室内自然环境中养护32d。

图 9.7-6   室内 CT-MK6 防火涂料国家检验结果 1

国家防火建筑材料质量监督检验中心
检验结果汇总表

报告编号：2018700285　　　　　　　　　　　　　　　　　　　共4页　第2页

序号	检验项目	《钢结构防火涂料》GB 14907—2018标准条款号	标 准 要 求	检验结果	结 论
1	耐火性能	5.2.1 6.5.6 6.5.7	涂层厚度25mm±2mm；耐火性能试验时间≥2.0h。梁试件最大挠度≤L_0/20=210.0mm。（L_0为试件计算跨度，L_0=4200mm）	涂层厚度19mm；耐火性能试验时间2.0h。梁试件最大挠度68.9mm	—
	以	下	空	白	
备注：涂覆钢梁试件养护环境温度：15～25℃，湿度50%～70%，养护期33d。					

图 9.7-7　室内 CT-MK6 防火涂料国家检验结果 2

9.7.2 示范生产线

1. 新型防火涂料示范生产线

(1) 生产线概况

江苏兰陵新型防火涂料示范生产线的建设地点为江苏常州市经济开发区,建设单位为江苏兰陵高分子材料有限公司。本生产线是一条新型防火涂料生产流水线,面积约1.5万m^2,可年产涂料1万t,由智能化和自动化设备组成,可以减少人工数量和人工劳动强度;并且充分考虑产能及多功能性,在生产防火涂料的同时,也可承担部分防腐涂料的生产任务(图9.7-8)。

(a) 生产车间外观图1

(b) 生产车间外观图2

图 9.7-8 新型钢结构防火涂料生产车间外貌

(2) 示范内容

示范生产线的主要示范内容为:①整条生产线及生产线设计的各个分系统和相关的自动化设备;②生产的新型防火涂料-水性超薄型(EB)和薄型(SC-2)钢结构防火涂料,具有良好的环保性、装饰性、耐候性,与之相配套的生产线绿色环保,自动化程度高。

1) 生产线的相关设备

设备有212台/套,其中配料釜20台、调色釜37台、色浆罐20台、高位槽3台、树脂储罐5台、升降机3台、砂磨机38台、粉尘处理装置1套、废气处理系统4套、水泵2台、冷却塔1台、稀释剂釜2台、高速分散机6台、地磅2台、树脂泵10台、齿轮泵7台、隔膜泵37台、空压机1台、自动包装机6台、过滤机6台、自动化系统一套,合计

212台/套,生产车间内景见图9.7-9。

图9.7-9 全自动化生产车间内景

2)生产线主要分系统

① 整个生产线由核心子系统组成:DCS控制系统,自动化物料采集系统,自动化配料系统,混合、搅拌和砂磨系统(图9.7-10~图9.7-13),调色、包装系统,自动化中控室,实现全自动化控制生产。

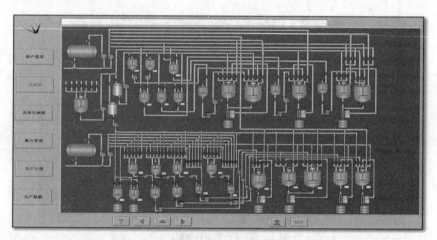

图9.7-10 DCS控制系统

图9.7-11 自动化物料采集系统

图 9.7-12　自动化配料系统

图 9.7-13　混合、搅拌、砂磨系统

② 自动化中控室。自动化系统的集成终端，在这里有各个配料釜的工作情况，可以根据配方的定量，通过控制室的电脑，控制各釜的原料出料量和进料量，见图 9.7-14。

③ 环保控制。通过密闭式管道传输与气体收集系统（图 9.7-15），环保粉尘收集系统，废气有组织排放系统，对废气、粉尘进行收集处理（图 9.7-16），满足环保要求。

图 9.7-14　控制柜

图 9.7-15　密闭式管道传输、气体收集系统

(a) 废气有组织排放系统　　　　　　(b) 环保粉尘收集系统

图 9.7-16　废气有组织排放及粉尘收集系统

3）示范生产线产品及工艺

① 生产产品——水性薄型 SC-2 和超薄型 EB 钢结构防火涂料。水性超薄型和薄型防火涂料主要由乳液、水、聚磷酸铵、超细季戊四醇、三聚氰胺等原料组成，产品涂装效果见图 9.7-17。

(a) SC-2　　　　　　　　　　　(b) EB

图 9.7-17　水性薄型 SC-2 和超薄型 EB 防火涂料涂装效果

② 生产工艺流程（图 9.7-18）。

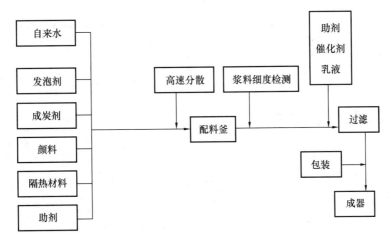

图 9.7-18　工艺流程图

(3) 示范亮点

示范生产线主要有以下亮点：

1) 对生产中所需的溶剂类物料实现批量控制，根据生产实际需求进行设定，控制系统自动完成起泵、开阀、自动分配，到量自动停泵关阀控制，根据控制精度要求，使用合适的控制算法及控制方法。

2) 使用工业组态软件绘制的实际流程图，机组人员可以通过操作站上显示的各种画面实现对机组运行过程的操作和监视，确保控制系统可靠、稳定、长期运行，生产过程安全进行。

3) 对废气、粉尘进行收集、处理，满足环保要求。

4) 开发了新型的防火涂料，具有优良的发泡膨胀性能和装饰性能，且属于环保型涂料，减少了对环境的污染。

(4) 示范效果

本示范生产线实现了对生产中所需的溶剂类物料批量控制，根据生产实际需求进行设定，可根据控制精度要求，使用合适的控制算法及控制方法；还使用了工业组态软件绘制的实际流程图，机组人员可以通过操作站上显示的各种画面实现对机组运行过程的操作和监视，确保控制系统可靠、稳定、长期运行，生产过程安全进行；对废气、粉尘进行收集、处理，满足环保要求；开发了新型的防火涂料（本课题研发的水性超薄 EB 和薄型 SC-2 钢结构防火涂料），该新型防火涂料具有优良的发泡膨胀性能和装饰性能，且属于环保型涂料，减少了对环境的污染，并取得相应的检测报告，见图 9.7-19 和图 9.7-20。

2. 防火、装饰一体化板材示范生产线

(1) 生产线概况

金特建材实业有限公司始建于 1989 年，是亚洲专注于投资、开发、生产纤维增强硅酸钙板材领域的高速发展企业。金特产品以建筑装饰用环保型轻质防火板材为主，金特纤维增强硅酸钙系列板包括金特 KT 系列板、银特板、火克 Hawk 板等，广泛用于建筑钢结构、隧道结构的防火保护。

图 9.7-19 EB 检测报告（耐火性能和理化性能指标）

图 9.7-20 SC-2 检测报告（耐火性能和理化性能指标）

为提升防火板产品的外观，提高产品表面的光洁度和颜色均匀性，提高装饰性和探索钢结构构件的防火保护-装饰一体化，基于课题研发成果，完成对金特建材防火-装饰一体化板材示范生产线的改造。

(2) 示范内容

1) 生产线改造实施简介

经公司生产工艺研究人员分析，目前影响防火板材表面质量的环节主要有两个：

① 一线脱模机为半自动，需要人工抬垫架，操作时动作容易走样，拖动垫架，易导致板材表面不良，同时也影响设备效率。难以做到标准化（图9.7-21）。

图 9.7-21 改造前的脱模机

② 目前湿石英粉为人工小车运送方式投料，劳动强度大，具体操作中原料配合比精确度较差，容易造成产品瑕疵，影响产品装饰性（图9.7-22）。

图 9.7-22 改造前的石英粉送料架

在不对生产工艺流程进行根本性改变的前提下,对以上两个环节进行技术改造,具体内容如下:

① 对一线脱模机改造,加装自动抓取机构,实现板材垫架的自动抓取、自动放置,实现板材脱模工序的自动运行。图 9.7-23 为改造后的脱模机。

(a) 脱模机正面

(b) 脱模机背面

图 9.7-23　改造后的脱模机

② 将湿石英粉从人工小车运送投料改造为机械输送投料。用铲车将石英粉铲入大料斗,料斗下部出料口改造为螺旋输送机自动送料进入配浆池,螺旋输送采用电控调节输送量,有效减少运石英粉人员数量且减轻劳动强度。改造后的石英粉送料机如图 9.7-24 和图 9.7-25 所示。

图 9.7-24 改造后的石英粉送料机　　　图 9.7-25 改造后的石英粉送料架

在不对生产工艺流程进行根本性改变的前提下，通过对以上两个环节进行技术改造，提高产品的外观质量，减少瑕疵，将防火板边缘的平直度由现在的 0.3% 降低到 0.1%，板面的光洁度与平整度也进一步提高，提升了装饰性。同时降低了员工劳动强度，节省人力成本 40% 左右。

2）生产线主要产品及指标

金特建材实业有限公司的火克防火板产品由多种硅质和钙质无机物及纤维组成，采用机械设备精制而成，是基于硅酸钙板的升级延伸系列产品，具有低密度、低热传导系数、强度高等特点，在火灾高温下性质稳定，不脱落不开裂，同时能适应潮湿环境，耐候性能好，可用于钢结构防火保护（满足标准试件 3.0h 耐火极限要求），可以与轻钢龙骨结构组合作为防火墙（可满足 3.0h 耐火极限要求），也可用于隧道结构的防火保护（满足隧道火灾 2.0h 耐火极限要求）。

火克防火板技术性能指标见表 9.7-3。

火克防火板技术性能指标　　　　　　表 9.7-3

性能	指标	性能	指标
面密度	1100kg/m³	干态抗弯强度	≥8.0MPa
边缘平直度	≤0.3%	抗冲击性	≥1.0kJ/m²
耐水性	经 30d 试验，无开裂、起层、脱落	热传导系数	≤0.2W/(m·K)
含水率	≤10%	透水性	24h 实验，无水滴
耐碱性	经 15d 试验，无开裂、起层、脱落	耐酸性	经 15d 试验，无开裂、起层、脱落
耐冻融循环	经 15 次试验，无开裂、起层、脱落	耐湿热性	经 30d 试验，无开裂、起层、脱落

（3）示范亮点

本次示范通过对两个生产环节进行技术改造，提高了防火板的外观装饰性能，为防火-装饰一体化提供了新型建筑材料，同时也降低产品的不良率，降低了工人的劳动强度，降低了产品的成本，增强了产品的竞争力。

（4）示范效果

金特建材实业有限公司的火克防火板产品具有良好的防火保护性能，防火性能能够满足钢结构防火保护的需求，其施工方式全部为预制式干法施工，与钢结构的预制装配式施工方式完全契合。图 9.7-26 为火克防火板保护钢柱的防火性能检测报告。图 9.7-27 为火克防火板用于钢结构构件防火保护的构造方式。

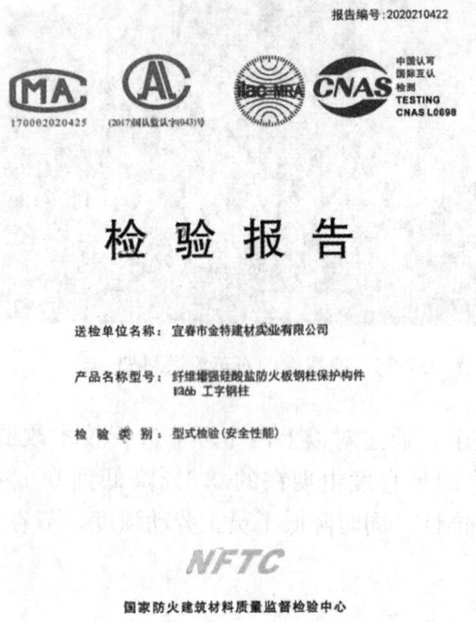

报告编号：2020210422

170002020425　(2017)国认监认字(043)号　中国认可 国际互认 检测 TESTING CNAS L0698

检 验 报 告

送检单位名称：宜春市金特建材实业有限公司

产品名称型号：纤维增强硅酸盐防火板钢柱保护构件 I36b 工字钢柱

检 验 类 别：型式检验(安全性能)

NFTC

国家防火建筑材料质量监督检验中心

(a) 防火性能检测报告封面

国家防火建筑材料质量监督检验中心

检 验 报 告

报告编号：2020210422　　共 5 页 第 1 页

产品名称	纤维增强硅酸盐防火板钢柱保护构件	型号规格	I36b 工字钢柱
委托单位	宜春市金特建材实业有限公司	商　标	金特
生产单位	宜春市金特建材实业有限公司	检验类别	型式检验(安全性能)
送检单位	宜春市金特建材实业有限公司	抽样基数	5000张
抽样单位	宜春市袁州区市场和质量监督管理局	抽样日期	2020. 07. 22
抽样地点	公司仓库（江西省宜春市袁州区医药工业园中央大道）	到样日期	2020. 07. 29
检验地点	本中心	检验日期	2020. 09. 11
样品数量	2440mm×1220mm×12mm，4张	样品编号	2020210422
检验依据	XF/T 110-2013《建筑构件用防火保护材料通用要求》		
检验项目	耐火性能		
检验结论	经检验，该纤维增强硅酸盐板钢柱保护构件耐火性能时间为4.00h，符合规定的耐火时间要求。 按XF/T 110-2013判定，该产品耐火性能合格。（以下空白） （检验专用章） 签发日期：2020年10月19日		
备注	/		

批准：　审核：　编制：

(b) 防火性能检测报告内容

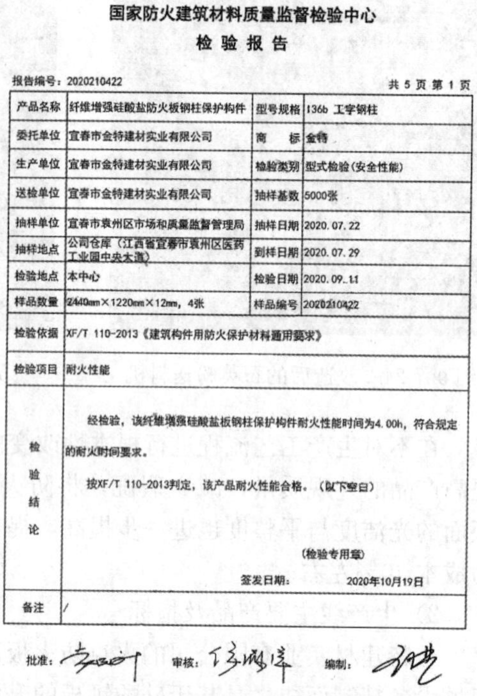

图 9.7-26　火克防火板保护钢柱的防火性能检测报告

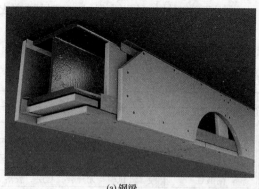

(a) 钢梁

(b) 钢柱

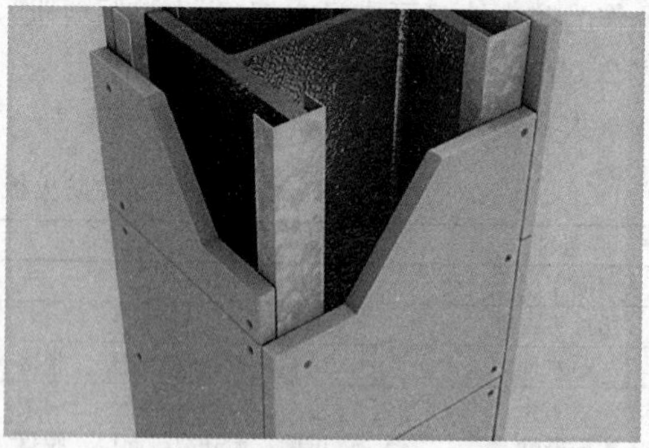

图 9.7-27　火克板用于钢结构构件防火保护构造

该火克防火板产品符合本课题研发的钢结构防火-装饰一体化系统理念。通过本次生产线技术改造，使火克防火板的外观满足装饰性要求，用于钢结构防火保护，能够实现钢结构防火-装饰一体化。后期还可以对板面进一步装饰和金属装饰面板复合，实现防火板外观的多样性，进一步推广本课题成果发明专利 ZL201710888401.9（一种基于装饰-防火一体化板的施工和防灾整体设计方法，图 9.7-28）的应用。

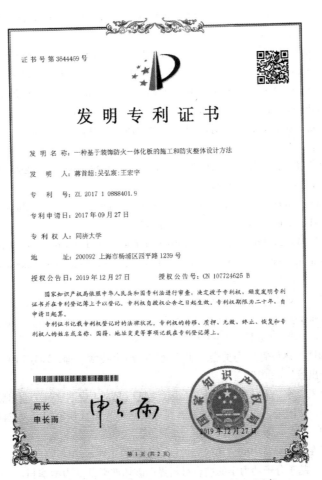

图 9.7-28　发明专利 ZL201710888401.9 证书

参 考 文 献

[1] 住房和城乡建设部. 建筑设计防火规范：GB 50016—2014[S]. 北京：中国计划出版社，2015.

[2] 国家市场监督管理总局. 钢结构防火涂料：GB 14907—2018[S]. 北京：中国标准出版社，2018.

[3] 国家质量监督检验检疫总局. 建筑构件耐火试验方法：GB/T 9978.1—2008[S]. 北京：中国标准出版社，2008.

[4] 徐雪萍，何鸣，李永良，王东林. 涂料相容性检测方法的研究[C]. 全国绿色新型重防腐涂料与涂装技术研讨会. 中国腐蚀与防护学会，2012.

[5] 韩君，李国强，王永昌. 面漆对膨胀型防火涂层隔热性能的影响[J]. 建筑材料学报，2017，20(1)：67-72.

[6] Xu Qing, Li Guoqiang, Jiang Jian, Wang Yongchang, Experimental study of the influence of topcoat on insulation performance of T intumescent coatings for steel structures[J]. Fire Safety Journal, 101 (2018)：25-38.

[7] 何任飞，陈素文，程曦，等. 氧化石墨烯对石膏基防火涂料力学性能及隔热性能的影响[J]. 建筑钢结构进展，2021，23(10)，102-108.

[8] 徐龙贵，王春久，王德义. 单组分粉末聚合物改性的非膨胀型防火涂料及其应用现状[J]. 中国涂料，2008，(12)：66-69.

[9] Du X, Skachko I, Barker A, et al. Approaching ballistic transport in suspended graphene[J]. Nature Nanotechnology, 2008, 3(8): 491-495.

[10] Chuah S, Pan Z, Sanjayan J G, et al. Nano reinforced cement and concrete composites and new perspective from graphene oxide[J]. Construction and Building Materials, 2014, 73: 113-124.

[11] Wang M, Wang R, Yao H, et al. Study on the three dimensional mechanism of graphene oxide nanosheets modified cement[J]. Construction and Building Materials, 2016, 126: 730-739.

[12] 曹明莉, 张会霞, 张聪. 石墨烯对水泥净浆力学性能及微观结构的影响[J]. 哈尔滨工业大学学报, 2015(12): 26-30.

[13] 彭晖, 戈娅萍, 杨振天, 等. 氧化石墨烯增强水泥基复合材料的力学性能及微观结构[J]. 复合材料学报, 2018, 35(08): 2132-2139.

[14] Huang G, Gao J, Wang X, et al. How can graphene reduce the flammability of polymer nanocomposites?[J]. Materials Letters, 2012, 66(1): 187-189.

[15] Cao Y, Feng J, Wu P. Polypropylene-grafted graphene oxide sheets as multifunctional compatibilizers for polyolefin-based polymer blends[J]. Journal of Materials Chemistry, 2012, 22(30): 14997-15005.

[16] Fang F, Shi Y, Zheng P, et al. Improved flame resistance and thermo-mechanical properties of epoxy resin nanocomposites from functionalized graphene oxide via self-assembly in water[J]. Composites Part B, 2019, 165(1): 406-416.

[17] 上海市住房和城乡建设管理委员会. 建筑钢结构防火技术规程: DG/TJ 08—008—2017[S]. 上海: 同济大学出版社, 2017.

[18] 李国强, 楼国彪, 等. 钢结构抗火计算与设计[M]. 北京: 中国建筑工业出版社, 2006.

[19] 韩君, 李国强, 楼国彪. 非膨胀型防火涂料等效热传导系数研究[J]. 建筑材料学报, 2016, 19(03): 516-521.

[20] 宋康. 石墨烯在防火涂料中的应用研究进展[J]. 涂料工业, 2016, 46(07): 83-87.

[21] 卓扬, 许金泉. 基于分子动力学的结合材料界面破坏准则[J]. 力学季刊, 2007, 28(1): 1-7.

[22] 王卫永, 李国强, 李大华, 等. 防火涂料和钢板间之间的层间应力[J]. 广西大学学报(自然科学版), 2009, 34(4): 451-455.

[23] Chen S, Jiang L, Wu L, et al. Damage investigation of cementitious fire resistive coatings under complex loading[J]. Construction and Building Materials, 2019, 204: 659-674.

[24] Chen S, Jiang L, Usmani A, et al. Damage mechanisms in cementitious coatings on steel members under axial loading[J]. Construction and Building Materials, 2015, 90: 18-35.

[25] Chen S, Jiang L, Usmani A, et al. Damage mechanisms in cementitious coatings on steel members in bending[J]. Proceedings of the ICE -Structures and Buildings, 2015, 168(5): 351-369.

[26] 陈雷, 童乐为, 陈以一. 有ALC板连接的高频焊接H型钢温度场数值分析[J]. 钢结构, 2005(01): 56-59.

[27] 住房和城乡建设部. 民用建筑热工设计规范: GB 50176—2016[S]. 北京: 中国建筑工业出版社, 2016.

[28] 住房和城乡建设部. 建筑钢结构防火技术规范: GB 51249—2017[S]. 北京: 中国计划出版社, 2017.

[29] 住房和城乡建设部. 建筑内部装修设计防火规范: GB 50222—2017[S]. 北京: 中国计划出版社, 2017.

[30] 中国标准设计研究院. 蒸压轻质砂加气混凝土(AAC)砌块和板材结构构造: 06CG01[S]. 北京: 中国计划出版社, 2006.

第 10 章　钢结构建筑全过程、全专业一体化系统集成建造技术

10.1　引言

10.1.1　课题背景及研究现状

1. 课题背景

在我国逐步推进建筑工业 4.0 的背景下，"一体化集成"的工业化建造管理模式被提出，并深刻影响着建筑行业的方方面面。现如今，高质量发展成为产业转型升级的主题，基于信息网络技术、计算机仿真技术、建筑装配化技术、机械自动化技术与项目管理模式相结合的智能建造技术，可以实现对建筑全生命期的整合与升级，逐步实现参数化建模、数字化设计、自动化建造、人工智能优化等多维度的一体化建造方式。

目前，日本、欧洲、美国及中国香港为代表的发达国家和地区的建筑工业化应用程度已超过 65%，成为建筑业发展的主流方式。总体来说，国外发达国家在低层钢结构住宅产业化程度较高，对于工程建设过程中的施工工艺与工法研究十分重视，在构件生产、运输和施工安装等各环节，都开发了许多专用制造和施工装备，产品专用性强，建设效率高，而高层钢结构住宅则因为市场需求不大而研究较少。国内在逐步引进国外技术时，不论低层还是多高层，在建设模式上一体化程度较低，远未达到钢结构建筑工业化的要求。钢结构建筑全过程、全专业一体化系统集成建造技术是我国钢结构建筑产业化的共性关键技术瓶颈问题。

近几年国家出台系列政策，大力发展先进建造模式，积极探索装配式建筑与"互联网+"相结合的新型战略，实现绿色、高效、安全的现代化建造的深刻变革[1-3]。"一体化集成"主要体现在建造全过程（设计、加工、物流、装配和运维等）、全专业（建筑、结构、水暖电、内外装等）及全产业（技术、管理、市场等）的协同。模数化、标准化、信息化是基础，以此保证全专业设计的协调、不同专业相关部品的一体化及高效连接和安装协调、不同参与方的信息协同，从而最大限度地保证装配式钢结构体系建筑的集成效率、精度和质量。在此背景下，进行钢结构建筑全过程、全专业一体化系统集成建造技术与工程示范研究可以促进我国钢结构建筑产业化技术水平提升，对于推动我国装配式钢结构建筑发展、推进绿色建筑和建筑工业化、促进传统建筑业产业升级都具有积极的现实意义。

2. 研究现状

（1）建筑工业化与一体化建造的关系

建筑工业化最早由西方国家提出，为解决第二次世界大战后欧洲国家在重建时亟需建造大量住房而又缺乏劳动力的问题，通过推行建筑标准化设计、构配件工厂化生产、现场

装配式施工的一种新的房屋建造生产方式以提高劳动生产率,为战后住房的快速重建提供了保障[4]。目前,随着我国对建筑产业化的推进和建筑业转型的趋势,建筑工业化作为建筑产业化的重要载体,正在政府部门的大力推动下快速发展。不同的国家由于生产力、经济水平、劳动力素质等条件的不同,对建筑工业化概念的理解也有所不同[5],如表10.1-1所示。

不同国家对建筑工业化的理解　　　　　　　　　　　　　　表10.1-1

国家	对建筑工业化的理解
美国	主体结构构件通用化,制品和设备的社会化生产和商品化供应,把规划、设计、制作、施工、资金管理等方面综合成一体
法国	构件生产机械化和施工安装机械化,施工计划明确化和建筑程序合理化,进行高效组织
英国	适用新材料和新的施工技术,工厂预制大型构件,提高施工机械化程度,同时还要求改进管理技术和施工组织,在设计中考虑到制作和施工的要求
日本	在建筑体系和部品体系成套化、通用化和标准化的基础上,采用社会大生产的方法实现建筑的大规模生产
苏联	在建筑中应用现代化工业的组织生产方式,要求工程量大而稳定,能够保证生产的持续性。实现建筑标准化,整个生产过程各个阶段整合为一体,具有高度的组织性,尽可能地减少手工作业,实现机械化与生产相结合

孙钰钦[6]结合我国工业化生产技术发展水平,将建筑工业化定义为"建筑工业化,即是指以标准化设计、部品化构件、机械化施工为特点,能把设计、制造、建造施工等整个产业链进行集成整合,能让建筑项目实现可持续发展的新的建筑生产方式。"

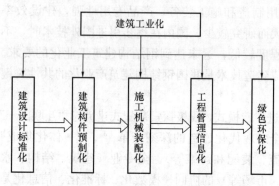

图10.1-1　建筑工业化关系图

陈则钰[7]等多位学者对建筑工业化的重要理论做了系统性的总结,以"四化"为支撑的理论体系逐渐成为业界的共识,即设计标准化,装配构件预制化,施工过程装配化,管理模式信息化,如图10.1-1所示。以设计标准化为前提条件,以机械作业的工厂化、装配化为主要手段,以信息化的管理模式为基本特征,以绿色环保为目标,它们之间互相联系,互相促进,形成一个共同作用的系统工程。

王昭华[8]对出售前已完成装修的成品住宅的一体化设计理念进行了研究,提出了相应的设计模式。最后以大连颐和星海项目为例对住宅一体化设计进行了分析,通过分析发现,与以往相比,利用这一理念设计建筑与室内功能时,住户的满意程度更高。刘丹阳[9]建立了一种适用于临时场馆建筑与结构一体化设计体系的框架,通过一体化设计能够考虑临时场馆的循环、表达、拆除过程等,能够实现再循环、再利用,但对于工期和成本的优化需要进行进一步考虑。朱启光[10]对宁夏新建农村住宅的节能结构一体化技术集成与示范工程进行了研究。在具体研究方法上提出针对屋面、墙体、门窗、地面四位一体的节能设计理念,并进行了节能软件与结构有限元软件之间的数据交换,将该方法应用到了海涛村新建农宅中。该研究聚焦于房屋不同部位的保温隔热性能与整体建筑的受力性能,具有创新指导意义,但是对于施工部分欠考虑,不利于工业化的生产。

上述研究中提到的一体化集成,多为低维度,如王昭华提出的装饰装修一体化设计,刘丹阳提出的临时场馆建筑结构一体化设计,朱启光提出的节能结构一体化设计等,针对装配式钢结构体系建筑的全过程、全专业一体化建造系统在我国尚未得到系统地研究。

(2) 信息化集成技术与一体化建造的关系

1990 年,Sanvido[11]通过对比制造业的计算机集成建造模式 CIM(Computer Integrated Manufacture),将计算机集成技术引入建造业,提出 CIC(Computer Integrated Construction)理念,并定义为:"CIC 是更好地利用电子计算机来集成建造设施的管理、策划、设计、建造以及运营。"

基于项目关系的集成建造研究。1999 年,Jung[12,13]将 CIC 定义为:"CIC 是运营策略、管理、计算机系统以及 IT 的集合,并贯穿项目的整个生命周期以及不同业务功能。"同时,Jung 提出了一种广为流传的一体化建造的框架。该框架包含三个维度,项目周期,业务功能以及信息系统。其中囊括了 6 个项目阶段,14 种业务功能和 4 种信息技术。华中科技大学胡迪[14]全面考量了国外一体化建造框架,提出将 CICS(Computer Integrated Construction System)分为"项目全寿命周期""企业各职能部门"以及"项目参与各方"三个维度,由计算机集成设计系统、工程集成管理控制系统、现场自动化建造系统、工厂自动化生产系统以及 CICS 中央集成数据库五个部分组成。轨道交通建设具有离散生产的特征,其建设和运营特点要求以轨道交通的全生命周期为管理对象,骆汉宾[15]基于胡迪介绍的 CICS 系统,建造了轨道交通工程集成建设控制系统,该系统支持业务、工作阶段、参与主体间三层次信息集成、支持独立业务管理数据交换,提供主动决策支持的综合信息处理平台。

信息化集成技术的提出。信息化的概念最早是由日本学者梅棹忠夫于 1963 年从产业结构演变角度提出来的。美国 Eastman[16,17]教授在 20 世纪 70 年代介绍一种建筑信息模型的创新理念。2002 年,Autodesk 公司推出了基于 BIM 理念的软件产品——Revit,其他软件公司也相继推出了类似的软件,如 Bentley Architecture 和 Graphisoft ArchiCAD 等,BIM 理念在全世界范围内推广,并逐渐被人们所接受[18]。

随着 BIM 研究的发展和 BIM 的应用加深,中国和美国建筑行业都出台了相应的标准,并对 BIM 进行了专业的定义。

在 2007,美国国家 BIM 标准[19](National Building Information Modeling Standard,NBIMS)发布,该标准认为宏观上 BIM 分为三个部分:①设施物理和功能特性的数字表达;②一个共享的知识资源,是一个分享有关这个设施的信息,为该设施从概念到拆除的全寿命周期中的所有决策提供可靠依据的过程;③在项目不同阶段,不同利益相关方通过在 BIM 中插入、提取、更新和修改信息,以支持和反映各自职责的协同工作。美国国家标准对 BIM 概念的解释较为全面,从 BIM 的数字化产品,协同工作过程和全生命周期管理的工具,三个层面解释了 BIM。

在国家标准[20]《建筑信息模型应用统一标准》GB/T 51212—2016 中,BIM 被定义为:"全寿命期工程项目或其组成部分物理特征、功能特性及管理要素的共享数字化表达。"

发展到如今，BIM 应用模式中的信息化系统部分可以说等同于甚至是包含了计算机集成建造，BIM 在全专业、全生命周期中的数字化表达方式，将成为一体化建造模式信息化的基础。早期的研究将"工厂化""自动化"纳入了计算机集成建造研究中，这在后续的 BIM 发展中较少被提到，但在工业化发展中被大力提及。在装配化与智能化技术的大力发展的时代，"工厂化""自动化"、"智能化"融合 BIM 信息集成理念更能体现一体化建造的特征，也更加符合当今建筑工业 4.0 的发展热潮。

综合建筑工业化思想与 BIM 集成建造架构，可以总结出一体化建造的典型过程与信息架构。典型过程即是上述提到的一体化设计、工厂化生产、自动化施工，还要包括智能化采购等。信息架构即使用 BIM 集成信息架构，从设计到生产层面，从生产到采购层面，再从采购到施工层面。如此形成综合全过程、全专业的一体化建造过程。

（3）装配式钢结构一体化建造模式研究

如前所述，钢结构建筑具有重量轻、强度高、现场湿作业少等优点，若采用一体化建造模式，将促进钢结构建筑产业的转型升级。一体化建造的基础核心是钢结构建筑工业化，钢结构建筑工业化实现的基础主要包含以下几大要素，即建筑设计标准化、构配件和部品部件制造机械化、安装施工装配化、施工管理规范化、设计施工和运维一体化。

周绪红[21]指出了钢结构住宅产业化的优势，钢结构住宅在原材料生产阶段、建造阶段、使用阶段、拆除及回收再利用阶段等整个生命周期具有显著的循环经济特征，符合节能、节地、节水、节材和环保的要求，是我国住宅产业化最理想的住宅体系之一。文章同时总结了我国钢结构住宅产业化与国外的差距，提出相关改进策略。

李炳云[22]借助 BIM 信息平台，进行钢结构住宅集成设计，从而探讨提出适宜钢结构住宅工业化、标准化、个性化发展的设计策略。在济宁市某小区公共租赁住房项目方案进行集成优化设计，并借助 BIM 信息平台，对建筑系统、结构构件、围护体系及内装系统进行集成优化。

王芸[23]提出数字信息技术影响下的模块化定制设计方法，从模块化定制设计体系、单体模块与模块组合的空间设计方法及其参数化定制设计方法、建造信息的获取与利用三个方面，探讨了通过模块化定制实现集成建造的方法。

潘瑜[24]以"轻型化"与"装配式"作为小型建筑现代化营建的发展方向，以建构学与 Archi-Neering 理论作为方法论指导，提出时间主导、成本主导、品质主导 3 种建造主导机制，为小型建筑设计营建提供价值评判依据。

陈莉[25]系统地总结了国内外小型集成度假屋发展现状及相关理论研究成果，探讨了小型集成度假屋产品，从建筑设计及建造全过程的角度来探索我国集成建筑在休闲度假方面的现状，并提出相应的设计、建造策略和建议。指出此种模式缺乏相应的设计和建造指导，制约了我国小型集成度假屋的健康有序发展。

从我国对钢结构体系建筑一体化建造的研究现状中，可以发现，对于多高层钢结构住宅项目，由于项目系统较为复杂，需要大量相关专业人员参与，一个项目往往拆分为"建筑系统""结构系统""暖通系统"等，并由相关专业负责人主导，最后再通过 BIM 等模式集成。而针对低多层的小型钢结构住宅，整个住宅被看作一个"产品"，通过集成设计、集成建造的方法，实现整个项目的一体化，在此过程中，各专业设计师只需投入少量精力。

此外，"平台化"集成方法，结合 BIM 技术、"互联网＋"及数字孪生技术，被越来越多地应用到一体化建造当中，成为实现装配式钢结构体系建筑一体化建造的重要工具和手段，本研究也将采用平台化的方法，进行一体化建造的实践。

在本研究后半段的平台开发过程中，针对低多层钢结构项目和多高层钢结构项目的不同特点，归纳为两个集成模式，分别是低多层钢结构建筑的产品模式，以及多高层钢结构建筑的 EPC 模式，在本章第 6 节及第 7 节分别进行阐述。

10.1.2 研究内容及目标

本课题"钢结构建筑全过程、全专业一体化系统集成建造技术与工程示范"（课题编号：2017YFC0703809，以下简称课题）的主要研究内容分为全过程一体化技术研究，全专业协同一体化研究，全产业协同一体化研究，以及一体化建造评估体系研究。在此基础上，本课题开发了一个软件，两个平台：根据建立一体化建造评估体系，开发一款线上一体化评估软件；两个平台分别是"低多层装配式钢结构体系建筑基于产品模式的智能建造平台"和"多高层装配式钢结构体系建筑基于 EPC 模式的智能建造平台"；最后形成一体化产业链，完成成果转化，并建设多项示范工程。

10.1.3 研究技术路线

研究方法主要包括技术调研、技术研发、理论分析与数值模拟、模型试验、工程示范应用等。通过文献及工程调研，进行建造全过程一体化技术研究，全专业协同一体化技术研究以及全产业协同一体化技术研究，最终得到一个评估软件，两个智能建造平台。总体思路详见主要技术路线（图 10.1-2）。

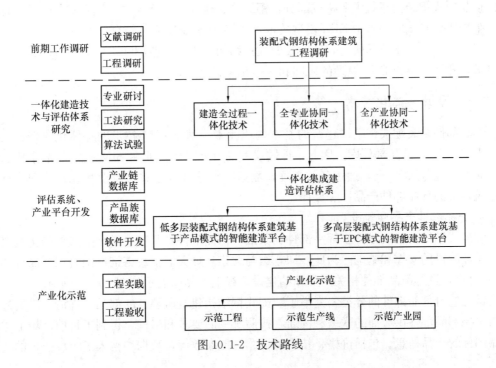

图 10.1-2 技术路线

10.2 建造全过程一体化技术

10.2.1 研究思路

本节针对装配式钢结构体系建筑在设计、加工、运输、安装、运维、拆除等方面的建造全过程的技术协同需求，研究和优化建造全过程中设计、制造及现场施工、运维三个主要阶段为主的一体化原则和各阶段之间的技术对接方案，提出相应的技术实施细则，并开展工程应用和示范。具体而言，即以 BIM 技术为核心，打通虚拟建造和实体建造过程的关系，从虚（虚拟建造）到实（实体建造），解决如何基于 BIM 模型实现设计、加工、运输、安装和运维的建造全过程一体化问题，围绕一体化，研究各建造过程的协同需求。

具体研究内容、思路和技术路线如下：

（1）研究和技术现状调研。针对装配式钢结构建筑一体化建造的研究和技术现状开展系统调研，尤其借鉴装配式混凝土建筑（PC）的相关成果，了解国内外目前在该领域的进展情况，并根据工程实践的需求，提出本课题的重点研究内容和方向。

（2）部品部件库开发。开发装配式钢结构建筑部品部件库（产品库、BIM 族库），重点是研究设计、生产、施工、维护的一体化过程中，对部品部件的要求。对象为装配式钢结构建筑相关的结构、围护、设备与管线、内装系统的主要部品部件，研究部品部件的分类、命名、标准化、参数化、信息化等支撑一体化建造的技术要求。

（3）部品部件生产关键技术研究。开展装配式钢结构建筑的部品部件生产关键技术研究，包括钢结构、楼板、墙板的生产，将虚拟建造数据导向实体制造，实现一体化。

（4）一体化施工工法研究。开展装配式钢结构建筑的工艺工法研究，并进行试验；对象包括装配式钢结构建筑主要构成部分：钢结构、楼板、外墙、内墙、干式装修等一体化施工工法研究和试验；基于 BIM 模型技术，将 BIM 和施工安装结合。

（5）运维一体化技术研究。针对装配式钢结构建筑包括监测和维修等在内的运营、维护要求，开展运维与 BIM 模型的协同和一体化关键技术研究。

10.2.2 设计一体化技术

部品部件是装配式钢结构建筑的基本构成元素，基于 BIM 技术的一体化建造，最底层的需求是 BIM 部品部件库。因此，课题研究的首要工作，即在 BIM 技术的数字化云平台（简称"宝数云"）上，通过分类梳理，数据收集整合等方式，建设和开发装配式钢结构建筑相关的部品部件产品库和族库。

1. 部品部件产品库建设

装配式钢结构建筑是基于部品部件的集成，部品部件产品信息是装配式钢结构建筑方案和设计阶段的支撑和基础。为此，课题组与北京环球天辰信息咨询有限公司（简称"天辰"）合作，进行部品部件相关产品库的建设，线上产品库展示如图 10.2-1 所示。

首先进行部品部件的分类，列举了装配式钢结构建筑所涉及的部品部件清单。通过与国内主要部品部件供应商的联络和沟通，按照统一的要求和格式，得到了目前市场上主流部品部件的产品信息，包括价格、技术指标、性能参数等，数据均纳入了天辰公司的"招

第 10 章　钢结构建筑全过程、全专业一体化系统集成建造技术　1019

图 10.2-1　部品部件产品库

材喵"网站数据库，见图 10.2-2，并与宝钢建筑共享，嵌入"宝数云"平台。通过关键词等多种方式查询，可方便地得到部品部件的相关数据，见图 10.2-3。并可以进行后台的管理。

图 10.2-2　"宝数云"部品部件产品库

技术指标

项目		主要技术指标		
级别型号		A3.5 B05	A5.0 B06	A7.0 B07
抗压强度(MPa)	平均值	≥3.5	≥5.0	≥7.5
	最小值	≥2.8	≥4.0	≥6.0
干密度(kg·m³)		≤525	≤625	≤725
干燥收缩率(mm/m)	快速法	≤0.80		
干态导热系数(W/(m·k))		≤0.14	≤0.16	≤0.18
抗冻性	质量损失率(%)	≤5.0		
	冻后强度(MPa)	≥2.8	≥4.0	≥6.0
钢筋要求	防锈能力(%)	试验后,锈蚀面积≤5		
	钢筋粘着力(MPa)	≥1.0		
结构性能(集中力四分点加载法)		符合国标要求		

基本参数

项目		主要技术指标		
常用规格(mm)		长(2000~6000)×宽600×厚(75、100、120、150、180、200)		
级别型号		A3.5 B05	A5.0 B06	A7.0 B07
尺寸偏差(mm)	长度 L	±4		
	宽度 B	0-4		
	高度 H	±2		

图 10.2-3 部品部件产品参数示例

2. 部品部件库开发

开发装配式钢结构建筑部品部件库（BIM族库），重点是研究设计、生产、施工、维护的一体化过程中，对部品部件的要求。对象为装配式钢结构建筑相关的结构、围护、设备与管线、内装系统的主要部品部件，研究部品部件的分类、命名、标准化、参数化、信息化等支撑一体化建造的技术要求。

目前已通过分类梳理，数据收集整合等方式，以BIM模型形式建立建筑、结构、机电等全专业模型构件库及族库，相关构件属性信息均涵盖在BIM模型中，同时这些模型与实体生产相结合，包括钢结构、墙板、楼板等部品部件，将虚拟建造数据导向实体制造，实现一体化生产。

"宝数云"平台纳入了上述的建筑、结构、机电等全专业模型构件库及族库，供项目参与各方使用。其中建筑专业包含门、窗、柱、家具等部品部件；结构专业包括梁、柱、基础等；机电专业包括管道、卫生洁具、机械设备、电气装置等，所有族库按照真实样品尺寸1∶1制作成三维模型，方便设计师在设计过程中直接使用。用户在登录平台后，可通过公共区域访问族库，选择所需要的构件，产品族库位置及分类如图10.2-4所示。

部品库的建立，缩短了设计用户的选型时间，便于设计人员迅速将所需产品载入到模型当中，提高了设计效率。

3. 部品部件的分类和编码

部品部件的分类和编码主要参考现行国家标准《信息分类和编码的基本原则与方法》GB/T 7027—2002和行业标准《建筑产品分类和编码》JG/T 151—2015。

部品部件的分类应遵循以下五项基本原则，即科学性、系统性、可扩延性、兼容性和综合实用性。分类的基本方法有三种：线分类法、面分类法和混合分类法。本课题采用面分类法，选择部品的功能属性、材料属性和几何属性作为三个"面"，每个"面"又可分

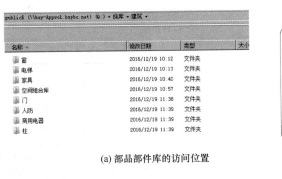
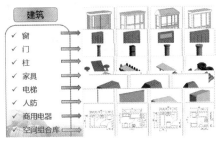

图 10.2-4 部品部件库的访问

成若干类目，使用时将有关类目组配起来。按照我国建筑行业以专业划分产品的习惯，将部品分为结构类部品、建筑类部品和机电类部品三大类，这属于功能属性的第一层级划分。每大类根据功能进行第二层级的划分，比如结构类部品又可分为柱、梁、板、支撑、墙。在此基础上可进一步细化部品的功能、作用，进行第三层级的划分，比如结构类部品中的柱又可分为框架柱、转换柱、摇摆柱、梯柱和梁上起柱等。材料属性和几何属性可根据部品的具体特点进行划分。

部品部件的编码应遵循以下六项基本原则，即唯一性、合理性、可扩充性、简明性、适用性和规范性[26]。根据本课题拟采用的分类方法，选择并置码作为编码的代码类型。并置码是由若干代码段组成的复合代码，这些代码段提供了描述编码对象的特性。这些特性是相互独立的。代码的格式拟采用全数字码，各代码段之间采用连字符隔离。

结构类和建筑类部品的分类和编码示例见表 10.2-1 和表 10.2-2[27,28]。编码规则和技术可随进一步的一体化生产制造及施工安装的要求进行适当调整。

结构类部品的分类和编码　　　　表 10.2-1

专业	功能属性		材料属性		几何属性	
结构 1	柱 1	框架柱 01 转换柱 02 摇摆柱 03 梯柱 04 梁上起柱 05	钢材	Q235 01 Q345 02 Q390 03 Q420 04 Q460 05	矩形 01 圆形 02 H形 03	
	梁 2	框架梁 01 转换梁 02 次梁 03 梯梁 04 耗能梁 05	混凝土	C30 10 C35 20 C40 30 C45 40 C50 50		

建筑类部品的分类和编码　　　　　　　　　　表 10.2-2

专业	功能属性			材料属性				几何属性
	类型	基墙	保温	基墙		保温		
建筑 2	外墙 1	砖 1 砌块 2 板材 3 复合墙体 4	自保温 1 外保温 2 内保温 3	砖	混凝土多孔砖 1 蒸压粉煤灰砖 2 ……	自保温	0	根据具体类型进行规划
						外保温	保温装饰一体板 1 胶粉 EPS 颗粒保温浆料 2	
				砌块	普通混凝土小型空心砌块 2 ……	内保温	复合板内保温 1 保温板内保温 2	
				复合墙体	三明治夹心墙板 1 ……			

10.2.3 生产一体化技术

生产一体化技术研究要点是如何将虚拟端与实体生产制造相结合，以虚拟建造指导实际加工，形成钢结构等部品部件加工的数据不落地应用，因而如何将设计端构件数据直接导入生产端进行构件加工成为下一步待解决的问题，即将打通设计数据与生产加工设备数据的转换，使相关信息实现从设计到生产制造的流转，见图 10.2-5。

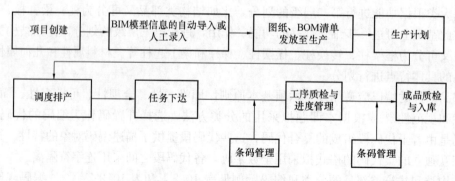

图 10.2-5　生产一体化流程

1. 钢结构一体化生产技术

装配式钢结构建筑主体钢结构的一体化生产和制作，可按图 10.2-6 的框架方案进行。

钢构厂在企业资源计划系统（ERP）、详图深化设计系统、产品数据管理系统（PDM）基础上，通过引进钢结构专业生产管理系统软件、自动套料系统、焊接机器人离线编程系统，再将上述 ERP 系统、设计系统和 PDM 系统的各种数据综合集成，实现与自动套料系统和自动套料系统后处理程序的无缝对接，通过后处理程序系统，可直接生成可供数控加工设备生产的数控指令程序，省去人工编制数控切割、钻孔程序的步骤；同时深化设计系统输出的构件外形尺寸数据和模型可直接导入焊接机器人的离线编程系统，由离线编程系统编制生产数控焊接程序，并传输到焊接机器人工作站，即可开始自动焊接工

第 10 章 钢结构建筑全过程、全专业一体化系统集成建造技术

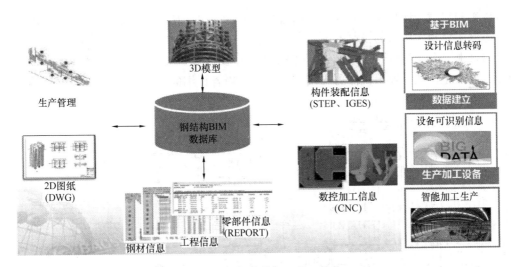

图 10.2-6 钢结构加工的一体化

作。生产作业过程中的自动化切割、钻孔和焊接的工作实施完成情况，也可以通过系统实时反馈，方便生产计划管理。具体而言，就是打通 StruMIS 系统数据与设计系统（XSteel）等接口，实现数字化生产。系统整体流程图如图 10.2-7 所示。

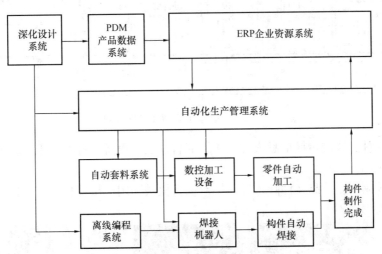

图 10.2-7 钢结构加工的自动化流程

通过装配式钢结构建筑的 BIM 模型导出钢结构深化设计信息，与钢构厂的系统对接，可实现钢结构的一体化加工。

2. 预制楼板的建造一体化技术

以预制混凝土叠合楼板为例，配置底部钢筋的预制底板作为楼板的一部分，在施工阶段作为后浇混凝土叠合层的模板承受荷载，与后浇混凝土层形成整体的叠合混凝土构件。预制混凝土底板叠合楼板为住建部发布的《建筑业 10 项新技术》（2017 版）中推广应用的新技术，目前在装配式混凝土建筑中得到了大量应用，在装配式钢结构建筑中多种形式的预制混凝土底板叠合楼板技术得到了较多应用，应用前景良好。

楼板的建造一体化做法和技术,通过项目实践,目前从国外引进的设备可以较好地实现,以溧阳公租房项目的预制混凝土底板叠合楼板为例,对主要步骤阐述如下:

(1) 由 BIM 模型导出图纸,可直接导入生产设备(如艾巴维公司设备)提供的软件,直接完成深化设计,导出机器可识别信息文件,内含详细的尺寸、配筋、不同预留洞口及编号、重量等信息,见图 10.2-8。

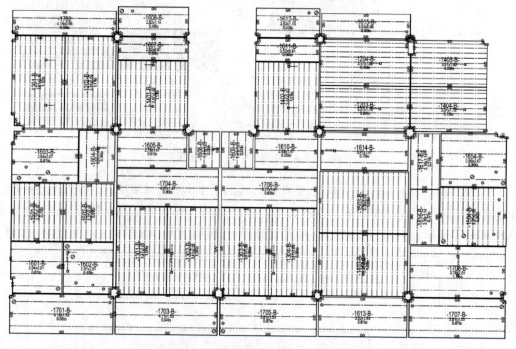

图 10.2-8 软件生成的深化设计图

(2) 将软件生成的钢筋信息文件导入钢筋自动加工设备,可实现钢筋网及钢筋桁架的自动加工,见图 10.2-9。

(3) 将预制底板信息文件导入后,模台设备模块利用机械臂自动布设边模,并利用磁吸固定,见图 10.2-10。

图 10.2-9 钢筋自动加工设备　　　　图 10.2-10 带磁吸边模

(4) 将加工好的钢筋网片及钢筋桁架铺设,并根据机械臂自动绘制的洞口位置放置预留孔模,即可开始浇筑混凝土。

(5) 浇筑好混凝土后，可控制将板送入蒸汽养护室养护。养护好后，直接放开边模磁吸，起吊检查堆放即可，见图 10.2-11。

(6) 利用深化设计的信息，制作每个预制构件的铭牌，记录部位、板型、材料、生产日期、重量、堆放及负责人等信息，指导堆放、生产计划及物流。

(7) 施工单位根据每个构件的铭牌信息，确定部位及堆放等信息，合理安排施工进度、高效完成吊装等现场施工。

图 10.2-11 拆模吊装

3. 冷弯薄壁型钢体系的一体化生产技术

冷弯薄壁型钢体系是由卷边槽形截面作为主承重梁柱构件，以槽形截面作为连接构件，并由结构板材共同构成的结构体系，构件、板材和连接件均为定型化产品，易于实现工业化生产和装配化安装。

冷弯薄壁型钢设计、生产一体化中，设计软件不仅具有建模、设计和分析的作用，还能够自动生成包含截面信息的数据文件、可视化的 3D 模型文件，实时在配套的数控连续辊压设备上进行生产、编号和打包等后续工作，实现较高的工业化程度。

早期的设备从国外引进，配套有相应的设计软件，如澳大利亚引进的 SFS（Steel Framing System）设计软件，以及目前应用较广的 Vertex、FrameCAD、SCOTTSDALE 等软件，软件和冷成型设备（墙体，桁架）能够实现数据兼容和共享；软件生成的加工文件能够自动被设备所识别，并自动生产结构构件，实现 CAD（计算机辅助设计）到 CAM（计算机辅助制造）一体化的功能。

近年来国内也有不少企业进行了自主集成和研发，开发了一体化的生产设备与设计软件，如大禾众邦的 BUILDIPRO、孚瑞美公司的 FrameMac 设计软件及设备，见图 10.2-12，从 CAD 图纸导入，与 REVIT 平台对接，设计结果直接读入轻钢龙骨自动化生产系统和管理系统，实现设计计算、龙骨生成、生产、管理的一体化融合。

4. 墙板的一体化生产技术

装配式钢结构的墙板一般均为定型化部品，典型的如 ALC 板和保温装饰一体板等。基于 BIM 技术的一体化生产，主要在于：

(1) 在设计阶段根据定型化墙板产品的部品库（参数化族文件），将墙板按标准板和非标板结合的方式排版，导入建筑整体的 BIM 模型，见图 10.2-13。

(2) 由 BIM 模型导出墙板的排版图、墙板详图和明细表，供墙板生产方进行生产。

事实上，目前从 BIM 模型到生产端的数据输出已经实现。尽管根据目前 ALC 和保温装饰一体板等墙板生产厂的设备情况，生产设备尚未提供自动化导入的接口，但技术上已具备一体化生产的能力。

(a) 生产设备

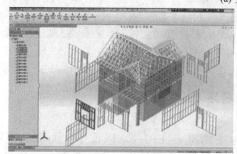
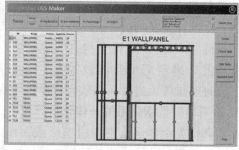

(b) 设计、生产软件

图 10.2-12　冷弯薄壁型钢体系的生产设备与软件

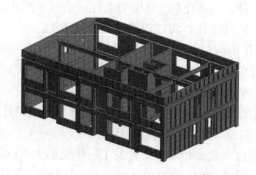

图 10.2-13　墙板的 BIM 模型

10.2.4　施工一体化技术

本课题的一体化施工工法研究，主要是在传统工法的基础上，将部品部件集成，实现局部的一体化。从建筑整体而言，则是将 BIM 技术和施工安装结合。

1. 一体化部品工艺及标准

（1）金属保温装饰一体板

将工厂预制好的保温装饰一体板置于外墙基墙的外侧，则一举完成了装饰与防护、保温与隔热、辅助防水三项基本功能，有效减少了施工现场的工序，较好地解决了外墙外保温层与其防护层的开裂、脱落，装饰单调、耐久性差，外墙开裂、渗水等顽疾，已成为装配式钢结构建筑配套外墙系统发展的一个重要方向。由此，研发了以耐腐蚀的涂镀钢板为面板的金属保温装饰一体板[29]，并以此为部品构建了 BS 外墙附墙式龙骨金属保温装饰板系统，见图 10.2-14。BS 板为 BS 金属保温装饰一体板的简称，由高耐候彩涂钢板（或镀

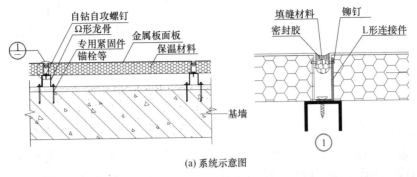

(a) 系统示意图

(b) BS外墙附墙式龙骨金属保温装饰板

(c) Ω形龙骨

图 10.2-14 BS外墙附墙式龙骨金属保温装饰板系统

铝锌钢板）作为金属板面板（可质保20年），在工厂与保温芯材粘结而成。保温芯材可根据实际项目需要确定要否及保温芯材的厚度；金属板面板的装饰层，可根据需要加工成各种颜色或纹理（包括毛面的仿石效果），满足各类建筑的需求。BS板强度和刚度均优于铝单板，开发的新型连接、封边及固定系统安全可靠，效果良好[30]。

BS保温装饰一体板系统由宝钢建筑开发，已成功批量应用于多个工程项目，获批载入《上海市建筑产品企业应用标准》T31/QBJ 005—2018 和《上海市建筑产品企业应用图集》2015 沪 J/T—148。

该系统采用全干式装配施工的方式进行安装，简单、可靠。施工工艺流程如下：①外墙基墙验收，不合格的需要进行基墙处理；②弹设龙骨安装基准线；③锚栓施工；④安装校正龙骨；⑤安装校正 BS 板；⑥填塞填缝材料，密封胶封缝；⑦板面清洁；⑧BS 板保温系统验收。

（2）一体化集成墙板

一体化墙板凭借其轻质高强、耐久性好、防火保温性能好、柔性螺栓连接、外立面免装修等特点，在工厂化生产、标准化施工、建设周期、节能环保等方面体现出明显优势。配合已成熟发展的钢框架结构，能够真正体现钢结构体系轻质、快速、高效、布置灵活等一系列优势。

1）轻钢龙骨复合墙

传统的轻钢龙骨复合墙板，外墙龙骨采用镀锌方管或 C 型钢，竖向布置，在门窗及其他洞口布置同规格加强龙骨。竖向龙骨通过螺栓、连接件与结构上预留连接件相连，横向龙骨通过焊接与竖向龙骨连接。

外墙板采用岩棉夹芯板，外板为0.8mm厚氟碳涂层镀铝锌板，内板为0.5mm厚镀铝锌板。外墙墙板采用暗扣式榫卯结构墙板，横缝通过插接及气腔的构造进行防水。竖缝通过橡胶条进行密封防水处理。

轻钢龙骨复合内墙，墙面龙骨采用100mm宽镀锌C型钢，包柱龙骨采用镀锌方管，内板采用12mm厚防火石膏板，外板采用6mm厚水泥纤维饰面板，板缝嵌条采用铝合金嵌条。

墙板长度根据深化长度，在工厂流水线上自动化生成，除个别未确定洞口外，无需在现场切割。镀铝锌板有较大的刚度和较高的熔点，但防腐性能稍差，因此所有外露切割端口均需用清漆做密闭处理。墙板运输到现场后，现场安装完成复合，见图10.2-15。墙体为全装配式，但集成度不高。

(a) 外墙

(b) 内墙

图10.2-15 轻钢龙骨复合墙

2) 免檩条一体化墙板

基于对国内外免檩条一体化外墙板调研，分析各墙板的材料组成、构造形式、集成程度、连接节点、安装工艺等关键因素，对比各墙板的安全性、功能性、耐久性、经济性等主要性能指标，结合已有的装配式墙板材料，研发一种适用于变电站模块化建设的免檩条一体化外墙板。

免檩条一体化外墙板为满足安全性、功能性、耐久性，尽量降低墙体自重，提高经济性，整墙由各种性能的材料复合而成，由外饰面层①、填充层⑤、支撑层④、内饰面层⑦、集成墙体附件⑥及连接件③等组成，数字化构造图见图10.2-16。

外饰面采用铝镁锰岩棉夹芯板或压型钢板、ALC 板,同时起到保温作用;支撑层四周采用方管框架,中间采用轻钢龙骨;填充层采用保温材料,同时起到保温防火的作用;内层采用硅酸钙板,具有良好的防火性能;预留小型龙骨,供穿越管线和粘挂饰面板。

免檩条一体化墙板构造层次为:压型金属板外饰面(ALC 板,也可整体为夹芯板)+轻钢支撑+ALC 内侧板+免漆板内饰面+整体洞口收边+内置线管,墙体厚度 300~400mm,见图 10.2-16。外饰面的彩涂压型钢板颜色与板型可定制;支撑层采用轻钢体系,可以填充岩棉加强保温防火的作用;内层采用 ALC 板,具有良好的防火性能;内饰面为免漆板。一体化墙板可集成门窗洞口收边等附加体系。轻钢龙骨夹层专用于管线的铺设,避免破坏墙板及饰面板。

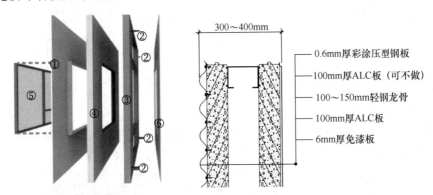

1—外墙面层;2—连接件;3—支撑层;4—填充层;5—集成墙体附件;6—内饰面层。

图 10.2-16 一体化墙板的构造

2. 安装工法的研究

结合一体化设计、生产、安装的要求,课题组进行了装配式钢结构建筑安装工法的研究和安装手册的编制工作。目前已完成企业标准《低多层轻钢龙骨房屋安装手册》《低多层钢框架房屋安装手册》和《多高钢框架房屋安装手册》。工法手册针对三种代表性的装配式钢结构建筑——低多层轻钢龙骨体系、低多层钢框架体系以及多高层钢框架体系,围绕主体结构、围护系统、设备和管线以及内装系统四大系统的安装工艺,分别进行了梳理和研究。

另外,针对课题研究,课题组进行了工法试验楼的搭设和试验。在传统工艺工法的基础上,结合工法试验楼和 BIM 技术,进行装配式钢结构建筑一体化安装工法研究(虚拟建造和现场结合的进度、物流管理,现场结合 BIM 的扫码安装等),包括装配式钢结构建筑主要构成部分——钢结构、楼板、外墙、内墙、干式装修等的一体化施工工法研究和试验。工法试验楼的基本配置为:钢框架-支撑结构、ALC 楼板、金属屋面、纤维水泥板+轻钢龙骨复合外墙、ALC 板+轻钢龙骨复合内墙。在工法小楼的设计上,集中体现了装配式钢结构

图 10.2-17 工法试验楼

建筑最具代表性的部品部件，同时兼顾了低层和多高层的需求。工法试验楼基于 BIM 技术实施，从 BIM 设计开始，由部品部件生产到安装工法。工法试验楼示意见图 10.2-17。

3. 基于 BIM 技术的一体化施工安装

（1）一体化施工的逻辑框架

基于 BIM 技术的装配式钢结构建筑一体化施工工法遵循的逻辑框架和流程如图 10.2-18 所示。

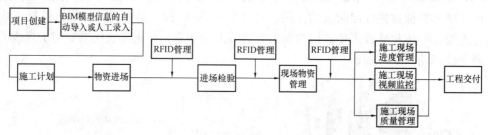

图 10.2-18　一体化施工的流程

（2）一体化施工安装

对比传统方法的现场施工管理，基于 BIM 技术的一体化施工安装围绕 BIM 模型开展工作。以变电站的建设为例，各阶段的工作见图 10.2-19，具体阐释如下：

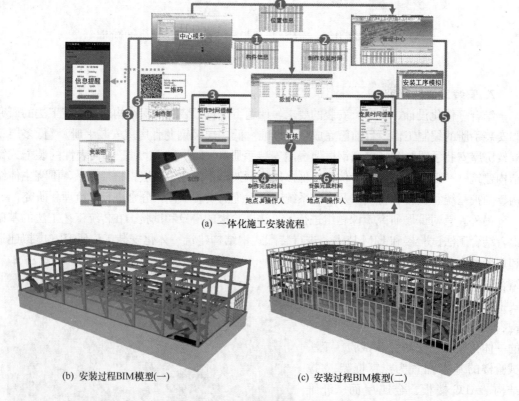

图 10.2-19　基于 BIM 技术的一体化施工

1）设计阶段

①建筑、结构、电气设备各专业同模型协同设计，确保相互之间预留接口，全面解决

碰撞问题。②通过与现场实景合成效果确定外立面的颜色方案。

2）准备阶段

①通过 BIM 模型制定施工工期、施工工序、施工工艺。②使用 BIM 模型对施工工期、工序、工艺进行施工交底。

3）实施阶段

①通过 BIM 模型结合二维码技术制定计划、记录加工、安装顺序。②通过 BIM 模型控制现场材料堆放位置和时间。

4）完成阶段

①通过 BIM 模型结合三维扫描技术，辅助工程质量验收。②通过 BIM 模型对比计划、实际安装工序和时间。

在主结构和外墙板上张贴二维码身份标牌，扫描二维码，可查询部品部件的基本信息和生产、运输、安装的计划和实际时间。项目完成后与延时摄影对比，用以管控、优化项目工期，为后续工期管控提供依据，见图 10.2-20。

(a) 部品部件二维码

(b) 基于BIM技术的二维码管理

(c) 现场摄像与BIM模型的对比

图 10.2-20 基于 BIM 技术的现场安装

可通过全天候摄像头、航拍、延时摄影等手段，及时反映现场施工情况、实际计划进度比较等可视化图像，见图 10.2-21。

完整的现场施工管理如图 10.2-22 所示。各方可通过移动终端实时交互，实现设计、生产、施工、业主、监理、第三方等相关方对于项目进度、质量和成本的协同和管理。

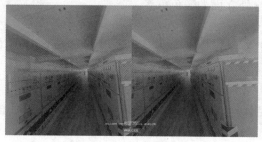 

(a) 全天候监控　　　　　　　　　(b) 航拍视频

图 10.2-21　视频采集

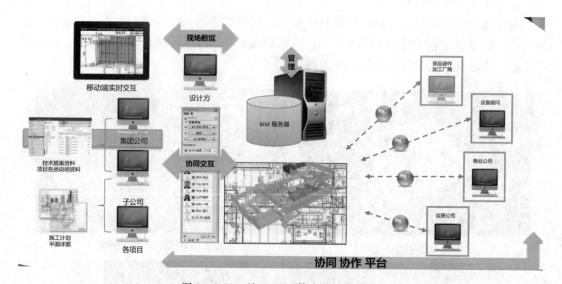

图 10.2-22　基于 BIM 技术的施工管理

10.2.5　运维一体化技术

装配式钢结构建筑的运营维护研究,主要针对运营、维护的要求,包括监测和维修等,开展运维与 BIM 模型的协同和一体化关键技术研究。

1. 逻辑框架

在"宝数云"平台架构上,基于 BIM 技术的装配式钢结构建筑运营维护,遵循的逻辑框架如图 10.2-23 所示,围绕 BIM 模型和内置信息,进行相关运维工作。

2. 基于 BIM 技术的运维平台

(1) 运营维护平台的搭建

装配式钢结构建筑的运营维护阶段管理平台,一般应包括实时监测,部品识别查询,部品部件及设备维护、维修信息的查询和应急仿真模拟功能,其具体组成如图 10.2-24 所示。

1) 建筑的实时监测。通过 BIM 平台和装配式建筑预设的一些传感器等,可以实时监测建筑各部位的运行状态,尽早发现问题,及时维护。

2) 部品部件的识别。与部品部件在生产和安装阶段的管理类似,在运营维护阶段,仍可以用读写器扫描部品标签,即可查询 BIM 模型中相关信息,包括生产厂家、尺寸信

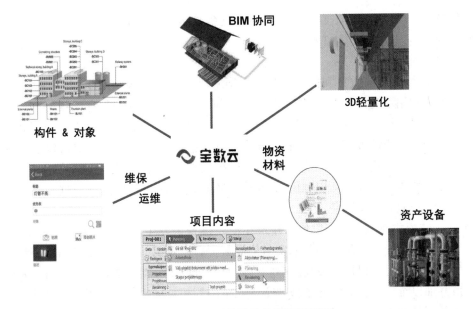

图 10.2-23 运营维护的逻辑框架图

息、安装日期等,迅速了解属性信息,便于维修、维护工作。

3)维护信息管理。平台中包含丰富的维护数据库,物业人员在 3D 模型中选定需要维护的设备或部品部件,选定添加至维护清单,平台会自动搜索数据库,制定适用于该设备或部品部件的维护计

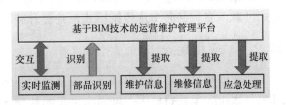

图 10.2-24 运营维护管理平台组成

划并生成维护计划表。在进行维护工作后,可以在平台维修记录窗口中添加维修记录,以便后续维护工作的进行。

4)维修信息管理。当用户需要对设备进行维修时,物业人员将该楼层需要报修的项目进行统计,形成维修统计表,链接至管理平台中。平台会自动搜索与该设备相同型号的设备,提醒用户存放位置及数量,当备品库设备数量不足时,系统会自动提醒建议购买数量及购买厂家历史。在维修工作完成后,用户输入提取设备数量,则备品库中对应的备品减少,并录入维修日志。

5)应急处理功能。应急处理功能提供紧急事故发生后的处理方法,能够有效控制事故蔓延,迅速开展救援工作,减少因事故带来的损失。打开管理平台的应急处理窗口,选择事故模拟类型并定义事故发生点及严重情况,系统可实现 3D 动画演示来模拟在事故现场如何展开救援。

(2)运营维护平台的作用

在后期运营维护阶段,基于 BIM 技术的运营维护平台对于装配式建筑构件的信息化管理和实时数据监测作用巨大。

1)BIM 技术可以为运维人员和用户提供建筑的运营状态。通过设备管理、视频管理,对空调及通风系统、照明系统、消防系统等进行实时观测,来对建筑物内的机电

设备使用情况、火灾危险情况、房屋内的空气劣化等进行预防；此外，可以通过建筑信息数据库，与其他相关软件相结合，及时发现建筑物建成后可能发生的问题，为运营维护提供屏障。

2) 加强运维阶段的质量和能耗管理。BIM 技术可实现装配式建筑的全寿命信息化，运维管理人员利用部品部件、设备的 RFID 芯片或二维码等，获取保存的规格型号、生产厂家、产地、操作说明、维护信息等重要信息。一旦发生后期的质量问题，可以将问题从运维阶段追溯至生产阶段，明确责任的归属。BIM 技术还可以实现装配式建筑的绿色运维管理，对建筑物使用过程中的能耗进行监测和分析，准确定位高耗能所在的位置并设法解决。此外，建筑在拆除时可以利用 BIM 模型筛选出可回收利用的资源进行二次开发回收利用，节约资源，避免浪费。

3) 便于装配式建筑的更新维修。建筑在使用过程中发生问题后，更新和维修时 BIM 技术尤为重要。由于拥有所有构件的实时监测数据，以及部品部件的属性信息查询，当问题发生后，相关人员可以快速发现故障构件，并且可以对反馈的数据进行分析，及时找到问题缘由并加以维护，提高维修工作效率。二维码等相关标签，也便于运维管理人员在巡检时对部品部件和设备的信息进行查询。

装配式钢结构建筑结合 BIM 技术，正在引领建筑运行维护从传统模式向全新的运维模式过渡，终将彻底淘汰传统模式，并提升装配式建筑的整体品质和水平。

10.2.6 应用建议

课题组通过对装配式钢结构建筑全过程一体化建造技术的技术调研，确定了钢结构全过程一体化的主要对象——针对全过程的装配式钢结构部品部件库，并以此开展面向全过程的一体化研究。

首先进行了部品部件库的设计与建设，依据一定的编码规则，建立了建筑部品库、结构部品库与机电部品库等。其次，对部品部件生产、安装和运维技术进行了研究及探索，形成了针对装配式钢结构的生产一体化技术，施工一体化技术，以及运维一体化技术，用部品的方式疏通各建造节点，串联起一体化建造全过程。通过平台建设，实现装配式钢结构一体化的建造全过程一体化技术。搭建起基于 BIM 技术一体化设计建造平台，通过工法楼进行了初步的项目实践，基本建立起基于 BIM 技术的一体化建造技术框架，提升了装配式钢结构建筑的建造技术水平，对于推动装配式钢结构建筑的产业发展具有一定的指导和参考价值。目前，一体化建造的数字云平台建设已经成形投入使用，通过了第三方的测试，并实际用于项目的实施。项目成果和实践经验，将进一步应用于更多装配式钢结构建筑的实施、检验、修正，并进一步完善一体化建造的研究成果。

10.3 全专业协同一体化技术

10.3.1 研究思路

装配式建筑是由结构系统、外围护系统、设备与管线系统、内装系统四个子系统组成，它们各自既是一个完整独立存在的子系统又共同构成一个更大的系统，也就是建筑工程项目。每个子系统是装配式,整个大系统也是装配式。结构系统、外围护系统、设备与管线系统、内装系统等各个子系统由若干构配件、部品部件等更小的子系统组成[31]。一体化是系统化的显著特征,结构系统、外围护系统、设备与管线系统、内装系统等需要通过总体协调优化,多专业协同按照一定的协同标准和原则组装完成的装配式建筑产品。建筑、结构、机电、装修等各项设计互为约束、互为条件。通过模数协调、研究功能协同技术、空间协同技术(不同专业空间协同,消除错、漏、碰、缺)、接口协同技术(不同系统的接口标准化,实现精准吻合),有效搭建一体化系统性的装配平台。

为此,本节研究内容及思路为:针对装配式钢结构体系建筑在建筑、结构、机电、内装等设计全专业的技术协同需求,研究和优化在全专业设计中四大系统之间及系统内部的协同、集成设计和构造一体化原则和各系统之间的技术对接方案,提出相应的技术实施细则,并开展工程应用示范。研究技术路线,见图 10.3-1。

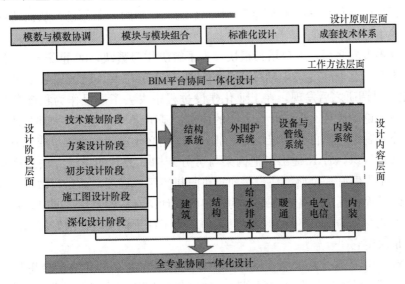

图 10.3-1　课题研究技术路线

本节研究的总体目标为:根据我国对建筑工程提出的适用、经济、安全、绿色、美观的总体要求,针对装配式钢结构建筑的设计阶段全专业的一体化与协同问题,实现设计中结构系统、外围护系统、设备与管线系统、内装系统等四大系统之间及系统内部的协同、集成设计和构造一体化,从而提高装配式钢结构建筑的环境效益、社会效益和经济效益,提高其设计阶段的工作效率,缩短设计周期和建设工期,减少资源浪费,达到时间、人力、物力资源的总体优化配置和有效控制,实现绿色建筑的最终目标。

10.3.2　装配式建筑一体化设计理论研究

1. SAR 理论

SAR 体系住宅是 Stichting Architecten Research 的缩写,它是荷兰的一个建筑师研究会,该会始于 1964 年,主要从事改善大规模住宅设计和建造方法的研究。他们提出将住宅设计和建筑设计分为两部分——支撑体或和分体(或填充体)的假设,并对此提出了一整套理论和方法,我们通常称为 SAR 理论或支撑体理论。按照 SAR 理论,住宅的支撑体即骨架也称不变体，其间可容纳面宽和面积各不相同的套型单元，并在相邻单元之间的骨架墙上适当位置预留洞口，作为彼此空间调剂的手段。填充体为隔墙、设备、装修、按模数设计的通用构件和部件，均可拆装[32]。

1961年，在荷兰爱德霍文大学任教的哈布瑞根教授（J. Nikolas Habraken，后来加入SAR协会）出版了《骨架：大量性住宅的另一种途径》一书，提出了将住宅设计分为"骨架（Support）"和"可拆开的构件（Detachable unit）"的概念，"骨架"是以工业化方法兴建的，"可拆开的构件"也是工业化产品，并且如同其他商品一样可以选购，且其使用寿命要比"骨架"短得多。这样，住户在使用过程中还可根据人口组成、经济情况及生活习惯乃至兴趣爱好的改变而重新布置或更换"可拆开的构件"。这就为住户参加到住宅的设计和建设过程中提供了可能，并使这种工业化住宅的最终产品具有无穷的多样性与适当性。同时，住户成了自己居住环境的创造者，住宅的建设过程成了住户生活的一部分，他们感到自己不仅仅是"被栖息"（being housed）的对象而已，从而使住户与居住环境的关系发生了根本的变化[33]。

第二次世界大战之后，人口增长很快，为了解决住房紧缺，20世纪60年代政府鼓励发展工业化体系。这种高度集中的标准化的结果导致了在大片城区建起了单调划一的房屋。SAR在经过调研之后发现，在工业化建设过程中失去了居民作为积极参与者这一好传统。而过去无论设计什么形式什么大小的住房，其责任与决定权本来都是清楚地分成两部分，一部分问题由居民自己决定，另一部分问题则必须遵守整个邻里或地方当局的有关规定。基于这种认识，SAR提出了把构架与可分开构件分开的设计方法。这样，建筑师的工作就不再是先做好一个典型住户平面再重复拼凑组成房屋，而是只做一个构件构架的设计，符合建筑面积标准等各种条件，为住户的设计留有广阔余地。同时，建筑师也要事先做出各种可能变化的住户平面，不过只是为了便于评价构架设计的好坏和供居民参考或选用，而不是决定它[34]。

总体来看，SAR理论从概念到设计方法是具有革命意义的住宅设计思想，其影响延续至今，但是其设计方法仍有一定局限性，如区界的划分方式以荷兰集合式住宅为基础，对其他国家的住宅模式不一定通用，SAR理论仅针对当时荷兰低层集合式住宅提出，因而并未针对厨卫空间管道灵活布局提出解决方案，这在很大程度上限制了SAR理论的推广应用[35]。

2. IFD 理论

自从20世纪50年代，建筑师和工程师就开始尝试用装配生产线来生产和组装建筑，很多国家已经能够生产大部分建筑构件和部分建筑组件。在接下来的几十年间，大批量生产、标准化建造开始盛行，世界范围内的建筑工业化建造得到大规模的发展。然而，新的建造理念和模式在解决问题的同时也带来了千篇一律、缺乏个性变化的弊端。MIT前建筑系主任约翰·哈布瑞肯（N. J. Habraken）教授于20世纪70年代初提出支撑体建筑理论，最终发展成开放建筑理论。后来，荷兰学者把工业化建造和可持续发展理念添加到开放建筑理论中，并由荷兰政府进一步推动，形成了IFD（Industrialized, Flexible and Demountable）理论，这种理论体系同时也受到了荷兰和欧盟的一群功能主义建筑师和建筑商的强烈支持（Damen, 1997）。国外IFD理论的研究综述如表10.3-1所示。由此可见，开放建筑及其发展而来的"IFD"理论体系对发达国家的建筑产业化发展起到至关重要的作用[36]。

IFD 理论的研究综述　　　　　　　　　　　　　　　表 10.3-1

作者	时间	研究内容	备注
达曼[37]（Damen C.）	1997	开始对 IFD 建筑市场潜力进行调查研究。此项调查研究受到了荷兰政府的高度重视，并由财政部公布了这一研究成果。自此，形成了完整的 IFD 理论体系	IFD 理论体系形成
Van Gurchom Hans[38]	2002	论述了荷兰政府启动的 IFD（工业化建造、弹性设计、可拆分建筑）示范项目。示范项目的目的是刺激其他部门对 IFD 理论的应用。虽然供应商对 IFD 的建造产品和理念很感兴趣，但建筑市场对其的兴趣并不是很大。IFD 理论还远远没有成为建筑行业的日常实践	IFD 理论的创新性应用
Van den Brand G JVan Gurchom H and Damen Bouwcentrum[39]	2003	1. 基于社会成员的共同参与，建立 IFD 组织模型； 2. 制定 IFD 建筑建造的基本过程，主要包括市场、设计、开发、生产、销售五个环节； 3. 初步形成住宅和办公楼的 IFD 系统形态。此研究成果为 IFD 理论的广泛发展与应用提供了参考	IFD 理论的创新性应用
R. Di Giulio[40]	2005	首次提出通过应用具体的信息通信技术和协同工程策略，使 IFD 各组成部分共同参与、相互作用，最终实现 IFD 建筑的建造。这一研究成果为 IFD 理论的具体实施提供了技术支持	IFD 理论技术支持
Roger Bruno Richard[41,42]	2006	总结了 IFD 理论的两个特殊性原则，即适应性框架和干式连接	IFD 理论的发展与实践
	2010	从提高建筑的适应性来论述的，以达到全寿命周期无损坏的目的，实现建筑的可持续发展	
Jelena Nikolic[43]	2011	提出通过 IFD 理论来解决多户住宅的问题	

1997 年，达曼（Damen）发表了题为《荷兰建筑行业中工业化、弹性和可拆改建筑的市场潜力研究》(Damen 1997) 的论文，开始对 IFD 建筑市场潜力进行调查研究。本次调查的主要结论是 IFD 理论体现了一个综合的概念，它可以将创造性的解决方案应用于原材料、劳动力和技术上，从而协调环境和经济利益。IFD 平衡了建筑行业的利益相关者的利益（图 10.3-2）。此项调查研究受到了荷兰政府的高度重视，并由财政部公布了这一研究成果。自此，形成了完整的 IFD 理论体系。

IFD 建筑体系的理论要点主要为：工业化建造、弹性设计和可拆改。IFD 建筑理论基于传统工业化建造的理念，从建筑全寿命周期的角度，更为全面地阐释了工业化建造对于建筑的可持续更新和节约资

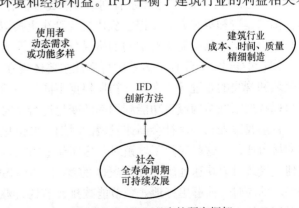

图 10.3-2　IFD 理论的研究框架

源、保护环境等方面的重大意义和技术解决方案[44]。

3. SI、KSI 及 CSI 理论

SAR 理论后来到日本发展成 SI 理论，SI 住宅体系，即支撑体（Skeleton）和填充体（Infill）完全分开建造的一种住宅系统[45]。1994 年在大阪建造的 NEXT21 实验性住宅，标志着 SI 理论在日本正式形成，支撑体中的 Support 转变为 Skeleton。支撑体是起结构骨架作用并耐久 100 年以上的公共使用部分，包括长期存在的部分，如起承重作用的柱、梁、楼板、剪力墙等构件，和需要更换维修的部分，如防水层、外饰面、外部设备、公共管线等；填充体是指耐久 10~30 年的个人使用部分，包括相对固定的部分，如单元门、窗框等，和可依个人意愿随意更改的部分，如室内装修、分隔墙、设备管线等。

KSI 住宅（Kikou Skeleton Infill，机构型支撑体填充体住宅），是日本住宅、城市整备公团自 1998 年起开始研发的一种工业化、可持续的公共租赁住宅[46]。作为新型租赁型 SI 住宅，KSI 对技术体系进行了升级。如将非承重的分户墙、外墙等部分也划入可变的填充体部分；应用了所有空间都可以改变的全降板技术；研发出解决可架空的层高损失问题的胶带电线工法；研究了减少架空空间的缓坡排水系统等。

2006 年，中国在 SI 住宅体系、KSI 住宅理论体系以及荷兰 SAR 体系理论及实践基础上，经过多年的研究终于制定了属于中国的 CSI（China Skeleton Infill）住宅理论体系。

CSI 住宅体系是对荷兰 SAR 体系的一种延续，继承了支撑体和填充体体系的一种具有中国特色的支撑体住宅体系[47]。在建筑体系完成初步的支撑体的设计后，由住户以及设计师共同协调安排和设计填充体部分，例如关于功能空间尺度的大小，隔墙的安排。这种新型的让住户参与到住宅建设中的新的建造模式，有利于住户在购买住房时可以根据自身的需求以及不同的家庭结构合理地安排自己的住宅，有利于让各个功能空间得到合理充分的运用，减少用户在后期的二次装修和改造，避免了空间和资源的浪费。

CSI 住宅体系作为对 SAR 体系的一种延续，其形成的住宅空间相比于传统的建造模式具备很多符合当下社会需求的优势。这些优势奠定了 CSI 住宅体系成为住宅建设的未来发展方向。CSI 体系住宅的主要特点包括：

（1）耐久性。在支撑体构件部分采用可以持续使用多年的钢筋混凝土作为主要结构组成，通过提升地基、顶部防水层的耐久时间等确保结构主体的使用年限。耐久的特点使住宅建设在节约资源等方面具有了更大的优势。

（2）更新性。CSI 住宅体系有别于形态比较固化的传统住宅建造体系，支撑体与填充体分离的建造和组装方式使得整栋建筑的管线更换以及室内空间的组成和分布更加灵活。住户可以根据自己的需求对空间的格局分布进行灵活的改变提高生活环境的质量。

（3）可变性。CSI 住宅体系的可变性主要体现在灵活的平面布置、自由的厨卫设定以及隔墙和管线的布置等。在设计初期根据不同家庭的需要进行合理的布置分配。在使用中期可以根据家庭结构或者功能利用率的变化进行及时的修补和改进。

目前我国处在一个社会高速发展的时期，城镇化建设的同时伴随着人口大批量的从农村向城市迁移，这就导致了城镇对于房屋住宅需求量的急剧增加。虽然传统的产业化的住宅建造模式可以快速地解决住宅紧缺的现状，但 CSI 住宅体系在满足居民更好的居住生活要求的同时，能够更好地兼顾节能减排、节约资源、绿色可持续发展的社会发展方向，这对当下住宅建设具有重要指导意义[48]。

10.3.3 一体化设计横向参考

1. 现代船舶一体化设计启示

为了更好地发展建筑制造业和促进装配式建筑设计一体化进程，我们有必要学习和借鉴工业制造一体化设计的经验和理论。基于零部件成组技术、标准化、模块化，生产组织社会化、一体化的典型的超大型设备制造模式—现代船舶制造流程，是现代一体化制造系统的体现。

根据时间轴，造船技术的发展经历了系统导向型、系统和区域导向型、区域类型及阶段型、中间产品导向型、产品导向型共5个发展阶段（图10.3-3），分别对应的是铆接时代、焊接时代、成组时代，壳舾涂一体化时代及模块化时代[49]。

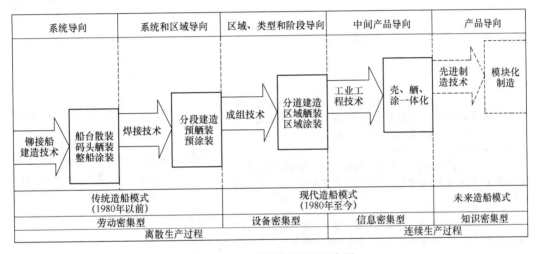

图 10.3-3 造船模式演变示意图

现代造船模式是指以统筹优化理论为指导，以中间产品为导向，按应用成组技术原理区域组织生产，壳、舾、涂作业，在空间上分道、时间上有序，实现设计、生产、管理一体化，均衡、连续、优质、高效地总装造船。现代造船模式也称区域造船法。目前，国内正在大力推行壳、舾、涂一体化区域造船法，来替代传统的造船模式。

未来造船模式就是造船计算机集成制造系统。未来造船技术创新是集成一体化机制的更进一步发展，依靠信息高速公路、信息数字化和网络化，把分散在异地的各家模块工厂、材料和设备制造厂、船厂等相互链接起来，及时地、可视化地异地联合生产，实时监控全部生产过程，形成一个动态的、以产品为导向的无缝整合的建造系统。

借鉴现代船舶设计理念，分析现代船舶设计与当前装配式建筑设计过程比较见表10.3-2。

现代船舶设计与当前装配式建筑设计过程的比较　　　　　表10.3-2

	现代船舶设计	对应阶段	当前装配式建筑设计
编制设计技术任务书	通常由用船部门负责编制，或由用船部门、设计部门及建造部门结合起来共同编制。设计任务书的制定过程，一般经过调查研究、拟定船型方案和编制设计任务书三个阶段	前期技术策划	考虑项目定位、建设规模、装配化目标、成本限额以及各种外部条件影响因素，制定合理的概念方案，与建设单位共同确定装配式实施方案

续表

现代船舶设计		对应阶段	当前装配式建筑设计
合同设计	根据批准的设计任务书，在调查研究的基础上进行合同设计。主要任务是确定与船舶的技术经济性能关系最大的项目，如船舶主尺度、船型系数、排水量、总布置、船体型线等。同时要确定舾装设备、机舱布置、电力负荷及电站配置、机电设备选型等	方案设计	根据技术策划实施方案，确定平面及立面的标准化设计基础，做好结构系统、外围护系统、设备与管线系统及内装系统的基本定性设计
		初步设计	结合不同专业的技术要点进行全面、综合地考虑。各专业同步进行，确定系统形式、规格、型号，确定规格及数量
初步设计	按船东技术任务书要求进行船舶总体方案设计	施工图设计	按照初步设计阶段制定的技术措施进行设计。各专业根据预制构件、内装部品、设备设施等生产企业提供的设计参数，在施工图中充分考虑各专业预留安装条件
详细设计	在初步设计基础上，按功能/系统/专业进行详细性能设计，以确保船舶总体技术性能，并完成由船级社和法定部门的审查和认可。	详图设计	包括建筑构件设计及加工图设计。详图设计可由设计单位与生产厂家配合完成，图纸全面准确反映部品部件的规格、类型、管线种类与定位尺寸，满足生产、施工装配等相关环节技术和安全要求
转换设计	在详细设计基础上，将各项目、系统在船舶各个区域进行布置和安装，充分考虑中间产品的要求和特点		
生产设计	在详细设计基础上，按区域、类型、阶段进行产品作业任务的分解和组并提供指导现场施工的工作图表		
完工设计	在船舶施工过程中发生的必要图纸修改。船舶竣工后，应按实船绘制完工图纸，并进行必要的修改计算，以作为今后船舶营运、维修和改造的依据，并为船舶设计和研究工作提供船型资料	竣工图	在施工过程中因为局部调整和修改，为让建设单位或使用者能比较清晰地了解土建工程，建筑工程，电气安装工程，给水排水工程中管道的实际走向和其他设备实际安装情况而由施工单位按照施工实际情况画出的图纸

2. 绿色建筑一体化设计的启示

（1）对绿色建筑领域来说，一体化设计主要包括以下含义：

1）目标驱动，最主要的目标是可持续性，需要制定详细的大、小长远目标。

2）委派协调员进行全过程协调，组织，促进设计过程顺利进行。

3）有序组织，处理各项过程中的问题和进行决策，防止僵局发生或因信息不全而形成错误决议。

4）清晰决策，清晰理解处理关键冲突和决策的方法。

5）广泛参与，包括业主和各施工方，他们对设计可能会有十分重要的贡献。

6）建筑师以合作大团队的领导者身份出现，在过程中发挥积极作用。

7) 整体建筑预算设置——允许预算项目变更，使得资金可用在最有利的地方。

8) 循环递进式，允许新的信息加入，精细化先前的决策[50]，见图10.3-4。

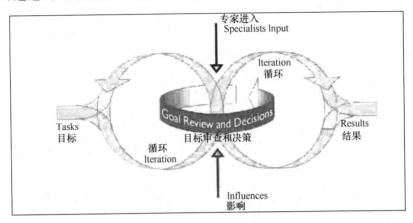

图10.3-4 绿色建筑一体化设计循环递进过程

（2）借鉴现代船舶和绿色建筑一体化设计理念，这样我们可以总结出几点应用于装配式钢结构建筑可行的全专业一体化思路，包括：

1) 考虑提高方案设计前策划设计部分分量，加强与生产单位的联系，适当增加方案经济性能和施工可行性的考核比重。

2) 增加详图设计与生产过程对接部分。根据钢结构及其他部品部件的生产厂家对中间产品的要求和特点，在详图设计对建筑各个区域和部位进行布置和安装设计。生产设计根据部品部件的生产工艺和市场特点，按区域、类型、阶段进行产品作业任务的分解和组并提供指导现场施工。

3) 参考绿色建筑多方参与多专业协同的工作流程，协调业主，建筑师/设计团队，建造师/承包商等各方意见，成立一体化设计团队，立定契约，团体全体投入，为整个团队设定一些有弹性的目标，深入标准预算思维，设计前期充分考虑环境调研讨论时间，提交最终设计前预留足够时间收集反馈意见和审核。

10.3.4 装配式建筑全专业协同一体化理论分析

1. 一体化设计层级关系

通常来讲，建筑设计工作从概念方案到初步设计、施工图设计，再到详图设计，最后到实体落成投入使用，是由很多参与者共同合作完成的。这些参与者与建筑设计的关系或近或远，对最终建筑呈现的结果也起到直接或间接作用。从参与者与建筑设计的关系来看，由近及远我们可大致分为自身参与者、密切参与者、相关参与者、关联参与者、涉及参与者五个层级，见图10.3-5。

2. 一体化设计的维度

由于建筑设计一体化的参与者众多，为了确保在实施过程中一体化能够良好落地，需要在三个维度上给予约定，即：理念认知、设计实施与管控体系，见图10.3-6。三者的关系见图10.3-7。

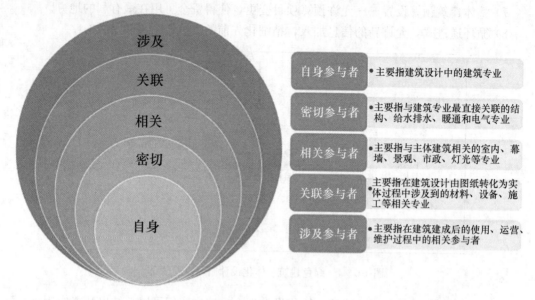

图 10.3-5　建筑设计一体化的层级关系

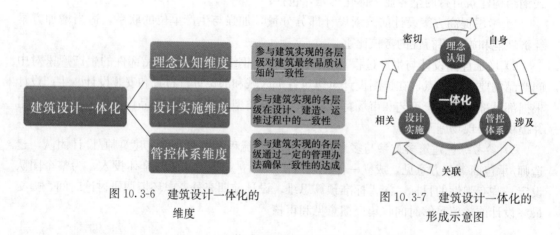

图 10.3-6　建筑设计一体化的维度

图 10.3-7　建筑设计一体化的形成示意图

3. 一体化设计内涵

一体化设计是工厂化生产和装配化施工的前提。装配式建筑应利用包括信息化技术手段在内的各种手段进行建筑、结构、机电设备、室内装修、生产、施工一体化设计,实现各专业间、各工种间的协同配合。在装配式建筑的设计中,参与各方都要有"协同"意识,在各个阶段都要重视实现信息的互联互通,确保落实到工程上所有信息的正确性和唯一性[51]。

实现协同的方法很多,有项目周例会制度,全部参与方通过全体会议和定期沟通、互提资料等方式进行协同;也有基于二维 CAD 和协同工作软件搭建的项目协同设计平台;还有基于 BIM 的协同工作平台等[52]。

10.3.5　协同一体化设计基础

装配式建筑全专业协同一体化设计基础主要包括四个方面:模数与模数协调、模块与模块组合、标准化设计以及成套技术体系[53]。这四个方面相互之间存在递进和交叉关系，共同构成协同一体化设计实现的必经之路。

1. 模数与模数协调

《建筑模数协调标准》[54] GB/T 50002—2013 中规定，基本模数的数值应为 100mm（1M 等于 100mm），整个建筑和建筑物的一部分以及建筑部件的模数化尺寸，应是基本模数的倍数。导出模数应分为扩大模数和分模数，其基数应符合下列规定：

(1) 扩大模数基数应为 2M、3M、6M、9M、12M……；

(2) 分模数基数应为 M/10、M/5、M/2。

关于模数网络，应符合：

(1) 结构网格宜采用扩大数网格，且优先尺寸应在 $2nM$、$3nM$ 模数系列；

(2) 装修网格宜采用基本模数网格或分模数网格。隔墙、固定橱柜、设备、管井等部件宜采用基本模数网格，构造做法、接口、填充件等分部件宜采用分模数网格。分模数网格的优先尺寸应为 M/2、M/5。

模数网格一般由部品部件的重复量和规格决定。模数网格的选择应充分考虑到所有专业设计部品部件的尺寸数据，涉及套内空间和公共部分的网格不能违背内装部品的基本尺寸。部品部件的选择应根据建筑规模、经济性指标的要求确定，要详细了解各个部品部件的基本尺寸，协调部品部件的接口尺寸和对应关系，其模数网格要能满足内装部品的施工安装，并保证建成后运行维护的有效实施。要实现装配化、标准化的特点，各类接口应按照统一、协调的标准进行设计。因而需要考虑模数协调，即有规律的模数之间的配合和协调。

钢结构建筑设计通过模数协调，实现建筑结构体和建筑内装体之间的整体协调。应采用基本模数或扩大模数，做到部品部件的设计、生产和安装等尺寸的相互协调。《建筑模数协调标准》GB/T 50002—2013 中规定：建筑物的开间或柱距、进深或跨度、梁、板、隔墙和门窗洞口宽度等分部件的截面尺寸宜采用水平基本模数和水平扩大模数数列，且水平扩大模数数列宜采用 $2nM$、$3nM$（n 为自然数）。

2. 模块与模块组合

装配式建筑的设计需要整体设计的思想。平面设计不仅应考虑建筑各功能空间使用尺寸，还应考虑建筑全寿命期的空间适应性，让建筑空间适应使用者不同时期的不同需要。而大空间的结构形式有助于实现这一目标，有利于减少部品部件的数量和种类，提高生产和施工效率，减少人工成本，节约造价。钢结构可以实现建筑大空间的需求。在大空间的基础上，可以通过模块划分和组合，实现建筑空间及建筑部品部件的多样选择。装配式钢结构建筑应采用模块及模块组合的设计方法，遵循少规格、多组合的原则；住宅建筑采用楼电梯、公共管井、集成式厨房、集成式卫生间等模块进行组合设计；公共建筑采用楼电梯、公共卫生间、公共管井、基本单元等模块进行组合设计；部品部件采用标准化接口。以下是几种模块化和模块组合方法在装配式建筑不同层级尺度下的应用[55-57]，见图 10.3-8。

3. 标准化设计

装配式建筑宜在适宜的部位采用标准化的产品。《装配式钢结构建筑技术标准》GB/T 51232—2016[58] 第 4.5.4 条提出：装配式钢结构建筑立面设计时，外墙、阳台板、

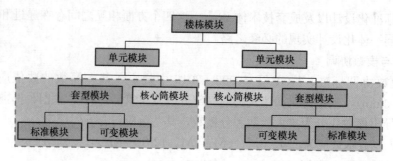

图 10.3-8 住宅模块组合示意图

空调板、外窗、遮阳设施及装饰等部件部品宜进行标准化设计；第 5.3.10 条：外围护系统中的外门窗应采用在工厂生产的标准化系列部品；第 5.4.1 条：装配式钢结构建筑的设备与管线设计宜采用集成化技术，标准化设计；第 5.5.11 条：住宅建筑宜选用标准化系列化的整体收纳。

从全产业链的角度上，推动建筑用钢构件标准化，有利于构件大规模工业化生产，降低成本造价，因此应加强建筑用型钢的标准化研究，拓展协同一体化的产业链条。《装配式钢结构住宅建筑技术标准》JGJ/T 469—2019[59]第 5.4.1 条已明确要求：装配式钢结构住宅建筑的主要钢结构部（构）件系统应采用型钢部（构）件。关于钢结构住宅用热轧型钢构件、冷成型型钢构件及其组合构件的工厂化生产和设计选用可参考 2020 年 8 月住房和城乡建设部发布的《钢结构住宅主要构件尺寸指南》。

另外，建筑使用功能空间的分隔、内装修与内装部品是建筑中比较适宜采用工业化产品的部位。这些部位可根据空间使用性质、材料属性、部品部件空间尺寸以及相适应的人体行为和尺度，进行标准化设计。设计同时尽可能地考虑部品部件的多功能属性、未来可置换性和空间重组的复合功能。

4. 成套技术体系

成套/成组技术（Group Technology，GT），是一门工程技术科学，是研究如何识别和发掘生产活动中有关事物的相似性，并充分利用它，即把相似的问题归类成组，寻求解决这一组问题相对统一的最优方案，以取得所期望经济效益的学科。

成套技术应用于装配式建筑设计方面，乃是将多种装配式建筑相关技术按其性质、工艺和服务对象的相似性进行分类，部品部件可以形成族库，把同一部品部件的分散小生产量汇集成较大的成组生产量，将一项工程技术整合在一套技术体系之中，从而获得一体化设计、施工，批量生产和整体装配的经济效果。

另外，借助于信息技术手段，用协同一体化的方法将工程建设的全部过程组织起来，使设计、采购、施工、机械设备和劳动力实现资源配置优化组合，在有限时间内发挥最有效的作用，提高资源利用效率，创造更大的效用价值。

钢结构建筑是指主要承重结构系统由钢构件构成的建筑，就结构体系而言，钢结构天生具有装配式的特点，组成结构系统的梁、柱、支撑等构件均是在工厂加工制作，现场安装而成的。与传统钢结构建筑相比，装配式钢结构建筑更加强调了结构系统、外围护系统、设备和管线系统、内装系统都采取部品部件集成[60,61]。

各模块单元是由一个个的部品部件组成，包括柱、梁、墙、板、屋盖、整体卫生间、整体厨房等等。部品部件在工厂预制生产，运输至建筑施工现场进行"搭积木"式的装配安装来完成建筑产品。部品部件本身可以实现标准集成化的成套供应，多种类型的部品部件可以通过不同的排列组合形成模块单元。在标准化、系统化、信息化的基础上，增加部品部件的自由度和多样性，通过小部品部件之间不同的排列组合以满足多样化的需求。由此，建立成套技术体系，是钢结构装配式建筑部品部件工业化构建的重要路径，同时也是协同一体化设计的基本原则。

10.3.6 协同一体化设计阶段研究

在装配式建筑设计过程中，可将设计工作环节细分为以下五个阶段：技术策划阶段、方案设计阶段、初步设计阶段、施工图设计阶段以及部品部件加工图设计阶段。装配式建筑详细设计流程可参考图10.3-9。

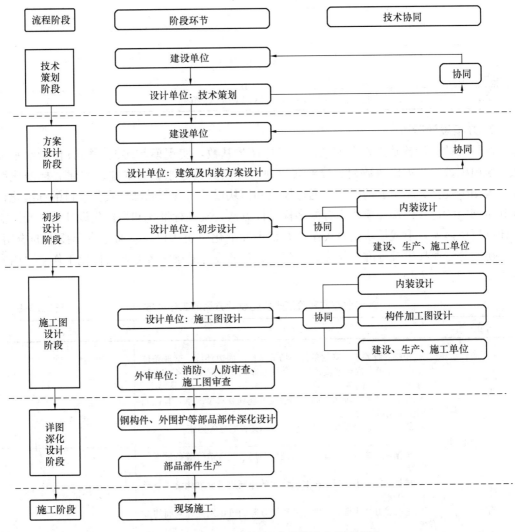

图 10.3-9　装配式钢结构建筑设计流程示意图

1. 技术策划阶段

在技术策划阶段，项目定位是重中之重。项目定位在技术策划阶段因涉及面广，各专业一体化工作主要内容见表 10.3-3。

策划阶段各专业一体化设计工作内容　　　　　　表 10.3-3

专业	工作内容
总图	确定总体布局的同时，考虑建筑预留发展空间及装配式建造的可行性
建筑	根据项目定位目标，考虑建筑的可变性，为今后的改造发展适当预留条件。 考虑全生命周期各个阶段（设计、施工、运营和更新拆除）可行性。 根据当地产业化政策要求及对本项目的要求，考虑造价等因素，确定装配式建筑体系
结构	根据地质条件、建筑功能、项目定位等提出结构选型要求。 确定结构形式后，根据可选用的钢构件生产厂、其他部品部件生产厂的技术水平、运输条件以及厂家产能等因素，基本确定装配式技术体系。 评估施工过程中的可行性等
给水排水	根据建筑功能、市政条件、项目定位及投资造价等因素，初步确定设备系统形式
暖通	
电气电信	
内装	根据建筑功能、项目定位及投资造价初步确定内装定位

2. 方案设计阶段

此阶段的设计基础主要有四条：①坚持模数基数，实现模数协调。模数包括水平模数、竖向模数、扩大模数数列、分模数数列、公差协调等原则的确定。②建立标准化路径。遵循少规格、多组合的原则，通过模数和模块设计实现部品部件及其接口的标准化设计和生产。③建立模块和模块组合的多样设计方法，实现标准化和多样化设计的平衡。需要建立模块体系，形成模块组合关系，并采用标准化模块接口。④通过成套技术的应用，综合协调各专业技术及标准，从多方面建立完备的设计基础。各专业一体化工作主要内容见表 10.3-4。

各专业在方案阶段一体化设计方面的工作内容　　　　　　表 10.3-4

专业	工作内容	备注
总图	• 根据建设要求、规划条件、场地条件、周边环境、交通条件及市政条件等进行规划设计；结合规划布局、地形条件考虑场地竖向及土方平衡问题。 • 在满足采光、通风、间距、退线等规划要求情况下，宜优先采用模块化单元设计。 • 结合初步建筑结构类型信息，考虑建设时序等因素	
建筑	• 根据建设要求、功能定位、规划布局、投资造价等条件进行方案设计。 • 根据功能要求，尽量按照模块化的原则进行标准化统一，形成基本模块。 • 进行多方案比选，考虑各种布局方案的可识别性和立面的多样性。 • 根据立面形式、结构形式等初步选择外围护系统。 • 综合考虑节能、绿建、消防、人防、市政等条件，与各专业进行一体化设计	

专业	工作内容	备注
结构	• 根据项目定位、场地条件、建筑方案，确定合理的结构类型。 • 根据建筑平面布局及荷载要求，确定结构构件尺寸及支撑部位。 • 结合钢结构构件，确定其他部品部件的预留条件及位置	例如考虑整体卫浴的预留条件
给水排水、暖通、电气电信	• 根据市政条件、规划方案，确定给水排水、暖通、电气电信等系统方案、设备用房位置、管井位置、管线敷设方式及小市政进出线方向	
内装	• 根据项目定位、建筑方案初步制定室内设计方案，明确装配式内装技术体系	例如吊顶区域、吊顶方式、内墙材料、构造选型、地面做法、整体卫浴等
景观	• 结合场地自然条件及建设周期，进行场地适应性景观方案设计	

3. 初步设计阶段

初步设计要依据设计策划，根据方案阶段确定的结构类型，对于各种需要预留位置的管线和设备要周密考虑，预制构件要适合，对建筑项目的可靠性和经济性做出评估，分析影响施工质量、施工进度和施工成本等各项因素，整合各专业的技术要点，采用科学先进的技术方式进行设计。各专业一体化工作主要内容见表10.3-5。

初步设计阶段各专业一体化设计工作内容 表10.3-5

专业	工作内容
总图	• 根据规划条件及市政条件，进行总图竖向设计、室外管线综合设计及景观方案设计，考虑消防扑救面及消防车道等设计
建筑	• 深化平面布局，对功能单元、楼电梯、卫生间等进行模块化、标准化设计。 • 根据立面方案设计，确定外围护类型，进行节能设计，确定饰面材料及保温材料，对外围护系统进行模块化、标准化设计。 • 各专业一体化设计，配合确定梁的高度及楼板的厚度，合理布置吊顶内的机电管线，协同确定室内吊顶高度，建筑层高及室内净高
结构	• 在平面布置、梁柱设计、楼板楼梯设计等方面与其他专业进行协同设计。 • 采用合理的钢结构体系，尽量统一柱网和层高，确定梁柱截面尺寸及支撑尺寸、位置。 • 与建筑、机电专业进行一体化设计，确定降板范围及厚度。 • 确定预制混凝土构件（叠合楼板、楼梯等）位置尺寸，进行标准化设计
给水排水、暖通、电气电信	• 明确设备管线出户位置及与市政接口位置。 • 确定设备机房布局、设备管井位置，进行管线综合及集成设计
内装	• 优化设计室内空间布局，并且与内隔墙、柱梁等结构构件进行空间整合

4. 施工图设计阶段

施工图设计是在设计阶段制定详细的技术措施，需考虑各专业的技术条件、防火、防水、保温隔热等性能要求，并考虑造价因素。各专业一体化工作主要内容见表 10.3-6。

施工图设计阶段各专业一体化工作内容 表 10.3-6

专业	工作内容
总图	• 结合建筑出入口、出地面风井、设备安装口及人防口部等进行室外管线综合设计
建筑	• 综合功能、结构及机电条件，进行平面设计，确定平面各功能布局。 • 结合结构及机电专业，确定墙体尺寸及定位、门窗洞口尺寸及定位。 • 进行立面设计，确定外围护构件尺寸定位，考虑防水、防火、节能等因素确定构造做法
结构	• 完成结构模型，确定钢结构梁柱、楼梯等品部件尺寸定位，进行梁柱连接节点及支撑构件设计。 • 确定钢结构截面形式和连接构件，加强结构整体的抗震性能，并考虑减隔震设计。 • 进行钢结构防火防腐等性能设计
给水排水、暖通、电气电信	• 确定管材敷设与接口方式。 • 确定管线的预埋点位。 • 进行管线集成设计，设备管线集成，管线与主体结构分离，采用模块化管道和集成综合管道
内装	• 根据建筑平面，结合结构构件、设备管线敷设方式，优化隔墙、吊顶和地面设计。 • 根据设备专业要求，确定隔墙、吊顶和架空地板中设备检修口的尺寸和定位

10.3.7 应用建议

课题组研究了国内外装配式钢结构建筑的发展现状、分析我国装配式建筑在发展中面临的困难和问题，找出一体化设计与装配式建筑的契合点，借鉴船舶工业一体化设计及绿色建筑一体化设计方法，研究装配式建筑设计一体化过程中各专业配合问题以及探究基于 BIM 技术的建筑设计协同模式。主要建议有：

（1）一体化设计是工业生产与建筑行业发展的必然需求

结构系统、外围护系统、设备与管线系统、内装系统组成了装配式建筑，既相互独立又联系紧密。装配式一体化成为系统化的主要特征，各个子系统通过优化、协调，完成了组装的建筑产品。

（2）装配式建筑一体化体现在设计的各个阶段

从项目前期的技术策划到方案设计阶段、初步设计阶段、施工图设计阶段以及详图深化设计阶段，在建筑全过程体现四大系统之间的一体化设计。通过分析各个系统的设计要点，梳理相应的解决方法。

（3）可借鉴船舶工业一体化设计经验

在装配式钢结构建筑方案设计阶段增加合同设计部分，加强与生产单位的联系，适当增加方案经济性能和施工可行性的考核比重；在详图设计对建筑各个区域和部位进行布置和安装设计；生产设计根据预制构件的生产工艺和市场特点，按区域、类型、阶段进行产品作业任务的分解和组并提供现场施工指导。

（4）可借鉴绿色建筑一体化设计思路

可参考绿色建筑多方参与多专业协同工作流程，协调业主、建筑师/设计团队、建造师/承包商等各方意见，成立绿建设计团队，立定契约，团体全体投入，并为整个团队设定一些有弹性的目标，深入标准预算思维，设计前期充分考虑环境调研讨论时间，提交最终设计前预留足够时间收集反馈意见和审核。另外，还可参考绿色建筑考核指标，在原装配式评分标准上发展提出装配式钢结构建筑设计的得分标准细则，提高装配式建筑一体化设计总体评分。

（5）BIM 技术是优化和实现装配式钢结构建筑一体化设计的主要手段

要充分发挥建筑工业化的优势，实现建筑工业化的全寿命周期有效管理，需要对管理方式和技术进行相关的改进。建筑工业化中引入 BIM 技术，实现预制构件的模块化设计。同时在项目进程中可以进行多专业协同作业，通过物联网、云端等数据识别及网络技术，实现不同阶段的参数化信息交换和共享。

建筑、结构、机电、装修设计互为约束、互为条件。通过模数协调，研究功能协同技术（机电系统、结构体系支撑并匹配建筑功能、装修效果）、空间协同技术（建筑、结构、机电、装修不同专业空间协同，消除错、漏、碰、缺）、接口协同技术（建筑、结构、机电、装修不同专业的接口标准化，实现精准吻合），有效打造一体化系统性的集成设计平台，实现全专业、一体化、系统性集成设计理念。

10.4 全产业协同一体化技术

10.4.1 研究思路

建筑工业化是一个全产业链的，全寿命周期的，全系统的概念。建筑工业化需要标准化的设计和工业化的建造。推进建筑工业化的进行，需要全产业链的整合与合作。建筑设计必须包括施工的工艺流程，不断地深化，不断完善装配式新型建设产业链，才能提高技术水平。

实现装配式建筑全产业协同一体化，本节的主要研究内容及思路如下：

（1）技术链协同。建筑业全产业链是建造全过程、全专业技术的一体化集成。通过平台化的方法，可以实现钢结构建筑从投资、开发，然后到施工，到整个构配件的生产，物业管理，到更新、维护、改造，再到重建，整个系统都是建筑行业全产业链内容。

（2）供应链集成。建筑全产业链是个大系统，与住宅领域相关的都在这个系统里，包括所有建材的产品，所有参与的主体，见图 10.4-1[62]。装配式钢结构建筑产业链上游涉及钢铁、水泥、木材等原材料生产企业，及为装配式钢结构建筑服务的研发、标准制定、人才培养等；中游涉及设计、生产、物流、施工；下游涉及运营与维护。

（3）基于 BIM 的数字化技术在产业一体化中的应用。在新的一体化产业结构中，数字孪生建筑成为新的生产要素，信息化与智能化技术成为新的生产资料。通过软件和数据集成，实现新的技术体系，打造的数字化生产线，让项目全生命周期的每个阶段发生新的改变和赋予新的内涵，生产过程也从传统的实体生产和建造，转变为全数字化虚拟建造和虚实融合的工业化建造。

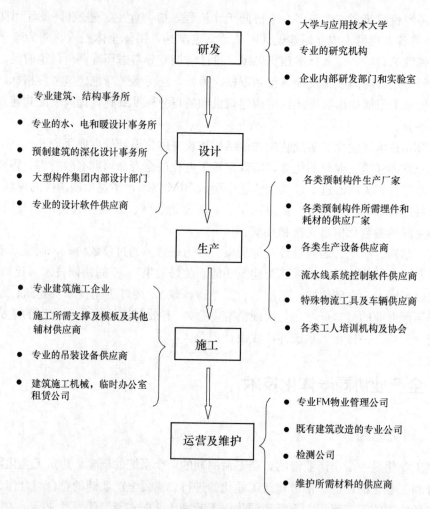

图 10.4-1 装配式建筑上下游企业

10.4.2 技术链协同一体化：设计、生产、施工、维护

在本章第 2 节全过程一体化建造技术研究的基础上，搭建了覆盖设计、生产、安装和运维的一体化建造平台——"宝数云"平台，实现了技术链的一体化协同，并在多个项目中进行了一体化建造的尝试和实践。本小节以全过程一体化平台和项目为例，来阐释装配式全产业中的技术链系统一体化。

1. BIM 云平台的建设

云平台的第一步，搭建宝钢数字化设计云平台——BIM 云平台（简称"宝数云"），为装配式钢结构建筑的设计和施工管理提供信息流和后台支持，进行建造全过程一体化的集成。平台将硬件资源集中于后台机房，用户通过网络访问客户端，调用硬件资源；软件层面，采用虚拟化技术，并布置 Windows 桌面端，在此基础上集合 Autodesk CAD、Autodesk Revit、YJK、MIDAS 等一系列设计软件，供设计人员在平台自由使用。

平台的架构分为数据服务层、应用层和操作层，见图 10.4-2，可通过网页及客户端登录，见图 10.4-3，设计信息化流程见图 10.4-4。

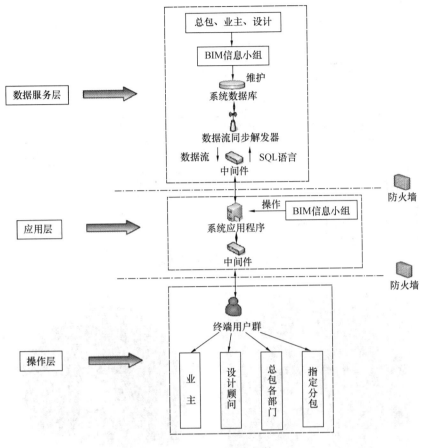

图 10.4-2 云平台架构

图 10.4-3 云平台登录界面

平台建成后已投入到长春汽车博览馆等实际项目应用。在长春汽车博览馆项目中,实现计算模型与 BIM 模型的直接转换,一模多用,减少了在传统模式下,结构专业计算模型与 BIM 模型无法互导,导致重复建模,浪费工时。图 10.4-5 为施工节点库以及在长春项目中的结构分析模型和 BIM 模型。

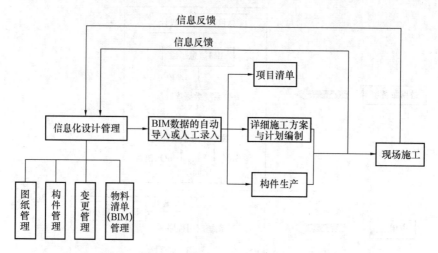

图 10.4-4 设计一体化流程

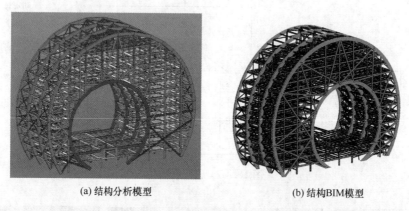

图 10.4-5 计算模型和 BIM 模型的转换

云平台建设的二期，即对云平台继续进行了项目实施方面的内容扩充，在设计协同的基础上，基于全过程一体化建造的方法，将功能覆盖至项目实施的 BIM 模型、资料管理、协同管理、质量管理、安全管理、进度管理、二维码管理等方面，见图 10.4-6。

2. 协同一体化模块设计

基于本研究成果搭建的一体化建造云平台于 2019 年 10 月完成了硬件基础设施建设，主要建设内容为在原设施基础上的扩建，包括机房建设、网络设施建设及服务器集群搭建、调试。

软件建设内容主要为行业工具、应用软件及管理平台软件的采购、定制化二次开发及部署，采取分步实施建设，完成了平台的设计、施工、业主、供应商、运维 5 个功能模块，实现了以虚拟化技术交付用户运行设计软件，共享计算资源、按需配置软硬件资源。搭建了基于项目建筑信息的 SaaS 服务平台，通过 vShere 虚拟，分三层结构进行开发，前端表现层采用网页方式。将所有商业逻辑独立出来并存放于中间层，由服务器负责运行，并将结果以网页方式返回到应用端。平台有效支撑了工程项目的设计、施工、运维的全流程服务，项目各方在平台协同工作，资源共享，提高了工作效率。

第 10 章　钢结构建筑全过程、全专业一体化系统集成建造技术 | 1053

(a) 项目管理云平台的登陆

(b) 界面

(c) 任务管理流程

图 10.4-6　云平台的项目管理部分

(1) 设计模块。对原有远程进行扩展,增加 Web 端设计环境入口,对用户使用功能权限分层管理,方便用户对设计文档管理,并增加了以 remoteapp 方式运行设计软件进行工作的模式,大大提升了软件运行效率并降低了平台硬件负荷。集成大量行业软件设计工具,并根据需求自主开发并集成了 5 款提升设计效率的插件工具。remotedesk 及 remote-app 两种模式向设计人员交付设计工具,同时通过云端存储实现了项目资料文档的共享,实现了项目云端设计功能。

(2) 施工模块。通过采购第三方软件系统并深度定制化,实现了云端项目施工管理功能,可通过 PC 端、Web 端及移动端访问云端项目管理平台,实现项目资料管控、进度管理、工程问题沟通等功能,可实现项目模型的三维可视化展示。施工方可通过对现场情况于项目模型的对比以提前发现问题,提高与业主、设计方的沟通效率,进而实现项目的降本增效。

(3) 业主模块。通过采购第三方软件系统并深度定制化,实现了云端的多项目管控功能,可通过 PC 端、Web 端及移动端访问平台,通过项目看板展示获取多个项目的实施情况信息,同时进行的项目资料管理、进度管理、项目问题沟通,并可实现项目模型的三维可视化展示。提高业主对项目信息数据的把控能力及沟通效率。业主能够更好地实现项目管控,传统在线下的项目各方例会可通过平台及模型实现线上交流,大大节省了时间成本并提高沟通效率。

(4) 供应商模块。自主研发并搭建 SaaS 服务应用,本模块实现了部品部件的信息共享。部品部件供应商可上传自己的品牌信息、产品信息及对应部品部件的 BIM 模型,可对相关的信息模型进行增删改查。同时平台的其他使用人员可对需要的部品部件信息进行查询浏览,并下载需要的部品部件模型,模型中包含了部品部件的详细信息,可进一步用于项目中各方、各环节的生产作业中,通过平台可有效展示供应商产品,使供应商能更早地进入项目阶段,有助于项目更好地实施。

(5) 运维模块。通过采购第三方软件系统并深度定制化,模块基于 BIM 模型将运维所需设备资产信息与运维业务流程进行了有机结合,可通过模型对设备信息进行维护和应用,实现了建筑物的三维可视化及维护信息管理、维护计划管理。可对设备进行三维可视化定位、设备运维信息查询、运维计划管理等,提高了物业管理智能化水平。

平台采用虚拟化方案整合硬件资源,将业务应用和数据进行便捷的管理和分发。通过虚拟化方案实现了:①用户虚机配置可调,可根据需求动态分配用户所需硬件资源,避免了资源浪费。②增加云端单应用运行模式,用户可单独远程运行单一应用而无需启用整个虚机环境,大大提升了效率,降低了硬件负荷。③对用户软硬件资源、授权进行统一管理,针对不同用户实现不同使用场景及使用功能。④通过虚机快照备份还原机制,实现了平台的高可用,发生故障时可保证恢复数据至 24h 前正常状态,可在 1min 内恢复正常使用。实现了平台防止误更改、误删除造成数据损毁的数据保护机制。

同时,平台具备强大的扩展性,可方便地根据业务需求对平台软硬件环境进行调整扩展和维护,极大降低了企业成本。

平台基于 BIM 技术,将建筑信息的有效利用覆盖至项目整个过程,是云计算及建筑信息模型技术在建筑项目全过程管理中的创新性应用。同时为了改善生产方式、提升设计效率,项目基于业务需求在已有行业软件基础上进行了一系列自主开发,并申请了软件著作权。基于本研究成果搭建的一体化建造云平台——"宝数云"今年通过了第三方的测试，测试结果显示：该软件可运行于 Windows、Linux 平台上，使用 Java、C♯、JavaScript 语言开发，应用于建筑领域，具有远程协同设计、文档资料共享、项目看板、进度管理、项目问题协同等功能。对构建用于建设工程全生命周期管理的数字化 BIM 云平台的功能性、信息安全性、可靠性、易用性、可移植性、性能效率进行了测试，测试结果通过。

10.4.3 供应链协同一体化：智慧供应链、供应链金融、物流

1. 智慧供应链

当前，建筑行业面临着变革和创新，主要表现在整个建筑产业正处在智慧供应链、推进智慧建造、智慧建筑的巨大转型升级变革期。"智慧供应链"是在传统供应链的基础上将技术和管理进行结合，将论述技术和管理系统化综合集成理论、方法与技术，成为系统的指导现代供应链管理与运营的手段。

随着数字化时代的快速发展，供应链上下游信息不联动、寻源招标效率低等痛点已逐渐显现。唯有打破供需双方信息不对称的痛点，真正地为供需双方打破沟通壁垒，才能实现信息高效直连、AI 精准匹配，让双方实现零距离对接。数字化供应链可实现建筑全过程、全要素、全参与方的数字化、在线化、智能化的全体系新生态。在数字设计环节，实现设计师与供应商的连接，设计方进行可视化设计在线选材，供应商可以实现品牌有效传播，获得早期商机，提前安排生产计划；在数字成本环节，实现成本预算与供应商的连接，基于项目总预算圈定品牌、厂家及材料品种；在数字施工环节，根据施工进度进行按需生产，避免库存积压及浪费[63]。"智慧供应链"与传统供应链相比，具备以下特点[64]：

(1) 技术的渗透性更强。管理者和运营者采取主动方式，系统地吸收各种现代技术，实现管理在技术变革中的革新。

(2) 可视化、移动化特征更加明显。利用多种形式表现数据，例如图片，视频等方式。采用智能化方式访问数据。

(3) 更加人性化。

(4) 信息整合性更强。借助于信息化网络，打破供应链内部成员的信息系统的异构性问题，实现无缝对接。

(5) 协作性更强。通过信息网络，更好地了解各成员的情况，根据情况的变化，实现上游企业与下游企业的随时联系，并及时改变策略。

(6) 可延展性更强。

智慧供应链将原有传统复杂的供应链优化为数字化供应链，建筑企业在发布采购单时可关联企业负责人同步接收采购信息；系统 AI 匹配获取报价，还可邀请原有供应商直接报价；选商后在线签订电子合同平安银行提供交易担保；建材企业收到货后货款进入供应商账户交易完成。智慧供应链的应用使得：

(1) 采购流程更透明。企业采购透明化，信息公开、过程监控、规范采购的过程、结果全程追溯。

(2) 采购速度更高效。采购操作简单、效率提升、供应商互动提效、部门间协同提效、采购部操作提效。

(3) 采购成本全面可控。防范采购风险、管控采购成本、辅助企业负责人决策支持。

2. 供应链金融

"供应链金融"是指金融机构（如商业银行、互联网金融平台）通过引入核心企业、第三方企业（如物流公司）等，实现对信息、资金、物流等资源的整合，有针对性地为供应链的某个环节或全链条提供定制化的金融服务，达到提高资金使用效率、为各方创造价值，并把单个企业的不可控风险转变为供应链企业整体的可控风险[65]。

供应链金融这一融资模式近年来在我国各个行业发展迅速，在建筑行业当中为解决众多中小施工企业融资难、融资贵的问题提供了一条有效途径。创新房地产供应链金融服务，盘活供应商的应收账款，一方面可以为整个供应链上的中小企业提供新的融资选择；另一方面，可以通过灵活的财务安排，缓解建设方的流动性压力，降低融资成本[66]。

供应链金融往往以政府财政投资的建设项目为中心，引入金融机构创新服务，用互联网工具和科技风控手段，解决项目建设过程中上下游中小型企业（承建商、材料商等）的资金周转问题，并以供应链服务的闭环体系获得区域业务数据的沉淀，再通过供应链金融平台规模化议价能力整合行业上游企业，达成规模化集中采购，降低采购成本、项目大部分税收留在当地财政、建设项目工期正常、政府平台创新增收等，形成依托财政项目实现政府、银行、承建商、供应商、供应链金融平台等多方共赢的良性生态圈。

10.4.4　基于 BIM 的产业链信息化管理和协同：数字孪生技术

1. 全产业链的数字孪生及其影响

技术的更新换代以及产业的转型升级，推动着整个行业的变革，作为典型的装配式建筑，轻钢建筑最适于集成化的生产方式，顺势而为走在变革的最前沿。一方面，工厂预制、现场装配的工业化生产方式，改变了建筑业过去高能耗、重污染、人工密集的缺点，绿色建造深入人心。另一方面，20 世纪 70 年代 BIM 理念的提出，数字化的产品设计思维开始受到广泛关注，全过程全生命周期建筑管理模式随着技术的提升迅速发展起来，在人工智能、大数据等技术的涌现并与建筑产业相结合下，智能化建造理念逐渐孕育而出。

数字化不仅能够推动轻钢集成建筑产业的转型升级，它背后的理论范式也能推广到整个建筑产业的转型升级，其本质可概括：传统产业＋（三全/三化）＝新产业（新生产力＋新生产关系）。即传统建筑产业从全要素（空间维度）、全过程（时间维度）、全参与方（组织的维度）三个方面进行解构，再通过数字化、在线化、智能化进行重构，形成新的生产对象，即实体建筑和数字虚体建筑。并产生新的生产要素，大数据和云算法成为新的生产资料。以新设计、新建造、新运维为代表的"三新"生产力，驱动了建筑产品、全过程、全要素、全参与方的升级，让建筑产业提升到工业级精细化水平，重构生产关系，形成全新的产业生态。

2. 数字孪生在全产业链的管理和协同的应用

数字化技术可以应用于：①设计领域。包括：信息共享，即基于 BIM 平台，在对轻钢集成建筑模型及其施工实行全过程信息管理的基础上，完成分类数据信息的归并和集成，促进工程和装配作业数据共享；协同设计，即明确每个专业项目的设计准则、流通流程和接口，实现三维协同共享与设计；基于部品的标准化族库，即以全产业链为中心建立轻钢集成建筑标准部品族库，提高轻钢部品从标准设计、生产加工、物流运输到现场装配的效率。② 施工领域。包括：优化施工工艺，即借助 BIM 三维模型合理地将施工计划和工艺技术的相关数据信息建立关联，对轻钢集成建筑现场装配方案工艺进行调整和优化；

施工管理,即施工现场的建筑规划布局、建筑结构、道路和机械设备等,可通过 BIM 技术完成施工平面模型的建立与管理;信息追溯与共享,即结合 FRID 技术,通过对移动终端设备的使用实现从设计、生产到运输的信息共享。③一体化平台。数字化管理平台构建,即借助 BIM 模式完成轻钢集成建筑项目一体化的数字化管理平台建设,统一管理相关数据,为设计、生产、安装到维护集成的全过程提供包含项目筹划、方案设计、生产施工、项目运维在内的整体服务;数字孪生技术,即现实世界的实体在虚拟数字世界的镜像,镜像不仅能对现实实体虚拟再现,还能模拟其在现实环境中的行为;信息交互准则,即基于现有的数字化管理平台,制定一套合理的信息交互标准,让不同部门、不同工作阶段各具特征的生产数据和信息得到有效的交互统一。

(1) 设计阶段

1) 参数化设计

数字建筑一般指采用数字信息技术进行参数化设计来建造及运维的建筑[67]。借助数字化技术手段,将建筑系统参数化拆分为简单子项并加以区分,得到有组织、分层次的主次系统。各个子项均可以通过简洁的数学模型加以模拟,只需定义优化收敛准则,经过算法优化得到最终排布。2022 年杭州亚运会乒乓球比赛场馆维护系统的龙骨体系正是基于此进行设计,其建筑子集系统如图 10.4-7 所示。

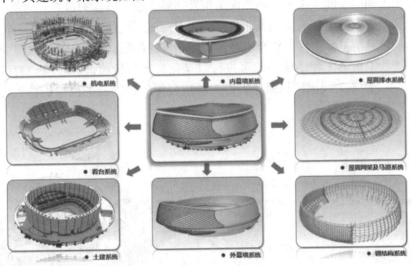

图 10.4-7 建筑子集系统图

2) 虚拟建造

数字化发展的同时使得计算机与信息技术应用得到极大程度的促进。以计算机为平台虚拟实际建造过程的虚拟建造孕育而生。通过将虚拟建造过程中施工信息引入工程设计的全过程中[68],建筑及结构设计将进一步优化。在设计阶段即可考虑构件在制作、安装、施工等全过程的受力性能分析,以期实现对设计产品更好地把控。在怒江四线特大桥设计中[69],通过基于 BIM 模型的虚拟建造技术,优化了上弦杆吊装组合与工艺避免了设计中难以考虑的碰撞荷载对钢骨构件的不利影响,如图 10.4-8 所示实现了构件的全过程设计可控。

3) BIM nD

BIM 本身是以建设项目的相关信息数据为模型基础来建立建筑模型,再通过数字信

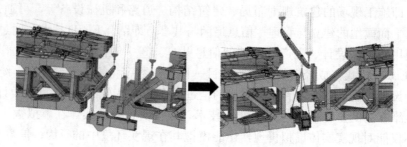

图 10.4-8　虚拟建造中吊装工艺优化

息仿真来对建筑物的真实信息进行模拟。而所谓的 BIMnD 是以 BIM 这个平台为基础创新并集成更多维度的信息模块，使其拥有更健全的功能用以解决更多复杂的工程问题[70]。通过 BIMnD 技术的扩展，将充分发挥 BIM 的可视化、仿真性、协调性、绘图性和优化性五个特点的优势。而龙骨体系作为轻钢建筑标准化程度最高的体系之一，在推进 BIMnD 向更高维度方面发展具有重要意义。

（2）工厂加工阶段

工业化轻钢龙骨体系建筑的构件标准化程度高，截面尺度都比较一致，易于模数化。只需通过采用不同的厚度来满足不同档次结构性能的要求，节点构造方式简单标准。这样轻钢龙骨体系建筑就能更好地实现工业化建造，工厂流水线作业[71]。通过将部品标准化、模数化以形成产品清单并存储上传至服务器，当相应的产品被订购时，只需要调用该部品数据输入生产线上机器人程序中，即可进行自动化生产。目前世界各国均着手于该项研究，如图 10.4-9 所示为我国杭州固建机器人科技公司的智能云平台与机器人转引孔的智能化加工生产线。

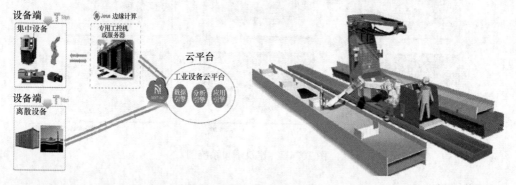

图 10.4-9　杭州固建机器人科技公司的智能云平台与机器人转引孔

（3）现场施工阶段

数字化施工管理是指借助数据处理量化建筑工程施工的内容，收集和处理其中的有效数据并进行反馈管理模式。一般通过数字化 GIS 平台、无人机数据信息采集等实现实时监督、控制和管理工程建造过程，而图 10.4-10 中所示为首都新机场数字化施工系统架构[72]。

（4）验收和运维阶段

在大型轻钢龙骨建筑体系中，验收与巡检往往需要耗费大量的人力物力。而目前正在研究的巡检机器人技术的生产应用可避免人工验收巡检时带来的漏检、高成本等问题，且

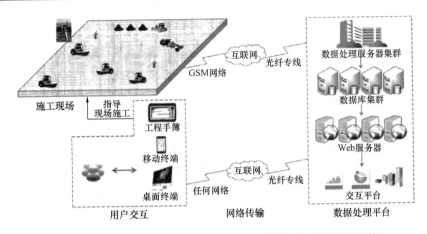

图 10.4-10　北京大兴机场数字化施工和质量监控平台系统架构

能够更准确地采集现场数据与云端进行对比分析。同时还能完成人工检测不便于涉及的危险（高空、狭窄区域等）的检测项目。智能机器人可以使传统的粗放型管理向精细化、智慧化、集约化发展[73]。

智能家居是指通过物联网技术将家中各种设备进行连接且能够对其进行监控等操作[74]。通过智能家居可以实现家中建筑设备全方位信息交互以达到实时检测的效果。

10.4.5　应用建议

课题组介绍了装配式钢结构建筑的全产业链，全产业链在技术链（设计、生产、施工、维护）上协同一体化，全产业链在供应链（智慧供应链、供应链金融、物流）上的协同一体化，基于 BIM 的产业链信息化管理和协同：数字孪生技术。

通过"宝数云"平台介绍了在装配式钢结构一体化全产业链中的技术链是如何搭建起来的。建立起设计、施工、业主、供应商和运维五大云模块，通过 remotedesk 及 remote-app 实现技术人员对云端统一 BIM 模型的访问，通过 SaaS 平台实现沟通互联及项目供应链管理。同时，平台还可以通过多种语言进行扩展开发。"宝数云"平台展示了一体化技术链的集成性与开放性。

一体化智慧供应链、金融链及物流管理是全产业一体化的另一个层面。通过智慧供应链与金融链，可以扭转传统供应模式中不透明、浪费等劣势，达到提升项目质量，降低项目成本的目的。

研究一体化产业中的新型关键技术的特征及其应用点，对实现并推广智慧全产业链一体化技术具有重要意义。

10.5　一体化集成建造评估体系

10.5.1　研究思路

建筑产业的发展离不开有效的管理及评价手段，为此国家先后出台了《工业化建筑评价标准》GB/T 51129—2015[75]（现已废止）以及现行国家标准《装配式建筑评价标准》

GB/T 51129—2017[76]，地方上也有相关标准，如上海市的《工业化住宅建筑评价标准》DG/TJ 08—2198—2016[77]。这些标准一定程度上形成了工业化建筑的评价依据，但对于装配式钢结构的针对性不强，另外标准以"工业化"程度为目标，对于形成高水平的工业化建筑导向性偏弱。

本节将在相关标准梳理的基础上，提出新的评价框架，为今后标准修订提供参考。主要内容和研究思路包括：针对装配式钢结构体系建筑一体化集成建造的程度，提出相应的评价指标体系，包括一体化集成建造的指标体系、评价标准及评价方法。在此基础上，完成装配式钢结构体系建筑一体化集成建造评估软件的开发，并开展工程应用示范，为规范装配式钢结构体系建筑一体化集成建造市场行为、推动装配式钢结构体系建筑一体化集成建造技术提供指导。

10.5.2 现有评价规范和研究的特征

1.《工业化建筑评价标准》GB/T 51129—2015（现已废止）

装配式建筑是指用工厂生产的预制构件在现场装配而成的建筑，从结构形式来说，装配式建筑包括装配式混凝土结构、钢结构、木结构，是工业化建筑的重要组成部分。

更广义的工业化建筑的定义为：采用以标准化设计、工厂化生产、装配化施工、一体化装修和信息化管理等为主要特征的工业化生产方式建造的建筑。

近年来，国务院、住房和城乡建设部对推动建筑产业现代化提出了一系列明确要求，全国30多个省、自治区、市纷纷出台了指导意见和鼓励措施，政策红利不断释放，提高了各方参与的积极性，特别是建筑设计、构件生产、安装施工、装备制造和房地产开发企业积极响应，开展了大量的研发工作，建设了一大批装配式建筑试点、示范工程，初步形成了"政府推动、企业参与、产业化蓬勃发展"的良好态势。

基于当前我国建筑产业现代化的发展现状和趋势，迫切需要建立一套适合我国国情的工业化建筑评价体系，制订并实施统一、规范的评价标准，为此，根据住房和城乡建设部《关于印发2013年工程建设标准规范制订修订计划的通知》（建标［2013］6号）的要求，住房和城乡建设部住宅产业化促进中心、中国建筑科学研究院会同有关单位研究编制了《工业化建筑评价标准》。该标准编制工作历时两年多，已于2016年1月1日正式实施。

该标准是总结建筑产业现代化实践经验和研究成果，借鉴国际先进经验制定的我国第一部工业化建筑评价标准，也是针对我国民用建筑工业化程度、工业化水平的评价标准，对规范我国工业化建筑评价，推进建筑工业化发展，促进传统建造方式向现代工业化建造方式转变，具有重要的引导和规范作用，也是推动建筑产业现代化持续健康发展的重要基础。

《工业化建筑评价标准》GB/T 51129—2015（简称《标准》）由总则、术语、基本规定、设计阶段评价、建造过程评价、管理与效益评价6章组成，包含条文及条文说明。第1章是总则部分。包括《标准》的编制目的、指导思想、适用范围等，明确《标准》的适用范围为民用建筑的工业化程度评价。第2章是术语部分。对"工业化建筑""预制率""装配率"及"预制构件"等9个专业名词规定了明确定义。第3章是基本规定部分。规定了该标准设计和工程项目两阶段评价方法；规定了设计阶段、建造过程、管理与效益三部分权重及总分计算方法；规定了基础项和评分项的关系和基本要求。第4章是设计阶段评价部分。包括基础项和评分项的详细规定，评分项目包括标准化设计评价、主体结构预制率评价、构件及部品装配率评价、建筑集成技术评价、设计深度评价、一体化装修评价及信息化技术应用评价等，规定了各个子项具体内容和分值。第5章是建造过程评价部分。包括基础项和评分项，评分项目包括工厂化制作评价、装配化施工评价、装修工程评价等具体内容和分值规定。第6章是管理与效益评价部分。包括基础项以及信息化管理评分项、综合效益评分项的具体内容规定。

《标准》主要特点如下：一是明确了标准适用于民用建筑的工业化程度评价。主要基于我国工业类建筑的工业化程度较高、类型较多、要求复杂，同时现阶段民用建筑的工业化程度和发展水平较低，需要重点引导的特点。因此，标准从现实角度出发，针对新建的民用建筑的评价，未包含工业建筑。二是首次明确了"预制率"和"装配率"的定义。其中预制率是指：工业化建筑室外地坪以上的主体结构和围护结构中，预制构件部分的混凝土用量占对应构件混凝土总用量的体积比。装配率是指：工业化建筑中预制构件、建筑部品的数量（或面积）占同类构件或部品总数量（或面积）的比率。三是明确了相关规定，即申请评价的工程项目应符合标准化设计、工厂化制作、装配化施工、一体化装修、信息化管理的工业化建筑基本特征。这条规定是初步判断评价项目是否符合申请评价要求的基本条件，体现了工业化建筑在生产方式上的主要内容和基本特征，正确把握这些基本特征可避免申请评价项目的不确定性和盲目性。四是明确了参评项目的预制率不应低于20%、装配率不应低于50%的基本要求。

预制率是衡量主体结构和外围护结构采用预制构件的比率，只有最大限度地采用预制构件才能充分体现工业化建筑的特点和优势，而过低的预制率则难以体现，经测算，如果低于20%的预制率，基本上与传统现浇结构的生产方式没有区别，因此，也不可能成为工业化建筑。预制构件类型包括：预制外承重墙、内承重墙、柱、梁、楼板、外挂墙板、楼梯、空调板、阳台、女儿墙等结构构件。装配率是衡量工业化建筑所采用工厂生产的建筑部品的装配化程度，最大限度地采用工厂生产的建筑部品进行装配施工，能够充分体现工业化建筑的特点和优势，而过低的装配率则难以体现。基于当前我国各类建筑部品的发展相对比较成熟，工业化建筑采用的各类建筑部品的装配率不应低于50%。建筑部品类型包括：非承重内隔墙、集成式厨房、集成式卫生间、预制管道井、预制排烟道、护栏等。

(1) 鉴于参评项目的标准化设计是工业化建筑的重要特征，采用统一的模数协调尺寸和类型少多组合的建筑单元是决定项目标准化程度的基础，也决定了项目采用的各种构件、部品的规格类型的数量，因此，《标准》对建筑基本单元、各种构件、部品的规格类型的重复使用率做出了如下规定：

1) 建筑单元评价。《标准》规定单栋居住建筑小于等于3个基本户型即为满足要求得分，大于3个基本户型按重复使用量最多的3个基本户型的面积之和占总建筑面积的比例不低于70%确定得分。《标准》规定单栋公共建筑小于等于3个基本单元即为满足要求得分，大于3个基本户型按重复使用量最多的3个基本单元的面积之和占总建筑面积的比例不低于60%确定得分。

2) 预制构件评价。《标准》规定各种类型的预制构件在单体建筑中重复使用量最多的1个或3个规格构件的总个数占同类构件总个数（不包含现浇构件）的比例应符合其表4.2.1的规定。

3) 建筑部品评价。《标准》规定外窗在单体建筑中重复使用量最多的3个规格的总个数占外窗总数量的比例不低于60%；集成式卫生间、整体橱柜、储物间等室内建筑部品在单体建筑中重复使用量最多的三个规格的总个数占同类部品总数量的比例不低于70%。

(2)《标准》还明确了以下三点：

1) 参评项目的设计深度评价。设计深度主要指项目设计是否符合工厂化生产和装配化施工的要求，区别于传统设计深度要求。体现在：构件深化图设计水平和完整性、构件设计与制作工艺结合程度、构件设计与运输和吊装以及施工装配结合程度、是否考虑施工外架条件的影响以及模板和支撑系统等因素。

2) 参评项目应按工业化建造方式编制施工组织设计，并应满足建筑设计、生产运输、装配施工、装饰装修等环节的协调配合与组织管理要求。工业化建造方式主要指建筑设计、构件制作、施工装配、室内装修等主要环节采用一体化的施工技术与组织管理，充分体现设计、生产、运输、吊装、施工、装修等主要环节的协同配合。工程计划、技术措施、质量控制、材料供应、岗位责任等清晰、明确；构件运输、堆放、吊装等现场规划有序；构件安装前对预留预埋、临时支撑、接合面清理、安装顺序、构件连接等有必要的组织措施。

3) 参评项目设计、建造全过程应采用信息化管理技术，并应实现设计、生产、运输、施工、监理、运营等环节的协同工作。参评项目全过程信息化管理是工业化建筑的主要特征，基于目前建筑信息化技术应用水平和发展实际，项目还难以建立信息数据平台管理系统将设计、生产、施工、物流和运营等各环节连接为一体化管理。

由于我国工业化建筑在国内尚处于初级阶段，开展工程实践的企业以及建成的符合评价条件的工程项目还非常有限，国外也没有更多经验可供借鉴，参照系和经验有很大的局限性。因此，《标准》的编制具有较大的难度和较强的前瞻性、创新性。编制组结合当前建筑工业化发展实际，根据目前掌握的基本情况和对建筑工业化未来发展趋势的理解，从引导、鼓励的角度出发，编制了该《标准》。为更好地开展工业化建筑评价，编制组将进一步组织编制《标准》的配套使用细则，用于指导我国工业化建筑评价工作；今后要及时总结《标准》的使用情况和评价工作经验，适时开展《标准》的修订和完善工作，适当扩充《标准》的适用范围，涵盖更多的建筑及结构类型，更加全面地界定工业化建筑的评价参数体系和分值，使评价内容更具有先进性、科学性和可操作性。

关于钢结构的预制率，明确规定钢结构的梁、柱构件本身即为预制构件，因此不列评价表。钢结构预制率以项目采用除钢结构构件以外的其他预制构件的应用体积与同类构件的总体积的比率进行判定，见表10.5-1。

钢结构建筑构件预制率评分规则 表10.5-1

序号	评价项目	评价指标	评价分值	评价方法
1	外墙板	预制外挂墙板、预制复合墙板		
		预制率≥80%	10	
		65%≤预制率＜80%	8	
		50%≤预制率＜65%	5	查阅资料
2	楼板	预制（叠合）楼板		
		预制率≥80%	5	
		65%≤预制率＜80%	6	
		50%≤预制率＜65%	4	

续表

序号	评价项目		评价指标	评价分值	评价方法
3	其他	楼梯、空调板、阳台板	预制率≥80%	7	查阅资料
			65%≤预制率＜80%	5	
			50%≤预制率＜65%	3	

并非主体结构采用了钢结构，就可以称为装配式钢结构，装配式钢结构与传统钢结构具有明显的差别。

2. 《装配式建筑评价标准》GB/T 51129—2017

《装配式建筑评价标准》GB/T 51129—2017 是在总结《工业化建筑评价标准》GB/T 51129—2015 的实施情况和实践经验的基础上，参考有关国家标准和国外先进标准相关内容，开展了多项专题研究，并在广泛征求意见后编制的，并于 2018 年 2 月 1 日实施。

该标准主要解决两个方面的问题，一是装配式建筑的认定，二是装配式建筑的评级。明确装配式建筑应同时满足下列要求：①主体结构部分的评价分值不低于 20 分；②围护墙和内隔墙部分的评价分值不低于 10 分；③采用全装修；④装配率不低于 50%。标准适用于评价民用建筑的装配化程度，且采用装配率评价建筑的装配化程度。

由此看出，《装配式建筑评价标准》GB/T 51129—2017 仅仅是评价装配化程度，且只有一个指标，也就是装配率，并非一种工业化产品的评价思路。这在促进装配式建筑发展上是有效果的，但对于提升建筑的工业化水平和质量来说，其作用较难发挥。

3. 《工业化住宅建筑评价标准》DG/TJ 08—2198—2016

上海地方标准《工业化住宅建筑评价标准》DG/TJ 08—2198—2016 在编制过程中，注重于现行国家标准《装配式建筑评价标准》GB/T 51129—2017 的协调性，评价指标均涵盖工业化住宅建造的全过程，同时在具体内容上又充分体现上海地方特色。表 10.5-2 给出了该标准与国家标准的对比情况。

上海地方标准与国家标准的对比　　　　表 10.5-2

序号	对比内容	上海地方标准	国家标准
1	评价对象	以单体、组团或住宅小区为评价对象。组团或住宅小区评价时，将其中各建筑单体的得分通过建筑面积加权平均后乘以 1.1 的系数，作为组团或住宅小区整体得分，从而鼓励规模化效应	以建筑单体为评价对象
2	评价内容的阶段拆分	包括工程设计、预制构件、施工安装、管理与综合效益四部分	包括设计阶段、建造阶段和管理与效益三部分
3	控制项设置	将预制构件质量、施工安装质量要求放入控制项	将预制构件质量、装配化施工质量要求放入评分项
4	全装修理念	在国家标准基础上增加了住宅全装修的评价内容与权重	设置一体化装修设计、一体化装修技术与施工工艺评分项
5	构件、部品装配率的评价范围	设置整体厨房、整体卫浴、整体橱柜装配率评分项，设置预制飘窗、空调板数量占同类预制构件数量比例评分项	设置集成式厨房、集成式卫生间装配率评分项
6	"四新"要求	设置预制夹心保温墙体面积比例的评分项	无相关条文

4. 钢结构建筑工业化建造施工与安装技术评价体系

目前，我国尚未形成系统的建筑施工评价系统，现行的统一标准只有建筑施工质量评价标准，建筑施工控制体系还有待完善。国外一些发达国家的系统化建筑施工过程甚至建筑全寿命周期评价系统在政府主管部门对建筑工程控制方面有着良好的表现，中国香港的PASS评价系统从工程的施工、管理到后期的维护、保修三个方面对建筑工程进行评价，新加坡的CONQUAS系统从结构、装修、机电三方面对建筑工程进行了全面细致的划分。

另一方面，我国关于装配式建筑的相关规范、标准并不完善，专门针对钢结构建筑工业化建造的标准规范目前也并未出台。同时，各个具体工程的施工难易程度不同，使得评价施工技术的过程中往往存在很多不能定量的评价因素，故在利用层次分析法确定评价框架的同时，结合模糊评价法原理对评价体系的指标层进行评分，这样既可避免层次分析法在评估中可能出现的偏差，又可克服模糊综合评估法难以区分各指标层次的局限，充分发挥两者的优势，得到相对客观的结果。

5. 现有评价体系存在的问题

（1）以"工业化程度"为导向，忽略了政策需求、产业需求与用户需求之间的内在联系

国家评价标准在总则中明确了是"适用于民用建筑的工业化程度评价"。从这一总体原则不难看出，目前的评价仍是一种初级的评价，即引导非工业化产品向工业化产品过渡。而"工业化水平"和"工业化程度"是有本质不同的，工业化水平一方面包含了工业化程度，更重要的是要包含工业化的"质量"，好的工业化产品，绝不单单是工业化程度高，更应该反映在产品的质量上。因此，目前的评价标准仍是一种粗放型的评价，仅仅是工业化建筑评价的第一步。

进一步的评价应该合理反映政策需求、产业需求和用户需求之间的内在联系。只有这样才能避免出现"建筑师绝不愿去买工业化房子"的畸形现状。

（2）"率"的追求与"质"的保障存在脱节

现有评价标准中有两个重要的概念，即"预制率"和"装配率"，简称"二率"，前者是指：工业化建筑室外地坪以上的主体结构和维护结构中，预制构件部分的混凝土用量占对应部分混凝土总用量的体积比。后者是指：工业化建筑中预制构件、建筑部品的数量（或面积）占同类构件或部品总数量（或面积）的比率。对率的追求将导致潜在的几个问题：

1）"预制率"仅以混凝土材料的用量为参考，将导致其他湿作业材料的评价不准确，如村镇住宅的现场砌体结构房屋，适用性差。

2）主体承重构件片面追求"预制率"，可能存在安全隐患。

3）装配界面的增加将导致更多的潜在质量问题，如漏水、保温、隔声等，以及非主体结构的安全性问题，如外挂墙板的脱落等。

（3）关于装配式钢结构建筑评价的针对性弱

现有评价标准并未完全区分建筑形式，针对钢结构也仅在"预制率"部分有所区分，但实际上装配式钢结构的形式很多，不同体系之间的差别巨大，在评价标准上也应根据实际情况有所区分并统一协调。

10.5.3 针对装配式钢结构建筑的新评价体系框架

基于以上分析，我们认为要进一步推进装配式钢结构建筑的健康快速发展，需要制定

更加科学合理的评价体系。本研究从技术性能指标、经济性指标和社会效益指标三个方面构建评价体系，该体系的层次见图10.5-1。从调研中各指标的重要性，给出各分项的权重系数见图10.5-2。

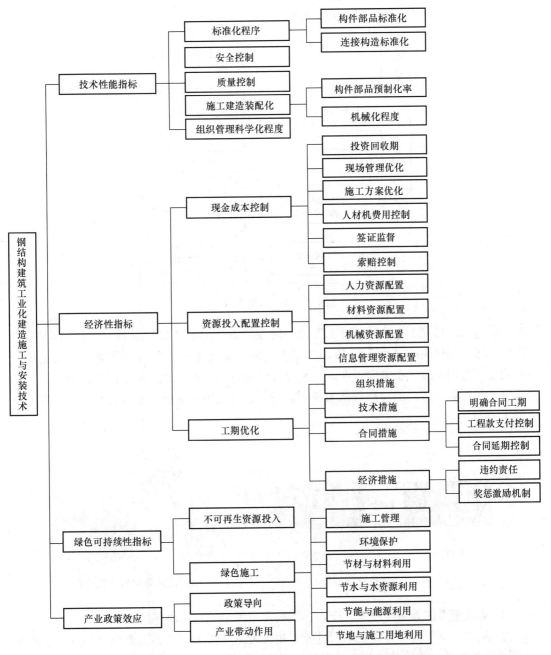

图10.5-1 钢结构建筑工业化建造施工与安装技术评价体系指标

本研究提出一种主要针对装配式钢结构建筑的新的评价体系理论框架。该框架具有以下特点：

（1）总体原则：改变以"工业化程度"（或"装配式"程度）评价为以"工业化水平"

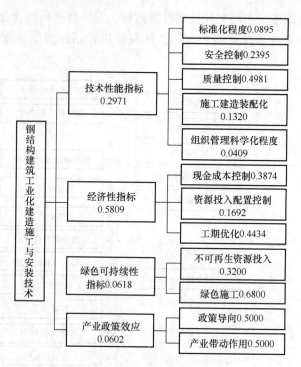

图 10.5-2 权重系数

评价，将追求"形成工业化建筑产品"的一阶段评价向追求"高质量的工业化建筑产品"二阶段过渡，如图 10.5-3 所示。所谓"高质量的工业化建筑产品"即强调工业化建筑产品的质量，可以通过三个方面说明，一是设计建造过程中提供的效果论证支撑材料，二是建筑投入运行满一年后的检测数据来说明，三是通过使用者的评价来进行判断，三者关系见图 10.5-4。

图 10.5-3　评价原则框架　　　　图 10.5-4　需求导向的逻辑关系

(2) 从政策需求为主向政策、产业、用户多重需求的有机协同过渡。

(3) 从"二率"向"有效三率"过渡，相关关系见图 10.5-5。主要包含四点：①调整"预制率"的概念，解决非混凝土材料的适用性。②增加"集成率"的概念。③提出各率的有效性概念，增加折减因子系数。④增加装配界面的处理方案和效果评价。

预制率：工业化建筑室外地坪以上的主体结构和维护结构中，预制构件部分的混凝土用量占对应部分混凝土总用量的体积比；当采用砌体结构为主时，为非现场砌筑部分占总需砌筑部分的体积比。当提供的论证材料表明采用的预制形式或预制技术（包含采取的措施）能够达到非预制的同等安全水平时，折减系数可为 1.0；若采用的预制技术本身存在缺陷但通过附加措施使之满足安全要求，折减系数取 0.9；未提供充分论证材料的，直接取 0.8。钢结构主体部分可认为是全预制。

装配率：室外地坪以上的主体结构、围护墙和内隔墙、装修和设备管线等采用预制部品部件的综合比例。提供的支撑材料表明采用的装配技术或形式能够满足设计要求，且达到或超过传统安装效果的折减系数为 1.0，通过附加措施满足设计要求的取 0.9，未提供支撑材料的取 0.8。

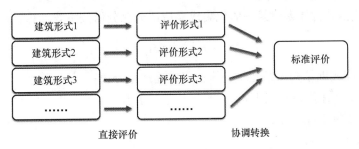

图 10.5-5　评价中的三"率"关系

集成率：采用建筑集成技术的比例，主要包括外维护结构集成技术、内装集成技术和机电设备集成技术。根据提供的支撑材料对集成效果的论证，折减系数可为 1.0、0.9、0.8。

（4）针对不同钢结构体系建筑给出针对性和协调性评价方案，见图 10.5-6。

图 10.5-6　针对不同钢结构形式的评价模式

（5）改进设计、建造和管理集成化效果的评价方法。相关评价逻辑框架见图 10.5-7。

评估软件预期提供的功能包括：① 单体建筑评价：针对单栋建筑进行评估。② 组团建筑评价：针对整个项目中的全部或部分建筑评估。③ 分阶段评价：可针对某个阶段进行评价，给出单项评价结果。④ 建筑基本信息输入：建筑（项目）的基本信息录入、建立基本数据库。⑤ 评价参数信息输入：涉及评估计算的参数信息录入。⑥ 评价结果等级输出：根据综合评价结果给出最终评价等级。⑦ 评价结论、报告输出：在评价等级的基础上形成简要评价报告。⑧ 详细评价：当信息较全时提供详细的评价

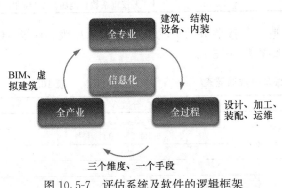

图 10.5-7　评估系统及软件的逻辑框架

结果。⑨简化评价：根据主要的参数进行快速简化评价。⑩缺项评价：当某项参数不易获得或缺少某项参数时，进行缺项评价，执行缺省判断，并标注。

10.5.4 一体化评价方法和指标

1. 评价原则

（1）工业化建筑评价应以单体建筑作为评价对象。

（2）申请评价的工程项目应符合标准化设计、工厂化制作、装配化施工、一体化装修、信息化管理的工业化建筑基本特征。

（3）申请评价时，应提交项目申请评价报告、相关评价文件和证明材料。

（4）实施评价时，应按规范和相关规定要求，对申请文件进行审查，对工程项目进行现场考察，并应科学、公正地出具评价报告。

2. 评价方法

（1）参评项目的施工图设计文件通过审查后，可进行设计评价。

（2）参评项目满足设计评价要求且通过竣工验收后可进行工程项目评价。

（3）工业化建筑的评价指标体系应包括设计阶段、建造阶段、后期运维阶段、产业化等，每项指标包括基础项和评分项指标。

（4）基础项为评价的基本要求，参评项目不符合基础项的任一规定时，参评项目评级为不合格工业化一体化建造项目。

（5）装配式钢结构体系建筑一体化集成建造评分总分值按下式计算：

$$S = \sum_{i=1}^{n} A_i S_i \quad (10.5-1)$$

式中　S——装配式钢结构体系建筑一体化集成建造总分值；

　　　A_i——第 i 项评价指标权重；

　　　S_i——第 i 项评价的分数。

分数设定参考表 10.5-3。

分数设定表　　　　　　　　　　　　　　　　表 10.5-3

评价项目	权重 A_i	单项总分值 S_i	备注
协同设计相关	0.50	100.00	
工业化建造相关	0.25	100.00	
绿色运维相关	0.25	100.00	
产业化及全过程	1.00	≤20.00	无权重系数直接加在总分数内

装配式钢结构体系建筑一体化集成建造评分按照分数分为 5 个等级：A 级、B 级、C 级、D 级、E 级。评价等级与分数对照可参考表 10.5-4。

评价等级与分数对照表　　　　　　　　　　　表 10.5-4

等级	分数 S
A 级（优秀）	$S \geqslant 90$
B 级（良好）	$80 \leqslant S < 90$
C 级（中等）	$70 \leqslant S < 80$
D 级（一般）	$60 \leqslant S < 70$
E 级（差）	$0 \leqslant S < 60$

3. 指标体系

各个大类的指标体系见表10.5-5。

指标体系 表10.5-5

基础项		评分项	最高分
协同设计相关	（1）参评项目的预制率不应低于50%，装配率不应低于70%。 （2）参评项目应进行建筑、结构、机电设备、室内装修一体化设计。 （3）参评项目应具备完整的设计、施工和验收文件资料。	标准化设计	20
		钢结构建筑构件预制率	18
		主体结构构件采用国标构件比例	14
		装配率	14
		建筑集成技术	9
工业化建造	（1）参评项目应按工业化建造方式编制施工组织设计，并应满足建筑设计、生产运输、装配施工、装饰装修等环节的协调配合与组织管理要求。 （2）参评项目室内装修工程应与建筑设计、构件制作、主体施工和机电设备安装实现一体化。 （3）参评项目应具备专业化的施工队伍，并应建立员工培训和考核制度。 （4）参评项目应建立项目质量终身责任信息档案。 （5）参评项目建造过程建立节能、节水、节材和建筑物废弃管理制度，并应具有相应的数据记录和节约效果分析。 （6）参评项目设计、建造全过程应采用信息化管理技术，并应实现设计、生产、运输、施工、监理、运营等环节的协调工作。	概念评分项目	11
		预制构件生产制作及质量控制	12
		预制构件运输管理	6
		装配化施工组织与管理	7
		装配化施工技术与工艺	10
		装配化施工质量	10
		一体化装修技术与施工工艺	11
		室内装修工程	7
		信息化管理	6
		资源节约与环保效果	14
		现场施工人工用量	6
绿色运维	（1）建筑设计应符合国家现行相关建筑节能设计标准中强制性条文的规定。 （2）不应采用电直接加热设备作为供暖空调系统的供暖热源和空气加湿热源。 （3）冷热源、输配系统和照明等各部分能耗应进行独立分项计量。 （4）各房间或场所的照明功率密度值不应高于现行国家标准《建筑照明设计标准》GB 50034—2013中规定的现行值。	供暖、通风与空调	32
		电气及自动化	12
		给水排水	26
		建筑材料的选用	10
		建筑的回收再利用率	20
产业化	—	一体化设计、采购、建造、管理综合平台	10
		产业化程度	10

10.5.5 一体化评估软件开发

1. 基本说明

本软件针对装配式钢结构体系建筑一体化集成建造评价开发，融入了最新的评价理论成果，主要创新点包括：

（1）改变以"工业化程度"评价为以"工业化水平"评价，将追求形成工业化产品的一阶段评价向追求"好的工业化建筑产品"二阶段过渡。

（2）从政策需求为主向政策、产业、用户多重需求的有机协同过渡。

（3）从"二率"向"有效三率"过渡。

（4）改进设计、建造和管理集成化效果的评价方法。

（5）实现线上多人同时评价，自动生成评估报告。

本软件基于Java，JavaScript，HTML软件语言及平台进行编程，实现了装配式钢结构体系建筑一体化集成建造评价功能。可对装配式钢结构体系建筑进行全专业、全过程等多维度评价。实现线上评价，并可生成评价报告。

本软件基于 Java 语言环境编程，可在云端服务器进行安装，用户在远程终端访问云地址即可。

2. 主要功能

PSES 软件包括以下几个模块：建筑信息输入、设计阶段评价、建造阶段评价、使用阶段评价、专用计算工具、用户管理、报告预览和下载。

(1) 建筑信息输入。建筑信息输入，包括：项目名称、所在地点、建筑类型、高度、建设单位、设计单位、施工单位、评价人信息等。

(2) 设计阶段评价。设计阶段评价主要包括：标准化设计、钢结构建筑构件预制率、主体结构构件标准化、装配率、建筑集成技术设计评分、设计深度相关、一体化装修设计、信息化技术应用设计、结构安全设计评估。

(3) 建造阶段评价。建造阶段评价包括：预制构件生产制作及质量控制、预制构件运输管理、装配化施工组织与管理、装配化施工技术与工艺、装配化施工质量、一体化装修技术与施工工艺、室内装修工程、信息化管理、资源节约与环保效果、现场施工人工用量。

(4) 使用阶段评价。使用阶段评价包括：供暖、通风与空调、电气及自动化、给水排水、建筑材料的选用、建筑的回收再利用率。

(5) 专项计算工具。专项计算工具包括：预制率计算、装配率计算。

(6) 用户管理。用户管理模块主要包括新用户的注册、信息修改、权限设置等。

(7) 报告预览和下载。该模块主要用于在线预览评估报告、下载评估报告以及查询上次评估结果等。

3. 基本处理流程

软件的登录/注册见图 10.5-8，用户成员管理流程见图 10.5-9，评价流程见图 10.5-10，评价结果计算与提交流程见图 10.5-11。

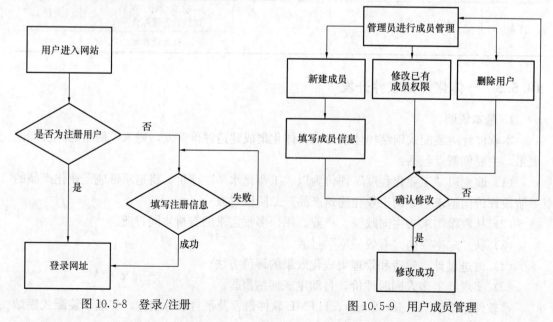

图 10.5-8　登录/注册　　　　　　　　图 10.5-9　用户成员管理

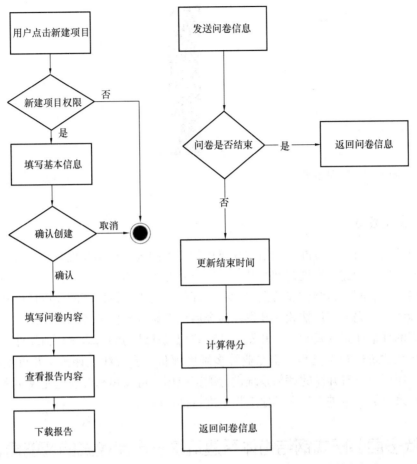

图 10.5-10　评价流程　　　　图 10.5-11　评价结果计算与提交

4. 软件界面

程序运行登录界面见图 10.5-12，建筑总信息输入界面见图 10.5-13，评价界面见图 10.5-14，评价报告预览见图 10.5-15。

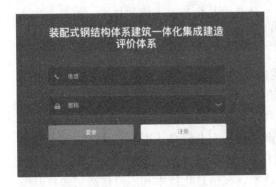

图 10.5-12　程序运行登录界面

图 10.5-13　建筑总信息输入界面

图 10.5-14 评价界面

图 10.5-15 评价报告预览

10.5.6 应用建议

课题组总结了目前与装配式钢结构建筑评价相关的技术标准及规范，评价了当前技术标准在装配式钢结构建筑发展初期的基本特征以及在进一步发展中存在的几点不足。在此基础上，研究了装配式钢结构建筑发展对技术评价的需求，提出新的评价理论框架，评价方法、指标体系，完成了评估软件开发，为今后标准修订提供参考。

在建立的评估体系的基础上，开发了针对装配式钢结构的一体化评估软件，可对装配式钢结构体系建筑进行全过程、全专业等多维度评价，实现线上评价，并可生成评价报告。通过二通厂项目对开发的评估系统进行测试应用，可以顺利合理地完成实际项目的测评，最终效果良好，可进一步在其他工程中进行推广应用。

10.6 低多层装配式钢结构体系建筑基于产品模式的智能建造平台

10.6.1 研究思路

与其他体系装配式建筑一样，低多层装配式钢结构建筑建立在建筑体系和部品部件系统化基础上，以设计的标准化、部品生产制造工厂化、施工机械化以及全生命周期管理的信息化为特征，适用本研究前述提出的全过程、全专业及全产业一体化技术。但是，由于项目体量较小，又与其他装配式有所区别，因此需要找到合适的一体化实施路径。对此，提出本节的主要研究内容与研究思路如下：

（1）提出适用于低多层装配式钢结构体系建筑的一体化产品逻辑。首先是针对低多层、小而精的低多层装配式体系建筑提出一种创新一体化建造管理模式，并在此基础上，利用信息化及智能化技术，建立信息化管理平台，实现一体化智能建造。

（2）通过信息化、智能化技术打通一体化虚拟建造专业壁垒。本节将从结构体系建筑建造全过程一体化技术和全专业协同一体化技术两个维度出发，在实体层面将重点研究和优化装配式钢结构体系建筑的一体化建造关键技术，在信息化技术和虚拟建造层面将开发信息化智能建造平台。

（3）进行平台开发及工程示范。以轻钢龙骨体系建筑为例，实现工程示范应用，为装配式钢结构建筑的创新建造方式提供技术基础支撑，并为典型钢结构体系建筑和共性关键技术与产品的集成和应用提供了应用软件平台支撑。

10.6.2 低多层装配式钢结构体系建筑基于产品模式智能建造的技术逻辑

传统的建筑建造方式需要经历规划、设计、采购、施工、验收五大阶段，最终交付用户。建造全过程各阶段相互割裂，由不同的参与方完成相应的工作，项目信息分别存储在各自参与方数据库中，不利于信息及时有效传递，甚至会丢失部分信息。即使目前国家鼓励提倡EPC总承包模式，但是EPC总承包多数是基于多家单位联合体的总承包。项目实施过程中，联合体中的各家单位仍然是各自为政。

轻钢龙骨体系建筑具有抗震性能好、绿色环保、工业化程度高、便于工厂化生产等诸多优点，符合我国建筑业正在实施的建筑工业化发展战略，特别是在广大的新农村建设中具有良好的市场前景。轻钢龙骨体系建筑"麻雀虽小，五脏俱全"，设计建造轻钢龙骨体系建筑对技术的要求完全不低于甚至高于其他常用的建筑。虽然轻钢龙骨建筑项目体量小，但设计和建造所涉及的专业、材料、参与方并不比传统的大型房屋建筑少，由于体量小、参与方多，因而收益并不高。可见，阻碍轻钢龙骨建筑推广应用的问题并不仅仅因为技术问题，还有缺少技术因素以外的市场推动力，因此，轻钢龙骨建筑行业需要一种新的建造模式来推动。

本课题提出了轻钢龙骨建筑全过程（规划、设计、生产、安装、运维）、全专业（建筑、结构、水暖电）、全产业（技术、市场）一体化建造模式。在一体化建造模式下用户只需对接一体化建造平台的集成师，无需专业的技术和管理知识，用户需求确认后一体化建造平台将考虑全过程、全专业、全产业三个维度的技术需求，完成传统建造模式的设计、采购、施工、验收等专业环节，最终交付用户满足工程建设要求的建筑。

为解决这种建筑体系设计技术难以落地、市场难以开拓的痛点，本课题开发了基于产品模式的一体化建造平台，可以大大降低轻钢龙骨建筑的建造成本、提高建筑品质。一体化建造平台由U3D建模系统、网上商城、数字建造、智建APP四大功能模块组成，见图10.6-1。U3D

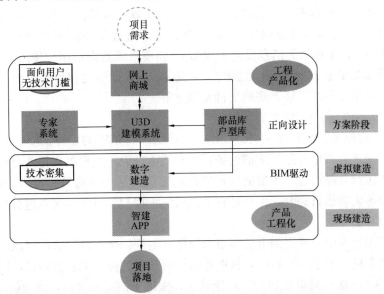

图 10.6-1 低多层装配式钢结构体系建筑一体化建造模式

建模系统和网上商城是直接面向用户，数字建造和智建 APP 是平台方和集成商用于实际项目实施的工具。U3D 建模系统是面向用户的需求交互端，内嵌了部品库、户型库及基于概念设计的专家系统，支持用户的需求自由表达，降低甚至消除了该体系的专业设计门槛；专家系统用于对设计的建筑方案进行概念性专业审核，使方案在专业上具有可行性。数字建造包括设计优化、加工优化、采购优化、物流优化、施工优化、甚至运维优化等功能，是一体化建造平台核心技术所在，目前仍针对典型阶段提出的需求处在持续开发中。采用一体化建造平台实施项目的流程是：由用户使用 U3D 建模系统进行需求表达，用户满意后便在网上商城提交订单、签署合同，随后后台启动数字建造，将用户的需求数字化，开展一系列优化分析，并采用合规、合法的设计软件进行最终设计校对和出图、出计算书，基于合乎规范要求的结果成为已数字化（BIM 化）、可工程化的工程项目，最后基于 BIM 模型输出指导工厂（含物流）及现场建造管理负责人使用智建 APP 收发数字建造传输的指令实施项目建造和质量管理。

一体化建造平台具有以下技术特点：①基于产品化部品的正向设计理念，是产品化的工程项目，基于全过程 BIM 协同的数字建造，实现房屋产品的工程化；②由 BIM 驱动，BIM 部品库，设计、采购、加工、施工数据 BIM 化；③平台由高度密集的技术支撑，在数字化模型的基础上，可以针对任何环节提出的需求开展约束优化建模和优化分析，实现对用户操作的零技术要求。

10.6.3 关键技术研究

1. 基于 U3D 平台的建模系统

（1）数据模型

用户可以在 U3D 建模系统创建多个场景，U3D 建模系统每次只能处理一个场景，而一个场景就是一个项目，同样可以在商城平台网页上创建项目，每当用户在 U3D 建模系统创建场景时，网页上也会对应出现一个项目，而在网页上创建项目时，U3D 建模系统也会生成新的场景，两者都对应着数据库上的同一块数据存储。场景和项目是同一概念。要注意的是由 U3D 建模系统数据生成 Revit 数据这个过程是单向不可逆的，也就是说无法仅仅由一个 Revit 工程里的信息反向生成 U3D 建模系统数据给用户使用，因为 U3D 建模系统数据的信息量是大于 Revit 数据的，生成 Revit 数据的过程损失了很多信息，比如共享操控点、墙壁之间的关联、房间的抽象概念等。

（2）基于历史纪录的双层控制器划分

因为 U3D 建模系统需要提供撤销操作，所以必须将用户的操作摘要，存放到历史纪录里，在必要时进行调取并还原之前的场景。本质上来说，用户级操作就是在历史纪录里对系统级操作进行分隔打包。主要的用户级控制器仍然是按照墙壁、房间、软装、屋顶、楼层、地圈梁等大类进行划分，但是站在了比系统级控制器更高的视角进行逻辑处理。

（3）划洞算法

在计算机图形学中，对平面上的多边形内部开洞是一个非常复杂的问题，而如果想要开多个洞，复杂度又上了一个台阶，其中还包括洞和洞的位置关系的判定，洞中之洞的处理等，U3D 建模系统对此问题进行了广泛调研，做出了创新和突破，成功解决了此问题。

（4）屋顶的处理

屋顶是 U3D 建模系统里的重要组成部分，可以体现出整个建筑的风格特色，但是因为可能出现的屋顶外边线多种多样，计算屋顶的算法过于复杂，我们经过了大量思考与测试，始终未能达到与 Revit 一致的显示效果，而最终 U3D 建模系统的数据需要在 Revit 中还原，所以与 Revit 一致又是硬性要求，于是我们决定调用 Revit 的生成屋顶算法，在云平台搭建 Windows 服务器，安装 Revit，部署程序调用 Revit 的屋顶算法 API，并提供给 U3D 建模系统访问，成功绘制出任意形状的多坡屋顶。

2. 基于 U3D 的专家审核系统开发

（1）设计流程与设计依据

用户在 U3D 建模系统通过人机交互界面向服务器提交建筑产品的模型文件，服务器端接受信息后进行相应的处理，提取出其中的设计参数，并将结果存储到数据库中，再进行产品设计配置获得产品的 BOM。

本课题主要针对低多层装配式钢结构住宅，以轻钢龙骨结构体系为例。我国现在轻钢龙骨结构设计主要参考的标准包括《冷弯薄壁型钢结构技术规范》GB 50018—2002、《低层冷弯薄壁型钢房屋建筑技术规程》JGJ 227—2011、《冷弯薄壁型钢多层住宅技术标准》JGJ/T 421—2018、《轻钢龙骨式复合墙体》JG/T 544—2018。其中国家标准《冷弯薄壁型钢结构技术规范》GB 50018—2002[78]主要规定了冷弯薄壁型钢结构的设计与施工，且新版规范报批稿已出；行业标准《低层冷弯薄壁型钢房屋建筑技术规程》JGJ 227—2011[79]主要针对低层冷弯薄壁型钢房屋建筑的设计、制作、安装及验收；《冷弯薄壁型钢多层住宅技术标准》JGJ/T 421—2018[80]适用于 4～6 层及檐口高度不大于 20m 的冷弯薄壁型钢多层住宅的设计、制作、安装和验收；《轻钢龙骨式复合墙体》JG/T 544—2018[81]主要对轻钢龙骨墙体的部品标准化提出建议。

（2）部品族库建设

专家系统的主要框架如图 10.6-2 所示。通过标准化及大规模定制的策略形成墙体、楼盖和屋盖部品库，并依据上述规范，以及厂家提供的相关参数，计算出几何、力学、物理等性能，作为 BIM 部品数据库。

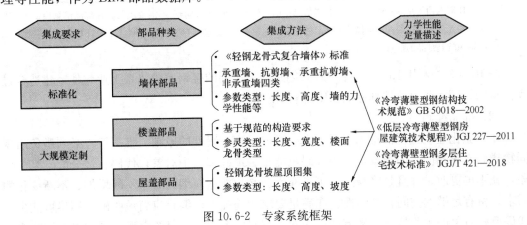

图 10.6-2　专家系统框架

3. 供应链建设

（1）部品族模型创建

下文以轻钢龙骨体系的墙体部品为对象，说明部品族模型创建过程。将部品的信息分为通用信息、专用信息、状态信息与其他信息,见表10.6-1。其中,通用信息为与某几个或全部参与方密切相关的信息;专用信息是指与某个参与方密切相关的信息,包括设计方、生产方、施工方与使用方信息;状态信息为表示部品是否正在生产、运输与安装,信息的值为"是"或者"否";除通用信息、专用信息与状态信息之外的信息为其他信息。

轻钢龙骨复合墙部品信息模型　　　　　表 10.6-1

信息类别		信息名称	信息值
通用信息		部品名称	轻钢龙骨式复合墙
		部品型号（通用码）	14-J40-FHQ-0001
		生产商	×××有限公司
		…	…
专用信息	设计方	部品项目码（专用码）	14010-03302-FHQ01-01
		适用地区	寒冷地区除外
		使用年限	50年
		…	…
	生产方	生产日期	20××年××月××日
		出厂合格证明（URL）	出厂合格证明.jpg
		…	…
	施工方	施工安装企业	×××房屋有限公司
		安装指南（URL）	安装操作要求.pdf
	使用方	维护指南（URL）	维护手册.pdf
		维修记录（URL）	维修记录.doc
		…	…
状态信息		生产（起/止日期）	××-××-××/××-×-××
		运输（起/止日期）	××-××-××/××-××-××
		存储	是/否
		安装	是/否
其他信息		生产商介绍（URL）	生产商介绍.pdf
		生产商网站（URL）	http://www.×××.com
		…	…

注：如果住宅选用的是商品化的部品,状态信息中的"生产（起/止日期）"不需要填写;在部品信息模型中,对于一些无法用少量的词汇来描述的部品的信息,通过URL链接到存储在互联网或本地计算机上的资源,这些资源就是部品的信息值。

图 10.6-3 为利用 Revit 软件"族"创建的,所列的轻钢龙骨体系工业化住宅建造全过程信息的轻钢龙骨复合墙部品的 BIM 信息模型。

(2) 部品编码

在工业化建筑进行信息编码时,需要遵循下列一般性的原则。唯一性：必须避免出现同物异码或异物同码的现象,一个代码只能唯一地标识一个对象,代码一经分配给某个对象,就不再更改,并且是终身的;可扩充性：必须能适应编码对象不断增加、不断变化的需求,留有足够的空间;简洁性：在满足要求的前提下,编码应简短明确,用尽可能少的代码反映对象的主要特征;规范性：在同一编码体系中,代码的类型、结构以及编写格式应当统一,代码结构应与分类体系相适应。基于上述分析,采用"通用码""专用码"与"个体标识码"的编码形式对轻钢龙骨住宅部品进行标识。"通用码"使设计师在住宅设计中正确选用部品;"通用码"和"个体标识码"使住宅部品能够像商品一样在市场上自由

第 10 章 钢结构建筑全过程、全专业一体化系统集成建造技术 1077

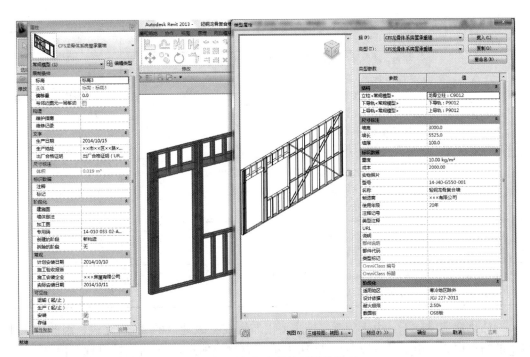

图 10.6-3 轻钢龙骨墙部品族模型

流通，并实现了对部品的唯一标识，使住宅部品在其生命周期中可被追溯，如图 10.6-4 所示。

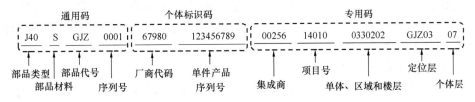

图 10.6-4 工业化轻钢龙骨住宅部品编码

（3）供应链建设

本章研究的供应链是轻钢龙骨建筑建造过程中由一体化建造平台、6S 店、4S 店、2S 店、部品供应商组成的项目实施参与组织之间物流、信息流、资金流的网状结构，具体见表 10.6-2。

一体化建造企业主体能力及资质要求　　　　表 10.6-2

企业主体	能力要求	资质要求
一体化建造平台	接单：挖掘客户需求，将客户需求变为订单 研发：新型建筑体系研发、部品接口研发 设计：轻钢龙骨建筑全专业设计 施工：轻钢龙骨建筑全专业施工 运维：全专业维修与更新改造 培训：设计施工工程师技术培训、产业工人技能培训 金融：贷款、补贴、奖励 法律：建筑全生命周期的法律业务	设计资质：全专业设计资质 施工资质：全专业施工资质

续表

企业主体	能力要求	资质要求
6S店	接单：挖掘客户需求，将客户需求变为订单 研发：施工工艺研发 设计：轻钢龙骨建筑全专业设计 施工：轻钢龙骨建筑全专业施工 生产供货：部品生产制造 运维：全专业维修与更新改造	施工资质：全专业施工资质
4S店	接单：挖掘客户需求，将客户需求变为订单 设计：轻钢龙骨建筑全专业设计 施工：轻钢龙骨建筑全专业施工	无
2S店	接单：挖掘客户需求，将客户需求变为订单 施工：轻钢龙骨建筑全专业施工	无
各类部品供应商	研发：根据市场需求，研发新部品 生产供货：部品生产制造	无

一体化建造模式下，由于施工实施主要由布置在县级地区的2S店完成，因此可采用以下的物流模式，由部品供应商至2S店由第三方物流配送，2S店至项目现场由2S店自营物流完成。

4. BIM驱动的后台优化与数字建造

在用户下单后，即可自动生成了房屋基于BIM的数字模型。基于该数字模型、配合相关供应链分布、物流、部品信息等，即可基于各环节提出的要求，形成约束优化的模型，选择合理的优化算法或进行改进，开展各类优化分析。现在以本课题针对典型环节的典型优化问题为例进行介绍。

（1）典型覆板的排板优化

目前在装配式轻钢龙骨体系建筑领域，结构板、装饰板的应用非常广泛、普遍。装配式建筑的各类覆面板（如外墙OSB板，石膏板，地砖等）的排布工艺上，仍缺乏合理高效的行业性指导方法，多为工人在现场依据经验排布，或有部分设计人员进行图纸预排布设计，施工现场进行覆板，板材废料率在10%左右。

为提高轻钢龙骨产业化程度，实现板件加工与施工图纸的自动化生产，本文研究主要分为两个部分。第一部分为板件划分逻辑的研究，作为板件在现场拼装的施工图；第二部分将划分好的板件进行智能组合，自动生成板件加工图。

两阶段排料算法采用启发式算法，但是得到的解仅具有局部最优性，改变进一步结合元启发式算法，优化排布结果，寻找全局最优解。优化模拟结合两阶段排料算法的基础，主要是第二阶段的边界搜索算法，结合遗传算法或者模拟退火算法，对余料进行排布。遗传算法是借鉴自然界生物进化的过程而创造的群体的优化算法，模拟退火算法是模拟火灾熄灭过程而创造的基于个体的优化算法。遗传算法的算法流程为[82]：

优化样本：直接将零件集合序列化，作为一段染色体，交换不同零件的位置，即可获得不用的染色体，多条染色体组成一个种群。

优化操作：选择、染色体交叉、变异，经多代遗传，获得最优解。最终终止条件为当代种群与上一代种群的差异性小于一定的数值，或者是达到了最大遗传代数。

模拟退火算法的算法流程为[83]：

1）优化样本：火灾的温度可以直接由两阶段排料算法所用的板件数来表示。r 表示迭代的次数。

2）优化操作：火灾的退火梯度代表了零件集合交换个体位置的百分比。每一次退火过程，代表了序列中交换了个体的位置。优化的终止条件为达到了迭代次数。本策略考虑 Metropolis 准则，以一定的概率跳出局部最优解，寻找全局最优解，具体操作详见参考文献。

以 OSB 板排布为例，OSB 板排板时从 AutoCAD 打开墙面的外轮廓图预定义墙面的外轮廓线，门窗洞口线，水平起板线和竖向起板线，水平起板线考虑排板美观及排板板件个数的要求，竖向起板线考虑墙与墙连接构造要求，考虑往里或往外偏移一个距离，如图 10.6-5 所示。

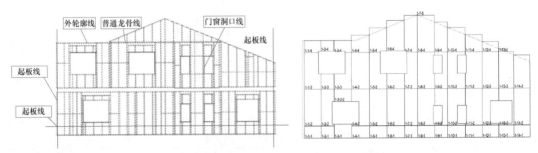

图 10.6-5 OSB 排板墙面输出格式

软件操作结果在 CAD 图纸中输出，输出结果如图。输出结果包括墙面切割结果，板件详图，板件排布图，分别如图 10.6-6 所示。板件统计表最终以 Excel 的形式输出。

图 10.6-6 OSB 板板件排布结果

(2) 基于供应链采购优化

同一种产品,市场上存在形形色色的供应商,合作供应商的选择十分关键,需要遵循战略趋同性、互利共赢性、信息相通性、成本较优的五大原则。根据五大原则定性选择供应商后,对于同类供应商尚应根据以下的评价指标体系,对供应商作定量判断后再作决策。供应商评价指标体系包括 5 个一级指标、19 个二级指标,见表 10.6-3。

绿色供应链供应商评价指标体系 表 10.6-3

序号	一级指标	二级指标	指标权重
1	产品信息 C1	产品价格 C11	0.1
2		产品质量 C12	0.1
3		产品绿色度 C13	0.05
4		产品知名度 C14	0.05
5	服务水平 C2	信息共享度 C21	0.05
6		物流柔性 C22	0.1
7		产品柔性 C23	0.05
8		生产能力 C24	0.05
9		售后服务 C25	0.1
10	合作潜力 C3	企业文化 C31	0.05
11		发展潜力 C32	0.05
12		企业信誉 C33	0.05
13	绿色信息 C4	绿色生产 C41	0.05
14		废弃物回收利用 C42	0.05
15		生态效率 C43	0.05
16		绿色风险 C44	0.05
17	研发能力 C5	研发投入 C51	0.1
18		知识产权 C52	0.05
19		研发力量 C53	0.05

权重作为评价体系模型中的重要组成部分,在评价过程中占有举足轻重的作用,通过权重可以知道不同的变量在分析过程中的重要程度,从而决定了最终的评价结果。因此,合理的权重确定方法是决定最后评价结果科学性的有力保障。

针对供应商评价方法,目前指标权重的确定大多采用分析法,包括德尔菲分析法、层次分析法、熵权法、灰色关联分析法等。

(3) 施工优化

对于施工关键节点,利用 Autodesk Navisworks 进行施工仿真,对各个构件的安装次序、路径进行一次预演,往往能提前发现施工中可能遇到的问题,减少因工序不当带来的损失。同时,利用 BIM 平台进行施工管理,也是今后 BIM 的发展方向之一,其中有很大的价值空间可以挖掘。

图 10.6-7 展示了 Navisworks 软件进行工序对比分析的结果,两种工序在 9:06 这个

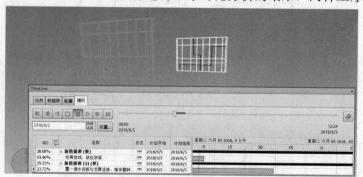

图 10.6-7 使用 Navisworks 软件确定关键节点

时间点的完成度，分别是 28.08% 和 25.52%，如此便可直观地看出两种工序的区别，从而判断出关键节点是哪些，通过对关键节点的制作方式、资源配置等的优化，来实现施工全过程的优化。

图 10.6-8 给出了轻钢龙骨复合墙的加工工艺流程图，此流程图是按照课题实施过程中，通过走访、问卷、座谈等方式对斯坦塔公司、优必工厂、宅工厂等厂家进行的调研，得出相关结论后，使用 Microsoft Project 软件和 Navisworks 软件对两种较优的工序流程进行可视化对比分析。

基于 BIM 的施工进度模拟一方面可以直观地展示整个施工过程，实现施工过程的可视化管理；另一方面，有效实现了 4D 进度模拟与 Project 文件中的数据对接，为工程管理者管理大型建设项目提供了新途径和方法[84]。

（4）全局优化

本课题以 3D 模块单体为研究目标，通过模拟优化，探讨模块化建筑的布局方式与模块化建筑的经济性之间的关系，对于轻钢龙骨模块化建造具有切实的指导意义。通过建立综合经济指标方程，建造过程中的所有花费都应该考虑进去[85]。包括制作花费（M），运输花费（T），基础花费（F），浇筑花费（P），连接花费（C），其他花费（I），拼接花费（C_O），节能花费（E_{eff}）及人工费（L）。并且考虑一个风险指标，包括制作损耗风险（R_M），运输损耗风险（$R_{T\text{-damage}}$），运输误工风险（$R_{T\text{-delay}}$），混凝土重浇筑风险（R_F），连接破坏风险（R_{Con}）及其他维护风险（R_I）。最终得到的经济指标方程如式（10.6-1）和式（10.6-2）所示。

$$Total_{Cost} = M + T + F + P + C + I + C_O + E_{eff} + L \tag{10.6-1}$$

$$Rist_{Cost} = R_M + R_{T\text{-damage}} + R_{T\text{-delay}} + R_F + R_{Con} + R_I \tag{10.6-2}$$

利用模块化结构的高重复性，可以选择矩阵来表示模块建筑的布局方式。首先，将结构离散化为与模块宽度大小相同的方形子单元；接下来，在允许建造的地方分配值 0，在不允许建造的地方（非建造区域、室外花园等）分配-1，从而可以使用不规则的布局。在优化过程中，房间单元的值为 1，走廊单元的值为 5，楼梯单元为 10，小数点后接一个数，表示放置顺序，如图 10.6-9 所示。

最终，即建立起了可用于后续优化的布局方法和经济性指标方程。

为了得到所提出的多种群遗传算法的优化模块化布局，设定恒定高度和恒定土地成本，并保持每个参数相同，仅改变初始种群（IP）和子种群数量（N_P），来测试一种方案的布局方法。模拟运行 25 次，计算最优成本（O_{Cost}）和最优风险成本（O_{Risk}），达到最优解的平均生成量和相应的处理时间。获得的结果如表 10.6-4 所示。

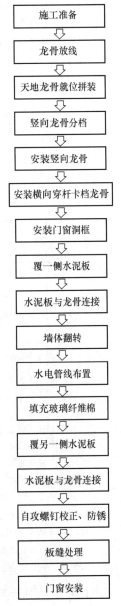

图 10.6-8　复合墙体厂内预制加工工艺流程

0	0	0	0	−1	−1
1.0	1.0	1.3	1.3	−1	−1
5.0	5.0	5.1	5.1	10	−1
1.1	1.2	1.2	1.4	10	0
1.1			1.4		0
0	0	0	0	0	0

(a)

−1	−1	1.0	5.0	−1	−1
−1		1.0	5.0	−1	−1
0	0	1.0	5.0	10	−1
1.2	1.2	1.2	5.1	10	0
1.3		1.3	5.1	10	0
1.4	1.4	1.4	5.1	10	0

(b)

图 10.6-9　建筑平面布置

采用不同 IP 与 N_P 的遗传算法结果　　　　表 10.6-4

N_P	IP	O_{Cost} u×10³	O_{Risk} u×10³	Avg_{Cost} u×10³	$S_d(O_{Cost})$	$Avg\ Best\ G$	$S_d(Best_G)$	$Avg\ T$ (s)	$S_d(T)$
1	10	3.9024	0.3092	4.48945	0.23717	14.8	15.83810	399.815	421.1830
1	20	3.9024	0.3092	4.58209	0.00000	5.6	4.08792	319.393	240.9650
1	50	3.9024	0.3092	4.68928	0.00000	2.1	0.31622	295.807	35.8070
2	10	3.9024	0.3092	4.58209	0.00000	6.0	4.59469	168.665	137.3970
2	20	3.9024	0.3092	4.66539	0.00000	2.3	0.67495	129.659	38.8070
2	50	3.9024	0.3092	4.70622	0.00000	2.0	0.00000	285.880	35.7125
4	10	3.9024	0.3092	4.58300	0.00000	7.4	15.00520	64.120	41.8876
4	20	3.9024	0.3092	4.72195	0.00000	6.8	15.17890	102.360	40.6292

注：1. O_{Cost} 代表预期最低总价格；
2. O_{Risk} 代表预期风险价格；
3. Avg_{Cost} 代表种群个体平均总价格；
4. $S_d(O_{Cost})$ 代表达到终止条件后种群的均一度；
5. $Avg\ Best\ G$ 代表达到最低总价格的平均遗传代数；
6. $S_d(Best_G)$ 代表出现最优解的种群中个体总价格的均方差值；
7. $Avg\ T$ (s) 代表平均运行时间；
8. $S_d(T)$ 代表运行时间的均方差值。

可以看出，对于典型的布局问题，所提出的遗传算法能够在每种情况下获得最优解，但是 $N_P=1$ 且 $IP=10$，其最优成本的标准偏差 $S_d(O_{Cost})=0.23717$。应该注意的是，对于其他情况，考虑到代数的最快收敛发生在 $N_P=2$ 和 $IP=50$（$IP=50$ 的两个子群）和 $N_P=1$ 且 $IP=50$，但是与 $N_P=2$ 和 $IP=20$ 的情况相比，平均处理时间（$Avg\ T$）是两倍。因此，考虑使用 $N_P=2$ 和 $IP=20$ 获得最佳结果，并且这些参数将在未来的研究案例中使用，综合采用 $P_{Crossover}=0.85$ 和 $P_{Mutation}=0.05$。

5. BIM 驱动的现场建造

（1）从后台数据到 APP 前端

BIM 驱动的智建 APP 是数字化建造的延伸，用于在项目实施阶段，接收、解析并处理来自"一体化建造平台"云端的数字建造的信息。"一体化建造平台"系统前端"房屋商城"以满足客户需求为目的的定制化方案，经由"专家系统"和"工作间"对其物理模型和建造环节的设计等一系列模拟最终优化出的是成熟的产品建造模型。产品建造模型从某种意义上来讲是一个全信息 BIM 模型，更是经过轻量化的全信息 BIM 模型，包含 BOM 采购清单、BOM 加工清单、进度计划信息以及成本信息等建造过程所需的各种信息。

通过建造任务（基于全信息 BIM 模型数字指令）的智建 APP 从"一体化建造平台"云端读取对应的产品建造模型，以及项目相关的文本文件，例如在最初定制环节就与"房屋商城"确认并签约供应商和加工厂的合同文本等。智建 APP 对建造过程的驱动大致从内外两块同时运转，后台建造师对项目建造信息的调整保证 APP 对建设项目的信息管理；甲方以及设计方从 APP 处监督项目完成进度和效果、保证对建设项目的设计控制；供应商和加工厂由 APP 传达的部品供应细节及到货时间保证对项目材料的质量及进度控制；项目经理对 APP 的全盘掌控保证建设项目的组织协调；采购经理通过 APP 完成与供应商和加工厂的交接、保证对建设项目的质量控制；施工经理和实操的班组长团队接收 APP 下达的每日施工任务，保证建设项目的进度；APP 中的质量管理模块保证建设项目的安全和质量控制。

（2）智建 APP 现场管理模式

智建 APP 由项目经理协同业主、供应商、生产经理、采购经理、施工经理、施工班组长，按照智建 APP 的指令实施项目，并在项目结束后输出相关验收文件，见图 10.6-10。其中，项目经理具有全部权限，可以浏览并操作该项目在智建 APP 上的所有信息。业主、供应商、生产经理、采购经理、施工经理、施工班组长根据其工作的内容范围，具有不同的信息浏览与操作权限。

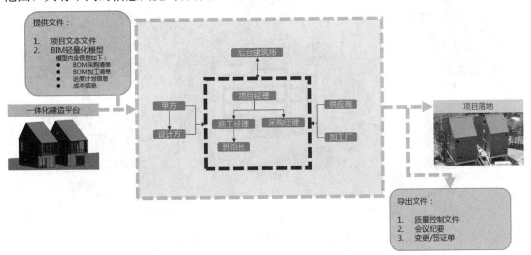

图 10.6-10　智建 APP 功能模块

6. BIM 驱动的品控与运维技术

（1）质量管理模块的工作机制

项目的建造根据其施工内容和工序被事先划成不同阶段，如施工准备、主体结构工程、防水工程、外墙饰面工程、门窗工程、垂直交通功能、设备安装等。施工人员在进行工程施工时，根据基于全信息 BIM 模型数字指令的 APP 质量管理模块中的工程质量控制文件要求进行相关施工操作，确保施工过程和质量符合规范。已完工工程的验收由施工经理负责，依据 APP 质量管理模块的质量控制交互点提示，以"合格""不合格"选项完成对工程质量和质控关键点的评估，评估结果以标准"单位工程质量检查记录"格式文件导出，计入项目质量控制资料，为项目验收、后期维护等提供支撑。

（2）运维技术

在建筑的全生命周期中，建筑及相关设施的运营维护费用常常超出建筑设计和建造费用之和，建筑信息在建筑全生命周期中相关主体间传递不可避免产生信息离散化和碎片化，造成运营维护中信息的缺失，浪费大量的人力物力资源。"一体化建造平台"将针对性强，具有智能化和参数化的全信息 BIM 数据储存在云端，通过交互界面可以有效支持建筑后期有计划、有步骤、高效地设施运维管理、物业租赁、设备应急管理和运营评估等建筑运营维护信息化应用。

10.6.4 一体化建造平台开发

1. 平台 IT 框架

一体化建造平台 IT 框架如图 10.6-11 所示，由 U3D 建模系统、智慧商城、数字建造、智建 APP 四大功能模块以及一个服务器后台组成。

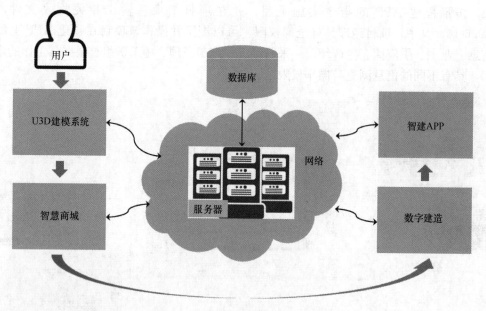

图 10.6-11 一体化建造平台 IT 框架

2. U3D 建模系统

（1）新建保存工程

点击主界面"新建"按钮，如图 10.6-12 所示。新建空的工程，自动将目前正在绘制的工程保存到服务器，可在账号管理下项目列表中查看。

（2）画墙

1）直线画墙。在左侧栏"绘制户型"模块中，"画墙"功能可以实现"绘制直墙""绘制房间""积木画墙"三种方式，点击即可在右侧画布上进行墙体的绘制。当墙体能够

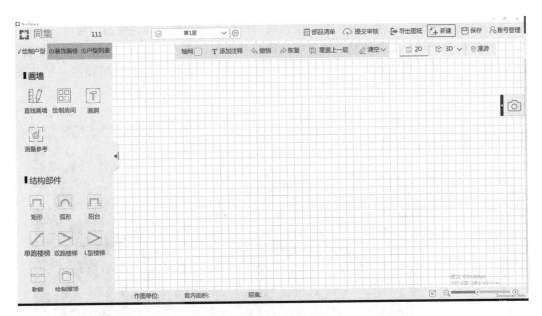

图 10.6-12　主界面

围合成一个封闭的形状,则会自动形成房间。

2) 楼板。当用画墙命令画完墙,只要形成了一个闭合图形,会自动生成楼板。

(3) 楼梯

点击工具栏"单跑楼梯"功能,鼠标将呈现楼梯的俯视图,拖到右侧画布中,与墙体靠近时会自动与墙体吸附,布置好之后可在 3D 中查看,见图 10.6-13。选中楼梯,界面中会弹出操作面板,可对楼梯进行旋转、删除等操作。

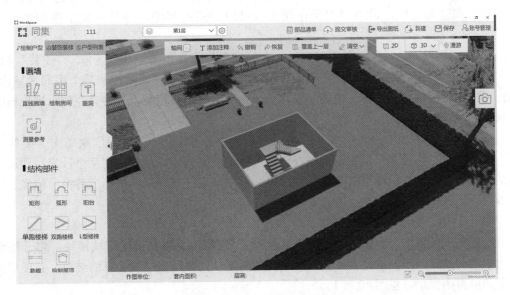

图 10.6-13　楼梯 3D 视图

(4) 屋顶

点击绘制屋顶命令，弹出屋顶参数设置对话框，在对话框内确定屋顶的坡度、外伸长度。鼠标呈现口子状，开始选择墙体作为屋顶的参考线，选过的墙体高亮显示，右键确认选择，程序自动开始创建屋顶，创建完成后，切换到3D状态则可查看屋顶的三维视图，见图10.6-14。

图10.6-14 屋顶3D视图

(5) 装饰装修

1) 门、窗。鼠标依次单击"装饰装修""硬装"页签，可以查看到所有的入户门和窗列表。鼠标按住某个门，即可拖到某堵墙上，并可通过移动鼠标控制门布置的具体位置。鼠标单击布置好的门，弹出门的操作面板，可对门进行删除，并且左侧出现门的详情列表。

2) 地面、墙面、吊顶。以地砖为例，余同。鼠标依次单击"装饰装修""硬装""地砖"页签，可以查看到所有的地砖列表。鼠标按住某个地砖，即可拖到某个房间区域内。鼠标单击布置好的地砖，弹出地砖的操作面板，可对地砖进行替换，并且左侧出现地砖的详情列表。

3) 家具（所有家具布置方式一致，以下以沙发举例说明）。鼠标依次单击"装饰装修""家具""单人沙发"页签，可以查看到所有的沙发列表。鼠标按住某个沙发，即可拖到某个房间区域内。鼠标单击布置好的沙发，可对沙发进行删除、选择、替换、镜像、复制等操作，选中状态下左侧也能查看沙发的详情。

(6) 结构审核

绘制完成的模型，点击上部"提交审核"，可以调用专家系统的审核模块，将云端数据库中的部品集同步到本地，并和当前结构相匹配。同时给出结构验算的结果，并展示在右下角的视图框中，见图10.6-15。

(7) 部品清单及计算书下载

当前工程通过专家系统审核之后，方可查看部品清单，点击主界面部品清单，弹出部

第 10 章　钢结构建筑全过程、全专业一体化系统集成建造技术　　1087

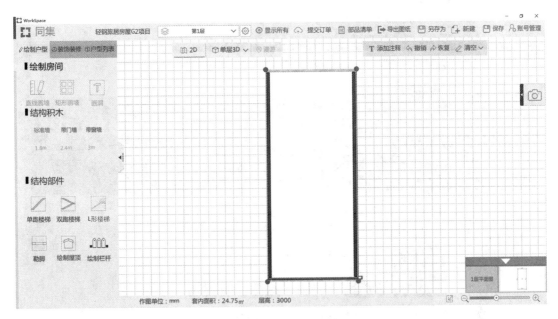

图 10.6-15　结构审核及结果

品清单列表，如图 10.6-16 所示，可查看当前工程的初步报价及查看当前工程所需的所有材料。

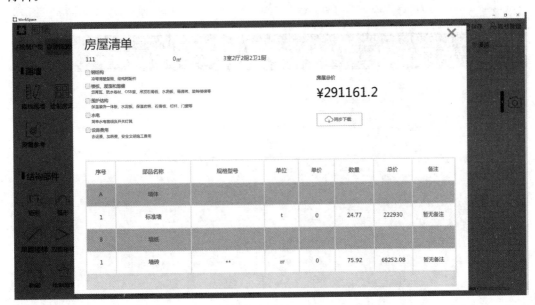

图 10.6-16　部品清单

3. 智慧商城

（1）个人页面

1）账号注册。在浏览器输入同集商城网址后，在页面右面会出现账号登录及免费注册两个选项，此时选择账号免费注册，如图 10.6-17 所示。

图 10.6-17 注册界面

2) 我的房屋及订单。普通用户点击页面右侧的进入我的房屋即可进入我的房屋页面，如图 10.6-18 所示。

图 10.6-18 我的房屋

集成师可以在我的房屋页面查看到项目总数、成交金额、订单、待处理事项、我的作品总数。在收货地址后可修改自己的收货地址，点击收货地址，弹出页面。供应商进入我的房屋可在我的房屋页面上传自己供应商经理名单，上传名单页面。6S 店进入我的房屋可在我的房屋页面上传集成师及项目经理的名单。

页面我的订单下便可查看该账号下面的所有订单。在"我的订单"中可查看各类订单信息集成包括全部订单、待付款、待发货、待收货、退款中、交易完成和已取消订单等信息。对每一条订单信息都可查看购买日期、订单号、订单详情，并可查看和下载购买合同。

(2) 搜索房屋产品

1) 筛选条件。分为户型分类、风格分类、空间、面积、预算、颜色，可根据自身需求选择合适的筛选条件，找到自己满意的模型。

2) 模型详情。点击其中某个模型即可打开，调整到模型详情页面，可在该页面查看到模型的详细情况，比如可以查看负责的集成师，价钱，以及模型的详细介绍及图片等。

3) 购买模型。点击立即购买，即可像购买产品一样付款，付款完成之后即可在自己账号下面打开该模型，然后自己在其基础上进行修改等。

(3) 咨询集成师

分为全部、北欧、现代简约、新中式、日式、地中海、田园等。展示集成师的名字，性别、居住地、毕业院校、工作经验等。点击集成师列表中 MORE，可跳转到集成师主页。

(4) 搜索部品库

点击硬装选项即可进入硬装选择功能。硬装页面包括门、窗、地面、墙面、顶面各个选择。并可查看各产品的价格、销量及 3D 效果图。用户可根据需求选择各类产品。点击需要购买的产品就可进入产品详情页面。

(5) 生成订单

在此页面可查看产品的各类详细信息，包括商品运费价格、售后服务、所需购买数量、库存、商品详情以及累计评价等信息，其中商品详情里包括产品尺寸、材质等信息。

4. 智建 APP

智建 APP 是用于在项目实施阶段，接收数字建造的信息，由项目经理协同业主、供应商、生产经理、采购经理、施工经理、施工班组长，按照智建 APP 的指令实施项目，并在项目结束后输出相关验收文件。其中，项目经理具有全部权限，可以浏览并操作该项目在智建 APP 上的所有信息。业主、供应商、生产经理、采购经理、施工经理、施工班组长根据其工作的内容范围，具有不同的信息浏览与操作权限。

如图 10.6-19 所示，智建 APP 由八大功能模块：采购执行、加工执行、作业执行、

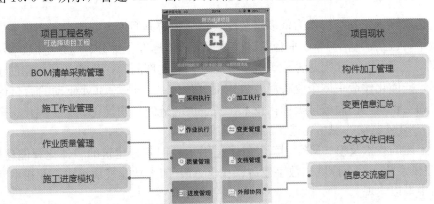

图 10.6-19 智建 APP 功能模块

变更管理、质量管理、文档管理、进度管理、外部协同。智建APP从数字建造云平台处获取项目信息。

5. 后台管理系统

一体化建造后台管理系统是供管理人员正确、有效地对U3D工作间、智慧商城和智建App进行后台管理，实现对商铺上架，供应链及项目施工进行系统有序的管理。主要功能模块见表10.6-5。

后台管理功能简述　　　　　　　　　　　　　　　表10.6-5

功能模块	功能名称	功能简述
项目管理	创建项目	依据客户订单需求，创建新的工程项目
	项目列表	对已创建的项目进行跟踪管理，包含所有已完工和未完工的项目
人员管理	集成师列表	管理商城所属集成师
	项目组成员列表	管理商城所属项目组成员，包含项目经理、施工经理。并可以分配到相应的项目中
	资质审核	对集成师、项目经理、施工经理等的资质文件进行审核，并将符合条件的人员加入6S商店系统
房屋产品管理	发布产品	根据具体的产品需求，创建新的商铺商品
	产品列表	创建的产品的列表，可以进行产品的集成师分配、商城上下架、产品的上下架等

10.6.5 应用建议

课题组以低多层钢结构建筑为对象，研究其一体化建造的建造模式及实现的关键技术。对于建筑单体规模小或项目规模较小的低层装配式钢结构建筑，现阶段的技术与建筑产品不是影响其推广应用的关键因素，由于其市场应用端的规模，传统的"设计-施工-交付"模式已经不适用，需要进行建造模式的创新，实施"工程产品化"是突破困局的有效方法。

通过选取轻钢龙骨结构作为低多层装配式钢结构的典型代表，研究了实现一体化建造的关键技术，包括：基于U3D平台的建模技术（墙体标准化拆分、屋顶生成、数据接口）及概念审核专家系统；轻钢龙骨建筑供应链建设，建立部品库，研究部品族库创建，部品编码技术，一体化建造主体企业布局及供应商评价体系；研究BIM驱动的后台优化与建造技术，如实现墙体覆面板排板优化技术，基于供应链的采购优化、施工优化、全局优化技术；研究BIM驱动的现场建造、品控与运维技术。

基于上述的技术及模式研究创新开发了适用于轻钢龙骨建筑的一体化智能建造平台，由U3D建模系统、网上商城、数字建造、智建APP四大功能模块组成，并在本章第8节示范项目中得以实现。

10.7 多高层装配式钢结构体系建筑基于 EPC 模式的智能建造平台

10.7.1 研究思路

多高层装配式钢结构建筑是由结构系统、外围护系统、内装系统和设备管线系统集成的一个成品建筑，每一栋装配式钢结构建筑，都将带动几十个行业、100 多个门类建筑部品构件的生产企业，只有实现全专业协同一体化，突出专业配套、系统集成，才能更好地体现装配式钢结构体系建筑的优势。

虚拟建造＋装配式建筑为建筑工业互联网提供支撑技术。随着 3D、VR 以及 BIM 技术的不断成熟，数字建筑的实现已经具有了可能，而虚拟建造是实现数字建筑的重要手段[86]。也就是说，在一座建筑建起来之前，可以先做一次虚拟建造，通过全要素、全过程的模拟仿真，获得大量的真实数据做支撑，提前预知整个项目可能会遇到的风险。虚拟建造还能为建筑工业化提供到位的服务。当一栋大厦作为数字建筑已经成型，那么其墙体、门窗等就有了精确的标准，再通过工业化的流程生产、建造，整个生产方式将产生颠覆式的变化，虚拟建造可以提供全过程的模拟，排除可能遇到的问题[87]。

此外装配式建筑涉及建筑全生命周期各阶段的复杂工况，一体化的虚拟建造技术和信息化智能建造平台的应用非常重要。随着信息化技术和水平的提升，BIM、大数据、物联网、移动技术、云计算等，都可以打破原来的传统发展模式，为建筑业发展提供新的发展途径。建筑行业的本质决定"互联网＋BIM"成为建筑业"互联网＋"时代的核心路径，互联网平台可以帮助 BIM 技术实现协同和共享，同时打破原有的行业壁垒，营造相对开放、专业、协同的行业环境，而只有 BIM 才能解决建筑行业大数据的构建、计算和管理，更精准地满足用户需求，提高效率、降低成本，最终实现大规模社会化生产，催生专业化分工，促进效率的提升，实现建造过程、管理模式、发展模式三方面的升级。因此，应重视信息化技术的研究与应用，依托市场大数据和信息平台，为装配式钢结构建筑的创新建造方式提供技术基础支撑，并为典型钢结构体系建筑和共性关键技术与产品的集成和应用提供应用软件平台支撑。

10.7.2 多高层装配式钢结构体系建筑基于 EPC 模式智能建造的技术逻辑

1. 基于 EPC 模式下的智能建造技术逻辑

本节在装配式钢结构建筑建造全过程一体化、全专业一体化、全产业一体化研究的基础上，以项目拟产业化的若干典型装配式钢结构体系建筑为代表，研制和开发适合装配式钢结构体系建筑集成且符合多方参与需求的智能建造共享平台。

在设计阶段，充分利用 BIM 的可视化、参数化、共享性和可管理性等特性，提高设计能力，并可进行绿建分析、碰撞检查、方案优化模拟，提高设计品质与效率，提高可实施性，减少设计问题引起的施工返工和错误等问题。

在采购交易阶段，通过 BIM 进行快速、精确的工程量计算，进行科学的计价。结合采购需求，快速获取物资需求，制定采购计划。通过云平台提供的材料价格信息快速获取市场价，并进行询价比价，并可以借助电子商务平台更集约高效地进行采购。在电商平台上,有大量的供应商在展示自己的产品,借助互联网的优势,可以实现联合众多采购方进行联合采购以获得性价比更优的产品。在产生订单后,还可以通过电商平台提供的金融服务,获得资金的支持。

在施工阶段,充分利用BIM模型,集成进度、成本信息形成5D模型,辅助现场管理的精细化。充分利用BIM模型和"云+端"技术,辅助现场协同应用,通过PAD或手机终端设备进行建筑模型和图纸浏览,进行设计交底、变更洽商、施工指导、质量检查、虚拟施工、沟通管理等,满足项目现场"走动式管理"特性。同时可以充分利用物联网技术提高现场管控能力,针对建筑的全生命周期对各阶段、各部位、各实体,通过RFID、电子标签、测量器、传感器、摄像头等终端设备,实现对建设过程的实时监控、数据采集、智能感知和有效管理,加强了人与建筑的交互,实现智慧建造。

为了实现上述目标,采用技术调研、文献查找、理论研究、平台开发、工程示范等方法进行研究。首先进行了市场技术调研,经过研究,全过程一体化智能建造平台属于建筑工业化过程中的建筑产业工业互联网平台应用,它的定位和技术体系符合国家对工业互联网定义的范畴,通过研究工业互联网联盟发布的针对工业互联网平台的一系列白皮书和标准,对全过程一体化智能建造平台的建设有重大的指导意义,包括:《工业互联网体系架构(版本2.0)》《工业大数据技术架构白皮书》《工业互联网安全框架(讨论稿)》《工业互联网平台通用要求》《工业互联网平台接口模型》《工业互联网平台应用管理接口要求》等,根据上述相关标准要求及建筑全产业协同的需求,提出了建筑产业工业互联网平台(Construction Industry Internet Platform,简称CIIP平台),从项目设计、加工、施工等方面提出了建造全过程的协同解决方案,旨在服务于建筑的全生命周期、全产业链,实现全行业的生产要素优化与配置,更好地为产业链上的各类合作伙伴赋能,相互协同,共同变革[88]。

2. 建筑产业工业互联网平台实施路径

(1)以智慧模型体系为核心,实现设计施工在线化

建筑产业工业互联网平台在产业互联网时代,创造建筑产品智慧模型体系,为建筑产业人士建立一条标准的行动路径指示、规则规范参照、功能应用支持体系。这套建筑产品智慧模型体系是平台聚合建筑全产业链人士进行协同工作的核心载体,是保证所有社群协同工作的中轴法则,能够实现物理实体建筑与数字虚拟建筑形成数字孪生,既保证物理的真实性,也具备虚拟的智能性。

建筑产品智慧模型以物理性模型、工业化模型、管理性模型、社会服务性模型等多维度贯穿建筑产业投资、策划、设计、采购、施工、运维等的全生命周期,形成产业性的工作闭环。同时,分部分项模型体系能够有效实现设计施工一体化,保证投资阶段-设定有效投资控制成本、设计阶段-三维模型3个月快速出图、采购阶段-供给一体化地域资源采购、施工阶段-虚拟建造前期风险规避及装配式施工6~8月快速完工、运维阶段-精准验收智能管理等核心优势。

(2)以部品部件体系为核心,实现地域经济平台化

族模型、族模组体系是部品部件体系的核心要素,部品部件体系内置建筑行业规范、工艺工法标准、劳动力匹配等参数化的信息,是实现建筑部品部件与材料、设备等工厂资源连接起来的关键,能够有效地驱动建筑产品策划,让建筑产品真正符合施工现场实际需

求,快速指导智慧工地的落地。

地域经济平台即以部品部件体系为核心,有效地结合地域经济属性,将多国家、多行业、多企业、多厂商的部品资源产品聚合在平台上。采用标准化的模块体系,连接打通设计端、工厂端、施工端,实现用户可根据需求直接匹配最合理的厂商资源,节省时间、运输、人工、材料等一系列成本,充分发挥地域经济优势。

(3) 构建平台运营能力,形成社会化工作平台

建设平台运营能力和媒商能力,形成平台互联网化运营能力,对接政府审批和金融支付平台,实现全产业链的打通。以平台为新市场经营体系的载体,"围绕建筑产业用户生命周期的数据资产"为核心的跨平台、跨渠道、跨触点的整合,多元化运营方式塑造建筑产业新品牌,并运用全域媒体进行建筑产业工业互联网平台生态的营销,建立全链路、精准、高效的营销体系,以此为建筑产业大生态提供商业化运营和赋能,为用户和客户提供平台技术、权威人士分享、广告模型等多项服务,利用平台共同整合项目资源形成项目资源库,向项目业主推送更具经济优势的项目合作运营方式。基于服务建筑产业生态圈,以互联网建筑产品模型体系为核心,整合信息流、物流和资金流,用规模化、商业可持续化的供给,满足海量化、碎片化、多元化的金融需求服务,实现平台投资的新金融运作模式,向企业提供高度自动化的一站式综合金融解决方案。

10.7.3 建筑产业工业互联网平台功能模块

1. 设计阶段——多方协同设计平台

(1) 建筑产品模型体系

建筑产品按照层级进行体系划分,以装配式钢结构建筑为例,如图 10.7-1 所示,第一级为完整的建筑产品模型,它集合了岩土工程模型、结构模型、外围护模型、内墙模型、机电模型、装饰装修模型六大系统模型,是建筑产业工业互联网平台中的核心产品模型,是一整套装配式建筑解决方案。第二级产品模型,一般按照建筑的专业组成划分出不同类别的模型,例如标准层模型、非标准层模型、地下结构模型、划分专业的整体模型等。第三级产品模型,称之为族模组模型,它由特定工艺的部品部件组合而成,是平台中

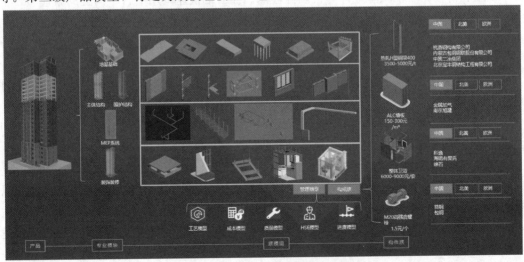

图 10.7-1 建筑产品四级模型体系

的最小产品单元。第四级产品模型为部品部件模型，一般由部品供应商直接创建并上传至平台进行审核，通过后进入平台部品资源库，是平台中最小的操作单元。

（2）基于模型体系的建筑工程设计软件

平台上搭载自主研发的第一款拥有国产自主知识产权，覆盖建筑设计、部品供应和智能建造全生命周期的 BIM 集成软件，该软件在设计阶段覆盖建筑设计、结构设计、MEP 和装饰装修全专业设计功能。建模场景如图 10.7-2 所示。

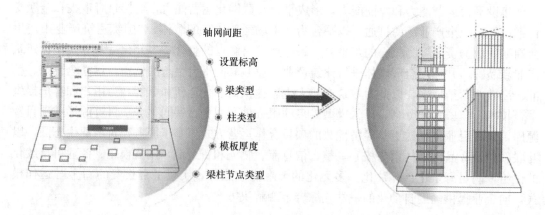

图 10.7-2 建模场景

平台上可以实现调用部品族和族模组快速完成模型搭建，同时软件提供了参数化建模功能，在软件中输入基础参数，系统快速完成模型创建。平台上兼容常用的 BIM 软件，可以实现数据的无损转化。

软件提供给用户云端协同设计的功能，不同专业的设计师、建筑行业参与方都可以通过获取权限的方式对同一个模型进行设计和讨论。云端协同设计功能具有以下特点：首先，多人同时在一个文件操作，工作中每个人都可以获得最新设计信息，充分利用云端优势，避免复制替换的低效率工作方式。另外通过可见性来控制模型的加载内容，实现数据实时刷新和传输，不依赖本地计算机硬件性能。在云端快速调用平台中内置的族模型，平台工厂中部品族拥有唯一 ID 与之关联，避免建模过程中的重复，大大提升设计效率。主要功能有如下几项：

1）强大的访问权限设置，平台提供协同权限设置功能，有效管理团队、项目和客户。

2）模型变更分析，通过轻量化的 3D 视图查看模型的变更，及时获得变更反馈，及时调整工作计划的方案。

3）内置智能建造管理模型，在进行 BIM 模型搭建的同时，施工方用户在模型上协同创建管理模型，实现建筑更快更好地落地。协同逻辑如图 10.7-3 所示。

2. 加工采购阶段—地域经济平台

建筑产业工业互联网地域经济平台（即平台工厂），立足于建筑行业的生态环境，以标准化建筑产品的配套部品部件为中心，地域性经济为主要形式，部品部件厂商为资源主体，快速实现多方的需求与交互，形成丰富的平台生态系统与网络协同基础。地域平台逻辑见图 10.7-4。

平台主要包括部品采购交易、部品数据托管、部品可视化展销、部品协同定制等模

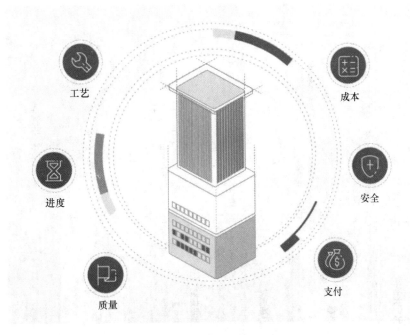

图 10.7-3　协同设计场景

块，见图 10.7-5。

部品工厂将满足建筑产品工艺工法、质量标准、施工安装、价格成本、地域属性等要求的工业化部品按照平台工厂的规则完成部品数字化过程并进行数据托管，见图 10.7-6。

设计师可以通过平台置入的插件，进行相关部品模型的调用，一键载入模型化产品，帮助设计师快速完成整体建筑产品设计、搭建工作，各部品见图 10.7-7，并延伸至后期供给阶段及小前台垂直管控阶段。

平台可以实现用户与客户在供需意向上进行互联互通，快速适配供需关系。同时对于某些现场化的特殊部品需求，平台针对性地提供了双方可协同定制研发新产品的入口，以满足各类型客户的多角度平台应用场景。定制流程见图 10.7-8。

平台赋能的多选下单、电子签约、金融支付、生产跟踪、物流跟踪的全链路服务将帮助客户快速实现智能建造过程中的部品加工采购阶段，达到建筑全部配套部品的一体化供给目标，简化了纷繁复杂的工作程序，提高了拖沓漫长的工作效率，保障了问题频出的部品质量，降低了采购供应的工程成本。工厂汇集模块见图 10.7-9。

3. 施工阶段——虚拟施工管理平台

虚拟施工管理平台以 BIM 轻量化引擎为核心，将建筑产品信息模型以及地形地貌模型、塔吊、电梯视频摄像头等设备模型组成的工地完整三维模型轻量化处理，使得在浏览器端就能浏览，并且工地实时数据通过数据协议接口从传统物联网管理平台输出到 BIM 虚拟施工管理云平台，BIM 虚拟施工管理云平台端能够将接收到的设备运行信息实时反映到工地三维模型中，如图 10.7-10 所示。

虚拟施工管理平台包含了 BIM 模型管理、项目应用、组织架构管理、方案设置管理、流程模板管理、物料验收、工程云盘、进度管理、协同管理等功能，同时集成了远程视频监控系统、劳动力租赁系统，BIM 平台系统如图 10.7-11 所示。

数字化部品

将工业化部品通过技术手段抽象出三维建筑信息模型，并内置部品的厂家信息、参数信息、规格信息、成本信息、材质信息、安装信息……等各个维度的数据信息，从视觉状内容层面快速构造成数字化部品

商展一体

以VR的形式实现厂商展商一体化的产品路径，给用户沉浸式的浏览体验，并满足下一步交易需求，进一步扩大宣传效果，快速实现流量增长，用户转化的沉淀

订单派发

通过前期工业化部品与建筑产品的对接，建立工厂与项目的直接联系，帮助客户快速实现集约化供给过程，平台订单派发后，工厂首接接受线上订单，完成部品的生产加工和供给过程

部品定制

客户通过实际项目经验、设计出更符合施工现场装配化的定制部品，可通过线上平台进行生产加工厂家的招募，工厂集群线上查看需求，评估后进行应答，双方确认定制方案可行性后，工厂完成生产加工立项，投入项目使用

多维展示
- 部品效果图
- 三维信息模型
- VR全景
- 视频动画

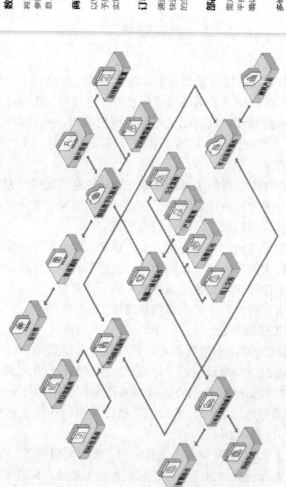

图10.7-4 地域经济平台

第 10 章　钢结构建筑全过程、全专业一体化系统集成建造技术

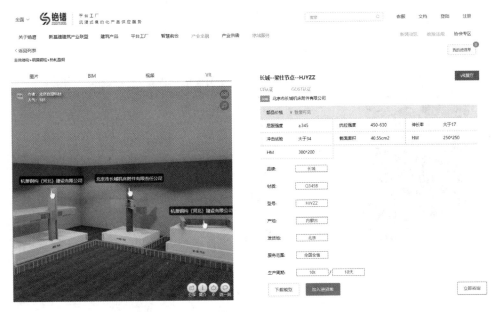

图 10.7-5　部品工厂可视化展销体系

图 10.7-6　部品工厂数据托管模块

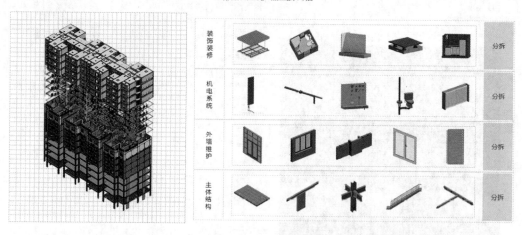

图 10.7-7　部品组装

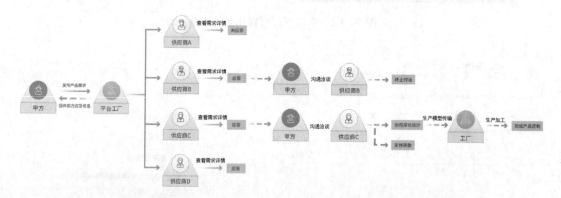

图 10.7-8　部品定制流程

图 10.7-9　部品工厂汇集模块

第10章 钢结构建筑全过程、全专业一体化系统集成建造技术　1099

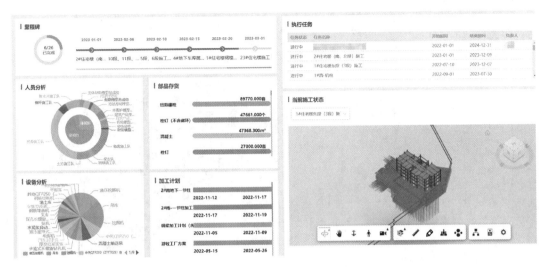

图 10.7-10　虚拟施工管理平台

图 10.7-11　智能建造平台

(1) BIM 模型管理

通过 Revit 插件将轻量化 BIM 模型上传到虚拟施工平台进行整合，在平台上自定义设置添加模型的标签，并对上传上来的模型进行标签的选择；通过设置的标签对模型进行权限的配置，上传更新下载等功能，如图 10.7-12 所示。

(2) 协同管理

基于虚拟施工管理平台，为业主、设计、监理、总包、分包各方主要负责人工作搭起

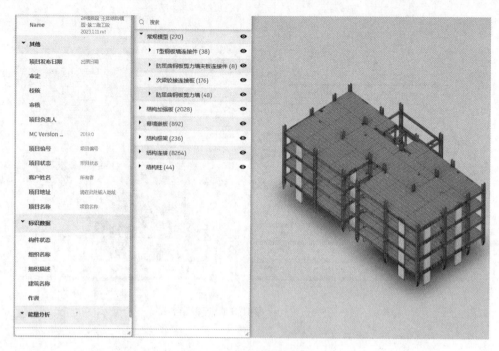

图 10.7-12　BIM 模型管理

桥梁，进行协同管理，增进各方之间的沟通与了解，使过程中设计问题、质量安全问题得到落实解决，各项各类资料更准确，竣工交付模型更具过程元素，为后期运营管理奠定基本条件。

(3) 任务进度管理

云平台导入 Project 进度计划，在线编辑调整，进度计划与 BIM 模型构建关联模式，把固定跟踪材料流程步骤、计划分配到责任人，任务推送至移动端，如图 10.7-13 所示。根据任务完成情况，通过云平台进行计划与实际动态的管理，在移动端将任务完成情况直接反馈至平台，最后通过云平台生成任务完成情况的数据分析表。

(4) 材料跟踪管理

将钢结构构件/PC 装配式构件/机电预制件/设备等粘贴二维码，通过移动设备对构件生产、运输、吊装、验收等环节进行扫码记录，数据实时与 BIM 模型相关联。云平台能实时记录并显示构件当前状态，以便项目现场对构件进行跟踪管控，提高物料管理的效率。

(5) 工程资料管理

虚拟施工管理平台的工程资料管理系统主要实现了对项目工程资料的管理。用户可以在工程云盘中上传、下载、查阅工程资料文档。同时，只有具备一定权限的人才能查看相应权限的文件夹下的文件。

(6) 远程视频监控系统

智能远程视频监控系统由前后端硬件以及后端软件组成，主要硬件设备有超高清摄像头、无线 Wi-Fi 盒子、无线电源盒子等。项目管理人员可对监控视频进行录入、回放、导出等操作，发现违规行为可及时给予制止。因高清监控均为数字信号，故本系统传输通过现有环境、架设光纤、无线传输的方式或者其他网络方式等将前端数字信号进行回传。

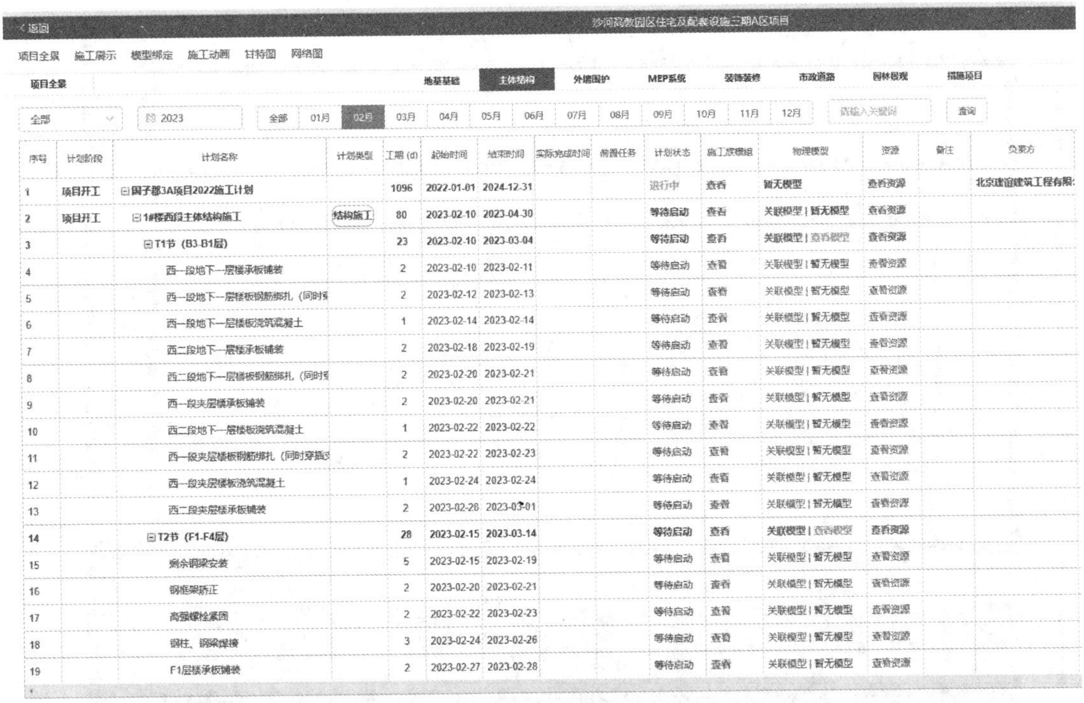

序号	计划阶段	计划名称	计划类型	工期 (d)	起始时间	结束时间	实际完成时间	前置任务	计划状态	施工成模组	物理模型	资源	备注	负责方
1	项目开工	⊟国子郡3A项目2022施工计划		1096	2022-01-01	2024-12-31			进行中	查看	暂无模型	查看资源		北京建谊建筑工程有限:
2	项目开工	⊟1#楼西段主体结构施工	结构施工	80	2023-02-10	2023-04-30			等待启动	查看	关联模型 | 暂无模型	查看资源		
3		⊟T1节（B3-B1层）		23	2023-02-10	2023-03-04			等待启动	查看	关联模型 | 查看模型	查看资源		
4		西一段地下一层楼承板铺装		2	2023-02-10	2023-02-11			等待启动	查看	关联模型 | 暂无模型	查看资源		
5		西一段地下一层楼板钢筋绑扎（同时		2	2023-02-12	2023-02-13			等待启动	查看	关联模型 | 暂无模型	查看资源		
6		西一段地下一层楼板浇筑混凝土		1	2023-02-14	2023-02-14			等待启动	查看	关联模型 | 暂无模型	查看资源		
7		西二段地下一层楼承板铺装		2	2023-02-18	2023-02-19			等待启动	查看	关联模型 | 暂无模型	查看资源		
8		西二段地下一层楼板钢筋绑扎（同时		2	2023-02-20	2023-02-21			等待启动	查看	关联模型 | 暂无模型	查看资源		
9		西一段夹层楼承板铺装		2	2023-02-20	2023-02-21			等待启动	查看	关联模型 | 暂无模型	查看资源		
10		西二段地下一层楼板浇筑混凝土		1	2023-02-22	2023-02-22			等待启动	查看	关联模型 | 暂无模型	查看资源		
11		西一段夹层楼板钢筋绑扎（同时穿插		2	2023-02-22	2023-02-23			等待启动	查看	关联模型 | 暂无模型	查看资源		
12		西一段夹层楼板浇筑混凝土		1	2023-02-24	2023-02-24			等待启动	查看	关联模型 | 暂无模型	查看资源		
13		西二段夹层楼承板铺装		2	2023-02-28	2023-03-01			等待启动	查看	关联模型 | 暂无模型	查看资源		
14		⊟T2节（F1-F4层）		28	2023-02-15	2023-03-14			等待启动	查看	关联模型 | 查看模型	查看资源		
15		剩余钢梁安装		5	2023-02-15	2023-02-19			等待启动	查看	关联模型 | 暂无模型	查看资源		
16		钢框架矫正		2	2023-02-20	2023-02-21			等待启动	查看	关联模型 | 暂无模型	查看资源		
17		高强螺栓紧固		2	2023-02-22	2023-02-23			等待启动	查看	关联模型 | 暂无模型	查看资源		
18		钢柱、钢梁焊接		3	2023-02-24	2023-02-26			等待启动	查看	关联模型 | 暂无模型	查看资源		
19		F1层楼承板铺装		2	2023-02-27	2023-02-28			等待启动	查看	关联模型 | 暂无模型	查看资源		

图 10.7-13　进度计划管理

10.7.4　建筑产业工业互联网平台系统架构

在中国尚未形成基于建筑产业工业互联网层面的大数据管理、服务和安全体系，建筑数据、工业数据资源存在孤立、分散、封闭等问题，数据价值未能得到有效利用，数据主权和数据安全面临重大威胁，建筑产业平台相较于消费互联网更注重数据的开放性、共享性、流通性、价值性、应用性、安全性，当前如何设计建筑工业数据，建筑产业工业互联网平台给出了一套基于平台的解决方案。平台系统架构如图 10.7-14 所示。

1. 共享数据层设计

首先建筑工业数据中所涉及的数据从应用场景的角度分成了设计数据、施工数据、协同数据、生产数据、物流数据、部品数据、运维数据、智能家居数据等等，以上数据按状态分成了动态数据、静态数据，见图 10.7-15。例如建筑设计数据、部品设计数据都属于静态数据，这些数据是可以直接拿到真实场景中落地使用的，同时也具备非常高的经济价值。

在设计共享数据层的过程中，我们将各类业务系统的数据通过规则引擎按类型、动态、静态等规则分布式存储，通过大数据进行清洗与计算，将结果通过智能化方式服务于各个业务系统。

其中，数据处理引擎是将各业务端、各类型数据按规则进行拆分建立关联关系、从属关系，让数据之间产生关联，通过引擎将各组数据进行整合，有效地将数据基于业务场景进行归并存储，为后期的大数据处理，和处理后的引用提供依据。数据处理引擎展示见图 10.7-16。

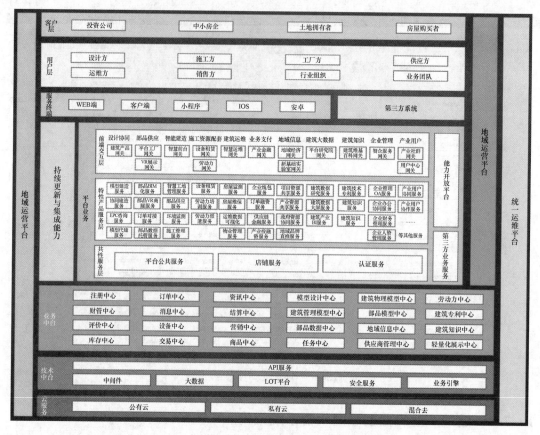

图 10.7-14 平台系统架构

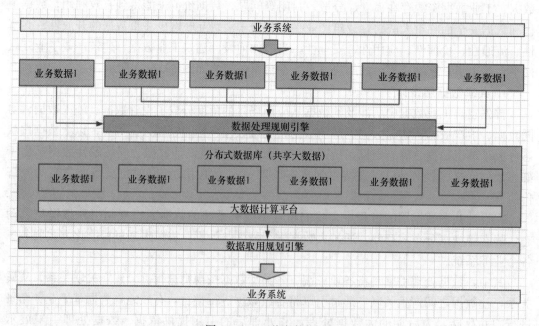

图 10.7-15 共享数据层

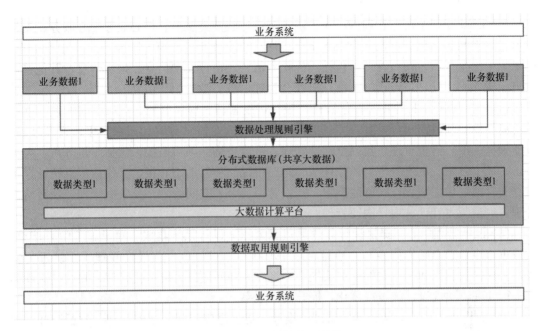

图 10.7-16　数据处理引擎

2. 平台运营服务层设计

传统数据交换存在只注重交换的结果的问题，忽略了平台的架构，急用先行，一事一建，平台无法复用，接口无法复用，接口互相牵扯、耦合重复建设，接口混乱，难以扩展。

运营数据交换平台的定位和价值在于帮助建筑产业建立共享统一的数据交换平台，提供产业聚集能力、协同治理能力、公众服务能力，专业能力聚焦、产业数据拉通、产业数据融合。

优势在于数据易共享，减少数据复制和拖动，从而降低数据共享的难度；采用多层安全保护机制，确保数据全生命周期可监控，数据流向全程可追踪；内置元数据管理和数据质量管理模块，可以统一地进行元数据管理，提升数据质量；通过在统一的平台上的数据汇聚，可以快速地完成数据整合，提升数据价值。

3. 共享社会类服务层设计

管理 SaaS 化、集中化、标准化、专业化，提供财务、人力资源、法务、采购行业咨询等服务和应用开放平台，汇聚社会资源，形成云上虚拟企业，共筑行业生态环境。服务市场和应用开放平台包括：①市场管理，包括服务接入标准、行业模板、渠道管理、服务标准定义、服务处罚。②服务商品管理，包括 ISV 商户管理、服务发布管理、虚拟门店管理。③推广管理，包括服务推广规则、推广效果、推广结算、推广任务。④订单管理，包括正向交易、逆向交易、订单列表、订单详情、搜索排序规则。⑤标准规范制定，降低开发门槛，欢迎自由尝试，保障用户权益、公平竞争。⑥标准规范执行，线上应用审核，运营数据监控。⑦保障数据安全，保障用户隐私，确保数据可靠，应用和数据隔离。⑧建立服务体系，文档、培训、客服体系建立。

4. 核心业务类服务层设计

（1）BIM模型全信息管理中心。提供支持设计软件类服务、核心业务中心服务、支持模型查询类服务、模型可视化类服务接口。产品模型管理，包括材料信息、房地产信息、施工工艺信息。项目模型管理，包括构件模型信息、设计模型信息、地域信息、其他管理信息。构件模型管理，包括施工信息、社会管理信息、政府服务信息。

（2）项目中心。提供项目需求管理、项目进度管理、项目监控、项目空间管理、微服务功能组件。项目需求分析管理，包括产品模板导入、需求分解、需求变更、资源计划、服务预算。项目进度管理，包括里程碑管理、进度查询。项目监控，包括质量分析、人力报告、成本分析、进度分析、风险评估、问题跟踪、项目动态看板、工作量汇总统计。项目空间管理，包括项目空间创建删除、授权管理、个人空间管理、元数据管理、项目文件管理、项目版本管理、项目沟通管理。

（3）设计管理中心。提供设计软件接口、第三方设计系统集成、建设施工中心接口、构件中心接口、上层应用接口、项目管理中心接口。设计软件与设计管理子系统进行集成，实现鉴权验证和模型文件的加载提交。将需求和问题进行统一化管理，并通过流程驱动进行处理，实现设计施工一体化，提升整体效率。

（4）建设施工中心。提供物料管理、设计变更、进度管理、施工管理、质量管理、现场协同、成本管理、安全管理、人员管理、系统管理功能。将工厂生产和施工现场进行实时在线连接与智能交互协作。通过数字工地与实体工地的数字孪生，实现对人员、机械、材料、环境等各要素的实施感知、分析、决策和智能执行，形成"智慧工地"。通过工厂与现场的一体化，实现全产业链的协同，将建造过程提升到工业级精细水平，达到浪费最小化、价值最大化。

（5）构件中心。提供构件访问服务、运营数据服务、供应链服务、设计师市场访问服务接口构件厂商功能，包括构件信息上传、产品信息管理、交易信息管理、多阶段设计模型、构件信息模型导出、消息管理、业务智能分析。

买家功能，包括构件交易、构件生产跟踪、构件运输跟踪、买家评价。

（6）运维中心。提供模型类、住户类、物业服务类、物业品质类、物业运维类、设备运维类、能耗类、应急响应类接口，业主、租户、物业客服人员、物业维修人员、承建商、供应商通过桌面Web应用和移动终端APP接入。提供物业运维服务微功能组件，包括住户管理、维修管理、品质管理、设备维护管理、装修管理、收费管理、运维分析、应急响应管理、投诉管理、租赁管理、能耗分析、社区互动、验房管理。提供基础服务微服务组件，包括工作流、KPI指标体系、定时调度、消息推送、数据可视化、数据采集与预处理、数据维护、用户管理。

（7）政府服务中心。提供模型类、项目管理类、服务调用日志类、服务运营类、数据文档类、审核与检验过程数据类接口，为建筑类企业、政府审批部门人员、政府质检人员提供服务，简化政府审批工作，减少社会成本，实现政府管理的智能化，社会资源的集约化。

10.7.5 应用建议

课题组探讨了多高层装配式钢结构体系建筑基于EPC的一体化建造模式，在智能经济全新的技术条件下，建筑产业工业互联网平台作为建筑行业转型的核心和推动引擎。

建筑产业工业互联网平台，把产业链中的各个相关环节进行重新排列与整合，破除了组织边界，使得组织呈现为一种网状交融的液态化格局，"自由组合、自由流动"，优化了资源配置效率，精准匹配供需，使得建筑业进一步走向开放化、社区化，形成协同生态系统，推动了建筑产业向集约化、智能化、协同化方向发展。一是多方协同的设计平台，在设计阶段提前考虑项目管理模式、建造生产方式、企业组织形式等，引导建筑产业走向互联网化。二是面向加工采购的地域经济平台，为客户提供个性化、定制化工业级产品。三是虚拟施工管理平台，推动智慧施工建设，构建全面的数字经济场景。

所建设的针对多高层钢结构装配式建筑的互联网平台，采用了设计施工一体化，加工采购一体化等策略，采用基于EPC的一体化管理平台，搭建BIM模型全信息管理中心、项目中心、设计管理中心、施工建设中心、构件中心、运维中心以及政府服务中心。面向智能制造和工业互联网所带来的创新需求把建筑产业工业互联网的应用与建筑自身提高质量、降低成本、提升管理水平结合起来，助力我国建筑业转型与发展。

10.8 产业化示范

10.8.1 湖州仁和永廿舍农旅项目

1. 工程简介

湖州仁和永廿舍农旅轻钢龙骨体系建筑一体化建造项目位于浙江省湖州市，坐落于浙江省西塞山省级旅游度假区——西塞山休闲度假示范园大师智慧谷景区内。二期项目由8栋双拼（16套）的两层（建筑屋脊高8.4m）轻钢龙骨体系装配式集成房屋组成，单套房屋建筑面积$90m^2$，总计$1440m^2$。本项目采用本课题研发的一体化建造平台及其模式，在平台中按照平台的设计逻辑将轻钢龙骨房屋设计为现场散件拼装、二维及三维的模块拼装三种模式，并考虑了建筑、结构、设备、内装等全专业的协同设计，最后在平台中完成采购设计服务、采购部品、采购安装服务，整个建造过程均采用一体化建造的技术及模式。

整个项目从项目策划，见图10.8-1，项目施工，见图10.8-2，到最后项目竣工，见图10.8-3，采用了一体化建造模式。

2. 示范内容

（1）轻钢龙骨体系建筑现场拼装、2D大板化和3D模块单元设计及施工技术

针对墙体、楼板单元进行模块化、装配化设计，采用的二维模块化建造体系为"小板块全预制"体系。在该建造方案中，预制的装配化板块单元中包含：① 墙体龙骨框架；② 墙体两侧完整的覆面板；③ 墙体内填保温材料；④ 门窗；⑤ 开关面板、电气管道。但是对于首层的墙体，墙体单元其中一侧的底部覆面板局部不预制，留设横向预留带，用于现场首层抗剪、抗拔螺栓的施工。

板块之间的连接也进行设计。对于墙体板块单元，一侧预留600mm的石膏板不预制，作为同层相邻墙体单元之间立柱背靠背连接的操作空间。墙体-楼面之间通过自攻螺

图 10.8-1 项目效果图

图 10.8-2 项目施工现场

钉连接，现场采用自攻螺钉枪配合转向批头进行施工。相邻层墙体之间通过条形抗拔件实现抗拔连接，如图 10.8-4 所示。对于楼板板块单元，与墙体连接时，在墙顶两侧安装 L 形连接件，屋面板下侧通过自攻螺钉固定，如图 10.8-5 所示。

在研究设计的二维模块化建造中，主要的施工流程为：钢筋混凝土基础及底层圈梁施工；底层墙体单元安装、连接；一层顶楼面施工；上部楼层楼面、楼梯、墙体、屋面施工；预留墙体保温材料、水电管线安装；预留覆面板的安装；外墙外防水施工、外装饰挂板安装、内部吊顶、地板、踢脚线安装。施工过程如图 10.8-6 所示。

(2) 建筑、结构、设备、内装全专业一体化设计技术

在设计中建筑、结构、设备及内装四大专业进行协同设计。建筑设计时充分考虑轻钢龙骨结构的特点，考虑了结构的二维及三维模块可实现性；内装与结构的协同使得结构节省了墙体模块内侧的结构板；建筑和内装结合使得内装墙板实现零裁板，装修现场无粉尘污染；提前考虑设备安装位置使结构设计合理地为设备安装预留空间。

(3) 设计、采购、安装一体化建造

示范项目由上海同济绿建土建结构预制装配化工程技术有限公司行使甲方权利义务，实行采购平台的一体化建造服务，上海同集信息科技有限公司提供平台技术服务。上海创

图 10.8-3　项目竣工后实景

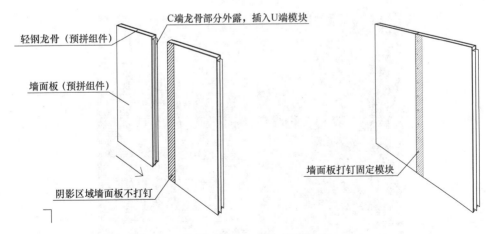

图 10.8-4　墙板模块连接技术

霖建筑设计有限公司、宅工厂（上海）实业有限公司、上海开装建筑科技有限公司入驻了一体化建造平台，在某个阶段提供某方面的专业服务。用户使用 U3D 建模系统表达需求，如图 10.8-7 所示，并将订单提交服务器，如图 10.8-8 所示，同济绿建提交需求后，由平台整合完成示范项目所需的全部资源，并生成 BIM 模型，如图 10.8-9 所示，同时借助平

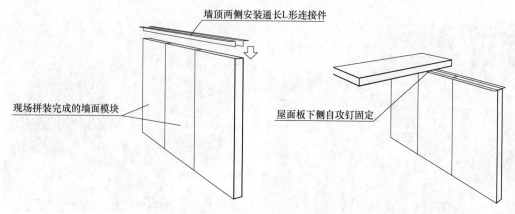

图 10.8-5 楼板模块连接技术

(a) 二维板块吊装

(b) 三维模块吊装

图 10.8-6 现场实景

台的功能完成示范工程。示范项目建造过程中，用户可以登录平台查看项目的实施进度，并按时支付进度款，如图 10.8-10 所示。最后项目付诸实施，如图 10.8-11 所示。

第 10 章　钢结构建筑全过程、全专业一体化系统集成建造技术

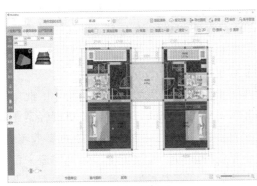
(a) 平面视图

(b) 3D 漫游视图

图 10.8-7　用户使用 U3D 建模系统表达需求

图 10.8-8　提交订单

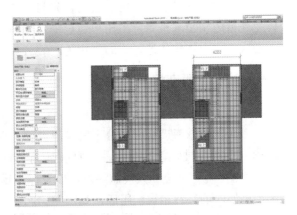

图 10.8-9　BIM 模型生成

图 10.8-10　查看进度

图 10.8-11　现场建造

3. 示范效果

该项目的实施采用了一体化建造平台及其模式，收到以下效果：

(1) 对于业主：一体化建造平台将建筑、结构、设备及内装四大专业进行协同设计，内装与结构的协同使得结构节省了墙体模块内侧的结构板，提前考虑设备安装位置使结构

设计合理地为设备安装预留空间，建筑和内装结合使得内装墙板实现零裁板，装修现场无粉尘污染、无湿作业。在施工阶段采用智建 APP 进行施工现场的人工、材料、进度、质量等的管理应用。一体化建造模式的应用使得二期项目建设工期缩短为 4 个月，与一期项目的两年工期相比，大大缩短建设周期，间接节省工程投资约 15%。

（2）对于集成商：轻钢龙骨建筑项目一般直接由业主委托房屋集成商实施，因此房屋集成商既要能承担建筑设计、结构设计，又是轻钢龙骨的生产商，最后还要负责轻钢龙骨房屋的施工工作，由集成商一家企业承担了三家企业的工作，对集成商的能力要求较高，但是集成商企业规模往往比较小，不可能具备全专业的能力。通过采用一体化建造平台及其模式，集成商可专注于其擅长的龙骨生产和土建施工，省去了为了拿到项目而不得不做的项目前期沟通以及本来并不擅长的设计工作。一体化建造模式的应用为集成商提高了管理效率，优化约 15% 的工程成本。

（3）对于内装公司：内装公司首先与一体化平台建立合作关系，预先将本产品按照一体化建造逻辑植入平台，由用户通过平台自由选择产品设计内装，增加用户自由度，减少沟通成本。一体化建造模式的应用为内装公司增加了项目来源，提高约 10% 的项目利润。

10.8.2 巴西南极科考站项目

1. 工程简介

巴西费拉兹南极科考站位于南极南设德兰群岛海军上将湾乔治王岛，始建于 1984 年，2012 年因火灾被毁，本次建设为原址基础上重建。主体建筑面积 $4500m^2$，设有 18 个室内实验室、7 个环境和大气监测点，以及风电塔和停机坪等设施。主体建筑由钢框架和置于钢框架内的集装箱模块组成，如图 10.8-12 所示。

(a) 外观

(b) 结构组成

图 10.8-12　巴西费拉兹南极科考站概况

由于南极的地理环境及气候条件，施工仅能在当地夏季的 4 个月内进行。如果采用常规建设方式，无法在规定时间内完成主体建筑建造，因此本项目采用装配式钢结构建筑，所有构件在国内生产并部分组装，现场装配率达到 100%。

2. 示范内容

(1) 平台化的项目运行模式

在巴西南极科考站建设过程中，业主方为巴西海军，聘请葡萄牙的设计团队为甲方咨询团队，设计方为宝钢建筑的课题组，同时项目的集装箱模块生产在扬州。在传统模式下，基于异地的项目参与各方协同是困扰项目推进的一个大问题，但在"宝数云"平台模式下，各方通过登录平台并以数据模型为核心进行协作，见图 10.8-13。

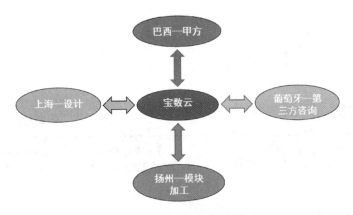

图 10.8-13　平台化的协同模式

(2) 设计阶段

在本项目中，由于建造周期短，甲方要求现场零变更，对项目的精度和进度都提出了极高要求。因此本项目采用了基于 BIM 技术的正向设计，模型精度达到了 LOD400。与业主、设计咨询和生产方在这一阶段的交互也通过平台完成，直接以 BIM 模型为工作对象进行设计、校核和沟通、修改。BIM 模型的细部见图 10.8-14。同时，本项目由于空间紧凑、机电系统复杂，因此管线排布成为项目实施的难点。利用 BIM 技术对管线进行合理排布，提前找到碰撞点并进行调整，在不破坏已有钢结构桁架的基础上增加管道支架设计，新增支架与主结构采用锚栓连接。在管廊设计中预留安装、检修空间，使设计更合理、更具有可操作性。

二维设计图纸完全通过 BIM 的 Revit 模型转化为 CAD 图纸实现，同时设备相关模型通过 Solidworks 转化为 Revit 模型，Tekla 钢结构模型导入 Revit，如图 10.8-15 所示。

提供给审核用的模型由 Revit 通过 Naviswork 和 BIM360 进行模型的轻量化，转化为 PC 和平板电脑端可审核的模型。

(3) 生产制造阶段

生产阶段分为两处进行——钢结构框架在钢构厂完成，集装箱模块在集装箱厂进行，见图 10.8-16。集装箱厂的生产依据 BIM 模型以及 BIM 模型生成的材料清单，辅助结合二维图纸进行，见图 10.8-17。

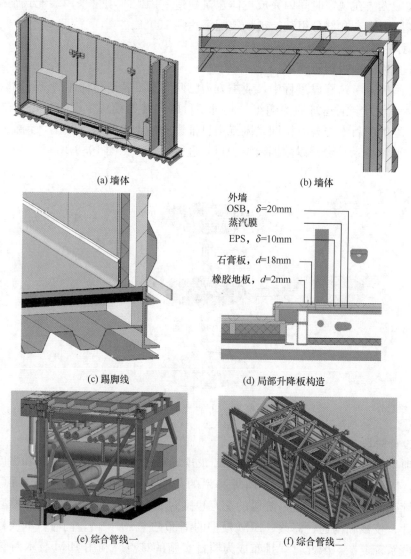

图 10.8-14　精细化的 BIM 模型

由于在 BIM 模型的建模阶段已经按 LOD400 的精度进行，和生产厂的零件一一对应，并在模型中完成了模型拼装，生产过程非常顺利。业主和咨询方的审核、检查主要依据 BIM 模型进行。

（4）安装和运维阶段

在本课题结题时，全部部品部件已运至南极项目所在地，在 BIM 模型的指导下进行了安装，都已顺利完成。后期运维拟基于已建立的 BIM 模型进行，具体涉及设备运行的监控、维护计划等。运维的具体内容将持续跟进。

3. 示范效果

（1）在"宝数云"平台模式下，各方通过登录平台并以数据模型为核心进行协作。业主方可以即时登录平台对设计模型进行确认及反馈，同时设计模型借助平台直接将数据传

第 10 章 钢结构建筑全过程、全专业一体化系统集成建造技术

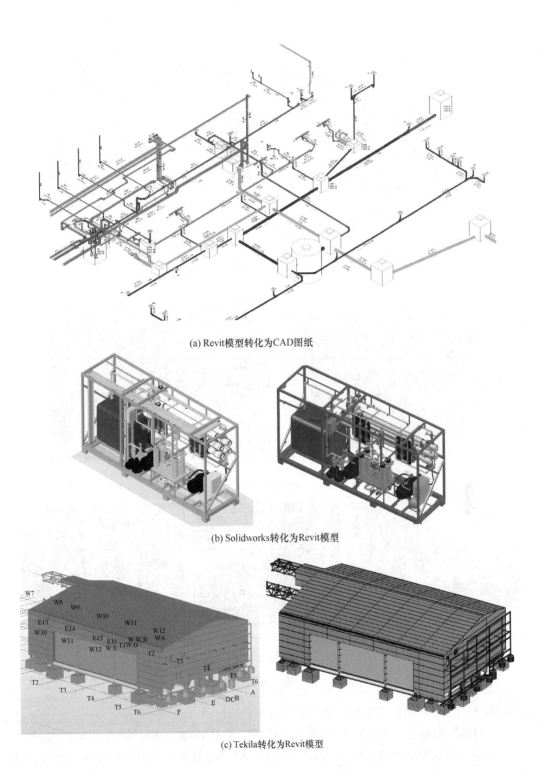

(a) Revit模型转化为CAD图纸

(b) Solidworks转化为Revit模型

(c) Tekila转化为Revit模型

图 10.8-15 模型转化和二维图纸生成

图 10.8-16 生产阶段采用的 BIM 模型

BIM 模型　　　　　　　　　　生产车间情况

(a) 集装箱的生产

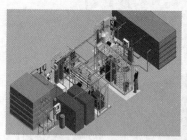

BIM 模型　　　　　　　　　　生产车间情况

(b) 设备安装

图 10.8-17 BIM 模型和实际生产

递给制造方,节省了沟通成本并提高了生产效率。

(2) 钢构厂的制作主要采用 BIM 模型生成的二维 CAD 加工图,结合 BIM 模型进行,业主和咨询方的校核、检查主要依据 BIM 模型。模型的精细化及拼装保证了实际生产的顺利进行。

10.8.3 首钢二通厂南区棚改定向安置房项目

1. 工程简介

首钢二通厂南区棚改定向安置房项目位于北京市丰台区，总建筑面积 8.3 万 m^2，其中地上建筑面积 5.6 万 m^2。住宅楼 4 栋，建筑层数地上 24 层，地下 3 层。结构抗震设防烈度 8 度，结构安全等级二级，结构形式采用钢框架+防屈曲钢板剪力墙及钢框架+组合钢板剪力墙结构体系。

本项目管理模式采用 EPC 总承包模式，结构形式采用装配式钢结构，所有钢柱、钢梁及钢筋桁架楼承板均为工厂化生产，现场装配化安装，比传统现浇混凝土结构缩短工期 50% 以上（图 10.8-18、图 10.8-19）。

图 10.8-18 建筑效果图

图 10.8-19 现场施工图（结构接近封顶）

2. 示范内容

（1）多方协同设计平台应用示范

在首钢二通厂南区棚改定向安置房项目设计阶段构建了面向工程项目全生命周期的、基于 BIM 协同的、二维/三维的、多专业的设计协同统一体系，通过单一的工程数据源为跨专业、跨部门和跨企业的协同设计提供及时、准确、可追溯、统一的工程信息服务。服务逻辑如图 10.8-20 所示。

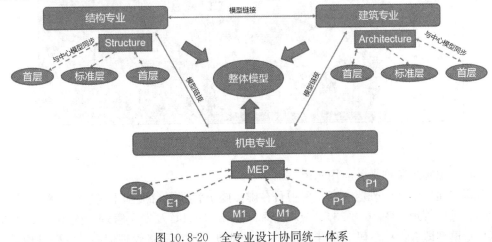
图 10.8-20 全专业设计协同统一体系

(2) 地域经济平台应用示范

在地域经济平台上采购完成钢结构、内外墙板等部品部件，见图 10.8-21，再通过平台中的订单生产加工过程跟踪功能实时跟踪产品的生产车间、生产工序、生产设备操作人员等各方面的信息，保证产品生产质量的同时实现对所订部品部件的生产过程进行跟催，见图 10.8-22。此外，部品部件在生产加工完毕后，部品部件的运输装卸过程也在平台进行了实时的过程跟踪，保证了部品部件生产加工进度满足项目施工进度计划要求，减少了现场因原材料进场时间延误导致的工期延误问题。

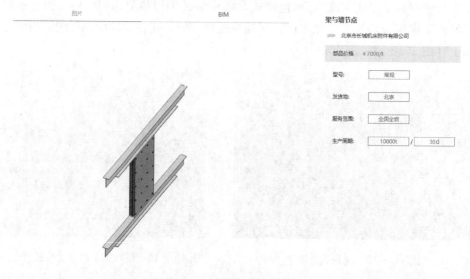

图 10.8-21 线上采购交易

图 10.8-22 订单跟踪

(3) 虚拟施工管理平台应用示范

首钢二通厂南区棚改定向安置房项目在虚拟施工管理平台上基于虚拟建造模型进行质量管理、进度管理（图 10.8-23）、成本管理（图 10.8-24）及安全管理（图 10.8-25）等。虚拟建造模型即在设计阶段轻量化 BIM 模型的基础上挂接质量管理模型、安全管理模型、进度管理模型、成本管理模型和工艺工法管理模型等信息用于指导施工。最终竣工交付模型如图 10.8-26 所示。

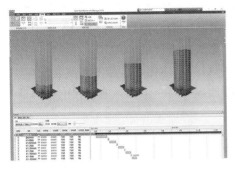

钢结构模型　　　　BIM信息模型提取的工程量清单

图 10.8-23　进度计划管理　　　　图 10.8-24　成本管理

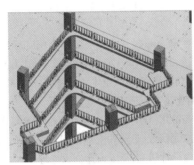

图 10.8-25　安全管理

图 10.8-26　竣工交付模型

3. 示范效果

建筑业工业互联网平台实现了建筑全产业链的整合,既可以横向整合产业链条的某环节多个用户,也可以纵向整合产业链上、中、下游企业,优化资源配置效率,实现劳动生产率提升 50% 以上,但管理费用仅是传统方式的 70%～80%。通过多方协同设计平台减少了设计问题引起的施工返工和错误等问题，实现建筑能耗减少 20％以上；通过地域经济平台可以聚合全球化的产业资源，实现采购成本节约 20％以上；通过虚拟施工管理平台应用使得模型数据化信息与部品参数化信息相互匹配，实现劳动力减少 50％以上，时间缩短 30％以上。

采用本课题开发的"装配式钢结构体系建筑一体化集成建造评估体系"对本项目进行评估，最后总得分为 101.75，判定为 A 级别，表明该项目的一体化建造程度和质量较高。同时说明本评估系统可以顺利合理地完成实际项目的测评，可进一步在其他工程中进行推广应用。

参 考 文 献

[1] 国务院办公厅．国务院办公厅关于大力发展装配式建筑的指导意见．http：//www.gov.cn/zhengce/content/2016-09/30/content_5114118.htm.

[2] 中华人民共和国住房和城乡建设部．"十三五"装配式建筑行动方案．http：//www.mohurd.gov.cn/wjfb/201703/t20170327_231283.html.

[3] 中华人民共和国住房和城乡建设部．住房和城乡建设部办公厅关于启用全国工程质量安全监管信息平台的通知．http：//www.mohurd.gov.cn/wjfb/202104/t20210420_249851.html.

[4] 王俊，赵基达，胡宗羽．我国建筑工业化发展现状与思考[J]．土木工程学报，2016，49(5)：1-8.

[5] 纪颖波．建筑工业化发展研究[M]．北京：中国建筑工业出版社，2011.

[6] 孙钰钦．BIM 技术在我国建筑工业化中的研究与应用[D]．西安：西南交通大学，2016.

[7] 陈则钰．BIM 技术在建筑工业化水平评价中的应用研究[D]．西安：西安理工大学，2018.

[8] 王昭华．基于一体化设计理念的成品住宅与室内设计研究[D]．大连：大连理工大学，2017.

[9] 刘丹阳．临时场馆建筑与结构一体化设计研究[D]．哈尔滨：哈尔滨工业大学，2015.

[10] 朱启光．宁夏农村住宅建筑节能结构一体化研究[D]．银川：宁夏大学，2018.

[11] SANVIDO V, MEDEIROS D. Applying Computer-Integrated Manufacturing Concepts to Construction[J]. Journal of Construction Engineering and Management, ASCE, 1990, 116：365-379.

[12] JUNG Y, GIBSON G. Planning for Computer Integrated Construction[J]. J Comput Civil Eng, 1999, 13：217-225.

[13] JUNG Y, GIBSON G. Data Sharing Effectiveness for Computer Integrated Construction[J]. Journal of the Architectural Institute of Korea, 1998, 14：371-377.

[14] 胡迪．计算机集成建造的集成框架研究[J]．华中科技大学学报(城市科学版)，2005，22(增刊)：5-9.

[15] 骆汉宾．基于 CIC 的轨道交通建设工程集成管理研究[D]．武汉：武汉理工大学，2008.

[16] EASTMAN C M, CHASE S C, ASSAL H H. System architecture for computer integration of design and construction knowledge[J]. Automat Constr, 1993, 2(2)：95-107.

[17] EASTMAN C. BIM Handbook：A Guide to Building Information Modeling for Owners, Managers, Designers[M]. 2nd Edition John Wiley & Sous. 2011.

[18] GOLDBERG H E. The Building Information Model[J]. CADalyst, 2004, 21(11)：56-59.

[19] National building information modeling standard[S]. 2007.

[20] 住房和城乡建设部．建筑信息模型应用统一标准：GB/T 51212—2016[S]．北京：中国建筑工业出版社，2017.

[21] 周绪红，王宇航．我国钢结构住宅产业化发展的现状、问题与对策[J]．土木工程学报，2019，52(1)：1-7.

[22] 李炳云．基于 BIM 的钢结构住宅集成设计与应用研究[D]．济南：山东建筑大学，2018.

[23] 王芸. 基于数字信息技术的模块化定制设计研究[D]. 天津：天津大学，2017.
[24] 潘瑜. 小型轻型钢结构装配式建筑设计研究[D]. 杭州：浙江大学，2020.
[25] 陈莉. 小型集成度假屋设计研究[D]. 重庆：重庆大学，2017.
[26] 国家质量监督检验检疫总局. 信息分类和编码的基本原则与方法：GB/T 7027—2002[S]. 北京：中国标准出版社，2002.
[27] 住房和城乡建设部. 建筑产品分类和编码：JG/T 151—2015[S]. 中国标准出版社，2016.
[28] 中国土木工程学会. 装配式建筑部品部件分类和编码标准：T/CCES 14—2020[S]. 北京：中国建筑工业出版社，2020.
[29] 上海市建筑建材市场管理站. BS外墙附墙式龙骨金属保温装饰板系统应用技术规程：SQBJ/CT 215—2015[S]. 上海：宝钢建筑系统集成有限公司，2015.
[30] 张昭祥，吴超. BS外墙金属保温装饰板系统及其工程应用[C]. 装配式钢结构建筑技术研究及应用. 2017：381-388.
[31] 艾新. BIM技术在装配式混凝土住宅设计中的应用研究[D]. 沈阳：沈阳建筑大学，2016.
[32] 朱倡廉. 住宅建筑设计原理[M]. 北京：中国建筑工业出版社，2011.
[33] 张钦哲，朱纯华. SAR的理论基础与我国住宅建设[J]. 建筑学报，1985(7)：66-69.
[34] 张守仪. SAR住宅和居住环境的设计方法[J]. 世界建筑，1980（2）：10-16.
[35] 杨晓琳. 基于体系分离的高层开放住宅设计方法研究[D]. 广州：华南理工大学，2016.
[36] 李晶. 基于IFD理论的高层办公建筑标准化设计研究[D]. 哈尔滨：哈尔滨工业大学，2015.
[37] C D. Flexible and Demountable building for the Dutch Building Industry (in Dutch)[M]. 1997.
[38] VAN DEN BRAND G, VAN GURCHOM H. DAMEN BOUWCENTRUM. IFD Building in Europe: a blueprint for production and delivery of customer satisfaction oriented buildings[C]. 20th International Symposium on Automation and Robotics in Construction, Eindhoven (NL), F, 2003.
[39] DAMEN T. IFD Building in Europe[M]. Proceedings of the 20th International Symposium on Automation and Robotics in Construction ISARC 2003 -- The Future Site. International Association for Automation and Robotics in Construction (IAARC). 2003：55-60.
[40] DI GIULIO R, COCCAGNA M, VAN DEN BRAND G, et al. IFD Buildings as design and delivery innovation[C]. 22th International Symposium on Automation and Robotics in Construction, Citeseer, F, 2005.
[41] RICHARD R-B. A systems approach to generate integrated design solutions[J]. Proceedings of the CIB World Congress 2007, 2007：2584-2595.
[42] RICHARD R-B. Industrialised building systems: Reproduction before automation and robotics[J]. Automation in Construction, 2005, 14：442-451.
[43] NIKOLIC J. Development of Industrialized, Flexible and Demountable Multifamily Buildings: IFD Colective Housing[C]. Proceedings from the 7th International Conference on Innovation in Architecture, Engineering and Construction, AEC201 Sao Paulo 15-17 August 2012, F, 2012.
[44] 黄琼，王峙. 基于IFD建筑体系的既有住宅厨卫一体化改造设想[J]. 建筑学报，2010(3)：35-7.
[45] 鲍月明. 基于SI理论的高层住宅木结构体系应用设计研究[D]. 哈尔滨：哈尔滨工业大学，2015.
[46] 苗青. KSI住宅设计及类型特点初探[J]. 建筑学报，2020(5)：28-31.
[47] 蔡晨阳. 装配式下的CSI住宅支撑体与填充体厨卫模数协调的研究[D]. 长沙：湖南大学，2017.
[48] 贾春阳. 可变性住宅空间在当代居住环境中的运用[D]. 重庆：四川美术学院，2017.
[49] 张德孝. 船舶概论[M]. 北京：化学工业出版社，2010.
[50] ZIMMERMAN A, ENG P. Integrated design process guide[J]. Canada Mortgage and Housing Corporation, Ottawa, 2006.

[51] 樊则森. 预制装配式建筑设计要点[J]. 住宅产业,2015(8):56-60.
[52] 黄立新,马恩成,张晓龙,等. PKPM 的"BIM 数据中心及协同设计平台"[J]. 建筑科学,2018,34(09):42-9+129.
[53] 白茹. 基于模数协调下的钢结构住宅体系化设计方法研究[D]. 北京:北京交通大学,2014.
[54] 住房和城乡建设部. 建筑模数协调标准:GB/T 50002—2013[S]. 北京:中国建筑工业出版社,2014.
[55] 李建沛. 预制装配式建筑结构体系与设计[J]. 工程技术研究,2017(8):199+233.
[56] 李旭强,孙晨晓. 预制装配式建筑的设计要点分析[J]. 住宅与房地产,2017(15):199.
[57] 宋竹. 预制装配式建筑的设计要点分析[J]. 住宅与房地产,2016(6):68.
[58] 住房和城乡建设部. 装配式钢结构建筑技术标准:GB/T 51232—2016[S]. 北京:中国建筑工业出版社,2017.
[59] 住房和城乡建设部. 装配式钢结构住宅建筑技术标准:JGJ/T 469—2019[S]. 北京:中国建筑工业出版社,2019.
[60] 李闻达. 装配式钢结构建筑新型复合墙板研发及构造技术研究[D]. 济南:山东建筑大学,2019.
[61] 梁晨,吕彦斌. 试析装配式建筑结构体系设计要点及其发展趋势[J]. 工程建设与设计,2018(11):56-57+60.
[62] 健康无忧网. 建筑行业产业链图. https://mts.jk51.com/tushuo/9919523_p3.html.
[63] 快资讯. 数字化助力建筑行业供应链升级,企业如何把握市场红利. https://www.360kuai.com/pc/9e385dfc2c58da5c2?cota=3&kuai_so=1&sign=360_57c3bbd1&refer_scene=so_1.
[64] 360 百科. 智慧供应链. https://baike.so.com/doc/1592716-1683587.html.
[65] 个人图书馆. 供应链金融实际操作模式. http://www.360doc.com/content/18/0830/15/1302411_782427222.shtml.
[66] 知乎. 供应链金融如何助力建筑行业?. https://zhuanlan.zhihu.com/p/97661099.
[67] 吴哲昊,王天裕,张群力,等. 数字建筑参数化设计中的几何学理论与方法[J]. 土木建筑工程信息技术 2021,13(2):1-12.
[68] 张利,张希黔,陶全军,等. 虚拟建造技术及其应用展望[J]. 建筑技术,2003(5):334-7.
[69] 袁帅,黄欣,李海松. 基于 BIM 的大跨度钢桁架桥数字建造技术[J]. 施工技术,2020,49(6):14-17+91.
[70] 张玲. 现有 BIM 造价系统的不足与对 BIMnD 的展望[J]. 中国工程咨询,2018(2):30-33.
[71] 李进. 工业化轻钢龙骨体系建筑计算机辅助设计的技术探索[D]. 上海:同济大学,2015.
[72] 高志斌. 北京新机场飞行区工程数字化施工和质量监控技术研究[J]. 民航学报,2020,4(2):12-16+29.
[73] 胡翀赫. 基于 AIoT 的建筑设施智能巡检机器人系统设计研究[J]. 智能建筑,2020(6):26-30.
[74] 同济大学国家土建结构预制装配化工程技术研究中心. 中国建筑工业化发展报告 2016[M]. 北京:中国建筑工业出版社,2017.
[75] 住房和城乡建设部. 工业化建筑评价标准:GB/T 51129—2015[S]. 北京:中国建筑工业出版社,2016.
[76] 住房和城乡建设部. 装配式建筑评价标准:GB/T 51129—2017[S]. 北京:中国建筑工业出版社,2018.
[77] 上海市住房和城乡建设委员会. 工业化住宅建筑评价标准:DG/TJ 08—2198—2016[S]. 上海:同济大学出版社,2016.
[78] 建设部,国家质量监督检验检疫总局. 冷弯薄壁型钢结构技术规范:GB 50018—2002[S]. 北京:

中国标准出版社，2003.

[79] 住房和城乡建设部. 低层冷弯薄壁型钢房屋建筑技术规程：JGJ 227—2011[S]. 北京：中国建筑工业出版社，2011.

[80] 住房和城乡建设部. 冷弯薄壁型钢多层住宅技术标准：JGJ/T 421—2018[S]. 北京：中国建筑工业出版社，2018.

[81] 住房和城乡建设部. 轻钢龙骨式复合墙体：JG/T 544—2018[S]. 北京：中国标准出版社，2018.

[82] 付娟华. 基于遗传算法的优化排样系统研究[D]. 长沙：湖南大学，2005.

[83] 刘胡瑶. 基于临界多边形的二维排样算法研究[D]. 上海：上海交通大学，2007.

[84] 宫照磊. 一种新型的第二类高层钢结构住宅体系的试验研究及可行性分析[D]. 太原：太原理工大学，2016.

[85] BIANCONI F，FILIPPUCCI M，BUFFI A. Automated design and modeling for mass-customized housing. A web-based design space catalog for timber structures[J]. Automat Constr，2019，103：13-25.

[86] 金占勇，田亚鹏，康晓辉，等. 基于BIM技术的装配式钢结构建筑体系研究[J]. 价值工程，2018，37(34)：203-204.

[87] 何清华，钱丽丽，段运峰，等. BIM在国内外应用的现状及障碍研究[J]. 工程管理学报，2012，26(1)：12-16.

[88] 卫凤林，董建，张群.《工业大数据白皮书（2017版）》解读[J]. 信息技术与标准化，2017(4)：13-17.